黃珅 注譯
黃志民 校閱

新譯徐霞客遊記（上）

三民書局

刊印古籍今注新譯叢書緣起

劉振強

人類歷史發展，每至偏執一端，往而不返的關頭，總有一股新興的反本運動繼起，要求回顧過往的源頭，從中汲取新生的創造力量。孔子所謂的述而不作，溫故知新，以及西方文藝復興所強調的再生精神，都體現了創造源頭這股日新不竭的力量。古典之所以重要，古籍之所以不可不讀，正在這層尋本與啟示的意義上。處於現代世界而倡言讀古書，並不是迷信傳統，更不是故步自封；而是當我們愈懂得聆聽來自根源的聲音，我們就愈懂得如何向歷史追問，也就愈能夠清醒正對當世的苦厄。要擴大心量，冥契古今心靈，會通宇宙精神，不能不由學會讀古書這一層根本的工夫做起。

基於這樣的想法，本局自草創以來，即懷著注譯傳統重要典籍的理想，由第一部的四書做起，希望藉由文字障礙的掃除，幫助有心的讀者，打開禁錮於古老話語中的豐沛寶藏。我們工作的原則是「兼取諸家，直注明解」。一方面熔鑄眾說，擇善而從；一方面也力求明白可喻，達到學術普及化的要求。叢書自陸續出刊以來，頗受各界的喜愛，使我們得到很大的鼓勵，也有信心繼續推廣這項工作。隨著海峽兩岸的交流，我們注譯的成員，也由臺灣各大學的教授，擴及大陸各有專長的學者。陣容的充實，使我們有更多的資源，整理更多樣化的古籍。兼採經、史、子、集四部的要典，重拾對通才器識的重視，將是我們進一步工作的目標。

古籍的注譯，固然是一件繁難的工作，但其實也只是整個工作的開端而已，最後的完成與意義的賦予，全賴讀者的閱讀與自得自證。我們期望這項工作能有助於為世界文化的未來匯流，注入一股源頭活水；也希望各界博雅君子不吝指正，讓我們的步伐能夠更堅穩地走下去。

導讀

一

時至晚明，中國大陸的氣候，發生劇烈的變化，其間有千年不遇的大旱，也有近五千年最低的氣溫，同時還是天象活動變化最急劇的時期。和這種天象相應的人世的動盪，境內民變風起雲湧，境外後金虎視眈眈。與此同時，在思想界也正醞釀著一場在當時並未引起重視但影響十分深遠的變革。追求真知、崇尚實踐的思潮，越過理學、心學圍築的堤壩，滲透到社會生活中，從中透露了樸學即將抬頭的消息。這也是一個需要科學巨人並已產生巨人的時代，明代四大科學家（李時珍、徐光啟、徐霞客、宋應星）同時出現，決非偶然。清初大思想家黃宗羲、顧炎武、王夫之、方以智諸人，其批判的鋒芒直指明末的空疏不實之學，而觀念的革新則是對李時珍等人的直接繼承（雖然未必自覺）。張鼎思在《本草綱目》序中，說這部作品「窮萬物之賾，可以識造化之妙，而見天地之心」。方以智在《物理小識》中，明確主張「寓通幾（哲學）於質測（科學）之中」。在重道輕器的古代中國，可謂石破天驚之言。

「仰以觀於天文，俯以察於地理，是以知幽明之故。」（《易・繫辭上》）孔穎達《疏》：「地有山川原隰，各有條理，故稱理也。」地理，即山川土地的環境形勢。如果說歷史是人類活動留在時間的軌跡，那麼地理則是空間向人類提供的活動場所。中國是最重視歷史的國家，無論何種學科，對其歷史的研究都懷有一種虔誠的熱情，乃至在很長的一段時期內，連地理研究也依附於歷史的名下。前人說「六經皆史」，其實作為最早的文獻記載，六經也是地理著作的源頭。西晉太康二年（二八一），汲縣（今屬河南）民不準盜發戰國魏王古墓，得先秦古書，中有《穆天子傳》，《隋書·經籍志》列於史部起居注類，可稱中國第一部遊記體的地理著作。中國古代遊記，大致可分以下幾類：一是對神話傳說的編寫，如《穆天子傳》；一是宗教遠遊的記錄，如法顯《佛國記》、玄奘《大唐西域記》；一是因政治活動兼及遊覽，如丘處機《長春真人西遊記》、費信《星槎勝覽》；而絕大多數則為遊覽山水、吟賞煙霞的作品。至於從科學的角度，對地理本身、對自然界的地質地貌進行考察研究，這樣的遊記並不多見，其中《徐霞客遊記》，無論就篇幅、內容、價值而言，均前無古人，也不見來者。

徐霞客名弘祖，字振之，初入人世，即被寄以弘揚祖風、重振家業的希望。但他似乎從小就和功名格格不入，在一試不第之後，就絕意仕進，而仰慕一切沖舉高蹈之迹，心馳神往於山水之間。所幸其父徐有勉理解、同情他的志趣，其母王夫人更將「志在四方」，視為男兒之事，不願讓霞客「以藩中雉、轅下駒坐困」（陳函輝〈霞客徐先生墓志銘〉，下簡稱陳〈志〉），支持霞客選擇了一條背離世俗、充滿艱險的人生之路。以此，霞客雖未能涉足仕途，光大門楣，但他尋脈探源的萬里征程，為中華民族的科學文化增添了異彩。

據陳繼儒說，天啟四年（一六二四），一客來訪，其人「墨顴雲齒，長六尺，望之如枯道人，有寢處山澤間儀，而實內腴，多膽骨。與之談，磊落嵯峩，皆奇遊險絕事，其足跡半錯天下矣。客乃弘祖徐君也。」（〈壽江陰徐太君王孺人八十敘〉）據說「霞客」之號，即出於陳繼儒。唐泰在詩中稱霞客「影高遺子，胸藏大冶，尤寥廓，尤揮灑」（〈汗漫歌〉）。作為一個亭亭物表、皎皎霞外的求索者，霞客終身在山水中探遊，他的一生，他的風概，也像山水那樣奇麗多姿，卓爾不群。霞客有幾句詩，頗能寫出他的情趣、他的操守。他珍惜「人與梅花一樣清」的品格，永懷「崆峒坐倚月縱橫」的追求，如同一片孤雲，從幽寂的山岫中升起，明知「長天不留蹟」，仍不忘以「崆峒第一峰」作為自己的歸宿。

霞客一生，寄身江南，浪跡天下。早年東渡大海，西至秦中，南下五嶺，北上燕山，瞻齊魯聖跡，訪中原古址，至於徽、越名山，八閩勝水，遊訪殆遍。晚年立志西遊，發軔江、浙，周遊贛、楚，跋涉粵西，顛仆黔道，直抵滇中，深入邊陲。他遍遊明代兩京十三布政使司，足跡已及今華東、華北、華中、華南各省，以及西北的陝西，西南的雲、貴，有人認為他還去過四川。除峨眉山存疑外，踏遍當時天下所有名山。他獨遊三十年，縱橫數萬里，蘧廬天地，旦暮古今，行常人所不行，至常人所不至，見常人所不見，聞常人所不聞，途中「就破壁枯樹，然松拾穗，走筆為記」（錢謙益〈徐霞客傳〉，下簡稱錢〈傳〉）。對霞客來說，人生不可無此遊，此遊不可無此記，故一生心血，走筆成書，奇蹤勝跡，躍然紙上。據統計，現存遊記一四六三天，行程二六〇〇〇里（實際時日行程還要大得多）。通常將徐霞客遊程分前後兩個階段，前階段走訪名山，問奇覽勝，留下十七篇名山遊記；後階段即萬里西遊，尋脈探源，現存遊記絕大部分為西遊時所作。潘耒為《遊記》作序，說霞客早期遊訪尚無過人之處，其奇絕處，在西遊之後，特別是在「百蠻荒徼之區」，「讀其記而後知西南區域之廣，山川多奇，遠過中夏也」。

徐霞客的一些朋友，常把他說成是個超然遠舉、瀟灑出塵的遺世獨立者。霞客一生，從未涉足官場，甚至連秀才也不是，如此違俗，確不多見。但他並未忘情世事，無論在家居之時，還是旅遊途中，對時事一直都很關注，甚至相當敏感。直到臨終前，仍將「奮志勛名，立功萬里外，纓名王之頸，鐫燕然之石而歸」，作為男兒應有的抱負（《梧塍徐氏宗譜》）。但是，當時明王朝已日薄西山，岌岌可危，黃道周等人仍不肯放棄其「補天」之心，而徐霞客則冷靜地看到，在「此缺陷界」中，已不可能有所作為，故將目光從人世移向自然。楊名時說：「觀其意趣所寄，往往出入釋老仙佛，亦性質之近使然。」（〈序一〉）這話未必正確。實際上在霞客身上體現的，仍是「進則思以濟眾人，退則思以淑諸己」的傳統思想。投身山水之中，是他在現實社會找不到出路時所作的一種既自覺又無奈的選擇。霞客自己說得很清楚，他正因為「恨上無以窮天文之杳渺，下無以研性命之深微，中無以砥世俗之紛沓，惟此高深之間，可以目摭而足析」，才「決策西遊」（〈致陳繼儒書〉）。他遺棄的只是世俗，而不是人世；拋棄了功名，但沒有拋棄事業。

在中國歷史上，出現過不少旅行家。從漢代的張騫、司馬遷、班超、甘英，晉、唐的法顯、玄奘，直到元、明的丘處機、耶律楚材、鄭和，其中有些人比霞客出遊時間更長，所遊之地更遠，經歷更有傳奇色彩。有人提出：「張騫、甘英之歷西域，通屬國也；玄奘之遊竺國，求梵典也；都實之至吐蕃西鄙，窮河源也；霞客果何所為？」對此，潘耒的回答是：「夫惟無所為而為，故志專；志專，故行獨；行獨，故去來自如，無所不達意。」（〈序〉）此話有些似是而非。確實，霞客旅遊，既無政治意圖，也無宗教目的，而是純粹從科學和審美的角度、不染絲毫功利觀念以觀照自然。但不能因此說，他的旅遊是處在一種無目的、無所為的狀態之中。旅遊對他來說，不僅僅是一種精神寄託，而是一種明確的追求，是實現自我的途徑。在遊麗湖南茶陵的麻葉洞，他面對圍在洞外驚異不已的人群，說道：「吾守吾常，吾探吾勝耳。」這句話堪稱《遊記》的點睛之筆，從中顯示出一個探索者目標明確、堅守信念的情懷，和西方但丁的名言：「跟隨我，讓人家去說長道短！要像一座卓立的塔，決不因為暴風而傾斜。」有著同樣的警世作用。

在〈山中逸趣跋〉中，徐霞客說自己「偏覓山於天下而□乃得逸於山中」。「非天下皆勞，而我獨逸，天下慮悲，而我欲趣，……以我之鎮定□之，我而退下，陰受其庇」。他最後在探索自然中找到精神的寄託，體現了自我的價值，相比之下，更使那些依然沉溺在名利場中的人（包括他的朋友）顯得局促不安，用黃道周的話說：「霞客兄翺翔以來，俯視吾輩，真雞鶩之在庖俎矣！」（〈獄中答霞客書〉）袁宏道有詩云：「二百年來好紀綱，辰裂星紛委平地。天長閶永叫不聞，健馬那堪持朽轡？書生痛哭何蒿籬，有錢難買青山翠！」（〈聞省城急報〉）當天下處於一派紛擾之中，任是深山更深處，也難找到能夠息心養性的靜土，對此，徐霞客在西遊途中體會尤深。他所說的「逸」，所說的「趣」，只是指能不受外界干擾，在自我追求中得到滿足。而促成他不懈追求的則是勃勃不已的使命感，是在心中潛伏已久、或者說衝動已久的願望。他的行為，不僅健全了人的自然本性，同時也昭示了人的價值和力量。從這個意義上說，時至今日，依然「天下陰受其庇」。

酈道元在《水經注・序》中說：「脈其枝流之吐納，診其沿路之所躔，訪瀆搜集，緝而綴之。」可見他已十分重視實地考察的意義。只是他身處南北對立的年代，不能南渡長江，致使《水經注》關於南方水系的記載，留下了在當時無法彌補的遺憾。可惜這種思想方法，並未引起後世地理學者足夠的注意，惟有沈括等少數人能身體力行，「所到之處，莫不詢究」。大量的方志編纂，多抄襲舊文，以訛傳訛，足不出戶，鑿空而談。徐霞客正是看到「昔人志星官輿地，多以承襲附會；即江、河二經，山脈三條，自紀載來，俱囿於中國一方，未測浩衍」，故「欲為崑崙海外之遊」（陳〈志〉），深入自然，進行實地考察，以還山川的本來面目。他登山必上頂，遊洞必探底，溯流必窮源，訪古必徵實。《遊記》中僅記載大小地名，就有上萬條，其中大多是微不足道的座落在荒山野嶺中的小村落，從中可見其考察之勤。梁啟超說：「中國實際調查的地理書，當以此為第一」，「是以科學精神研治地理，一切皆以實測為基礎，如霞客真獨有千古矣！」（《中國近三百年學術史》）

徐霞客是個「書痴」，既好讀書，又好買書，當然不會排斥從書本中獲取現成的知識。但他從不輕信、也不迷信前人（那怕是權威）的記載，更重視實地考察，更相信自己的眼睛。他是在邊走、邊看、邊問中求取真知的，而關鍵則在「走」。黃道周贈霞客詩云：「東魯仲尼去千歲，西羌大禹死何在？書生抱膝空咿唔，即化喬松安足賴！」頗能道出霞客的心衷。西遊途中，他多次糾正了史書、志書記載及傳說中的錯誤。如果與實地考察不合，即使聖人經典，也敢於非議，這種精神所孕育的最令人矚目的成果，便是他的〈溯江紀源〉。文中明確否定了《尚書・禹貢》中關於「岷山導江」的說法，認為長江源頭也應出自崑崙山，其上源為金沙江，這在對儒家經籍不容置疑的徵聖宗經的年代，具有震聾發聵的作用，而不僅僅是一處江源的發現、一個地理學上的問題。

系統觀察、定量分析、精確記載，是徐霞客實地考察的特色。他有極其敏感的觀察力，早在黃山旅遊時，就已發現蓮花峰高於天都峰，為黃山主峰。他對山川地貌的宏觀把握固然不可企及，對具體景物觀察之精微也讓人歎服，在華山，他甚至注意到松樹一束幾針。徐霞客是個數字觀念極強的人，他描寫物象，常常精確到幾寸幾分。在武夷山九曲盡頭遊覽時，他第一次對地形作標明尺寸的定量描述。他憑目測、步測，對桂林七星巖十五個洞口的方位、距離，都作了明確的記載，當代科技人員用儀器進行實地勘察，證明他的記載都基本正確。甚至連描寫像瀑布那樣的動態、多變的景觀，也用具體的數字來顯示其壯闊。故後人可根據他考察的記錄，編繪精確的地圖。十七世紀來華的義大利傳教士衛匡國（P. Martinus Martini S. J., 1614–1661）編製《中國新圖製》，就採用了《遊記》中的材料。

中國以往的地理著作，特別是記遊之作，大多是記錄性的、描述性的，內容偏於疆域、景觀、風情、物產，缺乏理論上的探討，不能在已有的觀察基礎上作概括與提高。徐霞客似乎具有天賦的超越時代和社會的思辨能力和分析能力，長期的野外考察經驗，又使他的感受能力和判斷能力變得分外敏銳。他已不能滿足（局限）於傳統的思維和表現方式，而在考訂、歸納、比較的基礎上，進一步用演繹、推理的方法，進行學理分析和探討，解釋自然現象的成因，預測其發展的前景，從事物的運動變化和相互關係中探究內在規律。《遊記》中記載了不少奇花異木，不僅描述了它們的外觀形態，同時結合有關的資料、傳聞，對土壤、氣候、風向、陽光等自然條件對這些花木生長發育的影響，作了綜合性的探討研究。西遊途中，他充分顯示出識別各種地貌的異乎尋常的才能，觀大勢，察細理，在廣西對灕江峰林谷地、柳江孤峰谷地、鬱江殘丘谷地、粵西峰叢谷地的岩溶地貌，作過具體的區分。進入雲南後，又在廣泛考察的基礎上，通過比較、分析、推理、歸納、總結，進一步揭示了南方岩溶地貌的區域差別和分布規律，指出廣西、貴州、雲南三地同屬發育良好的峰林地貌，因發育階段的不同，而產生形態特徵的差別。

在徐霞客身上閃現的，除了求真務實的精神，還有犧牲冒險的精神。他雖不信佛、老，但佛、老勘破名根、大徹大悟的態度，對他很有影響。但他並沒有因此退避，委蛻此身，相反，他變四大皆空的頓悟，為一往無前的追求。他在西遊前已「蹇衛芒鞋，探幽凌險，以四大付之八寰」（陳〈志〉）。西遊時更是「幻泡此身」，隨時作好犧牲的準備。陳函輝說他離家西遊，「執手一別，即大笑出門」，情懷壯烈，頗有燕、趙豪士的風概。西遊途中，徐霞客承受了各種磨難，有的來自天氣的無常，有的來自地勢的險惡，有的來自時世的動亂，也有來自自身的疾病和貧困。據統計，其間有四十五天，他是抱病帶傷，翻山涉水的。途中他兩回遇盜，多次絕糧。在湘江遇盜時，更是錢財盡失，僅以身免。當時朋友勸他暫且回家，霞客答道：「吾荷一鍤來，何處不可埋吾骨耶？」（陳〈志〉）字字擲地有聲，令人動容。由於社會動盪，行程艱險，即使對霞客理解最深的唐泰，也勸他及早返回：「中外干戈滿，窮荒何所探？我非情更怯，欲爾望江南！」（〈昜先生〉）但霞客毫不動搖，對此他早已作好思想準備：「弘祖將決策西遊，從牂牁夜郎以極碉門鐵橋之外。其地皆豺嗥鼯嘯，魑魅縱橫之區，往返難以時計，死生不能自保……然無紫囊真嶽之形，而效青牛出關之轍，漫以血肉，償彼險巇。他日或老先生憫其畢命，招以楚聲，絕域遊魂，堪傲玉門生入者矣。」（〈致陳繼儒書〉）一個「償」字，充分體現了他自覺的獻身精神。由此，他才能攀懸崖峭壁，涉激流暗河，穿深峽絕壑，探危巖險洞，沐風浴雨，頂日戴月，凌艱越險，披奇抉奧；才「能霜露下宿，能忍數日飢，能逢食即喫，能與山魈野魅夜話，能襆被單夾耐寒暑」（陳〈志〉）。不讓所遊之地有漏失的景觀，留下任何遺憾，是徐霞客探遊的一條準則。為此，在廣西融縣，為尋找鐵騎巖，他冒著傾盆大雨，「往返者數四」；在新寧，他不惜「三誤三返」，去尋找犀牛洞。故前人說他「途窮不憂，行誤不悔……不避風雨，不憚虎狼，不計程期，不求伴侶。以性靈遊，以軀命遊。亙古以來，一人而已」（潘耒〈序〉）！

記中十九探險樂，亙古男兒一霞客。好奇好險，最能體現霞客的性格特徵。自然界的種種奇觀險境，似乎本來就是為像他那樣的奇人準備的，和他趨險的心理如有感應，使他一見到（甚至一聽到）奇險的山水，立即興奮起來，產生一種難以抑制的激情，並練就了異乎尋常的凌危越險的本領，「濟勝似有天授，危巒絕壑，險道長途，如猿升，如鶴舉，如駿足」（史夏隆〈序〉）。用霞客自己的話說，在穿越險途時，他「衣礙則解衣，杖礙則棄杖」，「穿棘則身如蜂蝶，緣崖則影共猿鼯」。

「舉足宜最高，不許雲在上。」（唐泰〈送先生遊雞山〉）這是何等豪邁的氣概。「已是頓超海外海，猶疑天外豈無天。」（唐泰〈天遊曲〉）這是何等無限的追求。惟其如此，才會有「安得峰峰手摩足抉」的期望，才會有「崑崙海外之遊」的宏願。徐霞客的《遊記》之所以能站在前人從未有過的高度，展現既新奇又真實、既驚險又絢麗的情景，正是他求實精神與獻身精神、考察與探險、理智與激情相結合的體現。只有這樣的結合，才能產生巨人，才能建立煌煌之業。陳仁錫在為黃道周〈七言古一首贈徐霞客〉作跋時，發出這樣的感慨：「嗟乎，將吏如君，半肩行李，無疑無怖，名王不足繫也！」楊名時認為，霞客之遊，最「足以警心者」，在他「不惜捐軀命，多方竭慮以赴之，期於必造其域，必窮其奧而後止；學者之於道也，若覃思鼓勇，亦如霞客之於山水，則亦何深之不窮，何遠之不居？」（〈序一〉）確實，有了這種精神、這種勇氣，就能無往不摧、無險不克。一個藐視死神、願為真理獻身的人，必然是無所不為、無所不能的人。從這個意義上說，霞客探險的過程、從中體現的精神，比探險的結果、所發現和描述的奇觀，更加可貴。

如果說，清初顧炎武等人倡導經世致用之學，是痛定思痛的結果，那麼，徐霞客的認識和行為，可謂得風氣之先了。故丁文江稱他為一代新風的開創者和實踐者，是「樸學之真祖」（〈重印徐霞客遊記及新著年譜序〉）。徐霞客的朋友黃道周、陳繼儒、陳函輝等人，雖對他極力推崇，讚不絕口，但他們所看的，還只是一個充滿傳奇色彩的、絢麗多姿的、文學的徐霞客，而對一個得風氣之先的、腳踏實地的、科學的徐霞客，則缺乏足夠的認識。在當時，真正能看到徐霞客及其《遊記》不朽價值的，倒是主文學壇坫的錢謙益。在囑徐仲昭刻印霞客《遊記》時，錢謙益特別指出：「世間聲名文句，都如塵沙劫事，不復料理。惟念霞客先生遊覽諸記，此世間真文字、大文字、奇文字，不當令泯滅不傳。仁兄當急為編次，謀得好事者授梓。不惟霞客精神不磨，天壤間亦不可無此書。」由於社會環境的改變、學術風氣的轉移，有清一代，對徐霞客的事業和成就，始終缺乏相應和相稱的繼承和肯定。晚清李慈銘在當時有好學深思之譽，但他竟認為霞客《遊記》「徒標詭異之目，非寄賞會之深」，「致令異境失奇，麗區掩采」（《越縵草堂筆記》四）。居然採取一筆抹殺的態度。光緒間所修的《江陰縣志》，也將霞客列入〈隱逸傳〉內。直待梁啟超、丁文江等具有新思想、新眼光的學者出現，才重新發現並肯定了《遊記》的科學價值。丁文江還集十餘人之力，標點《遊記》，編繪《徐霞客旅遊路線圖》，並作《年譜》，他無愧為近代徐學研究的開創者，也是徐霞客事業最好的繼承者。

二

清薛福成為全祖望《七校水經注》作序云：「其徵引宏富，文章家之資糧也；沿革明晰，考據家之津筏也；而其有關於水利，有裨於農政，實經濟家理天下之書也。」前人甚至稱《水經注》為古代記載川流水利的包羅萬象的作品。《徐霞客遊記》包羅的範圍更廣，內容更加豐富，堪稱中國古代地理學的集大成著作，其中涉及山峰洞穴、川流澤藪、峽谷瀑布、火山溫泉、天文氣象、岩石土壤、城市聚落、交通關隘、奇花異木、珍禽怪獸、民族民生、物產物價、生產建設、經濟貿易、古蹟文物、寺廟道觀、逸聞趣事、神話傳說等各個方面，舉凡地質地貌、生態物侯、歷史社會、民俗民情，無不萃於一編，可謂自然博覽、社會長卷，又豈止「山經別乘，輿地外篇」而已。

地貌是形成地理環境的一個主要因素，其歷史也許和地球本身同樣古老。但直到十九世紀中葉，西方才首次提出「地貌學」這一術語，而作為一門獨立的學科，則成於十九世紀末二十世紀初。中國古代沒有專論地貌的著作，但從〈禹貢〉到《讀史方輿紀要》，裡面或多或少都包含了一些有關地貌的內容。若論記載之廣，論析之精，則首推《徐霞客遊記》。其中包括山岳地貌、流水地貌、岩溶地貌、紅層地貌、火山地貌、冰緣地貌等多種地貌，既有具體的定量記載，也有生動的形象描述。更難得的是，他還根據考察所得，及時總結了地貌與氣候變化、動植物分布、農業生產、行政區劃的關係。

徐霞客自稱有「山癖」，他「生平只負雲山夢」，「夜半翻話只有山」，以此，唐泰有「留君一坐即名山」的感歎。這使他理所當然地成為中國山岳地理研究的先驅，既能對山巖的形態作具體的描述，更長於對山脈的分布走向作宏觀的把握。早在黃山旅遊時，他就已兩次記載了山崩的地形。徐霞客繼承了古代的「三龍」說，認為前人因「不審龍脈，所以不辨江源」，故從一開始就十分注意考察南龍。西遊途中，他「陟（南龍）大脊而東西度之，不啻如織矣」。並就位於雲南、四川、西藏相界處的「南龍大脈」，作了對常人來說匪夷所思的鳥瞰式的概述。最令人歎服的是，他從高黎工山上接雪山這一地理條件，展開旁人不會有的思考和想像，提出在當時無法證實、常人難以想像、但現在看來又相當正確的看法，揭示了橫斷山脈同喜馬拉雅山的關係。

如果說山是自然的骨骼，那麼水則是自然的血脈，山水相連，樹起了自然的形象，也賦予自然以生命和力量，故「山水」二字，往往成為自然及自然景物的同義詞。在旅途中，徐霞客對水文地貌的考察，始終與山岳地貌密切相連。《遊記》中共記載了從江河到澗溪的大小水流五百多條，對一些重要河流的水文狀況，諸如源頭、分支、分水嶺、流域、流量、流速、水質、河牀、河道等，都作了明確的記載。在黃山旅遊時，他已注意到這裡是長江、新安江（錢塘江）兩大水系的分水嶺。在雲南，他多方尋訪，完成了對省內六大水系即大金沙江（伊洛瓦底江）、潞江（怒江）、瀾滄江、金沙江（長江上游）、元江、南盤江（珠江上游）的考察，所作〈盤江考〉，被丁文江譽為「我國言地理學最重要之文字」（《徐霞客先生年譜》）。並總結出兩句如何考察江河脈絡的經驗之談：「分而岐之名愈紊，會而貫之脈自通。」溯江探源，是霞客西遊的主要目的。五嶺是南龍承上啟下的一環，九疑山正當其中，涉足瀟湘山水，是他探尋長江正源的一個重要組成部分。他去世前不久所作的〈溯江紀源〉，探江、河發源，尋三大龍脈，堪稱用畢生心血凝成的一座豐碑。徐霞客十分重視地形與水文的關係，注意到由於「土石之勢既殊」，造成「燥潤之分亦異」；考察了「山水交瀠之概」、「諸流包絡之分」。並總結出一些引起水文變化的自然規律。他在福建考察比較了寧洋溪和建溪之後，第一次明確提出了完全符合流體力學原理的科學結論，即河水的流速和流程成反比，流程愈短，流速愈大。在廣西新寧航行時，他描述了「江流擊山，山削成壁，流迴沙轉，雲根迸出」的現象，這實際上就是近代地質學者所說的河流侵蝕原理。無論在哪裡，瀑布都是一道異常亮麗的風景線，有關瀑布的描寫，也都是《遊記》中文采斐然的篇章。如果說飛流直下、砯崖轉石的瀑布，以充滿陽剛之氣的壯美令人神往，那麼清瑩秀徹、鏘鳴金石的泉水，則以溫柔可人的秀美使人陶醉。不過霞客的興趣，更偏於那些奇泉怪泉，並根據其所在的地理位置，來探究形成這些奇觀的原因，如在雞足山大覺寺，他便根據有水從池中的錫管向空中倒射到固定高度這一看似「顛倒造化」的現象，提出了管氣（即流體壓強）相通的原理。在當時的生產條件下，水對農業具有至關重要的意義，故徐霞客對旅遊途中的水利設施，尤為關注。

一九七三年在湖南長沙馬王堆三號漢墓出土的古地圖，上面繪有九疑山峰林地形，成為世界上現存最早的一幅熱帶岩溶圖。在中國南方，從湖南南部的道縣，到雲南東部的羅平，是一片面積達五十五萬平方公里的類型眾多的岩溶地貌，被西方岩溶學家譽為世界上最奇特的岩溶地區，這就為徐霞客觀察岩溶現象、研究其發育機制、構造特徵以及地域差別，提供了得天獨厚的場所。他前期旅遊，已在江蘇宜興的張公、善卷洞，河南嵩山的石淙，福建將樂的玉華洞，觀賞了岩溶景觀。西遊之後，幾乎有三分之二的時間在岩溶地區度過。據統計，《遊記》中對岩溶地貌的記載和論述有十餘萬字。他將各地的岩溶現象作為一個有機的整體，系統地考察了磅礴數千里的岩溶地貌，將岩溶地區分成峰林、峰叢、殘丘、平原等多種不同的類型；提出了石乳、石筍、峰林、峰叢、天生橋、穿岩等專門名詞，沿用至今，成了岩溶學中的規範用語；注意到岩溶發育過程是流水溶蝕和重力等外界因素綜合作用的過程；以及岩石性質及地質構造對岩溶地貌發育的影響，岩溶地貌發育的區域差別等。在西方，直到一百年後，才有人開始注意考察，但其研究的深度和廣度，都遠較徐霞客遜色。

徐霞客十分重視岩溶水文，對途中所見的岩溶湖、岩溶泉，及洞穴瀑布，都作了記載。如果說地表岩溶千姿萬態，那麼地下岩溶更是神祕莫測。岩溶地區水文獨特，地表河和地下河上下相通，交替出現，形成複雜的地下河系。徐霞客對伏流（暗河）一直懷著極大的興趣，常常不顧路險人疲，追蹤窮究，故他對地下岩溶水文的考察，就格外難能可貴。在湘江航行時，他看到激流洶湧的險灘，「有渦成漩，諸流皆奔入漩中」，斷言這些驚濤駭浪與地下水相通。在廣西三里城佛子嶺南巖考察時，他不僅發現了因地下河的侵蝕而形成的溶洞和地下河谷，還指出了地下河侵蝕的一個重要機制反溢作用，並指出佛子嶺北巖地下水的流向，和水壓有關。在貴州鎮寧雙明洞遊覽時，他提出「四面山環，水必透穴」的看法，揭示了洞穴和伏流兩者形成的關係。

溶洞是岩溶地區最有特色的地貌，也是最迷人的景觀。由於眾多溶洞地處僻遠，難以尋找，洞內更是幽深不測，險象重重，使人充滿神祕恐怖之感。直到近數十年，在現代設備和技術高度發達的條件下，洞穴學才得以發展起來。好奇嗜險的天性，使徐霞客不願放過任何一次可以探洞的機會。據《遊記》所載統計，他考察溶洞的日子，占了出遊總行期的百分之十三，記錄文字達七萬二千多字。所記溶洞和非溶洞共三百五十七個，親自入洞考察的為三百零六個，占百分之八十六；其中石灰岩溶洞二百八十八個，進入考察的二百五十個，占百分之八十七。僅在廣西、貴州、雲南三省，就探穴二百三十九個，其中廣西有一百九十四個（見唐錫仁、楊文衡《徐霞客及其遊記研究》）。對溶洞的研究，包括洞口朝向、洞穴大小、洞穴類型及形態結構、洞穴堆積、洞穴水文、洞穴生物、洞穴氣侯、洞穴音響、洞穴考古、洞穴利用等各個方面。徐霞客不僅對形成這些洞穴形態和現象的規律進行探討，還從岩石色澤、洞穴結構、有無滴乳等方面，對溶洞和非溶洞作了區分。《遊記》中最精彩的描寫，往往與遊洞有關；徐霞客精神和力量最好的體現，也大多在他遊洞的過程之中。如果說，對岩溶地貌的論述，是霞客地學研究的王冠，那麼其中有關溶洞的部分，則是這頂王冠上的明珠。在很長的一段時期內，他在世界洞穴研究領域，都獨領風騷，無人比肩。

在中國南方，除了氣勢磅礴、繽紛多采的岩溶地區，還有十分典型的紅層地貌，其地丹崖競秀，赤壁林立，風景絢麗，歷來為道家的洞天福地。但那些道士，只因蹈居深山之中，反而不識名山真面目。現代地理學者因這種地貌以廣東仁化的丹霞山最為典型，故又稱為丹霞地貌。徐霞客也許是中國最早全面考察紅層地貌的人，早在遊白岳山（齊雲山）時，他已注意並描述了砂岩山貌的特徵。後來足跡幾乎遍及南方大部分紅層地貌的名山，他注意到這些地區共同的地貌特徵，以武夷山最為典型，以後遇上這種地貌，總愛和武夷山進行比較。他多次描寫了因紅色岩層垂直節理斷裂而形成的極為狹隘的澗谷，稱之為「一線天」。在廣西都嶠山遊覽時，他用「張吻裂唇」這樣奇特的妙語，來形容砂岩巖洞，貼切傳神，令人叫絕。在白石絕頂，面對眼前「赤膚赭影，一劈萬仞」的美景，很自然地將這裡的砂岩山峰，和桂林的石灰岩山峰進行比較。《遊記》中還描述了黃山「諸峰，片片可掇」的花崗岩峰林地形，石笱缸「峰石迴攢」的典型石林地貌。在五臺山中臺的龍翻石，徐霞客特別注意這裡「亂石數萬，湧起峰頭，下臨絕塢，中懸獨聳」的壯觀，這便是高山凍土地帶特有的地貌，即凍緣地貌，同時還寫了在「陰崖懸冰數百丈」的「萬年冰」。西遊伊始，他在杭州寶石山巔，看到「巨石堆架」的落星石，當時他還沒認識到，這是億萬年前一次火山噴發後形成的遺物。雲南是地震、火山多發區，《遊記》中對著名的騰越火山群的分布、形態，對當時火山爆發的情景和留下的浮石，都作了前所未有的考察和描述。由於火山對地熱活動的巨大影響，雲南的溫泉、熱泉尤多。《遊記》中對當地溫泉的地理位置、出水方式、水溫及利用，都有十分具體的記載。

徐霞客的日記，對每天的氣象情況，無論陰晴寒暑，都作了記錄，從而留下了極為罕見也就彌足珍貴的原始氣象資料。據現存遊記統計，其間有二百九十一天為雨雪天，占總日期的五分之一。崇禎十一年（一六三八）八、九月間，在雲南東部，雨竟連下一個半月，可見當時的氣溫比現在要低，雨水要多。長期的野外考察，使他掌握了看雲識天氣的本領，但他並沒有就此滿足，進而探究造成氣象變化的自然原因和地理條件，提出氣溫的高低與地勢的高度、地形的緯度以及日照的距離有關。在通過雲南永昌分水關時，他揭示了氣流會因地形地勢的不同而發生或雨或晴的變化。徐霞客敏銳地發現環境、氣候與植物間相互影響的關係。指出地理位置、地形特徵會影響氣溫、風速，進而影響植物的生長期，日照、土壤會影響植物的分布和成長狀況。在從河南經陝西轉入湖北的途中，他根據各地植物生長不同的狀況，比較了豫西、陝南、鄂西北三地氣候的差異，提出「山谷川原，候同氣異」的著名論點。在恆山遊覽時，他發現並揭示了這山「土山無樹，石山則有；北向俱石，故樹皆在北」這樣一種看似反常的現象，對後人研究和保護北方旱區的植被，是一個深刻的啟示。徐霞客看到森林植被能夠改變局部的氣候，他對雲南原始森林的描寫，更是充滿了色彩感、動態感、力量感、震撼感，令人神往。

《徐霞客遊記》是明末南方社會狀況最直接、最真實、最具體的記載，既是民俗風情的長卷，也是政治時事的實錄，具有無可比擬和替代的歷史價值。其中寫了從都市到山村、從王府到寺觀的各式社會情景、各種人物形象，寫了人世滄桑，寫了社會動亂，寫了王孫淪為乞丐、官兵與匪私通，寫了別開生面的風物、無法承受的勞役，寫了損己利人無私奉獻的高僧，也寫了劣跡斑斑居然欽命升遷的污吏，有的令人敬佩，有的令人切齒，有的令人悲惻，有的令人動容，有的令人掩卷長思，有的令人啼笑皆非。

徐霞客生在商品經濟已較發達的江南地區，世代重視實業，他逢市必趨，對沿途的經濟貿易十分關注，對各地米價的記載尤為具體。從《遊記》中可知，明人的商品流通的意識、追求利潤的意識已經很強，只要有利可圖，即使荒遠的瘴癘之地，也成了商人集聚的樂土。徐霞客遊歷時間最長的廣西、貴州、雲南三省，都是少數民族的集聚地，途中他經過瑤、壯、苗、彝、納西、白、傣等民族的居住區，對當地民風民俗民生民情的記載，成了《遊記》中既瑰麗又苦澀的篇章。在他的筆下，留下了諸如廣西壯族的「打跋」（今稱「歌圩」）、貴州的花燈、雲南大理的三月街這些民族風情的描述，但反映更多的則是少數民族生活的苦難，即使和當地漢人相比，他們的生產和生活狀況也要落後得多、艱難得多。徐霞客對土司制度作了猛烈的抨擊，指出正是在官府腐敗的機制中，結出西南土司橫行的惡果。尤其可貴的是，他摒棄了民族偏見，多次認為，惟有在少數民族那裡，還保留著淳樸的古風，流露出由衷的讚美。從《遊記》中可知，當時的邊地，已出現了民族混同的現象。徐霞客在邊地目睹交彝入侵、緬甸騷擾，深知邊患不已，全因內政不修，憂心如焚，不禁大聲疾呼，提出一些切中時弊的建議，其批判的鋒芒甚至直指當朝的崇禎皇帝。故盧文弨說他「非全闕經世之務，徒為汗漫遊者比」（〈書徐霞客遊記後〉）。葉廷甲認為「凡以民物為己任而有政教之責者，周覽是書，於裁成輔相左右宜民之道，不無少補焉」（〈序〉）。

三

中國古典文學，就內容而言，主要由抒情、說理、記人、狀物、敘事、寫景這幾部分構成。其中以山水為主要對象的寫景文字，雖然早已出現在《詩經》和先秦作品之中，但都作為抒情、敘事的附庸，散見於各種篇章之中。據《史記・太史公自序》，司馬遷自二十歲（元朔四年，前一二五）出外遊訪，至元封元年（前一一〇）平西南夷後回長安報命，在長達十餘年的時間內，足跡遍及中原和除今福建、兩廣以外的南方地區，只是他的巨作《史記》，卻很少寫景文字。遊記作為一種文學體裁出現，應始於東漢，而勃興於六朝，雖起步較晚，但發展迅速。僅就藝術成就而言，六朝的寫景文字已駸駸乎與抒情文字並驅，成為兩處最絢麗的藝術園地。至唐，遊記在柳宗元手中又有了突破。與六朝文人「窺情風景之中，鑽貌草木之中」，「巧言切狀，如印之印泥」不同，他將自身的情感，濃縮後注入所觀照的景物之中，使景物的自然特徵與身世之感融為一體，特別愛寫淒清、幽寂的景觀，來表現自己的孤獨與高潔。一切景語，在他的筆下都成了情語。至於以日記體的形式，寫旅途所見，始起唐李翺的《來南錄》。南宋陸游的《入蜀記》，夾敘夾議，不拘一格，揮灑自如；同時范成大的《驂鸞錄》、《吳船錄》，描寫生動，頗有特色。作為私人記錄的日記，由此走向社會，進入文學的殿堂。

儘管山水文學至明代已蔚為大觀，但他人的成就，和徐霞客相比，總如片玉之於崑山。用錢謙益的話說，惟有徐霞客的遊記，才是真文字、大文字、奇文字。謝靈運、柳宗元、蘇軾等人，都以模山範水見長。謝靈運措詞清雋，但乏奇氣；柳宗元則跼居永、柳彈丸之地，抒寫一己感慨；蘇軾好隨興所至，借題發揮。和徐霞客相比，謝不奇，柳不大，蘇不真。在錢謙益所說的「三長」中，「真」是根本，惟其真，才不會故弄玄虛，大而無當。徐霞客的前輩作家袁宏道說：「行世者必真，悅俗者必媚。真久必見，媚久必厭，自然之理也。」（〈行素園存稿引〉）王國維說：「能寫真景物、真感情者，謂之有境界。」（《人間詞話》）由於文言長於會意，短於刻劃，故前人摹景，特別是狀難寫之景，往往虛寫。特別是在文人畫興起之後，避實就虛，更是成為一種審美風尚。「論畫以形似，見與兒童鄰。賦詩必此詩，定知非詩人。」（蘇軾〈書鄢陵主簿所畫折枝〉）這幾句詩，幾乎成了一些人作詩繪畫的座右銘。不能說虛寫就一定不真，但就描摹具體的景物而言，畢竟會有隔閡。「天留名壤待名人，吾家季兄能采真」（〈題小香山梅花堂詩〉）這兩句詩，也可看作對徐霞客最貼切的評讚。潘耒說他「於霞客之遊，不服其闊遠，而服其精詳；於霞客之書，不多其博辨，而多其真實」。這就是說，他所欽慕的，主要是霞客通過細緻的觀察、逼真的描述，來表現自然本來的面目。《遊記》中的描寫，都能清晰、精確，且又形象地勾勒出山水的形貌，具有極強的方位感和條理性，即使他所用的大量比喻，也都獨具匠心，不可他移。多姿多采的自然景觀，既變化多端，又各具鮮明的特色，要揭示其真諦，並非易事。霞客的過人之處，在於他始終能不脫離特定的地理位置，同時結合歲月的變化，揭示形成這種景觀的獨特的時空條件，不僅寫其靜態，而且寫其動態，在寫山水形貌的基礎上，進而寫出它的骨骼、它的血脈，乃至它的性情。在他的筆下，山水的真貌、自然的真趣、人的真情，已融為一體了。

明人多小品，霞客則擅長篇；他人的遊記往往以一石一水、一景一物取勝，而霞客則以整體描寫獨占鼇頭。千古遊記，論氣魄之雄、規模之大，必首推《徐霞客遊記》。作者以縱橫上下，無所不可的氣概，大筆揮灑，潑墨淋漓，漱滌萬物，牢籠百態，全方位、多角度地展現天地大觀。峰巒巖谷，不一其狀；川流瀑泉，不一其態；奇花異木，不一其色；風雨煙雲，不一其變。筆意軒昂，尺幅千里，為人世開啟耳目，為宇宙開拓心胸。《遊記》有漢代大賦的氣派，以鋪張揚厲之筆，寫瑰異奇偉之景，成侈麗閎衍之文，但又避免了漢賦的侈言無驗，虛而無徵。人只有高瞻遠矚，在較為廣闊的視野中進行觀照，才能識景觀之大體；而要使物無遁形，又必須深入其中，作具體入微的觀察。而徐霞客正具備了對觀照對象作宏觀和微觀的雙重把握能力，故既能得其大勢，又能識其細節，既毫髮無憾，又波瀾獨成，通過對局部參差有致的描寫，組成一幅整體和諧的畫面。

《遊記》既是真文字，又是奇文字。蘇軾說：「詩以奇趣為宗，反常合道為趣。」（《冷齋夜話》）《遊記》之所以稱奇，在於霞客的描述，不僅為人人筆下所無，且為人人目中所無、意中所無。但又不背離真實，不背離自然，開卷披閱，只覺「奇踪異聞，應接不暇。然未嘗有怪迂侈大之語，欺人以所不知」（潘耒〈序〉）。誠如前人所言，只有像霞客那樣奇情鬱然、曠世獨步的奇人，才會有搜奇抉怪、亙古未有的奇遊；有了這樣的奇趣，才有可能發現「顛倒造化」、聞所未聞的奇物奇景，才能上升到涉目成賞、移步見奇的境界；將這些奇物奇景載之於筆，便成了這部一空倚傍、吐韻標新的奇書。清查慎行詩云：「萬里乾坤千里目，欣從奇險得奇觀。」（〈興安嶺絕頂遠眺〉）在霞客的《遊記》中，奇、險兩字，始終是連在一起的。前人說美在和諧之中，這話不錯，和諧的組合確實能產生舒心悅目的美感。但打破和諧，激起衝突也能產生美感，在搜奇探險中所得的，就是這樣一種怵目驚心的美感。由於自然界的奇絕之景，往往多在險絕之處，故沒有見險必截的膽力，就不能獲得聞奇必探的樂趣。由於常人都在險阻前卻步，從而只能讓霞客那樣的見奇神往、聞險色舞者，獨享從奇險中產生的充滿刺激和抗爭、交織著痛感和快感的美感。當人處在險境之中，最易找到被震懾的感覺，也最能找到去征服的感覺，故探險不僅能滿足感官的愉悅，更是實現自我的一種手段，是進行力的交量、體現生命價值的過程，從而使探險過程本身也成為一種煥發出精神光輝的美。

江山如畫。面對天地間亙古常新的自然藝術，面對充滿個性和魅力的美景，人類的讚美和歎服，永遠不會消失。即使人類在創造力上無法與自然爭雄，仍可憑自己特有的審美趣味，藝術地再現美的形象，抒寫美的理想。這種與自然的貼近契合，使徐霞客總是能處在最佳的觀賞位置，找到最佳的觀賞時機，取得最佳的觀賞效果。由於他胸中藏有無數名山大川，故當模山範水之時，便有得心應手之妙。如畫家寫生，霞客行文，時而用濃墨，時而用淡筆，有疏有密，或開或合，能多中見整，繁而不亂。但他的藝術表現才能，還不僅限於此。後人都稱讚霞客銳於搜尋，工於摹寫。他能拋開板滯的蕪詞累句，變描為點睛，從靜止的景物中寫出它在意識流動中產生的動態變化，在色彩中寄以情趣，在聲響中寓以神韻，在形式中涵藏意味，從而寫出山水的性情和特有的魅力。山光雲影，泉流風聲，宛然在目，傾耳可聽，行文生氣勃勃，畫面栩栩如生。

霞客作文，雖不刻意求工，但也很注意煉字。《遊記》的語言，簡潔而又壯闊，明確而又瑰麗，字圓轉如珠，詞絢麗如霞，意深遠似壑，神飛揚似雲。《遊記》中還借用了不少方言俗諺，詩詞曲語，使語言富於彈性，增添情味。當興之所至，也用了不少駢詞偶句，鋪陳排比，以增強文章的節奏和氣勢。只是由於過於追求具體精確，致使《遊記》中的某些段落，行文顯得繁瑣滯澀，甚至有令人費解之處。

自然景觀的形態美，是在一定的條件下逐漸形成的，在千差萬別的物態背後，自有規律性的力量在起作用。用石濤的話說：「天有是權，能變山川之精靈；地有是衡，能運山川之氣脈。」「得乾坤之理者，山水之質也。」（《畫語錄》）故誰能了解、掌握自然的變化規律，誰就把握了山水的本質特徵，誰就能對自然美有更廣泛、更深刻的發現和領悟。可是長期以來，人們習慣於對景物作走馬看花式的遊賞，留下了一些浮光掠影的印象，即使站在較高的審美層面，也只是滿足於「相看兩不厭」的觀賞，缺乏對自然本質、自然規律的探討。從霞客的經歷、霞客的遊記可見，科學和審美之間有十分密切的互補作用。一方面對美的不懈追求可促使人們對自然現象作更廣泛的探訪，成為導致科學發現的契機；另一方面建立在深刻理解基礎上的對景物的觀賞，又能幫助審美展開更豐富、更合理的想像。中國古代的一些地理著作，在對自然作科學考察記錄的同時，也抒寫了對自然之美的觀感，從中萌生了科學與藝術結合的契機，酈道元的《水經注》便是這種結合培育的第一棵大樹。

獵奇和求知，審美趣味和科學精神，在徐霞客的探遊過程中得到完美的結合。對奇境異物的神往，永遠新鮮的審美趣味，日益敏銳的審美感知，使他充滿活力，樂於並且敢於往人所不往；而對真知的求索，審美經驗的日益豐富，判斷能力的不斷提高，又使他了然於心，能見人所不見。他觀大勢，察細理，見微知著，神思浩蕩，但又不是無條件地放縱、馳騁想像，即他的審美判斷，始終不離自然真實的一面。他以山川為脈絡，以時間為線索，進行具體入微的描寫，重視條理，重視細節，通過對形象、色澤、聲響、氣味的觀照和感悟，進而揭示自然的規律及其變化軌跡，為其留神寫照。形成自然景物特徵的基礎是地貌，而地貌又和地質有密切關係。《遊記》中寫由流紋岩堆疊而成雁蕩山，「危峰亂疊，如削如攢」，雕鏤百態，如鬼斧神工；由花崗岩構成的黃山，「奇峰錯列，眾壑縱橫」，「諸峰，片片可掇」；而由紅色砂礫岩構成的武夷山，則「危崖千仞，上突下嵌」，「兩崖夾峙，壁立參天，中通一線」。這些描寫，都是對某種特殊山貌既逼真又形象的寫照，不可移作他用。《遊記》中不僅能寫出山與山之間的區別，寫出它們不同的體態、不同的風韻，還能寫出在同一座山中，由於自然條件的差異，而呈現的不同景觀。在湖南茶陵雲陽山，徐霞客描寫了「本峰霧氣全消，山之南、東二面，歷歷可覩，而北、西二面，猶半為霾掩」的景象，認為這是由於「是時嶺西黑霧瀰漫，嶺東日影宣朗，霧欲騰衝，而東風輒驅逐而西，亦若以嶺為界者」。在此，山勢、風力、霧氣，既是描述的對象，是一種景觀，也是造成這種現象的要素，是一種動力。由於山勢和風力的作用，產生氣流的溫差，形成以山嶺為分界的不同霧景。這些記載，都將藝術的描述和科學的論證、絢麗的自然景觀和獨特的地貌特徵完美地結合起來，既有美學價值，又有科學價值。如果說中國古代已有科學美學的話，那麼其代表作品，非《徐霞客遊記》莫屬。

四

《徐霞客遊記》又一具有深遠意義的價值，是他對保護自然環境的關注和呼籲。在人類社會演進的過程中，人與自然的關係也不斷發生相應的變化，在不同時期、不同地區會有不同的表現，而在某一時期、某些地區表現得尤為突出。當人類對自然的奧祕一無所知、對自然的壓力束手無策時，對自然也就充滿了敬畏之情，此時，自然是人類的主宰。「仰則觀象於天，俯則察法於地。」（《易・繫辭下》）觀察自然、順應自然，成了人類生存的前提。隨著人類的不斷成熟，已能和自然保持相對的獨立，便由順應變為利用，由膜拜變為觀賞，對自然的親和與愛意，也在人類的情感中生起，特別是當人類社會本身的矛盾不斷激化，以致只能在自然環境中獲取安慰時，這種情感表現得格外強烈。從莊子的「山林與！皋壤與！使我欣欣然而樂與！」（〈知北遊〉），陶淵明的「少無適俗韻，性本愛丘山」（〈歸園田居〉），到李白的「五嶽尋山不辭遠，一生好入名山遊」（〈廬山謠〉），石濤的「搜盡奇峰打草稿，山峰與予神遇而迹化也」（《畫語錄》），無不體現了對自然山水發自深心的依戀和摯愛。

十九世紀末，英國生物學家赫胥黎在《演化論與倫理學》中說：「自然狀態的影響經常是傾向於破壞和毀壞它（人為狀態）」，「倫理本性雖然是宇宙本性的產物，但它必然是與產生它的本性相對抗的」。但沒過多久，在一個截然相反的前提下，人與自然的對立變得更加厲害。原來只是自然界芸芸眾生中一類的人類，自以為已變得足夠強大，便自告奮勇地充當主宰自然的角色，於是轉而憑藉理性的力量，通過技術來征服和改造自然。特別是隨著工業化、商品化進程的加快，人類對自然索取的欲望日益膨脹，對生態環境的破壞日益加劇，人與自然的對立也就日甚一日。更可悲的是在某些人身上，出現了目空一切的狂妄，忘乎所以地鼓噪「與天鬥，與地鬥」這種無知的譫語，不負責任地肆意破壞。當他們誇口說已經征服自然並以此沾沾自喜時，卻不明白自己只是像一個蹣跚學步的小孩跨過一個小小的障礙，並很快就為這種狂妄和無知招來災難性的後果，導致自然對人類明明白白的懲罰。在付出極為慘重的代價之後，人們方才明白，天災往往是由人禍引起的。自然是人類生存的背景，而不是可以肆意掠奪的對象，在它向人類提供慷慨資助時，也需要人類善意的保護。人類的發展過程，是無法在背離自然運行的進程獨行其是的，只有不斷消除與自然的對立，改善與自然的關係，方能呈現發展的前景。由此，如何促進人與自然的和諧，也就變得更加嚴峻和緊迫，成了一個備受關注的世界性話題。

保護自然環境，是徐霞客十分重視但在徐學研究中卻一直被忽略的問題。他在嵩山旅遊時，已發出「中原缺水」的警告。在福建，提出水土流失的現象。他對各地植被的狀況尤為關注，《遊記》中寫了天台山因防虎而燒林，致使「深山荒寂」；太和山（武當山）因朝廷嚴禁砍伐，故「密樹森羅，蔽日參天」。徐霞客對一些人放肆地破壞、污染自然環境極為厭惡。在杭州，他直斥元代楊璉真加在飛來峰鑿石造像；在江西，他對貴溪馬祖巖的僧人將清寂的山巖變作「畜塒之所」，建昌歪排的居民因造粗紙而將水流污染，都作了譴責；在湖南，他對一些遊客將零陵愚溪橋上方的石穴作為廁所，污染環境，褻瀆神靈，十分憤恨，呼籲要用行政和司法的力量嚴加禁止。《遊記》中提到，當時已經有人注意保護生態環境，如廣西三里城參將府，下令禁止人們在青獅潭捕魚；雲南雞足山傳衣寺的僧人，十分愛惜和保護古松；特別是從湖南道州到永明，松樹夾道七十里，他見了喜不自禁，稱讚「栽者之功，不啻甘棠」。遺憾的是他那些富有遠見的保護生態環境的思想，如空谷足音，並未引起利欲熏心的世人的注意，那種從粗暴而又愚蠢的與自然對抗中感到其樂無窮的行為，在近世愈演愈烈。讀徐霞客的《遊記》，再回顧現狀，真令人扼腕歎息，驚心不已。

在高科技時代，人們往往將拯救自然與自身的希望，也寄託在科學技術的進步上。運用科學的力量固然可以改善局部的自然環境，但只要功利至上的價值觀、唯利是圖的人生觀，還在支配人的行為，對自然的破壞就不可能從根本上改變。霞客的情感和行為向世人昭示：只有徹底擺脫功名利祿的誘惑，對自然產生真情，人方能進入「俯仰自得，遊心太玄」，與自然和諧相處的境界。當代人有自己的生存方式，不可能走前人指點的路，但不妨從中獲得一些啟示。霞客的經歷和作品還向世人昭示：審美觀照對於改善人與自然的關係，具有更為直接的情感效應和廣闊前景。因為只有在這種純美的觀照中，才能獲取審美意識的自由，使自我昇華，才有可能抑制無限膨脹的物質欲望，緩解人與自然的衝突。至於描繪自然之美的山水藝術，雖然比直接的觀照隔了一層，但仍能有效地激發和培養人對自然的愛慕和親和之情。故重視人與自然在藝術中的融合，對於改善社會中的人與自然關係，具有不可替代的獨特作用。

「大人者，與天地合其德，與日月合其明，與四時合其序。」（《易・乾・文言》）重視天人（自然與人、天道與人道）的關係，曾是中國傳統哲學（包括自然哲學與倫理哲學）的一大特色，並作為一條主線貫穿在中國文化傳統之中，引申出從宇宙論到人性論、從五行說到理氣說的一系列論述。只是人性中的自然的一面，已經漸漸消亡，從而使人與自然的關係變得日益冷漠。這種因為自身無情而將自然看作無情物的態度，實已犯了生態法則的大忌。天人關係和人際關係一樣，只有在相互了解中才能培養感情，而只有對自然懷有真感情，才能領悟自然的真性情，登山則情滿於山，觀水則意溢於水。

在中國，寄身山林、吟賞煙霞者不可勝數，但真能投入整個身心，耗盡畢生心血，問奇於山川，探美於林泉，必首推徐霞客。「幻出烟蘿傍玉京，須知片石是三生。」「冰雪長盟物外契，烟霞幻出人間世。」（〈題小香山梅花堂詩〉）正是他自身的寫照，從中可見他對自然永遠無法割棄的情結。為了和自然進行更緊密的溝通，他無奇不往，無險不披，無美不賞，無勝不至。他人將凌越自然的重重險阻，看作人與自然的衝突與較量，而在徐霞客看來，履危涉險，是人真正了解自然必由途徑，因為自然唯有對那些在布滿險阻的道路上求索不已的人，才會毫無保留地敞開它的懷抱。「不窮視聽界，焉識宇宙廣？」（白居易〈登香鑪峰頂〉）徐霞客正是在極目遠聽、窮高極深之際，身與自然相對，情與自然相悅，神與自然相通，既對天地之形作披襟開懷式的觀賞，也對天地之心作凝神默照式的領悟。在他的眼中，一山一水，一石一木，都是自然充滿靈性的產物。在江西武功山，他描寫了高山雲霧的變幻莫測，瑰麗多姿，以擬人化的手法，表現人與自然間的情感交流，使所觀賞和描寫的景物，充滿風情和靈氣。

和人類相比，自然顯得更有創造力、更有想像力，也更富於激情。自然理應是一種足以囊括一切的美、一種無所不在的力量，不僅提供人類以生存的物質資源，也為人的精神自由和審美愉悅展示無限廣闊的情景。中國山水畫的創始人宗炳云：「目亦同應，心亦俱會，應會感神，神超理得。」（〈畫山水序〉）另一個山水畫創始人王微贊道：「望秋雲，神飛揚；臨春風，思浩蕩。」（《敘畫》）對景物觀賞的過程，變成主體情感演繹活動的過程，心靈在這裡得以寄託，情感在這裡得到昇華，個性在這裡充分伸展，人的觀察由此變得更加細膩，人的想像也因此格外豐富，人從中找到了遠比社會更理想的天地。

「惟江上之清風，與山間之明月，耳得之而為聲，目遇之而成色。」（蘇軾〈前赤壁賦〉）人對自然景物的觀賞，首先是從感官愉悅開始的，是由形狀、色彩、聲音、氣味等物質形式所激起的美感與快感。

「山沓水匝，樹雜雲合。目既往還，心亦吐納。」(《文心雕龍・物色》) 當審美感受上升到更高的層次，感官愉悅也就轉為心神的契合，故柳宗元在「清泠之狀與目謀，瀯瀯之聲與耳謀」後，還要繼之以「悠然而虛者與神謀，淵然而靜者與心謀」(〈鈷鉧潭西小丘記〉)。山中晨曦，湖心明月，星垂曠野，雨濕平林，亙古不變，卻又歷久彌新，全在它們和人心的呼應。在意識、情思的流動中，景物往往會包含更豐富的意蘊，會在人的想像活動中發生形變，繼而化成一種充滿靈性的情境。與由移情作用產生的「有我之境」不同的是從靜態的觀賞所得的「無我之境」。如果僅僅只是無動於衷的靜滯的觀照，並不可取。靜觀的佳致，在於沉寂中的體驗，寧靜中的回味，以感悟自然的真諦，進而上升到天人合一的脫俗的境地。這二者，在徐霞客的《遊記》中，都有完美的表現。在旅途中，他始終追蹤自然的節奏，體味自然的神韻，抒寫與自然融合的感受。當他走進雲南浪穹的普陀崆，正值大雨傾注，巨浪翻騰，水石相搏，聲勢雄壯，石「百態以極其搏截之勢」，水「百狀以盡超越之觀」。眼前的壯觀，在他心中化成一場力與力的搏擊，使他自然而然地湧起一種去征服的力量，感到亢奮，轉覺神往，並將這種感受灌注筆底，文勢也如江水奔騰，浩浩蕩蕩。而當他登上浙江金華北山的頂峰，正值夕陽西沉，新月吐輝，江清雲淡，水天一空，飛鳥歸林，萬籟俱寂，「真是濯骨玉壺，覺我兩人形影俱異」，似覺身心與山川合一，與元氣共遊，一種脫胎換骨、超塵出俗的感覺，油然而起。這是一種心凝形釋，與萬化冥合的意境。霞客曾作詩云：「造化已在手，香色俱陳迹。相對兩忘言，寒光連太乙。」(〈題小香山梅花堂詩〉) 所表現的正是這種境界。

唐獨孤及提出：「夫物不自美，因人美之。」(〈慧山寺新泉記〉) 用徐霞客的話說：「山之有景，即山之巒洞所標也。以人遇之而景成，以情傳之而景別。」(〈雞山志略一〉) 如果自然景觀未被人發現，雖則可以永遠保持其混沌、純美的狀態，但終究也失去了應有的審美價值。但天人相得，又談何容易。凡自然界的勝景奇觀，大多位於幽僻險峻、人跡罕至之地，致使柳宗元對造化者為何作如此「勞而無用」

之事十分不解。對此，清人趙翼曾作過令人心折的妙解：「人間第一最奇境，必待第一奇才領。渾沌倘無人可鑿，不妨終古懵不醒……豈知天固不輕與，若輩紛紛何足數。要等風騷絕代人，來絢鴻蒙舊風土。」（〈題稚存萬里荷戈集〉）徐霞客的出現，正是「天留名壤待名人」的應徵，是「造物者不欲使山川靈異，久祕不宣，故生斯人以揭露之」（潘耒〈序〉）。他為人所難，探訪並記載了許多人跡罕至之地，發現並向世人介紹不少一直深藏不露的景觀，這比觀賞、描寫那些人所熟知的景觀要困難得多，當然也就更有價值。故千古山水知己，必首推徐霞客。一部《遊記》，以其精確、具體、生動、形象的描述，至今仍為旅遊學的首選著作，是具有極大旅遊價值但至今尚未充分開發利用的寶藏。今人既可追隨徐霞客的行蹤，尋找、開發一處處迷人的景點；又可根據他的記載，繪製精細的地圖（其實不少描述本身就如一幅明白無誤的導遊圖）；甚至還可利用《遊記》中提供的材料，複製現已毀掉、但又具有較高歷史價值和觀賞價值的景觀。遺憾的是他早已發現並介紹過的不少景觀，雖然贏得後人眾口交讚，歆慕不已，但由於世人既缺乏對美的真摯而又不懈的追求精神，更缺乏敢於履危涉險的膽力，故始終只是停留在口頭上，致使這些景觀，至今依然「遠既莫聞，近復荒翳，桃花流水，不出人間，雲影苔痕，自成歲月而已」。如被徐霞客譽為「幽明兩涵，水陸濟美，通之則翻出煙雲，塞之則別成天地。西來第一，無以易此」的廣西向武州（在今天等）百感巖；「生平所歷危境，無逾於此」的雲南騰越（今騰衝）石房洞山；「黔中白水之傾瀉，無此之深，騰陽滴水之懸注，無此之巨」，「滇中之瀑，當以此為第一」的騰越瑪瑙山瀑布，都仍「懸之九天，蔽之九淵」，無人開發，不聞於世。

當人類終於不堪承受隨社會工業化、商品化而來的極端嘈雜和巨大壓力，厭食了由破壞自然而產生的惡果，「回歸自然」的呼聲便變得分外強烈。只是這種覺悟，並沒有導致真正的覺醒，仍然擋不住商品浪潮的衝擊，無法抵制物質利益的誘惑，於是又在開發景觀、美化自然的名義下，將一座座以謀利、享樂為主要目的的人工建築，生硬地塞入自然景區之內，以至喧賓奪主，大殺風景。可見只要人類對自然的占有欲不滅，人與自然的對立就難以消除。開發景區，古已有之，南朝謝靈運就曾提出「經營山川」的說法。一處名勝，往往包括自然景觀和人文景觀兩部分。但正像陸游在途經江西湖口小孤山時所言，人工建築應「與江山相發揮」，方成理想的遊賞之地（《入蜀記》三）。如何使建築與山水協調，借助藝術的力量美化而不是破壞自然，成了人類如何開發景區的一個重要課題。徐霞客並不斷然反對開發景觀，在湖南零陵出水崖後，面對眼前「采艷奪眺」、「窈窕無竟」的美景，提出只要在這裡稍加開發，「爬梳沙蔓，令石與水接」，便可使桃花源黯然失色。《遊記》中還多次就如何開發談了自己的看法。徐霞客雖然不是建築家，但無疑是一個天才的建築美學家，他一直強調人工建築必須因地制宜，與自然景觀協調，能夠襯托景觀美，而不是破壞自然原有的和諧與美感。同時認為開發景觀必須注意情趣，得奇正相生之妙，對那些「雕鏤繢飾，板而無紋」的裝點，嗤之以鼻。在徐霞客的眼中，自然景觀永遠是主體，林林總總的建築只是點綴和陪襯。武當山的宮觀群，堪稱中國古代建築的傑作，既富麗堂皇，又不失山林雅趣。和他人不同，徐霞客在武當山遊覽時，對那些宮觀的規模結構、雕飾裝點，並不在意，所關注的是它們在山中的地理位置，和周圍自然景物的關係。他在旅途中，出入大小寺廟尤多，但對寺廟本身卻很少留意。在他的眼中，自然遠比宗教深沉博大，寺觀不及山水瑰麗多姿。儘管如此，徐霞客對人工建築，特別是對那些具有歷史文物價值的古建築，也很愛惜。明太祖朱元璋御批將九疑山舜祠合併於舜陵，對這「神聖不可侵犯」的決定，他也毫無顧忌地提出批評，認為這種行為，「可為廢古之鑑」。他到湖南柳州乳仙宮和中觀，因鞋襪被雨打濕，怕將宮觀弄髒，竟未進去。如此自律，可見其自覺保護建築文物的意識，也非常人所及。

五

崇禎十三年（一六四〇）六月，徐霞客在西遊四年後，因病被送回江陰老家。此時，他那曾「苦遊不住鐵鞋穿，踏倒崑崙又向前」的雙腿，已經無法動彈，只能終日躺在牀上臥遊而已。他知道自己來日無多，便委託正在家中所聘的塾師季夢良（會明）整理在西遊途中所寫的散亂的日記。不久，霞客去世，遊記被王忠紉帶走，在他去福建上任前，又交霞客長子徐屺帶回。季夢良看了一下，遊記已「經忠紉手較，略為敘次」，但「其間猶多殘闕」，於是「遍蒐遺帙，補忠紉之所未補，因地分集，錄成一編」（季〈序〉）。這是《徐霞客遊記》的第一個整理本。崇禎十七年（即清順治元年，一六四四）五月，清兵入關。次年七月，屠江陰城。季夢良的族親季楊之到徐虞卿處避難，在拜訪季夢良時，「見《霞客遊記》，攜『滇遊』一冊去。不兩日虞卿為盜所殺，火其廬，記付祖龍」（〈滇遊日記一〉季〈序〉）。在這次劫難中，霞客長子被殺，《遊記》原稿被毀，但季夢良第一次整理本卻失而復得。事後，他再次搜集整理，已缺「滇遊」日記的首冊。這是季夢良的第二個整理本。現北京國家圖書館藏有《徐霞客西遊記》季本二的傳抄本五冊，起自崇禎九年（一六三六）九月十九日，迄崇禎十一年三月二十七日，共存日記五百零七天，即今《徐霞客遊記》中的〈浙遊〉、〈江右遊〉、〈楚遊〉、〈粵西遊〉這幾部分。卷首有季夢良序。署「壬午年臘月望日友弟季夢良錄完識」。每冊前列遊記提綱。鈐有「虞山毛晉」、「汲古後人」、「莫友芝圖書印」、「獨山莫繩孫字仲武號省𢇁影山草堂收藏金石圖書印」、「吳興劉氏嘉業堂藏書記」等朱文印章。有學者認為這就是當初錢謙益囑徐仲昭、毛晉刊印的抄本。

在霞客回家後二月，黃道周在北京被杖下獄。霞客遣長子去京師探望，並贈衣裘及手書《遊記》四冊。黃道周曾作詩記其事，詩云：「絕壁探幽跨鶴渡，危崖古洞做蛇穿。」「荷葉深探樵牧怪，蠟炬照耀鬼神驚。蛇行委曲千條暗，螭首模糊一道明。牀竈廚爐皆碧玉，桃花樹下聽吹笙。」所寫內容，均為現存遊記所無。黃道周於順治三年被清兵俘殺，這四冊《遊記》未見歸還，當亦毀於兵亂。褚紹唐認為黃詩所寫，「頗似金沙江兩岸及附近一帶的景象」，而現存日記在崇禎十二年九月十四日突然中斷，「以後的日記，極可能是霞客歸家之後遣長子屺送京給黃道周閱讀的四冊日記。」（〈徐霞客滇遊歸程及「遊記」源流考〉）又據季夢良云，霞客原有「詩稿一冊，仲昭付梓人陳仲鄰；仲鄰遇難，稿亦散失」（〈滇遊日記一〉季〈序〉）。

霞客長子徐屺生子建極，字五徵，號範中，入縣學，於順治十八年（一六六一）江南逋糧案中被革去學籍，廢錮終身。次年（康熙元年），「山左木齋劉公督學江南，劉博學嗜奇，曾讀牧齋《初學集》，見〈霞客傳〉，心艷之，至是訪其後人，索紀遊之書，公抄書并持所藏大理石以獻」（《梧塍徐氏宗譜》載繆銑〈廩彥範中公傳〉），希望劉氏能幫他恢復故業。劉氏答應了他的請求，但因突然奔喪山東，其事未果。此本曾先後由鄧之誠、譚其驤收藏，現存鄧之誠後人鄧克處，六冊。徐本似為季本的續抄本，體例與季本一致，不分卷，前列提綱，第六冊為黔遊部分，第七冊缺，第八冊所記自雲南廣西府至雞足山，第九冊分上、下冊，所記自雞足山至騰越界頭，第十冊分上、下冊，所記自界頭回雞足山，即今《遊記》中黔遊和滇遊部分。徐本在當時影響不大，陳泓作〈諸本異同考〉，未提及此書。

霞客去世，宜興曹駿甫前來祭弔。「後又來，欲求遺書校錄，為刊刻計。子依以原稿付去，逾一年而返趙，云已謄錄。今其集必全」（〈滇遊日記一〉季〈序〉）。實際上曹駿甫所錄，也不是全本。據陳泓說：「余嘗考介翁於宜興史氏購得曹氏底本，而此冊中亦僅載遊太華、顏洞數小記而已；其間自五月初九至八月初六，凡八十七日日記，仍不可得。想曹氏以其經行之略已見于〈盤江考〉中而概削之者，則知駿甫所錄，先已非全文也」（〈滇遊日記一〉陳〈序〉）。曹抄本已失傳。

康熙五年（一六六六），宜興史夏隆從同里曹學遊處得《霞客遊記》四冊，「方快披閱，而草塗蕪冗，殊難為觀，須經抄訂，方可成書」（史〈序〉）。但延遲十八年後，才在友人的幫助下抄完全書。史夏隆「念霞客一生心血，走筆成書……人置之，則廢紙也；家存之，則世珍也」。故命兒輩在赴江陰應試時，尋訪霞客子孫，但無著落。恰巧霞客幼子李寄託吳天玉去曹氏處尋找《遊記》，經過史夏隆處，使他一片苦心，終完勝果。

李寄為霞客第三子，妾周氏所生，其母因不容於正妻，在懷孕時被逐，改嫁李氏，故自名寄，字介立。康熙二十三年（一六八四），徒步至宜興，因《遊記》已經史夏隆塗改另錄，「介翁重請得其底本，從日影中照出曹氏原文」，「其書僅四冊耳，是知駿甫所錄，已非全文，故缺者仍不可完，僅於改竄塗改中，得〈遊太華〉、〈顏洞〉及〈盤江考〉三數記，以錄入季本，兼為訂正訛誤而已」（陳泓〈諸本異同考略〉）。據陳泓說，李本「為諸本之祖」，「嗣後諸人所指為原本者，皆係李本」（同上）。但他並未見到，可能在乾隆年間就已散失。現只能從陳泓、楊名時等抄本，以見李本大致面貌。

康熙四十一年（一七〇二），江陰奚又溥從霞客曾孫徐曾起（覲霞）處，借得《遊記》，費時五個月，抄完全書。據陳泓言，奚本「依李本，雖稍有刪改，然較諸他本差勝」。此本已失傳。據陳泓〈諸本異同考略〉，當時尚有靖江楊天賜本十二冊，及梧塍徐氏本，他懷疑這二本都「從李本錄出，而以己意為刪潤者」。另有邑中夏氏本十冊，裝訂華美，字畫亦佳，但訛字極多，未能改正。以上各本也都失傳。

康熙四十八年，楊名時在旅途閱外舅劉南開所抄《霞客遊記》，抵達寓所後手抄一部，這是楊名時第一次抄本。重陽回到家中，他「復得友人所藏原本校之，乃知前所鈔本，出於宜興史氏者，字多譌誤；其刪減易置處，輒於實境不符，文意不協。……如史本，則既失其真，又安用之？爰亟為改正添入，再手騰一過，以復其舊」（楊〈序二〉）。此本成於康熙四十九年，為楊名時第二次抄本。楊名時，字賓實，一字凝齋，江陰人。康熙進士，頗受器重，官雲貴總督、吏部尚書，頗有政績。乾隆時入教皇子，侍直南書房。由於楊名時位高望重，且對黔、滇情況熟悉，能發現並改正他人傳抄的錯誤，故其抄本價值較高，影響也大。現北京國家圖書館藏有楊本二的傳抄本，共八冊十二卷四十二篇。首冊前載楊名時兩序，每冊首葉有朱筆書寫的「番禺蔡乃煌捐」，及「季方藏書」、「史天」、「霞門後學」三印章，書末有「京師廣東學堂書藏」印章。書內刪去了原楊本的總評。中科院圖書館藏有清抄本，首葉有「韵石山房」印章，四冊。卷首有錢謙益所作傳文及楊名時兩序。又華東師大圖書館藏有楊名寧本傳抄本，精抄十冊，二十卷，有序。

乾隆間，江陰陳泓（體靜）集李寄、楊名時等抄本，「校對數次，並經融郊師訂正完好」（〈書手鈔霞客遊記後〉）。〈滇遊日記〉每記有旁批。陳本現存上海圖書館，精抄十二冊。

乾隆三十七年（一七七二），開四庫館，其中《徐霞客遊記》由兩江總督採進。據《四庫全書總目提要》，此書乃「楊名時所重加編訂者」，今存文淵閣四庫全書本《徐霞客遊記》，共十二卷，每卷又分上下卷。

開四庫館時，當時著名藏書家鮑廷博進書六百餘種。鮑廷博，字以文，號綠飲，安徽歙縣人，流寓桐鄉烏鎮。所校刊《知不足齋叢書》三十集，世稱善本。其所校《霞客遊記》，後割愛贈另一著名藏書家吳騫。現北京國家圖書館藏有鮑廷博校，吳騫、唐翰題跋的《霞客遊記》，五冊，不分卷。

霞客去世後，錢謙益將季本交虞山汲古閣，囑毛晉刊印，說：「使此等奇人奇書，不沒於後世，則汲古之功偉矣。」但其事未成。在以後長達一百三十多年的時間，雖有多種抄本，但始終無刻本。直到乾隆四十年（一七七五），霞客族孫徐鎮（筠峪）有感於當時「名人巨公，莫不樂購其遺編，當臥游勝具。卒皆以謄本傳玩，而就中改換竄易者，更不一人」。「傳寫益廣，訛落寖多」（徐〈序〉）。於是以楊名時、陳泓所訂定真本，匯集各抄本，對比校勘，手錄一通，隨即付梓。於次年三月鳩工，十月成書。這是霞客遊記的第一個木刻本。盧文弨評此書云：「筠峪合諸本相讎校，洵善矣，而繡梓尚未盡工緻也。卷之前，元本間有總敘其所歷以為提綱者，今刻本去之，似少眉目。《雞足山志》中諸詩，及石齋諸公之詩，凡鈔本所有者，似亦非後人所當削也。」（〈書徐霞客遊記後〉）現北京國家圖書館藏有此刊本，分十卷，每卷又分上下。又中科院圖書館，也藏有乾隆刊本，內容和北圖相同，唯封面不一，可能是後人的翻版。

嘉慶十一年（一八〇八）冬，徐鎮以所梓行《徐霞客遊記》的雕板歸葉廷甲。葉廷甲，字保堂，號雲樵，江陰人，家有水心齋，藏書多至五萬卷。葉廷甲翻閱後，發現此板「朽蠹頗多」，於是「借楊文定公手錄本暨陳君體靜所校本，與徐本悉心讎勘。其文之不同者以萬計，其字之舛誤者以千計。其文之不同而義可通者仍其舊，其字之舛誤而文義不可通者不得不亟為改正」（葉〈序〉）。楊、陳二抄本，〈滇遊日記〉卷首都有提綱，楊本每記有總評，陳本每記有旁批，這些已無從增補，但將霞客的數十首遺詩，及一切名人巨公的題贈之作，附於卷後。於嘉靖十三年按乾隆原板，在家重刻。現北京國家圖書館、中科院圖書館都藏有此書，十冊，每冊分上下，除增輯《補編》一卷，正文與外編和乾隆本相似。後來諸刊本，如光緒七年（一八八一）的瘦影山房本、光緒三十四年的集成圖書公司本、一九二四年群眾圖書公司所刊沈松泉新式標點本、一九二九年的掃葉山房石印本，乃至一九五八年臺灣世界書局出版的「世界文庫」本，均宗葉本。另有咸豐二年（一八五二）印本，卷首有霞客小像，吳儁摹，為各本之所未見。

民國年間，丁文江集眾人之力，重新整理標點《徐霞客遊記》，「校讎所據，一依葉氏」。於一九二八年由商務印書館出版，二十卷，分上下兩冊。附有《徐霞客旅遊路線圖》一冊，圖三十六幅，及丁著《徐霞客先生年譜》。一九二九年出版的「萬有文庫」本、一九三九年出版的「國學基本叢書」本，均據丁本刊印。

一九八〇年，上海古籍出版社出版了褚紹唐、吳應壽整理的《徐霞客遊記》。在整理此書時，由於發現了兩個較早的抄本，即季會明抄本和徐建極抄本，從而使《遊記》的面貌煥然一新。此書大致按乾隆本分十卷，每卷分上下，另附褚紹唐、劉思緒編繪的《旅行路線圖》一冊，圖三十九幅。後在對徐霞客旅遊路線進行實地踏勘的基礎上，由褚紹唐主編，重新編製了《徐霞客旅行路線考察圖集》，包括正圖四十五幅，附圖二十五幅，一九九一年由中國地圖出版社出版。

一九九七年，貴州人民出版社出版了朱惠榮等人譯注的《徐霞客遊記全譯》。此書以季夢良抄本和乾隆初刻本互補，並用各種抄本和印本參校，以恢復《徐霞客遊記》的原貌。

本書〈名山遊記〉及〈黔遊〉、〈滇遊日記〉，以乾隆刻本為校點底本，〈浙遊〉、〈江右遊〉、〈楚遊〉、〈粵西遊日記〉，以季夢良抄本為底本，據乾隆本校補，再用他本參校，按乾隆本分目不分卷。凡季本所缺而乾隆本有，或兩本都有而乾隆本所載更為詳盡的文字，均錄入〔 〕之內。少數補入或改正的文字，則在注釋中說明。譯文和原文相應。注釋包括人名、地名、地學知識、名勝古蹟、歷史事件、名物制度、詩文出處、典故、詞語、校勘及考辨等。研析吸取了已有的一些研究成果。〈粵西遊日記〉三、四部分，是和黃明先生合作譯注的。

遊山玩水的人自古不可勝數，可是其中能有幾人與自然息息相通？都不過是踏著前人的蹤跡，再讓後人踏在自己的上面，一時的喧譁與騷動，很快就在茫茫的時空中消失。唯有徐霞客以「振衣千仞崗，濯足萬古流」的雄姿，為人與自然的交流，留下了一道永恆的亮光，並因後人不能接其高風而曠世獨步。從更廣的視野看，徐霞客或許也是在科學某領域遙居世界領先地位的最後一個中國人，他可以為前無古人、後乏來者自豪，但對國人而言，這不能不說是一種遺憾。在結束本文時，一個與山水一體的形象，在眼前久久浮現，令人神往不已：

雲山蒼蒼，江水泱泱。

先生之風，山高水長。

黃珅 謹識

《徐霞客遊記》版本源流表

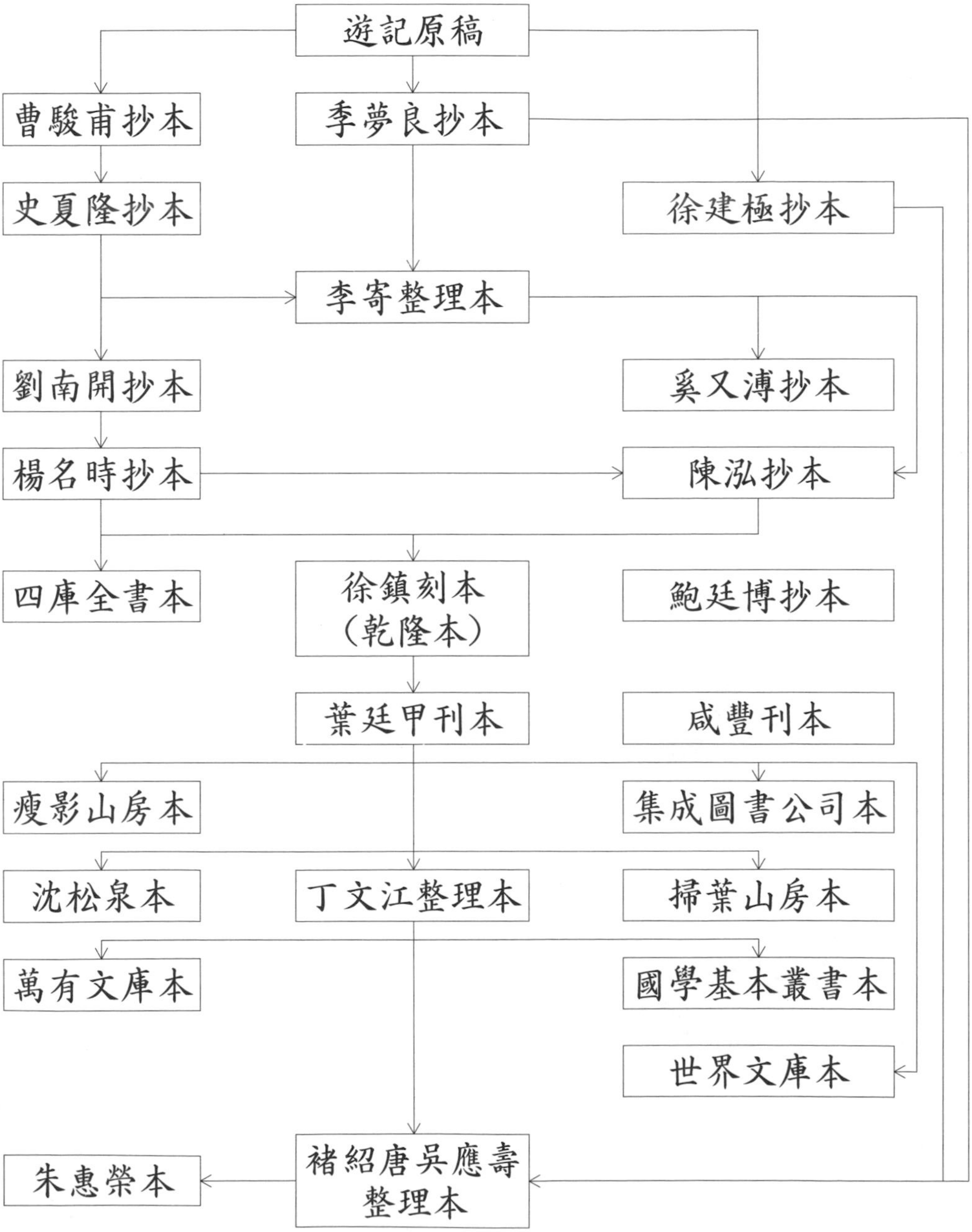
遊記原稿
曹駿甫抄本
季夢良抄本
史夏隆抄本
徐建極抄本
李寄整理本
劉南開抄本
奚又溥抄本
楊名時抄本
陳泓抄本
四庫全書本
徐鎮刻本
（乾隆本）
鮑廷博抄本
葉廷甲刊本
咸豐刊本
瘦影山房本
集成圖書公司本
沈松泉本
丁文江整理本
掃葉山房本
萬有文庫本
國學基本叢書本
世界文庫本
朱惠榮本
褚紹唐吳應壽
整理本

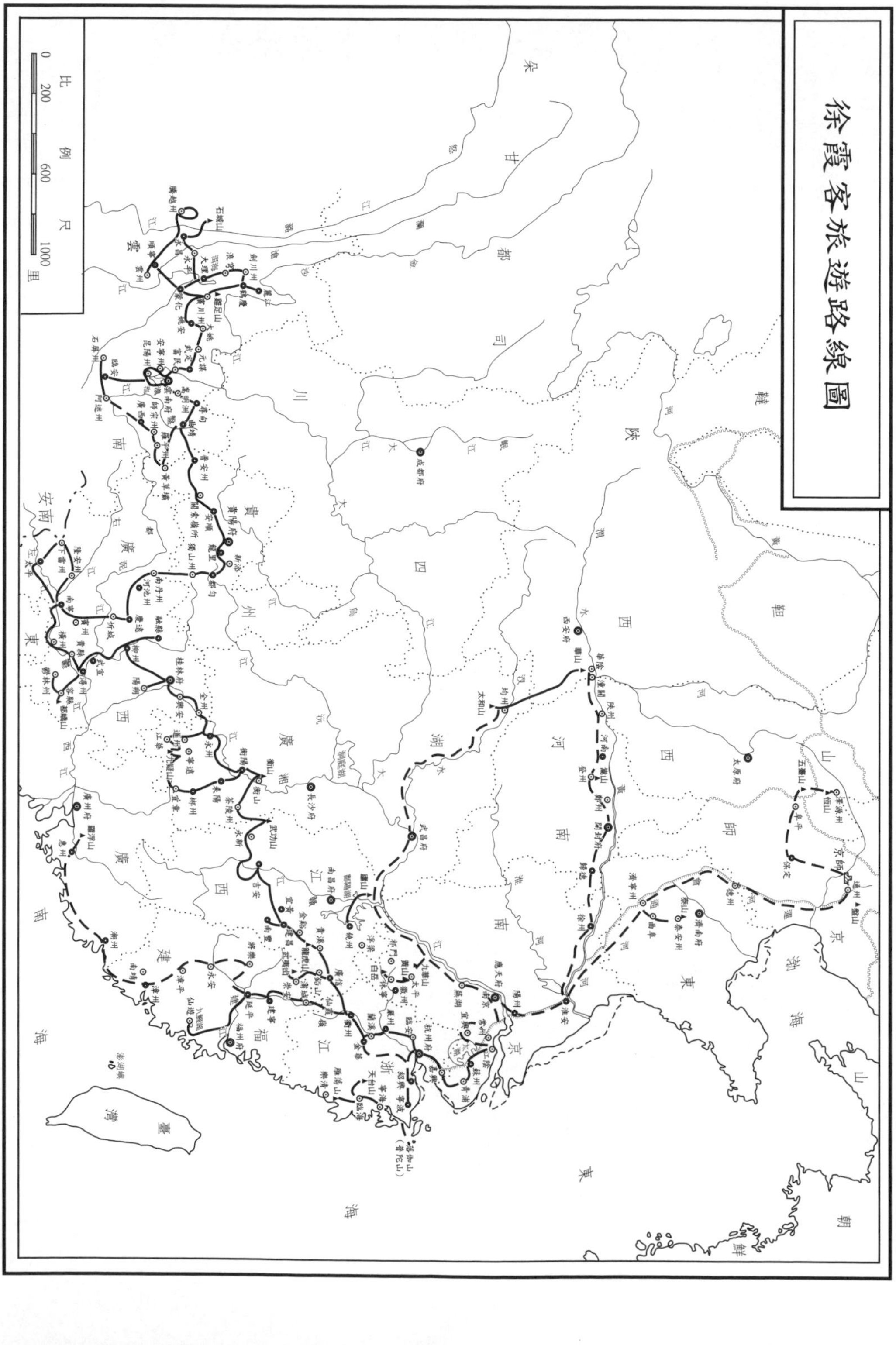
徐霞客旅遊路線圖
比例尺
0 200 600 1000 里

新譯徐霞客遊記 目次

中冊

下冊

附編

詩文

傳誌敘

舊序

遊天台山❶日記 浙江台州府❷

【題解】徐霞客自言在明神宗萬曆三十五年（一六〇七），始遊太湖，以後又北上山東、河北，登泰山，拜孔林、謁孟廟，但都未留下遊記。天台山距其家鄉江陰不遠，群峰爭秀，巉峭多姿，飛瀑流泉，潔白如練，為浙東遊覽勝地。華峰秀色、石梁飛瀑、瓊臺夜月、桃源春曉等景，更是遊者不絕，流譽眾口。天台山還是佛教天台宗的發源地，山中有建於隋朝的古剎國清寺，寺中有唐朝高僧、著名天文學家一行的遺跡。在佛隴真覺寺中，尚有天台宗創立者智顗的肉身塔。傳說東漢劉晨、阮肇入山採藥，迷路遇見仙女，歷來傳為佳話。徐霞客一生，三遊天台。第一次在萬曆四十一年（一六一三），他從曹娥江獨往寧波，渡海遊落迦山，隨即返身去天台，登上華頂。這篇日記，便是這次遊覽的記錄，為現存《徐露客遊記》的開卷之作。

癸丑❸之三月晦❹自寧海❺出西門，雲散日朗，人意山光，俱有喜態。三十里，至梁隍山❻。聞此地於菟❼夾道，月傷數十人，遂止宿。

四月初一日　早雨。行十五里，路有岐，馬首西向台山，天色漸霽。又十里，抵松門嶺❽。山峻路滑，舍騎步行。自奉化❾來，雖越嶺數重，皆循山麓，至此迂迴臨陟，俱在山脊❿。而雨後新霽，泉聲山色，往復創變，翠叢中山鵑映發，令人攀歷忘苦。又十五里，飯於筋竹庵。山頂隨處種麥。從筋竹嶺⓫南行，則向國清⓬大路。適有國清僧雲峰同飯，言此抵石梁⓭，山險路長，行李不便，不若

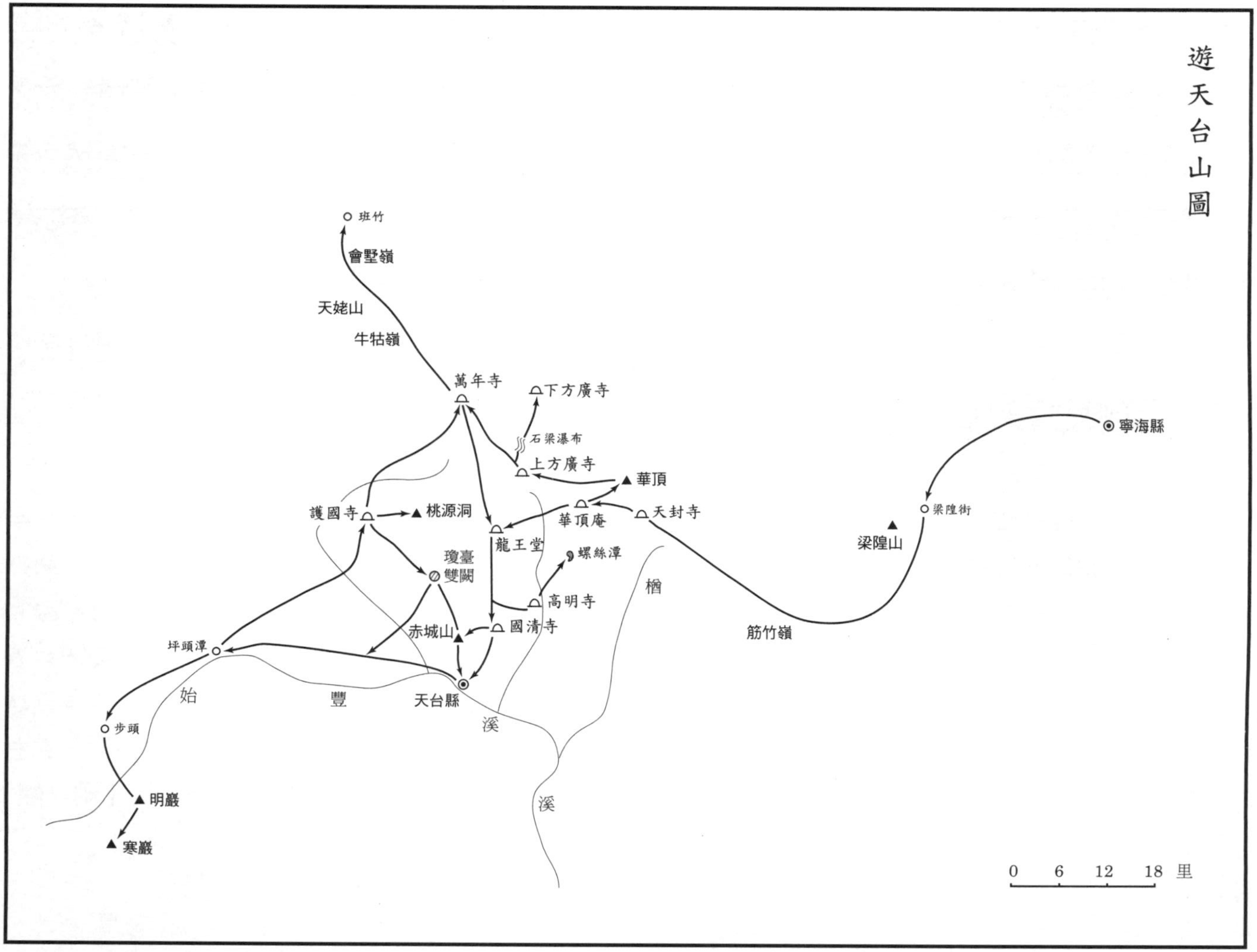
班竹
會墅嶺
天姥山
牛牯嶺
萬年寺
下方廣寺
石梁瀑布
上方廣寺
華頂
護國寺
桃源洞
華頂庵
天封寺
龍王堂
瓊臺雙闕
螺絲潭
高明寺
國清寺
赤城山
坪頭潭
天台縣
始
豐
溪
步頭
明巖
寒巖
溪
楢
筋竹嶺
梁隍山
梁隍街
寧海縣
0 6 12 18 里

遊天台山圖

以輕裝往，而重擔向國清相待。余然之，令擔夫隨雲峰往國清，余與蓮舟上人⑭就石梁道。行五里，過筋竹嶺。嶺旁多短松，老幹屈曲，根葉蒼秀，俱吾閶門⑮盆中物也。又三十餘里，抵彌陀庵。上下高嶺，深山荒寂，恐藏虎，故草木俱焚去。泉轟風動，路絕旅人。庵在萬山坳⑯中，路荒且長，適當其半，可飯可宿。

【章　旨】本章記載了徐霞客遊天台山前兩天的行跡。他從寧海出發，當天晚上留宿梁隍山。第二天翻過松門嶺，前往石梁。途中過筋竹嶺，到達彌陀庵。

【注　釋】❶天台山　在浙江天台城北，屬仙霞嶺山脈的東支。據南朝陶弘景說：「山有八重，四面如一，當牛斗之分，上應台宿，故曰天台。」（牛、斗、台均為星宿名）❷台州府　明代隸浙江布政使司，府治在臨海。❸癸丑　指明神宗萬曆四十一年（一六一三）。古人用天干地支紀年。十干和十二支依次相配，共六十組，用來表示年、月、日的次序，周而復始，循環使用。❹晦　農曆每月最後一天。❺寧海　明代為縣，隸台州府，今屬浙江。❻梁隍山　又作梁王山。傳說南朝梁兵亂時，有王子避亂於此，故名。❼於菟　即「虎」。先秦楚國方言。❽松門嶺　位於寧海西境，在天台、寧海兩地分界線附近。❾奉化　明代為縣，隸寧波府，今屬浙江。❿山脊　山的高處像獸類脊梁骨似的高起部分。常構成河流的分水嶺。⓫筋竹嶺　在天台和寧海分界處，以產筋竹（又名越王竹，可作矛用）得名。⓬國清　國清寺。在天台城北七里的天台山南麓。隋開皇中，天台宗創始人智顗創建。相傳有老僧對智顗說：「寺若成，國即清，當呼為國清寺。」由此得名。日本佛教天台宗尊之為祖庭。大雄寶殿東側小院中有古梅一株，傳為寺院初建時天台宗五祖章安手栽。⓭石梁　在天台山中方廣寺。山腰有銜接兩山的石梁，長約七公尺。瀑布自梁底向上噴墜，高數十丈，聲如雷鳴。臨潭巖壁上有康有為書「石梁飛瀑」四字，為天台八景之一。⓮蓮舟上人　江陰迎福寺僧人。佛教稱有德行的僧人為上人。⓯吾閶門　閶門，江蘇吳縣（今蘇州）城西北門，這裡借指吳地。徐霞客係江陰人，江陰為古代吳地，故稱「吾閶門」。⓰坳　山間低凹的地方。

【語　譯】癸丑年三月三十日　出寧海城西門。一碧晴空，陽光明媚，喜悅之情，油然而生，似乎山間風光，也呈現出一派喜色。走了三十里，到達梁隍山。聽說這裡沿途老虎出沒，每月要傷數十人，於是留下過夜。

四月初一 清晨有雨。走了十五里，來到岔路口，撥馬往西，向天台山前進，天色漸漸放晴。又走了十里，來到松門嶺。因山勢險峻，路滑難走，只得下馬步行。從奉化到這裡，雖然翻過幾座山嶺，但都是沿著山腳行走，這時才在山脊上曲折盤旋，向上攀登。雨後初晴，泉聲山色，千變萬化，綠樹叢中，杜鵑花盛開，如片片紅雲，掩映成趣，令人不覺忘記了攀登的勞苦。又走了十五里，在筋竹庵用餐。山頂到處種著麥子。從筋竹嶺向南走，便是通往國清寺的大路。恰巧國清寺僧人雲峰在一起用餐，說是從這裡到石梁，山勢陡險，路程漫長，攜帶行李，很不方便，不如輕裝前往，讓人將笨重的行李送到國清寺等候。我十分贊同，於是吩咐挑夫隨雲峰去國清寺，自己和蓮舟上人踏上了去石梁的路。走了五里，翻過筋竹嶺。嶺旁有許多低矮的松樹，樹幹蒼老彎曲，枝葉蒼翠秀麗，都像我們蘇南的盆景。又向前三十多里，到達彌陀庵。前後都是高山峻嶺，深山中一片荒涼寂寞，因為怕有老虎藏身，所以將周圍的草木全都燒光了。泉聲轟鳴，山風呼嘯，路上不見一個人影。彌陀庵在群山環抱的山坳中，山路荒蕪漫長，這個小庵正好建在半路上，可供行人吃飯住宿。

初二日 飯後，雨始止。遂越潦❶攀嶺，溪石漸幽。二十里，暮抵天封寺❷。臥念晨上峰頂❸，以朗霽為緣，蓋連日晚霽，並無曉晴。及五更夢中，聞明星滿天，喜不成寐。

初三日 晨起，果日光燁燁，決策向頂。上數里，至華頂庵❹；又三里，將近頂，為太白堂❺，俱無可觀。聞堂左下有黃經洞❻，乃從小徑，二里，俯見一突石，頗覺秀蔚。至則一髮僧❼結庵於前，恐風自洞來，以石甃❽塞其門，大為歎惋。復上至太白，循路登絕頂。荒草靡靡，山高風冽，草上結霜高寸許，而四山迴映，琪花玉樹❾，玲瓏彌望。嶺角山花盛開，頂上反不吐色❿，蓋為高寒所勒耳。

仍下華頂庵，過池邊小橋，越三嶺，溪迴山合，木石森麗，一轉一奇，殊慊⓫所望。二十里，過上方廣⓬，至石梁，禮佛曇花亭⓭，不暇細觀飛瀑。下至下方廣⓮，仰視石梁飛瀑，忽在天際。聞斷橋⓯、珠簾⓰尤勝，僧言飯後行猶及往返。遂由仙筏橋向山後越一嶺，沿澗八九里，水瀑從石門瀉下，旋轉三曲：上層為斷橋，兩石斜合，水碎迸石間，匯轉入潭；中層兩石對峙如門，水為門束，勢甚怒；下層潭口頗闊，瀉處如閾⓱，水從坳中斜下。三級俱高數丈，各極神奇，但循級而下，宛轉處為曲所遮，不能一望盡收。又里許，為珠簾水，水傾下處甚平闊，其勢散緩，滔滔汩汩。余赤足跳草莽中，揉木緣崖，蓮舟不能從。暝色四下，始返。停足仙筏橋，觀石梁臥虹，飛瀑噴雪，幾不欲臥。

【章旨】本章記載了第三、第四兩天的行跡。第三天傍晚到達天封寺。第四天清晨經華頂庵，攀上華頂。頂上寒風凜冽，山花不開。峰頂附近有太白堂、黃經洞。離頂下山，經過上方廣寺，到達石梁。隨即由仙筏橋沿著澗水向前，見瀑布從石門飛瀉而下，形成三曲，上層即為斷橋。附近有珠簾水，景色迷人。

【注釋】❶潦　路上積水。❷天封寺　位於華頂峰南。南朝陳太建中智顗所建。又名智者院，內有智顗肉身塔。❸峰頂　指華頂峰。華頂峰為天台山最高處，眾山環拱，如片片蓮花花瓣，華頂正當花心，由此得名。「華峰秀色」為天台八景之一。❹華頂庵　在華頂善興寺的舊址上所建的小庵。傳說附近有東晉書法家王羲之的墨池。❺太白堂　即太白讀書堂。傳說為唐代大詩人李白的讀書處。❻黃經洞　傳說王羲之為白雲先生寫《黃庭經》，白雲將經藏於此洞，由此得名。❼髮僧　帶髮修行的僧人。❽甃　用磚砌牆。❾琪花玉樹　古代傳說中的奇花異樹，用珍寶製成。這裡是說峰頂草木結霜如花，好像用珠玉雕成。❿吐色　指花開而顯出顏色。⓫慊　滿足；愜意。⓬上方廣　指上方廣寺。在石梁上游。方廣寺的前身為天台古寺石橋寺，據說東晉僧人曇猷創建。分上、下兩寺。⓭曇花亭　在石梁瀑布旁。後毀，在舊址上建立了中方廣寺。⓮下方廣　即下方廣寺，可仰觀石梁飛瀑。臨潭巖壁上有宋代書法家米芾所書「第一奇觀」四字。⓯斷橋　在福溪上，位於石梁下游。因兩岸巨石相連，由此得名。其旁有「銅壺滴漏」，為天台八景之一。⓰珠簾　即水珠簾或珠簾泉，在斷橋北面的瀑布。⓱閾　門檻。

【語譯】初二　午飯後，雨才停了下來。於是渡過路上的積水，攀登上山嶺，溪水山石，漸趨清幽。走了二十里，傍晚到達天封寺。睡在牀上，想著明天清晨要上峰頂，只盼能有福分碰上個好天氣，因為這些天來，總是要到傍晚方才放晴，從無晴朗的清晨。在五更睡夢之中，聽到滿天明星閃爍，喜不自禁，再也無法入睡。

初三　清晨起身，果然旭日東升，光芒四射，於是決定登頂。向上走了幾里，到達華頂庵；再向上三里，到靠近峰頂的地方，便是太白堂，都沒有什麼可看的。聽說太白堂左側下方有個黃經洞，於是沿著小路下去，走了二里，往下看到一石突起，十分秀美。走上前去，原來是一個留髮的僧人在前面建的庵，怕風從洞中吹出，就用石塊砌壁把洞門堵住，令人十分惋惜。又向上回到太白堂，沿著山路登上峰頂。荒草衰敗，山高風寒，草上結霜，厚達一寸左右。四顧群山，環繞映照，結滿清霜的草木，如琪花玉樹，放眼望去，一片玲瓏。嶺下山花盛開，峰頂卻枝葉不展，大概是受高處寒冷的影響吧。

依原路下來，到達華頂庵，經過池邊小橋，翻越三座山嶺，眼前溪水圍繞，群山環抱，樹木幽森，山石秀麗，山迴路轉，一景一奇，賞心悅目，大慰平生。向前二十里，經過上方廣寺，到達石梁，在曇花亭參拜佛像，無暇仔細觀賞飛流直下的瀑布。往下到達下方廣寺，仰望石梁上的飛瀑，恍若高掛九天之中。聽說斷橋、珠簾的景色更美，僧人說飯後再走還來得及趕個來回。於是從仙筏橋向山後出發，翻過一座山嶺，沿著澗水前進八九里，只見瀑布從石門往下傾瀉，盤旋形成三折：上層是斷橋，兩塊巨石傾斜倚立，石間水花迸濺，匯聚後轉入深潭；中層兩石對峙，如同門戶，水流受「石門」約束，水勢更加猛烈；下層潭口寬闊，水流傾瀉處如同門檻，水從山坳中斜向朝下奔注。三級都高達數丈，都極為神奇，只是沿著石階向下，視線被曲折處遮擋，不能一眼望去，盡收所有的美景。又向前一里左右，便是珠簾水，水傾瀉的地方十分平坦開闊，水勢散漫平緩，發出滔滔汩汩的聲響。我赤腳跳入草叢之中，牽著樹枝，沿著崖邊往前走，蓮舟跟都跟不上。直到暮色籠罩，方才返回。在仙筏橋下歇腳，觀賞眼前景色——石梁如長虹臥空，飛瀑似雪花噴濺，心迷神往，幾乎不想入睡。

初四日　天山一碧如黛。不暇晨餐，即循仙筏上曇花亭，石梁即在亭外。梁闊尺餘，長三丈，架兩山坳間。兩飛瀑從亭左來，至橋乃合流下墜，雷轟河隤，百丈不止。余從梁上行，下瞰深潭，毛骨俱悚。梁盡，即為大石所隔，不能達前山，乃還。過曇花，入上方廣寺。循寺前溪，復至隔山大石上，坐觀石梁。為下寺僧促飯，乃去。飯後，十五里，抵萬年寺❶，登藏經閣❷。閣兩重，有南北經兩藏❸。寺前後多古杉，悉三人圍，鶴巢於上，傳聲嘹嚦，亦山中一清響也。是日，余欲向桐柏宮❹，覓瓊臺、雙闕❺，路多迷津，遂謀向國清。國清去萬年四十里，中過龍王堂。每下一嶺，余謂已在平地，及下數重，勢猶未止，始悟華頂之高，去天非遠！日暮，入國清，與雲峰相見，如遇故知。與商探奇次第，雲峰言：「名勝無如兩巖❻，雖遠，可以騎行。先兩巖而後步至桃源❼，抵桐柏，則翠壁❽、赤城❾，可一覽收矣。」

【章旨】本章記載了第五天的行跡。登上石梁，見兩道瀑布從曇花亭飛來，至仙筏橋合流而下，聲勢雄壯。梁下潭水，深不可測。午飯後到達萬年寺，登上藏經閣。又翻山越嶺，經過龍王堂，在傍晚進入國清寺。

【注釋】❶萬年寺　唐太和年間普岸禪師創建。南宋淳熙十四年（一一八七），日本僧人榮西（日本佛教臨濟宗創始人）再次入天台山，於萬年寺受臨濟宗黃龍法師的禪法，為萬年寺興修山門。寺前有古檜八株。❷藏經閣　即尊經閣。明萬曆十五年（一五八七），李太后頒賜藏經，支持建造。❸南北經兩藏　指明太祖洪武年間在南京刻的佛教《大藏經》（南藏）和明成祖永樂年間在北京刻的《大藏經》（北藏）。藏，佛教、道教經典的總稱。❹桐柏宮　在國清寺西北。傳說三國吳方士葛玄（仙公）曾在這裡鍊丹。唐代道士司馬承禎隱居天台山，睿宗為他建桐柏觀。五代時改稱桐柏宮。至清，改名崇道觀。為天台山最大的道教建築。❺瓊臺雙闕　在桐柏宮西。為賞月佳地，元代即有「瓊臺夜月」之稱，為天台八景之一。徐霞客的朋友王思任稱之為天台景物最勝處。❻兩巖　指明巖、寒巖。天台山景物大多在城北，惟兩巖位於城西。❼桃源　在天台城西山中。山中溪畔有雙女峰，傳說東漢永平年間，劉晨、阮肇入山採藥，在此遇仙女。「桃源春曉」為天台八景之一。❽翠壁　明、寒兩巖，崖壁蒼翠，故稱作翠壁。❾赤城　赤城山。在國清寺西。山上赤石屏列如城，望之如霞，故名。「赤城棲霞」為天台八景之一。

【語譯】初四　天空山巒，一樣青碧如黛。顧不上用早餐，便沿著仙筏橋登上曇花亭，石梁就在亭外。石梁寬一尺多，長三丈，架在兩座山的山坳間。兩道瀑布，從亭的左側飛來，到了橋上，合流下落，聲若雷霆轟鳴，勢如河堤崩決，長達百丈以上。我在石梁上行走，俯視深潭，不禁毛骨悚然。石梁盡頭，被大石阻隔，不能到達前山，只得返回。路過曇花亭，進入上方廣寺。沿著寺前的溪流，又來到隔山的大石上，坐著觀賞石梁。直到下方廣寺的僧人催著吃飯，方才離去。飯後，走了十五里，到達萬年寺，登上藏經閣。閣有兩層，收藏著南、北兩部《大藏經》。寺院前後有許多古老的杉樹，主幹都要三個人才能合抱，有鶴在樹上築巢，鳴聲清亮，傳到遠方，也算是山中一種高雅的音樂吧。這天，我想去桐柏宮，尋訪瓊臺、雙闕，但沿途容易迷路，於是決定去國清寺。國清寺離萬年寺四十里，途中經過龍王堂。每下一道嶺，我都以為已經到了平地，直到下了好幾道山嶺，仍未走盡，方才明白華頂峰高聳入雲，離天宮已經不遠。傍晚，進入國清寺，和雲峰相見，就像碰到老朋友一般。和他商量尋訪奇境的時間安排，雲峰說：「要說名勝，沒有一處能和兩巖相比，雖然路遠了一些，但可以騎馬去。先到兩巖，然後步行去桃源，再到桐柏，那麼翠壁、赤城的美景，可以一覽無遺，盡收眼底了。」

初五日　有雨色，不顧，取寒、明兩巖道，由寺向西門覓騎。騎至，雨亦至。五十里，至步頭，雨止，騎去。二里，入山，峰縈水映，木秀石奇，意甚樂之。一溪❶從東陽❷來，勢甚急，大若曹娥❸。四顧無筏，負奴背而涉，深過於膝，移渡一澗，幾一時。三里，至明巖❹。明巖為寒山❺、拾得❻隱身地；兩山迴曲，志❼所謂八寸關❽也。入關，則四圍峭壁如城。最後，洞深數丈，廣容數百人。洞外，左有兩巖，皆在半壁；右有石筍突聳，上齊石壁，相去一線，青松紫蕊，蓊蓯❾於上，恰與左巖相對，可稱奇絕。出八寸關，復上一巖，亦左向；來時仰望如一隙，及登其上，明敞容數百人。巖中一井，曰仙人井，淺而不可竭。巖外一特石，高數丈，上岐立如兩人，僧指為「寒山、拾得」云。入寺，飯後雲陰潰散，新月在天，人在迴崖頂上，對之清光溢壁。

【章　旨】本章記載了第六天的行跡。這天冒雨出發，經過步頭，渡過湍急的溪流，到達八寸關。關內有洞，既深且廣。關外巨巖聳立，形狀奇特，令人稱絕。

【注　釋】❶一溪　指始豐溪，在天台城西。為靈江支流。❷東陽　今屬浙江。❸曹娥　曹娥江。這篇遊記所述的流經石渠、方廣的福溪，即其源頭之一。傳說東漢時少女曹娥投江尋父屍，終於抱父屍同死，由此得名。❹明巖　又稱明巖山。有明巖十景。❺寒山　唐代僧人。不知姓氏，因隱居寒石山（即寒巖）得名。有《寒山子詩集》。❻拾得　據說為一棄兒，被國清寺僧人豐干揀回收養，故名拾得。和寒山為友，常將一些剩菜剩飯供應寒山。也能作詩。❼志　志書，後專指記述地方疆域沿革、古蹟險要及人物、物產、風俗的書，又稱方志。❽八寸關　又名八寸巖，為明巖十景之一。❾蓊蓯　草木茂盛。

【語　譯】初五　天色迷濛，似乎要下雨。但我置之不顧，踏上去寒巖、明巖的道路，從國清寺往西門租借馬匹。馬一到，雨也隨之而來。走了五十里，到達步頭，雨停了下來，將馬送走。又走了二里，進入山中，眼前青峰縈繞，碧水映照，草木森秀，岩石奇異，十分欣喜。一條溪水從東陽流來，水勢湍急，水面開闊，和曹娥江相仿。環顧四周，找不到竹筏，只得讓僕人背著渡過去，水深漫過膝蓋，渡過一條澗水，幾乎花了一個時辰。走了三里，到達明巖。明巖是寒山、拾得隱居之地，兩山回環盤曲，這就是志書所說的「八寸關」了。走進關內，四周峭壁，如同城牆。最裡面有個數丈深的洞穴，可容納數百人。洞外左側有兩座山岩，都在半山壁上；右側聳起一座石筍，上端與石壁相齊，兩者僅有一線之隔，上面青松紫蕊，鬱鬱蔥蔥，恰巧和左側的山岩相對，可謂奇妙之極。走出八寸關，又登上一座山岩，也是向左聳立；來時抬頭仰望，好像只是一條縫隙，到了上面，方知明亮寬敞，可容納數百人。岩中有一口井，稱作仙人井，雖然很淺，卻不枯竭。

岩外有一塊獨特的大石，高達數丈，上端分開，如同站著兩個人，僧人指著說這就是「寒山、拾得」。走進寺院，晚飯後陰雲消散，一彎新月，高掛空中，人站在四環的山崖頂上，眼前崖壁滿是皎潔的月光。

初六日　凌晨出寺，六七里至寒巖❶。石壁直上如劈；仰視空中，洞穴甚多。巖半有一洞，闊八十步，深百餘步，平展明朗。循巖右行，從石隘仰登。巖坳有兩石對聳，下分上連，為鵲橋。亦可與方廣石梁爭奇，但少飛瀑直下耳。還飯僧舍，覓筏渡一溪，循溪行山下，一帶峭壁巉崖，草木盤垂其上，內多海棠紫荊，映蔭溪色，香風來處，玉蘭芳草，處處不絕。已至一山嘴，石壁直豎澗底；澗深流駛，旁無餘地。壁上鑿孔以行，孔中僅容半趾，偪❷身而過，神魄為動。自寒巖十五里，至步頭，從小路向桃源，桃源在護國寺❸旁，寺已廢，土人茫無知者。隨雲峰莽行曲路中，日已墮，竟無宿處，乃復問至坪頭潭❹。潭去步頭僅二十里，今從小路，反迂迴三十餘里，宿。信桃源誤人也！

【章旨】本章記載了第七天的行跡。到達寒巖，只見石壁陡峭，洞穴甚多。巖凹處有兩塊大石相對聳立，稱作鵲橋。沿著溪水下山，一路美景滿目，香氣撲鼻。隨後冒險通過一個山口。因尋訪桃源，誤走小路，來到坪頭潭過夜。

【注釋】❶寒巖　又稱寒巖山。在明巖西面，與明巖實為一山。❷偪　同「逼」。❸護國寺　在天台城西北。舊名般若寺，建於五代。❹坪頭潭　即今平鎮。在兩巖之北。

【語譯】初六　凌晨離開寺院，走了六七里，到達寒巖。石壁高聳，如同刀劈一般陡直。抬頭仰望，有很多洞穴。巖的半腰有個洞，寬八十步、深一百多步，裡面平坦明亮。沿著巖向右走，從石隘中向上攀登。巖坳中有兩塊大石相對聳立，下面分開，上端相連，稱作鵲橋，真可和方廣寺的石梁爭雄鬥奇，只是沒有飛流直下的瀑布罷了。回到僧人住處用餐，隨後找了竹筏渡過一條溪流。順著溪流走到山下，一路石壁陡峭，山崖險峻，上面草木盤曲倒垂，其中海棠、紫荊尤多，一片濃蔭，倒映溪水，香風吹過，覺玉蘭芳草，無所不在。來到一個山口，石壁直插澗底，水深流急，兩旁沒有一點空地。只得踏著石壁上鑿的孔洞行走，孔洞裡只能放半隻腳，身子須緊貼石壁才能過去，真有驚心動魄之感。從寒巖向前走十五里，到達步頭，再走小路前往桃源。桃源在護國寺附近，寺院已經荒廢，連當地人也茫然不知所在。跟著雲峰莽莽撞撞地在曲折的山路上行走，直到太陽下山，仍未找到投宿的地方，於是一路打聽，來到坪頭潭。坪頭潭離步頭只有二十里路，如今走小路，反而繞了三十多里，到這裡過夜。桃源真把人害苦了。

初七日　自坪頭潭行曲路中三十餘里，渡溪入山。又四五里，山口漸夾，有館曰桃花塢❶。循深潭而行，潭水澄碧，飛泉自上來注，為鳴玉澗❷。澗隨山轉，人隨澗行。兩旁山皆石骨，攢巒夾翠，涉目成賞，大抵勝在寒、明兩巖間。澗窮路絕，一瀑從山坳瀉下，勢甚縱橫。出飯館中，循塢東南行，越兩嶺，尋所謂「瓊臺」、「雙闕」，竟無知者。去數里，訪知在山頂；與雲峰循路攀援，始達其巔。下視峭削環轉，一如桃源，而翠壁萬丈過之，峰頭中斷，即為雙闕，雙闕所夾而環者，即為瓊臺。臺三面絕壁，後轉即連雙闕。余在對闕，日暮不及登，然勝已一日盡矣。遂下山，從赤城後還國清，凡三十里。

初八日　離國清，從山後五里，登赤城。赤城山頂圓壁特起，望之如城，而石色微赤。巖穴為僧舍淩雜，盡掩天趣。所謂玉京洞❸、金錢池❹、洗腸井❺，俱無甚奇。

【章　旨】本章記載了第八、九兩天的行跡。第八天渡過溪水，進入山中，見桃花塢、鳴玉澗。隨著澗水向前，兩旁景色，賞心悅目。登上峰頂，俯視雙闕、瓊臺，美景盡在眼中。傍晚回國清寺。第九天登赤城山，山上景物，不足為奇。

【注　釋】❶桃花塢　在桃源山中桃源洞附近，傳說為劉晨、阮肇入山食桃的地方。塢，四面高、中間低的山地。❷鳴玉澗　在桃花塢西，下游匯入清溪。❸玉京洞　在赤城山腹，為道教「天下十大洞天」之一。❹金錢池　傳說曇猷在此誦經，有神獻上金錢，曇猷將錢投入池中，以此得名。❺洗腸井　傳說曇猷在此用井水洗腸，以此得名。

【語　譯】初七　從坪頭潭出發，在曲曲折折的道路上走了三十多里，渡過一條小溪進山。又走了四五里，山口漸漸狹窄，看到一處客舍，地名桃花塢。沿著深潭向前，見潭水清澈碧綠，飛泉從高處注入，便是鳴玉澗。澗水隨山而轉，人又隨澗而行。兩邊山石，都嶙峋如骨，峰巒簇起，綠樹叢生，放眼四望，無非佳境。名勝大都在寒巖和明巖之間。到了澗水盡頭，路也斷絕。一道瀑布從山坳中直瀉而下，氣勢奔放。離開客舍，順著桃花塢往東南走，翻過兩座山嶺，尋訪稱作「瓊臺」、「雙闕」的勝境，竟沒人知道。走了幾里路，才打聽到原來在頂上。便和雲峰一起沿路攀登，才到達峰頂。向下望去，山崖陡峭環繞，和桃源完全一樣，而且萬丈翠壁，更勝桃源。峰頂中間斷裂，這就是雙闕，雙闕所夾的環圓之地，便是瓊臺。瓊臺三面都是懸崖峭壁，往後連著雙闕。我因在雙闕對面，天色又已晚，來不及攀登，但這裡的勝景，已在一日之內，盡收眼底了。於是下山，從赤城山後面回國清寺，計三十里路程。

初八　離開國清寺，從山後走了五里，登上赤城山。山頂挺出圓形崖壁，看上去如同城池，山石微微發紅。巖上的洞穴成了僧人的住房，一片雜亂，破壞了自然的情趣。所謂玉京洞、金錢池、洗腸井，都十分平常，不足為奇。

【研　析】山是大地的脊梁，是頂天的支柱。山又是歷史的見證，是人類力量的體現。隨著社會的發展，人類對山已從無條件的依從，到有目的的開發；從出於敬畏的神化，到發自愛心的親近。陶淵明自道：「少無適俗韻，性本愛丘山。」李白也說：「相看兩不厭，只有敬亭山。」不過他們還只是以一個詩人的閒情逸趣，將山作為觀賞的對象。至於不辭艱辛，不畏險難，投入整個身心，耗盡畢生心血，問奇於山川，探美於林泉，則必推徐霞客為第一人。徐霞客自稱有「山癖」。「幻出烟蘿傍玉京，須知片石是三生。」（〈題小香山梅花堂詩〉）正是他自身的寫照。他從小愛讀奇書，嚮往遠遊，成年後更是「奇情鬱然，玄對山水」（錢謙益〈徐霞客傳〉），不願在世俗的污濁中蠅營狗苟，只求在海闊天高中伸展個性。唐泰曾作詩贈徐霞客：「從此未須勞淡想，留君一座即名山。」（〈留先生小座〉）確實，在徐霞客身上，最集中地體現了山水昂首直上、百折不回的氣概；在他的筆下，最真實地描述了山水雄奇秀麗、滾滾汩汩的風姿。如果說，一部《徐霞客遊記》如同充滿奇情異采、包羅萬象的山水長卷，那麼〈天台山遊記〉便是其中第一幅絢麗的圖景。

浙江沿海，群山環抱，雖然不及泰山雄偉、華山險峻、黃山壯麗、峨眉巍峨，但「千巖競秀，萬壑爭流」，確實「使人應接不暇」。東晉孫綽作〈天台山賦〉，譽之為「山嶽之神秀者也」。在唐代詩人李白、孟浩然等人的集中，也都留下了吟詠天台山的詩篇。如李白的〈送友人尋越中山水〉：「聞道稽山去，偏宜謝客才。千巖泉灑落，萬壑樹縈迴。東海橫秦望，西陵遶越臺。湖清雙鏡曉，濤白雪山來。八月枚乘筆，三吳張翰杯。此中多逸興，早晚向天台。」而在現存關於天台山的作品中，沒有人比徐霞客的描寫，更真實也更生動了。

他以時間發展的順序為經，以地理位置的變換為緯，以各個景觀為點，揮濡如椽之筆，勾勒渲染，其中有動有靜，有聲有色，真可謂「文中有畫」，引人入勝。徐霞客在天台山中，人隨澗行，涉目成賞，讀他的日記，字字生色，段段稱奇，水光山影，宛然在目。

唐代文學家柳宗元的〈永州八記〉，歷來被認作遊記文學的典範，其中〈袁家渴記〉有這麼一段描寫：「每風自四山而下，振動大木，掩苒眾草，紛紅駭綠，蓊葧香氣。衝濤旋瀨，退貯谿谷，搖颺葳蕤，與時推移。」借風將山、樹、花、草，一併收在水上，寫得有性有情，有聲有色。徐霞客日記中「一帶峭壁巉崖，草木盤垂其上，內多海棠紫荊，映蔭溪色，香風來處，玉蘭芳草，處處不絕」這一段描述，同樣繪聲繪色地寫出了一個香花掩映的佳境。其中有視覺感受到的枝葉倒映的形態美，有聽覺感受到的清風徐來的音響美，有嗅覺感受到的花香沁人的氣味美，有讓作者喜形於色的情景美，更有讓讀者神往不已的意境美。寥寥數句，和柳文有異曲同工之妙。雖然沒有柳文的奇情壯采，但更加簡潔明白，生動自然。

徐霞客第一次遊天台山，才二十八歲，和外界的接觸還很有限，因此一投入大自然的懷抱，置身青山綠水之中，便情不自禁地湧起一種新鮮感和親切感，以及由此激發的喜悅之情，在這篇遊記中表現得十分明顯。文中一再說「人意山光，俱有喜態」，「聞明星滿天，喜不成寐」，「觀石梁臥虹，飛瀑噴雪，幾不欲臥」，「赤足跳草莽中，揉木緣崖，蓮舟不能從」，正是人與自然情投意合的生動寫照。

徐霞客早年的遊記，以搜奇訪勝為主，文學性高於科學性，不像後來的遊記，更多注意對山川地貌和水道源流的研討，但從中仍能體現出他天賦的對大自然敏銳而又深刻的觀察和分析能力。如「嶺角山花盛開，頂上反不吐色，蓋為高寒所勒耳」這幾句話，指出由於華頂海拔較高，勢必天寒風大，抑制了花的生長，從而揭示了地形、氣溫、風速對植物生長的影響。在西方，直到一八〇六年，德國學者洪堡考察安第斯山後，才提出了相似的看法，但比徐霞客已晚了近二百年。

遊雁宕山❶日記 浙江溫州府❷

【題解】萬曆四十一年（一六一三），徐霞客在遊覽天台山之後，隨即借道黃巖，前往鄰近又一個勝地雁蕩山。雁蕩山知名於唐初，略遲於天台山。至宋初聲名漸著，駸駸乎凌邁天台山之上，被譽為「東南第一名山」。康有為甚至說：「雁蕩山水雄偉奇特，甲於全球。」當代畫家潘天壽在遊覽之後，也說雁蕩群峰奇麗，不可思議，所謂鬼斧神工，使詩人畫家，對景興歎，無從落筆。雁蕩山之奇，在峰、石、洞、瀑，四美交輝。其中尤以「兩靈一龍」（即形狀奇偉、勝景疊出的靈峰，氣勢磅礴、環境清幽的靈巖，飛流直下、雲水氤氳的大龍湫瀑布）最負盛名，稱為雁蕩三絕。晚清詩人江湜曾作詩歎道：「欲寫龍湫難著筆，不遊雁蕩是虛生。」雁蕩山區域甚廣，有奇峰百二，勝跡尤多。由於來去匆匆，徐霞客這次上山，並未遍遊各處景觀，特別是沒能找到雁湖，留下了一個深深的遺憾。

自初九日❸別台山❹，初十日抵黃巖❺。日已西，出南門三十里，宿於八嶴❻。

十一日　二十里，登盤山嶺，望雁山諸峰，芙蓉❼插天，片片撲人眉宇。又二十里，飯大荊驛❽。南涉一溪❾，見西峰上綴圓石，奴輩指為兩頭陀❿，余疑即老僧巖⓫，但不甚肖。五里，過章家樓⓬，始見老僧真面目：袈衣⓭禿頂，宛然兀立⓮，高可百尺。側又一小童，傴僂於後，向為老僧所掩耳。自章樓二里，山半得石梁洞⓯，洞門東向，門口一梁，自頂斜插於地，如飛虹下垂。由梁側隙中層

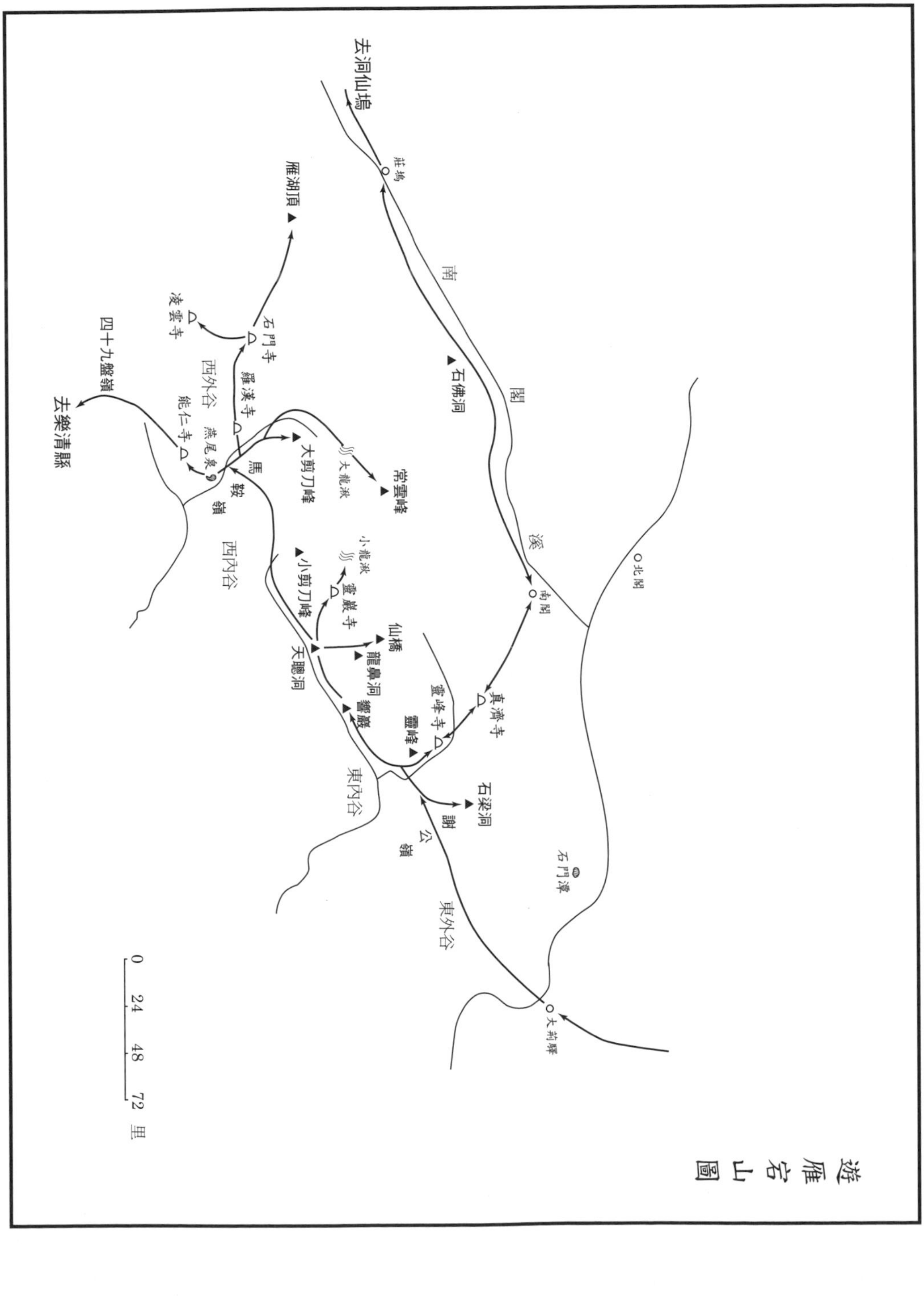
去洞仙塢
莊塢
雁湖頂
凌雲寺
石門寺
四十九盤嶺
去樂清縣
西外谷
羅漢寺
能仁寺
燕尾泉
馬鞍嶺
大剪刀峰
大龍湫
常雲峰
石佛洞
南閤溪
西內谷
小剪刀峰
小龍湫
靈巖寺
仙橋
龍鼻洞
天聰洞
響巖
靈峰寺
靈峰
真濟寺
南閤
北閤
東內谷
石梁洞
謝公嶺
石門潭
東外谷
大荊驛
0 24 48 72 里

遊雁宕山圖

級而上，高敞空豁。坐頃之，下山，由右麓逾謝公嶺⑯，渡一澗，循澗西行，即靈峰⑰道也。一轉，山腋⑱兩壁，峭立亙天，危峰亂疊，如削如攢，如駢筍，如挺芝，如筆之卓，如幞之欹⑲。洞有口如捲幙⑳者，潭有碧如澄靛㉑者。雙鸞㉒、五老㉓，接翼聯肩。如此里許，抵靈峰寺，循寺側登靈峰洞㉔。峰中空，特立寺後，側有隙可入。由隙歷磴數十級，直至窩頂，則窅然平臺圓敞，中有羅漢㉕諸像。坐玩至暝色，返寺。

【章旨】本章記載了徐霞客從天台山前往雁蕩山前三天的行跡。他在第三天登上盤山嶺，遠望雁蕩山的群峰。隨後經過大荊驛、章家樓，看到老僧巖的真面目。在石梁洞坐了一會後，翻過謝公嶺，踏上通往靈峰的道路。途中見山峰險峻，形狀各異，雙鸞、五老兩峰，併肩屹立。當天抵達靈峰寺，登上靈峰洞，傍晚返回寺中過夜。

【注釋】❶雁宕山　又稱雁蕩山，即北雁蕩山，在今浙江樂清東北。屬括蒼山脈。主峰雁湖岡，岡頂有湖，蘆葦叢生，結草成蕩，秋雁常來棲宿，故稱雁蕩。此外，樂清城西有中雁蕩山，平陽城西有南雁蕩山。徐霞客所遊的是北雁蕩山，不應相混。❷溫州府　明代隸浙江布政使司，府治在永嘉（今溫州）。❸初九日　指明神宗萬曆四十一年（一六一三）四月初九。❹台山　天台山的簡稱。❺黃巖　明代為縣，隸台州府，今屬浙江。❻八嶴　即慈嶴、松嶴之類，自定海迤邐西南至樂清，凡以「嶴」名者十餘處。嶴，山間平地。❼芙蓉　荷花的別名，這裡用以比喻山峰秀麗。❽大荊驛　設在大荊的驛站，今稱大荊鎮，在樂清城東北。驛，古代供傳遞政府文書的人和出差官員中途更換馬匹或休息、住宿的地方。❾一溪　指石門澗。石門潭即在其西面。❿頭陀　行腳乞食的苦行僧。⓫老僧巖　即石佛峰。在東外谷。因形似拱手接客的老和尚，又稱「接客僧」。從西側遠眺，又像一個合掌的老和尚，拜伏在一塊圓石前，也稱「老僧拜鐘」，為雁蕩勝景之一。⓬章家樓　在今大荊鎮西南，因過去有章姓人家在此建樓接客而得名。⑬袈衣　袈裟，和尚披在外面的法衣。⑭兀立　獨自直立。兀，高聳突出。⑮石梁洞　雁蕩山有東、西、北三個石梁洞，這裡所說的是東石梁洞，在老僧巖西北。因洞口有懸石如梁而得名。因石梁形如跨虹，又名石虹洞。洞中有池，由於石梁擋住半個池面的光線，明亮部分形如半月，也稱半月池。⑯謝公嶺　在東外谷和東內谷的分界處，因南朝宋永嘉太守謝靈運來此遊覽而得名。⑰靈峰　在東內谷，高二百七十餘公尺，與右邊的倚天峰相合如掌，稱合掌峰。夜間望之如男女兩人相依，又稱夫妻峰。峰下觀音洞，為雁蕩山第一大洞。山麓有靈峰寺，建於北宋天聖元年（一〇二三），為雁蕩十八古剎之一。靈峰周圍奇峰環繞，怪石林立，與靈巖、大龍湫合稱「雁蕩三絕」。⑱山腋　指山側的凹處。⑲如幞之欹　像斜披的頭巾。幞，古代男子所用的頭巾。欹，通「攲」。傾斜不正。⑳幙　同「幕」。㉑靛　藍靛的簡稱，是一種天然的染料。㉒雙鸞　峰名，在東內谷。因二峰併立，各有一塊怪石，左右相向，形如鸞鳳，由此得名。㉓五老　峰名，在東內谷。因有五個山峰併立，故名。㉔靈峰洞　在靈峰下，高約百公尺，深廣各四十公尺，為雁蕩山第一大洞。傳說唐代高僧善孜曾在此獨居修行。洞內原塑三百羅漢，又名羅漢洞。後在洞中塑觀音像，改稱觀音洞。㉕羅漢　梵文「阿羅漢」的簡稱，小乘佛教修行的最高果位。

【語　譯】初九那天離開天台山，初十到達黃巖縣城。這時太陽已經西下，出南門走了三十里，在八嶴留宿。

十一日　走了二十里，登上盤山嶺，遠望雁蕩山群峰宛如荷花插入天際，一片片撲入人的眼簾。又走了二十里，在大荊驛用餐。向南渡過一條小溪，看到西面山峰連結著一塊圓石，僕人指著說活像兩個頭陀，我懷疑這就是老僧巖，只是不怎麼像。再走五里，過了章家樓，才看到老僧巖的真面目：禿頂穿著袈裟，好像獨自直立在那裡，高約百尺。旁邊有一塊形似小童的巖石，彎腰站在後面，剛才被老僧巖擋住，不曾看到。離章家樓二里路，在半山腰發現石梁洞，洞門朝東，門前有一道石梁，從頂端斜插到地下，就像飛虹下垂一般。從石梁旁的縫隙中踏著石級向上，眼前一片高敞空闊的景象。坐了一會下山，從右面山腳越過謝公嶺，渡過一條小澗，沿著澗水向西，便是通往靈峰的道路。轉過一個彎，山腋處兩邊石壁，陡峭直立，橫貫天際，高峻的山峰錯亂重疊，就像切削過，又像簇擁著，有的像並列的竹筍，有的像挺秀的靈芝，有的像直立的筆桿，有的像斜披的頭巾。有的洞口像捲起的簾幕，有的潭水綠得像清澈的藍靛。雙鸞、五老兩峰，在前面併肩屹立。就這樣走了一里光景，到達靈峰寺，從寺旁登上靈峰洞。靈峰中間是空的，挺立在寺院的後面，峰旁有缺口可以進去。從缺口中走上幾十級石磴，直到洞頂，只見深暗中有個圓而寬敞的平臺，裡面有不少羅漢像。坐在這裡賞玩，直到暮色籠罩，方才返回寺中。

十二日　飯後，從靈峰右趾覓碧霄洞❶。返舊路，抵謝公嶺下。南過響巖❷，五里，至淨名寺❸路口。入覓水簾谷❹，乃兩崖相夾，水從崖頂飄下也。出谷五里，至靈巖寺❺。絕壁四合，摩天劈地，曲折而入，如另闢一寰界。寺居其中，南向，背為屏霞嶂❻。嶂頂齊而色紫，高數百丈，闊亦稱之。嶂之最南，左為展旗峰❼，右為天柱峰❽。嶂之右脅，介於天柱者，先為龍鼻水❾。龍鼻之穴，從石罅直上，似靈峰洞而小。穴內石色俱黃紫，獨罅口石紋一縷，青紺潤澤，頗有鱗爪之狀，自頂貫入洞底，垂下一端如鼻，鼻端孔可容指，水自內滴下注石盆。此嶂右第一奇也。

西南為獨秀峰❿，小於天柱，而高銳不相下。獨秀之下為卓筆峰⓫，高半獨秀，銳亦如之。兩峰南坳，轟然下瀉者，小龍湫⓬也。隔龍湫，與獨秀相對者，玉女峰⓭也。頂有春花，宛然插髻。自此過雙鸞，即極於天柱。雙鸞止兩峰並起。峰際有「僧拜石」⓮，袈裟傴僂，肖矣。由嶂之左脅，介於展旗者，先為安禪谷⓯，谷即屏霞之下巖。東南為石屏風⑯，形如屏霞，高闊各得其半，正插屏霞盡處。屏風頂有「蟾蜍石」⑰，與嶂側「玉龜」⑱相向。屏風南去，展旗側褶⑲中，有徑直上，磴級盡處，石閾⑳限之。俯閾而窺，下臨無地，上嵌崆峒㉑。外有二圓穴。側有一長穴，光自穴中射入，別有一境，是為天聰洞㉒。則嶂左第一奇也。銳峰疊嶂，左右環向，奇巧百出，真天下奇觀！而小龍湫下流，經天柱、展旗，橋跨其上，山門㉓臨之。橋外含珠巖㉔在天柱之麓，頂珠峰㉕在展旗之上，此又靈巖之外觀也。

【章旨】本章記載了第四天的行跡。自靈峰寺出發，越過響巖，到淨名寺路口，找到水簾谷。出谷至靈巖寺，寺在峭崖陡壁的環抱之中。寺背靠屏霞嶂，山腰處有龍鼻水，為嶂右第一奇觀。石屏風在屏霞嶂左側，向南可至天聰洞，為嶂左第一奇觀。這一帶群峰聳立，奇形百出，著名的有展旗峰、天柱峰、獨秀峰、玉女峰、雙鸞峰。小龍湫瀑布在獨秀峰南，「僧拜石」在雙鸞峰旁。

【注釋】❶碧霄洞　在東內谷。因洞口正對碧霄峰，故名。今稱將軍洞。傳說洞內曾建碧霄庵。洞口有水下滴，綴珠成簾，終年不斷。❷響巖　在東內谷。一塊高聳的巨巖，因巖中多洞，以石擊之，發出奇特的聲響，故名。在東內谷臥龍溪南，隔溪與雲霞嶂對峙如門，故稱響巖門。附近有響巖潭，潭上有宴坐巖，巖上即雲霞嶂。❸淨名寺　在東內谷蓼花嶂下，為雁蕩十八古剎之一。始建於北宋。寺東有三折瀑，在下折瀑可仰望「葫蘆天」。❹水簾谷　又名水簾洞，在東內谷鐵城嶂下。洞內有甘乳泉，終年水聲潺潺，但從不外溢。右側有兀然斜立、形如樹椿的黑石，名「梅花椿」。❺靈巖寺　雁蕩十八古剎中第二大寺。在東內谷。初建於北宋，元時毀於兵火。明初重建，清雍正年間闢地擴修。四周群峰環抱，景色秀絕，有老僧拜塔、金烏玉兔諸景，被譽為雁蕩山風景區的中心。❻屏霞嶂　在靈巖寺背後，高廣數百丈，壁立千霄，形如屏風，五色相間，燦若雲霞，故名。又名靈巖。❼展旗峰　在東內谷靈巖寺前東側。全峰橫闊，近乎平頂，狀若巨牆；風揚雲過之時，似大旗飄展；從側面觀望，又似捲旗之狀。傳說是黃帝戰勝蚩尤，班師時在此留下的戰旗。❽天柱峰　在東內谷靈巖寺西側，峰形陡削如柱，高與展旗峰相似。兩峰相對而立，稱南天門，臥龍溪穿門而出。當地常有人在兩峰間繫一繩索，登山作飛渡表演，十分驚險。❾龍鼻水　靈巖寺後插龍峰下有龍鼻洞，洞形似蚌殼。洞頂有一條龍鱗狀石紋，狀如長龍，蜿蜒直下。巖上有兩洞眼，不斷有水下滴，稱龍鼻水。❿獨秀峰　在東內谷靈巖寺西，孤立挺秀，卓爾不群。峰頂有蒼翠虬松，時有雲霧繚繞，故又名倚天峰。⓫卓筆峰　在東內谷藏珠谷旁，形如巨筆，對空作書。⓬小龍湫　在東內谷靈巖寺後。瀑布高六十多公尺，緊貼巖溜傾瀉而下，水勢雄闊，聲響震天，下入深潭，飛花四濺，形成湍流，雨後氣勢更為雄壯。明人作詩讚道：「時翻水沫天花落，乍捲晴氛谷雨飛。」湫，瀑布直下的深潭。⓭玉女峰　在東內谷。以形如少女，亭亭玉立，故名。每值春季，山頂杜鵑花盛開，如少婦髻上插滿鮮花。⓮僧拜石　又稱「老僧抱石」。⓯安禪谷　在東內谷靈巖寺東側。靈巖寺開山祖行亮、神昭曾在此居住。⓰石屏風　在東內谷。又名石碑峰、玉屏峰，或稱小展旗峰。⓱蟾蜍石　在東內谷。因形似蛤蟆而得名。⓲玉龜　在東內谷。為一塊形似烏龜的巨石。⓳褶　原指皮膚上的皺紋，或衣服上的皺紋，也用以指由於地殼運動，岩層受到壓力而形成的波狀彎曲的構造形式。⓴閾　門檻。㉑崆峒　山洞。㉒天聰洞　在東內谷。又稱「天窗洞」或「天窗奇洞」。因洞東北有一個如耳朵形的大窗洞，由此得名。洞嵌在大、小展旗峰之間，下大上尖，十分險怪。洞雖深邃，但有天光射入，仍很明亮。㉓山門　佛寺多在山林之中，故稱其外門為山門。㉔含珠巖　在東內谷。以圓石夾於山隙而得名。㉕頂珠峰　在東內谷。因山頂立一圓石，又名頂珠石。石下有龍潭。

【語　譯】十二日　飯後，從靈峰右山腳去找碧霄洞。返回原路，到達謝公嶺下。向南越過響巖，走五里路，到淨名寺路口。進去尋找水簾谷，原來是兩崖相夾，水從崖頂飄流直下。出谷走五里路，到達靈巖寺。只見崖壁陡峭，四面環繞，與天相接，如斧劈地，拐彎進去，就像到了一個新開闢的世界。靈巖寺就座落在其中，面向南，背靠屏霞嶂。嶂頂平整，呈紫色，有數百丈高，寬度也差不多。嶂的最南面，左邊是展旗峰，右邊是天柱峰。嶂的右脅，介於天柱峰之間的，先是龍鼻水。龍鼻的洞穴，從石縫直上，和靈峰洞相似，只是小一些。洞內的岩石，都呈黃紫色，唯獨縫口的一道石紋，黑色中略帶青紅，滋潤且有光澤，真有點像龍的鱗爪。從洞頂直通到洞底，垂下的一頭像個鼻子，鼻孔可以放個手指，水從裡面滴下，注入石盆。這是屏霞嶂右面的第一奇觀。

西南是獨秀峰，雖比天柱峰小，但就高度和陡峭而言則不相上下。獨秀峰下面是卓筆峰，高度僅獨秀峰一半，但同樣陡峭。兩峰南面的山坳中，有瀑布轟鳴直瀉，便是小龍湫。隔著龍湫，與獨秀峰相對聳立的，是玉女峰。春天峰頂鮮花盛開，宛如插在玉女的髮髻之上。從這裡過雙鸞峰，就到達這一帶最高的天柱峰。雙鸞峰只是雙峰併起，山峰靠邊處有「僧拜石」，就像僧人穿著袈裟彎腰下拜，十分逼真。從屏霞嶂的左脅，介於展旗峰之間的，先是安禪谷，即屏霞嶂的下巖。東南方為石屏風，形狀和屏霞嶂相似，但高和寬都只有它的一半，恰好插在屏霞嶂的盡頭。屏風的頂上有一塊「蟾蜍石」，和嶂旁的「玉龜」相對。從屏風往南，在展旗峰旁的褶縫處，有條小路直通上去，到石級的盡頭，被一道石檻擋住。俯伏在石檻上探視，下面一望無底，上面崖壁上嵌著不少空洞。外面有兩個圓形的洞穴。旁邊還有一個較長的洞穴，光從洞中射入，別有一種與眾不同的境地，這就是天聰洞，乃屏霞嶂左邊第一奇觀。尖峰疊嶂，左右環抱，奇形妙趣，層出不窮，不愧為天下奇觀！小龍湫的下游，流過天柱峰、展旗峰，有橋橫跨在水上，靈峰寺的大門正對著它。橋外含珠巖在天柱峰腳，頂珠峰則在展旗峰上方，這又屬靈巖的外景了。

十三日　出山門，循麓而右，一路崖壁參差，流霞映采。高而展者，為板嶂巖❶。巖下危立而尖夾者，為小剪刀峰❷。更前，重巖之上，一峰亭亭插天，為觀音巖❸。巖側則馬鞍嶺❹橫亙於前。鳥道盤折，逾坳右轉，溪流湯湯，澗底石平如砥。沿澗深入，約去靈巖十餘里，過常雲峰❺，則大剪刀峰❻介立澗旁。剪刀之北，重巖陡起，是名連雲峰❼。從此環遶迴合，巖窮矣。龍湫❽之瀑，轟然下搗潭中，巖勢開張峭削，水無所著，騰空飄蕩，頓令心目眩怖。潭上有堂，相傳為諾詎那❾觀泉之所。堂後層級直上，有亭翼然面瀑，踞坐久之。下飯庵中，雨廉纖不止，然余已神飛雁湖❿山頂，遂冒雨至常雲峰。由峰半道松洞⓫外攀絕磴三里，趨白雲庵⓬，人空庵圮，一道人在草莽中，見客至，望望⓭去。再入一里，有雲靜庵，乃投宿焉。道人清隱，臥牀數十年，尚能與客談笑。余見四山雲雨淒淒，不能不為明晨憂也。

【章　旨】本章記載了第五天的行跡。自靈巖寺向右，可見板嶂巖、觀音巖，另有小剪刀峰、常雲峰、大剪刀峰、連雲峰。山巖盡頭，大龍湫瀑布轟鳴直下。坐在潭旁的亭子觀賞飛瀑，使人不願離開。為了盡快看到雁湖，飯後冒雨趕到常雲峰，在山上的雲靜庵過夜。

【注　釋】❶板嶂巖　又名鐵城嶂。在東內谷靈巖寺西淨名坑。坑兩側懸崖壁立，高聳入雲，廣約二百公尺。西為游絲嶂，東為鐵城嶂，兩嶂對峙，天空僅露二三十公尺。雁蕩十四嶂，以此最為巍峨奇詭。於谷口仰望，天空如蛾眉初月，名初月天。❷小剪刀峰　在西內谷天柱峰西，臥龍溪北，峰形如剪。❸觀音巖　又名觀音髻。在東內谷。馬鞍嶺左肩，與常雲峰連接，遠望如觀音大士，飄浮在雲霧之中。❹馬鞍嶺　綿亙在靈巖風景區和大龍湫風景區之間，為雁蕩山東西谷的分界。以一部分嶺成凹形，頗似馬鞍，故名。從嶺上四顧，景色美不勝收。❺常雲峰　在西內谷，觀音峰西，大龍湫東。因有雲天襯映，故顯得極陡峻。❻大剪刀峰　在西內谷常雲峰和大龍湫西南。從各處看，形狀各不相同，或如剪刀，或如船帆，或如柱子，或如鰲頭，故有大剪刀、一帆、小天柱、鰲頭等眾多名稱。移步換形，變幻多態，清人認為雁蕩山百餘座奇峰，以此為首。❼連

雲峰　又名連雲嶂，在西內谷常雲峰西。峰頂可見犀牛望月峰。❽龍湫　指大龍湫。在西內谷馬鞍嶺西八里。源頭處名龍井，又稱上龍潭。水從連雲嶂淩空而下，落差約一百九十公尺。白練飛瀉，十分壯觀。並隨季節、風力、晴雨的變化而呈現不同的景觀。清代詩人袁枚讚道：「龍湫山高勢絕天，一線瀑走兜羅棉。五丈以上尚是水，十丈以下全是煙。況復百丈至千丈，水雲煙霧難分焉。」蔡元培譽之為天下瀑布之冠。瀑布旁有不少摩崖石刻。❾諾詎那　佛教經典中十六羅漢（後人加為十八羅漢）之一。相傳他在唐初率弟子三百，從四川東來雁蕩，見龍湫景色，歎為觀止，遂於此觀瀑坐化。❿雁湖　在西外谷的雁湖岡頂，海拔九百九十公尺。過去此湖「方可十里，水常不涸」，湖中蘆荻叢蔽，秋雁歸時，多棲宿於此，由此得名。歷時千年，今已淤塞。在岡頂眺望東海，水天一色，浩渺無際，是觀賞日出和雲海的佳處。雁湖岡終年雲霧繚繞，所產茶列為上品。⓫道松洞　在西內谷。傳說為僧人道松所開，高大深廣，大龍湫附近各洞，以此洞景色尤佳。⓬白雲庵　在西內谷，和下面的雲靜庵俱為大龍湫附近的道觀。⓭望望　《孟子・公孫丑下》：「推惡惡之心，思與鄉人立，其冠不正，望望然去之，若將浼焉。」注：「望望，慚愧之貌。」

【語　譯】十三日　走出寺院大門，沿著山腳往右，一路上崖壁參差不齊，飄動浮雲映照出絢麗的光彩。前面既高又寬的，就是板嶂巖。巖下陡立而峰頂尖夾的，是小剪刀峰。再向前，一重重山巖之上，有一座亭亭而立、高聳入雲的山峰，便是觀音巖。巖旁馬鞍嶺橫貫在前面。狹窄險峻的山間小道，曲折盤旋，越過山坳向右轉，溪水勢急流大，澗底石就像磨刀石一樣平滑。沿著澗水往裡走，大約離靈巖十多里，翻過常雲峰，大剪刀峰就挺立在澗邊。大剪刀峰的北面，山岩重重陡起，被稱作連雲峰。從這裡環繞回合，山岩也就到了盡頭。大龍湫的瀑布，轟鳴著直落潭中，山岩開張陡峭，水不著岩壁，騰空飄蕩，使人見了頓覺心悸目眩。潭上有個廳堂，相傳是諾詎那觀賞泉水的地方。踏著堂後的石級向上，有個亭子如同飛鳥張開翅膀，面對著瀑布，便在裡面坐了好長時間。下來在庵中用餐，濛濛細雨下個不停，但我的心早已飛向雁湖山頂，於是冒雨趕到常雲峰。從半山腰的道松洞外，在陡峭的石級上攀登了三里路，趕往白雲庵。眼前庵毀人空，惟有一個道士在草叢之中，見有客來到，不好意思地走了。再向前一里，有座雲靜庵，便進去投宿。庵裡有個名清隱的道士，已有幾十年臥牀不起了，但還能同客人說說笑笑。我看到四面山峰，雲雨淒迷，不能不為明天早晨如何攀登而擔憂。

十四日　天忽晴朗，乃強清隱徒為導。清隱謂湖中草滿，已成蕪田，徒復有他行，但可送至峰頂。余意至頂，湖可坐得，於是人捉一杖，躋攀深草中，一步一喘，數里，始歷高巔。四望白雲，迷漫一色，平鋪峰下。諸峰朵朵，僅露一頂，日光映之，如冰壺瑤界，不辨海陸，然海中玉環❶一抹，若可俯而拾也。北瞰山坳壁立，內石筍森森，參差不一。三面翠崖環繞，更勝靈巖，但谷幽境絕，惟聞水聲潺潺，莫辨何地。望四面峰巒累累，下伏如邱垤❷，惟東峰昂然獨上，最東之常雲，猶堪比肩。

導者告退，指湖在西腋一峰，尚須越三尖❸。余從之，及越一尖，路已絕；再越一尖，而所登頂已在天半。自念志云：「宕❹在山頂，龍湫之水，即自宕來。」今山勢漸下，而上湫❺之澗，卻自東高峰發脈❻，去此已隔二谷，遂返轍而東，望東峰之高者趨之。蓮舟❼疲不能從，由舊路下。余與二奴東越二嶺，人跡絕矣。已而山愈高，脊愈狹，兩邊夾立，如行刀背。又石片稜稜怒起，每過一脊，即一峭峰，皆從刀劍隙中攀援而上。如是者三，但見境不容足，安能容湖？既而高峰盡處，一石如劈；向懼石鋒撩人，至是且無鋒置足矣。躊躇崖上，不敢復向故道。俯瞰南面石壁下有一級，遂脫奴足布四條，懸崖垂空，先下一奴，余次從之，意可得攀援之路。及下，僅容足，無餘地。望巖下斗深百丈，欲謀復上，而上巖亦嵌空三丈餘，不能飛陟。持布上試，布為突石所勒，忽中斷；復續懸之，竭力騰挽，得復登上巖。出險，還雲靜庵，日已漸西。主僕衣履俱敝，尋湖之興衰矣。遂別而下，復至龍湫，則積雨之後，怒濤傾注，變幻極勢，轟雷噴雪，大倍於昨。坐至暝始出，南行四里，宿能仁寺❽。

十五日　寺後覓方竹❾數握，細如枝；林中新條，大可徑寸，柔不中杖，老柯斬伐殆盡矣！遂從岐度四十九盤❿，一路遵海而南，踰窑奧嶺⓫，往樂清⓬。

【章　旨】本章記載了第六、第七天的行跡。請雲靜庵道士引路，在深草中艱難地向上攀登。在峰頂放眼眺望，陽光照在雲海之上，宛如冰清玉潔的世界。四顧群峰羅列，惟有東峰昂然高聳。為了尋找雁湖，想起志書上的話，向東峰高處走去。山峰愈來愈高，山脊愈來愈窄，人就像在刀劍叢中攀登。到了高峰盡頭，只見一塊劈開的大石，甚至找不到落腳之處。好不容易脫離險境，回到雲靜庵，不敢再去尋找雁湖。下山到能仁寺寄宿。第二天翻過四十九盤，沿海岸向南，前往樂清城。

【注　釋】❶玉環　山名，在與樂清隔海的玉環島上。島上有流水，潔白如玉，故名。❷垤　小山丘。❸尖　指山峰。❹宕　雁蕩，此指雁湖。❺上湫　指大龍湫的上游。❻脈　水脈。❼蓮舟　江陰迎福寺僧人。❽能仁寺　在西內谷丹芳嶺下，錦溪岸邊。規模為雁蕩十八古剎之首。宋咸平二年(九九九)始建,原名常雲院,後改名承天寺,又改為能仁寺,俗稱大鑊寺。大鑊即今保存在寺西大鑊亭中一口大鍋,內壁鑄有文字,據說重二萬七千斤,鑄於宋元祐七年(一〇九二),堪稱稀世遺物。❾方竹 竹名,因莖的斷面為四邊形而得名。堅韌者可作手杖。❿四十九盤 嶺名,因山道盤旋而得名。古稱丹芳嶺,是從樂清進入雁蕩山的要道。⓫窑嶴嶺 在芙蓉和樂清城之間,不太高。⓬樂清 明代為縣,隸溫州府,今屬浙江。

【語譯】十四日 天氣忽然放晴,於是強請清隱的徒弟做嚮導。清隱說雁湖之中已長滿野草,變成荒地,徒弟還要到其他地方去,只能送到峰頂。我以為到了峰頂,雁湖就很容易找到,於是每人握著一根手杖,在深草中向上攀登,就這樣一步一喘,走了幾里路,方才到達峰頂。放眼四望,白雲迷漫,平鋪峰下。雲海中的群峰,僅露出一個個峰頂,陽光照在上面,宛如冰清玉潔的世界,分不清是海上還是陸地。海中的玉環山,只露出一道淡淡的痕跡,好像一彎下腰就可拾取似的。從北往下看,山坳四面壁立,裡面聳立著又高又密的石筍,參差不一。蒼翠的山崖在三面環繞,景色比靈巖更勝一籌,只是山谷幽深,境域險遠,只聽到流水潺潺,卻不知究竟在什麼地方。四顧峰巒重重,如同一個個土堆,俯伏在腳下,惟獨東峰昂然高聳,最東面的常雲峰,還可同它比肩。

嚮導說他要走了,並指著說雁湖就在西腋的一個峰頂上,還要翻越三座山峰。我遵照他的話,翻過一個山頂,路已斷絕;再翻過一個山頂,轉身看剛才登上的山頂,已遠在半天之中。想起志書上說:「雁湖在山頂,龍湫之水,就是從湖裡流出的。」如今山勢逐漸低下,而龍湫上游的澗水,卻從東高峰發源,離這裡已隔了兩個山谷,於是轉身朝東,向東峰高處走去。蓮舟上人疲憊不堪,不能再跟著走了,就從原路下山。我和兩個僕人向東翻過兩座山嶺,已不見人的蹤影。隨後山峰愈來愈高,山脊愈來愈窄,兩邊夾立,就像在刀背上行走。加上石片鋒稜銳利,每過一道山脊,便是一座峭峰,都像在刀劍叢中向上攀登。這樣翻過三道山脊,眼前已無立足之地,又怎麼可能容納一個湖呢?不久到了高峰的盡頭,看到一塊如同被劈開的大石,剛才還怕石片的鋒稜刺人,到這裡甚至連可以落腳的鋒稜石片都沒有。在崖上猶豫不決,不敢從原路返回。望下看,見南面石壁下有一級石階,於是解下僕人的四條包腳布,一頭懸掛在崖上,一頭垂在空中,先讓一個僕人下去，我隨後下去，心想這樣或許能找到一條攀援的道路。到了下面，卻只能落腳，竟沒有多餘的地方。朝岩下望去，既陡且深，約有上百丈，想再上去，而上岩已脫空三丈多，不能飛渡。拉著布條，試著往上爬，布條被突起的石塊磨破，忽然斷裂，再接好掛上，竭力騰空拉著布條向上，這才重新登上崖頂。脫離險境後，回到雲靜庵，太陽已漸漸偏西。我和僕人的衣服、鞋子全都磨破了，再也提不起尋找雁湖的興致。於是告別道士下山，又來到大龍湫，正逢積雨之後，怒濤傾瀉，千姿萬態，變幻無窮，聲如轟雷，狀似噴雪，比昨天所見的要大上一倍。坐在這裡，直到黃昏方才離開，向南走了四里，在能仁寺寄宿。

十五日　在寺後找了幾根方竹，都細得像樹枝一般。樹林中的嫩枝，大的直徑約有一寸，過於柔軟，不能作手杖，而老幹差不多已被砍完了。於是從岔路翻過四十九盤，一路沿海岸向南，越過窑嶴嶺，前往樂清城。

【研析】名山是自然的傑作。山崖的形態，往往由其地質結構、特殊的岩性和發育歷史造成。同為東南名山，雁蕩與天台就大不相同。東晉孫綽稱天台「壯麗」，北宋沈括譽雁蕩「奇秀」，這最早的評價，也是後人公認的特色。和天台山一樣，雁蕩山在遠古也有過活躍的火山活動，至今在雁湖岡（即雁頂）仍可看到火山噴發的遺跡。但天台山主要由花崗岩構成，而雁蕩山體則由流紋岩堆疊而成。雁蕩山之奇，就在岩漿噴發、流動、冷卻、凝固的過程中，形成屬於火成岩的流紋岩，經過漫長的斷層發育，以及風化和流水侵蝕作用，造成「雕鏤百態」的獨特的奇秀景觀。徐霞客一入雁蕩，便敏銳地感到了這一點，他形容山路兩旁，「危峰亂疊，如削如攢，如駢筍，如挺芝，如筆之卓，如幞之欹。」正是這種特殊山貌形象而又真切的寫照。前人說雁蕩山「奇譎善變，鬼斧神工」。這斧，是自然之斧；這功，是造化之功。

清初畫家石濤論畫，頗有奇警之言，他認為：「得乾坤之理者，山水之質也。」「天有是權，能變山川之精靈；地有是衡，能運山川之氣脈。」（《石濤畫語錄》）這就是說，大自然造成了山水的種種奇變，誰能了解自然的規律，誰就把握了山水的本質特徵。早年徐霞客雖已不知覺地有所領悟，但還不足以語此。作為一個地理天才，他從山巖的形態、溪水的流向、洞穴的分布、瀑布的氣勢中，從對形象、色澤、聲響、氣味的直接觀照和感受中，與山水神遇心印，為雁蕩山留影寫照，使「峰巒起伏，隱躍毫端」，「源流曲折，軒騰紙上」。他對雁蕩山的第一印象，是「芙蓉插天，片片撲人眉宇」。雖僅十字，雁蕩山的遠景，已鮮明形象地展現在讀者的眼前。他寫雲海中的群山：「諸峰朵朵，僅露一頂，日光映之，如冰壺瑤界，不辨海陸，然海中玉環一抹，若可俯而拾也。」借助遠近的對照、光色的襯映，描繪出一幅登高極目的瑰麗圖景。

徐霞客遊雁蕩山，經過的景點甚多，忽登山徑，忽涉溪流，忽對奇石，忽賞飛瀑，忽入古寺，忽探幽洞，鋪敘縷述，殊為不易。這篇遊記依然寫得有條不紊、清新明白，文字簡潔但又包羅無遺，刻劃逼真且又不乏性靈。文中有時用三言兩語，便寫出景物的特徵，如以「絕壁四合，摩天劈地」描寫靈巖，以「頂有春花，宛然插髻」形容玉女峰。有時又多方渲染，對景物作細膩的描繪，如從地形、規模、石色、岩紋，直寫到何為龍鼻、如何滴水，來刻劃「龍鼻水」這「嶂右第一奇觀」。有時又大筆淋漓，對景物作籠蓋式的、全方位的描述，如寫站在峰頂四望，層層峰巒，俯伏腳下，白雲迷漫，飄蕩胸前，遠看海天一色，茫茫莫辨；近聽幽谷清泉，窅然而去。通過對局部參差有致的描寫，組成一幅整體和諧的山水畫卷。

柳宗元至永州，在遊覽鈷鉧潭西小丘後，留下一段名言：「枕席而臥，則清泠之狀與目謀，瀯瀯之聲與耳謀，悠然而虛者與神謀，淵然而靜者與心謀。」徐霞客對大龍湫的描寫，雖與柳宗元筆下的小丘，動靜有別，虛實不一，但就審美情趣而言，似乎心有靈犀，前後相通。他久坐亭中，面對飛瀑，這是景與目謀；飛湍瀑流，轟然喧豗，這是景與耳謀；騰空飄蕩，目眩魄動，這是景與心謀；思逐流遠，神飛峰頂，這是景與神謀。至於潭上有堂，相傳為諾詎那觀賞飛泉之處，則是《遊記》中所載的第一個傳說，這時，眼前的景觀已跨越時空的界限，與想像諧合了。

前人無不稱讚徐霞客聞奇必赴，望險必探的精神和勇氣。為了尋訪雁湖，他來到「人跡絕矣」的深山幽谷之中，在「刀背」上行走，在「劍隙」中找路，在毫無立足之處攀登。這是現存遊記中所載的第一次歷險，可見他的遊覽，從一開始就和那些吟風弄月、淺嘗輒止的遊者完全不同。

遊白岳山❶日記 徽州府❷

【題解】安徽南部，崇山林立。白岳山（即齊雲山）在皖、贛兩省的交界處，位於黃山之南，新安江上游。這裡群山奔赴，萬壑屯雲，形勢險峻，環境清幽，洞澗潭泉，遍布其中。唐元和年間，僧人捷足先登，在此建立寺院。宋寶慶年間，道士接踵而至，修建道觀。至南宋，已有「齊雲形勝冠江南」之說。到明代，齊雲山已與武當、龍虎、青城齊名，成為道教名山之一，傳說為真武帝在江南的修煉道場，故有「江南小武當」之稱。明代藝術家唐寅（伯虎）曾撰書〈紫霄宮玄帝碑銘〉，其中有「金碧極輝煌之盛，香火盡嚴奉之誠」之句。當時白岳山甲勝江南，與黃山齊名，號稱「黃白」。湯顯祖有詩云：「欲識金銀氣，須為黃白遊。平生癡絕處，每夢到徽州。」萬曆四十四年（一六一六）伊始，徐霞客就離開才一歲的長子，從浙入皖，慕名遊覽了白岳山。兩年後，他再次入皖，重遊白岳山，依然住在榔梅庵，但沒有留下日記。

丙辰❸歲，余同潯陽叔翁❹，於正月二十六日，至徽❺之休寧❻。出西門，其溪❼自祁門縣❽來，經白岳，循縣而南，至梅口，會郡溪❾入浙❿。循溪而上，二十里，至南渡⓫。過橋，依山麓十里，至巖下⓬，已暮。登山五里，借廟中燈，冒雪躡冰，二里，過天門⓭；里許，入榔梅庵⓮。路經天門、珠簾⓯之勝，俱不暇辨，但聞樹間冰響錚錚⓰。入庵後，大霰⓱作，潯陽與奴子俱後。余獨臥山房，夜聽水聲屋溜，竟不能寐。

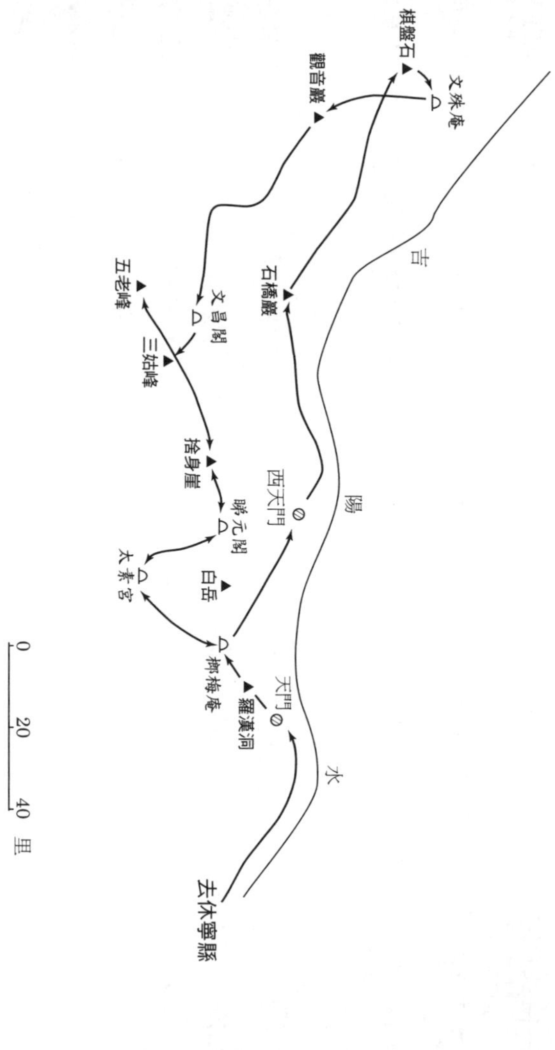
棋盤石
文殊庵
觀音巖
吉
石橋巖
五老峰
文昌閣
三姑峰
捨身崖
西天門
陽
睇元閣
太素宮
白岳
榔梅庵
天門
羅漢洞
水
去休寧縣
0
20
40
里

遊白岳山圖

二十七日　起視滿山冰花玉樹，迷漫一色。坐樓中，適潯陽並奴至，乃登太素宮[18]。宮北向，玄帝[19]像乃百鳥啣泥所成，色黧[20]黑。像成於宋，殿新於嘉靖三十七年，庭中碑文[21]，世廟[22]御製也。左右為王靈官[23]、趙元帥[24]殿，俱雄麗。背倚玉屏[25]，前臨香爐峰[26]，峰突起數十丈，如覆鐘，未遊台、宕[27]者或奇之。出廟左，至捨身崖[28]，轉而上為紫玉屏，再西為紫霄崖[29]，俱危聳傑起。再西為三姑峰[30]、五老峰[31]，文昌閣[32]據其前。五老比肩，不甚嶠削，頗似筆架。

返榔梅，循夜來路，下天梯[33]。則石崖三面為圍，上覆下嵌，絕似行廊。循崖而行，泉飛落其外，為珠簾水。嵌之深處，為羅漢洞[34]，外開內伏，深且十五里，東南通南渡。崖盡處為天門。崖石中空，人出入其間，高爽飛突，正如閶闔[35]。門外喬楠中峙，蟠青叢翠。門內石崖一帶，珠簾飛灑，奇為第一。返宿庵中，訪五井[36]、橋崖[37]之勝。羽士[38]汪伯化，約明晨同行。

【章　旨】本章記載了徐霞客遊白岳山第一、第二天的行跡。從休寧一路來到巖下，已是黃昏時分。冒雪經過天門，到榔梅庵投宿。雨聲不止，一夜未眠。第二天踩著冰雪，登上新建的太素宮，觀賞前面的香爐峰。隨後去捨身崖，上面是紫玉屏峰，西面是紫霄崖、五老峰。返回榔梅庵，走下天梯嶺，途中觀賞珠簾水，發現羅漢洞。天門在山崖盡頭，周圍景色奇麗。回到庵中，和道士汪伯化約好明天同行。

【注釋】❶白岳山　原為齊雲山的一部分，後兩者混稱，一般通稱齊雲山。據山志：「一石插天，直入霄漢，與雲並齊，故謂之齊雲。」在安徽休寧城西三十里。海拔一千多公尺，周一百餘里，有三十六峰、七十二崖。❷徽州府　明代隸南京（南直隸）管轄，府治在歙縣（今屬安徽）。❸丙辰　明神宗萬曆四十四年（一六一六）。❹潯陽叔翁　生平不詳。古人稱岳丈為翁，叔翁或許為徐霞客岳丈的兄弟。徐霞客原配許氏，潯陽似亦姓許。❺徽　即徽州府。❻休寧　明代為縣，隸徽州府，今屬安徽。❼溪　指吉陽水，今稱橫江，源出安徽歙縣吉陽山。❽祁門縣　明代隸徽州府，今屬安徽。❾郡溪　當指流經歙縣的練溪。❿浙　浙溪，即今率水，為新安江的上游。⓫南渡　即今蘭渡，在橫江南岸。⓬巖下　即今巖前，在橫江南岸。⓭天門　即東天門，以山崖中分，方廣如門得名。⓮榔梅庵　據道家傳說，真武帝在武當山折梅嫁接在榔樹上，獲得成功，即產生了一種新品種榔梅樹。明世宗嘉靖五年（一五二六），在齊雲山建榔梅庵，並植榔、梅兩樹。⓯珠簾　珠簾水。在雨君洞上，四季有雨，從不枯竭，宛如簾掛石壁之間，故名。⓰錚錚　形容金屬撞擊時所發出的響聲。⓱霰　雪珠。即雨點下降遇冷凝結而成的微小冰粒。⓲太素宮　即玄武觀。在齊雲山中峰韡輅峰上。唐元和年間在此首建石門寺，宋寶慶年間立佑聖真武寺，明嘉靖年間敕建宮殿，欽賜山額。⓳玄帝　即玄武帝（宋避諱改為真武帝），為道教北方尊神。⓴黧　顏色黑裡帶黃。㉑碑文　即〈齊雲山玄天太素宮碑〉。㉒世廟　指明世宗朱厚熜。古代帝王死後，在太廟立室奉祀，特立名號，稱廟號。㉓王靈官　道教神名，又名玉福火府天將。相傳為宋徽宗時人，姓王名善，從蜀人薩守堅受符法，為林靈素再傳弟子。明永樂中，在北京建天將廟，以靈官居三十六將之首。㉔趙元帥　即趙玄壇，俗稱趙公元帥。道教神名，姓趙名朗，字公明。自秦時避世山中，精修至道，功成封正一玄壇元帥。民間奉作財神。㉕玉屏　即紫玉屏，峰名，在韡輅峰上。巒秀如屏，左右有石似龍虎狀。㉖香爐峰　高二百仞，絕不與群山相連。傳說明初曾鑄塗金鐵亭，人力無法搬上峰頂，一天夜晚，風雨大至，將鐵亭吹上峰頂。㉗台宕　天台山、雁蕩山。㉘捨身崖　在太素宮左松崖之旁，深約一百仞。道士蛻化（原指蛇、蟬等脫皮，道家、佛家謂人死如蟬之蛻殼，故也美稱其修行者死去為「蛻」。）投身其中，竟有不死者，令人詫異。㉙紫霄崖　在太素宮西二里，崖石色紫，壁立五百餘仞，氣勢逼人，極險峻，「過之者足未涉而氣已奪」。崖前一石，酷似駱駝，名紫駝峰。崖下原有玉虛宮（又稱紫霄宮），今存明唐寅撰書的〈紫霄宮玄帝碑銘〉石刻，高丈餘，保存完好。㉚三姑峰　在西天門外。以翠岫如髻而得名。㉛五老峰　在三姑峰西。五峰蒼顏磊落，如有道之士比肩垂紳，故名。㉜文昌閣　在三姑峰下，與五老峰相對，建於明萬曆年間。㉝天梯　指天梯嶺。㉞羅漢洞　因洞中有羅漢像而得名。洞門有兩石龍，形象逼真。㉟閶闔　神話中的天門。㊱五井　齊雲山中多深潭，皆名龍井，所謂五井、九井，乃泛言其多，未必實指。㊲橋崖　即石橋巖。在白岳嶺西，原名岐山。高約六百公尺，周二十三里，據山志：「石橋宛然天成，一峰正中，卓立橋外。」石壁百丈，古藤絡其上。每當花開之時，黯若錦屏。唐乾元年間，道士龔棲霞絕粒隱居於此。東為天泉巖，有泉四時不絕。西為大龍宮。㊳羽士　古代道士幻想羽化成仙，故稱道士為羽士。

【語　譯】丙辰年，我同潯陽叔翁，在正月二十六日，抵達徽州的休寧。走出西門，一條溪水從祁門流來，經過白岳山，沿著縣城向南，到梅口，和從郡城流來的溪水會合，注入浙溪。沿著溪水向上，走了二十里，到南渡。過了橋，靠著山腳走十里，到巖下，已是傍晚。登山走了五里，借了廟中的燈籠，冒著飛雪，踩著冰塊，走了二里，經過天門，又走了一里左右，進入榔梅庵。一路經過天門、珠簾水等名勝，都來不及細看，只聽到樹中冰塊撞擊時發出的響亮的聲音。進入榔梅庵後，豆大的雪珠落了下來，潯陽叔翁和僕人都掉在後面。我獨自躺在山房之中，夜間靜聽沿著屋簷流下的水聲，怎麼也無法入睡。

二十七日　起來觀賞滿山的「冰花玉樹」，漫天遍地，一片茫茫。坐在樓閣中，恰巧潯陽叔翁和僕人來了，於是一起登上太素宮。宮門朝北，裡面的玄帝像是由百鳥銜泥塑成的，顏色黑裡帶黃。像塑於宋代，大殿在嘉靖三十七年新建，庭中的碑文，是世宗親自撰寫的。左右兩旁是祭祀王靈官、趙元帥的殿堂，都很雄麗。太素宮背靠玉屏峰，前對香爐峰。山峰突起好幾十丈，就像一座倒扣的鐘，沒有去天台山、雁蕩山遊覽過的人，或許會感到新奇。從廟的左側走出，到捨身崖，轉而向上是紫玉屏峰，再往西是紫霄崖，都高聳突起，不同尋常。再向西是三姑峰、五老峰，文昌閣就座落在它們的前面。五老峰各峰併肩而立，不太陡峭，看上去很像筆架。

返回榔梅庵，沿著昨夜來的路，走下天梯嶺。只見石崖三面圍攏，上面覆蓋，下面嵌入，很像走廊。沿著山崖向前，有泉水飛落崖外，這就是珠簾水。嵌入很深的地方，是羅漢洞，外面開敞，裡面低矮，將近十五里深，向東南直通南渡。山崖盡頭是天門。崖石中間是空的，人在裡面走進走出，只覺高大寬爽，勢若凌空飛起，就像神話傳說中的天門。門外高大的楠木居中峙立，青枝盤繞，翠條叢生。門內石崖這一帶地方，珠簾飛灑，堪稱第一奇景。回到榔梅庵過夜，打聽五井、橋崖等勝景。和道士汪伯化約好第二天清晨一起走訪。

二十八日　夢中聞人言大雪，促奴起視，彌山漫谷矣。余強臥。巳刻❶，同伯化躡屐，二里，復抵文昌閣。覽地天一色，雖阻游五井，更益奇觀。

二十九日　奴子報雲開，日色浮林端矣。急披衣起，青天一色，半月來所未睹，然寒威殊甚。方促伯化共飯，飯已，大雪復至，飛積盈尺。偶步樓側，則香爐峰正峙其前。樓後出一羽士，曰程振華者，為余談九井、橋巖❷、傅巖❸諸勝。

三十日　雪甚，兼霧濃，咫尺不辨。伯化攜酒至捨身崖，飲睇元閣❹。閣在崖側，冰柱垂垂，大者竟丈。峰巒滅影，近若香爐峰，亦不能見。

【章旨】本章記載了第三、第四、第五天的行跡。第三天滿山遍谷被雪覆蓋，只能去文昌閣遊覽。第四天早晨雲開日出，但飯後又大雪紛飛，冷得厲害。第五天雪下得更大，汪伯化帶著酒去捨身崖，在睇元閣對飲。閣上冰柱垂下，四顧景物模糊。

【注釋】❶巳刻　上午九時至十一時。❷橋巖　即石橋巖。❸傅巖　疑為「輔巖」，在山西二十里。❹睇元閣　又作「睇玄閣」。在太素宮西的退思巖上。

【語譯】二十八日　夢中聽到有人說下大雪，催促僕人起身探看，已經滿山遍谷，到處都是。我勉強睡在牀上。到了巳時，同伯化穿著木屐，走了二里，再到文昌閣。天地之間，一片白茫茫的景象，雖然不能去遊覽五井，但眼前的景觀變得更加奇特。

二十九日　僕人報告已經雲開日出，陽光照在樹梢之上了。急忙披衣起身，只見碧空澄澈，一塵不染，連續半個月來，從未見到這樣的好天氣，只是冷得厲害。正當催伯化一起吃飯，飯後，大雪又下了起來，雪花飛舞，積了厚厚的一尺。偶爾走到樓旁，只見香爐峰正聳立在它的前面。從樓的後面走出一個道士，名程振華，向我談起九井、橋巖、傳巖等名勝。

三十日　雪越下越大，加上濃霧迷漫，即使近在咫尺，也看不清楚。伯化帶了酒到捨身崖，在睇元閣和我對飲。閣在崖旁，一處處冰柱垂下，大的竟有一丈長。四周峰巒都不見了形影，就連香爐峰那麼近的山峰，也看不見。

二月初一日　東方一縷雲開，已而大朗。潯陽以足裂留庵中。余急同伯化躡西天門❶而下。十里，過雙溪街，山勢已開。五里，山復漸合，溪環石映，倍有佳趣。三里，由溪口循小路入，越一山。二里，至石橋巖。橋側外巖，高亙❷如白岳之紫霄。巖下俱因巖為殿。山石皆紫，獨有一青石龍蜿蜒於內，頭垂空尺餘，水下滴曰龍涎泉❸，頗如雁宕龍鼻水❹。巖之右，一山橫跨而中空，即石橋也。飛虹垂蝀❺，下空恰如半月。坐其下，隔山一岫特起，拱對其上，眾峰環侍，較勝齊雲天門；即天台石梁❻，止一石架兩山間，此以一山高架，而中空其半，更靈幻矣！穿橋而入，里許，為內巖，上有飛泉飄灑，中有僧齋，頗勝。

還飯於外巖。覓導循崖左下。灌莽中兩山夾澗，路棘雪迷，行甚艱。導者勸余趨傅巖不必向觀音巖⑦。余恐不能兼棋盤⑧、龍井之勝，不許。行二里，得澗一泓⑨，深碧無底，亦「龍井」也。又三里，崖絕澗窮，懸瀑忽自山坳掛下數丈，亦此中奇境。轉而上躋，行山脊二里，則棋盤石高峙山巔，形如擎菌⑩，大且數圍⑪。登之，積雪如玉。迴望傅巖，屼嵲⑫雲際。由彼抵棋盤亦近，悔不從導者。石旁有文殊庵⑬，竹石清映。轉東而南，二里，越嶺二重，山半得觀音巖。禪院清整，然無奇景，尤悔覿面⑭失傅巖也。仍越嶺東下深坑，石澗四合，時有深潭，大為淵，小如臼，皆云「龍井」。不能別其孰為「五」，孰為「九」。凡三里，石巖中石脈⑮隱隱，導者指其一為青龍，一為白龍，余笑頷⑯之。又亂崖間望見一石嵌空，有水下注，外有橫石跨之，頗似天台石梁。伯化以天且晚，請速循澗覓大龍井⑰。忽遇僧自黃山⑱來，云：「出此即大溪，行將何觀？」遂返。

里餘，從別徑向漆樹園，行巉石亂流間，返照映深木，一往幽麗。三里，躋其巔，余以為高埒齊雲，及望之，則文昌閣猶巍然也。五老峰正對閣而起。五老之東為獨聳寨⑲，循其坳而出，曰西天門。五老之西為展旗峰，由其下而渡，曰芙蓉橋。余向出西天門，今自芙蓉橋入也。余望三姑之旁，猶彿⑳日色，遂先登，則落照正在五老間。歸庵已晚餐矣。相與追述所歷，始知大龍井正在大溪口，足趾已及，而為僧所阻，亦數㉑也！

【章　旨】本章記載了第六天的行跡。天氣晴朗，急忙同汪伯化從西天門下去，來到石橋巖。一路山水秀麗，富有情趣。巖旁的龍涎泉，和雁蕩山的龍鼻水相似。石橋形若飛虹，比天台山的石梁更加奇幻。飯後，登上棋盤石。石旁有文殊庵，半山腰有觀音巖，只是和傅巖當面錯過。一路常有深潭，都稱作「龍井」。原想去尋訪大龍井，誤聽僧人之言，沒有去成。於是登上山巔，眺望文昌閣、五老峰、獨聳寨，然後從西天門走出。見天色還早，便搶先攀登三姑峰。在吃晚飯時回到庵中。

【注　釋】❶西天門　距東天門約五里。❷亙　空間或時間上延續不斷。❸龍涎泉　石橋巖西大龍宮有石龍，橫亙其上，爪甲宛然，東出而下垂，身尾蒼鱗，隱見丹嶂之中。鼻端噴水，四月瀑流，九月乾涸，開啟閉合，正與龍相應，尤為奇妙。❹龍鼻水　靈巖寺後插龍峰下有龍鼻洞，洞形似蚌殼。洞頂有一條龍鱗狀石紋，狀如長龍，蜿蜒直下。巖上有兩洞眼，不斷有水下滴，稱龍鼻水。❺蝀　即螮蝀，虹的別稱。❻天台石梁　在天台山中方廣寺。山腰有銜接兩山的石梁，長約七公尺。瀑布自梁底向上噴墜，高數十丈，聲如雷鳴。臨潭巖壁上有康有為書「石梁飛瀑」四字，為天台八景之一。❼觀音巖　在棲真巖背後。❽棋盤　即棋枰石。在仙人巖，以形似棋枰得名。❾一泓　清水一道或一片。❿擎菌　向上舉起的蘑菇。⓫圍　兩隻胳膊合攏的長度。⓬屼嵲　突兀高聳。⓭文殊庵　供奉文殊菩薩的小廟。⓮覿面　當面。覿，相見。⓯石脈　指石上的紋理。⓰頷　點頭表示贊同。⓱大龍井　在觀音巖東南側。水從天池直瀉珠簾泉，泉下為碧蓮池，匯成雲龍潭，深不可測。天將下雨之時，雲出其上，如戴帽笠，居人以此預卜陰晴。⓲黃山　秦稱黟山，以群峰黝黑而得名。唐天寶六年（七四七）訂天下名山，因傳說黃帝與容成子、浮丘公同在此修道求仙，故名黃山。位於今安徽黃山市境內，橫跨歙縣、太平、休寧、黟縣四縣，周八百里。黃山是世界著名的遊覽勝地，目前包括三十六大峰、三十六小峰，尤以奇松、怪石、雲海、溫泉著稱於世。⓳獨聳寨　在太素宮西獨聳巖上。巖高三百仞，周十五里，孤峰聳立，與諸峰均不相連，故名。⓴殢　滯留。㉑數　天數；命運。

【語　譯】二月初一　從東方的雲層中透出一線光明，不一會天就十分晴朗。潯陽叔翁因為腳已凍裂，只得留在庵中。我急忙同伯化經西天門下去。走了十里，經過雙溪街，山勢已經開闊。又走了五里，山又漸漸聚攏，溪水環繞，溪石映照，格外富有情趣。走了三里，從溪口沿著小路進去，翻過一座山嶺，再走二里，便到了石橋巖。橋旁的外巖，高聳綿亙，如同白岳山紫霄崖。巖下都憑藉巖勢，建造殿堂。山石都是紫色，唯有一條青色的石龍在裡面屈曲盤伏，龍頭在空中垂下一尺多，有水珠下滴，稱為龍涎泉，和雁蕩山的龍鼻水十分相像。巖的右邊，一山橫跨，中間空空，這就是石橋。狀若飛虹，下面空的部分恰像半規明月。坐在下面，可見隔山聳起一座高峰，在上面拱手相對，群峰環繞侍立，比起齊雲山的天門，稍勝一籌；即使天台山的石梁，也只是一塊大石架在兩山之間，而這裡僅一山高架，其中又有一半是空的，看起來更加奇幻神異。從橋上穿過，走了約一里路，便是內巖，上面飛泉飄灑，裡面有僧人的住房，環境十分秀麗。

回到外巖用餐。找了嚮導沿著崖的左側下去。灌木叢中，兩座山崖夾束著澗水，道路多險，風雪迷漫，行走十分艱難。嚮導勸我去傅巖不必走觀音巖的路，我怕不能兼顧棋盤、龍井的勝景，沒有答應。走了二里，看到一道澗水，清澈碧綠，深不見底，也是一處「龍井」。又走了三里，山崖中斷，澗水也到了盡頭，高懸的瀑布忽然從山坳中落下，高達好幾丈，也是這裡的一處奇境。轉身向上攀登，在山脊上走了二里，只見棋盤石高高屹立在山巔，形狀就像舉起的蘑菇，有幾個人合抱那麼大。登臨石上，積雪像玉那樣潔白。回頭眺望傅巖，高聳雲端。從那裡到棋盤石也很近，真後悔沒聽嚮導的話。石旁有文殊庵，翠竹白石，在清光中映照。轉身向東再往南，走了二里，翻過兩座山嶺，在半山腰找到觀音巖。寺院清靜整潔，但沒有什麼奇特的景觀，這時更加後悔和傅巖當面錯過。於是翻過山嶺，向東走下深坑，石澗從四面聚攏，常有深潭，大的是淵，小的像臼，都稱作「龍井」，也弄不清到底哪個是「五井」，哪個是「九井」。共走了三里，前面巖石中隱隱約約地露出紋理，嚮導指著說其中一條是青龍，一條是白龍，我笑著點頭贊同。又在紛亂的山崖中看到一塊大石嵌在空中，裡面有水直往下灌，外面有塊橫石從上跨過，很像天台山的石梁。伯化認為天就要黑了，請我們趕緊沿著澗水尋找大龍井。忽然碰到從黃山來的和尚，說道：「從這裡走出便是大溪，去那裡有什麼可看的？」於是轉身返回。

走了一里多路，從另一條路去漆樹園，在巉巖亂流中行走，夕陽返照著深深的樹林，一派幽雅秀麗的景象，走了三里，登上山巔，我原以為高可與齊雲山相比，等放眼望去，文昌閣依然巍然高聳在眼前。五老峰正好和文昌閣相對而立。五老峰的東面為獨聳寨，沿著那裡的山坳走出，便是西天門。五老峰的西面為展旗峰，從峰下渡過溪流的地方，叫芙蓉橋。我先前從西天門走出，現在從芙蓉橋進入。我望見三姑峰旁，依然留著日光，於是搶先攀登，夕陽正照在五老峰間。回到庵中，已是吃晚飯的時候，眾人在一起相互追述著所經過的景點，方才知道大龍井在大溪口，已經走到了，卻被和尚一番話阻止，也是天數啊！

【研析】那個屢下江南、到處題詠的乾隆皇帝，也沒忘了到齊雲山湊熱鬧，譽之為「天下無雙勝景，江南第一名山」。儘管他毫不吝嗇地御賜了兩頂大帽子，但比起北面的近鄰黃山，齊雲山實在算不了什麼。就是和天台、雁蕩相比，也不見佳。也許就因為徐霞客對天台、雁蕩兩山，保留著美好的印象，面對齊雲山的景觀，就難以稱奇了。這篇遊記雖然對山上的峰、巖、洞、澗、潭、泉，也一一作了介紹，但都點到即止，並未著力刻劃描寫。可注意的是，由於徐霞客在地理學上特有的稟賦，一入山中，就對齊雲山不同於天台、雁蕩的獨特地貌，發生了興趣，並將他的觀察，如實地留在《遊記》之中。

齊雲山屬砂岩山地。近人通過對典型的砂岩峰林地區的考察研究，總結出這種地形的特徵，將這種地貌稱作「丹霞地形」。徐霞客當然不可能在理論上達到當今的高度，但他在遊覽、考察江南名山時，確實已敏銳地發現砂岩地區的岩層特點和地貌景觀，並在《遊記》中作了細緻、生動、真實、具體的描述。可以毫不誇張地說，他是中國歷史上第一個重視考察砂岩地貌的人。徐霞客來到齊雲山，最先尋訪的便是著名的道觀太素宮，一眼看到宮前的香爐峰，形如「覆鐘」。雖然他當時還不可能知道，砂岩山峰谷坡陡直，形成方山，但他所作的比喻，無疑已形象地道出了砂岩山峰的特徵。砂岩山地多深谷，往往兩坡壁立，並沿斷裂節理作直角轉折，形成圍谷，即往後三面峭壁合圍，形成半圓狀。徐霞客離開太素宮，走下天梯，便發現「石崖三面為圍，上覆下嵌，絕似行廊。」「三面為圍」，正是幽谷地貌；而「上覆下嵌」，又是砂岩地區常見的額狀崖的最顯著的特徵。在深處有個「外開內伏」的羅漢洞，即外面寬敞，裡面低矮，這又正是砂岩巖洞的特點。徐霞客遊覽龍井時，還在常人不經意處，發現「石巖中石脈隱隱」，這種紋理，也為砂岩岩層所特有。至於崖壁崩裂，形成「一線天」，在砂岩山地尤為多見，也最壯觀，在《徐霞客遊記》中，常常提到。

徐霞客來到齊雲山，恰逢一個寒流來到，連下五天大雪。這篇遊記，對山中的雪景作了全方位、多層次的描寫，其中有傍晚林中錚錚的冰響，有清晨滿山一色的冰花玉樹，有彌山漫谷的紛飛大雪，有雪後雲開、一塵不染的青天，有咫尺不辨的霧雪交匯，有長達丈餘的垂垂冰柱，有潔白如玉的皚皚雪坡，可謂有聲有色，千姿百態。徐霞客還注意到，和北國風光不同，即使如此天氣，江南山中依然喬木挺立，蟠青結翠，飛泉噴灑，潭水凝碧，特別是當夕陽返照深林，更是一往幽麗。雖然著墨不多，但不乏美學意義。記下這些嚴寒中的生機，為作者在冰天雪地中對美的追尋，增添了不少情趣和活力。

在形容峰、澗、潭時，徐霞客作了不少比喻，或如「覆鐘」，或如「筆架」，或如「行廊」，或如「閶闔」，或如「半月」，或如「擎菌」……不僅使景物的形象更加鮮明，同時也使語言更加生動。不過就表現手法而言，這篇遊記更值得注意的是其中比較的描寫。文中將香爐峰與天台、雁蕩的山峰比較，將龍涎泉與龍鼻水比較，將石橋與天台的石梁比較，通過這些比較，來顯示齊雲山與眾不同的自然特色，顯示作者別具慧眼的價值判斷。

遊黃山❶日記 徽州府❷

【題解】「黃山居世界風景之冠，是當之無愧的。」——這是日本著名畫家東方魁夷對黃山的讚美。大自然對黃山似乎情有獨鍾。清初畫家唐岱在《繪事發微》中說：「山之體，石為骨，林木為衣，草為毛髮，水為血脈，雲煙為神采，嵐靄為氣象，寺觀、村落、橋梁為裝飾也。」求之中國名山，能兼水、石、草、木、雲、嵐、寺、橋眾美，且組成一個完美的整體，即體魄雄偉、風骨高峻、神采飛揚、氣象不凡，必首推黃山。不過由於地處僻遠，交通不便，這座「震旦中國第一奇山」，在很長一段時間內，一直「養在深閨人未識」。人類對黃山的認識，要比五嶽晚得多。直到詩仙李白送人歸黃山，作詩讚歎：「黃山四千仞，三十二蓮峰。丹崖夾石柱，菡萏金芙蓉。」才第一次用文字向世人展示了黃山的瑰姿。只是當時李白年事已高，不能深入山中，對黃山只有一個浮光掠影的印象。而與李白同時的山水詩人，似乎沒人提到黃山。可謂「不識黃山真面目，只緣未入此山中」。天下名山僧占多，根據現有的資料，最早來黃山結茅居住的是唐天寶年間的志滿和尚。至中和年間，印度僧人麻衣在山中建造了翠微寺。而暢遊黃山，則從唐代僧人島雲開始，傳說他足跡遍及黃山諸峰，寫了不少詩篇，鐫刻在絕壁之上，直到清代，遊人仍可從壁上看到他的詩作。南宋咸淳四年（一二六八）十月，吳龍瀚、鮑雲龍、宋復三人，自帶乾糧，歷時三天，成為有文字記載的最早登上蓮花峰的人。但真正使黃山名聞天下的還是徐霞客。萬曆四十四年（一六一六）二月，他自白岳山前往黃山，頂著嚴寒，遊覽八天，留下了這篇遊記。

初二日❸自白岳❹下山，十里，循麓而西，抵南溪橋。渡大溪，循別溪，依山北行。十里，兩山峭逼如門，溪為之束。越而下，平疇頗廣。二十里，為豬坑。

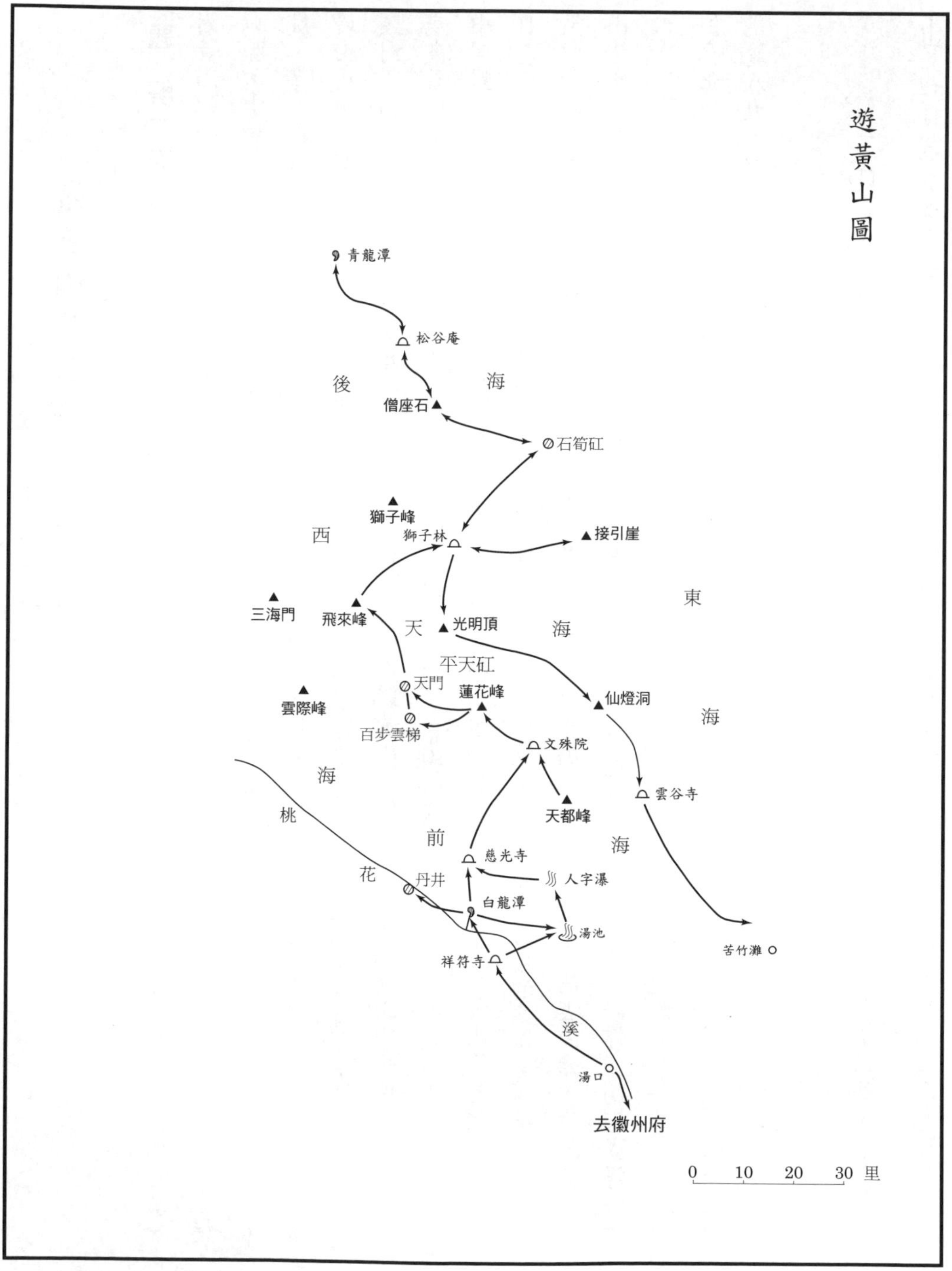
遊黃山圖
青龍潭
松谷庵
後
海
僧座石
石筍矼
獅子峰
西
獅子林
接引崖
東
三海門
飛來峰
天
光明頂
海
平天矼
天門
蓮花峰
仙燈洞
雲際峰
百步雲梯
海
文殊院
海
雲谷寺
桃
天都峰
前
海
慈光寺
花
丹井
人字瀑
白龍潭
湯池
祥符寺
苦竹灘
溪
湯口
去徽州府
0 10 20 30 里

由小路登虎嶺，路甚峻。十里，至嶺；五里，越其麓。北望黃山諸峰，片片可掇。又三里，為古樓坳，溪甚闊，水漲無梁，木片瀰布一溪，涉之甚難。二里，宿高橋。

初三日　隨樵者行久之，越嶺二重，下而復上，又越一重。兩嶺俱峻，曰雙嶺。共十五里，過江村。二十里，抵湯口❺，香溪、溫泉諸水所由出者。折而入山，沿溪漸上，雪且沒趾。五里，抵祥符寺❻。湯泉❼在隔溪，遂俱解衣赴湯池。池前臨溪，後倚壁，三面石甃，上環石如橋。湯深三尺，時凝寒未解，而湯氣鬱然，水泡池底汩汩起，氣本香冽，黃貞父謂其不及盤山❽，以湯口、焦村❾孔道，浴者太雜遝也。浴畢，返寺。僧揮印引登蓮花庵，躡雪循澗以上。澗水❿三轉：下注而深泓者，曰白龍潭⓫；再上而停涵石間者，曰丹井⓬。井旁有石突起，曰藥臼⓭，曰藥銚⓮。宛轉隨溪，群峰環聳，木石掩映。如此一里，得一庵，僧印我他出，不能登其堂。堂中香爐及鐘鼓架，俱天然古木根所為。遂返寺宿。

【章旨】本章記載了徐霞客從白岳山前往黃山前二天的行跡。第一天一路經過南溪橋、豬坑，翻過虎嶺，在古樓坳涉過溪水，至高橋留宿。第二天翻過雙嶺，經過江村，來到湯口，最後到達祥符寺。在湯池洗完澡後，又踏雪走訪蓮花庵，因僧人外出，沒能進去，只得返回寺中過夜。

【注　釋】❶黃山　秦稱黟山，以群峰黝黑而得名。唐天寶六年（七四七）訂天下名山，因傳說黃帝與容成子、浮丘公同在此修道求仙，故名黃山。位於今安徽黃山市境內，橫跨歙縣、太平、休寧、黟縣四縣，周八百里。黃山是世界著名的遊覽勝地，目前包括三十六大峰、三十六小峰，尤以奇松、怪石、雲海、溫泉著稱於世。❷徽州府　明代隸南京（南直隸）管轄，府治在歙縣（今屬安徽）。❸初二日　明神宗萬曆四十四年（一六一六）二月初二。❹白岳　山名，原為齊雲山的一部分，後兩者混稱，一般通稱齊雲山。據山志：「一石插天，直入霄漢，與雲並齊，故謂之齊雲。」在安徽休寧城西三十里。海拔一千多公尺，周一百餘里，有三十六峰、七十二崖。❺湯口　今湯口鎮。在歙縣西北境，黃山南麓，逍遙溪的右岸，其北為黃山大門。❻祥符寺　建於宋大中祥符年間，或說其前身為唐代的軒轅院。宋元祐年間改稱湯院，即湯寺。清代又稱祥符寺。早已毀，遺址在今黃山大禮堂附近。❼湯泉　又名湯池，今稱黃山溫泉。在紫雲峰下。因水中含有朱砂，古稱朱砂泉。有香味，又名香泉。每小時出水量為四十八噸，久旱不涸。水中含有多種礦物質，常年水溫在攝氏四十二度左右，可飲可浴。還具有醫療價值，相傳黃帝浴後，白髮變黑，故譽為「靈泉」。❽盤山　又名徐無山、四正山、盤龍山、田盤山，在今天津薊縣城西北，主峰近千公尺，被稱為中國十五大名山之一。古人稱「上盤之松，中盤之石，下盤之水」為三盤之勝，譽為「京東第一山」。陳仁錫跋黃道周丹陽道中贈徐霞客詩，曾言：「霞客遊之奇無如盤山一遊。」但今《遊記》及傳記、墓誌中均未提及。丁文江《徐霞客先生年譜》，將徐霞客的京師之遊，定在崇禎二年（一六二九）。❾焦村　今名同，在太平縣南境，黃山南側。❿澗水　即桃花溪。是沿斷裂帶沖蝕成的山谷，北側即為溫泉所在。因古代沿谷野生千樹桃花，有「桃花翻浪錦」的詩句，從而得名。⓫白龍潭　桃花溪上著名的水潭，在今白龍橋下，巨石堆疊谷中，橫阻流水，沸騰如珠濺雪舞，故名。溪上游有桃花潭，下游有青龍潭。地形頗能體現飛瀑、龍潭相間的特點。⓬丹井　是瀑流在岩石面上淘蝕而成的甌穴地形，相傳黃帝在此取水煉丹，故名。⓭藥臼　一種比較小的甌穴，形狀如臼，相傳黃帝用以搗藥，據說在洪水期還可以聽到鐘聲和絲竹之聲。⓮藥銚　也是一種較小的甌穴。銚是一種有柄的小型燒器，形狀和現在的壺相似。

【語　譯】初二　從白岳山下來，走了十里，沿山麓向西，到達南溪橋。渡過大溪，沿著另一條溪水，靠山往北走。向前十里，只見兩座陡峭的山峰，像門一樣緊靠著，將溪水約束在中間。翻山下去，是一片寬廣平坦的田野。再向前二十里，便是豬坑。從小路登虎嶺，山路十分險峻。走了十里，到達虎嶺；又走了五里，越過山麓。向北遙望黃山群峰，如同片片花瓣，似乎隨手便可拾取。再走三里，是古樓坳，這裡溪流寬闊，恰逢漲水，卻又無橋，木片遍布水面，徒步過水，真不容易。走了二里，在高橋留宿。

初三　跟隨樵夫走了好久，翻過二重山嶺，下了又上，再翻過一重。這兩座山嶺都很險峻，稱作雙嶺。共走了十五里，經過江村。再走二十里，到達湯口，即香溪、溫泉等水流的源頭。拐彎進入山中，沿著溪水漸漸向上，積雪差點沒過腳面。走了五里，到達祥符寺。湯泉就在溪流對岸，於是都脫下衣服跳入湯池。池前臨溪流，後靠山崖，三面石壁，上面有石塊環繞，看上去就像橋一般。湯池水深三尺，雖然這時嚴寒尚未消解，池內依然熱氣騰騰，水泡從池底汩汩泛起，氣味原本清香。黃貞父說它不如盤山的溫泉，是因為湯口、焦村為交通要道，來洗澡的人太多太雜。洗完澡，回到寺中。由揮印和尚領著登蓮花庵，踏著雪沿山澗向上。澗水有三處轉折：向下灌注的一池深水，叫白龍潭；再向上停蓄在石凹中的，叫丹井。井旁還有突起的山石，叫藥臼、藥銚。沿著溪水曲折向前，一路群峰環繞聳立，綠樹白石掩映成趣。這樣走了一里，看到一個小廟，因為印我和尚外出，不能進入佛堂，只看到堂中的香爐和鐘鼓架，都用天然的古木樹根製成。於是返回祥符寺過夜。

初四日　兀坐❶聽雪溜竟日。

初五日　雲氣甚惡，余強臥至午起。揮印言慈光寺❷頗近，令其徒引。過湯池，仰見一崖，中懸鳥道❸，兩旁泉瀉如練❹。余即從此攀躋上，泉光雲氣，撩繞衣裾。已轉而右，則茅庵上下，磬韻香煙，穿石而出，即慈光寺也。寺舊名硃砂庵。比丘❺為余言：「山頂諸靜室❻，徑為雪封者兩月。今早遣人送糧，山半，雪沒腰而返。」余與大阻，由大路二里下山，遂引被臥。

【章　旨】本章記載了第三、第四天的行跡。第三天枯坐沒事。第四天睡到中午，起身後前往慈光寺。由於大雪封路，無法繼續遊覽，只得返回。

【注　釋】❶兀坐　枯坐。❷慈光寺　舊名硃砂庵，在硃砂峰下。傳說明代玄陽道士、普門和尚曾在此居住。萬曆年間普門遊京師，為慈聖太后所賞識，敕封「護國慈光寺」。並賜以佛經、佛像、袈裟、錫杖等物，當時稱「徽州第一」。清代大畫家弘仁、石濤都曾居此。今改建為賓館，稱慈光閣。閣四周群山環抱，修竹相掩，有「千僧竈」、「法眼泉」諸名勝。❸鳥道　言山路險絕，僅能讓飛鳥通過。❹兩旁泉瀉如練　即今「人字瀑」，分兩支而下，有如「人」字，從而得名。上面所說的「鳥道」即「羅漢級」，為萬曆年間普門和尚開山所鑿。普門還在瀑布崖頂建閣，人字瀑從閣左右瀉下，蔚為奇觀。石磴在兩瀑間崖坡上開出，遊人有如羅漢升天之感，故名。❺比丘　梵文音譯，意譯為「乞士」，指出家後受過具足戒的僧人，俗稱和尚。❻靜室　清靜之室。此指僧人居住修持的屋舍。

【語　譯】初四　整天坐著聽雪融化後溜下去的水聲。

初五　雲氣陰沉，我勉強睡到中午才起身。揮印說慈光寺離這裡很近，叫他的徒弟帶路前往。路過湯池，抬頭看到一座山崖，中間懸著一條小道，兩旁泉水奔瀉，如同潔白的絲絹。我從這裡向上攀登，水光雲氣，在身邊纏繞。不久轉而向右，只見茅庵上下相間，磬聲、煙氣從石中透出，便到了慈光寺。寺原名硃砂庵。和尚對我說：「去山頂各個靜室的道路，已經被大雪封了兩個月。今天早晨派人送糧，走到半山，因雪深沒腰，只得返回。」我聽了遊興大減，從大路走了二里下山，回到住處拉開被子睡覺。

初六日　天色甚朗。覓導者各攜筇❶上山，過慈光寺，從左上。石峰環夾，其中石級為積雪所平，一望如玉。疎木茸茸中，仰見群峰盤結，天都❷獨巍然上挺。數里，級愈峻，雪愈深，其陰處凍雪成冰，堅滑不容著趾。余獨前，持杖鑿冰，得一孔，置前趾，再鑿一孔，以移後趾。從行者俱循此法得度。上至平岡，則蓮花❸、雲門❹諸峰，爭奇競秀，若為天都擁衛者。由此而入，絕巘危崖❺，盡皆怪松懸結，高者不盈丈，低僅數寸，平頂短鬣❻，盤根虬幹，愈短愈老，愈小愈奇，不意奇山中又有此奇品也！

松石交映間，冉冉僧一群從天而下，俱合掌言：「阻雪山中已三月，今以覓糧勉到此。公等何由得上也？」且言：「我等前海❼諸庵，俱已下山。後海山路尚未通，惟蓮花洞❽可行耳。」已而從天都峰側攀而上，透峰罅而下，東轉，即蓮花洞路也。余急於光明頂❾、石筍矼❿之勝，遂循蓮花峰而北，上下數次，至天門⓫。兩壁夾立，中闊摩肩，高數十丈，仰面而度，陰森悚骨。其內積雪更深，鑿冰上躋，過此得平頂，即所謂前海也。由此更上一峰，至平天矼⓬。矼之兀突獨聳者，為光明頂。由矼而下，即所謂後海也。蓋平天矼陽為前海，陰為後海，乃極高處；四面皆峻塢⓭，此獨若平地。前海之前，天都、蓮花二峰最峻；其陽屬徽之歙⓮，其陰屬寧之太平⓯。

余至平天矼，欲望光明頂而上，路已三十里，腹甚枵⓰，遂入矼後一庵。庵僧俱踞石向陽，主僧曰智空，見客色飢，先以粥餉，且曰：「新日太皎，恐非老晴。」因指一僧謂余曰：「公有餘力，可先登光明頂而後中食，則今日猶可抵石筍矼，宿是師處矣。」余如言登頂，則天都、蓮花並肩其前，翠微⑰、三海門⑱環繞於後；下瞰絕壁峭岫，羅列塢中，即丞相原⑲也。頂前一石伏而復起，勢若中斷，獨懸塢中，上有怪松盤蓋。余側身攀踞其上，而潯陽⑳踞大頂相對，各誇勝絕。下入庵，黃粱已熟。飯後，北向過一嶺，躑躅菁莽中。入一庵，曰獅子林㉑，即智空所指宿處。主僧霞光，已待我庵前矣，遂指庵北二峰曰：「公可先了此勝。」從之。俯窺其陰，則亂峰列岫，爭奇並起。循之西，崖忽中斷，架木連之，上有松一株，可攀引而度，所謂接引崖㉒也。度崖，穿石罅而上，亂石危綴間，構木為室，其中亦可置足，然不如踞石下窺更雄勝耳。下崖，循而東，里許，為石筍矼。矼脊斜亙，兩夾懸塢中。亂峰森羅，其西一面，即接引崖所窺者。矼側一峰突起，多奇石怪松，登之俯瞰壑中，正與接引崖對瞰。峰迴岫轉，頓改前觀。下峰，則落照擁樹，謂明晴可卜，踴躍歸庵。霞光設茶，引登前樓。西望碧痕一縷，余疑山影，僧謂：「山影夜望甚近，此當是雲氣。」余默然，知為雨兆也。

【章　旨】本章記載第五天的行跡。帶著竹杖上山，仰望天都峰巍然聳立。天寒地凍，路愈來愈難走。鑿冰開路，方才登上平岡。從這裡進去，峭壁危崖之上，到處可見奇異的松樹。途中遇到一群僧人，聽從他們的話，轉向蓮花洞那條路，到達天門。繼續鑿冰攀登，來到前海，隨後登上平天矼，下矼便是後海。因飢餓求食，走進一個小廟。根據智空和尚的建議，先登光明頂。放眼四顧，前為天都峰、蓮花峰，後為翠微峰、三海門，往下看見丞相原。吃過午飯，向北走進一個名獅子林的小廟。聽了霞光和尚的話，越過接引崖，來到石筍矼，登上矼旁的一座山峰。直到夕陽照樹，方才返回廟中。

【注釋】❶筇　因筇竹可作手杖，故也稱杖為筇。❷天都　峰名，在黃山東南部，海拔一千八百一十公尺，是三大主峰（蓮花、天都、光明頂）中最險峻者。古稱「群仙所都」，意為天上都會，由此得名。通往「天境」的石徑因而被稱為「天梯」。登上峰頂眺望，千峰競秀，江河一線，有詩讚道：「任他五岳歸來客，一見天都也叫奇。」天都峰上有「仙人把洞門」，山下有「童子拜觀音」，附近耕雲峰上有「松鼠跳天都」、「仙人下橋」等奇景。❸蓮花　峰名，在黃山中部，海拔一千八百六十公尺，為黃山最高峰。主峰突出，小峰簇擁，儼若一朵新蓮，仰天怒放。絕頂處方圓丈餘，名曰石船，置身於此，大有頂天立地之感。峰頂有飛龍、雙龍等名松和「采蓮船」、「孔雀戲蓮花」等景。嶺下還有龜、兔與兔兒望月等怪石。❹雲門　峰名，黃山三十六大峰之一。山頂有兩小峰相夾如門，白雲時出其間，故名。峰側有二石矗立如剪，又稱雙剪峰。❺絕巘危崖　自慈光寺到天都峰側，一路都是峭壁險峰，在立馬橋上半山亭經危崖，有「閻王壁」之稱。巘，山峰。❻鬣　松針；松的葉子。❼前海　在黃山的不少峰頂，都可看到白雲如浪，掩捲群峰的奇景，故黃山也被稱為「黃海」，並按方位分為五海：平天矼一帶為天海，其南為前海，其北為後海，東西側為東海和西海，觀賞雲海最佳處分別為光明頂、玉屏樓、清涼臺、白鵝峰和排雲亭。明代只有四海，以平矼為前、後海的分界，無天海。❽蓮花洞　在蓮花峰下。❾光明頂　峰名，在黃山中部。海拔一千八百四十公尺，為三大主峰之一。《黃山指南》稱其「狀若覆鉢，旁無依附，秋水銀河，長空一色。」為黃山看日出、見佛光、觀雲海的最佳處，落日經三上三下方才沉沒。向東可觀「東海」奇景，向西可望「西海」群峰，向南天都、蓮花諸峰盡收眼底。隔海與「鰲魚馱金龜」相望。在去百步雲梯途中，還有鳳凰松、鰲魚洞等景。今頂上設有華東地區海拔最高的黃山氣象站。❿石筍矼　位於始信、仙人兩峰之間，在今黃山北海賓館東北。這一帶石筍林立，有許多石柱狀似人形，如「十八羅漢朝南海」、「仙人進寶」等石像。黃山石筍矼是高山岩體受冰裂和暴雨沖擊而分解形成的石峰、石柱群，原是一座山峰，前人謂其如「常山蛇勢」，與雁蕩山的大龍湫、廬山的瀑布，並列稱天下三奇。矼，石橋。⓫天門　在光明頂西南，飛來峰東南，即今鰲魚洞附近的峽徑，非今鑿在龜、蛇兩石處的天門。⓬平天矼　即黃山中部的平天岡，為高而平的岡地，長約二里，是黃山前後海和南北部的分界處。從此至獅子林，都是緩坡斜路，使人不知身在山頂，更不知四面為深谷所在。⑬塢　四面高中間低的谷地。⑭徽之歙　徽州府的歙縣。⑮寧之太平　寧國府的太平縣。⑯枵　空虛。⑰翠微　峰名，黃山三十六大峰之一。⑱三海門　在平天岡西。據前人說石壁每隔百步有一缺口，共三處，石勢高峻，狀若金剛武士，奮然挺立。著名的飛來石，便在三海門附近的飛來峰上。⑲丞相原　應作「丞相源」。在鉢盂峰下，故又稱鉢盂原。古稱擲鉢禪院。相傳南宋右丞相程元鳳曾在此讀書，由此得名。明萬曆年間改名雲谷寺。今寺已不存，在舊址新建招待所，旁有鐵杉和異羅松各一株。⑳潯陽　潯陽叔翁，生平不詳。古人稱岳丈為翁，叔翁或許為徐霞客岳丈的兄弟。徐霞客原配許氏，潯陽似亦姓許。㉑獅子林　黃山北部有獅子峰，以峰形似臥地雄獅得名。獅首西向為丹霞峰，腰部有清涼臺，尾有曙光亭，獅子張口處有獅子林等寺院。寺為明代一葦和尚創建。清光緒年間重建為獅林精舍。後又毀，現在舊址上建北海賓館。附近有寶塔、麒麟等古松，薄團、鳳凰等古柏。並可遠眺北海的奇峰異石，如猴子觀海、達摩面壁、夢筆生花等。俗稱：「不到獅子峰，未見黃山蹤。」㉒接引崖　即始信峰。在黃山東部。據說因峰頂景物奇妙，只有見了方才相信，由此得名。這裡巧石爭妍，奇松林立，三面臨空，懸崖千丈。上始信峰要過一小峽谷，深不見底，但狹不盈丈。峰上有渡仙橋，橋畔石隙有狀似接引仙人渡橋的接引松。原有琴臺，為明末清初江鉽（天一人）撫琴處。北臨散花塢，春秋佳日，奇花爭豔，宛如天女散花。從峰頂尚可近視夢筆生花，遠觀仙人對弈、丞相觀棋等奇景。

【語　譯】 初六　天氣晴朗。找到嚮導後，各自拿著竹杖上山，經過慈光寺，從左邊上去。石峰環繞，聳立路旁，裡面的石級被積雪填平，一眼望去，就像白玉一般。透過一叢叢稀疏的草木，抬頭望見群山盤曲交疊，唯有天都峰巍然挺立。走了幾里後，石級愈來愈陡，積雪愈來愈深，陽光照不到的地方，雪已凍結成冰，又硬又滑，沒有落腳的地方。我獨自在前開路，拿著竹杖敲打冰塊，鑿出一個孔來安放前腳，再鑿一孔，將後腳移上。跟在後面的人都用這種辦法走了過去。登上平岡，只見蓮花、雲門諸峰，爭奇競秀，就像簇擁護衛著天都峰。從這裡進去，峭壁危崖上，到處都有奇異的松樹懸掛纏繞，高的不滿一丈，矮的只有幾寸，頂端平整，松針短小，樹根盤繞，枝幹形狀如龍，而且愈是矮的年歲愈長，愈是小的形狀愈奇，真想不到在這奇山之中，竟然還有如此奇異的品種！

松石交映之中，一群僧人慢慢從天而下，都合掌說道：「我們被雪封在山中已有三個月，現在為了找糧食才勉強走到這裡，你們是怎麼上來的？」還說：「我們前海各寺廟的僧人，都已下山。後海的山路依然阻塞，只有蓮花洞那條路可以行走。」過了一會，從天都峰畔向上攀登，穿過山峰的縫隙下去，再向東轉，便是蓮花洞那條路了。我急於觀賞光明頂、石筍矼的勝景，於是沿著蓮花峰向北，上上下下好幾回，來到天門。兩邊峭壁夾立，中間的寬度只能擦肩而過，高達幾十丈，抬頭向上走，陰森恐怖，刺人肌骨。裡面積雪更深，只能鑿冰攀登，過了這段路，來到平頂，這就是人們所說的前海。從這裡再攀上一座山峰，到達平天矼。其中獨特高聳的便是光明頂。從平天矼下去，就是人們所說的後海。大體上說，平天矼南面是前海，北面是後海，為極高之處，四面都是險峻的山塢，唯有這裡如同平地。在前海的前面，以天都、蓮花兩峰最為高峻；它的南面屬徽州府的歙縣，北面屬寧國府的太平縣。

我到達平天矼，還想朝著光明頂繼續攀登，只是已經走三十里路，腹中空空，餓得難受，於是走進矼後一個庵中求食。庵裡的和尚都蹲在石頭上曬太陽。主持的和尚名智空，看到來客面有飢色，先拿出粥來讓大家喝，並說：「早晨的太陽過於白亮，恐怕不會長時間晴朗。」於是指著一個僧人對我說：「如果你還有餘力的話，可先登上光明頂，然後吃午飯，這樣今天還可到達石筍矼，在這位師父住處留宿。」我按他的話，登上光明頂，只見天都、蓮花兩峰，在前面併肩挺立，翠微峰、三海門在後面環繞擁護；往下看，山塢中峭崖陡壁羅列，就是丞相原。頂前有一塊大石，臥倒在那裡，似乎又要站立起來，中間好像就要斷裂，孤零零地懸在山塢中，上面盤蓋著奇特的松樹。我側身攀登到石上，而潯陽叔翁蹲在大頂上和我相對而望，各自稱讚勝景奇絕。下來走進小庵，黃粱飯已經煮熟。吃過飯，向北翻過一座山嶺，在草莽中拖著沉重的腳步向前，走進一座庵，名獅子林，就是智空所指的投宿之處。主持的和尚霞光，已經在庵前等候我了，於是指著庵北的兩座山峰說：「你可先去遊覽這裡的勝景。」我聽從他的話。低頭望山北，峰岫紛列，並起爭奇。順著往西，山崖忽然中斷，架起樹木將它連結起來，上面有一棵松樹，可讓人牽引過去，這就是人們所說的接引崖。過了接引崖，在石縫中穿越而上，看到纍纍疊起的亂石中，有一間用樹木搭成的小屋，裡面雖然也可進去，但總不如蹲在石上往下看更加雄麗。從接引崖下來，順著往東走一里左右路，便是石筍矼。矼的脊部傾斜，橫貫上方，被兩座山崖夾住，懸掛在山塢之中。亂峰紛然羅列，往西這一面，便是在接引崖所看到的景物。矼旁突起一座山峰，上面有許多奇石怪松，登上山峰，低頭看山壑之中，正好同接引崖相對而望。峰迴路轉，頓時改變了原先所見的景象。走下山峰，夕陽正遍照樹上，心想明天可望晴朗，興奮地回到庵中。霞光設茶款待，並帶著我登上前樓。向西望去，空中有一縷青綠的痕跡，我懷疑是山影，霞光說：「山影在夜間看很近，這應該是雲氣。」我默然無語，明白這是有雨的預兆。

初七日　四山霧合。少頃，庵之東北已開，西南膩甚，若以庵為界者，即獅子峰亦在時出時沒間。晨餐後，由接引崖踐雪下。塢半一峰突起，上有一松，裂石而出，巨幹高不及二尺，而斜拖曲結，蟠翠三丈餘，其根穿石上下，幾與峰等，所謂「擾龍松」❶是也。攀玩移時，望獅子峰已出，遂杖而西。是峰在庵西南，為案山❷。二里，躡其巔，則三面拔立塢中，其下森峰列岫，自石筍、接引兩塢，迤邐❸至此，環結又成一勝。

登眺間，沉霧漸爽，急由石筍矼北轉而下，正昨日峰頭所望森陰徑也。群峰或上或下，或巨或纖，或直或欹，與身穿遶而過。俯窺輾顧，步步生奇，但壑深雪厚，一步一悚。行五里，左峰腋一竇透明，曰「天窗」。又前，峰旁一石突起，作面壁狀，則「僧坐石」❹也。下五里，徑稍夷，循澗而行。忽前澗亂石縱橫，路為之塞。越石久之，一闕新崩，片片欲墮，始得路。仰視峰頂，黃痕一方，中間綠字，宛然可辨，是謂「天牌」，亦謂「仙人榜」❺。又前，鯉魚石；又前，白龍池❻，共十五里。一茅出澗邊，為松谷庵❼舊基。再五里，循溪東西行，又過五水，則松谷庵矣。再循溪下，溪邊香氣襲人，則一梅亭亭正發，山寒稽雪❽，至是始芳。抵青龍潭，一泓深碧，更會兩溪，比白龍潭勢既雄壯，而大石磊落，奔流亂注，遠近群峰環拱，亦佳境也。還餐松谷，往宿舊庵。余初至松谷，疑已平地，及是詢之，須下嶺二重，二十里方得平地，至太平縣共三十五里云。

【章　旨】本章記載了第六天的行跡。從接引崖下去，途中觀賞了奇特的「擾龍松」。隨後登上案山之巔，這裡和石筍矼、接引崖兩處山塢相連，成為一個勝境。在一條幽森的山路，既新奇又危險地一步步向前。經過天窗、僧坐石、仙人榜、鯉魚石、白龍池、松谷庵、青龍潭，直到這裡，才見梅花開放。當晚就在松谷庵過夜。

【注　釋】❶擾龍松　是一株生長在石峰頂上的老松。一石挺出，平空聳立，下圓上尖，峭峻如筆，松正在頂上，盤旋曲折，宛如筆端花朵，峰下有一巧石，形如人臥睡，故稱此景為「夢筆生花」。在今北海賓館旁散花塢中。明代稱為帝松，即為萬松朝賀的意思。據說根長五十丈，穿插石隙之中，時隱時現，明末稱為擾龍松。清康熙年間，為當時十大名松之一。❷案山　劃分地界的山峰。❸迤運　即迤邐。曲折連緜。❹僧坐石　後海石景之一，在「天窗」附近。因峰頂有三塊巨石，如僧人靜坐，由此得名。徐霞客所經之路，稱十八盤山道，沿途石景，美不勝收。❺仙人榜　在從松谷庵上山約十里的二道亭處，是一塊巨大的花崗岩體，狀如巨柱，稱作「天牌」。旁有一小石柱，狀如一人看榜，故稱「仙人觀榜」。❻白龍池　即白龍潭，是獅子林下松谷首遇之潭，因潭石色白得名。松谷流急，沿途瀑布潭水甚多，自古有「四潭之勝」（指黑、白、黃、青四龍潭），「五潭之景」（再加澄碧如油的油潭），「六潭之美」（再加鏡潭，因能映人如鏡而得名）。❼松谷庵　在黃山北部疊嶂峰下，原名松谷草堂，又稱松谷禪林。宋寶祐年間張尹甫得罪權貴，避禍來此，愛滿谷黃山松成林，改名張松谷，庵以此得名。明宣德年間重建。庵前翠竹如海，諸潭分布其間，風景清幽。❽稽雪　積雪。稽，留止。

【語譯】初七　四面山峰雲霧迷漫，過了一會，庵的東北方霧氣開始消散，而西南方依然十分濃重，好像以庵作界限，就連獅子峰也在雲霧中時隱時現。早餐後，從接引崖踏雪下去，山塢半腰處突起一峰，上面有棵松樹，破石而出，粗壯的樹幹不到二尺，而枝條斜伸纏繞，盤曲面竟有三丈多，樹根穿過石縫上下伸展，長度幾乎與峰高相等，這就是人們所說的「擾龍松」。拉著枝條玩賞了好一會，看到獅子峰已從雲霧中出現，於是拄著竹杖向西前進。這座山峰在庵的西南，為案山。走了二里，登上山巔，只見三面在塢中挺立，下面峰巒紛呈，從石筍、接引兩處山塢，曲折綿延直到這裡，又環轉連結，形成一處勝景。

登臨眺望中，濃霧逐漸開朗，急忙從石筍矼北轉直下，正是昨天在峰頂所望見的幽森路徑。群峰或上或下，或大或小，或直或斜，人在其中，穿繞而過。低頭環顧，步步生奇，只是山壑幽深，積雪深厚，每走一步，都令人心驚膽戰。走了五里，左邊峰腋間有個透出光亮的洞穴，稱「天窗」。再向前，山峰旁有塊突起的大石，形狀如同僧人面壁，就是「僧坐石」。往下走了五里，路漸漸平坦，沿著澗水向前。忽然前面山澗亂石縱橫，將路堵塞。花了好長時間穿越那堆亂石，直到發現有個新崩裂的缺口，石壁一片片好像就要掉下來，這才找到出路。仰望峰頂，有一塊黃色的痕跡，中間的綠字，似乎都可辨認出來，這就是「天牌」，也叫「仙人榜」。再向前，是鯉魚石；繼續向前，是白龍池，共走了十五里。在山澗旁發現一間茅屋，為松谷庵的舊址。再向前五里，沿著溪水的東邊向西走，經過五水，就到了松谷庵。沿著溪水再往下走，溪邊香氣撲鼻，一樹梅花，亭亭而立，正在開放，山寒積雪，到這裡才出現芬芳。到達青龍潭，潭水既深且綠，又匯合了兩條溪水，和白龍潭相比，氣勢顯得十分雄壯，周圍巨石錯落，激流迸濺，群山或遠或近，環繞拱衛，也是一處勝境。回到松谷庵就餐，在舊址留宿。我剛到松谷庵，以為已經到了平地，這時詢問當地人，才知道必須下兩重山嶺，走二十里路，才能到達平地，離太平縣共有三十五里路。

初八日　擬尋石筍奧境，竟為天奪，濃霧迷漫。抵獅子林，風愈大，霧亦愈厚。余急欲趨煉丹臺❶，遂轉西南。三里，為霧所迷，偶得一庵，入焉。雨大至，遂宿此。

初九日　逾午少霽。庵僧慈明甚誇西南一帶峰岫，不減石筍矼，有「禿顱朝天」、「達摩面壁」諸名。余拉潯陽踄亂流至壑中，北向即翠微諸巘，南向即丹臺諸塢，大抵可與獅峰競駕，未得比肩石筍也。雨踵至，急返庵。

【章　旨】本章記載了第七、第八天的行跡。到達獅子林後，急忙趕往煉丹臺。途中迷路。因大雨到來，在一個庵中留宿。次日午後，去西南山壑遊賞，因雨急忙返回。

【注　釋】❶煉丹臺　黃山中部有煉丹峰，《黃山志》列為三十六大峰之首。相傳浮丘公為軒轅黃帝煉丹於此。峰上有石室，室內有煉丹竈。峰前有煉丹臺，與曬藥巖隔谷相望，廣可容萬人。玉屏、天都、蓮花、大悲頂諸峰，聳立臺前，臺下有煉丹源，源中巧石林立，佳木密布。

【語　譯】初八　原打算尋訪石筍的妙境，由於濃霧迷漫，結果因天氣失去了機會。到達獅子林後，風越來越大，霧也越來越厚。我急於趕往煉丹臺，於是轉向西南。走了三里，因大霧迷路，偶然發現一個小庵，走了進去。因大雨到來，就在這裡留宿。

初九　過了中午，天稍微有些放晴。庵裡的慈明和尚對西南一帶的峰岫大為稱讚，認為絕不亞於石筍矼，其中有「禿顱朝天」、「達摩面壁」諸名目。我拉著潯陽叔翁踏過亂流來到山塢之中，向北是翠微等峰巒，向南是丹臺等山塢，大致可與獅子峰比美，還不能同石筍矼相比。大雨又接踵而來，急忙返回庵中。

初十日　晨，雨如注，午少停。策杖二里，過飛來峰❶，此平天矼之西北嶺也。其陽塢中，峰壁森峭，正與丹臺環繞。二里，抵臺。一峰西垂，頂頗平伏。三面壁翠合沓，前一小峰起塢中，其外則翠微峰、三海門蹄股拱峙。登眺久之。東南一里，繞出平天矼下，雨復大至，急下天門。兩崖隘肩，崖額飛泉，俱從人頂潑下。出天門，危崖懸疊，路緣崖半，比後海一帶森峰峭壁，又轉一境。「海螺石」即在崖旁，宛轉酷肖，來時忽不及察，今行雨中，頗稔❷其異，詢之始知。已趨大悲庵，由其旁復趨一庵，宿悟空上人處。

【章　旨】本章記載了第九天的行跡。越過飛來峰，抵達煉丹臺，登臨眺望了好一會。從平天矼繞出，冒雨走到天門，進入一個新的境地。崖旁海螺石，形狀十分奇特，當晚在悟空上人處留宿。

【注　釋】❶飛來峰　在黃山西部，為三十六峰之一。峰頂有石孤聳，高十多公尺，根部和山峰截然分離，似天外飛來，名飛來石。從天海大道西望，形如桃子，故名仙桃石，峰名仙桃峰。石高約十公尺，前後平整。❷稔　本意為莊稼成熟，引申為熟悉，這裡作察覺解。

【語　譯】初十　清晨，大雨如注，直到中午稍微停了一會。拄著竹杖走了二里，越過飛來峰，這是平天矼西北的山嶺。它南面的山塢，崖壁幽森陡峭，正和丹臺環繞。走了二里，抵達丹臺。遙望一座山峰，垂掛在西邊，頂端相當平伏。三面翠壁重疊，前面一座小峰，拔起山塢之中，外圍則有翠微峰、三海門，像腳蹄和大腿那樣拱衛對峙。在這裡登臨眺望好久。往東南走了一里，從平天矼下面繞出，大雨又來了，急忙朝天門走下。兩邊山崖相靠，狹窄得僅有一肩之寬，崖上的飛泉，一股腦兒從人的頭頂潑下。走到天門，險峻的山崖懸空相疊，路就在山崖的半腰，比起後海一帶的森峰峭壁，感到又走進一個新的境地。「海螺石」就在崖旁，形狀和海螺十分相像，來的時候，因疏忽沒有看清，如今在雨中趕路，發覺它十分奇特，問了人這才知道。不一會趕到大悲庵，從它的旁邊又進入一個小庵，在悟空上人那裡留宿。

十一日　上百步雲梯❶。梯磴插天，足趾及腮，而磴石傾側硆岈❷，兀兀欲動，前下時以雪掩其險，至此骨意俱悚。上雲梯，即登蓮花峰道。又下轉，由峰側而入，即文殊院❸、蓮花洞道也。以雨不止，乃下山，入湯院，復浴。由湯口出，二十里，抵芳村；十五里，抵東潭，溪漲不能渡而止。黃山之流，如松谷❹、焦村❺，俱北出太平；即南流如湯口❻，亦北轉太平入江；惟湯口西有流❼，至芳村而巨，南趨巖鎮，至府西北與績溪❽會。

【章　旨】本章記載了第十天的行跡。踏著危險的石級，登上百步雲梯。隨後又先後踏上登蓮花峰、去文殊院的路。因雨不停，只得下山，再去湯池沐浴，從湯口出山，經過芳村，到達東潭，因溪水上漲，只得停下。

【注　釋】❶百步雲梯　黃山著名的天梯之一，因常被雲封而得名。下蓮花峰左行，過龜、蛇二石，便可看到。為陡峻的石磴。明代有七百級，今已改為二百多級。人在梯頂上，可左眺雲際峰畔的「仙女繡花」，右顧蓮花峰旁的月巖石，前望鰲魚峰上的「鰲魚吃螺螄」，下梯又能見容成和鰲魚兩峰間的「老僧入定」。❷硿岈　即峆岈。山勢幽深。❸文殊院　在天都、蓮花兩峰間。相傳明萬曆四十二年（一六一四），普門大師攀涉至此，因所見與其過去夢見文殊菩薩端坐石臺的情景相合，於是闢徑構屋，建文殊院。後毀於火，今在原址上建玉屏樓，為溫泉至北海的必經之路。樓背靠玉屏峰，前拱文殊臺，左有（青）獅石，右有（白）象石，勢若守門。這裡是雲、山、松、石諸景薈萃之地。文殊臺上有幾株陪客松，獅石前有迎客松，象石前有送客松，夭矯奇秀，傳說已經千年。❹松谷　松谷之水，即今淒溪河。❺焦村　焦村之水，即今秧溪河。❻湯口　湯口之水，即今麻河。❼湯口西有流　即今西溪。❽績溪　即今練江。

【語　譯】十一日　攀登百步雲梯。雲梯的石級插天直上，上面人的腳趾，幾乎碰到下面人的臉，石級傾側不平，搖搖欲動，先前下來時因為險處被大雪遮掩，不曾在意，這時不禁感到毛骨悚然。上了雲梯，便是登蓮花峰的路。再往下轉，從峰側進去，是去文殊院、蓮花洞的路。因為雨下個不停，只得下山，進入湯院，再去沐浴。從湯口出來，走了二十里，到達芳村；再走十五里，到達東潭，由於溪水上漲，無法渡過，只得停步。黃山的溪流，像松谷、焦村這兩條水，都向北從太平縣流出，即使像湯口這樣南流的水，也是向北轉入太平縣流進長江，惟獨湯口西邊有條溪流，到芳村變成大河，向南直奔巖鎮，到徽州府西北與績溪相會。

【研　析】面對黃山如此奇異、瑰麗的景色，前人在驚訝之餘，對其如何形成，也曾作過種種猜測。清代畫家鄭板橋歸之於「造化技癢」。但造化究竟怎樣施其絕技，古人始終無法明白。根據當今的科學分析，在地質歷史的中生代侏羅紀，即恐龍稱霸的時期，中國東部地區發生了一次名為燕山運動的造山運動，造成許多地區火山爆發。尚未噴出地表的岩漿，在地下岩層中慢慢冷卻，形成原始的黃山胚胎，這就是黃山花崗岩體的由來。正是這種特殊的岩性，造成黃山特殊的地貌。徐霞客兩次遊黃山，最先感到的都是「諸峰，片片可掇」，「石峰片片夾起」，即使在山澗行走，也發現崩裂的石壁，「片片欲墮」，而這些正是高山花崗岩峰林地形的顯著特徵。在徐霞客以後的遊記中，也有所描述。

這種花崗岩體，經過漫長的風化水蝕作用，又形成了黃山峰巖奇峻、澗谷幽深、怪石嶙峋的景觀。徐霞客重遊黃山時，用重筆渲染了文殊院四周「奇峰錯列，眾壑縱橫」的景象，逼真地描繪了高山花崗岩地貌的自然特色。到了第四紀冰川時期，大自然對黃山再一次進行雕琢加工。巨大的冰川緩緩地向前移動，磨蝕著所經山谷的一切障礙。直到今天，在黃山某些地方，依然可以看到當時留下的擦痕。徐霞客上黃山的第一天，就對桃花溪中的兩塊大石（即藥臼、藥銚）發生興趣，實際上這就是在兩塊花崗岩礫石上出現了圓穴，是由冰川作用精心製作的藝術珍品。石筍矼是座長條形的山峰，有人認為由遠古時期的冰凍融化作用造成，裂痕或深或淺，縱橫交錯，如無數春筍，參差林立，形狀各異，號稱黃山第一奇觀。這是一種典型的石林地貌，而首先揭示其特徵的，正是徐霞客。在第一次遊黃山時，他已看到這裡「矼脊斜亙」，「亂峰森羅」，「多奇石怪松」。兩年後重遊黃山，對石筍矼情有獨鍾，不辭路險，再次登臨，對這裡「峰石迴攢，藻繢滿眼」，讚不絕口。

怪石、奇松、雲海、溫泉，是黃山四絕，也是徐霞客在《遊記》中著重描寫的對象。山之骨在石。黃山為怪石薈萃之地，明人有一聯，極寫黃山山石之奇：「人間有石皆奴僕，天下無山可弟兄。」徐霞客曾作詩：「名以還山靈，筆以表山骨。」（〈題小香山梅花堂詩〉）可謂夫子自道。在這篇遊記中，生動而又具體地描寫了黃山怪石和險峰的有機結合，如在峰旁突起的「僧坐石」，崖旁宛轉酷肖的「海螺石」，「下分上並」的牌樓石，「圓頭禿頂」的羅漢石等，特別是那高踞蓮花峰頂的大石，居然懸空相隔二丈，顯示了大自然不可思議的偉力。這些奇石怪石，無不維妙維肖，呼之欲出，而又千變萬化，不可思議。

黃山無石不松，無松不石，松因石而剛，石得松而韻。徐霞客一再說：「絕巘危崖，盡皆怪松懸結」，「裂石而出」，夭矯離奇，不可名狀，指出黃山松大多立足巉巖峭壁之上，紮根怪石嶙峋之中。他描寫擾龍松「其根穿石上下，幾與峰等」，已揭示了黃山松依山勢生長的特點，並對黃山松奇特的造型也作了生動的描繪：「斜拖曲結，蟠翠三丈」，「盤根虬幹，愈短愈老，愈小愈奇」。在他的筆下，這些寄命石髓、飽經風霜、身處絕境、自強不息的松樹，充滿了旺盛的生命力。

黃山古有「黃海」之稱，主要指山間雲興霞蔚，如驚濤拍岸，雪浪排空，妙在非海，而確又似海。在黃山，峰恃雲變幻，雲倚峰作態。黃山有不少峰石，就以置身雲海之中，而成為奇觀，如「猴子觀海」、「十八羅漢朝南海」等。與峰石不同，雲海是一種流動的景觀，在自然界，沒有比雲海更奇譎變幻的。徐霞客第一次遊黃山，雖也寫了「泉光雲氣，撩繞衣裾」，但未作過多的描述，到重遊黃山時，便大不相同。他獨上天都峰，環顧群山，「時出為碧嶠，時沒為銀海」，對「予至其前，則霧徙於後；予越其右，則霧出於左」這樣一種活動的奇景，驚歎不已。在這些描述中，黃山雲海似真似幻、瞬息萬變、波起峰湧、氣象萬千的壯觀，都淋漓盡致地展現出來。

「嵩陽（這二字後來常被人換成『五嶽』）若與黃山併，猶欠靈砂一道泉。」宋人朱彥這二句詩，後來屢屢用於對黃山的讚美。徐霞客兩次遊黃山，一入山門，便去湯池洗澡，對「時凝寒未解，而湯氣鬱然，水泡池底汩汩起，氣本香冽」的泉水也作了介紹。不過溫泉在他心目中的位置，顯然不能同石、松、雲三者相比，對黃山溫泉的成因、功效也缺乏認識。在這兩篇遊記中，他都沒有提到黃山溫泉又名「靈泉」，也沒有提起有關的種種傳說。倒頗能體現一種實事求是的態度。

在徐霞客離開黃山那一天，他考察黃山溪流的分布和流向，這是《遊記》中第一次關於水系源流的記載，和今天的地圖進行比較，居然完全相合，特別是他注意黃山為長江、新安江二大水系的分水嶺，雖然簡單，卻值得重視。

遊武彝山❶日記 福建建寧府崇安縣❷

【題解】如果說山是大地的骨骼，那麼水就是大地的血脈。山得水而靈，水得山而媚。若論雄奇壯麗，武夷山遠不如黃山，但就兼山之奇秀和水之明麗而言，武夷山確非他山可比。「有聲欲靜三三水，無勢不奇六六峰。」「三三秀水清如玉，六六奇峰翠插天。」武夷盈盈一水，九折分明，溪旁群峰秀出，異彩紛呈，山光水色，掩映成趣，奇譎瑰麗，姿態橫生，構成了一幅碧水丹山、交相輝映的天然畫卷。南朝顧野王奉使入閩，面對如此佳景，歎道：「千巖競秀，萬壑爭流，美哉河山，真人世之所罕覯！」武夷山真正為世人所重，是在宋朝，李綱、陸游、辛棄疾等人，都曾到此題詠，眷眷之意，溢於言表。朱熹曾在五曲隱屏峰下築武夷精舍，所作〈武夷棹歌〉十首，至今賡和不絕。明代抗倭名將戚繼光遊武夷山，也在沖佑觀三清殿題詩言志：「一劍橫空罷鬥寒，甫隨平虜復征蠻。他年覓取封侯印，願向君王換此山。」萬曆四十四年（一六一六），徐霞客遊罷黃山，經過浙江，前往福建，專程遊訪了武夷山。

二月二十一日❸出崇安南門，覓舟。西北一溪自分水關❹，東北一溪自溫嶺關❺，合注於縣南，通郡省❻而入海。順流三十里，見溪邊一峰橫欹❼，一峰獨聳。余咤而矚目，則欹者幔亭峰❽，聳者大王峰❾也。峰南一溪，東向而入大溪者，即武彝溪❿也。沖祐宮⓫傍峰臨溪。余欲先抵九曲，然後順流探歷⓬，遂舍宮不登，逆流而進。流甚駛，舟子跣行溪間以挽舟⓭。第一曲，右為幔亭峰、大王峰，左

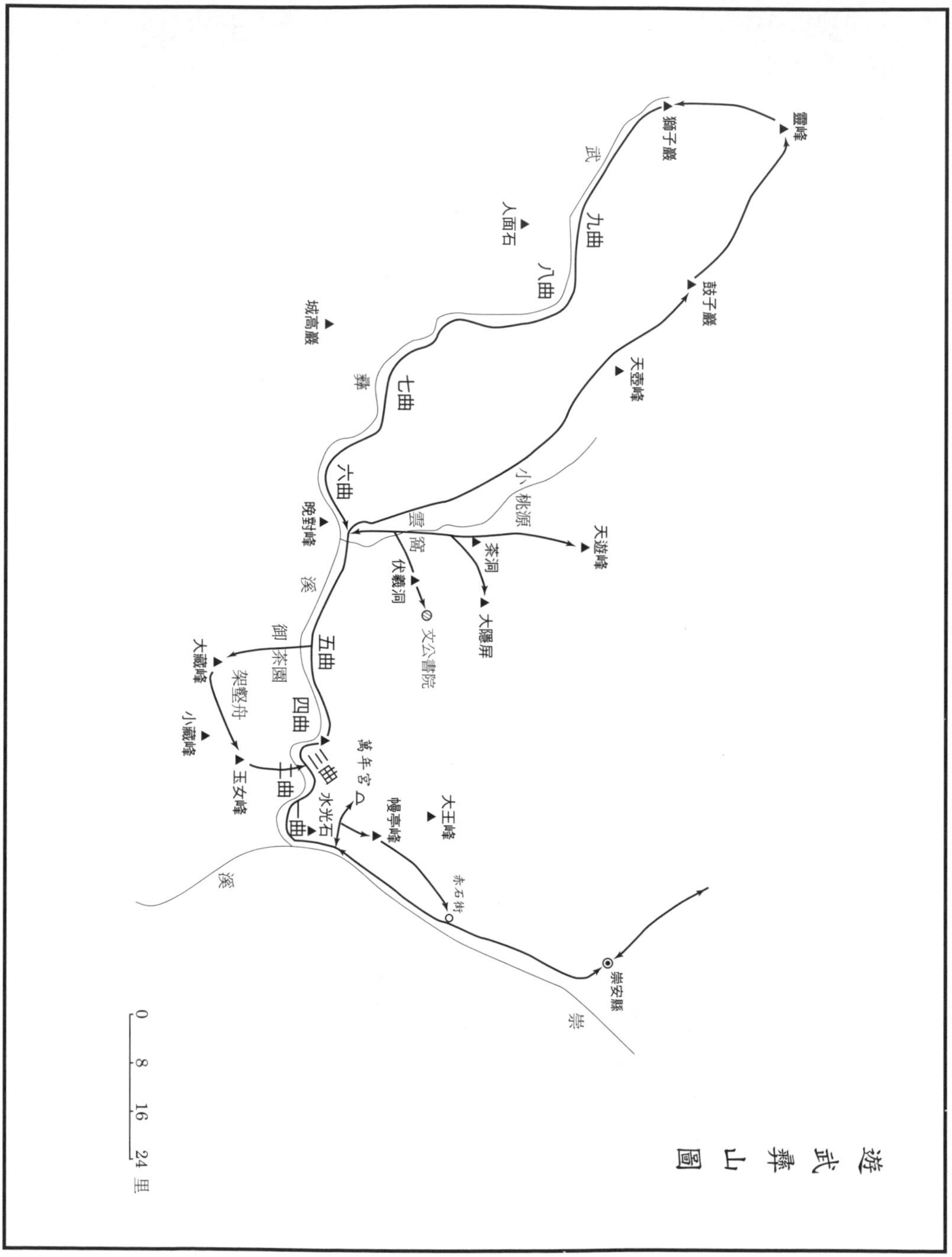
靈峰
獅子巖
武
人面石
九曲
八曲
城高巖
彝
七曲
鼓子巖
天壺峰
小
桃源
六曲
晚對峰
雲
窩
茶洞
天遊峰
伏羲洞
溪
大隱屏
文公書院
御
茶園
五曲
大藏峰
架壑舟
四曲
小藏峰
萬年宮
三曲
二曲
王女峰
大王峰
幔亭峰
水光石
一曲
赤石街
溪
崇安縣
崇
0 8 16 24 里

遊武彝山圖

為獅子峰⑭、觀音巖⑮。而溪右之瀕水者曰水光石⑯，上題刻殆徧。二曲之右為鐵板嶂⑰、翰墨巖⑱，左為兜鍪峰⑲、玉女峰⑳。而板嶂之旁，崖壁峭立，間有三孔㉑，作「品」字狀。三曲右為會仙巖㉒，左為小藏峰㉓、大藏峰㉔。大藏壁立千仞，崖端穴數孔，亂插木板如機杼。一小舟斜架穴口木末，號曰「架壑舟」㉕。四曲右為釣魚臺㉖、希真巖㉗，左為雞棲巖㉘、晏仙巖㉙。雞棲巖半有洞，外隘中宏，橫插木板，宛然塒榤㉚。下一潭深碧，為臥龍潭㉛。其右大隱屏㉜、接筍峰㉝，左更衣臺㉞、天柱峰㉟者，五曲也。文公書院㊱正在大隱屏下。抵六曲，右為仙掌巖㊲、天遊峰㊳，左為晚對峰㊴、響聲巖㊵。迴望隱屏、天遊之間，危梯飛閣懸其上，不勝神往！而舟亦以溜㊶急不得進，還泊曹家石㊷。

登陸，入雲窩㊸，排雲穿石，俱從亂崖中宛轉得路。窩後即接筍峰，峰駢附㊹於大隱屏，其腰橫兩截痕，故曰「接筍」。循其側石隘，躋磴數層，四山環翠，中留隙地如掌者為茶洞㊺。洞口由西入，口南為接筍峰，口北為仙掌巖。仙掌之東為天遊，天遊之南為大隱屏。諸峰上皆峭絕，而下復攢湊㊻，外無磴道，獨西通一罅㊼，比天台之明巖㊽更為奇矯也！從其中攀躋登隱屏，至絕壁處，懸大木為梯，貼壁直豎雲間。梯凡三接，級共八十一。級盡，有鐵索橫繫山腰，下鑿坎受足。攀索轉峰而西，夾壁中有岡[49]介其間，若垂尾。鑿磴以登，即隱屏頂也。有亭有竹，四面懸崖，憑空下眺，真仙凡夐隔！仍懸梯下，至茶洞。仰視所登之處，嶄然[50]在雲漢。

隘口北崖即仙掌巖。巖壁屹立雄展，中有斑痕如人掌，長盈丈者數十行。循崖北上，至嶺，落照侵松，山光水曲，交加入覽。南轉，行夾谷中。谷盡，忽透出峰頭，三面壁立，有亭[51]踞其首，即天遊峰矣。是峰處九曲之中，不臨溪，而九曲之溪，三面環之。東望為大王峰，而一曲至三曲之溪環之。南望為更衣臺，南之近者，則大隱屏諸峰也，四曲至六曲之溪環之。西望為三教峰[52]，西之近者則天壺諸峰[53]也，七曲至九曲之溪環之。惟北向無溪，而山從水簾諸山[54]層疊而來，至此中懸。其前之俯而瞰者，即茶洞也。自茶洞仰眺，但見絕壁干霄，泉從側間瀉下，初不知其上有峰可憩。其不臨溪而能盡九溪之勝，此峰固應第一也。立臺上，望落日半規[55]，遠近峰巒，青紫萬狀。臺後為天遊觀[56]。亟辭去，抵舟已入暝矣。

【章　旨】本章記載了徐霞客遊武夷山第一天的行跡。從崇安城順流而下，進入武夷山九曲溪。從一曲到六曲，一路觀賞溪邊的峰巒岩洞。在三曲大藏峰頂，還有武夷山特有的岩棺（架壑舟）。在曹家石上岸，進入雲窩，後面便是接筍峰。這裡群峰陡峭，山勢奇特。從石縫中向上攀登，踏著懸掛的木梯，拉著橫繫的鐵索，到達隱屏峰頂。隨後來到茶洞。走出夾谷盡頭，天遊峰忽然呈現在眼前。這峰雖不靠近溪流，但九曲溪水卻從三面環繞著它，能盡得九曲的勝景。直到夜色降臨方才回到船上。

【注釋】❶武彝山　即武夷山，傳說神人武夷君曾居此，故名。徐霞客所遊的是狹義武夷山，在福建崇安城南三十里，為海拔六百公尺左右的一片山地，方圓一百二十里，四面溪谷環繞，不與外山相連，有「奇秀甲於東南」之譽。❷建寧府崇安縣　建寧府，明代屬福建布政使司，府治在建安（民國時與甌寧合為一地，即今建甌）。崇安縣，今屬福建。❸二月二十一日　指明神宗萬曆四十四年（一六一六）二月二十一日。❹分水關　在崇安西北分水嶺上，位於閩、贛二省交界處。從這裡流出的西溪，在崇安城東南與東溪合流為崇溪。❺東北一溪自溫嶺關　東北一溪，當指東溪。溫嶺關，在崇安西北溫嶺附近，也在閩、贛二省交界處。❻郡省　郡，指建寧府城。省，指省城福州（今屬福建）。❼欹　通「攲」。傾斜。❽幔亭峰　在九曲溪一曲溪北。山峰如筆，晴川如硯，峰影倒映，似筆蘸硯。崖上刻有「幔亭」二字，據宋人祝穆《武夷山記》載，秦王政二年，武夷君在幔亭峰頂設宴招待鄉人，於空中架虹橋，接引二千餘人上山。宴罷，鄉人辭別下山，忽然風雨驟至，虹橋飛斷，回視山頂，岑寂如初。❾大王峰　又名天柱峰。在幔亭峰西，雄踞九曲溪口，是進入武夷山的第一峰，素有「仙壑王」之稱。峰頂古木參天，有勝跡多處，傳說北魏道教徒王子騫、張湛等都曾在此修煉。危峰高聳，四壁如削，唯南壁有一條直立的裂口，可以攀登，古人說：「不登大王峰者，有負武夷之遊。」❿武彝溪　即九曲溪。發源於三保山，經星村入武夷山，折為九曲，到武夷宮前匯入大溪（即崇溪），盤繞山中約十五里。⓫沖祐宮　在大王峰麓。始建於唐天寶年間，初名天寶殿、武夷觀，後稱沖佑觀，歷代數易其名，清代改為今名，全名沖祐萬年宮，俗稱武夷宮。是著名的道教活動中心之一。宋代著名學者朱熹、陸游、辛棄疾曾先後主持觀事。現僅存道院一座，龍井二口。⓬探歷　尋訪遊歷。⓭挽舟　拉船向前，即拉縴。⓮獅子峰　在一曲之南，與大王峰隔溪對峙。山石崢嶸，峰頂巨巖突起，狀若雄獅，故名。⓯觀音巖　即大小觀音巖，又稱大小觀音石，於一曲之南對峙。大巖之頂草木繁茂，藤蘿垂蔓，頗似觀音的寶冠，故名。⓰水光石　又名晴川石，在九曲溪北，鐵板嶂前。石壁題刻甚多，著名的有宋人趙師巖所刻「九曲溪」三字及明代名將戚繼光所刻的應召北伐題詞。⓱鐵板嶂　在大王峰西麓，崖色蒼蒼，形如鐵板，故名。可攀緣而上。⓲翰墨巖　在二曲東峰。為一片長石，形狀如墨，黏在壁間，故名。石上有古桂一株，花開時香逐水流，沁人心脾。⓳兜鍪峰　在九曲溪南，獅子峰和觀音巖之西。因山峰形如兜鍪（古代士兵所戴的頭盔)，故名。⑳玉女峰　在二曲溪南，突兀挺拔，石色紅潤，峰頂草木參簇，宛如少女亭亭玉立，山花插鬢，故名。其後還有二石，如侍女隨行。峰下有「浴香潭」，潭下奇石玲瓏，傳說是玉女沐浴之處。右側有一圓石，名「鏡臺」，為玉女梳妝之所。玉女峰和大王峰隔岸相峙，鐵板嶂橫亙其間。相傳玉女下凡，與大王相愛，因鐵板鬼(鐵板嶂)從中作梗，被永遠隔開，只好憑藉鏡臺，淚眼相望。㉑三孔　這品字狀的三個孔洞，俗稱回回獻墨。㉒會仙巖　在三曲溪北。頂部有石，較平坦，傳說群仙常會於此。㉓小藏峰　又名仙船巖、船場巖，峭壁千尋，巍然聳立。峰前有灘，名雷磕灘。㉔大藏峰　在小藏峰之西，長約數百丈，山峰拔水而起，半壁斜覆水面，峰下碧水澄澈，波平如鏡。㉕架壑舟　在武夷山九曲溪兩岸和北山一些巖峰高處的懸崖壁洞中，可看到裡面架有縱橫的木條，上面放著船形的器具，稱「架壑船」，俗稱「懸棺」、「仙船」、「仙脫」、「仙函」等。這是當地古代「岩棺葬」的遺物。一九七八年九月，在北山白巖距谷底五十一公尺的洞穴內取下一具較完整的船棺，全長近五公尺，分底、蓋兩部分，用兩根整段的大楠木鑿成。棺內骸骨包以人字紋竹席。經碳—十四測定，距今已三千四百餘年。㉖釣魚臺　又名仙釣臺，因遠眺似老翁垂釣，故名。在四曲西岸，與大藏峰隔溪相對。㉗希真巖　在仙釣臺之西。巖前一石斜立水中，上有裂痕一道，似為利劍劈開，名試劍石。㉘雞棲巖　又名雞窠巖、雞巢巖。在大藏峰一側，巖壁有洞，其中木條縱橫，為古代岩棺遺址，狀如雞窠，故名。㉙晏仙巖　在小藏峰左。傳說群仙曾在此設宴，故名。㉚塒⿰土桀　塒，古代在牆上挖洞做成的雞窩。⿰土桀，同「榤」。雞棲的小木樁。㉛臥龍潭　在雞棲巖下，山光雲影，映照水面，景色絕佳。㉜大隱屏　即隱屏峰，在五曲溪北。山峰挺秀，崖壁陡峭，峰頂蔥鬱，由溪南望去，隱屏峰左依玉華峰，右傍接筍峰，宛如蒼屏倚天而立。㉝接筍峰　因壁上緊貼一石，尖銳直上，形如竹筍，其間橫裂三痕，斷而若續，故名。也稱仙接峰。又因較大隱屏為低，稱小隱屏。峰下有石，色黑似象，名鐵象石。㉞更衣臺　在五曲溪南，純石無土，其上平整如几，傳說北魏王子騫曾在此更衣，登天柱峰成仙而去。㉟天柱峰　在更衣臺左，如擎天玉柱，陡然聳立。山麓有五石，號五老石。㊱文公書院　南宋孝宗淳熙十一年(一一八四)，朱熹在五曲平林洲上築武夷精舍，從事著述講學，長達十年之久，影響深遠。南宋末年擴建，稱紫陽書院，明代改稱朱文公祠。現尚存止宿寮和隱求室等部分建築。㊲仙掌巖　又名仙掌峰，俗稱曬布巖。在六曲溪北，列嶂孤橫，巍然壁立。峰半有類掌痕者多處，故名。㊳天遊峰　在六曲溪北，東接仙遊巖，西連仙掌峰。巍然高聳，獨出群峰，登其巔，觀雲海，有如天上遊，故稱天遊。絕頂有一覽亭，四周群峰拱衛，三面溪水環繞，武夷全景，盡收眼底，被稱為「武夷第一勝地」。㊴晚對峰　在天柱峰西。山浮空翠，石凝深紫，宛如屏風初開，故舊名紫石屏。宋人劉珙築室其下，遙對朱熹書院，朱熹在書院築晚對亭相向，遂改峰名為晚對。㊵響聲巖　與仙掌巖隔溪相向。因隔峰有笑語聲，此地便能響應，故名。又因巖頂渾圓，名缽盂巖，俗稱下城高。巖的東壁，遍布摩崖題刻。其傍老鴉灘，水勢迅疾，為九曲險處。㊶溜　水流。㊷曹家石　五、六曲之間有小島，傳說有曹某攜家避亂，在此覆舟，幸得此石，免於溺死。文中所說的曹家石，應在岸邊，似乎與此不一。㊸雲窩　在五曲接筍峰和六曲仙掌峰之間。依崖臨水，奇石盤錯。每當晨昏，常有雲霧飄泊，故名。在峰腰鐵象石上者為上雲窩，位於峰麓者為下雲窩。原有幼溪草廬等，已廢，現新建水月、白雲等新亭八座。㊹駢附　駢，併列對稱。附，靠攏。㊺茶洞　原名玉華洞，又名升仙洞。在接筍峰下，為一天然石洞門，是攀登大隱屏的唯一通路。入門中頗寬平，所產茶為武夷之冠，故名茶洞。㊻攢湊　聚集湊合。㊼罅　裂縫。這裡指狹窄的通道。㊽天台之明巖　明巖，又稱明巖山。有明巖十景。㊾岡　山脊。㊿嶄然　高峻。(51)亭　即一覽亭，見注㊳。(52)三教峰　在八曲溪北，三峰並峙。下有三教庵。(53)天壺諸峰　在八曲溪北。峰腰有洞，開曠可居人。有天壺觀。(54)水簾諸山　指九曲溪北水簾洞南的一些山峰。(55)規　圓形。(56)天遊觀　在天遊峰頂，宋代道士劉碧雲、張希微建。觀前有一覽臺（後改稱天遊閣），後又建一覽亭。

【語譯】二月二十一日　走出崇安城南門，找到一條小船。西北有一條溪水來自分水關，東北有一條溪水來自溫嶺關，在縣城南面合流，經過郡城、省城，流入大海。順流直下三十里，只見溪邊一座山峰橫向傾斜，一座山峰又特立高聳。我驚訝地注視著它們，原來那傾斜的是幔亭峰，高聳的是大王峰。峰南有條溪水，向東注入大溪，這就是武彝溪。沖祐宮傍山依水。我想先到九曲，然後順流尋訪，於是離開沖祐宮，不上岸，而是逆流向前。水流迅疾，船夫赤腳背縴在溪中拉著船前進。第一曲，右面是幔亭峰、大王峰，左面是獅子峰、觀音巖。靠近右面溪水的叫水光石，上面幾乎刻滿了題字。二曲右面是鐵板嶂、翰墨巖，左面是兜鍪峰、玉女峰。在鐵板嶂的旁邊，聳立著懸崖峭壁，其間有三個洞穴，呈「品」字狀。三曲右面是會仙巖，左面是小藏峰、大藏峰。大藏峰陡立如壁，高達千仞，崖頂有幾個洞穴，胡亂插著一些木板，好像織布機。有一條小船斜架在洞口木板的末端，稱作「架壑舟」。四曲右面是釣魚臺、希真巖，左面是雞棲巖、晏仙巖。雞棲巖半山腰有洞，洞口狹小，中間寬大，橫插著一些木板，就像一個雞窩。下面有個碧綠的深潭，叫臥龍潭。右面為大隱屏、接筍峰，左面為更衣臺、天柱峰，這就是五曲。文公書院正座落在大隱屏下。到達六曲，右面是仙掌巖、天遊峰，左面是晚對峰、響聲巖。回頭望隱屏、天遊之間，高高的雲梯、飛架的閣道，都懸掛在上面，令人不勝神往！而船也因水流湍急，不能前進，掉頭回曹家石停泊。

上岸後，進入雲窩，撥開雲霧，穿過石叢，一直在亂山中曲曲折折地前進，終於找到了路。雲窩後面就是接筍峰，因山峰靠攏大隱屏，峰腰有橫分兩截的痕跡，所以稱為「接筍」。沿著它一邊山石的隘口，踏上幾層石級，只見四面環繞著蒼翠的山岡，中間留著手掌狀的空地，這就是茶洞。洞口朝西，南面是接筍峰，北面是仙掌巖。仙掌巖的東面是天遊峰，天遊峰的南面是大隱屏。群峰上部都極其陡峭，而下面又聚集湊合，外面沒有鋪上石級的山道，惟獨西面有一條石縫可以通行，比天台山的明巖更加奇特！從石縫中向上攀登大隱屏，到了陡峭的山壁，便高掛著大木條作為梯子，緊貼著石壁直插雲間。梯子接了三次，共八十一級。到了梯子盡頭，有鐵索橫繫在半山腰上，下面鑿了踏腳的小坑。拉著鐵索轉到山峰的西面，兩座巖壁之間有個小山岡，就像下垂的尾巴。踏著鑿出的小坑上去，就是大隱屏的峰頂。上面有小亭翠竹，四面都是懸崖峭壁，憑空向下眺望，真有天上人間相隔遙遠之感！依然從懸掛的木梯下來，到達茶洞。抬頭仰望剛才登臨的地方，在雲天高峻聳峙。

隘口北面的山崖便是仙掌巖。巖壁挺立，且雄偉地舒展，中間有斑痕，宛如人的手掌，超過一丈長的有數十行。沿著山崖向北攀登，到了嶺上，夕陽映照青松，山光明媚，水流曲折，美景接連不斷地撲入人的眼簾。轉身向南，在夾谷中行走。到山谷盡頭，忽然露出峰頂，三面陡立如壁，有個亭子座落在上面，這就是天遊峰。這峰處在九曲中間，不臨近溪流，但九曲的溪水，卻從三面環繞著它。向東望去是大王峰，一曲到三曲的溪水環繞著它。向南望去是更衣臺，在南面比較靠近的，是大隱屏等山峰，四曲至六曲的溪水環繞著它。向西望去是三教峰，西面靠近的是天壺等山峰，七曲至九曲的溪水環繞著它。只有朝北的地方沒有溪流，而從水簾洞層層疊疊伸展過來的群峰，到這裡居中高懸。在它前面俯視的，就是茶洞。從茶洞抬頭眺望，只見峭壁直聳雲霄，泉水從旁邊傾瀉而下，原先並不知道上面還有山峰可以休息。雖不靠近溪流，但又能盡得九曲溪的勝景，這座天遊峰理所當然地居於首位。站在臺上，望見半輪落日，遠遠近近的山巒，或青或紫，千姿萬態。臺後是天遊觀。天色已晚，只得匆忙離開，回到船上，夜色已經降臨。

二十二日　登涯，辭仙掌而西。余所循者，乃溪之右涯，其隔溪則左涯也。第七曲右為三仰峰❶、天壺峰，左為城高巖❷。三仰之下為小桃源❸，崩崖堆錯，外成石門。由門傴僂而入，有地一區，四山環繞，中有平畦曲澗，圍以蒼松翠竹，雞聲人語，俱在翠微❹中。出門而西，即為北廊巖❺，巖頂即為天壺峰。其對岸之城高巖矗然獨上，四旁峭削如城。巖頂有庵，亦懸梯可登，以隔溪不及也。第八曲右為鼓樓巖❻、鼓子巖❼，左為大廩石❽、海蚱石❾。余過鼓樓巖之西，折而北行塢中，攀援上峰頂，兩石兀立❿如鼓，鼓子巖也。巖高亙亦如城，巖下深坳，一帶如廊，架屋橫欄其內，曰鼓子庵⓫。仰望巖上，亂穴中多木板橫插。轉巖之後，壁間一洞更深敞，曰吳公洞⓬。洞下梯已毀，不能登。望三教峰而趨，緣山越磴，深木蓊蓯其上。抵峰，有亭綴其旁，可東眺鼓樓、鼓子諸勝。山頭三峰，石骨⓭挺然並矗。從石罅間躡磴而升，傍崖得一亭。穿亭入石門，兩崖夾峙，壁立參天，中通一線，上下尺餘，人行其間，毛骨陰悚。蓋三峰攢立，此其兩峰之罅。其側尚有兩罅，無此整削。

已下山，轉至山後，一峰與貓兒石⑭相對峙，盤亙亦如鼓子，為靈峰⑮之白雲洞⑯。至峰頭，從石罅中累級而上，兩壁夾立，頗似黃山之天門⑰。級窮，迤邐至巖下，因巖架屋⑱，亦如鼓子。登樓南望九曲上游，一洲中峙⑲，溪自西來，分而環之，至曲復合為一。洲外兩山漸開，九曲已盡。是巖在九曲盡處，重巖迴疊，地甚幽爽。巖北盡處，更有一巖尤奇：上下皆絕壁，壁間橫坳⑳僅一線，須伏身蛇行，盤壁而度，乃可入。余即從壁坳行，已而坳漸低，壁漸危，則就而傴僂；愈低愈狹，則膝行蛇伏，至坳轉處，上下僅懸七寸，闊止尺五。坳外壁深萬仞，余匍匐以進，胸背相摩，盤旋久之，得度其險。巖果軒敞層疊，有斧鑿置於中，欲開道而未就也。半晌，返前巖。更至後巖，方搆新室，亦幽敞可愛。出向九曲溪，則獅子巖㉑在焉。

循溪而返，隔溪觀八曲之「人面石」㉒、七曲之城高巖，種種神飛。復泊舟，由雲窩入茶洞，穹窿窈窕㉓，再至矣，再不能去！已由雲窩左轉，入伏羲洞㉔，洞頗陰森。左出大隱屏之陽，即紫陽書院，謁先生㉕廟像。順流鼓棹，兩崖蒼翠紛飛㉖，翻恨舟行之速。已過天柱峰、更衣臺，泊舟四曲之南涯。自御茶園㉗登岸，欲繞出金雞巖㉘之上，迷荊叢棘，不得路。乃從巖後大道東行，冀有旁路可登大藏、小藏諸峰，復不得。透出溪旁，已在玉女峰下。欲從此尋一線天㉙，傍徨無可問，而舟泊金雞洞下，迥不相聞。乃沿溪覓路，迤邐大藏、小藏之麓。一帶峭壁高騫㉚，砂磧崩壅，土人多植茶其上。從茗柯㉛中行，下瞰深溪，上仰危崖，所謂「仙學堂」㉜、「藏仙窟」㉝，俱不暇辨。

已至架壑舟，仰見虛舟宛然，較前溪中所見更悉。大藏之西，其路漸窮。向荊棘中捫壁而上，還瞰大藏西巖，亦架一舟，但兩崖對峙，不能至其地也。忽一舟自二曲逆流而至，急下山招之，其人以舟來受，亦遊客初至者，約余返更衣臺，同覽一線天、虎嘯巖㉞諸勝。過余泊舟處，並棹順流而下，欲上幔亭，問大王峰。抵一曲之水光石，約舟待溪口。余復登涯，少入，至止止庵㉟。望庵後有路可上，遂趨之，得一巖，僧誦經其中，乃禪巖㊱也。登峰之路，尚在止止庵西。仍下庵前西轉，登山二里許，抵峰下，從亂箐㊲中尋登仙石㊳。石旁峰突起，作仰企㊴狀。鶴模石㊵在峰壁罅間，霜翎朱頂，裂紋如繪。旁路窮，有梯懸絕壁間，躡而上，搖搖欲墮。梯窮得一巖，則張仙遺蛻㊶也，巖在峰半。覓徐仙巖㊷，皆石壁不可通，下梯尋別道，又不可得；躡石則峭壁無階，投莽則深密莫辨。傭夫在前，得斷磴，大呼得路，余裂衣不顧，趨就之，復不能前。日已西薄，遂以手懸棘亂墜而下，得道已在萬年宮[43]右。趨入宮，宮甚森敞。羽士迎言：「大王峰頂久不能到，惟張巖梯在，峰頂六梯及徐巖梯俱已朽壞，徐仙蛻已移入會真廟[44]矣。」出宮右轉，過會真廟。廟前大楓扶疏，蔭數畝，圍數十抱。別羽士歸舟。

【章　旨】本章記載了徐霞客遊武夷山第二天的行跡。上岸後，沿著九曲溪右岸向西，一路觀賞景色。經過七曲清幽的小桃源，登上八曲高峻的鼓子巖，巖後石壁間有個吳公洞。隨後攀登三教峰，山頭三峰併立。從石縫中向上攀登，穿過兩座山峰間窄如一線的通道，來到靈峰的白雲洞。曲曲折折到了巖下，登樓向南眺望九曲上游。巖北還有一座更奇特的山巖，在高達萬仞的陡峭的石壁上，橫貫著窄如一線、且十分低矮的凹地，必須冒著危險，伏在地上，像蛇一樣爬行，方能通過。隔了好久，才前往九曲溪，順著溪流返回。再上岸，從雲窩進入茶洞，隨後去伏羲洞，拜謁紫陽書院。乘船順流直下，在御茶園上岸，來到玉女峰下，沿著大藏、小藏峰的山腳曲折行走，經過架壑舟。又乘船順流而下，在水光石上岸，去止止庵，經過禪巖、鶴模石，來到張仙遺蛻處，因無路可走，沒能找到徐仙巖。傍晚進入萬年宮，又經過會真廟，回到船上。

【注　釋】❶三仰峰　在七曲溪北，為武夷最高峰。三峰疊起，狀如石磴。又因三峰都像仰首東望，故俗稱第一峰為大仰（三仰），第二峰為中仰（二仰），第三峰為小仰（一仰）。登上峰頂四望，武夷諸峰，盡在眼底，只是位置偏西，無法看到溪水。❷城高巖　在七曲溪南，俗稱下城高。山形高聳，盤亙數百丈，如同城牆。四周松柏森森，修竹娟娟，環境清雅。❸小桃源　在六曲溪北，蒼屏峰與北廊巖之間。沿「松鼠澗」進入深谷，有巨石相倚成洞，曲折而上，過石門豁然開朗，四山環繞中有田園數十畝，令人有置身武陵桃花源之感，故名小桃源。❹翠微　指青山。❺北廊巖　在溪北天壺峰前，與溪南城高巖相對。沿溪橫立長壁，斜覆如廊，故稱北廊，俗稱八籠巖。❻鼓樓巖　在八曲溪北，高聳桃花澗畔。巖溜飛灑如雨，掉落澗中，故又名滴水巖。半壁有鼓樓洞，可容數百人。❼鼓子巖　又名鼓子峰，因峰腰有石如鼓，以石敲擊，蓬蓬作響，故名。從三仰峰綿延向西，兩峰並峙，高聳雲天，故明代曾改名為併蓮峰。❽大廩石　又名仙廩石，在八曲溪南，形如穀倉（廩），臨溪而立，故名。附近有小廩石，所臨溪水稱廩江。❾海蚱石　舊稱即獺控石，在九曲溪中，靠北岸，不在溪南。可能為徐霞客誤記。❿兀立　高高直立。⓫鼓子庵　在鼓子峰石壁下，倚崖為屋。原名石鼓道院，建於唐代。明代重建，名棲仙館，後又稱蓮子庵。⓬吳公洞　在鼓子峰南的絕壁間，外隘中寬，可容數十人。相傳有吳道人在此修道，故名。⓭石骨　山石嶙峋，形如骨，故稱石骨。⓮貓兒石　在鼓子峰西，山頂有石，遠望如貓，故名。⓯靈峰　又名白雲巖，在三教峰之西。奇峰高聳，煙雲彌漫，以產茶著名。⓰白雲洞　在靈峰白雲庵後，裡面有船棺遺跡。⓱黃山之天門　在光明頂西南，飛來峰東南，即今鰲魚洞附近的峽徑，非今鑿在龜、蛇兩石處的天門。⓲因巖架屋　指白雲庵。可憑欄遠眺九曲上游，景物如畫。⓳一洲中峙　指道院洲。元代曾在此修建「清微太和宮」，明永樂年間被洪水沖毀。⓴橫坳　指崖壁的陷入部分，即下面的「壁坳」。㉑獅子巖　疑即「上水獅」，在八曲溪北，為一突立巖石，儼若雄獅。㉒人面石　在鼓子巖西，大小二石相向，狀如人面，故名。㉓穹窿窈窕　穹窿形容中間高聳，四周下垂的形狀。窈窕形容深遠。㉔伏羲洞　又名先天洞，在大隱屏之左。洞廣數丈，中有石排列如八卦。八卦為古人用來占卜的八種符號，相傳為伏羲所作，故名伏羲洞。㉕先生　指朱熹。㉖蒼翠紛飛　蒼翠形容山林景色。因順流船行迅疾，從而景物向後飛逝，故說「紛飛」。㉗御茶園　又名焙局，在四曲溪南，更衣臺之左。為元代官府督製貢茶之所，大德年間初創。明嘉靖年間罷貢，園廢。現有呼來泉（即通天井）等遺址。今盛產岩茶，尤以「大紅袍」最名貴。烏龍茶也產於此。㉘金雞巖　即金雞洞。在雞棲巖下，因古時有雞鳴於此而得名。㉙一線天　又名一字天。在武夷山南部，有一座連雲絕巘的巨石，名「靈巖」。巖傾斜而出，覆蓋著三個毗鄰的巖洞。其頂裂縫長一百餘丈，寬不及一公尺。進洞仰視，僅見天光一線。三洞名伏羲、靈巖、風洞，前後相通。風從石縫中吹進，轉從風洞而出，迅疾不停。靈巖洞終年滴水，匯成清泉，稱聖水。㉚高騫　形容峭壁拔地而起，勢若騰空飛起。騫，高舉；飛起。㉛茗柯　即茶樹。㉜仙學堂　又名學堂巖、仙館巖。在玉女峰北，二曲溪西，與溪北仙榜巖相對。巖上有石室，中有石几石榻，傳說為古代仙人學習之處。㉝藏仙窟　在學堂巖半山腰，為一石洞，已填塞，封固甚嚴，其中藏有北魏王子騫的頭骨（其遺骨原在大王峰升真洞中）。㉞虎嘯巖　在二曲溪南。四壁聳峙，高勒雲際，形似伏虎，有巨洞，山風如嘯，由此得名。或說曾有真人騎虎嘯詠其上，故名。附近有語兒泉，有如小兒牙牙學語，泉水甘洌，頗負盛名。㉟止止庵　在大王峰麓。三面為穹壁，溪水會於其前，前人譽為不深而幽，不高而敞的勝地。止止，即「止其所止」之意。㊱禪巖　又名禪庵巖，在大王峰麓，綿亙長達一里，因曾有高僧在此坐禪而得名。㊲箐　一種細竹，這裡指竹林。㊳登仙石　在大王峰西。㊴仰企　踮起腳後跟仰望。㊵鶴模石　即仙鶴巖，在大王峰西壁。㊶張仙遺蛻　在張仙洞（又名張仙巖），位於大王峰南壁半山腰。相傳為漢人張垓遺體存放處。蛇、蟬等脫皮曰蛻，道教徒謂人死亡如蟬之脫殼，故美稱其修行者死去為「蛻」。遺蛻即是遺體。㊷徐仙巖　在大王峰東壁，為宋人徐熙春遺體存放處。㊸萬年宮　全名沖祐萬年宮，俗稱武夷宮。在大王峰麓。始建於唐天寶年間，歷代數易其名，清代改為沖祐宮，是著名的道教活動中心之一。宋代著名學者朱熹、陸游、辛棄疾曾先後主持觀事。現僅存道院一座，龍井二口。㊹會真廟　即今會真觀，在萬年宮東。祀傳說中的古仙人魏真君及潘遇。明萬曆己丑（一五八九）大旱，為迎徐仙（熙春）遺骨求雨，特在廟後建樓，名徐仙樓。

【語　譯】二十二日　上岸後，離開仙掌巖往西。我所沿著走的，是九曲溪的右岸，隔溪便是左岸。第七曲右面是三仰峰、天壺峰，左面是城高巖。三仰峰下面是小桃源，崩落的崖石堆疊交錯，外面形成石門。從石門彎腰曲背進去，有一片土地，四面群山環繞，中間是平整的田地、曲折的澗流，外面圍繞著蒼松翠竹，雞聲人語，都在青山之中。走出石門向西，便是北廊巖，巖頂就是天壺峰。在它對岸的城高巖獨自高聳直上，四周的峭壁陡削如同城牆。巖頂有個小庵，也懸架著梯子，可向上攀登，因隔著一條溪流，沒法上去。第八曲右面是鼓樓巖、鼓子巖，左面是大廩石、海蚱石。我經過鼓樓巖的西側，轉而往北在山塢中行走，一路攀援而上，到達峰頂，有兩塊大石像鼓一樣直立著，這就是鼓子巖。巖高聳橫亙，也像一座城牆。巖下深處有塊坳地，就像一條長廊，裡面蓋起屋子，橫架著欄干，叫鼓子庵。抬頭仰望巖上，雜亂的洞穴中橫插著許多木板。轉到巖的後面，石壁間有個洞更加幽深寬敞，叫吳公洞。洞下的梯子已經毀壞，沒法攀登了。朝著三教峰趕路，沿著山路踏上石級，上面草木森森，十分茂盛。到山峰，見旁邊連著亭子，可向東眺望鼓樓、鼓子等巖勝景。山頭的三個尖峰，岩石嶙峋，並肩挺立。從石縫中踏著石級向上，靠著崖壁的地方有個亭子。穿過亭子進入石門，兩旁山崖相夾，如壁峙立，高聳雲天，中間有條狹如一線的通道，上下都只有尺把寬，人在裡面行走，只覺毛骨悚然。這是因為三座山峰聚立在一起，這是其中兩座山峰之間的隙縫。在它旁邊還有兩處隙縫，但沒有這裡整齊光潔。

隨後下山，轉到山後，有一座山峰和貓兒石相對而立，也像鼓子巖那樣盤踞橫亙，這是靈峰的白雲洞。

到了峰頂，從石縫中踏著石級上去，兩旁石壁夾立，很像黃山的天門。走完石級，彎彎曲曲到了巖下，也像鼓子巖那樣，靠著巖壁架起屋子。登樓向南眺望九曲的上游，水中有一個小洲，溪水從西流來，分成兩股從它旁邊繞過，到了九曲又合在一起。小洲外面，兩山之間漸漸變得開闊，九曲已經到了盡頭。這巖在九曲盡頭處，層層山巖，回環重疊，地勢十分幽靜爽朗。巖北的盡頭處，還有一座更加奇特的山巖，上下都是峭壁，壁上橫貫著一條窄如一線的凹地，必須將身體伏在上面，像蛇行那樣，從壁上盤旋過去，方才可以進入。我就從巖壁的凹地向前，不一會凹地漸漸低矮，巖壁漸漸高峻，只得彎著身體走；愈往前，凹地就愈低矮狹窄，只能用膝蓋著地像蛇那樣爬行，到凹地的轉彎處，上下只有七寸高，寬也只有一尺五寸。凹地外面是深達萬仞的巖壁，我伏地而行，胸和背都貼在巖石上，盤旋了好長時間，方才脫離危險。這巖果然寬敞明亮，層層相疊，還有斧頭、鑿子放在那裡，大概有人想開鑿山道，但並沒有完成。過了好一會，才返回前巖。再到後巖，那裡正在建造新房，同樣幽靜寬敞，十分可愛。離開後巖前往九曲溪，獅子巖就在那裡。

沿著溪流返回，隔著溪水觀賞八曲的「人面石」、七曲的城高巖，種種景觀，令人神往。再將船停在岸邊，從雲窩進入茶洞。洞呈圓拱形，幽邃深遠。再一次到這裡，再一次不想離去！隨後從雲窩向左轉，進入伏羲洞，裡面陰森得很。向左走到大隱屏的南面，便是紫陽書院，進去拜謁了先生的廟像。順著水流，使勁划槳向前，兩邊蒼翠的山崖，紛紛向後飛逝，反倒怨船走得實在太快了。過了天柱峰、更衣臺，將船停泊在四曲溪的南岸。從御茶園上岸，想繞到金雞巖的上面，由於荊棘叢生，找不到路。於是從巖後的大路向東走，希望有別的路可登上大藏、小藏等山峰，還是沒有找到。從溪邊穿出，已到玉女峰下。想從這裡尋找一線天，游移不定，沒遇上可問路的人，而船又停泊在金雞洞下，離這裡很遠，沒法聯繫。於是沿著溪水找路，在大藏、小藏峰的山腳下曲折地行走。這一帶峭壁高峻，勢若騰空而起，沙堆崩塌堵塞，當地人大多在上面種植茶樹。在茶樹中行走，向下俯視深溪，向上仰望高崖，人們所說「仙學堂」、「藏仙窟」，都沒功夫辨認了。

到了架壑舟，抬頭望去，一條空船宛然在目，比在前面溪流中看到的更加清晰。到大藏峰的西邊，路也漸漸走到盡頭。往荊棘中扶著崖壁向上攀登，回頭俯視大藏峰西面的山巖，也架著一條船，只是因為兩崖相對聳立，不能到達那個地方。忽然有條船從二曲逆流而來，急忙下山呼喚，那人用船來接，也是首次到這裡的遊客，約我返回更衣臺，一起遊覽一線天、虎嘯巖等名勝。經過我停船的地方，於是兩船並行順流而下，想登上幔亭，尋訪大王峰。到達一曲的水光石，和船夫約好在溪口等候。我再次上岸，進去不遠，到達止止庵。見庵後有路可以上去，便快步向前，看到一座山巖，有和尚在裡面念經，這就是禪巖。登上山峰的路，還在止止庵西面。照原路下去，在庵前向西轉，往上走了二里光景，到達峰下，從亂竹中尋找登仙石。石旁有座山峰高高突起，呈踮腳仰望的形態。鶴模石在山峰石壁的縫隙中，雪白的羽毛，朱紅的頭頂，壁上的裂紋宛然如畫。石旁的路已到盡頭，有梯子懸掛在陡峭的崖壁之間，踩著梯子向上爬，搖搖晃晃就像要摔下來。到梯子盡頭看到一座山巖，這就是張仙尸解的地方，這巖在山峰的半腰上。還想尋找徐仙巖，但處處都是石壁，沒有通路，從梯子下來，尋找別的路，又沒找到；想踩著石塊上去，陡峭的崖壁上沒有石級，想從叢林中過去，草木又深又密，分不清道路。僕人在前面發現了斷裂的石級，大聲叫喊找到了路，我不顧衣服被撕破，急忙趕到那裡，還是無法向前。太陽已經西下，於是用手拉著荊棘，慌忙滾了下去，等找到路，已在萬年宮的右邊了。趕緊進入宮中，裡面森嚴寬敞。道士迎上前說：「大王峰頂早已無法上去，只有去張巖的梯子還在，上峰頂的六張梯子和去徐巖的梯子都已腐爛毀壞，徐仙的遺骨也已移入會真廟中。」走出萬年宮向右轉，經過會真廟。廟前的大楓樹，枝葉繁茂，樹蔭覆蓋了好幾畝地，得幾十個人才能合抱。告別道士後，回到船上。

二十三日　登陸，覓換骨巖❶、水簾洞❷諸勝。命移舟十里，候於赤石街❸。

余乃入會真觀，謁武彝君及徐仙遺蛻。出廟，循幔亭東麓，北行二里，見幔亭峰後三峰駢立，異而問之，三姑峰❹也。換骨巖即在其旁，望之趨。登山里許，飛流汩然下瀉。俯瞰其下，亦有危壁，泉從壁半突出，疎竹掩映，殊有佳致。然業已上登，不及返顧，遂從三姑又上半里，抵換骨巖，巖即幔亭峰後崖也。巖前有庵。從巖後懸梯兩層，更登一巖。巖不甚深，而環繞山巔如疊嶂。土人新以木板循巖為室，曲直高下，隨巖宛轉。循巖隙攀躋而上，幾至幔亭之頂，以路塞而止。返至三姑峰麓，繞出其後，復從舊路下，至前所瞰突泉處。從此越嶺，即水簾洞路。從此而下，即突泉壁也。余前從上瞰，未盡其妙，至是復造其下，仰望突泉，又在半壁之上。旁引水為碓❺，有梯架之，鑿壁為溝以引泉。余循梯攀壁，至突泉下。其坳僅二丈，上下俱危壁，泉從上壁墮坳中，復從坳中溢而下墮。坳之上下四旁，無處非水，而中有一石突起可坐。坐久之，下壁循竹間路，越嶺三重，從山腰約行七里，乃下塢。穿石門而上，半里，即水簾洞。危崖千仞，上突下嵌，泉從巖頂墮下。巖既雄擴，泉亦高散，千條萬縷，懸空傾瀉，亦大觀也！其巖高矗上突，故巖下搆室數重，而飛泉猶落檻外。

先在塗聞睹閣寨❻頗奇，道流❼指余仍舊路，越山可至。余出石門，愛塢溪之勝，誤走赤石街道。途人指從此度小橋而南，亦可往，從之。登山入一隘，兩山夾之，內有巖有室，題額乃「杜轄巖」，土人訛為睹閣耳。再入，又得一巖，有曲檻懸樓，望赤石街甚近。遂從舊道三里，渡一溪，又一里，則赤石街大溪也。下舟掛帆二十里，返崇安。

【章　旨】本章記載了徐霞客遊武夷山第三天的行跡。上岸後，先去會真觀。隨後經過三姑峰，攀登換骨巖，途中俯視在懸崖半壁中飛突的泉水。登上巖頂，繼續攀登幔亭峰。在去水簾洞的路中，又仰望飛突的泉水，並從石壁上攀登，來到泉水邊。翻過幾重山嶺，到達水簾洞，只見巖聳泉飛，蔚為壯觀。接著去杜轄巖，到赤石街大溪，乘船返回崇安。

【注　釋】❶換骨巖　又名均峰，在幔亭峰北。上有石突出。巖半有石室，可容納百餘人。內有七孔泉水，清冽不竭，可以治病。道家說：「學仙者當於天台注名，武夷換骨。」並引船棺遺跡作為佐證。❷水簾洞　一名唐曜洞天。在九曲溪北，與天心巖相距二里。為武夷山最大的巖洞，被稱為「山中最勝之境」。古人曾作對聯：「石室雲開，見大地山河、三千世界；水簾風捲，露半天樓閣、十二欄干。」巖壁高寬各數十丈，上凸下凹，形成巖穴。洞內敞亮可容千人，依崖散建數座不施片瓦的廟宇，其中以三賢祠最著名。巖頂有兩道終年不竭的流泉，微風吹動，化為水珠，儼若懸掛洞頂的兩幅珠簾，注入巖下浴龍池。❸赤石街　在武夷山東麓，崇溪與武夷溪的匯合處，是進入武夷風景區的一個重要入口。❹三姑峰　即三姑石，在幔亭峰北。三石比肩而立，風鬟霧鬢，婀娜多姿。東壁一洞，極幽奇，有天然石門，可宛轉而入。下面所說泉水即三姑泉。❺碓　一種舂米的用具。❻睹閣寨　在水簾洞東南。明人吳中立曾棄官隱居於此，取「路徑幽曲，杜絕車轄（即斷絕車輛）」之意，稱此為杜轄巖。或說曾有杜、葛二氏隱居於此，故又名杜葛巖。附近有留香澗（倒水坑）。武夷全山溪澗都東奔匯入崇溪，唯此澗由東南倒流入山。澗旁丹崖壁立，山花爛漫，景色絕佳。澗北有清涼峽，幽爽宜人。❼道流　指道士。

【語　譯】二十三日　上岸，尋訪換骨巖、水簾洞等勝地。吩咐船夫將船向前移動十里，在赤石街等候。我於是進入會真觀，拜謁武彝君和徐仙遺骨。走出廟後，沿著幔亭峰東側的山腳，向北走二里，看到幔亭峰後面並排聳立著三座山峰，感到十分詫異，便向人詢問，才知道這就是三姑峰。換骨巖就在它的旁邊，急忙望著它走去。上山走了一里光景，一道迅疾的泉水汩汩往下傾瀉。俯視它的下面，也有高峻的崖壁，泉水從崖壁的半腰突起，稀疏的竹子掩映成趣，頗有美妙的景致。只是既然已經向上攀登，再回去看也來不及了，於是從三姑峰又向上走了半里，到達換骨巖，這巖就是幔亭峰的後山崖。巖前有個小庵。從巖後的懸梯爬了兩層，又登上一巖。巖並不高深，但環繞山頂如同重疊的山嶂。當地人新近用木板沿著山巖造屋，或曲或直，或高或下，隨著山巖的走勢變化。沿著巖縫往上攀登，即將到達幔亭的峰頂，因道路堵塞，這才停了下來。返回三姑峰的山腳，繞出它的背後，再從原路下去，到先前俯視泉水飛突的地方。從這裡翻過山嶺，便是去水簾洞的路。從這裡往下，則是泉水飛突的崖壁。我原先從上往下看，沒能充分領略它的妙處，這時再到它的下面，仰望飛突的泉水，又在崖壁的半腰的上方。旁邊引水作碓搗米，有梯子架著，還在石壁上鑿溝引來泉水。我順著梯子攀登石壁，到飛突的泉水下方。那坳地只有二丈寬，上下都是高峻的石壁，泉水從上壁落到坳地中，又從坳地中溢出，落到下面。坳地的上下四旁，到處都是水，但中間有一塊突起巖石，可讓人坐下。坐了很久，從石壁下來，沿著竹林中的路，翻過三重山嶺，在山腰中走了大約七里路，才往下走到山塢中。穿過石門上去，走了半里，便是水簾洞。陡峻的山崖高達千仞，上部突出，下部凹進，泉水就從巖頂落下。山巖既是這樣雄偉開闊，泉水也高掛噴散，千條萬縷，凌空傾瀉，真稱得上是一處壯觀！這巖高高聳立，向外突出，所以儘管巖下造了幾排房屋，飛泉依然落在門檻之外。

先前在路上曾聽說睹閣寨十分奇妙，道士指點我從原路走，翻過山即可到達。我走出石門，因為喜愛山塢溪流的美景，誤走了去赤石街的路。路人指點我從這裡度過小橋向南，也可去，我聽從了他的話。登山進入一個險要的山口，兩邊山峰緊夾著它，裡面有巖壁、石室，門額上的題詞是「杜轄巖」，當地人誤傳為「睹閣」。再走進去，又有一座山巖，上面有曲折的欄干、高懸的樓閣，一眼望去，距赤石街很近。於是沿老路走了三里，渡過一條溪水，再走一里，便是赤石街的大溪了。走下船，揚帆行駛二十里，返回崇安。

【研　析】元至正年間，詩人薩都剌宦遊閩中，遊覽了武夷山，「浩蕩三日程，應接千萬態。」目擊神馳，深有所感，不禁歎道：「非胸中有武夷，莫能狀武夷之萬一。非胸中具古今名人之才器，莫能別具吟嘯之意趣。」徐霞客才器，不讓前人，其胸中所藏名山，又豈止一個武夷。模山範水，人之所難，在他卻有得心應手之妙。在這篇遊記中，徐霞客抓住武夷九曲「水繞層巒合，山回碧玉流」這一地理特徵，描述了在九曲遊賞的勝景：眼前重巖疊嶂，似乎已無路可走；峰迴溪轉，又出現了一個新的天地；隨著溪水縈迴，顧盼之間，峰石殊形，崖壁改觀；山重水複，宛轉得路，涉目成賞，移步見奇。當此「山光水曲，交加入覽」，真令人「種種神飛」，「不勝神往」。

武夷山由紅色砂礫岩層堆疊而成，屬典型的丹霞地貌。徐霞客的足跡，已遍及南方大部分屬丹霞地貌的名山，並注意到這些地區共同的地貌特徵，其中以武夷山最為典型。在以後的遊覽考察中，遇到這種地貌，他總是與武夷山進行對比，有的「環轉一如武彝」（如湖南興寧程口西北郴江兩岸的山巖）；有的「極似武彝之一體」（如湖南宜章芹菜坪南的山峰）。

石濤作《武夷九曲圖》，畫面上遠峰隱約，近樹歷歷，山水氤氳，煙雲杳靄，一葉扁舟，在溪上飄蕩，充滿閒逸之趣。去武夷山遊覽，始終給人一種閒適之感，無攀援之苦，將九曲泛舟與遊覽武夷等同起來。清代詩人袁枚有一段話，頗有代表性：「凡人陸行則勞，水行則逸。然山遊者往往多陸而少水。惟武夷兩山夾溪，一小舟橫曳而上，溪河湍激，助作聲響。客或坐、或臥、或偃、或仰，惟意所適，而奇觀盡獲，洵遊山者之最也。」（〈遊武夷山記〉）但從徐霞客的《遊記》看，要遍遊武夷勝景，或者說，要真正發現武夷山的內在美，決非輕鬆的事。他遊武夷山，固然也離不開溪上泛舟，但更多的時候，卻是深入峰巖中尋訪。徐霞客第一天上岸後，即「排雲穿石，俱從亂崖中宛轉得路」，進入雲窩；接著「至絕壁處，懸大木為梯，貼壁直豎雲間」，登上隱屏峰；第二天又想去已很久沒人前往的武夷山最險峻的大王峰頂；至於第三天所遊，從幔亭峰到水簾洞，最後到杜轄巖，都為人跡罕至之處。徐霞客在武夷山最有意義的遊覽是：他發現九曲盡頭，有一巖「上下皆絕壁，壁間橫坳僅一線」，尤其奇險，於是冒著粉身碎骨的危險，「膝行蛇伏」，乃至「匍匐以進，胸背相摩，盤旋久之，得度其險」。在《遊記》中，他詳細地記載了這次履險的經過。值得注意的是，他還用具體的尺寸，介紹了這塊坳地的高、闊，這是《遊記》中第一次對地形作標明尺寸的定量描述。前人稱讚徐霞客登不必有徑，涉不必有津；危巒絕壑，可猿升鶴舉；幽洞深穴，則蛇行而入。面對自然界的種種險阻，他總能根據不同的情況，採用各種獨特的方式，度過一個又一個險境，得到常人永遠不會有的收穫。

中國的名山，都能將自然景觀和人文景觀融為一體。武夷山不僅以山明水秀吸引遊客，還以其豐富的文物古蹟聞名於世，其中最著名的便是古代岩棺葬的遺物「架壑舟」、朱熹所建的武夷精舍（即紫陽書院）和摩崖石刻，徐霞客在《遊記》中都一一作了描述。他對充滿神祕色彩的架壑舟，尤感興趣，不僅像其他遊客一樣，坐在船上觀賞，上岸後還獨自在大藏峰西，「向荊棘中捫壁而上」，親臨藏舟之地，作仔細的考察。武夷山的山水文化，吸引著徐霞客，而徐霞客留下的身影，又為武夷山增添了光彩。

遊廬山❶日記 江西九江府❷

【題解】中國名山，可分成幾類：一為帝王巡狩祭祀之處，如五嶽；一為佛、道瞻拜的聖地，如五臺山、武當山；一以雄峙塞外聞名，如天山、長白山；一以景色奇麗著稱，如黃山、廬山。即使同類山嶽，其間也存在差別，拿廬山和黃山比較，就很明顯：黃山奇峻，廬山幽雅；黃山壯美，廬山秀麗；黃山風骨稜稜，廬山意態飄逸；黃山以氣魄取勝，廬山以情韻見長；黃山富陽剛之氣，廬山得陰柔之趣；黃山如壯士，廬山似美人……（這種比較，只是相對而言，並非絕對如此。）從山下仰望廬山，青峰秀出，雲氣舒捲，當雲蒸霞蔚之時，更覺超逸不群；在峰頂縱目遠眺，但見晴川歷歷，雲水蒼茫，秀色可攬，滿眼生輝。雖然從整體上看，廬山的景色尚遜黃山，但由於其飛峙長江之濱，立足鄱陽湖畔，地理條件優越，故對廬山的開發，要比黃山早得多。周朝匡氏兄弟之事雖不可考，但司馬遷遊廬山，考察大禹疏通的九江，則明明白白寫在《史記・河渠書》中。晉室南渡，廬山成了文人、隱士、達官、高僧的流連之地。王羲之在金輪峰下、玉簾泉附近築室幽居，廬山有別墅，就從這時開始。和他同時的高僧慧遠，編寫過一本《廬山記略》，堪稱最早為山立傳的山志。如果說，「一生好入名山遊」的李白，對黃山的了解尚屬皮相，那麼他對廬山確實懷有深情。蘇軾一入廬山，便覺「山谷奇秀，平生所未見」，以至不想作詩，大有「眼前有景道不得」之意。徐霞客久慕廬山之名，但遲遲未能前往，直至萬曆四十六年（一六一八），才偕族兄同遊廬山，以慰生平之願。

戊午❸，余同兄雷門、白夫❹，以八月十八日至九江。易小舟，沿江南入龍開河❺。二十里，泊李裁縫堰。登陸，五里，過西林寺❻，至東林寺❼。寺當廬山

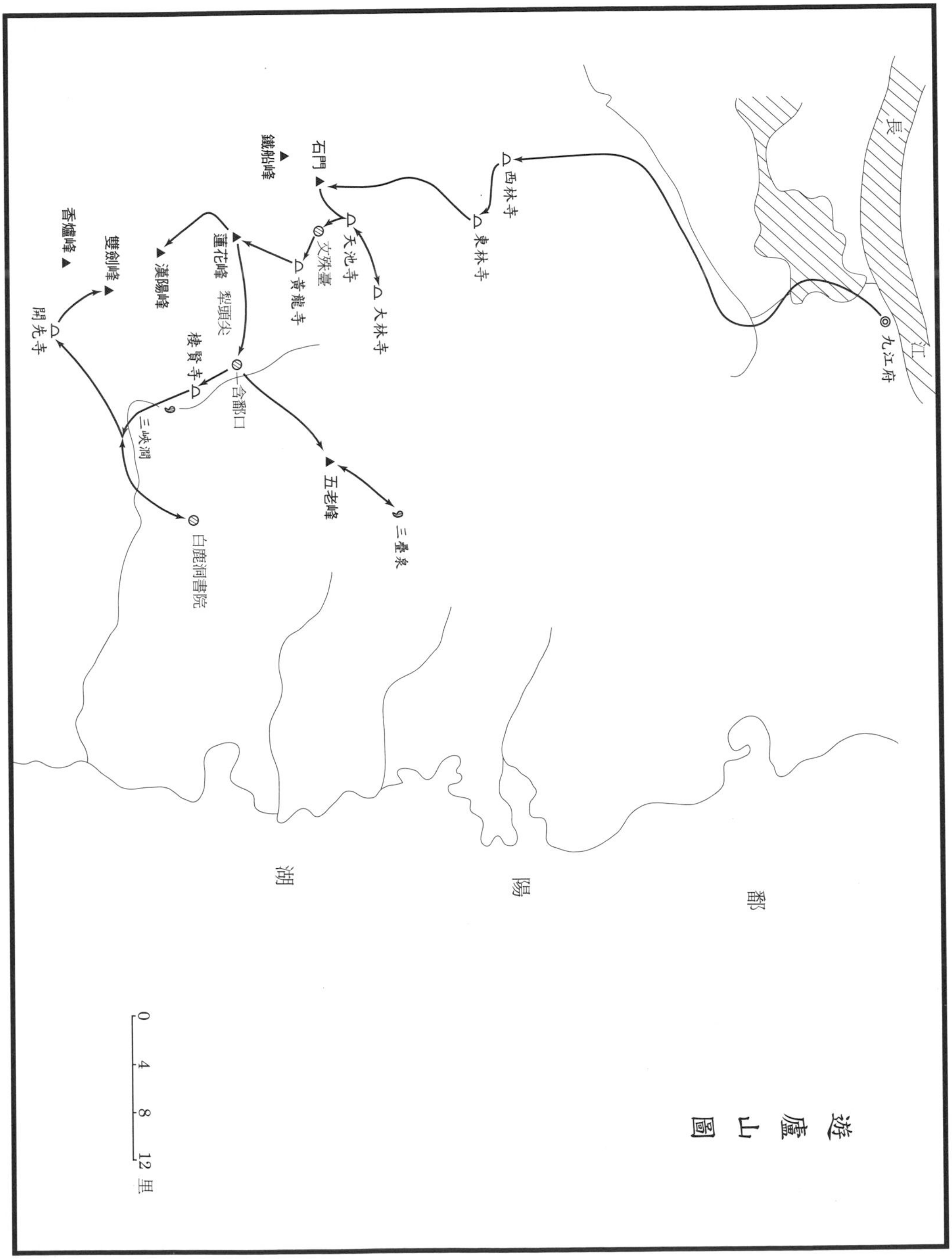
遊廬山圖
長
江
九江府
西林寺
東林寺
石門
鐵船峰
天池寺
文殊臺
大林寺
黃龍寺
蓮花峰
漢陽峰
雙劍峰
香爐峰
開先寺
犁頭尖
棲賢寺
三峽澗
含鄱口
五老峰
三疊泉
白鹿洞書院
鄱
陽
湖
0 4 8 12 里

之陰❽，南面廬山，北倚東林山。山不甚高，為廬之外廓，中有大溪，自東而西，驛路❾界其間，為九江之建昌❿孔道。寺前臨溪，入門為虎溪橋⓫，規模甚大，正殿夷燬，右為三笑堂⓬。

【章　旨】本章記載了徐霞客遊廬山第一天的行跡。從九江乘船在龍開河航行，上岸後經過西林寺，到達東林寺。

【注　釋】❶廬山　又名匡山，或匡廬。在江西九江市南七十二里。北臨長江，東傍鄱陽湖。傳說周朝有匡氏兄弟上山修道，得道成仙，周王派人到此尋訪，僅見其住過的草廬而已。山長約五十里，寬約二十里，略呈橢圓形。為地壘式斷塊山，多奇境勝景。❷九江府　明代屬江西布政使司，府治在德化（今江西九江市）。❸戊午　明神宗萬曆四十六年（一六一八）。❹雷門白夫　雷門，名應震，與徐霞客同年生的族兄，能詩喜遊。白夫，生平不詳。❺龍開河　源出廬山北側，北入獅子湖，在九江西流入長江。❻西林寺　在廬山西北麓，為晉代名僧慧永及其師修道之處。東晉太元二年（三七七）立寺，號西林。附近有西林塔，即唐代千佛塔，建於唐開元年間。自晉至唐，西林寺一直處於鼎盛時期。今已毀，僅存一棟殿宇。❼東林寺　在西林寺東。東晉太元六年，名僧慧遠在此建寺講學，並組織白蓮杜，倡導「彌陀淨土法門」，後世尊他為淨土宗（蓮宗）的始祖，東林寺也就成了淨土宗的發源地。自晉至唐，國內外高僧來此求經拜佛不絕。唐代高僧鑒真東渡日本前來寺，淨土宗教義也隨之傳入日本。寺內有荔枝塔（慧遠墓）以及傳為慧遠手植的羅漢松等古蹟。並有晉石塑、唐經幢等文物碑刻。❽陰　古人稱山的北面和水的南面為陰，山的南面和水的北面為陽。❾驛路　古代設有驛站的交通要道。❿建昌　明建昌縣，屬南康府，治所在今江西永修西北的艾城。⓫虎溪橋　在東林寺前的虎溪上。傳說慧遠專心修行，影不出戶，送客不過虎溪橋。如過橋，他所馴養的老虎就會吼叫提醒他。⓬三笑堂　慧遠當時常同詩人陶淵明、道士陸修靜談儒論道。一天他送陶、陸出山門，邊談邊走，不覺過了橋，老虎看到後，吼叫不止，三人相視大笑。後世傳為佳話，稱「虎溪三笑」，因建堂以作紀念。

【語　譯】戊午年，我同族兄雷門、白夫，在八月十八日到達九江。換乘小船，沿著長江向南駛入龍開河。航行二十里，在李裁縫堰停泊。上岸後，走了五里，經過西林寺，到達東林寺。寺座落在廬山北面，向南對著廬山，北靠東林山。東林山不高，是廬山的外圍。山中有一條大溪，從東向西，驛路在其中通過，是從九江到建昌的大道。寺前臨溪流，進門便是虎溪橋，規模相當大，正殿已經火災燒成平地，右邊是三笑堂。

十九日　出寺，循山麓西南行。五里，越廣濟橋❶，始舍官道，沿溪東向行。又二里，溪迴山合，霧色霏霏❷如雨。一人立溪口，問之，由此東上為天池❸大道，南轉登石門❹，為天池寺❺之側徑。余稔❻知石門之奇，路險莫能上，遂倩❼其人為導，約二兄徑至天池相待。遂南渡小溪二重，過報國寺❽，從碧條香藹❾中，攀陟五里，仰見濃霧中雙石屼❿立，即石門也。一路由石隙而入，復有二石峰對峙。路宛轉峰罅⓫，下瞰絕澗諸峰，在鐵船峰⓬旁，俱從澗底矗聳直上，離立⓭咫尺⓮，爭雄競秀，而層煙疊翠，澄映四外；其下噴雪奔雷，騰空震盪，耳目為之狂喜！門內對峰倚壁，都結層樓危闕。徽人鄒昌明、畢貫之新建精廬⓯，僧容成焚修其間。從庵後小徑，復出石門一重，俱從石崖上，上攀下躡，磴窮則挽藤，藤絕置木梯以上。如是二里，至獅子巖，巖下有靜室⓰。越嶺，路頗平。再上里許，得大道，即自郡城⓱南來者。歷級而登，殿已當前，以霧故不辨；逼之，而朱楹綵棟，則天池寺也，蓋燬而新建者。由右廡⓲側登聚仙亭⓳，亭前一崖突出，下臨無地，曰文殊臺⑳。出寺，由大道左登披霞亭㉑。亭側岐路東上山脊，行三里。由此再東二里，為大林寺㉒。由此北折而西，曰白麓昇仙臺㉓；北折而東，曰佛手巖㉔。昇仙臺三面壁立，四旁多喬松，高帝㉕御製周顛仙廟碑在其頂，石亭覆之，製甚古。佛手巖穹然軒峙㉖，深可五六丈。巖端石岐橫出，故稱「佛手」。循巖側庵右行，崖石兩層突出深塢，上平下仄，訪仙臺㉗遺址也。臺後石上書「竹林寺」㉘三字。竹林為匡廬幻境，可望不可即；臺前風雨中，時時聞鐘梵聲㉙，故以此當之。時方雲霧迷漫，即塢中景亦如海上三山㉚，何論竹林。還出佛手巖，由大路東抵大林寺。寺四面峰環，前抱一溪。溪上樹大三人圍，非檜非杉，枝頭著子纍纍㉛，傳為寶樹㉜，來自西域㉝。向有二株，為風雨拔去其一矣。

【章　旨】本章記載了第二天的行跡。離開東林寺，路過報國寺，登上石門，四周山水壯麗，令人驚喜。在山崖上攀登，來到獅子巖。下嶺經過天池寺，先後登上聚仙亭和披霞亭，遊覽了白鹿昇仙臺和佛手巖。在訪仙臺後有竹林寺，但只是一個幻境，可望不可即。向東到達大林寺，寺前有棵大樹，相傳是來自西域的寶樹。

【注　釋】❶廣濟橋　在東林寺的西南，是從九江南往建昌驛路上的重要通道。❷霏霏　形容雨、雪、煙、雲等紛飛的樣子。❸天池　指大天池。在天池山頂，御碑亭西。山上有一方池，池水終年不涸，澄碧如玉，被譽為「山中靈珠」。在池側門外數百公尺處為龍首崖，又名捨身崖。形勢險峻，景象奇絕。❹石門　即石門澗。天池山和鐵船峰對峙如門，進入澗內，奇峰疊嶂，上連霄漢，下臨絕壑，勝景尤多。早在《後漢書‧地理志》和《水經注》中，就已有關於石門澗瀑布的記載。南朝宋詩人謝靈運曾在此築「石門精舍」。前人以「奇峰奇石奇境界，驚耳驚目驚心魄」一聯來形容這一勝境。❺天池寺　東晉慧遠始建，名峰頂寺。北宋時重建，改稱「天池院」。傳說明太祖朱元璋在奪取天下時，曾得到周顛和尚的幫助，故建寺報恩，在天池寺的原址上擴建，賜名「護國寺」。今已毀，天池旁的長亭，即為其原址。❻稔　熟悉。❼倩　請人做事。❽報國寺　在廬山西麓，近鐵船峰。元代創建，至清重建。❾藹　通「靄」。雲氣。❿屼　形容山的光禿。⓫峰罅　與上面的石隙同義，都是形容澗谷的狹窄。罅為縫隙。⓬鐵船峰　在石門澗西南。因有一壁鐵青色懸崖，崖頂巨石如船，故名。面對鄱陽湖，居高臨下，十分險峻。傳說東晉大將王敦密謀起兵叛亂，許遜（許旌陽）、吳猛等人勸阻不成，飄然而去，率眾賓客坐船在空中御風而行，落在廬山，隱居成仙，這艘船也就變成了鐵船峰。⓭離立　並立。⓮咫尺　形容距離很近。古代以八寸為咫。⓯精廬　即精舍。這裡指僧人居住及修道之所。⓰靜室　清靜之室。指佛徒修行之處。⓱郡城　指九江府城。⓲廡　古代正房對面和兩側的小屋。⓳聚仙亭　在天池寺附近，內供天眼尊者、周顛仙、赤腳僧和徐道人，故又稱四仙亭或四仙祠。今已毀。⓴文殊臺　在大天池西的平臺。據說唐武宗下令毀佛，東林寺的兩個僧人將文殊神像遷藏於此，是觀賞雲海、晚霞，特別是夜觀「天池佛燈」的最佳處。每當月暗星隱之夜，登臨遠眺，可見無數燈影，忽東忽西，忽明忽暗，時小時大，時聚時散，勢如群星灑落，令人驚歎不已。宋代理學家朱熹曾有記載，並說：「僧云燈非禱不見……予謂僧言則妄，而此光不可誣，豈地氣之盛然耶？」㉑披霞亭　又名著衣亭，在天池寺北。過去從北道登天池的必經之處。㉒大林寺　在牯嶺西谷。東晉名僧曇詵創建。與東林、西林寺合稱「廬山三大名寺」。相傳唐代詩人白居易曾偕友來此遊賞，譽之為「匡廬間第一境」。當時山下桃花已謝，而大林寺桃花盛開，白居易即興賦詩：「人間四月芳菲盡，山寺桃花始盛開。長恨春歸無覓處，不知轉入此中來。」大林寺過去還以兩株寶樹聞名，後毀於兵火。現已在白居易詠花的舊址上面，建花徑公園。㉓白麓昇仙臺　白麓，當為「白鹿」。今名御碑亭。在仙人洞西北的錦秀峰上。傳說明太祖朱元璋建都南京，派使者來廬山尋訪周顛，得知其人已在此乘白鹿升天，於是建亭立碑，以張其事。今亭內有碑高約四公尺，上書朱元璋所作「周顛仙人傳」。㉔佛手巖　在牯嶺西北。因巖石參差如佛手，故名「佛手」。為廬山仙人洞的所在地。洞深約三丈，內有石製的純陽殿，相傳為八仙之一的唐呂洞賓修道成仙地。洞後有四季不竭的「一滴泉」，在《後漢書》中即已有記載。洞門三尺之外即為懸崖，崖旁一塊橫石懸空，稱「蟾蜍石」，石背裂縫處長一古松，稱「石松」，石上刻有「縱覽雲飛」四字。㉕高帝　指明太祖朱元璋。㉖穹然軒峙　穹，穹窿，指天空的形狀，中間高隆四周下垂，也泛指高起成拱形的模樣。軒，軒敞；高大寬敞。㉗訪仙臺　也稱訪仙亭、周顛亭。在佛手巖北。今已廢，另有「觀妙亭」，亭下有巨石名「訪仙石」，都和朱元璋尋訪周顛的故事有關。㉘竹林寺　在佛手巖北。自錦繡谷緣崖北行，小徑縈迴，竹隱深潭，崖間有隸書「竹林寺」三字。不過這純粹出於佛徒的想像，實際上只有茂林修竹，並無寺廟存在。㉙鐘梵聲　鐘，指佛寺中的敲鐘聲。梵，指佛徒的誦經聲。這裡的鐘梵聲可能與鳥雀聲有關，通過人的想像而產生一種誤覺。明人羅洪先曾作詩云：「石為佛手摩僧頂，谷轉禽言學梵音。本是化城無住著，被誰迷妄到如今。」㉚海上三山　指蓬萊、方丈、瀛洲三座神山。秦漢方士稱為東海仙人所居之地。又稱三島，因山形似壺，又名三壺。後來用以指縹渺虛無之地。㉛纍纍　同「累累」。接連成串。㉜寶樹　今廬山蘆林湖西有「三寶樹」，其中兩棵為柳杉，高四十公尺，樹幹須四人合抱，一棵為銀杏，古老挺拔。傳說為晉曇詵和尚將從西域帶回的樹苗，親手種植於此。但和徐霞客所記的寶樹，恐非一物。㉝西域　古代用以指玉門關以西的新疆和中亞細亞等地區。

【語譯】十九日　離開東林寺，沿山腳向西南走去，走了五里，過廣濟橋，才離開大路，沿著溪水往東。又走了二里，眼前溪流曲折，群山環抱，霧氣甚濃，像下著小雨。有個人站在溪口，問了他，才知道從這裡向東上去，是通往天池的大道，向南轉登上石門，是通往天池寺的小路。我早就知道石門景物奇異，但道路艱險，很難上去，於是請這個人做嚮導，和兩個族兄約好，讓他們直接去天池等待。於是向南渡過兩條小溪，經過報國寺，在翠綠的樹木、清香的雲氣中，向上攀登五里，抬頭望見雲霧中雙石陡然聳立，便是石門。一路從石縫中進入，又有兩座石峰相對而立。路在狹隘的峰隙中曲折通過，往下看，斷澗群峰，羅列在鐵船峰旁，都從澗底矗立直上，相距只有咫尺，彼此爭雄競秀；遠近層層煙雲，上下重重翠巒，山光水色，四面映照；崖下瀑布，形若飛雪噴濺，聲如雷霆轟鳴，騰空而起，震盪不息，耳聞目睹，令人驚喜若狂！石門內面對山峰，背靠崖壁，都建有層樓高闕。徽州人鄒昌明、畢貫之新建了精舍，容成和尚就在裡面焚香修行。從庵後的小路，再走出一重石門，都從石崖之上，攀上踩下，石級走完就拉著藤條攀登，找不到藤就架著木梯上去。這樣走了二里，到達獅子巖，巖下有個靜室。翻過山嶺，道路就很平坦。再往上走約一里路，發現一條大道，就是從郡城往南來的路。沿著石級攀登，前面已有一個大殿，因為有霧，看不清楚；走到跟前，只見紅色的柱子、彩畫的橫梁，這就是天池寺，大概是燒毀後新建的。從右廊旁登上聚仙亭，亭前突出一座石崖，下面一望無底，稱作文殊臺。走出寺院，從大路向左登上披霞亭。踏著亭旁的一條岔路，往東登上山脊，走了三里。再往東走二里，就是大林寺。從這裡往北再轉向西，是白麓昇仙臺；往北再轉向東，是佛手巖。昇仙臺三面峭壁陡立，四周長著許多高大的松樹。高皇帝御製的周顛仙廟碑就在臺的頂端，有石亭覆蓋，式樣十分古雅。佛手巖既高且大，呈拱形聳立，有五六丈深。巖的頂端有石塊橫向伸出，所以稱作「佛手」。沿著巖旁的小庵往右走，幽深的山塢中突起兩層崖石，上層平坦，下層狹窄，便是訪仙臺的遺址。臺後的巖石上書寫著「竹林寺」三個字。竹林寺是廬山的一個幻境，只能遙望，永遠不會碰上；每當臺前風吹雨打之時，常常會聽到鐘聲和誦經聲，所以才將這裡稱作寺院。這時正好雲霧迷漫，即使山塢中的景物也像海上三山一般縹渺迷離，更不必說這個竹林寺了。返身離開佛手巖，從大路向東走到大林寺。寺院四周群山環繞，前面圍著一條溪水。溪上有棵大樹，需要三人才能合抱，它既不是檜樹，也不是杉樹，枝頭結滿了一串串的果子，相傳是棵寶樹，來自西域。過去有兩棵，其中一棵已被風雨拔掉了。

二十日　晨霧盡收。出天池，趨文殊臺，四壁萬仞。俯視鐵船峰，正可飛舄❶。山北諸山，伏如聚蛭❷。匡湖❸洋洋山麓，長江帶之，遠及天際。因再為石門游。三里，度昨所過險處，至則容成方持貝葉❹出迎，喜甚，導余歷覽諸峰。上至神龍宮❺右，折而下，入神龍宮，奔澗鳴雷，松竹蔭映，山峽中奧寂境也。循舊路抵天池下，從岐徑東南行十里，升降於層峰幽澗；無徑不竹，無陰不松，則金竹坪也。諸峰隱護，幽倍天池，曠則遜之。復南三里，登蓮花峰❻側，霧復大作。

是峰為天池案山⑦，在金竹坪則左翼也。峰頂叢石嶙峋⑧，霧隙中時作窺人態，以霧不及登。

越嶺東向二里，至仰天坪⑨，因謀盡漢陽⑩之勝。漢陽為廬山最高頂，此坪則為僧廬之最高者。坪之陰，水俱北流從九江；其陽，水俱南下屬南康⑪。余疑坪去漢陽當不遠，僧言中隔桃花峰，尚有十里遙。出寺，霧漸解。從山塢西南行，循桃花峰東轉，過晒穀石，越嶺南下，復上，則漢陽峰也。先是遇一僧，謂峰頂無可託宿，宜投慧燈⑫僧舍，因指以路。未至峰頂二里，落照盈山，遂如僧言，東向越嶺轉而西南，即漢陽峰之陽也。一徑循山，重嶂幽寂，非復人世。里許，蓊然竹叢中得一龕⑬，有僧短髮覆額，破衲赤足者，即慧燈也，方挑水磨腐。竹內僧三四人，衣履揖客，皆慕燈遠來者。復有赤腳短髮僧從崖間下，問之，乃雲南雞足山⑭僧。燈有徒，結茅於內，其僧歷懸崖訪之，方返耳。余即拉一僧為導，攀援半里，至其所。石壁峭削，懸梯以度，一茅如慧燈龕。僧本山下民家，亦以慕燈居此。至是而上仰漢陽，下俯絕壁，與世夐隔矣。暝色已合，歸宿燈龕。燈煑腐相餉，前指路僧亦至。燈半月一腐，必自己出，必徧及其徒，徒亦自至，來僧其一也。

【章　旨】本章記載了第三天的行跡。離開天池，前往文殊臺，這裡山勢高峻，視野開闊。再往石門一遊。然後和容成和尚同遊神龍宮、金竹坪，登上蓮花峰邊山路，來到仰天坪。沿桃花峰東轉，傍晚去慧燈和尚住處投宿，遇到幾個仰慕慧燈而來的僧人。

【注　釋】❶飛舄　傳說東漢明帝時，葉令王喬每逢初一、十五上朝，從不乘車騎馬。太史發現每當他來時，總有雙鳧從東南飛來，於是當鳧飛來時，用網捕捉，只得一舄（一隻鞋）。有的說，王喬就是古代仙人王子喬。❷聚螘　指蟻垤，蟻穴外隆起的小土堆。螘，「蟻」的本字。❸匡湖　指鄱陽湖。古稱彭蠡，漢代稱彭澤，隋時以湖近鄱陽山，改今名，形似葫蘆。現有面積近四千平方公里，為中國最大的淡水湖。❹貝葉　貝多羅樹葉。形如棕櫚，產於印度，可以代紙。古印度佛教徒常用以寫經，因稱佛經為貝葉經。❺神龍宮　在文殊臺南。宮左邊大壑中有龍潭，傳說有神龍來此居住。❻蓮花峰　在天池山南。❼案山　案有「界」的意思，案山指作為分界的山。❽嶙峋　形容山石突兀重疊。❾仰天坪　在蓮花峰東南一塊地勢較高的平地。坪，山中的平地。❿漢陽　峰名，在廬山東南部。海拔一千四百七十四公尺，終年雲霧繚繞，為廬山最高峰。因附近還有呈金字塔形的小漢陽峰，故又稱大漢陽峰。峰頂有石砌的漢陽臺，據說月白風清之夜，由此可望漢陽燈火。臺前懸崖形同靠椅，相傳大禹治水時，就坐在這崖上俯視長江，考慮如何疏通九江（長江水系的九條支流）。頂峰黑松遍布，甚罕見。⓫南康　南康府，治所在星子（今屬江西）。⓬慧燈　明代廬山名僧之一。在漢陽峰下無人處蓋茅屋修行。⓭龕　本指供奉佛像的石屋，也用以指僧人居住的小屋。⓮雞足山　又名九重巖。在雲南賓川縣城西北八十里。因山勢形似雞足，故名。山上松柏茂密，寺廟星羅棋布，為佛教名山之一。

【語　譯】二十日　清晨霧氣全都消散。離開天池，前往文殊臺。四面崖壁，高達萬仞。往下看鐵船峰，簡直可以飛過去。北面的群山，一一伏在腳下，就像蟻穴外的小土堆。山腳的匡湖，水勢盛大，一望無際，長江橫帶而過，直到遙遠的天邊。於是再去石門一遊。走了三里，越過昨天所經歷的險境，到了那裡，容成正拿著佛經出來迎接，看到我十分高興，帶著我遍遊諸峰。向上走到神龍宮右邊，轉而往下，進入神龍宮，只見澗水奔流，如雷轟鳴，青松綠竹，相映成蔭，真是山峽中幽靜的境地。沿著原路到達天池下面，從岔道往東南走了十里，在群峰幽澗中登上走下，眼前沒有一條小路不長竹子，沒有一處山背不長松樹，這就是金竹坪。

這裡群峰遮護，幽靜勝過天池，只是開闊有所不及。再往南走三里，登上蓮花峰邊的山路，霧又大了起來。這座山峰是天池的案山，對金竹坪來說則是左翼。峰頂山石嶙峋，透過雲霧，不斷顯出偷偷看人的神態，因為霧大，沒能攀登上去。

翻過山嶺向東走二里，到仰天坪，便想盡覽漢陽峰的勝景。漢陽峰是廬山的最高峰，仰天坪則是和尚居住最高的地方。坪的北面，水都向北流入九江府；它的南面，水都向南流入南康府。我以為仰天坪離開漢陽峰該不會太遠，但和尚卻說中間隔著桃花峰，還有十里遠。出了寺門，霧氣漸漸消散。從山塢中往西南走，沿著桃花峰向東轉，經過晒穀石，翻過山嶺南下，再向上攀登，便是漢陽峰。在此之前遇到一個和尚，說峰頂沒地方可以借宿，應該先去慧燈和尚的住處，並指了去路。離峰頂還有二里路，夕陽已經照遍山谷，於是按照那和尚的話，往東翻過山嶺轉向西南，來到漢陽峰的南面。有一條小路沿著山向前，重重山峰十分幽寂，不再像在人世之中。走了一里左右，在茂盛的竹林中看到一座小屋，有個短髮蓋額、身穿破衣、打著赤腳的和尚，便是慧燈，這時正在挑水磨豆腐。竹林中有三四個和尚，整整衣服，前來招呼客人，都是仰慕慧燈從遠方來的人。又有一個赤腳短髮的和尚從山崖下來，一問，原來是雲南雞足山的和尚。慧燈有個徒弟，在深山中蓋了茅屋修行，這個和尚攀越山崖前去探訪，剛從那裡返回。我立即拉了一個和尚作嚮導，攀登半里路，到了那裡。石壁陡峭，如刀削一般，要架起梯子，才能上去。那間茅屋，和慧燈的小屋相似。住在這裡的和尚本是山下的百姓，也是仰慕慧燈而來此居住。到了這裡，向上仰望漢陽峰頂，往下俯視懸崖峭壁，覺得已與塵世相隔十分遠了。暮色籠罩，回到慧燈的小屋寄宿。慧燈煮了豆腐招待，先前指路的和尚也來了。慧燈每隔半個月吃一次豆腐，而且一定要親自磨出，又一定要讓徒弟都吃到，徒弟到時候自己也會來，現在來的和尚就是其中一個。

二十一日　別燈，從龕後小徑直躋漢陽峰。攀茅拉棘，二里，至峰頂。南瞰鄱湖，水天浩蕩；東瞻湖口❶，西盼建昌，諸山歷歷，無不俯首失恃❷；惟北面之桃花峰，錚錚比肩，然昂霄逼漢❸，此其最矣。下山二里，循舊路，向五老峰❹。漢陽、五老，俱匡廬南面之山，如兩角相向，而犁頭尖❺界於中，退於後，故兩峰相望甚近。而路必仍至金竹坪，繞犁頭尖後，出其左脅，北轉始達五老峰。自漢陽計之，且三十里。余始至嶺角，望峰頂坦夷，莫詳五老面目。及至峰頂，風高水絕，寂無居者。因遍歷五老峰，始知是山之陰，一岡連屬；陽則山從絕頂平剖，列為五枝，憑空下墜者萬仞，外無重岡疊嶂之蔽，際目甚寬。然彼此相望，則五峰排列自掩，一覽不能兼收。惟登一峰則兩旁無底，峰峰各奇不少讓，真雄曠之極觀也！

仍下二里，至嶺角。北行山塢中，里許，入方廣寺，為五老新剎❻。僧知覺甚稔三疊❼之勝，言道路極艱，促余速行。北行一里，路窮，渡澗。隨澗東西行，鳴流下注亂石，兩山夾之，叢竹修枝，鬱蔥上下，時時仰見飛石，突綴其間，轉入轉佳。既而澗旁路亦窮，從澗中亂石行，圓者滑足，尖者刺履。如是三里，得綠水潭❽，一泓深碧，怒流傾瀉於上，流者噴雪，停者毓❾黛。又里許，為大綠水潭❿，水勢至此將墮，大倍之，怒亦益甚。潭前峭壁亂聳，回互逼立，下瞰無底，但聞轟雷倒峽之聲，心怖目眩，泉不知從何墜去也。於是澗中路亦窮，乃西向登峰。峰前石臺鵲起⑪，四瞰層壁，陰森逼側。泉為所蔽，不得見，必至對面峭壁間，方能全收其勝。乃循山岡，從北東轉，二里，出對崖下瞰，則一級、二級、三級之泉，始依次悉見。其塢中一壁，有洞如門者二，僧輒指為竹林寺門云。頃之，北風自洞口吹上，寒生粟起，急返舊路，至綠水潭。詳觀之，上有洞⑫翕然下墜。僧引入其中曰：「此亦竹林寺三門之一。」然洞本石罅夾起，內橫通如「十」字，南北通明，西入似無底止。出，溯溪而行，抵方廣，已昏黑。

【章旨】本章記載了第四天的行跡。登上漢陽峰，真有「一覽群山小」的感覺。繞過犁頭尖，再上五老峰，感到視野格外開闊。五峰各呈奇姿，景觀極其雄偉曠遠。下山進入方廣寺，又急忙趕往三疊泉。順著澗水，一路觀賞山水，來到綠水潭和大綠水潭，將三疊泉的勝景，盡收眼中。綠水潭上有洞，和尚說是竹林寺門。夜晚回到方廣寺。

【注釋】❶湖口　縣名，明代屬九江府，今屬江西。因城在鄱陽湖和長江相接處，故名。❷失恃　古人稱幼而失母為失恃。❸漢　天漢。即銀河。❹五老峰　在廬山東南。山巒綿延，五峰並立。當隆冬飛雪之時，從山麓海雲寺仰視群峰，宛若五個披簑戴笠的鶴髮漁翁，由此得名。從各個角度觀察，山勢各不相同，以第三峰最險，第四峰最高。唐代詩人李白曾讚道：「予行天下，所遊覽山水甚富，俊偉詭特，鮮有能過之者，真天下之壯觀也。」峰後山谷有青蓮寺，相傳為李白（號青蓮）當年「巢雲松」的隱居之地。❺犁頭尖　在今含鄱口西太乙峰附近。含鄱口在廬山東谷含鄱嶺中央，左為五老峰，右即太乙峰。山勢高峻，形凹如口，以勢含鄱湖、氣吞長江而得名。放眼口外，江湖浩蕩，千帆競發，為看鄱陽湖日出的最佳處。❻剎梵文「剎多羅」的省音譯。佛塔頂部的裝飾，即相輪，也指寺前幡桿，後因稱佛寺為寺剎。❼三疊　泉名，又稱三級泉、水簾泉。在五老峰東山谷中。前人譽之為廬山瀑布之首、廬山第一奇觀。由冰川作用而造成的三級臺階形成，「上級如飄雪拖練，中級如碎玉摧冰，下級如玉龍走潭」。泉下為觀音崖和觀音洞，唐李白就隱居在瀑布上游的屏風疊（九疊屏）。附近有鐵臂峰，岩石黑中帶赤，層層堆疊，疏密很有次序，為廬山獨一無二的岩層奇觀。❽綠水潭　在鐵臂峰下，由三疊泉傾瀉而成。❾毓　同「育」。有生、養之意。❿大綠水潭　在觀音洞下，也由三疊泉傾瀉而成。潭畔巖石上刻著隸書「竹影疑蹤」四字。⓫鵲起　乘勢奮起。⓬上有洞　即指觀音洞。

【語譯】二十一日　告別慧燈，從屋後小路直接攀登漢陽峰。扯著茅草，拉著荊棘，走了二里，到達峰頂。向南往下看鄱陽湖，水天相接，聲勢浩蕩；向東遙望湖口，向西遠看建昌，一座座山峰，都像幼小的孤兒，低著頭蜷縮在腳下；惟有北面的桃花峰，昂然挺立，和漢陽峰並肩齊高，但就高聳雲天而言，非推漢陽峰不可。下山走了二里，沿著原路前往五老峰。漢陽峰、五老峰，都是廬山南面的山峰，就像兩隻角相對，而處在中間的犁頭尖，則離得遠一些，所以兩峰之間看起來很近。但前去的路還是必須先到金竹坪，繞過犁頭尖背後，從它的左脅走出，再向北轉，才能到達五老峰。從漢陽峰算起，約有三十里路。我起先到嶺角，望見峰頂平坦，看不清五老峰的真面目。等到了峰頂，才發覺山高風寒，澗水斷絕，一片寂靜，根本沒人居住。於是走遍五老峰，方才知道這座山峰的北面，是一座連接著的山岡；而它的南面就像從最高的峰頂平剖下去，分列為五枝，憑空下墜，高達萬仞。外面沒有重疊的山巒遮蔽，視野特別開闊。但在峰上彼此相望，由於這五座山峰排成一行，相互遮掩，不能一眼望去，盡收眼底。只是登上一峰，則兩旁都深不見底，每座山峰，各顯奇態，互不相讓，真是極其雄偉開闊的景觀！

仍然往下走二里，到達嶺角。向北在山塢中行走，約一里左右，進入方廣寺，這是在五老峰新建的寺院。知覺和尚對三疊泉的勝景十分熟悉，說路極難走，催我趕快出發。往北走一里，路就到了盡頭，渡過澗水。隨著澗水東岸往西走，溪水淙淙流下，注入亂石之中，兩邊山峰相夾，竹叢中伸出長長的枝條，上下一片鬱鬱蔥蔥，常常抬頭望見突起的大石，點綴在竹叢之中，越往裡走，景色越好看。不久澗水邊的路也到了盡頭，就從澗中的亂石上走，圓的石塊滑腳，尖的石塊刺鞋。這樣走了三里，來到綠水潭，眼前一潭很深的綠水，急流傾瀉在上面，奔流如雪花噴濺，匯入潭中呈現深綠的顏色。又走了一里左右，來到大綠水潭，水勢到這裡將要落下，比綠水潭大上一倍，也要急得多。潭前峭壁亂聳，環抱緊逼，往下看去，深不見底，只聽到驚雷轟響、翻江倒峽的聲音，使人心生恐懼，兩眼昏花，不知泉水究竟從何處墜落下去。這時澗中也無路可走，就向西登上山峰。峰前崛起一座石臺，四面望去都是一層層巖壁，陰森森地逼近身邊，泉水被崖壁遮住，無法看到，一定要到對面峭壁之中，才能將勝景一覽無遺。於是沿著山岡，從北往東轉，向前二里，走出對面山崖往下看，這時一級、二級、三級的泉水，才依次全都看到。這山塢中有座山壁，壁上有兩個像門那樣的山洞，和尚總是指著說這就是竹林寺的門。不一會，北風從洞口吹來，頓覺寒氣逼人，身上起了雞皮疙瘩，急忙返回原路，來到綠水潭。仔仔細細地看了一陣，上面有個洞往裡直通到下面。和尚將我引入洞中，說：「這也是竹林寺三扇門中的一扇。」但這洞本由巖石的裂縫夾成，洞內橫向貫通像個「十」字，南北透光，往西似乎走不到底。出了洞，逆著溪水向前，到方廣寺，天色已經昏黑。

二十二日　出寺，南渡溪，抵犁頭尖之陽。東轉下山十里，至楞伽院❶側。遙望山左脅，一瀑從空飛墜，環映青紫，夭矯滉漾❷，亦一雄觀。五里，過棲賢寺❸，山勢至此始就平。以急於三峽澗，未之入。里許，至三峽澗❹。澗石夾立成峽，怒流衝激而來，為峽所束，迴奔倒湧，轟振山谷。橋❺懸兩崖石上，俯瞰深峽中，迸珠戛玉。過橋，從岐路東向，越嶺趨白鹿洞❻。路皆出五老峰之陽，山田高下，點錯民居。橫歷坡陀❼，仰望排嶂者三里，直入峰下，為白鶴觀❽。

又東北行三里，抵白鹿洞，亦五老峰前一山塢也，環山帶溪，喬松錯落。出洞，由大道行，為開先❾道。蓋廬山形勢，犁頭尖居中而少遜，棲賢寺實中處焉；五老左突，下即白鹿洞；右峙者，則鶴鳴峰❿也，開先寺當其前。於是西向循山，橫過白鹿、棲賢之大道，十五里，經萬松寺⓫，陟一嶺而下，山寺巍然南向者，則開先寺也。從殿後登樓眺瀑，一縷垂垂，尚在五里外，半為山樹所翳，傾瀉之勢，不及楞伽道中所見。惟雙劍⓬嶄嶄⓭眾峰間，有芙蓉插天之態；香爐⓮一峰，直山頭圓阜耳。從樓側西下壑，澗流鏗然⓯，瀉出峽石，即瀑布⓰下流也。瀑布至此，反隱不復見，而峽水匯為龍潭，澄映心目。坐石久之，四山暝色，返宿於殿西之鶴峰堂。

【章　旨】本章記載了第五天的行跡。從犁頭尖的南面，來到楞伽院旁，觀賞飛瀑。又經過棲賢寺，提到三峽澗，眼前急流轟鳴，一橋飛架。從五老峰的南面，到達白鹿洞。又穿過大路，經過萬松寺，來到開先寺。下臨山壑，坐在石上觀賞龍潭，直到傍晚，才返回寺中過夜。

【注　釋】❶楞伽院　在含鄱口西。相傳北宋李公擇兄弟曾讀書於此，後建有李氏山房，藏書九千卷，今已廢。❷夭矯混漾　夭矯形容水流屈曲，混漾形容水波動盪。❸棲賢寺　在廬山棲賢谷中。與秀峰、海會、萬杉、歸宗合稱廬山五大叢林（禪林）。因唐李渤等人曾在此讀書，故名。清代毀於兵火。❹三峽澗　在棲賢寺東南。係匯集了來自五老、漢陽、太乙各峰的九十九條溪水，合流奔注於玉淵潭，又歷以下二十四潭飛瀉而成。澗水終年激流洶湧，澗中多大石，水行石間，聲如雷霆，氣勢雄壯。宋人蘇轍、王十朋至此遊覽，都比作長江三峽，由此得名。❺橋　即三峽橋，原稱棲賢橋，又名觀音橋。據橋下拱洞中刻字，係北宋大中祥符七年（一〇一四），江州工匠陳智福兄弟三人所建。橋長二十餘公尺，寬約四公尺，橫跨百尺巨壑，橋基立於東西懸崖上，下臨深潭，稱金井。此橋為拱形石橋，前人發出「締構偉壯，神施鬼施，非人力所能為」的讚歎。雖歷千年，至今仍完好無損。❻白鹿洞　在五老峰南山谷中。唐貞元年間，洛陽人李渤隱居廬山，養白鹿自娛，人稱白鹿先生。因這裡四山迴合，頗似天然洞穴，故稱白鹿洞。宋初擴為書院，與睢陽、石鼓、嶽麓稱四大書院。著名學者朱熹、陸九淵、王守仁等都曾在此講學。有唐吳道子所繪孔子像等文物碑刻。❼坡陀　即「陂陀」。傾斜；不平坦。❽白鶴觀　唐代道士劉混成的故居，在棲賢寺西北，早已毀圮。❾開先　寺名，在廬山鶴鳴峰下。南唐中主李璟十五歲時在此築臺讀書，即位後，以書臺舊基為寺，取開國先兆之意，名開先寺。清康熙四十六年（一七〇七），康熙帝南遊，賜手書「秀峰寺」匾額，遂改名秀峰寺。為廬山五大叢林之冠。有觀音大士畫像碑（又名鐵觀音）、顏真卿手書〈大唐中興頌〉碑等文物碑刻。月門前亭下龍潭，岸上石壁五色交輝，仰首可見香爐瀑布。這裡奇峰競秀，碑刻如林。古諺云：「廬山之美在山南，山南之美數秀峰。」❿鶴鳴峰　在秀峰寺西北，因曾有鶴棲鳴於此而得名。⓫萬松寺　應作萬杉寺。在秀峰寺東。廬山五大叢林之一。南朝梁始建。唐時為慶雲寺。宋景德年間，大趨和尚在寺的附近種杉樹萬株，因改名萬杉寺。清重修。寺前有「五爪樟」一株，五幹並伸。⓬雙劍　峰名，在秀峰寺西北，鶴鳴峰西南。因兩峰插天，形似雙劍而得名。⓭嶄嶄　高峻；突出。⓮香爐　峰名，在雙劍峰西南。因頂部圓似香爐，上面雲霧繚繞，如煙生起而得名。⓯鏗然　聲音響亮有力。⓰瀑布　即開先西瀑，又名黃巖瀑。自黃巖山頂傾瀉而下，跌落雙劍峰中的大龍潭後。李白所詠廬山瀑布，即此。

【語　譯】二十二日　離開方廣寺，向南渡過溪水，到達犁頭尖的南面。再往東轉，下山走了十里，來到楞伽院旁。遙望山的左脅，一道瀑布從空中飛下，映照著四周的青紫花葉，水流曲折，波光動盪，也是一處壯觀。走了五里，經過棲賢寺，山勢到這裡開始平緩。因急於趕往三峽澗，沒進去。再走一里左右，到達三峽澗。澗邊巖石夾立，形成峽谷，急流沖激而來，被峽谷束縛，被迫往後奔湧，轟鳴之聲，振動山谷。橋架在兩邊的崖石之上，往下看深峽之中，水花如珍珠四濺，發出似敲打玉片那樣清脆的聲響。過了橋，從岔路向東，翻過山嶺，前往白鹿洞。路都在五老峰的南面，山田或高或下，零零落落地錯雜著一些百姓的住房。橫向穿過傾斜不平的坡地，抬頭望著成排的山峰，又走了三里，直到峰下，便是白鶴觀。又向東北走了三里，抵達白鹿洞，這也是五老峰前的一個山塢，四周群山環抱，溪水從中流過，高大的松樹，錯落其間。出了洞，從大路走，是通往開先寺的路。一般說，廬山的地勢，犁頭尖處在中間稍偏的位置，棲賢寺實際上居中；五老峰在左邊突起，下面便是白鹿洞；峙立在右邊的是鶴鳴峰，開先寺正當峰前。從這裡向西沿著山走，橫穿前往白鹿洞、棲賢寺的大路，走了十五里，經過萬松寺，翻過一個山嶺下來，有座山寺巍然向南，正是開先寺。從殿後登樓眺望瀑布，如同一線垂下，尚在五里之外，一半被山樹遮住，水流傾瀉的氣勢，還不如在楞伽院路中所見到的。惟有雙劍峰高出群峰之中，有芙蓉插天的姿態；至於香爐峰，只不過是山頭的一個圓土堆罷了。從樓旁向下到山壑之中，澗水奔騰，鏘然有聲，瀉出峽石，這便是瀑布往下奔流的水。瀑布到了這裡，反而看不到了，峽中的流水匯成龍潭，水面清澄，映照心目。在石上坐了很久，直到四面山峰夜色籠罩，才返身到殿西的鶴峰堂過夜。

二十三日　由寺後側徑登山，越澗盤嶺，宛轉山半。隔峰復見一瀑，並掛瀑布之東，即馬尾泉❶也。五里，攀一尖峰，絕頂為文殊臺❷，孤峰拔起，四望無倚，頂有文殊塔。對崖削立萬仞，瀑布轟轟下墜，與臺僅隔一澗，自巔至底，一目殆無不盡。不登此臺，不悉此瀑之勝。下臺，循山岡西北溯溪，即瀑布上流也。一徑忽入，山迴谷抱，則黃巖寺據雙劍峰下。越澗再上，得黃石巖❸。巖石飛突，平覆如砥。巖側茅閣方丈，幽雅出塵。閣外修竹數竿，拂群峰而上，與山花霜葉，映配峰際。鄱湖一點，正當窗牖。縱步溪石間，觀斷崖夾壁之勝。仍飯開先，遂別去。

【章　旨】本章記載了第六天的行跡。在山腰曲折行走，看到馬尾泉瀑布。登上文殊臺，這裡地勢高峻，瀑布壯觀，一目了然。逆著溪流上行，黃巖寺就在雙劍峰下。黃巖石凌空而起，周圍環境如同仙境。在溪石中信步漫遊，然後回開先寺，離開廬山。

【注　釋】❶馬尾泉　即開先東瀑。從鶴鳴峰流出，因兩崖窄隘，泉水擠壓噴灑成馬尾狀，故名。❷文殊臺　在文殊峰頂。與大天池西的文殊臺不同。❸黃石巖　在雙劍峰東北，寨雲峰（紅石崖）南。山深谷阻，景色秀麗。

【語　譯】二十三日　從開先寺後的小路登山，越過澗水，盤上山嶺，在山腰曲折行走。隔著山峰，又看到一道瀑布，並排掛在原先所見瀑布的東面，這就是馬尾泉。走了五里，攀上一座尖峰，頂端就是文殊臺，一座孤峰，拔地而起，四面望去，毫無憑依，頂上還有文殊塔。對面山崖，如刀削一般陡峭聳立，高達萬仞，瀑布帶著轟轟的聲響，往下墜落，和文殊臺只隔一條山澗，從峰頂到山腳，幾乎一目了然。如果不登上這臺，絕不會看到這瀑布的壯觀。走下臺後，順著山岡向西北的溪水逆流而上，就到瀑布的上游。一條小路忽然出現，四周山谷環抱，黃巖寺座落在雙劍峰下。越過澗水繼續向前，到黃石巖。巖石凌空突起，表面平整，如同磨刀石。巖旁有個長寬都一丈左右的茅閣，環境幽雅，遠離塵世之外。閣外有幾竿修竹，輕輕地掠過遠處的群峰，搖搖直上，與山間的野花、經霜的樹葉，在山峰的邊際交映成趣。遠望鄱陽湖，只有小小的一點，正對窗戶。在溪石中信步漫遊，觀看山崖斷裂、石壁相夾的勝景。仍在開先寺吃飯，然後告別離去。

【研　析】歷數前代作家，就心靈與自然貼近、情感和景物相融而言，沒人能與柳宗元、徐霞客相比。正是心靈上的相親，使徐霞客處處貼近自然，時時想了解自然；正是情感上的相融，使他能聽到自然的召喚，發現自然的奧祕。蘇軾遊廬山，留下一句名言：「不識廬山真面目，只緣身在此山中。」但徐霞客卻正是在深入廬山之中，看到了廬山的真面目。貼近自然的人生態度，使他迫不及待地深入山中；了解自然的求知欲望，又使他對廬山的面目有比常人更真切的了解。為了追隨自然的召喚，他一上廬山，便捨夷就險，從曲折的峰石隙縫中，直上早就聽說的險地石門；第二天興猶未盡，重遊石門，隨後前往天池，成為已知的從這條險徑登上天池的第一人。他的好奇心，和石門群峰矗聳、「爭雄競秀」的奇景交融；他的審美觀，在「噴雪奔雷，騰空震盪」的壯觀中昇華；面對自然的奧祕，通過視聽溝通，他獲得了快感，「為之狂喜」！

為了一識五老峰的真面目，徐霞客不僅登上「風高水絕，寂無居者」的峰頂，作居高臨下的眺望，而且不辭辛勞，遍遊五峰，在「峰峰各奇不少讓」之前，感到「真雄曠之極觀」的驚喜。漢陽峰為廬山最高峰，但就景觀而言，遠不及五老峰雄奇，因此也就為遊人所忽視。但徐霞客仍從小路攀茅拉棘，直上峰頂，放眼四顧，看到了群山俯首、水天浩蕩的壯觀。由於石臺鵲起，峭壁森森，將三疊泉瀑布遮蔽，無法一覽全景，他又在山中輾轉得路，登上對面的峭壁，將三級飛瀑，盡收眼底。在遊山的過程中，徐霞客發現山上更多的是幽雅秀麗的景觀，對廬山的「奧寂之境」，對那些清雅出塵的深澗幽谷，也作了不少描述。他用六天的時間，幾乎遍遊廬山，並將山上的景觀、自身的感受，一一留在這篇遊記之中。

「欻如驚電來，隱若白虹起」、「飛流直下三千尺，疑是銀河落九天」。這是李白從聲色兩個方面，對動態的瀑布，作盡情的讚美。瀑布，是徐霞客在這篇遊記中描寫最多的景觀。「青山不墨千秋畫，流水無絃萬古琴」這二句詩的美學意義，就在大自然不僅向人提供了視覺形象美，還讓人獲得聽覺上的享受，不僅賦予景物靜態美，還造成了景觀的動態美。就名山而言，清泉淙淙、雲海滾滾、松濤陣陣、林雀啾啾，都能使人的視聽覺同時產生靜態和動態的兩重美感，而能讓人在視覺和聽覺上都得到最大滿足的，無疑是瀑布。在這篇遊記中，徐霞客寫石門澗的瀑布，不僅寫其色如「噴雪」，聲若「奔雷」，也寫它「騰空震盪」的動態；他寫楞伽院旁的瀑布，「從空飛墜，環映青紫，夭矯滉漾」；寫綠水潭的瀑布「怒流傾瀉」，「流者噴雪」，「停者毓黛」；寫大綠水潭的瀑布「但聞轟雷倒峽之聲」……無不從聲色、動靜作綜合的、形象的描繪，令人不僅如見其形，如聞其聲，而且還感覺到它們飛動的氣勢。

廬山背靠長江，下臨鄱陽湖，由於江湖水氣不斷向上蒸發，在高處凝結，形成雲海，纏峰繞巒，乍開乍合，半遮半掩，使廬山顯得更加恢幻多姿，奇秀無比，故古人說「廬山之奇莫若雲」。在這篇遊記中，徐霞客也寫了雲掩峰迷的奇景：「峰頂叢石嶙峋，霧隙中時作窺人態。」只是由於他遊山，不僅僅是為了觀賞，還帶有考察地形的目的，煙雲迷漫，美則美矣，畢竟也有礙他的視野，故在文中常常抱怨「以霧故不辨」。由此，他寫雲，就不像寫瀑布、寫松石那樣情深意切，對清風徐來，雲氣舒捲，忽而千峰中斷，忽而萬壑冥合的景狀，也未作什麼描述。

這篇遊記，同樣反映出徐霞客對山形水系的重視。五老峰由砂頁岩構成，崖壁森森，層理分明。徐霞客看到五老峰山南「從絕頂平剖，列為五枝」，憑空下墜，外無遮蔽，一峰高聳，兩旁無底，這正是像五老峰這樣的斷塊山斷層地帶的典型特徵，揭示了五老峰能成為「雄曠之極觀」的地質上的原因。在仰天坪，他發現這個並不引人注意的地方，竟是廬山水系的分水嶺。在遊罷白鹿洞，對廬山整體有了基本的了解後，又對廬山的地理形勢，作了確切、扼要的說明。

當徐霞客來到佛手巖和三疊泉，都涉及被佛教徒渲染神化的「竹林寺」。但他始終保持清醒的認識，指出這只是一個「可望不可即」的幻境，並以臺前風雨進行聯想，對所謂「鐘梵聲」作了合理的解釋。徐霞客的興趣，始終在石門澗、三疊泉、五老峰這些實實在在的景觀，對傳說中的幻境，並不在意，從中可見他的志趣和識見。

遊黃山❶日記後

【題解】「天下名景集黃山」。前人讚美黃山，常談到它的「兼美」，即兼眾山之美。泰山的雄偉、華山的險峻、衡山的煙雲、廬山的瀑布、峨眉山的清秀、雁蕩山的奇詭，黃山兼而有之。反過來看，其他名山雖然各有特色，但正像徐霞客所說的那樣，「或具一體，或缺一面」，都不若黃山「閎博富麗」。徐霞客第一次遊黃山，正值天寒地凍之時，大雪紛飛，濃霧迷漫，因道路難行，未能盡興飽覽黃山的雄姿秀色，特別是像天都峰、蓮花峰、文殊院這些勝地，都未能登臨遊賞。前人說：「不到天都峰，等於一場空。」「不到文殊院，不見黃山面。」這對徐霞客來說，無疑是一個極大的遺憾。兩年後，即在萬曆四十六年（一六一八）九月，他遊罷廬山，興不可遏，從舊路再上黃山。重遊黃山，使徐霞客獲得了審美、求知、探險三方面的滿足，也使世人看到了關於黃山最富於激情又最忠實於自然的描寫。據清閔麟嗣所編的《黃山志》，有人問徐霞客：「先生遊跡遍及四海，以為何處景物最奇？」徐霞客答道：「溥海內外無如徽之黃山，登黃山天下無山，觀止矣！」這幾句話，輾轉流轉，成為名言：「五嶽歸來不看山，黃山歸來不看嶽。」雖然徐霞客未能實現他曾表示以後將在黃山度過晚年的心願，但他用絢麗的彩筆，展現了一個無比瑰麗的自然王國，引人入勝，令人神往。黃山能凌駕五嶽，享譽天下，徐霞客功不可沒。

戊午❷九月初三日　出白岳❸榔梅庵，至桃源橋。從小橋右下，陡甚，即舊❹向黃山路也。七十里，宿江村。

初四日　十五里，至湯口❺。五里，至湯寺❻，浴於湯池❼。扶杖望硃砂庵❽

而登。十里，上黃泥岡。向時雲裡諸峰，漸漸透出，亦漸漸落吾杖底。轉入石門⑨，越天都⑩之脅⑪而下，則天都、蓮花⑫二頂，俱秀出天半。路旁一岐東上，乃昔所未至者，遂前趨直上，幾達天都側。復北上，行石罅中。石峰片片夾起，路宛轉石間，塞者鑿之，陡者級之，斷者架木通之，懸者植梯接之⑬。下瞰峭壑陰森，楓松相間，五色紛披⑭，燦若圖繡。因念黃山當生平奇覽，而有奇若此，前未一探，茲遊快且愧矣！

時夫⑮僕俱阻險行後，余亦停弗上，乃一路奇景，不覺引余獨往。既登峰頭，一庵翼然⑯，為文殊院⑰，亦余昔年欲登未登者。左天都，右蓮花，背倚玉屏風⑱，兩峰秀色，俱可手擥⑲。四顧奇峰錯列，眾壑縱橫，真黃山絕勝處！非再至，焉知其奇若此？遇遊僧⑳澄源至，興甚勇。時已過午，奴輩適至，立庵前，指點兩峰。庵僧謂：「天都雖近而無路，蓮花可登而路遙。祇宜近盼天都，明日登蓮頂。」余不從，決意遊天都。挾澄源、奴子仍下峽路，至天都側，從流石蛇行而上，攀草牽棘，石塊叢起則歷塊，石崖側削則援崖㉑。每至手足無可著處，澄源必先登垂接。每念上既如此，下何以堪？終亦不顧。歷險數次，遂達峰頂㉒。惟一石頂壁起猶數十丈，澄源尋視其側，得級，挾予以登。萬峰無不下伏，獨蓮花與抗耳。

時濃霧半作半止，每一陣至，則對面不見。眺蓮花諸峰，多在霧中。獨上天都，予至其前，則霧徙於後；予越其右，則霧出於左。其松猶有曲挺縱橫者，柏雖大幹如臂，無不平貼石上如苔蘚然。山高風鉅，霧氣去來無定。下盼諸峰，時出為碧嶠㉓，時沒為銀海㉔。再眺山下，則日光晶晶，別一區宇也。日漸暮，遂前其足，手向後據地，坐而下脫，至險絕處，澄源併肩手相接。度險，下至山坳，瞑色已合。復從峽度棧㉕以上，止文殊院。

【章旨】本章記載了徐霞客重遊黃山前二天的行跡。離開白岳山，沿著上次去黃山的路，到江村投宿。第二天到達湯口，隨後登上黃泥岡，翻過天都峰的山腰，從一條上次不曾去過的岔路往上走，山路險峻，一路觀賞奇妙的景色，登上文殊院，這裡真是黃山絕妙的勝地。於是和雲遊僧澄源在極其險峻的山路冒險攀登天都峰。站在峰頂四望，群峰都俯伏在腳下，雲霧時去時來，與山下形成兩個不同的世界。下山更加危險，到天黑才返回文殊院。

【注釋】❶黃山　秦稱黟山，以群峰黝黑而得名。唐天寶六年（七四七）訂天下名山，因傳說黃帝與容成子、浮丘公同在此修道求仙，故名黃山。位於今安徽黃山市境內，橫跨歙縣、太平、休寧、黟縣四縣，周八百里。黃山是世界著名的遊覽勝地，目前包括三十六大峰、三十六小峰，尤以奇松、怪石、雲海、溫泉著稱於世。❷戊午　明神宗萬曆四十六年（一六一八）。❸白岳　白岳山，原為齊雲山的一部分，後兩者混稱，一般通稱齊雲山。據山志：「一石插天，直入霄漢，與雲並齊，故謂之齊雲。」在安徽休寧城西三十里。海拔一千多公尺，周一百餘里，有三十六峰、七十二崖。❹舊　指上次（萬曆四十四年）遊黃山。❺湯口　今湯口鎮。在歙縣西北境，黃山南麓，逍遙溪的右岸，其北為黃山大門。❻湯寺　即祥符寺，建於宋大中祥符年間，或說其前身為唐代的軒轅院。宋元祐年間改稱湯院，即湯寺。清代又稱祥符寺。早已毀，遺址在今黃山大禮堂附近。❼湯池　又名湯泉，今稱黃山溫泉。在紫雲峰下。因水中含有朱砂，古稱朱砂泉。有香味，又名香泉。每小時出水量為四十八噸，久旱不涸。水中含有多種礦物質，常年水溫在攝氏四十二度左右，可飲可浴。還具有醫療價值，相傳黃帝浴後，白髮變黑，故譽為「靈泉」。❽硃砂庵　即慈光寺，舊名硃砂庵，在硃砂峰下。傳說明代玄陽道士、普門和尚曾在此居住。萬曆年間普門遊京師，為慈聖太后所賞識，敕封「護國慈光寺」。並賜以佛經、佛像、袈裟、錫杖等物，當時稱「徽州第一」。清代大畫家弘仁、石濤都曾居此。今改建為賓館，稱慈光閣。閣四周群山環抱，修竹相掩，有「千僧竈」、「法眼泉」諸名勝。❾石門　即今雲巢洞。有巨石當路，中空如門，積石為磴，題曰「雲巢」。❿天都　峰名。在黃山東南部，海拔一千八百一十公尺，是三大主峰（蓮花、天都、光明頂）中最險峻者。古稱「群仙所都」，意為天上都會，由此得名。通往「天境」的石徑因而被稱為「天梯」。登上峰頂眺望，千峰競秀，江河一線，有詩讚道：「任他五岳歸來客，一見天都也叫奇。」天都峰上有「仙人把洞門」，山下有「童子拜觀音」，附近耕雲峰上有「松鼠跳天都」、「仙人下橋」等奇景。⓫脅　指山腰的凹處。⓬蓮花　峰名。在黃山中部，海拔一千八百六十公尺，為黃山最高峰。主峰突出，小峰簇擁，儼若一朵新蓮，仰天怒放。絕頂處方圓丈餘，名曰石船，置身於此，大有頂天立地之感。峰頂有飛龍、雙龍等名松和「采蓮船」、「孔雀戲蓮花」等景。嶺下還有龜、兔與兔兒望月等怪石。⓭路宛轉石間五句　路指萬曆年間普門法師開闢的一條山道，今稱玉屏磴道。出雲巢洞後，平路到天都峰腳，山道分歧，一上天都峰，一上玉屏巖，巖間刻有「天上玉屏」四字，即為玉屏磴道的開始。沿崖壁開路，過臥龍洞，到小心坡（明代稱為「股栗坡」），繼續向上，過蒲團臺、度仙橋，到一線天。兩側山石夾峙，僅容一人通過，仰望天空，僅露一線，因而得名。由此回望，可見三座參差不齊的山峰，峰上有奇松挺秀，峰下白雲蕩漾，宛若仙境，稱「蓬萊三島」。石磴穿洞而上，至今仍如《徐霞客遊記》中所說的那樣，得用梯接，因過洞後路轉身回，故稱「轉身洞」。⓮紛披　盛多；散亂。⓯夫　古代服勞役的成年男子，如農夫、漁夫等。⓰翼然　鳥翅膀張開。這裡指屋簷翹起，似凌空欲飛。⓱文殊院　在天都、蓮花兩峰間。相傳明萬曆四十二年（一六一四），普門大師攀涉至此，因所見與其過去夢見文殊菩薩端坐石臺的情景相合，於是闢徑構屋，建文殊院。後毀於火，今在原址上建玉屏樓，為溫泉至北海的必經之路。樓背靠玉屏峰，前拱文殊臺，左有（青）獅石，右有（白）象石，勢若守門。這裡是雲、山、松、石諸景薈萃之地。文殊臺上有幾株陪客松，獅石前有迎客松，象石前有送客松，夭矯奇秀，傳說已經千年。⓲玉屏風　因山峰東西橫亙，正擋北風，有如屏風，加上岩石色白如玉，故名。⓳擥　同「攬」。持；執。⓴遊僧　也叫十方僧、行腳僧、遊行僧。指沒有固定寺院到處雲遊的和尚。㉑從流石蛇行而上四句　從天都峰腳「童子拜觀音」（因小石如童子，大石如觀音，夾在石磴兩側而得名）處上坡，溝中堆積著不少崩石，即《徐霞客遊記》中所說的流石（山谷中被水流沖帶下來的山石）。攀登天都峰的石路，到清中葉後才有。據說在「天梯」（即石磴）全部建成前，只有普門和徐霞客等少數人登上天都峰，多數人只能望「天」興歎，像明代地理學家羅洪先那樣，發出「何年白日騎鸞鶴，踏碎天都峰上雲」的慨歎。登天都峰，尤以閻王壁、鯽魚背等處最險，前者一側臨空，後者長十餘公尺，寬約一公尺，純石無土，似露出水面的魚脊，兩側深壑萬丈，下臨莫測。㉒峰頂　天都峰頂有「品字三峰」之稱，即絕頂為一大盤石，附近有巨石堆疊成的「天都石屋」，屋頂有巨石為「仙桃石」。此外還有馬鞍石、鰲頭石等。㉓嶠　尖而高的山。㉔海　指雲海。㉕棧　棧道。在懸崖絕壁上鑿孔支架木樁，鋪上木板而成的通道。

【語　譯】 戊午年九月初三　離開白岳山的榔梅庵，到桃源橋。從小橋右面下去，路十分陡峭，這就是我上次去黃山的路。走了七十里，到江村投宿。

初四　走了十五里，到湯口。再向前五里，到湯寺，在湯池洗澡。然後拄著手杖向硃砂庵攀登。走了十里，登上黃泥岡。剛才隱沒在雲層中的群峰，這時漸漸露了出來，也漸漸落到我的手杖下。轉身進入石門，翻過天都峰的山脅下去，只見天都、蓮花兩峰，都秀麗地挺立在半空之中。路旁有一條岔道向東延伸，是我上次不曾到過的地方，於是直往上走，幾乎到達天都峰旁。又往北攀登，在石縫中行走。一片片石峰夾立而起，山路在石中曲折盤旋，凡遇阻塞的地方就鑿通它，陡峭的地方就鋪上石級，中斷的地方架起樹木接通，懸空的地方樹起梯子相連。朝下看去，險峻的山壑陰森幽暗，紅楓青松錯雜而生，五彩繽紛，就像圖畫、刺繡那麼豔麗。於是想到生平遊覽之處，以黃山的景色最為奇妙，而像這樣的奇景，上次來黃山卻未看到，這次遊覽，真是既覺得痛快，又感到慚愧！

這時，挑夫和僕人都因道路艱險受阻，落在後面，我也停止腳步不再向上，只是一路上奇妙的景色，不知不覺地吸引著我獨自往前走去。登上峰頭，只見一座寺院的屋簷翹起，就像飛鳥張開翅膀要飛的樣子，這就是文殊院，也是我前年想去而沒到的地方。這裡左面是天都峰，右面是蓮花峰，背靠玉屏風，左右兩峰秀麗的景色，彷彿一伸手都可得到。環顧四周，奇特的山峰參差聳立，眾多山壑縱橫交錯，真是黃山絕妙的勝地！如果不是再到這裡遊覽，又怎能知道奇妙到如此地步？正好碰到雲遊僧澄源到來，更加興致勃勃。這時已經過了中午，僕人們剛剛趕到，都站在寺前，指點著眼前的兩座山峰。寺內的和尚說：「天都峰雖然很近，但無路可走，蓮花峰可以上去，但路很遠。現在只能就近觀賞天都峰，明天再去攀登蓮花峰。」我沒聽他的話，決心去遊覽天都峰。於是帶著澄源和僕人仍從峽谷中的路下去，到天都峰旁，沿著被山水沖下的石塊，像蛇一樣往上爬行，一路抓著雜草，拉著荊棘，到石塊聚集的地方就越過石塊，到石崖陡峭的地方，就攀援山崖。每到手腳都無處可放的時候，澄源必定先攀登上去，然後伸手拉我上去。這時總想到上去既然如此艱難，下來又怎麼得了？但最後還是不顧一切向上攀登。經過幾次險境，終於到達峰頂。只見一座像牆壁那樣陡起的石頂，有幾十丈高，澄源在它的旁邊尋路，找到一處石級，帶著我攀登上去。眼前無數山峰，都拜伏在它的腳下，只有蓮花峰可同它匹敵。這時濃霧半隱半現，每當湧起一陣雲霧，便面對面都看不見。近望蓮花等峰，大多隱沒在霧中。唯獨登上天都峰，我到它的前面，霧就退到後面；我越過它的右面，霧就出現在左面。峰上的松樹有虬曲的，有挺直的，有直伸的，有橫臥的，柏樹的枝幹，雖像手臂那麼粗壯，但沒有不平貼在石面上，看上去就像苔蘚一樣。山高風大，霧氣來去不定。往下看群峰，一會兒出現蒼翠的峰巒，一會兒又沉沒在銀白色的霧海之中。再遠望山腳下面，陽光明媚，簡直是另一個世界。天色漸漸昏暗，於是先將腳伸到前面，手向後撐在地上，坐著向下滑行，到極險的地方，澄源便用肩和手來接我。越過險境，往下到山坳中，夜幕已籠罩。又從峽谷經過棧道向上，來到文殊院住下休息。

初五日　平明，從天都峰坳中北下二里，石壁岈然❶，其下蓮花洞❷正與前坑石筍對峙，一塢幽然。別澄源，下山至前岐路側，向蓮花峰而趨。一路沿危壁西行，凡再降升，將下百步雲梯❸，有路可直躋蓮花峰。既陟❹而磴絕，疑而復下。隔峰一僧高呼曰：「此正蓮花道❺也！」乃從石坡側度石隙，徑小而峻，峰頂皆巨石鼎峙，中空如室。從其中疊級直上，級窮洞轉，屈曲奇詭，如下上樓閣中，忘其峻出天表❻也！一里，得茅廬，倚石罅中。方徘徊欲升，則前呼道之僧至矣。僧號凌虛，結茅於此者。遂與把臂❼陟頂。頂上一石，懸隔❽二丈，僧取梯以度。其巔廓然，四望空碧，即天都亦俯首矣。蓋是峰居黃山之中，獨出諸峰上，四面巖壁環聳，遇朝陽霽色，鮮映層發，令人狂叫欲舞。

久之，返茅庵。凌虛出粥相餉，啜一盂。乃下至岐路側，過大悲頂❾，上天門❿。三里，至煉丹臺⓫。循臺嘴而下，觀玉屏風、三海門⓬諸峰，悉從深塢中壁立起。其丹臺一岡中垂，頗無奇峻，惟瞰翠微之背，塢中峰巒錯聳，上下周映，非此不盡瞻眺之奇耳。還過平天矼⓭，下後海⓮，入智空庵，別焉。三里，下獅子林⓯，趨石筍矼⓰，至向年⓱所登尖峰上。倚松而坐，瞰塢中峰石迴攢，藻繢⓲滿眼，始覺匡廬⓳石門⓴，或具一體，或缺一面，不若此之閎博富麗也！久之，上接引崖㉑，下眺塢中，陰陰覺有異。復至岡上尖峰側，踐流石，援棘草，隨坑而下，愈下愈深，諸峰自相掩蔽，不能一目盡也。日暮，返獅子林。

【章　旨】本章記載了第三天的行跡。從天都峰下山。在快下百步雲梯時，發現有一條路可直上蓮花峰。路在石縫之中，人在其中曲折向前。遇見凌虛和尚，同他登上高出群峰的蓮花峰頂。返身經過大悲頂、天門，到達煉丹臺，看到了奇妙的全景。往下走到獅子林，前往石筍矼，觀賞四周景色，深感黃山非其他名山所能企及。傍晚返回獅子林。

【注釋】❶岈然　形容山幽深的樣子。❷蓮花洞　在蓮花峰下。洞門前一峰突立，正當洞門，峰頂形如二指，名掐指巖，即句中所說的「石筍」。❸百步雲梯　黃山著名的天梯之一，因常被雲封而得名。下蓮花峰左行，過龜、蛇二石，便可看到。為陡峻的石磴。明代有七百級，今已改為二百多級。人在梯頂上，可左眺雲際峰畔的「仙女繡花」，右顧蓮花峰旁的月巖石，前望鰲魚峰上的「鰲魚吃螺螄」，下梯又能見容成和鰲魚兩峰間的「老僧入定」。❹陟　升登。❺蓮花道　前人說蓮花道的特點是：「路的盡頭便是洞穴，洞穴狹窄的地方就有石級，到石級狹窄的地方又出現洞穴」，輾轉曲折，遠看遊人就像蛇在蓮花瓣中爬行。❻天表　天上；天外。❼把臂　握住對方手臂，表示親近。❽懸隔　凌空相距。❾大悲頂　在蓮花峰右邊，以大悲院而得名。❿天門　在光明頂西南，飛來峰東南，即今鰲魚洞附近的峽徑，非今鑿在龜、蛇兩石處的天門。⓫煉丹臺　黃山中部有煉丹峰，《黃山志》列為三十六大峰之首。相傳浮丘公為軒轅黃帝煉丹於此。峰上有石室，室內有煉丹竈。峰前有煉丹臺，與曬藥巖隔谷相望，廣可容萬人。玉屏、天都、蓮花、大悲頂諸峰，聳立臺前，臺下有煉丹源，源中巧石林立，佳木密布。⓬三海門　在平天岡西。據前人說石壁每隔百步有一缺口，共三處，石勢高峻，狀若金剛武士，奮然挺立。著名的飛來石，便在三海門附近的飛來峰上。⓭平天矼　即黃山中部的平天岡，為高而平的岡地，長約二里，是黃山前後海和南北部的分界處。從此至獅子林，都是緩坡斜路，使人不知身在山頂，更不知四面為深谷所在。⓮後海　在黃山的不少峰頂，都可看到白雲如浪，掩捲群峰的奇景，故黃山也被稱為「黃海」，並按方位分為五海：平天矼一帶為天海，其南為前海，其北為後海，東西側為東海和西海，觀賞雲海最佳處分別為光明頂、玉屏樓、清涼臺、白鵝峰和排雲亭。明代只有四海，以平矼為前、後海的分界，無天海。⓯獅子林　黃山北部有獅子峰，以峰形似臥地雄獅得名。獅首西向為丹霞峰，腰部有清涼臺，尾有曙光亭，獅子張口處有獅子林等寺院。寺為明代一葦和尚創建。清光緒年間重建為獅林精舍。後又毀，現在舊址上建北海賓館。附近有寶塔、麒麟等古松，薄團、鳳凰等古柏。並可遠眺北海的奇峰異石，如猴子觀海、達摩面壁、夢筆生花等。俗稱：「不到獅子峰，未見黃山蹤。」⓰石筍矼　位於始信、仙人兩峰之間，在今黃山北海賓館東北。這一帶石筍林立，有許多石柱狀似人形，被稱為「十八羅漢朝南海」、「仙人進寶」等石像。黃山石筍矼是高山岩體受冰裂和暴雨沖擊而分解形成的石峰、石柱群，原是一座山峰，前人謂其如「常山蛇勢」，與雁蕩山的大龍湫、廬山的瀑布，並列稱天下三奇。矼，石橋。⓱向年　往年。指第一次遊黃山的丙辰年（明萬曆四十四年）。[18]藻繢　絢麗的色彩。繢，同「繪」。[19]匡廬　廬山，又名匡山，或匡廬。在江西九江市南七十二里。北臨長江，東傍鄱陽湖。傳說周朝有匡氏兄弟上山修道，得道成仙，周王派人到此尋訪，僅見其住過的草廬而已。山長約五十里，寬約二十里，略呈橢圓形。為地壘式斷塊山，多奇境勝景。[20]石門　即石門澗。天池山和鐵船峰對峙如門，進入澗內，奇峰疊嶂，上連霄漢，下臨絕壑，勝景尤多。早在《後漢書‧地理志》和《水經注》中，就已有關於石門澗瀑布的記載。南朝宋詩人謝靈運曾在此築「石門精舍」。前人以「奇峰奇石奇境界，驚耳驚目驚心魄」一聯來形容這一勝境。[21]接引崖　即始信峰。在黃山東部。據說因峰頂景物奇妙，只有見了方才相信，由此得名。這裡巧石爭妍，奇松林立，三面臨空，懸崖千丈。上始信峰要過一小峽谷，深不見底，但狹不盈丈。峰上有渡仙橋，橋畔石隙有狀似接引仙人渡橋的接引松。原有琴臺，為明末清初江鈺（天一人）撫琴處。北臨散花塢，春秋佳日，奇花爭豔，宛如天女散花。從峰頂尚可近視夢筆生花，遠觀仙人對弈、丞相觀棋等奇景。

【語　譯】初五　黎明，從天都峰的坳地中往北走下二里路，兩旁石壁幽深，下面的蓮花洞正好同前面坑中的石筍相對而立，整個山塢顯得十分幽靜。告別澄源，下山到先前經過的岔路旁，向蓮花峰走去。一路沿著高聳的石壁往西走，幾上幾下，快走下百步雲梯時，發現有條路可直上蓮花峰。踏上這條路，攀登不久，石級就不見了，懷疑走錯了路，轉身往下走。這時隔著一座山峰，有個和尚高聲喊道：「這正是去蓮花峰的路！」於是從石坡旁穿過石縫，路既狹窄又險峻，峰頂都是大石，如鼎峙立，中間空空的如同屋子。從它裡面踏著石級向上，走完石級，轉入又一個洞中，彎彎曲曲，奇奇怪怪，就像在樓閣中上上下下，竟忘記它實在高出雲天之外！走了一里，看到一間茅屋，靠在石縫之中。正猶豫不決，想繼續攀登時，剛才呼喊上蓮花道的和尚來了。和尚法號凌虛，就在這裡蓋茅屋居住。於是和他挽著手登上峰頂。峰頂有一塊大石，懸空相隔二丈，凌虛和尚拿了梯子和我一起度過。峰頂寬大空闊，四面望去，天空一碧如洗，就連天都峰這時也低頭居下了。這座山峰居黃山中央，惟有它高出群峰之上，四周懸崖峭壁，環繞聳立，遇到雨後放晴，朝陽映照，層層山巒，閃發出鮮豔的色彩，令人不禁放聲狂呼、手舞足蹈起來。

過了好久，返回茅草庵。凌虛拿出米粥款待，喝了一碗。於是下山到岔路旁，經過大悲頂，登上天門。

走了三里，到達煉丹臺。沿著臺口下去，觀賞玉屏風、三海門等峰，都從深塢中陡立而起。丹臺這個山岡中部低下，毫無奇特險峻可言，只是俯視青山背後，山塢中峰巒錯疊高聳，上下環映，非在這裡，就不能看到全景的奇妙。返身經過平天矼，往下到後海，進入智空的小庵，向他告別。走了三里，往下到獅子林，前往石筍矼，來到上次遊覽時所登上的尖峰。靠著松樹坐下，俯視山塢之中，峰石環繞簇聚，滿眼都是美景，這才感到廬山石門，或只具備某一部分景色，或缺少某一部分的景觀，不如這裡氣象壯闊、色澤瑰麗！坐了好久，登上接引崖，往下遠望山塢之中，陰沉幽暗，覺得有些奇異。又來到岡上的尖峰旁，踏著沖下的亂石，拉著荊棘雜草，沿著石坑下去，越往下越深暗，群峰互相遮蔽掩蓋，不能一目了然。傍晚，返回獅子林。

初六日　別霞光❶，從山坑向丞相原❷下七里，至白沙嶺❸，霞光復至。因余欲觀牌樓石❹，恐白沙庵❺無指者，追來為導。遂同上嶺，指嶺右隔坡，有石叢立，下分上並，即牌樓石也。余欲逾坑溯澗，直造其下。僧謂：「棘迷路絕，必不能行。若從坑直下丞相原，不必復上此嶺；若欲從仙燈❻而往，不若即由此嶺東向。」余從之，循嶺脊行。嶺橫亙天都、蓮花之北，狹甚，旁不容足，南北皆崇峰夾映。嶺盡北下，仰瞻右峰羅漢石❼，圓頭禿頂，儼然二僧也。下至坑中，逾澗以上，共四里，登仙燈洞。洞南向，正對天都之陰。僧架閣連板於外，而內猶穹然❽，天趣未盡刊❾也。復南下三里，過丞相原，山間一夾地耳。其庵❿頗整，四顧無奇，竟不入。復南向循山腰行五里，漸下，澗中泉聲沸然，從石間九級下瀉，每級一下有潭淵碧，所謂九龍潭⓫也。黃山無懸流飛瀑，惟此耳。又下五里，過苦竹灘⓬，轉循太平縣⓭路，向東北行。

【章旨】本章記載了第四天的行跡。到達白沙嶺，和霞光一起登上山嶺，觀看牌樓石，繼續向前，看到峰上的羅漢石。隨後登上仙燈洞，來到丞相原，觀賞飛流直下、喧騰不息的九龍潭。最後經過苦竹灘，離開了黃山。

【注釋】❶霞光　與智空同為徐霞客在上次遊黃山時結識的和尚。❷丞相原　應作「丞相源」。在鉢盂峰下，故又稱鉢盂原。古稱擲鉢禪院。相傳南宋右丞相程元鳳曾在此讀書，由此得名。明萬曆年間改名雲谷寺。今寺已不存，在舊址新建招待所，旁有鐵杉和異羅松各一株。❸白沙嶺　今名白沙矼。因嶺上有紅、白沙而得名。在雲谷寺西北，由寺通往皮蓬（古兜率宮）的途中。是崖下一條土山的山脊。❹牌樓石　在獅子林前往丞相原途中的右側。以石形似牌樓而得名。❺白沙庵　在白沙矼附近，由此南下可到丞相原，往東可去仙燈洞。❻仙燈　仙燈洞。因陰晦之夜，洞口有光如燈而得名。又因過去有仙僧在此居住，也叫仙僧洞。在丞相原中部。據說是在四世紀上半期開闢的。❼羅漢石　雲谷寺左有羅漢峰，右有擲盂峰，後依白沙矼。擲盂峰頂有巨石，扁平而圓，高十餘公尺，頗似盂頭，自下向上望，又如和尚頭。羅漢峰上也有巨石，圓如人頭。❽穹然　形容高大深廣。❾刊　砍；削。❿庵　即雲谷寺，見注❷。⓫九龍潭　在黃山羅漢峰與香爐峰之間。源於天都、玉屏、煉丹、仙掌諸峰的澗水，出丞相原，懸掛在千仞青壁之上。澗水下落成為瀑布，瀑布下落聚成潭水，潭水下落又成為瀑布。飛流九折而下，一折一潭，故名九龍瀑，又名九龍潭，過去也稱九疊泉。大雨之後，飛瀑宛如九條白龍，騰空起舞，氣勢磅礡。九龍潭上如瓮口，下深不可測。潭水往下流入苦竹溪，為逍遙溪的支流之一。⓬苦竹灘　今名苦竹溪。又稱古跡溪，為黃山東部門戶，附近有「黃山勝景」坊遺址。⓭太平縣　明代屬寧國府，今屬安徽。

【語譯】初六　告別霞光，從山坑往丞相原下行七里，到達白沙嶺，霞光又來了。因為我想觀看牌樓石，他怕白沙庵沒有指路的人，便追上來給我作嚮導。於是一起登上山嶺，指著相隔在嶺右的山坡，有石塊成堆聳立，下面分開，上面合攏，說這就是牌樓石。我想越過山坑，逆著澗水上行，直到牌樓石下方。和尚說：「這裡荊棘叢生，道路不通，必然無法走去。如果從石坑往下直到丞相原，不用再上這座山嶺；如果想從仙燈洞去的話，不如就從這嶺向東走。」我聽從他的話，沿著嶺脊往前。嶺橫貫天都、蓮花峰的北面，十分狹窄，旁邊簡直伸不下一隻腳，而南北到處都是相夾相映的高峰。到嶺盡頭，往北下去，抬頭仰望左邊山峰上的羅漢石，圓頭禿頂，宛如兩個和尚。向下走到坑中，越過澗水上去，共走了四里，登上仙燈洞。洞口朝南，正對著天都峰的北面。和尚在外面架起閣樓，鋪上木板，而裡面依然高大深廣，自然的情趣還沒有完全消除。又往南走下三里，經過丞相原，只是夾在山間的一塊平地罷了。這裡的寺院十分整齊，四面望去，並沒有什麼奇景，最終沒有進去。又往南沿著山腰走五里，山勢漸漸向下，澗中的泉水，像煮沸一般，發出喧鬧的聲響，從岩石中分九級向下傾瀉，每一級下面都有一個碧綠的深潭，這就是人們所說的九龍潭。黃山缺少高懸的泉流、飛湍的瀑布，只有這九龍潭罷了。又往下走五里，經過苦竹灘，轉身沿著去太平縣的路，朝東北走去。

【研　析】黃山以「奇」享譽天下。程敏政詠黃山，歎道：「眼看奇絕口難名，變態分明似化城。」和徐霞客同一時代，有人面對這不可思議的奇觀，在感歎之餘，寫了一副對聯：「豈有此理，說也不信；真正妙絕，到此方知。」奇，也是徐霞客對黃山最深刻的整體印象。他第一次遊黃山，即稱之為「奇山」，將黃山松稱作「奇品」，稱讚這裡的峰石「爭奇並起」，「俯窺輾顧，步步生奇」。他重遊黃山，上山不久，就被那「一路奇景」，不知不覺地吸引過去，從而有了更深切的感受，在日記中作了更具體的描述。在這篇短短的遊記中，「奇」字屢見不鮮，不僅峰奇石奇，松奇雲奇，就連那石級巖洞，也「屈曲奇詭」，不同尋常。

「踏遍峨眉與九疑，無茲殊勝幻迷離。任他五嶽歸來客，一見天都也叫奇。」這是一首無名氏所作的名詩。天都峰為黃山第一險峰，橫空突兀，卓爾不群，雄深盤礴，氣象崢嶸。登上天都峰，極目雲天，無限風光，盡收眼底，令人有登峰造極之感。明人潘之恆說：「黃山尊嚴無如天都峰。」這座天然的金字塔形的險峰，既令人神往不已，也使人望而生畏。《黃山圖經》寫天都峰，有「飛鳥難落腳，猿猴愁攀登」之說，顯然是從李白〈蜀道難〉詩化出。事實上，攀登天都峰，要比蜀道更加艱難。在唐代，天都峰尚是人跡罕至之處。據現有的記載，唐代島雲和尚是第一個攀登天都峰的人，並留下了〈登天都峰詩〉。不過島雲的遊訪，只是空谷足音，並未引起反響，天都峰依然處在一派沉寂之中。萬曆四十二年（一六一四），「神僧」普門法師（惟安和尚）登上天都峰，成為開發天都峰的最大功臣。四年後，徐霞客也在根本無路的情況下（直到一九三四年，才在天都峰修鑿了石磴），歷經「手足無可著處」的險境，登上峰頂。這篇遊記，第一次向世人全面、生動地描述了攀登天都峰的險難，以及站在峰頂所見的不同尋常的奇觀。由於無路可走，下山竟比上山更加艱難，必須先將腳伸到前面，手向後撐在地上，坐著向下滑行，好不容易脫離險境。從此以後，徐霞客的名字就和黃山、和天都峰緊緊聯繫在一起。

第二天，徐霞客又趁興攀登黃山主峰蓮花峰。由於天都峰山勢險峻，難以攀登，前人一直誤以為它就是黃山最高峰，後人以訛傳訛，竟成定論。即使在徐霞客之後，如清初著名的地理學家顧祖禹，在他那部享有盛譽的名著《讀史方輿紀要》中，依然沿襲舊說，寫道：「焦村而南，有數峰凌空，最高者曰天都、芙蓉、硃砂，而天都尤高。鳥道如線，上有名藥，采者裹糧以上，三日始可達。」而徐霞客一上蓮花峰頂，便發現「是峰居黃山之中，獨出諸峰上」，「即天都亦俯首矣」。今天的科學測量，已證明徐霞客當年的目測判斷，完全正確。這一方面顯示了徐霞客敏銳的觀察能力，同時也體現了他不迷信盲從，不隨人短長的自主精神。潘耒為《徐霞客遊記》作序，說他對「向來山經地志之誤，釐正無遺」，這就是一個突出的例子。

徐霞客在遊賞黃山景物的同時，對在特殊自然條件下植物的生長狀況，也表現出極大的興趣。「山靈到處來，樹亦無常理。」他注意到由於絕巘危崖這種險峻的地勢，造成黃山松形狀的變異。在寫「擾龍松」時，他對樹身隨石蟠結、樹根穿石上下這種奇特的形態，作了十分具體的描述。在天都峰頂，他還注意到在山高風大這樣的自然條件下，形成了「柏雖大幹如臂，無不平貼石上如苔蘚」這樣一種枝條平展的特殊姿態。徐霞客第一次遊黃山，在松谷庵聞到梅花的清香，立即想起山上由於地高氣寒，積雪覆蓋，連耐寒的梅花也難以開放。限於當時的科學水準，他對黃山的認識，也存在著某些不足。如他因「四顧無奇，竟不入」的丞相原，便是頗能體現冰川地貌的U形谷。他說黃山除九龍潭外，無懸流飛瀑，也未免武斷，就連天都峰在雨後也有瀑布，他的朋友錢謙益便寫過一首〈天都瀑布歌〉。

遊九鯉湖❶日記 福建興化府仙遊縣❷

【題 解】九鯉湖之行，在庚申（一六二〇）端午後一日，徐母之病癒應在之前。庚申為神宗萬曆四十八年及光宗泰昌元年，二者重疊，神宗卒於七月，光宗於八月即位，九月即崩。泰昌元年應自八月始，則徐母之病，尚在萬曆年間。相對前面所記的幾座名山，這次遊覽的江郎山、九鯉湖、石竹山，聲譽似乎不夠顯赫。徐霞客說他前往九鯉湖，是因為母親年老，不便遠遊，只能就近觀賞，其實不僅於此。徐氏自霞客祖父以來，家道中落，幸賴其母王孺人勤儉治家，方又振興。萬曆四十八年，徐母年七十七，因病疽幾殆。病癒後徐霞客特建晴山堂，取「晴轉南山」之意。他是個孝子，久聞九仙託夢，十分靈驗，故特意前往，為母祈夢乞壽。對此，其友陳仁錫、李流芳都說得很清楚，如李流芳〈為振之兄題晴山堂卷〉詩即云：「君言好奇聊復爾，我謂君遊必有以。……不然登高與臨深，豈是哀哀孝子心？空傳九鯉仙人夢，誰解當時夢裡吟？」只是徐霞客平素不信鬼神，此行實「病急亂投醫」，故不願明言罷了。他離家入浙，溯錢塘江而上，抵達江山，隨後翻過仙霞嶺，進入福建。九鯉湖是一個天然石湖，四面環山，湖牀由一塊巨石托起。瀑布為山中勝景，在前幾篇遊記中，徐霞客已作了不少描述。九鯉湖的瀑布，又向他展示了一種前所未見的壯觀。由於水流對花崗岩崖壁的長期侵蝕，形成道道飛瀑，重重峽門，兼有林泉水石之勝，所謂「微體皆具」，即局部和整體都成佳景，比起其他瀑布各以一長取勝，更加難得。

浙、閩之遊舊矣。余志在蜀之峨眉❸，粵之桂林❹，及太華❺、恆岳❻諸山；若羅浮❼、衡岳❽，次也，至越之五洩❾，閩之九漈❿，又次也。然蜀、廣、關中⓫，母老道遠，未能卒遊；衡湘⑫可以假道，不必專遊。計其近者，莫若由江郎三石⑬抵九漈。遂以庚申午節⑭後一日，期芳若⑮叔父啟行，正楓亭⑯荔枝新熟時也。

二十三日　始過江山⑰之青湖⑱。山漸合，東支多危峰峭嶂，西伏不起。懸望東支盡處，其南一峰特聳，摩雲插天，勢欲飛動。問之，即江郎山也。望而趨，二十里，過石門街。漸趨漸近，忽裂而為二，轉而為三；已復半岐其首，根直剖下；迫之則又上銳下斂，若斷而復連者，移步換形，與雲同幻矣！夫雁宕靈峰⑲、黃山石筍⑳，森立峭拔，已為瑰觀，然俱在深谷中，諸峰互相掩映，反失其奇。即縉雲㉑鼎湖㉒，穹然獨起，勢更偉峻，但步虛山即峙於旁，各不相降，遠望若與為一，不若此峰特出眾山之上，自為變幻，而各盡其奇也！

【章旨】本章寫徐霞客一心周遊天下名山，但因母親年老，道路遙遠，未能如願，只能先去較近的九鯉湖一遊。接著記載了他遊九鯉湖第一天的行跡。經過江山青湖，看到江郎山高聳雲天，山勢奇特，一步一景，變幻莫測。

【注釋】❶九鯉湖　在福建仙遊東北二十六里的萬山之巔，是個天然湖泊。傳說漢武帝時，有何氏兄弟九人到這裡煉丹，丹成，湖中赤鯉化而為龍，何氏兄弟各乘一鯉成仙飛去，故名。❷興化府仙遊縣　興化府，明代屬福建布政使司，治所在莆田（今屬福建）。仙遊縣，今屬福建。❸峨眉　峨眉山，在今四川峨眉城西南，為佛教名山。❹粵之桂林　廣西桂林。廣東、廣西本古百粵（百越）地，故別稱粵東、粵西，合稱兩粵。❺太華　即華山，因遠望如華（古花字），由此得名。還有一種說法，說山頂有千葉蓮花，因名華山。以其旁有少華山，故稱太華；為五嶽中的西嶽，故又稱華嶽。在今陝西華陰南面，北瞰黃河，南連秦嶺。華山包括東、西、南、北、中五峰，以「奇拔峻秀」冠天下。❻恆岳　又名常山，《水經注》稱玄嶽，也稱元嶽。西控雁門關，東跨冀北原野，南接五臺山，北臨大同盆地，連綿數十里。自漢以來，一直以河北曲陽西北的恆山為北嶽，明代改稱渾源恆山為北嶽，曲陽恆山改名大茂山。❼羅浮　又名東樵山，在廣東博羅境內東江之濱，為道教名山。❽衡岳　即五嶽中的南嶽衡山，位於湖南中南部，兀立於湘江之濱。❾五泄　即五瀑。在今浙江諸暨城東北。瀑布從五泄山巔崇崖峻壁間飛奔而下，凡五級，景色各異，匯為五泄溪。❿九漈　指九鯉湖的九級瀑布。福建沿海一帶地區稱瀑布為漈。⓫關中　有各種說法，一般以函谷關或潼關以西王畿附近稱關中，又叫關內，即今陝西中部地區。⓬衡湘　衡山、湘水。都在湖南，這裡借指湖南。⓭江郎三石　江郎山，一名金純山，又名須郎山，俗稱三爿石。在浙江江山市城東南五十里。傳說有江氏兄弟三人登巔化石，因名。三石峰拔地如筍，摩雲插天，石呈五色，日照炫耀。⓮庚申午節　明神宗萬曆四十八年（一六二〇）端午節。⓯芳若　徐霞客的族叔。⓰楓亭　在仙遊東南五十里。唐、宋、元三朝為館驛，明曾設巡檢司。⓱江山　明代為縣，隸衢州府，今屬浙江。⓲青湖　又作「清湖」，在江山市城南。⓳靈峰　在東內谷，高二百七十餘公尺，與右邊的倚天峰相合如掌，稱合掌峰。夜間望之如男女兩人相依，又稱夫妻峰。峰下觀音洞，為雁蕩山第一大洞。山麓有靈峰寺，建於北宋天聖元年（一〇二三），為雁蕩十八古剎之一。靈峰周圍奇峰環繞，怪石林立，與靈巖、大龍湫合稱「雁蕩三絕」。⓴石筍　石筍矼，位於始信、仙人兩峰之間，在今黃山北海賓館東北。這一帶石筍林立，有許多石柱狀似人形，被稱為「十八羅漢朝南海」、「仙人進寶」等石像。黃山石筍矼是高山岩體受冰裂和暴雨沖擊而分解形成的石峰、石柱群，原是一座山峰，前人謂其如「常山蛇勢」，與雁蕩山的大龍湫、廬山的瀑布，並列稱天下三奇。矼，石橋。㉑縉雲　明代為縣，隸處州府，今屬浙江。城東十六里處有縉雲山，又名仙都山，傳說為黃帝時夏官縉雲氏所封。㉒鼎湖　峰名，又名玉筍峰。東靠步虛山，西臨好溪水，孤峰拔地而起，狀如春筍。頂有湖，稱鼎湖，為火山遺跡。

【語　譯】到浙江、福建遊覽，已是過去的事了。我現在想去的是四川峨眉山、廣西桂林，以及太華、恆嶽等名山；其次是羅浮、衡嶽這樣的地方；至於浙江的五泄、福建的九漈，就更次要了。但是四川、廣西、關中等地，因為母親年老，道路遙遠，沒能前往一遊；湖南可以順路去，不必專門前往遊賞。考慮去比較近的地方，只有從江郎三石抵達九漈。於是在庚申端午節後一天，和族叔芳若約好一起啟程，這正是楓亭荔枝剛熟的時候。

二十三日　開始過江山的青湖。山勢漸漸合攏，東面的支脈有許多高峰陡壁，西面的山嶺則低伏不起。遙望東支的盡頭，南面聳立一座獨特的山峰，直上雲天，那姿態就像要飛動起來。一問，就是江郎山。望著這山趕路，走了二十里，經過石門街。漸漸向前走近，山忽然分成兩半，轉過來又變成三部分；過後山頭上面一半分開，直劈到山腳；逼近它時，只見上面尖銳，下面收攏，就像斷了後又連起來似的，真可謂一步一景，和天上的雲影同樣奇幻莫測。雁蕩山的靈峰、黃山的石筍矼森然挺立，陡峭峻拔，已成瑰麗的景觀，只是都在深谷之中，群峰彼此遮掩，互相襯托，反而顯不出它們的奇特。即使像縉雲山的鼎湖峰，獨自高聳，氣勢更加雄偉險峻，但步虛山就峙立在它的旁邊，高度相仿，各不相讓，遠遠望去，如同一體，不像這座山峰，高出群山之上，自能變幻莫測，並且盡現各自的奇觀。

六月初七日　抵興化府。

初八日　出莆郡❶西門，西北行五里，登嶺，四十里，至莒溪❷，降陟不啻數嶺矣。莒溪即九漈下流。過莒溪公館，二里，由石步過溪。又二里，一側徑西向山坳，北復有一磴，可轉上山。時山深日酷，路絕人行，迷不知所往。余意鯉湖之水，歷九漈而下，上躋必有奇境，遂趨石磴道。芳叔與奴輩憚高陟，皆以為誤。頃之，境漸塞，彼益以為誤，而余行益勵。既而愈上愈高，杳無所極，烈日鑠鑠❸，余亦自苦倦矣。數里，躋嶺頭，以為絕頂也；轉而西，山之上高峰復有倍此者。循山屈曲行，三里，平疇蕩蕩，正似武陵誤入❹，不復知在萬峰頂上也。中道有亭，西來為仙遊道，東即余所行。

南過通仙橋，越小嶺而下，為公館，為鐘鼓樓❺之蓬萊石❻，則雷轟漈❼在焉。澗出蓬萊石旁，其底石平如礪，水漫流石面，勻如鋪縠❽。少下而平者多窪，其間圓穴，為竈、為臼、為樽、為井，皆以丹名，九仙之遺也。平流至此，忽下墮湖中，如萬馬初發，誠有雷霆之勢，則第一漈之奇也。九仙祠❾即峙其西，前臨鯉湖。湖不甚浩蕩，而澄碧一泓，於萬山之上，圍青漾翠，造物之醞靈❿亦異矣！祠右有石鼓⓫、元珠⓬、古梅洞⓭諸勝。梅洞在祠側，駕⓮大石而成者，有罅成門。透而上，舊有九仙閣⓯，祠前舊有水晶宮⓰，今俱圮。當祠而隔湖下墜，則二漈至九漈之水也。余循湖右行，已至第三漈，急與芳叔返，曰：「今夕當淡神休力，靜晤九仙。勞心目以奇勝，且俟明日也。」返祠，往蓬萊石，跣足步澗中。石瀨平曠，清流輕淺，十洲三島⓱，竟褰衣而涉也。晚坐祠前，新月正懸峰頂，俯挹平湖，神情俱朗，靜中渢渢⓲，時觸雷漈聲。是夜祈夢⓳祠中。

【章旨】本章記載了第二、第三天的行跡。前一天到達興化府，次日出城，渡過九漈下游莒溪，冒著酷暑，在深山中往上攀登，無意之中，看到一片開闊的平野。往南便是鐘鼓樓的蓬萊石，石旁澗水平流，有不少九仙遺跡。第一漈雷轟漈就在這裡，確有雷霆轟鳴的氣勢。九鯉湖在萬山之上，湖前有九仙祠，祠旁有石鼓、元珠、古梅洞等名勝，前往蓬萊石，在水中赤腳步行。夜晚坐在祠前，有心曠神怡之感。當晚在祠中靜候九仙託夢。

【注釋】❶莆郡　即莆田。❷莒溪　九鯉湖水即匯入此溪。❸鑠鑠　光芒閃鑠。鑠，熔化（金屬），形容天氣極熱。❹武陵誤入　晉陶淵明作〈桃花源記〉，言武陵（今湖南常德）漁人，沿溪行舟，於無意之中，進入桃源仙境。徐霞客在這裡借以形容自己意外發現這片平野的喜悅之情。❺鐘鼓樓　又名觀瀾樓、望仙閣，建於宋元祐年間。❻蓬萊石　在雷轟漈右側，高達一丈，廣二丈。❼雷轟漈　九漈第一漈，在九鯉湖東。何巖水從東而來，猛瀉於湖中，濤潑沫飛。怪石與水擊盪，聲如轟雷，故名。❽縠　縐紗。❾九仙祠　即顯靈廟，在九鯉湖西崖。過去奉祀九仙父母，九仙陪祀，後專祀九仙。祠初建於何年已不可考，宋代因祈雨有應，於淳熙年間賜額，明、清兩代相繼修葺。❿醞靈　化育靈秀。醞，釀酒。⓫石鼓　即鼓石。在湖西，形如鼓。撫摸它會搖動，推它卻不動。⓬元珠　即玄珠石。距石鼓五步。色蒼黑，形圓而光。據說水漲則浮起，水退則沉沒。⓭古梅洞　在湖西北。舊有梅林，幽香沁人。穿洞而上，為玉帝樓。⓮駕　通「架」。支承。⓯九仙閣　在古梅洞旁。⓰水晶宮　在九鯉湖前，建於明嘉靖年間。⓱十洲三島　十洲，指祖洲、瀛洲、玄洲、炎洲、長洲、元洲、流洲、生洲、鳳麟洲、聚窟洲，在八方大海中。三島，指蓬萊、瀛洲、方丈，在東方大海中。均為古代傳說中神仙居住之地。這裡用以比喻水中的沙洲和小島。⓲渢渢　形容聲音婉轉悠揚。⓳祈夢　祈求九仙託夢。相傳在九仙祠中做夢，甚為靈驗，遊人多來祈夢，指望能交上好運。

【語譯】六月初七　抵達興化府。

初八　走出莆郡西門，向西北走五里，登上山嶺，再走四十里，到莒溪，這樣下而復上，不止好幾重山嶺了。莒溪就是九漈的下游。經過莒溪公館，走了二里，從石步渡過溪水。又走了二里，旁邊一條小路向西通往山坳，北面還有一道石級，可轉而上山。這時已進入深山之中，烈日當空，路上不見人影，卻迷失了方向，不知往哪裡走。我猜想九鯉湖的水，經過九漈流下，往上攀登必定有奇境，於是朝那條石級小道走去。芳叔和僕人害怕向高處攀登，都以為這條路不對。不一會，周圍的環境漸漸堵塞。他們更認為走錯了，但我走得更加起勁。隨即越登越高，路途遙遠，不見盡頭，烈日炎炎，連我自己也疲倦不堪，深感勞苦。走了幾里，登上嶺頭，以為到了頂峰，但轉身向西，山上的高峰還有比這高一倍的。順著山勢曲折向前，走了三里，眼前出現一片空曠平坦的田野，正像武陵人誤入桃花源，哪裡想到已經身在萬峰之上了。中途有個亭子，從西面來的是通往仙遊的路，東面便是我剛才走的路。

往南經過通仙橋，翻過小嶺向下，便是公館，及鐘鼓樓的蓬萊石，雷轟漈就在這裡。澗水從蓬萊石旁流出，水底的岩石，就像磨刀石那麼平整，水流從石面漫過，均勻如同鋪上一層綃紗。稍微往下並且平坦的多為窪地，其中圓洞，有的為竈臺，有的為舂臼，有的為酒壺，有的為水井，名稱上面都加上一個「丹」字，據說全是九仙的遺物。澗水緩緩地流到這裡，忽然往下落到湖中，如萬馬奔騰，確有雷霆轟鳴的氣勢，這就是第一漈的奇觀。九仙祠就屹立在它的西面，前面對著九鯉湖。湖水並不浩大，但在萬山之上，有一片清澄碧綠之水，岸邊綠樹圍繞，水中翠影倒映，大自然化育靈秀，也真夠神奇的了！祠的右側有石鼓、元珠、古梅洞等名勝。梅洞就在祠旁，是由大石架空造成的，有石縫作為門戶。穿過石縫向上，過去有九仙閣，祠前過去有水晶宮，如今都已毀圮。在湖的對岸，正對著九仙祠下落的，是二漈到九漈的水流。我沿著湖的右岸行走，已到了第三漈，急忙與芳叔返回，說：「今晚應當心神清靜，休養體力，靜靜地神晤九仙。勞心疲目求取奇異的勝景，還是等到明天吧。」返回祠中，前往蓬萊石，赤著腳在澗水中步行。澗底岩石平整寬闊，清澈的水流又緩又淺，「十洲三島」，居然撩起衣服就可過去。晚上坐在祠前，新月正懸掛在峰頂，低下頭掬取平靜的湖水，神志和心情全都十分舒暢，寧靜的夜晚水聲婉轉悠揚，時時聽到雷轟漈瀑布的聲響。這一夜就在祠中祈禱九仙託夢。

初九日　辭九仙，下窮九漈。九漈去鯉湖且數里，三漈而下，久已道絕。數月前，莆田祭酒[1]堯俞[2]，令[3]陸善開復鳥道[4]，直通九漈，出莒溪。悔昨不由側徑溯漈而上，乃紆從大道，坐失此奇。遂束裝改途，竟出九漈。瀑布❺為第二漈，在湖之南，正與九仙祠相對。湖窮而水由此飛墮深峽，峽石如劈，兩崖壁立萬仞。水初出湖，為石所扼，勢不得出，怒從空墜，飛噴衝激，水石各極雄觀。再下為第三漈之珠簾泉❻，景與瀑布同。右崖有亭，曰觀瀾。一石曰天然坐❼，亦有亭覆之。從此上下嶺澗，盤折峽中。峽壁上覆下寬，珠簾之水，從正面墜下，玉筯❽之水，從旁靄沸溢。兩泉並懸，峽壁下削，鐵障四圍，上與天並，玉龍雙舞，下極潭際。潭水深泓澂碧，雖小於鯉湖，而峻壁環鎖，瀑流交映，集奇擷勝，惟此為最！所謂第四漈也。

初至澗底，芳叔急於出峽，坐待峽口，不復入。余獨緣澗石而進，踞潭邊石上，仰視雙瀑從空夭矯❾，崖石上覆如甕❿口。旭日正在崖端，與頹波⓫突浪，掩暈⓬流輝。俯仰應接，不能舍去。循澗復下，忽兩峽削起，一水斜迴，澗右之路已窮。左望，有木板飛架危磯⓭斷磴間，亂流⓮而渡，可以攀躋。遂涉澗從左，則五漈之石門⓯矣。兩崖至是，壁湊僅容一線，欲合不合，欲開不開，下湧奔泉，上礙雲影。人緣陟其間，如獼猿然，陰風吹之，凜凜欲墮。蓋自四漈來，山深路絕，幽峭已極，惟聞泉聲鳥語耳。

出五漈，山勢漸開。澗右危峭屏列，左則飛鳳峰迴翔對之，亂流繞其下，或為澄潭，或為倒峽。若六漈之五星⑯，七漈之飛鳳⑰，八漈之棋盤石⑱，九漈之將軍巖⑲，皆次第得名矣。然一帶雲蒸霞蔚⑳，得趣故在山水中，豈必刻迹而求㉑乎？蓋水乘峽展，既得自恣；其旁崩崖頹石，斜插為巖，橫架為室，層疊成樓，屈曲成洞；懸則瀑，環則流，瀦㉒則泉；皆可坐可臥，可倚可濯，蔭竹木而弄雲烟。數里之間，目不能移，足不能前者竟日！每下一處，見有別穴，必穿巖通隙而入，曲達旁疏，不可一境窮也。若水之或懸或渟㉓，或翼飛疊注，即匡廬三疊㉔、雁宕龍湫㉕，各以一長擅勝，未若此山微體㉖皆具也。

出九漈，沿澗依山轉，東向五里，始有耕雲樵石之家，然見人至，未有不驚訝者。又五里，至莒溪之石步，出向道。

【章　旨】本章記載了第四天的行跡。告別九仙，遍遊九漈。瀑布漈為第二漈，湖水從天而降，氣勢極為雄壯。右邊山崖上有觀瀾亭和一塊名叫「天然坐」的大石。第三漈為珠簾，第四漈為玉筋，兩道瀑布就像飛舞的玉龍，直下深潭之中。奇景薈萃，以此為最。坐在潭邊，仰望瀑布飛舞，旭日東升，陽光和瀑布交相輝映。第五漈為石門漈，兩旁山崖聚攏，下面泉水奔湧，景物幽深到了極點。走出五漈，山勢漸漸開朗。下面依次為第六漈的五星、第七漈的飛鳳、第八漈的棋盤石、第九漈的將軍巖，景物絢麗多姿。由於水流在峽谷趁勢伸展，和崖石形成各種景觀，令人流連忘返。其他地方，似乎都不及這裡，無論局部還是整體，都成美景。

【注　釋】❶祭酒　學官名，為古代最高學府國子監的主管官。❷堯俞　疑為林堯俞，莆田人。❸令　指仙遊縣令。❹鳥道　只有鳥才能飛越的險峻的山中小路。❺瀑布　瀑布漈。在雷轟漈西五十步。湖水從龍擦石直瀉，深不見底，恍若銀龍飛舞，又若彩練閃光，甚為壯觀。❻珠簾泉　即珠簾漈。自瀑布漈瀠迴而下，約五百步，只見兩石夾出一懸崖，高達千仞，泉水噴飛，散如珍珠。稍下如縷如綴，恍若垂簾，餘霏四起，激成煙霧，故名。明代王世懋稱為「九漈中最奇處」。❼天然坐　石名，在湖西懸崖上。明萬曆間，鄭邦福題此三字於石，因以為名。坐石上，珠簾、玉筯，瞭然在目。❽玉筯　玉筯漈，又名玉柱漈。離珠簾漈不遠。水從盤龍山頂騰空直下，忽分為二，注入白雲洞，宛如玉筯（筷子），故名。❾夭矯　卷曲而有氣勢。❿甕　陶器，腹大口小。⓫頹波　往下流的水勢。⓬暈　日光或月光通過雲層中的冰晶時經折射而形成的光圈。⓭磯　水邊突出的岩石。⓮亂流　橫渡。⓯石門　石門漈。距玉筯漈約一里路。漈中奇石參差，有二石亭亭如門，故名。⓰五星　五星漈。距石門漈約二里路。遊人至此，必先赤足渡水。漈的左邊才有小路，可入五星雲（以五石相聚如星），由此得名。⓱飛鳳　飛鳳漈。是九漈中唯一以山命名。飛鳳峰高聳湖前，十里之外，始瀠迴為漈。山極幽靜，終日無鳥雀聲。⓲棋盤石　指棋盤漈。距飛鳳漈約一里路。漈中有一巨石，形若棋盤，相傳為九仙對弈之處，由此得名。⓳將軍巖　指將軍漈。距棋盤漈數里路。漈中兩石鵠立，如武夫當關，故名。⓴雲蒸霞蔚　形容景物燦爛絢麗。蒸，也作「興」。㉑刻迹而求　所求拘泥於物的形跡。㉒瀦　水積聚。也指水積聚的地方。㉓渟　水停滯聚積。㉔三疊　泉名，又稱三級泉、水簾泉。在五老峰東山谷中。前人譽之為廬山瀑布之首、廬山第一奇觀。由冰川作用而造成的三級臺階形成，「上級如飄雪拖練，中級如碎玉摧冰，下級如玉龍走潭」。泉下為觀音崖和觀音洞，唐李白就隱居在瀑布上游的屏風疊（九疊屏）。附近有鐵臂峰，岩石黑中帶赤，層層堆疊，疏密很有次序，為廬山獨一無二的岩層奇觀。㉕龍湫　指大龍湫。在西內谷馬鞍嶺西八里。源頭處名龍井，又稱上龍潭。水從連雲嶂凌空而下，落差約一百九十公尺。白練飛瀉，十分壯觀。並隨季節、風力、晴雨的變化而呈現不同的景觀。清代詩人袁枚讚道：「龍湫山高勢絕天，一線瀑走兜羅棉。五丈以上尚是水，十丈以下全是煙。況復百丈至千丈，水雲煙霧難分焉。」蔡元培譽之為天下瀑布之冠。瀑布旁有不少摩崖石刻。㉖微體　局部和整體。

【語　譯】初九　離開九仙祠，往下遍遊九漈。九漈離九鯉湖還有幾里，三漈以下，已很久無路可走。幾個月前，莆田祭酒堯俞、縣令陸善開闢、修復山間小路，直通九漈，遠出莒溪。我很後悔前一天不從旁邊的小路溯漈流上行，卻繞道從大路走，從而錯過了這樣的奇景。於是整理行裝，改道前往，終於走上去九漈的路。瀑布漈為第二漈，在九鯉湖的南面，正好同九仙祠相對。湖水到了盡頭，從這裡飛落幽深的峽谷之中，峽谷的石壁就像劈開一般，兩旁山崖陡立，高達萬仞。水剛從湖中流出，被石塊阻攔，沒有出路，水勢凶猛，從天而降，飛灑噴濺，沖崖激石，無論瀑布山石，看起來都極為雄奇。再往下是第三漈的珠簾泉，景象和瀑布漈相同。右邊山崖上有個亭子，稱作「觀瀾」。還有一塊叫「天然坐」的大石，外面也蓋著一個小亭。從此隨山澗上上下下，在峽谷中曲折繞行。峽谷的石壁上面覆蓋，下面寬闊，珠簾漈的飛泉，從正面落下，玉筯漈的水流，從旁邊的雲氣中沸騰溢出。兩條泉水，並排高懸，峽谷的石壁下面陡峭，四面都是蒼黑色的山崖向上直聳雲天，瀑布就像兩條飛舞的玉龍，往下直到深潭之中。潭水深廣，清澄碧綠，雖比九鯉湖要小一些，但險峻的石壁四面圍合，兩條瀑布交相輝映，奇景薈萃，應推這裡第一。這便是所說的第四漈。

剛到澗底，芳叔就急於離開峽谷，坐在峽口等待，不再進去。我獨自沿著澗石向前，蹲坐在潭邊的石上，抬頭仰望兩條瀑布在空中盤旋飛舞，崖石向下覆蓋，如同甕口。旭日東升，正在崖頂，和喧騰直下的瀑布，交相輝映，絢麗多采。俯視仰望，應接不暇，使人捨不得離開。沿著山澗再往下走，忽然兩峽陡然聳起，一條澗水曲折斜流，山澗右邊的路已走到盡頭。向左望去，在高突的磯石和殘破的石級之間，有木板飛架在上面，橫渡溪水，可以攀登。於是徒步渡過澗水向左，前面便是五漈的石門。兩邊山崖到了這裡，石壁緊湊，只留下一線空隙，好像合攏並不合攏，好像分開又不分開，下面泉水奔騰湧起，上面遮蔽雲影。人在其間就像獼猴那樣順著山勢攀登，陰冷的山風吹來，使人產生陣陣寒意，就像要掉下去似的。從四漈一路走來，山谷幽深，道路斷絕，環境幽靜險峻到了極點，只聽到泉聲鳥語罷了。

走出五漈，山勢漸漸開闊。山澗右邊高峻的山峰像屏風一樣排列著，左邊飛鳳峰正對著它，勢如盤旋飛翔的鳳鳥。下面環繞著縱橫交錯的水流，有的形成清澈的石潭，有的形成倒轉的峽谷。如六漈的五星，七漈的飛鳳，八漈的棋盤石，九漈的將軍巖，都由所處地勢得名。不過這一帶景物絢麗多姿，遊人的情趣，原是從山水中得到，又何必拘泥於景物的形跡而求其美呢？由於水流在峽谷趁勢伸展，得以放縱自己，旁邊崩裂的崖壁、倒塌的山石，斜插的成為山巖，橫架的成為屋子，重疊的成為樓房，彎曲的成為洞穴，懸掛的是瀑布，環繞的是水流，積聚的是清泉，都可坐可臥，可依可洗，在翠竹綠樹的蔭蔽下，玩賞山中的雲氣煙景。幾里路之內，居然整天目不轉睛，流連忘返，被眼前的景色所陶醉！每到一個地方，看到有別的洞穴，必定穿過岩石，通過縫隙進去，曲折旁達，妙境無窮。至於水流，有的懸掛山崖，有的停滯匯聚，有的騰空飛舞，如鳥展翼，有的兩股並流，交疊而下，即使廬山的三疊水、雁蕩山的大龍湫，也各憑某種特色取勝，不及這座山，無論局部還是整體，都成美景。

離開九漈，沿著澗水，隨著山勢，轉向東走五里，才看到在雲中耕種、在山上砍柴的住戶，見有人來，他們沒有不感到驚訝的。又走了五里，到達莒溪的石步，離開來時所走的路。

初十日　過蒜嶺驛，至榆溪❶。聞橫路驛❷西十里，有石竹山❸，巖石最勝，亦為九仙祈夢所。閩有「春遊石竹，秋遊鯉湖」語，雖未合其時，然不可失之交臂❹也。乘輿遂行。以橫路去此尚十五里，乃宿榆溪。

十一日　至波黎鋪，即從小路為石竹遊。西向山五里，越一小嶺。又五里，渡溪，即石竹南麓。循麓西轉，仰見峰頂叢崖，如攢如劈。西北行久之，有樓傍山西向，乃登山道也。石磴頗峻，遂短衣歷級而上。磴路曲折，木石陰翳，虬枝老藤，盤結危石欹崖之上，啼猿上下，應答不絕。忽有亭突踞危石，拔迥凌虛，無與為對。亭當山之半。再折，石級巍然直上，級窮，則飛巖簷覆垂半空。再上兩折，入石洞側門，出即九仙閣，軒敞雅潔。左為僧廬，俱倚山凌空，可徙倚憑眺。閣後五六峭峰離立，高皆數十丈，每峰各去二三尺。峰罅石壁如削成，路屈曲罅中，可透漏各峰之頂。松偃藤延，縱目成勝。僧供茗芳逸，山所產也。側徑下，至垂巖，路左更有一徑。余曰：「此必有異。」從之，果一石洞嵌空立。穿洞而下，即至半山亭。下山，出橫路而返。

是遊也，為日六十有三，歷省二，經縣十九，府十一，遊名山者三。

【章旨】本章記載了第五、第六天從九鯉湖前往石竹山遊覽的行跡。石竹山巖石最美。在榆溪過了一夜後，從小路前往石竹山。登山路上，石級險峻，景色迷人，有亭凌空而起。從石級盡頭的石洞進去，可到九仙閣，放眼看去，都是美景。下山時穿過一個奇特的石洞，來到半山亭。下山後，走出橫路驛，便開始返回。

【注釋】❶榆溪　今作「漁溪」，在福建福清南境。❷橫路驛　《讀史方輿紀要》作「宏路驛」，即今位於福清城西幹道上的宏路。❸石竹山　又作石笁山，在福清城西十餘里。山勢險峻，其巔有大石，上黏蛤蠣殼，山下少竹多筍。❹失之交臂　形容當面錯過，失去好機會。交臂，因彼此靠近，胳膊碰著胳膊。

【語譯】初十　經過蒜嶺驛，到榆溪。聽說在橫路驛西十里處，有石竹山，岩石最美，也是祈求九仙託夢之處。福建地區有「春遊石竹，秋遊鯉湖」的話，雖然現在時令不合，但也不可失之交臂。於是趁興前往一遊。因為橫路驛離這裡還有十五里，便在榆溪留宿。

十一日　到波黎鋪，立即從小路去石竹山遊覽。向西走了五里山路，翻過一座小山嶺。又走了五里，渡過溪水，便到了石竹山南麓。沿著山麓向西轉，抬頭望見峰頂的叢崖，就像聚集在一起，又像被刀劈開一般。往西北走了好久，看到有一座樓房靠山向西，便是登山的路。石級十分險峻，於是只穿短衣，踩著石級向上。石道曲折，樹石遮蔭，拳曲的樹枝，古老的藤蔓，盤繞纏結在高聳傾斜的崖石之上，上下猿啼，彼此呼應，不絕於耳。忽然看到有個亭子，突兀高聳，座落在險峻的巖石之上，凌空而起，挺拔高遠，無可相比。亭正當半山腰。再轉而向上，高高的石級直上雲天，走完石級，只見勢欲起飛的巖石，就像覆蓋的屋簷，垂掛在半空之中。再向上拐兩個彎，進入石洞的邊門，出來便是九仙閣，高大寬敞，幽雅潔淨。左邊是僧人的住房，都背靠山崖，凌空而起，可讓人留連玩賞，憑欄遠望。小閣的後面，並立著五六座陡峭的山峰，都有幾十丈高，每座山峰之間，相距各有二三尺。山峰縫隙的石壁，就像用刀削成，一條小路在石縫中曲折延伸，可通往各個峰頂。老松偃臥，青藤蔓延，放眼望去，都是美景。僧人以茶招待，香氣四溢，就是這座山的產品。從旁邊的小路下去，到垂巖，路的左邊還有一條小路。我說：「這裡一定有不尋常的景物。」走進去，果然有個石洞，一部分鑲嵌在山崖之上，懸空而立。穿過石洞下去，就到了半山亭。下山後，走出橫路驛，便開始返回。

這次旅遊，花了六十三天，經過兩個省，十九個縣，十一個府，遊覽了三座名山。

【研　析】《徐霞客遊記》前面一部分，堪稱一部中國名山遊記。但也有幾篇例外，前後〈閩遊日記〉兼顧山水，這篇〈遊九鯉湖日記〉主要寫水。孔子說：「智者樂水，仁者樂山。」山嶽高聳，巋然不動，在靜穆中顯示莊嚴；河水奔騰，晝夜不息，在流動中顯示活力。瞻望山嶽，因崖石剛硬而肅然起敬；拍打流水，因碧波柔和覺可狎可親。年輕時的徐霞客似乎更多具備「仁者」的氣質，對山的興趣要比水大得多。誠如他在這篇遊記中所言，其平生志趣，寄於峨眉、太華諸山，越之五泄、閩之九漈，在他心目中的地位遠不能和名山喬嶽相比。

雖然審美觀照帶著強烈的主觀感情色彩，但作為審美對象的自然景觀，也會通過其形態、聲音、光色、氣味的作用，影響審美主體（人）的情趣和判斷。徐霞客在遊九鯉湖前，曾有過一個「誤入武陵」的戲劇性的遭遇，在遊賞九鯉湖時，更是時時處處感受意外的收穫和快感。和崇山峻嶺不同，水所體現主要是流動美和聲響美。在這篇遊記中，徐霞客既寫了水的寧靜美：「圍青漾翠」，「深泓澂碧」；寫了水的柔和美：「漫流石面，匀如鋪縠」，「石瀨平曠，清流輕淺」；寫了水光交映之美：「旭日正在崖端，與頽波突浪，掩暈流輝」；但寫得更多、更精彩的還是瀑布飛瀉的動態美和喧騰的聽覺美：「怒從空墜，飛噴衝激」，「翼飛疊注」，「旁靄沸溢」，「雙瀑從空夭矯」，「飛墮深峽」，如「玉龍雙舞，下極潭際」，又「如萬馬初發，誠有雷霆之勢」……充分表現出「瀑流交映，集奇撮勝」的「雄觀」，發出「造物之醞靈亦異矣」的感歎，甚至認為連廬山三疊泉、雁蕩大龍湫這樣的名勝，和九漈相比也有所不及。

也許是九漈之美出乎自稱「山癖」的徐霞客的意料，從「飛湍瀑流爭喧豗，砯崖轉石萬壑雷」中看到了不同於巉巖峭壁的氣勢和氣概。這篇遊記的感情色彩十分強烈，字裡行間，都流露出一種「欣欣然而樂」的情致。文筆清雋，富有活力，情景描寫生動傳神，不僅維妙維肖地寫出了自然景物的奇秀，同時淋漓盡致地表現出人的情趣。在即將結束對九漈的遊賞時，作者面對眼前旖旎的景觀，在幾里路之內，居然整日目不轉睛，流連忘返，從中領悟遊人的情趣，是從山水本身獲得的，而不必拘泥於景物的形跡，留下了一段被丁文江譽為「辭意俱佳」的表述，從中既表現了徐霞客的「天真」，也可見他的「興賞」。至此，他對自然美已從感覺上升到感悟；從身所盤桓，目所綢繆，上升到應目會心，形神相接。已不是將自然景觀僅僅作為一個對象作客觀的描述，同時也是在抒寫自身與大自然融為一體的體驗。遊覽時的「涉目成勝」，化成寫作時的涉筆成趣。由於直敘情景，未嘗刻意相求，反而天趣旁流，自然奇警。

動者遠眺似靜，靜者近觀有動。為了形象地表現自然山水之美，藝術創作常常採用以靜寫動或以動寫靜的手法，即用形象的靜物形容動態的景觀，或將靜止的景物動態化。如用珠簾、生綃形容瀑布，便是以靜寫動，而像文中用「移步換形，與雲同幻」來稱讚江郎山，則是以動寫靜了。江郎山三石並起，拔地如筍，與九疑山的三分石同樣奇妙，南宋詞人辛棄疾曾作詩讚道：「三峰一一青如削，卓立千尋不可攀。正直相扶無倚傍，撐持天地與人看。」（〈江郎山和韻〉）徐霞客對江郎山也十分迷戀，以後又兩度造訪。在這篇遊記中，他甚至將並無盛名的江郎山與享有盛譽的雁蕩靈峰、黃山石筍矼相比，認為靈峰、石筍矼都在幽谷之中，因群峰掩映，反失其奇，而江郎山獨出眾山之上，故能見其「摩雲插天，勢欲飛動」之態，這已從景物與地勢的關係著眼，分析江郎山何以能「自為變幻，而各盡其奇」。文中寫他來到九漈，翻山越嶺，卻走不到絕頂，揭示了階梯狀山形地貌的特徵。

遊嵩山❶日記 河南河南府登封縣❷

【題解】「天下畸人癖愛山，負鐺瀉汗煮白石。江陰徐君杖屨雄，自表五嶽之霞客。」黃道周這幾句詩，既寫出了徐霞客的英姿，也道出了他的心跡。五嶽為群山冠冕，既是帝王登封之處，也是遊人神往之地。早在童年時代，徐霞客已有遍遊五嶽之志，「中心藏之，何日忘之。」萬曆三十七年（一六〇九），徐霞客僅二十四歲，即已上岱嶽，拜孔林；天啟三年（一六二三）二月，繼遊嵩、華。從現有的材料看，五嶽中最早被提到的就是嵩山，據說作於西周的《詩・大雅・崧高》，其中「崧高維嶽，駿極于天」，就是讚美嵩山的。因地處中原，居天地之中，有「中天砥柱」之譽。就山勢而言，綿亙起伏，蜿蜒無際，宛如橫在中原大地的臥龍，故又有「嵩山如臥」之說。嵩山東接開封，西傍洛陽，名勝古蹟，星羅棋布。在這五天的遊覽中，徐霞客幾乎走遍嵩山所有名勝，並且深入人跡罕至之處，一一載之於筆。在他所寫的名山遊記中，這是較詳盡的一篇。由於作者長於鋪陳，善於剪裁，如畫家寫生，或濃或淡，或隱或顯，故能多中見整，繁而不亂，披文見景，歷歷在目。

余髫年蓄五岳❸志，而玄岳❹出五岳上，慕尤切。久擬歷襄、鄖❺，捫太華❻，由劍閣❼連雲棧❽為峨眉❾先導；而母老志移，不得不先事太和❿，猶屬有方之遊⓫。第沿江泝流，曠日持久，不若陸行舟返，為時較速。乃陸行汝、鄧⓬間，路與陝、汴⓭略相當，可以兼盡嵩、華，朝宗⓮太岳。遂以癸亥仲春朔⓯，決策從

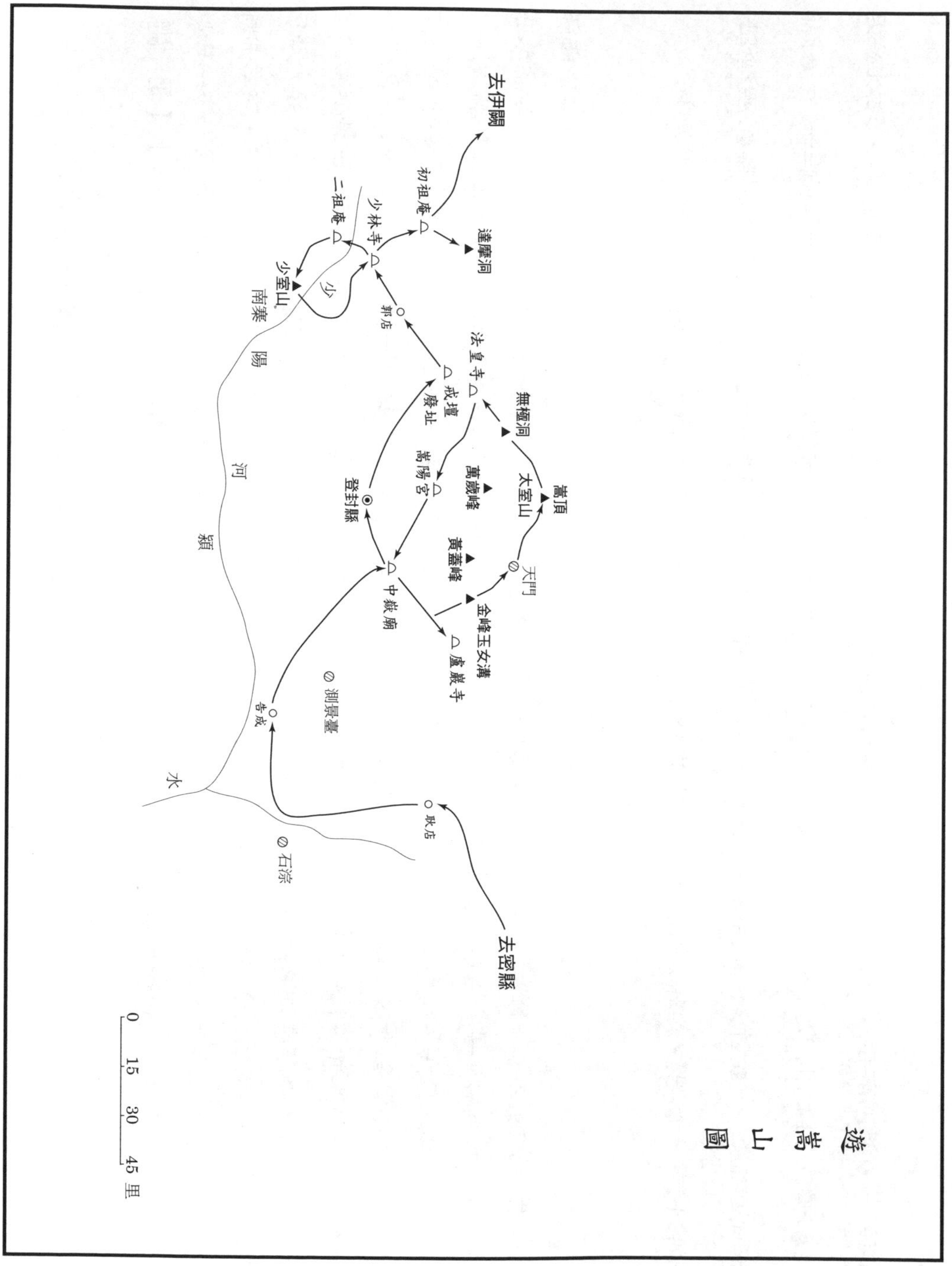
去伊闕
初祖庵
達摩洞
少林寺
二祖庵
少室山
南寨
少
郭店
法皇寺
戒壇廢址
無極洞
嵩陽宮
萬歲峰
太室山
嵩頂
登封縣
黃蓋峰
天門
中嶽廟
金峰玉女溝
盧巖寺
測景臺
告成
陽
河
潁
水
耿店
石淙
去密縣
0 15 30 45 里

遊嵩山圖

嵩岳道始。

凡十九日，抵河南鄭州⑯之黃宗店⑰。由店右登石坡，看聖僧池⑱，清泉一涵，停碧山半。山下深澗交疊，涸無滴水。下坡行澗底，隨香爐山⑲曲折南行。山形三尖攢立如覆鼎⑳，眾山環之，秀色娟娟媚人。澗底亂石一壑，作紫玉色。兩崖石壁宛轉，色較縝潤，想清流汪注時，噴珠泄黛，當更何如也！十里，登石佛嶺。又五里，入密縣㉑界，望嵩山尚在六十里外。從岐路東南二十五里，過密縣，抵天仙院㉒。院祀天仙，黃帝㉓之三女也。白松在祠後中庭，相傳三女蛻骨㉔其下。松大四人抱，一本三幹，鼎聳霄漢，膚如凝脂，潔逾傅粉，蟠枝虬曲，綠鬣㉕舞風，昂然玉立㉖半空，洵奇觀也！周以石欄，一軒㉗臨北，軒中題詠絕盛。徘徊久之。下觀滴水，澗至此忽下跌，一崖上覆，水滴瀝㉘其下。還密，仍抵西門。三十五里，入登封界，曰耿店，南向為石淙㉙道，遂稅駕㉚焉。

【章　旨】本章記載了徐霞客從小就存渴望遍遊五嶽的心願，但因母親年老，無法如願。只能作「有方之遊」，先去嵩山。走了十九天，到鄭州的黃宗店。沿香爐山向南，觀賞澗谷中的秀麗景色。經過密縣後，到達天仙院，院內有棵白松，可稱奇觀。隨後進入登封界內，在耿店留宿。

【注　釋】❶嵩山　古稱外方，夏禹時稱嵩高、崇山，商湯時稱嵩高，西周時稱嶽山，東周始定嵩高山為中嶽，五代以後稱中嶽嵩山。屬伏牛山脈，主體在今河南登封西北。主峰東為太室山，西為少室山，東西綿延約一百二十餘里。這裡山巒起伏，峻峰奇特，歷史上根據坐落方位、形狀外貌、名人遺跡等分為太陽、少陽等七十二峰。❷河南府登封縣　河南府，明代隸河南布政使司，治所在今河南洛陽。登封，原名嵩陽，武則天改唐為周，登嵩山，封嶽神為天中王，並改嵩陽為登封。❸五岳　指中嶽嵩山、東嶽泰山、西嶽華山、南嶽衡山、北嶽恆山。❹玄岳　指武當山，以奉真武（玄帝）而名。也作「太岳」、「元岳」。❺襄鄖　襄，指襄陽府，治所在今湖北襄陽。鄖，指鄖陽府，治所在今湖北鄖縣。❻捫太華　撫摸西嶽華山。太華，指西嶽華山，因遠望如華（古花字），由此得名。還有一種說法，說山頂有千葉蓮花，因名華山。以其旁有少華山，故稱太華；為五嶽中的西嶽，故又稱華嶽。在今陝西華陰南面，北瞰黃河，南連秦嶺。華山包括東、西、南、北、中五峰，以「奇拔峻秀」冠天下。捫，撫摸。此謂登臨其上。❼劍閣　今四川劍閣城北四十里的劍門山，為古蜀道的要隘。大劍門山古稱梁山，東西橫亙二百餘里，七十二峰綿延起伏，形若利劍，高連霄漢。峭壁中斷處，兩山相峙如門，故名劍門。傳說諸葛亮在這裡首先架起飛閣（棧道），以通行道，故名劍閣。❽連雲棧　又名秦棧。在今陝西漢中地區，全長四百七十里，為秦嶺南北交通要道。明洪武二十五年，重修褒斜谷棧道，約為棧閣二千二百七十五間。❾峨眉　峨眉山。因山勢逶迤，如「螓首蛾眉，細而長，美而艷」，故名。在今四川峨眉城西南十四里，雄踞四川盆地西南緣。相傳為普賢菩薩道場，與山西五臺山、浙江普陀山、安徽九華山並稱佛教四大名山。主峰萬佛頂，海拔三千零九十九公尺。雄秀幽奇，素有「峨眉天上秀」的稱譽。❿太和　太和山。即武當山，傳說道教北方尊神玄武帝（宋時避諱，改玄為真）的修煉處，古人認為「惟真武之神足以當之，故稱武當」。又名仙室山。明成祖時，改稱太岳太和山，又稱太岳或玄岳。在今湖北十堰東南，丹江口西南。方圓八百里，全山遊程長達一百二十里。現基本上保持明代初年形式和建築體系。⓫有方之遊　《論語・里仁》：「父母在，不遠遊，遊必有方。」即出遊要有一定的方向，不可亂跑。⓬汝鄧　汝，指汝州，治所在今河南臨汝。鄧，指鄧州，治所在今河南鄧縣。⓭陝汴　陝，指陝州，治所在今河南三門峽市。汴，指汴梁，即開封府，治所在今河南開封。⓮朝宗　古代諸侯拜見天子，春見稱朝，秋見稱宗。⓯癸亥仲春朔　指明熹宗天啟三年（一六二三）農曆二月初一。朔，農曆每月初一。⓰鄭州　明代隸河南府，今屬河南。⓱黃宗店　今作「王宗店」，位於鄭州、密縣之間。⓲聖僧池　在今鄭州西南境，王宗店之西。⓳香爐山　在今鄭州西南，以形似香爐得名。⓴覆鼎　倒置的鼎，三足朝上。㉑密縣　明代隸開封府，今屬河南。㉒天仙院　密縣境內的一所道觀。㉓黃帝　傳說中華民族的始祖，姬姓，號軒轅氏。相傳許多發明創造，如養蠶、舟車、文字、音律、算術、醫學，都起於黃帝時期。㉔蛻骨　蛇蟬等脫皮叫蛻。道家認為人修道後能脫去凡骨，像蟬那樣長出翅膀，成仙飛去。後人也用蛻骨指尸解。㉕綠鬣　鬣原指獸類頜上的長毛，這裡形容松針。㉖玉立　形容風姿秀美，也用以形容峻潔堅貞的品格。㉗軒　有窗的長廊或小屋。㉘滴歷　同「滴瀝」。水滴落下的聲音。㉙石淙　古稱平洛水或平洛澗，在今河南登封告成鎮東六里處。石淙河匯聚成潭，兩岸崖石陡峭，形如刀切，崖下潭水深不可測。武則天當政時，曾在此大宴群臣，飲酒賦詩，觀賞秋景。「石淙會飲」也就成了中嶽八大景之一，有「小桂林」之稱。㉚稅駕　解馬停車。指休息或歸宿。

【語　譯】我在童年就立志要遍遊五嶽，而玄岳聲名更在五嶽之上，故仰慕之心更加迫切。很早就打算經過襄陽、鄖陽，登上太華山，再通過劍閣和連雲棧，作為遊覽峨眉山的先導。但因母親年老，只好改變計劃，不得不先去太和山，這還算是「有方之遊」，不失孝道。但是沿著長江逆流而上，日子拖得很久，不如從陸路去再坐船回來，要快一些。而且從陸路在汝州、鄧州之間趕路，行程和去陝州、汴梁差不多，可以同時遊覽嵩山、華山，朝拜太岳武當山。因此就在癸亥仲春朔日，決定先遊嵩山。

走了十九天，到達河南鄭州的黃宗店。從店右邊登上石坡，觀看聖僧池，只見一池碧綠的清泉，停蓄在半山腰間。山下深澗縱橫交錯，但都已乾涸，沒有一滴水。下坡後在澗底行走，隨著香爐山曲折地向南前進。那座山有三個山尖聚立在一起，形狀如同一個倒放的三足朝天的鼎，周圍群山環繞，景色秀麗喜人。澗底是一溝亂石，呈紫玉色。兩旁山崖石壁曲折，顏色比較細膩滋潤，想像清流湧出之時，噴濺白色的水珠，傾瀉青綠的潭水，又該是怎樣一種景象。走了十里，登上石佛嶺，又走五里，進入密縣地界，遙望嵩山，還在六十里之外。從一條岔路往東南走了二十五里，經過密縣，到達天仙院。院內祭祀的天仙，是黃帝的三個女兒。祠後的庭院內有棵白松，相傳這三個女兒就在樹下脫去凡骨，成仙而去。松很高大，得四人才能合抱，從一個根上，長出三枝樹幹，三幹鼎立，高聳雲霄，樹皮像凝結的油脂，比搽了粉還要潔白，枝條如盤曲的虬龍，綠色的松針在風中飛舞，樹身挺拔修美，昂然挺立在半空之中，真可稱為一個奇觀。四周用石欄圍住，朝北有一廊屋，裡面題詠極多，在此觀賞了好長時間。下去觀看滴水，澗水到這裡忽然下落，一座山崖覆蓋在上面，水就在下面滴著。回到密縣，仍去西門。走了三十五里，進入登封地界，地名耿店，從這裡向南是通往石淙的路，於是停下留宿。

二十日　從小徑南行，二十五里，皆土岡亂壟。久之，得一溪。渡溪，南行岡脊中，下瞰則石淙在望矣。余入自大梁❶，平衍廣漠，古稱「陸海」❷，地以得泉為難，泉以得石尤難。近嵩始睹蜿蜒眾峰。於是北流有景、須諸溪，南流有潁水❸，然皆盤伏土磧中。獨登封東南三十里為石淙，乃嵩山東谷之流，將下入於潁。一路陂陀屈曲，水皆行地中，至此忽逢怒石。石立崇岡山峽間，有當關扼險之勢，水沁入脅下，從此水石融和，綺變❹萬端。繞水之兩崖，則為鵠立，為雁行；踞中央者，則為飲兕，為臥虎。低則嶼，高則臺，愈高，則石之去水也愈遠，乃又空其中而為窟、為洞。揆崖之隔以尋❺尺計，竟水之過以數丈計。水行其中，石峙於上，為態為色，為膚為骨，備極妍麗。不意黃茅白葦中，頓令人一洗塵目也！

登隴，西行十里，為告成鎮❻，古告成縣地。測景臺❼在其北。西北行二十五里，為岳廟❽。入東華門❾時，日已下舂❿，余心豔盧巖⓫，即從廟東北循山行，越陂陀數重，十里，轉而入山，得盧巖寺。寺外數武⓬，即有流鏗然，下墜石峽中。兩旁峽色，氤氳⓭成霞。溯流造寺後，峽底矗崖，環如半規，上覆下削。飛泉墮空而下，舞綃⓮曳練⓯，霏微⓰散滿一谷，可當武彝之水簾⓱。蓋此中以得水為奇，而水復得石，石復能助水不尼⑱水，又能令水飛行，則比武彝為尤勝也。徘徊其下，僧梵音以茶點餉。急返岳廟，已昏黑。

【章旨】本章記載了出遊第二十天的行跡。進入開封後，一路平坦，直到臨近嵩山，才看到山峰。水都在土堆裡潛行，惟獨從嵩山東谷流出的石淙，滲入崖石之中，水石交相輝映，形狀顏色，變化無窮，極其妍麗。向西經過告成鎮，來到中嶽廟，天已傍晚。立即前往盧巖寺，寺外飛泉鳴響，煙雲迷漫，水石相助，景色迷人。當晚返回中嶽廟。

【注釋】❶大梁　戰國時魏國的都城大梁，就是後來的開封，因稱開封為大梁。❷陸海　物產富饒、地勢平坦的高地。過去特指關中一帶。❸潁水　即潁河。源出登封西南、嵩山南面的潁谷，東南流入安徽境內，匯入淮河。❹綺變　綺為有花紋或圖案的絲織品。綺變指色彩、形狀的變化。❺尋　古代長度單位，一尋為八尺。❻告成鎮　在今河南登封東南。古為陽城縣，武則天當政，為示登封中嶽的大禮告成，改名告成縣，五代後周時併入登封縣。❼測景臺　即周公測景臺。在告成鎮周公祠前。據清乾隆二十年碑文記載，為東周所建，今已不存。現存測景臺為唐初天文學家一行（俗名張遂）在改革曆法、進行天文測景時所建，高一點六四公尺。其北是元代郭守敬所建的觀星臺，高九點六四公尺。❽岳廟　即中嶽廟。在登封城東八里的黃蓋峰下、萬歲峰前。內祀中嶽神。始建於秦、漢年間，廟址屢有變遷，唐代中期始定於現址。唐、宋年間盛極一時，有「飛甍映日，傑閣聯雲」之稱。現存廟制基本上保留清代重修後的規模，據說參照了一些宮城建築的形式，自中華門往裡，共十一進，長達六百五十公尺，為河南現存規模最大的寺廟建築。廟內有唐、宋以來的古柏三十餘株；北宋治平元年鑄造的四大鐵人；以及包括北魏的中嶽嵩山高靈廟碑在內的石刻碑碣和金屬鑄器多件。❾東華門　中嶽廟東門。❿下舂　指夕陽將墜的時候。⓫心豔盧巖　豔，羨慕。盧巖即盧巖寺。在中嶽廟東北。相傳唐代書畫家盧鴻隱居於此，後舍為寺。寺北有三疊瀑布，名盧巖瀑布，所在峰稱懸練峰。⓬武　古人以六尺為一步，半步為武。⓭氤氳　形容煙雲彌漫。⓮綃　生絲織物。⓯練　煮熟的白絹。⓰霏微　形容霧氣、細雨彌漫。⓱武彝之水簾　武夷山的水簾洞，一名唐曜洞天。在九曲溪北，與天心巖相距二里。為武夷山最大的巖洞，被稱為「山中最勝之境」。古人曾作對聯：「石室雲開，見大地山河、三千世界；水簾風捲，露半天樓閣、十二欄干。」巖壁高寬各數十丈，上凸下凹，形成巖穴。洞內敞亮可容千人，依崖散建數座不施片瓦的廟宇，其中以三賢祠最著名。巖頂有兩道終年不竭的流泉，微風吹動，化為水珠，儼若懸掛洞頂的兩幅珠簾，注入巖下浴龍池。⑱尼阻止。

【語　譯】二十日　從小路往南，走了二十五里，到處都是土岡土埂。過了好久，才看到一條溪水。渡過溪水，在山岡脊上往南走，往下看，石淙就在眼底了。我從大梁進入後，一路平坦廣闊，古時稱作「陸海」，地上很難找到泉水，而在泉邊更難找到山石。直到臨近嵩山，方才看到曲折延伸的群峰。從這裡向北流的有景溪、須溪等溪水，向南流的有潁水，但都曲折回旋，隱伏在沙石之中。惟獨登封城東南三十里的石淙，是出自嵩山東谷的水流，往下就流入潁水。一路地勢不平，曲折起伏，水都在地中流過，到這裡忽然碰到形狀怪異的岩石。岩石挺立在高岡山峽之中，顯出把關守險的架勢，水滲入岩石的脅下，從此水石相融，色彩形狀，變化萬端。兩邊流水繞過的山崖，有的像天鵝獨立，有的像飛雁成行；在水中央的，有的像飲水的犀牛，有的像躺著的老虎。低的成了小島，高的成了樓臺，越高，岩石離水越遠，而且中間又空著成為石窟石洞。估計兩崖之間相隔不過八尺左右，但水從中流過卻要好幾丈。水在崖石中流過，崖石峙立在水面上，水流顯示出各種姿態，崖石映照出不同顏色，水如細膩的肌膚，石如挺拔的骨骼，水石輝映，極其妍麗。真想不到這長滿黃茅白葦的蘆蕩中，能讓人頓時眼目一新，超脫塵俗之外。

踏上高坡，往西走十里，便是告成鎮，即古代的告成縣城。測景臺就在它的北面。再往西北走二十五里，到中嶽廟。進入東華門時，太陽已經下山，但我仰慕盧巖寺心切，立即從廟東北沿著山走，翻過幾重山坡，向前十里，轉身進入山中，找到盧巖寺。在寺外幾步遠的地方，有流水鏘然作響，下落到石峽之中。兩旁山峽，煙雲彌漫，蔚成彩霞。沿著流水上行，來到寺院後面，峽谷底部聳起山崖，圍成一個半圓，上面遮蔽，下面陡削。飛泉從空中直落下來，如同銀綃揮舞，白練牽曳，水氣迷濛，散滿山谷，可以和武夷山的水簾洞比美。總的說這裡因為有了水才成奇觀，而水邊又有崖石，崖石不但不阻擋水流，還能幫助水流，讓它飛騰起來，這就比武夷山更加奇妙。在它下面來回走了一會，梵音和尚拿出茶點招待。急忙返回中嶽廟，天色已經昏黑。

二十一日　晨，謁岳帝。出殿，東向太室❶絕頂。按嵩當天地之中，祀秩為五岳首，故稱嵩高；與少室❷並峙，下多洞窟，故又名太室。兩室相望如雙眉，然少室嶙峋，而太室雄厲稱尊，儼若負扆❸。自翠微以上，連崖橫亙，列者如屏，展者如旗，故更覺巖巖❹。崇封始自上古，漢武以嵩呼之異❺，特加祀邑❻；宋時逼近京畿❼，典禮大備，至今絕頂❽猶傳鐵梁橋❾、避暑寨❿之名，當盛之時，固可想見矣。

太室東南一支，曰黃蓋峰⓫。峰下即岳廟，規制宏壯。庭中碑石矗立，皆宋、遼以來者。登岳正道，乃在萬歲峰⓬下，當太室正南。余昨趨盧巖時，先過東峰，道中見峰巒秀出，中裂如門，或指為金峰玉女溝，從此亦有路登頂，乃覓樵預期為導，今遂從此上。近秀出處，路漸折，避之，險絕不能徑越也。北就土山，一縷僅容攀躋，約二十里，遂越東峰，已轉出裂門⓭之上。西度狹脊，望絕頂行。是日濃雲如潑墨，余不為止。至是嵐氣愈沉，稍開，則下瞰絕壁重崖，如列綃削玉，合則如行大海中。五里，抵天門⓮。上下皆石崖重疊，路多積雪。導者指峻絕處為大鐵梁橋。折而西，又三里，繞峰南下，得登高巖⑮。凡巖幽者多不暢，暢者又少迴藏映帶之致。此巖上倚層崖，下臨絕壑，洞門重巒擁護，左右環倚臺嶂。初入，有洞岈然，洞壁斜透，穿行數武，崖忽中斷五尺，莫可著趾。導者故老樵，狷⑯捷如猿猴，側身躍過對崖，取木二枝，橫架為閣道。既度，則巖穹然上覆，中有乳泉⑰、丹竈、石榻諸勝。從巖側躋而上，更得一臺，三面懸絕壑中。導者曰：「下可瞰登封，遠及箕、潁⑱。」時濃霧四塞，都無所見。出巖，轉北二里，得白鶴觀⑲址。址在山坪，去險就夷，孤松挺立有曠致。又北上三里，始躋絕頂，有真武廟⑳三楹㉑。側一井，甚瑩，曰御井㉒，宋真宗㉓避暑所濬也。

飯真武廟中。問下山道，導者曰：「正道從萬歲峰抵麓二十里，若從西溝懸溜㉔而下，可省其半，然路極險峻。」余色喜，謂嵩無奇，以無險耳，亟從之，遂策杖前。始猶依巖凌石，披叢條以降，既而從兩石峽溜中直下，仰望夾崖逼天。先是峰頂霧滴如雨，至此漸開，景亦漸奇。然皆垂溝脫磴，無論不能行，且不能止。愈下，崖勢愈壯，一峽窮，復轉一峽，吾目不使旁瞬，吾足不容求息也。如是十里，始出峽抵平地，得正道。過無極洞㉕，西越嶺，趨草莽中，五里，得法皇寺㉖。寺有金蓮花㉗，為特產，他處所無。山雨忽來，遂借榻僧寮㉘。其東石峰夾峙，每月初生，正從峽中出，所稱「嵩門待月」㉙也。計余所下之峽，即在其上，今坐對之，祇覺雲氣出沒，安知身自此中來也？

【章旨】本章記載了第二十一天的行跡。太室山雄壯威武，有帝王之尊。找了嚮導，從金峰玉女溝攀登峰頂，在濃霧中到達天門。隨即踏上登高巖，這裡地勢險峻，有洞又深又大。離開後經過白鶴觀遺址，來到峰頂的真武廟。飯後聽從嚮導的話，冒險從山溝中直滑下去，到法皇寺借宿，觀賞「嵩門待月」的景色。

【注釋】❶太室　太室山。嵩山的東峰，主峰峻極峰海拔一千四百九十四公尺。❷少室　少室山。在太室山西邊，主峰御寨山（南寨）海拔一千五百十二公尺。❸負扆　天子見諸侯時，背依畫斧的屏風南向而立，因稱負扆。扆，畫斧的屏風。❹巖巖　高峻。❺嵩呼之異　據《漢書・武帝紀》載，元封元年春，漢武帝劉徹登嵩山，隨行的官吏士卒在山中聽到三次高呼萬歲的聲音，稱作天意。❻祀邑　漢武帝為了答謝嶽神，下詔劃出三百戶人家奉祀嶽神，設立嵩高邑，附近禁伐山木，成了登封的前身。❼京畿　京城附近的地區。❽絕頂　即嵩頂，又稱中峰、峻極峰，為太室山的最高處。❾鐵梁橋　又名大鐵梁峽。在嵩頂東山的過峽處。❿避暑寨　傳說為宋真宗趙恆避暑的地方。⓫黃蓋峰　在太室山東南，傳說漢武帝來時，峰上有黃雲如蓋，故名。⓬萬歲峰　太室二十四峰之一。傳說漢武帝屬下就是經過這座山峰時，聽到歡呼萬歲的聲音，因稱此山為萬歲峰。⓭裂門　即上面所說的金峰玉女溝。⓮天門　指天門峰。在太室西，兩巖對峙，中豁如門，登其上可南望千里之外的南陽。其下為天門峽，附近有天門泉。⓯登高巖　又名高登崖、高登巖。在峻極峰東南，環境清幽。⓰狷　性急。這裡作動作敏捷解。⓱乳泉　以泉水似乳而得名。泉水下滴，時間長了，將石面沖刷成窩形，稱丹竈盆。又有石榻可臥，故又稱為棲靜崖。⓲箕潁　箕即箕山，在太室東南二十里，以山形如箕得名。因上古許由隱居於此，又名許由山。潁，即潁河，源出登封西南、嵩山南面的潁谷，東南流入安徽境內，匯入淮河。⓳白鶴觀　在遇聖峰下，西去太室峰頂約四里。傳說道士浮丘公將周靈王太子王子晉（成仙後名王子喬）接到這裡，三十多年之後，有人看到王子喬乘白鶴飛於山頂，後在山下立祠。⓴真武廟　位於峻極峰頂的道觀，內供祀真武帝君。真武本名玄武，是古代神話中北方之神，宋代因避諱改稱真武。道教徒以此稱峻極峰為玄龜峰。㉑楹　古代稱屋一間為一楹，也有一種說法，以一列為一楹。㉒御井　即玉井。㉓宋真宗　宋代第三代皇帝，名趙恆，崇尚道教，提倡神道設教。㉔懸溜　從高處往下滑行。㉕無極洞　即今老君洞。㉖法皇寺　即法王寺。在嵩山玉柱峰下。據《登封縣志》，建於東漢明帝永平十四年（七一），當時佛教初入中國。三國魏時改稱護國寺，後來多次更名，宋以後稱嵩山大法王寺，號稱「嵩前第一剎」。寺內有密簷式磚塔，建於盛唐，高約四十公尺。寺西一里為嵩嶽寺，寺內有塔，建於北魏正光元年（五二〇），高四十公尺，十五層。用青磚黃泥砌成，為中國現存最古老的磚砌佛塔。㉗金蓮花　傳說有個高僧在法王寺說法，地上湧出金蓮，性似菊花，在秋天開放。㉘寮　小屋。㉙嵩門待月　法王寺左邊的玉柱峰下，有峽如門，稱作嵩門。每當秋天農曆十五前後，月從東方升起，高懸峽中，如鏡在臺，稱「嵩門待月」，為嵩山八景之一。

【語　譯】二十一日　清晨，拜謁中嶽大帝。走出大殿，向東攀登太室山的頂峰。按嵩山正當天地中央，祭祀的規格居五嶽之首，所以稱為嵩高。因為它同少室山並立，下面有很多洞窟，又稱太室。太室、少室相望如同雙眉，只是少室山突兀瘦削，太室山雄壯威武，傲然在上，就像帝王南面接見諸侯。從翠微峰以上，山崖相連綿延，有的像屏風一般排列，有的像大旗那樣展開，所以更加覺得高峻。對嵩山的尊崇封賜從上古就已開始，漢武帝因為嵩山中發出對他三呼萬歲的聲音，特加封邑，以奉祀嶽神；嵩山在宋代靠近京城，典禮更加完備，直到現在，頂峰還流傳著鐵梁橋、避暑寨這些名稱，當時的盛況，也就可想而知了。

太室山東南一支，叫黃蓋峰。峰下就是中嶽廟，規模雄偉。庭中矗立著不少碑石，都是宋、遼以來的東西。攀登嵩山的正路，就在萬歲峰下，太室山的正南面。我昨天前往盧巖寺時，先經過東峰，途中看到峰巒挺秀，中間像門一樣裂開，有人指著說這就是金峰玉女溝，從這裡也有路可登上山頂，於是找了個樵夫，約定時間來做嚮導，現在就從這裡上山。走近山峰挺秀的地方，路漸漸曲折，只好避開，因為太險，不能直接過去。向北登上一座土山，只有一條極狹窄的小路讓人攀登，大約走了二十里，就越過東峰，已從那裂開的石門上面轉了出來。向西越過狹窄的山脊，面對著峰頂前進。這天烏雲密布，好像潑墨一般，但我沒有因此停步。這時雲霧越來越濃，稍微散開一些，往下看到陡峭的石壁、重疊的山崖，就像掛著的生綃，又像經過切削的玉石，當雲霧聚攏之時，好像在大海中行走。走了五里，到達天門。上下都是重疊的崖石，路上蓋滿積雪。嚮導指著最險峻的地方說這就是大鐵梁橋。轉身向西，又走了三里，繞過山峰南下，來到登高巖。凡是山巖深幽之處，大多路不通暢，而道路通暢的地方，又往往缺少曲折隱蔽，相互襯托的情致。這座山巖上面靠著重重崖壁，下面對著幽深的溝壑，洞門外面重重山巒簇擁，左右都有平臺尖峰環繞。剛進去，便是一個又深又大的洞，洞壁斜穿，在裡面走了幾步，崖石忽然從中斷開有五尺寬，無法落腳。嚮導本是個老樵夫，像猿猴一般敏捷，側身躍到對面的山崖上，找了二棵樹木，橫架在山崖上，搭成閣道。從這上面過去，只見登高巖中間拱起，裡面有乳泉、丹竈、石榻等景點。從巖旁上去，又發現一個平臺，三面懸空，下臨深谷。嚮導說：「往下可看到登封縣城，更遠些還可看到箕山、潁水。」這時四面濃霧密布，什麼也看不到。離開登高巖，轉向北走了二里，看到白鶴觀遺址。遺址在山坪上，不在險峻之處，位於比較平坦的地方，孤松挺立，很有曠達的情調。又向北走三里，才登上頂峰，上面有真武廟，共三間房屋。旁邊有一口井，十分明淨，叫做御井，是宋真宗避暑時開鑿的。

在真武廟中吃飯。問起下山的路，嚮導說：「正路從萬歲峰到山腳有二十里，如果從西面山溝懸空滑下去，可省一半路，只是路極險峻。」我聽了喜形於色，認為嵩山沒有奇景，就因為沒有險峻之處，於是立即聽從他的話，拿著手杖向前。起先還靠著山巖，踩著石塊，撥開叢叢枝條往下走，不久就從兩座石峽中直滑下去，抬頭望見兩邊的山崖直逼青天。原先峰頂霧氣騰騰，好像在下雨，到這時漸漸消散，景色也漸漸奇異起來。然而都是陡懸的山溝，沒有石級，不要說不能走，而且還不能停。越往下，山崖的氣勢越雄壯，走完一個峽谷，又轉入另一個峽谷，我的眼睛不敢向旁邊看，我的腳也不容歇一會。這樣走了十里，才走出峽谷到達平地，上了正路。經過無極洞，向西翻過山嶺，在草叢中向前，走了五里，到達法皇寺。寺內有金蓮花，是這裡的特產，其他地方沒見過。山雨忽然到來，於是就在和尚的小屋借宿。寺院東有石峰夾立，每當月亮升起的時候，正好從峽中露出，這就是所謂「嵩門待月」。估計我所下的峽谷，就在它的上面。如今坐在下面對著它，只看到雲氣時隱時現，哪知自己就是從這裡走出的？

二十二日　出山東行五里，抵嵩陽宮❶廢址。惟三將軍柏❷鬱然如山，漢所封也；大者圍七人，中者五，小者三。柏之北，有室三楹，祠二程先生❸。柏之西，有舊殿石柱一，大半沒於土，上多宋人題名，可辨者為范陽祖無擇❹、上谷寇武仲❺及蘇才翁❻數人而已。柏之西南，雄碑傑然，四面刻蛟螭甚精。右則為唐碑❼，裴迥❽撰文，徐浩❾八分書也。又東二里，過崇福宮❿故址，又名萬壽宮，為宋宰相提點⓫處。又東，為啟母石⓬，大如數間屋，側有一平石如砥。又東八里，還飯岳廟，看宋、元碑。西八里，入登封縣。西五里，從小徑西北行。又五里，入會善寺⓭，「茶榜」⓮在其西小軒內，元刻也。後有一石碑，仆牆下，為唐貞元〈戒壇記⓯〉，汝州刺史陸長源撰文，河南陸郢書。又西為戒壇⓰廢址，石上刻鏤極精工，俱斷委草礫。西南行五里，出大路，又十里，至郭店⓱。折而西南，為少林⓲道。五里，入寺，宿瑞光上人房。

【章　旨】本章記載了第二十二天的行跡。到達嵩陽宮廢址，看到奇偉的「三將軍柏」，另有二程先生祠及唐碑等石刻。向東經過崇福宮、啟母石，回到中嶽廟。飯後進入登封縣，走訪會善寺，寺旁有戒壇遺址。當天來到少林寺過夜。

【注　釋】❶嵩陽宮　即今嵩陽書院。位於太室山南麓。創建於北魏孝文帝太和八年（四八四），名嵩陽寺。唐改為嵩陽觀，五代後周初時設立書院，至宋，改名嵩陽書院，為四大書院之一。❷三將軍柏　嵩陽書院內有古柏三株，相傳西漢元封元年（前一一〇），漢武帝劉徹遊嵩嶽，見三柏高大茂盛，封為大將軍、二將軍、三將軍。三將軍柏在明末毀於兵火，今剩二株。大將軍柏周長約六公尺，二將軍柏周長近十五公尺，為中國現存最古老最粗壯的柏樹。❸二程先生　北宋理學家程顥（明道先生）、程頤（伊川先生）兄弟。宋代名儒如范仲淹、司馬光及程氏兄弟，都曾在嵩陽書院講學。❹祖無擇　北宋上蔡（今屬河南）人。范陽，古郡名（治所在今北京西南），可能為其原籍。❺寇武仲　原籍上谷（古郡名，治所在今河北易縣）。熙寧六年（一〇七三），與祖無擇同遊嵩山。❻蘇才翁　名舜元，北宋銅山（治所在今四川中江縣東南）人。❼唐碑　即〈大唐嵩陽觀紀聖德感應頌〉碑，高八公尺多，寬二公尺多，厚一公尺多，唐玄宗天寶三年（七四四）刻立，為嵩山碑碣之冠。❽裴迥　唐玄宗時在世。但現在的唐碑，為李林甫撰文。❾徐浩　字季海，越州（今浙江紹興）人。張九齡甥，善文辭，工書法。唐碑上的字，便是他用八分體書寫的。八分為書體名，即八分書，字體似隸而體勢多波磔（書法左撇叫「波」，右捺叫「磔」）。相傳秦代李斯作小篆，程邈作隸書，王次仲割程邈字八分，取二分，割李斯字二分，取八分，別成一體，稱八分書。❿崇福宮　即漢武帝因聽到三呼萬歲的聲音，在萬歲峰所建的萬歲觀。唐高宗時改名太乙觀，宋代改名崇福宮，又稱萬歲宮，當時皇帝常在此求福。相傳司馬光曾在此編寫《資治通鑑》。⓫提點　宋代有照管宮觀的提點宮觀和提舉宮觀，專為安置罷退的大臣和閒員而設，坐食俸祿而不管事，號「祠祿官」。⓬啟母石　萬歲峰下有大石，周長四十三公尺，高十公尺，上平滑。據《淮南子》記載，名啟母石。相傳大禹娶塗山氏，後來變作熊去開山治水。塗山氏發覺後，又羞又恨，來到嵩山腳下，變成一塊大石。大禹趕到那裡向她要兒子，於是大石裂開，生出啟來。後來啟成了中國第一個皇朝，即夏朝的開創者。啟母石旁有啟母闕，是漢代啟母廟前的神道闕，與太室闕、少室闕並稱「中嶽漢三闕」。闕上有小篆銘文，是漢代書法中的精品。⓭會善寺　在積翠峰下。原為北魏孝文帝的離宮，魏亡，成為澄覺禪師的精舍。隋初改稱今名。寺東山坡上有塔三座，其中一座為六角錐體五級彩色琉璃塔。⓮茶榜　石刻名，在會善寺西戒壇附近。元僧溥光書，敘述飲茶和求法的重要。溥光俗名李玄暉，曾任昭文館大學士，工字畫。這塊元刻茶榜已在清代移入峻極寺。⓯戒壇記　即〈嵩山會善寺戒壇記〉，作於唐德宗貞元十一年（七九五）。⓰戒壇　佛教徒受戒的壇。唐初天文學家一行在會善寺出家，寺西山坡上有他所建的戒壇遺址。⓱郭店　太室和少室之間的一個小鎮，在登封至偃師的公路旁。⓲少林　指少林寺。在登封城西北三十里的少室山北麓五乳峰下。建於北魏太和十九年（四九五）。孝昌年間，古印度南天竺僧人菩提達摩在此創立禪宗，少林寺也就被稱為禪宗的祖庭。唐初，少林寺僧人曾幫助唐太宗李世民打天下，從此僧徒常習拳術，為少林拳術的發源地。千佛殿內有明代五百羅漢朝毗盧（法身佛）壁，約三百多平方公尺；白衣殿內有清代少林寺拳譜，十三和尚救唐王壁畫。寺西塔林，為歷代住持僧的墓地，有各種墓塔二百二十多座。此外尚有達摩亭（立雪亭）、達摩面壁洞等名勝。

【語　譯】二十二日　出山向東走五里，到達已經荒廢的嵩陽宮的遺址。惟有漢代所封的「三將軍柏」，枝葉繁茂，奇偉如山；大的得七人才能合抱，居中的需要五人，最小的也要三人。柏樹北面有三間房屋，祭祀二程先生。柏樹西面有根舊殿的石柱，大半埋在土中，上面有許多宋人的題名，可以辨認的只有范陽祖無擇、上谷寇武仲和蘇才翁等少數幾個人。柏樹的西南面，樹立著一塊雄偉的石碑，很不尋常，四面刻著蛟龍形的圖案，十分精緻。右面是唐碑，裴迥作文，徐浩用八分體書寫。再向東二里，經過崇福宮舊址，崇福宮又名萬壽宮，是宋朝宰相罷退後作提點的地方。繼續向東，便是啟母石，有幾間房屋那麼大，旁邊有一塊石頭，像磨刀石那麼平滑。再向東走八里，回中嶽廟用餐，觀看宋、元碑刻。隨後向西走八里，進入登封縣。再向西五里，從小路往西北，又走了五里，進入會善寺，元代的石刻「茶榜」，就在寺西邊的小屋裡。後面有一塊石碑，仆倒在牆腳下，是唐貞元年間的〈戒壇記〉，汝州刺史陸長源作文，河南人陸郢書寫。再往西是已廢棄的戒壇的舊址，石碑上的雕刻十分精美，但都已毀壞，堆積在草叢碎石之中。往西南走五里，踏上大路，再走十里，到達郭店。轉向西南，便是通往少林寺的路。走了五里，進入少林寺，在瑞光上人的屋內寄宿。

二十三日　雲氣俱盡。入正殿，禮佛畢，登南寨。南寨者，少室絕頂，高與太室等，而峰巒峭拔，負「九鼎蓮花」❶之名。俯環其後者為九乳峰，蜿蜒東接太室，其陰則少林寺在焉。寺甚整麗，庭中新舊碑❷森列成行，俱完善。夾墀二松，高偉而整，如有尺度。少室橫峙於前，仰不能見頂，遊者如面牆而立，輒謂少室以遠勝。余昨暮入寺，即問少室道，俱謂雪深道絕，必無往。凡登山以晴朗為佳，余登太室，雲氣瀰漫，或以為仙靈見拒，不知此山魁梧，正須止露半面。若少室工於掩映，雖微雲豈宜點滓❸？今則霽甚，適逢其會，烏可阻也！乃從寺南渡澗登山，六七里，得二祖庵❹。山至此忽截然土盡而石，石崖下墜成坑。坑半有泉，突石飛下，亦以「珠簾」名之。余策杖獨前，愈下愈不得路，久之乃達。其巖雄拓不如盧巖，而深峭過之。巖下深潭泓碧，僵雪四積。再上，至煉丹臺❺，三面孤懸，斜倚翠壁。有亭曰小有天，探幽之屐，從未有抵此者。過此皆從石脊❻仰攀直躋，兩旁危崖萬仞，石脊懸其間，殆無寸土，手與足代匱❼而後得升。凡七里，始躋大峰。峰勢寬衍，向之危石，又截然忽盡為土。從草棘中莽莽南上，約五里，遂凌南寨頂，屏翳❽之土始盡。南寨實少室北頂，自少林言之為南寨云。蓋其頂中裂，橫界南北，北頂若展屏，南頂列戟峙，其前相去僅尋丈，中為深崖，直下如剖。兩崖夾中，坑底特起一峰，高出諸峰上，所謂摘星臺❾也，為少室中央。絕頂與北崖離倚，彼此斬絕不可度。俯矚其下，一絲相屬。余解衣從之，登其上，則南頂之九峰，森立於前，北頂之半壁，橫障於後，東西皆深坑，俯不見底，罡風❿乍至，幾假翰⓫飛去。

從南寨東北轉，下土山，忽見虎跡大如升。草莽中行五六里，得茅庵，擊石炊所攜米為粥，啜三四碗，飢渴霍然去。倩庵僧為引龍潭⑫道。下一峰，峰脊漸窄，土石間出，棘蔓翳之，懸枝以行，忽石削萬丈，勢不可度，轉而上躋，望峰勢蜿蜒處趨下，而石削復如前。往復不啻⑬數里，乃迂過一坳，又五里而道出，則龍潭溝也。仰望前迷路處，危崖欹石俱在萬仞峭壁上，流泉噴薄其中，崖石之陰森嶄巖⑭者，俱散成霞綺；峽夾澗轉，兩崖靜室⑮，如蜂房燕壘。凡五里，一龍潭沉涵凝碧，深不可規以丈；又經二龍潭，遂出峽，宿少林寺。

【章　旨】本章記載了第二十三天的行跡。南寨是少室山的頂端，有「九鼎蓮花」的美名。少林寺在山的北面，十分壯麗整齊。天氣晴朗，機會難得，於是踏雪登山，經過二祖庵，來到從未有人去過的煉丹臺。隨後在極為險峻的石脊上攀登，終於踏上南寨，只見峰頂中間開裂，分成南、北兩頂。少室山的中央，便是摘星臺。從南寨下去，經過幾次曲折，好不容易到達龍潭溝。最後走出峽谷，去少林寺寄宿。

【注　釋】❶九鼎蓮花　古人常以「蓮花九頂」形容少室的秀麗。如「面面蓮花九頂分」，「九頂蓮花葉葉分」。❷新舊碑　嵩山碑碣石刻，以少林寺保留最多，現寺內仍保存了唐以來的碑碣石刻三百餘件。❸微雲豈宜點滓　東晉會稽王司馬道子一天夜晚坐著賞月，讚歎月亮明淨，沒有一點陰影。當時在座的謝重說如果能有微雲點綴就更好。司馬道子說他居心不淨，想滓穢（污染）天空。見《世說新語・言語》。❹二祖庵　在少林寺西南八里的缽盂峰上。是禪宗二祖慧可的修行地。有古井四眼，俗稱「卓錫泉」。❺煉丹臺　疑即煉魔臺，又稱覓心臺，在二祖庵附近。❻石脊　指石上像獸類脊梁骨似的高出部分。❼手與足代匱　手腳並用以補不足。匱，缺乏；不足。❽屏翳　屏為遮擋，翳為覆蓋。❾摘星臺　前人疑即少室三十六峰中的連天峰。⑩罡風　即剛風。高空的烈風。⑪翰　鳥的羽毛。⑫龍潭　即龍潭溝，又名五龍潭，在少室山東北側，相傳為慧可「截錫擲鐵」而成。⑬不啻　不但；不只。⑭嶄巀　形容山勢高峻。巀，為「巀」的俗字。⑮靜室　清靜之室。指僧徒修行的地方。

【語譯】二十三日　雲氣都已消散，進入少林寺正殿，拜佛後，攀登南寨。南寨是少室山的頂峰，高度與太室山相等，峰巒陡峭峻拔，有「九鼎蓮花」的美名。低繞在它後面的是九乳峰，向東曲折延伸，和太室山相接，少林寺就在它的北面。寺院十分整齊壯麗，庭中新舊碑刻排列成行，都完好無損。臺階兩邊的二棵松樹，高大壯美，而且齊整，好像用尺量好似的。少室山橫立在寺前，抬頭看不到峰頂。遊人如同面對牆壁站著，總說少室山要遠看才行。我昨天傍晚進入寺內，就問去少室山的路，都說現在積雪太深，道路中斷，千萬別去。凡是登山總以天氣晴朗為好，我登太室山時，雲氣彌漫，有人認為這是仙靈拒絕遊客前往，不知道這座山如此魁梧，只須露出半面就行了。至於少室山的佳處在景物相互映襯，即使是微雲那樣輕淡的東西，也不能讓它在美麗的景物上留下污點。如今天氣分外晴朗，正逢上難得的好機會，又怎能阻止我前往呢！於是從寺的南面渡過澗水，登上山路，走了六、七里，看到二祖庵。山到這裡，忽然明顯地不見泥土，盡是岩石，石崖下墜形成深坑。坑的半腰湧出泉水，越過石塊往下飛流，也稱作「珠簾」。我拄著手杖獨自向前，越往下越無路可走，過了好久方才到達。這座山巖雄偉闊大不及盧巖，但更深峭。巖下是碧綠的深潭，四面都是僵硬的積雪。再向上攀登，到煉丹臺，臺三面懸空，一面斜靠著蒼翠的崖壁，有個名「小有天」的亭子，搜奇尋勝的人，過去從未來過這裡。從這裡往後的路，都是從石脊上筆直向上攀登，兩旁是萬丈懸崖，石脊懸掛在中間，簡直連一點土都沒有，只能靠手腳並用才爬了上去。走了七里，才登上大峰。峰上地勢寬廣，剛才還盡是危石，這時又忽然明顯地盡是泥土。從又深又密的荊棘草叢中往南上去，大約走了五里路，終於登上南寨的頂端，覆蓋在巖石外面的泥土也不見了。南寨實際上是少室山的北頂，對少林寺來說是南寨。峰頂中間開裂，橫隔成南北兩頂，北頂像展開的屏風，南頂的峰尖像戟一樣排列在它的面前，相隔只有一丈左右，中間是深崖，筆直下去，如同用刀剖開似的。在兩崖中間，從坑底又挺起一峰，高出群峰之上，這就是人們所說的摘星臺，正處在少室山的中央。峰頂與北崖分開，但又很靠攏，彼此隔絕，無法通過。低頭注視下面，只有很少一點相連。我脫了衣服走過去，登上崖頂，只見南頂的九個峰尖，密密地排列在前面，北頂的半面石壁，橫擋在後面，從東到西都是深坑，低頭望去，深不見底。高空的烈風忽然吹來，人幾乎像長了翅膀似地要隨風飛去。

從南寨轉向東北，下了土山，忽然看到像升那麼大的老虎足跡。在草叢中走了五、六里，找到一間用茅草搭成的小庵，擊石取火，將帶來的米熬成粥，一口氣喝了三四碗，原來又飢又渴的感覺，一下子消失了。請庵裡的和尚指引去龍潭的路。走下一座山峰，峰脊漸漸狹窄，土石相間，交互出現，上面蓋著荊棘蔓草，人只能拉著樹枝行走，崖石忽然陡削中斷，下臨萬丈之深，無法過去，轉而向上攀登，朝著峰勢曲折延伸的地方往下走，可是崖石還是像先前一樣陡削。這樣來來回回差不多好幾里，才繞過一個山坳，再走了五里出現道路，便是龍潭溝了。抬頭遠望先前迷路的地方，只見懸崖危石都在萬丈峭壁之上，流泉從中間湧起噴灑，即使那些陰森高峻的崖石，由於灑滿水珠，在陽光的照耀下，也閃現出雲霞綺羅般美麗的色彩；峽谷相夾，澗水回轉，兩邊山崖上的靜室，就像蜂房燕窩。走了五里，看到一個深沉濃綠的龍潭，水深不能用丈來計量；又經過二龍潭，便走出峽谷，在少林寺寄宿。

二十四日　從寺西北行，過甘露臺❶，又過初祖庵❷。北四里，上五乳峰❸，探初祖洞❹。洞深二丈，闊殺❺之，達摩九年面壁處也。洞門下臨寺，面對少室。地無泉，故無棲者。下至初祖庵，庵中供達摩影石❻。石高不及三尺，白質黑章，儼然胡僧❼立像。中殿六祖❽手植柏，大已三人圍，碑言自廣東置缽❾中攜至者。

夾墀二松亞少林。少林松柏俱修偉，不似岳廟偃仆盤曲，此松亦然。下至甘露臺，土阜矗起，上有藏經殿❿。下臺歷殿三重，碑碣⓫散布，目不暇接。後為千佛殿⓬，雄麗罕匹。出飯瑞光上人舍。策騎趨登封道，過轘轅嶺⓭，宿大屯。

【章　旨】本章記載了第二十四天的行跡。經過初祖庵，登上五乳峰，來到達摩面壁九年的初祖洞。再回到初祖庵，裡面有達摩影石。往下走到甘露臺，進入千佛殿。飯後騎馬翻過轘轅嶺，在大屯留宿。

【注　釋】❶甘露臺　在少林寺西，又名西臺。傳說北魏孝文帝時，古印度僧人跋陀在此翻譯佛經，天降甘露，因以為名。❷初祖庵　在少林寺西北三里。宋時少林寺僧徒為紀念禪宗初祖達摩而建造的。背倚五峰，前臨雙澗，古柏森森，為山中勝地。❸五乳峰　在少室北側，五頂相連，皆似乳形，故名。禪宗後分五派，其教徒認為五乳峰即為徵兆。❹初祖洞　即達摩面壁洞。在初祖庵上。達摩為古印度南天竺王子，剎帝利種姓，從海上漂流到中國。曾在洞內面壁九年，苦修道行。❺殺　差一些。❻達摩影石　又名面壁石。相傳達摩面壁九年之久，以至將自己的形象印於石壁之上。❼胡僧　西域僧人。❽六祖　指唐代高僧慧能。慧能俗姓盧，新州（治所在今廣東新興）人。後居廣東韶州曹溪山寶林寺說法。創立禪宗南宗，被尊為禪宗六世祖。❾鉢　鉢盂，古代和尚用的飯碗。❿藏經殿　又名藏經閣，建於明萬曆年間。⓫碑碣　碑刻的總稱。方的為碑，圓的為碣。⓬千佛殿　又名千佛閣，與藏經殿同時興建。⓭轘轅嶺　即轘轅山，又稱轘轅坂。在今河南偃師東南，接近鞏縣、登封兩地。地勢險要，自古為兵家必爭之地。山上設有轘轅關。

【語　譯】二十四日　從少林寺往西北走，路過甘露臺，又經過初祖庵。往北走四里，登上五乳峰，尋訪初祖洞。洞有二丈深，寬則窄一些不到二丈，這就是達摩面壁九年苦修道行的地方。洞門下臨少林寺，面對少室山。地上沒有泉水，因此也沒人居住。下山回到初祖庵，庵中供奉著達摩影石。石高不滿三尺，白底有黑色的條紋，很像一個西域僧人的立像。中殿前有六祖親手栽植的柏樹，大得需要三個人才能夠圍住，據石碑上的記載，是六祖放在鉢盂裡從廣東帶來的。臺階旁的二棵松樹比少林寺內的要小一些。少林寺的松柏都長得十分高大，不像中嶽廟的松柏倒伏盤曲，這兩棵松樹也像少林寺內的一樣。往下走到甘露臺，這是一個突起的土丘，上面有藏經殿。走下臺經過三重殿堂，只見到處都是碑刻，簡直來不及看。後面是千佛殿，雄麗無比。出來後在瑞光上人的屋裡用餐。隨後騎馬直奔去登封的路，翻過轘轅嶺，到大屯留宿。

二十五日　西南行五十里，山岡忽斷，即伊闕❶也。伊水❷南來經其下，深可浮數石舟。伊闕連岡，東西橫亙，水上編木橋之。渡而西，崖更危聳。一山皆劈為崖，滿崖鐫佛❸其上。大洞數十，高皆數十丈。大洞外峭崖直入山頂，頂俱刊小洞，洞俱刊佛其內。雖尺寸之膚，無不滿者，望之不可數計。洞左，泉自山流下，匯為方池，餘瀉入伊川。山高不及百丈，而清流淙淙不絕，為此地所難。伊闕摩肩接轂❹，為楚、豫❺大道，西北歷關、陝❻，余由此取西岳❼道去。

【章　旨】本章記載了第二十五天的行跡。往西南到達伊闕，伊水從下面流過。眼前整座山劈成崖壁，崖壁上鑿滿了石窟，到處雕刻著佛像。伊闕是交通要道，就從這裡前往華山。

【注　釋】❶伊闕　山名。闕原指宮門前兩邊供瞭望的樓和城樓。因這裡兩面青山相對而峙，看上去如同樓闕，伊河從中間流過，故名。俗稱龍門山。❷伊水　即伊河，又名伊川。源出河南盧氏東南，至偃師流入洛河。❸滿崖鐫佛　自北魏孝文帝遷都洛陽後，直至北宋，在長達四百多年的時間內，一直大規模地營造石窟造像，西山窟龕，密如蜂窩，共計窟龕二千多個，造像十萬餘尊，題記和其他碑刻三千六百多品，佛塔四十餘座，這就是著名的龍門石窟。其中最有代表性的是建於唐武則天在位時的奉先寺，碑刻則以「龍門二十品」最著名。龍門石窟和甘肅敦煌的莫高窟、山西大同的雲岡石窟、甘肅天水市的麥積山石窟，合稱中國四大石窟。❹摩肩接轂　行人肩碰著肩，車輛輪連著輪，用以形容街市繁盛。轂，車輪的中心部分，有圓孔，可以插軸。❺楚豫　指湖北、河南。❻關陝　指今河南、陝西相鄰的地區。❼西岳　指華山，因遠望如華（古花字），由此得名。還有一種說法，說山頂有千葉蓮花，因名華山。以其旁有少華山，故稱太華；為五嶽中的西嶽，故又稱華嶽。在今陝西華陰南面，北瞰黃河，南連秦嶺。華山包括東、西、南、北、中五峰，以「奇拔峻秀」冠天下。

【語　譯】二十五日　往西南走五十里，山岡忽然中斷，這就是伊闕。伊水從南而來，在下面流過，水深可以浮起載重好幾石的船隻。伊闕山岡相連，東西橫亙，水上用木料搭成橋梁。過橋向西，山崖更加險峻高聳。整座山都劈成崖壁，滿崖雕刻著佛像。上面有幾十個大洞，都有幾十丈高。大洞外的峭壁直上山頂，山頂都鑿滿小洞，洞內又都雕刻著佛像。即使很小一塊地方，無不刻得滿滿的，一眼望去，簡直無法計算。洞的左邊，有泉水從山上流下，匯成一個方池，溢出的水流入伊水之中。山高不到一百丈，但清流淙淙不絕，在這裡是很難得的。伊闕車來人往，十分熱鬧，是湖北、河南兩地的交通要道，往西北可到關中地區，我就從這裡踏上去西嶽華山的路。

【研　析】中國名山，有的以地勢險峻稱雄，有的以景物綺麗見長，有的以寺觀林立聞名，有的以文物薈萃著稱。其中泰山、嵩山，文化蘊藏尤其豐富，堪稱中原文明的縮影。雖然嵩山沒有黃山的奇松、廬山的飛瀑、武夷的清流、雁蕩的幽洞，但它有周柏、漢闕、魏塔、唐碑，有包含著上古傳說的啟母石，有體現前人科技水準的周公測景臺，據說甚至連中華民族的始祖黃帝也曾到此一遊。這絕非其他名山所能企及。故徐霞客寫嵩山，和前面幾篇有所不同，所重不僅在景物，更多的是對歷史文物的關注。但要對嵩山的文物一一作翔實的描述，殊為不易。由於歲月悠久，戰亂頻仍，不少遺址已非本來面目，何況上古傳說也未必都可信。在這篇遊記中，徐霞客著重描寫的，是最能體現嵩山自然景色和文物價值的所在，是既能發思古之幽情，又能滿足眼前觀賞的景觀。中嶽廟、少林寺、嵩陽書院，是道、佛、儒三教文明在中原大地的結晶，是嵩山最引人矚目的古建築群，自然也就成了徐霞客描述的主要對象。

少林寺是禪宗祖庭，其初祖即來自古印度南天竺的高僧達摩。傳說達摩在五乳峰石洞中面壁苦修九年（或說十年），以致將自己的身影印在石壁之上，這就是後來供在初祖庵內的達摩影石（即面壁石）。或許是出於對達摩的敬仰，也許是被宗教幻像所迷惑，對這塊影石的真偽，很少有人提出疑問。在徐霞客之前不久，魏校任河南督學，命工匠鑿石檢驗，發現這塊影石和達摩面壁洞中的石質全然不同，從而斷定它是後人偽製的，還特意寫了一篇〈辨達摩面壁影移文〉，「以破千古之惑」。在這篇遊記中，徐霞客沒有從正面提出懷疑，但在他的描述中，時時透露此中消息。達摩面壁，乃靜坐修行，但徐霞客所看到的影石，卻是「立像」；而且石高不到三尺，與一個成人的形體顯然不合。徐霞客指出這塊影石「白質黑章」，據今人考證，這正是當地最常見的石英岩。這塊影石在本世紀初火燒少林寺時被毀，現在安放在那裡的影石，是一件複製品。

遊賞嵩山的人，在飽覽人文景觀的同時，對自然景觀常會感到失望，認為兩者間的反差過於鮮明，產生「嵩山無奇景」的看法。根據徐霞客的經驗：「凡巖幽者多不暢，暢者又少迴藏映帶之致。」只有在凌危履險之後，才會得披奇抉奧之趣，所謂「奇從險極生，快自艱餘獲」。而險境則有待遊人自己去發現。說嵩山無奇者，往往在中嶽廟、少林寺這些景觀前止步，沒有往山的縱深處去尋找。徐霞客是個聞險則喜，知難更勇的人，當他聽嚮導說，從四面山溝可懸空滑下去，只是路極險峻時，不禁喜形於色，甚至置生死於不顧，目不旁瞬，足不容息，滑過長達十里的驚險路程。到了平地，意外地發現剛才溜下的西溝，正是著名的嵩門。他還去了從未有人到達的「小有天」，登上少室絕頂南寨，狂風吹來，險些把他吹落深淵，但他遊興更濃，反說如借雙翼飄然飛去。這正像前人所說的那樣，是「以性靈遊，以軀命遊」了。正由於徐霞客敢於履人所不履，故能發現勝景，對一丘一壑，瞭如指掌。也正因為他是在執著的探險過程中訪美的，故他看到的美、描寫的美，都具有壯麗的色彩，並為自身塑造了一個高蹈軒昂的形象。徐霞客發現了自然的奧祕，自然造就了徐霞客的風概。

作為中原第一名山，嵩山絕非無景可言。石淙是武則天大宴群臣之處。在這篇遊記中，徐霞客抓住石淙「水石融和，綺變萬端」這一特點，用生動、細膩的筆觸，描寫了「水行其中，石峙於上，為態為色，為膚為骨，備極妍麗」的景色，在黃茅白葦之中，展現出一幅綺麗的圖景。與石淙相似的還有盧巖寺外的峽谷。

這裡同樣以水石相濟成勝，但徐霞客還是敏銳地看到了兩地存在的差異。他寫石淙，主要著眼於岩石在水的嚙蝕下形態的奇特多變，而寫盧巖峽谷，則反過來描寫岩石非但不阻擋水，反幫助水流飛騰起來的奇異景觀。在他的筆下，無論水還是石，都充滿了活力，生氣勃勃，情趣盎然。「嵩門待月」和「石淙會飲」同為嵩山八勝之一，徐霞客素聞其名，故在冒險從西溝溜下之後，顧不上身心勞累，當晚又在法王寺前坐對嵩門，靜候明月升起。只是天不佑人，那天暮雨茫茫，雲氣出沒，未能如願。

在這次遊覽中，徐霞客對生態環境極為重視。他對當地水資源的記載，更有深刻的意義。他一到河南，就發現「山下深澗交疊，涸無滴水」，像伊闕那樣清流淙淙不絕的景象，十分罕見。只是他關於「中原缺水」的警告，並未引起人們足夠的重視，這種狀況從未改變，反而愈來愈甚了。甚至連當時還「深可浮數石舟」的伊水，現在也常常乾涸。

遊太華山❶日記 陝西西安府華陰縣❷

【題解】天啟三年（一六二三），徐霞客在離開嵩山後，經過伊闕、潼關，於三月直抵華山。這篇遊記，上半篇記在華山的遊程，下半篇寫離開華山後，越過秦嶺向南，到龍駒寨乘船而下，直到陝西、河南交界一路的見聞。華山原名「惇物山」，據《史記・封禪書》載：「天下名山八，而三在蠻夷，五在中國。……此五山黃帝之所常遊，與神會。」這五座名山中，就包括華山和嵩山。「五嶽」之說，定於西漢，最早只有東（泰山）西（華山）之嶽。「西嶽崢嶸何壯哉，黃河如絲天際來。」「西嶽崚嶒竦處尊，諸峰羅列似兒孫。」自古以來，華山一直以險峻峭拔，雄踞眾山之首，被譽為「奇險天下第一山」。其主峰嵯峨獨上，一柱擎天，體勢和嵩山不同，故有「華山如立」之說。華山背靠秦嶺，面對黃河，氣勢磅礴，蔚為壯觀；因地處關中，與古都長安為鄰，人文景觀豐富；還是道教獨占的名山，為道教著名的洞天福地。自唐以來，前往華山的遊者不絕。明初畫家王履目睹華山秀色，乃知過去三十年學畫，不過陳陳相因，於是屏去舊習，立意創新，所作《華山圖》四十幅，現藏北京故宮博物館和上海歷史博物館。

二月晦❸入潼關❹，三十五里，乃稅駕西岳廟❺。黃河從朔漠南下，至潼關，折而東。關正當河、山隘口，北瞰河流，南連華岳，惟此一線為東西大道，以百雉❻鎖之。舍此而北，必渡黃河，南必趨武關❼，而華岳以南，峭壁層崖，無可度者。未入關，百里外即見太華屼出雲表；及入關，反為岡隴所蔽。行二十里，

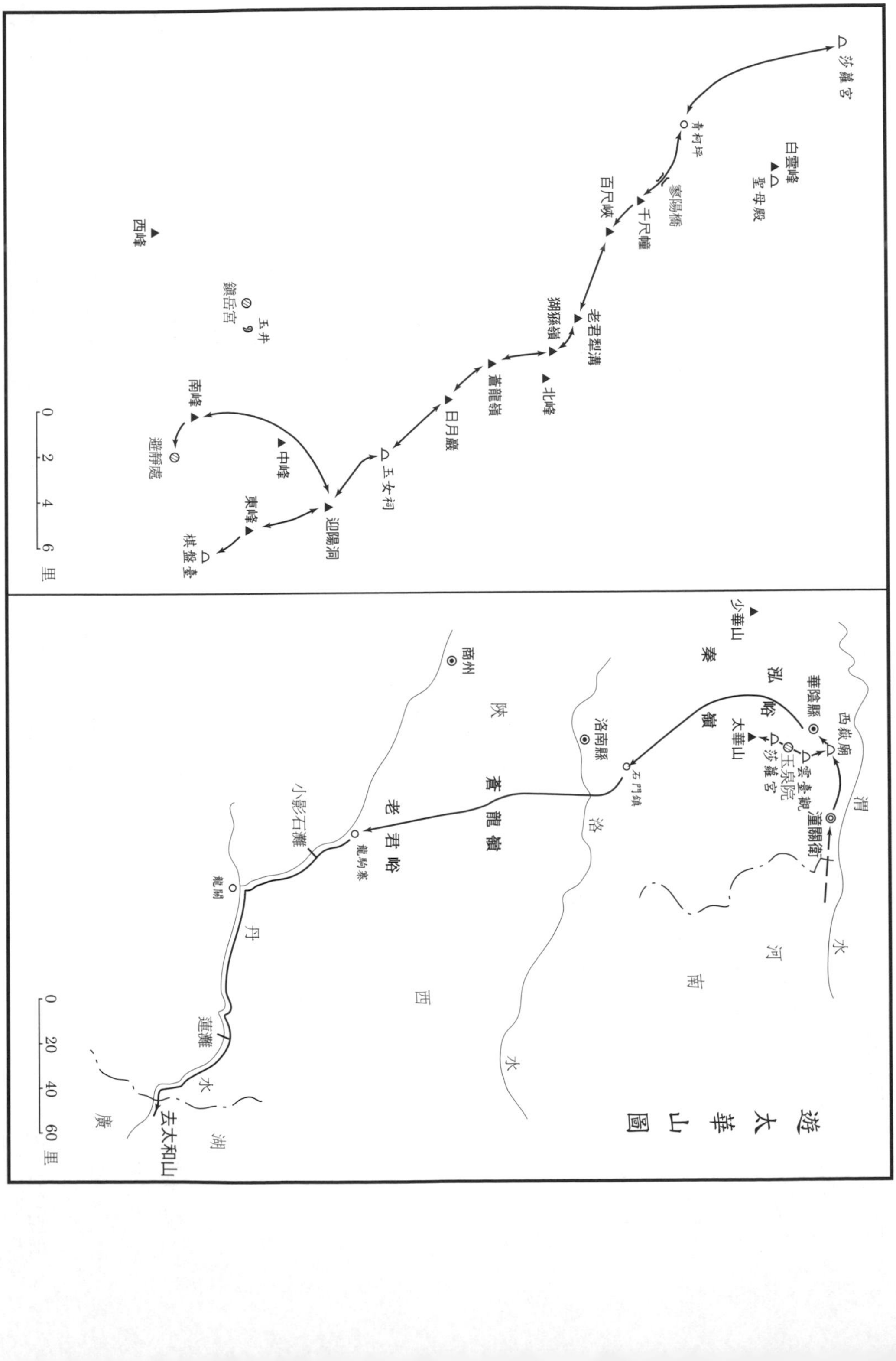
遊太華山圖
莎蘿宮
青柯坪
白雲峰
聖母殿
百尺峽
千尺幢
猢猻嶺
老君犁溝
北峰
蒼龍嶺
日月巖
玉女祠
迎陽洞
東峰
棋盤臺
中峰
南峰
避靜處
玉井
鎮岳宮
西峰
0 2 4 6 里
渭
水
潼關衛
西嶽廟
華陰縣
雲臺觀
玉泉院
莎蘿宮
太華山
少華山
秦
嶺
洛南縣
石門鎮
商州
陝
西
河
南
洛
水
蒼
龍
嶺
老
君
峪
龍駒寨
小影石灘
丹
水
蓮灘
湖
廣
去太和山
0 20 40 60 里

忽仰見芙蓉❽片片，已直造其下。不特三峰❾秀絕，而東西擁攢諸峰，俱片削層懸❿。惟北面時有土岡，至此盡脫山骨⓫，競發為極勝處。

【章　旨】本章記載了徐霞客遊華山第一天的行跡。進入正當河山相接的要隘潼關，遙望華山高聳雲端，近看山峰又如片片荷花。當晚在西嶽廟留宿。

【注　釋】❶太華山　即華山，因遠望如華（古花字），由此得名。還有一種說法，說山頂有千葉蓮花，因名華山。以其旁有少華山，故稱太華；為五嶽中的西嶽，故又稱華嶽。在今陝西華陰南面，北瞰黃河，南連秦嶺。華山包括東、西、南、北、中五峰，以「奇拔峻秀」冠天下。❷西安府華陰縣　西安府，明代隸陝西布政使司，治所在西安（今屬陝西）。華陰縣，今屬陝西。❸二月晦　指明熹宗天啟三年（一六二三）農曆二月。晦，農曆每月最後一天。❹潼關　故址在今風陵渡對岸的黃河邊，陝西潼關港口。雄踞陝西、河南、山西三省要衝，依山臨河，地勢險要，為古代著名的關隘重地。明代設潼關衛。因修建三門峽水庫，原來周長十里的潼關，現基本上已經拆除。❺西岳廟　又稱華嶽廟，在華山下十里的華鎮東端。據縣志記載，建於漢武帝時，以後歷代都有增修，清代更仿照皇宮形式，大興土木，建設極為宏偉，是歷代帝王巡視陝西的駐蹕之地。廟內碑石甚多，其中包括北周時的華陰廟碑和明刻《華山全圖》及《華嶽廟全圖》等。廟中古柏參天，另有數株古槐，相傳為漢、唐時的古樹。❻百雉　雉為古代計算城牆的單位，一雉長三丈，高一丈。百雉形容城牆既長又高大。❼武關　在今陝西丹鳳東南，為古代軍事要地。秦末劉邦由武關入秦，比項羽先到咸陽。❽芙蓉　指華山各峰美若芙蓉（荷花的別名）。❾三峰　指華山的三座主峰，即南峰（又名落雁峰，海拔二千一百公尺）、東峰（又名朝陽峰，海拔二千零三十五公尺）、西峰（又名蓮花峰，海拔二千零八十二公尺）。❿片削層懸　前人說華山群峰環抱，就像一瓣瓣青蓮花，聚集在一起。這裡說華山的群峰，都像用削成的碎片，一層層懸掛而成。形容華山群峰形狀有相似之處。⓫山骨　山的骨骼。指岩石。

【語　譯】二月晦　進入潼關，走了三十五里，在西嶽廟留宿。黃河從北方的沙漠地帶向南流去，到了潼關，轉而向東。潼關正當河山相接的險要處，北望黃河，南連華嶽，溝通東西的大路，也只有必須經過這裡的一條，因此建起高大的城牆，將這裡鎖住。如果繞道往北走，必須渡過黃河，往南又必須取道武關，而華嶽以南，盡是陡峭的石壁，重疊的山崖，根本沒法過去。還沒入關，遠在百里之外，就已看到太華山高聳雲端；進關以後，反倒被山岡丘隴遮蔽了。走了二十里，忽然抬頭望見山峰如同一片片荷花，這時已經到達太華山腳了。不僅三座主峰極其秀麗，在東西兩邊簇擁環繞的群峰，也都像一片片削成，一層層掛著。惟獨北面常有一些土岡，到這裡脫盡泥土，岩石完全露了出來，競相呈現出絕妙的佳境。

三月初一日　入謁西岳神❶，登萬壽閣❷。向岳南趨十五里，入雲臺觀❸。覓導於十方庵❹。由峪口❺入，兩崖壁立，一溪中出，玉泉院❻當其左。循溪隨峪行，十里，為莎蘿宮❼，路始峻。又十里，為青柯坪❽，路少坦。五里，過寥陽橋❾，路遂絕。攀鎖上千尺幢❿，再上百尺峽⓫，從崖左轉，上老君犁溝⓬，過猢猻嶺⓭。去青柯五里，有峰北懸深崖中，三面絕壁，則白雲峰⓮也。捨之南，上蒼龍嶺⓯，過日月巖⓰，去犁溝，又五里，始上三峰足⓱。望東峰⓲側而上，謁玉女祠⓳，入迎陽洞⓴。道士李姓者留余宿。乃以餘晷㉑上東峰，昏返洞。

【章　旨】本章記載了第二天的行跡。拜謁西嶽神後，進入雲臺觀。從谷口入山，途經玉泉院、莎蘿宮、青柯坪，到寥陽橋便無路可走。隨即登上千尺幢、百尺峽、老君犁溝，越過猢猻嶺。途中遙望白雲峰。又登上蒼龍嶺，越過日月巖，攀上三峰足，拜謁玉女祠，黃昏時回迎陽洞過夜。

【注　釋】❶西岳神　西嶽華山之神。古代神話有五方天帝的說法，並將五帝和五嶽聯繫起來，東方青帝主東嶽泰山，南方赤帝主南嶽衡山，中央黃帝主中嶽嵩山，西方白帝主西嶽華山，北方黑帝主北嶽恆山。西嶽神即指白帝。❷萬壽閣　舊稱藏經樓，建於明萬曆年間。❸雲臺觀　位於華山北麓的道觀。據說是北朝周武帝為道士焦道廣而建的。五代末道士陳摶隱居華山，即在雲臺觀的廢址上重修道觀，名「純陽觀」，又稱「十二洞」。❹十方庵　即十方院，在雲臺觀西南。❺峪口　華山峪的出口處。峪即山谷。❻玉泉院　在華山北麓谷口，為登遊華山必經之路。院內的五里關又稱第一關。院內有清泉一股，傳說和山頂的鎮嶽宮玉井潛通；唐代有個公主在蓮花峰玉井洗頭，失落玉簪，後在玉泉找到；泉水清洌甘美，可治重病，由此得名。北宋皇祐年間，在此為陳摶建祠，故又稱希夷祠（希夷為陳摶的賜號），院中有希夷睡洞，院內有一副對聯：「從此登極峰，看玉女蓮花孰好；歸來想世路，覺蒼龍犁溝猶平。」發人深省。❼莎蘿宮　即莎蘿庵，在莎蘿坪，因有莎蘿樹（菩提樹）而得名。宮北的石門，又名「華山鐵門」，為入山的第二關。❽青柯坪　在莎蘿坪南，西峰腳下，距華山谷口約二十里，因有青柯樹而得名。自谷口至青柯坪，兩旁都是天然石壁，澗水縈洄，時有飛瀑高懸，沿途有王猛臺、魚石等古蹟。坪北的雲門，大石綿亙，如同高大的城牆。由青柯坪西上約六里有石圈門洞，名「總天一門」，即南天門。從青柯坪往上，道路艱險，向東南行，忽遇絕路，迎面都是直巖嶄立，峭壁千仞，「回心石」三字呈現在眼前，一道鐵索斜掛長空，遊人至此，往往徘徊不前。故明人王世貞說，遊覽華山的人，往往走到青柯坪就停步不前了。坪，山間的平地。❾寥陽橋　在青柯坪右側的寥陽洞附近。❿千尺幢　在青柯坪東上三里，為一條陡而長的石罅，如刀割鋸截，高約三十公尺，鑿石二百六十多級。遊人手挽鐵索，攀援而上，仰望天際，一線雲開。頂端有個洞口，往下看如同深井，稱作「天井」。井口有鐵蓋，把鐵蓋蓋上，上華山的路便被堵住，沒第二條路可走，故稱「太華咽喉」。⓫百尺峽　峽中有一巨石，狀如魚脊，夾在兩壁之間，三面淩空，無依無靠。遊人攀鐵索而上，兩壁更狹，如欲合攏，卻被一塊巨石撐住，令人驚心動魄。抬頭一望，「驚心石」三字映入眼簾。過了巨石，回頭望去，石背上刻有「平心石」三字，表示石無絕人之路，遊人至此心緒坦然。⓬老君犁溝　老君即老子，一說即老聃，姓李名耳，道家的創始人，被道教徒奉為始祖，名太上老君。傳說老君當年騎著青牛路過華山，遇見人們修路，困苦不堪，便發了「善心」，駕起青牛，手挽鐵犁，踏空而行，從北峰下邊一處最難爬的光坂上，犁出這條小路，故名「老君犁溝」。溝東邊是陡削的石壁，西邊是深邃莫測的幽壑，自上而下，高約五百七十餘級。⓭猢猻嶺　今名猢猻愁，因這裡山路陡險，即使猴子也難過去，故名。⓮白雲峰　在猢猻嶺可見兩峰聳立，高者為北峰，另一座為白雲峰。徐霞客可能將兩者混淆了。北峰位於華山東北，三面懸絕，巍然獨秀，有若雲狀，恰似一座雲臺，故又名「雲臺峰」，與徐霞客所描述的正相似。循山嶺北上，第一坊名「白雲峰第一門」，第二坊名「白雲仙境」。也可能過去北峰又名白雲峰。⓯蒼龍嶺　古稱搦嶺或夾嶺，在北峰西南，高約一百一十公尺，南北長達一千五百公尺，寬僅一公尺左右，嶺脊坡度達四十五度，中間突起，兩旁為深谷，是前往南、中、東、西各峰的唯一通道。從北峰望去，嶺聳入雲天，體青背黑，如蒼龍騰空，由此得名。相傳韓愈與友人登蒼龍嶺，見路陡險，心生害怕，寫出遺書，投到崖下與家人訣別，放聲大哭。嶺端有逸神崖，上刻「韓愈投書處」五個大字。⑯日月巖　又名日月崖。崖體上寬下窄，有二圓形，赤暈如日，白暈似月，故名。今由北峰向上，先得經過路不盈尺，下視千仞，不辨水石，必須面壁挽索、貼身探足而進的閻王碥（又名擦耳崖），再經過上天梯、日月崖、三元洞，然後才至蒼龍嶺下。⑰三峰足　又名三峰口。過了蒼龍嶺，進入金鎖關（通天門），由無上洞循山腳而行，便來到三峰口。這裡是通往東、西、南三峰的咽喉，是三峰之間形成的一個窪地，統稱蓮花坪。窪地上有二十八條石溝，叫二十八宿潭。每當夏秋雨季到來，三峰洪水注入潭中，形成千丈瀑布，飛流直下青柯坪。⑱東峰　峰頂有朝陽臺，是觀賞日出的佳處，故又名朝陽峰。峰頭陡削，松柏參天，南望秦嶺，峰巒起伏，如萬里波浪；下視平野，河流隱顯，壯麗異常。峰東北有巨崖直垂，黃白相間，旭日照之，赤光燦爛，遠遠望去，形如巨掌，因名「仙掌崖」，關中八景之一的「華山仙掌」即指此。另外尚有甘露池、青虛洞、下棋亭等勝跡。⑲玉女祠　在中峰附近的山間小盆地中。中峰又名玉女峰，傳說春秋時隱士蕭史，善吹洞簫，引起秦穆公女兒弄玉的愛慕，離開宮廷，隨蕭史來華山中峰隱居，以吹簫引鳳為樂，人們因稱中峰為玉女峰，並修建了玉女祠。⑳迎陽洞　即朝元洞，位於東峰與南峰的通道上。洞深四公尺，過去塑有大小玉皇等像三百餘尊，相傳道士賀玉真在此經營四十年。賀玉真字元希，元代陝西隆德（今屬寧夏）人。後來華山，在玉泉院附近建全真觀，又深入華山，鑿朝元洞以居。㉑晷　原意為日影，因古人用測量日影來定時刻，故又用以比喻時間。

【語　譯】三月初一　進殿拜謁西嶽神，登上萬壽閣。向山南走十五里，來到雲臺觀。在十方庵找了一個嚮導。從山谷口入山，只見兩旁山崖陡直聳立，一條溪水在中間流過，玉泉院就在它的左邊。沿著溪水順山谷向前，走了十里，到達莎蘿宮，路開始高峻起來。又走了十里，到達青柯坪，路稍微平坦一些。向前五里，過了寥陽橋，便無路可走了。拉著鐵索攀登千尺幢，再爬上百尺峽，從山崖向左轉，登上老君犁溝，然後通過猢猻嶺。在青柯坪五里外，有一座山峰靠北懸空高聳深崖之中，三面都是不可攀登的陡峭的石壁，這就是白雲峰。離開這裡向南，登上蒼龍嶺，越過日月巖，離開老君犁溝，再走五里，方才爬到三峰足。朝著東峰的側面攀登，途中拜謁玉女祠，進入迎陽洞。一個姓李的道士留我在這裡過夜。於是趁天色未晚，登上東峰，黃昏時返回洞中。

初二日　從南峰❶北麓上峰頂，懸南崖而下，觀避靜處❷。復上直躋峰絕頂，上有小孔，道士指為仰天池❸。旁有黑龍潭❹。從西下，復上西峰❺。峰上石聳起，有石片覆其上，如荷葉。旁有玉井❻甚深，以閣掩其上，不知何故。還飯於迎陽。上東峰，懸南崖而下，一小臺峙絕壑中，是為棋盤臺❼。既上，別道士，從舊徑下，觀白雲峰，聖母殿❽在焉。下至莎蘿坪，暮色逼人，急出谷，黑行三里，宿十方庵。出青柯坪左上，有桮渡庵、毛女洞❾；出莎蘿坪右上，有上方峰❿，皆華之支峰也。路俱峭削，以日暮不及登。

【章　旨】本章記載了第三天的行跡。登上南峰，遊覽避靜處，又登上頂峰，看到仰天池、黑龍潭。隨後登上西峰，峰旁有玉井。在迎陽洞吃罷飯，登上東峰，遊覽棋盤臺。從原路下去，觀賞聖母殿所在的白雲峰。夜晚去十方庵投宿。

【注　釋】❶南峰　與東、西兩峰左右相接，形成靠椅形，是一個一峰兩頂的駝形山峰，東曰松檜，西曰落雁，統稱南峰。以落雁較高，故又名落雁峰，為華山最高處。峰南一側為斷層深壑，壁立萬仞。四周皆松林，雜以檜柏，迤邐數里，濃陰密蔽。由峰東下，有避詔崖，傳說陳摶曾在此寫謝詔表：「一片野心都被白雲鎖住，九重寵詔休教丹鳳御來。」❷避靜處　即賀老洞，又名賀老石室。從朝元洞往西行六七步，石槽棧道已完，下視如一深井，形如梯磴，縋兩邊鐵梯而下，折而西行，便至「長空棧道」。棧道懸於半壁，俗稱「九節梟兀椽」（梟兀即不穩之意）。每節椽寬一尺左右，九節並排在一起，每根椽插入巖壁，上鋪木板，長約十丈，下臨深淵。在上面行走，不僅搖搖晃晃，而且吱吱作響。遊人只能踏在懸空的木板上，緊攀鐵索，屏息靜氣，緩步橫行挪動。這裡是華山也可能是中國名山中最險要的地方，俗語說：「小心小心，九里三分，要尋屍首，雒南商州。」棧道盡頭，便是賀老洞，是賀元希的養靜之處。洞旁有崖高約十公尺，傾斜覆蓋，上鐫「全真巖」三個大字，填以赤色，筆法蒼勁，刻工精湛，令人歎絕。❸仰天池　有人認為即《水經注》書中所說的靈泉，又名太上泉，或太乙池。池水青綠，冬夏不涸。在落雁峰頂，老君洞北，位於華山最高處，是觀賞雲海的佳處。相傳李白曾登此讚道：「此處最高，呼吸之間想通帝座，恨不攜謝朓驚人句來搔首問青天耳。」池南有老君洞（太上洞）、老君祠，傳說老子曾隱居於此。❹黑龍潭　在南峰東頂松檜峰上。現有三潭，深淺不等，據說大旱不涸，被稱為華門的頂門水。潭附近有金天宮，內供白帝。❺西峰　因峰頂翠雲廟前右側有塊大石如蓮葉，覆蓋崖巔，故名「蓮花峰」。從遠處眺望，山頂形似一枝含苞待放的花蕾，直插青天，有如青色芙蓉，故又名芙蓉峰。山峰如一塊渾然大石，東側陡峭石坡，另外三面都是絕壁懸崖，有如刀切劍削，壁立千仞。登上峰巔俯瞰，秦川茫茫，渭、洛二水若銀帶盤曲其間，是華山觀賞夕照和晚霞的最好場所。峰上最高處有「摘星臺」，登臺一望，有「青天在握」之感。附近林木叢鬱，幽靜無比。峰頂翠靈殿西旁有一塊十多公尺長、斷成三截的巨石，俗稱「斧劈石」，傳說為「寶蓮燈」故事中華山三聖母之子沉香劈山救母處。從此向北，沿壁空絕萬丈，名捨身巖。峰頂之西有「巨靈足」，傳說為巨靈神留下的腳印。❻玉井　華山中、西、南三峰之間的一片山谷中，有鎮嶽宮（舊名上宮），倚壁而築，環境異常清幽。宮前有井，深約三十公尺，名玉井，水味甘醇，其上築樓。據說山麓玉泉院的泉水，即與此井相通。玉井東北不遠，有石窪如臼，共二十八個，累累如貫珠。水自崖端流至其腹，形成水簾，成華山奇景之一。❼棋盤臺　又名博臺。在東峰之南的一個孤峰上。孤峰高僅東峰一半，與東峰無路可通。人們在東峰立兩鐵柱，吊下兩根鐵索，順鐵索在石壁上鑿了腳窩，緣崖而下時如牽繩下井，也要來個「鷂子翻身」，稍有不慎，便有失足危險，為華山著名險道。孤峰西端有個大棋盤，傳說是秦昭王和天神下棋的地方，或說是漢武帝和衛叔卿下棋之處，又傳說五代時趙匡胤與陳摶在此下棋，輸掉華山，後來趙匡胤當了皇帝，華山便不交公糧，因而有「華山自古不納糧」的說法。❽聖母殿　道觀名。傳說玉皇大帝的小女兒三聖母與劉璽（被玉帝打下凡世的金童）相戀，在此定情，結為夫妻。三聖母哥哥二郎神楊戩恨妹妹私配凡夫，違背天條，將三聖母壓在華山西峰頂上的大石下。三聖母的兒子沉香長大後，來到華山，戰勝楊戩，手提開山斧，劈開西峰峰頂，救出三聖母。❾毛女洞　從玉泉院向南，進入華山峪，前行至「十八盤」。在「十八盤」西南有毛女峰，峰下有毛女祠。傳說秦滅六國，從楚國搶到一個名玉姜的幼女，送入宮中。秦始皇死後，玉姜聽到自己要去陪葬，於是與其他六名宮女逃往華山。到了渭南的「六姑泉」，其他六名宮女都走不動了，唯有玉姜一個人逃到一個山洞中住下，天長日久，體生綠毛，看到的人都叫她「毛女」，或稱為「毛女仙姑」。❿上方峰　在莎蘿坪東，有上、下兩峰，唐玄宗的妹妹金仙公主曾在此修行。

【語譯】初二　從南峰的北麓登上峰頂，再從南邊的山崖懸空下去，遊覽了避靜處。繼續向上攀登，直到山峰最高處，峰頂有個小洞，道士指著說這就是仰天池。旁邊還有黑龍潭。從西邊下去，又登上西峰，峰上巨石聳起，有石片覆蓋在上面，形狀如同荷葉。旁邊有一口很深的玉井，上面蓋著亭閣，不知是什麼緣故。回到迎陽洞吃飯。登上東峰，從南邊的山崖懸空下去，看到有個小臺，峙立在深壑之中，這就是棋盤臺。登臨之後，告別道士，從原路下去，觀賞白雲峰，聖母殿就在這裡。往下走到莎蘿坪，暮色蒼茫，向人逼來，急忙走出山谷，摸黑走了三里，到十方庵投宿。從青柯坪往左上去，有柸渡庵、毛女洞；出莎蘿坪往右上去，有上方峰，都是拱衛華山的支峰。路都十分陡峭，因為天色已晚，來不及登臨了。

初三日　行十五里，入岳廟。西五里，出華陰❶西門。從小徑西南二十里，入泓峪，即華山之西第三峪也。兩崖參天而起，夾立甚隘，水奔流其間。循澗南行，倏而東折，倏而西轉。蓋山壁片削，俱犬牙錯入，行從牙罅中，宛轉如江行調艙然。二十里，宿於木柸❷。自岳廟來，四十五里矣。

初四日　行十里，山峪既窮，遂上泓嶺❸。十里，躡其巔。北望太華，兀立天表。東瞻一峰，嵯峨特異，土人云賽華山，始悟西南三十里有少華❹，即此山矣。南下十里，有溪從東南注西北，是為華陽川❺。溯川東行十里，南登秦嶺❻，為華陰、洛南❼界。上下共五里。又十里，為黃螺鋪。循溪東南下，三十里，抵楊氏城。

【章　旨】本章記載了第四、第五天的行跡。走出華陰城西門，進入泓峪，沿著溪水在曲折的山谷中轉來轉去，在木柸留宿。次日登上泓嶺，遙望太華山、少華山。隨後路過華陽川，翻過秦嶺，抵達楊氏城。

【注　釋】❶華陰　縣名，明代隸西安府華州，今屬陝西。❷木柸　鎮名，在華陰城西南，位於華陰、洛南兩縣翻越秦嶺的山道上。❸泓嶺　又名泓峪嶺，為秦嶺山地中的一個小嶺。❹少華　山名，屬秦嶺支脈，在今陝西華陰城東南十里，因比太華山低小，故名。❺華陽川　古名華陽藪，因鄰近華陽而得名。在華山之南，華陰西南隅。❻秦嶺　為東西走向的褶皺斷層山脈，渭河、淮河和漢江、嘉陵江水系的分水嶺，中國地理上的南北分界線。西起甘肅、青海二省邊境，東至河南中部。這裡指陝西境內的這一段。❼洛南　明代為縣，隸西安府商州，今屬陝西。

【語　譯】初三　走了十五里，進入西嶽廟。再往西五里，走出華陰城西門。從小路往西南走二十里，進入泓峪，這是華山西面的第三峪。兩旁山崖直插青天，山谷夾在其中，十分狹隘，澗水就在中間奔流。沿著澗水向南，忽而東轉，忽而西轉。這是因為山崖的石壁如同一片片削成，像犬牙一樣參差不齊，人在曲曲折折的牙縫中行走，就像船在彎曲的江面上航行，要不斷轉換方向。走了二十里，在木柸留宿。從西嶽廟到這裡，已有四十五里了。

初四　走了十里，到了山谷的盡頭，就登上泓嶺。再走十里，登上最高處。北望太華山，高聳雲天。東望有座山峰，格外高峻，當地人稱作賽華山，這才明白西南三十里的少華山，就是這座山了。往南走下十里，看到一條溪水從東南流向西北，這就是華陽川。沿著溪水往東上行十里，往南登上秦嶺，即華陰和洛南兩地的分界。一上一下共走了五里。再走十里，到達黃螺鋪。沿著溪水往東南下去，走了三十里，抵達楊氏城。

初五日　行二十里，出石門，山始開。又七里，折而東南，入隔凡峪。西南二十里，即洛南縣峪。東南三里，越嶺，行峪中。十里，出山，則洛水❶自西而東，即河南所渡之上流也。渡洛復上嶺，曰田家原。五里，下峪中，有水自南來入洛。溯之入，十五里，為景村。山復開，始見稻畦。過此仍溯流入南峪，南行五里，至草樹溝。山空日暮，借宿山家。自岳廟至木柸，俱西南行，過華陽川則東南矣。華陽而南，溪漸大，山漸開，然對面之峰崢崢也。下秦嶺，至楊氏城。兩崖忽開忽合，一時互見，又不比木柸峪中，兩崖壁立，有迴曲無開合也。

初六日　越嶺兩重，凡二十五里，飯塢底岔。其西行道，即向洛南者。又東南十里，入商州❷界，去洛南七十餘里矣。又二十五里，上倉龍嶺，蜿蜒行嶺上，兩溪屈曲夾之。五里，下嶺，兩溪適合。隨溪行老君峪中，十里，暮雨忽至，投宿於峪口。

【章　旨】本章記載了第六、第七天的行跡。走出石門，經過隔凡峪、洛南縣峪，看到洛水的上游。接著登上田家原，路過景村、草樹溝，到田野人家借宿。從中嶽廟到華陽川，再翻過秦嶺到楊氏城，山勢各不相同。次日在塢底岔吃飯後，進入商州地界。隨後登上倉龍嶺，到老君峪口投宿。

【注　釋】❶洛水　源出陝西洛南縣境內的冢嶺山，東流至河南鞏義的洛口入黃河。❷商州　明代隸西安府，治所在上洛（今陝西商縣）。

【語　譯】初五　走了二十里，出石門，山勢才顯得比較開闊。又走了七里，轉向東南，進入隔凡峪。往西南走二十里，便是洛南縣峪。再往東南走三里，翻過山嶺，在山谷中走了十里，出山後看到洛水從西向東流去，這就是在河南渡過的那條大河的上游。渡過洛水，又登上一座名田家原的山嶺。走了五里，往下到山谷中，一條溪水從南流來，注入洛水。逆著溪水進去，走了十五里，到達景村。山勢又顯得開闊，才看到一塊塊稻田。過了這段路，依舊逆著水流，進入南峪，往南走五里，到草樹溝。山嶺空曠，天色已晚，於是到山野人家借宿。從中嶽廟到木柸，都是朝西南方向走，過了華陽川就轉向東南了。從華陽往南，溪流漸漸寬廣，山勢漸漸開闊，但迎面而來的山峰仍十分峻峭。走下秦嶺，到楊氏城。兩旁的山崖忽開忽合，時刻變化，不像在木柸峪中，兩邊山崖陡直聳立，有曲折環繞之勢，但無忽開忽合景象。

初六　翻過兩重山嶺，共走了二十五里，在塢底岔用餐。從這裡向西的路，是通往洛南的。又向東南走了十里，進入商州地界，離洛南已有七十多里路了。再走二十五里，登上倉龍嶺，在嶺上曲折行走，兩條溪水在嶺旁曲折相夾。向前五里，走下山嶺，兩條溪水也正好匯合。順著溪水在老君峪中行走，過了十里路，傍晚忽然下起雨來，於是到峪口投宿。

初七日　行五里，出峪。大溪自西注於東。循之行十里，龍駒寨❶。寨東去武關❷九十里，西向商州，即陝省間道❸，馬騾商貨，不讓潼關道中。溪下板船可勝五石舟。水❹自商州西至此，經武關之南，歷胡村，至小江口入漢者也。遂趨覓舟，甫定，雨大注，終日不休，舟不行。

初八日　舟子以販鹽故，久乃行。雨後，怒溪如奔馬，兩山夾之，曲折縈迴，轟雷入地之險，與建溪❺無異。已而雨復至，午抵影石灘，雨大作，遂泊於小影石灘。

初九日　行四十里，過龍關。五十里，北一溪來注，則武關之流也。其地北去武關四十里，蓋商州南境矣。時浮雲已盡，麗日乘空，山嵐重疊競秀，怒流送舟，兩岸濃桃豔李，泛光欲舞，出坐船頭，不覺欲仙也！又八十里，日纔下午，榜人❻以所帶鹽化遷柴竹，屢止不進。夜宿於山涯之下。

初十日　五十里，下蓮灘，大浪撲入舟中，傾囊倒篋，無不沾濡。二十里，過百姓灘，有峰突立溪右，崖為水所摧，岌岌欲墮。出蜀西樓，山峽少開，已入南陽❼、淅川❽境，為秦、豫❾界。三十里，過胡村。四十里，抵石廟灣，登涯投店。東南去均州❿，上太和⓫，蓋一百三十里云。

【章　旨】本章記載了第八到第十一天的行跡。沿著溪水走到龍駒寨，在丹江找到船隻。因下大雨，次日方才出發。雨後溪流奔騰，景象驚險。因大雨停泊在小影石灘。又隔一日經過龍關，到達商州南境，麗日當空，景色迷人，令人飄飄欲仙。最後一天經過蓮灘、百姓灘，走出蜀西樓，進入南陽、淅川境內，到石廟灣上岸投宿。

【注　釋】❶龍駒寨　在商州東南，即今陝西丹鳳所在地。據雞冠山，濱丹江，為陝西、河南間的交通重鎮。古產名馬，傳說項羽的烏騅即產於此。❷武關　秦置，在今陝西商洛西南丹江北岸，唐代移至今陝西丹鳳東南。❸間道　偏僻但能抄近的小路。❹水　指丹江，俗稱丹河。源出陝西商縣西北的冢嶺山。東流至湖北均縣的江口，匯入漢水。❺建溪　閩江的上游。源出福建崇安東北的石臼里，名西溪，流經福建建陽為建溪。與東溪合，流經福建南平東南為劍溪，即古延平津。❻榜人　搖船的人。榜即棹。❼南陽　明代為府，治所在南陽（今屬河南）。❽淅川　明代為縣，隸南陽府，治所在今河南淅川縣西南境。❾秦豫　陝西省和河南省的簡稱。❿均州　明代隸襄陽府，治所在均縣（今湖北均縣西北）。⓫太和　即武當山，傳說道教北方尊神玄武帝（宋時避諱，改玄為真）的修煉處，古人認為「惟真武之神足以當之，故稱武當」。又名仙室山。明成祖時，改稱太岳太和山，又稱太岳或玄岳。在今湖北十堰東南，丹江口西南。方圓八百里，全山遊程長達一百二十里。現基本上保持明代初年形式和建築體系。

【語譯】初七　走了五里，出山谷。一條大溪從西向東流去。沿著溪水走十里，到龍駒寨。從寨向東去武關有九十里，向西通往商州，這是陝西省內一條能抄近路的小道，馱著經商貨物的馬匹、騾子之多，不亞於潼關道中。溪流中的板船能載五石重的貨物。水從商州往西流到這裡，經武關的南面，流過胡村，到小江口注入漢水。於是趕快尋找船隻，剛定下來，大雨驟然而下，整日不停，船也無法航行。

初八　因為船夫要販鹽，停了好久才開船。大雨過後，溪水急如奔馬，夾在兩山之中，曲折縈迴，發出如雷霆震地般的轟響，驚險與在建溪看到的沒什麼不同。隨後又下起雨來，中午到達影石灘，大雨傾盆而下，於是停泊在小影石灘。

初九　船行駛四十里，經過龍關。再行五十里，北面有一條溪水注入，是來自武關的溪流。這裡向北去武關有四十里路，已到商州的南境了。這時浮雲已經散盡，明媚的陽光當空普照，重重疊疊的山巒，爭相呈現出各種秀麗的姿態，急流輕快地送著船隻，兩岸桃李盛開，色彩豔麗，倒映在水光之中，隨波蕩漾，如欲翩翩起舞，出艙坐在船頭，不覺有飄飄成仙之感！又走了八十里，才是下午，因船夫要將所帶的鹽換柴竹，多次停船不走。夜晚在山崖之下留宿。

初十　船行駛五十里，下了蓮灘，大浪直撲到船中，傾囊倒篋，沒有一件不被打濕的東西。又行駛二十里，經過百姓灘，有座山峰突立在溪流的右岸，岸壁因為不斷被水沖擊，岌岌可危，好像就要掉下來。走出蜀西樓，山峽稍微開闊些，這時已進入南陽、淅川境內，是陝西、河南兩地的分界處。向前三十里，經過胡村。再行四十里，抵達石廟灣，上岸去客店投宿。從這裡往東南去均州，上太和山，大約有一百三十里路。

【研析】自然景物都通過其獨特的外觀來體現美的特徵，這在中國名山中表現得尤其突出。就華山而言，便是在險峻的山勢中體現崇高。雖然名山喬嶽大都可籠統地冠以「險峻」兩字，但和華山相比，則莫不俯首生愧，所謂「卓傑三峰出，高奇四嶽無。」（張喬〈華山〉）在很長的時期內，華山都無路可走，攀登華山，全靠牽藤結繩才得以上去。熱衷標榜功德的秦始皇、漢武帝、武則天、唐玄宗等人，大搞封禪之典，但都經過家門前的華山不上，千里迢迢，遠上泰山，主要原因就在華山路險，無法登臨。關於這一點，早已被杜甫一語道破：「太華最為難上，故封禪之事，鬱沒罕聞。」（〈封西嶽賦〉）敢於批逆鱗、祭鱷魚、「忠犯人主之威，勇奪三軍之帥」的韓愈，卻被華山的險境難住了。傳說他與友人登蒼龍嶺，見山高路窄，進退兩難，竟嚇得放聲大哭起來。自稱「吾師心，心師目，目師華山」的王履，在登上蒼龍嶺後，作詩道當時窘況：「循背匍匐行，視敢縱橫施？驚魂及墜魄，往往隨風吹。」故民間有「蒼龍嶺，金鎖關，登山還比上天難」之謠。直到徐霞客死後半個世紀，即清康熙年間，陝西巡撫鄂海，見人在蒼龍嶺上，就像在魚背上行走，一失足便無葬身之地，於是命石工鑿石為級，開拓了從千尺幢到蒼龍嶺的道路。至於長空棧道、鷂子翻身等，由於地處僻遠，形勢就更加險峻了。

可以這樣說：華山無路不遇險，無險不成景。攀登華山的過程，就是一個歷險的過程，是人向自然挑戰和搏鬥的過程。在這個過程中，始終揚起高亢、激越的旋律。寇準曾作〈華山〉詩：「唯有天在上，更無雲與齊。舉頭紅日近，回首白雲低。」而徐霞客正是那種「舉足直最高，不許雲在上」的人。「天留名壤待名人」，從某種意義上說，像華山這樣的險境勝景，就是大自然為像徐霞客這樣的畸人準備的。一心探奇歷險、窮輿盡勝的徐霞客，必然會將他人眼中的畏途，看作是最有激情的歷程。儘管徐霞客有「捷如青猿，健如黃犢」的體魄，有「穿棘則身如蜂蝶，緣崖則影共猿鼯」的本領，要遍遊華山，也絕不是一件輕快的事。但他還是毫不猶豫地將重重險阻踩在腳下，僅用二天時間，就登上東峰、南峰、西峰這「天外三峰」，踏遍千尺幢、百尺峽、老君犁溝、蒼龍嶺等險地，甚至連直到今天仍很少有人敢於度過的長空棧道、鷂子翻身，也不錯過。據他在〈遊太和山日記〉中說，攀登華山，往往得凌空飛度。其一往無前的勇氣，確實令人感佩。

陳函輝、錢謙益等人為徐霞客作墓誌、傳記，都十分強調他對日記的重視。即使白天行程百里，極度勞累，夜晚依然在枯樹破壁之下，點燃松脂，撿起麥穗，走筆為記。而且所記都直敘情景，博辨精詳，山川條理，臚列目前，奇蹤異聞，應接不暇。華山的險峻，攀登的勞苦，登臨的快感，極目的壯觀，理應成為最充實的內容，在他的日記中充分反映出來。但這篇遊記，卻寫得極其簡略，無論對自然景觀、文物遺址，還是攀登的過程，都只是點到為止，幾乎未作絲毫較為具體的描述，和其他名山遊記完全不同，和同時〈遊嵩山日記〉的翔實，更成鮮明的對照。這是什麼原因呢？這個問題，似乎並未引起注意，當然更不會有確切的回答。據錢謙益說，徐霞客登上華山後，下山至青柯坪，怦然心動，急忙趕回家中，見他的老母正臥病在牀，咬著手指等他歸來。但思母心切，並不能作為他日記簡略的原因，事實上，他離開華山後，沒急於回家，而是轉道前往武當山，又隔了一個多月，方才回到家中，他遊武當山所寫的日記，敘述也很詳明。這篇遊記寫得過於簡略，或是由於登山過於勞累，也許是他對華山的險峻懷有「觀止」之感，以至覺得很難用文字來表達。

不過就文字看，這篇遊記又有簡潔有力之長。開篇寫潼關，寥寥數語，便寫出這千古雄關險阨峻極的地形，無一字多餘，但又添一字不得。文中寫遠望華山，「屼出雲表」，近看似「芙蓉片片」，四周簇擁的群峰，「片削層懸」，宛若青蓮，都能抓住華山的地貌特徵，有一語中的之妙。這篇遊記的過於簡略，雖不能產生「此時無聲勝有聲」的藝術效果，但行文峻潔，刪盡枝蔓，與華山倒也相稱。

這篇遊記後半篇寫離開華山的見聞，相對說反倒具體得多。如寫泓峪「山壁片削，俱犬牙錯入」，人在「牙罅」中行走，宛如船在彎曲的江面上航行，不斷轉換方向；從龍駒寨流過的溪水，「可勝五石舟」。船進入商州南境後，麗日當空，山嵐呈秀，岸邊桃李，泛光欲舞，文筆流麗，意境明快，點染山水，充滿感情色彩，和在華山的記述，大異其趣。

遊太和山❶日記 湖廣襄陽府均州❷

【題解】天下名山僧占多。但也有例外，如武當山（太和山）就是道教獨占的聖地。武當拳術，與嵩山少林拳術齊名，成為佛、道兩教武術的象徵。武當山崛起鄂北，北宋書法家米芾譽為「天下第一山」。不過在明以前，武當山的聲望和地位，實不能同五嶽和天台、峨眉等佛教名山相比，它凌駕眾山之上，是明成祖朱棣即位以後的事。朱棣原為北地燕王，在發動兵變時，利用神道設教，詭稱得到玄武大帝的幫助，奪取帝位後，為報「感應之妙」，崇祀武當（傳說武當山為玄武修煉之處），加以尊號，位在五嶽之上。並運用皇朝的力量，按照「政神合一」的意圖進行布局，以八宮二觀為明珠，一百四十里神道為綢帶，建成一個既有皇家宮殿規模、能體現皇權威嚴，又有道教宮觀特色、能顯示神權玄妙的龐大的建築群。徐霞客對這當時的名勝首區，仰慕尤深，思之甚切，這次出遊，即以「兼盡嵩、華，朝宗太岳」為期，故在離開華山後，立即趕到武當，一豁平生之懷。

十一日　登仙猿嶺❸。十里餘，有枯溪小橋，為鄖縣❹境，乃河南、湖廣界。東五里，有池一泓，曰青泉，上源不見所自來，而下流淙淙。地又屬淅川❺，蓋二縣界址相錯，依山谿曲折，路經其間故也。五里，越一小嶺，仍為鄖縣境。嶺下有玉皇觀、龍潭寺。一溪滔滔自西南走東北，蓋自鄖中來者。渡溪，南上九里岡，經其脊而下，為蟠桃嶺。溯溪行塢中十里，為葛九溝。又十里，登土地嶺，

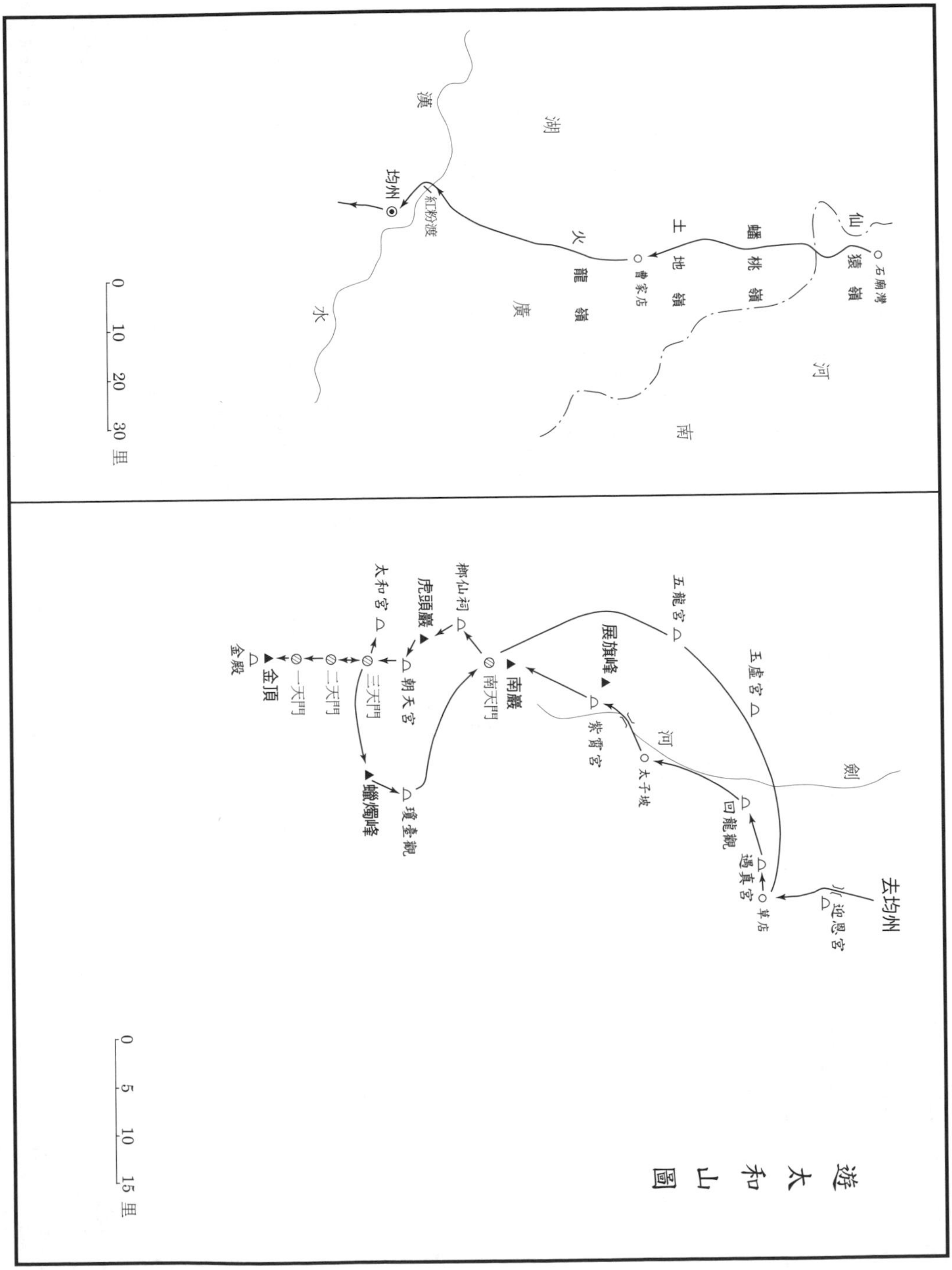
遊太和山圖
去均州
迎恩宮
草店
遇真宮
回龍觀
太子坡
紫霄宮
展旗峰
南巖
南天門
五龍宮
玉虛宮
榔仙祠
虎頭巖
太和宮
朝天宮
三天門
二天門
一天門
金頂
金殿
瓊臺觀
蠟燭峰
劍
河
0 5 10 15 里
石廟灣
猿嶺
仙
蟠桃嶺
土地嶺
曹家店
火龍嶺
紅粉渡
均州
漢
水
湖
廣
河
南
0 10 20 30 里

嶺南則均州境。自此連逾山嶺，桃李繽紛，山花夾道，幽豔異常。山塢之中，居廬相望，沿流稻畦，高下鱗次❻，不似山、陝間矣。但途中蹊徑狹，行人稀，且聞虎暴，日方下春❼，竟止塢中曹家店。

十二日　行五里，上火龍嶺。下嶺隨流出峽，四十里，下行頭岡。十五里，抵紅粉渡，漢水❽汪然西來，涯下蒼壁懸空，清流繞面。循漢東行，抵均州。靜樂宮❾當州之中，踞城之半，規製宏整。停行李於南城外，定計明晨登山。

【章　旨】本章記載了徐霞客遊太和山前二天的行跡。路過鄖縣、淅川兩地，渡過從鄖中來的一條大溪，一路翻山越嶺，觀賞和山西、陝西全然不同的景色，第一天在曹家店留宿。第二天到達紅粉渡，漢水從這裡流過。沿江往東至均州，靜樂宮就在城中央。

【注　釋】❶太和山　即武當山，傳說道教北方尊神玄武帝（宋時避諱，改玄為真）的修煉處，古人認為「惟真武之神足以當之，故稱武當」。又名仙室山。明成祖時，改稱太岳太和山，又稱太岳或玄岳。在今湖北十堰東南，丹江口西南。方圓八百里，全山遊程長達一百二十里。現基本上保持明代初年形式和建築體系。❷湖廣襄陽府均州　湖廣，明代十三布政使司之一，轄境相當於今湖北、湖南兩省。襄陽府，明代隸湖廣布政使司，治所在襄陽（今湖北襄樊）。均州，明代隸襄陽府，治所在均縣（今湖北均縣西北）。❸仙猿嶺　在河南、湖北兩省交界線。❹鄖縣　明代隸襄陽府，今屬湖北。❺淅川　明代為縣，隸南陽府，治所在今河南淅川縣西南境。❻鱗次　像魚鱗那樣有次序地排列著。❼下春　指日落之時。❽漢水　又名漢江，為長江最大支流。源出陝西寧強北面的嶓冢山，至湖北漢陽入長江。❾靜樂宮　又作「淨樂宮」。建於明永樂年間，現已毀圮。

【語　譯】十一日　登仙猿嶺，走了十多里，看到一條乾涸的溪流，上面架著小橋，已屬鄖縣境內，是河南、湖廣的分界線。往東走五里，有一個池塘，叫青泉，看不到上面源頭的水是從哪裡來的，下游流水卻淙淙不絕。這裡又屬淅川縣地界，這是由於兩縣分界犬牙交錯，隨著曲折的山谷溪流，路過其中的緣故。走了五里，翻過一座小山嶺，仍在鄖縣境內。嶺下有玉皇觀、龍潭寺。一條溪水滔滔而來，從西南流向東北，是從鄖中流來的。渡過溪水，往南登上九里岡，經過山脊下去，便是蟠桃嶺。沿溪流上行，在山塢中走了十里，來到葛九溝。再走十里，登上土地嶺，嶺南便是均州轄地。從這裡開始接連翻山越嶺，一路桃李盛開，繽紛多采，兩旁山花爛漫，異常幽雅豔麗。山塢之中，村舍相望，沿著水流的稻田，高高低低，一塊連著一塊，和山西、陝西一帶不同。只是途中小路狹隘，行人稀少，而且還聽到老虎的暴嘯，太陽已經下山，就在山塢中的曹家店留宿。

十二日　走了五里，登上火龍嶺。下嶺後隨著溪流走出峽谷，往前四十里，走下行頭岡。再走十五里，到達紅粉渡，漢水浩浩蕩蕩，從西而來，江邊蒼青的崖壁高懸空中，清澈的流水在下面繞過。沿著漢水向東走，到達均州。靜樂宮座落在城的中央，占了城區的一半，規模宏大，布局整齊。我把行李寄放在州城南門外，決定明天清晨登山。

十三日　騎而南趨，石道平敞。三十里，越一石梁，有溪自西東注，即太和下流入漢者。越橋為迎恩宮❶，西向。前有碑大書「第一山」三字，乃米襄陽❷筆，書法飛動，當亦第一。又十里，過草店❸，襄陽來道，亦至此合。路漸西向，過遇真宮❹，越兩隘下，入塢中。從此西行數里，為趨玉虛❺道；南躋上嶺，則走紫霄❻間道也。登嶺。自草店至此，共十里，為回龍觀❼。望岳頂青紫插天，然相去尚五十里。滿山喬木夾道，密布上下，如行綠幕中。

從此沿山行，下而復上，共二十里，過太子坡❽。又下入塢中，有石梁跨溪，是為九渡澗❾下流。上為平臺十八盤❿，即走紫霄、登太和⓫大道；左入溪，即溯九渡澗，向瓊臺觀⓬及八仙羅公院⓭諸路也。峻登十里，則紫霄宮在焉。紫霄前臨禹跡池⓮，背倚展旗峰⓯，層臺傑殿，高敞特異。入殿瞻謁。由殿右上躋，直造展旗峰之西。峰畔有太子洞⓰、七星巖⓱，俱不暇問。共五里，過南巖⓲之南天門⓳。舍之西，度嶺，謁榔仙祠⓴。祠與南巖對峙，前有榔樹㉑特大，無寸膚㉒，赤幹聳立，纖芽未發。傍多榔梅樹，亦高聳，花色深淺如桃杏，蒂㉓垂絲作海棠㉔狀。梅與榔本山中兩種，相傳玄帝插梅寄榔㉕，成此異種云。

共五里，過虎頭巖㉖。又三里，抵斜橋㉗。突峰懸崖，屢屢而是，徑多循峰隙上。五里，至三天門㉘，過朝天宮㉙，皆石級曲折上躋，兩傍以鐵柱懸索。由三天門而二天門、一天門，率取徑峰坳間，懸級㉚直上，路雖陡峻，而石級既整，欄索鈎連，不似華山懸空飛度也。太和宮在三天門內。日將晡㉛，竭力造金頂㉜，所謂天柱峰㉝也。山頂眾峰，皆如覆鐘峙鼎，離離㉞攢立；天柱中懸，獨出眾峰之表，四旁嶃絕。峰頂平處，縱橫止及尋丈㉟。金殿峙其上，中奉玄帝及四將㊱，爐案俱具，悉以金為之。督以一千戶㊲、一提點㊳，需索香金，不啻御奪㊴。余入叩匆匆，而門已闔，遂下宿太和宮。

【章　旨】本章記載了第三天的行跡。路過迎恩宮、草店、遇真宮，來到回龍觀。隨後在綠蔭中行走，又經經過太子坡和九渡澗下游，登上紫霄宮，高大寬敞，與眾不同。從殿右向上攀登，到展旗峰西側，又經過南巖的南天門，拜謁榔仙祠。祠傍有許多榔梅樹，相傳是玄帝把梅枝嫁接在榔樹上產生的新品種。接著在險峻的峰坳間取道，拉著鐵索，到達二天門、三天門。時近黃昏，竭盡全力登上金頂。天柱峰高聳眾峰之上，金殿座落在上面，全用銅鑄造而成。因大門已經關閉，只好去太和宮投宿。

【注　釋】❶迎恩宮　原名迎恩觀，建於明成化年間，後改為宮，現已毀圮。❷米襄陽　即北宋書法家米芾，字元章，襄陽人。書法與蔡襄、蘇軾、黃庭堅齊名，合稱「宋四家」。❸草店　在今襄陽去十堰的公路線上。❹遇真宮　在武當山北麓，玄岳門南二里。傳說明洪武年間，道士張三丰在此結庵修煉，名會仙館，民間傳為「真仙」。永樂年間在此建真仙殿，並賜宮名「遇真」。真仙殿為廡殿頂式，內供張三丰坐像。這裡山環水繞，宛如天然城郭，舊有黃土城之稱。❺玉虛　即玉虛宮，全稱玄天玉虛宮。傳說玉帝封真武為「玉虛師相」，由此得名。在武當山主峰西北，距玄岳門約八里。據說明末李自成曾在此紮營，又名老營宮。建於明永樂年間，嘉靖年間又加修葺，原有殿、堂等計共二千二百餘間，為武當山建築群中最大的宮城之一。清乾隆年間大部被毀。現紅門內外各有碑亭一對，分別為永樂及嘉靖年間遺物，亭內聳立著高達九公尺的巨碑，其下龜趺座重約七十餘噸。❻紫霄　即紫霄宮。在天柱峰東北展旗峰下。建於明永樂年間，是武當山保存較完整的宮觀之一。層層崇臺依山迭砌，飛金流碧，富麗堂皇。宮背靠展旗峰，如幢幢巨旌，迎風招展。四周松竹遍地，環境清幽。❼回龍觀　在玉虛宮西南，與八仙觀同為玉虛宮所領之觀。❽太子坡　在天柱峰東北，距玄岳門約三十里，背依峭壁，面臨深谷，形勢險峻，為攀登金頂的孔道。傳說真武童年為淨樂國太子，入山修道之初，曾在此居住，故名。坡上有復真觀，故又作為觀的別名。觀建於明永樂年間，清康熙年間三度重修。其中有依巖建造的五層高樓，有梁枋十二，交叉迭擱，下以一柱支撐，為古代木構建築中「一柱十二梁」的傑作。❾九渡澗　又名劍河，從太子坡、紫霄宮前流過。河上有橋，名天津橋，建於明永樂年間，橋石平拱，狀若連虹。溯流而上，兩岸景物清幽秀美，曲折多變。❿平臺十八盤　九渡澗畔的登山石道。十八盤又分上下十八盤。⓫太和　即太和宮。在天柱峰山腰紫金城南天門外，建於明永樂年間。與南巖、紫霄、五龍、遇真、玉虛、迎恩、淨樂合稱「太和八宮」。內有從天柱峰頂移此的元大德年間鑄造的銅殿一座。為一組瑰麗精巧的建築群。殿宇樓堂，依山傍巖，布局巧妙；層巒疊嶂，煙樹雲海，氣象萬千。⓬瓊臺觀　在朝天宮東，蠟燭峰北，今浪河上游源頭西側。⓭八仙羅公院　今已不存。⓮禹跡池　在紫霄宮前，傳說夏禹導水，曾至此地，故名。池上有禹跡橋，附近有禹跡亭。⓯展旗峰　為紫霄宮後山，峰色如鐵，形如大旗飛揚。傳說真武執皂旗，故名。從宮前望去，又似黑雲墮屋，垂垂欲雨。⓰太子洞　即太子巖，在展旗峰山腰。與玉清、太清兩巖合稱三巖。為一天然石穴略加人工開拓的洞室，洞室寬曠，正中有元初建造的小型石殿，結構玲瓏。傳說真武為太子時，曾在此修道，殿內供太子童年塑像。這裡磴道盤曲，叢林掩映，水流花開，環境幽深。⓱七星巖　在展旗峰西側。⓲南巖　在紫霄宮西約五里。山嶺奇峭，林木森翠，上接碧霄，下臨絕澗，古人有「路入南崖景更幽」之譽，景色之美，為武當山三十六巖之冠。明永樂年間，在此營建殿宇六百四十餘間，清末被毀。巖北有老虎口，懸崖複道，幽深曲折。巖南深壑之中，孤峰斜峙，狀如巨鳥之翼，上有梳妝臺、飛昇臺等遺跡。相傳為真武捨身成神之處，下臨萬丈深淵，上繞流雲飛霧，大有樓閣淩空之勢。⓳南天門　在南巖之側，為登上山頂的唯一通道。⓴榔仙祠　又名榔梅祠，在南巖南一里，傳說為真武插梅寄榔之處。㉑榔樹　據《本草綱目》，「榔乃榆樹」，即榆樹中榔榆這一品種。㉒膚　指樹皮。㉓蒂　花或果與枝莖相連的部分。㉔海棠　有兩種，一種為垂絲海棠，淡紅色，花梗細長，下垂。㉕插梅寄榔　即將梅嫁接在榔樹上。據《襄陽志》載，相傳真武折梅寄榔樹上，對天發誓說：「吾道若成，花開果結。」後果然成功。㉖虎頭巖　在榔仙祠南，以形似虎頭而得名。㉗斜橋　在虎頭巖下。從這裡可由三天門、歡喜坡、銅殿埡三條路登上金頂。㉘三天門　據《武夷山志》，一天門在下，三天門在上，而《遊記》所記正相反。㉙朝天宮　在斜橋上面，一天門下面，為太和宮屬宮。㉚懸級　形容石道陡峻，就像懸掛的梯子。㉛晡　申時。即午後三點至五點。也用以泛指晚間。㉜金頂　即金殿，在天柱峰頂。建於明永樂十四年（一四一六）。全為銅鑄鎏金，仿木構建築。殿高五點五公尺，寬四點四公尺，深三點一五公尺，據說為中國最大的銅鑄鎏金大殿，前人稱之為「一朵紅雲，萬道寶光，迥出五岳珠宮紺殿之上者也。」殿內供真武帝君，還懸掛著一顆鎏金明珠，傳說可鎮住山風，稱為「避風仙珠」。殿體為分件鑄造，結構嚴謹，無鑄鑿之痕。雖經五百年風雨侵襲，至今金碧絢爛，宏麗如初。殿下峰腰繞石城一周，名紫金城，長達三里，臨崖負險，懸空蟠峙。金頂為朝觀日出，夕看雲海的佳處。登上峰頂遠眺，群峰環峙，丹江水庫碧平如鏡，太和諸宮盡在眼底。若機緣湊巧，還可看到海市蜃樓和「金殿疊影」的奇觀，令人有淩空出世之感。㉝天柱峰　武當山主峰，高達一千六百十二公尺，在七十二峰中，如一柱擎天，峭拔獨秀。群峰似都對它俯首朝拜，故有「群峰朝大頂（金頂）」之說。㉞離離　羅列的狀貌。㉟縱橫止及尋丈　言長、寬都很短，面積甚小。古人以八尺為尋。㊱四將　或說即真武近側的金童玉女，一持文簿，一托寶印；外側的水、火二將，一捧劍，一執旗。㊲千戶為世襲武官，統兵千人。㊳提點　官名，明代只有神樂觀提點，掌樂舞；太和山提點，管道士。㊴禦奪　強行奪取。

【語　譯】十三日　騎著馬往南趕路，石道平坦寬敞。走了三十里，度過一座石橋，看到一條溪水從西往東流去，這就是從太和山往下匯入漢水的溪流。過橋便是迎恩宮，宮門向西。前面有座石碑，上面書寫著「第一山」三個大字，是米襄陽的手跡，書法飛動之勢，也理應推為第一。又走了十里，經過草店，從襄陽來的路，也到這裡會合。路漸漸向西，經過遇真宮，越過兩處險要的地方，進入山塢之中。從這裡往西走幾里，是去玉虛宮的路；往南登上山嶺，則是去紫霄宮的小路。登上山嶺。從草店到這裡，共走了十里，便來到回龍觀。遙望山嶽最高處，青紫色的山峰直插天空，但相距還有五十里路。滿山都是高大的樹木，夾立在道旁，上下密布，人就像在綠色的帷幕中行走。

從這裡沿著山行走，上上下下，共二十里，經過太子坡。又往下走入山塢之中，有座石橋跨在溪水之上，正是九渡澗的下游。上面是平臺十八盤，即去紫霄宮、上太和宮的大路。往左走進溪谷，便沿著九渡澗上行，是去瓊臺觀和八仙羅公院的各條路。向高處攀登十里，紫霄宮就在眼前。紫霄宮前對禹跡池，背靠展旗峰，層疊的樓臺，雄偉的殿堂，高大寬敞，與眾不同。我走進殿中瞻仰朝拜。隨後從殿右邊向上攀登，直到展旗峰的西側。峰旁有太子洞、七星巖，都無暇顧及。共走了五里，經過南巖的南天門。沒有進去，趕緊朝西走，翻過山嶺，拜謁榔仙祠。祠與南巖相對而立，前面有特別高大的榔樹，沒有一點樹皮，光禿禿的樹幹高高聳立，細芽尚未萌發。近旁有許多榔梅樹，也都高高聳立，花色深淺和桃、杏相似，花蒂絲條下垂，形狀如同海棠。梅樹和榔樹原是山中兩種不同的品種，相傳玄帝把梅枝嫁接在榔樹上，從而出現了這樣奇異的品種。

共走了五里，經過虎頭巖。又走了三里，到達斜橋。突起的山峰，陡削的崖壁，到處都是，路大多沿著峰隙上去。走了五里，到三天門，經過朝天宮，一路都在石級上曲曲折折地向上攀登，兩旁用鐵柱懸掛著鐵索。從三天門到二天門、一天門，一概取道峰坳之間，沿著陡直的石級直往上爬。路雖陡峭險峻，但石級平整，又有鐵索相連，不像華山那樣，要懸空飛度。太和宮在三天門內。時近黃昏，竭盡全力登上金頂，就是人們所說的天柱峰。山頂的群峰，都像倒扣的鐘、峙立的鼎，羅列在那裡，聚立在一起；天柱峰居中高聳，獨出眾峰之上，四面格外高峻。峰頂平坦的地方，長寬在八尺到一丈之間。金殿聳立在頂上，裡面供奉著玄帝和四將，香爐几案，一應齊全，都用銅鑄造而成。上面設置了一個千戶、一個提點加以管理，索取香火錢，和強行奪取無異。我急急忙忙進去叩拜，但門已經關閉，只好下去到太和宮投宿。

十四日　更衣上金頂。瞻叩畢，天宇澄朗，下瞰諸峰近者鵠峙❶，遠者羅列，誠天真奧區❷也。遂從三天門之右小徑下峽中。此徑無級無索，亂峰離立，路穿其間，迥覺幽勝。三里餘，抵蠟燭峰❸右，泉涓涓溢出路旁，下為蠟燭澗。循澗右行三里餘，峰隨山轉，下見平邱中開，為上瓊臺觀❹。其旁榔梅數株，大皆合抱，花色浮空映山，絢爛巖際。地既幽絕，景復殊異。余求榔梅實，觀中道士噤不敢答，既而曰：「此係禁物。前有人攜出三、四枚，道流株連破家者數人。」余不信，求之益力，出數枚畀余，皆已黝爛，且訂無令人知。及趨中瓊臺，余復求之，主觀❺仍辭謝弗有。因念由下瓊臺而出，可往玉虛巖❻，便失南巖、紫霄，奈何得一失二，不若仍由舊徑上。至路旁泉溢處，左越蠟燭峰，去南巖應較近。忽後有追呼者，則中瓊臺小黃冠❼，以師命促余返。觀主握手曰：「公渴求珍植，幸得兩枚，少慰公懷，但一洩於人，罪立至矣。」出而視之，形侔金橘，漉以蜂液，金相玉質❽，非凡品也。珍謝別去，復上三里餘，直造蠟燭峰坳中。峰參差廉利❾，人影中度，兀兀❿欲動。既度，循崖宛轉，連越數重。峰頭土石，往往隨地異色。既而聞梵⓫頌聲，則仰見峰頂，遙遙上懸，已出朝天宮右矣。仍上八里，造南巖之南天門，趨謁正殿⓬。右轉入殿後，崇崖嵌空，如懸廊複道⓭，蜿蜒山半，下臨無際，是名南巖，亦名紫霄巖，為三十六巖之最，天柱峰正當其面。自巖還至殿左，歷級塢中，數抱松杉，連陰挺秀。層臺孤懸，高峰四眺，是名飛昇臺⓮。暮返宮，賄其小徒，復得榔梅六枚。明日再索之，不可得矣。

【章　旨】本章記載了第四天的行跡。登上峰頂，走下峽中，一路景物幽雅。到達蠟燭峰，沿著澗水向前，來到上瓊臺觀，只討到二個霉爛的榔梅。又去中瓊臺，得到二個榔梅，十分珍貴。從蠟燭峰的山坳中過去，經過朝天宮右側，直達南巖，危崖摩天，地勢險峻。隨後前去觀賞飛昇臺。傍晚回到宮中，又得到六個榔梅。

【注　釋】❶鵠峙　即鵠立。像天鵝那樣引頸而立。❷天真奧區　保持自然原貌、未經世俗污染的幽深玄妙之地。❸蠟燭峰　指大、小蠟燭峰，在天柱峰西的大小蓮花峰之間。兩峰並峙，以形似而得名。因其穎秀，又稱大筆峰和小筆峰。❹上瓊臺觀　即瓊臺上觀。瓊臺觀依地勢高下，分上、中、下三觀。❺主觀　即觀主。主持觀中事務的當家道士。❻玉虛巖　在九渡澗北岸懸崖上，為武當山規模較大、保存較好的巖廟之一。相傳古有隱者俞聖哲在此誦經，故又名俞公巖。巖懸嵌於峭壁中部，飛臨深谷，澗水傾瀉，聲震如雷。向東於兩岸山峰之間可望見金殿，金光熠熠，極為壯觀。❼黃冠　道士所戴的帽子，也用作道士的別稱。❽金相玉質　形容事物精美，有如精雕細琢的金玉。相，指外貌。質，指質地。❾廉利　稜角鋒利。形容山峰峻削。❿兀兀　搖搖晃晃的意思。⓫梵　佛教用語。意為清淨、寂滅。後來與佛教有關的都統稱梵。武當山為道教名山，與佛無關。這裡所謂梵頌聲，當指道士誦經聲。⓬正殿　指南巖石殿，在紫霄巖的懸崖絕壁上。建於元延祐年間，由完整的巖石鑿成，為石砌仿木結構。站在殿前廊道之上，抬頭仰望，危崖摩天，高不見頂；憑欄俯視，絕澗千丈，深不可測。石殿崖前，有浮雕雲龍石梁，長約二公尺，懸空伸出欄外，前端龍頭上置一小香爐，俗稱龍頭香。過去不少香客為表示虔誠，多膝行其上，敬燒龍頭香，稍有不慎，即失足喪生。⓭複道　以樓閣架空連接的通道，因有上下兩重通道，故稱複道。俗稱天橋。⓮飛昇臺　在南巖附近，似垂天之翼。傳說真武在此奉詔，由五龍扶持飛升，地皆變為金玉色，今山上仍多金星石。

【語　譯】十四日　換了衣服直上金頂。瞻望朝拜完畢，天空清澈晴朗，俯視群峰，近的如天鵝引頸而立，遠的就像排列在那裡，真是保持著大自然原貌的幽深玄妙之地。於是從三天門右側的小路走下峽中。這小路既無石級，也無鐵索，亂峰分立，小路從其中穿過，深深感到是個幽雅的好地方。走了三里多，到達蠟燭峰的右面，有涓涓細流從路旁溢出，下面就是蠟燭澗。沿著澗水右邊走了三里多，峰隨山轉，往下看到中間有塊平坦的坡地，上瓊臺觀就在這裡。觀旁有幾株榔梅，粗大都得兩人合抱才行，花朵的色彩散布空中，映照山谷，峰巖之間，絢麗多姿。不但環境幽雅之極，景色也大不相同。我想討取榔梅果，觀中的道士嚇得閉口不敢回答，過了一會說：「這是禁物。過去有人帶出去三、四個，有幾個道士受牽連弄得家破人亡。」我不信，索取更厲害，這才拿出幾個給我，都已發黑霉爛，還再三叮囑不能讓外人知道。等趕到中瓊臺，我又去求取，觀主照樣推辭說沒有這東西。因為考慮到從下瓊臺出去，可前往玉虛巖，但這樣便不能去南巖和紫霄宮，怎能為了去一個地方而失去兩個景點，還不如仍舊從原路向上。到路旁泉水溢出的地方，向左翻過蠟燭峰，去南巖應當近些。忽然聽到後面有人追上來叫我，原來是中瓊臺的小道士，奉師父之命催我回去。觀主握著我的手說：「您渴望得到珍貴的果子，幸虧現在有兩個，可以稍微滿足一下您的心願，但一旦向外人洩露，罪罰也就馬上降臨。」拿出來一看，形狀大小和金橘相似，在蜂蜜中浸漬過，質地精美，如金玉一般，真不是平常的東西。我由衷感謝，告辭而去，又往上走了三里多，直到蠟燭峰的山坳中。峰參差不齊，稜角鋒利，人從中渡過，搖搖晃晃像要掉下來一樣。過了之後，沿著山崖曲折向前，接連翻過幾重。山頂的土石，往往隨著地勢不同而呈現出不同的顏色。不久聽到念經的聲音，抬頭仰望峰頂，遠遠地高掛在上面，已經過朝天宮右側了。仍舊向上走八里，直達南巖的南天門，趕緊前去拜謁正殿。向右轉到殿後，只見高高的山崖鑲嵌在空中，如同懸空的長廊閣道，在半山腰曲折延伸，下面是一望無底的深壑，這就是南巖，又名紫霄巖，是三十六巖中最高的，天柱峰正座落在它的前面。從南巖回到正殿的左邊，踏著石級在山塢中行走，只見松樹杉樹，得幾人才能合抱，枝葉繁茂，挺拔秀麗。有座樓臺獨自高懸空中，位於高峰之上，可向四面眺望，名為飛昇臺。傍晚返回宮中，買通小道徒，又得到六個榔梅。明天再去討取，已得不到了。

十五日　從南天門宮左趨雷公洞❶。洞在懸崖間。余欲返紫霄，由太子巖歷不二庵❷，抵五龍❸。輿者❹謂迂曲不便，不若由南巖下竹笆橋，可覽滴水巖❺、仙侶巖❻諸勝。乃從北天門下，一徑陰森。滴水、仙侶二巖，俱在路左，飛崖上突，泉滴瀝於中，中可容室，皆祠真武。至竹笆橋，始有流泉聲，然不隨澗行。乃依山越嶺，一路多突石危巖，間錯於亂蒨❼叢翠中，時時放榔梅花，映耀遠近。過白雲❽、仙龜❾諸巖，共二十餘里，循級直下澗底，則青羊橋❿也。澗即竹笆橋下流，兩崖蓊蔥蔽日，清流延迴，橋跨其上，不知流之所去。仰視碧落⓫，宛若甕⓬口。度橋，直上攢天嶺⓭。五里，抵五龍宮，規製與紫霄、南巖相伯仲。殿後登山里許，轉入塢中，得自然庵⓮。已還至殿右，折下塢中，二里，得凌虛巖⓯。

巖倚重巒，臨絕壑，面對桃源洞⑯諸山。嘉木尤深密，紫翠之色，互映如圖畫，為希夷⑰習靜處。前有傳經臺，孤瞰壑中，可與飛昇作匹。還過殿左，登榔梅臺⑱，即下山至草店。

華山⑲四面皆石壁，故峰麓無喬枝異幹；直至峰頂，則松柏多合三人圍者；松悉五鬣⑳，實大如蓮，間有未墮者，採食之，鮮香殊絕。太和則四山環抱，百里內密樹森羅，蔽日參天；至近山數十里內，則異杉老柏合三人抱者，連絡山塢，蓋國禁㉑也。嵩、少㉒之間，平麓上至絕頂，樵伐無遺，獨三將軍樹㉓巍然傑出耳。山谷川原，候同氣異。余出嵩、少，始見麥畦青；至陝州㉔，杏始花，柳色依依向人；入潼關㉕，則驛路既平，垂楊夾道，梨李參差矣；及轉入泓峪㉖，而層冰積雪，猶滿澗谷，真春風所不度也；過塢底岔㉗，復見杏花；出龍駒寨㉘，桃雨柳烟，所在都有。忽憶日已清明，不勝景物悴情。遂自草店，越二十四日，浴佛㉙後一日抵家。以太和榔梅為老母壽。

【章旨】本章記載了第五天的行跡。從南天門趕往雷公洞。又去遊覽了滴水巖、仙侶巖，直到竹笆橋。接著渡過下流的青羊橋，直上攢天嶺，到達五龍宮。隨後轉入山塢之中，觀賞凌虛巖，及巖前的傳經臺。華山要到峰頂，才有高大的松柏，太和山樹木繁茂，嵩山則被砍伐無遺。從嵩山到龍駒寨，雖然節氣相同，但各地氣溫卻大不一樣。最後從草店出發，經過二十四天，回到家中。

【注釋】❶雷公洞　又名雷神洞，為疊字峰巖壁間的一個石洞。石色作火焰雷文，遠聽常有轟隆之聲，故名。❷不二庵　因明代不二和尚（圓信）曾在此修行，故名。❸五龍　即五龍宮。在天柱峰北，東距玉虛宮三十里，面對金鎖峰，左繞磨針澗。相傳唐貞觀年間均州守姚簡在武當山祈雨，有五龍從空飛降，即在此建五龍祠。明永樂年間在舊址大造宮觀，賜額「興聖五龍宮」。辛亥革命後大部毀壞。❹輿者　轎夫。輿，肩輿。即轎子。❺滴水巖　在天柱峰北，因有水滴從巖中滴落，故名。❻仙侶巖　在滴水巖北，因有許多修煉者在此修道，故名。❼蒨　本作「茜」。為多年生蔓草。❽白雲　巖名，在白雲峰側，有洞懸於壁間，傳說宋初陳摶曾在此居住。❾仙龜　巖名，在天柱峰下，據說有神龜藏此，故名。❿青羊橋　在青羊峰旁的青羊澗上。下面所說的澗，即青羊澗。⓫碧落　道家稱天空為碧落。⓬甕　一種盛東西的陶器，腹部較大。⓭攢天嶺　從青羊橋前往五龍宮的一段山嶺。⓮自然庵　在五龍宮西，旁有煉丹池，傳說陳摶曾在此學習睡法。⓯凌虛巖　在五龍宮西南二里左右。傳說唐孫思邈、宋陳摶都曾在此修煉，旁有希夷誦經臺（即下文所說的傳經臺），下臨深淵，環境清幽。⓰桃源洞　在桃源峰北，誦經臺西。附近環境秀美開曠。⓱希夷　即陳摶。字圖南，真源人。五代後唐時，隱居武當山。宋初來朝，宋太宗甚重之，賜號希夷先生。⓲榔梅臺　在草店西南，傳說這裡過去多榔梅。⓳華山　因遠望如華（古花字），由此得名。還有一種說法，說山頂有千葉蓮花，因名華山。以其旁有少華山，故稱太華；為五嶽中的西嶽，故又稱華嶽。在今陝西華陰南面，北瞰黃河，南連秦嶺。華山包括東、西、南、北、中五峰，以「奇拔峻秀」冠天下。⓴五鬣　即松葉一束五針。鬣，指松針。㉑國禁　朝廷下令封山育林，禁止砍伐。㉒嵩少　指嵩山（太室山）、少室山，太室山。嵩山的東峰，主峰峻極峰海拔一千四百九十四公尺。少室山。在太室山西邊，主峰御寨山（南寨）海拔一千五百十二公尺。㉓三將軍樹　嵩陽書院內有古柏三株，相傳西漢元封元年（前一一〇），漢武帝劉徹遊嵩嶽，見三柏高大茂盛，封為大將軍、二將軍、三將軍。三將軍柏在明末毀於兵火，今剩二株。大將軍柏周長約六公尺，二將軍柏周長近十五公尺，為中國現存最古老最粗壯的柏樹。㉔陝州　明代隸河南府，治所在陝縣（今屬河南）。㉕潼關　故址在今風陵渡對岸的黃河邊，陝西潼關港口。雄踞陝西、河南、山西三省要衝，依山臨河，地勢險要，為古代著名的關隘重地。明代設潼關衛。因修建三門峽水庫，原來周長十里的潼關，現基本上已經拆除。㉖泓峪　在陝西華縣南。今名瓮峪。進溝不到百公尺，溪流向西，然後折向南流，爾後又東流，形似瓮沿，故名。㉗塢底岔　地名，在陝西商縣西北。㉘龍駒寨　在商州東南，即今陝西丹鳳縣所在地。據雞冠山，濱丹江，為陝西、河南間的交通重鎮。古產名馬，傳說項羽的烏騅即產於此。㉙浴佛　指浴佛節，即佛誕節。據佛教傳說，釋迦誕生時，有九條龍口吐香水，洗浴佛身。故每逢佛誕日，佛教徒便要舉行浴佛活動，以各種名香浸水灌洗佛像，同時舉行拜佛祭祖等活動。中國舊時以農曆四月初八為佛誕節。即以這一天為浴佛節。

【語　譯】十五日　從南天門宮向左趕往雷公洞。洞在懸崖之中。我想返回紫霄宮，從太子巖經過不二庵，到達五龍宮。轎夫說這條路迂迴曲折，行走不便，不如從南巖往下去竹笆橋，可遊覽滴水巖、仙侶巖等名勝。於是從北天門下去，一路陰森森的。滴水、仙侶兩巖，都在路的左邊，高峻的崖壁向上突起，泉水在其中往下滴落，裡面建造房屋，都供奉真武。直到竹笆橋才有泉流的聲音，但我沒有跟著澗水走。而是沿著山路，翻過山嶺，一路上高聳的岩石尤多，夾雜在紛亂草木叢中，時時可以看到榔梅花展枝開放，映照遠近。經過白雲、仙龜這些山巖，共走了二十多里，沿石級往下直到澗底，便是青羊橋。這澗就是竹笆橋水的下游，兩旁山崖，樹木蒼翠茂盛，遮天蔽日，清澈的水流延伸回旋，有橋橫跨在上面，不知向何處流去。仰望蒼天，宛如甕口。過了橋，直上攢天嶺。走了五里，到達五龍宮，規模同紫霄宮、南巖不相上下。從殿後上山，走了約一里路，轉入山塢之中，到自然庵。遊完後回到殿的右邊，往下轉入山塢之中，走了二里，到凌虛巖。巖倚靠重重山巒，下臨萬丈深壑，面對桃源洞眾山。名貴的樹木尤其深密，或紫或翠的顏色，相互映襯，有如圖畫，原是希夷先生修煉的地方。前面有傳經臺，獨自在上，俯視深壑，可和飛昇臺匹配。回來經過殿的左邊，登上榔梅臺，便下山到草店。

華山四面都是石壁，故山腳沒有高大奇特的樹木，直到峰頂，則見松柏大多得三人合抱；松樹全都是五針松，松果大如蓮子，其中有未掉落的，採下品嘗，味道鮮極香極了。太和山四面群山環抱，百里之內樹木繁密茂盛，參天蔽日；到山附近幾十里之內，三人合抱的奇杉古柏，在山塢中連綿不斷，這是由於朝廷禁止砍伐的緣故。嵩山、少室山之間，從山腳下的平地直到山巔，幾乎沒有地方不被砍伐，唯獨三將軍樹巍然聳立罷了。山嶺、峽谷、河流、原野，節氣相同，但氣溫會大不一樣。我離開嵩山、少室山，才看到麥田返青；到陝州，杏花方開，輕盈的楊柳多情地向人擺動；進入潼關，已是驛路平坦，垂楊夾道，梨花李花，相繼開放；待轉入泓峪，層冰積雪，依然遍布澗谷，真是連春風也吹不到的地方；經過塢底岔，又看到杏花；離開龍駒寨，桃花如雨，柳葉似煙，到處都是。忽然想起已到清明節，不勝對景傷情之至。於是從草店出發，經過二十四天，在浴佛節後一天回到家中。用太和山的榔梅為老母祝壽。

【研析】任何一處名勝，都包含著自然景觀和人文景觀這兩個方面。前者是大自然在空間的創作標記，後者則是人類留在時間中的印痕。自然山水如果沒有人類藝術的點綴，便缺少智慧和靈氣；而人類藝術如果沒有自然山水作背景，便失去了氣魄和情趣。兩者結合，正是「天人合一」這富有中國特色的藝術精神的體現。因此，如何使建築和山水和諧協調，通過人工的力量來顯示，而不是破壞自然的美，成了人類如何開發自然的一個重要問題。

南朝謝靈運在隱居始寧（今浙江上虞）時，竭思勞神，「經始山川」，即根據自己的意圖開發自然。但是，如果為了殿閣嵯峨，不惜濫加砍伐，甚至抽山筋，絕地脈，那就不免喧賓奪主，大殺風景了。永樂十年（一四一二），明成祖朱棣命郭璡率三十萬軍夫開往武當，大興土木，山靈險遭此厄。幸虧朱棣在這件事上，不像他大殺建文舊臣那麼殘暴，及時下了一道詔令：「爾往審度其地，相其廣狹，定其規制。」而當時主管其事的官吏和能工巧匠更懂得要「巧於因借，精在體宜」，歷時十二年，終於將武當山建成一處既有宮殿富麗又不失林泉幽致的勝地。明人洪翼聖作詩道當時景象：「五里一庵十里宮，丹牆翠瓦望玲瓏。樓臺隱映金銀氣，林岫回環畫境中。」前三句純是世俗的富貴相，幸有最後一句，武當山才不失其本來面目。

作為一個飽覽山川之美的旅行家，徐霞客比誰都重視人工建築和自然景觀的關係。武當山的著名宮觀，他都一一前往。值得注意的是，他對這些宮觀富麗堂皇的外表，似乎視若無睹，在遊記中未作任何描述。不少描寫武當山的詩文，大肆渲染宮觀的華麗，將自然景觀作為這些建築物的陪襯。徐霞客正相反，在他的筆下，自然景觀始終是主體，林林總總的建築物只不過是自然的點綴，他所注意的，是這些建築在山川中的位置，和周圍自然景物的關係。他寫回龍觀，所重在四周「喬木夾道，密布上下，如行綠幕中。」寫瓊臺觀，則為「花色浮空映山，絢爛巖際。地既幽絕，景復殊異」所陶醉。即使連金頂（金殿）這樣建築史中罕見的傑作，也僅以「悉以金為之」五個字草草帶過，而強調其所處地勢的險峻，高峙天柱峰頂，獨出眾峰之表，「誠天真奧區也」。武當三十六巖，以南巖景物最勝，南巖石殿，有「仙山樓閣」、「瓊臺玉宇」之稱。徐霞客對這座石殿的規模結構，以及殿中著名的浮雕塑像，都隻字未提，而是著力描寫這裡「崇崖嵌空，如懸廊複道，蜿蜒山半，下臨無際」，殿旁「數抱松杉，連陰挺秀」，更有「層臺孤懸，高峰四眺」，突出這座石殿所處的險峻的形勢、幽雅的環境。一種「橫空出世，玄妙超然」的意境，油然而起，令人悠然而思，不勝神往。這比那些眼睛只是盯著宮觀的描寫，高明何止百倍！

發現新的動植物品種，是徐霞客遊覽考察的一個重要內容。他在白岳山遊覽時，曾到過一個榔梅庵，但沒提榔梅。榔梅是武當山的特產，從文中對榔梅帶有抒情色彩的描寫看，他對這小小的果子的興趣，似乎遠遠超過那些宏偉的建築。當時榔梅屬皇家獨享的禁物，有人只因帶了幾枚出去，害得好些人家破人亡，使得這花色絢爛、金相玉質的山果，也浸漬著斑斑血淚。這篇遊記還揭露了當時官吏，靠山吃山，依仗權勢，強奪民財。這就比因大興土木，破壞自然景觀，更「殺風景」了。

徐霞客一入湖北境內，就發現這裡的自然環境，和山西、陝西大不相同。在最後一天的日記中，他對從嵩山到華山、再到武當山的氣候和植被，作了簡潔形象的比較，總結出一條物候學的變化規律，提出「山谷川原，候同氣異」這樣一個科學命題，即從平原到山地，因地勢和緯度的差別，在同一時節，氣候不同，使得植物的生長狀況，也不一樣。當他遊覽雁蕩山時，即已發出「老柯斬伐殆盡」的慨歎。這次遊覽三座名山後，在考察三山的植物生長狀況和自然條件的關係時，還揭示了造成各地植被不同的人為的因素。文中指出武當山因為朝廷嚴禁砍伐，從而大樹密布，參天蔽日，而嵩山由於人們濫加樵伐，而遭到自然的懲罰。在此，徐霞客已提出生態環境的保護問題，即人類如何與自然共處的問題。對這種現象，一般人都熟視無睹，不以為憂，徐霞客鄭重其事地提了出來，這就使得他的遊記，帶有更多科學和現實的意義，具有更深刻的歷史和理性的內容。只是他的話，和他關於「中原缺水」的警告一樣，沒有受到重視，人類對自然、對植被的破壞日益嚴重，即以榔梅而言，當時「絢爛巖際」，如今已蕩然無存，空見於文字而已。如何保護生態環境，已成了當代人面臨的一個極其棘手的問題。

閩❶遊日記前

【題解】徐霞客一生，如雲霞輕舉，客遊四海，東觀滄溟，西登太華，北至幽燕，南入滇中，躑躅三十年，馳騖數萬里，其中去得最多的便是福建。自萬曆四十四年（一六一六）至崇禎六年（一六三三），五次入閩。福建省內群山起伏，溪流縱橫。武夷山、九鯉湖、玉華洞，為閩中三大勝地。徐霞客第一次入閩，便直上武夷山，第二次走遍九鯉湖，崇禎元年（一六二八）春，他第三次入閩，探訪了玉華洞。徐霞客頻頻入閩，並非迷戀景色，在很大程度上是為了交朋訪友。陳繼儒、徐仲昭都說他「性好奇人」，樂於交往。據《明史》本傳，漳浦人黃道周，「以文章風節高天下，嚴冷方剛，不諧流俗。」徐霞客素聞其名，十分傾慕。崇禎元年，黃道周在家鄉守孝，徐霞客「徒步三千里，訪之墓下」，一見如故，歡若平生。當時有個地方官，想和徐霞客結交，送給他免費乘坐驛騎的憑證，卻被他一口拒絕。離開漳浦後，徐霞客又帶著黃道周的親筆信，徒步南下廣東，登羅浮山，走訪了另一個名士鄭鄤，並帶著山中的梅樹回到家中。

崇禎改元❷戊辰之仲春❸，發興為閩、廣遊。二十日始成行。三月十一日，抵江山❹之青湖❺，為入閩登陸道。十五里，出石門街❻，與江郎❼為面，如故人再晤。十五里，至峽口❽，已暮。又行十五里，宿於山坑。

十二日　二十里，登仙霞嶺❾。三十五里，登丹楓嶺❿，嶺南即福建界。又七里，西有路越嶺而來，乃江西永豐⓫道，去永豐尚八十里。循溪折而東，八里，

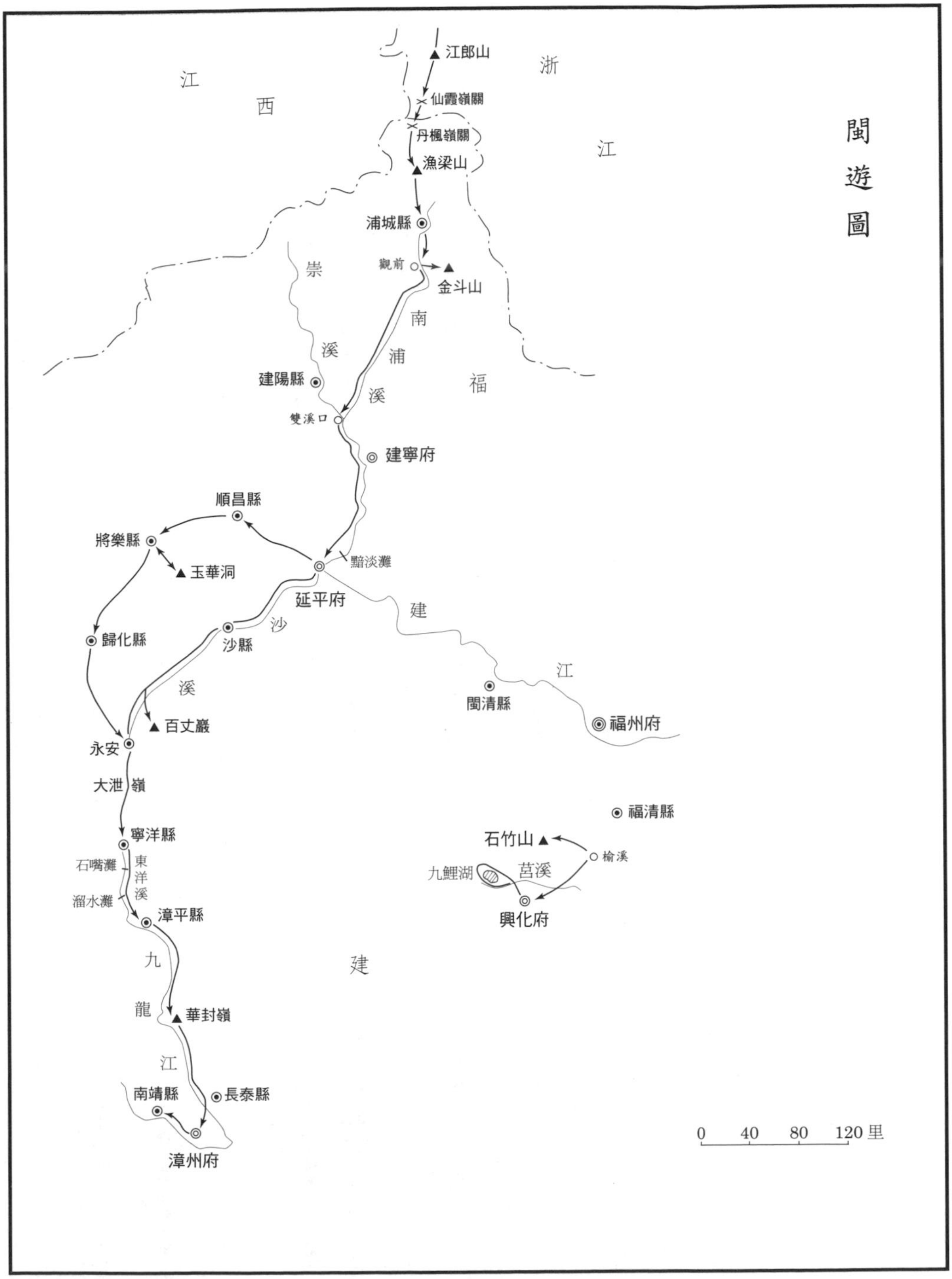
閩遊圖
江郎山
江
西
浙
江
仙霞嶺關
丹楓嶺關
漁梁山
浦城縣
觀前
金斗山
崇
溪
南
浦
溪
建陽縣
福
雙溪口
建寧府
順昌縣
將樂縣
玉華洞
黯淡灘
延平府
沙
溪
建
江
歸化縣
沙縣
閩清縣
百丈巖
福州府
永安
大泄嶺
寧洋縣
福清縣
石竹山
榆溪
石嘴灘
東
洋
溪
九鯉湖
莒溪
溜水灘
漳平縣
興化府
九
龍
江
建
華封嶺
南靖縣
長泰縣
漳州府
0 40 80 120 里

至梨嶺⑫麓；四里，登其巔；前六里，宿於九牧⑬。

十三日　三十五里，過嶺，飯於仙陽⑭。仙陽嶺不甚高，而山鵑麗日，頗可愛。飯後得輿，三十里，抵浦城⑮，日未晡也。時道路俱傳泉⑯、興⑰海盜為梗，宜由延平⑱上永安⑲。余亦久蓄玉華⑳之興，遂覓延平舟。

【章　旨】本章記載了徐霞客第三次遊福建前二天的行跡。到達江山青湖後，從陸路去福建。路過江郎山，在山坑過夜。次日翻過仙霞嶺、丹楓嶺，進入福建地界。當天登上梨嶺，繼續向前，在九牧過夜。第二天在仙陽吃罷飯，坐轎抵達浦城，準備坐船去延平。

【注　釋】①閩　福建省的簡稱。秦置閩中郡，治所在治縣（今福州），後以閩中泛指福建。②崇禎改元　古代新皇帝即位，照例於次年改用新年號紀元，稱改元。明天啟七年（一六二七，丁卯），熹宗死，思宗即位。次年（一六二八，戊辰），改元為崇禎。③仲春　農曆二月。④江山　明代為縣，隸衢州府，今屬浙江。⑤青湖　又作「清湖」，在江山城南。⑥石門街　即今石門，在江山南境。⑦江郎　江郎山，一名金純山，又名須郎山，俗稱三爿石。在浙江江山城東南五十里。傳說有江氏兄弟三人登巔化石，因名。三石峰拔地如筍，摩雲插天，石呈五色，日照炫耀。⑧峽口　鎮名，在江山西南境，南出即仙霞嶺。⑨仙霞嶺　在江山南，長二十里，形勢險要，為浙、閩陸地交通的要道。⑩丹楓嶺　即楓嶺。在江山南，接福建浦城地界，為浙、閩分界處。上有丹楓嶺關。⑪永豐　明代為縣，隸廣信府，今屬江西。⑫梨嶺　在浦城西北境。因其地產梨，故名。據楊億《談苑》說，天下的水都向東流，唯獨梨嶺的水向北，流入廣信溪。⑬九牧　鎮名，在浦城西北，為通浙要道。⑭仙陽　鎮名，在福建浦城西北。⑮浦城　明代為縣，隸屬建寧府，今屬福建。⑯泉　泉州府，治所在晉江（今福建泉州）。⑰興　興化府，治所在莆田（今屬福建）。⑱延平　府名，治所在南平（今屬福建）。⑲永安　明代為縣，隸延平府，今屬福建。⑳玉華　洞名，在今福建將樂城東南十八里的天階山下，為武夷山脈奇峰異洞之一。有兩條甬道，全長約十四里，由六個洞穴組成，內有陰河三條。

【語譯】崇禎元年戊辰二月，發興前往福建、廣州一遊。到二十日方才啟程。三月十一日，抵達江山的青湖，這是從陸路進入福建的通道。走了十五里，從石門街出來，與江郎山相對，就像和老朋友再次會面。再走十五里，到達峽口，已是傍晚。又走了十五里，在山坑留宿。

十二日　走了二十里，登上仙霞嶺。再走三十五里，登上丹楓嶺，嶺的南面便是福建地界。又走了七里，四面有條路穿越山嶺延伸過來，是去江西永豐的路，離永豐還有八十里。沿著溪水轉而向東，走了八里，到梨嶺山腳；再向上四里，登上山巔；繼續向前走六里，在九牧留宿。

十三日　走了三十五里，翻過山嶺，在仙陽吃飯。仙陽嶺不太高，山上杜鵑花盛開，麗日當空，十分可愛。飯後找到轎子，坐著行了三十里路，抵達浦城，天還不晚。這時路上都傳言泉州、興化一帶海盜作梗，應該從延平去永安。我也早就懷有去玉華洞一遊的興致，於是尋找去延平的船隻。

十四日　舟發四十里，至觀前❶。舟子省❷家早泊，余遂過浮橋❸，循溪左登金斗山❹。石磴修整，喬松豔草，幽襲人裾！過三亭，入玄帝宮，由殿後登嶺，兀兀中懸，四山環拱，重流帶之，風烟欲暝，步步惜別！

十五日　辨色❺即行。懸流鼓楫，一百二十里，泊水磯❻。風雨徹旦❼，溪喧如雷。

十六日　六十里，至雙溪口❽，與崇安水❾合。又五十五里，抵建寧郡❿。雨不止。

十七日 水漲數丈，同舟俱閣⑪不行。上午得三板⑫舟，附之行。四十里，太平驛；四十里，大橫驛，過如飛鳥。三十里，黯淡灘⑬，水勢奔湧。余昔遊鯉湖⑭過此，但見穹石⑮咢⑯峙，舟穿其間，初不謂險；今則白波山立，石悉沒形，險倍昔時。十里，至延平。

【章旨】本章記載了第三至第六天的行跡。第三天乘船到達觀前，順便遊覽了金斗山。第四天順流直下一百二十里。第五天經過雙溪口到達建寧。第六天搭乘舢板船，經過太平驛、大橫驛、水急石險的黯淡灘，到達延平。

【注釋】❶觀前 在浦城南境，南浦溪與臨江溪的匯合處。❷省 探望；問候。多指對尊長。❸浮橋 在併列的船或筏子上鋪上木板而造成的橋。❹金斗山 又名小武當。距浦城縣城四十里，與金山、銀山對峙。❺辨色 指天剛亮，能分辨顏色的時候。❻磯 水邊突出的岩石或石灘。❼徹旦 通宵達旦。❽雙溪口 在今建甌北境，位於南浦溪和崇溪的匯合處。❾崇安水 指崇溪。因水從崇安流來，故稱。❿建寧郡 即建寧府，治所在建安（即今福建建甌）。⓫閣 通「擱」。停止。⓬三板 即舢板。用槳划的小船。⓭黯淡灘 古稱東溪（即建溪）第一險灘。宋紹興年間，郡守上官愔等人以義財招募閒民鑿險為港，才消除了險境。⓮鯉湖 九鯉湖，在福建仙遊東北二十六里的萬山之巔，是個天然湖泊。傳說漢武帝時，有何氏兄弟九人到這裡煉丹，丹成，湖中赤鯉化而為龍，何氏兄弟各乘一鯉成仙飛去，故名。⓯穹石 大石。穹，高；大。⓰咢 即「崿」。山崖。

【語譯】十四日 船開出四十里，到達觀前。船夫要回家探親，很早就將船停泊在岸邊。我於是走過浮橋，沿著溪水向左登上金斗山。石級十分整齊，青松高大，芳草豔麗，幽香襲人！經過三亭，進入玄帝宮，從殿後登上山嶺，突兀高聳，懸在空中，四面群峰環抱，條條溪流圍繞，風煙迷漫，暮色降臨，起身返回，每走一步，都依依不捨，不忍離開。

十五日　天剛亮就動身出發。溪流懸空而下，水勢峻急，搖動船槳，直下一百二十里，在水邊的磯石旁停泊。整整一夜，風雨不停，溪流喧騰，聲如轟雷。

十六日　行駛六十里，到雙溪口，與崇安水匯合。又行駛五十五里，抵達建寧郡。雨下個不停。

十七日　溪水上漲了好幾丈，同行的船隻都停泊不走了。上午找到一條舢板，就搭乘這條船走。行駛四十里，經過太平驛；再行駛四十里，經過大橫驛，都像飛鳥一般輕快地駛過。繼續行駛三十里，來到黯淡灘，水勢奔騰洶湧。我從前遊九鯉湖，曾路過這裡，只見岩石高大，山崖聳峙，船從中間穿過，原先並不覺得危險；如今白浪如山聳立，將大石全都吞沒，比過去要加倍危險。向前十里，到達延平。

十八日　余以輕裝出西門，為玉華洞遊。南渡溪，令奴攜行囊，由沙縣❶上水至永安相待。余陸行四十里，渡沙溪❷而西。將樂之水❸從西來，沙縣之水從南來，至此合流❹，亦如延平❺之合建溪❻也。南折入山，六十里，宿三連鋪，乃甌寧❼、南平❽、順昌❾三縣之界。

十九日　五里，越白沙嶺，是為順昌境。又二十五里，抵縣。縣臨水際，邵武之水❿從西來，通光澤⓫，歸化之水⓬從南來，俱會城之東南隅。隔水望城，如溪堤帶流也。循水南行三十里，至杜源⓭，忽雪片如掌。十五里，至將樂⓮境，乃楊龜山⓯故里也。又十五里，為高灘鋪⓰。陰霾盡舒，碧空如濯，旭日耀芒，群峰積雪，有如環玉。閩中以雪為奇，得之春末為尤奇。村氓市媼，俱曝日提爐；而余赤足飛騰，良大快也！二十五里，宿於山澗渡之村家。

【章　旨】本章記載了第七、第八天的行跡。第七天從陸路走，經過來自將樂和沙縣的兩條水流的匯合處，在三連鋪過夜。第八天抵達順昌縣城，在杜源忽遇大雪。又去將樂到高灘鋪，雪霽天晴，景色瑰麗，欣喜若狂。最後在山澗渡過夜。

【注　釋】❶沙縣　明代隸延平府，今屬福建。❷沙溪　閩江支流，源出寧化，稱清溪，至沙縣稱沙溪。❸將樂之水　指西溪。上游有二源，一名富屯溪，源出光澤，一名將溪，源出歸化，經過將樂至順昌合流為西溪。❹至此合流　西溪與沙溪至沙溪口（在今王臺旁）匯合，東流為閩江。❺延平　指延平津，又名劍津，也稱建溪東溪，在南平東南，為閩江上游。❻建溪　崇溪流經建陽為建溪，至南平為劍津。❼甌寧　明代為縣，隸建寧府，今已與建安合併為建甌。❽南平　明代為縣，隸延平府，今屬福建。❾順昌　明代為縣，隸延平府，今屬福建。❿邵武之水　指富屯溪，源出光澤（屬邵武府），故稱之為邵武之水。⓫光澤　明代為縣，隸邵武府，今屬福建。⓬歸化之水　指將溪，即今金溪，源出歸化（即今明溪）。⓭杜源　在順昌與將樂之間，將溪南岸。⓮將樂　明代為縣，隸延平府，今屬福建。⓯楊龜山　楊時，字中立，號龜山，人稱龜山先生，將樂人。宋代理學家。⓰高灘鋪　在將樂城東北，臨金溪，為通往順昌的孔道。

【語　譯】十八日　我輕裝走出西門，去玉華洞一遊。向南渡過溪水，吩咐僕人帶著行李，從沙縣走水路到永安等候。我從陸路走四十里，渡過沙溪向西。將樂的溪水從西面流來，沙縣的溪水從南面流來，到這裡匯合，也就像延平津與建溪匯合一樣。往南轉入山中，走了六十里，在三連鋪留宿，這裡是甌寧、南平、順昌三縣的交界處。

十九日　走了五里，翻過白沙嶺，便是順昌地界。又走了二十五里，抵達縣城。縣城靠近水邊，邵武的溪水從西流來，直通光澤，歸化的溪水從南流來，都在縣城的東南角匯合。隔著溪水觀望縣城，就像圍繞著溪流的堤岸。沿著溪水向南走三十里，到杜源，忽然飄起和手掌一般大的雪片。再走十五里，到了將樂境內，這裡是楊龜山的故鄉。又走了十五里，便是高灘鋪。這時陰霾一掃而空，碧空澄澈如洗，旭日光芒閃耀，群峰積雪皚皚，就像璧玉一般。閩中將下雪看作奇事，在春末見到尤其稀奇。村裡的居民、市中的老婦，都提著爐子出來曬太陽，而我卻赤腳飛奔，真感到異常興奮！繼續走二十五里，在山澗渡的農家過夜。

二十日　渡山澗，溯❶大溪南行。兩山成門曰莒峽。溪崖不受趾。循山腰行，十里，出莒峽鋪，山始開。又十里，入將樂。出南關，渡溪而南，東折入山，登滕嶺。南三里，為玉華洞道。先是過滕嶺，即望東南兩峰聳立，翠壁嶙峋，迴❷與諸峰分形異色。抵其麓，一尾橫曳，迴護洞門。門在山坳間，不甚軒豁❸，而森碧上交，清流出其下，不覺神骨俱冷！山半有明臺庵，洞後門所經。余時未飯，復出道左登嶺。石磴縈松，透石三里，青芙蓉❹頓開，庵當其中。飯於庵，仍下至洞前門，覓善導者。乃碎斫松節置竹篝中，導者肩負之，手提鐵絡，置松燃火，燼輒益之。初入，歷級而下者數尺，即流所從出也。溯流屈曲，度木板者數四，倏隘倏穹，倏上倏下。石色或白或黃，石骨或懸或豎，惟「荔枝柱」、「風淚燭」、「幔天帳」、「達摩渡江」、「仙人田」、「葡萄傘」、「仙鐘」、「仙鼓」最肖。沿流既窮，懸級而上，是稱九重樓。遙望空濛，忽曙色欲來，所謂「五更天」也。至此最奇，恰與張公洞❺由暗而明者一致。蓋洞門斜啟，玄朗❻映徹，猶未睹天碧也。從側嶺仰矚，得洞門一隙，直受圓明。其洞口由高而墜，弘含奇瑰，亦與張公同。第❼張公森懸詭麗者，俱羅於受明之處；此洞炫巧爭奇，遍布幽奧，而闢戶更拓。兩洞同異，正在伯仲間也。拾級❽上達洞頂，則穹崖削天，左右若青玉楨❾膚，實出張公所未備。下山即為田塍❿。四山環鎖，水出無路，汩然中墜，蓋即洞間之流，此所從入也。復登山半，過明臺庵。庵僧曰：「是山石骨稜厲，透露處層層有削玉裁雲態，苦為草樹所翳，故遊者知洞而不知峰。」遂導余上拾鳥道⓫，下披蒙茸⓬，得星窟焉。三面削壁叢懸，下墜數丈。窟旁有野橘三株，垂實纍纍。從山腰右轉一二里，忽兩山交脊處，棘翳四塞，中有石磴齒齒⓭，縈迴於懸崖夾石間。仰望峰頂，一筍⓮森森⓯獨秀。遂由洞後穹崖之上，再歷石門，下浴庵中，宿焉。

【章旨】本章記載了第九天的行跡。經過莒峽，走進將樂縣城。隨後翻過滕嶺，前往玉華洞。在明臺庵吃飯後，在嚮導帶領下，沿著洞中的流水曲折上行。洞中有各種形態的怪石，景色以在九重樓所望見的「五更天」最奇異。洞內由暗到明，和宜與張公洞一樣，但景觀都在幽深之處，又和張公洞不同。明臺庵的和尚說這山石骨鋒利，形態奇麗。引路來到星窟，當晚就在明臺庵留宿。

【注　釋】❶溯　逆著水流的方向走。❷迥　遠。❸軒豁　高大寬敞。❹青芙蓉　指青山。形容山形如芙蓉。❺張公洞　在江蘇宜興城西南約四十四里的禹峰山麓。傳說漢代張道陵曾在此修道，唐代張果老在此隱居，故名。與靈谷洞、善卷洞合稱「宜興三奇」。❻玄朗　高朗；曠達。❼第　但是。❽拾級　逐級登階。❾赬　紅色。❿田塍　即指田地。塍，田間的土埂。⓫鳥道　指險絕的山路，僅通飛鳥。⓬蒙茸　指蓬亂的草木。⓭齒齒　像牙齒那樣排列著。⓮筍　石筍。指挺直的大石，因其狀如筍，故名。⓯森森　高聳的樣子。

【語　譯】二十日　渡過山澗，沿著大溪向南上行。前面兩山並立，形成門戶，稱作莒峽。溪邊的崖石，簡直沒有可落腳的地方。沿著山腰向前十里，走出莒峽鋪，山勢開始開闊。又走了十里，進入將樂城。走出南關，渡過溪水向南，然後向東轉入山中，登上滕嶺。往南走三里，便是去玉華洞的路。先前過滕嶺，就已望見兩座山峰在東南聳立，崖壁蒼翠，山石突兀，與其他山峰的形狀色彩，迥然不同。到了山腳，只見有段山的尾部橫向拖過，環繞護衛著洞門。門在山坳中間，不太開朗寬敞，但上面和茂密的綠樹相接，下面有清澈的溪水流過，令人不覺生淒神寒骨的陰冷之感！半山腰有個明臺庵，是去洞的後門經過的地方。我那時還沒吃飯，於是又從路的左邊走出，登上山嶺。石級縈繞著松林，在石縫中穿越了三里，山勢一下變得開闊起來，明臺庵正當其中。在庵中吃了飯，仍然往下走到洞的前門，尋找得力的嚮導。於是將松節斫成碎段，放在竹簍中，嚮導用肩背著，手中提著鐵絲網兜，將碎松點燃後放在裡面，燒完後就再添上。剛進洞的時候，踏著石級往下走了幾尺，便是水流出的地方。沿著流水曲折上行，四次從木板上通過，路忽然狹窄，忽然高敞，忽然向上，忽然往下。岩石顏色有的白，有的黃，岩石形態有的懸掛，有的豎立，只有「荔枝柱」、「風淚燭」、「幔天帳」、「達摩渡江」、「仙人田」、「葡萄傘」、「仙鐘」、「仙鼓」最為形似。走到流水盡頭，踏著陡峻的石級向上，便是稱作九重樓的地方。遙望前方，一片迷茫，忽然看到曙光透出，這就是所謂的「五更天」。洞內的景觀，到這裡最為奇異，恰巧同宜興張公洞從暗到明的過程一模一樣。這大概是由於洞的後門斜開，光線映照進來，但還不能直接看到青天的緣故。從旁邊的嶺上抬頭細看，發現洞門有一條縫隙，陽光直接照進。洞口從高而下，包含著許多奇姿瑰景，也和張公洞相同。只是張公洞幽險奇麗的景觀，都分布在陽光照射的地方；

而這個洞炫巧爭奇的景觀，則遍布幽深之地，若打開洞門，定能發現更多的奇景。兩個洞有同有異，景色不相上下。踏著石階向上，到達洞的頂端，只見高峻的山崖，直聳雲天，左右兩旁的石壁，質地像青玉，表面為紅色，確實非張公洞所有。下山便是田地。四面群山環繞封閉，溪水找不到出路，汩然墜落，原來洞中的流水，就是從這裡進去的。又登上半山腰，經過明臺庵。庵裡的和尚說：「這座山巖石鋒稜銳利，透露的地方，一層層就像雕琢的玉器，又像經過裁剪的雲霞，只可惜被草木遮蔽，所以遊覽的人都只知洞奇而不知峰美。」於是帶我向上在險峻的山路一步步攀登，又往下撥開叢叢草莽，終於來到星窟。這裡三面石壁如削，懸空聚立，往下直落數丈之深。星窟旁有三株野橘，枝上垂掛著成串的果子。從山腰向右轉一二里路，忽然看到兩座山脊的交界處，四面都被荊棘遮蔽堵塞，中間有像牙齒那樣排列著的石級，在懸崖夾石中間縈繞。抬頭仰望峰頂，一柱石筍高聳獨秀。於是從洞後高峻的山崖之上，再經過石門，往下走到庵中洗澡，當晚就在那裡留宿。

二十一日　仍至將樂南門，取永安道。

二十四日　始至永安，舟奴猶未至。

二十五日　坐待奴於永安旅舍。乃市順昌酒，浮白❶樓下。忽呼聲不絕，則延平奴也。遂定明日早行計。

二十六日　循城溯溪，東南二十里，轉而南，二十五里，登大泄嶺，岧嶤❷行雲霧中。如是十五里，得平坂❸，曰林田❹。時方下午，雨大，竟止。林田有兩溪自南來：東渾赤如血，西則一川含綠，至此合流。

二十七日　溯赤溪行。久之，捨赤溪，溯澄溪。共二十里，渡坑源上下橋，登馬山嶺。轉上轉高，霧亦轉重，正如昨登大泄嶺時也。五里，透其巔，為寧洋❺界。下五里，飯於嶺頭。時旭日將中，萬峰若引鏡照面。回望上嶺已不可睹，而下方眾岫❻駢列，無不獻形履下。蓋馬山絕頂，峰巒自相虧蔽，至此始廓然為南標❼。詢之土人，寧洋未設縣時，此猶屬永安，今則嶺北水俱北者屬延平，嶺南水俱南者屬漳州❽。隨山奠川，固當如此建置也。其地南去寧洋三十里，西為本郡之龍巖❾，東為延平之大田❿云。下山十里，始從坑行。渡溪橋而南，大溪遂東去。逾嶺，復隨西來小溪南行，二十里，抵寧洋東郭⓫。繞城北而西，則前之大溪經城南來，恰與小溪會，始勝舟⓬。

【章　旨】本章記載了第十至第十六天的行跡。回到將樂南門，三天後到達永安。又隔了二天，離開永安，登上大泄嶺，經過林田。在第十六天登上馬山嶺，進入寧洋地界。這裡以分水嶺作為區域的分界。下山後到寧洋東郭，這時才有大溪可以通航。

【注　釋】❶浮白　浮一大白。浮，罰人飲酒。白，飲完舉杯告白。即罰飲一滿杯酒。這裡泛指飲酒。❷岧嶢　形容山勢高峻。❸坂　山坡。❹林田　在永安南境大泄嶺中，產鐵。❺寧洋　明代為縣，隸漳州府，治所在今漳平北境的雙洋。❻岫　峰巒。❼標　標記。❽漳州　明代為府，舊治在今福建漳州。❾龍巖　明代為縣，隸漳州府，今屬福建。❿大田　明代為縣，隸延平府，今屬福建。⓫郭　外城。⓬勝舟　能載動船隻。即通航。

【語譯】二十一日　仍然到將樂城的南門，踏上去永安的路。

二十四日　剛到永安，而坐船的奴僕還沒到。

二十五日　在永安的旅店坐等奴僕。於是買了順昌酒，在樓下暢飲。忽然聽到喊聲不停，在延平分手的奴僕來了。於是決定明天清早出發。

二十六日　沿著城牆，沿著溪流上行，往東南走二十五里，再轉身向南走二十五里，登上大泄嶺，山勢高峻，人在雲霧中行走。這樣走了十五里，才到平坦的坡地，稱作林田。這時剛到下午，雨下得很大，最後只得留下。林田有兩條溪水從南流來，東面一條像血一樣渾濁呈紅色，西面一條碧波蕩漾，都流到這裡匯合。

二十七日　沿著赤溪上行。過了好久，離開赤溪，沿著澄溪上行。共走了二十里，通過坑源上下兩橋，登上馬山嶺。路愈轉愈上，山勢愈轉愈高，霧也愈轉愈濃，正像昨天登大泄嶺時那樣。走了五里，從山頂穿出，便是寧洋地界。往下走五里，在嶺頭吃飯。這時紅日即將升到頭頂，萬座山峰都像對著鏡子照臉。回頭遙望上面的山嶺，已看不清楚，而下面群山並列，無不呈現在我的腳下。這是因為在馬山的頂峰，山巒相互遮蔽，直到這裡才一下開闊，成為南面地界的標記。向當地人打聽，得知寧洋在沒建縣的時候，這裡仍屬永安管轄，如今凡嶺北水往北流過的地方屬延平府，嶺南水往南流過的地方屬漳州府。根據山嶺，決定水流，本來就應該這樣設置。這裡往南到寧洋有三十里，西面是本郡的龍巖，東面為延平府的大田。下山走了十里，才開始從坑中行走。從橋上渡過溪水往南，大溪便向東流去。翻過山嶺，又隨著西面流來的小溪向南，走了二十里，到寧洋的東郭。繞過城北向西，先前的大溪經過城南流來，正好和小溪匯合，這才能夠通航。

二十八日　將南下，傳盜警，舟不發者兩日。

四月初一日　平明，舟始前，溪從山峽中懸流南下。十餘里，一峰突而西，橫絕溪間，水避而西，復從東折，勢如建瓴❶，曰石嘴灘。亂石叢立，中開一門，僅容舟。舟從門墜，高下丈餘，餘勢屈曲，復高下數丈，較之黯淡諸灘，大小雖殊懸，險更倍之也。眾舟至此，俱鱗次以下。每下一舟，舟中人登岸，共以纜前後倒曳之，須❷時乃放。過此，山峽危逼，複嶂插天，曲折破壁而下，真如劈翠穿雲也。三十里，過館頭，為漳平❸界。一峰又東突，流復環東西折，曰溜水灘。峰連嶂合，飛濤一縷，直舟從雲漢❹，身挾龍湫❺矣！已而山勢少❻開，二十餘里，為石壁灘。其石自南而突，與流相扼，流不為卻，搗擊之勢，險與石嘴、溜水而三也。下此，有溪自東北來合，再下，夾溪復自東北來合，溪流遂大，勢亦平。又東二十里，則漳平縣也。

寧洋之溪❼，懸溜❽迅急，十倍建溪。蓋浦城❾至閩安❿入海，八百餘里，寧洋至海澄⓫入海，止三百餘里，程愈迫，則流愈急。況梨嶺下至延平，不及五百里，而延平上至馬嶺，不及四百而峻，是二嶺之高伯仲也。其高既均，而入海則減，雷轟入地之險，宜詠於此。

【章旨】本章記載了第十七天至第二十天的行跡。第二十天離開寧洋，乘船出發，經過水勢十分陡險的石嘴灘，進入漳平地界。又經過同樣險惡的溜水灘、石壁灘，來到漳平縣。寧洋溪和建溪所處地勢高度均等，但寧洋溪入海的路程要短得多，故其水流，要比建溪陡急十倍。

【注釋】❶建瓴　即高屋建瓴，在屋頂上往下倒水。形容居高臨下的形勢。建，傾倒。瓴，盛水的瓶子。或以瓴為瓦溝、屋簷下瀉水的溝槽。❷須　等待。❸漳平　明代為縣，隸漳州府，今屬福建。❹雲漢　天河。❺龍湫　指大龍湫。在西內谷馬鞍嶺西八里。源頭處名龍井，又稱上龍潭。水從連雲嶂凌空而下，落差約一百九十公尺。白練飛瀉，十分壯觀。並隨季節、風力、晴雨的變化而呈現不同的景觀。清代詩人袁枚讚道：「龍湫山高勢絕天，一線瀑走兜羅棉。五丈以上尚是水，十丈以下全是煙。況復百丈至千丈，水雲煙霧難分焉。」蔡元培譽之為天下瀑布之冠。瀑布旁有不少摩崖石刻。❻少　稍微。❼寧洋之溪　即東洋溪，今稱雙洋溪。九龍江支流。❽溜　水流。❾浦城　明代為縣，隸建寧府，今屬福建。❿閩安　鎮名，在福州東隅，為閩江口內重鎮。⓫海澄　明代為縣，隸漳州府，今屬福建龍海市。

【語譯】二十八日　將要南下，傳來盜賊作亂的警報，船連續兩天沒有出發。

四月初一　黎明，才啟航，溪水從山峽中陡直落下，往南流去。走了十多里，一座山峰向西突起，將溪流橫向堵塞，溪水避開這座山峰，向西流去，又從東轉，勢如高屋建瓴，迅猛異常，地名石嘴灘。這裡亂石林立，中間開著一門，僅能讓船通過。船從門口落下，高低相差有一丈多，尚未平靜的水勢，曲折難伸，又從高處落下幾丈，和前面經過的黯淡等灘比較，雖然大小相差懸殊，但要比它們險上一倍。眾多船隻到了這裡，都一條挨著一條落下。每下去一條船，船上的人便要上岸，一起用纜繩在前後倒牽著船走，到一定的時候才放手。過了這裡，兩旁山峽陡險逼仄，重重山峰，直插青天，船從石壁間的水道穿過，曲曲折折地下去，真像劈開綠林、穿過雲層一般。行駛了三十里，經過館頭，便是漳平地界。一座山峰又向東突起，溪水再從東面繞過，轉向西流，地名溜水灘。群山連綿，峰巒交疊，舟行水面，飛起一縷波濤，簡直像船從天河落下，人挾瀑布遨遊了！隨後山勢稍稍開闊，行駛二十多里，來到石壁灘。崖石從南突起，扼住溪流，水流沒有因此退卻，看那撞擊崖石的氣勢，險象可與石嘴灘、溜水灘鼎足而三。從這裡下去，有溪水從東北流來匯合，再往下，夾溪又從東北流來匯合，溪流變大，水勢也平靜下來。再向東行駛二十里，便是漳平縣了。

寧洋的溪水，就陡險迅急而言，為建溪的十倍。這是由於建溪的水從浦城流到閩安入海，全長八百多里，而水從寧洋流到海澄入海，只有三百多里，路程愈短，水流就愈急。何況從梨嶺往下到延平，不到五百里，而從延平向上到馬山嶺，不到四百里，但路更加險峻，這兩座山嶺的高度差不多。高度既然均等，而入海的路程卻減短，人到這裡，當然要詠歎雷轟入地的險象了。

初二日　下華封❶舟。行數里，山勢復合，重灘疊溜，若建溪之太平、黯淡者，不勝數也。六十里，抵華封，北溪❷至此，皆從石脊懸瀉，舟楫不能過，遂捨舟逾嶺。凡水惟濫觴❸之始，不能浮槎❹，若既通，而下流反阻者，止黃河之三門❺、集津❻，舟不能上下，然漢、唐挽漕❼，纜跡猶存，未若華封自古及今，竟無問津之時。擬沿流窮其險處，而居人惟知逾嶺，無能為導。

初三日　登嶺，十里，至嶺巔，則溪水復自西來，下循山麓，俯瞰衹一衣帶水❽耳。又五里，則隤❾然直下，又二里，抵溪。舟行八十里，至西溪❿。西南陸行三十里，即漳郡⓫。順流東南二十里，為江東渡⓬，乃興、泉⓭東來驛道⓮也。又順流六十里，則出海澄入海焉。

初四日　輿行二十里，入漳之北門，訪叔司理⓯，則署印南靖⓰，去郡三十里。遂雨中出南門，下夜船往南靖。

初五日　曉達南靖，以溯流迂曲也。溪自南平來，至南靖六十里，勢與西溪同其浩蕩，經漳郡南門，亦至海澄入海。不知漳之得名，兩溪誰執牛耳⑰也？

【章旨】本章記載了第二十一天至第二十四天的行跡。一路經過不少激流險灘，到達華封，船便無法在北溪上通行。原想窮究北溪的險處，只是找不到嚮導。第二十二天翻過山嶺，乘船到西溪。第二十三天進入漳州，又連夜趕往南靖，第二十四天清晨方才到達。

【注釋】❶華封　今福建華安城所在地。❷北溪　九龍江有兩個源頭，北源稱九鵬溪，從寧洋西北梨子嶺流出，稱北溪。❸濫觴　江河發源的地方，水少只能浮起酒杯。後用以喻事物的起源。觴，酒杯。❹槎　木筏。❺三門　三門山。原在今河南三門峽市東北黃河中。河水至此分流，包山而過。南曰鬼門，中曰神門，北曰人門。唯人門修廣，可以行舟。南門險急，舟入其中，往往舟覆人亡。因山在水中若柱，故名砥柱。今因在此修水庫，山已不存。❻集津　在河南陝縣東北，鄰近三門峽市。❼挽漕　在水道牽著纜繩拉船運輸糧食。挽，拉；牽引。漕，漕運；水道運輸。❽一衣帶水　水面像一條衣帶那麼窄。❾隤　落下；降下。❿西溪　九龍江的支流。⓫漳郡　即漳州府。⓬江東渡　在龍海北境，九龍江東岸。⓭興泉　興化府和泉州府。⓮驛道　古代為傳車、驛馬通行的大道，沿途設有驛站。⓯叔司理　指徐霞客的族叔徐日升（字華祝），當時任漳州府推官。司理，宋代官名，主管獄訟，明代俗稱推官為司理。⓰南靖　明代隸漳州府，今屬福建。⓱執牛耳　古代諸侯歃血為盟，由主盟人親手割牛耳取血，故以執牛耳指盟主。後泛指某一方面居領導地位。

【語譯】初二　乘去華封的船出發。行駛了幾里，山勢又緊逼起來，重重險灘，道道急流，像建溪太平灘、黯淡灘這樣的險處，不可勝數。行駛了六十里，抵達華封，北溪到了這裡，都從石脊上陡直傾瀉，船無法通過，於是離開船，翻越山嶺。凡是水流，都只是在源頭不能行船，如果已經通航了而下游反而受阻，唯有黃河的三門和集津，船不能通行，但漢代、唐代在水道運輸糧食，用纜繩牽引船隻的痕跡依然存在，不像華封自古到今，居然從來沒有找路通航的時候。我打算沿著溪水，徹底弄清其險要之處，但當地居民只知翻越山嶺，沒有能作嚮導的人。

初三　登上山嶺，走了十里，到達峰頂，溪水又從西而來，往下沿著山腳流去，俯視下方，水面只是像一條衣帶那麼狹窄。又走了五里，直往下去，再走二里，來到溪邊。乘船行駛八十里，到西溪。從陸路向西南走三十里，便是漳州府。順流向東南行駛二十里，為江東渡，是興化府和泉州府東來的驛路。再順流行駛六十里，溪水就從海澄流出，匯入大海。

初四　坐轎走了二十里，進入漳州的北門，拜訪任漳州府推官的族叔，官署在南靖，離府治還有三十里。於是在雨中走出南門，乘坐夜行船前往南靖。

初五　因為逆流行駛水道迂迴曲折，清晨才到達南靖。溪水從南平流來，到南靖有六十里，水勢和西溪同樣浩蕩，經過漳州府的南門，也到海澄匯入大海。不知漳州得名，以這兩條溪中哪一條為主？

【研　析】福建多山，但除了武夷，沒有其他名山，看不到像五嶽那樣雄偉的氣概、那樣壯麗的景色、那樣豐富的人文景觀。故前後兩篇〈閩遊日記〉，雖然也寫了山（前一篇寫金斗山，後一篇寫浮蓋山），但並沒有著力描述，只是用清麗的詞句，寫了「喬松豔草，幽襲人裾」，「四山環拱，重流帶之」，「怪石拏雲，飛霞削翠」，「分溪錯嶺，竹木清幽」，以表現南方山青水秀的特色。作者興趣所在，主要是洞。玉華洞號稱「八閩第一洞」，徐霞客早就懷有前往一遊的想法，這次入閩，遊覽的主要景點便是玉華洞，在遊記中描述最詳盡的也是玉華洞。對岩溶地貌的考察研究，是《徐霞客遊記》中引人矚目的內容。不過在名山遊記中，有關岩溶地貌的記載並不多，只有嵩山登封的石淙和玉華洞這兩處。《遊記》中寫了這個溶洞中的石色、石骨，以及千姿百態、維妙維肖的石柱、石筍、石幔、石花、石鐘乳，當然也沒忘了描寫因後洞光線射入而造成的玉華洞第一勝景「五更天」。直到現在，玉華洞內的岩溶景觀，仍和徐霞客描寫的基本相似。除了從正面描寫洞內的奇景異石，徐霞客還從側面將玉華洞和宜興的張公洞進行比較，從中顯示其不尋常的特色。從洞中走出後，徐霞客看到水在山間盆地，找不到出路，於是落到洞中，形成暗流。這是《遊記》中第一次關於暗流的記載。後來他深入西南，岩溶地貌和暗河伏流，成了他遊覽考察的主要對象。

徐霞客在福建走的主要是水路，因此一路經過的溪流，勢必在《遊記》中占很大的比重。閩中的溪流，水面多不開闊，既沒有黃河的驚濤，也沒有長江的激流，甚至罕見像富春江那樣山水交輝的勝景。但這些溪水，大多從山中流出，曲折縈迴，時有險阻。徐霞客寫水，十分注意將水同岸邊的崖石結合起來，以石襯水，通過對崖石突兀、地勢險要的描寫，來顯示溪水的活力。當徐霞客坐船行駛之時，他更關注的，是各條溪水的流向和匯合處，並在《遊記》中一一作了極其精確、清晰的記載，留下了一份有關閩中水文的第一手材料。徐霞客以延平和漳州為例，十分贊同以分水嶺作為區域的分界。對北溪流到華封境內，在下游反而受阻這樣一種罕見的現象，徐霞客極為重視，甚至打算沿著溪流，徹底查訪其險要之處。他還注意到因水土流失造成的水質的不同，如從南面流入林田的兩條溪流，「東渾赤如血，西則一川含綠」。其中最值得重視的記載，當然還是他在對寧洋溪和建溪觀察比較後，根據溪水的流速、流程和源頭高度，第一次明確提出了完全符合流體力學原理的科學結論，即河水的流速和流程成反比，流程愈短，流速愈大。此外，如果河流源頭的海拔高度相等，那麼流程愈短，河牀比降愈大；河牀比降愈大，流水的落差和流速也愈大，隨之而來的是侵蝕力也愈強。即河牀坡度的小大與河源距海的遠近有關，而河流侵蝕的強弱又與河牀比降有關。這種科學的認識，直到十九世紀，才在歐洲出現。

在《徐霞客遊記》中，有不少關於氣象、氣候現象的記載。這篇遊記寫了在將樂境內遇到的南方春末罕見的一場大雪。九年後，即崇禎十年正月，他又記載了在江西永新所見的一次冰瀑。這些都成了研究中國南方氣候變化很有價值的原始資料。有趣的是，在這「群峰積雪，有如環玉」的嚴寒中，當地人都提著火爐出來曬太陽，徐霞客卻高興得赤著腳在雪地上飛奔。這絕不是僅僅出於視覺觀賞的愉悅，而是一種喜出望外的心靈的滿足，從中流露的也不僅僅是未泯的童心，更多的是強烈的尋奇求異的欲望。

閩遊日記後

【題解】崇禎三年（一六三〇），徐霞客第四次前往福建，這篇遊記，就是當時的記錄。三年後，他五入閩中，赴漳州與黃道周會晤，但沒留下日記。和前面的其他遊記不同，這兩篇〈閩遊日記〉，所寫的並不是專一的名山大川，而是從北向南直貫一省的漫長的旅程，其中包括山、洞、溪、灘等許多並不知名的景觀。作為日記，徐霞客有必要將自己經過的地方一一載之於筆；但作為遊記，他又不可能對這些景觀都作生動、具體的描述。為此，就必須採用和其他幾篇名山遊記不同的表現方式，即從整個遊訪過程中，選取那些最有特色的景觀，作為特寫鏡頭，重筆渲染，而將其他場景作為陪襯，作為敘述中的連綴，輕輕帶過。使得整篇遊記，如同巧於布置的山水長卷，有疏有密，有深有淺，有遠有近，有急有緩，根據需要，將景物參差有致地表現出來。

庚午❶春，漳州司理叔❷促赴署。余擬是年暫止遊屐，而漳南之使絡繹於道，叔祖念莪翁❸，高年冒暑，坐促於家，遂以七月十七日啟行。二十一日至武林❹。二十四日渡錢唐❺，波平不縠❻，如履平地。二十八日至龍遊❼，覓得青湖❽舟，去衢❾尚二十里，泊於樟樹潭❿。

三十日　過江山⓫，抵青湖，乃舍舟登陸。循溪覓勝，得石崖於北渚⓬，崖臨迴瀾，澄潭漱其址，隙綴茂樹，石色青碧，森森有芙蓉出水態。僧結檻依之，頗覺幽勝。余踞坐石上，有劉對予者，一見如故，因為余言：「江山北二十里，有左坑，巖石奇詭，探幽之屐，不可不一過。」余欣然返寓，已下午，不成行。

八月初一日　冒雨行三十里。一路望江郎片石⑬，咫尺不可見。先擬登其下，比⑭至路口，不果。越山坑嶺，宿於寶安橋。

【章旨】本章記載了徐霞客四遊福建時路經浙江的行跡。因族叔一再邀請，第四次前往福建。在七月經過杭州，到達龍遊，乘船去青湖，發現水中有座石崖，環境幽雅美麗。聽說江山北面的左坑很值得一遊，但沒去成。因雨下個不停，途中沒能看到江郎山。

【注釋】❶庚午　指崇禎三年（一六三〇）。❷漳州司理叔　指徐霞客的族叔徐日升（字華祝），當時任漳州府推官。司理，宋代官名，主管獄訟，明代俗稱推官為司理。❸念莪翁　徐日升的父親。❹武林　杭州的別稱。因西面有武林山而得名。❺錢唐　即錢塘江，浙江下游至舊錢塘縣境稱錢塘江。❻縠　有皺紋的紗。這裡作皺紋解。❼龍遊　明代為縣，隸衢州府，今屬浙江。❽青湖　又作「清湖」，在江山城南。❾衢　衢州，府名，治所在西安（今浙江衢縣）。❿樟樹潭　在衢縣東北十五里衢江南岸。⓫江山　明代為縣，隸衢州府，今屬浙江。⓬渚　水中的小塊陸地。⓭江郎片石　江郎山，一名金純山，又名須郎山，俗稱三爿石。在浙江江山城東南五十里。傳說有江氏兄弟三人登巔化石，因名。三石峰拔地如筍，摩雲插天，石呈五色，日照炫耀。⓮比　及；等到。

【語譯】崇禎三年（庚午）春季，任漳州府推官的族叔催我到他那裡去。我原打算這一年暫時停止外出遊覽，但從漳南來的信使接連不斷，叔祖念莪翁，不顧年邁，冒著酷暑，坐在我家中催我前往，於是在七月十七日啟程。二十一日到達武林。二十四日渡過錢塘江，風平浪靜，就像在平地上行走。二十八日到達龍遊，找到去青湖的船，這裡離衢州還有二十里，那天就在漳樹潭停泊。

三十日　經過江山，抵達青湖，便離船上岸。沿著溪水，一路尋訪勝景，在北渚發現一座石崖，下臨回旋的巨浪，清澈的潭水，沖刷著崖壁，壁縫中都長著茂盛的樹木，崖石呈青綠色，高聳溪中，有芙蓉出水的姿態。僧人靠著石崖，建起房屋，看了覺得環境確實幽雅美麗。我蹲坐在石上，有個名叫劉對予的人和我一見如故，於是對我說：「江山北面二十里，有個叫左坑的地方，岩石奇異，尋訪幽勝的人，不可不前往一遊。」我聽了，高興地回到住處，只是已到下午，沒法前往了。

八月初一　冒雨走了三十里。一路眼望江郎石，雖近在咫尺，卻看不到。原先打算去它的下面，及到路口，又沒去成。翻過山坑嶺，在寶安橋留宿。

初二日　登仙霞❶，越小竿嶺，近霧已收，惟遠峰漫不可見。又十里，飯於二十八都❷。其地東南有浮蓋山❸，跨浙、閩、江西三省，衢、處、信、寧❹四府之境，危❺峙仙霞、梨嶺❻間，為諸峰冠。楓嶺❼西垂❽，畢嶺❾東障，梨嶺則其南案❿也，怪石拏雲⓫，飛霞削翠。余每南過小竿，北逾梨嶺，遙瞻丰采，輒為神往。既飯，興不能遏，遍詢登山道。一牧人言：「由丹楓嶺而上，為大道而遠；由二十八都溪橋之左越嶺，經白花巖⓬上，道小而近。」余聞白花巖益喜，即迂道且趨之，況其近也！遂越橋南行數十步，即由左小路登嶺。三里下嶺，折而南，渡一溪，又三里，轉入南塢，即浮蓋山北麓村也。分溪錯嶺，竹木清幽，里號「金竹」云。渡木橋，由業紙者⓭籬門入，取小級而登。初皆田畦高疊，漸漸直躋危崖。又五里，大石磊落⑭，棋置星羅，松竹與石爭隙。已入勝地，竹深石轉，中峙一庵，即白花巖也。僧指其後山絕頂，巒石甚奇。庵之右岡環轉而左，為裡山庵。由裡山越高岡兩重，轉下山之陽，則大寺也。右有梨尖頂，左有石龍洞，前瞰梨嶺，可俯而挾矣。余乃從其右二里，憩裡山庵。裡山至大寺約七里，路小而峻。先躋一岡，約二里，岡勢北垂。越其東，塢下水皆東流，即浦城⑮界。又南上一里，越一岡，循其左而上，是謂獅峰。霧重路塞，捨之。逾岡西下，復轉南上，二里，又越一岡，其左亦可上獅峰，右即可登龍洞頂。乃南向直下，約二里，抵大寺。石痕竹影，白花巖正得其具體⑯，而峰巒環列，此真獨勝。雨阻寺中者兩日。

【章　旨】本章記載了四遊福建第一天的行跡。上仙霞嶺，翻過小竿嶺，在浙江、福建、江西三省交界處二十八都吃飯。飯後登上山嶺，轉入浮蓋山北麓的金竹里，來到風景秀麗的白花巖，隨後前往裡山庵和大寺。因雨被困在寺中兩天。

【注　釋】❶仙霞　嶺名，在江山南，長二十里，形勢險要，為浙、閩陸地交通的要塞。❷二十八都　在浙江江山市西南境與福建交界處。❸浮蓋山　又名蓋仙山。周圍約三百里。陡起千仞，溪流環繞。上有仙壇、石洞。洞有石如龍，洞中流出的泉水十分甘美。❹衢處信寧　即衢州府、處州府（治所在括蒼，即今浙江麗水市）、廣信府（治所在上饒，今屬江西）、建寧府（治所在建安，今福建建甌）。❺危　高。❻梨嶺　在浦城西北境。因其地產梨，故名。據楊億《談苑》說，天下的水都向東流，唯獨梨嶺的水向北，流入廣信溪。❼楓嶺　即丹楓嶺。在江山南，接福建浦城地界，為浙、閩分界處。上有丹楓嶺關。❽垂　通「陲」。邊境。❾畢嶺　距浦城縣城七十里，從南面上山比較平坦，北面山路甚險峻。❿案　界限。⓫拏雲　凌雲。⓬白花巖　在龍山，上有坐禪石，傳說宋淨空大士曾在此隱居。⓭業紙者　以紙為業者，即造紙人家。⓮磊落　高大。⓯浦城　明代為縣，隸屬建寧府。今屬福建。⓰具體　內容大體具備。

【語　譯】初二　登上仙霞嶺，翻過小竿嶺，近處的霧氣已經消散，只有遠處的山峰模模糊糊，看不清楚。又走了十里，在二十八都用餐。這裡東南有浮蓋山，跨越浙江、福建、江西三省，涉及衢州、處州、廣信、建寧四府的境地，高聳仙霞嶺和梨嶺之間，為群峰之冠。楓嶺為西面邊陲，畢嶺為東面屏障，梨嶺則為南面的分界，嶺上怪石高聳入雲，飛動的彩霞遮蔽了蒼翠的山巒。我每次往南經過小竿嶺，向北翻過梨嶺，從遠處瞻望它們的丰采，總會為之心馳神往。吃罷飯，怎麼也遏止不住遊興，到處打聽登山的路。一個放牧的人說：「從丹楓嶺上去，是大路，但遠一些；從二十八都溪橋的左側翻過山嶺，經過白花巖上去，是小路，但近一些。」我聽到白花巖心裡更加喜歡，即使繞道也會去，何況路近呢！於是過橋往南走幾十步，便從左邊的小路登上山嶺。走了三里下嶺，轉身向南，渡過一條溪水。又走了三里，轉入南面的山塢之中，即浮蓋山北麓的村莊。這裡溪水分流，山嶺交錯，竹翠樹茂，環境清幽，地名叫「金竹」。走過木橋，從造紙人家的籬笆門進去，踏上狹小的石級攀登。起先都是高高疊起的田地，漸漸直上高峰。又走了五里，只見岩石高大，星羅棋布，青松翠竹，紮根在石縫之中。這時已漸入勝境，在竹林深處、巨石環轉處，中間聳立著一個小庵，便是白花巖。僧人指著它後山的峰頂，岡巒崖石，十分奇特。從庵右邊的山岡繞過，轉而向左，為裡山庵。從裡山庵翻過兩重高岡，轉而往下走到山的南面，便是大寺。右面有梨尖頂，左面有石龍洞，前面遠望梨嶺，似乎可彎腰夾取。我於是從巖右走了二里，在裡山庵休息。裡山庵到大寺約七里，山路狹隘險峻。先登上一座山岡，過了約二里路，山勢向北垂落。翻過山岡的東側，山塢中的水都向東流，便是浦城地界。又向南往上走一里，翻過一個山岡，沿著它的左側向上，稱作獅峰。因霧氣濃重，把路堵塞，只好離開。翻過山岡往西走下去，再轉而往南向上，走了二里，又翻過一個山岡，從它的左邊也可上獅峰，從右邊便可登上龍洞的頂部。於是向南直往下走，大約二里路，到達大寺。山石竹影之幽，白花巖大體具備，至於四周峰巒環繞羅列，真是這裡獨有的美景。因雨下個不停，被困在寺中，耽擱了兩天。

初四日　冒雨為龍洞遊。同導僧砍木通道，攀亂磧❶而上。霧滃❷棘銛❸，茀❹石籠崖，獰惡如奇鬼。穿簇❺透峽，窈窕❻者，益之詭而藏其險；屼嵲❼者，益之險而斂其高。如是二里，樹底睨❽峭崿。攀踞其內，右有夾壁，離立❾僅尺，上下如一，似所謂「一線天」者，不知其即通頂所由也。乃爇❿火篝燈⓫，匍匐入一罅。罅夾立而高，亦如外之一線天，第外則頂開而明，此則上合而暗。初入，其合處猶通竅一二，深入則全黑矣。其下水流沙底，濡足而平。中道有片石，如舌上吐，直豎夾中，高僅三尺，兩旁貼於洞壁。洞既束肩，石復當胸，無可攀踐，逾之甚艱。再入，兩壁愈夾，肩不能容，側身而進。又有石片如前，阻其隘口，高更倍之。余不能登，導僧援之。既登，僧復不能下，脫衣宛轉久之，乃下。余猶側佇石上，亦脫衣奮力，僧從石下掖⓬之，遂得入。其內壁少舒可平肩，水較泓深，所稱「龍池」也。仰睇⓭其上，高不見頂，而石龍從夾壁盡處，懸崖直下。洞中石色皆赭⓮黃，而此石獨白，石理觕⓯礪成鱗甲，遂以「龍」神之。挑燈遍矚而出。石隘處上逼下礙，入時自上懸身而墜，其勢猶順；出則自下側身以透，胸與背既貼切於兩壁，而膝復不能屈伸，石質刺膚，前後莫可懸接，每度一人，急之愈固，幾恐其與石為一也。既出，歡若更生，而嵐氣忽澄，登霄在望。由明峽前行，芟莽開荊，不半里，又得一洞。洞皆大石層疊，如重樓複閣，其中燥爽明透。

徘徊久之，復上躋重崖，二里，登絕頂，為浮蓋最高處。踞石而坐，西北霧頓開，下視金竹里以東，崩坑墜谷，層層如碧玉輕綃，遠近萬狀，惟頂以南，尚鬱伏未出。循西嶺而下，乃知此峰為浮蓋最東。由此而西，蜿蜒數峰，再伏再起，極於疊石庵，乃為西隅，再下為白花巖矣。既連越二峰，即裡山趨寺之第三岡也。時余每過一峰，輒一峰開霽，西峰諸石，俱各為披露。西峰盡，又越兩峰，峰俱有石層疊。又一峰南向居中，前聳二石，一斜而尖，是名「梨頭尖石」。二石高數十丈，堪為江郎⑯支庶⑰，而下俱浮綴⑱疊石數塊，承以石盤，如坐嵌空⑲處，俱可徙倚⑳。此峰南下一支，石多嶙峋，所稱「雙筍石人」，攢㉑列寺右者，皆其派㉒也。峰後散為五峰，迴環離立，中藏一坪，可廬，亦高峰所罕得者。又西越兩峰，為浮蓋中頂，皆盤石㉓累疊而成，下者為盤，上者為蓋，或數石共肩一石，或一石復平列數石，上下俱成疊臺雙闕，「浮蓋仙壇」，洵不誣稱矣。其石高削無級，不便攀躋。登其巔，群峰盡出。山頂之石，四旁有苔，如髮下垂，嫩綠㉔浮烟，娟娟可愛。西望疊石、石仙諸勝，尚隔三四峰，而日已過午，遂還飯寺中。別之南下，十里，即大道，已在梨嶺之麓。登嶺，過九牧㉕，宿漁梁下街。

【章旨】本章記載了第三天的行跡。冒雨遊龍洞。在幽深險峻的山谷攀登，來到「一線天」。趴在地上鑽進一道石縫，洞內一片漆黑，兩旁石壁緊逼，並有石片擋道，必須側身向前，在作嚮導的僧人幫助下，終於來到巖石獨呈白色的「龍池」。出洞更加艱難，好不容易脫險，高興得就像再生一樣。隨後又經過一個洞，登上浮蓋山的頂峰，眺望山勢景物。又翻過幾座山峰，前往「梨頭尖石」，南面有「雙筍石人」。浮蓋山的中峰，石景奇特，被譽為「浮蓋仙壇」。當天登上梨嶺，經過九牧，在漁梁下街留宿。

【注釋】❶磧　沙石堆積的淺灘。❷滃　形容雲起。❸銛　鋒利。❹芾　微小。❺篠　小竹。❻窈窕　幽深。❼屼嵲　高峻。❽睨　斜視。❾離立　並立。❿爇　點燃。⓫篝燈　用竹編成的燈籠。⓬掖　用手攙扶別人的胳膊。⓭睇　斜視；流盼。⓮赭　紅褐色。⓯觕　通「粗」。⓰江郎　江郎山，一名金純山，又名須郎山，俗稱三爿石。在浙江江山城東南五十里。傳說有江氏兄弟三人登巔化石，因名。三石峰拔地如筍，摩雲插天，石呈五色，日照炫耀。⓱支庶　分支；旁支。⓲綴　連接。⓳嵌空　玲瓏。⓴徙倚　留連徘徊。㉑攢　聚集。㉒派　支脈。㉓盤石　巨石。㉔嫩綠　像剛長出的樹葉那樣的淺綠色。㉕九牧　鎮名。在浦城西北，為通浙要道。

【語譯】初四　冒雨去遊龍洞。和作嚮導的僧人砍樹通路，從亂石堆中向上攀登。雲氣四起，荊棘銳利，塊塊小石，籠蓋山崖，形狀猙獰，如同奇鬼。穿越細竹，透過峽谷，那幽深的澗谷，更加奇異而不見其險；那高峻的山峰，更加陡險但不覺得高。這樣走了二里，在樹下斜看到一座陡峭的山崖。攀登上去，坐在裡面，右邊有相夾的石壁，兩壁並立，相距僅有一尺，上下一致，很像人們所說的「一線天」，不知道這就是通往峰頂的必經之路。於是點火備燈，趴在地上爬進一道石縫。石縫的兩壁相夾高聳，也和外面的一線天相同，只是外面石壁頂部分開，因而光明，這裡石壁上面合攏，因而陰暗。剛進去的時候，合攏的地方還有一二個孔洞，深入其中，就一片漆黑了。下面水從沙石上流過，腳被沾濕，但底部平坦。路中有一塊片狀形的岩石，就像舌頭那樣向上吐出，直豎夾縫之中，高度只有三尺，兩旁都貼在洞壁之上。洞已將肩束縛，石片又當胸堵路，沒有地方可讓人攀登踏步，要過去十分艱難。再往裡走，兩旁石壁更加緊迫，連肩寬都不到，只能側著身子進去。又遇到像前面一樣的石片，擋住了狹隘的入口，高度是前面那塊石片的兩倍。我無法攀登，作嚮導的僧人便來幫助我。登上後，僧人卻又無法下去，只得脫了衣服，扭曲身體，費了好長時間，方才下去。我依然側著身體佇立在石上，這時也脫下衣服，鼓起勁來，僧人在石下攙扶我，這才能夠進去。洞的內壁稍微寬舒一些，有一肩之寬，水也較深廣，這就是人們所說的「龍池」。抬頭斜望上方，高得連頂部都看不到，只見石龍從相夾的石壁盡頭，懸空直落到崖下。洞中岩石的顏色都黃中帶紅，唯獨這石龍為白色，石上的紋理粗粗磨成鱗甲的形狀，於是人們便用「龍」來稱呼這種神奇的景象。舉起燈火到處看了一遍方才出去。岩石狹隘的地方，上面逼迫，下面阻礙，進去時身體從上朝下落，情況還順一些；出來時從下面側著身體往上鑽，胸和背都已緊緊貼在兩邊的石壁上，而膝蓋又不能彎曲伸展，粗糙的石質，刺破了肌膚，前後沒什麼可牽引接應的東西，每當一個人過去，愈是心急，就愈無法動彈，真怕身子與岩石合為一體了。從洞中走出，高興得就像重新獲得生命，這時雲氣忽然清朗，直上高空，已在眼前。從明亮的峽谷往前走，割除草莽，劈開荊棘，不到半里，又發現一個山洞。洞旁都是層層疊疊的大石，就像重重樓臺、條條閣道，裡面乾燥清爽，明亮通風。

在這裡來回走了好一會，又向上攀登重重山崖，走了二里，登上頂峰，這是浮蓋山最高的地方。蹲坐在石上，只見西北的雲霧一下消散，往下看金竹里以東的地方，崩坍的坑道、跌落的峽谷，層層疊疊，如同碧玉輕綃，遠近不一，千態萬狀，惟有頂峰的南面，還蘊藏在雲霧之中，沒有露出。沿著西嶺下去，才知道這是浮蓋山最東面的一座山峰。從這裡往西，有幾座山峰，曲折延伸，起伏不止，直到疊石庵，成為西部的邊隅，再往下就是白花巖了。接連翻過兩座山峰之後，便是從裡山庵趕往大寺的第三個山岡。當時我每經過一座山峰，這座山峰便豁然開朗，西面山峰的岩石，都一一顯露出來。過了西面的山峰，又翻過兩座山峰，峰上都有層層疊疊的岩石。另有一座山峰，居中向南，前面聳起兩塊大石，一塊又斜又尖，稱作「梨頭尖石」。二塊岩石都有幾十丈高，真可看作江郎山的旁支，下面都懸空連著幾塊重疊的岩石，有石盤托著，坐在這裡，觀賞玲瓏的山石，令人流連忘返。這座山峰往南下面一支，岩石大多突兀奇特，在寺右側聚集羅列的所謂「雙筍石人」，都是它的支脈。山峰的後面，分散成五座山峰，環繞並立，中間藏著一塊平地，可在上面蓋屋居住，在高山上也稱得上是罕見的地方。又向西翻過兩座山峰，便是浮蓋山的中峰，都由大石堆積而成，在下的為盤，在上的為蓋，有的是幾塊石共同托起一石，有的又是一塊石上平列著幾塊石，上下都形成層臺雙闕的形狀，地名「浮蓋仙壇」，確實不是無中生有的說法。這裡崖石陡峻，但沒有石級，攀登很不方便。登上山頂，群峰盡收眼底。山頂的岩石，四面都有青苔，像頭髮那樣垂下，煙雲之中，飄浮著淺綠的色彩，形狀美麗可愛。向西遙望疊石、石仙等名勝，還相隔三、四座山峰，但已過中午，便回到寺中吃飯。告別僧人往南下去，走了十里，便是大路，已在梨嶺的山腳。登上山嶺，經過九牧，在漁梁下街留宿。

初五日　下浦城舟，凡四日，抵延平郡❶。

初十日　復逆流上永安溪❷，泊榕溪❸。其地為南平❹、沙縣❺之中，各去六十里。先是浦城之溪❻水小，而永安之流暴漲，故順逆皆遲。

十一日　舟曲隨山西南行，亂石崢嶸❼，奔流懸迅。二十里，舟為石觸，榜人⑧以竹絲綿紙包片木掩而釘之，止湧而已。又十里，溪右一山，瞰溪如伏獅，額有崖兩重，閣臨其上。崖下圓石高數丈，突立溪中。於是折而東，又十里，月下上一灘，泊於舊縣⑨。

十二日　山稍開，西北二十里，抵沙縣。城南臨大溪⑩，雉堞⑪及肩，即溪崖也。溪中多置大舟，兩旁為輪，關水以舂。西十里，南折入山間。右山石骨巉削，而左山夾處，有泉落坳隙如玉筯⑫。又西南二十里，泊洋口。其地路通尤溪⑬。東有山曰里豐，為一邑⑭之望⑮。昨舟過伏獅崖，即望而見之，今繞其西而南向。

十三日　西南二十里，漸入山。又二十五里，至雙口⑯。遂折而西北行，五里，至橫雙口。溪右一水⑰自北來，永安之溪自南來，至此合。其北來之溪，舟通巖前可七十里。又五里，入永安⑱界，曰新凌鋪。

【章　旨】本章記載了第四至第十二天的行跡。經過四天水上行駛，到達延平郡。第九天，又坐船出發，在榕溪停泊。第十天經過永安溪，在沙縣故城停泊。第十一天經過伏獅崖，到達沙縣，繼續向前，停泊在洋口。第十二天從新凌鋪進入永安地界。

【注　釋】❶延平郡　治所在南平（今屬福建）。❷永安溪　即沙溪，因水經永安流來，故稱之為永安溪。沙溪，閩江支流，源出寧化，稱清溪，至沙縣稱沙溪。❸榕溪　在沙縣東北境，沙溪北岸。❹南平　明代為縣，隸延平府，今屬福建。❺沙縣　明代隸延平府，今屬福建。❻浦城之溪　即建溪上源南浦溪，因源出浦城西北漁梁山，故稱為浦城之溪。❼崢嶸　疑當作「崢嶸」或「猙獰」。❽榜人　船夫。❾舊縣　指沙縣故城，在今沙縣城東十里處。❿大溪　即沙溪。⓫雉堞　泛指城牆。城牆長三丈廣一丈為雉。堞，女牆，即城上端呈凸凹形的小牆。⓬玉筯　喻眼淚。⓭尤溪　明代隸延平府，今屬福建。⓮邑　古代城市，大城稱都，小城稱邑。後又用以指縣城。⓯望　敬仰。引申為有聲譽的人或物。⓰雙口　今名莘口，在三明西南，沙溪南岸。⓱溪右一水　即歸化溪，源出歸化山中，今名漁塘溪。⓲永安　明代為縣，隸延平府，今屬福建。

【語　譯】初五　乘坐去浦城的船，行駛了四天，抵達延平府。

初十　又逆流沿永安溪上行，在榕溪停泊。這裡地處南平、沙縣的中間，相距各有六十里。先前流向浦城的溪水太淺，而現在流向永安的溪水又暴漲，故無論上次順流行駛，還是現在逆流上行，結果都走得很慢。

十一日　船曲曲折折沿著山崖向南行駛，亂石險惡，奔流陡急。走了二十里，船撞在石上，船夫用竹絲綿紙包著木片，蓋在被撞破的裂縫上釘住，不讓水湧入船中罷了。又向前十里，看到溪水的右岸有座山峰，就像一頭伏地的獅子，俯視著溪流，額上有兩重崖壁，上面蓋有樓閣。崖下圓石，高達好幾丈，在溪中突起。從這裡轉向東行，又走了十里，在月光下駛上一個水灘，在沙縣故城停泊。

十二日　山勢稍稍開闊，向西北行駛二十里，到達沙縣。縣城南面對著大溪，城牆只有齊肩那麼高，就是溪邊的崖壁。溪中停放著許多大船，兩旁有輪子，利用水力舂米。向西行駛十里，再往南轉入山中。右岸山，石骨險峻陡削，而左岸兩山相夾處，有泉水落到山坳的空隙中，看上去就像流淚一般。又向西南行駛二十里，在洋口停泊。這裡有路通往尤溪。東面有座山名叫「里豐」，為全縣出名的地方。昨天船經過伏獅崖，已經望見它，如今船從它西面繞過，向南行駛。

十三日　向西南行駛二十里，漸漸進入山中。又行駛了二十五里，到達雙口。於是轉向西北行駛，過了五里，到達橫雙口。在溪右邊有一條水，從北流來，永安的溪水從南流來，到這裡匯合。船若從北來的溪水行駛，通到巖前這地方約有七十里。又行駛了五里，進入永安地界，稱作新淩鋪。

十四日　行永安境內，始聞猿聲。南四十里，為鞏川❶。上大灘十里，東南行，忽望見溪右峰石突兀。既而直逼其下，則突兀者轉為參差，為崩削，俱盤亙❷壁立，為峰為巖，為屏為柱，次第而見。中一峰壁削到底，或大書其上，曰「凌霄」。於是溪左之奇，亦若起而爭勝者。已舟折西北，左溪之崖較詭異，而更有出左溪上者，則桃源澗也。其峰排突溪南，上逼層漢，而下瞰迴溪，峰底深裂，流泉迸下，仰其上，曲檻飛欄，遙帶不一，急停舟登焉。

循澗而入，兩崖僅裂一罅，竹影逼溪內。得橋渡澗再上，有門曰長春圃，亟趨之，則溪南之峰，前所仰眺者，已在其北。乃北上，路旁一石，方平如砥。時暮色滿山，路縱橫不可辨，乃入大士殿，得道人為導。隨之北，即循崖經文昌閣，轉越兩亭，俱懸崖綴壁。從此折入峭夾間，其隙僅分一線，上劈山巔，遠透山北，中不能容肩，鑿之乃受，累級斜上，直貫其中。余所見「一線天❸」數處，武彝❹、黃山❺、浮蓋，曾未見若此之大而逼、遠而整者。既而得天一方，四峰攢列。透隙而上，一石方整，曰棋坪。中復得一臺，一樹當空，根盤於上。有飛橋架兩崖間，上下壁削，懸空而度，峰攢石裂，岈然❻成洞，曰環玉。出洞，復由棋坪側歷西塢而上，得一井，水甚甘冽。躋峰北隅，有亭甚豁，第北溪下繞，反以逼仄不能俯瞰。由此左下，又有泉一泓，匯為池，以暮不及往。乃南上絕頂，一八角亭冠其上。復從西路下山，出倚雲關，則石磴垂絕，罅間一下百丈。蓋是山四面斗削，惟一線為暗磴，百丈為明梯，遊者以梯下而一線上，始盡奇概⑦，舍此別無可階也。

還至大士殿，昏黑不可出。道人命徒碎木燃火，送之溪旁，孤燈穿綠塢，幾若陰房燐火。道人云：「由長春圃二里，有不塵館，旁又有一百丈巖，皆有勝可遊。」余頷之。返舟，促舟子夜行，不可，乃與奴輩併力刺舟⑧。幸灘無石，月漸朗，二鼓⑨，泊廢石梁下。行二十里，去永安止二里。

【章旨】本章記載了第十三天的行跡。經過鞏川，船駛入大灘，溪邊峰石高聳，形態不一。到桃源澗，急忙停船上岸。從長春圃進去，在大士殿道士帶領下，來到十分壯觀、過去從未見過的「一線天」。接著去棋坪和環玉洞，然後走出倚雲關，從百丈梯下來，盡覽山上奇景。夜晚回到船上，和奴僕合力撐船，趕到離永安僅二里的石梁下停泊。

【注釋】❶鞏川　在永安北境，沙溪西岸。❷盤亙　互相連結。❸一線天　徐霞客在此所遊，為永安城北二十里燕山畔栟櫚山中的桃源洞。巖高百尋，峰壁削直，氣勢雄奇。最著名的景觀為「一線天」，乃懸崖斷裂而成，巖隙狹僅一線，側肩而入，累級而上，全長一百二十公尺。四周群峰攢列，蔚為壯觀。山腳為十里栟櫚潭，淵澄如鏡。宋代李綱稱之為「小武夷」。❹武彝　即武夷山，傳說神人武夷君曾居此，故名。徐霞客所遊的是狹義武夷山，在福建崇安城南三十里，為海拔六百公尺左右的一片山地，方圓一百二十里，四面溪谷環繞，不與外山相連，有「奇秀甲於東南」之譽。❺黃山　秦稱黟山，以群峰黝黑而得名。唐天寶六年（七四七）訂天下名山，因傳說黃帝與容成子、浮丘公同在此修道求仙，故名黃山。位於今安徽黃山市境內，橫跨歙縣、太平、休寧、黟縣四縣，周八百里。黃山是世界著名的遊覽勝地，目前包括三十六大峰、三十六小峰，尤以奇松、怪石、雲海、溫泉著稱於世。❻岈然　山深邃貌。❼概　景象；狀況。❽刺舟　撐船。❾二鼓　二更，相當於今夜晚九時至十一時。更為舊時夜間計時單位。一更約兩小時，一夜分為五更。更始擊鼓報時。

【語　譯】十四日　船在永安境內行駛，開始聽到猿啼聲。向南行駛四十里，便是鞏川。上大灘走了十里，向東南行駛，忽然望見溪流右邊峰石高聳。隨即船直逼石下，原來高聳的峰石變得參差不齊，崩塌陡削，都相互交結，如壁陡立，或為山峰，或為巉巖，或為屏障，或為柱子，依次出現。中間有座山峰，從上到下，陡削如壁，有人在上面寫著「凌霄」兩個大字。這時溪水左邊的奇景，好像也要起來和溪右峰石爭勝似的。過了一會，船轉向西北行駛，左溪的崖石比較奇異，但還有超出左溪的，那就是桃源澗。那裡的山峰在溪水南岸排列高聳，向上直逼天河，往下俯視曲折的溪流，峰底深深裂開，泉水迸濺，直往下流，仰望山峰上方，欄干曲折，勢欲飛起，在遠處圍繞，景象不一，急忙將船停下，前往攀登。

沿著澗水進去，兩座山崖中間只裂開一道縫隙，竹影搖動，直逼溪內。找到橋後，渡過澗水繼續向上，看到前面有門，名叫「長春圃」，急忙走進去，先前仰望遠眺的溪南山峰，已在它北面了。於是朝北走上去，路旁有一石塊，又方又平，就像磨刀石。這時滿山被暮色籠罩，道路縱橫，看不清楚，便走進大士殿，找道士做嚮導。跟著他往北，沿著山崖經過文昌閣，轉身經過兩個亭子，一路都是高峻的山崖、連結的石壁。從這裡轉入陡峭的夾壁中，壁縫只有一線之隔，向上直劈山頂，遠遠透過山北，中間甚至連肩膀都進不去，要把石壁鑿掉一些才行，踏著層層石級斜著向上，直通其中。我所見到的幾處「一線天」，如武夷山、黃山、浮蓋山，從未有過像這樣既大又緊逼、既遠又整齊的。隨即看到一方青天，四面山峰聚集排列。穿過石縫上去，只見一塊方整的岩石，稱作「棋坪」。中間又發現一座平臺，有棵樹枝葉向空，樹根盤結在臺上。在兩座山崖中間，架著飛橋，山崖上下都陡削如壁，從橋上懸空過去，山峰聚合，岩石開裂，有個洞十分深暗，名叫「環玉」。走出洞後，又從棋坪一旁經過西面的山塢向上，看到一口井，水很甘美清洌。登上山峰的北角，有個亭子十分寬敞，只是北溪在下面繞過，因為太逼近崖壁，反而不能往下看到。從這裡往左下去，還有一泓清泉，匯積成池，因為天色已晚，來不及去了。於是向南登上頂峰，有個八角亭像帽子一樣戴在上面。又從西路下山，走出倚雲關，石級極其陡懸，從壁縫中直下百丈之多。這座山峰四面陡削，只有一線天的石級藏在暗處，百丈梯露在明處，遊人從一線天上去，百丈梯下來，才能盡覽山上的奇景，除此之外，沒有其他路可上。

回到大士殿，天色昏黑，不能外出了。道士命徒弟劈柴點火，送到溪旁，提著一盞燈火，穿過綠色的山塢，幾乎像陰房裡的燐火。道士說：「從長春圃走二里，到不塵館，旁邊還有一處百丈巖，都有美景，值得一遊。」我點頭表示贊同。回到船上，催促船夫連夜行駛，他沒答應，於是和奴僕合力撐船。幸虧灘上沒有礁石，月光漸漸明朗，在二更時分，停泊在廢棄的石橋下。這夜行駛了二十里，離永安只有二里路。

十五日　抵城西橋下，橋已毀。而大溪❶自西來，橋下之溪自南來，依然余遊玉華❷時也。繞城西而南，溯南來之溪以去，五十里，至長倩。溪出山右，路循山左，乃捨溪登嶺。越嶺兩重，西南過溪橋，五里，南過溪鳴橋。又五里，直凌❸西南山角，以為已窮絕頂，其上乃更復穹然❹。不復上，循山半而南，紆折翠微❺間，俯瞰山底，溪迴屈曲，惟聞吼怒聲，而深不見水。蓋峻巒削岫，錯立如交牙，水漱其根，上皆叢樹，行者惟見翠葆❻浮空，非聞水聲，幾以為一山也。久之，偶於樹隙稍露迴湍❼，渾赤如血。又五里，與赤溪遇。又五里，止於林田❽。

十六日　沿山二里，有峰自南直下。峰東有小溪，西為大溪，俱北會林田，而注於大煞嶺西者。渡小溪，循峰南上，共五里，至下橋。逶迤南躋，又八里，得上橋。一澗飛空，懸橋而度，兩旁高峰插天。度橋，路愈峻，十里，從山夾中直躋兩高峰之南，登嶺巔。迴視兩高峰，已在履下，計其崇峻，大煞、浮蓋，當皆出其下。南下三十五里，抵寧洋❾縣。

【章　旨】本章記載了第十四、第十五兩天的行跡。第十四天繞過永安城，到達長倩，登上山嶺，直上西南山角。隨後在青翠的山色中曲折行走，一路峰巒峻峭，聽到急流怒吼的聲音。過了好久，遇上赤溪，在林田停步。第十五天經過上橋、下橋，登上比大煞嶺、浮蓋山更加高峻的峰頂，然後南下到達寧洋縣。

【注　釋】❶大溪　指燕溪，又名九龍溪。發源於永安西北寧化境內。❷玉華　洞名，在今福建將樂城東南十八里的天階山下，為武夷山脈奇峰異洞之一。有兩條甬道，全長約十四里，由六個洞穴組成，內有陰河三條。❸淩　升高。❹穹然　又高又深的樣子。❺翠微　輕淡青蔥的山色。❻翠葆　枝葉茂密如華蓋（帝王或達官貴人所用的傘蓋）。❼湍　急流的水。❽林田　在永安南境大泄嶺中，產鐵。❾寧洋　明代為縣，隸漳州府，治所在今漳平北境的雙洋。

【語　譯】十五日　到永安城西橋下，橋已毀圮。大溪從西流來，橋下的溪水從南流來，依然和我遊玉華洞時一樣。繞過城西向南，沿南來的溪水上行，走了五十里，到達長倩。溪水從山的右側流出，路沿著山的左側，於是離開溪水登上山嶺。翻過兩重山嶺，向西南通過溪橋，走了五里，再向南通過溪鳴橋。又走五里，登高直上西南山角，自以為已經到了頂峰，誰知上面的山峰更加高峻。便不再上去了，沿著半山腰向南，在輕淡青翠的山色中曲折行走，俯視山下，溪流曲折環繞，只聽到急流怒吼的聲音，因山谷太深，看不到水。原來四周峰巒高峻，崖壁陡削，參差而立，如犬牙交錯，溪水沖洗著山腳，上面都是叢生的雜樹，行人只看到一片綠蔭浮現空中，如果不是因為聽到水聲，幾乎以為只有這一座山峰了。過了好久，偶爾從樹縫中稍稍露出迴旋的急流，像血那樣赤色渾濁。又走了五里，與赤溪相遇。再走五里，在林田停步。

十六日　沿著山走了二里，有座山峰從南面陡直而下。山峰的東面有條小溪，西面是大溪，都向北流，在林田會合，而後注入大煞嶺西部。渡過小溪，沿著山峰朝南上去，共五里路，到下橋。曲曲折折向南攀登，又走了八里，來到上橋。一條澗水如在空中飛流，上面懸空架著橋梁讓人渡過。兩旁高峰直插天空。過了橋，路更加險峻，走了十里，從山的夾縫中直上兩座高峰的南面，登上山嶺的頂端。回頭再看兩座高峰，已在腳下，估量山勢的高大峻拔，大煞山、浮蓋山都該在它的下面。往南走下三十五里，抵達寧洋縣。

十七日　下舟達華封。

十八日　上午始抵陸。漸登山阪，溪從右去，以灘高石阻，舟不能前也。十里，過山麓，又五里，跨華封絕頂，溪從其下折而西去。遙望西數里外，灘石重疊，水勢騰激，至有一灘純石，中斷而不見水者，此峽中最險處。自念前以雨阻不能達，今奈何交臂失之❶？乃北下三里，得村一塢❷，以為去溪不遠。沿塢西行里許，欲臨溪，不得路，始從蔗畦中下。蔗窮，又有蔓植者，花如荳❸，細莢未成。復踐蔓行，上流沙削不受履，方藉蔓為級，未幾蔓窮，皆荊棘藤刺，叢不能入。初側身投足，不辨高下，時時陷石坎，掛樹杪。既忽得一橫溪，大道沿之。西三里，瞰溪咫尺，灘聲震耳，謂前所望中斷之險，必當其處。時大道直西去，通吳鎮、羅埠。覓下溪之路，久不得，見一小路伏叢棘中，乃匍匐就之。初猶有路影，未幾下皆積葉，高尺許，蛛網翳之，上則棘莽蒙密，鈎髮懸股，百計難脫；比脫，則懸澗注溪，危石疊嵌而下。石皆纍❹空間，登其上，始復見溪，而石不受足，轉墮深莽。余計不得前，乃即從澗水中，攀石踐流，遂抵溪石上。其石大如百間屋，側立溪南，溪北復有崩崖壅水。水既南避巨石，北激崩塊，衝濤莫容，躍隙而下，下即升降懸絕，倒湧逆捲，崖為之傾，舟安得通也？踞大石坐，又攀渡溪中突石而坐，望前溪西去，一瀉之勢，險無逾此。久之，溯大溪，踐亂石，山轉處，溪田層綴，從之，始得路。循而西轉，過所踞溪石二里許，灘聲復沸如前，則又一危磯❺也。西二里，得小路，隨山脊直瞰溪而下，始見前不可下之灘，即在其上流，而嶺頭所望純石中斷之灘，即在其下流。此嘴中懸兩灘間，非至此，則兩灘幾有遁形矣。逾嶺下舟。明日，抵漳州司理署。

【章　旨】本章記載了第十六、第十七天的行跡。第十六天乘船到達華封。第十七天上午靠岸。因灘高石阻，船無法向前。跨上華封的最高峰，遙望西面峽谷最險的地方，一灘盡是石塊，水流中斷。不願失之交臂，立即前往。路極難走，無法到達，只得從澗水中過去，爬到那塊有上百間屋子那麼大的巨石之上。又去溪中突起的大石上坐下，望著前面溪水奔湧，驚險無比。這天為看到兩個險灘深感高興。翻過山嶺下船。第二天到達漳州。

【注釋】❶交臂失之　意即當面錯過。❷得村一塢　一個村塢，即一個村莊。❸荳　同「豆」。❹累　妨礙。❺磯　水邊突出的巖石或石灘。

【語譯】十七日　乘船到達華封。

十八日　上午船才靠岸。漸漸登上山坡，溪水從右邊流去，因為灘位高，加上石塊阻擋，船無法向前。走了十里，經過山腳。又走了五里，跨上華封的最高峰，溪水從下面轉向西流去。遙望西面幾里之外，灘石重重疊疊，水勢奔騰激盪，甚至有一灘全是石塊，溪水到此斷流的景象。這是峽谷中最危險的地方。想想自己從前因雨受阻不能到達，如今又怎能失之交臂？於是向北走下三里，來到一個村莊，以為離溪水已經不遠。沿著山塢向西走一里路左右，想到溪邊去，但找不到路，這才從甘蔗地中走下去。走完甘蔗地，又有蔓生的植物，花像豆，細細的豆莢還沒長成。踏著蔓生植物的莖葉繼續向前走，因為上游沙石被沖刷，沒有落腳的地方，只能以莖葉作踏級，不一會，連莖葉也沒有了，到處都是荊棘藤刺，叢生路中，無法進去。起先側著身子把腳踏下去，也分不清地勢高低，常常陷入石坑之中，掛在樹杪之上。忽然發現一條橫溪，大路正沿著它向前延伸。向西走三里，俯視溪水，近在咫尺之間，灘上水聲震耳欲聾，以為先前所望見的斷流的險處，必定就在這個地方。這時大路直向西去，通往吳鎮、羅埠。尋找往下去溪邊的路，很久都沒找到，只見一條小路隱伏在叢生的荊棘之中，於是爬著進去。開始還有路的痕跡，不一會見下面都堆積著落葉，有尺把高，葉上罩著蜘蛛網，上面是陰森繁密的荊棘草莽，鉤住頭髮，纏住大腿，想盡辦法，都難以脫身；等到從中脫身後，只見澗水高懸，流入溪中，險峻的岩石，重重疊疊，嵌在崖壁之上，直往下去。岩石都遮擋了空間，登臨其上，這才又見到溪水，只是石上都沒有落腳的地方，轉身便會落到深深的草叢之中。我考慮從這裡沒法向前，於是立即從澗水中，攀援崖石，踩著溪流，到溪石之上。這塊岩石有上百間屋子那麼大，斜立在溪水南邊，溪水北邊還有崩坍的崖石堵塞水流。水流在避開南面的大石後，向北滌蕩崩坍的石塊，沖刷撞擊，但沒有可讓它通過的地方。於是躍入石縫中，下面高低懸殊，水流倒湧反捲，山崖因而倒塌，船又怎能通行？坐在大石之上，又渡過水流，爬到溪中突起的大石上坐下，望著前面的溪水向西流去，水勢一瀉千里，沒有比這裡更險的了。過了好久，踩著亂石，沿著大溪上行，在山轉向的地方，溪邊的田地層層相連，隨著田走，才找到路。沿著路向西轉，經過離所坐的溪石二里左右的地方，又聽到灘上的水聲像先前那樣沸騰起來，又是一處險磯。向西走二里，發現一條小路，順著山脊俯視溪水直往下走，這才看到先前沒法過去的水灘，就在溪水的上游，而在峰頂所望見的盡是石塊、溪流中斷的水灘，則在它的下游。這個山口懸掛在兩處水灘中間，如果不是來到這裡，那麼這兩處水灘的險象差點要從眼皮底下溜走了。翻過山嶺下船。第二天抵達漳州司理官署。

【研　析】徐霞客四遊福建，和兩年前基本上走同一條路。但從前後兩篇日記看，他遊訪的對象已不一樣，大多是上次失之交臂的景觀，以彌補留在心頭的遺憾。為了使「物無遁形」，他經歷了一般遊人認為不必經歷的險阻，付出了一般遊人不願付出的代價。和三遊福建時相同的是，他這次在陸地所遊的主要仍是洞，即浮蓋山上的龍洞和華封境內的桃源洞。在遊龍洞時，他登上雲霧繚繞、荊棘叢生、怪石猙獰的山崖，通過石壁緊夾的「一線天」，在一片漆黑的洞中，胸背緊貼石壁，出生入死，終於來到「龍池」，根據洞中的石色、石理，判斷以「龍」為名的由來。桃源洞最著名的景觀是「一線天」。當岩層沿節理斷裂的缺口比較狹隘，沒有形成澗谷，便成為一線天。雖然這裡的裂縫「僅分一線」，極其狹窄，甚至「不能容肩」，但徐霞客還是鑿石穿過，終於看到從未見過的「大而逼、遠而整」的奇觀。同上一篇對玉華洞的描寫相比，徐霞客對龍洞和桃源洞的景物描寫更少，所重在展現遊訪的過程。確切些說，這是一個歷險的過程，其主體是人而不是景，是人如何發現、探索這些景觀的過程。這與其說是遊覽，毋寧說是考察更為恰當。

遊記中有關在水上行駛時的描述，同樣如此。雖然也寫了「一川含綠」的溪色，「喧如雷」的溪聲，「奔流懸迅」的水勢，「過如飛鳥」的水速，但徐霞客興趣所在，卻是灘而不是水。在這兩篇遊記中，他著重寫了幾處險灘：「穹石崿峙，舟穿其間」，「白波山立，石悉沒形」的黯淡灘；「一峰突而西，橫絕溪間」，「亂石叢立，中開一門」的石嘴灘；「一峰又東突」，「峰連嶂合，飛濤一縷」的溜水灘；「石自南而突，與流相扼，流不為卻」的石壁灘。所有這些，都是從水石相拒相勝著眼，突出灘的險要。文中還描寫了人面對這些險灘時的感受，以期喚起心理上的呼應：「曲折破壁而下，真如劈翠穿雲也。」「直舟從雲漢，身挾龍湫矣！」在這後一篇遊記中，徐霞客重筆渲染了華封境內一處水流中斷、盡是石塊的險灘。這是峽谷中最險的地方，上次失之交臂，這次當然非去不可了。但道路之險，出人意料，遊記中詳細記載了一路前往所經過的種種險難，有了這些鋪墊，下面寫灘上「崩崖壅水」，水「衝擣莫容」，「倒湧逆捲，崖為之傾」，就更能產生驚心動魄之效。在這些描述中，時時處處顯示出一個勇闖險難的無畏者的形象，不僅展現了一幅幅流動的景觀，同時也展示了人一步接一步的行動，一個又一個的情感波瀾。這是一個充滿活力、體現生命的歷險過程，比那眩目的險境更震撼人心。這和徐霞客為探洞而歷險一樣，已從被眼前的景物被動地牽著走，變為主動地去發現、尋找未知的景觀。表明他寄情山水，已從對具體景物的愛好，上升到對自然現象的關注；他的興趣也已從對形色的觀賞，上升到對自然規律的探索。

獵奇和求知，審美情趣和科學精神，在徐霞客的探險過程中完美地結合起來。對奇境異物的神往，永遠新鮮的審美趣味，給了他活力，使他樂於、並且敢於往人所不往；而求真求知的科學精神，又給了他方向，使他能見人所不見。他的《遊記》，既有形象鮮明、情景交融的描寫，又包含著十分豐富、精確的地貌水文資料，既有美學價值，又有科學價值。如果說中國古代已有科學美學的話，《水經注》開其端，《徐霞客遊記》集大成。

遊天台山❶日記後

【題解】時隔二十年後，即在崇禎五年（一六三二），徐霞客再遊天台山。他在三月十五日進入天台地界，於二十日抵達天台縣城，隨即去雁蕩山，至四月十六日返回，三遊天台山，盡覽以前未能盡興的西部景觀。這篇遊記，便是他再遊、三遊天台山的記錄。

壬申❷三月十四日　自寧海❸發騎，四十五里，宿岔路口。其東南十五里，為桑洲驛❹，乃台郡❺道也；西南十里，松門嶺❻，為入天台道。

十五日　渡水母溪❼，登松門嶺，過玉愛山❽，共三十里，飯於筋竹嶺❾庵，其地為寧海、天台界。陟山岡三十餘里，寂無人烟，昔彌陀庵亦廢。下一嶺，叢山杳冥❿中，得村家，瀹⓫茗飲石上。又十餘里，逾嶺而入天封寺⓬。寺在華頂峰⓭下，為天台幽絕處。卻騎，同僧無餘上華頂寺⓮，宿淨因房，月色明瑩。其地去頂尚三里，余乘月獨上，誤登東峰之望海尖，西轉始得路至華頂。歸寺已更⓯餘矣。

十六日　五鼓⓰，乘月上華頂，觀日出。衣履盡濕，還炙衣寺中。從寺右逾一嶺，南下十里，至分水嶺。嶺西之水出石梁⑰，嶺東之水出天封。循溪北轉，水石漸幽。又十里，過上方廣寺⑱，抵曇花亭⑲，觀石梁奇麗，若初識者。

【章　旨】本章記載了徐霞客再遊天台山前三天的行跡。第一天從寧海出發，到岔路口過夜。第二天翻過松門嶺、玉愛山、筋竹嶺，進入環境幽雅的天封寺。晚上獨上華頂。第三天清晨登上華頂觀看日出。然後翻過分水嶺，經上方廣寺，到達曇花亭，觀賞石梁瀑布的奇麗景色。

【注　釋】❶天台山　在浙江天台城北，屬仙霞嶺山脈的東支。據南朝陶弘景說：「山有八重，四面如一，當牛斗之分，上應台宿，故曰天台。」（牛、斗、台均為星宿名）❷壬申　指明思宗崇禎五年（一六三二）。❸寧海　明代為縣，隸台州府，今屬浙江。❹桑洲驛　今作「桑洲」，在浙江寧海縣南境。❺台郡　台州府，明代隸浙江布政司，府治在臨海。❻松門嶺　位於寧海西境，在天台、寧海兩地分界線附近。❼水母溪　即上白溪，在摘星嶺南，源出華頂，流入寧海地界。❽玉愛山　疑即王愛山，在寧海城西六十里，與天台分界。以宋高宗坐在這裡玩賞而得名。❾筋竹嶺　在天台和寧海分界處，以產筋竹（又名越王竹，可作矛用）得名。❿杳冥　深遠幽暗。⓫瀹　煮。⓬天封寺　位於華頂峰南。南朝陳太建中智顗所建。又名智者院，內有智顗肉身塔。⓭華頂峰　為天台山最高處，眾山環拱，如片片蓮花花瓣，華頂正當花心，由此得名。「華峰秀色」為天台八景之一。⓮華頂寺　華頂善興寺的舊址上所建的小庵。傳說附近有東晉書法家王羲之的墨池。⓯更　舊時一夜分為五更，每更約兩小時。一更相當於今夜晚七時至九時。⓰五鼓　即五更。相當於今凌晨三時至五時。⓱石梁　在天台山中方廣寺。山腰有銜接兩山的石梁，長約七公尺。瀑布自梁底向上噴墜，高數十丈，聲如雷鳴。臨潭巖壁上有康有為書「石梁飛瀑」四字，為「天台八景」之一。⓲上方廣寺　在石梁上游。方廣寺的前身為天台古寺石橋寺。據說東晉僧人曇猷創建。分上、下兩寺。⓳曇花亭　在石梁瀑布旁。後毀，在舊址上建立了中方廣寺。

【語　譯】壬申年三月十四日　從寧海騎馬出發，走了四十五里，到岔路口過夜。在它東南十五里，為桑洲驛，是通往台州府的路；而在它西南十里，則為松門嶺，是進入天台山的路。

十五日　渡過水母溪，登上松門嶺，經過玉愛山，共走了三十里，在筋竹嶺用餐，這裡是寧海、天台兩地的分界。登上山岡，走了三十多里，一路渺無人煙，上次看到的彌陀庵也已廢棄。走下一個山嶺，在深遠幽暗的亂山中，發現了鄉村人家，得以坐在石上煮茶喝。又走了十多里，翻過山嶺進入天封寺。寺在華頂峰下，是天台山最幽雅的地方。下馬後，同無餘和尚一起上華頂寺，在淨因的屋內留宿，屋外月光皎潔。這裡離華頂還有三里，我借月光獨自攀登，因走錯了路，登上東峰的望海尖，往西轉，才找到路登上華頂。回到寺院已過一更了。

十六日　五更，借著月光登上華頂，觀看日出。衣服和鞋子都被露水打濕了，回到寺中烘乾。從寺院右側翻過一座山嶺，往南走下十里，便到分水嶺。嶺西面的水出自石梁，東面的水出自天封寺。沿著溪水往北轉，澗水岩石漸漸清幽起來。再走十里，經過上方廣寺，到達曇花亭，觀看石梁瀑布的奇麗景色，就像第一次看到那樣新奇。

十七日　仍出分水嶺，南十里，登察嶺❶。嶺甚高，與華頂分南北界。西下至龍王堂❷，其地為諸道交會處。南十里，至寒風闕。又南下十里，至銀地嶺❸，有智者塔❹已廢。左轉得大悲寺❺，寺旁有石，為智者拜經臺。寺僧恆如為炊飯。乃分行囊，從國清❻下，至縣，余與仲昭❼兄以輕裝東下高明寺❽。寺為無量講師復建，右有幽溪❾。溪側諸勝，曰圓通洞❿、松風閣、靈響巖⓫。

十八日　仲昭坐圓通洞。寺僧導余探石筍之奇。循溪東下，抵螺溪。溯溪北上，兩崖峭石夾立，樹巔飛瀑紛紛。踐石躡⓬流，七里，山迴溪墜，已至石筍峰底，仰面峰莫辨，以右崖掩之也。從崖側逾隙而下，反出石筍之上，始見一石矗立澗中，澗水下搗其根，懸而為瀑，亦水石奇勝處也。循溪北轉，兩崖愈峭，下匯為潭，是為螺螄潭，上壁立而下淵深。攀崖側懸藤，踞石遙睇⑬其內。潭上石壁，中劈為四岐，若交衢然。潭水下薄⑭，不能窺其涯涘。最內兩崖之上，一石橫嵌，儼若飛梁。梁內飛瀑自上墜潭中，高與石梁等。四旁重崖迴映，可望而不可即，非石梁所能齊也。聞其上有「仙人鞋⑮」，在寒風闕之左，可逾嶺而至。雨驟，不成行，還憩松風閣。

二十日　抵天台縣。

【章　旨】本章記載了第四天至第七天的行跡。第四天登上察嶺，來到龍王堂，隨後經過寒風闕、銀地嶺，來到大悲寺。飯後到達天台縣。又前往幽溪旁的高明寺。第五天從螺溪向北，到達石筍峰下。這是一處水石奇麗的景觀。然後前往又深又險的螺螄潭，裡面有瀑布，只能遠望，無法到達。因雨太大，回松風閣休息。二天後抵達天台縣城。

【注　釋】❶察嶺　在華頂南漢高察隱處，有讀書堂故址。❷龍王堂　位於國清寺和萬年寺中途，為天台山各山道的交會處。❸銀地嶺　在國清寺北，與金地嶺相接，傳說即定光指示智顗處。❹智者塔　智者即智顗。俗姓李，字德安。祖籍潁川（今河南許昌）。南朝陳太建七年（一五七五）入天台山，建草庵講經十年，創天台宗。隋初應晉王楊廣之請，去揚州為其講菩薩戒，受「智者」之號，人稱「智者大師」。❺大悲寺　即大慈寺。在天台城北二十九里。原名修禪寺，又名禪林。❻國清　國清寺。在天台城北七里的天台山南麓。隋開皇中，天台宗創始人智顗創建。相傳有老僧對智顗說：「寺若成，國即清，當呼為國清寺。」由此得名。日本佛教天台宗尊之為祖庭。大雄寶殿東側小院中有古梅一株，傳為寺院初建時天台宗五祖章安手栽。❼仲昭　徐霞客遠房族兄，名遵湯，好遊，能詩。❽高明寺　在天台城東北二十里，距國清寺十六里，以背靠高明山而得名。建於唐天祐年間。或說為智顗所建。明萬曆年間，傳燈和尚創幽溪講堂，著《天台方外志》。徒孫寒月重修楞嚴臺、鐘樓等處，被稱為天台首剎。❾幽溪　源出大慈山，流入螺溪。❿圓通洞　在幽溪之上，一石橫架，下面有四石相承，成玲瓏空洞，松風溪聲，隱隱相送其中。⓫靈響巖　在幽溪之上，峭壁百仞，隨人呼喚，響答甚明，故名。⓬躡　追隨。⓭睇　斜視；流盼。⓮薄　迫近。⓯仙人鞋　即聖蹟石。在大雷峰後。三石如「品」字，下兩石如僧人一雙鞋。

【語　譯】十七日　仍從分水嶺走出，向南走十里，登上察嶺。察嶺十分高峻，和華頂作為南北的分界。往西下去，來到龍王堂，這裡是各條山路的交會處。再往南走十里，到寒風闕。繼續往南走下十里，到銀地嶺，這裡原有智者塔，現已廢棄。往左轉到大悲寺，寺旁有塊大石，即智者拜經臺。寺中的恆如和尚為我們煮飯。於是分挑行李，從國清寺往下走，到達縣城，我和仲昭兄輕裝出發，往東直下高明寺。寺院是無量講師重建的，右邊有幽溪，溪旁各名勝，名圓通洞、松風閣、靈響巖。

十八日　仲昭坐在圓通洞內。寺院的和尚領我尋訪石筍的奇景。沿著溪水向東走下，到達螺溪。沿著溪水向北上行，兩旁山崖，峭壁夾立，飛瀉的瀑布紛紛落在樹梢上。踏著石塊，隨著水流，走了七里，只見山崖迴繞，溪水傾瀉，已到石筍峰下，但抬頭卻看不清山峰，因為右面的山崖把它擋住了。從崖旁穿過空隙下去，出來時反而在石筍峰的上方，這才看到一塊大石矗立在山澗之中，澗水往下撞擊著石塊的底部，懸掛在那裡成為瀑布，也是一個水石奇麗的景觀。沿著溪水向北轉，兩旁山崖更加陡峭，下面積水成潭，這就是螺螄潭，上面陡立如壁，下面深不可測。拉著崖旁懸掛的藤條，蹲在石上遠遠地斜看著裡面。潭上的石壁，中間被劈成四部，就像相交的大道。潭水往下迫近，看不到它的邊際。在最裡面的兩座山崖之上，有塊橫嵌的大石，很像凌空架設的橋梁。橋內瀑布飛流，從上面直落潭中，高度和石梁的瀑布相仿。四旁山崖重疊，回環映照，但只能遠望，沒法過去，石梁瀑布不能和它相比。聽說上面有「仙人鞋」，在寒風闕的左邊，可翻過山嶺到達。因雨下得太急，沒法去，只得返回松風閣休息。

二十日　抵達天台縣城。

至四月十六日，自雁宕❶返，乃盡天台以西之勝。北七里，至赤城❷麓。仰視丹霞層亙，浮屠❸標其巔，兀立❹於重嵐攢翠間。上一里，至中巖，巖中佛廬新整，不復似昔時彫敝。時急於瓊臺、雙闕❺，不暇再躡上巖。遂西越一嶺，由小路七里，出落馬橋。又十五里，西北至瀑布山❻左登嶺。五里，上桐柏山❼。越嶺而北，得平疇❽一圍，群峰環繞，若另闢一天。桐柏宮❾正當其中，惟中殿僅存，夷、齊❿二石像尚在右室，雕琢甚古，唐以前物也。黃冠⓫久無住此者。群農見遊客至，俱停耕來訊，遂挾一人為導。西三里，越二小嶺，下層崖中，登瓊臺焉。一峰突瞰重坑，三面俱危崖迴繞。崖右之溪，從西北萬山中直搗峰下，是為百丈崖⓬。崖根澗水至瓊臺腳下，一泓深碧如黛⓭，是名百丈龍潭⓮。峰前復起一峰，卓立如柱，高與四圍之崖等，即瓊臺也。臺後倚百丈崖，前即雙闕對峙，層崖外繞，旁絕附麗⓯。登臺者從北峰懸墜而下，度坳脊處咫尺，復攀枝仰陟而上，俱在削石流沙間，趾無所著也。從臺端再攀歷南下，有石突起，窟⓰其中為龕⓱，如琢削而就者，曰仙人坐。瓊臺之奇，在中懸絕壑，積翠四繞。雙闕亦其外繞中對峙之崖，非由澗底再上，不能登也。憶余二十年前，同雲峰⑱自桃源⑲來，溯其外澗入，未深窮其窟奧。今始俯瞰於崖端，高深俱無遺勝矣。飯桐柏宮。仍下山麓，南從小徑渡溪，十里，出天台、關嶺⑳之官道。復南入小徑，隙行㉑十里。路左一峰，兀立若天柱，問知為青山茁。又溯南來之溪，十里，宿於坪頭潭㉒之旅舍。

【章　旨】本章記載了徐霞客三遊天台山第一天的行跡。從雁蕩山返回，開始遍遊天台山西面的美景。經過赤城山、瀑布山、桐柏山，來到位於山中平野的桐柏宮。然後前往瓊臺，同時遊覽了百丈崖和百丈龍潭。瓊臺憑空聳立在深壑之中，毫無依附，極難攀登。附近有大石突起，名「仙人坐」。雙闕與瓊臺相對聳立。在桐柏宮吃罷飯，路過青山茁，至坪頭潭留宿。

【注　釋】❶雁宕　雁蕩山，又稱雁蕩山，即北雁蕩山，在今浙江樂清東北。屬括蒼山脈。主峰雁湖岡，岡頂有湖，蘆葦叢生，結草成蕩，秋雁常來棲宿，故稱雁蕩。此外，樂清城西有中雁蕩山，平陽城西有南雁蕩山。徐霞客所遊的是北雁蕩山，不應相混。❷赤城　赤城山。在國清寺西。山上赤石屏列如城，望之如霞，故名。「赤城棲霞」為天台八景之一。❸浮屠　又作「浮圖」，梵文「佛陀」（即佛）的音譯。又為梵文「佛陀窣堵波」音譯的訛略，即佛塔。這裡指赤城山頂的赤城塔，為南朝梁岳陽王妃所建。❹兀立　直立。❺瓊臺雙闕　在桐柏宮西。為賞月佳地，元代即有「瓊臺夜月」之稱，為天台八景之一。徐霞客的朋友王思任稱之為天台景物最勝處。❻瀑布山　又名紫凝山。在天台城西四十里，有瀑布垂流千尺，與國清、福聖兩處瀑布鼎足而三。山上出產奇茶，傳說為丹丘子所留。❼桐柏山　在天台城西北，距赤城山十里，為七十二福地之一。唐道士司馬承禎曾在此隱居。❽疇　田地。❾桐柏宮　在國清寺西北。傳說三國吳方士葛玄（仙公）曾在這裡鍊丹。唐代道士司馬承禎隱居天台山，睿宗為他建桐柏觀。五代時改稱桐柏宮。至清，改名崇道觀。為天台山最大的道教建築。❿夷齊　伯夷和叔齊。商末孤竹君的二子，因相互辭讓，不受君位，投奔到周，武王滅商，逃到首陽山，不食周粟而死。⓫黃冠　道士之冠，轉為道士的代稱。⓬百丈崖　又名百丈巖。在桐柏觀西北，與瓊臺相望。四山牆立，峭險狹隘。下面為龍湫，流入靈溪。⓭黛　青黑的顏色，古代女子用來畫眉。⓮百丈龍潭　在瓊臺、雙闕之間。翠蔓糾纏，水流潺潺，盤澗繞麓，出為靈溪。傳說其地有龍甚靈。前人譽為「天台第一奇觀」。⓯附麗　依附。⓰窗　洞穴。這裡作動詞凹陷進去解。⓱龕　供奉佛像的小閣。⓲雲峰　國清寺僧人。⓳桃源　在天台城西山中。山中溪畔有雙女峰，傳說東漢永平年間，劉晨、阮肇入山採藥，在此遇仙女。「桃源春曉」為天台八景之一。⓴關嶺　在天台城西北四十五里，與新昌分界。㉑隙行　在隙縫中走。㉒坪頭潭　即今平鎮。在兩巖之北。

【語　譯】到四月十六日，從雁蕩山返回，於是遍遊天台山西面的勝景。往北走七里，到達赤城山腳。抬頭望見山峰如同彩霞，重疊綿延，峰頂有座佛塔，挺立在重重煙嵐和綠樹環抱之中。向上走了一里，到達中巖，巖中新蓋的佛舍十分整潔，不再像過去看到的那樣破舊。這時急於去瓊臺、雙闕，沒時間再去上巖。於是往西翻過一個山嶺，從小路走了七里，走出落馬橋。又走了十五里，往西北到瀑布山的左側登上山嶺。再走五里，登上桐柏山。翻過山嶺向北，到一圈平坦的田地，四周群山環繞，就像到了另一個天地。桐柏宮座落在正中，只有中殿仍保存著，伯夷、叔齊的兩座石像還在右室，雕琢十分古樸，是唐以前的東西。已很久沒有道士在這裡居住了。一群農夫看到遊客到來，都停下耕作，過來訊問，於是硬拉了一個人作嚮導。向西走三里，翻過兩座小山嶺，往下走到重疊的山崖之中，登上瓊臺。一座山峰突起，俯視重重坑窪，三面都環繞著高峻的山崖。山崖右邊的溪水，從西北的萬山中直沖到峰下，這就是百丈崖。山崖底部的澗水，流到瓊臺腳下，一道清水，又深又綠，如同青黛，被稱作百丈龍潭。山峰前又突起一座山峰，像柱子一樣高高直立著，高度與四周的山崖相等，這就是瓊臺。臺後面靠著百丈崖，前面和雙闕相向而立，外面環繞著重疊的山崖，旁邊毫無依附。登臺的人從北峰懸空落下，度過近在咫尺的坳脊，再拉著枝條向上攀登，一路都是陡峭的山石和鬆散的沙土，簡直沒有可落腳的地方。從臺的一頭再攀登穿越往南下去，看到一塊突起的大石，凹陷進去成為一個佛龕，就像雕琢刻削而成，稱作仙人坐。瓊臺的奇特，在憑空座落在極險的深壑之中，四面圍繞著密密叢叢的綠樹。雙闕也是圍繞在它外面並且和它相對峙立的山崖。非從澗底再向上攀升，決不能登臨其上。回憶我在二十年前，同雲峰一起從桃源過來，沿著外面的澗水上行進入，但沒能窮盡洞穴的奧祕。如今才在山崖頂端俯視下方，無論多高多遠都一覽無遺。在桐柏宮吃飯。依然往下走到山腳，向南從小路渡過溪水，往前十里，走出天台、關嶺間官府所修的大道。再向南走進一條小路，穿縫插針地走了十里。小路左邊有座山峰，如同擎天柱一般直立著，問後知道是青山茁。又沿著從南面流來的溪水上行十里，到坪頭潭的旅店投宿。

十七日　由坪頭潭西南八里，至江司陳氏。渡溪左行，又八里，南折入山。陟小嶺二重，又六里，重溪迴合中，忽石巖高峙，其南即寒巖❶，東即明巖❷也。今僮先馳炊於明巖寺❸，余輩遂南向寒巖。路左俱懸崖盤列，中有一洞岈然❹，洞前石兔蹲伏，口耳俱備。路右即大溪❺縈迴，中一石突出如擎蓋，心頗異之。既入寺，向僧索龍鬚洞❻靈芝石，即此也。寒巖在寺後，宏敞有餘，玲瓏未足。由洞右一上，視鵲橋❼而出。由舊路一里，右入龍鬚洞。路為莽棘所翳，上躋里許，如歷九霄。其洞圓聳明豁，洞口斜倚一石，頗似雁宕之石梁❽，而梁頂有泉中灑，與寶冠❾之芭蕉洞如出一冶❿。下山，仍至舊路口，東溯小溪，南轉入明巖寺。寺在巖中，石崖四面環之，止東面八寸關⓫通路一線。寺後洞窈窕⓬非一，洞右有石筍突起，雖不及靈芝之雄偉，亦具體而微⑬矣。飯後，由故道騎而馳三十里，返坪頭潭。又北二十五里，過大溪，即西從關嶺來者，是為三茅。又北五里，越小澗二重，直抵北山下，入護國寺⑭宿焉。

【章　旨】本章記載了第二天的行跡。翻山涉水，前往寒巖。途中看到一個幽深的石洞，以及在大溪突起的靈芝石，並且遊覽了附近的龍鬚洞。隨後去明巖寺，飯後騎馬返回坪頭潭，繼續向北，到護國寺過夜。

【注　釋】❶寒巖　又稱寒巖山。在明巖西面，與明巖實為一山。❷明巖　又稱明巖山。有明巖十景。❸明巖寺　在天台城西七十餘里。舊名雲光院，稱暗巖。五代後周顯德年間改名明巖。宋開寶年間升為寺。❹岈然　山深邃貌。❺大溪　即始豐溪，在天台城西。為靈江支流。❻龍鬚洞　在寒巖，以巖竇間有亂石，水流其中，散若虬髯，故名。❼鵲橋　鵲橋巖。巖隙間片石橫架，縹緲雲中，如七夕鵲橋，故名。❽雁宕之石梁　雁蕩山有東、西、北三個石梁洞，這裡所說的是東石梁洞，在老僧巖西北。因洞口有懸石如梁而得名。因石梁形如跨虹，又名石虹洞。洞中有池，由於石梁擋住半個池面的光線，明亮部分形如半月，也稱半月池。❾寶冠　指雁蕩山西外谷的寶冠峰。❿如出一冶　這裡是借喻龍鬚洞和芭蕉洞在自然變化中形成的外貌十分相像，就像金屬器物在同一冶爐出於一人之手。冶，熔煉金屬，又指鑄造金屬器物的工匠。⓫八寸關　又名八寸巖，為明巖十景之一。⓬窈窕　形容宮室、山水的幽深。⓭具體而微　這裡言景物大體相似，只是形狀和規模較小。⓮護國寺　在天台城西北。舊名般若寺，建於五代。

【語　譯】十七日　從坪頭潭往西南走八里，到江司陳氏住地。渡過溪水向左，又走了八里，往南轉入山中。登上兩重小嶺，再走六里，在一條條溪水的環繞匯合之中，忽然看到有巖高高聳立，它的南面便是寒巖，東面便是明巖。我吩咐僮僕先騎馬趕回明巖寺煮飯，我們一行人便向南去寒巖。路的左邊都是盤亙羅列的懸崖，中間有個幽深的山洞，洞前石兔蹲伏在地上，連嘴巴、耳朵都有。路的右邊便是盤旋往復的大溪，中間突起一塊大石，就像舉起的車蓋，心中感到十分奇怪。進入寺院後，向僧人尋問龍鬚洞的靈芝石，原來就是這東西。寒巖在寺院後面，高大寬敞有餘，但玲瓏精巧不足。從洞的右側上去，望著鵲橋走出。再從原路走了一里，往右進入龍鬚洞。因路被草叢荊棘遮掩，向上攀登一里左右，就像經過九重天那麼艱難。這個洞圓形高聳，明亮寬敞，洞口斜靠著一塊巖石，很像雁蕩山的石梁，石梁的頂端又有泉水從中飄灑，和寶冠峰的芭蕉洞一模一樣。下山後，仍然回到原來的路口，向東沿著小溪上行，再往南轉入明巖寺。寺院座落在巖中，四面石崖環繞，只有東面八寸關這一條通道。寺後幽深的石洞不止一個，石洞的右面有石筍突起，雖然不如靈芝石雄偉，但形狀大體相似。吃罷飯，從老路騎馬奔馳三十里，返回坪頭潭。又往北走二十五里，渡過大溪，即從西面關嶺流來的水，便是三茅。再往北走五里，越過兩重小澗，直到北山下，進入護國寺過夜。

十八日　晨，急詣桃源。桃源在護國東二里，西去桐柏僅八里。昨遊桐柏時，留為還登萬年❶之道，故先寒、明。及抵護國，知其西有秀溪，由此入萬年，更可收九里坑之勝，於是又特趨桃源。初由澗口入里許，得金橋潭❷。由此而上，兩山愈東，翠壁穹❸崖，層累曲折，一溪介❹其中。溯之，三折而溪窮，瀑布數丈，由左崖瀉溪中。余昔來瀑下❺，路窮莫可上，仰視穹崖北峙，溪左右雙鬟❻諸峰，娟娟攢立，嵐翠❼交流，幾不能去。今忽從右崖叢莽中，尋得石徑層疊，遂不及呼仲昭，冒雨撥棘而上。磴級既盡，復疊石橫棧❽，度崖之左，已出瀑上。更溯之入，直抵北巖下，蹊磴俱絕，兩瀑自巖左右分道下。遙睇巖左猶有遺磴，從之，則向有累石為橋於左瀑上者，橋已中斷，不能度。睇瀑之上流，從東北夾壁中來，止容一線，可踐流而入。計其勝不若右巖之瀑，乃還從大石間向西北上躋，抵峽窟下，得重潭甚厲[9]，四面俱直薄峽底，無可緣陟。第從潭中西望，見石峽之內，復有石峽，瀑布之上，更懸瀑布，皆從西北杳冥中來，至此繽紛亂墜於迴崖削壁之上，嵐光掩映，石色欲飛。久之，還出層瀑下。仲昭以覓路未得，方獨坐觀瀑，遂同返護國。聞桃源溪口，亦有路登慈雲[10]、通元[11]二寺，入萬年，路較近，特以秀溪勝，故飯後仍取秀溪道。西行四里，北折入溪，溯流三里，漸轉而東向，是為九里坑。坑既窮，一瀑破東崖下墜，其上亂峰森立，路無可上。由西嶺攀躋，繞出其北，迴瞰瀑背，石門雙插，內有龍潭在焉。又東北上數里，逾嶺，山坪[12]忽開，五峰圍拱[13]中得萬年寺，去護國三十里矣。萬年為天台西境，正與天封相對，石梁當其中。寺中古杉甚多。飯於寺。又西北三里，逾寺後高嶺，又向西升陟嶺角者十里，乃至騰空山。下牛牯嶺，三里，抵麓。又西逾小嶺三重，共十五里，出會墅[14]。大道自南來，望天姥山[15]在內，已越而過之，以為會墅乃平地耳。復西北下三里，漸成溪，循之行五里，宿班竹旅舍。

【章　旨】本章記載了第三天的行跡。清晨趕往桃源，途中經過金橋潭，觀賞了雙鬟峰旁的瀑布，然後冒雨來到瀑布之上，繼續向前，看到兩道瀑布分流直下。再向上攀登，看到一個險峻的深潭，周圍環境幽深，景色迷人。返回護國寺，走了去秀溪的路。經過九里坑，來到天台山西部的萬年寺。飯後，翻過騰空山、牛牯嶺，走出會墅嶺，到班竹旅店過夜。

【注　釋】❶萬年　萬年寺，唐太和年間普岸禪師創建。南宋淳熙十四年（一一八七），日本僧人榮西（日本佛教臨濟宗創始人）再次入天台山，於萬年寺受臨濟宗黃龍法師的禪法，為萬年寺興修山門。寺前有古檜八株。❷金橋潭　傳說宋景祐年間，僧人明照在桃源採藥，見金橋跨水，兩個少女在水中戲玩，因稱橋下之潭為金橋潭。潭水清澈可鑒，無論旱澇都不受影響。❸穹　高；大。❹介　在兩者當中。❺昔來瀑下　指二十年前第一次遊天台山至鳴玉澗觀賞瀑布。❻雙鬟　峰名，又作雙女峰。在金橋潭上，以峰頂雙石，宛如雙髻，故名。❼嵐翠　嵐，指山間的雲氣。翠，指山上的樹木。❽棧　棧道，在懸崖絕壁上鑿孔支架木樁，鋪上木板而成的窄路。❾厲　危險。❿慈雲　寺名，在天台城西北三十里。舊名安國雲居院。建於五代天福年間，祥符年間改今額。⓫通元　即通圓定慧寺。在天台城北三十五里，建於五代後周顯德年間。⓬坪　山間平地。⓭拱　拱衛，環繞在周圍保護著。⓮會墅　距新昌城南約五十里，有會墅嶺，嶺上有會墅村。⓯天姥山　在浙江新昌東五十里，東接天台山華頂峰，西連沃洲山。

【語　譯】十八日　清晨，急忙前往桃源。桃源在護國寺東面二里，向西離桐柏宮僅八里。昨天遊覽桐柏宮時，留下了返回時再登萬年寺的路，所以先去了寒巖、明巖。直到抵達護國寺，才知道在它的西面有秀溪，從這裡去萬年寺，還可盡收九里坑的美景，於是又特地趕往桃源。剛從澗口進去一里左右，到金橋潭。從這裡向上，兩旁山崖更加緊束，翠綠的石壁，高聳的山崖，重重疊疊，曲折環繞，一條溪水從中流過。沿著溪水上行，拐了三個彎，到溪水盡頭處，只見有好幾丈長的瀑布，從左邊的山崖直瀉溪中。我過去來到瀑布的下面，因沒路無法上去，仰望高大的山崖北面聳立，溪水左右兩側的雙鬟等山峰，姿態美好，聚立在一起，煙嵐綠樹，相互映襯，幾乎捨不得離開。如今忽然從右邊山崖的草叢中，找到一層層石級疊成的小路，於是來不及呼喚仲昭，就冒雨撥開荊棘向上攀登。走完石級，又疊起石塊，橫架棧道，越過山崖的左邊，已從瀑布的上方走出。再逆著瀑布傾瀉的流向走進，直到北巖的下方，小路、石級全都到了盡頭，兩道瀑布從巖的左右兩側分流直下。遠遠斜望巖的左側還有殘存的石級，便從那裡進入，才發現在左面那道瀑布的上面，原來有座用石塊壘起的橋梁，現在橋已斷裂，無法過去。斜看瀑布的上流，從東北兩座石壁的夾縫中流出，狹窄得好像只有一線之寬，可以淌著水流進去。估計那裡的景色不如右邊巖上的那道瀑布，於是回來從大石中向西北方向攀登，到達峽谷洞穴的下面，看到十分險峻的深潭，四面都直逼峽底，沒有可憑藉攀登的地方。但從潭中向西望去，只見石峽之中，還有石峽，瀑布之上，又懸掛著瀑布，都從西北幽深處流來，到了這裡，凌亂地灑落在盤繞的山崖、陡削的石壁之上，陽光雲氣，互相映照，石色耀眼，勢欲飛起。過了很久，返身從兩道瀑布的下面走出。仲昭因為沒找到路，正獨自坐在那裡觀賞瀑布，於是一起返回護國寺。聽說桃源溪口，也有路可登慈雲、通元二寺，進入萬年寺，路比較近，只是因為秀溪景色美好，故飯後仍上了去秀溪的路。向西走四里，再往北轉入溪旁，沿著水流上行三里，然後漸漸轉向東走，前面就是九里坑。走出九里坑，一道瀑布穿過東崖落下，上面亂峰森然挺立，無路可走。從西面的山嶺向上攀登，從它的北面繞出，轉身俯視瀑布的背後，兩座石壁如門插地，龍潭就在裡面。又往東北攀登幾里，翻過山嶺，忽然山勢開闊，出現一塊平地，在五座山峰的圍繞拱衛中看到萬年寺，離護國寺已經三十里了。萬年寺在天台山的西部，正好同天封寺相對，石梁瀑布就在它們中間。寺中有很多古老的杉樹。在寺中用餐。又往西北走三里，翻過寺後高高的山嶺，再向西登上山嶺的一角走十里，才到騰空山。下牛牯嶺，走了三里，到達山腳。又往西翻過三座小嶺，共十五里，走出會墅。大路從南面延伸過來，放眼望去，包括天姥山在內，都已翻越過去，以為會墅已是平地。再往西北走下三里，水流漸漸成溪，沿著它走了五里，到班竹的旅店過夜。

天台之溪，余所見者：正東為水母溪。察嶺東北，華頂之南，有分水嶺❶，不甚高；西流為石梁，東流過天封，繞摘星嶺❷而東，出松門嶺，由寧海而注於海。正南為寒風闕之溪，下至國清寺，會寺東佛隴之水❸，由城西而入大溪者也。國清之東為螺溪，發源於仙人鞋，下墜為螺螄潭，出與幽溪會，由城東而入大溪者也；又東有楢溪❹諸水，余屐未經。國清之西，其大者為瀑布水，水從龍王堂西流，過桐柏為女梭溪❺，前經三潭，墜為瀑布，則清溪❻之源也；又西為瓊臺、雙闕之水，其源當發於萬年寺東南，東過羅漢嶺❼，下深坑而匯為百丈崖之龍潭，繞瓊臺而出，會於青溪者也；又西為桃源之水，其上流有重瀑，東西交注，其源當出通元❽左右，未能窮也；又西為秀溪之水，其源出萬年寺之嶺，西下為龍潭瀑布，西流為九里坑，出秀溪東南而去。諸溪由青溪以西，俱東南流入大溪。又正西有關嶺、王渡諸溪，余屐亦未經；從此再北有會墅嶺諸流，亦正西之水，西北注於新昌❾；再北有福溪❿、羅木溪⓫，皆出天台陰，而西為新昌大溪⓬，亦余屐未經者矣。

【章　旨】本章記載了徐霞客在天台山所見到的溪流：正東是水母溪，從分水嶺向西流的為石梁瀑布，向東流的經過天封寺。正南是寒風闕的溪水。國清寺東面是螺溪，再往東是楢溪。國清寺西面是瀑布水，再往西是瓊臺、雙闕的水流，再往西是桃源的水流，再往西是秀溪的水流。正西有關嶺、王渡的溪水，往北有會墅嶺的溪流，再往北有福溪、羅木溪，另外西面還有新昌大溪。

【注　釋】❶分水嶺　兩個流域分界的山脊。❷摘星嶺　在華頂東北四十里。❸佛隴之水　當為國清溪，自佛隴山南流至神蹟石，會於大溪。❹楢溪　源出華頂，從鳳凰山東南流入。因齊顧歡曾在此居住，又名歡溪。❺女梭溪　又名玉女溪，在桐柏觀前。源自洞天山，過女梭福地，洩為瀑布，下入靈溪。❻清溪　即青溪。源出洞天山，南流至桐柏，又南經三井洩為瀑布。❼羅漢嶺　在萬年寺東南十里，嶺上有巨杉。❽通元　即通圓定慧寺。在天台城北三十五里，建於後周顯德年間。❾新昌　明代為縣，隸紹興府，今屬浙江。❿福溪　在華頂西南約四十里，水險而清，西流入於剡溪。⓫羅木溪　在羅公嶺，源出華頂，流入剡溪。⓬新昌大溪　即今新昌江，為曹娥江支流。

【語　譯】天台的溪水，我所看到的有：正東為水母溪。察嶺東北，華頂南面，有分水嶺，不太高；向西流的水是石梁瀑布，向東流的水經過天封寺，繞過摘星嶺往東，流出松門嶺，從寧海注入大海。正南為寒風闕的溪水，往下流到國清寺，和寺東面的佛隴水匯合，從城西流入大溪。國清寺的東面為螺溪，發源於仙人鞋，落到下面成為螺螄潭，流出後同幽溪匯合，從城東流入大溪；再往東有楢溪等水流，我沒去過。國清寺的西面，大的是瀑布水，水從龍王堂向西流，經過桐柏宮為女梭溪，往前經過三潭，下落成為瀑布，這就是清溪的源頭；再往西是瓊臺、雙闕的水流，其源頭應當出自萬年寺的東南，向東流過羅漢嶺，落入深坑，匯合成百丈崖的龍潭，繞過瓊臺流出，匯入青溪之中；再往西是桃源的水流，上游有兩道瀑布，從東、西兩面交流，其源頭應當出自通元寺左右兩側，但沒能窮究；再西是秀溪的水流，源頭出自萬年寺所在的山嶺，向西落下，成為龍潭瀑布，往西流成為九里坑，從秀溪出來，向東南流去。在青溪以西的各條溪流，都往東南流入大溪。另外，正西有關嶺、王渡的各條溪水，我也沒去；從這裡再向北，有會墅嶺的各條溪水，也屬正西的水流，往西北流入新昌；再向北有福溪、羅木溪，都出自天台山北，而西面則為新昌大溪，我也沒到過那裡。

【研　析】徐霞客這次重遊天台、雁蕩，期間曾就近走訪了居住在小寒山的陳函輝。陳函輝作詩贈徐霞客，其中有二句頗為當時人稱道：「尋山如訪友，遠遊如致身。」徐霞客這次勝地重遊，確有一種和朋友再次相逢的親切和喜悅。他到天台後，顧不上旅途勞頓，在當天晚上，披著月光，不怕迷路，迫不及待地獨自登上久違的華頂；甚至還注意到一個山中小廟彌陀庵的廢棄。曾經滄海難為水。當徐霞客再遊天台、雁蕩之時，已笑凌天都峰頂，手掬九疊泉水，踏遍西嶽三峰，泛舟武夷九曲，神馳雲貴川原，情繫巴山蜀水。「天台石梁平如兜，青霞括蒼局於掌。」（黃道周〈七言古一首贈徐霞客〉）相對而言，天台山確實算不上奇險，但也不是毫無險境可言，只是這些險境在僻遠之地，遊人罕至罷了。徐霞客重遊天台，是想對這個老朋友作進一步了解，發願遍遊天台山西部勝景，因此能夠深入尋訪，發現險境、跨越險境、欣賞險境。如瓊臺前對雙闕，背靠百丈崖，下臨龍潭，三面都是陡壁，登臨十分困難。但瓊臺之奇，又正在「中懸絕壑，積翠四繞」。徐霞客從「削石流沙」中，「攀枝仰陟而上」，終於「窮其窟奧」，「高深俱無遺勝矣」。

徐霞客外出遊歷，分前後兩個階段，前階段的興趣主要在尋奇訪勝，後階段則格外重視考察水文地貌。這在〈遊天台山日記〉的前後篇中，已有所反映。赤城山形成於白堊紀，石呈赤色，和天台山其他地方的岩石明顯不同。徐霞客不僅明確描述了這種特徵，並且用「丹霞」兩字作比喻，這和現代地理學將這類地形總稱為「丹霞地形」，竟然巧合了。「桃源春曉」也是天台山著名的勝景，徐霞客特地趕往桃源，並不是想尋找和仙女相會之處，而是在重疊曲折的「翠壁穹崖」之中，沿著一條溪水上行，直到發現了它的源頭。他第一次遊天台山，曾到雙髻峰旁的瀑布下，因無法攀登，只能在下面遙遙觀望。在三遊天台時，從草木叢中發現了一條石路，於是冒雨撥開荊棘，來到瀑布上方，又繼續往深處走去，終於發現這裡「石峽之內，復有石峽，瀑布之上，更懸瀑布，皆從西北杳冥中來」，從而弄清了桃源一帶的地形和水流狀況。在這篇遊記的最後一段，徐霞客用極其明白的詞句，描述了天台山的水系，這是他這幾天遊覽考察的最後收穫。裡面不僅記載了山中各個方位的溪流，還對各條溪流的源頭、流向、所經之處、匯合之處、入海口，以及由溪水形成的潭水、瀑布，都一一區分，脈絡清晰，方位正確無誤。對個別他未曾到達、或不太清楚的地方，也如實說明，從中體現出求真求實的精神。

遊雁宕山❶日記後

【題解】崇禎五年（一六三二）三月二十日，徐霞客抵達天台縣，隨後前往雁蕩山，至四月十六日返回。但在現存的日記中，並沒有再遊雁蕩的記載。四月二十八日，徐霞客三遊雁蕩山，留下了這篇日記。為什麼僅隔十二天，他又突然去雁蕩呢？遊記中沒作任何說明。據陳函輝在〈霞客徐先生墓志銘〉中的回憶，徐霞客在三遊天台之後，即在四月十九日至二十七日之間，和族兄徐仲昭一起前往小寒山，走訪了陳函輝。陳函輝在招待他們時，問道：「先生曾登上雁山絕頂嗎？」這句話觸動了徐霞客的心病，頓時變了臉色，第二天清早，天還未亮，他就動身前往雁蕩山，十天後回到小寒山，對陳函輝說：「我已登上雁頂，找到雁湖，住了三夜才下山。」對此，陳函輝不禁歎道：「其果敢直前如此。」錢謙益為徐霞客作傳，在轉述此事時也說：「其與人爭奇逐勝，欲賭身命，皆此類也。」

余與仲昭❷兄遊天台❸，為壬申❹三月。至四月二十八日，達黃巖❺，再訪雁山。覓騎出南門，循方山十里，折而西南行，三十里，逾秀嶺，飯於巖前鋪。五里，為樂清❻界。五里，上盤山嶺。西南雲霧中，隱隱露芙蓉一簇，雁山也。十里，鄭家嶺。十里，大荊驛❼。渡石門澗，新雨溪漲，水及馬腹。五里，宿於章家樓❽，是為雁山之東外谷。章氏盛時，建樓以憩山遊之屐❾，今旅肆寥落，猶存其名。

【章　旨】本章記載了徐霞客三遊雁蕩山第一天的行跡。從黃巖南門出去，沿方山向前，翻過秀嶺，進入樂清地界。隨後登上盤山嶺，經過大荊驛，渡石門澗，在東外谷的章家樓留宿。

【注　釋】❶雁宕山　稱雁蕩山，即北雁蕩山，在今浙江樂清東北。屬括蒼山脈。主峰雁湖岡，岡頂有湖，蘆葦叢生，結草成蕩，秋雁常來棲宿，故稱雁蕩。此外，樂清城西有中雁蕩山，平陽城西有南雁蕩山。徐霞客所遊的是北雁蕩山，不應相混。❷仲昭　徐霞客遠房族兄，名遵湯，好遊，能詩。❸天台　天台山，在浙江天台城北，屬仙霞嶺山脈的東支。據南朝陶弘景說：「山有八重，四面如一，當牛斗之分，上應台宿，故曰天台。」（牛、斗、台均為星宿名）❹壬申　明思宗崇禎五年（一六三二）。❺黃巖　明代為縣，隸台州府，今屬浙江。❻樂清　明代為縣，隸溫州府，今屬浙江。❼大荊驛　設在大荊的驛站，今稱大荊鎮，在樂清城東北。❽章家樓　在今大荊鎮西南，因過去有章姓人家在此建樓接客而得名。❾山遊之屐　屐是一種底有釘的木鞋。謝靈運性喜山水，登山時常著有齒木屐，上山去其前齒，下山則去其後齒。

【語　譯】我和仲昭兄遊覽天台山，是在壬申三月。到四月二十八日，抵達黃巖，再次走訪雁蕩山。找到馬後，走出南門，沿著方山向前十里，轉向西南，走了三十里，翻過秀嶺，在巖前鋪用餐。走了五里，到樂清地界。再走五里，登上盤山嶺。只見西南雲霧中，隱隱約約露出山峰，形似一簇荷花，這就是雁蕩山。再走十里，過鄭家嶺。再走十里，便是大荊驛。渡石門澗時，剛下過雨，溪水猛漲，水深淹到馬腹。走五里，在章家樓留宿。這裡已是雁蕩山的東外谷。章氏家族興盛之時，在這裡造了樓閣，作為遊山歇腳的地方，如今旅店稀少冷落，但仍保留著原來的名稱。

二十九日　西入山，望老僧巖❶而趨。二里，過其麓。又二里，北渡溪，上石梁洞❷。仍還至溪旁，西二里，逾謝公嶺❸。嶺以內是為東內谷。嶺下有溪自北來，夾溪皆重巖怪峰，突兀無寸土，雕鏤百態。渡溪，北折里許，入靈峰寺❹。

峰峰奇峭，離立滿前。寺後一峰獨聳，中裂一璺❺，上透其頂，是名靈峰洞❻。躡千級而上，石臺重整，洞中羅漢像俱更新。下飯寺中，同僧自照膽潭❼越溪左，觀風洞❽。洞口僅半規❾，風蓬蓬出射數步外。遂從溪左歷探崖間諸洞。還寺，雨大至，余乃赤足持傘溯溪北上。將抵真濟寺❿，山深霧黑，茫無所睹，乃還過溪東，入碧霄洞⓫，守愚上人精舍在焉。余覺其有異，令僮還招仲昭，亦踐流而至，恨相見之晚。薄暮，返宿靈峰。

【章　旨】本章記載了第二天的行跡。朝著老僧巖趕路，登上石梁洞，翻過謝公嶺，進入東內谷，來到靈峰寺，寺後靈峰洞面目一新。飯後前去觀看風洞。又冒雨北上，在碧霄洞會晤守愚上人。傍晚回靈峰過夜。

【注　釋】❶老僧巖　即石佛峰。在東外谷。因形似拱手接客的老和尚，又稱「接客僧」。從西側遠眺，又像一個合掌的老和尚，拜伏在一塊圓石前，也稱「老僧拜鐘」，為雁蕩勝景之一。❷石梁洞　雁蕩山有東、西、北三個石梁洞，這裡所說的是東石梁洞，在老僧巖西北。因洞口有懸石如梁而得名。因石梁形如跨虹，又名石虹洞。洞中有池，由於石梁擋住半個池面的光線，明亮部分形如半月，也稱半月池。❸謝公嶺　在東外谷和東內谷的分界處，因南朝宋永嘉太守謝靈運來此遊覽而得名。❹靈峰寺　靈峰，在東內谷，高二百七十餘公尺，與右邊的倚天峰相合如掌，稱合掌峰。夜間望之如男女兩人相依，又稱夫妻峰。峰下觀音洞，為雁蕩山第一大洞。山麓有靈峰寺，建於北宋天聖元年（一〇二三），為雁蕩十八古剎之一。靈峰周圍奇峰環繞，怪石林立，與靈巖、大龍湫合稱「雁蕩三絕」。❺璺　原指器皿的裂痕，這裡借喻山的豁口。❻靈峰洞　在靈峰下，高約百公尺，深廣各四十公尺，為雁蕩山第一大洞。傳說唐代高僧善孜曾在此獨居修行。洞內原塑三百羅漢，又名羅漢洞。後在洞中塑觀音像，改稱觀音洞。❼照膽潭　在東內谷靈峰東數里，有鳴玉溪和翠微亭澗，澗旁有初月洞，不遠處有照肝潭，水從岩中溢出，匯成深淵，清澈見底。❽風洞　在靈峰旁。兩山合抱，崖隙間有洞，口大如斗，風從中蓬蓬而出，附近草木全都臥倒。牧童小兒常聚在一起，將手伸向洞中，據說夏可取涼，冬可取暖。❾半規　半圓。規，圓形。❿真濟寺　在東外谷靈峰西北，建於宋祥符年間，清康熙年間重建。⓫碧霄洞　在東內谷。因洞口正對碧霄峰，故名。今稱將軍洞。傳說洞內曾建碧霄庵。洞口有水下滴，綴珠成簾，終年不斷。

【語譯】二十九日　往西進入山中，朝著老僧巖趕路。走了二里，經過巖腳。再走二里，往北渡過溪水，登上石梁洞。又回到溪旁，向西走二里，翻過謝公嶺。嶺以內便是東內谷。嶺下有溪水從北流來，兩旁都是重疊的山岩和奇特的峰巒，高聳突出，上面沒有一點泥土，就像經過雕刻一般，千姿百態。渡過溪流，轉而往北走一里左右，進入靈峰寺。這裡座座山峰，奇險陡峭，密密麻麻地在寺前排列。寺後有座獨立高聳的山峰，中間有道裂口，往上直到峰頂，名叫靈峰洞。踏著成千石級上去，只見石臺已重新修整，洞中的羅漢像也都面目一新。往下回寺中吃罷飯，便同和尚從照膽潭渡過溪流左邊，觀看風洞。洞口僅呈半圓形，風從中蓬蓬吹出，直到數步之外。於是從溪流左邊一一探尋崖中各個山洞。回到寺中，大雨來臨，我就赤腳撐傘沿著溪流往北上行。即將到達真濟寺時，深山中黑霧沉沉，茫茫然什麼也看不見，於是返身渡過溪流東邊，進入碧霄洞，守愚上人的精舍就在這裡。我覺得這人不同尋常，吩咐小僮回去將仲昭叫來，他也渡過水流來到，只恨相見太晚。傍晚，返回靈峰過夜。

三十日　冒雨循流，西折二里，一溪自西北來合，其勢愈大。渡溪而西，溯而西北行，三里，入淨名寺❶，雨益甚。雲霧中仰見兩崖重巖夾立，層疊而上，莫辨層次，衣履沾透。益深窮西谷，中有水簾谷❷、維摩石室❸、說法臺❹諸勝。二里，至響巖❺。巖右有二洞，飛瀑罩其外。余從榛莽中履險以登，其洞一名龍王，一名三臺。二洞之前，有巖突出，若露臺然，可棧而通也。出洞，返眺響巖之上，一石側耳附峰頭，為「聽詩叟❻」。又西二里，入靈巖❼。自靈峰西轉，皆崇巖連嶂，一開而為淨名，一壁直入，所稱一線天❽也；再開而為靈巖，疊嶂迴環，寺當其中。

【章　旨】本章記載了第三天的行跡。冒雨前往淨名寺，乘興向西谷深處走去，來到響巖，巖旁有龍王洞、三臺洞，巖上有石名「聽詩叟」。隨後往西進入靈巖，靈巖寺就在這裡。

【注　釋】❶淨名寺　在東內谷蓼花嶂下，為雁山十八古剎之一。始建於北宋。寺東有三折瀑，在下折瀑可仰望「葫蘆天」。❷水簾谷　又名水簾洞，在東內谷鐵城嶂下。洞內有甘乳泉，終年水聲潺潺，但從不外溢。右側有兀然斜立、形如樹椿的黑石，名「梅花樁」。❸維摩石室　在東內谷一線天西面。維摩即維摩詰，意譯為無垢稱。《維摩詰經》稱其為毗耶離城中的大乘居士，與釋迦牟尼同時，是佛典中現身說法、辯才無礙的代表人物。❹說法臺　在東內谷有說法巖，臺可能在巖上。❺響巖　在東內谷。一塊高聳的巨巖，因巖中多洞，以石擊之，發出奇特的聲響，故名。在東內谷臥龍溪南，隔溪與雲霞嶂對峙如門，故稱響巖門。附近有響巖潭，潭上有宴坐巖，巖上即雲霞嶂。❻聽詩叟　又名聽泉石，在東內谷響巖門東北，高一丈有餘，清癯特立，側首倚巖，彷彿老翁傾聽狀。❼靈巖　在靈巖寺背後，高廣數百丈，壁立千霄，形如屏風，五色相間，燦若雲霞。❽一線天　在東內谷。從珠簾谷（又名水簾谷）進入深處，山若覆鉢，天空僅露幾寸寬的縫隙，名初月谷，又稱一線天。另外在西外谷石門玉兔峰後溪谷中，也有一線天，但非徐霞客所遊之處。

【語　譯】三十日　冒雨沿著溪流，轉而往西走二里，一條溪水從西北流來匯合，水勢就更大了。渡過溪流向西，沿著水流往西北上行三里，進入淨名寺，雨越下越大。雲霧之中，抬頭仰望兩旁山崖，重重岩石相夾而立，層層疊疊向上，分不清層次，而衣服、鞋子都濕透了。我顧不上這些，再往西谷深處走去，裡面有水簾谷、維摩石室、說法臺等名勝。走了二里，來到響巖，巖的右邊有兩個洞，外面罩著飛流的瀑布。我從蕪雜的草木叢中，踏著艱險的山路向上攀登，這兩個洞，一個叫龍王，一個叫三臺。在兩個洞的前面，有塊突出的岩石，樣子就像露臺，可架起棧橋相通。從洞中走出，回頭眺望響巖之上，有塊岩石就像人那樣，側耳向著峰頭，這就是「聽詩叟」。再向西走二里，進入靈巖。從靈峰往西轉，都是高峻的山岩、連綿的峰嶂，一處山勢開豁的地方為淨名，有一道裂口直往上伸，這就是所謂的一線天；又一處開豁的地方為靈巖，山峰重疊環抱，寺院就在其中。

五月朔❶　仲昭與余同登天聰洞❷。洞中東望圓洞二，北望長洞一，皆透漏通明，第峭石直下，隔不可履。余乃復下至寺❸中，負梯破莽，率僮踰別塢，直抵圓洞之下，梯而登；不及，則斫木橫嵌夾石間，踐木以升；復不及，則以繩引梯懸石隙之樹，梯窮濟以木，木窮濟以梯，梯木俱窮，則引繩揉樹，遂入圓洞中，呼仲昭相望而語。復如法躡長洞而下，已日中矣。西抵小龍湫❹之下，欲尋劍泉❺，不可得。踞石磧❻而坐，仰視迴嶂逼天，峭峰倒插，飛流掛其中，真若九天曳帛者。西過小剪刀峰❼，又過鐵板嶂❽。嶂方展如屏，高插層巖之上，下開一隙如門，惟雲氣出沒，阻絕人跡。又過觀音巖❾，路漸西，巖漸拓，為犁尖，復與常雲❿並峙。常雲南下，跌而復起，為戴辰峰⓫。其跌處有坳，曰馬鞍嶺⓬，內谷之東西分者，以是嶺為界。從靈巖至馬鞍嶺，凡四里，而崇巒屼嵲⓭，應接不暇。

踰嶺，日色漸薄崦嵫⑭。二里，西過大龍湫⑮溪口。又二里，西南入宿能仁寺⑯。

【章　旨】本章記載了第四天的行跡。登上天聰洞，來到東面的圓洞之下，用梯子和樹木相接，從懸崖上爬到洞內。中午到達小龍湫下，仰望群山高聳，飛流直下。又經過鐵板嶂，惟有雲氣出沒，人跡罕至。隨後經過觀音巖、戴辰峰、馬鞍嶺，傍晚過大龍湫溪口，去能仁寺投宿。

【注　釋】❶朔　農曆每月初一。❷天聰洞　在東內谷。又稱「天窗洞」或「天窗奇洞」。因洞東北有一個如耳朵形的大窗洞，由此得名。洞嵌在大、小展旗峰之間，下大上尖，十分險怪。洞雖深邃，但有天光射入，仍很明亮。❸寺　指靈巖寺，雁山十八古剎中第二大寺。在東內谷。初建於北宋，元時毀於兵火。明初重建，清雍正年間闢地擴修。四周群峰環抱，景色秀絕，有老僧拜塔、金烏玉兔諸景，被譽為雁蕩山風景區的中心。❹小龍湫　在東內谷靈巖寺後。瀑布高六十多公尺，緊貼巖溜傾瀉而下，水勢雄闊，聲響震天，下入深潭，飛花四濺，形成湍流，雨後氣勢更為雄壯。明人作詩讚道：「時翻水沫天花落，乍捲晴氛谷雨飛。」湫，瀑布直下的深潭。❺劍泉　即劍鋒泉。在東內谷，小龍湫下稍西處。泉水從石縫中湧出，直上二、三尺，形如立劍。從遠望去，光明瑩潔。❻磧　沙石積成的淺灘。❼小剪刀峰　在西外谷天柱峰西，臥龍溪北，峰形如剪。❽鐵板嶂　又名鐵城嶂。在東內谷靈巖寺西淨名坑。坑兩側懸崖壁立，高聳入雲，廣約二百公尺。西為游絲嶂，東為鐵城嶂，兩嶂對峙，天空僅露二三十公尺。雁蕩十四嶂，以此最為巍峨奇詭。於谷口仰望，天空如蛾眉初月，名初月天。❾觀音巖　又名觀音髻。在東內谷。馬鞍嶺左肩，與常雲峰連接，遠望如觀音大士，飄浮在雲霧之中。❿常雲　在西內谷，觀音峰西，大龍湫東。因有雲天襯映，故顯得極陡峻。⓫戴辰峰　在西內谷，燕尾泉南。因與能仁寺遙遙相對，又名對仁峰。⓬馬鞍嶺　綿亙在靈巖風景區和大龍湫風景區之間，為雁蕩山東西谷的分界。以一部分嶺成凹形，頗似馬鞍，故名。從嶺上四顧，景色美不勝收。在這篇遊記中，徐霞客以馬鞍嶺為界，將雁山景區分為東、西兩谷，又分別以謝公嶺、東嶺為界，將東谷、西谷各分為內、外兩谷。⓭屼嵲　山勢高峻。⓮崦嵫　山名，據《山海經》說，下面有虞泉，為日落之處。⓯大龍湫　在西內谷馬鞍嶺西八里。源頭處名龍井，又稱上龍潭。水從連雲嶂凌空而下，落差約一百九十公尺。白練飛瀉，十分壯觀。並隨季節、風力、晴雨的變化而呈現不同的景觀。清代詩人袁枚讚道：「龍湫山高勢絕天，一線瀑走兜羅棉。五丈以上尚是水，十丈以下全是煙。況復百丈至千丈，水雲煙霧難分焉。」蔡元培譽之為天下瀑布之冠。瀑布旁有不少摩崖石刻。⓰能仁寺在西內谷丹芳嶺下，錦溪岸邊。規模為雁蕩十八古剎之首。宋咸平二年（九九九）始建，原名常雲院，後改名承天寺，又改為能仁寺，俗稱大鑊寺。大鑊即今保存在寺西大鑊亭中一口大鍋，內壁鑄有文字，據說重二萬七千斤，鑄於宋元祐七年（一〇九二），堪稱稀世遺物。

【語譯】五月初一　仲昭和我一起登天聰洞。從洞中向東望有兩個圓洞，向北望有一個長洞，都透天通光，只是石壁陡峭直下，彼此相隔，無法過去。我於是再往下回到寺中，背著梯子，劈開林莽，帶著小僮越過另一個山塢，直達圓洞之下，豎起梯子向上攀登；梯子搆不到，就砍了樹木橫嵌在石縫之中，踏著樹木往上爬；還是搆不到，就用繩子拴著梯子掛在石縫中的樹上，爬完梯子就用樹木相接，樹木到了頭又以梯相接，梯子、樹木全用完了，便用繩子套在樹上往上爬，就這樣進入圓洞之中，呼喊仲昭相互望著交談。再用同樣的辦法，踩著石洞下去，這時已是中午了。往西到達小龍湫下面，想尋找劍泉，沒找到。蹲坐在淺水灘的石塊上，仰望群山環繞，高聳雲天，陡峭的山峰如同從天倒插下來，其間泉流飛掛，真像從九霄中垂下的絲綢。向西過了小剪刀峰，又經過鐵板嶂。山嶂像屏風那樣展開，高插在層層岩石之上，下面開著一個空隙，如同門戶，只有雲氣出沒其中，人跡實在難以到達。又過了觀音巖，路漸漸向西，山巖漸漸開敞，這就是犁尖，同常雲峰並肩峙立。從常雲峰往南走下去，山勢下跌後又重新突起，便是戴辰峰。下跌處有個山坳，叫馬鞍嶺。內谷劃分成東西兩處，就以這嶺為界。從靈巖到馬鞍嶺，共四里，峰巒高峻，應接不暇。翻過山嶺，太陽漸漸西下，走了二里，往西經過大龍湫溪口。再走二里，往西南進入能仁寺過夜。

初二日　從寺後塢覓方竹，無佳者。上有曇花庵，頗幽寂。出寺右，觀燕尾泉❶，即溪流自龍湫來者，分二股落石間，故名。仍北溯流二里，西入龍湫溪口。更西二里，由連雲嶂❷入，大剪刀峰❸矗然立澗中。兩崖石壁迴合，大龍湫之水從天下墜。坐看不足亭❹，前對龍湫，後揖剪刀，身在四山中也。出連雲嶂，逾華嚴嶺❺，共二里，入羅漢寺❻。寺久廢，臥雲師近新之。臥雲年八十餘，其相與飛來石❼羅漢相似，開山巨手也。余邀師窮頂，師許同上常雲，而雁湖❽反在其西，由石門寺❾為便。時已下午，以常雲期之後日。遂與其徒西逾東嶺，至西外谷，共四里，過石門寺廢址。隨溪西下一里，有溪自西來合，即凌雲❿、寶冠⓫諸水也，二水合而南入海。乃更溯西來之溪，宿於凌雲寺⓬。寺在含珠峰⓭下，孤峰插天，忽裂而為二，自頂至踵，僅離咫尺，中含一圓石如珠，尤奇絕。循溪北入石夾，即梅雨潭⓮也。飛瀑自絕壁下激，甚雄壯，不似空濛雨色而已。

【章　旨】本章記載了第五天的行跡。登上曇花庵，觀看寺旁的燕尾泉。又從連雲嶂進出，觀賞剪刀峰高聳澗中，龍湫水飛流直下。再去羅漢寺，和臥雲法師約好後天攀登常雲峰。隨後來到西外谷，經過已毀圮的石門寺，去含珠峰下的凌雲寺過夜，山峰崩裂為二，中間含著一塊如珠的圓石，十分奇特。沿著溪水北去是梅雨潭，飛瀑噴流，氣勢雄壯。

【注　釋】❶燕尾泉　又名燕尾瀑、飛泉。在西內谷。飛泉山兩崖壁立，如同門戶，水從西北錦溪而來，流出崖門，遇石分流，狀若燕尾，故稱燕尾泉。泉下有霞映潭（又名西龍潭），潭中有巨石，夕霞倒映，千姿萬態。❷連雲嶂　又名連雲峰，在西內谷常雲峰西。峰頂可見犀牛望月峰。❸大剪刀峰　在西內谷常雲峰和大龍湫西南。從各處看，形狀各不相同，或如剪刀，或如船帆，或如柱子，或如鰲頭，故有大剪刀、一帆、小天柱、鰲頭等眾多名稱。移步換形，變幻多態，清人認為雁蕩山百餘座奇峰，以此為首。❹不足亭　又名看不足亭。在大龍湫下，內觀龍湫水，外顧玉柱山，景色絕勝。❺華巖嶺　在羅漢寺後，度嶺可入龍湫。❻羅漢寺　在西內谷，相傳有飛來石羅漢，故名。建於宋咸平年間，初名芙蓉庵，後改今名。❼飛來石　在羅漢寺山門外岩壁中。相傳有僧自漳州航海至此，飛上岩壁，化為石，離地數十丈，故又稱石羅漢。❽雁湖　在西外谷的雁湖岡頂，海拔九百九十公尺。過去此湖「方可十里，水常不涸」，湖中蘆荻叢蔽，秋雁歸時，多棲宿於此，由此得名。歷時千年，今已淤塞。在崗頂眺望東海，水天一色，浩渺無際，是觀賞日出和雲海的佳處。雁湖岡終年雲霧繚繞，所產茶列為上品。❾石門寺　又名石門庵。在西外谷天冠峰下，寺前兩岩插天，故名。建於宋咸平年間，今廢。❿凌雲　峰名，又名朝陽峰，在西外谷。高大色紫，當陽而立，俯臨凌雲寺。⓫寶冠　峰名，俗稱紗帽巖。在西外谷天柱巖西北。山背有方石，長四十餘丈，高二十餘丈，兩頭隆起，遠望如卓筆，近視如寶冠，故名。⓬凌雲寺　又名靈雲寺，在靈雲峰下，建於宋太平興國年間，今廢。⓭含珠峰　在西外谷，梅雨巖西南。兩石併峙，拔地數千尺，狀如蟹螯，中間嵌著一塊大如斗的圓石，故名。⓮梅雨潭　在西外谷，凌雲峰北二里處。上有瀑布，從危崖峭壁頂上懸掛直下。出瀑口不遠遇一橫突岩石，水激飛濺，化作毛毛細雨，類似五月間的梅雨，故名梅雨瀑，潭也因名梅雨潭。

【語譯】初二　到寺後山塢中尋找方竹，沒有好的。上面有曇花庵，頗為幽深靜寂。從寺院右邊走出，觀看燕尾泉，就是從龍湫來的那條溪流，到這裡分成兩股往下落到石中，由此得名。繼續向北沿著溪流上行二里，往西進入龍湫溪口。再向西二里，從連雲嶂進去，大剪刀峰矗立在澗水之中。兩旁山崖石壁回環相合，大龍湫的水從天而降。坐著觀望不足亭，前面正對龍湫水，後面朝著剪刀峰，人就置身在四山環抱之中。走出連雲嶂，翻過華巖嶺，共走了二里，進入羅漢寺。寺早已毀圮，臥雲法師最近重新修建。臥雲已八十多歲了，相貌與飛來石羅漢相似，堪稱是一個開山巨手。我邀請法師攀登山頂，法師答應一起去常雲峰，而雁湖反而在它的西面，從石門寺上去比較方便。這時已是下午，約定後天去常雲峰。於是和他的徒弟往西翻過東嶺，到達西外谷，共走了四里，經過石門寺已廢圮的舊址。隨著溪流向西走了一里，有條溪水從西面流來匯合，就是從凌雲峰、寶冠峰流下的澗水，兩水匯合後向南流入大海。於是再沿著從西而來的溪水上行，在凌雲寺寄宿。寺在含珠峰下，唯此一峰直插雲天，忽然又崩裂為二，從峰頂直到山腳，裂縫只有尺把寬，中間含著一塊珠子般的圓石，尤其奇妙絕倫。沿著溪水向北進入石峽，便是梅雨潭，瀑布飛湍，從陡峭的石壁沖激直下，氣勢十分雄壯，並不像濛濛細雨那樣迷迷茫茫。

初三日　仍東行三里，溯溪北入石門❶，停擔於黃氏墓堂。歷級北上雁湖頂，道不甚峻。直上二里，向山漸伏，海嶼❷來前；愈上，海輒逼足下。又上四里，遂逾山脊。山自東北最高處迤邐西來，播為四支，皆易石而土，四支之脊，隱隱隆起。其夾處匯而成窪者三，每窪中復有脊，南北橫貫，中分為兩，總計之，不止六窪矣。窪❸中積水成蕪，青青彌望❹，所稱雁湖也。而水之分墮於南者，或自石門，或出凌雲之梅雨，或為寶冠之飛瀑；其北墮者，則宕陰諸水也，皆與大龍湫風馬牛❺無及云。既逾岡，南望大海，北瞰南閣❻之溪，皆遠近無蔽，惟東峰尚高出雲表。余欲從西北別下寶冠，重巖積莽，莫可寄足。復尋舊路下石門，西過凌雲，從含珠峰外二里，依澗訪寶冠寺❼。寺在西谷絕塢中，已久廢，其最深處，石崖迴合，磴道俱絕。一洞高懸崖足，斜石倚門。門分為二，軒豁透爽，飛泉中灑，內多芭蕉，頗似閩之美人蕉❽，外則新篁❾高下，漸已成林。至洞，聞瀑聲如雷，而崖石迴掩，杳不可得見。乃下山涉溪，迴望洞之右脅，崖卷成罅，瀑從罅中直墜，下搗於圓坳，復躍出坳成溪去，其高亞龍湫，較似壯勝，故非宕山第二流也。東出故道，宿羅漢寺。

【章　旨】本章記載了第六天的行跡。進入石門後，登上雁湖頂，大海似乎就在腳下。從東北最高處延伸的山脈，分為四支，形成不止六個山窪，窪中積水，便是雁湖。回到石門，經過凌雲峰，尋訪寶冠寺。山谷深處有洞，洞旁有瀑布，比大龍湫更加雄奇。晚上在羅漢寺留宿。

【注　釋】❶石門　山名，在西外谷梅雨巖東三里。兩旁峭壁對峙如門。沿小路北上，有天冠峰，風從石縫中穿過，發出金革之聲，夜深靜寂之時，格外厲害。❷嶼　海中小島，上有山。❸窪　凹陷的地方。❹彌望　充滿視野；滿眼。❺風馬牛　《左傳》載：魯僖公四年，齊伐楚，楚君派使者到軍中對齊桓公說：「君處北海，寡人處南海，唯是風馬牛不相及也。」謂齊、楚兩國相去甚遠，即使馬牛因風（雌雄相引誘）走失，也不致越入對方國界。後因以喻互不相干。❻南閤　谷名，在雁蕩山北支。東至馬嶼，西至會仙峰，南至石柱，北至北屏山。❼寶冠寺　在西外谷，寶冠峰北，西石梁外，建於宋延平年間，今廢。❽美人蕉　一種多年生草本植物，四季開花，花色鮮紅。❾新篁　這裡作新竹解。篁，竹筍上一層層的皮。

【語　譯】初三　繼續往東走三里，沿著溪流向北上行進入石門，將行李停放在黃氏墓堂。踏著石級往北登上雁湖頂，路不太陡峻。一股勁往上走了二里，剛才經過的山巒漸漸低伏，海島出現在眼前；愈往上，就愈覺得大海逼近腳下。再往上走四里，便越過山脊。山從東北最高處曲折連綿向西延伸過來，分為四支，石山都成了土山，四條支脈的山脊，隱隱約約地高起。在它們的夾攏處形成三個山窪，每個山窪中也有山脊，南北橫貫，從中分成兩半，總計不止六個山窪。窪中積水，草木叢生，滿眼青綠，這就是所說的雁湖。而水往南分流而下的，有的來自石門山，有的來自凌雲峰下的梅雨潭，有的為寶冠峰飛流的瀑布；而往北流下的，則是雁蕩山北的各條溪水，都與大龍湫不相干。翻過山岡，向南眺望大海，向北俯視南閤的溪流，遠遠近近，都毫無遮蔽，只有東峰還高出雲天之外。我想從西北另找一條路走下寶冠峰，只是山岩重重，草木深深，找不到落腳的地方。只得再從原路往下到石門，向西經過凌雲峰，然後從含珠峰外二里處，沿著澗水尋訪寶冠寺。寺在西谷山塢深處，早已毀圮，在山谷的最深處，石壁迴環相合，連石級都沒有。有個洞高掛在山崖腳下，一塊大石斜靠著洞門。門一分為二，寬敞涼爽，飛泉噴灑，裡面有很多芭蕉，很像福建的美人蕉，洞外新竹參差，已漸漸成林。到了洞前，只聽到瀑布聲如雷鳴，但被崖石環繞遮蓋，似乎在深遠的地方，一點也看不到。於是下山渡過溪流，回頭眺望洞的左脅，崖石捲曲成縫隙，瀑布從縫隙中筆直落下，沖擊下面圓形的坳地，又躍出坳地，匯成溪流而去，它的高度，僅次於龍湫，但比龍湫似乎更加雄壯奇特，因此不能看作是雁蕩山的第二水流。向東從原路走出，在羅漢寺過夜。

初四日　早望常雲峰白雲濛翳，然不為阻，促臥雲同上。東逾華巖二里，由連雲嶂之左、道松洞❶之右，躋級西上，共三里，俯瞰剪刀峰已在屐底。一里，山迴溪出，龍湫上流也。渡溪，過白雲、雲外二廬，又北入雲靜庵❷。庵廬與登山徑，修整俱異昔時❸。臥雲令其徒採筍炊飯。既飯，諸峰雲氣倏盡。仲昭留坐庵中，余同臥雲直躋東峰。又二里，漸聞水聲，則大龍湫從卷崖中瀉下，水出絕頂之南、常雲之北，夾塢中即其源也。溯水而上二里，水聲漸微。又二里，逾山脊。此脊北倚絕頂，南出分為兩支：東支為觀音巖，西支為常雲峰，此其過脈處❹也。正脊之東為吳家坑。其峰之迴列者，近為鐵板嶂，再繞為靈巖，又再繞為淨名，又再繞為靈峰，外為謝公嶺而盡。脊之西，其坑即龍湫背。其峰之迴列者，近為龍湫之對崖，再繞為芙蓉峰❺，又再繞為凌雲，又再繞為寶冠，上為李家山而止。此雁山之南面諸峰也。而觀音、常雲二峰，正當其中，已伏杖履下，惟北峰若負扆❻然，猶屏立於後。北上二里，一脊平峙，狹如垣牆，兩端昂起，北頹然直下，即為南閤溪❼橫流界，不若南面之環互矣。余從東巔躋西頂，倏躑躅聲大起，則駭鹿數十頭也。其北一峰，中剖若斧劈，中則石筍參差，亂崖森立，深杳無底。鹿皆奔墮其中，想有隕塹者。諸僧至，復以石片擲之，聲如裂帛，半晌始沉，鹿益啼號不止。從此再西，則石脊中斷，峰亦漸下，西北眺雁湖，愈遠愈下。余二十年前❽探雁湖，東覓高峰，為斷崖所阻，懸綆而下，即此處也。昔歷其西，今東出其上，無有遺憾矣。返下雲靜庵，循溪至大龍湫上，下瞰湫底龍潭，圓轉夾崖間，水從卷壁墜潭，躍而下噴，光怪不可迫視。遂逾溪西上，南出龍湫之對崖，歷兩峰而南，其嶺即石門東，羅漢之西，南出為芙蓉峰，又南下為東嶺❾者也。芙蓉峰圓亙特立，在羅漢寺西南隅。既至其下，始得路，東達於寺，日已西，仲昭亦先至矣。

【章旨】本章記載了第七天的行跡。越過華巖嶺，來到龍湫上游，又去雲靜庵。飯後和臥雲直攀東峰，看到大龍湫的源頭。隨後翻過一道山脊，山脊北靠頂峰，向南分為東西兩支。北面有石脊，是南閤溪的分界。登上西面的頂峰，看到一座中間被劈開的山峰，一些受驚的鹿，在奔走時墜落深溝之中。接著去大龍湫的上方，俯視潭水，光怪陸離。再到龍湫對面的山崖，向南從芙蓉峰下繞出，到達羅漢寺，天已傍晚。

【注 釋】❶道松洞 在西內谷。傳說為僧人道松所開，高大深廣，大龍湫附近各洞，以此洞景色尤佳。❷雲靜庵 白雲庵，在西內谷，和下面的雲靜庵俱為大龍湫附近的道觀。❸昔時 指萬曆四十一年（一六一三）第一次遊雁蕩山。❹過脈處 山脈轉向之處。❺芙蓉峰 又名瓊臺峰。在西內谷芙蓉嶺上。山石參差不齊，璀璨生色，看上去如朵新荷，故名。❻負扆 古代帝王朝諸侯，背扆南面而立，稱負扆。扆，戶牖間畫有斧紋的屏風。❼南閣溪 在南閣與北閣之間，兩閣以溪分南北。❽二十年前 從徐霞客第一次遊雁蕩山，至此正好二十年。❾東嶺 即桐嶺，又名芙蓉嶺。在雁蕩山西南，西接石門山，過嶺即為西內谷。

【語 譯】初四 清早遠望常雲峰，白雲迷茫，看不分明。但我不受影響，催促臥雲一起攀登。向東越過華嚴嶺二里，從連雲嶂的左邊、道松洞的右邊，踏著石級向西攀登，共走了三里，俯視剪刀峰已在腳下。又走了一里，山峰環繞，溪流出現，這就是龍湫的上游。渡過溪流，經過白雲、雲外兩座茅廬，再向北進入雲靜庵。庵堂連同登山的路，經過修整，和上次遊覽時都大不相同。臥雲叫他的徒弟採筍煮飯。飯後，圍繞群峰的雲氣忽然全都消散。仲昭留在庵中，我和臥雲直上東峰。又走了二里，漸漸聽到水聲，這是大龍湫從捲曲的山崖中往下傾瀉時發出的聲響，水從頂峰的南面、常雲峰的北面流出，中間所夾的山塢就是它的源頭。沿著水流上行二里，水聲漸漸微弱。又走了二里，越過山脊。這山脊北靠頂峰，向南分成兩支：東支為觀音巖，西支為常雲峰，這裡便是山脈轉向的地方。山脊正東是吳家坑。在四周環繞羅列的山峰，近處是鐵板嶂，再繞過去是靈巖，又再繞過去是淨名，接著再繞過去是靈峰，直到外面的謝公嶺為止。在石脊的西面，有個坑就是龍湫背。在四周環繞羅列的山峰，近處是龍湫對面的山崖，再繞過去是芙蓉峰，又再繞過去是凌雲峰，接著再繞過去是寶冠峰，直到上面的李家山為止。這些都是雁蕩山南面的山峰。而觀音、常雲兩座山峰，正處在當中，這時已伏在我的腳下，只有北峰南面而立，就像屏風那樣聳立在後面。向北登上二里，前面峙立著一道平坦的石脊，狹窄如同城牆，兩頭高高挺起，北邊就像倒坍似的筆直而下，這就是南閣溪橫流的分界，不像南面的山峰那樣環繞交錯。我從東面的山巔登上西面的頂峰，忽然響起一陣徘徊不定的腳蹄聲，原來是幾十頭鹿受到驚嚇。北面有座山峰，中間像被斧頭劈成似的，裡面石筍參差錯落，雜亂的崖石密密麻麻地直立著，望下去深不見底。鹿都狂奔著掉在裡面，想來一定有墜落到溝中的。和尚們到了後，又將石塊扔下去，發出撕破綢布那樣的聲音，好一會才慢慢消失，而鹿更是鳴叫個不停。從這裡再向西，山脊中斷，山峰也漸漸低了下去，往西北眺望雁湖，越遠的地方就越低下。我二十年前曾探訪雁湖，向東尋找高峰，被斷裂的山崖所阻擋，掛著繩索下去，就在這個地方。先前遊覽了它的西面，如今從東面登上峰頂，再沒有什麼可遺憾的了。往下回到雲靜庵，沿著溪流到大龍湫上方，俯視湫底的龍潭，圓轉地夾在山崖中間，水從捲起的石壁上直落潭中，又跳起來往下噴灑，光怪陸離，不能近看。於是越過溪水往西上去，向南來到龍湫對面的山崖，經過兩座山峰往南，這山嶺就在石門山東面、羅漢石西面，往南到達芙蓉峰，再往南走下去是東嶺。芙蓉峰環轉相連，卓然挺立在羅漢寺的西南角。已到峰下，方才找到路，向東到達寺院，這時太陽已經下山，仲昭也已先到了。

初五日　別臥雲，出羅漢寺，循溪一里，至龍湫溪口。凡四里，逾馬鞍而下。北望觀音峰下，有石壘若門，層列非一。仲昭已前向靈巖。余挾一僮北抵峰下，循樵路西轉二里，直抵觀音、常雲之麓，始知二峰上雖遙峙，其下石壁連亙成城。又循崖東躋里許，出石壘之上，叢木密蔭，不能下窺。崖端盤石如擎蓋，上平如砥，其下四面皆空，坐其上久之。復下循石壘而入，層崖懸裂，皆可捫而通也。

壘外一峰特起，薄霽❶片雲，圓頂拱袖，高若老僧巖，儼若小兒拱立。出路隅，居多吳氏，有吳應岳者留余餐。余挾之溯溪入，即絕頂所望吳家坑溪也，在鐵板、觀音之間。欲上溪左黃崖層洞，崖在鐵板嶂之西，洞在崖之左，若上下二層者。抵其下，不得上，出其上，洞又在懸崖間，無可下也。乃循崖東行，又得一石壘，望其上，層疊可入，計非搆木懸梯不能登。從此下一小峰，曰鶯嘴巖❷，與吳別。東過鐵板嶂下，見其中石壘更大，下若有洞流而成溪者。亟溯流入，抵洞下，亂石窒塞，而崖左有路直上。鑿坎懸崖間，垂藤可攀，遂奮勇上。衣礙則解衣，杖礙則棄杖，凡直上一崖，復橫歷一崖，如是者再，又棧木為橋者再，遂入石壘中。石對峙如門，中寬廣，得累級以升。又入石門兩重，仰睇其上，石壁環立，青天一圍❸，中懸如井；壁窮，透入洞中。洞底日光透處，有木梯，猱❹升其上，若樓閣然。從閣左轉，復得平墟，後即鐵板嶂高列，東西危崖環繞，南面石壘下伏，軒敞迴合，真仙靈所宅矣！內有茅屋一楹❺，虛無人居。隙地上多茶樹，故坎❻石置梯往來其間耳。下至溪旁，有居民。遂越小剪刀峰而東，二里，入靈巖，與仲昭會。

【章　旨】本章記載了第八天的行跡。離開羅漢寺，到達龍湫溪口，從小路直達觀音、常雲兩峰的山腳。又從石縫中進去，外面有座山峰，活像小兒拱手站立。想登上黃崖、層洞，只是無路可通。於是經過鶯嘴巖，再從一個山洞下面奮勇攀登，進入一道更大的石縫，裡面石壁環繞，上面有一塊平地，後面便是高聳的鐵板嶂，四周寬敞，真是神仙居住的地方。隨後越過小剪刀峰，進入靈巖寺。

【注　釋】❶薄齊　迫近、併列。❷鶯嘴巖　即鷹嘴峰，又名佛手峰，在東內谷玉屏峰下。外形略如鷹嘴，故名。❸圍　計度圓周的量詞，有的說五寸為一圍，有的說兩手合抱為一圍。❹猱　猿類，動作輕捷，善攀援。❺楹　量詞。房屋一間為楹，或說一列為一楹。❻坎　坑。這裡作動詞，即鑿洞。

【語　譯】初五　告別臥雲，離開羅漢寺，沿著溪水走了一里，到龍湫溪口。共走了四里，翻過馬鞍嶺往下。向北眺望觀音峰下，有塊大石的裂縫如同門戶，層層排列，形狀不一。這時仲昭已去靈巖了。我帶著一個小僮向北走到峰下，沿著砍柴走的小路轉向西走二里，直達觀音峰、常雲峰的山腳，這才知道這兩座山峰上面雖遙遙相對，下面的石壁卻橫亙連成城牆。又沿著山崖的東側攀登一里左右，從石縫的上面走出，由於叢林密集地遮蔽，不能往下探看。崖頂的圓石如同舉起的大傘，上面像磨刀石那樣平滑，底下四面都是空的，在上面坐了好久。再下來沿著石縫進去，層層山崖都有縫隙，可摸索著通過。石縫外挺起一座山峰，直逼片片白雲，圓圓的峰頂就像合攏的兩袖，高和老僧巖相仿，活像一個小孩拱手站立在那裡。從路邊走出，當地居民大多姓吳，有個叫吳應岳的人留我吃飯。我帶著他沿著溪流上行，就是在頂峰所看到的吳家坑溪，位於鐵板嶂和觀音峰之間。我想登上溪流左邊的黃崖和層洞，黃崖在鐵板嶂的西面，層洞在山崖的左邊，就像上下兩層。到了崖下，卻無法上去，走到它的上面，洞又在懸崖中間，沒法下去。只得順著山崖向東走，又發現一道石縫，看它的上面，層層疊疊可以進去，估計不架上木條、豎起梯子無法攀登。從這裡下去到一個小峰，稱作鶯嘴巖，在這裡和吳應岳告別。往東從鐵板嶂下經過，看到裡面的石縫更大，下面好像有洞水匯成的溪流。急忙沿著溪流上行進去，到達洞的下方，到處被亂石堵塞，但崖壁的左邊卻有一條路可以直往上攀登。

懸崖上有鑿好的小坑，又有垂下的藤條可拉，於是鼓起勇氣向上攀登。衣服妨礙就脫掉衣服，手杖妨礙就拋棄手杖，大致豎直登上一道崖壁，就得橫向經過一道崖壁，這樣攀登了幾次，又用樹木架了幾回棧橋，這才進入石縫之中。石壁相對屹立，如同門戶，裡面十分寬廣，可踏著石級攀登。又經過兩道石門，抬頭斜看上面，石壁環立，只露出一圈青天，就像在正中倒懸的一口井，走完石壁，穿入洞中。洞底日光透照之處，架著木梯，我像猿猴那樣爬到上面，就像在樓閣一般。從閣向左轉，看到一處平坦的山地，後面便是高高排列的鐵板嶂，東西兩側懸崖環繞，南面石縫低下，四周寬敞明亮，環繞合抱，真是神仙所住的地方！裡面有一排茅屋，空著沒人居住，空地上大多種著茶樹，所以在崖上鑿了小坑，放著梯子，以便上下來往。往下走到溪旁，才有居民。於是翻過小剪刀峰向東，走了二里，進入靈巖寺，與仲昭會合。

初六日　挾靈巖僧為屏霞嶂❶之遊。由龍鼻洞❷右攀石罅上，半里，得一洞，甚奇。又上半里，崖穹路絕，有梯倚崖端，蓋燒炭者所遺。緣梯出其上，三巨石橫疊兩崖間，內覆石成室，跨其外者為仙橋❸。其室空明幽敞，蔽於重巖之側，雖無鐵板嶂、石門之奇瑰攢合，而幽邃自成一天。復透洞左上，攀藤歷棧，遂出屏霞嶂之中層，蓋龍鼻頂也。崖端亦寬塏❹可廬，後嶂猶上倚霄漢，嶂右有巖外覆，飛泉落其前。由右復攀躋崖石，幾造嶂頂，為削石所阻。其側石隙一縷，草木緣附，可以著足，遂隨之下。崖間多修藤垂蔓，各採而攜之。當石削不受樹，樹盡不受履處，輒垂藤下。如是西越石岡者五重，降升不止數里，始下臨絕澗，即小龍湫上游也。其澗發源雁頂之東南，右即鐵板，左即屏霞，二嶂中墜為絕壑，重崖虧蔽，上下無徑，非懸綆不能飛度也。入澗，踐石隨流，東行里許，大石橫踞澗中，水不能越，穴石下搗，兩旁峭壁亘斗立，行者路絕。乃縛木為梯升崖端，復絕❺入前澗下流，則橫石之下，穹然中空，可樹十丈旗。水從石後建瓴下注，匯潭漾碧，倏然❻沁人。左右兩崖，俱有洞高峙。由此而前，即龍湫下墜處也。余兩次索劍泉，寺僧輒云在龍湫上，人力鮮達，今仍杳然，知淪沒已久。欲從此橫下兩峰，遂可由仙橋達石室，乃斫木縛梯，盤絕巘❼者數四，俯視獨秀❽、雙鸞❾諸峰，近在屐底。既逼仙橋，隔崖中斷，日已西，疲甚，乃返覓前轍，復經屏霞側石室返寺，攜囊過淨名，投宿靈峰。

【章　旨】本章記載了第九天的行跡。從龍鼻洞右側向上攀登，到山崖深處，看到由三塊巨石覆蓋而成的石室，外面為仙橋，環境幽靜深遠。從屏霞嶂的中層龍鼻頂走出，繼續攀登，幾乎到達嶂頂。然後順著石縫下去，拉著垂掛的藤條，到達小龍湫的上游。走入深澗前面，有塊巨石橫在水中，將路堵塞，只得用梯子從石旁爬過去。尋找劍泉，卻始終不見蹤影。繼續向前，在逼近仙橋時，道路中斷。因已近傍晚，只得返回靈巖寺，再去靈峰寺投宿。

【注　釋】❶屏霞嶂　在靈巖寺背後，高廣數百丈，壁立干霄，形如屏風，五色相間，燦若雲霞，故名。又名靈巖。❷龍鼻洞　靈巖寺後插龍峰下，有龍鼻洞，洞形似蚌殼。洞頂有一條龍鱗狀石紋，狀如長龍，蜿蜒直下。巖上有兩洞眼，不斷有水下滴，稱龍鼻水。❸仙橋　在東內谷蓮花洞西南小澗上有仙人橋，兩頭都接平巖，略無痕跡。❹塏　地勢高而乾燥。❺縋　用繩子拴住人或東西從上往下送。❻翛然　無拘無束，自由自在的樣子。❼巘　山峰；山頂。❽獨秀　峰名，在東內谷，卓筆峰旁，有一峰瘦削無依，宛然清風可掬，故名。❾雙鸞　峰名，在東內谷。因二峰併立，各有一塊怪石，左右相向，形如鸞鳳，由此得名。

【語　譯】初六　帶著靈巖寺的僧人遊覽屏霞嶂。從龍鼻洞右側的石縫向上攀登，走了半里，看到一個山洞，十分奇特。再往上走半里，到山崖深處，路也走到盡頭，有架梯子靠著崖頂，大概是燒炭人留下的。從梯子爬到上面，只見三塊巨石橫疊在兩座山崖之間，裡面覆蓋成石室，跨在它外面的是仙橋。石室空曠明亮，幽雅寬敞，隱蔽在重重山巖之旁，雖然不像鐵板嶂、石門山那樣聚集著許多奇異瑰麗的景物，但幽靜深遠，自成一個天地。再穿過石洞朝左邊上去，拉著藤條，踏著棧道，從屏霞嶂的中部走出，這裡便是龍鼻頂。山崖頂端也寬敞乾燥，可蓋屋居住，後面的山嶂乃高聳雲天，山嶂右邊有岩石覆蓋在外面，飛泉就灑落在它的前面。從右側的崖石再向上攀登，幾乎就要到達嶂頂，被陡削的石壁擋住了去路。旁邊有一線石縫，草木都依附在上面，可以落腳，便順著石縫下去。山崖中有許多長長的樹藤、垂下的蔓草，各自採了一些帶上。每當到了崖石陡削樹都不長，以及樹木消失無處踏腳的地方，就拉著垂掛的藤條下去。就這樣往西翻過五重山岡，上上下下不止好幾里路，方才往下走到深澗之中，即小龍湫的上游。這澗水的源頭在雁蕩山頂峰的東南，右邊是鐵板嶂，左邊是屏霞嶂，兩嶂中間，往下是一個深壑，重重疊疊的山崖遮擋掩蔽，上下沒一條路可走，不用懸掛的繩索絕不可能飛渡過去。走進深澗，踏著碎石，隨著溪流，向東走了一里左右，一塊大石橫在澗中，水不能從上面越過，便向石塊下部的空洞中沖去，兩旁的峭壁都陡直聳立，行人無路可走。於是將樹木捆綁起來作為梯子爬到山崖頂端，再拉著繩索自上而下進入前面的澗水下游，則見那橫石的下部，中間空空的呈現拱形，可樹起十丈高的大旗。溪水從大石的後面由高處往下傾瀉，匯成碧波蕩漾的清潭，翛然自得，沁人心脾。左右兩邊的山崖，都有洞穴在高處對峙。從這裡再往前，便是龍湫落下的地方。我兩次尋找劍泉，寺裡的和尚總說在龍湫上面，靠人力到達的可能很少，如今依然杳無影蹤，知道已經淪沒很久了。心想從這裡橫向走下兩座山峰，便可從仙橋到達石室，於是砍了樹木，捆綁成梯子，繞過四座懸崖，往下俯視獨秀、雙鸞等山峰，都近在腳下。在靠近仙橋時，連接對面山崖的路忽然中斷，這時太陽已經西下，人也疲勞不堪，只得轉身尋找先前走過的路，再經過屏霞嶂旁的石室返回靈巖寺，帶著行李經過淨名寺，到靈峰寺投宿。

初七日　溯寺前溪，觀南碧霄岡❶，軒爽無他奇。又三里，西轉，望真濟寺，在溪北塢中。是溪西由斷崖破峽而來，峽南峰為「五馬朝天」，崢嶸尤甚；兩旁逼仄❷石蹊，內無居民，棘茅塞路。行里許，甚艱，不可窮歷。北過真濟寺，寺僻居北谷，遊屐不到。寺右溯小溪三里，登馬家山嶺，路甚峻。登巔，望雁頂，稜簇如蓮花狀，北瞰南閤，已在屐底。飛舄❸而下，四里餘，得新庵，弛❹擔於中，溯南閤溪，探宕陰諸勝。南閤溪發源雁山西北之箬袅嶺，去此三十餘里，與永嘉❺分界。由嶺而南，可通芙蓉，入樂清；由嶺而西，走楓林，則入甌郡❻道也。溪南即雁山之陰，山勢崇拓，竹木蓊茸❼，不露南面巉嵲❽態。溪北大山，自箬袅迤邐而來，皆層崖怪峰，變換闔闢❾，與雲霧爭幻，至閤而止。又一山北之溪，自北閤❿來會，俱東下石門潭⓫。門內平疇千畝，居人皆以石門為戶牖，此閤所由名，而南北則分以溪也。南閤有章恭毅宅⓬，西入有石佛洞⓭、散水巖⓮、洞仙巖⓯諸勝。北閤有白巖寺⓰舊址，更西有王子晉仙橋⓱為尤奇。余冒雨窮南閤，先經恭毅宅，聚族甚盛。溯溪五里，過犁頭庵，南即石佛洞，以路蕪不能入。西十里，至莊塢，夾溪居民皆葉姓。散水巖在北塢中，石崖橫亙，飛瀑懸流，巖左登嶺有小庵。時暮雨，土人留宿莊塢，具言⑱洞仙院之勝。

【章　旨】本章記載了第十天的行跡。沿著寺前的溪水上行，只見峽谷南面的「五馬朝天」峰格外高峻。向北經過真濟寺，又登上馬家山嶺，遙望雁頂，俯視南閤。南閤溪的南面即雁蕩山的北面，山勢和雁蕩山南面大不相同。南閤有章恭毅宅、洞仙巖等勝跡，北閤西面的王子晉仙橋尤其奇異。晚上在莊塢留宿。

【注　釋】❶南碧霄岡　在東內谷，與碧霄峰隔溪相峙，下有洞。❷逼仄　地方狹窄。❸舄　鞋。❹弛　鬆開，引申為放下。❺永嘉　明溫州府治所，今屬浙江。❻甌郡　溫州的別稱。❼蓊茸　草木繁茂。❽巀嶭　山勢高峻。❾闔闢　闔，關閉。闢，開啟。❿北閤　谷名，在南閤溪北，西北自甸嶺，東南至北閤村。⓫石門潭　在東外谷大荊鎮西南。潭大數十畝，夾潭兩崖削壁，屹立如門，故名。水從門中流出。山洪下注，潭水浩渺，氣勢壯闊。風和日麗時，潭水清澈，深碧涵天。雁蕩山北諸溪，都匯入此潭。⓬章恭毅宅　在東外谷南閤。章恭毅，章綸，樂清人。明憲宗時，上書言修德弭災十四事，譏切時事，忤旨下獄，拷掠無完膚。英宗詔釋之。卒諡恭毅。⓭石佛洞　在南閤山西面。峽中大石累累，高達百餘丈，橫貫溪上。石下有洞，幽深空寂，石髓下滴，凝為三座石像，由此得名。⓮散水巖　在東外谷，仙巖峰（又作石室洞天）西二里。四山迴抱，飛瀑懸流，境最幽勝。⓯洞仙巖　疑即仙遊洞，在南閤杳屏峰東，西向，深廣可居人，相傳古有仙人遊此，故名。⓰白巖寺　又名白巖院，在北閤，建於唐元和年間。⓱王子晉仙橋　在北閤仙亭山脊。相傳仙人王子晉（周靈王太子）曾跨鶴吹簫於此，故名。其地山崖中斷，如雙扉對峙。橋長二百多公尺。橋下流雲如水，山風過時，回蕩呼嘯，人在橋上，如遊天半，不敢久立。離橋不遠處有北石梁洞，雁蕩山東、西、北三石梁洞，風景幽奇，以此洞為最。⓲具言　陳述完備，即講得很詳細。

【語　譯】初七　沿著寺前的溪流上行，觀看南碧霄岡，除了高敞舒爽，沒什麼可稱奇的地方。又走了三里，向西轉去，遠眺真濟寺，座落在溪北的山塢之中。這條溪水，從西面的斷崖穿過峽谷流來，峽谷南面的山峰叫「五馬朝天」，格外高峻奇特；兩旁都是狹窄的石路，裡面沒人居住，荊棘茅草，堵塞了道路。走了一里左右，感到十分艱難，沒法一直走下去。向北經過真濟寺，寺院座落在幽僻的北谷之中，遊人不會到這裡。沿著寺院右邊的小溪上行三里，登上馬家山嶺，道路十分險峻。登上山頂，遙望雁蕩山的頂峰，山石稜角分明，聚在一起，模樣就像蓮花，向北俯視南閤，已在腳下。飛步而下，走了四里多路，到一座新庵，將行李寄放在裡面，然後沿著南閤溪上行，尋訪雁蕩山北的眾多名勝。南閤溪發源於雁蕩山西北的箬裊嶺，離這裡還有三十多里，與永嘉分界。從箬裊嶺向南，可通往芙蓉峰，進入樂清境內；從箬裊嶺向西，經過楓林，便是去溫州府的路。溪水的南面就是雁蕩山的北面，山勢高峻開闊，修竹茂林，鬱鬱蔥蔥，看不到山南諸峰峻拔陡峭的形態。溪北的大山，從箬裊嶺曲折連綿延伸過來，都是重疊的山崖、怪異的峰巒，時開時閉，變化無常，彷彿在同雲霧鬥幻爭奇，直到南閤為止。山北又有一條溪水，從北閤流來會合，都向東往下流到石門潭。門內有上千畝平坦的田地，居民都以石門作為門窗，閤因此而得名，而南北兩閤就以這條溪水為分界。南閤有章恭毅公原來的住宅，往西進去有石佛洞、散水巖、洞仙巖等名勝。北閤有白巖寺的舊址，再往西有王子晉仙橋，景物更加奇異。我冒著雨走遍南閤，先經過恭毅公的住宅，章氏家族都聚住在這裡，人丁興旺。沿著溪流上行五里，經過犁頭庵，南面就是石佛洞，因路上草木叢生，不能進去。往西走十里，到莊塢。溪水兩岸的居民都姓葉。散水巖在北面山塢中，石崖橫亙，飛瀑高掛，從巖的左邊登上山嶺，有個小庵。這時已是傍晚，雨紛紛下著，當地人留我在莊塢過夜，很詳盡地講述了洞仙院的勝景。

初八日　雨未止。西溯溪行三里，山澗愈幽。隨溪轉而北，又二里，隔溪小徑，破雲磴而入。東渡溪，從之，忽峰迴溪轉，深入谷中，則煙巒歷亂。峰從莊塢之後，連亙至此，又開一隙，現此瑰異。執土人問之，曰：「此小篆厝也，洞仙尚在其外大溪上流。」復出而渡溪，里許，有溪自東來入，即洞仙塢溪矣。渡大溪，溯小溪東上，其中峰巒茅舍，與前無異，洞仙即在其內崖，倚峰北向，層篁翳之。乃破莽躋石隙而入，初甚隘，最上漸寬。仍南出莊塢，東還犁頭庵，終不得石佛洞道。遂出過南閣，訪子晉仙橋，在北閣底尚二十里。念仲昭在新庵甚近，還晤庵中。日已晡，竟不及為北閣遊。東趨大荊而歸。

【章　旨】本章記載了三遊雁蕩山最後一天的行跡。冒雨在山澗行走，深入山谷之中，到小纂厝，眼前展現出瑰奇的景色。洞仙巖在裡面的山崖上，但始終找不到去石佛洞的路，於是前去尋訪王子晉仙橋。因為已近黃昏，來不及遊覽北閣，便朝著大荊驛踏上歸路。

【語　譯】初八　雨下個不停。向西沿著溪水上行三里，山中的澗谷越來越幽深。隨著溪流轉而向北，又走了二里，看到溪對岸有條小路，於是踏著高聳雲天的石級進去。向東渡過溪水，順著它走，忽然山峰迴旋，溪流繞轉，深入山谷之中，只見煙霧繚繞，峰巒雜亂。山峰從莊塢的後面，橫貫延伸到這裡，又露出一道缺口，展現出這樣瑰麗奇異的景色。拉著當地人打聽，回答道：「這是小纂厝，洞仙巖還在它外面的大溪上游。」再出來渡過溪水，走了一里左右，一條溪水從東面流來匯入，這就是來自洞仙塢的溪水。渡過大溪，沿著小溪向東上行，裡面峰巒茅屋，和前面看到的沒什麼不同，洞仙巖就在裡面的山崖上，靠著山峰，面北而立，被層層竹林遮蔽。於是撥開叢生的雜草，踏著石縫進去，起先十分狹窄，最上面漸漸寬敞。依然向南走出莊塢，再向東回到犁頭庵，但始終沒找到去石佛洞的路。於是經過南閣，尋訪王子晉仙橋，在北閣下面，還有二十里路，想起仲昭仍在新庵，離這裡很近，就回到庵中和他會面。這時已近黃昏，來不及去北閣遊覽了。當天向東朝著大荊驛踏上歸路。

【研 析】同遊天台山一樣，徐霞客重遊雁蕩山，也從以「披奇抉奧」的遊賞為先，轉為以「尋源探脈」的考察為主。這篇遊記對山勢水系的重視，表現得尤其突出。雁蕩山分東、西谷（又各分內、外兩谷），徐霞客第一次遊雁蕩山，對此似乎並不在意，但在這篇遊記中，對這四谷的地理位置，便作了明確的區分。在同臥雲攀登東峰時，他又摸清了雁山南面群峰的位置。他不僅去了人跡罕至的真濟寺，還不顧路險，繼續向前，考察了南閤溪的源頭，以及溪水南北山勢的不同。雁蕩山嶂谷密布的特殊地貌，形成瀑布滿山、溪流縱橫的景狀。徐霞客重遊雁山，已不再滿足於觀賞瀑布靜若珠簾垂空，動如玉龍飛舞的美景，在登上東峰之後，進一步發現著名瀑布大龍湫的源頭，就在頂峰之南、常雲峰之北的山塢之中。另外還考察了小龍湫的上游，指出人們常說的在它上面的劍泉，實際上早已湮沒。

徐霞客三遊雁蕩，是為了登上雁頂，找到雁湖。他從小好讀奇書，博覽古今各種史籍及輿地志、山海圖經。元、明兩朝都曾動用政府的力量，修《一統志》。徐霞客第一次遊雁山，就因為誤信了《大明一統志》的記載，以為找到大龍湫的源頭，也就找到了雁湖，結果雖備嘗艱辛，卻一無所獲。這次他從石門攀登雁頂，看到山從東北最高處延伸過來，分為四支，形成不止六個山窪，窪中積水，草木叢生，這就是人們常掛在嘴上但又看不到的雁湖，已成一片沼澤，同時看到水往南、北分流而下，都和大龍湫風馬牛不相及。通過實地考察，糾正了《大明一統志》記載的錯誤。就憑著這種精神和勇氣，他基本摸清了雁蕩山的山勢和水系。

雁蕩山體主要由流紋岩構成，質地堅硬。徐霞客第一次遊雁山，在尋找雁湖的途中，已看到流紋岩山體經風化侵蝕後所形成的特徵：「石片稜稜怒起，每過一脊，即一峭峰，皆從刀劍隙中攀援而上。」這裡的巖洞和福建玉華洞這樣的石灰岩溶洞有所不同，大都地處險要，但洞中並無奇異的石筍、石鐘乳景觀。徐霞客這次遊雁蕩山，依然見洞必進，而且進必窮其幽奧。為此，他懸繩架梯、披荊斬棘、攀藤溯溪，以致衣礙解衣，杖礙棄杖，直到最後一天，還穿雲涉水，尋訪石佛洞。如果僅僅是出於「觀賞」，絕不會、也不必如此。

對徐霞客來說，雁蕩山如同一個多年不見的老友。他重遊雁山，一面發掘記憶中的印象，和眼前的景物進行比較，一面又走訪新景，作進一步的了解。他不僅注意到靈峰洞、雲靜庵等處已和上次所見大不相同，更為發現許多上次未到的景觀欣喜不已。在第一次探尋雁湖時，他曾從西面登上一座峰頂，這次又從南面來到同一地方，感到已沒什麼可遺憾了。這種滿足，在他三遊雁蕩的過程中，時時流露出來。為了獲得更多、更大的滿足，他不辭艱險，再接再厲，「期於必造之域，必窮其奧而後止」。從而發現了一般遊人無法看到的勝景。普通遊客只知道靈峰、靈巖、大龍湫為「雁蕩三絕」。徐霞客第一次遊雁山，便已看到雁頂景色，更勝靈巖，這次重遊，又發現西谷絕塢中的瀑布不亞於龍湫。天人關係同人際關係一樣，也是在接觸中增進了解，在了解中培養感情的。唯其如此，徐霞客才能「登山則情滿於山，觀水則意溢於水」，他才能對山水懷有真感情，才能發現山水的真性情。

遊五臺山❶日記 山西太原府五臺縣❷

【題解】被稱為「華北屋脊」的五臺山，東倚太行，西臨滹沱，北凌紫塞，南護中原，中立五臺，秀出千峰，危崖崢嶸，山谷窈窕，「巋巍敦厚，他山莫比」。不過五臺山馳譽遐邇，主要還在它同佛教的關係。據明代高僧鎮澄編著的《清涼山志》，早在東漢明帝永平年間，印度高僧攝摩騰來華，便慧眼識五臺，認定這裡是「文殊化宇」，建造了僅遲於河南洛陽白馬寺的大孚靈鷲寺（即今顯通寺）。唐皇朝以起兵太原而得天下，將五臺山看作「龍興之地」，倍加尊崇，當時佛寺林立，僧侶雲集，盛況空前。清代康熙帝五上五臺，乾隆帝六朝文殊，五臺山聲名更加顯赫。千百年來，五臺山一直被看作是文殊的道場，並以其富麗獨特的文物景觀，位居四大佛山之首。萬曆四十一年，徐霞客在第一次遊訪天台、雁蕩之前，曾渡海去普陀山；萬曆四十六年，他在再遊黃山後，又去了九華山，但都沒留日記。崇禎六年（一六三三），他北上進京，隨後越過太行，登上五臺山。雖然他早已「志在蜀之峨眉」，但這一心願似乎最終未能實現。

癸酉❸七月二十八日　出都❹，為五臺遊。越八月初四日，抵阜平❺南關。山自唐縣❻來，至唐河❼始密，至黃葵❽漸開，勢不甚穹窿❾矣。從阜平西南過石梁，西北諸峰復嵱嵷❿起。循溪左北行八里，小溪自西來注。乃捨大溪，溯西溪北轉，山峽漸束。又七里，飯於太子鋪。北行十五里，溪聲忽至。迴顧右崖，石壁數十仞，中坳如削瓜直下。上亦有坳，乃瀑布所從溢者，今天旱無瀑，瀑痕猶在削坳

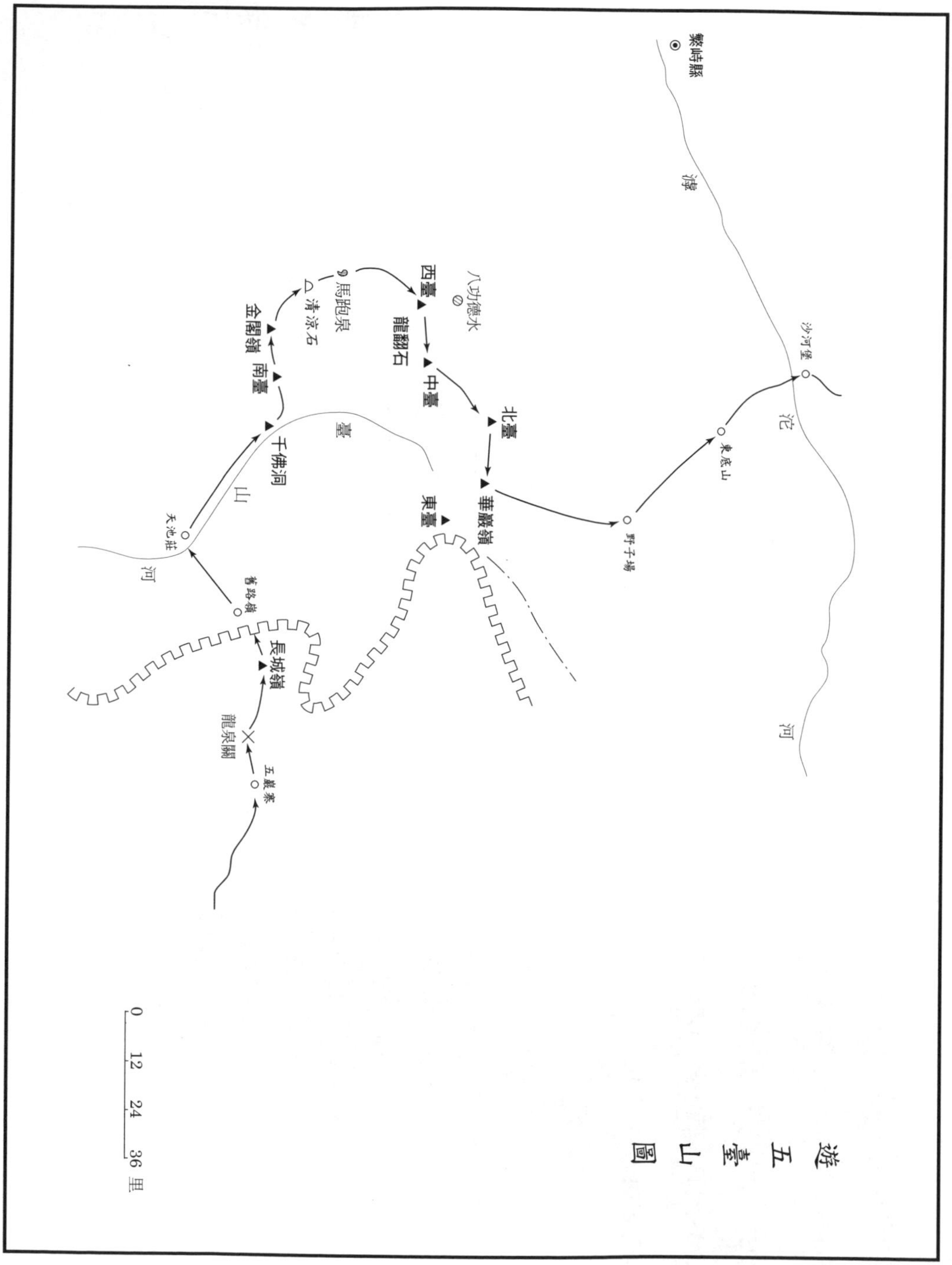
遊五臺山圖
繁峙縣
滹
沱
河
沙河堡
東底山
野子場
華嚴嶺
東臺
北臺
中臺
龍翻石
西臺
八功德水
馬跑泉
清涼石
金閣嶺
南臺
千佛洞
臺
山
河
天池莊
舊路嶺
長城嶺
龍泉關
五嶽寨
0 12 24 36 里

間。離澗二三尺，泉從坳間細孔泛濫出，下遂成流。再上，逾鞍子嶺⑪。嶺上四眺，北塢頗開，東北、西北，高峰對峙，俱如仙掌⑫插天，惟直北一隙少殺；復有遠山橫其外，即龍泉關⑬也，去此尚四十里。嶺下有水從西南來，初隨之北行，已而溪從東峽中去。復逾一小嶺，則大溪從西北來，其勢甚壯，亦從東南峽中去，當即與西南之溪合流出阜平北者。余初過阜平，捨大溪而西，以為西溪即龍泉之水也，不謂西溪乃出鞍子嶺坳壁，逾嶺而復與大溪之上流遇，大溪則出自龍泉者。溪有石梁曰萬年，過之，溯流望西北高峰而趨。十里，逼峰下，為小山所掩，反不睹嶙峋之勢。轉北行，向所望東北高峰，瞻之愈出，趨之愈近，峭削之姿，遙遙逐人。二十里之間，勞於應接。是峰名五巖寨⑭，又名吳王寨，有老僧廬其上。已而東北峰下，溪流溢出，與龍泉大溪會，土人搆石梁於上，非龍關道所經。從橋左北行，八里，時遇崩崖矗立溪上。又二里，重城當隘口，為龍泉關。

【章旨】本章記載了徐霞客遊五臺山第一天的行跡。從京城抵達阜平，再向前在太子鋪用餐。然後翻過鞍子嶺，一路溪水潺潺。隨著嶺下的溪流往北，遇到一條出自龍泉的大溪。過了溪水，朝五巖寨走去，沿途山奇水秀，應接不暇。最後來到正當險處的龍泉關。

【注釋】❶五臺山　在今山西五臺東北隅，為東北到西南走向的山脈，繞周五百里。因由五座山峰環抱而成，峰頂平坦寬闊如臺，故稱五臺。五峰之內稱臺內，五峰之外稱臺外。山中氣候寒冷，每年四月解凍，九月積雪，盛夏氣候涼爽，故又名清涼山。五臺山為佛教重地，被稱作文殊菩薩的道場，與四川峨眉山（普賢菩薩的道場）、浙江普陀山（觀世音菩薩的道場）、安徽九華山（地藏菩薩的道場）合稱中國佛教四大名山。❷太原府五臺縣　太原府，明代屬山西布政使司，治所在陽曲（今山西太原）。五臺縣，明代屬太原府代州，今屬山西。❸癸酉　指明思宗崇禎六年（一六三三）。❹都　指明代的京師，即今北京。❺阜平　明代為縣，屬直隸真定府，今屬河北。位於大沙河北岸。❻唐縣　明代屬直隸保定府，今屬河北。❼唐河　即滱水。源出山西渾源翠屏山，流經唐縣稱唐河，下游為大清河，匯入海河。❽黃葵　應作「王塊」，在阜平東面，唐河北岸，今已建成水庫。❾穹窿　指天空的形狀中間高四周下垂，也泛指高起成拱形的模樣。❿峪嵷　形容山峰眾多連綿起伏。⓫鞍子嶺　在阜平境內。既是山嶺名，又是村名。⓬仙掌　即仙人掌。漢武帝曾作承露盤，高二十丈，上面有仙人舒掌托盤，以接甘露。後人因以仙掌形容高聳的山峰。⓭龍泉關　在阜平城西，有上下二關，相距二十里。長城在關西二十里，有險要的隘口一百多處。⓮五巖寨　今名五崖寨，在龍泉關東北。

【語　譯】癸酉七月二十八日　離開京城，去五臺山旅遊。到八月初四，抵達阜平的南關。山巒從唐縣向外綿延，至唐河開始密集，到黃葵漸漸開闊，山勢不太高大。從阜平西南，經過石梁，只見西北群峰，又連綿起伏，向遠處伸展。沿著溪水向左走了八里，一條小溪從西流入。於是離開大溪，沿著西溪上行往北轉，山峽漸漸收束。又走了七里，在太子鋪用餐。往北走十五里，忽然傳來溪聲。回顧左面的山崖，石壁高達數十仞，中間有個山坳，就像削瓜那樣直往下去。上面也有塊坳地，瀑布就從這裡溢出，如今因天旱沒有瀑布，但瀑布沖刷的痕跡依然留在如同削成的山坳中。離開澗水僅二三尺，泉水從山坳的小孔中溢出，往下便成溪流。再往上，翻過鞍子嶺。站在嶺上四面眺望，北面的山塢十分開闊，而在東北、西北，高峻的山峰相對峙立，都像仙人掌那樣伸向天空，惟有正北留下一處空隙，山勢稍微平緩一些，但在它的外面又橫亙一道遠山，這就是龍泉關的所在地，離開這裡還有四十里路。嶺下有水從西南流來，起先隨著它往北走，過了一會溪水就從東邊的峽谷中流去。再翻過一座小嶺，只見大溪從西北流來，氣勢十分雄壯，也從東南的峽谷中流去，可能就是和西南來的溪水匯合後從阜平北面流出的那條溪流。我剛到阜平，離開大溪向西，以為西溪就是龍泉水，沒想到西溪竟出自鞍子嶺的坳壁之中，翻過山嶺又和大溪的上游相遇，大溪才是出自龍泉的流水。溪上有座名「萬年」的石橋，過了石橋，沿著溪流上行，朝西北的高峰趕路。走了十里，逼近峰下，因被小山遮掩，反而看不到突兀不平的山勢。轉向北，剛才所望見的東北高峰，越看越明顯，越走越近，陡削的形態，從遠處迎面而來。在二十里的路程中，應接不暇。這座山峰名五巖寨，又叫吳王寨，有個老和尚住在上面。隨後來到東北峰下，看到溪流湧出，和龍泉大溪匯合，當地人在上面架了石橋，不是去龍關所要經過的路。從橋的左邊向北，走了八里，路上常看到崩坍的崖石矗立溪上。又走了二里，一座高城正當險要的山口，這就是龍泉關。

初五日　進南關，出東關。北行十里，路漸上，山漸奇，泉聲漸微。既而石路陡絕，兩崖巍峰峭壁，合沓攢奇❶，山樹與石競麗錯綺，不復知升陟之煩也。如是五里，崖逼處復設石關二重。又直上五里，登長城嶺❷絕頂，迴望遠峰，極高者亦伏足下，兩旁近峰擁護，惟南來一線有山隙，徹目百里。嶺之上，巍樓雄峙，即龍泉上關也。關內古松一株，枝聳葉茂，干雲俊物。關之西，即為山西五臺縣界。下嶺甚平，不及所上十之一。十三里，為舊路嶺，已在平地。有溪自西南來，至此隨山向西北去，行亦從之。十里，五臺水❸自西北來會，合流注滹沱河❹。乃循西北溪數里，為天池莊。北向塢中二十里，過白頭庵村❺，去南臺❻止二十里，四顧山谷，猶不可得其彷彿。又西北二里，路左為白雲寺。由其前南折，攀躋四里，折上三里，至千佛洞❼，乃登臺間道。又折而西行，三里始至。

【章　旨】本章記載了第二天的行跡。離開龍泉關，向北在險峻綺麗的山路攀登，直上長城嶺頂端，龍泉上關就聳立在嶺上。下嶺路很平坦。經過天池莊、白頭庵村、白雲寺、千佛洞，踏上通往五臺山的小路。

【注　釋】❶合沓攢奇　沓為多而雜，攢為匯聚。❷長城嶺　在山西五臺和河北阜平兩地交界處。因長城從上面經過，故名。龍泉關在其東側，為山西東北的要衝。❸五臺水　今名清水河，源出五臺諸峰的南麓。❹滹沱河　源出山西繁峙東的泰戲山，周繞五臺山，然後穿過太行山，流入河北。❺白頭庵村　在清水河東岸。傳說明代有個人，天生一頭白髮，頗有神異，嘉靖年間曾在此立廟修行。❻南臺　五臺之一。臺頂形狀像一個倒置的盂具，周長一里。峰上煙光凝翠，花木密布，如鋪錦繡，故名錦繡峰。海拔二千四百八十五公尺，為五臺中最低的一臺。臺上有建於宋代的普濟寺。❼千佛洞　又作「千佛寺」，在南臺東北崖畔。相傳為明代一個名道方的人為許願而造。

【語　譯】初五　走進南關，走出東關。往北走十里，路漸漸向上，山漸漸奇特，泉聲漸漸微弱。隨即石路變得陡險起來，兩旁山崖的峻峰峭壁，雜亂多奇。山上綠樹白石，綺麗交錯，競獻秀色，人在裡面行走，一點也不感到登臨的勞苦。這樣走了五里，在山崖靠攏的地方，又設了兩道石關。再一直向上走五里，登上長城嶺的頂峰，向四面遙望遠處的山峰，即使最高的也已俯伏在腳下，兩旁有許多靠近的山峰簇擁護衛，惟有從南面綿延而來的山嶺，留下一處缺口，讓人能放眼看到百里之外的景觀。嶺上雄峙著一座高樓，這就是龍泉上關。關內有一株古松，枝高葉茂，真是直上雲霄的奇物。關的西面，便是山西五臺縣的地界。下山的路十分平坦，費力不到上山的十分之一。走了十三里，來到舊路嶺，已經踏上平地了。有條溪水從西南流來，到了這裡，順著山勢向西北流去，我也跟著向前。走了十里，看到五臺水從西北流來，與溪水匯合後流入滹沱河。於是沿著向西北流的溪水走了幾里，來到天池莊。接著朝北在山塢中走了二十里，經過白頭庵村，離開南臺僅二十里，但向四面眺望山谷，仍不能找到一個和南臺大致相仿的山峰。又向西北走了二里，路的左邊為白雲寺。從它的前面轉而向南，攀登四里路，再轉而向上走三里，到千佛洞，這是登五臺山的小路。又轉而向西，走了三里方才到達。

初六日　風怒起，滴水皆冰。風止日出，如火珠湧吐翠葉中。循山半西南行，四里，逾嶺，始望南臺在前。再上為燈寺❶，由此路漸峻。十里，登南臺絕頂，有文殊舍利塔❷。北面諸臺環列，惟東南、西南少有隙地。正南，古南臺❸在其下，遠則盂縣❹諸山屏峙，而東與龍泉崢嶸接勢。從臺右道而下，塗甚夷，可騎。循西嶺西北行十五里，為金閣嶺❺。又循山左西北下，五里，抵清涼石❻。寺宇❼幽麗，高下如圖畫。有石為芝形，縱橫各九步，上可立四百人，面平而下銳，屬於下石者無幾。從西北歷棧拾級而上，十二里，抵馬跑泉。泉在路隅山窩間，石隙僅容半蹄，水從中溢出，窩亦平敞可寺，而馬跑寺反在泉側一里外。又平下八里，宿於獅子窠❽。

【章　旨】本章記載了第三天的行跡。狂風過後，翻過山嶺，路過燈寺，登上南臺峰頂，上面有文殊舍利塔，古南臺就在它的下面。下山的路很平坦，經過金閣嶺，到清涼石，看到一塊上平下尖的奇石。接著去馬跑泉，然後在獅子窠留宿。

【注　釋】❶燈寺　應作「金燈寺」。在南臺東北麓，建於元代，明代僧人一庵重建。❷文殊舍利塔　這裡指埋葬文殊菩薩舍利的塔。文殊即文殊師利，菩薩名，佛教稱他為釋迦牟尼佛的左脅侍，專司「智慧」，常與司「理」的右脅侍普賢菩薩並稱，塑像多騎獅子。舍利為梵文的音譯，意為屍體或身骨。相傳釋迦牟尼遺體火化後結成珠狀物，後來也指德行較高的和尚死後燒剩的骨頭。❸古南臺　五臺的位置，在歷史上時有變化。這裡所說的古南臺，距今南臺二里。❹盂縣　明代屬太原府，今屬山西陽泉。❺金閣嶺　在南臺西北，位於從太原去五臺所必經的道路上，因嶺畔有金閣寺而得名。金閣寺為唐代宗李豫詔高僧建造，後來多次重修，以觀音閣為主體，閣內有高達十七公尺的觀音銅像。寺中塑像遍布，有近千尊之多。❻清涼石　在金閣寺西北，又稱文殊牀。傳說為文殊從龍宮借來的歇龍石，落到五臺後，改變了惡劣的氣候，成為宜人居住的清涼山。附近的山谷稱清涼谷，另有新舊兩個清涼寺。❼寺宇　指清涼寺。據山志記載，清涼寺建於北魏孝文帝時，歷代不廢修飾，唐、宋兩朝都在此設僧正司，管理山上眾多僧人。❽獅子窠　即文殊寺，俗稱獅子窠寺。在臺懷鎮西南二十里山腰，位於西臺東南。傳說有人曾看到無數獅子，在這裡遊戲。明萬曆年間，僧人智光、淨立等人在這裡造屋結社，建成一個十方廟。寺前有石獅一對，內有琉璃高塔。塔呈平面三角形，十三級，高三十五公尺，外表全用黃綠藍三彩琉璃裝飾，周身鑲嵌琉璃佛像約萬尊，故又名萬佛塔。

【語　譯】初六　狂風怒吼，滴水成冰。風停之後，太陽升了起來，就像火珠從翠綠的葉中湧吐而出。沿著半山腰向西南，走了四里，翻過一座山嶺，才看到南臺就在前面。再向上是燈寺，從這裡開始，路逐漸險峻起來。走了十里，登上南臺的峰頂，上面有文殊舍利塔。北面眾臺環列，只有東南、西南稍有空隙。向正南看，古南臺就在它的下面，遠處盂縣群山聳立，如同展開的屏風，和東面龍泉一帶的山峰相接。從南臺右邊的山路往下走，路很平坦，可以騎馬。沿著西面的山嶺往西北走十五里，便是金閣嶺，再沿著山的左側往西北走下，約五里路，到清涼石。寺廟幽靜莊麗，或高或低地座落在那裡，美若圖畫。有塊靈芝形的大石，長和寬各九步，上面可站立四百人，石面平整，下端尖銳，幾乎沒什麼東西和石下相連。從西北通過棧道踏著石級向上，走了十二里，到馬跑泉。泉在路邊的山窩中，石縫僅能放進半個馬蹄，水從裡面溢出，山窩平坦寬敞，可以建造寺院，但馬跑寺卻反而建在泉旁一里外的地方。又平步往下走了八里，在獅子窠留宿。

初七日　西北行十里，度化度橋❶。一峰從中臺❷下，兩旁流泉淙淙，幽靚❸迴絕。復度其右澗之橋，循山西向而上，路欹甚。又十里，登西臺❹之頂。日映諸峰，一一獻態呈奇。其西面，近則閉魔巖❺，遠則雁門關❻，歷歷可俯而挈也。閉魔巖在四十里外，山皆陡崖盤亙，層累而上，為此中奇處。入叩佛龕，即從臺北下，三里，為八功德水❼。寺北面，左為維摩閣❽，閣下二石聳起，閣架於上，閣柱長短，隨石參差，有竟不用柱者。其中為萬佛閣❾，佛俱金碧旃檀❿，羅列輝映，不啻萬尊。前有閣二重，俱三層，其周廬環閣亦三層，中架複道⓫，往來空中，當此萬山艱阻，非神力不能運此。從寺東北行，五里，至大道。又十里，至中臺，望東臺⓬、南臺，俱在五六十里外，而南臺外之龍泉，反若更近，惟西臺、北臺⓭相與連屬。時風清日麗，山開列如鬟眉。余先趨臺之南，登龍翻石⓮。其地亂石數萬，湧起峰頭，下臨絕塢，中懸獨聳，言是文殊放光攝影處⓯。從臺北直下者四里，陰崖懸冰數百丈，曰萬年冰⓰。其塢中亦有結廬者。初寒無幾，臺間冰雪，種種而是。聞雪下於七月二十七日，正余出都時也。行四里，北上澡浴池⓱。又北上十里，宿於北臺。北臺比諸臺較峻，余乘日色周眺寺外。及入寺，日落而風大作。

【章 旨】本章記載了第四天的行跡。通過一條極其幽靜的山路，登上西臺峰頂。臺西有閉魔巖，為一處奇景。下臺前往八功德水，附近有維摩閣、萬佛閣。又來到中臺，向四面眺望。隨後登上龍翻石，觀賞文殊放光攝影處和萬年冰。當晚在五臺中最險峻的北臺留宿。

【注 釋】❶化度橋　在西臺東側，為連接西臺和南臺的一個通道。❷中臺　五臺之一。臺頂平闊，周長五里。峰巒雄曠，翠靄浮空，故名翠巖峰。海拔二千八百九十四公尺。有建於唐代的演教寺和舍利鐵塔。❸靚　有美麗和安靜兩種意思，這裡可作幽雅解。❹西臺　五臺之一。臺頂平曠，周長二里。月亮照射峰頂，儼然像一面懸掛的鏡子，故名掛月峰。海拔二千七百七十三公尺。臺上有北魏孝文帝人馬跡和建於隋代的法雷寺。❺閉魔巖　即秘密巖。在臺懷鎮西南七十六里維屏山、繁峙巖頭村東北。為西路入臺的通道。因有龍洞，在夕陽反射時，能產生各種幻景，因而得名。這裡巖谷幽深，隱士眾多，唐代木叉和尚即在此修行，並建秘密寺（又名秘魔寺）。木叉祖師塔即在寺前。寺中有三聖庵，供奉釋迦、老子、孔子三像。❻雁門關　又名西陘關。在山西代縣城西北四十里雁門山腰。以兩山對峙，其形如門，大雁從中飛出，故名。與寧武關、偏關合稱三關。附近峰巒錯聳，峭壑幽深，異常險要，自古為軍事重地。❼八功德水　在西臺北麓。佛經稱極樂世界八功德池中的水，具有澄淨、清冷、甘美、輕軟、潤澤、安和、解除飢渴、養生等功德。五臺山的泉水借用其名。❽維摩閣　在西臺北側。維摩為維摩詰的簡稱，佛教菩薩名。❾萬佛閣　在西臺北麓。❿旃檀　即檀香，是種名貴的香木。⓫複道　樓閣間上下兩重架空的通道，俗稱「天橋」。這裡指架空連接山巖的通道。⓬東臺　五臺之一。峰頂形若鰲背，周長三里。據說在秋高氣爽之時，向東望去，又像明鏡又像水池的地方，就是大海，故名望海峰。海拔二千七百九十五公尺。可觀日出。臺頂有建於隋代的望海寺。⓭北臺　五臺中的最高峰，海拔三千零五十八公尺，為華北第一高峰。峰頂平坦寬廣，周長四里。從下面向上仰望，似乎峰頂已碰到了斗杓（即北斗柄。北斗七星，四星像斗，三星像杓，杓即柄），故名葉斗峰。臺頂有建於明代的靈應寺。⓮龍翻石　在中臺之南。遍地如斷碑殘碣，崎嶇不平。傳說青龍來取「歇龍石」時，為霧所迷，在五臺橫衝亂撞所留下的遺跡。實際上是一種凍緣地貌。⓯文殊放光攝影處　從臺頂俯視雲海，有時會出現人形黑影，四周圍繞著七彩光環，過去被說成是文殊菩薩顯影。實際上是日光將人影投射到雲海上形成的，和在峨眉山金頂所見的「佛光」，都是大氣中的光學現象。⓰萬年冰　在中臺頂東北的谷底，現在陰崖處仍能見到。⓱澡浴池　又名萬聖澡浴池。在中、北兩臺之間。據說這裡古代有泉水，澄潔可愛，遊人到此，在天光雲影之中，有時能看到天仙、僧人、蓮花、錫杖等形狀，有人認為這是菩薩洗手的地方。後來造了亭子加以保護，這些形像就不見了。

【語譯】初七 向西北走十里，通過化度橋。一座山峰從中臺綿延而下，兩旁泉水淙淙，環境幽靜，可謂絕無僅有。再通過右邊澗上的小橋，順著山勢向西往上走，山路十分崎嶇。又走了十里，登上西臺峰頂。陽光映照著群山，一一呈獻出奇姿異態。臺的西面，近處有閉魔巖，遠處是雁門關，歷歷在目，似乎可以俯下身子提取。閉魔巖在四十里外，山崖都陡峭盤亙，層疊而上，為這裡的奇景。進去在佛龕下叩拜，隨即從臺北下去，走了三里，看到八功德水。寺院的北面，左為維摩閣，閣下聳立著兩塊大石，閣就架在上面，柱子的長短，隨石塊的高低而定，參差不齊，有的地方竟不用柱子。中間是萬佛閣，佛像都用檀香木雕刻，金碧輝煌，到處陳列，不止一萬尊。前面有二重樓閣，都為三層，環繞在樓閣周圍的房屋也是三層，中間架著天橋，可以在空中往來，處在萬山環抱這樣的險惡之地，如果沒有神力，哪能辦到？從寺院的東北向前，走了五里，來到一條大路，再走十里，到達中臺，遙望東臺、南臺，都在五六十里之外，而南臺外的龍泉，倒像更近一些，只有西臺、北臺，和中臺相連。這時風清日麗，群山羅列，森然開張，如同鬚眉。我先趕到臺的南面，登上龍翻石。這裡有幾萬塊亂石，湧上峰頂，下臨深塢，中間有一座山峰獨自聳立，據說就是文殊放光攝影處。從臺的北面直往下走四里，看到山崖的北坡，懸掛著幾百丈長的堅冰，稱為萬年冰。在這山塢中，也有蓋屋居住的人。初寒還沒多久，臺間的冰雪，已到處都是。聽說下雪那天是七月二十七日，正是我離開京城的時候。走了四里，往北來到澡浴池。再往北向上走十里，在北臺留宿。北臺比其他臺更險峻，我趁還有日光，在寺外向四周眺望。等回到寺中，已夕陽西下，大風四起了。

初八日 老僧石堂送余，歷指諸山曰：「北臺之下東臺，西中臺，中南臺，北有塢曰臺灣❶，此諸臺環列之概也。其正東稍北，有浮青特銳者，恆山❷也。

正西稍南，有連嵐❸一抹者，雁門也。直南諸山，南臺之外，惟龍泉為獨雄。直北俯內外二邊❹，諸山如蓓蕾。惟茲山之北護，峭削層疊，嵯峨之勢，獨露一班。此北臺歷覽之概也。此去東臺四十里，華巖嶺❺在其中。若探北岳❻，不若竟由嶺北下，可省四十里登降。」余頷❼之。別而東，直下者八里，平下者十二里，抵華巖嶺。由北塢下十里，始夷。一澗自北，一澗自西，兩澗合而群峰湊，深壑中「一壺天」❽也。循澗東北行，二十里，曰野子場❾。南自白頭庵至此，數十里內生天花菜❿，出此則絕種矣。由此兩崖屏列鼎峙，雄峭萬狀，如是者十里。石崖懸絕中，層閣傑起，則懸空寺⓫也，石壁尤奇。此為北臺外護山，不從此出，幾不得臺山神理云。

【章　旨】本章記載了第五天的行跡。老和尚在送徐霞客時，指著眾山，介紹了在北臺所能看到的各臺大致情況，並建議他從嶺北下山去觀賞懸空寺，看到了五臺山的神奇景象。

【注　釋】❶臺灣　即今臺懷鎮，又名楊林。為五臺山的中心，距各臺都在三四十里之間。鎮上有許多大寺古剎，分青廟（和尚廟，因和尚法衣為青藍色）、黃廟（喇嘛廟，因喇嘛法衣為黃色）二類。每年農曆六月中舉行的五臺山騾馬大會，也以這裡為中心。❷恆山　又名常山，《水經注》稱玄嶽，也稱元嶽。西控雁門關，東跨冀北原野，南接五臺山，北臨大同盆地，連綿數十里。自漢以來，一直以河北曲陽西北的恆山為北嶽，明代改稱渾源恆山為北嶽，曲陽恆山改名大茂山。❸連嵐　這裡借以形容綿延的山嶺。嵐，原指山中的雲氣。❹內外二邊　即山西北部的內、外長城。在雁門關附近的叫內長城，在大同以北的叫外長城。❺華巖嶺　今名花巖嶺。在北臺、東臺之間，是五臺山北面門戶。❻北岳　即恆山。❼頷　點頭。表示同意。❽一壺天　因兩澗相合，群峰聚湊，人在山溝中行走，如同置身壺中，只能看到像壺口那麼大的一塊天。❾野子場　今作「野子廠」。據說古代曾在這裡開採礦石。❿天花菜　菌類，今名臺山香蘑，生在樹木之上，為宴席上的山珍佳品。⓫懸空寺　據下篇〈遊恆山日記〉，這寺的結構模仿恆山懸空寺，現已毀。

【語　譯】初八　一個名石堂的老和尚在送我時，一一指著眾山說道：「北臺的下面是東臺，西面是中臺，中間是南臺，北面有個山塢叫臺灣，這就是各臺環列的大致情況。在正東稍微偏北，有一處浮現青色又特別尖銳的，便是恆山。在正西稍微偏南，有一抹淡淡的山嵐，是雁門所在的地方。正南面的眾多山峰，除了南臺，就數龍泉這一帶最雄偉。從正北面可俯視內、外長城，眾山都像蓓蕾那樣可愛。惟有在這山北面護衛的群峰，陡峭重疊，獨特地顯示出一些高峻的氣勢。這是在北臺所能看到的大致情況。這裡離東臺四十里，華巖嶺處在中間。如果想探訪北嶽，不如直接從山嶺的北面下去，可省去上上下下的四十里山路。」我聽了點頭同意。告別石堂向東，筆直往下走了八里，又在平坦的路上往下走十二里，到達華巖嶺。從北邊山塢往下走十里，路才開始平坦。一條澗水從北流來，一條澗水從西流來，當兩條澗水匯合處，四周群山聚攏，便到了深壑中的「一壺天」。沿著澗水往東北，走了二十里，來到野子場。從南面的白頭庵到這裡，幾十里之內，都生長天花菜，離開這裡便不見了。從這裡開始，兩旁山崖像排列的屏障、峙立的巨鼎，雄奇峻峭，千態萬狀，就這樣綿延起伏，長達十里。在石崖懸空斷絕的地方，有座突起的樓閣，便是懸空寺，石壁尤其奇特。這是護圍在北臺外面的山，如果不從這裡走出，幾乎無法領會五臺山的神奇情景。

【研　析】五臺山既是華北雄峰，又為佛教名山，無論自然景觀還是人文景觀，都異彩紛呈，令人矚目。但上自帝王，下至村婦，幾乎都被寺廟建築遮蔽了視野，拜倒在佛像之前不能起步，將遊五臺與遊寺院等同起來。就連徐霞客的朋友、同樣好遊的王思任，所作〈遊五臺山記〉，也局限於幾座寺廟，大談佛教傳說，對五臺山的水文地貌幾乎隻字未及。徐霞客一生，與佛教徒交往甚多，在旅途中多次得到僧人的幫助，對得道高僧也十分欽敬。儘管如此，在他的心目中，自然遠比宗教深沉博大，寺廟不及山水瑰麗多姿，山不在寺，有景則靈。在這四天，他日行百里，登臨四臺（惟東臺因地處僻遠，沒有前往），但五臺山最著名的顯通寺等五大禪處，卻都沒去，即使沿途經過的一些寺院，似乎大多也過門而不入，至少在遊記中未作描寫，這和他對山水的關注，形成鮮明對照。文中稍作記載的只有清涼寺、萬佛閣等少數幾個地方。獅子窠是在徐霞客上五臺前不久新建的一個十方寺院，裡面有琉璃高塔，十分名貴。徐霞客在初六那晚，就住在獅子窠，但對寺內的殿宇和佛塔，均隻字未提，頗值得玩味。

當徐霞客離開京城，取道河北阜平，進入龍泉關，從東面登上太行山，只見「石路陡絕，兩崖巍峰峭壁，合沓攢奇」；而在登上長城嶺絕頂，過龍泉上關，進入山西地界後，情況便大不一樣：「下嶺甚平，不及所上十之一。」明白地道出了太行山的特點：東側為華北平原，因落差較大，山勢險峻，而西側為黃土高原，山勢平緩。

五臺山雖不像黃山那樣，以奇石著稱，但在中臺南面的「龍翻石」，「亂石數萬，湧起峰頭，下臨絕塢，中懸獨聳」，氣勢盛大，形狀奇特，堪稱山石之最，因這裡能看到佛光，被說成是文殊顯聖之處。這實際上是高山凍土地帶特有的地貌，稱凍緣地貌（又稱凍土地貌）。凍融作用對裸露的富有節理且硬度較大的塊狀基岩有很大的破壞作用。當石縫中的水凍結膨脹時，會產生很大的壓力，使石縫擴大，冰融化後，水往更深處滲透，再凍結時，進一步擴大石縫，年復一年，經過季節性的冰凍和融化的交替作用，基岩就崩解成巨石角礫堆，成為石海。還有一種說法，認為中臺岩石以古老的片麻岩為主，多呈平形排列，横蓋臺頂，由於長期的冰凍和融化作用，一些較小的顆粒與較濕潤的碎屑，通過自然分選，沿縫隙下沉，又因結冰之後，體積膨脹，而將較大的石塊擠立起來。經過這樣下沉—凍結—擠起的不斷反覆的過程，終於形成了像斷碑殘碣那樣布滿山岡的特殊地貌。此外，徐霞客還在清涼寺旁看到一塊顯然由風化作用造成的「面平而下銳」、「上可立四百人」的芝形石。這塊石過去被說成是文殊的說法處，稱作「文殊牀」，作為五臺山的鎮山之寶。

根據徐霞客的記載，當時五臺山的氣溫，比現在要明顯冷得多。農曆七月二十七日，山下剛擺脫炎熱的困擾，五臺山就已下起大雪。八月初，居然已「滴水成冰」。即使在一日之內，一山之間，也因地勢和時間的差異，氣溫明顯不同。如他登上中臺，眼前「風清日麗」，但「臺間冰雪，種種而是」。他還寫了在中臺北坡，高達數百丈、終古不化的「萬年冰」。這些記載，都已成了十分珍貴的氣象資料。

遊恆山❶日記 山西大同府渾源州❷

【題解】被譽為「人天北柱」、「塞外第一名山」的恆山，東跨幽燕，西銜雁門，南障三晉，北控朔方，內長城蜿蜒其上，主峰天峰嶺，高居五嶽之冠，地險山雄，自古為兵家必爭之地，無愧為控關帶水的絕塞名山。恆山又是最早見於史籍的名山之一，《尚書・禹貢》云：「太行恆山，至於碣石，入於海。」《周禮・職方》道：「北曰并州，其山鎮曰恆山。」《爾雅・釋山》已稱之為「北嶽」。崇禎六年（一六三三），徐霞客在遊覽五臺山後，「更赴恆山約」。可能因為急於赴漳州和黃道周會晤，僅停留二天，便匆匆返回。以後徐霞客連續二年居家不出，直至崇禎九年，才決計遠遊西南。徐霞客在外旅遊，可分為前後兩個階段。前階段遍訪東南和中原的名山勝景，後階段便是中南、西南之行。恆山是他在中原遊訪的最後一個勝地，這篇遊記，則是他在前期描繪的山水長卷中最後一幅圖景。

去北臺❸七十里，山始豁然，曰東底山❹。臺山北盡，即屬繁峙❺界矣。

初九❻日　出南山。大溪從山中俱來者，別而西去。余北馳平陸中，望外界之山，高不及臺山十之四，其長繚繞如垣，東帶平邢❼，西接雁門❽，橫而徑者十五里。北抵山麓，渡沙河❾，即為沙河堡，依山瞰流，磚甃❿高整。由堡西北七十里，出小石口，為大同西道；直北六十里，出北路口，為大同東道。余從堡後登山，東北數里，至峽口，有水自北而南，即下注沙河者也。循水入峽，與流

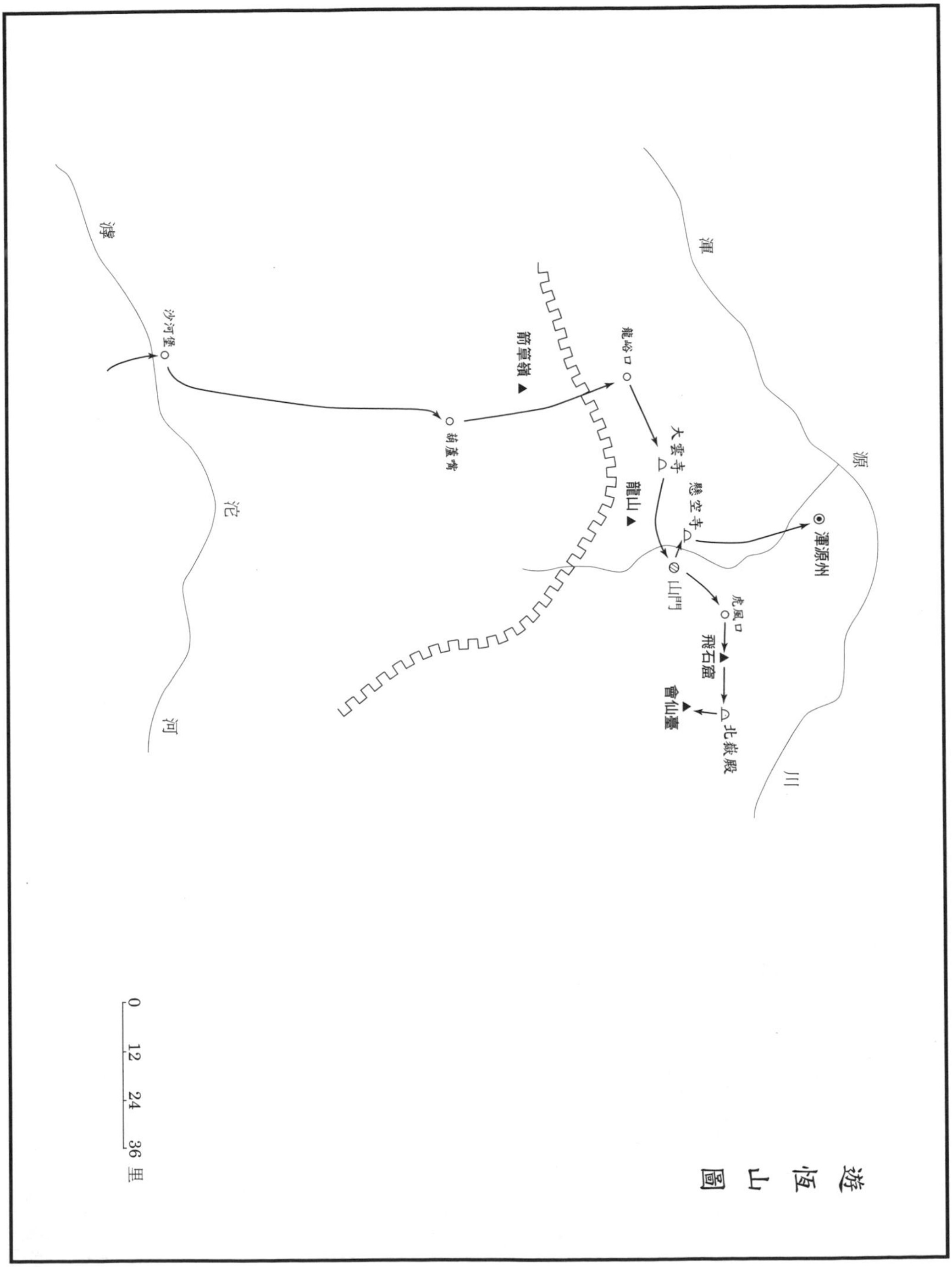
游恆山圖
渾
源
川
滹
沱
河
沙河堡
葫蘆嘴
箭筸嶺
龍峪口
大雲寺
龍山
懸空寺
渾源州
山門
虎風口
飛石窟
會仙臺
北嶽殿
0 12 24 36 里

屈曲，荒谷絕人。數里，義興寨；數里，朱家坊；又數里，至葫蘆嘴。舍澗登山，循嘴而上，地復成塢。溪流北行，為渾源界。又數里，為土嶺，去州尚六十里，西南去沙河共五十里矣。遂止居民同姓家。

【章　旨】本章記載了徐霞客遊恆山第一天的行跡。在平野上向北驅馳，外面山雖不高，但綿延不絕。從沙河堡後登山，順著澗水向前，經過義興寨、朱家坊、葫蘆嘴，來到土嶺，在一個老鄉家留宿。

【注　釋】❶恆山　又名常山，《水經注》稱玄嶽，也稱元嶽。西控雁門關，東跨冀北原野，南接五臺山，北臨大同盆地，連綿數十里。自漢以來，一直以河北曲陽西北的恆山為北嶽，明代改稱渾源恆山為北嶽，曲陽恆山改名大茂山。❷大同府渾源州　大同府，治所在今山西大同。渾源州，即今山西渾源。❸北臺　五臺中的最高峰，海拔三千零五十八公尺，為華北第一高峰。峰頂平坦寬廣，周長四里。從下面向上仰望，似乎峰頂已碰到了斗杓（即北斗柄。北斗七星，四星像斗，三星像杓，杓即柄），故名葉斗峰。臺頂有建於明代的靈應寺。❹東底山　今作「東山底」，是位於羊眼河東岸的一個村莊，正當山的開口處。❺繁峙　明代為大同府代州的屬縣，即今山西繁峙。❻初九　指明思宗崇禎六年（一六三三）八月初九日。❼平邢　即平型關。在山西繁峙、靈丘二地交界處，為古長城關隘。❽雁門　即雁門關，又名西陘關。在山西代縣城西北四十里雁門山腰。以兩山對峙，其形如門，大雁從中飛出，故名。與寧武關、偏關合稱三關。附近峰巒錯聳，峭壑幽深，異常險要，自古為軍事重地。❾沙河　今作「砂河」，源出繁峙，為滹沱河的上游。❿甃　原指用磚砌成的井壁，這裡泛指用磚砌成牆壁。

【語　譯】離開北臺七十里，山勢才豁然開朗，地名東底山。五臺山往北走到盡頭，就屬於繁峙地界了。

初九　走出南山。和我一起出山的大溪，轉而向西流去。我向北在平野上驅馳，抬眼望外界的山嶺，高都不到五臺山的十分之四，但像繚繞的城牆那麼漫長，東面和平型關相連，西面和雁門關相接，從中間橫穿過去也有十五里路。往北走到山腳下，渡過沙河，便是沙河堡，背山面水，磚牆高大整齊。從沙河堡往西北七十里，走出小石口，是從西面去大同的路；一直往北六十里，走出北路口，是從東面去大同的路。我從沙河堡後登山，往東北走了幾里，來到峽口，只見一條澗水從北向南，就是往下流入沙河的水。順著澗水走進峽谷，沿著水流曲折向前，荒谷中不見人影。走了幾里，到義興寨；又走了幾里，到朱家坊；再走幾里，到葫蘆嘴。離開澗水登上山嶺，順著「嘴」形的地勢向上，前面又成了山塢。溪水往北流，便是渾源地界。再走幾里，來到土嶺，這裡離州城還有六十里，西南離沙河共五十里。於是在一個姓同的老鄉家留宿。

初十日　循南來之澗，北去三里，有澗自西來合，共東北折而去。余溯西澗入，又一澗自北來，遂從其西登嶺，道甚峻。北向直上者六七里，西轉，又北躋而上者五六里，登峰兩重，造其巔，是名箭筸嶺。自沙河登山涉澗，盤旋山谷，所值皆土魁荒阜❶，不意至此而忽躋穹窿，然嶺南猶復阿蒙❷也。一逾嶺北，瞰東西峰連壁隤❸，翠蜚❹丹流。其盤空環映者，皆石也，而石又皆樹；石之色一也，而神理又各分妍；樹之色不一也，而錯綜又成合錦。石得樹而嵯峨傾嵌者，幙❺以藻繪而愈奇；樹得石而平鋪倒蟠者，緣以突兀而尤古。如此五十里，直下至阬❻底，則奔泉一壑，自南注北，遂與之俱出塢口，是名龍峪口，堡臨之。村居頗盛，皆植梅杏，成林蔽麓。既出谷，復得平陸。其北又有外界山環之，長亦自東而西，東去渾源州三十里，西去應州❼七十里。龍峪之臨外界，高卑遠近，一如東底山之視沙河、峽口諸山也。於是沿山東向，望峪之東，山愈嶙嶒斗峭，問知為龍山⑧。龍山之名，舊著於山西，而不知與恆岳比肩；至是既西涉其閫域⑨，又北覽其面目，從不意中得之，可當五臺⑩桑榆之收⑪矣。

東行十里，為龍山大雲寺，寺南面向山。又東十里，有大道往西北⑫，直抵恆山之麓，遂折而從之。去山麓尚十里，望其山兩峰亙峙，車騎接軫⑬，破壁而出，乃大同入倒馬⑭、紫荊⑮大道也。循之抵山下，兩崖壁立，一澗中流，透罅而入，逼仄如無所向，曲折上下，俱成窈窕⑯，伊闕雙峰⑰、武彝九曲⑱，俱不足以擬之也⑲。時清流未泛，行即溯澗。不知何年兩崖俱鑿石坎，大四、五尺，深及丈，上下排列，想水溢時，插木為閣道者，今廢已久，僅存二木懸架高處，猶棟梁之巨擘也⑳。三轉，峽愈隘，崖愈高。西崖之半，層樓高懸，曲榭斜倚，望之如蜃吐重臺㉑者，懸空寺㉒也。五臺北壑，亦有懸空寺，擬此未能具體。仰之神飛，鼓勇獨登。入則樓閣高下，檻路屈曲，崖既矗削，為天下巨觀。而寺之點綴，兼能盡勝，依巖結構，而不為巖石累者僅此。而僧寮㉓位置適序，凡客坐禪龕㉔，明窗暖榻，尋丈之間，肅然中雅。既下，又行峽中者三四轉，則洞門㉕豁然，巒壑掩映，若別有一天者。又一里，澗東有門榜三重，高列阜上。其下石級數百層承之，則北岳恆山廟㉖之山門也。去廟尚十里，左右皆土山層疊，岳頂杳不可見。止門側土人家，為明日登頂計。

【章　旨】本章記載了第二天的行跡。沿著澗水向前，登上箭筸嶺。只見樹石相連，彼此襯托，顯得更加奇特。走出龍峪口，方知已在無意中遊覽了龍山。隨後向恆山走去，途中經過擁擠的大道、幽麗的山澗、廢棄的閣道，來到如同海市蜃樓般的懸空寺。登上寺院，裡面窮工極巧、肅穆雅麗。離開懸空寺，走出峽口，到恆山廟的山門，於是留下過夜，為明天登山作準備。

【注　釋】❶土魁荒阜　魁，小山。阜，土丘。❷阿蒙　三國時吳國魯肅曾誇獎呂蒙說：「我過去只知道你老弟會打仗，想不到你現在學識淵博，已經不是當年吳下的阿蒙了。」這裡反用其意，以「阿蒙」借指嶺南依然只是一些小山土丘。❸隤　即「頹」。倒坍；崩塌。❹蜚　同「飛」。❺幙　同「幕」。這裡作覆蓋解。❻阬　同「坑」。指山中窪地。❼應州　明代屬大同府，即今山西應縣。❽龍山　又名封龍山，在渾源城西南四十里。金末，元好問、李治、張德輝曾在這裡短期居住，人稱「龍山三老」。❾閫域　領域；境內。❿五臺　五臺山，在今山西五臺東北隅，為東北到西南走向的山脈，繞周五百里。因由五座山峰環抱而成，峰頂平坦寬闊如臺，故稱五臺。五峰之內稱臺內，五峰之外稱臺外。山中氣候寒冷，每年四月解凍，九月積雪，盛夏氣候涼爽，故又名清涼山。五臺山為佛教重地，被稱作文殊菩薩的道場，與四川峨眉山（普賢菩薩的道場）、浙江普陀山（觀世音菩薩的道場）、安徽九華山（地藏菩薩的道場）合稱中國佛教四大名山。⓫桑榆之收　古人有「失之東隅，收之桑榆」的說法（東隅指太陽升起的東方；傍晚日影落在桑樹榆樹之上，故桑榆借指西方）。即在某個時候失去了一些東西，而在另一個時候得到了補償。⓬有大道往西北　西北，當作東北。⓭接軫　指車接著車，馬連著馬。軫，古代車後的橫木。⓮倒馬　關名，在今河北唐縣西北，唐河南岸。因「山路險峻，馬為之倒」，由此得名。明代與居庸關、紫荊關合稱內三關。⓯紫荊　關名，在今河北易縣西紫荊嶺上，拒馬河南岸。古稱蒲陰陘，因山上多紫荊樹，因此改名。⓰窈窕　形容景物深遠幽美。⓱伊闕雙峰　伊闕，山名。闕原指宮門前兩邊供瞭望的樓和城樓。因這裡兩面青山相對而峙，看上去如同樓闕，伊水從中間流過，故名。俗稱龍門山。⓲武彝九曲　武彝，即武夷山，傳說神人武夷君曾居此，故名。徐霞客所遊的是狹義武夷山，在福建崇安城南三十里，為海拔六百公尺左右的一片山地，方圓一百二十里，四面溪谷環繞，不與外山相連，有「奇秀甲於東南」之譽。⑲兩崖壁立八句　指金龍口峪谷。渾水從南向北，沿斷裂切割，將恆山劈成兩半，東為天峰嶺，西為翠屏峰，中間成為深峽，長約一千五百公尺，從北至南，分為金龍口、石門峪口、磁窰口三段。金龍峽口谷深山崇，石壁萬仞，青天一線，最窄處不足三丈，為通過恆山的孔道，自古為兵家必爭之地。東面峭壁上鐫刻著唐代詩人李白所書「壯觀」二字。⑳不知何年九句　金龍口上的石門峪口，地勢更為險要。在東岸懸崖的半山腰裡，古時築有棧道，名為「雲閣」。著名的懸空寺就建在西岸的懸崖之上。據說在北魏道武帝年間，曾在雲閣和懸空寺之間建造了一座架空懸橋，名「虹橋」。「雲閣虹橋」為當時恆山著名景觀。如今虹橋早已毀圮，雲閣唯有當初插橫梁的石孔遺跡仍在。巨擘，大拇指。借指與眾不同的人與物。㉑蜃吐重臺　即海市蜃樓。大氣中由於光線的折射，把遠處景物顯示到空中或地面上的奇異幻景。多在夏天出現在沿海一帶或沙漠地帶。古人誤以為是由蜃（大蛤蜊）吐氣而成，稱作「蜃樓」、「蜃景」。㉒懸空寺　始建於北魏後期（五世紀末、六世紀初），在恆山大峽谷石門峪口古棧道對面的崖壁上，背依翠屏山，面對天峰嶺，懸空三百多丈。全寺有殿宇樓閣四十間，都在陡崖上鑿洞穴插懸梁為基，樓閣之間有棧道相通，高低錯落，參差有致。登樓俯視，如臨深淵；谷底仰視，懸崖若虹；隔谷遙望，又如壁間雛鳳。在棧道的石壁上，刻有「公輸天巧」四個大字，為恆山第一奇景。㉓寮　小屋。㉔禪龕　即佛龕。供奉佛的小閣。㉕洞門　指峽谷與山間平地的交接處。㉖恆山廟　在恆山主峰天峰嶺南面的石壁之下，始建於北魏，後來屢有興廢，明弘治十五年（一五〇二）重修。跨進山門，石階陡若天梯，令人膽戰。朝殿廊前有恆山真跡圖碑。附近還有一塊青色的巨石，以石敲擊，聲如金雞報曉。正對大殿的天峰嶺山壁上，有一株古松，狀如飛騰的蒼龍，雖經千年，仍枝繁葉茂，當地人稱之為「木龍」。

【語　譯】初十　沿著從南面流來的澗水，往北走三里，有一條澗水從西面流來，匯合後一起轉向東北流去。我沿著西邊的澗水上行，又看到一條澗水從北面流來，就從它的西面登上山嶺，路十分險峻。往北直上六七里，向西轉，又往北攀登五六里，登上兩重山峰，到達峰頂，名叫箭筸嶺。從沙河過來，一路登山涉水，在山谷中盤旋，所遇到的都是土山荒丘，想不到在這裡忽然登上高山，但嶺南還是老樣子。一過嶺北，俯視東西兩邊，山峰相連，石壁崩塌，翠葉飛舞，鮮花流彩。在空中盤結、相互映照的都是石，石上又都長著樹；石的顏色一樣，但神態、紋理之美又各不同；樹的顏色不一樣，但錯綜交織，又組成一幅美景。石上有了樹，於是高峻突凸之處，就像添上彩繪，顯得更加奇特；樹下有了石，於是或平鋪或倒掛的，都因為奇特的形態，而顯得更加古雅。這樣走了五十里，直到山坑的底部，只見一壑奔泉，從南往北流去，於是隨泉水一起走出塢口，名龍峪口，一個土堡正對著它。村里居民頗多，都種植梅樹、杏樹，連成一片樹林，遮蔽了山腳。走出山谷，又來到平地。北邊還有山脈在外面環繞，也是從東到西綿延，東面離開渾源州三十里，西面離開應州七十里。龍峪口面對外面的山勢，高低遠近，和在東底山看沙河、峽口一帶的山嶺完全一樣。從這裡沿著山向東，望見峪口的東面，山勢更加高峻陡峭，一問才知是龍山。龍山過去載在山西境內，卻不知它和恆嶽併肩而立；這時既自西面在它內部經過，又在北面看到它的全貌，而且是無意中遇上的，真可算是對遊覽五臺山不足的補償。

往東走十里，是龍山大雲寺，寺南面對著山嶺。又往東走十里，有一條大路通向西北，直達恆山腳下，於是轉身隨著它走。離開山腳還有十里，望見兩座山峰橫亙峙立，路上車馬來往不絕，就像沖破石壁奔湧而出，便是從大同進入倒馬關、紫荊關的大路。沿著這條路走到山下，兩旁山崖陡立，中間有條澗水流過，從崖縫中透入，狹窄得好像沒有去路，於是上下盤曲，所過處都成了幽美的景觀，就連伊闕的雙峰、武夷山的九曲溪，都不能和它相比。這時溪流還沒漲水，便沿著澗水上行。不知在什麼年代，兩邊山崖都鑿了石坑，有四五尺見方，一丈深，上下排列，大概是在漲水時，插上木材作通道的，如今已廢棄很久了，只剩下二根木材懸架在高處，仍是頭等棟梁之材。轉了三個彎，峽谷越來越窄，山崖越來越高。在西崖的半山腰，層層樓房高懸，曲折的臺榭斜靠在上面，看上去如同海市蜃樓，這就是懸空寺。在五臺山的北壑，也有懸空寺，形狀倣照這裡，但不夠全面。抬頭仰望，令人神往，於是鼓足勇氣，獨自向上攀登。進去後只見高高低低的樓閣、曲曲折折圍著欄杆的通道，由於山崖高聳陡峭，於是構成天下一大奇觀。寺院的點綴，窮工極巧，能使周圍的景物，更加突出，靠在山崖上建築，但又不被岩石妨礙，僅此而已。僧人住的小屋，位置安排也很合適，招待客人的地方，供奉佛像的小閣，都窗明座暖，一屋之內，肅穆高雅。從懸空寺下來後，在峽中轉了三四個彎，峽口豁然開朗，山巒丘壑，相互掩映，似乎來到另一個世界。又走了一里，見澗水的東面有三道匾額，高高排列在小丘上。下面有幾百級石階托著，便是北嶽恆山廟的山門。這裡離廟還有十里，左右都是重疊的土山，北嶽的峰頂遠得不見蹤影。於是在門旁的當地人家留宿，為明天攀登峰頂作準備。

十二日　風翳❶淨盡，澄碧如洗。策杖登岳，面東而上，土岡淺阜，無攀躋勞。蓋山自龍泉❷來，凡三重：惟龍泉一重峭削在內，而關以外反土脊平曠；五臺一重雖崇峻，而骨石聳拔，俱在東底山一帶出峪❸之處；其第三重自峽口入山而北，西極龍山之頂，東至恆岳之陽，亦皆藏鋒斂鍔，一臨北面，則峰峰陡削，悉現巖巖❹本色。一里，轉北，山皆煤炭，不深鑿即可得。又一里，則土石皆赤。有虬松離立道旁，亭曰望仙❺。又三里，則崖石漸起，松影篩陰❻，是名虎風口❼。於是石路縈迴，始循崖乘峭而上。三里，有傑坊曰「朔方❽第一山」，內則官廨❾廚井俱備。坊右東向拾級上，崖半為寢宮❿，宮北為飛石窟⓫，相傳真定府恆山⓬從此飛去。再上則北岳殿⓭也，上負絕壁，下臨官廨，殿下雲級⓮插天，廡門⓯上下，穹碑森立。從殿右上，有石窟倚而室之，曰會仙臺⓰，臺中像群仙，環列無隙。

余時欲躋危崖，登絕頂⓱。還過岳殿東，望兩崖斷處，中垂草莽者千尺，為登頂間道，遂解衣攀躡而登。二里，出危崖上，仰眺絕頂，猶傑然天半。而滿山短樹蒙密，槎枒⑱枯竹，但能鉤衣刺領，攀踐輒斷折，用力雖勤，若墮洪濤，汩汩不能出。余益鼓勇上，久之棘盡，始登其頂。時日色澄麗，俯瞰山北，崩崖亂墜，雜樹密翳。是山土山無樹，石山則有；北向俱石，故樹皆在北。渾源州城一方，即在山麓，北瞰隔山一重，蒼茫無際；南惟龍泉，西惟五臺，青青與此作伍；近則龍山西亙，支峰東連，若比肩連袂，下扼沙漠者。既而下西峰，尋前入峽危崖，俯瞰茫茫，不敢下。忽回首東顧，有一人飄搖於上，因復上其處問之，指東南松柏間。望而趨，乃上時寢宮後危崖頂。未幾果得徑，南經松柏林，先從頂上望松柏蔥青，如蒜葉草莖，至此則合抱參天，虎風口之松柏，不啻百倍之也。從崖隙直下，恰在寢宮之右，即飛石窟也，視余前上隘，中止隔崖一片耳。下山五里，由懸空寺危崖出。又十五里，至渾源州西關外。

【章旨】本章記載了第三天的行跡。踏著土岡小丘上山，山上都是煤炭。路過望仙亭，來到虎風口，開始從陡峭的山崖向上爬，途中看到一座寫著「朔方第一山」的牌坊，附近有寢宮和飛石窟。再向上便是高聳雲天的北嶽殿，殿旁有會仙臺。從小路向山的最高處攀登，歷盡艱險，才登上峰頂，向四面眺望，遠山近壑，盡收眼底。走下西峰，經過松柏林，來到飛石窟。最後從懸空寺所在的山崖走出，到達渾源州西關外。

【注釋】❶翳　白翳，中醫指眼球角膜病變後留下的疤痕。這裡借喻遮蔽天空的雲霧。❷龍泉　指龍泉關，在阜平城西，有上下二關，相距二十里。長城在關西二十里，有險要的隘口一百多處。❸峪　山谷。❹巉巖　高峻的形狀。❺望仙　亭名，因在此可眺望會仙府、琴棋臺等景，故名。或說初夏南望平麓，景色迷人，如同置身桃花源之中，因名「望仙」。❻松影篩陰　陽光透過松葉的空隙，照射進來，將一片片陰影，照在地上。因風吹松動，蔭影也隨之變化，就像從篩子中抖落一樣。❼虎風口　從恆山大字灣向北，在雲霧繚繞中，登完「步雲路」的石階，峰迴路轉，右為高入雲天的陡壁，左為深不見底的溝壑，耳邊狂風驟起，聲如虎嘯，因此以「虎」名為風口，稱「虎風口」。❽朔方　北方。❾官廨　舊時官府辦事的地方。❿寢宮　原指帝、后住宿的宮殿。後來神廟中也有寢宮，供神居住。這裡指北嶽神的寢宮。現寢宮為明洪武年間改古北嶽廟擴建。寢宮南側耳殿內有「還元洞」深不可測，傳說與東海相通。⓫飛石窟　在恆山捨身崖附近，為一個巨大的天然崩石凹壑，東、南、西三面環壁，北面豁開若門。據《尚書·舜典》載，舜巡狩來到曲陽西北時，忽然有一塊石頭飛來，落在跟前。據說這塊石頭就是從這裡飛去的，這石窟便是大石飛出後留下的印跡，故名飛石窟。⓬真定府恆山　即河北曲陽的恆山。曲陽在明代屬直隸真定府。真定府治所在真定（即今河北正定）。傳說因舜巡狩時，渾源恆山的飛石落在曲陽，於是將恆山遷到曲陽境內，另建嶽廟。故北方曾出現兩個恆山，兩個北嶽。⓭北岳殿　即北嶽廟的大殿。⓮雲級　指高處的石階。據說有一百零八級。⓯廡門　指正殿兩側屋子的門。廡，正房對面兩側的小屋子。⓰會仙臺　又名會仙府，因裡面塑列仙人之像，故名。地勢高敞，風景極佳。⓱絕頂　指天峰嶺。在渾源城南。海拔二千零十七公尺，高居五嶽之冠。西為翠屏山，雙峰對峙，渾水中流，自古為兵家必爭之天險。嶺上沒有樹木，只有叢生的野花雜草。站在峰頂四望，長城逶迤不盡，關山氣勢磅礴。從北嶽廟攀登峰頂，有東西兩條小徑，東路巉巖參差，坎坷難行，西路較平坦。徐霞客正是從東路向上攀登的。⓲槎枒　旁出的枝條。

【語譯】十一日　風停了，天空中沒有一點雲霧，就像用水洗過一樣碧綠明淨。拄著手杖攀登北嶽，朝東往上走，一路都是土岡小丘，不感到攀登的勞苦。這是因為從龍泉關綿延而來的山嶺，共有三重：只有龍泉這一重在裡面比較陡峭，而龍泉關以外反而是平坦寬廣的土脊；五臺山這一重雖然高大險峻，但岩石高聳挺拔的，都在東底山一帶出谷的地方；第三重從峽口進山往北，向西直到龍山峰頂，向東到達恆山的南面，也都比較平坦，看不到像鋒刃那樣險峻的山勢，一到北面，山峰便處處陡峭，完全顯示出高峻的本色。走了一里，往北轉，山中都是煤炭，不必挖得很深就可得到。又走了一里，只見泥土岩石，都呈紅色。路邊並立著很像虬龍的松樹，還有一個稱作「望仙」的亭子。再走三里，崖石漸漸出現，陽光透過松葉，將一片片蔭影照映在地上，這就是被稱作虎風口的地方。這裡石路向上盤旋，開始沿著陡峭的山崖攀登。走了三里，看到一個十分特出的牌坊，上面寫著「朔方第一山」，裡面官舍、廚房、水井一應齊全。從牌坊的右面向東，踏著石級上去，山崖的半腰是寢宮，寢宮的北面為飛石窟，相傳真定府恆山的大石，就是從這裡飛去的。再往上便是北嶽殿了，上靠峭壁，下對官舍，殿下石階，白雲繚繞，直上青天，殿旁屋門或高或低，高大的石碑森然峙立。從大殿的右側上去，有個已成為屋子的石窟，名叫會仙臺，裡面有許多神仙的塑像，環繞陳列，沒有一點空隙。

這時我想攀登懸崖，登上頂峰。返身經過北嶽殿的東面，望見兩座山崖分開的地方中間長著雜草，高達千尺，是向峰頂攀登的一條小路，於是脫下衣服踏上石級攀登。走了二里，到懸崖上方，仰望峰頂，仍聳立在半空中。滿山都是茂密的矮樹，枯萎的竹子，枝條旁出，只會鉤破衣服刺痛脖子，一拉一踩，就立即折斷，雖然費了不少力，但像跌入大浪，在水中怎麼也出不來。我鼓足勇氣繼續向上，過了好久，走出荊棘，方才登上峰頂。這時陽光明媚，俯視山的北面，崩塌的崖石，凌亂地墜落在那裡，雜樹密密地遮蓋在上面。這座山的土山沒有樹，石山卻有樹；北面都是石山，所以樹都長在北面。渾源州城的一角，就在山腳下，朝北往下看，還隔著一重山，蒼蒼茫茫，不見邊際；南面只有龍泉山，西面只有五臺山，一片青翠，和這山作伴；近處龍山橫亙西部，支峰和東部相連，就像並肩聯手，一起往下扼制沙漠似的。隨即走下西峰，尋找原先入峽時的懸崖，低頭望去，一片茫茫，不敢下去。忽然回頭向東一看，有個人在上面輕快地走著，於是又上去向他問路，那人指著東南的松柏說就從這裡走。望著松柏趕去，原來是上山時路過的寢宮後面的懸崖頂。不一會果然找到了路，往南經過松柏林，原先在山頂望見松柏蔥翠，像蒜葉草莖那麼細小，到這裡竟是合抱的參天大樹，比虎風口的松柏，大了不止百倍。從山崖的缺口一直下去，正好到寢宮的右面，就是飛石窟，和我原先上去的隘口，中間只隔一座山崖而已。下山走了五里，從懸空寺所在的高峻的山崖出山。又走了十五里，到達渾源州西關外。

【研　析】同樣是模山範水，但從前後兩篇〈閩遊日記〉起，徐霞客在日記中對景色的描寫漸趨次要，有關水文地貌的記載明顯增多，文學趣味有所淡化，科學探討更加深廣。這篇遊記也不例外。恆山地處高寒，徐霞客對這裡的植被狀況尤其關注。在進恆山之前，他翻過箭笴嶺，看到樹石交輝的奇異景象，用駢詞麗句，描寫了石異理分妍、樹錯綜成錦、石因樹而奇、樹以石而古這樣一種罕見的情景。在離開恆山前，他登上頂峰，發現「是山土山無樹，石山則有；北向俱石，故樹皆在北」這樣一種反常的現象。由於恆山地處朔北，氣候乾燥，降水量小而蒸發量大，水分很難保存，所以只能長些雜草，樹木難以生長。而陰坡因為日照時間短，溫度偏低，蒸發量較小，加上冬季積雪厚，融化遲，故水分條件比陽坡好得多，相對說有利於樹木的生長。可見在像恆山這樣的寒冷乾旱地區，水分比土質對植物更加重要。徐霞客在當時不可能完全明白這一點，但他發現並揭示了這種現象，對後人研究和保護北方旱區的植被，無疑是一個深刻的啟示。《遊記》中還寫到「山皆煤炭，不深鑿即可得」，這也符合當地多煤的實際情況，山西八大煤田之一，就在恆山所在的渾源。

徐霞客這次北上，對五臺山眾多聲名顯赫的寺廟視而不見，唯獨對恆山的懸空寺表現出極大的興趣，稱之為「天下巨觀」。在他的名山遊記中，有關寺院的描寫，沒有比懸空寺更具體的。徐霞客對懸空寺情有獨鍾，是因為它上載危巖，下臨絕壑，高懸峽口，凌空欲飛，是巧奪天工的建築藝術傑作，是將自然環境和人造景觀完美結合的典範，是既能產生驚險的刺激又可賞心悅目的地方。雖然他已遍訪名山，但像懸空寺那樣「依巖結搆，而不為巖石累者」，卻前所未見，抬頭仰望，不覺神往。

「江山留勝跡，我輩復登臨。」千百年來，登臨名山的人不計其數，但又有幾人能看到山的底蘊，寫出山的精神？若論山岳的知己，必推徐霞客為第一人。被龔自珍稱為「讀萬卷書，行萬里路，綜一代曲，成一家言」的近代學者魏源，曾作〈遊山吟〉，提出「遊山學」：「人知遊山樂，不知遊山學。人生天地間，息息宜通天地籥。特立山之介，空洞山之聰，渟蓄山之奥，流駛山之通。泉能使山靜，石能使山雄，雲能使山活，樹能使山蔥。誰超泉石雲樹外，悟入介奧通明中？遊山淺，見山膚澤；遊山深，見山魂魄。與山為一始知山，寤寐形神合為一。蝸爭膻慕世間人，誰來一共雲山夕。」當徐霞客從恆山歸來，已遨遊了五嶽中的四嶽（除南嶽衡山）、四大佛山中的三山（除四川峨眉），除泰山、衡山、峨眉山、長白山之外，中國最負盛譽的山，幾乎都包羅在這些日記中，是一部名副其實的名山遊記。他深入山中，尋幽探勝，身披彩霞，影留清泉，傾聽松韻，遙望瀑布，上攀危巖，下探深洞，出入寺院，留連碑碣。他又能置身山外，高瞻遠矚，大自山嶺位置，遠至溪水流向，高達摩天峻峰，廣及遍地植被，快如氣候變化，久如地貌形成，無不藏之於胸，瞭如指掌。他身與山相對，情與山相悅，神與山相接，心與山相通。這些遊記既寫出了山的形貌，也寫出了山的精神，不僅寫出山共有的風姿，也寫出各自獨有的魅力，篇篇生動有致，堪稱為一部立意高遠、形象鮮明的遊山學。《遊記》中逐日計程，方位正確，雖道路曲折，景觀眾多，但寫得有條不紊，歷歷在目，既是一幅大筆淋漓的長卷，又是一張繪製精細的地圖，即使在今天看來，仍是這些名山最好的遊覽指南。從這個意義上說，徐霞客不僅是山嶽地理、也是旅遊地理的先驅。

浙遊日記

【題解】北遊五臺、恆山，是徐霞客走訪中原名山的最後一程。以後整整三年，他一直留在家中，不曾外出。徐霞客的莫逆之交文震孟在給他的最後一封信中，稱讚他以往的遊歷，已引人矚目，足以誘導後進，傳名千秋。但徐霞客自己卻並沒有這種功成名就之感。三年家居，只是他前一階段搜奇訪勝的遊賞告一段落，而不是他旅遊生涯的結束。一個向大自然奧祕作更深更廣探尋的計劃，已在他心中醞釀成熟。在再遊天台、雁蕩時，徐霞客曾對陳函輝說：「昔人志星官輿地，多以承襲附會，即江、河二經，山脈三條，自紀載來，俱囿於中國一方，未測浩衍。」故「欲為崑崙海外之遊」。當他完成了兒女婚嫁之事，像東漢向平那樣，感到「譬如吾已死，幸無以家累相牽矣」，便毅然決定西遊，前往當時還被視作畏途的邊遠之地黔滇高原。對他這次遠行，親朋都不理解，紛紛勸阻，甚至連好友陳繼儒也勸他暫且緩一緩，「以安身立命為第一義」，「何必崎嶇出入於顛山血海而始快乎山之奇遊乎」！但徐霞客決心已定，不為所動，於崇禎九年（一六三六）九月，大笑出門，放舟南行，和一僧兩僕，開始了萬里遐征。這篇遊記記載了他經過無錫、蘇州、崑山、青浦，到達杭州，隨後又經過餘杭、臨安、分水、桐廬、嚴州、金華、蘭溪、衢州、常山等郡縣，進入江西的整個旅程，共計二十八天，其中在南直隸（江蘇）七天，在浙江二十一天。徐霞客一生，三次入浙。明代浙江分十一個府。除湖州府外，其餘十府他都去過。這是最後一次，也是他在浙江歷時最長、所到之處最多的一次。

丙子❶九月十九日　余久擬西遊，遷延二載，老病將至，必難再遲。欲候黃石齋❷先生一晤，而石翁杳無音至；欲與仲昭❸兄把袂❹而別，而仲兄又不南來。

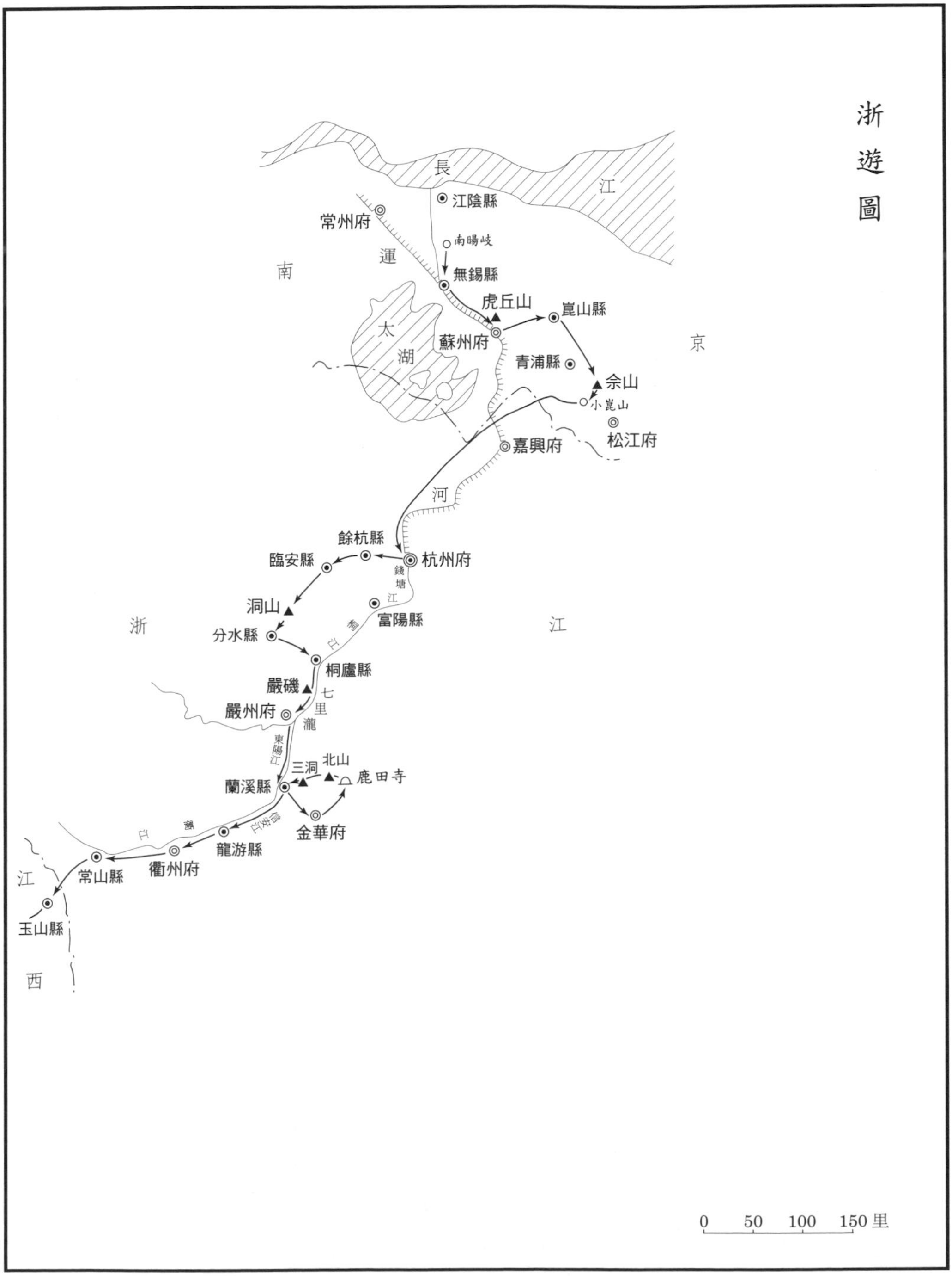
浙遊圖
長江
江陰縣
常州府
南陽岐
無錫縣
運河
南京
太湖
虎丘山
崑山縣
蘇州府
青浦縣
佘山
小崑山
松江府
嘉興府
餘杭縣
杭州府
臨安縣
錢塘江
洞山
富陽縣
浙江
分水縣
桐廬縣
嚴磯
七里瀧
嚴州府
東陽江
三洞
北山
鹿田寺
蘭溪縣
金華府
龍游縣
衢州府
常山縣
玉山縣
江西
0 50 100 150 里

昨晚趨晤仲昭兄於土瀆莊。今日為出門計，適杜若叔至，飲至子夜❺，乘醉放舟。同行者為靜聞❻師。

二十日　天未明，抵錫邑❼。比曉，先令人知會❽王孝先，自往看王受時，已他出。即過看王忠紉，忠紉留酌至午，而孝先至，已而受時亦歸。余已醉，復同孝先酌於受時處。孝先以顧東曙❾家書附橐中。時東曙為蒼梧道❿，其乃郎⓫伯昌所寄也。飲至深夜，乃入舟。

二十一日　入看孝先，復小酌。上午發舟，暮過虎丘⓬，泊於半塘。

二十二日　早為仲昭市竹椅於半塘。午過看文文老乃郎，並買物閶門⓭。晚過葑門⓮，看含暉兄。一見輒涕淚交頤⓯，不覺為之惻然。蓋含暉遁跡吳門⓰且十五年，余與仲昭屢訪之，雖播遷之餘，繼以家蕩子死，猶能風騷⓱自遣，而茲則大異於前，以其孫之剝削無已，而繼之以逆也。因復同小酌余舟，為余作與諸楚璵⓲書。諸為橫州⓳守。夜半乃別。

二十三日　復至閶門取染紬裱帖。上午發舟。七十里，晚至崑山⓴，又十餘里，出內村，下青洋江。絕江㉑而渡，泊於江東之小橋渡側。

【章　旨】本章記載了徐霞客離家西遊前五天在南直隸常州府、蘇州府的行跡。半夜乘醉開船，和靜聞一起遠行。第二天抵達無錫，看望一些老友。第三天經過虎丘。第四天去閶門買東西，晚上經過葑門，看望含暉，感傷不已。第五天晚上到達崑山，進入青洋江停泊。

【注　釋】❶丙子　明思宗崇禎九年（一六三六）。❷黃石齋　黃道周，字幼平，號石齋，福建漳浦人。學問宏博，忠鯁負氣節。崇禎時，因上疏忤旨下獄。清兵入關，率師出戰，兵敗被害。❸仲昭　名遵湯，徐霞客族兄。好遊，能詩。❹把袂　握袖。表示親暱。❺子夜　夜半子時。即夜十一時至次日淩晨一時。❻靜聞　江陰迎福寺僧人，其師即與徐霞客同遊天台山的蓮舟。曾刺血寫《法華經》，願供於雲南雞足山，故隨徐霞客南行。❼錫邑　明代隸常州府，即今江蘇無錫。邑，古代城市大者稱都，小者稱邑。後也用以指縣城。❽知會　通知；照會。❾顧東曙　名應暘，無錫人。❿蒼梧道　蒼梧兵備道。崇禎十年（丁丑）八月十五日日記作「鬱林道」。⓫乃郎　舊時稱他人之子為乃郎。乃，其；他的。⓬虎丘　又名海湧山，在江蘇蘇州閶門外。丘高僅三十多公尺，但有「吳中第一名勝」、「江左丘壑之表」的美名。上有雲巖寺塔，俗稱虎丘塔，始建於五代周顯德元年。另有劍池（吳王闔閭墓地）、千人石、真娘墓等名勝。⓭閶門　蘇州舊城西門。以像天門（閶闔），故名。⓮葑門　蘇州舊城東門。本作「鱔門」。春秋時吳國大夫伍子胥說：「抉吾眼懸吳東門之上，以觀越寇之入滅吳也。」即指此門。⓯頤　頰；腮。⓰吳門　蘇州的別稱。⓱風騷　原為《詩經》、《楚辭》的並稱，後用以泛指詩文。⓲諸楚璵　崇禎十年（丁丑）八月十五日日記作「諸楚餘」。⓳橫州　明代隸南寧府，治所在今廣西橫縣。⓴崑山　明代為縣，隸蘇州府，今屬江蘇。㉑絕江　即絕流。橫流而渡。

【語　譯】丙子年九月十九日　我打算去西部旅遊已很久了，拖延了二年，想到既老且病的日子就要到來，不能再這樣推遲下去。原想等候黃石齋先生，見一次面，但他卻杳無音信；又想和仲昭兄握手話別，可他又不南來這裡。直到昨天晚上，才趕到土濆莊和仲昭兄會面。今天考慮出門的事，恰巧杜若叔來到，於是一起喝酒到半夜，乘著醉意，開船出發。和我一起走的是靜聞法師。

二十日　天還未亮，抵達無錫縣城。到天亮時，先派人通知王孝先，自己去看望王受時，但他已離家外出了。隨即順路看望王忠紉，忠紉留我喝酒直到中午，這時孝先到了，不一會受時也回來了。我已喝醉，但仍和孝先一起，在受時家繼續喝下去。孝先將顧東曙的家信放在我的行李袋中。東曙這時出任蒼梧兵備道員，信是他兒子伯昌寄的。一直喝到深夜，才回到船上。

二十一日　進城看望孝先，又小飲了一會。上午開船，傍晚經過虎丘，在半塘停泊。

二十二日　早晨在半塘為仲昭買竹椅。中午順路看望文文老的兒子，並在閶門買東西。晚上經過葑門，看望含暉兄。他一看到我，便淚流滿面，不禁為之惻然傷心。含暉在蘇州已隱居將近十五年，我和仲昭多次去拜訪，見他即使在流離遷徙之後，接著傾家蕩產，兒子死去，仍能用詩文自我排遣，但這次卻和以前大不一樣，這是由於他孫子無休止的搜刮，再加上悖逆不孝造成的。於是又到我船上一起小飲，替我寫了給諸楚璵的信。諸這時為橫州太守。到夜半才告別。

二十三日　又到閶門取染色的粗綢修裱帖子。上午開船。行駛七十里，晚上到達崑山。又走了十多里，離開內村，進入青洋江。橫流而渡，在江東岸的小橋渡旁停泊。

二十四日　五鼓❶行。二十里，至綠葭浜❷，天始明。午過青浦❸。下午抵佘山❹北，因與靜聞登陸，取道山中之塔凹❺而南，先過一壞圃，則八年前中秋歌舞之地，所謂施子野❻之別墅也。是年，子野繡圃徵歌❼甫就，眉公❽同余過訪，極其妖豔。不三年，余同長卿過，復尋其勝，則人亡琴在，已有易主之感。已售兵郎❾王念生。而今則斷榭零垣，三頓❿而三改其觀，滄桑之變如此！越塔凹，則寺已無門，惟大鐘猶懸樹間，而山南徐氏別墅亦已轉屬。因急趨眉公頑仙廬⓫。眉公遠望客至，先趨避；詢知余，復出，挽手入林，飲至深夜。余欲別，眉公欲為余作一書寄雞足⑫二僧，一號弘辯，一號安仁。強為少留，遂不發舟。

二十五日　清晨，眉公已為余作二僧書，且修以儀⑬。復留早膳，為書王忠紉乃堂⑭壽詩二紙，又以紅香米寫經大士⑮餽余。上午始行。蓋前猶東迂之道，而至是為西行之始也。三里，過仁山⑯。又西北三里，過天馬山。又西三里，過橫山。又西二里，過小崑山。又西三里，入泖湖⑰。絕流而西，掠泖寺而過。寺在中流，重臺傑閣，方浮屠⑱五層，輝映層波，亦澤國之一勝也。西入慶安橋，十里，為章練塘⑲。其地為長洲⑳南境，亦萬家之市也。又西十里，為蔣家灣，已屬嘉善㉑。貪晚行，為聽蟹㉒群舟所驚，亟入丁家宅而泊。在嘉善北三十六里，即尚書改亭公之故里。

【章旨】本章記載了第六、第七天在南直隸松江府的行跡。第六天經過青浦，到佘山，去施子野的別墅，撫今追昔，不勝人世滄桑之感。當天趕往陳眉公的頑仙廬，喝酒到深夜。第七天真正開始西行，經過仁山、小崑山，進入泖湖。晚上在丁家宅停泊。

【注釋】❶五鼓　即五更。❷綠葭浜　今名陸家浜，在崑山東南，吳淞江北岸。浜，小河溝。❸青浦　明代為縣，隸松江府，今屬上海。❹佘山　在上海松江區。❺塔凹　即秀道者塔塔凹，在佘山山頂。過去有個秀道者在這裡建塔，建成後，便堆起乾柴自焚。❻施子野　施紹莘，字子野，自號峰泖浪仙。雖有才氣，但屢試不第，故寄情山水，放浪聲色詞曲，有《花影集》。萬曆四十四年，在西佘山築別墅居住。❼徵歌　招歌者唱歌。❽眉公　陳繼儒，字仲醇，號眉公，華亭（今上海松江區）人。能文善畫。與徐霞客為忘年交。❾兵郎　兵部郎中。❿頓　停留。⓫頑仙廬　在東佘山西麓。⓬雞足　山名，在雲南賓川縣西北，為佛教名山。⓭儀　贈送的禮物。⓮乃堂　即令堂。尊稱別人母親的第三人稱敬語。⓯紅香米寫經大士　這裡指用血寫經的菩薩像。紅香米即血。⓰仁山　即辰山，與下面天馬山、橫山、小崑山，自北而南在松江境內。⓱泖湖　即三泖之水，源出淀山湖，流入黃浦江。⓲浮屠　又作「浮圖」，佛塔。此指泖塔。⓳章練塘　今名練塘，在上海青浦區南。⓴長洲　明代為蘇州府治，後併入吳縣。㉑嘉善　明代為縣，隸嘉興府，今屬浙江。㉒聽蟹　即是捕蟹。

【語　譯】二十四日　五更出發。行駛二十里，到達綠葭浜，天才亮。中午經過青浦。下午到佘山北坡，於是和靜聞上岸，取道山中的塔凹向南，先經過一個已毀圮的園子，八年前的中秋節，這裡還是歌舞之地，即所謂施子野的別墅。這一年，子野在綺麗如繡的庭園，招聘歌者事方成，眉公和我就前往拜訪，極其妖媚豔麗。不到三年，我和長卿經過那裡，再去尋找先前的美景，只是人亡琴在，已有更換主人的感慨。這園子已賣給兵部郎中王念生。如今臺榭破敗，園牆殘缺，前後三次到這裡，每次看到的景象都不同，滄桑之變，一至於此！越過塔凹，寺院已無門可進，惟有大鐘仍懸掛在樹中，而山南徐氏的別墅也已轉讓他人。於是趕緊前往眉公的頑仙廬。眉公遠遠看到客人到來，先躲開了，一問知道是我，又走了出來，手挽手走進樹林，直喝到深夜。我想告辭，眉公要為我寫封信寄給雞足山的兩個僧人，一個號弘辯，一個號安仁。硬要我暫且留下，於是就沒開船。

二十五日　清晨，眉公已經為我寫好給兩個僧人的信，而且還準備好一份禮物。又留我用早餐，用兩張紙寫了為王忠紉令堂祝壽的詩，並將紅香米寫經大士像饋贈給我。上午才出發。前幾天仍是向東迂迴的路，到這裡才真正開始西行。行駛三里，經過仁山。又往西北三里，經過天馬山。再往西三里，經過橫山。再往西二里，經過小崑山。再往西三里，進入泖湖。向西橫流而渡，從泖寺旁掠過。寺在湖的中間，重臺高閣，方塔五層，映照在層層水波之上，也是水鄉的一個勝景。向西進入慶安橋，行駛十里，到章練塘。這裡地處長洲南境，也是擁有萬戶人家的鬧市。又向西行駛十里，到蔣家灣，已屬嘉善境。因貪圖夜晚航行，被捕蟹的船隻驚擾，急忙駛入丁家宅停泊。在嘉善北面三十六里，即尚書改亭公的故鄉。

二十六日　過二蕩，十五里為西塘❶，亦大鎮也。天始明。西十里為下圩蕩。又南過二蕩，西五里為唐母村，始有桑。又西南十三里為王江涇❷，其市愈盛。直西二十餘里，出瀾溪之中。西南十里為前馬頭，又十里為師姑橋。又八里，日尚未薄崦嵫❸，而計程去烏鎮❹尚二十里。戒於萑苻❺，泊於十八里橋北之吳店村浜。其地屬吳江❻。

二十七日　平明行，二十里，抵烏鎮。入叩程尚甫。尚甫方游虎埠，兩郎出晤，捐橐中資，酬其昔年書價，遂行。西南十八里，連市❼。又十八里，寒山橋。又十八里，新市❽。又十五里，曹村。未晚而泊。

【章　旨】本章記載了第八、第九天在浙江嘉興府的行跡。第八天經過西塘、王江涇，走進瀾溪，在吳店村浜停泊。第九天抵達烏鎮，又經過連市、新市，在曹村停泊。

【注　釋】❶西塘　在嘉善北。❷王江涇　在浙江嘉興北，運河西岸。涇，溝瀆。❸崦嵫　山名，在甘肅天水市西境。古代神話中的日入之處。❹烏鎮　在浙江桐鄉北。❺萑苻　古代水澤名，在鄭國境內，當時盜賊常在此劫掠。後用以稱盜賊出沒之地。❻吳江　明代為縣，隸蘇州府，今屬江蘇。❼連市　今名練市，在浙江吳興東南。❽新市　在今浙江德清東北。

【語　譯】二十六日　經過二蕩，向前十五里為西塘，也是一個大鎮。天剛亮。往西十里到下圩蕩。又向南經過二蕩，往西五里為唐母村，從這裡才開始有桑樹。再往西南十三里為王江涇，這裡的街市更加繁盛。筆直向西行駛二十多里，進入瀾溪之中。往西南十里為前馬頭，再向前十里為師姑橋。又行駛八里，太陽還未下山，算算路程離烏鎮還有二十里。為提防盜賊，便在十八里橋北的吳店村浜停泊。這裡地屬吳江。

二十七日　黎明出發，行駛二十里，抵達烏鎮。進去拜訪程尚甫。尚甫正在虎埠遊玩，由兩個兒子出來相見，我拿出袋中的錢財，償還往年欠他的書費，然後離開。向西南行駛十八里，到連市。又行駛十八里，到寒山橋。再行駛十八里，到新市。繼續行駛十五里，到曹村。天還未晚就在這裡停泊。

二十八日　南行二十五里，至唐棲❶，風甚利。五十里，入北新關❷。又七里，抵椶木場❸。甫過午，令僮子入杭城❹，往曹木上解元❺家，詢黃石翁行旆❻，猶未北至。時木上亦往南雍❼，無從訊。因作書舟中，投其家，為返舟計。此後行蹤修阻，無便鴻❽也。晚過昭慶❾，復宿於舟。

二十九日　復作寄仲昭兄與陳木叔❿全公書。靜聞往遊淨慈⓫、吳山⓬。是日復宿於舟。

三十日　早入城，市參寄歸。午下舟，省行李之重者付歸。余同靜聞渡湖入湧金門⓭，市銅炊、竹筒諸行具。晚從朝天門⓮趨昭慶，浴而宿焉。是日復借湛融師銀十兩，以益遊資。

十月初一日　晴爽殊甚，而西北風頗厲。余同靜聞登寶石山⓯巔，巨石堆架者，為落星石⓰。西峰突石尤屼嵲⓱，南望湖光江影⓲，北眺皋亭⓳、德清⓴諸山，東瞰杭城萬竈[21]，靡不歷歷。下山五里，過岳王墳[22]。十里，至飛來峰[23]。飯於市，即入峰下諸洞[24]。大約其峰自楓木嶺東來，屏列靈隱[25]之前，至此峰盡骨露，石皆嵌空[26]玲瓏，駢列三洞。洞俱透漏穿錯，不作深杳之狀。昔黥[27]於楊髡[28]之刊鑿，今苦於遊丐之喧污。而是時獨諸丐寂然，山間石爽，毫無聲聞之溷，若山洗其骨，而天洗其容者。余遍歷其下，復各捫其巔，洞頂靈石攢[29]空，怪樹搏影，跨坐其上，不減群玉山[30]頭也。其峰昔屬靈隱，今為張氏所有矣。下山涉澗，即為靈隱。有一老僧，擁衲[31]默坐中臺，仰受日精[32]，久不一瞬。已入法輪殿[33]，殿東新構羅漢殿，止得五百[34]之半，其半尚待西構也。是日，獨此寺麗婦兩三群接踵而至，流香轉艷，與老僧之坐日忘空，同一奇遇矣。為徘徊久之。下午，由包園西登楓樹嶺，下至上天竺[35]，出中、下二天竺，復循下天竺後，西循後山，得「三生石[36]」，不特骨態嶙峋，而膚色亦清潤。度其處，正靈隱面屏之南麓也。自此東盡飛來，獨擅靈秀矣。自下天竺五里，出毛家步[37]渡湖，日色已落西山，抵昭慶昏黑矣。

【章 旨】本章記載了第十天至第十三天在杭州城的行跡。第十天到櫻木場，沒有打聽到黃石齋的消息。這天晚上和第十一天晚上，都在船上過夜。第十二天進城，晚上在昭慶寺留宿。第十三天登上寶石山頂，看到落星石。然後去岳王墳、飛來峰，遊賞峰下三洞。離開靈隱寺後，經過三天竺，找到「三生石」。

晚上回到昭慶寺。

【注　釋】❶唐棲　今名塘棲，在浙江餘杭西北。❷北新關　即今杭州武林門。❸樱木場　今作「松木場」，在杭州西北。❹杭城　即今浙江杭州，明代為浙江布政使司治所。❺解元　唐制，舉進士者均由地方解送入試，故稱鄉試第一名為解元。❻行旆　古代官吏出行，護衛持旗幟為儀仗。後用為尊稱人之行止。旆，旗幟通稱。❼南雍　指南京國子監。雍，辟雍。周王朝為貴族子弟所設的大學。自隋唐以來，國子監一直為皇朝的最高學府，故以辟雍借指國子監。❽鴻　古代有鴻雁傳書的傳說，這裡以鴻借喻信使。❾昭慶　寺名，原址在今西湖東北岸的少年宮，已廢。❿陳木叔　陳函輝，字木叔，自號小寒山子，浙江臨海人。黃道周弟子，與徐霞客交往甚密。清兵入關，自縊於雲峰山寺。⓫淨慈　寺名，在杭州南屏山慧日峰下。寺內有濟公殿，供奉宋代高僧道濟塑像。⓬吳山　在杭州西湖東南。又名胥山、城隍山。登山眺望，杭州全城，盡收眼底。⓭湧金門　在西湖東岸，今杭州湧金路西口。⓮朝天門　南宋宮前御道上的門，在今杭州中山路北段。⓯寶石山　在西湖北岸。山上岩石中鑲嵌著不少因含氧化鐵而呈現紅色的「寶石」，在陽光下閃耀，景色綺麗，從而得名。西面的「葛嶺朝墩」，為錢塘十景之一。⓰落星石　寶石山來鳳亭上的一塊卵形巨石。在一億五千萬年前，杭州發生強烈的火山噴發，形成溶結凝灰岩，經風化作用造成此石。⓱屼嵲　山峰高聳。⓲湖光江影　湖，指西湖。江，指錢塘江。⓳皐亭　山名，在杭州城東北二十里。⓴德清　明代為縣，隸湖州府，今屬浙江。莫干山即在其西北境內。㉑萬竈　萬家炊煙。㉒岳王墳　即岳飛墓，在西湖邊棲霞嶺下岳王廟中。墓周古柏森森，有歷朝石碑一百二十五塊。㉓飛來峰　又名靈鷲峰，在西湖西北，靈隱寺前。傳說東晉咸和初，印度高僧慧理登此山，道：「此天竺靈鷲山之小嶺，不知何年飛來？佛在世日，多為仙靈所隱。」因而得名。㉔峰下諸洞　飛來峰下有龍泓、射旭、呼猿諸天然巖洞，洞壁散布五代、宋、元時大小石窟造像三百八十餘尊。㉕靈隱　寺名，在西湖西北靈隱山麓，印度高僧慧理建。清康熙帝南巡，賜名雲林禪寺，為佛教禪宗十剎之一。㉖嵌空　玲瓏。㉗黥　古代一種刑罰。在罪人臉上刺上記號或文字並塗上墨。這裡指楊璉真加在洞壁上造像。㉘楊髡　指元代僧人楊璉真加。元世祖時，授江淮諸路釋教都總統永福大師，殺民奪物，無惡不作，又發掘南宋在錢塘紹興一帶的帝后大臣墳墓一百零一所。至元年間，在呼猿洞造像三尊，題記祝皇帝萬歲，自身吉祥。後犯罪被籍沒。髡，古代剃去男子頭髮的刑罰，這裡用作對和尚的鄙稱。㉙攢　聚集。㉚群玉山　神話中的仙山。產玉，為西王母所居之處。㉛衲　僧衣。即「百衲衣」。㉜日精　太陽的精華。㉝法輪殿　古代少數佛寺中有殿，放置法輪，用以藏經。後來佛寺中多建藏經樓，法輪殿更加罕見。今靈隱寺中已無法輪殿。㉞五百　五百羅漢。傳說常隨釋迦聽法傳道的弟子有五百，故佛寺中塑五百羅漢像。㉟天竺　在靈隱寺南面山中，有上、中、下三天竺之分。上天竺的法喜寺、中天竺的法淨寺、下天竺的法鏡寺，分別建於五代、隋代、東晉年間。㊱三生石　據唐袁郊〈甘澤謠〉載：唐代李源與僧圓觀友好，圓觀曾和李相約，在他死後十二年在杭州天竺寺相見。李源如期前往，只見一牧童唱道：「三生石上舊精魂，賞月吟風不要論。慚愧情人遠相訪，此身雖異性長存。」後人附會，將天竺寺後的山石指為三生石，說成李源和圓觀相會之處。㊲毛家步　今名茅家埠，在靈隱寺東。

【語　譯】二十八日　船往南行駛二十五里，到達唐棲，風十分順利。過了五十里，進入北新關。又過了七里，到樧木場。剛過中午，吩咐僮僕進杭州城，去曹木上解元家，詢問黃石翁的行止，得知他還沒到北邊來。這時木上也前往南京國子監，沒處打聽消息。於是在船上寫信，寄到他家中，為回來時作準備。以後行蹤漫長，道路阻塞，沒有便人帶信了。晚上經過昭慶寺，又在船上過夜。

二十九日　又寫信寄給仲昭兄和陳木叔全公。靜聞去遊覽淨慈寺、吳山。這天仍在船上過夜。

三十日　早晨進城，買了人參寄回家。中午下船，將笨重的行李留下託人帶回。我和靜聞渡過西湖，進入湧金門，買了銅鍋、竹筒等旅行用具。晚上從朝天門趕往昭慶寺，洗了澡睡覺。這天又向湛融法師借了十兩銀子，補充出遊的資金。

十月初一　天氣格外晴朗，但西北風刮得十分厲害。我和靜聞登上寶石山頂，看到一塊堆架在那裡的巨石，這就是落星石。西面山峰的大石，尤其高聳突出，南望湖光江影，北眺皐亭、德清眾山，東看杭城萬家煙火，無不歷歷在目。下山走了五里，經過岳王墳。再走十里，到達飛來峰。在街市吃罷飯，便走進峰下各個洞中。大致上說，山峰從楓木嶺向東延伸過來，像屏障那樣展列在靈隱寺前，到這裡山峰岩石全露了出來，石塊都玲瓏剔透，並排排列著三個洞。洞都穿通交錯，看不到深遠的景狀。過去遭到楊髡的砍鑿破壞，如今又苦於流浪乞丐的喧譁污染。惟獨這時毫無乞丐的聲響，山間岩石清朗，沒有噪音的干擾，就像山洗了骨骼，天洗了面容一般。我走遍下面各個地方，又一一登上頂端，洞頂奇石在空中聚合，奇形怪狀的樹影，被風吹動，就像相互搏擊一般，跨坐在上面，感覺絕不亞於在群玉山頭。這座山峰過去屬靈隱寺，現在歸張氏所有。下山渡過澗水，便是靈隱寺。有一個老和尚，捧著僧衣，默默坐在中臺，抬起頭曬太陽，好久都不眨一眼。進入法輪殿，殿的東側新建了羅漢殿，五百羅漢裡面只有一半，另一半要留給西側再建。這天，只有這座寺院，有兩三群漂亮的婦人接踵而至，香氣流布，美色飄轉，和老和尚坐在太陽下忘掉一切，同樣是一種奇遇。為此，在寺中徘徊了好長時間。下午，從包園往西登上楓樹嶺，往下走到上天竺，又走出中、下二天竺，再從下天竺背後向西沿著後山走，找到「三生石」，不但岩石形狀突兀，表面也純淨細膩。估計它所處的位置，正在靈隱寺前屏障南面的山腳。到這裡已盡得飛來峰東面勝景，獨占天地靈秀之氣了。從下天竺向前五里，走出毛家步，渡過西湖，太陽已經下山，到昭慶寺，天色一片昏黑了。

初二日　上午自樓木場五里，出觀音關。西十里，女兒橋。又十里，老人鋪。又五里，倉前❶。又十里，宿於餘杭❷之溪南。訪何孝廉❸樸庵，先一日已入杭城矣。

初三日　自餘杭南門橋得擔夫，出西門，沿苕溪❹北岸行。十里，丁橋鋪。又十里，渡馬橋，則餘杭、臨安之界也。〔其北可達徑山。〕又二里為青山❺，居市甚盛。溪山漸合，又有二尖峰屏峙。一名紫薇，一名大山。十五里，山勢復開，至十錦亭。一路從亭北西去者，於潛❻、徽州❼道也；從亭南西去者，即臨安❽道也。從亭西南又一里，一石梁橫跨溪上，曰長橋。越橋而南，又一里，入臨安東關，出西關，土城甚低，縣廨❾頹隘。外為呂家巷，闤闠❿反差盛於城。又二里，為皇潭，其闤闠與呂家巷同。其西路分南北，北者亦於潛之道，南者新城⑪道也。已而復循山向西南行，又八里為高坎，始通排⑫。又三里，南入梟柳塢，復入山隘。五里為下圩橋⑬。由橋南溯溪西上二里為全張，一村皆張氏之房也。走分水⑭者，以新嶺為間道，以全張為迂道。余聞新嶺路隘而無託宿，遂宿於全張之白玉庵。僧意，餘杭人也。聞余好遊，深夜篝燈瀹茗，為余談其遊日本事甚詳。

【章旨】本章記載了第十四天、第十五天在杭州府的行跡。第十四天離開杭州城，在餘杭的溪南留宿。第十五天沿苕溪北岸行走，經過馬橋、青山、十錦亭等地，進入臨安。出城後又經過呂家巷、皇潭、高坎等地，在全張留宿。

【注釋】❶倉前　在餘杭西。❷餘杭　明代為縣，隸杭州府，治所在今餘杭西境的餘杭鎮，與今餘杭城（臨平）不同。❸孝廉　明、清時對舉人的稱呼。❹苕溪　有二源：出浙江天目山之南的為東苕溪，出天目山之北的為西苕溪，兩水合流，入太湖。這裡指東苕。❺青山　在今餘杭鎮與臨安城之間，當地有青山水庫。❻於潛　明代為縣，隸杭州府。今為鎮，在臨安西，西天目山南。❼徽州　明代為府，治所在歙縣，今屬安徽。❽臨安　明代為縣，隸杭州府，今屬浙江。❾廨　官署，古代官吏辦事的地方。❿闤闠　古代市道在垣與門之間，故稱街市為闤闠。闤，市垣。闠，市的外門。⑪新城　明代為縣，隸杭州府。今為鎮，改名新登，在浙江富陽西南。⑫排　用竹或木平排連在一起做成的、在水上行駛的筏子。⑬下圩橋　今名夏禹橋，在臨安西南。⑭分水　明代為縣，隸嚴州府。今為鎮，在桐廬西北，分水江西岸。

【語譯】初二　上午從櫻木場行五里路，走出觀音關。往西走十里，到女兒橋。又走十里，到老人鋪。再走五里，到倉前。繼續走十里，在餘杭的溪南留宿。走訪何孝廉樸庵，他已在前一天進杭州城了。

初三　在餘杭南門橋找到挑夫，走出西門，沿著苕溪北岸趕路。走了十里，到達丁橋鋪。又走了十里，渡過馬橋，即餘杭和臨安兩地的分界，向北可直達徑山。再走二里到青山，居戶街市都很繁盛。山水漸漸聚攏，另有兩座尖峰，像屏障那樣峙立著。一座名紫薇，一座名大山。走了十五里，山勢又開闊起來，到十錦亭。從亭北往西，是去於潛、徽州的大路；從亭南往西，即去臨安的大路。從亭往西南又走了一里，有座石橋橫跨在溪上，叫長橋。過橋向南，再走一里，進入臨安東關，隨後從西關走出，土城十分低矮，縣衙破敗狹小。外面是呂家巷，街市反而比縣城要繁盛些。再往前二里為皇潭，街市規模和呂家巷相仿。在它西面的路分南北兩條，北面一條也是去於潛的路，南面一條則是去新城的路。隨後沿著山向西南走，過了八里到高坎，到這裡水上方才通筏。又走了三里，往南進入梟柳塢，再進入狹隘的山口。往前五里為下圩橋。從橋南沿著溪流上行二里為全張，一村都是姓張的人家。去分水的路，從新嶺走是抄近的小路，從全張走則要繞道了。我聽說新嶺那段路很窄，又沒地方投宿，於是在全張的白玉庵留宿。一個名意的僧人，是餘杭人。聽說我喜歡旅遊，深夜點燈煮茶，為我十分詳盡地談起他在日本遊訪的事。

初四日　雞鳴作飯，昧爽❶西行。二里，過橋，折而南又六里，上乾塢嶺。其嶺甚坦夷，蓋於潛之山西來過脈，東西皆崇山峻嶺，獨此峽中坳❷，過脊處止丈餘，南北疊塍❸而下，皆成稻畦。北流至下圩橋，由青山入苕❹；南流至沙宕，由新城入浙❺。不意平陀❻遂分兩水。其山過東，遂插天而起，曰五尖山。五尖之東北，即新嶺❼矣。循其西麓又五里，過唐家橋，則新城北界也。白石崖山障其南。遂循水西南行，五里為華龍橋，有水自西塢來合。過橋，南越一小嶺，二里，至沙宕，前有一石梁跨澗，曰趙安橋，則入新城道也。由橋北西溯一澗，沿三九山❽

北麓，而入後葉塢。「三九」之名，以東則從趙安橋南至朱村，北則從趙安橋西南至白粉牆，南則從白粉牆東南至朱村，三面皆九里也。由後葉塢九里至白粉牆，為三九山北來之脊，其脊亦甚坦夷，東流者由後葉出趙安橋，西流者由李王橋合朱村，此「三九」所以名山，亦以水繞無餘也。白粉牆之西二里為羅村橋，有水自北來，有路亦岐而北，則新城道也。循水南行里許，為鉢盂橋，有水西自龍門龕來。〔龕有四仙傳道嶺，在橋西四里，乃於潛境。〕由橋北即轉而東，里餘，復折而南，其地東為三九，西為洞山⑨，環塢一區，東西皆石峰嶙峋，黑如點漆，丹楓黃杏，翠竹青松，間錯如繡。水之透壁而下者，洗石如雪，今雖久旱無溜⑩，而黑崖白峽，處處如懸匹練，心甚異之。

二里，渡李王橋，遂至洞山之東麓，急覓行李於吳氏先祠，令僮覓炊店，不得。有吳姓者二人至，一為余炊，一為贈燭遊洞，余以魚公書扇答之。〔洞山者，自龍門龕南迤邐東來，其石稜銳紋疊。東南山半開二洞，正瞰橋下。〕余遂同靜聞西向躡山，沿小澗而上，石皆峽蹲壑透，清流漱⑪之，淙淙有聲。澗兩旁石片，踊出田畦中，側者成塍，突者成臺。竹樹透石而出，枝聳石上而不見其根，幹壓石巔而不見其竇。再上，忽一大石當澗而立，端方無倚，而紋細如波縠⑫之旋風，最為靈異。再上，修竹中有新建睢陽廟⑬，雪峰之龕⑭在焉。一名靈隱庵。庵後危壁倚空，疊屏聳翠。屏之南即明洞⑮也，如軒斯啟，其外五柱穿列，正如四明⑯之分窗，〔但四明石色劣下，不能若此列柱連卷⑰也。〕中有一柱，上不至簷，簷下亦垂一石，下不至柱，上下相對，所不接者不盈咫⑱。柱旁有樹高撐，至簷端輒遜而外曲，翠色拂巖而上，黑石得之益章⑲。再南即為幽洞⑳。二洞並啟，中間石壁，色輕紅若桃花。洞口高懸，內若橋門㉑之覆空，得呼聲輒傳響不絕，蓋其內空峒㉒無底也。廿丈之內，忽一轉而北，一轉而南。北者為乾洞，拾級而上，如登樓躡閣。三十丈後，又轉而南，闢一小閣，頗覺幽異。南者為水洞，一轉，即仙田成畦，塍界層層，水滿其中，不流不涸。人從塍上曲折而入，約廿丈，忽聞水聲潺潺。透一小門而入，見一小溪自南來，至此破壑下墜，宛轉無底，但聞其聲。循溪而南，又過一峽，仍透小門而入，須從水中行。乃短衣去襪，溯水躡流，又三十丈，中有倒垂若蓮花，下捲若象鼻者。平沙隘門，忽束忽敞，〔正如荊溪㉓白鶴洞，而白鶴潛伏山麓，得水為易，此洞高闢山巔，兼水尤奇耳。〕再入，則石洞既盡，匯水一方，水不甚深，又不知匯者何來，墜者何去也。及出洞，半日之間，已若隔世。

下山，飯於吳祠。乃溯南來之溪，二里，至太平橋。橋西為高氏，橋東為吳氏，亦李王橋之吳氏之派也，亦有先祠，甚宏暢。時日色甚高，因擔夫家近，欲歸宿，託言馬嶺無宿店，遂止祠中。是日行僅三十五里，而所遊二洞，以無意得之，豈不幸哉！是晚風吼雲屯，達旦而止。

【章旨】本章記載了第十六天在杭州府三九山、洞山的行跡。拂曉出發，登上乾塢嶺。沿著三九山進入後葉塢。然後來到一個山塢，東為三九山，西為洞山，景色如畫。飯後和靜聞登洞山，經過新建的睢陽廟，來到明洞。洞外排列著五根石柱，景觀奇特。南面為幽洞，包括乾洞和水洞這兩個洞。在高山頂上，居然還有水景，更加難得。當晚就在吳氏先祠留宿。

【注釋】❶昧爽　拂曉，天未全明之時。❷峽中坳　在兩山之間的低凹地。❸疊塍　此指開成梯田。❹苕　指苕溪。❺浙　浙江，又名之江。因多曲折，故名。從上游而下，分別稱新安江、富春江、錢塘江。這裡指富春江。❻陀　陂陀，即階陛，指山坡。❼新嶺　在新城北境。❽三九山　在新城西五十一里，上有仙洞。❾洞山　即靈隱山。在新城西六十里。東為三九山，北為青牛山。山上有靈隱洞。❿溜　小股水流。⓫漱　沖刷。⓬縠　縐紗。喻水的波紋。⓭睢陽廟　即靈隱庵，又名洞山庵，在仙洞鳴泉處，為祭祀許遠的祠廟。唐代安史之亂時，許遠與張巡等人在內無糧草、外無援兵的情況下，守衛睢陽（今河南商丘），抵抗叛軍，堅持數月，在兵糧俱盡後，城陷被害。許遠之祖許敬宗封新城公，故當地人為之建廟。⓮龕　安放死者牌位的小屋。⓯明洞　即仙洞。在三九山。洞由階級而下，漸趨平坦，深約二十餘丈。石如覆屋，有石柱支撐。巖石有水波紋，上面垂掛著石鐘乳。⓰四明　山名，在浙江寧波。相傳群峰之中，上有方石，四面如窗，中通日月星辰之光，故稱四明。⓱連卷　同「連拳」、「連蜷」。形狀卷曲。⓲咫　八寸。⓳章　通「彰」。顯明。⓴幽洞　即靈隱洞。在靈隱山。裡面分兩個洞，一洞有水，清淺可玩，洞盡處有口如甕，水聲澎湃，不絕於耳。一洞無水，洞上石鐘乳滴成鎚劍狀。㉑橋門　古代辟雍四門，周圍環水，以橋相通，故稱橋門。㉒空峒　即空洞。空無所有。㉓荊溪　在江蘇南部，源出高淳，經宜興流入太湖。

【語　譯】初四　雞啼時起來做飯，拂曉就動身往西走。過了二里，通過一座橋，轉向南又走了六里，登上乾塢嶺。這嶺十分平坦，因為從西面於潛一帶延伸過來的山脈，東西兩面都是高山峻嶺，惟獨這座山在中間凹下，山脊過脈的地方只有一丈多些，南北兩邊的梯田層層往下，都是稻田。北面的水流到下圩橋，從青山進入苕溪；南面的水流到沙宕，從新城進入浙江。沒想到在平坦的山坡上竟分出兩條水流。這山延伸到東面，便拔地而起，直插雲霄，名五尖山。五尖的東北，便是新嶺。沿著西面的山腳又走了五里，經過唐家橋，便是新城北面的分界處。白石崖山擋在它的南面。於是沿著水流往西南走五里，到華龍橋，有溪水從西面山塢中流來匯合。過橋後，向南翻過一個小嶺，走了二里，到沙宕，前面有一座石橋橫跨在澗水之上，名趙安橋，是去新城的路。從橋北向西，順著一條澗水上行，沿著三九山北面的山腳，進入後葉塢。「三九」這個名稱，是因為東面從趙安橋往南到朱村，北面從趙安橋往西南到白粉牆，南面從白粉牆往東南到朱村，三面都是九里路的緣故。從後葉塢走九里到白粉牆，為三九山北面延伸過來的山脊，這山脊也很平坦，向東的溪水從後葉塢流出趙安橋，向西的溪水從李王橋流到朱村匯合，用「三九」來作山名，也是因為被水流環繞的緣故。白粉牆西面二里處為羅村橋，有溪水從北面流來，有路也岔向北，是去新城的路。沿著溪水向南走一里左右，為鉢盂橋，有水從西面龍門龕流來。龕有四仙傳道嶺，在橋西面四里的地方，屬於潛境。從橋北立即轉而向東，走一里多路，再轉向南，這裡東面為三九山，西面為洞山，圍繞著一個山塢，東西都是嶙峋的石峰，石色黑亮如漆，山上丹楓黃杏，翠竹青松，交織在一起，美若錦繡。從巖壁中滲出流下的水，將石塊洗得像雪一般潔白，如今雖然長久乾旱，沒有水流，但黑色的山崖，白色的峽谷，處處都像懸掛著一匹白練似的瀑布，看了心裡感到十分奇怪。

走了二里，過李王橋，便到洞山東面的山腳，急忙將行李放在吳氏先祠中，派僮僕去找做飯住宿的地方，但沒找到。有二個姓吳的人到來，一個替我煮飯，一個送我蠟燭遊洞，我拿出魚公書扇酬謝他們。洞山從龍門龕的南面曲折連綿向東延伸，山石鋒利，紋理交錯。在東南側的半山腰有兩個洞，洞口敞開，正俯視著橋下。我於是和靜聞向西登山，沿著小澗向上，一路都是低矮的峽谷、穿通的溝壑，清澈的水流沖刷著它們，發出淙淙的聲響。澗水兩旁的石片，從畦田中湧出，傾側的成為田埂，突起的成為平臺。竹樹從石縫中透出，枝條高聳石上但看不到它的根，樹幹壓著石頂卻看不到它從中伸出的洞。再向上，忽然看到一塊大石聳立在澗水之中，方方正正，四面無所倚靠，石上紋理細膩，就像波紋在風中迴旋，最為神奇。再向上，修長的竹林中有座新建的睢陽廟，雪峰的神龕就在這裡。又名靈隱庵。廟的後面峭壁淩空，如層層屏障聳立，一片蒼翠。屏障的南面便是明洞，如同展開的長廊，外面五根石柱貫通排列，就像四明山的方石四面分窗，只是四明山的石色低劣，不能像這排石柱屈曲繚繞。中間有根石柱，向上不到洞簷，洞簷下也垂掛著一塊岩石，往下不到石柱，上下相對，相隔不滿八寸。石柱旁有棵樹向上高撐，到簷邊便退而往外彎曲，翠綠的枝葉從巖壁飄拂向上，黑色的崖石有了它更加鮮明。再往南便是幽洞。兩個洞一起敞開，中間的石壁，顏色淺紅，如同桃花。洞口高掛在上面，裡面就像橋門那樣覆蓋空間，呼喊聲進入，便發出傳響，長時間不絕於耳，這是因為裡面空無所有、深不見底的緣故。進去不到二十丈，忽然一洞轉而向北，一洞轉而向南。北面是乾洞，踏著石級向上，就像登臨樓閣。往裡三十丈後，又轉而向南，另闢一個小閣，看了覺得十分幽僻奇特。南面是水洞，轉過一個彎，只見仙田整齊，排列成畦，條條土埂，圍成田界，裡面積滿了水，既不流失，也不乾涸。人從田埂上曲曲折折進去，大約有二十丈遠，忽然聽到潺潺的水聲。穿過一扇小門進去，只見一條小溪從南流來，到這裡突破溝壑落下，展轉曲折，深不可測，只能聽到水流的聲響。沿著溪水向南，又經過一座峽谷，依然穿過小門進去，裡面必須從水中行走。於是捲起衣褲，脫掉襪子，踩著溪水上行，又走了三十丈，看到水中的岩石，有的倒垂像蓮花，有的下捲似象鼻。沙石阻塞門口，忽而緊束，忽而寬敞，正像荊溪的白鶴洞，但白鶴洞潛伏在山腳之下，很容易得到水，這個洞在高高的山頂，有水更顯得希奇。再往裡走，石洞到了盡頭，匯成一方潭水，水不太深，也不知從哪裡匯來，又落到哪裡去。走出洞後，雖然在裡面只有半天時間，卻已有隔世之感。

下山後，在吳氏先祠吃飯。於是沿著從南面流來的溪水上行，走了二里，到太平橋。橋西居住的是高氏，橋東居住的是吳氏，也就是在李王橋的吳氏的分支，這裡也有祭祀祖先的祠堂，十分寬暢。這時太陽仍高高在上，因為挑夫家就在附近，想回家去住，於是借口馬嶺沒有旅店，就在祠中留宿。這天走了僅三十五里路，所遊覽的兩個洞，在無意之間遇到，豈不是一件幸事！這夜狂風怒吼，烏雲密集，直到天亮方才平息。

初五日　雞再鳴，令僮起炊。炊熟而歸宿之擔夫至，長隨夫王二已逃矣。飯後，又轉覓一夫，久之後行。南二里，上馬嶺，約里許，達其巔。〔嶺以北屬新城，水亦出新城。嶺南則屬於潛，縣在其西北五十里，水由應渚埠❶出分水縣。〕下馬嶺，南二里為內楮村塢。又一里，為外楮村塢。從此而南，家家以楮❷為業。隨山塢西南七里，過兌口橋，岐分南北，〔北達於潛，可四十里；〕南抵應渚埠，十八里。兌口之水北自於潛，馬嶺之水東來，合而南去，路亦隨之。八里，過板橋，橋下水自西塢來，與前水合。〔溯水西走，路可達於潛及昌化❸。〕又南五里，為保安坪。又一里，為玉澗橋，橋甚新整，居市亦盛，又名排石。山始大開。又東二里，止於唐家拱。其地在應渚埠北二里，原無市肆，擔夫以應埠之舟下桐廬❹者，必北曲而經此，遂止於溪❺畔。久之，得桐廬舟。〔蓋應渚埠為於潛南界，溪之南即隸分水，於潛之水❻北經玉澗橋，昌化之水❼西自麻汊埠❽，俱會於應渚，而水勢始大。顧玉澗橋而上，已不勝舟，麻汊埠而上，小舟直抵昌化，於潛水固不敵昌化也。」時日已中，無肆覓米，欲覓之應埠，而舟不能待，遂趁之行。下舟東南行十里，為分水縣。縣在溪之西。分水原止一水東南去，其西雖山勢豁達，惟陸路八十里達於淳安⑨。余初欲從之行，為王奴遁去，不便於陸，仍就水道，反向東南行矣。去分水東南二十里為鋪頭。又十里為焦山，居市頗盛。已暮，不能買米，借舟人餘米而炊。舟子順流夜槳，五十里，舊縣⑩，夜過半矣。

初六日　雞再鳴，鼓舟⑪，曉出浙江，已桐廬城下矣。令僮子起買米，仍附其舟。十五里，至灘上，米舟百艘，皆泊而待剝⑫，余舟遂停。亟索飯，飯畢，得一舟，別附而去，時已上午。又二里，過清私口。又三里，入七里籠⑬。東北風甚利。偶假寐⑭，已過嚴磯⑮。四十里，烏石關。又十里，止于東關⑯之逆旅⑰。

初七日　霧漫不辨咫尺。舟人飯而後行，上午復霽。七十里，至香頭，已暮。香頭，山北之大村落也，張、葉諸姓，簪纓⑱頗盛。月明風利，二十里，泊於蘭溪⑲。

【章旨】本章記載了第十七天至第十九天從浙江杭州府至嚴州府的行跡。第十七天翻過馬嶺，經過兌口橋、玉澗橋，在應渚埠北的唐家拱上船去桐廬。途中經過分水，半夜到達桐廬故城。第十八天清晨到桐廬城下，搭乘另一條船離開，進入七里籠，經過嚴子陵釣臺，在嚴州府東關留宿。第十九天傍晚到香頭，晚上在蘭溪停泊。

【注釋】❶應渚埠 今為印渚鎮。在桐廬西北，虞溪東岸。❷楮 木名，即構樹。皮可造紙，故又用作紙的代稱。❸昌化 明代為縣，隸杭州府。今為鎮，在臨安西。❹桐廬 明代為縣，隸嚴州府，今屬浙江。❺溪 指桐溪，今名分水江。❻於潛之水 即紫溪。❼昌化之水 即天目溪。❽麻汊埠 今名麻車埠，在臨安西南，鄰天目溪。❾淳安 明代為縣，隸嚴州府，今屬浙江。❿舊縣 指桐廬故城，在今桐廬西。⓫鼓舟 即鼓枻。搖動船槳。⓬剝 也作「駁」。用船分載轉運。⓭七里籠 即七里瀧，又名七里瀨。起自浙江建德梅城鎮雙塔凌雲，止於桐廬嚴子陵釣臺，全長四十六里。兩岸高山，奔競起伏，一水中流，淨如匹練，舟行其上，如坐天半。⓮假寐 不脫衣而睡。⓯嚴磯 即嚴子陵釣臺。桐廬城西富春山腰，有兩磐石，聳立東西，俯瞰富春江，東為嚴光釣魚臺，西為謝翺臺。嚴光字子陵，曾與漢光武帝劉秀同學。在劉秀即位後，到此隱居。⓰東關 指嚴州府治建德（即今建德東北的梅城，在新安江和富春江相交處）的東關。⓱逆旅 客舍。逆，迎接。旅，旅客。⓲簪纓 古代官吏的冠飾，故用以喻顯貴。簪，將髮髻或冠插定的長針。纓，結冠的帶子。⓳蘭溪 明代為縣，隸金華府，今屬浙江，在蘭溪和衢江相交處。

【語譯】初五 雞再啼的時候，吩咐僮僕起牀做飯。飯熟時回去過夜的挑夫也來了，但長年跟隨我的挑夫王二已經逃走。吃罷飯，又託人找了一個挑夫，過了好久才出發。往南走二里，登上馬嶺，大約走了一里左右，到達山頂。嶺以北屬新城地界，水也從新城流出。嶺以南則屬於潛地界，縣城在西北五十里，水從應渚埠流到分水縣。走下馬嶺，往南走二里到內楮村塢。又走了一里，到外楮村塢。從這裡往南，家家都以造紙為業。隨著山塢往西南走七里，經過兌口橋，路岔成南北兩條，向北可到於潛，約四十里；向南可到應渚埠，有十八里。兌口的溪水來自北面的於潛，馬嶺的溪水從東面流來，匯合後向南流去，路也隨著溪流向前。走了八里，經過板橋，橋下的水從西面山塢中流來，和前面的水匯合。沿著水往西上行，可到達於潛和昌化。又向南走五里，到保安坪。再走一里，到玉澗橋，橋十分新穎整潔，街市也很繁盛，又名排石。山勢才大大開闊起來。繼續向東走二里，在唐家拱停下。這裡在應渚埠北面二里處，沒有街市商店，挑夫因為從應渚埠往下去桐廬的船，必定向北繞行經過這裡，於是就停留在溪邊。過了好久，才找到去桐廬的船。應渚埠在於潛的南端，溪水的南面即屬分水管轄，於潛的水流經過北面的玉潤橋，昌化的水流來自西面的麻汊埠，都在應渚匯合，水勢這才大起來。只是玉潤橋上游的水流，已不能行船，而麻汊埠上游的水流，可行小船直達昌化，於潛的水流本來就不能同昌化的水流相比。這時太陽已在頭頂，找不到店鋪買米，想去應渚埠尋找，但船不能等待，於是乘船而去。往東南順流行駛十里，到分水縣。縣城在溪水的西岸。分水原本只有一條水向東南流去，西面雖然山勢開闊通暢，但只有一條走八十里到達淳安的陸路。我原先想從這條路走，因為姓王的奴僕逃走了，走陸路不便，於是仍取水路，反向東南走了。離分水往東南走二十里到鋪頭。又走十里到焦山，街市十分繁盛。已經傍晚，買不到米，於是借船夫多餘的米煮飯。船夫順流夜行，過了五十里，到桐廬故城，已過半夜了。

初六　雞再啼的時候，開船出發，清晨出浙江，已在桐廬城下了。吩咐僮僕起來買米，仍然搭乘這條船。行駛十五里，到灘上，有上百條裝米的船，都停泊在江邊，等候其他船來轉運，我所乘的船便停了下來。急忙找飯吃，吃罷飯，看到另一條船，便搭乘這條船離去，這時已是上午。又行駛二里，經過清私口。再行三里，進入七里籠。東北風十分順利。偶爾打個瞌睡，已過了嚴子陵釣臺。向前四十里，到烏石關。又行駛十里，在嚴州府東關的旅店留宿。

初七　濃霧迷漫，連很近的地方都看不清。船夫吃了飯就出發，上午天又轉晴。走了七十里，到香頭，已是傍晚。香頭，山北的一個大村莊。這裡張姓葉姓等人家，有不少顯貴。月光皎潔，晚風順利，行駛二十里，在蘭溪停泊。

初八日　早登浮橋❶，橋內外諸舡❷鱗次，以勤王❸師自衢❹將至，封橋聚舟，不聽上下也。遂以行囊令顧僕❺守之南門旅肆中，余與靜聞俱為金華三洞❻遊。

蓋金華之山，橫峙東西，郡城❼在其陽，浦江❽在其北，西垂❾盡處則為蘭溪，東則義烏❿也。婺水⓫東南從永康⓬經郡之南門，而西北抵蘭溪，與衢江⓭合。余初欲陸行，見溪⓮中有舟溯流而東，遂附之。水流沙岸中，四山俱遠，丹楓疏密，鬬錦裁霞，映疊尤異。然北山突兀天表，若負扆⓯然，而背之東南行。問：「三洞何在？」則曰：「在北。」問：「郡城何在？」則曰：「在南。」始悟三洞不必至郡，若陸行半日，便可從中道而入，而時已從舟，無及矣。四十五里至小溪，已暮，月色如洗。又十五里登陸，投宿下馬頭之旅肆，以深夜閉門不納。遇一王姓者，號敬川，高橋埠人。將乘月歸，見客無投宿處，因引至西門外，同宿於逆旅。

【章　旨】本章記載了第二十天在浙江金華府的行跡。和靜聞一起去金華三洞遊覽，搭乘一條船向東，在船上發現自己犯了個錯誤——船正背著三洞所在的北山行駛。夜晚上岸，遇到王敬川，一起去金華西門的旅店過夜。

【注　釋】❶浮橋　用船或筏聯結成的橋。❷舡　船。❸勤王　為王事盡力。後世稱出兵救援王朝為勤王。❹衢　衢州，明代為府，治所在西安（今浙江衢縣）。❺顧僕　徐霞客這次遠遊，隨身帶了兩人，一為僕人顧行（可能即這篇遊記前面所提到的僮子），一為挑夫王二。王二在第十七天就逃走了。顧行則一直伴隨到雲南，在雞足山獅子林捲財逃走，後來回家鄉江陰。季會明整理《徐霞客遊記》，曾因日記缺失，向他詢問過有關的事。❻金華三洞　在浙江金華城北的北山，自下而上，有雙龍、冰壺、朝真三洞。相傳與四明、天台諸山相通。❼郡城　指金華府城，即今浙江金華。❽浦江　明代為縣，隸金華府，今屬浙江。❾垂　通「陲」。邊境。❿義烏　明代為縣，隸金華府，今屬浙江。⓫婺水　指永康溪，又名南溪。今永康至金華段稱武義江，金華至蘭溪段稱金華江。⓬永康　明代為縣，隸金華府，今屬浙江。⓭衢江　又名信安江。源出開化的金溪與源出江山的文溪，至衢縣西面的雙溪口匯合，稱衢江，為錢塘江的上游。⓮溪　指婺水。⓯負扆　扆，古代窗戶間畫有斧紋的屏風。天子朝諸侯，背扆南面而坐，故稱負扆。

【語譯】初八　早晨登上浮橋，橋裡橋外，船隻鱗次櫛比，排列整齊，因為勤王的部隊即將從衢州到來，所以封鎖橋梁，聚集船隻，不讓通行。於是將行李放在南門的旅店中，吩咐顧僕守候，我和靜聞一起去金華三洞遊覽。金華一帶的山脈，從西向東，橫向聳立，郡城在山南，浦江在山北，西邊盡頭為蘭溪，東面是義烏。婺水從東南永康流來，經過郡城的南門，往西北直達蘭溪，和衢江匯合。我原先想從陸路走，看到溪中有船逆流向東，於是搭乘上去。溪水在沙岸中流動，四顧都是遠山，紅楓或疏或密，可與織錦彩霞爭豔媲美，遮掩映帶，尤其奇異。只是北山高聳天際，就像天子南面而立，現在卻背著它向東南行駛。於是問道：「金華三洞在哪裡？」答道：「在北面。」又問道：「郡城在哪裡？」答道：「在南面。」這才明白去三洞不必到郡城，如果從陸路走半天，便可在中途轉入，但這時已上船，來不及了。走了四十五里，到小溪，已是傍晚，月色皎潔，就像洗過一般。又走了十五里上岸，到下馬頭的旅店投宿，因為已是深夜，店門緊閉，不再接客。碰上一個姓王的人，號敬川，高橋埠人。正要借助月光回家，看到我們這些旅客沒投宿的地方，便帶我們到西門外，一起在旅店過夜。

初九日　早起，天色如洗。與王敬川同入蘭溪西門❶，即過縣❷前。縣前如水❸，蓋縣君初物故也。為歙❹人項人龍，辛未❺進士，五日之內，與父與子三人俱死于痢。又東上蘇坊嶺，嶺頗平，闤闠夾之，東下為四牌坊，自蘇坊至此，街肆頗盛，南去即郡治矣。與王敬川同入歙人麵肆，麵甚佳，因一人兼兩人饌。

仍出西門，即循城西北行，王猶依依，久之，乃別。遂有崗隴❻高下，十里至羅店❼。問三洞何在，則曰西，見尖峰前倚，則在東。因執土人詳詢之，曰：「北山❽之半為鹿田寺。其東下之脈，南峙為芙蓉峰❾，即尖峰也，為郡龍❿之所由，萃其西下之脈，南結為三洞。三洞之西，即蘭溪界矣。」時欲由三洞返蘭溪，恐東有餘勝，遂望芙蓉而趨。自羅店東北五里，得智者寺⓫。寺在芙蓉峰之西，乃北山南麓之首剎也，今已凋落。而殿中猶有一碑⓬，乃宋陸務觀⓭為智者大師重建茲寺所譔⓮，而字即其手書。碑陰又鐫務觀與智者手牘數篇，碑楷牘行⓯，俱有風致，〔恨無搨工，不能得一通為快。〕寺東又有芙蓉庵，有路可登芙蓉峰。余以峰雖尖圓，高不及北山之半，遂捨之。仍由智者寺西北登嶺，升陟峰塢，五里得清景庵。庵僧道修留飯，復引余由北塢登楊家山⓰。山為北山南下之第二層，再下則芙蓉為第三層矣。繞其西，從兩山夾中北透而上，東為楊家山，有居民數十家；西為白望山⓱，為仙人望白鹿處。約共七里，則北山上倚於後，楊家山排列於前，中開平塢，巨石鋪突，有因纍級為臺者，種竹列舍，為朱開府⓲之山莊也。朱名大典⓳。其東北石纍纍愈多，大者如獅象，小者如鹿豕，俱蹲伏平莽中，是為石浪⓴，即初平叱石成羊㉑處，豈今復化為石耶？石上即為鹿田寺㉒，寺以玉女驅鹿耕田得名。

殿前有石形似者，名馴鹿石。此寺其來已久，後為諸宦所蠶食，而郡公張朝瑞㉓海州人。創殿存羊，屠赤水㉔有《遊記》刻其間。余至，已下午，問鬬雞巖㉕在其東，即同靜聞二里東過山橋㉖。山橋東下一里，兩峰橫夾，澗出其中，峰石皆片片排空赴澗，形若雞冠怒起，溪流奔躍其下，亦一勝矣。由巖東下數里，為赤松宮㉗，乃郡城東門所入之道，蓋芙蓉峰之東坑也。

鬬雞巖上有樵者趙姓居之，指北山之巔有棋盤石，石後有西玉壺水從石下注，旱時取以為雩㉘祝，極著靈驗。時日已下舂㉙，與靜聞亟從蓁莽中攀援而上，上久之，忽聞呼聲，蓋趙樵見余誤而西，復指東從積莽中行。約直躡者二里，始至石畔。石前有平臺，後聳疊塊，中列室一楹，塑仙像於中，即此山之主像，後石室下有水一盆，蓋即雩祝之水也。然其上尚有澗，泠泠從山頂而下。時日已欲墮，因溯流再躋，則石峽如門，水從中出，門上更得平壑，則所稱西玉壺㉚矣。聞其東尚有東玉壺㉛；皆山頭出水之壑。西玉壺之水，南下者由棋盤石而潛溢於三洞㉜，北下者從裡水源而出蘭溪之北；東玉壺之水，南下者由赤松宮而出金華，東下者出義烏，北下者出浦江，蓋亦一郡分流之脊云。玉壺㉝昔又名盤泉，分聳於上者，今又稱為三望尖㉞，文㉟之者為金星峰，總之所謂北山也。甫至峰頭，適當落日沉淵㊱，其下恰有水光一片，承之滉漾不定，想即衢江西來一曲，正當其處也。夕陽已墜，皓魄㊲繼輝，萬籟㊳盡收，一碧如洗，真是濯骨玉壺，覺我兩人形影俱異，迴念下界碌碌，誰復知此清光？即有登樓舒嘯㊴，釃酒臨江㊵，其視余輩獨躡萬山之巔，徑窮路絕，迥然塵界之表，不啻霄壤矣。雖山精怪獸群而狎我，亦不足為懼，而況寂然不動，與太虛㊶同遊也耶！徘徊久之，仍下二里，至盤石。又從莽棘中下二里，至鬬雞巖。趙樵聞聲，啟戶而出，亦以為居山以來所未有也。復西上一里，至山橋。又西二里，至鹿田寺。僧瑞峰、從聞以余輩久不至，方分路遙呼，聲震山谷。入寺，浴而就臥。

【章　旨】本章記載了第二十一天在金華的行跡。從金華西門到達羅店。問清路後，去芙蓉峰西面的智者寺，寺內有陸游撰書的碑刻。隨後登上楊家山，來到黃初平叱石成羊的石浪，石上為鹿田寺。下午經過山橋，前往鬬雞巖，接著尋訪北山頂端的棋盤石，東、西玉壺水就從這裡分流各處。剛到峰頂，夕陽西沉，月光皎潔，景物清冷，萬籟俱寂，有遠出塵世之感。下山回到鹿田寺過夜。

【注　釋】❶蘭溪西門　指金華西門，俗稱蘭溪門。❷縣　指金華府的附郭縣金華縣衙門。❸如水　言人群來往不息，就像水流。❹歙　歙縣，明代隸徽州府，今屬安徽。❺辛未　崇禎四年（一六三一）。❻隴　通「壟」。❼羅店　又作「羅甸」，在金華城北。❽北山　為金華山、赤松山等的合稱，在金華城北三十里。這裡指金華山。金華山又名長山，為道教洞天之一。赤松山相傳為晉黃初平（赤松子）得道處，故名。❾芙蓉峰　又名芙蓉尖、芙蓉山。在金華城北十五里。以孤峰獨秀，形如芙蓉得名。❿郡龍　古代堪輿家（相風水的人）以山勢為龍，稱連綿起伏的山脈為龍脈。⓫智者寺　在金華城北十五里的鳳凰山。南朝梁武帝召樓約受戒，號智者國師，並在此建寺，稱智者禪寺，為金華第一剎，後廢。⑫碑　指「重修智者廣福禪寺記碑」。嘉泰二年（一二〇二），陸游撰並書。智者寺至宋已毀，南宋慶元五年，僧人仲玘重建此寺，並請陸游作記。今此碑存金華文管會。⑬陸務觀　陸游，字務觀，號放翁，越州山陰（今浙江紹興）人。南宋詩人。⑭譔　同「撰」。⑮碑楷牘行　碑文為楷書，牘文為行書。⑯楊家山　又名羊角山，在鹿田東南。⑰白望山　傳說宋玉女養一鹿，能代人進城貿易。一日，鹿行途中遇害。玉女登峰遙望，終不見鹿歸來。此峰由此得名為白望峰。⑱開府　原指成立府署，自選僚屬。唐、宋以後定為高級散官，明、清時也稱督撫為開府。⑲朱名大典　朱大典，字延之，金華人，崇禎中巡撫山東。清兵南下，守婺城，城破殉難。⑳石浪　又名錦浪石。鹿田一帶多奇石，如風吹浪湧之狀，故名。㉑初平叱石成羊　傳說魏晉時丹溪人黃初平（黃一作皇），年十五，牧羊北山中，遇道士引至金華山，居石室中長達四十年，改號赤松子。其兄初起上山尋找他，只見白石，不見有羊，問羊在哪裡？初平叱道：「羊起！」周圍白石都變而為羊。由此，凡形如羊的石頭俗稱「叱石」。㉒鹿田寺　舊稱寶福院，建於明萬曆年間。傳說有玉女驅鹿耕田於此，故建寺祀之。今已廢。㉓張朝瑞　字子禎，海州（治所在今江蘇灌雲西南）人。隆慶進士。有政績，謚清恪。㉔屠赤水　屠隆，字長卿，號赤水，浙江鄞縣人。萬曆進士，明代文學家。㉕鬭雞巖　以兩巖相峙，如兩雞相鬥，故名。㉖山橋　在赤松山前，橋身為一巨石，橫跨於兩崖之上。㉗赤松宮　即赤松祠，在金華城東二十里北山赤松山。東北為小桃源，下為赤松澗，傳說為黃初平兄弟登仙處。㉘雩　古代求雨的祭禮。㉙下春　日落之時。㉚西玉壺　一名金盆，在棋盤石之後，有泉水。㉛東玉壺　一名玉壺，與西玉壺中間隔著一座山岡，分為兩壑。㉜三洞　即雙龍、冰壺、朝真洞。㉝玉壺　指東玉壺。㉞三望尖　東玉壺上方有三峰尖立，故名。為北山最高處。㉟文　文飾；雅稱。㊱淵　虞淵。唐人避高祖諱，改名虞泉，古代神話傳說中日入之處。㊲皓魄　月初出或將沒時的微光，這裡借指月亮。㊳萬籟　指自然界的一切聲音。籟，從空穴中發出的聲響。㊴登樓舒嘯　晉陶淵明〈歸去來辭〉：「登東皋以舒嘯，臨清流而賦詩。」寫超然自得之意。舒嘯，放聲呼嘯。㊵釃酒臨江　宋蘇軾〈前赤壁賦〉，寫曹操征吳，「釃酒臨江，橫槊賦詩」，充滿自得之情。釃酒，斟酒。㊶太虛　指天地元氣。

【語　譯】 初九　早晨起身，天空就像洗過一般明淨。和王敬川一起走進蘭溪西門，隨即經過金華縣衙門前。因為知縣剛去世，衙門前人流不息。知縣為歙縣人項人龍，辛未進士，在五天之內，和父親、兒子三人一起死於痢疾。又向東登上蘇坊嶺，嶺很平坦，兩邊都是街市。往東走下為四牌坊，從蘇坊到這裡，街市商店很繁盛，往南便是金華府治了。和王敬川一起走進歙縣人開的麵店，麵的味道很好，於是一人吃了兩份。

依舊走出西門，隨即沿城往西北走，王敬川仍戀戀不捨，過了好久，方才告別。以後的路高低不平，或上山岡，或下丘壟，走了十里，到達羅店。向人打聽三洞在哪裡，回答說在西面，看到尖峰靠在前方，則又在東面。於是拉著當地人詳細打聽，回答說：「北山的山腰是鹿田寺所在的地方。向東延伸的山脈，往南聳起芙蓉峰，也就是這尖峰，為郡城主脈始起之處，聚集往西延伸的山脈，在南面結成三洞。三洞的西面，便是蘭溪地界。」這時想從三洞返回蘭溪，怕東面還有其他勝景，於是朝著芙蓉峰趕路。從羅店向東北走五里，到智者寺。寺院在芙蓉峰的西面，是北山南麓的第一寺。如今已經破落。但殿中仍有一塊石碑，是宋代陸務觀為智者大師重建這座寺院撰寫的記文，碑上的字為他的手跡。石碑的背面還刻著陸務觀和智者大師的幾封親筆信，碑文為楷書，信為行書，都寫得很有情趣，只恨沒有搨工，不能稱心如意得到一份拓本。寺的東面還有芙蓉庵，有路可上芙蓉峰。我看這山峰雖然又尖又圓，但高不到北山的一半，為此，就沒上去。仍從智者寺的西北登上山嶺，在山塢中攀登，走了五里，來到清景庵。庵中的道修和尚留我們吃飯，又帶我從北面的山塢登上楊家山。這山是北山南下的第二層，再往下芙蓉峰為第三層。繞過它的西面，從兩山夾中朝北穿越而上，東面為楊家山，有居民數十家；西面為白望山，為仙人遙望白鹿的地方。大約共走了七里路，只見北山居高靠後，楊家山排列在前，中間開出一片平地，上面大石鋪陳突起，有一處以層層石級壘成平臺，屋旁種滿竹子，便是朱開府的山莊。朱名大典。山莊的東北，石塊堆積更多，大的像獅、象，小的像鹿、豬，都蹲伏在平地的草叢中，這裡就是石浪，即黃初平叱石成羊的地方，難道這些羊如今又變成石塊了嗎？石上便是鹿田寺，寺以玉女趕鹿耕田得名。大殿的前面有塊石因形狀相似，名馴鹿石。這寺由來已久，後被那些做官人家不斷侵占，知府張朝瑞海州人。建殿保存石羊，屠赤水有《遊記》刻在殿中。我到那裡，已是下午，向人詢問，得知鬬雞巖在寺的東面，立刻和靜聞走了二里，向東經過山橋。從山橋往東走下一里，兩座山峰橫向夾立，澗水從中流出，峰石都一片片淩空而起，直奔澗中，形狀就像發怒豎起的雞冠，溪流在下面奔流跳躍，也是一處勝景。從鬬雞巖往東走下幾里，為赤松宮，是去郡城東門的路，即芙蓉峰的東谷。

鬬雞巖上居住著一個姓趙的樵夫，指著北山的山頂說上面有棋盤石，石後有西玉壺水往下流，天旱時用它祭祀求雨，很有奇效。這時太陽已經西下，和靜聞急忙從草叢中向上攀登，往上走了好長時間，忽然聽到喊叫的聲音，原來是那姓趙的樵夫見我向西，走錯了路，又指向東，叫我從茂密的草叢中走。大約一股勁往上走了二里，才到石邊。石前有座平臺，後面聳立著層疊的石塊，當中有一間屋子，裡面有仙人塑像，即這座山的山神。背後石室下面有一盆水，大概就是祭祀求雨的水。但石室的上面還有澗水，帶著清脆的聲響，從山頂流下。這時太陽即將落下，於是沿著澗水上行，繼續攀登，只見石峽如同門戶，水從峽中流出，從門往上還有平緩的溝壑，即人們所說的西玉壺。聽說在它東面還有東玉壺，都是在山頂流出水的溝壑。西玉壺的水，往南流下的從棋盤石暗流到三洞溢出，往北流下的從裡水源到蘭溪的北面流出；東玉壺的水，往南流下的從赤松宮到金華流出，往東流下的到義烏流出，往北流下的從浦江流出，大概也是一郡的分水嶺。玉壺過去又名盤泉，分別聳立在上面的，如今又稱為三望尖，雅稱金星峰，總之就是所謂的北山。剛到峰頂，落日正好沉沒，下面恰有一片水光，托著餘暉，浮動不定，心想從西流來的衢江水灣，正是在這地方。夕陽已經下山，明月接著閃耀清輝，四周沒有一點聲響，天空碧綠一片，如同洗過一般，真像玉壺那樣清冷高潔，洗滌到骨，只覺我和靜聞兩人都已脫胎換骨，轉想下界碌碌眾生，又有誰感受這樣的清光？即使有登樓呼嘯、臨江斟酒的人，比起我們獨自登上萬山之頂，走到路的盡頭，遠出塵世之外，真有天地之別。即使山靈怪獸來和我嬉戲，也不足為懼，更何況如今悄然不動，和天地元氣一起漫遊呢！在這裡流連好長時間，仍然往下走二里，到棋盤石。又從草叢荊棘中往下走二里，到鬬雞巖。姓趙的樵夫聽到聲音，開門出來，也認為他在這山居住以來，從未遇上這種情況。再往西登上一里，到山橋。又往西走二里，到鹿田寺。瑞峰、從聞和尚因為我們出去很久還沒回來，正分頭到各條路口向遠處呼喊，聲響震動山谷。走進寺中，洗了澡睡覺。

初十日　雞鳴起飯，天色已曙。瑞峰為余束炬數枚，與靜聞分肩以從。從朱莊後西行一里，北而登嶺，嶺甚峻。約一里，有石聳突峰頭。由石畔循北山而東，可達玉壺；由石畔踰峰而北，即朝真洞❶矣。洞門在高峰之上，西向穹然，下臨深壑。壑中居舍環聚，恍❷疑避秦❸，不知從何而入，詢之，即雙龍洞❹外居人也。蓋北山自玉壺西來，中支至此而盡，後復生一支，西走蘭溪。後支之層分而南者，一環而為龍洞塢，再環而為講堂塢，三環而為玲瓏巖塢，而金華之界，於是乎盡。玲瓏巖之西，又環而為鈕坑，則蘭溪之東界矣；再環而為白坑，三環而為水源洞，而崇崖巨壑，亦於是乎盡。後支層繞中支，中支西盡，頹然❺下墜：一墜而朝真闢焉，其洞高峙而底燥；再墜而冰壺❻窪❼焉，其洞深奧，而水中懸；三墜而雙龍竅❽焉，其洞變幻，而水平流。所謂三洞也。洞門俱西向，層累而下，各去里許，而山勢嶄絕，俯瞰仰視，各不相見，而洞中之水，實層注焉。中支既盡，南下之脈復再起而為白望山，東與楊家山駢列于北山之前，而為鹿田門戶者也。

朝真洞門軒豁，內洞稍窪而下。秉炬深入，左有一隙如夾室❾，宛轉從之，夾窮而有水滴瀝，然隙底仍燥，不知水從何去也。出夾室，直窮洞底，則巨石高下，仰眺愈穹，俯瞰愈深。從石隙攀躋下墜，復得巨夾，忽有光一縷，自天而下。蓋洞頂高盤千丈，石隙一規❿，下逗⓫天光，宛如半月，幽暗中得之，不啻⓬明珠寶炬矣。既出內洞，其左復有兩洞，下洞所入無幾，上洞宛轉，亦如夾室，右有懸竅[13]，下窺無底，想即內洞之深墜處也。

出洞，仍從突石峰頭南下，里許，折而西北，又里許，得冰壺洞，蓋朝真下墜之次重[14]矣。洞門仰如張吻，先投杖垂炬而下，滾滾不見其底，乃攀隙倚空入其咽喉，忽聞水聲轟轟，愈秉炬從之，則洞之中央，一瀑從空下墜，〔冰花玉屑[15]，從黑暗處耀成潔采。〕水墜石中，復不知從何流去。復秉炬四窮，其深陷踰於朝真，而屈曲不及也。

出洞，直下里許，得雙龍洞。洞闢兩門，瑞峰曰：「此洞初止一門，其南向者，乃萬曆[16]間水傾崖石而成者。」一南向，一西向，俱為外洞。軒曠宏爽，如廣廈高穹，閶闔[17]四啟，非復曲房[18]夾室之觀。而石筋[19]夭矯[20]，石乳[21]下垂，作種種奇形異狀，此「雙龍」之名所由起。中有兩碑最古，一立者鐫「雙龍洞」三字，一仆者鐫「冰壺洞」三字，俱用燥筆[22]作飛白[23]之形而不著姓名，必非近代物也。流水自洞後穿內門西出，經外洞而去。俯視其所出處，低覆僅餘尺五，正如洞庭[24]左衽[25]之墟[26]，須帖地而入，第[27]彼下以土，此下以水為異耳。瑞峰為余借浴盆於潘姥家，姥居洞口。姥餉以茶果。乃解衣置盆中，赤身伏水，推盆而進隘[28]。隘五六丈，輒穹然高廣，一石板平庋[29]洞中，離地數尺，大數十丈，薄僅數寸。其左則石乳下垂，色潤形幻，若瓊柱寶幢[30]，橫列洞中，其下分門剖隙，宛轉玲瓏。溯水再進，水竇[31]愈伏，無可容入矣。竇側石畔一竅如注，孔大僅容指，水從中出，以口承之，甘冷殊異。約內洞之深廣，更甚於外洞也。要之，朝真以一隙天光[32]為奇，冰壺以萬斛珠璣[33]為異，而雙龍則外有二門，中懸重幄[34]，水陸兼奇，幽明湊[35]異者矣。

出洞，日色已中，潘姥為炊黃粱以待，感其意而餐之，報之以杭傘一把。乃別二僧，西逾一嶺，嶺西復成一塢，由塢北入，仍轉而東，去雙龍約五里矣。又上山半里，而得講堂洞[36]焉。其洞亦有二門，一西北向，一西南向，軒爽高潔，亢出雙龍洞之上，幽無雙龍洞之黯，真可居可憩之地。昔為劉孝標[37]揮麈[38]處，今則塑白衣大士[39]於中。蓋即北山後支南下第一嶺，其陽迴環三洞，而陰又闢成此洞也。嶺下塢中居民，以燒石[40]為業，其澗涸而無底流[41]，居人俱登山汲水於講堂之上。渡澗，復西逾第二嶺，則北山後支南下之第二層也。下嶺，其塢甚逼[42]，然澗中有流淙淙北來。又渡而西，再循嶺北上，磴闢流湧，則北山後支南下之第三層也。外隘而中轉，是名玲瓏巖[43]，去講堂又約六里矣。塢中居室鱗次，自成洞壑，晉人桃源[44]不是過。轉而西，逾其嶺，則蘭溪界也。下嶺，為鈕坑，亦有居人數十家。又逾一嶺，曰思山祠，則北山後支南下之第四層也，去玲瓏巖西又約六里矣。時日已將墜，問洞源寺路，或曰十里，或曰五里。〔亟下嶺，〕循澗南趨五里，暮至白坑，居人頗多，亦俱燒石。又西逾石塔嶺，則北山後支南下之第五層也，洞源寺即在嶺後高峰之北。

從此嶺穿徑而上，僅里許，而其正路在山前下洞之旁。蓋此地亦有三洞：下為水源洞，一名湧雪。上為上洞，一名白雲。中為紫雲洞。而其地總以「水源」名，故一寺而或名水源，或名上洞，而寺與水源洞異地。由嶺上徑道抵寺，故前曰五里，由水源洞下嶺復上，故前曰十數里。時昏黑不辨山路，無可詢問，竟循大路下山，已㊺見一徑，西岐而下，強靜聞從之。久而不得寺，祇見石窰㊻滿前，徑路紛錯。正徬徨間，望見一燈隱隱，亟投之，則水舂也。其人曰：「此地即水源，由此塢北過洪橋，循右嶺而上，可三里，即上洞寺矣。」以深夜難行，欲止宿其中，其人曰：「月色如晝，至此山徑亦無他岐，不妨行也。」始悟上洞寺在北山第五層之陰。乃溯溪，西北至洪橋，自白坑來，約四里矣。渡橋，北躡嶺而上，里餘，轉而東，又里餘，始得寺，強投宿焉。始聞僧有言靈洞㊼者，因憶趙相國㊽有「六洞靈山」諸刻，豈即是耶？竟未悉而臥。

【章　旨】本章記載了第二十二天在金華遊三洞的行跡。朝真洞在高山之上，洞下幽深的溝壑如同世外桃源，深入洞中，看到一縷光線，從空中照下。冰壺洞在朝真洞下方，洞中有瀑布從空中落下。再往下是雙龍洞，有兩扇洞門，洞內石鐘乳垂掛，形狀奇特。伏在水中，推著浴盆走過一條低矮的暗河，從外洞進入內洞。離開金華三洞，又前往講堂洞，高爽明潔，是個好地方。離洞六里有玲瓏巖，山塢形成天然洞壑，絕不亞於桃花源。向西進入蘭溪地界。因夜深山路難行，找不到水源洞，就去上洞寺投宿。

【注　釋】❶朝真洞　又名真人洞。在北山山頂，冰壺洞上行二里處。因洞中有一石如觀音，數石如群仙拱立，故名。或說古代有道真人棲居於此，故名。洞口高敞，洞中穹然軒爽，曲折深長，分為四段。深處頂端有一小孔，天光燦然，名為一線天。❷恍　彷彿。❸避秦　晉陶淵明作〈桃花源記〉，村民云：「先世避秦時亂，率妻子邑人來此絕境（與外界隔絕往來的地方）。」❹雙龍洞　因有鐘乳分懸洞口兩側，狀若龍頭，故名。洞由內、外兩部分組成，均有岩溶奇景。兩洞之間有一條十二公尺長的暗河，水面上距岩石僅兩尺，遊人須仰臥船上，牽引出入，歷來被譽為造化絕境、水石奇觀。❺頹然　崩坍、墜落的形狀。❻冰壺　冰壺洞，在雙龍洞上行二百公尺處。以洞口小、肚大、身長，形似壺，洞中清冷如冰，故名。洞中有瀑布，從石隙中懸空而下，高約二十公尺，瀑下無潭，潛流四散。自洞內隔瀑遙望洞口，甚為壯麗。❼窪　凹陷。❽竅　貫通。❾夾室　兩側的房屋。❿規　圓形。這裡指圓形的小孔。⓫逗　投射。⓬不啻　無異於。⓭竅　孔洞。⓮次重　又一層。⓯玉屑　玉的碎末。⓰萬曆　明神宗年號。⓱閶闔　天門。此指洞門。⓲曲房　深邃的密室。⓳石筋　指在石壁裂縫滴瀝凝聚的岩溶。⓴夭矯　卷曲而有氣勢。㉑石乳　石鐘乳，又稱鐘乳石。石灰岩洞中在洞頂上的像冰錐的物體。常與石筍上下相對。㉒燥筆　墨濃水少，筆頭枯燥，用以作書，稱為燥筆。㉓飛白　一種書體。筆劃中露出一絲絲白地，如用枯筆寫成。相傳東漢靈帝時蔡邕至鴻都門，見工匠用刷白粉的帚寫字，得到啟示，發明了這種「飛白書」。㉔洞庭　山名，在江蘇吳縣西南太湖中。㉕左衽　左邊衣襟。此指洞庭山左側。㉖墟　原為土丘，這裡借指不高的山峰。洞庭山又分東、西兩山，西洞庭山有不少山峰，且多石灰岩溶洞。㉗第　只是。㉘隘　指連接內外洞的低矮狹窄的通道（即暗河）。㉙庋　安放；保存。㉚寶幢　寶蓋。指形如傘狀的岩溶。㉛竇　孔洞。㉜一隙天光　指一線天。㉝萬斛珠璣　指洞中瀑布。斛，古代量器，容量本為一斗，後改為五斗。璣，不圓的珠。㉞重幄　指形如重重帳幕的岩溶。㉟湊　聚集。㊱講堂洞　在金華城西北三十里紫霄巖下，石室深廣有十餘方丈。㊲劉孝標　劉峻，字孝標，平原（今屬山東）人。南朝梁學者，曾注《世說新語》，為世所重。㊳揮麈　晉人清談時，常執麈尾揮動，以為談助，後人因稱談論為揮麈。麈，鹿屬，即四不像。古人以駝鹿尾為拂塵，因稱拂塵為麈尾，或省作麈。㊴白衣大士　即白衣觀音大士。因此尊常著白衣，立於白蓮中，故名。㊵石　石灰。㊶底流　洞底淺水。㊷逼　狹窄。㊸玲瓏巖　又名雲臺巖，在金華城西北三十里。山峰如同削成，峰上奇石玲瓏，故名。㊹桃源　晉陶淵明在〈桃花源記〉中虛構的與世隔絕的樂土。其地人人豐衣足食，怡然自樂，不知世間有禍亂憂患。㊺已　隨即。㊻石窰　石灰窰。㊼靈洞　靈洞山。又名洞巖山，俗稱上洞寺。因山上有湧雪、紫霞、白雲、呵呵、無底、漏斗等六洞，也名六洞山。在蘭溪城東十四里處，為金華北山餘脈。多石灰岩溶洞。六洞如其名，各有特色。其中著名的為白雲、紫霞、湧雪這小三洞，三洞相環如貫珠。㊽趙相國　趙志皐，字汝邁，蘭溪人。萬曆年間，以忤張居正去職，後進禮部尚書，入參機務。

【語　譯】初十　雞啼時起身做飯，天已破曉。瑞峰替我紮了幾個火把，和靜聞分擔了跟著走。從朱開府山莊後面向西走一里，再往北登上山嶺，嶺十分險峻。走了約一里，有石塊在峰頭聳立突起。從石旁沿北山向東，可到玉壺；從石旁翻過山峰向北，便是朝真洞了。洞門在高峰之上，面向西，高大深遠，下面對著幽深的溝壑。壑中住房環列聚集，令人懷疑是個與世隔絕的地方，不知他們是從哪裡進去的，一問，原來是雙龍洞外的居民。原來北山從西面的玉壺延伸過來，中間的支脈到這裡為止，後面又生出一支，往西到蘭溪地界。後面的支脈向南分成幾層，第一層環繞成龍洞塢，第二層環繞成講堂塢，第三層環繞成玲瓏巖塢，而金華的地界，就到此為止。玲瓏巖的西面，又環繞成鈕坑，作為蘭溪東面的分界，再環繞成白坑，第三次環繞成水源洞，高山大壑，也到此為止。後面的支脈層層圍繞著中間的支脈，中間的支脈向西到了盡頭，便往下崩坍墜落：一落開闢了朝真洞，洞在高處，底部乾燥；再落形成凹陷的冰壺洞，洞幽深曲折，裡面懸掛著瀑布；三落產生相通的雙龍洞，洞中變幻不測，有水平流。這就是人們所說的金華三洞。洞門都向西，層層疊疊向下，相隔各有一里左右，但山勢高峻，無論往下還是向上看，都各不相見，洞中的水，實際上都是一層層注入的。中間支脈到了盡頭，南下的支脈又再聳起形成白望山，和東面的楊家山並列北山之前，成為鹿田的門戶。

朝真洞洞門開闊，內洞稍微有些窪下。拿著火把深入洞中，左邊有條縫隙如同夾室，從這條縫中曲折向前，到夾縫盡頭，有水下滴，但夾縫底部仍然乾燥，不知水流到哪裡去了。走出夾室，直到洞底，只見巨石高低錯落，抬頭仰望，更覺高大，低頭俯視，又更覺深遠。從石縫中一會兒攀登，一會兒下落，又來到一處高大的夾室，忽然看到有一縷光線，從空中照下。原來洞頂高高盤踞千丈之上，有個圓形的小孔，陽光往下投入，就像一彎新月，幽暗中看到這光線，真與明珠寶炬無異。走出內洞後，左邊又有兩個洞，下洞進去不太深，上洞曲曲折折，也像夾室；右邊有個陡直往下的洞穴，一望無底，想來就是內洞下落的深處。

走出洞，仍從有大石突起的峰頭往南下去，走了一里左右，轉向西北，又走了一里左右，來到冰壺洞，是朝真洞下落的又一層。洞門向上，如同張開的嘴唇，先將手杖、火把往裡扔，滾轉向下，深不見底，於是在石縫中攀行，通過空隙深入內部，忽然聽到水聲轟轟，更加鼓起勁來，拿著火把往裡走，只見洞的中央，一道瀑布從空中落下，如冰花飛舞，玉屑四濺，在黑暗處閃耀，發出潔白的光彩。水落到石中，又不知流到哪裡去了。拿著火炬再往四處探照，幽深凹下比朝真洞更甚，但曲折有所不及。

走出洞，一直往下走了一里左右，來到雙龍洞，有兩扇洞門，瑞峰說：「這洞原先只有一門，向南那扇門，是在萬曆年間水將崖石沖垮後形成的。」一向南，一向西，都是外洞。開曠爽朗，如大廈高聳，天門四啟，不再是曲房夾室的模樣。石壁上岩溶卷曲，石鐘乳下垂，呈現出種種奇形怪狀，這就是「雙龍」這名稱的由來。中間有兩塊石碑最古老，一塊豎立的刻著「雙龍洞」三個字，一塊倒下的刻著「冰壺洞」三個字，都用燥筆寫成飛白體，不留姓名，必定不是近代的東西。水從洞後穿過內門向西流出，經過外洞而去。俯視它所流出的地方，洞頂低低地覆蓋，離底部只有一尺五寸，正像洞庭山左側的山洞，必須將身體貼在地上才能進去，只是那裡下面是土，這裡下面是水這點不同罷了。瑞峰為我到潘姥家借了浴盆，潘姥居住在洞口。老婆婆拿出茶果來招待。於是脫下衣服，放入盆中，光著身子，伏在水中，推著浴盆進入狹窄的暗河。暗河有五六丈遠，走出後便高大寬廣，一塊石板平放在洞中，離地面有幾尺，大幾十丈，但很薄，只有幾寸。它的左邊石鐘乳往下垂掛，色彩鮮明，形狀奇特，如玉柱寶蓋，在洞中橫向排列，下面的溶石，分列間隔，宛轉玲瓏。沿著水流繼續上行，水洞更加低伏，沒法進去了。洞旁石邊有個孔洞如同噴泉，孔大只能容納一個手指，水從裡面流出，用嘴接住，甘美清冷，很不尋常。大約內洞的深廣，要比外洞更甚。總之，朝真洞以從縫隙中透露的一線陽光為奇，冰壺洞以如同萬斛珠玉的瀑布為異，而雙龍洞則外面有兩扇門，裡面懸掛著如重重帳幕的岩溶，可謂水陸之奇兼有、明暗之異聚合了。

走出洞，太陽已在頭頂，潘姥煮了黃粱飯款待，感激她這番好意，吃了飯，給她一把杭州生產的雨傘作為酬謝。於是告別兩個僧人，向西翻過一座山嶺，山嶺西面又是一個山塢，從山塢的北面進去，又轉而向東，離開雙龍洞約有五里路了。再上山走半里，來到講堂洞。這洞也有兩扇門，一扇面向西北，一扇面向西南，寬敞明潔，高出雙龍洞之上，不像雙龍洞那麼幽暗，真是既可居住又可休息的好地方。過去是劉孝標讀書談道之處，如今裡面供奉著白衣大士的塑像。這裡即是北山後面的支脈往南延伸的第一座山嶺，山南迂迴環繞結成三洞，山北又開闢成這個洞。嶺下山塢中的居民，以燒石灰為業，當地的山澗已經乾涸，沒有水流，居民都登山到講堂洞上面打水。渡過山澗，又向西翻過第二座山嶺，即北山後面的支脈向南延伸的第二層。走下山嶺，山塢十分狹窄，但澗中有水從北淙淙流來。又渡過澗水向西，再沿著山嶺北上，只見石級鋪路，溪流奔湧，便是北山後面的支脈向南延伸的第三層。那外面狹隘、裡面環轉的地方，稱作玲瓏巖，離講堂洞又約六里路了。山塢中房屋鱗次櫛比，形成天然的洞壑，晉人的桃花源絕不會超過它。轉而向西，翻過山嶺，便是蘭溪地界。走下山嶺，為鈕坑，也有幾十家居民。又翻過一個山嶺，名思山衕，便是北山後面的支脈向南延伸的第四層，離玲瓏巖西側又約六里了。這時太陽即將下山，詢問去洞源寺的路，有的說十里，有的說五里。急忙走下山嶺，沿著澗水往南趕五里路，傍晚到達白坑，居民很多，也都以燒石灰為業。又向西翻過石塔嶺，便是北山後面的支脈向南延伸的第五層，洞源寺就在嶺後高峰的北面。

從這個山嶺穿過小路向上，只有一里光景，大路在山前下面那個洞的旁邊。這裡也有三個洞：下面為水源洞，一名湧雪。上面為上洞，一名白雲。中間為紫雲洞。地名總稱「水源」，故同一座寺廟，有人稱之為水源，有人稱之為上洞，但寺廟與水源洞並不在一個地方。從嶺上的小路到寺廟路程較近，故前面有人說有五里，從水源洞下嶺再上去路程較遠，故前面有人說有十數里。當時天色昏黑，看不清山路，又沒人可問，竟沿著大路下山，隨後看見一條小路，向西岔下去，硬拉著靜聞走這條路。過了好久仍然找不到寺廟，只看到前面盡是石灰窰，小路紛亂交錯。正猶豫不決之時，隱隱約約望見一盞燈火，急忙走到那裡，原來是個水舂。那人說：「此地就是水源，從這山塢向北過洪橋，沿右邊山嶺走上去，大約三里路，就是上洞寺了。」因為深夜，路不好走，我們想住宿在水舂中，那人說：「月光明亮，如同白天，到這裡山路已沒有其他岔道，走也無妨。」這才明白上洞寺在北山第五層的北面。於是沿著溪水上行，往西北到達洪橋，從白坑過來，約有四里路。過了橋，往北踏著山嶺向上，走了一里多路，轉而向東，又走了一里多路，這才到達寺廟，勉強到裡面投宿。第一次聽到僧人說起靈洞，於是想起趙相國有「六洞靈山」諸石刻，難道就是這洞嗎？結果沒弄清楚就入睡了。

十一日　平明起，僧已出。余過前殿，讀黃貞父❶碑，始知所稱「六洞」者，以金華之「三洞」與此中之「三洞」，總而得六也。出殿，則趙相國之祠正當其前，有崇樓傑❷閣，集、記中所稱靈洞山房❸者是也。余豔❹之久矣，今竟以不意得之，山果靈於作合耶！乃不待晨餐，與靜聞從寺後躡磴北上，先尋白雲洞。洞在寺北二里。一里，至嶺頭。逾嶺而北，嶺凹忽盤旋下窪如盂磬❺。披莽從之，一洞岈然❻，下墜深黑，意即所云白雲而疑其隘。忽有樵者過頂上，仰而問之，曰：「白雲尚在北，此洞窗也。」乃復上，北行。兩山夾中又迴環而成一窪，大且❼百丈，深數十丈。螺旋而下，而中竟無水，〔倘置水其中，即仙遊鯉湖❽矣。〕然即無水，余所見山頂四環而無隙瀉者，僅此也。又下，從岐左西轉山夾，則白雲洞在焉。洞門北向，門頂一石橫裂成梁，架於其前，從洞仰視，宛然鵲橋⑨之橫空也。入洞，轉而左，漸下漸黑，有門穹然，內若甚深，外有石屏遙峙。從黑暗中以杖探地而入數十步，洞愈寬廣，第無燈炬，四顧無所見，乃返步而出。出至穹門之內，初入黑甚者，至此光定，已歷歷可覩。乃復轉屏出洞，踰嶺而還。飯而出寺，仍舊路西下，二里，至洪橋。未渡，復從橋左人居後半里，上紫雲洞。洞門西向，洞既高亢，上下平整，中有垂柱四五枚，分門列戶，界為內外兩重。〔瓊窗翠幄⑩，處處皆是，亦敞亦奧，膚色俱勝。〕洞之北隅復通一奧，宛轉深入，以無炬而返。下渡洪橋，循澗而東，山石半削，髡為危壁，其下石窖柴積，縱橫塞路，即夜來無問津處也。渡石梁，水源洞即在其側。洞門南向，正跨澗上。洞口垂石繽紛，中有一柱，自下屬上，若擎之而起；〔其上嵌空⑪紛綸⑫，復闢一竇，幻作海蜃狀。〕洞內上下分二層，下層即水澗所從出，澗水已涸，出洞數步，即有水溢于澗中，蓋為水碓⑬引出洞側也。上層由洞門躡蹬而上，漸入漸下，既下而空廣愈覺無極，聞水聲甚遠，以無炬，不及窮。

出坐洞口〔擎柱內，觀石態古幻。〕念兩日之間，於金華得四洞，於蘭溪又得四洞，昔以六洞湊靈，余且以八洞盡勝，安得不就此一為殿最⑭？雙龍第一，水源第二，講堂第三，紫霞第四，朝真第五，冰壺第六，白雲第七，洞窗第八，此由金華八洞而等第⑮之。若夫新城之墟，聿⑯有洞山，兩洞⑰齊啟，左明右暗，明覽雲霞，暗分水陸，其中仙田每每⑱，塍疊波平，瓊戶重重，隘分竇轉，以斯洞之有餘，補洞窗之不足，法⑲彼入此，當在雙龍、水源之間，非他洞之所得侔也。

品第久之，始與靜聞別洞源而去，過夜來問津之舂，循西嶺出塢，西南行十五里，而達於蘭溪之南關。入旅肆，顧僕猶未飯，亟飯而覓舟。時因援師之北，方籍⑳舟以待，而師久不至。忽有一舟自北來，亟附之，乃布舟也。其意猶未行，而籍舟者復至，乃刺舟五里，泊於橫山頭。

【章　旨】本章記載了第二十三天在金華府遊靈洞山的行跡。走出上洞寺殿，無意中看到嚮往已久的靈洞山房。從寺後直上洞窗洞，接著去白雲洞，洞內又深又黑。經過洪橋，登上紫雲洞，洞分內外兩重。隨後去水源洞，洞內分上下兩層。因沒有火把，未能深入這三個洞中。坐在洞口，對這兩天所遊的八個洞，排了名次。當天到達蘭溪南關，又到橫山頭停泊。

【注　釋】❶黃貞父　黃汝亨，字貞父，仁和人。萬曆進士，晚年退居南屏，題曰「寓林」，有《寓林集》。❷傑　高大。❸靈洞山房　在靈洞山棲真寺前，為趙志皐讀書處。趙志皐的文集即名《靈洞山房集》。❹豔　豔羨；十分羨慕。❺盂磬　盂，鉢盂，僧人的食器。磬，佛寺中的打擊樂器，形似鉢，用銅製成。❻岈然　深邃貌。❼且　將近。❽仙遊鯉湖　九鯉湖，在福建仙遊東北二十六里的萬山之巔，是個天然湖泊。傳說漢武帝時，有何氏兄弟九人到這裡煉丹，丹成，湖中赤鯉化而為龍，何氏兄弟各乘一鯉成仙飛去，故名。❾鵲橋　民間傳說天上織女七夕渡河與牛郎相會，喜鵲來搭成橋，稱鵲橋。❿幄　帳幕。⓫嵌空　玲瓏。⓬紛綸　多而亂。⓭水碓　用水作動力的舂米用具。⓮殿最　品評高下。古代考核軍功或政績時，以上等為最，下等為殿。⓯等第　唐代京兆府經考試後，擇優解送禮部應試的前十名士子。後泛指名次。⓰聿　古漢語中用在句首或句中的助詞。⓱兩洞　即前初四日記所記明洞和幽洞。明洞，即仙洞。在三九山。洞由階級而下，漸趨平坦，深約二十餘丈。石如覆屋，有石柱支撐。岩石有水波紋，上面垂掛著石鐘乳。幽洞，即靈隱洞。在靈隱山。裡面分兩個洞，一洞有水，清淺可玩，洞盡處有口如甕，水聲澎湃，不絕於耳。一洞無水，洞上石鐘乳滴成鎚劍狀。⓲每每　美麗而又繁盛。⓳法　標準；模式。⓴籍　籍沒；沒收入官。

【語　譯】十一日　黎明起身，僧人已經外出。我經過前殿，讀了黃貞父撰寫的碑文，這才知道所說的「六洞」，是金華「三洞」和這裡「三洞」，總共得六的緣故。走出大殿，只見趙相國的祠堂正在它的前面，有高大的樓閣，這就是文集、遊記中所說的靈洞山房。我對它嚮往已久了，今天居然在無意之中碰上，山神製造巧合，果真這樣靈驗嗎！於是等不及吃早飯，就和靜聞從寺廟後面踏著石級向上攀登，先尋找白雲洞。洞在寺北二里處。走了一里，到達嶺頭。翻過山嶺向北，嶺凹陷的地方忽然往下盤旋，形成窪地，形狀如同鉢盂佛磬。撥開草叢進去，只見一個幽深的洞，下面一片漆黑，心想這就是所說的白雲洞，但又對它這樣狹隘生疑。忽然有個樵夫經過頂上，抬頭問他，答道：「白雲洞還在北面，這是洞窗洞。」於是再向上往北走。在兩山相夾之中，又環轉形成一片窪地，有近百丈大，幾十丈深。曲折盤旋下去，裡面居然沒有水，如果在裡面放水，便是仙遊縣的九鯉湖了。但即使沒水，據我所見，四周山頂環繞而沒有缺口瀉水的，也只有這裡了。繼續往下，從岔路的左邊向西轉到兩山相夾的地方，白雲洞就在這裡。洞門朝北，門的頂端有塊岩石橫向裂成一座橋梁，架在它的前面，從洞中抬頭望去，就像鵲橋橫跨天空。走進洞，向左轉，漸漸往下，漸漸黑了起來。有一扇高大的門，裡面好像很深，外面有石屏障在遠處峙立。在黑暗中用手杖擊地摸索著進去幾十步，洞愈來愈寬廣，但沒有燈燭火把，向四面望去，什麼也看不到，於是轉身出洞。出來回到高大的門內，剛進洞時很黑，到這裡光線集中，已一一清晰可見。於是又轉過石屏障，從洞中走出，翻過山嶺回去。吃了飯走出寺廟，仍從原路往西下去，走了二里，到洪橋。沒過橋，又從橋左邊人們居住的地方往後走半里，登上紫雲洞。洞門朝西，洞不但高大，而且上下平整，中間有四五根筆直的柱子，分門列戶，作為內外兩重的分界。溶石如同玉飾的窗戶、翠綠的帷幕，到處都是，既寬敞，又幽深，表層顏色都很美好。洞北的一角又通向一個深洞，曲曲折折往裡走，因沒有火把照明而返回。下山過了洪橋，沿著澗水向東，山石被削去一半，光禿禿的成為峭壁，下面的石灰窰堆滿乾柴，縱橫交錯，將路堵塞，就是昨夜過來時無從問路的地方。過了石橋，水源洞就在旁邊，洞門朝南，正跨在澗水之上。洞口都是垂落的淩亂的石塊，裡面有一根柱子，從下連接到上面，就像把它舉起一樣；上面玲瓏雜亂，又開出一個洞穴，奇幻莫測，呈現出海市蜃樓般的景狀。洞內分上下兩層，下層便是澗水的源頭，澗水已經乾涸，走出洞幾步，便有水溢出，流入澗中，這是水碓將水引出洞旁的。上層從洞門踏著石級向上，漸漸進去，漸漸往下，到了下面，空蕩蕩的更加覺得沒有盡頭，只聽到很遠的地方有水聲，因為沒有火把，來不及窮究了。

出來坐在洞口如同舉起的石柱內，觀看各種奇幻的石形。想起兩天之內，在金華找到四個洞，在蘭溪又找到四個洞，過去人們將六洞看作是奇異的聚集，而我更是遍遊八洞勝景，怎能不就此作一番品評？雙龍第一，水源第二，講堂第三，紫霞第四，朝真第五，冰壺第六，白雲第七，洞窗第八，這是從金華八洞來排的名次。至於在新城的大丘，有座洞山，露出並排兩個洞，左洞明亮，右洞幽暗，明亮處可觀看雲霞，幽暗處又有水陸之分，其中有絢麗的仙境般的田地，土埂層疊，水波平靜，又有一重重珠玉裝飾的門戶，隘口分隔，洞穴曲折，如果能將這洞過多的景觀，彌補洞窗洞的不足，參照另外幾個洞來評價這洞，那麼應當在雙龍、水源洞之間，而不是其他洞所能相比的。

品評了好一會，才和靜聞離開洞源洞，經過昨夜問路的水舂，沿著西面的山嶺走出山塢，向西南走十五里，到達蘭溪的南關。走進旅店，顧僕還沒吃飯，急忙吃了飯找船。當時因為勤王的增援部隊要去北方，地方官府正沒收民船等候，但部隊卻又遲遲不來。忽然有條船從北駛來，急忙上去搭乘，是一條運布的船。船主原先還不想走，但沒收船隻的差人又到了，於是撐船離開，走了五里，在橫山頭停泊。

十二日　平明發舟。二十里，溪之南為青草坑。其地屬湯溪❶。時日已中，水涸舟重，咫尺不前。又十五里，至裘家堰，舟人覓剝舟❷同泊焉。是夜微雨，東風頗厲。

十三日　天明雲氣復開，舟人起布一艙付剝舟，風已轉利。二十里，至胡鎮❸。又二十里，至龍游❹，日纔下午，候換剝舟，遂泊。

十四日　天明，諸附舟者以舟行遲滯，俱索舟價登陸去。舟輕且寬，雖遲，不以為恨也。早霧既收，遠山四闢，但風稍轉逆，不能驅帆上磧耳。四十五里，安仁❺。為龍游、西安❻界。又十里，泊於楊村。去衢州尚二十五里。是日共行五十五里，追及先行舟同泊，始知遲者不獨此舟也。江清月皎，水天一空，覺此時萬慮俱淨，一身與村樹人煙俱鎔，徹成❼水晶一塊，直是膚裡無間，渣滓不留，滿前皆飛躍也。

十五日　昧爽，連上二灘。援師既撤，貨舟湧下，而沙港澀❽隘，上下捱❾擠，前苦舟少，茲苦舟多，行路之難如此！十里，過樟樹潭❿，至雞鳴山，輕帆溯流，十五里，至衢州，將及午矣。過浮橋，又南三里，遂西入常山溪[11]口，風正帆懸。又二里，過花椒山，兩岸橘綠楓丹，令人應接不暇。又十里，轉而北行，又五里，為黃埠街[12]。橘奴[13]千樹，筐篚滿家，市橘之舟，鱗次河下。余甫登買橘舟，貪風利，復掛帆而西。五里，日沒，乘月十里，泊於溝溪灘之上。其西即為常山[14]界。

十六日　旭日鮮朗，東風愈急。晨起，過焦堰[15]，山迴溪轉，已在常山境上。蓋西安多橘，常山多山；西安草木明艷，常山則山樹黯然矣。溯流四十五里，過午抵常山，風帆之力也。登岸覓夫於東門，徑城里許，出西門。十里，辛家鋪，山徑蕭條，無一民舍。又五里，得荒舍數家，日已西沉，恐前無宿處，遂止其間。地名十五里[16]。

【章　旨】本章記載了第二十四天至第二十八天在浙江衢州府的行跡。第二十四天經過青草坑、裘家堰。第二十五天經過胡鎮，到達龍游。第二十六天輕舟揚帆，到達安仁，在楊村停泊。四周景物清明，人彷彿與之融為一體。第二十七天在擁擠的河道行船，經過樟樹潭，到達衢州。又經過盛產橘子的黃埠街，在溝溪灘上停泊。第二十八天到達常山。隨後經過蕭條的辛家鋪，在荒涼的十五里留宿。

【注　釋】❶湯溪　明代為縣，隸金華府。今為鎮，在金華西。❷剝舟　卸貨的船。剝，通「駁」。用船分載轉運。❸胡鎮　今名湖鎮，為龍游東部扼要處。明、清以來，即稱繁盛。❹龍游　明代為縣，隸衢州府。今為鎮，在金華西、衢州東。❺安

仁　在衢州東，衢江南岸。❻西安　明衢州府治，在今衢州境。❼徹成　徹底成為。❽澀　不通暢；阻塞。❾捱　通「挨」。❿樟樹潭　為衢州東北要鎮，在衢江南岸。⓫常山溪　明代又名西溪，今名常山港。金溪流經常山至衢州境，稱常山溪。⓬黃埠街　今名航埠，在衢州西，常山港南岸。⓭橘奴　東漢丹陽太守李衡在武陵氾州上，種橘千株，臨終，對其子說：「吾州里有千頭木奴，亦可足用。」種橘如畜奴。後因以橘奴為橘樹的別稱。⓮常山　明代為縣，隸衢州府，今屬浙江。⓯焦堰　今名招賢，在航埠東，常山西，常山港南岸。⓰十五里　在常山至玉山（今屬江西）的公路旁。

【語譯】 十二日　黎明開船。走了二十里，溪的南面為青草坑。這裡屬湯溪地界。這時太陽已到頭頂，水流乾涸，船又載物很重，行駛極其困難。又向前十五里，到裘家堰，船夫找了駁船一起停泊。夜間下著小雨，東風十分猛烈。

十三日　天亮後霧氣消散，船夫取出一艙布匹交給駁船，風已轉向順利。走了二十里，到胡鎮。又走了二十里，到龍游，才到下午，因等候更換駁船，於是在這裡停泊。

十四日，天亮後，那些搭船的乘客，嫌船走得太慢，都討回船錢上岸。船變得既輕便又寬敞，雖然慢一些，但也不覺得遺憾。晨霧消散，遠山從四處顯現出來。只是稍微有些逆風，不能揚帆直上急流險灘。走了四十五里，到達安仁。為龍游、西安兩地的分界。又走了十里，在楊村停泊。離衢州還有二十五里。這天共走了五十五里，追上先走的船一起停泊，這才知道不僅僅只是這條船走得慢。江水清澈，月光皎潔，水天一片空明，覺得這時種種煩惱都已消失，身心和村樹人煙都融為一體，徹頭徹尾成了一塊水晶，從裡到外沒有一點間隔，不留一點糟粕，眼前一片生動活潑的景象。

十五日　拂曉，接連衝上兩個險灘。這時增援的部隊已經撤離，貨船蜂湧而下，但沙泥港口狹隘阻塞，上下擁擠，先前苦於水上船少，現在又苦於船多，行路之難，一至於此！走了十里，經過樟樹潭，到雞鳴山，輕快的船隻逆流而上，走了十五里，到達衢州，已將近中午了。過了浮橋，又向南走三里，便往西進入常山溪口，一路順風，布帆高掛。再走二里，經過花椒山，兩岸綠橘紅楓，令人應接不暇。繼續走十里，轉而向北，又走了五里，到黃埠街。這裡有數以千計的橘樹，家家的籮筐裡堆滿了橘子，來採購的船隻，一條挨著一條，在河中排列。我剛登上買橘的船，貪圖風順，又張帆開船向西而去。走了五里，太陽落山，在月光下走了十里，在溝溪灘上停泊。它的西面便是常山地界。

十六日　紅日鮮豔明朗，東風更加迅猛。清晨起身，經過焦堰，山峰縈迴，溪流繞轉，不知不覺已到常山境內。大致西安多橘，常山多山；西安草木明媚豔麗，相形之下，常山的山樹便黯然失色。沿水流上行四十五里，靠著一帆風順的力量，才過中午，便抵達常山。上岸後在東門尋找挑夫，直往城內走一里左右，從西門出城。向前十里，到辛家鋪，山路蕭條，沒有一間民屋。又走了五里，看到幾家荒涼的住房，太陽已經西下，怕前面沒有投宿的地方，便在這裡停步。地名十五里。

【研　析】浙江倚山負海，境內溪流縱橫，千巖清泉飄灑，萬壑古木參天。浙中山水，以清奇秀麗享譽中華。這裡青山如蛾、綠波如綾、花豔如頰、風暖如酒。漫步山陰道上，溯舟富春江中，面對著雲中遠岫、天際奔流、一片片濃得化不開的綠蔭、一處處生氣勃勃的風情，如同凝視一個清純亮麗、充滿青春氣息的少女，如同聆聽一首意境明媚、旋律輕快的樂曲，令人心醉神馳。和泰山、黃山、長江、黃河不同，浙江山水，給人的不是亢奮，而是甜美，不是凌雲的浩氣，而是如水的柔情。

上有天堂，下有蘇杭。以「園林甲天下」的姑蘇古城，以「三秋桂子、十里荷花」聲聞遐邇的杭州西湖，是江、浙兩省最璀璨的明珠，是江南自然和人文景觀的薈萃之地。徐霞客這次萬里遐征的第一步、第二步，就留在這裡。但在這篇遊記中，卻看不到對柔情的繾綣，對秀色的讚美，甚至對濃妝淡抹、無不相宜的西湖風景，對曲徑通幽、移步換景的蘇州園林，也毫不在意。「溪山處處皆可廬，最愛靈隱飛來孤。」這是蘇軾的兩句詩。和蘇軾一樣，對杭州眾多景觀，徐霞客也獨鍾情飛來峰。這裡清泉渟渟，綠樹成蔭，用白居易的話說，真可暢人血氣，起人心情。峰下有許多大小不一的石窟造像，臨溪巖壁上有一尊彌勒佛像，袒腹露胸，喜笑顏開，為宋代造像藝術的傑作。依徐霞客在名山遊記中所表現的審美情趣，這些都理應成為他重筆渲染的對象，但從這篇遊記看，此時他的興趣已經轉移，他關注的不僅是景觀，更多的是地貌。一般說，花崗岩抗壓強度高，岩中包含多種礦物，顏色不一，外表美觀。石灰岩岩性脆弱，易受風化和水力作用的侵蝕，呈現出各種奇姿異態。紅砂礫岩中有交錯層理，如同錦繡，形成前面已講過的丹霞地貌……同為山石景觀，會因構成山體的岩質的不同，在自然環境的長期影響下，形成各種不同的形態美。故認識山水的自然形成和地質構成，對於表現其形態特徵有極大的裨助。從這個意義上說，科學和審美之間有著十分密切的互補作用。一方面對美的追求可促使人們對自然現象作更廣泛的探訪，成為導致科學發現的契機；另一方面建立在深刻理解基礎上的對景物的觀賞，又能幫助審美展開更豐富更合理的想像。和四周群山多屬砂岩不同，飛來峰由石灰岩構成，在地下水長期的溶蝕作用下，岩石變得剔透玲瓏，形成許多奇特的溶洞。由於徐霞客能窮究事物之理，因此也就能用「峰盡骨露，石皆嵌空玲瓏」、「山洗其骨，而天洗其容」這樣簡潔的語言，寫出飛來峰石灰岩壁在流水沖刷後形成的石骨地貌。

對岩溶地貌的研究，是徐霞客在地理學上的主要貢獻之一，而對石灰岩溶洞的考察，又是他在岩溶地貌研究上最重要的成果之一。徐霞客對洞穴有特別的興趣，一聽到附近有奇洞異穴，便欣然而喜，非探不可。和〈閩遊日記〉一樣，對溶洞的描述，是這篇遊記最重要的內容。他三遊浙江，主要就是遊了新城洞山的明洞、幽洞，金華北山的講堂洞、朝真洞、冰壺洞、雙龍洞，蘭溪靈山的洞窗洞、白雲洞、紫雲洞、水源洞。文中描述了洞內維妙維肖、千姿百態的石鐘乳景觀，這也是在其他洞穴遊記中所慣見的文字，徐霞客的描寫並未顯示其特色。他的高明之處在於不僅觀賞形態，更注意考察結構。由於他遊洞必先審山勢，從而揭示了形成這些洞穴的自然條件及其獨特的地理位置。金華三洞，是一個山體上位於不同層面的三級洞穴，即徐霞客所說的「層累而下，各去里許」。因山勢陡峭，又造成了「俯瞰仰視，各不相見」的狀況。他認為三洞的形成，是由於「中支西盡，頹然下墜」，已認識到這種地勢是由地殼運動及地下水位的變化造成（不過這種認識和表述還不十分清晰）。他十分關注洞內的水文狀況，提出「洞中之水，實層注焉」，即地下水是層層注入，上下相通的。他還寫了冰壺洞中的洞穴瀑布、雙龍洞中的地下水流……科學考察和藝術表現，在他的筆下已結成一體。不過，他將金華三洞和蘭溪小三洞合稱金華六洞，以為這就是趙志皐所說的「六洞靈山」，顯然是個錯誤。靈山六洞都在靈山之上，除了徐霞客所遊的白雲、紫霞、湧雪三洞，另外三洞為呵呵、無底、漏斗。

唐代詩人李商隱將「花間喝道，看花淚下，苔上鋪席，斫卻垂楊，花下曬裩，遊春重載，石筍繫馬，月下把火，妓筵說俗事，果園種菜，背山起樓，花架下養雞鴨」，視作敗人清興的「殺風景」之事。在這篇遊記中，徐霞客對元代楊璉真加在飛來峰鑿石造像、流浪乞丐在靈隱寺前喧譁污染，也極為厭惡，從中表現出他對自然環境的保護意識。他所嚮往的是「結廬當遙岑，愛此山境寂。展開明月光，幻作流霞壁。壁上疊梅花，壁下飛香雪。泠然小有天，洵矣眾香國」（〈題小香山梅花堂詩〉）這樣一種清寂高遠的意境。當徐霞客登上金華北山頂峰，正值夕陽西沉，新月吐輝，天空一碧如洗，地面水光相接，眾鳥歸林，萬籟俱寂，此時此地，宛如一個冰清玉潔的世界。獨立峰頭，手掬清光，在目所盤桓、身所綢繆中，心神得到淨化，情感得到昇華，似覺身心與山川合一，形影與元氣共遊，一種脫胎換骨、超塵出俗、遺世獨立、羽化登仙的感覺油然而起。俯仰宇宙，心遊太玄，與高意遠，神思浩蕩，寫下了一段極為優美的文字。五天後，他在衢州附近的楊村泊舟，面對「江清月皎，水天一空，覺此時萬慮俱淨，一身與村樹人煙俱鎔，徹成水晶一塊，直是膚裡無間，渣滓不留，滿前皆飛躍也。」這是一種心凝形釋，與萬化冥合的意境，是物我皆失，融合無間的感受。徐霞客曾作詩：「造化已在手，香色俱陳迹。相對兩忘言，寒光連太乙。」（〈題小香山梅花堂詩〉）所表現的正是這種境界。

江右❶遊日記

【題解】物華天寶，人傑地靈。初唐才子王勃在南昌滕王閣留下的名句，也完全可作江西全省的寫照。從秀出長江之濱的廬山，沿著千里贛江，直到與南粵相接的五嶺，在江西的紅土地上，聳立著無數陡峻的險峰，流動著眾多奔騰的激流。這裡有水石相擊、聲若洪鐘的石鐘山；有白雲如浪、溪壑似海的黃洋界；有煙波浩渺的鄱陽湖；有源清流潔的陸羽泉……數千年流逝的時光，送走多少風流人物，留下遍地名勝古蹟，使江西成為人文薈萃之地。陶淵明在潯陽江畔採菊賦詩，辛棄疾在鬱孤臺上遙望長安，朱熹講學白鹿洞，王守仁立功南昌府，歐陽脩、文天祥從廬陵開始輝煌的人生，饒州抹不去顏真卿、范仲淹的遺澤，這裡留下了陳蕃、狄仁傑、謝枋得、于謙的凜然正氣，這裡也留下了李白、白居易、黃庭堅、楊萬里的俊逸詩風……徐霞客一生，三次入贛，第一次在萬曆四十四年，取道江西前往武夷山；第二次在萬曆四十六年，專程遊覽了廬山；第三次在崇禎九年（一六三六）十月至十年正月，前後歷時八十二天，為萬里遐征的一部分。他從浙江常山進入江西，先後經過玉山、廣信（上饒）、鉛山、興安、弋陽、貴溪、金谿、建昌（南城）、新城（黎川）、南豐、宜黃、樂安、永豐、吉水、吉安、永新、安福、永寧（寧岡）等地，進入湖南。江西境內多山，這篇遊記所寫，主要也是山，贛東、贛中的名山，如龜峰、仙巖、龍虎山、麻姑山、天柱峰、會仙峰、軍峰山、芙蓉峰、華蓋山、青原山、梅田山、禾山、武功山等，在這篇遊記中，都一一作了翔實的描述。

十七日❷雞鳴起飯，再鳴而行。五里，蔣蓮鋪，月色皎甚。轉而南行，山勢復簇，始有村居。又五里，白石灣，曉日甫升。又五里，白石鋪，仍轉西行。又

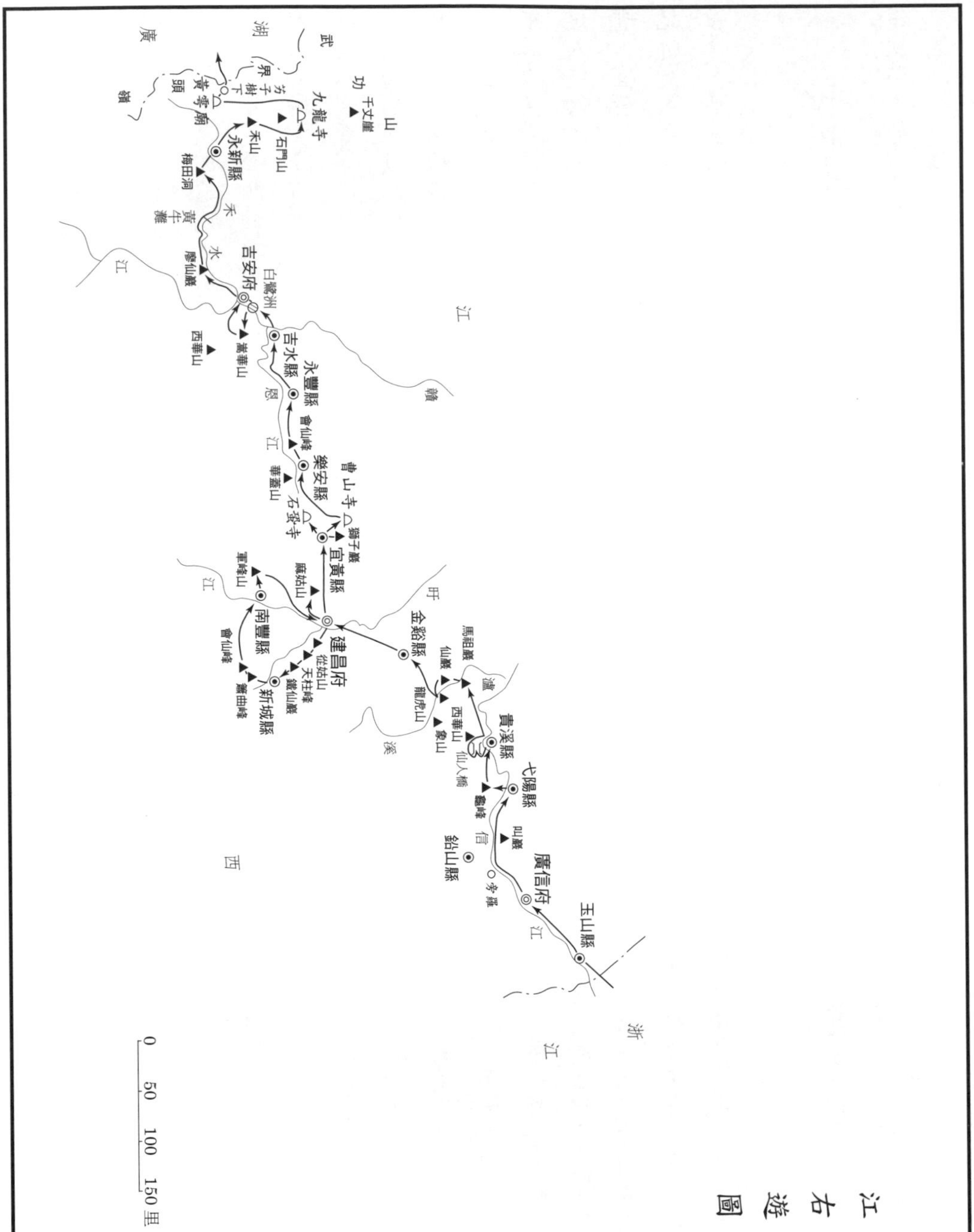
玉山縣
廣信府
弋陽縣
貴溪縣
鉛山縣
金谿縣
建昌府
南豐縣
新城縣
宜黃縣
樂安縣
永豐縣
吉水縣
吉安府
永新縣
九龍寺
曹山寺
浙
江
西
湖
廣
0 50 100 150 里

江右遊圖

七里，草萍公館③，〔為常山④、玉山⑤兩縣界，〕昔有驛，今已革矣。又西三里，即南龍⑥北度之脊也。其脈南自江山縣⑦廿七都之小竿嶺，西轉江西永豐⑧東界，迤邐至此。南北俱圓峙一峰，而度處伏而不高，亦東而不潤。脊西即有一澗南流，下流已入鄱陽⑨矣。澗西累石為門，南北俱屬於山⑩，是為東西分界。又十里為古城鋪⑪，轉而南行，漸出山矣。又五里為金雞洞嶺。仍轉而西，又五里，山塘鋪，山遂大豁。又十里，東津橋，石梁高跨溪上。其水⑫自北南流，其山高聳，若負扆⑬然，在玉山縣北三十里外。蓋自草萍北度，即西峙此山，一名大嶺，一名三清山⑭。山之陰即為饒⑮之德興⑯，東北即為徽⑰之婺源⑱，東即為衢⑲之開化⑳、常山，蓋浙、直㉑、豫章㉒三面之水，俱於此分焉。余昔從堨埠出裘里，乃取道其東南谷中者也。渡橋西五里，由玉山東門入，里許，出西門。城中荒落殊甚，而西城外市肆聚焉，以下水之埠㉓在也。東津橋之水，繞城南而西，至此勝舟。時已下午，水涸無長舟可附，得小舟至府㉔，遂倩㉕之行。二十里而暮。舟人乘月鼓棹，夜行三十里，過沙溪㉖。又五十里，泊於廣信之南門，甫三鼓也。沙溪市肆甚盛，小舟次㉗河下者百餘艇，夾岸水舂㉘之聲不絕，然聞其地多盜，月中見有揭㉙而涉溪者，不能無戒心。廣信西二十里，有石橋瀨溪，下流又有九股松㉚，一本九分，參霄競秀，俱不及登。

【章　旨】本章記載了徐霞客自浙江進入江西第一天的行跡。雞啼時離開浙江常山境內的十五里，經過草萍公館，進入江西玉山地界。隨後又經過金雞洞嶺、東津橋，繼續向前。玉山北面有三清山，為浙江、南直隸、江西三省的分水嶺。在玉山城西門搭乘一條小船，連夜經過沙溪，三更時在廣信府南門停泊。

【注　釋】❶江右　長江下游以西地區。古人習慣上坐北朝南看，故以東為左，以西為右，稱江東為江左，江西為江右。後又稱江西省為江右。❷十七日　指明崇禎九年（丙子，一六三六）十月十七日。昨夜，徐霞客到浙江常山境內的十五里留宿。這篇日記和〈浙遊日記〉的最後篇相接。❸草萍公館　即草坪鎮，在常山西南隅。❹常山　明代為縣，隸衢州府，今屬浙江。❺玉山　明代為縣，隸廣信府，今屬江西。❻南龍　中國古代有「三龍」之說。南龍指橫亙長江南面的大山脈。❼江山縣　明代為縣，隸衢州府，今屬浙江。❽永豐　明代為縣，隸廣信府，今名廣豐，屬江西。❾鄱陽　指鄱陽湖。古稱彭蠡，漢代稱彭澤，隋時以湖近鄱陽山，改今名，形似葫蘆。現有面積近四千平方公里，為中國最大的淡水湖。❿山　疑上失「玉」字，當指玉山。⓫古城鋪　在玉山東北。⓬其水　指金沙溪。源出三清山，為信江上游。⓭負扆　扆，古代窗戶間畫有斧紋的屏風。天子朝諸侯，背扆南面而坐，故稱負扆。⓮三清山　在江西德興、懷玉交界處，與懷玉山對峙。三峰峻拔，路極陡險，山上景色秀麗，文物古蹟甚多。因晉葛洪曾在此煉丹，被譽為道家福地。⓯饒　指饒州府，治所在鄱陽（今江西鄱陽）。⓰德興　明代為縣，隸饒州府，今屬江西。⓱徽　指徽州府，治所在歙縣（今屬安徽）。⓲婺源　明代為縣，隸徽州府，今屬江西。⓳衢　指衢州府。衢州，明代為府，治所在西安（今浙江衢縣）。⓴開化　明代為縣，隸衢州府，今屬浙江。㉑直　指南直隸。明成祖建都北京後，稱直隸北京的地區為北直隸，直隸舊都南京的地區為南直隸（相當今江蘇、安徽兩省）。㉒豫章　楚漢之際置豫章郡，治所在南昌（今屬江西）。漢武帝元狩二年（前一二一）以後轄境相當今江西省地，後來因以豫章為江西省的別名。㉓埠　碼頭。㉔府　指廣信府，治所在上饒（今屬江西）。㉕倩　請人代自己做事。㉖沙溪　即沙溪寨，在上饒東北。㉗次　停留。㉘水舂　即水碓。利用水力舂米的工具。㉙揭　掀起衣服。㉚九股松　在上饒西十五里，九股松溪岸，一本九幹，雖歷千百年，仍蒼翠如故。

【語　譯】十七日　雞啼時起身吃飯，再啼時出發。走了五里，到達蔣蓮鋪，月光十分明亮。轉向南走，山勢又聚攏起來，這才看到村莊。又走了五里，到白石灣，朝陽剛剛升起。再走五里，到白石鋪，仍轉向西走。再走七里，到草萍公館，這裡是常山、玉山兩縣的交界處，過去有驛站，現在已經廢除了。繼續向西走了三里，便是南龍向北延伸的山脊。這山脈從南面江山縣廿七都的小箪嶺，向西轉到江西永豐東界，曲折連綿到這裡。南北兩邊，都峙立著一座圓形的山峰，但延伸過來的地方低伏而不高聳，緊束而不通暢。山脊的西面就有一條澗水向南流去，下游已匯入鄱陽湖。澗水的西面，砌石為門，南北都連著玉山，這是東西的分界。又走了十里，到古城鋪，轉而向南走，漸漸出山了。再走五里，到金雞洞嶺。仍轉而向西，再走五里，到山塘鋪，山勢一下子開闊起來。再走十里，到東津橋，石橋高架溪水之上。這裡的溪水從北往南流，這裡的山峰高聳，就像帝王南面而立，座落在玉山城北三十里外的地方。大致從草萍往北，西面就已峙立著這座山峰，一名大嶺，一名三清山。山的北面是饒州府的德興，東北是徽州府的婺源，東面是衢州府的開化、常山，浙江、南直隸、江西三面的溪水，都在這裡分流。我過去從塌埠走出裘里，就是在這山東南谷中走的。過橋向西走五里，從玉山城東門進去，走了一里左右，從西門出去。城中十分荒涼，但西城外街市店鋪集中，因為船碼頭在這裡。東津橋的水流，繞過城南向西，到這裡方才能夠通航。這時已是下午，溪水乾涸，沒有大船可以搭乘，找到一條小船要去府城，於是請船夫帶我們走。船行駛了二十里，天色已晚。船夫利用月光，划動船槳，在夜晚行駛三十里，經過沙溪。又行駛五十里，在廣信府的南門停泊，剛到三更時辰。沙溪街市店鋪十分興盛，在河中停留的小船有一百多條，兩岸水舂之聲響個不停，只是聽說這裡強盜很多，月光下看到有人掀起衣服淌水，不能沒有防備之心。廣信西面二十里，有石橋緊靠溪水，下游還有九股松，在一棵樹幹上分出九枝，高入雲霄，競秀爭奇，都來不及前往了。

十八日　早起，仍覓其舟，至鉛山❶之河口❷。余初擬由廣信北遊靈山❸，且聞其地北山寺叢林[4]甚盛，欲徑[5]一觀，因驟發臃瘡，行動俱妨，以其為河口舟，遂倩之行。兩過廣信，俱不及停也。郡城橫帶[6]溪[7]北，雉堞[8]不甚雄峻，而城外居市遙控，亦山城之大聚落也。城東有靈溪[9]，則靈山之水所洩；城西有永豐溪[10]，則永豐之流所注。西南下三十里，有峰圓亙，色赭[11]崖盤，名曰仙來山[12]。初過其下，猶臥未起，及過二十里潭，至馬鞍山[13]之下，迴望見之，已不及登矣。自仙來至雷打石，二十里之內，石山界溪左右，俱如覆釜伏牛，或斷或續，〔不特形絕崆峒[14]，並無波皺文，至纖土寸莖，亦不能受。〕至山斷沙迴處，霜痕楓色，映村廬而出石隙，若經一番點綴者。又二十里，過旁羅，南望鵝峰，峭削天際，此昔余假道分水關[15]而趨幔亭[16]之處，轉盼已二十年[17]矣。人壽幾何，江山如昨，能不令人有秉燭之思[18]耶！又二十里，抵鉛山河口，日已下舂，因流平風逆也。河口有水[19]自東南分水關發源，經鉛山縣，至此入大溪[20]，市肆甚眾，在大溪之左，蓋兩溪合而始勝重舟也。

【章旨】本章記載了第二天在廣信府的行跡。清晨乘船出發，在廣信府停留。廣信西南有仙來山、馬鞍山、雷打石，一路都是寸草不生的石山。向前經過旁羅，二十年前曾從這裡前往武夷山。傍晚到達鉛山的河口。

【注釋】❶鉛山　明代為縣，隸廣信府，治所在今鉛山城南的永平。❷河口　即今鉛山縣治所在地。❸靈山　又名靈鷲山，在上饒西北七十里。有七十二峰，綿亙百餘里，為道教福地。❹叢林　眾僧聚居念佛修道的地方，後泛稱寺院。❺徑　通「經」。走過。❻帶　圍繞。❼溪　指上饒江，為信江流經上饒這一段。❽雉堞　古人在城牆上修築的矮牆，後泛指城牆。❾靈溪　即今饒北河，該溪匯入上饒江處，有地名靈溪。❿永豐溪　又名乾封溪，在廣豐城南，往北匯入上饒江。⓫赭　紅褐色。⓬仙來山　在上饒西二十五里，山勢幽絕。⓭馬鞍山　在上饒西四十里，因溪旁有石，形似馬鞍，故名。⓮崆峒　山洞。⓯分水關　在福建崇安西北分水嶺上，與鉛山接界，為閩、贛兩省的襟要。⓰幔亭　指屹立在武夷一曲溪岸的幔亭峰，這裡借指武夷山。⓱二十年　季夢良抄本作「三十年」。據〈遊武彝山日記〉，徐霞客於萬曆丙辰（一六一六）遊武彝山，至此正好二十年，「三十年」當為「二十年」之誤。⓲秉燭之思　三國曹丕〈與吳質書〉：「少壯真當努力，年一過往，何可攀援！古人思秉燭夜遊，良有以也。」後人以「秉燭夜遊」言及時行樂之意。⓳河口有水　指桐木水，今名鉛山河。⓴大溪　指上饒江。

【語譯】十八日　清早起身，仍然找昨天乘的那條船，到達鉛山的河口。我原先打算從廣信向北遊覽靈山，而且還聽到那裡的北山寺寺院十分興旺，想經過那裡看一看，因突然發膿瘡，行動不便，考慮到這船是去河口的，於是請船夫帶我們走。兩次經過廣信，都來不及停留。溪水北岸橫繞郡城，城牆不太高大，但城外住宅街市遙相控扼，也算是山城中一個較大的聚居之處。城東有靈溪，靈山的水就流到這裡排出；城西有永豐溪，是永豐水流匯入的地方。往西南駛下三十里，有座山峰圓轉相連，土呈紅褐色，山崖盤曲，名仙來山。起先從山下經過時，還睡著沒起身，直到過了二十里潭，至馬鞍山下，才轉身看到它，已來不及登臨了。從仙來山到雷打石，二十里之內，石山位於溪水左右兩岸，都像倒置的鍋、臥伏的牛，有的裂開，有的相連，不但沒有任何空洞，而且表面沒有波形的皺紋，甚至寸土不見，寸草不生。到山崖盡頭，沙石迴轉的地方，清霜的印痕、紅楓的色彩，從石縫中露出，映照著村中的屋舍，就像經過一番點綴似的。又走了二十里，經過旁羅，南望鵝峰，陡峭如削，高聳天際，這是我過去借道分水關前往幔亭峰的地方，轉眼之間，已有二十年了。人生能有多久，江山依舊不變，又怎能不令人產生及時行樂的念頭！再走二十里，到鉛山河口，太陽已經下山，這是因為水流平緩、逆風行駛的緣故。河口有水從東南的分水關發源，經過鉛山縣，到這裡流入大溪，街市店鋪很多，在大溪的左岸，兩條溪水匯合後方才能夠讓載重的船隻通行。

十九日　晨餐後覓貴溪❶舡，甚隘，待附舟者，久而後行。是早密雲四布，時有零雨❷。三十里，西至叫巖❸，瀕溪石崖盤突，下插深潭，澄碧如靛❹，上開橫竇，迴亙峰腰，〔穿穴內徹，如行廊閣道，窗櫺❺戶牖都辨。〕崖上懸書「漁翁隱次❻」四大字，崖右即有石磴吸波。急呼舟子停舟而上，列石縱橫，穿一隙而繞其後，見一徑成蹊❼，遂溯源入壑。其後眾峰環亙，積翠交加，心知已誤，更欲窮源。壑轉峰迴，居人多截塢為池種魚。遶麓一山家，廬雲巢翠❽，恍❾有幽趣，亟投而問之，則其地已屬興安❿。其前對之山，圓亙而起者，曰團雞石嶺，是為鉛山之西界。團雞之西，即叫巖寺⓫也。叫巖前臨大溪，漁隱崖突於左，又一崖對突於右。右崖之前，一圓峰兀立溪中，正如揚子⓬之金、焦⓭，潯陽⓮之小孤⓯，而此更圓整，所稱印山⓰也。寺後巖石中虛，兩旁迴突，庋⓱以一軒，即為叫巖。巖為寺蔽，景之佳曠，在漁隱⓲不在此也。叫巖西十里，為弋陽⓳界，又有山方峙溪右，若列屏而整，上有梵宇⓴，不知其名，以棹急不及登，蓋亦奇境也。又三十里，日已下舂，西南漸霽，遙望一峰孤插天際，詢之，知為龜巖，在弋陽南十五里。余心豔㉑之，而舟已覓貴溪者，不能中止。又十里，至弋陽東關，遂以行李託靜聞隨舟去，余與顧僕留東關外逆旅，為明日龜巖之行。夜半風吼雨作。

【章旨】本章記載了第三天在廣信府的行跡。坐船觀賞緊靠溪邊的石崖「漁翁隱次」。上岸深入山谷之中，景物頗有幽雅的情趣。鉛山的西界為團雞石嶺，嶺西為叫巖寺，寺後為叫巖，右邊有印山。傍晚經過龜巖，到弋陽東關留宿。

【注釋】❶貴溪　明代為縣，隸廣信府，今屬江西。❷零雨　斷續不止的雨。❸叫巖　在鉛山西北四十里，巖上有一洞，空寂明亮，聲聞谷應，由此得名。❹靛　青藍色的染料。❺櫺　舊式房屋的窗格。❻次　泛指所在之處。❼蹊　小路。❽廬雲巢翠　在雲霧中建廬，在翠色中築巢，即房屋建造在白雲綠樹之中。❾恍　隱約不清。❿興安　明代為縣，隸廣信府，即今橫峰。⓫叫巖寺　即法林院。原名靈應院，至宋改名。⓬揚子　長江在今江蘇儀徵、揚州一帶，古稱揚子江。因揚子津、揚子縣而得名。⓭金焦　金山、焦山。金山在江蘇鎮江市西北，原在長江中，清道光年間開始與南岸相接。焦山在鎮江東北，如中流砥柱，屹立白浪之中。⓮潯陽　長江在今江西九江市北這一段，古稱潯陽江。因潯陽縣而得名。⓯小孤　小孤山。在江西彭澤北面，屹立長江之中，峭拔秀麗。⓰印山　在鉛山西北，信江北岸。⓱庋　同「攱」。擎起。⓲漁隱　本作「漁陽」，據乾隆本改。⓳弋陽　明代為縣，隸廣信府，今屬江西。⓴梵宇　即佛寺。因佛經原用梵文寫成，故凡與佛有關的事物，皆稱梵。㉑豔　羨慕。

【語譯】十九日　吃罷早飯尋找去貴溪的船，船十分狹小，為了等候搭乘的人，過了好久才出發。這天早晨四面濃雲密布，雨斷斷續續下個不停。行駛三十里，向西到達叫巖。緊靠溪水，崖石盤繞突起，下面直入深潭之中，潭水清澄碧綠，像青藍色的染料。上面露出橫向的孔洞，在峰腰曲折相連，穿過洞穴通往裡面，就像走廊閣道，連門窗都可分辨。崖上書寫著「漁翁隱次」四個大字，崖的右邊有石級浸沒在水中。急忙叫船夫停船上岸，並列的石塊縱橫交錯，穿過一道石縫繞到後面，看到一條小路，於是朝源頭上行，進入山谷之中。後面群山環繞相連，綠樹覆蓋，心裡明白已走錯了路，便更想窮盡源頭。轉過山谷，繞過峰巒，當地的居民多在山塢中劃地為池養魚。一個環繞山腳的人家，在白雲綠樹中蓋屋，時隱時現，頗有幽雅的情趣，急忙趕到那裡打聽，得知這裡已屬興安管轄了。在前面相對而立、圓轉相連而又突起的山峰，名團雞石嶺，是鉛山西面的邊界。團雞石嶺的西面，即叫巖寺。叫巖寺前面對著大溪，漁隱崖在左邊突起，另有一座山崖在右邊相對突起。右崖的前面，一座圓形的山峰聳立溪水之中，正如揚子江中的金山、焦山，潯陽江中的小孤山，只是這座山峰更加渾圓平整，即人們所稱道的印山。寺後的巖石，中間是空的，兩旁迴繞突起，上面有一間小屋，這就是叫巖。巖被寺院遮蔽，故景觀的美妙開曠，在「漁隱」而不在這裡。從叫巖往西十里，為弋陽地界，又有一山方方正正地峙立在溪水的右岸，就像排列的屏障，十分整齊，上面有廟宇，不知叫什麼，因為船走得太快，來不及登臨，大概也是一處奇境吧。又走了三十里，太陽已經下山，西南漸漸轉晴，遠遠看到一座山峰，獨自高聳空中，一問，才知是龜巖，在弋陽南面十五里處。我被它吸引住了，只是已上了去貴溪的船，不能在中間停留。再走十里，到達弋陽東關，於是將行李託付靜聞隨船帶走，我和顧僕留在東關外的旅店，準備明天去龜巖一遊。半夜狂風怒吼，下起大雨。

二十日　早起，雨不止。平明持蓋行，入弋陽東門。其城南臨溪❶上，溪至此稍遜而南，瀨城乃復濬支流為濠❷，下流復與溪合。雨中過縣前，又西至西南門，遇一龜巖人舒姓者欲歸，遂隨之出城。過濠梁三里，渡大溪。溪南有塔，乃弋陽之水口❸也。自是俱從山崗行，陀❹石高下俱成塊，而無紋纖，土不受也。

時雨愈甚，淋漓雨中，望龜峰❺杳不可覿。忽覿路口一峰，具體❻而小，疑即夜來插天誘余者，詢之，知為羊角嶠，其去龜峰尚五里也。比至，遙望一峰中剖如門，已而門之南，忽岐出片石如圭❼，即天柱峰❽也。及抵其處，路復南去，轉而東入，先過一堰❾，堰南匯水一池，即放生池也。池水兩浸崖足，循崖左鑿石成棧，〔即展旗峰也。〕上危壁而下澄潭，潭盡，竹樹扶疎❿，掩映一壑，兩崖飛瀑交注，如玉龍亂舞，皆雨師⓫山靈合而競幻者也。既入，忽見南崖最高處，一竅通明，若耳之附顱，疑為白雲所凝，最近而知其為石隙。及抵方丈⓬，則庭中人立而起者不一，為雲氣氤氳，隱現不定。時雨勢彌甚，衣履沾透，貫心上人急解衣代更，爇火就炙，心知眾峰之奇，不能撥雲驅霧矣。是日竟日夜雨，為作〈五緣詩〉，晚臥於振衣臺下之靜室⓭中。

【章　旨】本章記載了第四天在廣信府的行跡。雨中進入弋陽東門，到西南門出城。渡過大溪，在山岡上行走。途中經過羊角嶠、天柱峰、放生池、展旗峰，到貫心上人的方丈換衣烤火，並在振衣臺下的靜室過夜。

【注　釋】❶溪　指信江。❷濠　護城河。❸水口　水流出入之口。❹陀　崩塌。❺龜峰　在弋陽城南二十里，有三十二峰，皆峭不可攀，其中一峰如龜形，故總名龜峰。中有蜃樓峰，吐納雲氣，可驗晴雨。❻具體　外形大體具備。❼圭　古代帝王諸侯舉行禮儀時所用的玉器，上尖下方。❽天柱峰　與下面在內外谷中所遊的鸚嘴、老人等眾多山峰，俱為龜峰三十二峰之一。方循矩〈三十二峰〉詩：「弋寺多名勝，龜峰景更妍。石屏高萬仞，峭拔勢參天。獰鰲超雲表，仙獒踞石巔。鐘聲何隱隱，旗影自翩翩。羅漢長依舊，觀音獨屹然。淨瓶晉法水，香盒帶祥煙。老蜃樓臺近，靈芝雨露鮮。象牙如玉削，鷹嘴似鈎懸。迦葉空中見，仙人物外遷。爐空沉麝冷，筍古薜蘿緣。獅子披蒼蘚，龜兒傍碧蓮。插岡雙劍右，穿石一星圓。蟾影疑奔月，鼉形若赴淵。石倉經歲久，天柱與雲連。鸂鶒不沉水，犂牛自伏田。猿啼秋月下，虎臥夕陽邊。佳致題難盡，仙橋步難前。何當邀道者，洗耳共聽泉。」可與徐霞客這篇遊龜峰日記參看。❾堰　較低的擋水堤壩。❿扶疎　枝葉茂盛紛披。⓫雨師　司雨之神。⓬方丈　據《維摩詰經》載，維摩詰所住臥室，一丈見方，但容量無限。禪宗寺院比附此說，稱長老或住持所居之室為方丈。⓭靜室　寺院的住房。

【語　譯】二十日　早晨起身，雨下個不停。黎明時撐著傘，走進弋陽東門。這座城南面對著溪水，溪水到這裡稍稍轉而向南，靠近城牆，又疏通支流作為護城河，往下流再與溪水匯合。在雨中經過縣衙前，又往西到西南門，碰到一個姓舒的龜巖人正要回去，於是跟著他一起出城。經過護城河橋走了三里，渡過大溪。溪水的南岸有座塔，是弋陽的水口。從此都在山岡上行走，崩塌的岩石，高高低低，都成塊狀，但上面沒有纖細的紋理，也不沾泥土。這時雨越下越大，在雨中淋得濕透，向龜峰望去，什麼也看不到。忽然看到路口有座山峰，形狀大體像龜峰，只是要小一些，懷疑這就是昨夜高聳空中吸引我的那座山峰，一問，知道是羊角嶠，離龜峰還有五里路。待到那裡，遠遠望見一座山峰，中間分開如同門戶，隨即在門的南面，忽然又分出形狀像圭的山石，這就是天柱峰。到了那裡，路又向南而去，人轉而往東進入，先經過一道低低的水壩，低壩南面的水匯合積成一池，這就是放生池。兩旁崖腳都浸在池水之中，沿著山崖的左側鑿石修成棧道，便是展旗峰。上面是高峻的崖壁，下面是清澈的潭水，潭水的盡頭，竹樹枝葉茂盛，遮掩映襯著整個山壑，兩旁崖壁瀑布飛流，交錯直瀉，如同玉龍凌亂起舞，都可稱為雨師山靈在一起競獻幻境。進入後，忽然看到南面山崖的最高處，有個十分明亮的洞穴，就像耳朵附在頭顱上，起先懷疑是白雲凝積在上面，走到跟前才知道是石縫。到抵達方丈後，見庭中的人有的站立，有的起身，因為雲霧迷漫，人也就忽隱忽現。這時雨下得更大，衣服鞋子都濕透了，貫心上人急忙脫下衣服給我們更換，點起火讓我們烤乾，雖然心裡明白這裡許多山峰十分奇特，但不能撥開烏雲，驅除濃霧，前往遊賞了。這天整夜下雨，特地寫了〈五緣詩〉，晚上就睡在振衣臺下的靜室之中。

二十一日　早起寒甚，雨氣漸收，眾峰俱出，惟寺東南絕頂尚有雲氣。與貫心晨餐畢，即出方丈中庭，指點諸勝：蓋正南而獨高者為寨頂，頂又有石如鸚嘴，又名鸚嘴峰，今又名為老人峰。〔上特出一圓頂，從下望之，如老僧南向，袈裟宛然，名為「老人」者以此。上振衣臺平視，則其峰漸分為二，由雙劍下窺，則頂若一葉綴起。〕其北下之脊，一起而為羅漢，再起而為鸚哥，三起而為淨瓶，〔為北下最高脊，〕四起而為觀音，〔亦峭。〕此為中支，北與展旗為對者也。〔楠木殿因之。從南頂〕而西，最峭削者為龜峰、雙劍峰。龜峰三石攢起，兀立峰頭，與雙劍並列，而高頂有疊石如龜，三疊為一。〔峰下裂隙分南北者為一線天，東西者為摩尼洞，其後即為四聲谷。從其側一呼，則聲傳宛轉凡四，蓋以峰東水簾谷石崖迴環其上故也。峰東最高者即寨頂，西之最近者為含龜峰，其下即寨頂、含龜分脊處。而龜峰、雙劍峭插于上，為含龜所掩，故其隙或顯或合，合則並成一障，時亦陡露空明，昨遂疑為白雲耳。〕山之主名雙劍，亦與龜峰並立。

龜峰三剖其下而上合，雙劍兩岐其頂而本連。其南有大書「壁立萬仞」者，指寨頂而言也。款已剝落，云是朱晦庵❶。此〔二峰〕為西南過脊之中，東北與香盒峰為對者也，〔而舊寺之向因之。〕從西而北，聯屏障於左者，一為含龜峰，其下即為振衣臺，〔平石中懸屏下，乃道登摩尼、一線天者也。〕二為明星峰，〔北接雙鰲，南聯含龜，在正西峰為最高，〕其上有竅若星。三為雙鰲峰，〔峰北下插澄潭，即入谷所經放生池南崖也。〕此〔三峰〕環峙於谷西，而寨頂之脈，西北盡於此。從南頂而東，最迴環者，為城垛峰、圍屏峰，此為東南層繞之後，西北與雙鰲峰為對者也。從東而北，列嶙峋於右者，覆者為轎頂峰，尖者為象牙峰，踞者為獅子峰，此聯翩❷於谷東，而寨頂之脈，東北轉於此，又從北而駢立為案❸焉。平而突者為香盒峰也；幻而起者靈芝之峰也，〔即方丈靜室所向；〕斜而張者展旗峰也，〔東昂西下，南北壁立，南插澄潭，即入谷之鑿棧於下者。〕此〔三峰〕排拱❹於谷北，而寨頂之脈，西南盡於此。此俱谷之內者也。

若谷之外，展旗之北為天柱峰，〔即昨遙望開岐如圭者，旁〕又為狗兒峰。獅子之南為卓筆峰。圍屏峰之南深壑中，有棋盤石。寨頂之南又有朝帽峰，〔峰獨高，孤立寨頂後，〕余從弋陽東舟中遙見者即此，近為諸峰所掩。又寨頂、朝帽間，則為〕接引峰。寨頂之西有畫筆峰，〔蓋寨頂北下者，既為羅漢諸峰，其南迴西繞，列成屏嶂，反出龜峰之後者，此是也。巖上有泉，是名〕水簾洞。此俱谷之外者也。

其谷四面峰攢，獨成洞窟，惟西向一峽，兩崖壁立，水從中出，路亦從之。其南從龜峰之下，西從獅子峰之側，北從香盒、天柱之間，皆踰峰躋隙，而後得度，真霄壤間一靈勝矣。其中觀音峰一枝，自寨頂北墜，分為二谷：西則方丈靜室所託，最後為振衣臺、摩尼洞之路；東則榛莽深翳。

余曳杖披棘而入，直抵圍屏峰、城垛峰之下，仰視「餓虎趕羊」諸石，何酷肖也。使芟夷深莽，疊級置梯，必有靈闢❺再闢，奧勝莫殫者，惜石亂棘深，無能再入。出循獅子峰之北，踰嶺南轉，所謂轎頂、象牙諸峰，從其外西向視之，又俱夾疊而起。中懸一峰，恍若卓筆，有咄咄書空❻之狀，名之曰卓筆峰不虛也，不經此不見也。峰之下俱石崗高亙，其東又有石峰一支，自寨頂環而北，西與轎頂、象牙諸峰，又環成一谷。余從石崗直南，披其底，復以石亂棘深而出。因西踰象牙、獅子之間，其脊欹削，幾無容足。迴矙內谷，真別有天地矣。此東外谷之第一層也。

復循外嶺東行，南轉二里，直披寨頂之後，是為棋盤石。一大石穹立谷中，上平如砥，鐫其四旁，可踞可憩。想其地昔有考槃⑦，今成闕莽，未必神仙之遺也。其西南為朝帽峰，西北為寨頂，蓋即圍屏峰之後也。其外峰一支，自朝帽峰下，復環而北，又成一谷，但其山俱參差環立，不復如內二支俱石骨⑧削成者矣。此東外谷之第二層也。

寨頂、朝帽之間，峰脊度處，一石南向而立，高數十丈，孤懸峰頭，儼若翁仲⑨，或稱為接引峰，或稱為石人峰。從棋盤石望之，不覺神飛。疑從此可躋絕頂，遂披棘直窮嶺下，則懸崖削石，無可攀躋也。仍從舊路至獅峰，過香盒峰，登靈芝峰，望天柱、狗兒二峰植立⑩北谷中。蓋展旗與其北一峰，又環成一谷，此北外谷也。

既而從展旗之西南，直東上其巔，東南眺朝帽峰之東，又分立一石，亦如接引，而接引則隱不可見；南眺疊龜、雙劍，俱若一壁迴環，無復寸隙也。下峰，從夾棧西出，循潭外南行，出雙鰲、明星，含龜之後，東視三峰，其背俱垂土可上。舍而更南，東入即水簾之徑，逾疊龜、雙劍，即下振衣谷中之道也。更舍而南，見有道東上，知為寨頂無疑矣。賈勇⑪而登，二里，西視疊龜、雙劍，〔已在足下，始知已出水簾上。下視谷中，三面迴環如玦[12]，惟北面正對龜峰、雙劍，其西有隙可通，然掩映不見所從。此南外谷之第一層也。

循崖端再上，已而舍左從右，則見東南崗上亂石湧起，有若雙芝駢立，盤大莖小，下復並蒂，中有穿孔，其上飛舞成形，應接不暇。又上一里，既登一頂，復舍右從左，穿石隙而上，轉而東南行，其頂更穹然也。其北復另起一頂，兩頂夾而成峽，東南始於過脊，西北溢於水簾，山遂剖為兩界，而過脊之度其東南者，一石如梁，橫兩頂之間，梁盡而轟[13]崖削起，決無登理。踞脊上迴瞰南谷，崩隤直下，不見其底，但見東西對崖，懸嵐倒翠，不知從何而入。此南外谷之第二層也。

久之，覓路欲返，忽見峽北之頂，有石如鑿級自峽中直上者，因詳視峽南石上，亦復有級如之，始知其路不從脊而從峽也。蓋其寨為昔人盤踞之處，故梯險鑿空[14]，今路為草沒，而石蹟未泐[15]。遂循級北下峽中，復自峽攀級北上一里，復東登再高處，極其東南，則恍與接引比肩，朝帽覿面矣。惟朝帽東離立之石，自隱不見，而朝帽則四面孤懸，必無可登。而接引之界於其中者。已立懸脊之上，兩旁俱轟石錯塊，不特下不能上，即上亦不能下。其北下之谷，即棋盤，其南下之谷，即朝帽南來之脈所環而成者，亦不知其從何而入。此南外谷之第三層也。〔獨西無外谷。乃絕頂之北，東分為圍屏、城垛，西分為鸚口；然其異，下仰則穹然見奇，上瞰反窅絕難盡也。〕時日色已暮，從絕頂四里下山，東向入至雙劍、疊龜之下，見有路可入水簾洞，第昏黑莫辨，亟逾嶺入方丈焉。

【章　旨】本章記載了第五天在廣信府的行跡。早晨和貫心一起指點各處勝景：在正南獨自高聳的為寨頂。北面往下的山脊，前後聳起羅漢峰、鸚哥峰、淨瓶峰、觀音峰。從南頂向西，最陡峭的為龜峰、雙劍峰。龜峰下面有一線天、摩尼洞、四聲谷。從西向北，連結成屏障的，有含龜峰、明星峰、雙鰲峰。從南頂向東，為城垛峰、圓屏峰。從東向北，有轎頂峰、象牙峰、獅子峰。山谷的北部有香盒峰、靈芝峰、展旗峰。這些都在山谷的裡面。山谷外面有天柱峰、狗兒峰、卓筆峰、棋盤石、朝帽峰、接引峰、畫筆峰、水簾洞。當天撥開荊棘，深入山谷之中，先後遊覽了內谷、兩層東外谷、北外谷、三層南外谷，唯獨西面沒有外谷。晚上返回方丈。

【注　釋】❶朱晦庵　朱熹，字元晦，號晦庵，安徽婺源（今屬江西）人。宋代理學集大成者。❷聯翩　鳥飛貌。形容連綿不斷，前後相接。❸案　界限。❹拱　環繞；環圍。❺靈關　仙家的關門。❻咄咄書空　《世說新語・黜免》：「殷中軍（浩）被廢，在信安終日恆書空作字，揚州吏民尋義逐之，竊視唯作『咄咄怪事』四字而已。」咄咄，感歎聲。書空，用手指在空中虛劃字形。❼考槃　《詩・衛風》篇名。〈詩序〉：「〈考槃〉，刺（衛）莊公也。不能繼先公之業，使賢者退而窮處。」後因用作隱居窮處的代詞。❽石骨　古人說山以石為骨，指堅硬的岩石。❾翁仲　傳說為秦時巨人名，後作銅像或墓道石像。❿植立　樹立。⓫賈勇　言有餘勇以待售。⓬玦　開缺口的玉環。⓭轟　當為「轟」字，下同。⓮鑿空　開通道路。⓯泐　石頭按脈理而裂散。

【語　譯】二十一日　清早起身，天氣十分寒冷，雨氣漸漸收斂，群峰都顯露出來，惟有寺院東南的頂峰還有雲氣。和貫心吃罷早飯，立即從方丈正中的庭院走出，指點各處勝景：大致在正南獨自高聳的為寨頂，頂上還有像鸚嘴那樣的巖石，又名鸚嘴峰，現在又稱作老人峰。上面一個圓頂格外突出，從下面望去，就像老僧面向南方，身穿袈裟，十分逼真，為此稱作「老人」。登上振衣臺向前平視，山峰漸漸一分為二，從雙劍峰往下瞧，那圓頂就像一片連著的樹葉。往北向下延伸的山脊，首先聳起的為羅漢峰，接著聳起的為鸚哥峰，第三重聳起的為淨瓶峰，這是往北面向下延伸最高的山脊。第四重聳起的為觀音峰，也很陡峭。這是中間的支脈，向北與展旗峰相對而立。楠木殿就靠著它。從南頂向西，最陡峭的為龜峰、雙劍峰。龜峰上有三石聚起，高高聳立在峰頭，與雙劍峰並列，而高頂上有岩石疊起，形似烏龜，三塊疊成一體。峰下的裂縫，劃分南北的為一線天，劃分東西的為摩尼洞，後面便是四聲谷。從旁邊大喊一聲，聲音在谷中四次迴響，這是因為山峰東面的水簾谷崖石環繞在上面的緣故。龜峰東面最高的即寨頂，西面最近的為含龜峰，下面便是寨頂、含龜峰兩處山脊的分界處。龜峰、雙劍峰高聳雲天，因被含龜峰遮掩，故中間的空隙有時顯露，有時閉合，閉合時併成一道屏障，有時也突然露出光亮，昨天便懷疑是白雲了。山的主峰名雙劍，也與龜峰並立。龜峰下面分成三部分，上面合在一起，雙劍峰頂端分成兩支，而底部相連。在它南面寫著「壁立萬仞」幾個大字，便是指寨頂說的。題款已經一片片脫落，據說是朱晦庵寫的。這兩座山峰為從西南過來的山脊的中部，東北與香盒峰相對立，過去寺院的朝向就這樣順著它。從西向北，在左面聯結成屏障的，一為含龜峰，下面便是振衣臺，屏障的下面，中間懸掛著一條平坦的石道，即攀登摩尼洞、一線天的路。二為明星峰，北面與雙鰲峰相接，南面與含龜峰相連，為正西向最高的山峰，上面有像星星那樣的孔洞。三為雙鰲峰，峰的北面往下直入清潭之中，即進入山谷時所經過的放生池南面崖壁。這三座山峰在山谷的西部環繞峙立，從寨頂延伸的山脈，往西北方向的也就是這些。從南頂向東，最曲折環繞的，為城垛峰、圍屏峰，這是在東南層層環繞的山峰後面，與西北的雙鰲峰相對而立的山峰。從東往北，在右邊環列的山峰，形狀看似覆蓋的為轎頂峰，尖利的為象牙峰，盤踞的為獅子峰，這些山峰都在山谷的東部前後相接，從寨頂延伸的山脈，往東北方向轉到這裡，又從北面並肩聳立，成為分界。平緩而又突出的為香盒峰；奇幻而又聳起的為靈芝峰，即方丈靜室所面對的山峰；傾斜而又伸展的為展旗峰，東面高昂，西面低下，南北兩面崖壁陡立，南面直插清潭之中，進入山谷的棧道就是在它下面開鑿的。這三座山峰在山谷的北部排列拱衛，從寨頂延伸的山脈，往西南方向的也就是這些。以上都在山谷的內部。

至於山谷的外部，展旗峰北面為天柱峰，即昨天遠遠望去分出像圭璧那樣的山石，旁邊還有狗兒峰。獅子峰的南面為卓筆峰。圍屏峰南面的深谷中，有棋盤石。寨頂的南面還有朝帽峰，這峰特別高，獨自聳立在寨頂後面，我從弋陽東面的船上遠遠望見的就是它，到了近處，反而被眾峰遮住了。而寨頂和朝帽峰之間為接引峰。寨頂的西面有畫筆峰，原來從寨頂向北延伸的，既為羅漢等峰，從它南面向西環繞，排列成屏障，反而從龜峰後面挺出的，便是這座山峰。巖上有泉，名水簾洞。以上都在山谷的外部。

這個山谷四面群峰聚合，獨自形成一個洞天，只有向西的一座峽谷，兩旁山崖如壁陡立，水從中間流出，路也從中通過。南面從龜峰的下面，西面從獅子峰的旁邊，北面從香盒峰、天柱峰中間，都必須翻越山峰，穿過縫隙，才能過去，真是天地間一處奇妙的勝景。其中觀音峰這一支，從寨頂的北面落下，分成兩個山谷：西面便是方丈靜室所在的地方，最後是去振衣臺、摩尼洞的路；東面則被雜亂叢生的草木深深地遮掩。

我拖著手杖撥開荊棘進入谷中，直到圍屏峰、城垛峰的下面，仰望「餓虎趕羊」等巖石，真有維妙維肖之感。如果能鏟除幽深的林莽，鋪上石級，架起梯子，必然會有美妙的仙境再被開闢出來，發現無窮盡的幽深的勝景，可惜山石淩亂，荊棘幽深，無法再往裡進去了。出來後沿著獅子峰向北，翻過山嶺往南轉，人們所說的轎頂、象牙等山峰，從它外面向西望去，又都相夾層疊聳起。中間凌空矗立一座山峰，好像一枝直立的筆，有「咄咄書空」的模樣，稱之為卓筆峰，真是名不虛傳，如果不是經過這裡就看不到了。峰的下面，都是高大連結的山岡，東面還有一支石峰，從寨頂環繞向北轉，和西面的轎頂、象牙等山峰，又環繞圍成一個山谷。我從石岡直往南走，窮盡它的底部，又因為山石淩亂、荊棘幽深而離開。於是向西從象牙峰、獅子峰中間越過，這裡山脊傾斜陡削，幾乎沒有立足的地方。轉身遠望內谷，真覺別有一種天地。這是東外谷的第一層。

又沿著外嶺向東，轉而往南走二里，直到寨頂的後面，這裡是棋盤石。一塊大石高聳山谷之中，上面平滑如同磨石，四邊都有雕刻，可讓人坐下休息。心想這裡過去有人隱居，現在成了封閉的林莽，未必是神仙的遺物。在它的西南為朝帽峰，西北為寨頂，即在圍屏峰的後面。在它外面的一支山峰，從朝帽峰往下延伸，再環轉向北，又形成一個山谷，但這裡的山峰都參差不齊，環繞屹立，不再像裡面二支那樣都像堅硬的岩石削成。這是東外谷的第二層。

寨頂、朝帽峰之間，峰脊伸過的地方，有一塊大石向南聳立，高達數十丈，獨自掛在峰頂，很像翁仲，有的稱之為接引峰，有的稱之為石人峰。從棋盤石望去，令人神往。懷疑從這裡可登上頂峰，於是撥開荊棘，直到嶺下，卻只見懸崖峭壁，沒地方可以攀登。於是從原路到獅峰，經過香盒峰，登上靈芝峰，望見天柱、狗兒兩座山峰，矗立在北谷之中。原來展旗峰和它北面的一座山峰，又環繞連成一個山谷，這就是北外谷。

不一會又從展旗峰的西南，筆直往東登上山巔，向東南眺望朝帽峰的東面，又聳立著一座分出的山石，也和接引峰相像，但接引峰已隱沒看不到了；向南眺望疊龜峰、雙劍峰，都像一道環繞的石壁，沒有一點空隙。下山後，從相夾的棧道中向西走出，沿著潭水外圍往南，從雙鰲、明星、含龜等山峰的後面走出，向東看這三座山峰，背部都附著泥土，可以攀登。離開這裡繼續往南走，向東轉入便是去水簾洞的小路，翻過疊龜峰、雙劍峰，便是往下走入振衣谷的路。再離開這裡向南，只見有條路向東，明白這必然前往寨頂無疑了。於是鼓起勇氣攀登，走了二里，向西看疊龜峰、雙劍峰，已在腳下，這才知道已經到水簾洞的上面。往下看山谷之中，三面環繞，如同開口的玉玦，惟有北面正對著龜峰、雙劍峰，它西面有空隙可以穿過，只是景物互相遮掩映照，找不到入口處。這是南外谷的第一層。

沿著山崖的一端繼續向上，隨後又離開左側向右，只見東南的山岡上亂石湧起，好像一對並立的靈芝，盤大莖小，下面又連在一起，中間有穿透的孔洞，上面是飄然飛舞的形狀，令人目不暇接。又向上一里，登上一個山頂後，再離開右側向左，穿過石縫向上，轉向東南走，山頂更加高大。在它北面又另外聳起一個山頂，兩個山頂相夾成為峽谷，從東南山脊伸過的地方開始，往西北越過水簾洞，山於是分成兩處，而在伸過東南的山脊，有塊像橋那樣的岩石，橫架在兩個山頂中間，橋的盡頭，山崖陡削矗立，決不可能攀登。蹲在山脊上轉身遙望南谷，直往下崩塌，深不見底，只看到東西兩面相對的山崖，雲氣飄浮，綠樹倒掛，不知從哪裡進去。這是南外谷的第二層。

過了好久，想找路回去，忽然看到峽谷北面的山頂，有像從峽谷中直往上修鑿的石級，因而仔細觀看峽谷南面的石壁之上，也有同樣的石級，這才知道那路不是從山脊而是從峽谷中走的。大概這裡的山寨曾是前人盤踞的地方，故登上險處，開通道路，如今路已被草埋沒，但石級的遺跡還沒毀掉。於是沿著石級向北走下峽谷，又從峽谷中踏著石級向北攀登一里，再向東登上更高的地方，直到東南的盡頭，恍惚與接引峰並肩而立，和朝帽峰對面相見了。只是朝帽峰東面並立的巖石，各自隱沒，不能看到，而朝帽峰四面都無依傍，獨自高聳雲天，必然無法攀登。而隔在中間的接引峰，已聳立在高高的山脊之上，兩旁都是矗立、雜亂的石塊，不但在下面不能上去，就是在上面也不能下來。往北直下的山谷，即棋盤石所在的地方，往南直下的山谷，即由朝帽峰向南延伸的山脈環繞而成，也不知可從什麼地方進去。這是南外谷的第三層。

唯獨西面沒有外谷。頂峰的北邊，東面分為圍屏峰、城垛峰，西面分為鸚口峰；所不同的是，在下面仰望則高大稱奇，從上面俯視反覺深遠難以看清。這時天色已晚，從頂峰走了四里下山，向東到雙劍峰、疊龜峰下，看到有路可進水簾洞，只是天已昏黑，看不清楚，急忙翻過山嶺，返回方丈之中。

二十二日　晨起，為貫心書〈五緣詩〉及〈龜峰〉五言二首、〈贈別〉七言一首。晨餐後，復逾振衣臺，上至疊龜峰之下，再穿一線而東，復北過四聲谷。蓋四聲谷之壁，有一隙東南向，內皆大石疊架，若累級懸梯，便成樓閣，可通西北而出。其西北為摩尼洞，正下臨方丈，平揖❶觀音、淨瓶、獅子諸峰。遂下嶺，西南循外谷入水簾洞。其處三面環崖，迴亙自天，而北與龜、劍二峰為對，泉從崖東飄墜，飛珠捲雪，為此中絕勝。〔蓋龜峰巒嶂之奇，雁宕❷所無，但詘❸水觀耳。此谷獨飛珠捲雪，在深谷尤異。但其洞雖與泉對，而窪伏崖末為恨。顧❹其危崖四合，已可名洞，不必以一窟標舉也。時朔風舞泉，遊漾乘空，聲影俱異。霽色忽開，日采麗崖光水，〕徘徊不能去。久之，再飯於寺，別貫心行。

仍從崖棧西出，十里，排前。五里，過狀元橋北之分路亭，其南路乃由橋而至黃源窖者，從其西行，十五里，至留口❺。暮涉其溪，溪西即為貴溪❻界。其溪自黃源來，至此入大溪，而市肆俱在溪西，乃投宿焉。自排前至留口，迴望龜峰，祇見朝帽峰儼若一羊角插天，此西向之望也，與弋陽東面之望，不殊纖毫，第此處轉見一石人亭亭在旁，更為異耳。

【章　旨】本章記載了第六天在廣信府的行跡。翻過振衣臺，穿過一線天，來到四聲谷，摩尼洞就在西北。隨後進入水簾洞，泉水飄灑，如飛珠捲雪，為這裡最美妙的景觀。午飯後離開寺院，經過排前、狀元橋，到留口，在大溪西岸投宿，這裡已屬貴溪地界。

【注　釋】❶平揖　本謂雙方地位相等，各拱手而不拜，這裡引申為相互面對之意。❷雁宕　雁宕山，又稱雁蕩山，即北雁蕩山，在今浙江樂清東北。屬括蒼山脈。主峰雁湖岡，岡頂有湖，蘆葦叢生，結草成蕩，秋雁常來棲宿，故稱雁蕩。此外，樂清城西有中雁蕩山，平陽城西有南雁蕩山。徐霞客所遊的是北雁蕩山，不應相混。❸詘　縮短。這裡作「缺少」解。❹顧　只是。❺留口　今作「流口」，在弋陽西南，信江東南岸。❻貴溪　明代為縣，隸廣信府，今屬江西。

【語　譯】二十二日　清晨起身，為貫心書寫〈五緣詩〉及五言詩〈龜峰〉二首、七言詩〈贈別〉一首。吃罷早飯，又翻過振衣臺，向上到疊龜峰下，再穿過一線天向東，又往北經過四聲谷。原來四聲谷的石壁，東南向有一道縫隙，裡面都是層疊架起的大石，如果鋪上石級、架起梯子，便成樓閣，可通向西北出去。在它的西北為摩尼洞，正下臨方丈，面對觀音、淨瓶、獅子等山峰。於是走下山嶺，往西南沿著外谷進入水簾洞。這裡三面山崖環繞，曲折綿延，自上而下，北面和龜峰、雙劍峰相對，泉水從山崖的東面飄落下來，如同珠玉飛灑，雪花捲舞，為這裡無比美好的景色。大致龜峰山巒的奇特，為雁宕山所不及，只是缺少水景罷了。唯獨這個山谷泉水如珠玉飛灑，雪花捲舞，在深谷中尤其奇異。但洞雖然和泉水相對，遺憾的是陷沒在山崖的底部。不過這裡高峻的山崖四面環抱，已經可以稱之為洞，似乎不必用一個洞穴來表明。這時北風吹舞著泉水，在空中飄蕩，風聲泉影，都不同尋常。天色忽然放晴，陽光燦爛，山崖生色，水光閃閃，令人流連忘返。過了好久，再到寺院吃了飯，告別貫心出發。

仍然從山崖的棧道向西出去，走了十里，到達排前。又走了五里，經過狀元橋北的分路亭，它的南路從橋可到黃源窰，從它的西路走十五里，到留口。傍晚渡過溪水，溪水西岸便是貴溪地界。這溪水從黃源流來，到這裡匯入大溪，街市店鋪都在溪水西岸，於是去那裡投宿。從排前到留口，回頭遙望龜峰，只見朝帽峰儼然如同一個羊角插入天空，這是從西面所望見的，和在弋陽從東面所望見的，絲毫不差，但在這裡轉過來看到一個石人在旁邊亭亭聳立，更覺奇異罷了。

二十三日　晨起，渡大溪之北，復西向行八里，將至貴溪城，忽見溪南一橋門架空，以為城門與卷梁❶，皆無此高跨之理，執途人而問之，知為仙人橋❷，乃石架兩山間，非磚砌所成也。大異之，即欲渡，無梁。亟趨二里，入貴溪東關，二里，至玉井頭，覓靜聞於逆旅，猶未晨餐也。亟索飯，同出西南門，渡溪而南，即建昌❸道矣。為定車一輛，期明晨早發，即東向欲赴仙橋，逆旅主人舒龍山曰：「此中南山之勝非一。由正南門而過中坊渡一里，即為象山❹，又名掛榜山，乃陸象山❺之遺蹟也，仰止亭❻在焉；其西南二里為五面峰❼，上有佛宇峰，下有一線天❽，亦此中之最勝也；其南一里為西華山，則環互而上，俱仙廬之所託矣；其北二里為小隱巖❾，即舊名打虎巖者也；出小隱二里為仙橋，乃懸空架壑而成者。此溪南諸勝之概也。然五面峰之西，即有溪自南而北入大溪，此中無渡舟，必仍北渡，而再渡中坊。」

予時已勃勃，興不可轉，遂令龍山歸而問道於路隅。於是南經張真人❿墓，碑⓫乃元時敕趙松雪⓬撰而書者，剞⓭山為壁，環碑於中。又一里，越一小橋，由旁岐東向溪，溪流直逼五面峰下。蓋此溪⓮發源於江湖山，自花橋⓯而下，即通舟楫；六十里，西北至羅塘，又二十里，至此入溪，為通閩間道。其所北轉，皆紙炭之類也。適有兩舟艤⓰溪畔，而無舟人，旋有一人至，呼之渡，輒為刺舟。

過溪而東一里，由峰西北入其隘中，始知其山皆石崖盤峙，中剖而開，並夾而起，遠近不一，離立同形。隨路抵穹巖之下，拾級而上，得一臺，綴兩崖如掌。其南下之級，直垂澗底，其西上之級，直繞山巔。余意南下者為一線天，西上者為五面峰也。先躋峰攀磴里許，而至絕頂，則南瞰西華，東瞰夾壁，西瞰南溪，北瞰城邑⑰，皆在指顧。然山雨忽來，僧人留點，踉蹌下山。復從前磴南下一線天，則兩崖並夾而上，直南⑱即從峰頂下剖者，是為直峽。路至夾中，忽轉而東，穿墜石之隙，復得橫峽，俱上下壁立，曲直線分。抵東而復出一塢，若非復人世矣。由塢而南，望兩崖穹巖盤竇，往往⑲而是。最南抵西華，以已從五面峰瞰視，遂不復登。

仍轉出一線天，北逾一嶺，二里，轉而東，入小隱巖。巖亦一山，東西環轉，南連北豁，皆上穹下遜，裂成平竅⑳，〔可廬而憩。〕巖後有宋人洪駒父㉑書云：「宣和㉒某年由徐巖㉓而上，二里，復得射虎巖。」余憶徐巖之名，前由弋陽舟中，已知其為余家物，而至此忽忘不及覺，壁間書若為提撕㉔者。亟出巖詢之，無一能知其處。已而再聞有稱峨嵋在小隱東南三里者，余意其為徐巖之更名也，亟從之。遂由羅塘之大道過一嶺，始北轉入山，竹樹深蒨，巖石高穹，但為釋人架屋疊牆，無復本來面目，且知其非徐巖也。甫欲下，雨復大至，時已過午，遂飯巖中。既飯雨止，問仙橋之道，適有一知者曰：「此有間道，循山而東，穿塢北去，四里可至。」從之。路甚荒僻，或隱或現，或岐而東西無定，幾成迷津。久之，逾一山，忽見碧㉕然高聳者甚近也，及下谷而趨，復茫不可得。蓋望之雖近，而隔崖分塢，轉盼易向，猝不易遇矣。既而直抵其下，蓋一石高跨峰凹，上環如卷，中闢成門，兩端石盤下柱，梁面平整如臺，正如砌造而成。梁之東，可循崖而登其上；梁之西，有一石相去三丈餘，轟㉖踞其旁，若人之坐守者。然余先至橋下仰視，其頂高穹圓整，不啻數十丈。及登步其上，修廣平直，「駕虹㉗役鵲㉘」之巧，恐不迨此也。從其西二里，將抵象山，問所云徐巖，終不可得。後遇一老翁曰：「余舍後南入即是。舊名徐巖，今為朝真宮，乃鬼谷㉙修道處，今荒沒矣，非明晨不可覓。今已暮，姑過而問象山可也。」余以明晨將發，遂強靜聞南望一山峽而入。始猶有路，漸入漸滅，兩崖甚深。不顧莽刺，直窮其底，則石夾盡處，隘不容足。時漸昏黑，躑躅荊刺中，出谷，已不辨路矣。蓋此乃象山東之第三塢也。望其西又有一塢，入之不得路。時聞人聲，高呼既久，知路在西，乃得入。則谷左高崖盤亙，一入即有深巖，外垂飛瀑。二僧俱新至託宿，問之，亦不知其為徐巖與否，當即所稱朝真宮矣。此乃象山東之第二層也。從暗中出，復西而南，尋象山。其地雖暗，而路可循，兩崖前突，中塢不深而峻，當其中有坊峙焉。其內有堂兩重，祠位在前而室圮，後則未圮而中空。穿而入，聞崖間人語聲，亟躡級尋之，有戶依巖竇間，一人持火出，乃守祠楊姓者，引予從崖右登仰止亭。亭高懸崖際，嵌空環映，仰高峰而俯幽壑，令人徙倚忘返。楊姓者以昏黑既久，街鼓㉚已動，恐舟渡無人，暗中扶余二里送至中坊渡頭，為余言其父年已八十有八，尚健啜而善飯，蓋孝而有禮者云。呼隔溪渡舟，渡入南關，里餘，抵舒肆而宿。

是遊也，從壁間而得徐巖之名，從昏黑而遍三谷之蹟，溪南諸勝，一覽無餘，而仙橋、一線二奇，又可以冠生平者，不獨為此中之最也。

【章　旨】本章記載了第七天在廣信府的行跡。快到貴溪城，忽然看到溪南的仙人橋。於是從貴溪西南門走出，經過張真人墓，渡過須溪，直上五面峰，放眼四望，西華山、南溪等地，都在手指目視之間。下山前往一線天，觀賞陡峭的直峽、橫峽。隨後轉入小隱巖，在壁上看到徐巖的名字，但沒人知道在什麼地方。從小路前往仙人橋，為一塊高跨山凹的大石，工巧無比。傍晚又走進峽谷，越過兩個山塢，尋訪象山，祠已毀圮，但仰止亭還在。夜晚由一個姓楊的守祠人送到中坊渡口。當夜進入貴溪南關投宿。

【注　釋】❶卷梁　曲橋。❷仙人橋　即月橋巖。在貴溪東南三里。石長寬各數十丈，高跨山巔，遠望如月形，橋前有一巨石。趙子昂詩：「月巖如偃月，風泉灑暗雪。仙境在人間，真成兩奇絕。」❸建昌　府名，治所在南城（今屬江西）。❹象山　指三峰山，又名天冠山。在貴溪城南二里。三峰鼎峙，與縣治相對。山上後建象山書院，故名象山。❺陸象山　陸九淵，字子靜，金溪（今屬江西）人，後還鄉居貴溪之象山講學，人稱象山先生。南宋理學家，所論與朱熹多不合，理學由此分朱、陸二家。❻仰止亭　在象山書院後。❼五面峰　又名五面山、五面石。在貴溪城南五里，山通體為石，巍然屹立，削成五面。❽一線天　即一線洞天，在五面峰下。洞壑奇峭，如鬼斧神工。❾小隱巖　在貴溪城南二里，蔚然深秀。❿張真人　指張留孫，字師漢。元世祖時封開府儀同三司太宗師。⓫碑　指「仁靖真人碑」，又名「敕賜太宗師張公碑」。在貴溪浮橋頭。元趙孟頫手書，蒼勁有力，為書法藝術珍品。⓬趙松雪　趙孟頫，宋代宗室，字子昂，號松雪道人，湖州人。入元，累官翰林學士承旨，卒諡文敏。詩、書、畫皆自成家。⓭刳　剖開；挖空。⓮此溪　指須溪，今名西溪。源出福建光澤縣的大源官山，北流經貴溪注入薌溪（即信江）。⓯花橋　在鉛山西南。橋橫跨雲水上，過橋即貴溪地界。⓰艤　船靠岸。⓱城邑　指貴溪城。⓲直南　正南。⓳往往　處處。⓴竅　孔；洞。㉑洪駒父　洪芻，字駒父。宋紹聖進士。放蕩江湖，不求聞達。與兄朋弟炎、羽，俱負才名，號四洪。㉒宣和　北宋徽宗年號。㉓徐巖　在五面峰下，以北宋徐紹讀書巖下，故名。原有三山堂，後改立象山書院，為勝景交會之地。㉔提撕　拉扯。引申為提醒。㉕䂬　通「拱」。呈弧形的孔洞。㉖轟　乾隆本作「矗」，下同。㉗駕虹　彩虹高架天空。駕，通「架」。㉘役鵲　使喜鵲連成天橋。神話傳說，每年七月七夕，喜鵲便來銜接為橋，讓織女渡過銀河和牛郎相會。役，役使。㉙鬼谷　鬼谷子，楚人，姓氏籍貫不詳。因其所居之地號鬼谷子或鬼谷先生。戰國時縱橫家之祖，相傳為蘇秦、張儀之師。㉚街鼓　城坊警夜之鼓。

【語　譯】二十三日　清晨起身，渡過大溪，到達北岸，又向西走八里，快到貴溪城，忽然看到溪水南面，一座橋門高架空中，心想城門和曲橋都沒有這樣高跨的道理，於是拉著過路人詢問，才知道是仙人橋，為架在兩座山之間的大石，不是用磚砌成的。對此感到十分驚奇，想立即過去，但又沒橋。急忙趕了二里路，進入貴溪東關，又走了二里，到玉井頭，在旅店找到靜聞，還沒有吃早飯。趕緊找飯吃，然後一起走出西南門，渡過溪水向南，便是去建昌的大路。預訂了一輛車，計劃明天一清早就出發，即向東想前往仙橋。旅店主人舒龍山說：「這裡南山的美景不止一處。從正南門經過中坊渡走一里，便是象山，又名掛榜山，為陸象山的遺跡，仰止亭就在那裡；在它西南二里處為五面峰，上面有佛宇峰，下面有一線天，也算是這裡最美妙的景觀；在它南面一里處為西華山，往上環繞綿延，都是神仙居住的地方；在它北面二里處為小隱巖，過去稱作打虎巖；從小隱巖走出二里為仙人橋，是憑空架在山谷中的。這是溪南眾多勝景的大致情況。但五面峰的西面，便有溪水從南向北流入大溪，那裡沒船擺渡，必然仍舊往北渡河，到中坊再渡一次。」

我這時已興致勃勃，不可改變，便叫龍山回去，在路邊的一角問路。於是向南經過張真人墓，碑是元朝時敕命趙松雪撰寫的，破山為壁，將碑成環狀鑲嵌在裡面。又走了一里，經過一座小橋，從旁邊的岔道往東向溪水走去，溪流直逼五面峰下。原來這條溪水在江湖山發源，從花橋往下，便可行船；往西北流六十里，到羅塘，又流了二十里，到這裡匯入大溪，是通往福建的小路。它往北轉運的，都是紙張燒炭之類的東西。恰巧有兩條船在溪邊停泊，但沒有船夫，不一會來了一個人，叫他擺渡，立即為我們撐船。渡過溪水向東走一里，從山峰的西北進入狹隘的山口，方才知道這座山都是盤踞峙立的石崖，中間分開，並排相夾，拔地而起，遠近不一，各自屹立，形狀相同。順著這條路到達高大的山岩下面，踏著石級向上，看到一個平臺，像手掌那樣連結著兩座山崖。往南走下的石級，直落到澗水的底部，往西向上的石級，直繞到山頂。我以為往南走下便是一線天，往西向上則為五面峰。先登上山峰踏著石級攀登一里左右，到達頂峰，往下南望西華山，東望相夾的石壁，西望南溪，北望貴溪城，都在手指目視之中。只是忽然飄來一陣山雨，因僧人留我吃點心，便急急忙忙下山。又從先前的石級往南走下，到一線天，只見兩座山崖並排相夾，向上聳起，正南便是從峰頂往下劈開的山崖，這就是直峽。路到了夾壁之中，忽然轉而向東，穿過崩落的石塊的空隙，又來到橫峽，都從上到下，如壁陡立，就像垂下的線那樣能分出曲直。到了東面又走出一個山塢，和人世已全然不同。從山塢往南，望見兩旁山崖上，高大的山岩、曲折的洞穴，比比皆是。最南到西華山，因為已在五面峰往下望過，便不再登臨了。

仍從一線天轉出，向北翻過一個山嶺，走了二里，再轉而向東，進入小隱巖。這巖也是一座山，東西向環繞，南面相連，北面豁開，全都上面高大，下面小一些，裂開的地方成為平坦的洞穴，可以居住休息。巖的後面有宋人洪駒父所寫的字：「宣和某年由徐巖而上，二里，復得射虎巖。」我想起了徐巖這個名字，先前在弋陽的船上，已經知道它屬於我們徐家，到這裡忽然忘記，沒有發覺，壁上的字好像在提醒我。急忙從巖中走出，向人打聽，沒有一個人知道它在什麼地方。過了一會又聽說在小隱巖東南三里有個叫峨嵋的地方，我想它就是徐巖換了個名字，急忙往那裡去。於是從羅塘的大路翻過一個山嶺，才向北轉入山中，竹樹茂盛，岩石高大，但因僧人蓋房砌牆，已失去了原來的面目，而且知道這裡也不是徐巖。剛想下山，大雨又來了，這時已過中午，便在巖中吃飯。吃罷飯雨也停了，問去仙橋的路，恰巧有個熟悉的人說：「這裡有條小路，沿著山向東，穿過山塢往北，走四里就可到達。」我聽從他的話走去。路很荒僻，一會兒隱沒，一會兒出現，一會兒岔向東，一會兒又岔向西，全沒個準，幾乎使人迷路。過了好久，翻過一座山，忽然看到很近的地方有凌空高架、呈拱形的景象，待走下山谷趕向那裡，又茫然不見了。這是因為看上去雖然很近，但中間隔著山崖，又被山塢分開，一旦轉變視線，換個方向，便發覺已難找到了。不久直到仙橋的下面，原來是一塊高高跨在山凹中的大石，上面如環拱起，中間開出門洞，兩端岩石盤在下面作為橋柱，橋面像臺一樣平整，如同砌造而成。橋的東面，可沿著山崖登臨其上；橋的西面，離開三丈多的地方，有一塊大石高高盤踞在一旁，好像人坐守在那裡。但我先到橋下仰望，橋頂高大圓整，不止幾十丈。待登上漫步，只覺寬廣平直，即使像「長虹高架、喜鵲搭橋」這樣的工巧，恐怕也不及這裡。從橋往西走二里，在即將抵達象山的地方，打聽所說的徐巖，終於沒能找到。後來遇到一個老翁，他說：「從我屋後往南進去便是。過去名徐巖，如今為朝真宮，是鬼谷子修道的地方，今已荒蕪隱沒了。非明天早晨再來決不可能找到。現在天色已晚，暫且去遊訪象山還來得及。」我因為明天早晨就要出發離開這裡，就硬逼著靜聞朝南面的一座山峽進去。開始還有路，漸漸深入，路也漸漸消失，兩旁山崖十分幽深。不顧荊棘刺人，直到最裡面，只見石壁相夾的盡頭，狹窄得連腳都伸不進。這時天漸昏黑，在荊棘中難以邁步，走出山谷，已分不清路了。這是象山東面第三層山塢。望見它的西面還有一個山塢，想進去卻又找不到路。這時聽到有人聲，大聲呼喊了好久，得知路在西面，這才走了進去。只見山谷的左邊，高聳的崖壁盤繞相連，一進去便有幽深的山岩，外面懸掛著飛流的瀑布。二個僧人都是剛到這裡寄宿的，問他們，也不知道這裡是否是徐巖，應該就是所說的朝真宮了。這是象山東面的第二層。從暗中走出，又往西轉而向南，尋找象山。這裡雖然幽暗，但可沿著路走，兩旁山崖向前突起，中間的山塢雖不幽深，但十分高峻，當中樹立著牌坊。裡面有兩重廳堂，廟堂的牌位在前一重但屋已倒坍，後一重沒有倒坍而屋內是空的。穿過廳堂進去，聽到山崖間有人說話的聲音，急忙踏著石級尋找，靠著巖壁的洞穴有戶人家，一個人拿著火把走了出來，是姓楊的看管祠堂的人，帶著我從山崖右側登上仰止亭。亭高掛在山崖頂端，模樣玲瓏，四周映照，仰望高峰，俯視幽壑，令人流連忘返。姓楊的人因為天色昏黑已經好久，警夜的街鼓也已敲過，怕沒人擺渡，扶著我在黑暗中走了二里，送到中坊渡口，對我說他的父親已八十八歲，還很能吃，原來他是一個既孝順又懂禮貌的人。呼喊溪水對岸的渡船，渡河進入南關，走了一里左右，到姓舒的旅店過夜。

這次遊覽，從石壁中看到徐巖的名字，在昏黑中足跡遍及三谷，溪南的眾多勝景，已一覽無遺，而仙人橋、一線天這兩處奇景，又可稱為有生以來所見景物之冠，而不僅是這裡最奇妙的地方。

二十四日　晨餐後，仍渡西南門大溪，候車夫久之，發已上午矣。南十里，新田鋪❶。其處山勢漸開，正在西華山之南，回望諸巖突兀，俱併成一山，祗有高下，無復剖裂之痕矣。又十里，飯於聯桂鋪。又二十里，過馬鞍山，為橫石鋪，於是復入山谷。又四里，逾一嶺，下宿於申命地。其地南對應天山❷，為張真人上清宮❸入山始境，其曰「申命」者，正對「應天」而言也。是夜，逆旅主人烏姓為余言：「此南去上清二十五里，而西去仙巖❹祗二十里，若既至上清而去仙巖，亦二十里，不若即由此向仙巖而後上清也。」余善之。遂定計明日分靜聞同車一輛待我於上清，余以輕囊同顧僕西從間道向仙巖。主人復言：「仙巖之西十五里，有馬祖巖❺，在安仁❻界。其巖甚勝。但先趨仙巖亦復少迂，不若竟赴馬祖，轉而東，由仙巖、龍虎❼以盡上清為最便。」余益善之。

【章　旨】本章記載了第八天在廣信府的行跡。上午離開貴溪，經過新田鋪、聯桂鋪、馬鞍山、橫石鋪，到申命地投宿。去上清宮，就從這裡開始入山。店主人提議明天直接前往馬祖巖，再從仙巖、龍虎山遊覽上清宮。

【注　釋】❶新田鋪　在貴溪城南，西溪河（須溪）西岸。❷應天山　在貴溪西南八十里。山從福建綿延而來，到這裡雄尊古穆，為群山之宗。南宋陸九淵曾在此築精舍講學，見山如象，更名為象山。❸上清宮　原名傳籙壇，在貴溪上清鎮東端。為道教創始者張道陵第四代孫張盛，於西晉永嘉年間自漢中移居龍虎山後所建，以後成為歷代張天師進行宗教活動的場所。現存部分為清代所建。❹仙巖　在貴溪上清溪西二十里，龍虎山西二里，峰巒峭立，高出雲表，下臨深淵，計有二十四巖。❺馬祖巖　在餘江西南六十里，四面壁立，兩崖對峙。巖上有石洞、一線天等景觀。相傳馬祖禪師遊方至此卓錫，故名。❻安仁　明代為縣，隸饒州府。後改名餘江，治所在今餘江城北的錦江鎮。❼龍虎　山名，在貴溪西南八十里，兩峰對峙，如龍昂虎踞。左、右、後三面皆懸崖，前面有小山。風光旖旎，山色秀麗。

【語　譯】二十四日　吃罷早飯，仍舊渡過西南門的大溪，等候車夫好長時間，出發時已是上午了。往南走十里，到新田鋪。這裡山勢漸漸開闊，正在西華山的南面，回頭遙望眾多突兀高聳的山岩，都併在一起，只有高低之分，沒有一點分開的痕跡。又走了十里，在聯桂鋪吃飯。再走二十里，經過馬鞍山，便是橫石鋪，到這裡又進入山谷之中。繼續走四里，翻過一座山嶺，往下走到申命地投宿。這裡南面對著應天山，去張真人的上清宮，就從這裡開始進山，稱作「申命」，正是對「應天」而說的。這夜，姓烏的旅店主人對我說：「從這裡往南去上清宮有二十五里，往西去仙巖只有二十里，到了上清宮再去仙巖，也是二十里，不如就從這裡往仙巖走，然後再去上清宮。」我很贊同他的話。於是決定明天和靜聞分手，讓他連同一輛車在上清宮等候，我同顧僕輕裝向西，從小路前往仙巖。店主又說：「仙巖西面十五里，有馬祖巖，在安仁地界。這巖景物很美。但先趕往仙巖也稍許走了些彎路，不如直接前往馬祖巖，轉而向東，從仙巖、龍虎山以盡覽上清宮一帶的景觀最為便利。」我聽了更加贊同。

二十五日　平明飯而發，雨絲絲下，不為止。遂別靜聞，彼驅而南，余趨而西。四里，至章源。四里，過一小嶺，至桃源。又過一小嶺，二里，至石底，過水二重，俱有橋。三里，至連塘。過一小嶺，二里，過一橋。又二里，鐵爐坂。又三里，過香爐峰[1]。其峰迴亙三疊，南面直剖而下，中有一凹，結佛廬於上。時雨大作，竟不及登。香爐峰西即為安仁東界，於是又涉饒州境矣。三里，簡堂源。過一里，雨狂甚，衣內外淋漓。三里，過新巖腳，而不知巖之在上也。從其東峽穿而北入，見其西崖下俱有橫亙之巖，飛瀑交灑於上，心知已誤，因避雨巖間，剖橘柚為午餐。已而令顧僕先探其北，不見影響；復還探其南，見南崖有戶掩竹間，以為是無誤矣，亟出而趨其上。巖雖高敞，盤亙山半，然石粗竅直，無宛轉玲瓏之致。時已知其為新巖，非舊巖也。且巖僧雖具餐，觀其意，惟恐客不去。余遂亟出，趨下山，又躑躅雨中，西一里，轉而北入山峽。峽口巨石磊落❷，高下盤峙，深樹古藤，籠罩其上，甚有雅致。由峽而入其崖，東西並峙，北連南豁，豁處即峽口，而連處其底也。馬祖巖在左崖之半，〔即新巖背。〕其橫裂一竅，亦大約如新巖，而僧分兩房，其狗竇豬欄，牛宮❸馬棧，填塞更滿。余由峽底登巖南上，時雨未已，由巖下行，玉溜❹交舞於外，玉簾❺環映於前，仰視重巖疊竇之上，欄柵連空，以為妙極。及登之，則穢臭不可嚮邇❻，皆其畜塒❼之所，而容身之地，面牆環堵❽，黑暗如獄矣。時余衣甚濕，日且就昏，其南房方聚眾作法，拒客不納，北房亦尤而效之❾，求一臥不可得。傍徨既久，寒冽殊甚，強索臥石龕之間。令僮以所賚米具就炊，始辭無薪，既以細米易而成粥，竟不見粒米也。

【章　旨】本章記載了第九天在廣信府的行跡。清晨冒雨經過章源、桃源、石底、連塘、鐵罏坂，翻過香爐峰，到達新巖。又轉入頗有幽雅情致的峽口，前往馬祖巖，這裡到處是飼養牲畜的場所，極其污穢臭惡，連住房都找不到，最後用米換了薄粥在石龕過夜。

【注　釋】❶香爐峰　在餘江西南七十里，壁立千仞，上闊數百丈。南面有長巖廟，祀三仙。❷磊落　眾多。❸牛宮　牛欄。

❹玉溜 指清泉。❺玉簾 指瀑布。❻不可嚮邇 不能接近。❼塒 在牆上築的雞窩。❽環堵 四圍土牆。❾尤而效之 即「效尤」。故意學壞樣。

【語譯】二十五日 黎明時吃了飯出發，絲絲細雨下個不停。於是告別靜聞，他往南走，我朝西趕路。走了四里，到章源。再走四里，翻過一座小嶺，到桃源。又翻過一座小嶺，走了二里，到石底，經過兩條溪水，上面都有橋。再走三里，到連塘。接著翻過一座小嶺，走了二里，經過一座橋。再走二里，到鐵鑪坂。再走三里，經過香爐峰。這座山峰旋繞相連，共有三層，南面直劈下去，中間有一塊凹地，上面蓋著僧人居住的屋子。這時下起大雨，來不及登臨了。香爐峰西面便是安仁的東界，到這裡又踏上饒州的地界。向前三里，到簡堂源。又過一里，雨下得十分厲害，裡裡外外的衣服都濕透了。再走三里，從新巖腳下走過，但不知巖就在上面。從它東面的峽谷穿過，往北進去，只見西面的崖壁下都有橫亙的山巖，飛瀑交加，噴灑在上面，心裡明白已走錯了路，於是在巖中避雨，剝開橘子柚子當午餐。隨後吩咐顧僕先到北面探路，沒什麼回應；又回來往南探尋，看到南面山崖上有被竹林遮掩的人家，以為路就在那裡不會錯了，急忙出來往上走。巖雖然高大寬敞，在半山腰迴繞相連，但石質粗糙，洞穴平直，沒有曲折玲瓏的景致。這時已知道它是新巖，並非舊巖。而且巖上的僧人雖然備了飯，但察看他們的心思，惟恐客人留下不走。我於是急忙走出，趕緊下山，又在雨中徘徊，往西走了一里，轉而向北進入山峽之中。峽口巨石眾多，或高或下，盤繞聳立，上面籠罩著密樹古藤，很有幽雅的情致。從峽口走進山崖，只見東西兩面，並肩屹立，北面相連，南面豁開，豁開的地方就是峽口，而相連的地方為它的底部。馬祖巖在左邊山崖的半腰，即新巖的背面。上面橫裂一個洞穴，也大致和新巖相似，僧人分住兩間屋子，至於狗洞豬圈、牛欄馬棚，更是填得滿滿的。我從峽谷的底部登巖往南向上攀登，這時雨還沒停，從巖下走過，清泉在外面紛亂飛舞，瀑布在眼前環轉映照，仰望重重山巖，層層洞穴，欄柵接連直上天空，感到妙不可言。等到登臨其上，只覺污穢臭惡，無法接近，都是飼養牲畜的場所，而安身的地方，面對著四圍土牆，一片黑暗，就像牢獄。這時我衣服濕透，天色即將昏黑，而南面的屋子正在聚集眾人做法事，不肯接納來客，北面屋裡的人也跟著學壞樣，求他們讓一間臥室都辦不到。在外面徘徊了好一陣，感到寒冷不堪，便堅決要求睡在石龕之中。吩咐僮僕用所帶的米鍋煮飯，那些人開始又推託沒柴火，只得用細米去換他們已熬成的薄粥，但粥裡居然看不到一粒米。

二十六日　平明起，再以米炊，彼仍以細米易，姑餐而即行。仍從北連處下，令顧僕先出峽門之口，余獨轉上西崖。其巖亦橫裂如馬祖，而無其深，然亦無其填塞諸穢趣也。從巖畔直趨而南，路斷處輒為開鑿，既竭巖端，〔崖壁峻立，不可下瞰，〕忽有洞透峽而出。既越洞西，遂分兩道：一道循崖而北，一道循崖而南，兩崖並夾，遂成一線。線中東崖之下，復裂為巖，亦橫如馬祖，而清淨幽渺，忽有霄壤之異。巖外之崖與對崖，俱下墜百仞，上插千尺，俱不合如咫，而中亦橫裂，邃若重樓。惟極北則豁然，以為可通外境，而豁處天光既闢，地險彌懸，削崖穹壁，莫可下上，洵自然之幽阻，非所稱別有天地者耶？復還至洞門分道處，仰其上層，飛石平出，可以上登，而又高無可攀。從其南道轉峰側而上，則飛閣高懸，莫可攀躋，另闢一境矣。時顧僕候余峽下已久，乃穿透腹之洞，仍東出崖端，欲覓道下峽口不可得，循舊沿崖抵北連處下，則顧僕見余久不出，復疾呼而至矣。遂與同出峽口，東南四里，過南吉嶺，遙望東面亂山橫翠，駢聳其北者，為排衙石❶，最高；欹突其南者，為仙巖，最秀；而近瞰嶺下，一石尖插平疇，四面削起者，為碣石❷，最峭。下嶺，即見大溪❸自東而來，直逼嶺腳。〔其溪發源瀘溪❹，由上清而下。〕乃從溪北溯溪，東南四里，至碣石下，則其石仰望穹然，雖漸展而闊，然削立愈甚，有孤柱撐天之狀。其下有碣石村，是為安仁東南界。渡溪，南為瀝水，山溪上居民數十家，於是復屬貴溪矣。又東五里，直抵排衙石之西，是為漁塘❺。漁塘居民以造粗紙為業。其地東臨大溪，循溪西南行一里，為蔡坊渡，遂止宿焉。

【章　旨】本章記載了第十天在廣信府的行跡。離開馬祖巖，又來到兩座山巖，環境清幽，和馬祖巖有天地之別。峽谷中地勢險峻，呈現出另一種境界。接著翻過南吉嶺，遙望最高的排衙石、最秀的仙巖，來到最峭的碣石下。隨後經過漁塘，在蔡坊渡留宿。

【注　釋】❶排衙石　在仙巖東，大石森然而立，狀若儀仗。❷碣石　從平地突起，遠望如巖。巖洞內有物，高不可測。❸大溪　即瀘溪，以水深黑得名。源出福建崇安，北流經瀘溪，至餘江注入信江。下游名白塔河。❹瀘溪　明代為縣，隸建昌府，即今江西資溪縣。❺漁塘　與蔡坊渡都在貴溪西隅，白塔河西岸。

【語　譯】二十六日　黎明起身，想再用米煮飯，但那些人仍然要我們拿細米去換粥，勉強吃了些就走。仍然從北面峽口和山崖相連的地方往下，吩咐顧僕先走出峽口，我獨自轉身登上西面的山崖。這裡的山巖也像馬祖巖那樣橫向裂開，但沒有它那麼深，也沒有那樣多污穢臭惡的東西。從巖旁直往南走，每當路到盡頭，崖壁就被開闢鑿通，到了巖的頂端，只覺崖壁險峻陡立，無法往下看，忽然發現有個洞從峽谷中透出。穿過洞向西，便分成兩條路：一條路沿著山崖往北，一條路沿著山崖往南，兩座山崖並排相夾，中間便成一線之隔。線縫中東邊山崖的下面，又分裂成一座山巖，也像馬祖巖那樣橫向裂開，但清淨幽遠，兩者相比，頓時感到有天地之別。巖外的山崖和它對面的山崖，都下落百仞之深，上聳千尺之高，都相隔僅有咫尺，而中間也橫向裂開，像重重樓臺那麼深遠。惟有極北部豁然開闊，以為可以通向巖外，只是開闊的地方雖然照進陽光，但地勢卻更加陡險，崖壁高峻，沒有地方可落腳上下，真是天然的幽深險阻，豈不是人們所說的另有一種天地嗎？又回到洞門分路的地方，仰望上方，有岩石淩空橫向伸出，可以登臨，但又太高，沒法攀登。從南路轉過峰旁向上，只見飛閣高掛，也沒法攀登，已呈現出另一種境界。這時顧僕已在峽谷下面等我好久，於是穿過那貫通山腹的洞穴，仍從山崖的東端走出，想找路往下去峽口，卻找不到，只得從原路沿著崖壁到北面峽口和山崖相連的地方下去，而顧僕因為見我在裡面好久不出來，一再大聲呼喊著趕來了。便和他一起走出峽口，往東南走四里，翻過南吉嶺，遙望東面山峰錯雜，綠樹縱橫，在它北面並排聳立的，是排衙石，最為高峻；在它南面傾斜突起的，是仙巖，最為秀麗；而就近俯視嶺下，一塊大石尖尖地插在平坦的田地中，四面陡削聳起的，是碣石，最為峻峭。走下山嶺，便看到大溪從東流來，直逼嶺腳。這條溪水從瀘溪發源，經過上清宮流下。於是從北岸沿溪水上行，往東南走四里，到碣石下面，抬頭望去，這石十分高大，雖然往上漸漸變得開闊，但也更覺陡削，有一柱撐天的態勢。下面有碣石村，為安仁東南的邊界。渡過溪水，南面為瀝水，山溪上有幾十家居民，這裡又屬貴溪管轄了。再向東走五里，直到排衙石的西面，便是漁塘。漁塘的居民以製造粗紙為業。這裡東面靠近大溪，沿溪水往西南走一里，到蔡坊渡，於是留下住宿。

二十七日　蔡坊渡溪，東一里，龍虎觀❶。觀後一里，水簾洞。南出山五里，蘭車渡。三里，南鎮宮。北行東轉一里，渡溪，即上清街❷，其街甚長。東一里，真人府❸。南渡溪，五里，越一嶺，曰胡墅。西南七里，曰石崗山，金谿縣❹東界也，是入撫州❺境。又三里，曰淳塘。又五里，曰孔坊❻，俱江姓，宿。

【章　旨】本章記載了第十一天在廣信府的行跡。渡過溪水，前往龍虎觀，遊覽了水簾洞。隨後經過蘭車渡，遊覽了南鎮宮、上清街、真人府。接著翻過胡墅嶺，經過石崗山，進入撫州地界，在孔坊留宿。

【注　釋】❶龍虎觀　龍虎山原有龍虎觀，座落在山巖中，坐東朝西，額曰「正一觀」，為道教正一派最重要的宮觀。今僅剩殘垣。❷上清街　即上清鎮，在貴溪西南隅，白塔河東岸。❸真人府　即天師府。在上清鎮中部，面臨清溪，為歷代張天師住地。樓房殿閣，形似皇宮。院內古木參天，風景優美。❹金谿縣　明代為縣，隸撫州府，今屬江西。❺撫州　府名，治所在臨川（今屬江西）。❻孔坊　與下葛坊都在金谿東北。

【語　譯】二十七日　在蔡坊渡過溪水，往東走一里，到龍虎觀。觀後面一里處，為水簾洞。往南出山走了五里，到達蘭車渡，再走三里，到南鎮宮。往北又轉向東走一里，渡過溪水，便是上清街，這街很長。往東走一里，到真人府。往南渡過溪水，走了五里，翻過一座山嶺，地名胡墅。再往西南走七里，地名石崗山，為金谿縣東面的邊界，這時進入撫州境內。又走了三里，地名淳塘。再走五里，地名孔坊，居民都姓江，就在這裡留宿。

二十八日　由孔坊三里，鄭陀嶺。七里，連洋鋪。十里，葛坊。十里，青田鋪。有石梁水，出鄧埠。十里，茅田，即往撫州道。下一嶺，為五里橋，水始西向許灣❶橋，南有庵，旁有閣，為迎送之所。東南入金谿城。城徑二里，由東出西，其北門為撫州道。城外東北為黃尖嶺，即出金處，誌所稱金窟山❷。在城東五里。其西為茵陳嶺，有崗西走，即五里北分水之崗矣。金窟山之東南，環繞城南者曰朱干山❸。即翠雲山，翠雲寺在焉。今名朱干。自金窟、茵陳北東南三面環城，所云「錦繡谷」❹也，惟西南少缺。小水沿朱干西去，而下許灣，始勝舟云。朱干之南，有山高聳，亦自東北繞而南，為劉陽寨牟彌嶺❺。其東為瀘溪，西為金谿之大塘山，疑即誌所稱梅峰❻也。又南為七寶山❼。

二十九日　發自大塘。對大塘者，東為牟彌頂大山也。南十里，為南岳鋪。又西南十里，為賈源。又五里，為清江源。沿江西南五里，為後車鋪❽，飯。又南十里，為界山嶺❾。一名韓婆寨。下嶺二里，為瀘溪分道。又二里，為大坪頭，水始南流。又四里，為橫坂鋪。五里，七星橋。又五里，潭樹橋。十里，梧桐隘。揭陽無渡，到建昌❿東門宿。

【章旨】本章記載了第十二、十三兩天在撫州府的行跡。經過鄭陀嶺、茅田、五里橋等地，進入金谿城。城外有黃尖嶺（即金窟山）、茵陳嶺、朱干山，稍遠處有牟彌嶺、大塘山。次日經過南岳鋪、後車鋪、界山嶺等地。到建昌東門投宿。

【注釋】❶許灣　今作「滸灣」，在金谿西境。❷金窟山　在金谿城東五里。高三里，周十里，與寶山（因唐時出銀礦，俗稱銀山）連脈，有石洞，為前代採金之穴。❸朱干山　即翠雲山。在金谿城南四里。青蒼可愛，靉靆如雲，岡巒迴合，瀑布懸流。❹錦繡谷　在金谿城內。青藹如繡。稍右為學嶺，過去嶺上曾生芝草。❺牟瀰嶺　疑即上幕嶺，在金谿城東南四里，山高五里，與應真山、卓筆峰、隍塵峰等旋繞如幕，而獨踞其上。❻梅峰　在金谿城西南二十里，有山峰數十，如筍簇起。上有白華巖。❼七寶山　在金谿城南，有路去瀘溪，故又名瀘溪嶺。❽後車鋪　與上清江源都在金谿南境。❾界山嶺　即韓婆嶺，在金谿城南三十里。宋建炎年間，鄧雱、傅安潛曾在此結寨。❿建昌　府名，治所在南城（今屬江西）。

【語　譯】二十八日　從孔坊出發走了三里，到達鄭陀嶺。又走了七里，到連洋鋪。再走十里，到葛坊。再走十里，到青田鋪。有石梁水，從鄧埠流出。再走十里，到茅田，即往撫州去的路。走下一座山嶺，到五里橋，溪水開始向西面的許灣橋流去，南面有庵堂，旁邊有樓閣，為迎送過客所在。往東南進入金谿城。城直徑有二里長，從東往西走出，城北門便是去撫州的路。城外東北為黃尖嶺，即產金的地方，志書稱作金窟山。在城東五里。西面為茵陳嶺，有向西延伸的山岡，即五里橋北的分水岡。金窟山的東南，在城南環繞的名朱干山。即翠雲山，上面有翠雲寺。今名朱干。金窟山、茵陳嶺從北、東、南三面環繞縣城，即人們所說的「錦繡谷」，惟獨縣城西南缺少山。一條小溪沿著朱干山向西流去，到許灣，才能行船。朱干山的南面，有座山高聳入雲，也從東北繞向南面，為劉陽寨的牟瀰嶺。嶺東面為瀘溪，西面為金谿的大塘山，懷疑就是志書所說的梅峰。再往南為七寶山。

二十九日　從大塘山出發。和大塘山相對的，東面為牟瀰頂大山。往南走十里，到南岳鋪。又往西南走十里，到賈源。再走五里，到清江源。沿著江水往西南走五里，到後車鋪，在這裡吃飯。再往南走十里，到界山嶺。一名韓婆寨。下嶺走二里，到去瀘溪的岔路。又走了二里，到大坪頭，溪水開始向南流。再走四里，到橫坂鋪。再走五里，到七星橋。再走五里，到潭樹橋。再走十里，到梧桐隘。因揭陽沒有渡口，到建昌東門投宿。

十一月初一日　缺

初二日　出建昌南門，西行二里，至麻姑山❶足。上山二里，半山亭，有臥瀑。又一里半，噴雪雙瀑。又一里，連泄五級，上有二潭甚深，舊亭新蓋。又半里，龍門峽。上有橋❷。又半里，麻姑壇❸、仙都觀❹。左有大夫松，已死，右有通海井。西上嶺十里，踰篾竹嶺，為丹霞洞❺。又上一里，為王仙嶺❻，最高。西下二里，張坊。西左坳中，為華嚴庵，宿。

初三日　王仙嶺東下一嶺，為丹霞洞。又踰篾竹嶺西坳中南上，越兩山，東南共五里，為飛爐峰❼，有小石爐方尺，自軍峰山南飛至其地。南為軍峰，北接麻姑，東瞰盱江❽，西極芙蓉❾，蓋在五老峰❿之西、陽華峰⓫之西北矣。已⓬下缺

【章　旨】本章記載了第十四、十五、十六三天在建昌府的行跡。從建昌南門到麻姑山腳，上山後經過半山亭、噴雪亭，觀賞如同臥龍橫飛的雙瀑，上面還有五級瀑布。再上去為龍門橋、麻姑壇、仙都觀。隨後翻過篾竹嶺、王仙嶺，經過丹霞洞，在華嚴庵留宿。次日登上飛爐峰，放眼四望，江山盡在眼底。

【注　釋】❶麻姑山　在南城西南八里，傳說乃八仙之一麻姑得道處，為道教名山，第二十八洞天，第十福地，兼洞天福地之勝，殊為罕見。麻姑，傳說中的女仙，建昌人。手指纖細似鳥爪，自稱曾見東海三次變為桑田，蓬萊之水也淺於往昔，或許又將變成陸地。❷又一里半九句　乾隆本作「又一里，噴雪亭。麻姑以水勝，而詘於峰巒。半山亭之上，有水橫騫如臥龍蜿蜒。上至噴雪，則懸瀑落峰間，一若足練下垂，一若玉筋分瀉。分瀉者，交縈石隙，珠絡縱橫，亦不止於兩，但遠眺則成

兩瀑耳。既墜，仍合為一，復如臥龍斜騫出峽去。但上之懸墜止二百尺，不能與雁宕、匡廬爭勝。再上，五級連注，可名「五泄」。五泄各不相見，各自爭奇。其中兩潭甚深，螺轉環連，雪英四出。此可一目而盡，為少遜耳。再半里，上至龍門橋，兩崖夾立，泉搗中壑，不敢下視；架橋俯瞰於上，又變容與為雄壯觀。龍門而上，溪平山繞，自成洞天，不復知身在高山上也」。❸麻姑壇　在麻姑廟前，唐開元中道士鄧紫陽奏立。顏真卿曾作〈麻姑仙壇記〉，大曆年間立碑，為顏書名作。❹仙都觀　在仙姑壇附近，傳說為麻姑仙去之所。觀內有麻姑像。❺丹霞洞　在篋竹嶺之西，王仙嶺之東。傳說有丹霞隱現，故名。❻王仙嶺　即王仙峰。相傳為清虛真人王裒昇仙處。❼飛爐峰　在麻姑山仙壇西五里，相傳殿前石爐自軍峰山飛來，故名。❽盱江　又名汝水、建昌江、撫河，發源於廣昌血木嶺，下游匯入贛江。《說文》：「日始出曰盱，旦氣清明之意也。」據舊志因江水「清濁須眉，故名盱水。」後多作「盱江」。❾芙蓉　山名，在南城西南三十里，西跨宜黃，北接臨川。山勢磅礴，險峻幽僻，秀出眾峰之上。❿五老峰　在麻姑山仙壇西南，五峰聯絡，如老人挺立，道書稱為「五老朝元」，故名。⓫陽華峰　即陽華山，在南城南面二十餘里。⓬已　通「以」。

【語譯】十一月初一　缺

初二　走出建昌南門，往西走二里，到麻姑山腳。上山走了二里，來到半山亭，有橫臥的瀑布。又走了一里半，看到噴雪亭前的雙瀑。再走一里，便是接連往下奔瀉分成五級的瀑布，上面有兩個深潭，在原先的地方新蓋了亭子。再走半里，到龍門峽，上面有橋。再走半里，到麻姑壇、仙都觀。左邊有大夫松，已經枯死，右邊有通海井。往西登上山嶺走十里，翻過篋竹嶺，到丹霞洞。再向上一里，到王仙嶺，這是山的最高處。往西走下二里，到張坊。在西面左邊的山坳中，有華嚴庵，就在這裡留宿。

初三　從王仙嶺向東走下一個山嶺，到丹霞洞。再越過篋竹嶺西面的山坳往南上去，翻過兩座山，往東南共走了五里，便到飛爐峰，有一尺見方的小石爐，據說從南面的軍峰山飛到此地。這裡南面為軍峰山，北面接麻姑山，東面俯視盱江，西面直到芙蓉山，大致在五老峰的西面、陽華峰的西北了。以下缺。

初四日　出建昌東門，過太平橋南行，循溪五六里，折而西一里，出從姑❶

之南，〔上天柱峰❷，〕見山頂兩石並起如雙髻者。〔北〕向登其巖，曰飛鰲峰❸。巖前曰長春閣❹。閣之東有堂曰「鰲峰深處」，為羅先生❺講學之所。其後飛突而出，倒書曰「印空」。下有方池，名曰玉冷泉❻。從東上天際亭，亭後鑿石，懸梯而上，有洞。洞口隘如斗，蛇伏乃入，其中高穹而寬。此天柱之南隅也。出洞，仍下石級，沿崖從西登天柱、鰲峰之間，有臺一掌，上眺層崖，下臨絕壁，竹拂石門，樹懸崖隙，為雲巖臺。從其上西穿峰峽，架木崖間，曰雙玉樓。再西，一石欲墜未墜，兩峽並起，上下離立，若中剖而分者，曰一線天❼。此鰲峰之北隅也。一線既盡，峽轉而北，有平石二片，一方一圓，橫庋峽內，曰跏趺石。此二峰者，從天柱之西，鰲峰之北，又起二峰，高殺❽於鰲峰、天柱，而附麗成奇者也。其東一峰，即南與鰲峰夾成一線，又與西峰夾庋跏趺者。西峰之西，又有片石橫架成臺，其東西俱可趺跏❾云。從跏趺石東踐一動石，梯❿東峰而上，其頂南架梁於一線，遂出鰲峰之巔，東鑿級以躋，遂凌天柱之表。於是北瞰郡城⓫，琉璃⓬映日；西瞻麻嶠⓭，翡翠⓮插天。〔時天霽，明爽殊甚。〕從此北下天柱之北，穹崖下臨，片石夾立，上有古梅一株，曰屏風石。天柱北裂一隙，上有懸臺可躋而坐，曰滴水崖，內有石竇直上三丈，正與南隅懸崖之洞相對。此天柱之北隅也。從此東下，又得穹崖一層，曰讀書臺⑮，今為竹影庵。從其南攀石而登，曰梅花巖，石隙東向，可臥可憩。此天柱東隅之下層也。飛鰲之西，有斗姆閣，其側有蟾窟石，下嵌為窩，上突為臺，亦可趺可嘯。此飛鰲西隅之下層也。已下缺

是日，建昌遇夏調御、丘士章。

【章旨】本章記載了第十七天在建昌府的行跡。走出建昌東門，登上飛鰲峰，爬入一個大洞。隨後遊覽了雲巖臺、雙玉樓、一線天、跏趺石、一動石等景觀，登上天柱峰頂。下山時經過屏風石、滴水崖、讀書臺、梅花巖、蟾窟石，回到建昌城。

【注釋】❶從姑　山名，在南城東南五里，以次於麻姑山而得名。魁然圓頂，如人踞坐其上。山上勝景甚多。山頂有步天橋，壁上刻有「壁立萬仞，天下奇觀」八個大字。❷天柱峰　與飛鰲峰相對聳立，為從姑山兩座主要山峰。❸飛鰲峰　在從姑山正中，天柱峰東南，巨巖高聳，達數十丈。峰上石刻，為藝術珍品。❹長春閣　即靈峰寺。背靠飛鰲峰。寺中有佛像，甚古老。❺羅先生　羅汝芳，字維德，號近溪，南城人。嘉靖進士，不仕，在從姑山腰講學，建從姑山房以待學者。後官至布政使司參政。❻玉冷泉　又名玉井、定應泉。在觀音崖巖旁石隙中，琮琤有聲，香氣襲人，下匯為池，名洗心池。❼一線天　即「從石天光」，為南城勝景。在天柱、飛鰲兩峰之間，仰見天光如一線，故名。羅子濬詩：「山根出地盤千仞，石罅窺天見一門。」即詠此。❽殺　省；少。❾趺跏　當作「跏趺」。佛教徒的坐法，即所謂結跏趺坐。分降魔坐與吉祥坐二種。前者先以右趾押左股，後以左趾押右股，諸禪宗多傳此坐。後者先以左趾押右股，後以右趾押左股，令二足掌仰放於二股之上，相傳即如來佛成道時的坐法。❿梯　如登梯攀升。⓫郡城　指建昌府。⓬琉璃　天然的各種有光寶石，這裡借指天空明亮潔淨。⓭麻嶠　即麻姑山。嶠，尖峭的高山。⓮翡翠　一種碧綠透明的寶石，這裡借指青山蒼翠。⓯讀書臺　又名讀書巖，在

從姑山東北。巖上有屋數間，環境清幽。

【語　譯】初四　走出建昌東門，過太平橋往南，沿著溪水走了五、六里，又轉而向西走一里，從從姑山的南面走出，登上天柱峰，只見山頂兩石並起，如同雙髻。向北登上山巖，巖名飛鰲峰，巖前為長春閣，閣的東側有堂，名「鰲峰深處」，是羅先生講學的地方。後面岩石淩空突起，倒寫著「印空」二字。下面有方池，名玉冷泉。從東面登上天際亭，亭後鑿有石級，筆直向上，有個洞穴。洞口像斗那麼狹小，像蛇那樣伏在地上爬進去，洞內高大寬闊。這裡是天柱峰南側的一角。出了洞，依舊走下石級，沿著崖壁從西面在天柱峰、飛鰲峰之間攀登，有個像手掌一般的高臺，向上可眺望層層山崖，向下面對著陡削的石壁，翠竹飄拂著石門，綠樹倒掛在崖縫之中，這就是雲巖臺。從臺上往西穿過山峰間的峽谷，看到崖中架有木結構建築，名雙玉樓。再往西，見一塊岩石搖搖欲墜，兩旁峽壁並立聳起，上下並立，中間好像被劈開，稱作一線天。這裡是飛鰲峰北側的一角。一線天到了盡頭，峽谷轉而向北，有兩片平滑的山石，一片方，一片圓，橫放在峽谷中，稱作跏趺石。這兩座山峰，是從天柱峰的西面、飛鰲峰的北面，又聳起的兩峰，比飛鰲峰、天柱峰低些，因依附它們而成為奇景。東面一座山峰，即在南面和飛鰲峰相夾成一線天，又和西面的山峰相夾安放跏趺石的山峰。西面山峰的西邊，還有一片大石橫架成高臺，東西兩面都可結跏趺坐。從跏趺石向東踏上一塊晃動的岩石，向上攀登東峰，峰頂的南端有橋架在一線天上，過橋便到飛鰲峰頂，往東有鑿開的石級可攀登，便由此登上天柱峰頂。在這裡向北俯視郡城，紅日映照著明淨的天空；向西遙望麻姑山，青山高聳入雲。這時天色放晴，格外明亮爽朗。從這裡往北向下走到天柱峰的北面，高聳的山崖下臨深谷，有一片岩石在對面夾立，上面有一枝古梅，名屏風石。天柱峰的北面裂開一道缺口，上面有憑空高掛的平臺，可登臨安坐，名滴水崖，裡面有個石洞，直往上高達三丈，正和南面一角懸崖上的石洞相對。這裡是天柱峰北側的一角。從這裡往東走下去，又看到一重高峻的山崖，名讀書臺，如今為竹影庵。從崖南的山石上攀登，名梅花巖，石縫朝東，可以睡下，可以休息。這裡是天柱峰東側一角的下層。飛鰲峰的西面，有斗姆閣，閣旁有蟾窟石，下面嵌入成為一個窩，上面突出成為一座臺，同樣可以趺坐，可以長嘯。這裡是飛鰲峰西側一角的下層。以下缺。

這天，在建昌遇到夏調御、丘士章。

初五日　晨餐後別丘、夏。二里，仍出大路南。十里，登一嶺，曰楊源嶺。下嶺，東則大溪❶自南而北。渡溪二里，曰東界山鋪，去府已二十里。於是循溪東行，五里，曰大洋。三里，曰界下。眾舟鱗次溪中，以上流有石箭灘，重舟不能上下，俱泊此以待交兌者也。其北多益府❷王墓。再上二里，即石箭灘，亂石填塞，溪流甚急。其西為凌霄峰，亭亭獨上，有佛宇焉。自楊源來，山勢迴合，而凌霄獨高。過此，山漸開亦漸伏矣。又三里，溪南一山，遜於凌霄，而尖峭過之，曰八仙過腿。上有石聳起，頗異眾山，以無渡，不及登。又七里，為硝石鋪，去府已四十里矣，市肆甚長。南、東兩溪，至此合流，南來者為新城❸之溪，東北者為杉關❹之水。東溪舟抵五福尚四十里，至杉關尚陸行三十里，則江、閩分界❺。南溪則六十里而舟抵新城。新城之陸路，自硝石❻東渡東溪橋而南，為鐵仙巖❼。其處山俱純石，如鐘堆釜覆，北半俱斬❽峭為崖，屏立平疇間。由崖隙而上，兩崖之間，豬❾水成溪，崖插溪底，鑿棧以入。又一水自東注，亦純石插底，隘不容足。架梁南渡，又轉一橋，西渡大溪，遂躡山峽而上，則飛巖高穹，東向而出。髡徒⑩法宣依巖結閣，種竹於外，亦幽亦敞。時日已欲墜，擬假榻於中，而髡奴逐客甚急，形於聲色，遂出。仍渡峽橋，見有石級西上，遂躡之登，盤旋山頂，兩度過脊，皆深坑斷峽，迴亙縱橫，或水或涸，想霖雨時靡非深浸也。時日已落崦嵫⑪，下山二里，仍西宿硝石東溪橋之南。

【章　旨】本章記載了第十八天在建昌府的行跡。翻過楊源嶺，向前走到界下，觀望高聳的凌霄峰、陡峭的八仙過腿。隨後來到硝石鋪，經過險峻的鐵仙巖，進入峽谷之中。傍晚回硝石住宿。

【注　釋】❶大溪　即今黎灘河。❷益府　益王府。明成化二十三年（一四八七），封皇子祐檳為益王，在建昌建益王府。❸新城　明代為縣，隸建昌府，即今江西黎川縣。❹杉關　在黎川東北隅，江西、福建交界處。❺江閩分界　本作「閩、楚分界」，據乾隆本改。❻硝石　在南城東南，東溪與南溪匯合處，為通往黎川的要道。❼鐵仙巖　即仙人巖。在南城東南六十里左右。臨溪峭壁，高數百仞。傳說過去有仙骨存放在這裡，故名。❽斬　通「嶄」。險峻；高出。❾瀦　水積聚的地方。❿髡徒　和下「髡奴」都是對和尚的鄙稱。髡，古代剃去頭髮的刑罰。⓫崦嵫　山名，在甘肅天水市西。古代神話中的日入之處。

【語　譯】初五　早飯後和丘士章、夏調御告別。走了二里，仍然到大路南面。再走十里，登上一座山嶺，名楊源嶺。走下山嶺，東面有條大溪從南流向北。渡過溪水走了二里，地名東界山鋪，離開府城已有二十里了。從這裡沿著溪水向東，走了五里，地名大洋。再走三里，地名界下。溪中有許多船，像魚鱗那樣一個挨著一個排列著，因為上游有石箭灘，載重的船隻無法通行，都在這裡停泊等候交易貨物。溪水的北岸有不少益王府的皇族墓地。再向上走二里，便是石箭灘，這裡亂石堵塞，水流很急。西面為凌霄峰，獨自聳立，上面有佛寺。從楊源過來，山勢曲折環抱，惟有凌霄峰高出群山之上。過了這裡，山勢漸漸開闊，也漸漸低下了。

又走了三里，看到溪水南岸有座山，比凌霄峰低些，但更加陡峭，名八仙過腿。上面有岩石聳起，和其他山大不一樣，因為沒有渡口，不能登臨。再走七里，到硝石鋪，離開府城已四十里了，街市很長。南溪和東溪，到這裡合流，從南流來的為新城的溪水，從東北流來的為杉關的溪水。在東溪行駛的船從這裡到五福還有四十里，到杉關還得從陸路走三十里，這是江西、福建的分界處。船從南溪行駛六十里抵達新城。新城的陸路，從硝石向東過東溪橋往南，為鐵仙巖。這裡的山峰都是純粹的岩石，就像堆積的鐘、倒扣的鍋，巖的北半部都是峻峭的崖壁，像屏障那樣屹立在平坦的田地中。從崖縫中向上攀登，兩邊崖壁中間，積水匯成溪流，崖壁直插溪水的底部，已修鑿了棧道可以通行。又有一條溪水從東流來，同樣是純粹的石崖直插底部，狹窄得連落腳的地方也沒有。過橋往南，又轉過一橋，往西渡過大溪，便踏上山峽向上攀登，只見高大的山岩淩空而起，向東突出。和尚法宣靠著山岩築起小閣，外面種著翠竹，既幽靜，又寬敞。這時太陽就要下山，打算到裡面借住，但這禿驢急於逐客，說話生硬，臉色難看，只好離開。仍然從峽中的橋上過去，看到有往西向上的石級，便踏著石級攀登，在山頂盤繞，兩次越過延伸過來的山脊，下面都是幽深的坑洞，斷絕的峽谷，環繞相連，縱橫交錯，有的有水，有的乾涸，心想在多雨季節，這裡無不成為深水坑。這時太陽已經落下，下山走了二里，仍然向西到硝石東溪橋的南面留宿。

初六日　早起，聞有言覺海寺❶之勝者。平明，南趨二里，則南溪之左也。寺亦古，其前即鐵仙以西之第二重也。蓋硝石之南，其山皆塊石堆簇，南則交互盤錯，斬若截堵❷，峰峰皆然，以鐵仙為中；而西則兩突而盡於南溪之左；即覺海寺前。東則兩突而至於止〔止〕巖之東，再東則山轉而南矣。入覺海，見山在其前，即出而循崖，以登崖之西，下瞰南溪，涓涓北流，時有小舟自新城來。既南行，崖盡，有峽東下，蓋南北兩崖，對峙其來峽，其度脊處，反在西瀨溪之上。余見其峽深沉，遂躡山級，東向直登其巔。其巔有東西兩臺。❸〔自西而東，路盡莫前。下瞰亂壑縱橫，峽形屈曲枝分，匯水成潭，分曹❹疊瀉，疑即所云金龜湖❺也。而二峰東下無路，但見東峽有水有徑，疑即鐵仙。仍從舊路下，至溪東兩崖對峽處，即從崖下東入峽中。漸下漸濕，遂東北三里，至小港口。水自韓公橋來，渡之入山，東北三里，大石巖。五里，韓公橋。三里，雙同槽。南二里，紫雲巖。西一里渡溪，為夫子巖。返出紫雲，一里，至響石巖❻。又登嶺一里，至竺岫。〕

【章　旨】本章記載了第十九天在建昌府的行跡。清晨前往覺海寺，沿著寺前的山崖攀登，俯視南溪。又登上一個山頂，懷疑下面山溝中的潭水便是金龜湖，而有水有路的地方為鐵仙巖。從峽谷中走到小港口，接著經過大石巖、紫雲巖、夫子巖、響石巖，到達竺岫。

【注　釋】❶覺海寺　在南城東五十里，建於北宋。地與溪水在同一高度，但雖發大水，卻從不浸入，令人稱奇。❷堵　土牆。❸季抄本初六日記至此止，下注「已下缺」。❹分曹　分隊；分批。曹，成對。❺金龜湖　在南城東南六十里，五藏巖附近。湖中一石，形狀如龜，在陽光下燦爛如金，故名。❻響石巖　在南城東南，和仙人巖鄰近。巨石當路，高數百仞，上面平坦，可坐百餘人，往來笑語，應答如鐘聲盈耳，故名。

【語譯】初六　清早起身，聽到有人說起覺海寺的美景。黎明，就往南趕二里路，到南溪的左岸。寺很古老，前面便是鐵仙巖西面的第二重山嶺。原來硝石鋪的南面，山上都是石塊堆積，南面山峰交錯盤結，就像截斷的城牆那樣險峭，座座山峰都是這樣，鐵仙巖位於正中；西邊突起兩座山峰，直到南溪左岸為止；即覺海寺前。東邊突起兩座山峰，延伸到止止巖的東側，再往東，山便轉而向南了。進入覺海寺，只見山峰在前面峙立，便出來沿著山崖，登上山崖的西側，俯視南溪，如同涓涓細流，向北流去，這時有一條小船從新城駛來。往南走下後，到山崖盡頭，有個峽谷向東延伸，這是因為南北兩邊的山崖，對著延伸過來的峽谷峙立，山脊伸過的地方，反在西面緊靠著溪水。我見這峽谷十分幽深，於是踏著山間石級，向東直登山頂。頂上有東、西兩座平臺。從西向東，路到了盡頭，無法再向前。俯視縱橫交錯的山溝，峽谷外形曲折，分成幾部分，積水成潭，分頭交疊傾瀉，懷疑這就是人們所說的金龜湖。兩座山峰沒路往東走下去，只看到東面的峽谷中有水流，還有小路，懷疑這就是鐵仙巖。於是仍從原路下去，到溪水東面兩座山崖對著峽谷峙立的地方，就從崖下向東進入峽谷之中。漸漸往下，漸漸潮濕起來，於是向東北走三里，到小港口。溪水從韓公橋流來，渡過溪水進入山中，往東北走三里，到大石巖。又走了五里，到韓公橋。再走三里，到雙同槽。往南走二里，到紫雲巖。往西走一里，渡過溪水，到夫子巖。從紫雲巖返回，走了一里，到響石巖。又登上山嶺走了一里，到竺岫。

初七日　竺岫渡橋，東南三里，舒坑嶺。又三里，緬灣。又六里，陳坊。陳坊有溪自北南流，蓋自瀘溪[1]而下東溪者也。越橋而東，上一嶺，又下而復上，曰鐵灣嶺。共三里，下嶺為錢家灣。又隨東溪二里，至黃源橋。渡溪而南，一里，過黃灣嶺。南六里，長行嶺。下嶺為連家灣，是為新城西北界。連家灣出崗，為周家隘，即新城入郡官道。又西十里❷，百順鋪❸。又三里，上分水嶺。先是，自百順西至周家隘，有小水西流，余以為入南溪者，及登分水，而後知猶北入東溪者也。又五里，過沙路嶺。又五里，過一橋，其水自高學坡來。五六里，越橋而南，即與南大溪遇。又二里，東為觀音崖，西為仙居院❹。兩崖東溪如門，門以內澄潭甚深。又三里，入新城北門，出西門。石門不甚壯，而闤闠❺頗盛。出門渡石梁，則日峰山❻當梁瞰溪。越橋即南隨溪行，已折西南，登白石嶺。十里，過文江橋，始復與大溪遇。溪流至此，已不勝舟矣。於是多隨溪西南，過竹山❼，山亦峭特自異，上有竹仙院。又十里，周舍。周舍之南，路折而東，有潭偃水，頗覺汪洋，即文江之上流也。十五里，宿於石瓶岡，去城二十五里，去福山❽十五里。

【章　旨】本章記載了第二十天在建昌府的行跡。經過舒坑嶺、陳坊、鐵灣嶺、黃源橋、連家灣、周家隘、百順鋪、沙路嶺等地，進入新城北門，走出西門，見日峰山正對門外的石橋。又經過白石嶺、文江橋、竹山、潭偃水，到石瓶岡留宿。

【注　釋】❶瀘溪　源出福建崇安，經江西瀘溪（今名資溪），至餘江匯入信江。❷又西十里　據地望，「西」當為「東」字之誤。❸百順鋪　在黎川西北境。❹仙居院　即仙居山，在新城（黎川）北，隔溪二里，與石峽嶺相對。原名雲龍殿，後因有唐鄧仙師延康墓在此，改名仙居。❺闤闠　闤，市垣。闠，市的外門。古代市道在垣與門之間，故稱街市為闤闠。❻日峰

山　在新城西十五里，又名天峰。高百餘仞，廣六、七里，形勢峭拔，因日升起，必先見此山，故名。❼竹山　俗稱天馬山，在新城西南十五里。兩峰相連，竹樹茂盛。❽福山　原名覆船山，唐懿宗時賜名福船，宋真宗時稱福山。在新城（黎川）西南四十里處。高數千仞，廣數十里，形如覆船，後映會仙諸峰，秀色排空，為縣內名山。宋朱熹曾在此講道。

【語譯】初七　在竺岫過橋，往東南走三里，到舒坑嶺。又走了三里，到緬灣。再走六里，到陳坊。陳坊有條溪水從北向南流，是從瀘溪往下匯入東溪的水。過橋向東，登上一座山嶺，又往下再向上，稱作鐵灣嶺。共走了三里，下嶺便是錢家灣。再隨著東溪走了二里，到黃源橋。渡過溪水向南，走了一里，經過黃灣嶺。再往南走六里，到長行嶺。下嶺便是連家灣，這是新城西北的邊界。從連家灣走出山岡，到周家隘，即從新城去郡城的官修大道。又向東走十里，到百順鋪。再走三里，登上分水嶺。先前，從百順鋪向西到周家隘，有一條小溪向西流去，我以為是流入南溪的水，待登上分水嶺，然後才知道還是向北流入東溪的。再走五里，經過沙路嶺。再走五里，通過一座橋，橋下的水從高學坡流來。再走五、六里，過橋向南，便同南面的大溪相遇。再走二里，東面為觀音崖，西面為仙居院。兩座山崖像門那樣將溪水束住，門內清澈的潭水很深。再走三里，進入新城北門，從西門走出。石門不太壯觀，但街市十分興盛。出門渡過石橋，只見日峰山正對著石橋，俯視溪流。過了橋便往南隨著溪水走，隨後轉向西南，登上白石嶺。走了十里，經過文江橋，才又和大溪相遇。溪流到這裡，已不能行船了。於是大部分時間隨著溪水往西南走，經過竹山，山也陡峭特出，與眾不同，上面有竹仙院。又走了十里，到周舍。周舍的南面，路轉而向東，有潭偃水，覺得水勢很大，這就是文江的上游。再走十五里，在石瓶岡留宿，這裡離新城二十五里，離福山十五里。

初八日　缺

初九日　寫十二詩付崑石上人，已上午矣。即從草塘左循崖南下，路甚微削，伏深草中，或隱或現。直下三里，則溪自簫曲❶之後，直從東南與外層巨山夾而成者。蓋此山即閩界，其東北度而為簫曲，西北度而為應感峰、會仙峰❷，兩腋溪流夾而西去，猶屬新城也。簫曲南溪之上，有居民數家，蓺❸山種姜芋茶竹為業，地名坂鋪。由此溪渡，東南上嶺一里，則平轉山腰。又南二里，復直上山頂。又二里，南下而東上，至應感巖。其巖西向，巨壑轟❹峭，環成一窩，置室於中，自下望之，真憑虛綴壁也。石崖之頂，尚高一里，巖僧留飯後，即從崖側躡蹬而登，以為諸峰莫高於此。既登，而後知會仙之更高於眾也。應感二峰連起，東屬於大山，其屬處過脊甚峭。北流之水，出於坂鋪，南流之水，即從會仙峰北向而去，自應感、會仙西流之水止此。余蓋從應感南下三里過此，一水復南上，則會仙北屬大山之脊也。脊東之水，西出會仙之南，其南又有大山，東北而屬於應感後之大山，夾此水西去，其中塢落為九坊，乃新城之五十一都地❺。對會仙之山，名迷陽洞❻，南即為邵武❼之建寧❽。其大山東南為泰寧❾，其西南為建昌之廣昌❿，則會仙南之大山，乃南龍北來東轉之處也。自過脊至會仙，〔望之甚近，而連逾四峰皆峭刻。〕其下亂壑縱橫，匯水成潭，疑所云金龜湖即此水也。⓫〔四下四上，又四里而登會仙絕頂，則東界大山，俱出其下，無論簫曲、應感矣。自會仙西至南豐⑫百里，東南抵建寧縣亦百里。其側有數家斜界⑬迷陽洞南，為大山寥絕處。」

【章　旨】本章記載了第二十一、二十二天在建昌府的行跡。踏著小路，翻越大山，經過坂鋪，登上應感峰頂，一覽四周的山勢、水文狀況。隨後又經過九坊、迷陽洞，幾上幾下，登上高出群山的會仙峰。

【注　釋】❶簫曲　峰名，在新城西南四十餘里，海拔一千四百九十四公尺，為福山第一峰。層巒疊嶂，修篁古木，千奇萬狀。傳說唐大曆年間，有異鳥鳴其上，聲如簫曲，故名。❷會仙峰　即會仙巖。在新城西南六十里，群峰矗立，高聳入雲，形如筆架。因巖上舊有仙壇，故名。與下應感峰同為福山高峰。❸蓺　種植。❹轟　乾隆本作「矗」，下同。❺乃新城之五十一都地　地，原作「也」，據乾隆本改。❻迷陽洞　疑即月臺峰，在福山東。❼邵武　府名，治所在邵武（今屬福建）。❽建寧　明代為縣，隸邵武府，今屬福建。❾泰寧　明代為縣，隸邵武府，今屬福建。❿廣昌　明代為縣，隸建昌府，今屬江西。⓫季抄本初九日記至此止，原注「已下缺」。⓬南豐　明代為縣，隸建昌府，今屬江西。⓭界　毗連。

【語　譯】初八　缺

初九　寫了十二首詩給崑石上人，已是上午了。立即從草塘左側沿著山崖往南走下，路很小又很陡，埋在深草之中，一會兒隱沒，一會兒露出。直往下走三里，有條水從簫曲峰後面，往東南徑直流去，是和外層的大山相夾而成的溪流。原來這山座落在福建地界，向東北延伸為簫曲峰，向西北延伸為應感峰、會仙峰，山的兩腋，溪水相夾，向西流去，仍屬新城地界。簫曲南溪的上面，有幾家居民，在山上種植姜、芋、茶、竹，以此謀生，地名坂鋪。從這裡渡過溪水，往東南登上山嶺走一里，從平坦的小道轉過山腰。又往南走二里，再直上山頂。繼續走二里，從南往下又向東攀登，到應感巖。這巖向西，高大峻峭的山谷，環結成一個山窩，裡面蓋有屋子，從下面望去，真像凌空連在石壁之上。到石崖的頂端，還有一里高，巖上的僧人留我們吃了飯後，便從崖旁踏著石級攀登，認為四周山峰沒有比這更高的了。待登上山頂，才知道會仙峰比其他山更高。應感峰有兩座山峰相連聳起，東面和大山相接，在它連接處伸過的山脊十分陡峭。向北的溪水，從坂鋪流出，向南的溪水，從會仙峰向北流去，從應感峰、會仙峰向西流的水，只有這些。我大致從應感峰往南走三里經過這裡，一條溪水又向南往上流，這就是會仙峰和北邊大山連結的山脊。山脊東面的水流，從會仙峰的南面向西流出，南面另有大山，向東北和應感峰後面的大山相連，夾著這條溪水向西流去，中間山塢中的村落為九坊，是新城的五十一都地。和會仙峰相對的山峰，名迷陽洞，南面便是邵武府的建寧。這座大山的東南為泰寧，西南為建昌府的廣昌，那麼會仙峰南面的大山，正是南龍向北延伸後又往東轉的地方。從伸過的山脊到會仙峰，看上去很近，但必須接連翻越四座陡削的山峰。下面山溝縱橫交錯，積水成潭，懷疑這就是人們所說的金龜湖。一路經過四下四上，這樣又走了四里登上會仙峰頂，只見東部地區的大山，都在它的下面，更不必說簫曲峰、應感峰了。從會仙峰往西到南豐有一百里，往東南到建寧縣也是一百里。旁邊有幾戶人家斜連著迷陽洞的南邊，是大山中極其冷落的地方。

初十日　由會仙峰西下，十里過溪，即應感西南來溪也。又五里，為官公坳。又五里，下埔。應感溪自東而西，會仙南溪自南而北，俱會於下埔而北去。〔自下埔而上，懸崖瀑布，隨處而是，亦俱會於下埔。〕路由下埔南而西，踰一嶺，五里，為黃舍。又西南踰二嶺，五里，至章村，山始大開，始有聚落闤闠。〔有水自南而北，源自建寧縣邱家嶺，去章村南十五里，又五十五里始抵建寧云。〕西五里，至容田。又西三里，過長江嶺。又三里，烏石。有卷石橋。又二里，上坪。隨溪西南四里，有大溪自西南向東北，復溯之西三里，過木橋，溯北來小溪，渡小石橋，北上嶺，三里，為茶塢坳。又西三里，為何木嶺。越嶺西南二里，宿梅源。

【章　旨】本章記載了第二十三天在建昌府的行跡。從會仙峰前往下埔，又經過章村、烏石等地，到梅源留宿。

【語　譯】初十　從會仙峰往西下山，走了十里，渡過一條溪水，即從應感峰西南流來的溪水。又走了五里，到官公坳。再走五里，到下埔。應感溪從東往西，會仙南溪從南往北，都在下埔會合向北流去。從下埔往上走，懸崖瀑布，到處都是，也都在下埔會合。路從下埔往南轉而向西，翻過一座山嶺，走了五里，到黃舍。又向西南翻過兩座山嶺，走了五里，到章村，山勢才大大開闊起來，才有村落街市。有條溪水從南往北，自建寧縣的邱家嶺發源，流到章村南面十五里的地方，再過五十五里才抵達建寧。往西走五里，到容田。又往西走三里，經過長江嶺。再走三里，為烏石。有卷石橋。再走二里，到上坪。順著溪水往西南走四里，有條大溪從西南流向東北，又沿著這條溪水向西上行三里，過了木橋，再沿著從北流來的溪水上行，過小石橋，向北登上山嶺，走了三里，到茶塢坳。再向西走三里，到何木嶺。翻過山嶺向西南走二里，在梅源留宿。

十一日　東方乍白❶，自梅源泝❷小流西上一嶺，路應度谷梅源至黃婆三十里，黃婆至縣三十里。而西，因歇店主人言，竟從北直上嶺。三里，踰嶺北，天漸明，問之途人，始知其誤。乃從嶺側徑道轉而南，越嶺兩重，共四里，得一村塢，詢之，曰：「此嶺即南豐界也。嶺北水下新城，嶺南下永豐❸，但隨小水南行一里，可得大道。」從之，至潦上塢，始與梅源大道合。其處平疇一環，四山繞壑，以為下土矣。已而流忽下墜，搗級而下，最下遂成一瀑，乃知五泄、麻姑之名，以倖而獨著也。是名潦山竈，去梅源始五里，余迂作十里行矣。水上人家為潦上，水下人家為潦下。又五里，夏家橋。又五里，尼始坳❹。途中兩有小水自北來合。又五里，乾昌橋，已勝筏。又五里，滄浪橋。又五里，黃婆橋。有一溪自北來，橋架北溪上，水自橋南出，與潦上之水合，共下南山去；而陸路由北嶺入山，迂迴嶺上。北行五里，曰藏石嶺。又三里，又過一小溪，亦自北而南。越而西二里，為思久鋪。鋪有小橋，橋下細流始西向行，路復隨之。五里，西至來陂橋。又一溪頗大，自北來會，同過橋下，而潦上大溪，亦自南來會，遂同注而北。又一里，溪之東有獅山，西有象山，獅山石獨突兀，而象山半為斧斤所鑿。二山緊束水口，架石梁其中，曰石家橋。溪自橋下俱北去，路自橋上西向府渡橋一里，又有小溪自南而北，亦有石梁跨其上。又三里，上艾家嶺。又十里，至南豐，入城東門。三里，出西門，則盱江自西南抵西門，繞南門而北轉，經東門而北下，想與潦上之水會於城北之下流也。西門外瀕溪岸，則石突溪崖，鑿道其間，架佛閣於上，瀕江帶城，甚可眺望，以行急不及登。又西五里，一溪自北來，渡其橋，又一溪自西來，即溯之行，有數家在溪上，曰三江口，想即二溪與盱江合故名也。

【章　旨】本章記載了第二十四天在建昌府的行跡。翻過幾重山嶺，進入南豐地界，到達滌上塢，觀賞滌山竈的瀑布。接著經過尼姑坳、藏石嶺、獅山、象山、艾家嶺，進入南豐城，盱江從城邊繞過，隨即前往城西的三江口。

【注　釋】❶白　魚肚白。像魚肚白裡略帶青，多指黎明時東方天空的顏色。❷泝　也作「溯」、「遡」。逆流而上。❸永豐　當為「南豐」之誤。❹尼始坳　疑為「尼姑坳」之誤。

【語　譯】十一日　東方天空剛露出一線魚肚白，從梅源沿著小溪向西上行，登上一座山嶺，路本該過了山谷梅源到黃婆三十里，黃婆到縣城三十里。向西，因為聽了旅店主人的話，竟從北面直上山嶺。走了三里，翻過嶺北，天漸漸亮了起來，問了過路人，方才知道走錯了路。於是從嶺旁的小路轉而向南，翻過兩座山嶺，共走了四里，來到一個村莊，向村裡人問路，答道：「這山嶺便是南豐地界。嶺北的水往下流到新城，嶺南的水往下流到永豐，只要順著小溪往南一里，便可走上大路。」我聽從他的話，走到滌上塢，才和梅源的大路會合。這裡有一圈平坦的田地，四面群峰圍繞著山谷，以為已經到了下面。過了一會溪水忽然落下，沖擊著石級，到最下面便形成一道瀑布，於是明白五泄、麻姑，全靠僥倖而獨享盛名。這裡名滌山竈，離開梅源本來只有五里，我繞道走了十里。水上的人家為滌上，水下的人家為滌下。再走五里，到夏家橋。再走五里，為尼姑坳。路中兩次看到有小溪從北面流來匯合。再走五里，到乾昌橋，水上已經能夠行筏。再走五里，到滄浪橋。再走五里，到黃婆橋。有一條溪水從北流來，橋架在北溪的上面，水從橋南流出，與滌上的水匯合，一起流下南山；而陸路從北嶺入山，在嶺上曲折向前。往北走了五里，地名藏石嶺。又走了三里，再過一條小溪，也從北向南流。渡過小溪往西走二里，到思久鋪。這鋪有小橋，橋下的細流開始向西而去，路也隨著流水向前延伸。走了五里，往西到來陂橋。另有一條很大的溪水，從北面流來會合，一起從橋下流過，而滌上的大溪，也從南面流來會合，於是一起向北流去。又走了一里，溪水的東面有獅山，西面有象山，唯獨獅山的岩石突兀高聳，象山則有一半已被砍鑿。這兩山緊緊夾住水口，中間架著石橋，名石家橋。溪水從橋下都向北流去，從橋上向西朝著府渡橋走一里路，又有一條小溪從南向北，也有石橋跨在溪水之上。再走三里，登上艾家嶺。再走十里，到南豐，進入縣城東門。再過三里，從西門走出，就見盱江從西南流來，抵達西門，又繞過南門往北轉，經過東門向北流去，想來和瀿上的水流在城北的下游會合。西門外緊靠溪岸的地方，崖石突起，在裡面修鑿了道路，上面架著佛閣，靠近江水，連接縣城，很可眺望觀賞，只因走得匆忙，來不及登臨了。又往西走了五里，一條溪水從北流來，過了橋，又有一條溪水從西流來，便沿著這條水上行，溪上有幾戶人家，地名三江口，想來就因為兩條溪水和盱江相合才這樣命名的。

十二日　東方甫白，從三江西渡溪，循左路行，路漸微。六七里，日出，入山口，居舍一二家，去路頗遙。先是，有言三江再進十里，有山口可宿者，余既訝其近，又疑其居者之寡。連逾二嶺，三里，遇來人詢之，曰：「錯矣。正道❶在南，從三江渡溪已誤也。」指余南循小路轉。蓋其嶺西北為吳坑，東南為東坑，去三江已十里矣。乃從南轉，下一坑，得居民，復指上嶺。共五里，至後阿。從其西北小路直上二里，則一小廟當路岐。從廟西北，平循山半陰崖而行，又二里而至一山過脊處，南北俱有路，而西向登嶺一路獨仄❷，遂躡之行。既登一峰，即轉入山峽。其峽有溪在下，自西而東，東口破壁而下；綰❸口一峰，西南半壁，直傾至底，石骨如削鐵，路在其對崖。循峽陰西入，〔自過脊登嶺至此，〕共三里。一石飛突南崖，瞰溪撐日，日光溪影，俱為浮動。溪中大石矗立，其西兩崖逼豎如門，水從崖中墜壁而下，〔瀠迴大石而出，蓋軍峰東溪源也。〕崖下新架一橋，渡而北，又登嶺半里，山迴水聚，得岐路入一庵，名龍塘庵。有道人曰：「西有龍潭，路棘不可入。」得茗，食點數枚。出庵，從左渡小溪，遂復直上嶺，二里，復循山北陰崖而行，屢有飛澗從山巔墜下，路橫越澗上〔流者五、六次，〕下復成溪。又三里，得橫木棧崖。又二里，直轉軍峰❹之北，仰望峰頂，猶刺天也。有石澗自峰頂懸凹而下，蓋北溪之源矣。

渡溪〔二百步，〕復上一嶺，始與北來大路合，遂高南向峰頂而上，無重峰之隔矣。自東北路口西上一里，至北嶺度脊處，有空屋三間，中有繩牀❺、土竈而無人居。其西下〔為〕宜黃❻之道，東即所從來大道也。自此南上，鑿蹬疊級，次第❼間出❽，蹈空❾而上，道甚修廣，則進賢❿金父母所助而成者。金名廷璧。自此愈上愈高，風氣寒厲，與會仙異矣。〔自分道處至絕頂，悉直上無曲墜，共四千三百步，抵軍峰巔。〕登頂下望五、六尖峰，自西南片片成隊而來，乃闖中來脈也。至絕頂之南，圓亙為著棋峰⓫，亭亭峭削，非他峰所及。〔蓋自南豐來，從車盤嶺南面上，不及北道之闢，然經著棋峰棧石轉崖，度西峽中，躡蹬攀隙，路甚奇險。余從北道望見之，恨不親歷。」北起為絕頂，則石屋⑫中浮丘、王、郭三仙⑬像共列焉。其北度之脈，則空室處。其北又起一峰，直走而為王仙峰，東下而為麻姑，東北下而為雲蓋⑭，以結建昌者也。自著棋峰夾中望，下有洞穹然，攀箐⑮掛石而下，日尚下午，至洞，已漸落虞淵⑯，亟仍攀躡而上，觀落日焉。

【章　旨】本章記載了第二十五天在建昌府的行跡。在三江口走錯路，誤入一個山口。隨即經過後阿，攀山越嶺，看到軍峰東溪和北溪的源頭。接著踏上金氏父母資助修成的大路，登上軍峰山頂，眺望著棋峰，確實與眾不同。傍晚到達峰下的深洞，又急忙回到上面觀看落日。

【注　釋】❶正道　正路；大路。❷仄　狹窄。❸縮　控扼。❹軍峰　山名，在南豐城西北四十里，與宜黃接界。海拔一千七百六十一公尺，為贛東最高峰。相傳吳芮攻南粵，駐兵山下，其將梅鋗祭山，禮成，有雲物如士騎麾甲之狀，故名。山上最致清絕，多產斑竹，蒼翠插天，僅次於衡山。❺繩牀　原為西方僧眾將食之時所坐的小牀，以其式樣來自西域，又稱胡牀。原先都跪膝而坐，後增加高度，設置靠背，並可折疊，變為交椅。❻宜黃　明代為縣，隸撫州府，今屬江西。❼次第　依次。❽間出　交替迭出。❾蹈空　淩空。❿進賢　明代為縣，隸南昌府，今屬江西。⓫著棋峰　在軍峰山。山道險峻，中有團石如棋枰，兩小石對立，如同弈者，故名。⓬石屋　即三仙祠，在軍峰山上。過去每到夏秋之間，數百里之內，居民祭禱不絕。⓭三仙　傳說漢昭帝時浮丘公在麻姑山煉丹，留下丹井和飛昇臺，弟子王仙、郭仙也都在此得道，稱「三仙」。⓮雲蓋　山名，在南豐縣東南七十里，上有靈泉。⓯箐　細竹名。⓰虞淵　古代神話所說日入之處。

【語　譯】十二日　東方天空剛露出魚肚白，就從三江口西面渡過溪水，沿著左邊的路走，路漸漸狹小起來。

走了六、七里，太陽升起，進入山口，有一、二戶人家居住，離開大路很遠了。先前，有人說從三江口再向前十里，有山口可以借宿，這時，我既為路這麼近感到驚奇，又因這裡居戶少而產生疑惑。接連翻過兩座山嶺，走了三里，遇上過來的人，便上前詢問，回答說：「走錯路了。大路在南面，從三江口渡過溪水已經錯了。」指著方向叫我往南沿著小路轉過去。原來這座山嶺西北為吳坑，東南為東坑，離三江口已有十里了。於是從南面轉過去，走下一處坑地，遇上居民，又指著路叫我登上山嶺。共走了五里，到後阿。從它的西北的小路直向上走二里，只見一個小廟正當岔路口。從廟的西北，沿著半山腰的北坡平步走去，再過二里，到一道山脊伸過的地方，南北兩側都有路，惟獨向西登上山嶺的路比較窄小，於是踏上這條路走。在登上一座山峰後，便轉入峽谷之中。峽谷下面有溪水，從西向東流，到東邊的峽口沖破崖壁落下；扼住峽口的一座山峰，西南面的半座崖壁，直塌到底，露出的岩石像削成的鐵塊，路就在對面的山崖上。沿著峽谷的北側向西進去，從山脊伸過的地方登上山嶺到這裡，共走了三里。一塊大石在南面的山崖凌空突起，俯視溪流，支撐日月，陽光閃耀，溪影蕩漾，都上下浮動不定。溪中大石矗立，西面的兩座山崖像門那樣逼近豎立，水從崖中的石壁落下，在大石的周圍迴旋流出，原來就是軍峰山東溪的源頭。崖下新架起一座橋，過橋向北，又登上山嶺走了半里，眼前群山環繞、溪流會集，從一條岔路進入一個小廟，名龍塘庵。有個道士說：「西面有龍潭，只是一路荊棘叢生，沒法進去。」在裡面喝著茶，吃了幾塊點心。走出小廟，從左邊渡過小溪，於是又直上山嶺，走了二里，再沿著山北的陰坡行走，一路上多次有澗水從山頂飛流直下，路有五、六次從澗水的上游橫穿過去，下面又成了溪水。再走三里，看到一座山崖，崖上有用橫木架起的棧道。再走二里，直轉到軍峰山的北面，仰望峰頂，仍然高聳雲天。有石澗從峰頂沿凹處垂直落下，原來就是北溪的源頭。

渡過溪水走了二百步，又登上一座山嶺，才和從北面延伸過來的大路會合，於是在高處往南朝著峰頂攀登，不再有重重山峰的阻隔。從東北的路口往西走上一里，到北嶺山脊伸過的地方，有三間空屋，裡面有繩牀、土竈，但沒人居住。往西走下是去宜黃的路，往東便是剛過來的大路。從這裡往南向上走，開鑿的層層石級，依次交替出現，凌空向上伸展，路十分修長寬廣，這是進賢金氏的父母資助修成的。金名廷璧。從此越上越高，天寒風大，和會仙峰不同了。從岔路口到頂峰，全都筆直向上，沒有曲折，共四千三百步，到軍峰頂。登上峰頂，向下望見五、六個尖峰，從西南一片片成隊而來，這是從福建延伸過來的山脈。到頂峰的南面，圓轉相連的為著棋峰，高聳陡峭，不是其他山峰所能相比的。原來自南豐過來，從車盤嶺南面向上攀登，不及北面的路通暢，但經過著棋峰的棧道轉過山崖，通過西面的峽谷，踏著石級在岩縫中攀登，路十分奇險。我從北面的路上望見這種景象，只恨不能親自走一回。在北面聳起的是頂峰，上面有間石室，浮丘、王、郭三仙的塑像並立在那裡。往北伸過的山脈，就在三間空屋所在處。在它北面又聳起一座山峰，直往前延伸成王仙峰，往東延伸成麻姑峰，往東北延伸成雲蓋山，以和建昌的山峰相接。從著棋峰的夾谷中望去，下面有個很深的洞，一路上拉著細竹、摸著岩石往下走，還在下午，等到了洞口，太陽已經落下，急忙返身向上攀登，觀看落日。

十三日　缺　白，赤丸如輪，平升玉盤❶之上，遙望日下，白氣平鋪天末，上有翠尖數點，則會仙諸峰也。仍從頂北下十里，至空屋歧路處，遂不從東而從西下，里許，而得混元觀，則軍峰之北下觀也。其地已屬撫之宜黃。〔聞山南車盤來道，亦有下觀云。〕循山北下，兩山排闥❷，水瀉其中，無甚懸突飛洄之態。又下五里，始至澗底，此軍峰直北之水也。既下山，境始開，又山一層橫列於外，則魚牙山❸也。又有一水，自西南來，此軍峰西壑之水，至此與北澗會。循水東北又五里，過袈裟石。綰兩澗之口，水出其間，百家之聚在其外，曰墟上。又有一水，亦自西南來會，則魚牙山之水也，與大溪合而北，西轉下宜黃，為宜黃之源❹云。自墟上東北岐路，溯一小溪，十里，至東源。東向上嶺，三里而登其上，曰板嶺，其水西流入宜，東南流入豐❺，東北流亦入宜，蓋軍峰北下之脊也。越嶺而東，一里，復得坪焉，山溪瀠洄，數家倚之，曰章嶺。竟塢一里，水東出峽間，下墜深坑，有路隨之，想走南豐道也。其水東南去，必出南豐，則章嶺一隙❻，其為南豐屬明矣。水口墜坑處，北有一徑，亦漸下北坑，則走下村道矣。亦漸有溪北自下村出七里坑，達楓林而下宜黃，則下村以北，又俱宜黃之屬，是水口北行一徑，即板嶺東度之脊也，但其脊甚平而狹，過時不覺耳。下脊北五里，至下村。又北二里，水入山夾中，兩山逼束甚隘，而長水傾底，路瀠山半，山有凹凸，路亦隨之，名曰十八排，即七里坑也。已而下坑，渡澗復得平塢，始有人居，已明月在中流矣。又北二里，水復破峽而出。又一里，出峽，是為楓林內村。又一里，山開水轉，而西度小橋，是為楓林，一名陳坊。乃宿。

【章　旨】本章記載了第二十六天在建昌府、撫州府的行跡。一路登山涉水，觀察記錄，經過混元觀、軍峰溪、魚牙山、袈裟石、墟上、宜溪、東源、板嶺、章嶺、下村、七里坑、楓林內村等地，到陳坊留宿。

【注　釋】❶玉盤　指月亮。❷排闥　推門；撞開門。這裡形容迎面而來。❸魚牙山　即魚牙嶂。在宜黃東南，綿亙數十里。❹宜黃之源　此「宜黃」當作「宜溪」。❺豐　指南豐溪。❻隙　邊際；鄰接。

【語　譯】十三日　缺　白，一輪紅日，漸漸升到月亮之上，遠遠望見太陽下面，白色的雲氣向四面鋪開，直到天邊，上面有幾點翠綠的尖頂，便是會仙等山峰。仍然從山頂的北面往下走十里，到空屋所在的岔路口，便不從東而是從西往下走了，過了一里左右，來到混元觀，是軍峰山北的下觀。這裡已屬撫州的宜黃地界。聽說從山南車盤過來的路上，也有下觀。沿著山路往北走下去，兩山撲面而來，水在中間奔瀉，沒有什麼高掛突起飛流迴旋的景狀。又往下走五里，才到達澗底，這是軍峰正北的水流。走下山後，眼前境界才開闊起來，又有一重山橫列在外面，這就是魚牙山。另有一條溪水，從西南流來，這是軍峰西谷的水，到這裡和北澗會合。沿著水流往東北又走了五里，經過袈裟石。這石扼制兩條溪水的出口，水從中流出，外面聚住著上百戶人家，地名墟上。還有一條溪水，也從西南流來會合，這是魚牙山的水流，和大溪會合後向北，再往西轉入宜黃，成為宜溪的源頭。從墟上東北的岔路，沿著一條小溪上行，走了十里，到東源。向東走上山嶺，過了三里，登上山頭，地名板嶺，這裡的水往西流入宜溪，往東南流入南豐溪，往東北也流入宜溪，這是軍峰山往北延伸的山脊。翻過山嶺向東，走了一里，又來到一個山坪，四周溪水環繞，有幾戶人家居住，地名章嶺。走了一里到山塢盡頭，水從峽谷中向東流出，往下落入深坑之中，有路隨著它延伸，想來是去南豐的。溪水往東南流去，必定從南豐流出，那麼章嶺這一接界的地方屬於南豐，就十分清楚了。在水口即溪水墜入深谷的地方，北面有一條小路，也漸漸往下進入北面的山谷，是去下村的路。也有溪水漸漸從北面的下村至七里坑流出，到達楓林後又往下流入宜黃，那麼下村以北的地區，又都屬於宜黃。從水口往北走的一條小路，就在板嶺向東延伸的山脊上，只是這山脊十分平坦，而且狹小，經過時沒有察覺罷了。走下山脊往北五里，到達下村。又往北走了二里，水流入峽谷中，兩山緊夾，中間十分狹隘，長長的水流湧入底部，路在山腰縈繞，山有凹凸，路也跟著上下，地名十八排，即七里坑。隨後走下坑中，渡過澗水又來到一個平坦的山塢，才有人居住，這時明月已經倒映在水中了。再往北走二里，水又沖破峽谷流出。再過一里，走出峽谷，到楓林內村。再走一里，山勢開闊，溪流繞轉，向西過了一座小橋，便是楓林，又名陳坊。於是在這裡留宿。

十四日　平明飯，行，即從小橋循小溪北上。蓋楓林大溪，西下宜黃，而小溪則北自南源分水而來者也。溯北上五里，入南灣坳，上分水嶺，南為宜黃，北為南城西南境。逾嶺為南源，五里，至八角莊，為洪氏山莊。有水東下，舍之。北上黃沙嶺，二里，逾嶺下巾兒漈，水亦東下，又舍之。北溯一小水，三里，上欄寨門，平行嶺上，為李家嶺，又一里，始下，下一里，則磁龜❶在焉。磁龜者，羅圭峰玘❷之所居也，在南城西南九十里，據李文正東陽❸記：北阻芙蓉，西阨連珠峰，南望軍峰，東則靈峰迤邐。有石在溪橋之下，而不甚肖，其溪亦不甚大。自西而東，夾溪而宅甚富，皆羅氏也。問有花園坑，景亦無可觀。遂東北逾嶺而下，溪自東南下坑中，路不能從也。東下三里，山峽少開。又循一水，有橋跨之，曰雲陽橋，水亦東南下，又舍之。東逾一嶺，又二里，曰乘龍坳，水亦南下。復東上二里，曰鵓腰嶺。平行嶺上又二里，而下一里，曰鈕源，其水始東行。始至磁龜，以為平地，至此歷級而降，共十里而至歪排，皆循東下，始知磁龜猶在眾山之心，眾山之頂也。歪排以上多墜峽奔崖之流，但為居民造粗紙，濯水如滓，失飛練懸珠之勝。然鉏源小水已如此，不知磁龜以東諸東南注壑者，其必有垂虹界瀑❹之奇，恨路不能從何！出歪排，其南山塢始開，水亦南去。又東逾黃土嶺，共三里，則下岐東行平疇中。五里，一溪自西北東去，有橋架其上，曰遊真觀前橋。又東五里，則盱江自東南而北。是時日纔下午，不得舟，宿於溪西之路東。其溪之東，即新豐❺大市也。

十五日　路東不得舟，遂仍從陸。右江左山，於是純北行矣。六里，為大安橋。又三十里，則從姑在望，入郡南門矣。

【章　旨】本章記載了第二十七天、二十八天在建昌府的行跡。走進南灣坳，經過八角莊，翻過黃沙嶺、李家嶺，來到羅玘的故居磁龜。又經過乘龍坳、鵝腰嶺、鉏源，到達歪排，這裡多激流，只是遭到造紙的污染。接著翻過黃土嶺，在盱江西岸的路東留宿。次日仍從陸路走，一路向北，進入南昌府的南門。

【注　釋】❶磁龜　今名磁圭，在南城西南隅。❷羅圭峰玘　羅玘，字景鳴，南城人。博學好古文。時劉瑾亂政，能持大義，為官遇事嚴謹，僚屬畏憚。諡文肅，學者稱圭峰先生。❸李文正東陽　李東陽，字賓之，號西涯，茶陵（今屬湖南）人。歷仕明英、憲、孝、武四朝。以臺閣大臣地位主持詩壇。官至大學士，卒諡文正。❹界瀑　取「瀑布飛流以界道」（〈遊天台山賦〉）之意。界，分劃。❺新豐　在南城南境，盱江東岸，為通往南豐的要道。

【語　譯】十四日　黎明時吃飯，隨後出發，立即從小橋沿著小溪北上。原來楓林的大溪，往西流入宜黃，而小溪則從北面南源的分水嶺流來。沿著溪水向北上行五里，進入南灣坳，翻過分水嶺，南面為宜黃，北面為南城的西南境。翻過分水嶺便是南源，走了五里，到八角莊，為洪氏山莊。有水向東流下，沒跟著它走。向北登上黃沙嶺，走了二里，翻過山嶺往下走到巾兒漈，水也向東流下，又沒跟著它走。向北沿著一條小溪上行，走了三里，登上欄寨門，在嶺上平步行走，到李家嶺。又走了一里，才下山，往下走了一里，便來到磁龜。磁龜是羅圭峰玘的故居，在南城西南九十里，據李文正東陽記載：這裡北面擋著芙蓉山，西面守著連珠峰，南面望著軍峰山，東面則有靈峰曲折相連。溪橋下面有岩石，但和烏龜不太像，溪水也不太大。從西向東流，溪水兩邊有不少住宅，居民都姓羅。向人打聽，說是有花園坑，但沒什麼可看的景觀。於是朝東北翻過山嶺往下走，溪水從東南流入坑中，路沒法隨著溪水向前了。往東走下三里，山峽稍稍開闊一些。又沿著一條溪水走，有橋跨在溪上，名雲陽橋，水也向東南流去，還是沒隨它走。往東翻過一座山嶺，又走了二里，地名乘龍坳，水也向南流去。再往東走上二里，地名鵝腰嶺。在嶺上又平步走了二里，然後往下走一里，地名鉏源，水才開始向東流。剛到磁龜，以為是平地，到這裡踏著石級往下，共走了十里而後到歪排，都是沿著山路往東走下去，這才知道磁龜還位於眾山的中心，高踞群峰的頂端。歪排的上面有許多沖決崖谷的激流，只是因為當地居民製造粗紙，將水洗得污濁不堪，失去了如同白練飛舞、珠簾高掛的美景。但鉏源的小溪已經這樣壯觀，不知磁龜以東從東南流入山谷中的各條溪水又會怎樣，想來必定有像彩虹垂掛、瀑布相隔那樣的奇觀。只恨沒路可走，令人徒歎奈何！走出歪排，南面的山塢方才開豁，水也向南流去。又向東翻過黃土嶺，共走三里，便往下從岔路向東在平坦的田地中行走。過了五里，一條溪水從西北向東流去，有橋架在溪上，名遊真觀前橋。又向東走五里，看到盱江從東南向北流去。這時還是下午，因找不到船，只得在溪西的路東留宿。溪水的東面，便是新豐大市。

十五日　在路東找不到船，於是仍從陸路走。一路上右邊是江水，左邊是山嶺，從此便完全朝北走了。向前六里，到大安橋。又走了三十里，從姑山出現在眼前，已進入郡城南門了。

十六日　過東門大橋，即從橋端南下。隨沙岸，叢竹夾道，喬松拂雲，江流雉堞右映，深樹密箐左護，是日中洲❶。有道觀，今改為佛宇。前二石將軍古甚，劉文恭鉉❷為之記，因程南雲❸盱❹人，與劉同在翰苑❺故也。是日醉於夏調御處。

十七日　靜聞隨二擔從麻源大路先往宜黃，余作錢、陳、劉諸書。是晚榻於調御齋中。

十八日　別調御諸君。十五里，午至麻姑壇。又西二里，塢窮，循南山上。又二里，轉出五老西南，是為五老坳。於是循北山上，又二里，為篾竹嶺。越嶺二里，為丹霞洞。又西上一里，為王仙嶺。越嶺又西一里，為張村。皆前所歷之道也。於是又西平行山半，四里，踰朱君嶺。復沿山半行，深竹密樹，瀰山繪谷，〔紅葉朱英❻，綴映沉綠中，曰鞋山。〕五里，石坪，山環一谷，隨水峽而入，中甚圓整，萬山之上，得此一龕，亦隱居之所，惜為行道踏破雲幃❼耳。居民數十家，以造紙為業。自石坪復登嶺，嶺峻而長，共五里，始達嶺頭，即芙蓉東過之脊也。脊二重，俱狹若堵牆，東西連屬。脊南為南城❽屬，下有龍潭古刹，〔在深坑中，道小不及下。〕脊北為臨川❾屬。度脊而西，即芙蓉山，自南而北，高亙於眾山之上。其山之東，則臨川、南城之界，西則宜黃屬矣。循山之東北，又上里許，山開一箝❿，東北向，是為芙蓉庵，昔祠三仙，其今僧西庵葺為佛宇，遂宿其中。

【章　旨】本章記載了第二十九天至第三十一天在建昌府的行跡。先到風景秀麗的中洲，看到兩個古老的石將軍。兩天後又去麻姑壇，接著經過五老坳、丹霞洞，翻過王仙嶺、朱君嶺，來到景色如畫的鞋山。隨後路過石坪，前往高出群峰之上的芙蓉山，當晚在芙蓉庵留宿。

【注　釋】❶中洲　即「中洲鳳羽」，為南城勝景。洲在盱江中，即使春天水漲，也不淹沒，早先草木不生，至宋紹聖中，蔚然成林。讖云：「洲生毛羽出翰林。」後當地果有不少人以文學顯名，入翰林。❷劉文恭鉉　劉鉉，字宗器，號假庵，長洲（今併入江蘇吳縣）人。景帝時進侍講學士，遷國子祭酒。卒謚文恭。❸程南雲　字青軒，號遠齋（一說字碩珍，號清軒），南城人。曾參與修《永樂大典》，官至太常卿。工詩文，善畫梅竹。❹盱　因盱江流經建昌府，故以「盱」作為建昌府的別名。❺翰苑　翰林院。❻朱英　紅花。❼幃　通「帷」。❽南城　建昌府附郭縣。❾臨川　撫州府附郭縣。❿箝　同「鉗」。古代刑具，束頸的鐵圈。

【語　譯】十六日　經過東門大橋，立即從橋頭往南走下。沿著沙岸向前，道兩旁翠竹叢生，高大的松樹直上雲天，右邊江水映照著城牆，左邊是一片深密的樹林和竹叢，這就是中洲。上面有道觀，如今已改為佛寺。前面的兩個石將軍已很古老，劉文恭鉉為它作記，這是由於程南雲是南城人，和劉鉉一起在翰林院的緣故。這天在夏調御那裡喝得大醉。

十七日　靜聞跟隨兩個挑夫從麻源的大路先去宜黃，我寫了給錢、陳、劉等人的信。這天晚上睡在夏調御的家中。

十八日　告別調御等人。走了十五里，中午到麻姑壇。又往西二里，到山塢盡頭，沿著南山向上。再走二里，從五老峰西南轉出，這就是五老坳。從這裡沿著北山向上，再走二里，到筬竹嶺。翻過山嶺走了二里，到丹霞洞。再往西走上一里，到王仙嶺。翻過山嶺再往西走一里，到張村。都是以前走過的路。於是又往西在山腰平步行走，向前四里，翻過朱君嶺。再沿著山腰行走，幽深的竹林，茂密的樹木，遍布山谷，如同繪畫，鮮紅的花葉，在綠蔭中點綴映襯，地名鞋山。再走五里，到石坪，群山環抱著一個山谷，順著溪水進入峽中，裡面十分完整，如果在萬山之上，造一間屋子，也真是隱居的好地方，只可惜這被雲煙籠罩的幽寂之地，已被過路的行人踏破了。有幾十家居民，以造紙為業。從石坪又登上山嶺，嶺既高又長，共走了五里，才到達嶺頭，即芙蓉山向東延伸的山脊。山脊有兩重，都像牆壁那麼狹窄，東西相連。山脊的南面為南城的屬地，下面有龍潭古剎，在深坑中，因為路小沒下去。山脊的北面為臨川的屬地，越過山脊向西，便是芙蓉山，從南往北，在群山之上綿延起伏。這山的東面，為臨川、南城的分界處，西面便是宜黃的屬地。沿著山路往東北，又走了一里左右，山上露出一道圍牆，面向東北，這就是芙蓉庵，過去祭祀著三仙，如今僧人將西庵修成佛寺，於是就在裡面過夜。

十九日　從庵側左登，皆小徑，直躋一里，出峰上。又平行峰頂，北最高處為三仙石。登其上，東眺黃仙峰，已不能比肩；南眺軍峰，直欲競峻。芙蓉之南，有陳峰山，在十里內，高殺於芙蓉，而削峭形似，蓋芙蓉之來脈也。凭眺久之，從峰北小徑西下里許，與石坪[1]西來之大道合。又下五里，忽路分南北。始欲從南，既念大路在北，宜從北行，遂轉而北，始有高篁叢木。又西下一里，始有壑居塍壟，名曰爛泥田。復逾嶺西下一里，更循嶺而登，二里，直躡峰頭，名曰揭燭尖。又名避暑營。從小尖西南下二里，是為南坑。有澗自東南來，四山環繞，中開一壑，水口緊束，灣環❷北去。有潘、吳二姓，綰水口而居，獨一高門，背水朝尖，雄撮一塢之勝。隨水出其後，數轉而出，一里，有水自北而來，二水合而南，路隨之。一里，轉而西，共八里，西逼高峰。有水自南來會，合而北去，有橋跨之，曰港口橋。循左麓而北，又轉西行，北渡溪，共五里，得大塢，曰上坪。過上坪石梁，水注而北，路西折登山，迤邐而上，五里，至杉木嶺。逾嶺下二里，山塢緊逼，有故家宅，其中曰君山，皆黃氏也。飯而出隘，五嶺❸，上矮嶺。逾嶺共五里，出楊坊，南行為杭陰❹，乃宜邑鉅聚❺。西行七里，宿車上。

【章　旨】本章記載了第三十二天在建昌府、撫州府的行跡。登上三仙石，眺望黃仙峰、軍峰山、陳峰山。隨後又登上揭燭尖。下山經過南坑、港口橋、上坪，到達杉木嶺。飯後登上矮嶺，經過杭陰，到車上投宿。

【注　釋】❶石坪　本作「西坪」，據乾隆本改。❷灣環　當為「灣澴」。水流迴旋匯集處。❸五嶺　疑為「五里」之誤。❹杭陰　今名棠陰，在宜黃東南，宜溪東岸。明、清時，以盛產夏布而興旺。❺聚　村落。

【語　譯】十九日　從芙蓉庵旁往左攀登，前面都是小路，直向上一里，到峰頂。又在峰頂平步行走，北面最高的地方為三仙石。登臨石上，向東眺望黃仙峰，已不能並肩而立；向南眺望軍峰山，真可一比高低。芙蓉山的南面，有陳峰山，在十里之內，比芙蓉山低一些，但外形同樣陡峭，是芙蓉山延伸過來的山脈。往遠處眺望了好長時間，從山北的小路往西走下一里左右，和從石坪往西過來的大路相合。再往下走五里，路忽然向南北兩處岔開。起先想從南路走，考慮到大路在北面，應該向北走，於是轉而向北，才看到修長的翠竹、茂密的樹林。又往西走下一里，才有房屋田地，地名爛泥田。再翻過山嶺往西走下一里，沿著山嶺攀登，走了二里，直上峰頭，地名揭燭尖。又名避暑營。從尖的西南往下走二里，到南坑。有澗水從東南流來，四周群山環繞，中間開出一個山谷，水口被山峰緊緊夾住，水流曲折迴旋，向北流去。有姓潘和姓吳兩個家族，居住在控扼水口的地方，只有一扇高門，背靠溪水，面對揭燭尖，氣勢雄偉，將一塢的勝景都聚到門前。隨著溪水從門後走出，轉了好幾個彎離去，走了一里，有水從北流來，兩條水會合後向南，路也隨著水流向前伸展。又走了一里，轉而往西，共走了八里，向西逼近高峰。有水從南流來會合，一起往北流去，有橋跨在水上，名港口橋。順著左邊的山腳向北，又轉向西走，往北渡過溪水，共走了五里，來到一個大塢，名上坪。走過上坪的石橋，水向北流去，路轉向西登上山嶺，曲曲折折向上，走了五里，到杉木嶺。翻過嶺走下二里，山塢狹隘，有老宅，居中的名君山，居民都姓黃。吃了飯走出隘口，過了五里，登上矮嶺。翻過山嶺共走了五里，離開楊坊，往南去到杭陰，是宜黃縣的一個大村落。往西走了七里，到車上投宿。

二十日　雞再鳴，自車上載月西行，即與大溪❶遇。〔想即瀘上之溪，自南而北者，發源軍峰，經杭陰至此。〕已而溪直南下，路西入山。又五里，登嶺。又三里，逶迤至崇嶺隘，有屋跨其間，曰黃嶺。下嶺二里，大溪復自南來。渡溪，天始明，山始大開。隨溪西北行五里，有塔立溪口小山上，塔之西北，即宜黃城也。又有一大溪西南自東壁巡司❷來，直抵城東，有長木橋之；水遂北與東溪合，有大石橋架其上，曰貫虹；再北則一小溪循城西北而東入大溪，亦有橋跨其上，曰豐樂。

是日抵宜黃東門貫虹橋之旅肆，覓得靜聞。始出，亟呼飯。飯靜聞，與之北過豐樂橋，上獅子巖。巖迴盤兩層，兀立三溪會合之北衝❸，大溪由此北下撫州者也。已而西經城北，至新城北門，北一里，過黃備橋。又西北一里，北入山，得仙巖❹。巖高峙若列錦屏❺，上穹下逼，其西垂❻忽透壁為門。穿石而入，則眾山內閟，若另一世界。而是巖甚薄，不特南面壁立，而北面穹覆更奇，其穿透之隙，正如處之通天巖❼，亦景之最奇者也。三里，仍入城之北門。蓋是城東瀕溪為舊城，而西城新闢，一城附其外，繚繞諸峰，因之高下。經城三里，出南門，循東壁南來之溪西南行，五里，過四應山之東麓。又十五里，有小峰兀立溪上，作猙獰之狀，其內有譚襄敏墓❽焉。又二里，過玉泉山下，山屏立路右，若負扆，仰瞻峭拔，有小廬架崖半，欲從之，時膝以早行，忽腫痛不能升。又隨大溪南行三里，有小溪自西來注，即石蛩之下流也。始舍大溪，溯小溪折而西入，三里而得石蛩寺❾。寺新創，頗宏整。寺北有轟崖立溪上，半自山頂平剖而下，其南突兀之峰猶多，與之對峙為門，而石蛩❿之嶺，正中懸其間，而寺倚其東麓。仰望之，祇見峰頂立石轟然，不知其中空也。是晚宿寺中，以足痛不及登蛩。

【章　旨】本章記載了第三十三天在撫州府的行跡。天還沒亮就出發，翻過黃嶺，到達宜黃城，城東有長木橋、貫虹橋、豐樂橋。找到靜聞後，一起登上獅子巖，又來到景觀最為奇特的仙巖。接著經過四應山、譚襄敏墓、玉泉山，來到石蛩巖下的石蛩寺，當晚就在寺中留宿。

【注　釋】❶大溪　指宜溪。❷東壁巡司　今名東陂，在宜黃南境，宜黃水西岸。❸衝　衝要；交通要地。❹仙巖　在宜黃城北。巖內刻「讀書堂」三字，相傳為杜子野授王安石書處。❺錦屏　屏，原作「層」，據乾隆本改。❻垂　同「陲」。❼處之通天巖　處，原作「度」，據乾隆本改。處州，治所在麗水（今屬浙江）。❽譚襄敏墓　譚襄敏即譚綸，字子理，宜黃人。曾任福建巡撫，率戚繼光、俞大猷等平定境內倭寇。官至兵部尚書，主持兵事三十年，與戚繼光共事齊名，號稱「譚戚」。卒謚襄敏。其墓在宜黃城南。墓前有造像，十分壯觀。❾石蛩寺　即義泉寺，因唐僧人慧藏在石巖下掘土得泉，可救旱治病，肅宗時敕封「義泉禪院」。❿石蛩　在宜黃城南。一山聳峙，南北對穿，如橋架空。橫貫數十丈，有三疊，上巖高七、八尺，稱作夾砮；中巖高、廣均比上巖大上一倍，有方磚鐫「馬祖法窟」四字；下巖洞開，如同橋甕，可容納一百餘人。

【語　譯】二十日　雞再啼時，從車上披星戴月向西走去，很快和大溪相遇。想來就是瀘上的溪水，從南流向北，在軍峰山發源，經過杭陰流到這裡。過了一會，溪水直向南流去，路往西轉入山中。又走了五里，登上山嶺。再走三里，曲折宛轉到達山嶺的隘口，裡面有屋，地名黃嶺。下嶺走了二里，大溪又從南流來，渡過溪水，天才亮，山勢才開闊起來。隨著溪水往西北走五里，有座塔矗立在溪口的小山上，塔的西北，便是宜黃縣城。又有一條大溪從西南的東壁巡司流來，直到城東，有長木架在上面作橋；水便向北和東溪會合，有大石橋架在上面，名「貫虹」；再往北有一條小溪沿著城西北向東匯入大溪，也有橋跨在溪上，名「豐樂」。

這天到宜黃東門貫虹橋旁的旅店，找到靜聞。一出來，就急著叫喊要吃飯。給靜聞吃了飯，和他往北經過豐樂橋，登上獅子巖。巖盤繞兩層，聳立在三溪會合的北面衝要處。大溪就是從這裡向北流入撫州。隨後往西經過城北，到達新城北門，又往北走一里，經過黃備橋。再往西北走一里，向北轉入山中，來到仙巖。巖高高峙立，就像錦繡的屏風排列在那裡，上面高大，下面狹小，忽見西邊的石壁穿透為門。穿過石門進去，只見群山封閉在裡面，就像另外一個世界。這座巖很薄，不但南面如壁陡立，北面高高覆蓋更加奇特，從壁上穿透的缺口，正像處州的通天巖，也可稱作最奇特的景觀了。走了三里，仍從城的北門進去。原來這城東面緊靠溪水的為舊城，西城是新建的，外面附著一城，隨著環繞的群峰的地勢起伏。在城中走了三里，從南門出來，沿著從東壁巡司往南流來的溪水向西南走，過了五里，經過四應山的東山麓。又走了十五里，有一座小山峰在溪邊聳立，形狀猙獰可怕，裡面有譚襄敏墓。再走二里，從玉泉山下經過，這山像屏風那樣峙立在路的右邊，如同帝王南面而立，抬頭望去，陡削峻拔，山崖的半腰蓋有小屋，想到那裡去，因為走得太早，這時膝蓋忽然又腫又痛，不能攀登。又隨著大溪往南走三里，有小溪從西面流來注入，即石蛩溪的下游。這時才離開大溪，沿著小溪上行，轉向西走，過了三里到石蛩寺。寺是新建的，既高大又整潔，寺的北面有山崖在溪邊矗立，半邊從山頂往下劈開，在它南面還有不少高聳的山峰，和它相對峙立，成為門戶，而石蛩的山嶺，正位於中間，寺院便靠在山的東麓。抬頭望去，只見峰頂大石矗立，不知道中間其實是空的。當晚在寺中留宿，因為腳痛沒能攀登石蛩巖。

二十一日　晨餐後，亟登蛩。是峰東西橫跨，若飛梁天半，較貴溪之（石）橋❶，高與大俱倍之。而從此西眺，祇得其端。從寺北轉入峽中，是為「萬人緣」。譚襄敏初得此寺，欲廢為墓，感奇夢而止。今譚墓在玉泉山東北，宅墓諸坊，一時俱倒，後嗣亦不振，寺始為僧贖而興復焉。僧以其地勝，故以為萬人巨冢，甃石甚壯。地在寺北，左則崖，右則寺也。由萬人緣南向而登，仰見〔竹影浮颺，〕一峰中穿高迥。〔透石入，〕南瞰亂峰兀突，〔溪聲山色，另作光響，非復人世。〕於是出橋南，還眺飛梁之上，石痕橫❷疊，有綴廬嵌室，無路可登。徘徊久之，〔一山鶴衝飛而去，響傳疏竹間，〕令人不能去。

蓋是橋之南，其內石原裂兩層，自下而上，不離不合，隙俱尺許。由隙攀躋而上，可達其上層，而隙夾逼仄，轉身不能伸曲，手足無可攀躡，且以足痛未痊，悵悵還寺。問道寺僧，僧云：「從橋內裂隙而登躡甚難，必去衣脫履，止可及其上層，而從上垂絙，始可引入中層。」僧言如此，余實不能從也。乃於石蛩飯而行。

五里，由小路抵玉泉山下，遂歷級直登。其山甚峻，屏立溪之西北，上半俱穹崖削壁，僧守原疊級鑿崖，架廬峰側一懸峰上，三面凭空，後復離大山石崖者丈許，下隔深崖峽。時廬新構，三面俱半壁，而寂不見人。余方賞其虛圓無礙，凭半壁而看後崖。久之，一人運土至，詢之，曰：「僧以後壁未全，將甃❸而塞之也。」問僧何在？曰：「業❹從山下躋級登矣。」因坐候其至，為之畫❺曰：「汝慮北風吹神像，何不以木為龕，坐護置室中？而空其後壁，正可透引山色，造物之懸設此峰，與爾之綰❻架此屋，皆此意也。必甃而塞之，失此初心矣。」僧頷之，引余觀所謂玉泉者，停泓一穴，在廬側石竈之畔，云三仙卓錫❼而出者，而不知仙之不杖錫也。下玉泉三里，出襄敏墓前。又隨溪一里，由小路從山北行，蓋繞出玉泉山之東北也。最北又有馬頭山，突兀獨甚，在路左。過白沙嶺，望西峰尖亙特甚，折而東之，是為北華山❽。山頂佛宇被災。有僧募❾飯至，索而食之。下山二里，入南門，北登鳳凰山❿。其山兀立城之東北，城即因之，北面峭削，不煩雉堞也。下山，出北水關，抵逆旅，已昏黑矣。

【章旨】本章記載了第三十四天在撫州府的行跡。早晨登上石蛩巖，轉入「萬人緣」。山中景色迷人，非人世所有。有巖石從下向上，裂成兩層，只是無法攀登。飯後到玉泉山，上面有僧人蓋的屋子，於是為僧人出主意，以保留自然美景。觀看玉泉後，經過譚襄敏墓、馬頭山、白沙嶺、北華山，進入南門，又登上鳳凰山，在天黑時回到旅店。

【注釋】❶貴溪之石橋　仙人橋，即月橋巖。在貴溪東南三里。石長寬各數十丈，高跨山巔，遠望如月形，橋前有一巨石。趙子昂詩：「月巖如偃月，風泉灑暗雪。仙境在人間，真成兩奇絕。」❷橫　交錯。❸甃　井壁。這裡作「築壁」解。❹業　已經。❺畫　謀劃；計策。❻縋　繫掛。❼卓錫　僧人出行，多拿錫杖。因謂僧人的居止為卓錫。卓，植立。錫，錫杖，僧人用具。❽北華山　原名禾廩石。在宜黃南三里，上面原有仙壇。❾募　募化。即化緣。❿鳳凰山　原名雞籠山，在宜黃城北。上有道觀，為縣中勝境。

【語譯】二十一日　吃罷早飯，急忙登上石蛩巖。這山峰東西橫跨，就像半空中的飛橋，和貴溪的石橋相比，要高上一倍，大上一倍。從這裡向西眺望，只看到它的頂端。從寺的北面轉入峽谷之中，便是「萬人緣」。譚襄敏剛發現這座寺院，想把它廢為墳墓，因做了個怪夢有所感悟而作罷。如今譚墓在玉泉山的東北，墓地的各種牌坊，同時全都倒坍，後代也不發達，寺院才被僧人贖回，重新興盛起來。僧人見這裡環境好，故作為能夠容納萬人的大墓地，石壁十分壯觀。地處寺院的北面，左邊為山崖，右邊便是寺院。從萬人緣向南攀登，抬頭望見竹影飄浮，一座山峰刺破高遠的天空。從石縫中穿過，向南俯視亂峰聳起，溪聲山色，呈現出別樣的光彩聲響，非人世間所有。在這裡從橋南走出，轉身眺望飛橋之上，石痕交錯重疊，有房屋點綴鑲嵌在上面，只是沒路讓人攀登。來回走了好久，一隻山鶴衝上天空，向遠處飛去，鳴聲在稀疏的竹林中久久迴響，令人捨不得離開。原來這座橋的南邊，裡面的岩石本來就裂成兩層，從下向上，既不分離，也不合攏，中間的裂縫都在一尺左右。從裂縫中向上攀登，可到達上層，只是裂縫因兩邊相夾，十分狹窄，轉身行動很不方便，手腳也找不到可抓住踏上的東西，加上腳痛還未痊癒，只得遺憾地回到寺中。向寺中的僧人問路，答道：「從橋內的裂縫向上攀登十分困難，必須脫掉衣服鞋子，而且只能到達上層，再從上層放下繩索，方才能夠進入中層。」僧人這樣說，但我卻實在無法這樣做。於是在石蛩寺吃了飯離去。

走了五里，從小路到玉泉山下，便踏著石級直往上攀登。這山十分險峻，像屏障那樣峙立在溪水的西北，上半部都是懸崖峭壁，僧人守原鋪上石級，開鑿崖壁，在旁邊一座懸空的山峰上架起屋子，三面憑空，無所倚傍，後面又離大山的石崖一丈左右，下面隔著幽深的峽谷。這時屋子剛造好，三面都是半堵圍牆，十分寂靜，不見人影。我正欣賞它的清空圓妙，毫無遮擋，靠著半堵圍牆觀看後面的山崖。過了好久，有個人將土運來，問他幹什麼，答道：「僧人因為後面的圍牆還沒砌好，想築牆把它封起來。」問僧人在哪裡？答道：「已經從山下踏著石級上山了。」於是坐著等他到來，替他出主意：「你擔心北風吹壞神像，何不用木料做佛龕，放在屋中坐著守護它？後面沒有圍牆，正可將山色引入，造物主憑空安排這座山峰，和你架起這屋子，都是為了這個目的。如果一定要築牆封住，反而喪失了本意。」僧人點頭表示贊同，帶我去看所說的玉泉，只是一個蓄水的深洞，在屋邊石龕的近旁，都說是三仙在這裡樹起錫杖然後泉水湧出的，卻不知道仙人是不用錫杖的。從玉泉往下三里，從襄敏墓前走出。又隨著溪水走一里，由小路往山的北面走，已從玉泉山的東北繞出了。最北面還有馬頭山，在路的左邊，格外顯得高聳突出。經過白沙嶺，望見西面的山峰特別尖峭，綿延不斷，轉而向東，這就是北華山。山頂的佛寺遭受火災。有個僧人募化飯食回來，向他要了飯吃。下山走了二里，進入南門，向北登上鳳凰山。這山聳立在城的東北，城就靠著它，北面陡峭，不需要城牆。下山後走出北水關，到達旅店，天色已經昏黑。

二十二日　由北城外歷鳳凰山北麓，經北門二里，過黃備橋，橋架曹溪❶之上。西北行十里，溯溪至元口。又五里，至官莊前，西南渡溪。又十里，至陳坊❷，北渡小木橋，為曹山寺道。遂令顧僕同擔夫西至樂安❸之流坑，余與靜聞攜被襆❹渡橋，沿小溪入。五里，為獅子口。由迴龍洞而入山隘，即曹山❺也。其內環峰凹闢，平疇一圍，地圓整如砥，山環繞如城，水流其間。自迴龍口而南下陳坊，又東下宜黃，交鎖曲折，亦此中一洞天，為丹霞❻、麻姑之類也。初以何、王二氏，名何王山，後加「草」、加「點」，名荷玉山。唐本寂❼禪師禮曹溪❽回，始易名曹山。宋賜額寶積寺❾，燬于嘉靖丙戌❿，基田俱屬縉紳⓫。茲有名僧曰觀心，將興復焉。觀心，宜黃人，向駐錫豐城⓬，通儒、釋之淵微⓭，兼詩文之玄著⓮，余一至，即有針芥之合⓯，設供籌燈，談至丙夜⓰，猶不肯就寢，曰：「恨相見之晚也。」先是，余午至，留飯後即謂余曰：「知君志在煙霞⓱，此中尚有異境，曹山舊蹟，不足觀也。」

【章旨】本章記載了第三十五天在撫州府的行跡。經過元口、官莊、陳坊、獅子口，從迴龍洞進入曹山，也是這裡的一個洞天。在寶積寺和觀心上人一見如故，直談到深夜。

【注釋】❶曹溪　在宜黃東北境，源出崇仁，匯入宜黃水。❷陳坊　在宜黃西境，有橋跨曹溪上，為通往崇仁的要道。❸樂

安　明代為縣，隸撫州府，今屬江西。❹被襆　用包袱裹束衣被。襆，同「幞」。包袱；巾帕。❺曹山　在宜黃城北三十里，舊名荷玉山，又名梅山。山巔曰羅漢峰。❻丹霞　山名，在麻姑山西七里。又名丹霞洞，為道家第十福地。❼本寂　唐代僧人，曹洞宗創始人之一。俗姓黃，泉州蒲田（今福建莆田）人。從良价學禪，得心印，因住曹山，被稱為「曹山本寂」，大振洞門禪風。❽曹溪　禪宗六祖慧能後在韶州（今廣東韶關）曹溪寶林寺弘揚「頓悟」法門。這裡以曹溪借指慧能。❾寶積寺　唐代乾寧年間本寂禪師所創，本名荷玉觀，別名崇壽院，宋祥符中敕賜寶積寺的匾額。❿嘉靖丙戌　嘉靖五年（一五二六）。嘉靖，明世宗年號。⓫縉紳　插笏於紳，舊時官吏的裝束。借指士大夫。縉，同「搢」。插。紳，束腰的大帶。⓬豐城　明代為縣，隸南昌府，今屬江西。⓭淵微　淵深微妙。⓮玄著　言論深妙。⓯針芥之合　磁石能引針，琥珀能拾芥，因用以喻性情契合。⓰丙夜　古代計時，一夜五更，即一更至五更；又稱五夜，即甲、乙、丙、丁、戊五夜。丙夜即三更時。⓱煙霞　指山水勝景。

【語　譯】二十二日　從北城外走過鳳凰山的北麓，再經過北門向前二里，過黃備橋，橋架在曹溪的上面。往西北走十里，沿著溪水上行，到元口。又走了五里，到官莊前面，往西南渡過溪水。再走十里，到陳坊，往北走過小木橋，便是去曹山寺的路。於是吩咐顧僕和挑夫往西到樂安的流坑，我和靜聞帶著包好的被子過了橋，沿著小溪進去。走了五里，到獅子口。從迴龍洞進入山口，便是曹山。裡面群峰環抱，中間開出一塊凹地，有一圈田地；地面圓滑平整，如同磨石，山像城牆那樣環繞，水在裡面流動。從迴龍口往南去陳坊，又往東去宜黃，地勢盤結曲折，也是這裡的一個洞天，和丹霞山、麻姑山相類。當初因何、王兩個家族在這裡居住，地名何王山，後來加「草」、加「點」，成了荷玉山。唐代本寂禪師禮拜曹溪六祖回來，才改名曹山。宋代敕賜寶積寺匾額，寺在嘉靖五年被火燒毀，地基都歸士大夫所有。現在有個名觀心的著名僧人，將要重新振興這個寺院。觀心是宜黃人，過去住在豐城，精通儒、佛兩教的深奧之理，所作詩文又十分高妙，我一到那裡，便情投意合，準備了燈火，直談到深夜，還不肯去睡覺，說道：「只恨相見太晚。」在此之前，我在中午到達，觀心留我吃飯後，就對我說：「知道你志在山水之間，這裡還有奇異的境地可遊賞，曹山古蹟，不值得去看。」

二十三日　早聞雨聲。飯而別觀心，出曹山而雨絲絲下。三里，至陳坊木橋，仍西從大道溯溪二里，過鵬風橋。溪南自山來，路西折，踰小嶺，又三里，復西渡溪之上流，曰接龍橋，蓋溪自曹山後嶺北山峽而來，南下而轉至鵬風橋者。此流尚細，而宜黃、崇仁❶之界，因踰接龍橋而西，即為崇之東南境。從此入山，共三里，踰大霍嶺❷，直逼龍骨山下。又二里，踰骨嶺，水猶東注。又三里，下幞頭嶺，水始西流。又四里，至純鄉，則一溪自南而北矣。渡溪橋，是為純鄉村，有居民頗眾。隨水西二里，北下為崇仁道。南循小水一里，西登乾崗嶺。嶺頗峻，踰嶺而下，純西南行矣。十里，至廖莊橋，有溪自南而北，其大與純鄉之溪並，東北流，當與純溪同下崇仁者也。又西五里，過練樹橋，橋跨巴溪❸之上。又西過坳上，蓋南來之脈，北過相山❹者也。其東水下練樹橋，為小巴溪，西水下雙溪橋，為大巴溪，俱合於罕滸，北即峙為相山，高峙朱碧街之北。再西，即為芙蓉山。芙蓉小大峭，而相山屏列，俱崇仁西南之巨擘也。自練樹橋又五里而至朱碧街，其地在崇仁南百餘里，南五十里為大華山❺，西南三十里為樂安縣。

【章　旨】本章記載了第三十六天在撫州府的行跡。離開曹山，走過鵬風橋、接龍橋，翻過大霍嶺、龍骨山、幞頭嶺，到達純鄉。再翻過乾崗嶺，走過廖莊橋、練樹橋，到達朱碧街。這裡北面有相山，西面為芙蓉山，南面為大華山，都是崇仁西南的大山。

【注釋】❶崇仁　明代為縣，隸撫州府，今屬江西。❷大霍嶺　在宜黃西四十里，與崇仁接界。❸巴溪　即今寶塘水。❹相山　古名巴山，宋紹興年間，因避諱改稱相山。在崇仁城南約七十里，周圍五十餘里，雙峰聳峙，直逼霄漢，山中有湖有瀑，多怪石異草。❺大華山　在崇仁城南一百二十里，跨越崇仁、樂安、宜黃三縣一百幾十里。三峰鼎峙，狀如蓮花寶蓋，故又名華蓋山。

【語　譯】二十三日　早晨聽到雨聲。飯後告別觀心，離開曹山，絲絲細雨下了起來。走了三里，到達陳坊木橋，仍從西邊的大路沿著溪水上行二里，通過鵬風橋。溪水從南面的山中流來，路向西轉，翻過一座小嶺，又走了三里，再向西渡過溪水的上游，名接龍橋，原來這溪水是從曹山後嶺北山峽谷中流來，往南流下，轉到鵬風橋的。水流還小，但為宜黃、崇仁兩地的分界，因為過了接龍橋向西，便是崇仁的東南境。從這裡進入山中，共走了三里，翻過大霍嶺，直到龍骨山下。又走了二里，翻過骨嶺，水仍向東流。再過三里，走下幞頭嶺，水才開始向西流。再走四里，到達純鄉，只見一條溪水從南向北流去。過了溪橋，便是純鄉村，有不少居民。隨著溪水往西走二里，往北下去，便是去崇仁的路。向南沿著一條小溪走了一里，往西登上乾崗嶺。嶺很高峻，翻過山嶺往下，便完全向西南走了。過了十里，到達廖莊橋，有溪水從南往北，和純鄉的溪水一般大，向東北流去，想來該和純溪一起流入崇仁。又往西走了五里，經過練樹橋，橋跨在巴溪的上面。又往西經過坳上，原來這是從南延伸過來，又向西經過相山的山脈。它東面的水往下流到練樹橋，為小巴溪，西面的水往下流到雙溪橋，為大巴溪，都在罕滸會合，在北面峙立的便是相山，高聳朱碧街的北邊。再往西，便是芙蓉山。芙蓉山尖峭，而相山則像屏障那樣排列，形狀不同，但都是崇仁西南境的大山。從練樹橋再走五里到朱碧街，這裡在崇仁城南一百多里處，往南五十里為大華山，往西南三十里為樂安縣。

二十四日　昧爽，從朱碧西南行，月正中天。二里為雙溪橋。二小溪一自東北，一自西北，俱會於橋北，透橋東南去。路從西南。又一里，為玄壇廟橋。其水自西而東，乃芙蓉西南之流，當亦東會雙溪而下罕滸入巴溪者也。過溪南一里，越雷公嶺，有溪自南而西北去。下嶺，即東南溯溪，一里為雷公塲。又南三里為深坑。又東南二里為石腦，上有橋，曰崑陽橋。又南三里，曰雙湛橋。又二里，曰趙橋。又五里，曰橫崗。又五里，越一嶺，曰趙公嶺。自石腦來十五里，其嶺坦而長。蓋東自華蓋山度脊而西，經樂安而北轉進賢，為江西省城之脈者也。嶺北水繞雷公而西北下崇仁，嶺南水由大陂❶而下永豐❷、吉水❸者也。下嶺，山隘漸闢，其內塢曰白麻插，水雖西流樂安、永豐，而地猶屬崇仁；其外崗曰崇仁仙觀，則樂安之界也。由白麻插循左山東南行，三里，至大坪墅。轉而東向入山，又二里，東至一天門，有澗西注石橋下。從此遂躡級上登，一里，至舊一天門，有二小溪，一自東南，一自東北，合於石屋之上。從此俱峻坂懸級，又七里，至二天門，遂兩度過脊之坂，俱狹若堵牆。於是東北繞三峰之陰，共七里而登華蓋之頂，謁三仙焉。蓋華蓋三峰並列，而中峰稍遜，西為著棋，東為華蓋。路由西峰而登，其陽甚削，故取道於陰。華蓋之上，諸道房如蜂窩駕空，簇繞仙殿，旁無餘地，無可眺舒❹。飯於道士陳雲所房，亟登著棋，四眺形勝，其北正與相山對，而西南則中華山❺欲與頡頏，東與南俱有崇嶂，而道士不能名，然皆不能與華蓋抗也。其山在崇仁南百二十里，東去宜黃亦百二十里，西去樂安止三十里，〔西南一百里至永豐，〕東南至寧都❻則二百餘里焉。余自建昌宜取道磁龜，則直西而至；自宜黃宜取道石鞏，從雲封寺，亦直西而至；今由朱碧則迂而北，環而西，轉而東向入山。然取道雖迂五十里，而得北遊曹山洞石，亦不為恨也。下山十五里，至三天門，渡石橋而南，遂西南向落日趨。五里，過崇仙觀。又三里，越韜嶺，是為樂安界。又西南三里，渡一溪橋。又四里，溪西轉出大陂。溪中亂石平鋪，千橫萬疊，水碎飛活轉，如冰花玉屑。時日已暮，遂宿大陂。

【章　旨】本章記載了第三十七天在撫州府的行跡。拂曉出發，翻過雷公嶺，經過石腦、橫崗等地，再翻過趙公嶺，來到白麻插。接著經過大坪墅、一天門、舊一天門、二天門，登上華蓋山峰頂，眺望四周美景，北面和相山相對，西南與中華山比肩。一路多走了五十里彎路，但也因此遊覽了曹山。下山經過三天門、崇仙觀，翻過韜嶺，到樂安的大陂投宿。

【注　釋】❶大陂　今作「帶陂」，在樂安南境。❷永豐　明代為縣，隸吉安府，今屬江西。❸吉水　明代為縣，隸吉安府，今屬江西。❹眺舒　極目眺望。舒，伸展。❺中華山　在樂安城南二十里。山上景物清幽。❻寧都　明代為縣，隸贛州府，今屬江西。

【語　譯】二十四日　拂曉，從朱碧街往西南走，月亮正高掛空中。向前二里，到雙溪橋。有兩條小溪，一條來自東北，一條來自西北，都在橋北會合，穿過橋向東南流去。路朝西南。又走了一里，到玄壇廟橋。這裡的水從西向東，為芙蓉山西南的溪流，想來也是向東和雙溪會合流到罕滸匯入巴溪的水。過溪往南走了一里，翻過雷公嶺，有溪水從南向西北流去。下嶺後，便往東南沿著溪水上行，走了一里，到雷公場。又往南走三里，到深坑。再往東南走二里，到石腦，上面有橋，名崑陽橋。再往南走三里，名雙湛橋。再走二里，名趙橋。再走五里，名橫崗。再走五里，翻過一座山嶺，名趙公嶺。從石腦過來十五里，山嶺平坦而又漫長。原來從東面的華蓋山越過山脊向西，經過樂安往北轉入進賢，為江西省城的山脈。嶺北的水繞過雷公場往西北流入崇仁，嶺南的水從大陂流入永豐、吉水。走下山嶺，山口漸漸開闊，裡面的山塢名白麻插，水雖然往西流入樂安、永豐，但仍屬崇仁地界；外面的山崗名崇仁仙觀，在樂安地界。從白麻插沿著左邊的山嶺往東南走，過了三里，到達大坪墅。轉而向東進入山中，又走了二里，往東到一天門，有澗水向西流到石橋下面。從此便踏著石級向上攀登，走了一里，到達過去的一天門，有兩條小溪，一條來自東南，一條來自東北，在石屋上面會合。以後都是險峻的山坡、陡直的石級，又走了七里，到二天門，這樣兩次越過山脊伸過處的坡地，都像牆壁那樣狹窄。從這裡往東北繞到三峰的北坡，共走了七里，登上華蓋山的峰頂，拜謁三仙。原來華蓋山三峰並列，中峰稍微低些，西面為著棋峰，東面為華蓋峰。路從西峰向上攀登，南坡十分陡峭，故取道北坡走。華蓋山的上面，眾多道房就像淩空的蜂窩，聚在一起，圍繞著仙殿，四周沒有一點空地，沒法極目眺望。在道士陳雲的屋裡吃了飯，急忙登上著棋峰，眺望四周美麗的景色，它北面正好和相山相對，西南則有中華山同它抗衡，東面和南面都有屏障般的高山，道士說不出山名，但都不能同華蓋山匹敵。這座山在崇仁南面一百二十里，往東離宜黃也有一百二十里，往西離樂安只有三十里，往西南到永豐有一百里，往東南到寧都則有二百多里。我從建昌走，應取道磁龜，直往西便可到達；從宜黃走，應取道石碧，到雲封寺，也直往西便可到達；如今從朱碧街走，便先繞向北，又拐向西，再轉向東進入山中。不過雖然多走了五十里彎路，但因此得以往北遊覽了曹山的洞石，也沒什麼可抱怨的了。下山走了十五里，到三天門，通過了石橋往南，便向西南望著落日趕路，走了五里，經過崇仙觀。又走了三里，翻過韜嶺，便是樂安地界。再往西南走了三里，通過一座溪橋。再走四里，溪水向西從大陂轉出。溪中平鋪著許多亂石，成千上萬，交錯重疊，水沫飛濺，充滿活力，就像冰花玉屑那樣美麗。這時天色已晚，便在大陂留宿。

二十五日　是日為冬至❶，早寒殊甚，日出始行。西南五里為藥臘，又五里為曾田❷。其處村居甚盛，而曾氏為最，家廟祀宗聖公❸。從此轉而南，渡溪入山，乃中華山之西北麓支山也。中華在華蓋西南三十里，從藥臘來，循其陰西行，至是乃越而轉其西北。又三里為饅頭山，見溪邊橫石臨流，因與靜聞箕踞❹其上，不知溪流之即穿其下也。及起而行，回顧溪流正透石而出，始知其為架壑之石也。余之從樂安道，初覽其志，知其城西四十里，有天生石梁❺，其側有石轉運❻，故欣然欲往。至是路已南，不及西向，以為與石橋無緣，而不意復得此石，雖溪小石低，已見「天生」一斑；且其東北亦有石懸豎道旁，上如卓錐，下細若莖，恐亦石橋轉運之類矣。又南一里為黃漢❼。又南踰一小嶺，一里，是為簡上，為中華之西南谷矣。從此蜿轉❽山坑，漸次而登。五里，上荷樹嶺，上有瞻雲亭。蓋嶺之東北為中華，嶺之西南為雩華❾，此其過脈之脊云。逾嶺南下二里，至坑底，有小溪一自東北，一自西北，會而南，三里，出源裏橋。又三里，則大溪自東而西，渡長木橋至溪南，是為流坑❿。其處闤闠縱橫，是為萬家之市，而董氏為巨姓，有五桂坊焉。大溪之水，東五十里自郎嶺而來，又東過大樹嶺為寧都界，合太華、中華東南之水，至此西八里，至烏江，又合黃漠之水，南下永豐焉。是日午至流坑，水涸無舟。又西八里，宿于烏江溪南之茶園。

【章　旨】本章記載了第三十八天在撫州府的行跡。經過藥臘、曾田，轉入山中。翻過饅頭山，在無意之中看到一塊天然的架壑石。隨後經過簡上，翻過荷樹嶺，到達鬧市流坑，各條溪水到這裡匯合後流入永豐。當晚在烏江溪南的茶園留宿。

【注　釋】❶冬至　二十四節氣之一，在國曆十二月二十一、二十二或二十三日。此日北半球白天最短，夜間最長。❷曾田　今名增田，在樂安南。❸宗聖公　即曾子，名參，孔子弟子。元文宗時封為郕國宗聖公。明嘉靖時罷封爵，只稱宗聖。❹箕踞　古時一種不拘禮節的坐法，即席地而坐，隨意伸開雙腿，形似簸箕。❺天生石梁　在樂安城西三十里，高十餘丈，長二十餘丈，深八、九丈。前有石，形如牛鼻，遇風便如輪轉動。❻轉運　循環運行。❼黃漠　據下文，疑為「黃漢」之誤。❽婉轉　宛轉；輾轉。❾雩華　山名，在樂安西南約五十里，為風水寶地。❿流坑　在樂安西南境，恩江南岸。

【語　譯】二十五日　這天為冬至，早晨極其寒冷，太陽出來後方才出發。往西南走五里到藥臘，再走五里到曾田。這裡的村莊居民很多，其中以曾姓家族最大，家廟祭祀宗聖公。從這裡轉而向南，渡過溪水進入山中，為中華山西北麓的分支。中華山在華蓋山西南三十里，從藥臘過來，沿著北坡向西走，到這裡才翻過山轉到它的西北。再走三里到饅頭山，只見溪邊有橫石正對著水流，於是和靜聞伸開雙腿，坐在上面，不知溪水就從石下穿過。直到起身走後，回頭看到溪流正從石中穿出，這才明白它是架在山谷中的大石。我踏上去樂安的路，起先看志書，知道在城西四十里，有天然的石橋，旁邊有石轉動，十分高興，想到那裡去。到這裡路已向南，來不及往西走了，以為和石橋無緣相見了，想不到又看到這塊大石，雖然溪小石低，但已可見一些「天然的」形跡；而且在它東北也有石豎立在路旁，上部如同直立的錐子，下部像莖那麼細，怕也是和石橋旁轉動的石塊類似的東西。再往南一里到黃漠。繼續往南翻過一座小嶺，走了一里，便到簡上，為中華山的西南谷。從此在山坑中輾轉向前，依次漸漸向上攀登。走了五里，登上荷樹嶺，上面有瞻雲亭。嶺的東北為中華山，嶺的西南為雪華山，這是所過山脈的山脊。翻過山嶺往南走下二里，到坑底，有兩條小溪，一條來自東北，一條來自西北，會合後向南，過了三里，從源裏橋流出。再走三里，有大溪從東向西流，過了長木橋到溪南，便是流坑。這裡街市縱橫交錯，是有萬家居民的鬧市，其中董氏為大姓，有五桂坊。大溪的水，從東面五十里的郎嶺流來，再向東經過大樹嶺便是寧都地界，和太華山、中華山東南的水會合，從這裡往西八里，到烏江，又會合黃漠的水流，往南流入永豐。這天中午到達流坑，水流乾涸，沒有船隻。再往西走八里，在烏江溪南的茶園過夜。

二十六日　因候舟停逆旅。急索飯，即渡溪橋，北上會仙峰❶。其峰在大溪之北、黃漠溪之西，蓋兩溪交會，而是山獨峙其下流，與雪華山東、西夾黃漠溪入大溪之口者也。峰高聳突兀，倍于雪華，而陽多石骨嶙峋，于此中獨為峻拔。其西南則豁然溪流，放注永豐之境也。由溪北從東小徑西上，五里而至會仙峰。按志止有仙女峰在樂安南六十里，而今土人訛為會仙云，然其為三仙之蹟，則無異矣。是峰孤懸，四眺無所不見。老僧董懷莪為余言：「北四十里為樂安，西南六十里為永豐，直西為新淦❷，直東為寧都。其東北最遠者為太華山，其次為中華，又次為雪華，三華俱在東北，而樂安之北有西華❸兀立雲霧之間，為江省過脈，尖拔特甚，蓋從太華西北渡趙公嶺而特起者也。」由會仙而上，更西北一里，其石巑岏❹，上多鵑花紅豔，〔但〕不甚高，亦冬時一異也。由會仙南面石磴而下，至山半，甫有石泉一泓，由其山峭拔無水泉，故山下之溪亦多涸轍❺耳。下山五里，至溪旁，其南即為牛田❻、水南❼，其北為烏江，其東為茶園，余所停屐處也。午返，舟猶不行，遂止宿焉。

〔余自常山來，所經縣治無不通舟，惟金谿、樂安，通舟之流，俱在四、五十里外。〕

【章　旨】本章記載了第三十九天在撫州府的行跡。向北攀登會仙峰，山峰突兀高聳，格外峻拔。站在峰頂，指點四周的地形。因無泉水，山下溪流大多乾涸，不能行船。仍回茶園過夜。

【注　釋】❶會仙峰　又名仙女峰，在樂安西南六十里。傳說王、郭二仙飛昇之時，常有仙女在上面掌旗，故名。❷新淦　明代為縣，隸臨江府，即今江西新幹。❸西華　山名，在樂安東北十里。過去山上有三仙殿，殿下有仙人墓，墓門不封，裡面頭骨都可看到。❹巑岏　峻峭的山峰。❺涸轍　形容河道已經乾涸。❻牛田　在恩江北岸。❼水南　在恩江南岸，和牛田相對。

【語　譯】二十六日　因等候船在旅店停留。急忙要了飯吃，便渡過溪橋，往北攀登會仙峰。這座山峰在大溪的北面、黃漠溪的西面，兩條溪水會合，而這座山獨自峙立在溪水的下游，和雪華山從東西兩面夾住黃漠溪流入大溪的水口。會仙峰突兀高聳，比雪華山高上一倍，南坡多嶙峋的山石，這裡尤其峻拔。它的西南山勢開闊，溪水奔流，進入永豐境內。由溪北從東面的小路往西向上，走了五里，到會仙峰。據志書，只有仙女峰在樂安城南六十里，現在當地人誤作會仙峰了，但作為三仙的遺跡，則沒什麼不同。這座山峰孤零零地聳立空中，向四面眺望，無所不見。老僧董懷莪對我說：「往北四十里為樂安，往西南六十里為永豐，正西為新淦，正東為寧都。東北最遠處為太華山，其次為中華山，再下面為雪華山，三座華山都在東北，而樂安的北面有西華山聳立在雲霧間，成為貫穿江西省的山脈，尤其尖峭峻拔，是從太華山西北經過趙公嶺而特起的山峰。」從會仙峰向上，再往西北走一里，山石峻峭，上面多鮮紅的杜鵑花，但不太高，也是冬天一種不尋常的景色。從會仙峰南面的石級往下走，到半山腰，山石中才有一泓清泉，因為這座山陡峭峻拔，沒有泉水，故山下的溪流也大多乾涸了。下山走了五里，到溪旁，南面便是牛田、水南，北面為烏江，東面為茶園，即我昨天停步的地方。下午返回，船還不出發，於是留下過夜。

我從常山一路過來，所經過的縣城無不通船，惟有金谿、樂安，通船的溪流，都在四、五十里之外。

二十七日　烏江，三十里，豐陂宿。

二十八日　十里，將軍。二十里，永豐宿。

二十九日　自永豐西南五里放舟，又三十五里，北郊❶。吉水界。二十五里，亦名烏江。又十里，下黃宿。

三十日　早行二十里，鳳凰橋❷。溪右崖上有鳳眼石，溪左為熊右御史槩❸所居。又五里，抵官村石。溪左一山，崖石嶙峋，曰仙女排駕。遂繞吉水東門，轉南門、西門、北門，而與贛水❹合。蓋三面繞吉水者為恩江❺，由永豐來。贛水止經北門。

【章　旨】本章記載了第四十天至第四十三天在吉安府的行跡。從烏江出發，經過豐陂、將軍、永豐、北郊、烏江、下黃、鳳凰橋、官材石等地，到達吉水，最後一天觀賞了溪邊的鳳眼石和仙女排駕。

【注　釋】❶北郊　今名八江，在永豐西，恩江南岸。❷鳳凰橋　在吉水城東七里，宋政和年間建。❸熊右御史槩　熊槩，字元節，原籍吉水。幼孤，隨母適胡氏。永樂進士。性剛決，巡視江南，威名甚盛。宣德中還朝，授右都御史。❹贛水　即贛江。自南向北，縱貫江西全省。上游有二源：西為章水，東為貢水，匯於贛州，北流注入鄱陽湖。❺恩江　舊名瀕水，又名永豐水。源出樂安等地，匯流經永豐，合諸水入吉水，注於贛江。

【語　譯】二十七日　船從烏江出發，行駛三十里，在豐陂留宿。

二十八日　船行駛十里，到將軍。再行駛二十里，在永豐留宿。

二十九日　從永豐西南五里開船，又行駛三十五里，到北郊。在吉水地界。再行駛二十五里，也稱作烏江。再走十里，在下黃留宿。

三十日　早晨行駛二十里，到鳳凰橋。溪水右邊的山崖上有鳳眼石，左邊為熊右御史槩所居住的地方。又走了五里，到官材石。溪水左岸有座山，崖石突兀，名仙女排駕。溪水於是繞過吉水的東門，轉過南門、西門、北門，與贛水匯合。原來在三面環繞吉水的是恩江，從永豐流來。贛水只流過北門。

十二月初一日　先晚雨絲絲下，中夜愈甚，遂無意留吉水。入城，問張侯❶後裔，有張君重、伯起父子居南門內，隔晚託顧僕言：「與張同宗，欲一晤。」因冒雨造其家云。蓋張乃世科，而無登第者，故後附於侯族，而實非同派。君重之曾祖名峻，嘉靖間云亦別駕❷吾常❸，有遺墨在家云，曾附祀張侯之廟，為二張祠，此一時附託之言。按張侯無在郡❹之祠，其在五邑❺者，嘉靖時被燬已久，何從而「二」之？更為余言，侯之後人居西團❻，在城南五、六十里，亦文昌鄉也。族雖眾，無讀書者，即子衿❼亦無一人。余因慨然。時雨滂沱，以舟人待已久，遂冒雨下舟，蓋此中已三月無雨矣。時舟已移北門贛江上，由北門入，至南門之張氏，仍出北門下舟，已上午，遂西南溯贛江行。十里，挾天馬山❽之西。十里，過小洲頭，東有大、小洲二重，西則長岡逶迤，有塔與小洲夾江相對，至是雨止日出。又十里，轉挾螺子山❾之東，而泊於梅林渡，去吉郡尚十里。既暮，零雨復至。螺子，吉郡水口之第一山也。

吉水東大而高者，曰東山，即仁山❿也，太平山⓫在其內。又近而附城，曰龍華寺⓬，寺甚古，今方修葺，有鄒南皋⓭先生祠。佛殿前東一碑，為韓熙載⓮撰，徐鉉⓯八行書⓰。蓋即太平西下之壟，南北迴環，瑣⓱成一塢，而寺在中央。吉水西為天馬山，在恩、贛二江⓲夾脊中；北為玉笥山，即峽山⓳之界，贛江下流所經也；南為巽峰⓴，尖峭特立，乃南皋先生堆加而峻者，為本縣之文筆峰。建昌人言軍峰為吉水文筆，因此峰而誤也，大小迴絕矣。

【章　旨】本章記載了第四十四天在吉安府的行跡。進入吉水城，往訪自稱是張宗璉同宗的張君重家，聽說張宗璉後代已無讀書人。隨後下船沿贛江上行，經過小洲頭、螺子山，在梅林渡停泊。吉水東面為仁山，另有龍華寺，西面為天馬山，北面為玉笥山，南面為巽峰。

【注　釋】❶張侯　指張宗璉，字重器，吉水人。永樂進士。謫官常州同知。朝廷派御史李立理江南軍籍，多捕平民。宗璉多次力爭，解救了不少無辜者。疽發背死，常州百姓白衣送喪者千餘人。天啟四年，徐霞客在君山重修張宗璉廟，並請董其昌書碑，何喬遠作紀序。❷別駕　官名，漢制，為州刺史的佐吏。後世以稱通判為別駕。❸常　常州，今屬江蘇。❹郡　指常州。❺吾邑　指江陰。❻西團　據下十二月十三日日記，當為「西園」之誤。❼子衿　《詩·鄭風·子衿》：「青青子衿。」衿為衣領，子衿為古代學子所穿的青領的衣服，故用以稱讀書人。明、清以後，也用作秀才的代稱。❽天馬山　在吉水城南。❾螺子山　在吉安城東北十里，南臨贛江，與神岡山拱對。山形如螺，砂石皆成螺形，故名。❿仁山　在吉水東北五里，山勢斜拂而末銳，旁邊有兩座小山相對橫峙，宛如「仁」字，故名。「仁山擁翠」為吉水八景之一。⓫太平山　在吉水城東三里，層巒迭巘，俯對贛江。⓬龍華寺　在吉水南坊，南唐保大年間敕建，名龍光寺。明正統年間奉敕重建，改名「龍華」。⓭鄒南皐　鄒南標，字爾瞻，號南皐，吉水人，以敢言著稱。為東林黨首領之一，與趙南星、顧憲成號三君。為魏忠賢所忌，辭官歸居。諡忠介。⓮韓熙載　字叔言，濰州北海（今山東濰坊）人。五代南唐時官至中書侍郎。據史載，「熙載善為文，江東士人、道釋載金帛以求銘志碑記者不絕」。⓯徐鉉　字鼎臣，廣陵（今江蘇揚州）人。仕五代南唐，官至吏部尚書。文與韓熙載齊名，江東謂之「韓徐」。⓰八行書　東漢後期隸書的標準體。後世或以為八分即正書，或以為漢隸。關於八分的命名，有多種不同的說法。⓱瑣　通「鎖」。古時鏤玉為連環，曰「瑣」；後以金屬為之，作「鎖」。⓲恩贛二江　恩，本作「息」，據十一月三十日日記改。⓳峽山　當為「峽江」，明代為縣，隸臨江府，今屬江西。⓴巽峰　一名青螺峰，又名文筆峰，在吉水城南五里。明天啟元年，知縣何應奎增高五尺。「巽峰卓筆」為吉水八景之一。

【語　譯】十二月初一　前一天晚上絲絲細雨下個不停，到半夜越下越大，於是沒心思再留在吉水。進入縣城，走訪張侯的後人。有張君重、張伯起父子在南門內居住，昨晚託顧僕傳話：「我們和張侯同宗，想和你見一次面。」因此冒雨到他們家裡去。原來張氏世代參加科舉考試，卻沒有考中的人，為此後來依附於張侯家族，其實並不是同一宗族的人。君重的曾祖名峻，說是嘉靖年間也在我們常州任別駕，家中留有遺墨，曾附在張侯的祠廟一起祭祀，稱二張祠，這也是一時附託之言。查驗記載張侯在常州府沒有祠堂，在我們江陰縣的祠堂，嘉靖時被火燒毀，已經很久了，哪裡還談得上「兩個張」？張君重父子還對我說，張侯的後人居住的西園，在城南五、六十里處，也是文化昌盛的鄉里。家族人雖多，但沒有讀書的人，甚至連秀才也沒有一個。我聽了十分感慨。這時雨下得很大，考慮到船夫已等了很久，於是冒雨走下船，原來這裡已有三個月沒下雨了。這時船已駛入北門外的贛江上，從北門進去，到南門的張家，仍走出北門下船，已是上午了，便往西南沿著贛江上行。走了十里，從天馬山西面繞過。又走了十里，經過小洲頭，東面有大、小洲兩處，西面山岡綿延不斷，有座塔和小洲隔江相對，到這裡雨停了，太陽露了出來。再走十里，轉而從螺子山東面繞過，在梅林渡停泊，離吉安府還有十里。到了傍晚，雨又綿綿不斷地下了起來。螺子山，是吉安府水口的第一山。

吉水東面既大又高的，名東山，即仁山，太平山就在裡面。靠近縣城的，名龍華寺，寺很古老，如今正在修建，裡面有鄒南皐先生祠。佛殿前面，東邊有一塊石碑，韓熙載撰文，徐鉉用八分書書寫。太平山往西延伸的丘壟，南北環繞，形成一個封閉的山塢，寺就在山塢的中央。吉水西面為天馬山，在恩江、贛江相夾的山脊中；北面為玉笥山，即和峽江的分界，贛江下游所經過的地方；南面為巽峰，尖峭突出，是南皐先生堆土加高的，為本縣的文筆峰。建昌人說軍峰山是吉水的文筆峰，便是因這座山而產生的錯誤，其實兩座山峰大小截然不同。

初二日　黎明甫掛帆，忽有順水舟乜咤❶而至，掀篷逼舟，痛毆舟人而縛之，蓋此間棍徒❷託言解❸官銀，而以拿舟嚇詐舟人也，勢如狼虎。舟中三十人，視舟子如搏❹羊，竟欲以余囊過其舟，以余舟下省。然彼所移入舟者，俱鋪蓋鈴串之物，而竟不見銀扛❺，即果解銀，亦無中道之理，余諭其此間去吉郡甚近，何不同至郡，以舟畀汝。其人聞言，咆哮愈甚，竟欲順流挾舟去。余乘其近涯，一躍登岸，亟覓地方王姓者，梅林保長也，呼而追之，始得放舟。余行李初已被移，見余登陸，乃仍畀還，而舟子所有，悉為抄洗，一舟蕩然矣。又十里，飯畢，已過白鷺洲❻之西，而舟人欲泊南關，余久聞白鷺書院❼之勝，仍返舟東泊其下，覓寓于書院中淨土庵。是日雨絲絲不止，余入遊城❽中，頗寥寂。出南門，見有大街瀕江，直西屬神岡山❾，十里闤闠，不減金閶❿也。

初三日　中夜雨滂沱，晨餐後，即由南關外西向神岡。時雨細路濘，舉步不前，半日且行且止，市物未得其半，因還至其寓。是日書院中為郡侯⓫季考，余出時諸士畢集，及返而各已散矣。郡侯即家⓬復生，是日季考，不親至，諸生頗失望。

初四日　雨，入遊城中，出止白鷺洲。

初五日　入城拜朱貞明、馬繼芳。下午取藥煮酒，由西門出，街市甚盛。已由南門大街欲上神岡，復行不及也。

初六日　臥白鷺洲。

初七日，臥白鷺洲。下午霽，入城，由東門出，至大覺庵，已在梅林對江，不及返螺子。

【章　旨】本章記載了第四十五天至第五十天在吉安府的行跡。剛要開船出發，當地一幫無賴上船行凶搶劫，急中生智，找到保長，方才脫身。船行至白鷺書院下停泊，進入吉安城，街市十分繁榮。次日前往神岡山。這幾天就在白鷺洲和吉安城逗留。

【注　釋】❶叱咤　怒斥聲。❷棍徒　無賴。❸解　發送。❹搏　捕捉。❺銀扛　銀擔子。❻白鷺洲　在吉安城東贛江中，一洲突起，面對神岡，頭枕螺山，自青石碼頭至梅林渡，長五里，寬一里多。春夏季節，江水上漲，但洲面從不淹沒。前人見其雙水夾流，取李白「二水中分白鷺洲」詩句，用以為名。❼白鷺書院　南宋淳熙年間，知吉州江萬里在白鷺洲建書院，名白鷺書院。文天祥曾在此讀書。❽城　指吉安城。吉安，明代為府，治所在廬陵（今江西吉安）。❾神岡山　原名翠峰，在吉安城南十里，高三百尺，周圍五里，上有惠佑廟，祭南朝陳太守劉竺，以其靈異，故改名神岡。❿金閶　江蘇吳縣閶門內，古有金閶亭。後因以金閶為蘇州的別名。⓫郡侯　一郡之長，指吉安知府。⓬家　本家；同姓。

【語　譯】初二　黎明時剛張帆啟程，忽然有船順水駛來，對我們大聲訓斥，逼近船隻掀開船篷，將船夫痛打後綁了起來，其實是這裡的一幫無賴，藉口發送官銀，以扣留船隻來嚇唬敲詐船夫，惡狠狠的如狼似虎。我們船上有三十人，看這幫人對付船夫就像捉幾隻羊羔，居然想把我的行李搬到他們船上，而叫我所坐的船到省城去。但他們搬過來的，都是鋪蓋、鈴串之類的東西，卻看不到銀扛，即使果真發送官銀，也沒有中途換船的道理，我告訴他們這裡離吉安府很近，何不一起去郡城，再將船給你們。那幫人聽了，大聲吼叫，鬧得更加厲害，竟想順流帶著我所坐的船走。我趁船靠近岸邊，一躍上岸，急忙找當地一個姓王的人，即梅林的保長，叫喊著追了上去，那幫人才將船放走。我的行李起先已搬了過去，看到我上岸，才又歸還，但船夫所有的東西，被洗劫一空，蕩然無存了。又走了十里，吃罷飯，已從白鷺洲西面駛過，但船夫卻想在南關停泊，我早就聽說白鷺書院景物美麗，於是掉轉船頭向東在書院下停泊，並在書院中的淨土庵找到住處。這天雨絲絲下個不停，我到城中遊玩，十分冷落。走出南門，看到一條大街緊靠江邊，正西連著神岡山，十里街市，繁華不在蘇州之下。

初三　半夜下起大雨，吃過早飯，便從南關外向西去神岡山。這時細雨濛濛，道路泥濘，難以邁步，走走停停過了半天，還沒買齊一半東西，只得回到住處。這天書院中舉行由知府主持的季考，我出門時各處讀書人都來了，到返回時已各自散開。知府就是本家徐復生，這天季考，沒有親自到來，秀才們很失望。

初四　雨中進城遊玩，出城後在白鷺洲留下。

初五　進城拜訪朱貞明、馬繼芳。下午去買麴釀酒，從西門走出，街市十分興盛。過了一會想從南門大街登上神岡山，又來不及去了。

初六　在白鷺洲睡覺。

初七　在白鷺洲睡覺。下午雨止天晴，進入城中，又從東門走出，到大覺庵，已和梅林隔江相對，當天已來不及返回螺子山。

初八日　由鷺洲後渡梅林五里。又東北十里，大洲。乃東十里入山，登洲嶺，乃南山北度之脊，因西通大洲故云。從嶺直上五里，天獄山❶。下直南十里，宿南山下坑中季道人家。

初九日　東十里，出山口，曰五十都。東南十里，過施坊❷。人家甚盛。入山五里，直抵嵩華山❸西麓，曰虎浮，拜蕭氏。其外包山一重，即與施坊為界者也。

東北從嵩華過脈，今鑿而燒灰。西面有洞雲庵，向施坊焉。

初十日　登嵩華山，上下俱十里。

十一日　遊洞雲。由北脊來時，由南峽口大路入，往返俱六里。

十二日　晨餐於蕭處，上午始行。循嵩華而南，五里，鏡坊澎。東為嵩華南走之支，北轉而高峙者，名香爐峰，其支蓋于查埠，止十里也。又南五里，登分水嶺。踰嶺東下五里為帶源，大魁❹王艮❺所發處也。由帶源隨水東行五里，出水口之峽，南入山，三里為燕山。其處山低嶺小，居民蕭氏，俱築山為塘以蓄水，水邊盛放。復踰小嶺而南，三里，過羅源橋，復與帶溪水遇，蓋其水出峽東行，循山南轉至此。度橋而南，山始大開。又五里，宿于水北❻。

【章旨】本章記載了第五十一天至第五十五天在吉安府的行跡。經過大洲、洲嶺、天獄山、南山、施坊、虎浮，登上嵩華山，遊覽了洞雲庵，接著又經過鏡坊澎、香爐峰、王艮的成長地帶源、燕山，到達水北留宿。

【注釋】❶天獄山　又名天玉山、天嶽山，在吉水城南五十里。❷施坊　今作「施家邊」。與下虎浮（今作古富）、帶源都在吉水南境，贛江東邊。❸嵩華山　在吉水西南隅，與吉安接界。❹大魁　科舉考試殿試一甲第一名稱大魁，即狀元。❺王艮　字敬止，吉水人。建文時進士。參與編修《太祖實錄》等書，一時大著作皆綜理之。燕兵逼近南京，自鴆而死。❻水北　在吉水南境，瀧江北岸，與水南相對。

【語譯】初八　從白鷺洲後面渡江到梅林走了五里。又向東北走十里，到大洲。於是往東走十里進入山中，登上洲嶺，這是南山向北延伸的山脊，因向西和大洲相通，所以叫作洲嶺。從洲嶺直向上走五里，到天獄山。往下朝正南走十里，在南山下坑中季道人家留宿。

初九　往東十里，走出山口，地名五十都。再往東南走十里，經過施坊。人家很多。進山走了五里，直到嵩華山的西麓，地名虎浮，拜訪蕭氏。在它外面圍著一重山，即和施坊分界的山。從東北嵩華山延伸過來的山脈，如今已被開鑿燒石灰。西面有洞雲庵，面向施坊。

初十　攀登嵩華山，上山下山都是十里。

十一日　遊覽洞雲庵。從北面的山脊來時，由南面峽口的大路進去，來回都是六里。

十二日　早晨在蕭氏那裡吃了飯，上午才出發。沿著嵩華山向南，走了五里，到鏡坊澎。東面為嵩華山往南延伸的支脈，向北轉並且高高峙立的，名香爐峰，它的支脈大概延伸到查埠，離這裡只有十里。又往南走了五里，登上分水嶺。翻過山嶺往東走下五里，到帶源，是狀元王艮生長的地方。從帶源隨著溪水往東五里，從水口的峽谷中走出，往南進入山中，走了三里到燕山。這裡山低嶺小，居民姓蕭，都開山為塘來蓄水，池塘周圍溢出大量的水。再翻過小嶺向南，走了三里，通過羅源橋，又和帶溪相遇，這是由於溪水流出峽口向東，沿著山往南轉到這裡。過了橋往南，山勢才大大開闊起來。再走五里，在水北留宿。

十三日　由水北度橋，直南五里，渡瀘溪橋，是為夏朗❶，即劉大魁❷名儼發迹處也。又南五里，為西園張氏，是日在其家。下午，淮河自羅坡來。

十四日　雨雪。淮河同乃郎擕酒來。是晚二巫歸。

十五日　霽，風寒甚。晚往西山。

十六日　張氏公祠宴。

十七日　五教祠宴。

十八日　飯於其遠處。上午起身，由夏朗之西、西華山❸之東小徑北迂，五里，西轉，循西華之北西行，十里，富源❹，其西有三獅鎖水口。又西二里為瀧頭，彭大魁教❺發迹處也。溪至此，折而南入山。又五里為瀟瀧❻，溪東兩山間，如衝崖破峽，兩岸石骨壁立，有突出溪中者，為「端石飛霞」，峽中有八景❼焉。由瀧溪三里，出百里賢關，謂楊救貧❽云：「百里有賢人出也。」又西北二里，為第二關，亦有崖石危亙溪左。又西北三里，出羅潭，為第三關。過是山始開，其溪北去，是為查埠。又西北五里後與溪遇，渡而北，宿於羅家埠。

【章旨】本章記載了第五十六天至第六十一天在吉安府的行跡。來到劉儼的發跡地夏朗，連續幾天和朋友聚宴。隨後沿著西華山北向前，經過富源、彭教的發跡地瀧頭，轉入瀟瀧，觀賞「端石飛霞」，接著走出百里賢三關，到羅家埠留宿。

【注釋】❶夏朗　在吉水南境，瀧江南岸。❷劉大魁　劉儼，字宣化，吉水人。正統狀元，天順初累官翰林掌院事。立朝正直，卒諡文介。❸西華山　在吉水城南七十餘里。❹富源　和下面瀧頭、羅家埠都在吉水南境，瀧江北岸。❺彭大魁教　彭教，字敷五，吉水人。天順狀元，官侍講，銳意輔導。有《瀧江集》。❻瀟瀧　水名，即釣絲潭。在螺灘上五里，為吉水勝地。❼八景　彭教有〈瀟瀧八景〉詩，分詠「雲嘘烏道」、「月印龍潭」、「古臺垂釣」、「野渡橫梭」、「危灘噴雪」、「瑞石棲霞」、

「橋頭飛練」、「水口橫屏」八景。❽楊救貧　明代堪輿家（風水先生）。著有〈楊么倒杖法〉、〈造命千金歌〉等。萬曆年間，其弟子楊松筠曾編《楊救貧先師宅寶經》一卷。

【語譯】十三日　從水北過橋，直往南走五里，過瀘溪橋，便是夏朗，即劉狀元名儼的發跡處。又往南走了五里，到西園張氏的住宅，這天就留在他的家中。下午，淮河從羅坡過來。

十四日　下雪。淮河同他的兒子帶了酒來。這天晚上二巫回家。

十五日　雪停了，寒風凜冽。晚上前往西山住下。

十六日　在張氏公祠舉行宴會。

十七日　在五教祠舉行宴會。

十八日　在其遠那裡吃飯。上午起身，從夏朗西面、西華山東面的小路曲折往北，過了五里，再往西轉，沿著西華山的北面向西，走了十里，到富源，在它西面有三隻石獅守著水口。又往西二里，到瀧頭，是彭教狀元發跡的地方。溪水到了這裡，向南轉入山中。再走五里為瀟瀧，溪水緊夾在兩山中間，好像要衝破山崖峽谷，兩岸石壁陡立，有在溪中突起的，為「端石飛霞」，峽谷中共有八景。從瀧溪向前走三里，離開百里賢關，據說楊救貧曾說這裡「百里之內，有賢人出世」。又往西北走二里，到第二關，也有崖石在溪水的左岸高高相連。再往西北三里，走出羅潭，到第三關。過了這裡山勢才開闊起來，溪水向北流去，這就是查埠。再往西北走五里後和溪水相遇，渡過溪水向北，在羅家埠留宿。

十九日　昧爽行。十里，復循西巖山之南而行。三里為值夏❶。西八里，踰孟堂坳，〔則贛江南來，為瀧洋❷入處。〕又二里，張家渡❸，乃趁小舟順流北下十里，有市在江左，曰永和❹。其北涯有道，可徑往青原❺，乃今張氏送者一人名其遠，張侯之近支。隨舟竟往白鷺，而余同張二巫及靜聞登北涯，隨山東北行，五里，入兩山之間。又一里，有溪轉峽而出，渡溪南轉，石山當戶，清澗抱壑，青原寺❻西向而峙。主僧本寂留飯于其寮❼，亦甚幽靜。蓋寺為七祖❽舊刹，而後淪於書院，本寂以立禪❾恢復，盡遷諸書院於山外，而中構傑閣，猶未畢工也。寺後為七祖塔，前有黃荊樹，甚古，乃七祖誓而為記者。初入山，不過東西兩山之夾耳；至北塢轉入而南，亦但覺水石清異，澗壑瀠迴；及登塔院，下瞰寺基，更覺中洋❿開整，四山湊合。其塢內外兩重，內塢寬而密，外塢曲而長，外以移書院，內以供佛宇，若天造地設者。余以為從來已久，而本寂一晤，輒言其興復之由，始自丙寅、丁卯⓫之間。蓋是寺久為書院，而南皋、青螺⓬二老欲兩存之，迎本寂主其事。本寂力言禪刹與書院必不兩立，持說甚堅，始得遷書院于外，而寺田之復，遂如破竹矣。寺前有溪，由寺東南深壑中來，至寺前匯于翠屏⓭之下。〔翠屏為水所蝕，山骨嶙峋，層疊聳出，老樹懸綴其上，下映清流，景色萬狀。〕寺左循流而上，山夾甚峻，而塢曲甚長，曲折而入十里，抵黃鮎嶺。塢中之田，皆寺僧所耕而有者。入口為寺之龍虎兩砂，迴鎖隘甚，但知有寺，不復知寺後復有此塢也。余自翠屏下，循流攀澗，宛轉其間，進進不已，覺水舂菜圃，種種不復人間。久之，日漸西，乃登山踰嶺，仍由五笑亭⑭入寺。別立禪即本寂出山，渡溪橋，循外重案山之南，五里，越而西，遂西北行十里，渡贛江，已暮煙橫渚，不辨江城燈火矣。又三里，同二張宿于白鷺洲。

【章旨】本章記載了第六十二天在吉安府的行跡。沿著西巖山向前，經過值夏、永和，進入青原山，來到青原寺。這寺為禪宗七祖的舊剎，後變作書院，本寂長老恢復寺院，將書院都遷到外塢。寺前翠屏峰景色千姿萬態。山中景物，非人世所有。出山渡過贛江，回到白鷺洲過夜。

【注釋】❶值夏　在吉安東南，瀧江南岸。❷瀧洋　即瀧江，南方一些地區稱江為洋。❸張家渡　在吉水西南隅，瀧江匯入贛江處。❹永和　在吉安東南，贛江西岸，為商民輻輳處。❺青原　山名，在吉安東南三十里，山勢盤紆。旁有一徑，縈洄而入。山上名勝古蹟甚多，以大廟淨居寺最為壯觀。山色秀麗，自古為旅遊勝地。❻青原寺　初名安隱寺，位於青原山麓，禪宗青原一系開創者行思（禪宗七祖）在此開道場，名揚一時。顏真卿、蘇軾、李綱、文天祥等都曾到此遊覽。寺廟周圍有七祖塔、飛來塔等名勝，景色秀麗，古稱「山川江南第一景」。元末毀，明初重建。❼寮　僧人居住的屋子。❽七祖　唐代禪宗僧人行思，俗姓劉，廬陵（今吉安）人。出家受戒後，去韶州（今廣東韶關）曹溪參拜慧能，列為上首。後居青原山淨居寺弘揚禪法，開青原一系。青原系後分曹洞、雲門、法眼三派，尊行思為禪宗七祖。❾立禪　立僧，又稱首全，即居一座之首位而為眾僧表儀者。通常專用於禪宗。❿洋　平洋。即平地。⓫丙寅丁卯　即天啟六年（一六二六）、七年（一六二七）。⓬青螺　郭子章，字相奎，號青螺，自號蠙衣生，泰和人。以平貴州楊應龍之亂，進太子太保、兵部尚書。於書無所不讀，著作甚富。⓭翠屏　峰名，在青原山，與駝峰合抱，號稱「雙象」，和獅山相對。⓮五笑亭　在青原山淨居寺左，宋通判徐俯始建。

【語譯】十九日　拂曉出發，走了十里，再沿著西巖山的南面走。過了三里到值夏。往西走八里，翻過孟堂坳，贛江從南流來，為瀧洋的入口處。又走了二里，到張家渡，於是乘小船順流往北行駛十里，江的左岸有集市，名永和。北岸有路，可直接前往青原，於是吩咐張氏一個相送的人名其遠，是張侯比較近的後裔。隨船去白鷺洲，我同張二巫以及靜聞登上北岸，隨山向東北走，過了五里，進入兩座山的中間。又走了一里，有溪水繞過峽谷流出，渡過溪水往南轉，只見石山正當大門，清澈的澗水環抱著山谷，青原寺向西峙立。寺院的長老本寂留我在他的屋內吃飯，環境也很幽靜。這寺是禪宗七祖原先居住的地方，後來淪落為書院，本寂作為立禪，恢復舊寺，將各書院全部遷到山外，在這裡建造高大的樓閣，還沒有完工。寺院的後面為七祖塔，前面有黃荊樹，很古老，是刻著七祖誓言的那一棵樹。剛進入山中，不過夾在東西兩山之間罷了；到了北面的山塢，轉入後向南，也只覺水清石奇，澗壑瀠繞；到登上塔院，俯視寺院底部，更加感到中間地面開闊平整，四面群山聚合。山塢分內外兩重，內塢寬闊而又密集，外塢曲折而又綿長，書院遷入外塢，內塢供奉佛寺，就像天造地設一般。我以為很久以來一直是這樣安排的，而本寂一見面就談起他興復寺院的經過，是從丙寅、丁卯年間開始的。這寺作為書院已很長時間，南皐、青螺兩老想兩面都保留，將本寂迎來主持其事。本寂極力陳述禪寺和書院必不兩立，並堅持這種主張，才將書院遷到外面，這樣一來，恢復寺院田地，便很快解決了。寺前有條溪水，從東南的深谷中流來，到寺前在翠屏峰下和其他水匯合。翠屏峰在水的侵蝕下，山石峻峭，層疊聳起，上面懸掛著老樹，倒映在清澈的流水中，景色千姿百態。從寺院的左側沿著溪流向上，兩山相夾，十分險峻，而山塢彎曲漫長，曲曲折折往裡面走了十里，到黃鮎嶺。山塢中的田地，都歸寺中的僧人耕種所有。入口處為寺院的龍砂和虎砂，環繞封閉，十分狹隘，只知道有寺，卻不知寺後還有這樣一個山塢。我從翠屏峰往下，順著溪流，靠著山澗，在裡面曲折行走，不斷向前，只覺水舂菜園，樣樣和人世間不同。過了好久，太陽漸漸西下，於是登山越嶺，仍從五笑亭進入寺院。告別立禪即本寂出山，過了溪橋，沿著外面一重作為分界的山的南面，走了五里，翻過山向西，便往西北走十里，渡過贛江，傍晚的煙霧已經籠罩水中的小洲，分不清江城的燈火了。又走了三里，和二張在白鷺洲過夜。

二十日　同張二巫、靜聞過城西北，二里，入白燕山。山本小壠，乃天華❶之餘支，寺僧建豎❷，適有白燕來翔，故以為名。還由西門入，至北門，過黃御史園，門扃不入。黃名憲卿❸，魏璫❹事廢。又北入田中丞❺園。田名仰。園外舊坊巍然，即文襄周公❻之所居也。魯靈光❼尚復見此，令人有山斗❽之想。日暮寒煙，憑弔久之。乃出昌富門，入白鷺宿。

二十一日　張氏子有書辦❾于郡上房❿者曰啟文，沽酒邀酌。遂與二巫、靜聞由西城外南過鐵佛橋，八里，南登神岡山頂。其山在吉安城南十五里，安福⓫、永新⓬之江所由入大江⓭處。山之南舊有劉府君廟⓮，劉名竺，陳、梁時以曲江侯為吉安郡守，保良疾奸，綽有神政，沒而為神，故尊其廟曰神岡，宋封為利惠王。下臨安、永小江。遂由廟左轉神岡東麓，北隨贛江，十五里，至吉安南城之螺川驛。又三里，暮入白鷺。

白鷺洲首自南關之西，尾徑東關，橫亙江中，首伏而尾高。書院創於高處，前鑄大鐵犀以壓水⓯，連建三坊，一曰名臣，二曰忠節，三曰理學。坊內兩旁排列號館，為諸生肄業之所，九縣與郡學共十所，每所樓六楹。其內由橋門⓰而進，正堂曰正學堂，中樓曰明德堂，後閣三層，下列諸賢神位，中曰「天開紫氣⓱」，上曰「雲章⓲」。閣樓迴環，而閣傑聳，較之白鹿⓳，迥然大觀也。是院創於宋，至世廟⑳時，郡守汪□受始擴而大之；熹廟㉑時，為魏璫所毀，惟樓閣未盡撤；至崇禎初，郡守林一□仍鼎㉒復舊觀焉。

二十三日 在復生署中自宴。

二十四日 復生壻吳基美設宴。基美即余甥。

二十五日 張侯後裔以二像㉓入署。上午別復生，以輿送入永新舟，即往覓靜聞，已往大覺寺㉔。及至，已暮，遂泊螺川驛前。

【章 旨】本章記載了第六十三天至第六十七天在吉安府的行跡。遊覽了白燕山，返回吉安城，經過黃憲卿園、田仰園和周忱的故居。還登上神岡山頂，附近有劉府君廟。白鷺書院在白鷺洲的高處，前面有三座牌坊，裡面有十所學校，規模甚大。最後一天告別吉安的朋友，乘船到螺川驛前停泊。

【注 釋】❶天華 山名，原名鳳山。在吉安城西六里，相傳傅巖尊者說法西華，感天雨華（降落鮮花），以此改為今名。❷建豎 建樹；創建。❸黃名憲卿 字弘度，武進（今屬江蘇）人。嚴嵩當政，有人勸他前往拜謁，不聽。嚴嵩被黜後，升江西按察副使。後乞歸。❹魏璫 魏忠賢，明代宦官。熹宗時被任為司禮秉筆太監，又兼掌東廠，自稱九千歲，專斷朝政，大殺東林黨人。思宗即位後，黜職，懼罪自縊。璫，原為漢代武官的冠飾，因東漢宦官侍中、中常侍的帽上有黃金璫的裝飾，故用作宦官的代稱。❺田中丞 田仰。南明時侯方域曾作〈答田中丞書〉，田中丞即田仰，為魏忠賢黨羽，馬士英親戚，其人猥瑣不足道，不知與徐霞客所記的田仰，是否同一人。❻文襄周公 周忱，字恂如，吉水人。宣德年間巡撫江南。在江南二十餘年，政績卓著，諡文襄。❼魯靈光 宮殿名，漢景帝子魯恭王所建。東漢王延壽〈魯靈光殿賦序〉：「自西京未央、建章之殿，皆見隳壞，而靈光巋然獨存。」後因稱碩果僅存的人或事物為魯靈光。❽山斗 泰山、北斗的省稱，猶言泰斗。比喻為眾所敬仰的人。❾書辦 各級官府管案牘文書者的省稱。❿上房 正房。⓫安福 安福江，即瀘水。源出江西安福、萍鄉二縣交界的瀘瀟山，東流經安福，入吉安注於贛江。⑫永新　永新江，即禾水。源出江西永新的禾山，東流經永新，入吉安注入贛江。⑬大江　指贛江。⑭劉府君廟　即惠佑廟，在神岡山上。⑮鑄大鐵犀以壓水　壓即厭，厭勝，也作「猒勝」，古代迷信謂能以詛咒制勝。傳說戰國時蜀郡守李冰治都江堰，化作牛形，入水戮蛟。故後世常鑄鐵犀牛壓勝，以求制服水災。⑯橋門　古代辟雍（周王朝為貴族子弟所設的大學）四門，周圍環水，以橋相通，故稱橋門。⑰紫氣　祥瑞的光氣，多附會為聖賢、帝王或寶物出現的先兆。⑱雲章　《詩・大雅・棫樸》：「倬彼雲漢，為章于天。」鄭《箋》：「雲漢之在天，其為文章，譬猶天子為法度於天下。」⑲白鹿　白鹿洞書院。白鹿洞，在五老峰南山谷中。唐貞元年間，洛陽人李渤隱居廬山，養白鹿自娛，人稱白鹿先生。因這裡四山迴合，頗似天然洞穴，故稱白鹿洞。宋初擴為書院，與睢陽、石鼓、嶽麓稱四大書院。著名學者朱熹、陸九淵、王守仁等都曾在此講學。有唐吳道子所繪孔子像等文物碑刻。⑳世廟　指明世宗（嘉靖帝）朱厚熜。古代帝王死後，在太廟立室奉祀，並追尊以某祖某宗的名號，稱廟號。朱厚熜的廟號為「世」。㉑熹廟　指明熹宗（天啟帝）朱由校，死後廟號為「熹」。㉒鼎　《易》卦名，巽下離上䷱。去故取新之象。《易・雜卦》：「革，去故也。鼎，取新也。」㉓二像　指張宗璉、張峻像。㉔大覺寺　在吉安東門外，舊稱覺極寺，宋時敕建。

【語　譯】二十日　同張二巫、靜聞經過城的西北，走了二里，進入白燕山。這山本是一個小丘，為天華山末端的支脈，僧人在建立寺院時，剛巧有白燕飛來，於是用作山名。返回時從西門進去，到北門，經過黃御史的園子，門鎖著，沒能進去。黃名憲卿，因牽連魏璫事而去職。又向北走進田中丞的園子。田名仰。園外原來的牌坊仍巍然峙立之處，即文襄周公的故居。還能見到這樣難得的遺址，真令人產生仰望泰山北斗的想法。天色已晚，寒煙四起，在這裡久久憑弔。隨後走出昌富門，進入白鷺書院過夜。

二十一日　張氏有個在府中正房管文書的晚輩名啟文，買了酒請我一起喝。於是和二巫、靜聞從西城外向南通過鐵佛橋，走了八里，再往南登上神岡山頂。這山在吉安城南十五里，是安福、永新的江水匯入大江的地方。山的南面過去有劉府君廟，劉名竺，南朝陳、梁時以曲江侯為吉安郡守，保護賢良，痛恨奸邪，很有神奇的政績，死後為神，故尊他的廟名神岡，宋代封為利惠王。下面對著安福、永新這兩條小江。於是從廟的左邊轉到神岡山的東麓，向北隨著贛江走了十五里，到吉安南城的螺川驛。再走三里，傍晚進入白鷺書院。

白鷺洲頭部出自南關的西面，尾部直通東關，橫貫贛江之中，頭部低下，尾部高起。書院建在高處，前面鑄造大鐵犀，用以壓水，並接連建了三座牌坊，一名「名臣」，二名「忠節」，三名「理學」。坊內兩旁排列著號館，為秀才修習學業的地方，九所縣學，一所郡學，共十所，每所有六間屋子。從橋門走進裡面，正堂名正學堂，中樓名明德堂，後閣有三層，下面排列著眾鄉賢的牌位，中層匾額寫著「天開紫氣」四字，上層寫著「雲章」二字。樓閣環繞，而閣尤其高聳，比起白鹿洞書院全然不同，規模、氣派都要大得多。這書院創建於宋代，到世宗時，郡守汪□受開始擴建；熹宗時，被魏璫毀壞，惟有樓閣沒全拆除；到崇禎初年，郡守林一□又大力恢復成原來的模樣。

二十三日　在復生的官署中獨自吃喝。

二十四日　復生的女婿吳基美設宴款待。基美便是我的外甥。

二十五日　張侯的後人將兩幅像帶進官署。上午告別復生，他用轎將我們送到去永新的船，立即去尋找靜聞，已前往大覺寺。等他回來，已是傍晚，於是在螺川驛的前面停泊。

二十六日　舟人市菜，晨餐始行。十里，至神岡山下，乃西入小江，風色頗順。又西二十五里，三江口❶。一江自西北來者，為安福江；一江自西南來者，為永新江。舟溯永新江西南行，至是始有灘。又十五里，泊于橫江渡。是日行五十里。

二十七日　昧爽發舟。二十里，廖仙巖。有石崖瞰江，南面已為泰和❷界，其北俱廬陵❸境也。自是舟時轉北向行，蓋山溪雖自西來，而屈曲南北也。十里，永陽❹，盧陵大市❺也，在江之北。又十五里，北過狼湖，乃山塢村居，非湖也。居民尹姓，有舡百艘，俱捕魚湖襄❻間為業。又十五里，泊于止陽渡❼，有村在江之北岸。是日行六十里，兩日共行百里，永新之中也。先是，復生以山谿多曲，欲以二騎、二擔夫送至茶陵❽界。余自入署，見天輒釀雪，意欲從舟，復生乃索舟併以二夫為操舟助。至是朔風勁甚，二夫縴荷屢從水中，余甚憫其寒，輒犒以酒資。下午，濃雲漸開，日色亦朗，風之力也。

二十八日　昧爽，縴而行，寒甚。二十里，敖城❾，始轉而南。掛篷五里，上黃壩灘，復北折，遂入兩山峽間。五里，枕頭石。轉而西，仍掛帆行，三里，上黃牛灘，十八灘從此始矣。灘之上為紛絲潭❿，潭水深碧，兩崖突束如門，至此始有夾峙之崖、激湍之石。又七里，上三灘，為周原山，中洋壑少開，村落倚之，皆以負薪為業者也。又五里為畫角灘，十八灘⓫中之最長者。又五里為坪上，則盧陵、永新之界也。兩縣分界在坪上之東，舟泊於坪上之西。

【章　旨】本章記載了第六十八天至第七十天在吉安府的行跡。船經過神岡山、三江口，駛入永新江，逆流上行，到橫江渡停泊。又經過廖仙巖、永陽、狼湖，在止陽渡停泊。北風勁吹，兩個船夫不顧嚴寒在水中拉縴行船。再經過敖城、枕頭石、紛絲潭、周原山，先後駛入十八灘中的黃壩灘、黃牛灘、畫角灘，到盧陵、永新的分界坪上停泊。

【注 釋】❶三江口 與下橫江渡都在吉安西南，禾水東岸。❷泰和 明代為縣，隸吉安府，今屬江西。❸盧陵 明代為縣，吉安府附郭縣，即今吉安。❹永陽 在吉安西南，禾水北岸。❺市 城鎮。❻湖襄 洞庭湖（在今湖南）、襄陽（今屬湖北），即今湖北、湖南地區。❼止陽渡 今名指陽，在吉安西南，禾水南岸。❽茶陵 明代為州，隸長沙府，今屬湖南。❾敖城 在吉安西南，禾水北岸。❿紛絲潭 即分絲潭，在永新境內，深不可測，有人用絲繫石投入潭中測之，至絲滿分乃止。⓫十八灘 禾水在永新境內，有大木黃灘、小木黃灘、魚矢灘、畫角灘四灘，橫連三十餘里，其間頑石錯出，地勢險危。自此東下，和盧陵諸險瀧，號十八灘。清賀貽孫〈重經十八灘〉詩：「瞞天翠嶂指搖櫓，十八灘頭如撾鼓。山長不斷千尋煙，浪吼欲翻百丈雨。」

【語 譯】二十六日 船夫買了菜，早晨吃了飯出發。走了十里，到神岡山下，於是向西駛入小江，一帆風順。又往西走了二十五里，到三江口。一條江水從西北流來，為安福江；一條江水從西南流來，為永新江。船在永新江中向西南逆流而行，到這裡才有河灘。又走了十五里，在橫江渡停泊。這天走了五十里。

二十七日 拂曉開船。走了二十里，到廖仙巖。有石崖倒映江面，南面已是泰和地界，北面都在盧陵境內。從此船常轉向北行駛，這是因為山間的溪水雖然從西面流來，但常在南北向曲折向前。走了十里，到永陽，這是盧陵的大鎮，在江水北岸。又走了十五里，向北經過狼湖，是山塢中的村莊，並不是湖。居民姓尹，有上百條船，都在湖南、湖北一帶捕魚為業。再走十五里，在止陽渡停泊，江的北岸有村莊。這天行駛六十里，兩天共行駛一百里，已到永新的中部。先前，復生因為山間的溪流過於曲折，想用二匹馬、二個挑夫將我送到茶陵地界。我從進入官署後，見天色動輒釀雪，想坐船走，復生於是找了船，外加兩個船夫幫助撐船。到這裡北風勁吹，兩個船夫多次在水中拉著縴走，我很憐惜他們寒冷，便賞給他們酒錢。下午，烏雲漸漸散開，天色也明朗起來，這全靠風的作用。

二十八日 拂曉，拉著縴行船，天氣十分寒冷。走了二十里，到敖城，才開始往南轉。掛帆行駛五里，船駛入黃壩灘，又往北轉，便進入兩山間的峽谷中。行駛五里，到枕頭石。轉而往西，仍掛帆行駛，過了三里，進入黃牛灘，十八灘就從這裡開始了。灘的上面為紛絲潭，潭水深綠，兩旁山崖突起，像門那樣夾緊，到這裡才有夾峙江岸的山崖、湍流激盪的巖石。又走了七里，連上兩個灘，到周原山，山中稍稍開出一片谷地，村莊就座落在上面。居民都以賣柴為業。再走五里到畫角灘，是十八灘中最長的一個。再走五里到坪上，是廬陵、永新兩地的分界。兩縣的分界在坪上的東面，船在坪上的西面停泊。

二十九日　昧爽行。二十里，橋面上舊有橋跨溪南北，今已圮，惟亂石堆截溪流。又五里，為還古❶。望溪南大山橫亙，下有二小峰拔地兀立，心覺其奇，問之舟人，曰：「高山名義山❷，土人所謂上天梁也，雖大而無奇；小峰曰梅田洞❸，洞❹即在山之麓。」余夙慕梅田之勝，亟索飯登涯，令奴❺隨舟候于永新❻，余同靜聞由還古南行。五里，至梅田山下，則峰皆叢石聳疊，〔無纖土蒙翳其間，真亭亭出水蓮也。〕山麓有龍姓者居之。東向者三洞，北向者一洞，惟東北一角，山石完好，而東南洞盡處，與西北諸面，俱為燒灰❼者鐵削火淬，玲瓏之質，十去其七矣。

東向第一洞在穹崖下，洞左一突石障其側。由洞門入，穹然而高十數丈。後洞頂忽盤空而起，四圍俱削壁下垂，如懸帛萬丈，牽綃迴幄，從天而下者。其上復嘘竇嵌空❽，結蜃成閣，中有一竅，直透山頂，天光直落洞底，日影斜射上層，仰而望之，若有仙靈游戲其上者，恨無十丈梯，凌空置身其間也。由此北入，左右俱有旋螺之室、透瓣之門，伏獸垂幢，不可枚舉。而正洞垂門五重，第三重有柱中擎，剖門為二：正門在左，直透洞光；旁門在右，暗中由別竇入，至第四門之內而合。再入至第五門，約已半里，而洞門穹直，光猶遙射。至此路忽轉左，再入一門，黑暗一無所睹，但覺空洞之聲，比明處更宏遠耳。欲出索炬再入，既還步，所睹比入時更顯，垂乳列柱，種種滿前，應接不暇，不自覺其足之不前也。

洞之南不十步，又得一洞，亦直北而入，最後亦轉而左，即昏黑不可辨。較之第一洞，正具體而微，然洞中瑰異宏麗之狀，十不及一二也。既出，見洞之右壁，一隙岈然若門，側身而入，其門高五、六尺，而闊僅尺五，上下二旁，方正如從繩挈矩⑨，而檻桔⑩之形，宛然斲削而成者。其內石色亦與外洞殊異，圓竇如月，側隙如圭，玲瓏曲折，止可蛇遊⑪猿倒而入。有風蓬蓬⑫然從圓竇出，而忽昏黑一無所見，乃蛇退而返。

出洞而南，不十步，再得第三洞，則穹然兩門，一東向，一南向，名合掌洞。中亦穹然明朗。初直北入，既而轉右，轉處有石柱潔白如削玉，上垂而為寶蓋，綃圍珠絡，形甚瑰異。從此東折，漸昏黑，兩旁壁亦漸狹，而其上甚高，亦以無火故，不能燭其上層，而下則狹者復漸低，不能容身而出。自是而南，凌空飛雲之石，俱受大斧烈焰之剝膚矣。

仍從山下轉而北，見其聳峭之勝，而四顧俱無徑路。仍過東北龍氏居，折而西，遇一人，引入後洞。是洞在山之北，甫入洞，亦有一洞竅上透山頂，其內直南入，亦高穹明敞。當洞之中，一石柱斜騫於內，作曲折之狀，曰石樹，其下有石棋盤，上有數圓子如未收者。俗謂「棋殘子未收」。後更有平突如牛心、如馬肺者，有下昂首而上、上垂乳而下者，欲接而又不接者。其內西轉，云可通前洞而出，以黑暗無燈，且無導者，姑出洞外。

時連遊四洞，日已下舂，既不及覓炬再入，而洞外石片嶙峋，又覺空中浮動，益無暇俯幽抉閟矣。遂與靜聞由石瓣中攀崖躋隙而上，下瞰諸懸石，若削若綴，靜聞心動不能從，而山下居人亦群呼無路不可登，余猶宛轉峰頭，與靜聞各踞一石，出所攜胡餅⑬啖之，度已日暮，不及覓炊所也。既而下山，則山之西北隅，其焚削之慘，與東南無異矣。乃西過一澗，五里，入西山。循水口而入，又二里，登將軍坳；又二里，下至西嶺角。遂從大道西南行，五里，則大溪自南而來，繞永新城東北而去。有浮橋橫架其上，過橋即永新之東關矣。時余舟自還古轉而北去，乃折而南，迂曲甚多，且溯流逆上，尚不能至，乃入游城中，抵暮乃出，舟已泊浮橋下矣。

永新東二十里高山曰義山，橫亙而南，為泰和⑭、龍泉⑮界；西四十里高山曰禾山⑯，為茶陵州界；南嶺最高者曰嶺背，名七姬嶺⑰，去城五十里，乃通永寧⑱、龍泉道也。永新之溪，西自麻田⑲來，至城下，繞城之南，轉繞其東而北去。麻田去城二十里，一水自路江⑳東向來，一水自永寧北向來，〔合於麻田。〕

【章旨】本章記載了第七十一天在吉安府的行跡。經過還古，到梅田山下。山腳有三洞向東，一洞向北。東向第一洞洞內高大，由岩溶形成的石帷石幔，如萬丈帛布，從天而降，各種如獸似旗的鐘乳石，不可勝數，陽光透過山頂照進洞中，如有仙靈在上面遊戲，令人不願離開。第二個洞和第一洞相比，裡面大致相同，只是規模小一些，洞內玲瓏曲折，只有像蛇像猿那樣行動，才能進去。第三個洞裡面高大明亮，石鐘乳顏色潔白，形狀瑰麗奇異。第四個洞裡面有石樹、石棋盤等各種形狀的鐘乳石奇景。接連遊了四個洞後，天色已晚，於是下山經過將軍坳，進入永新城。永新東面有義山，西面有禾山，南嶺最高的是七姬嶺。從麻田流來的永新溪，在城下繞過。

【注釋】❶還古　在永新東，禾水南岸。❷義山　在永新東南二十里，峰巒相顧，如有長幼之序，故名。又名龍頭山。上有雙巽峰、文筆峰，下有聰明泉。❸梅田洞　指梅田山，在永新東南十五里，三峰秀拔，矗起平地，並立如筆架。❹洞　指寶仙聖洞，在梅田山下，曲徑通幽，深邃莫測，為天然石灰岩溶洞。洞內石鐘乳奇景，千姿百態，美不勝收。南面為玉虛洞，寬廣可容納上千人，巨石壁立十餘仞，上開天窗。右邊為合壁洞，洞門雙闢如合扇。為永新遊覽勝地，前人記詠甚多。❺奴本作「舟子」，據乾隆本改。❻永新　明代為縣，隸吉安府，今屬江西。❼灰　石灰。❽噓竇嵌空　洞穴開張，玲瓏精巧。❾從繩挈矩　繩，木工用的墨線。挈，通「絜」。量度。矩，劃直角或方形的曲尺。❿檻桔　檻，門檻。桔，桔柣，春秋鄭國城門名。這裡即指門。⓫蛇遊　即蛇行。伏地而行。⓬蓬蓬　風起的形狀。⓭胡餅　燒餅。因其製作之法出於胡地，故名。⓮泰和　明代為縣，隸吉安府，今屬江西。⓯龍泉　明代為縣，隸吉安府，即今江西遂川縣。⓰禾山　在永新城西北約六十里，山嶺平衺，曾產嘉禾，故名。有七十一峰及五老峰，與衡、潭相接。主峰為秋山，山頂有倚天湖，下有白石室瀑布、甘露寺等名勝。⓱七姬嶺　即七溪嶺，在永新城南約五十里，山勢高峻，為永新、永寧兩地的分界。⓲永寧　明代為縣，隸吉安府，治所在今江西井岡山縣寧岡東北的新城。⓳蔴田　在永新西南。⓴路江　在永新西境。

【語譯】二十九日　拂曉出發。走了二十里，前面橋面上原有橋橫跨溪水南北，現在已經毀圮，惟有亂石堆積，堵塞溪流。又走了五里，到還古。望見溪南大山橫亙，下面有兩個小峰拔地而起，心裡覺得很奇怪，向船夫打聽，答道：「高山名義山，即當地人所說的上天梁，雖然高大，但沒什麼稀奇；小峰名梅田洞，洞就在山腳。」我早就嚮往梅田的勝景，急忙要了飯吃上岸，吩咐奴僕隨船在永新等候，我同靜聞從還古往南走。過了五里，到梅田山下，只見峰上都聳起層層疊疊的石堆，上面沒有一點土覆蓋，真像出水的荷花那樣亭亭可愛。山腳有姓龍的人居住。三個洞向東，一個洞向北，惟有東北角山石完好，而東南洞的盡頭，和西北各處，都被燒石灰的人用鐵器捶擊，用火熏灼，玲瓏細膩的石質，已失去十分之七了。

向東第一個洞在高高的山崖之下，洞的左側被一塊突起的大石遮擋。從洞門進去，有十多丈高。往後洞頂忽然淩空盤升，四周都是陡直的石壁，如同垂掛著萬丈帛布，又像生綃牽連，帳幕環繞，從天而下。上面孔洞開張，精巧玲瓏，形成蜃樓般的幻景，中間有個空洞，直透山頂，陽光照到洞底，日影斜射上層，抬頭仰望，宛若仙靈在上面遊戲，只恨沒有十丈高的梯子，得以身入其境，淩空遨遊。從這裡往北進去，左右兩邊都有像螺紋那樣旋繞的石室、像花瓣那樣展開的門戶，至於形似俯伏的野獸、垂掛的旗幟那樣的洞石，更是不可勝數。正洞有五重下垂的門，第三重有石柱在中間頂著，將門分成兩部分：正門在左邊，光線從洞中直接透過；旁門在右邊，在暗中從別的洞進入，到第四重門內相合。再進去便到第五重門，大約已走了半里，但洞門既高又直，光線還能遠遠地照射進來。到這裡路忽然向左轉，再進入一重門，便漆黑一團，什麼也看不到，只覺得空曠中迴盪的聲音，比明處更加宏亮，傳得更遠。想出去拿了火把繼續往裡走，轉過身後，看到的景物比進入時更加明顯，鐘乳下垂，石柱排列，形形色色，滿目都是，令人應接不暇，不知不覺停下腳步不向前走了。

在洞的南面不到十步遠，又發現一個洞，也從正北進去，最後也向左轉，就一片昏黑看不清了。這洞和第一個洞比較，裡面大致相同，只是規模小一些，但洞中瑰麗奇異的景象，則不及第一個洞的十分之一二。走出洞，看到洞右邊的石壁，一道縫隙如門，裡面十分深遠，側著身子進去，門高五、六尺，寬僅一尺五寸，上下兩旁，都方方正正，像用墨線、曲尺量過一般。而門檻的形狀，又宛如人工砍削而成。裡面岩石的顏色也和外洞大不一樣，圓圓的孔洞如同月亮，傾側的缺口上尖下方像圭，玲瓏曲折，只有像蛇那樣伏在地上爬行、猿那樣倒掛身子攀援，方才能夠進去。有風蓬蓬然從圓洞中吹出，忽然一片昏黑，什麼也看不見了，於是又像蛇行那樣倒退出來。

出洞向南，不到十步，又發現第三個洞，有兩扇高大的門，一向東，一向南，名合掌洞。中間也高大明亮。起先從正北進去，隨即向右轉，轉折處有石柱，像經過磨削的玉石那樣潔白，頂部垂下，如同寶蓋，似有生綃圍繞，珠玉纏結，形狀瑰麗奇異。從這裡向東轉，漸漸黑暗起來，兩旁的石壁也漸漸狹隘起來，但上面很高，也由於沒有火把，不能照見上層，而下面狹隘的部分又漸漸低矮，無法容身，只得出來。從這裡往南，凌空而起、飛入雲中的山石，表面都遭到大斧的砍削、烈火的損害。

仍從山下向北轉，看到高聳陡削的美景，但朝四面望去，都無路可走。仍然經過東北龍氏的居地，向西轉，遇上一個人，將我帶到後洞。這洞在山的北坡，剛進洞，也有一個孔洞向上直透山頂，從裡面直往南走進，同樣高大明亮寬敞。洞的正中，一根石柱在裡面傾斜向上，呈現彎曲的形狀，名石樹，下面有石棋盤，上面有幾顆如同棋子的圓石，好像沒有收起。俗稱「棋殘子未收」。後面的石形還有橫向突起，如同牛心、馬肺的，有在下面昂首向上、在上面垂乳往下，將接卻又不接的。在裡面向西轉，據說可以通過前洞出去，因為黑暗沒燈，又沒嚮導，暫且出洞走到外面。

這時接連遊了四個洞，太陽已經下山，既來不及找火把再進去，而又看到洞外石片突兀，似乎在空中浮動，更沒心思鑽到幽深的洞中去尋找奧祕了。於是和靜聞從一片片岩石中攀登山崖，踏著缺口向上，俯視眾多懸空的石塊，既像砍削而成，又像點綴在上面，靜聞已經膽戰心驚，不能再跟著我走，而山下的居民，也一起呼喊，說上面沒路，無法攀登，我仍在峰頭來回走動，和靜聞各自蹲在一塊石上，拿出所帶的燒餅來吃，估計天色已晚，來不及找地方煮飯了。不久下山，見山的西北角，岩石被焚毀砍削的慘狀，和東南沒什麼不同。於是向西經過一條澗水，走了五里，進入西山。沿著水口進去，又走了二里，登上將軍坳；再走二里，往下到西嶺角。於是從大路往西南走，過了五里，大溪自南面流來，從永新城的東北繞過。有浮橋橫架在溪上，過橋便是永新的東關。這時我的船已從還古轉向北去，現在要掉頭向南，繞了不少彎路，加上逆流而上，一時還不能到達，便進城中遊玩，到傍晚出城，船已停泊在浮橋下面了。

永新城東二十里的高山，名義山，向南橫亙，為泰和、龍泉的分界；城西四十里的高山名禾山，為茶陵州的地界；南嶺最高處稱作嶺背，名七姬嶺，離城五十里，是通往永寧、龍泉的路。永新的溪水，從西面的麻田流來，到城下，繞過城南，再繞過城東向北流去。麻田離縣城二十里，一條溪水從路江向東流來，一條溪水從永寧向北流來，在麻田會合。

三十日　永新令閔及申以遏糴❶閉浮橋，且以封印謾許開關，而竟不至。上午，舟人代為覓轎不得，遂無志永寧，而謀逕趨路江。乃以二夫一舟人分擔行李，入東門，出南門，溯溪而西。七里，有小溪南自七姬嶺來入。又西三里，大溪自西南破壁而出，路自西北沿山而入。又三里，西上草墅嶺。三里，越嶺而下，為楓樹，復與大溪遇。路由楓樹西北越合口嶺，八里，至黃楊。溯溪而西，山徑始大開。又七里，李田❷。去路江尚二十里。日纔下午，以除夕恐居停不便，即早覓託宿處，而旅店俱不能容。予方傍徨路口，有儒服者過而問曰：「君豈南都❸人耶？余亦將南往❹留都❺，豈可使賢者露處於我土地！」揖其族人主□其家。余問其姓，曰：「劉。」且曰：「吾兄亦在南都，故吾欲往。」蓋指肩吾劉禮部❻也。名元震❼。始知劉為永新人，而茲其里閈❽云。余以行李前往，遂同赴其族劉懷素家。其居甚寬整，乃村居之隱者，而非旅肆也。問肩吾所居，相去尚五里，遂不及與前所遇者晤。是日止行三十五里，因市酒肉，犒所從三夫，而主人以村醪❾飲余，竟忘逆旅之苦，但徹夜不聞一炮爆竹聲，山鄉之寥寂，真另一天地也。晚看落日，北望高山甚近，問之即禾山也。

【章旨】本章記載了第七十二天在吉安府的行跡。因找不到轎，直奔路江。一路經過草墅嶺、合口嶺，到達李田，卻找不到住處。一個姓劉的讀書人見了，帶到他族人家寄宿。這天正是除夕，但山村卻十分清冷。

【注釋】❶遏糴　禁止購買穀米。❷李田　今名澧田，在永新西境。❸南都　南京。這裡泛指南京及其附近地區。❹南往　南京在江西北面，說南往有誤。❺留都　明初建都南京。明成祖奪位後，遷都北京，以南京為陪都，又稱留都。❻劉禮部　劉光震，字肩吾，永新人。幼以孝聞，善事繼母。在漳州教授任內，一變文風，黃道周稱作「今之胡安定」。為官多善政，有詩文集傳世。❼元震　當為「光震」之誤。神宗時有吏部侍郎劉元震，為河北任丘人，泰昌元年（一六二〇）卒，於此顯然不合。❽里閈　鄉里。閈，門巷。❾醪　濁酒。

【語譯】三十日　永新縣令閔及申為禁止人們進城購買穀物而關了浮橋，雖然答應開關，但又以年終停辦公事為理由沒有實現。上午，船夫代我去找轎，結果沒找到，便不想去永寧了，打算直奔路江。於是用兩個挑夫一個船夫分挑行李，進入東門，走出南門，沿著溪流向西上行。走了七里，有條小溪從南面七姬嶺流來匯入。又往西走了三里，大溪從西南衝破崖壁流出，路從西北沿著山進去。再走三里，往西登上草墅嶺。走了三里，翻過山嶺往下，到楓樹，又和大溪相遇。路從楓樹的西北翻過合口嶺，向前八里，到黃楊。沿著溪水向西上行，山路才大大寬闊起來。又走了七里，到李田。離開路江還有二十里。這時剛到下午，因為是除夕，怕留下不方便，便趁早尋找投宿的地方，但旅店都不能收容。我正在路口徘徊，有個讀書人經過這裡問道：「你不是南京人嗎？我也將前往留都，哪能讓賢者在我這裡露宿！」於是和他族人打招呼，借住那戶人家。我問他的姓，答道：「姓劉。」還說：「我的兄長也在南京，所以想去那裡。」原來是指禮部劉肩吾。名元震。這才知道劉是永新人，這裡是他的故鄉。我帶著行李前往，一起去他的族人劉懷素家。居室十分寬敞整潔，是在村中隱居的人家，並不是旅店。我問劉肩吾居住的地方，相隔還有五里，已沒時間和先前遇到的姓劉的讀書人見面了。這天走了三十五里，於是買了酒肉，慰勞跟隨我走的三個挑夫，而主人把鄉閈自己釀的濁酒拿來給我喝，居然忘掉在旅途的勞苦，只是整夜聽不到一聲爆竹響，山鄉的清冷，真另有一種景象。傍晚觀看落日，向北望見高山很近，一問，就是禾山。

丁丑❶正月初一日　曉起，晴麗殊甚。問其地西去路江二十里，北由禾山趨武功❷百二十里，遂令靜聞同三夫先以行李往路江，余同顧僕挈被直北入山。其山不甚高，而土色甚赤。升陟五里，越一小溪，又五里為山上劉家，北抵厚堂寺。越一小嶺，始見平疇，水田漠漠。乃隨流東北行，五里，西北轉，溯溪入山。此溪乃禾山東北之水，其流甚大。余自永城西行，未見有大水南向入溪者，當由山上劉家之東入永城下流者也。北過青堂嶺西下，復得平疇一塢，是為十二都。西溯溪入龍門坑，溪水從兩山峽中破石崖下搗，連泄三、四潭。最下一潭，深碧如黛，其上兩崖石皆飛突相向。入其內，復得平疇，是為禾山寺❸。寺南對禾山之五老峰，而寺所倚者，乃禾山北支復起之山也，有雙重石❹高峙寺後山上。蓋禾山乃寺西主山，而五老其南起之峰，最為聳拔。余撮其大概云：「雙童後倚，五老前揖。」二山即禾山、五老。夾塢中，有羅漢洞，聞不甚深。寺僧樂庵以積香❺出供，且留為羅漢、五老之游。余急於武功，恐明日窮日力不能至，請留為歸途探歷，遂別樂庵，北登十里坳。其嶺升陟共十里而遙，登嶺時西望寺後山巔，雙重❻駢立，峰若側耳耦語❼然。越嶺北下，山復成塢，水由東峽破山去，塢中居室鱗比，是名鐵徑❽。復從其北越一嶺而下，五里，再得平疇，是名嚴堂，其水南從嶺西下鐵徑者也。由嚴堂北五里，上雞公坳，又名雙頂。其嶺甚高，嶺南之水，南自鐵徑東去，嶺北之水，則自陳山從北溪出南鄉。雞公之北，即為安福❾界。下嶺五里，至陳山⑩，日已暮，得李翁及泉留宿焉。翁方七十，真深山高隱也！

【章旨】本章記載了第七十三天在吉安府的行跡。向北進入禾山，到厚堂寺，隨後翻過青堂嶺，進入龍門坑，來到禾山寺。寺南對五老峰，北靠雙童石，山坳有羅漢洞。接著經過十里坳、鐵徑、嚴堂、雞公坳，到達陳山，在李及泉老人處留宿。

【注釋】❶丁丑　崇禎十年（一六三七）。❷武功　山名，在安福西北邊沿地區，距城最近的山麓一百二十餘里，與萍鄉接界，周八百餘里，相傳晉時蜀人武氏夫婦來此修煉，因以武公名山，南朝陳霸先平侯景之亂，感山靈陰助，改名武功。山勢峻拔，主峰金頂（即白鶴峰），海拔一千九百十八公尺。山上寺廟甚多，並有煉丹池、棋盤石、佇雲洞等景觀多處。❸禾山寺　在永新西北四十里。即古大智院，為唐文德中西域僧人達奚駐錫處，宋時詔改甘露禪院。寺內原藏大宗賜物，有南唐所進佛牙舍利及摩羯提國所進釋迦如來真身舍利。❹雙重石　據下文當為「雙童石」之誤。❺積香　僧人備用的食物。❻雙重　當為「雙童」。❼耦語　相對私語。耦，通「偶」。❽鐵徑　今名鐵鏡，在永新西北。❾安福　明代為縣，隸吉安府，今屬江西。❿陳山　在安福西南一百三十里處，山勢高峻，四時蒼翠。所產紅心杉木，聞名遐邇。

【語譯】丁丑年正月初一　清晨起身，天氣晴朗，風和日麗。向人問路，知道這裡向西去路江有二十里，向北從禾山前往武功山有一百二十里，於是吩咐靜聞和三個挑夫先將行李送到路江，我同顧僕帶著被子直往北進入山中。這山不太高，土色很紅。上上下下走了五里，越過一條小溪，再走五里為山上劉家，往北抵達厚堂寺。翻過一個小嶺，才看到平坦的田地，一片廣漠而沉寂的水田。於是隨著水流往東北走，過了五里，轉向西北，沿著溪流上行，進入山中。這是禾山東北的溪水，流量很大。我從永城往西走，還沒看到過有大水向南流入溪中的，這應該是從山上劉家的東面流入永城下游的水。向北經過青堂嶺，再往西走下，又看到一處平坦的山塢，這就是十二都。往西沿著溪水上行，進入龍門坑，溪水從兩山間的峽谷中穿破石崖直往下衝，接連瀉成三、四個水潭。最下面的一個水潭，深綠如黛，上面兩座山崖，岩石都淩空突起，面面相對。走進裡面，又看到一處平坦的田地，這就是禾山寺所在地。寺南面對著禾山的五老峰，背靠的山，為禾山北支又聳起的山，有雙童石高高峙立在寺後的山上。原來禾山是寺院西面的主山，五老峰是在它南面挺起的山峰，最為高聳峻拔。我作了這樣的概括：「雙童後倚，五老前揖。」兩山即禾山、五老峰。相夾的坳地中，有羅漢洞，聽說不太深。寺中的僧人樂庵拿出飯食給我們吃，並留我們去羅漢洞、五老峰一遊。我急於去武功山，怕明天即使耗盡整天的時間和精力仍不能到達，便請他見諒，留作回來時探訪，於是告別樂庵，往北登上十里坳。攀登這山嶺共十里遠，登嶺時向西望見寺後的山頂，雙童石並立，山峰就像側耳傾聽、相對私語。翻過山嶺往北走下，又成一個山塢，水從東面的峽谷穿山流過，塢中房屋鱗次櫛比，地名鐵徑。又從它的北面翻過一座山嶺向下，走了五里，再看到一處平坦的田地，地名嚴堂，這裡的水從南面山嶺的西側流下鐵徑。從嚴堂向北走五里，登上雞公坳，又名雙頂。這嶺很高，嶺南的水，南面從鐵徑向東流去，嶺北的水，則自陳山從北溪流出南鄉。雞公坳的北面，便是安福地界。下山走了五里，到達陳山，天色已晚，遇到李及泉老人，留我們過夜。老人正好七十歲，真不愧為深山中的高隱之士！

初二日　晨餐後北向行。其南來之水，從東向破山去，又有北來之水，至此同入而東，路遂溯流北上。蓋陳山東西俱崇山夾峙，而南北開洋成塢，四面之山，俱搏空❶潰壑❷，上則虧蔽天日，下則奔墜峭削，非復人世所有矣。五里，宛轉至嶺上，轉而東，復循山北度嶺脊，名廟山坳，又名常衝嶺。其西有峰名喬家山，石勢嵯峨，頂有若屏列、若人立者，諸山之中，此其翹楚❸云。北下三里，有石崖兀突溪左，其上純石橫豎，作劈翅❹迴翔之狀，水從峰根墜空而下者數十丈。但路從右行，崖畔叢茅蒙茸，不能下窺，徒聞搗空振谷之響而已。下此始見山峽中田塍環壑，又二里，始得居民三四家，是曰盧子瀧。一溪自西南山峽中來，與南來常衡之溪合而北去。壟北一崗橫障溪前，若為當關。溪轉而西，環崗而北，遂西北去。路始捨澗，北過一崗，又五里，下至平疇，山始大開，成南北兩界，是曰臺上塘前。而盧子瀧之溪，復自西轉而東，〔遂成大溪，東由洋溪與平田之溪合。〕乃渡溪北行，三里，至妙山。復入山峽，〔三里，〕至泥坡嶺麓，得一夫肩行李。五里，北越嶺而下，又得平疇一壑，是曰十八都。又三里，有大溪亦自西而東，〔乃源從錢山洞北至此者，平田橋跨之。〕度平田橋北上相公嶺，從此迢遙直上，俱望翠微，循雲崖。五里，有路從東來，至十九都門家坊❺。日猶下午，恐前路崎嶇，姑留餘力而止宿焉。主人王姓，其母年九十矣。

【章　旨】本章記載了第七十四天在吉安府的行跡。陳山地勢險峻，人世罕見。曲曲折折登上常衡嶺，西面有喬家山，最為突出。下山經過盧子瀧、臺上塘前，到達妙山。接著又經過泥坡嶺、相公嶺，頭頂烈日，忍著乾渴，來到門家坊過夜。

【注　釋】❶搏空　形容山勢高峻。❷潰壑　形容峽谷幽深。❸翹楚　本指高出雜樹叢的荊樹，這裡作出眾解。❹膀翅　分開翅膀。即展翅。❺有路從東來二句　乾隆本作「又直上十里，盤陟嶺頭，日炙如釜，渴不得水。久之，聞路下淙淙聲，覓莽間一竇出泉，掬飲之。山坳得居落，為門家坊。坊西一峰甚峻，即相公嶺所望而欲登者，正東北與香爐峰對峙，為武功南案」。

【語譯】初二　早飯後往北走。那南來的溪水，向東從山中穿過，另外還有北來的溪水，到這裡一起向東流去，路便沿著溪流往北上行。陳山東西都有高山夾峙，南北則為開闊的平地形成山塢，四周的山峰都高聳入雲，下墜深谷，上面遮天蔽日，下面崩坍陡峭，如鬼斧神工，非人世所有。走了五里，曲曲折折登上山嶺，轉而向東，又沿著山往北越過嶺脊，地名廟山坳，又名常衡嶺。它的西面有座山峰，名喬家山，石勢高峻，山頂有像排列的屏障、站立的人那樣的岩石，在群山之中最為突出。往北走下三里，有石崖在溪水的左邊聳立突起，上面純是交錯堆積的石塊，狀若展翅迴翔，水從峰腳懸空落下幾十丈。但路從右邊走，崖旁茅草凌亂叢生，無法往下看，僅僅聽到鼓蕩長空、振動山谷的聲響而已。從這裡下去，才看到山峽中田地環繞溝壑，又走了二里，才有三、四家居民，地名盧子瀧。一條溪水從西南的山峽中流來，和從南面流來的常衡溪會合向北流去。田埂北面一座山岡，橫擋在溪水的前面，就像把守著關口。溪水向西轉，繞過山岡往北，便向西北流去。路開始離開澗水，向北經過一座山岡，又走了五里，往下走到平野，山勢才大大開闊起來，分成南北兩界，地名臺上塘前。而盧子瀧的溪水，又從西轉向東，便成了大溪，往東由洋溪和平田溪會合。於是渡過溪水往北走，過了三里，到妙山。又進入山峽，走了三里，到泥坡嶺腳，找到一個挑夫挑行李。向前五里，往北翻過山嶺下去，又看到山谷中一處平坦的田地，這就是十八都。再走三里，有條大溪也從西向東流，是從錢山洞北發源流到這裡的，平田橋跨在溪水之上。過了平田橋向北登上相公嶺，從此遠遠地直往上走，置身蒼翠的山林之中，沿著白雲繚繞的山崖向前。走了五里，有路從東面延伸過來，到十九都的門家坊。這時還是下午，怕前面路難走，還是留些力氣為好，便停下過夜。主人姓王，他的母親年已九十了。

初三日　晨餐後行，雲氣漸合，而四山無翳。三里，轉而西，復循山向北，始東見大溪自香爐峰麓來，是為湘吉灣。又下嶺一里，得三、四家。又登嶺一里，連過二脊，是為何家坊。有路從西塢下者，乃錢山之道，水遂西下而東，則香爐峰之大溪也；有路從北坳上者，乃九龍之道；而正道則溯大溪東從夾中行。二里，渡溪，循南崖行，又一里，茅庵一龕在溪北，是為三仙行宮，從此漸陟崇岡。三里，直造香爐峰。〔其崖坳時有細流懸掛，北下大溪去。仰見峰頭雲影漸朗，亟上躋，忽零雨飄揚。〕二里，至集雲巖，零雨沾衣，乃入集雲觀❶少憩焉。觀為葛仙翁❷棲真❸之所，道流以新歲方群嬉正殿上，殿止一楹，建猶未完也。其址高倚香爐，北向武功，前則大溪由東塢來，西向經湘吉灣而去，亦一玄都❹也。時雨少止，得一道流欲送至山頂，遂西至九龍❺，乃冒雨行半里，渡老水橋，〔復循武功南麓行，遂〕上牛心嶺。五里，過棋盤石❻，有庵在嶺上。雨漸大，道流還所畀送資，棄行囊去。蓋棋盤有路，直北而上五里，經石柱風洞，又五里，徑達山頂，此集雲〔登山〕大道也。由小徑循深壑而東，乃觀音崖❼之道。余欲兼收之，竟從山頂小徑趨九龍，而道流欲仍下集雲，從何家坊大路，故不合而去。余遂從小徑冒雨東行。從此山支悉從山頂隤壑而下，凸者為崗，凹者為峽，路循其腰，遇崗則躋而上，遇峽則俯而下。由棋盤經第二峽，有石高十餘丈豎峰側，殊覺娉婷。其內峽中突崖叢樹，望之甚異，而曲霏草塞，無可著足。又循路東過三峽，其崗下，由澗底橫度而南，直接香爐之東。於是澗中之水，遂分東西行，西即由集雲而出平田，東即由觀音崖而下江口，皆安福東北之溪也。於是又過兩峽。北望峽內，俱樹木蒙茸，石崖突兀，時見崖上白幌⑧如拖瀑布，怪無飛動之勢，細玩之，俱僵凍成冰也。然後知其地高寒，已異下方，余躞蹀⑨雨中不覺耳。

共五里，抵觀音崖，蓋第三崗過脊處正其中也。觀音崖者，一名白法菴，為白雲法師所建，而其徒隱之擴而大之，蓋在武功之東南隅。其地幽僻深窈，初為山牛野獸之窩，名牛善堂，白雲鼎建禪廬，有白鸚之異，故名白法佛殿。前有廣池一方，亦高山所難者。其前有尖峰為案，曰箕山，乃香爐之東又起一尖也。其地有庵而無崖，崖即前山峽中亙石，無定名也。庵前後竹樹甚盛，其前有大路直下江口，其後即登山頂之東路也。時余衣履沾透，亟換之，已不作行計。飯後雨忽止，遂別隱之，由庵東躋其後，直上二里，忽見西南雲氣濃勃奔馳而來，香爐、箕山倏忽被掩益厲，顧僕竭蹶⑩上躋。又一里，已達庵後絕頂，而濃霧瀰漫，下瞰白雲及過脊諸崗峽，纖毫石可影響⑪，幸霾而不雨。又二里，抵山頂茅庵中，有道者二人，止行囊於中。三石卷殿即在其上，咫尺不辨，道者引入叩禮，遂返宿茅庵。是夜風聲屢吼，以為已轉西北，可幸晴，及明而瀰漫如故。

〔武功山東西橫若屏列，正南為香爐峰。香爐西即門家坊尖峰，東即箕峰。三峰俱峭削，而香爐高懸獨聳，並列武功南，若欞門⑫然。其頂有路四達：由正南者，自風洞石柱下至棋盤、集雲，經相公嶺出平田、十八都為大道，余所從入山者也；由東南者，自觀音崖下至江口，達安福；由東北者，二里出雷打石，又一里即為萍鄉⑬界，下至山口達萍鄉；由西北者，自九龍抵攸縣⑭；由西南者，自九龍下錢山，抵茶陵州，為四境云。〕

【章　旨】本章記載了第七十五天在吉安府的行跡。經過湘吉灣、何家坊、三仙行宮，直上香爐峰，來到集雲巖，這裡也是一處神仙境地。隨後登上牛心嶺，經過棋盤石，冒雨走過五個峽谷，看到瀑布凍結成冰，才知道已在高寒之地。接著到幽僻深遠的觀音崖，箕山就在前面。雨停後登上頂峰，進三石卷殿叩拜，就在山頂的茅屋過夜。武功山的南面為香爐峰，和尖峰、箕峰並列。頂峰有路四通八達。

【注　釋】❶集雲觀　在武功山。三國吳赤烏年間建，題曰小桃源。元至元年間重修，更名集雲。❷葛仙翁　葛玄，字孝先，丹陽句容（今屬江蘇）人。三國吳方士，為葛洪從祖父，能用符，行諸奇術，道教尊為「葛仙公」。❸棲真　道教以性命之根本為真。棲真謂保其根本，養其元神。❹玄都　神仙所居之處。❺九龍　山名，距武功山頂峰十五里，萬山環繞，林木蓊鬱，傳說有劉篷頭結茅山中。❻棋盤石　相傳為黃衣白鶴的遺跡，平闊十餘丈，石旁有儲雲洞。❼觀音崖　即觀音巖，在武功山。上有白雲禪師梵剎。白雲禪師生平已不可考。❽幌　帷幔。❾躞蹀　同「蹀躞」。小步走路。❿竭蹶　力竭顛仆，形容走路艱難。⓫纖毫石可影響　石，疑為「無」之誤。⓬欞門　即欞星門。漢高祖命祀靈星（即天田星）。凡祭天，先祭靈星。宋仁宗時，築郊臺外垣，置靈星門。後移用於孔廟，以重天者尊孔。因門形如窗欞，於是改靈為欞。欞，窗或欄杆上雕有花紋的木格子。⓭萍鄉　明代為縣，隸袁州府，今屬江西。⓮攸縣　明代為縣，隸長沙府，今屬湖南。

【語 譯】初三 吃過早飯出發，雲氣漸漸聚攏，但四周的山峰沒被遮蔽。走了三里，向西轉，又沿著山往北，才看到有大溪從東邊香爐峰麓流來，這裡就是湘吉灣。又下嶺走了一里，看到三、四戶人家。再登上山嶺走了一里，接連經過兩道山脊，這裡便是何家坊。有路從西面的山塢中延伸過來，是去錢山的路，水便往西流去又轉而向東，即從香爐峰流來的大溪；有路從北面的山坳向上，是去九龍的路；而大路則沿著大溪上行，從東面兩山相夾處走。過了二里，渡過溪水，沿著南面的山崖，又走了一里，看到溪水的北岸有一間茅屋，這就是三仙行宮，從此漸漸登上高峻的山岡。走了三里，直到香爐峰。這山崖的坳地常有細流懸掛，往北流下大溪。抬頭看見峰頂雲影漸漸明朗，趕緊往上攀登，忽然飄起濛濛細雨。走了二里，到集雲巖，雨將衣服打濕了，於是走進集雲觀休息片刻。這觀是葛仙翁修身的地方，道士過新年，正聚集在正殿上作樂，正殿只有一間，還沒有造好。它所在的位置高高靠著香爐峰，北面朝著武功山，前面的大溪從東面的山塢中流來，向西經過湘吉灣流去，也是一處神仙的境地。這時雨暫停了下來，找到一個道士要他送我到山頂，便向西到達九龍山，於是冒雨走了半里，渡過老水橋，又沿著武功山的南麓走，便登上牛心嶺。走了五里，經過棋盤石，有庵在嶺上。雨漸漸大了起來，道士歸還所給的送行費，扔下行李走了。棋盤石有條路，往正北走上五里，經過石柱風洞，再走五里，便直達山頂，這是從集雲觀登山的大路。從小路沿著幽深的山谷向東，是去觀音崖的路。我想兩者兼而有之，決定從山頂的小路趕往九龍寺，而道士想下山回到集雲觀，從何家坊的大路走，因和我意見不合而離開。我於是從小路冒雨向東走。從此支脈的各座山峰，都從山頂往下崩坍，凸出的形成山岡，凹入的形成峽谷，路沿著山腰走，碰到山岡就往上爬，碰到峽谷就朝下走。從棋盤石經過第二道峽谷，有塊高達十多丈的大石豎立在峰旁，看了覺得分外美好。裡面的峽谷崖石突起，草木叢生，看上去十分奇特，但道路曲折，寒雨霏霏，荒草塞路，沒有可落腳的地方。又順著路向東經過第三道峽谷，在這山岡下從澗底橫向往南延伸，直接和香爐峰的東面相連。到這裡澗中的水，便分向東、西兩處流了，西面即從集雲觀流出平田，東面即從觀音崖流到江口，都是安福東北的溪水。從這裡又經過兩道峽谷。向北望見峽谷之內，樹木雜亂，石崖高聳，常看到崖上好像掛著白色的帷幔，如同瀑布，只是奇怪沒有飛動的氣勢，仔細觀賞，水都已凍結成冰了。方才知道這裡地勢高，天氣寒冷，和下面不同，因我在雨中趕路，沒有感覺到罷了。

共走了五里，到觀音崖，第三道山岡伸過山脊的地方正好在它的中間。觀音崖又名白法菴，是白雲法師建造的，他的徒弟隱之進行擴建，大致在武功山的東南角。這裡幽深僻遠，原先是山牛野獸的老窩，名牛善堂，白雲創建禪寺時，有白鸜鵒飛來的異兆，故名白法佛殿。前面有一方大池，在高山上也很難得。觀音崖前有尖峰作為分界，名箕山，是在香爐峰東面又聳起的一座尖峰。這裡有廟但沒有山崖，山崖就是在前面山峽中橫貫的石壁，沒有固定的名稱。庵的前後竹樹茂盛，前面有大路直通江口，後面便是從東面登上山頂的路。這時我的衣服鞋子都濕透了，急忙脫下換了，已不打算再走。飯後雨忽然停止，於是告別隱之，從庵的東邊登上它的後山，直往上走二里，忽然看見西南面烏雲滾滾，奔馳而來，香爐峰、箕山很快就被遮掩，而且雲越來越厚，顧僕精疲力竭，跌跌撞撞地向上攀登，又走了一里，已到庵後的頂峰，濃霧迷漫，俯視白雲所在處及伸過山脊的各座山岡峽谷，都絲毫不見蹤影，幸虧天陰但沒下雨。再走二里，到山頂的茅庵中，有兩個道士，便將行李放在裡面。三石卷殿就在上面，雖近在咫尺之間，也看不清楚，道士帶我們進去叩拜致禮，然後返回茅庵過夜。這夜多次聽到怒吼的風聲，以為已轉西北風，可望天晴，到天亮，卻照樣濃霧迷漫。

武功山東西橫貫，如同排列的屏障，正南為香爐峰。香爐峰的西面即門家坊尖峰，東面即箕峰。三峰都很陡峭，但香爐峰高出眾峰，獨聳雲天，並列在武功山南面，就像檽星門。峰頂的路四通八達：從正南走的，自風洞石柱，往下走到棋盤石、集雲觀，經過相公嶺，從平田、十八都走出，這是大路，我進山時所走的路；從東南走的，自觀音崖往下走到江口，到達安福；從東北走的，過了二里從雷打石走出，再走一里便是萍鄉地界，往下走到山口到達萍鄉；從西北走的，自九龍山抵達攸縣；從西南走的，自九龍山往下經過錢山，抵達茶陵州。這就是四周的境域。

初四日　聞夙霾未開，偃臥久之，晨餐後方起，霧影倏開倏合。因從正道下，欲覓風洞石柱。直下者三里，漸見兩旁山俱茅脊，無崖岫之奇，遠見香爐峰頂亦時出時沒，而半山猶濃霧如故。意風洞石柱尚在二三里下，恐一時難覓，且疑道流裝點之言，即覓得亦無奇，遂仍返山頂，再飯茅庵。

乃從山脊西行，初猶瀰漫，已而漸開。三里稍下，度一脊，忽霧影中望見中峰之北，轟崖斬柱，上刺層霄，下插九地❶，所謂千丈崖。百崖叢峙迴環，高下不一，凹凸掩映，隤北而下，如門如闕，如幢如樓，直墜壑底，皆密樹蒙茸，平鋪其下。然霧猶時〔時〕籠罩，及身至其側，霧復倏開，若先之籠，故為掩袖之避，而後之開，又巧為獻笑之迎者。蓋武功屏列，東、西、中共起三峰，而中峰最高，純石，南面猶突兀而已，北則極懸崖迴崿之奇。使不由此而由正道，即由此而霧不收，不幾謂武功無奇勝哉！共三里，過中嶺之西，連度二脊，其狹僅尺五。至是南北俱石崖，而北尤斬削無底，環突多奇，〔脊上雙崖重剖如門，下隤至重壑。〕由此通道而下，可盡北崖諸勝，而惜乎山高路絕，無能至者。又西復下而上，是為西峰，其山與東峰無異，不若中峰之石骨稜嶒❷矣。又五里，過野豬窪。西峰盡處，得石崖突出，下容四五人，曰二仙洞。聞其上尚有金雞洞，未之入也。

〔於是山分兩支，路行其中。〕又西稍下四里，至九龍寺。寺當武功之西垂，崇山至此，忽開塢成圍，中有平壑，水帶❸西出峽橋，墜崖而下，乃神廟❹時寧州禪師所開，與白雲之開觀音崖，東西並建寺。然觀音崖開爽下臨，九龍幽奧中敞，形勢固不若九龍之端密也；若以地勢論，九龍雖稍下於頂，其高反在觀音崖之上多矣。寺中僧分東西兩寮，昔年南昌王特進山至此，今其規模尚整。西寮僧留宿，余見霧已漸開，強別之出寺。西越溪口橋，溪從南下。復西越一嶺，又過一小溪，〔二溪合而南墜谷中。〕溪墜於東，路墜於西，俱垂南直下。五里，為紫竹林，僧寮倚危端修竹間，幽爽兼得，亦精藍❺之妙境也。從山上望此猶在重霧，漸下漸開，而破壁飛流，有倒峽懸崖端之勢。又十里而至盧臺，或從溪右，或從溪左，循度不一，靡不在轟雷倒雪中。但澗崖危聳，竹樹翳密，懸墜不能下窺，及至渡澗，又復平流處矣。出峽至盧臺，始有平疇一壑，亂流交湧畦間，行履沾濡。思先日過相公嶺，求滴水不得，此處地高於彼，而石山瀠繞，遂成沃澤。蓋武功之東垂，其山乃一脊排支分派，武功之西垂，其山乃眾峰聳石攢崖，土石之勢既殊，故燥潤之分亦異也。夾溪四五家，俱環堵❻離立，欲投託宿，各以新歲宴客辭。方徘徊路旁，有人一群從東村過西家，正所宴客也。中一少年，見余無宿處，親從各家為覓所棲，乃引至東村宴過者，唐姓家。得留止焉。是日行三十里。

【章　旨】本章記載了第七十六天在吉安府的行跡。沒去尋找風洞石柱，而是從山脊向西，途中望見高峻的千丈崖，這時濃霧籠罩，變化無常。武功山東、西、中三峰並起，中峰最為奇險。經過野豬窪、二仙洞，到達武功山西側的九龍寺，地勢在觀音崖之上。隨後經過秀麗的紫竹林、瀑布轟鳴奔瀉的澗谷，到達盧臺。因地質關係，這裡多水，和相公嶺截然不同。晚上在溪邊一戶人家住宿。

【注　釋】❶九地　地下最深處。❷稜嶒　同「崚嶒」。形容山勢高峻。❸帶　圍繞。❹神廟　明神宗（萬曆帝）朱翊鈞，死後廟號為「神」。❺精藍　即伽藍，為梵文「僧伽藍摩」的略稱，意譯為「眾園」。為佛教寺院的總稱。❻環堵　四圍土牆。

【語　譯】初四　聽到昨晚的陰霾還沒散開，躺了好長時間，吃過早飯方才起身，霧影忽開忽合。於是從大路往下走，想尋找風洞石柱。一直往下走了三里，漸漸看到兩旁的山脊都是茅草，沒有懸崖險峰的奇景，遠遠望見香爐峰頂也時隱時現，而半山腰照樣濃霧密布。心想風洞石柱還在二、三里外，怕一時難以找到，而且懷疑道士誇大其辭，即使找到也未必稀奇，便返回山頂，又在茅庵內吃飯。

於是從山脊向西走，起先依然濃霧瀰漫，過了一會漸漸開朗，稍稍往下走了三里路，越過一道山脊，忽然在霧影中望見中峰的北面，山崖矗立，石柱陡峻，向上刺破雲天，往下插入九泉，這就是人們所說的千丈崖。有上百座山崖聚立環繞，高低不一，或凹或凸，遮掩映照，北面的山崖往下崩坍，如門如闕，如幢如樓，直到深深的谷底，下面都平鋪著茂密雜亂的樹木。但仍然常常有雲霧籠罩，等走到它的旁邊，雲霧又忽然散開，好像先前的籠罩，如女子故意用衣袖遮臉迴避，而後面的散開，又巧妙地露出微笑來迎客。原來武功山像屏障那樣排列，東、西、中三面共聳起三座山峰，中峰最高，純為岩石，南面還只是高聳而已，北面則充分顯示出山崖陡峭險峻的奇特。如果不從這裡而是從大路走，即使從這裡走但霧不散，不是幾乎要說武功山沒有奇景了嗎！共走了三里，經過中嶺的西面，接連越過兩道只有一尺五寸寬的狹窄的山脊。到這裡南北都是石崖，北面尤其陡峻，深不見底，環轉突起，頗多奇觀，山脊上的兩座山崖，雙雙像門那樣分開，往下崩坍到深谷之中。從這裡的通道往下，可以盡覽北邊山崖的各種勝景，只可惜山高路絕，沒人能到那裡去。又往西走下再向上，便到西峰，這山峰和東峰沒什麼不同，不像中峰那樣山石高峻。再走五里，經過野豬窪。在西峰的盡頭，發現石崖突出，下面可容納四、五個人，名二仙洞。聽說上面還有金雞洞，沒有進去。

到這裡山分成兩支，路在中間通過。又往西稍許走下四里，到達九龍寺。寺面對著武功山的西陲，高山到了這裡，忽然開擴，圍成山塢，中間有平坦的谷地，水自西邊繞過，從峽谷的橋下流出，沿著山崖落下，這是神宗時寧州禪師開闢的，和白雲開闢觀音崖同時，在東西兩邊一起創建寺院。但觀音崖開闊明亮，居高臨下，九龍寺幽深隱蔽，裡面寬敞，就環境形勢而言，觀音崖固然不像九龍寺那樣嚴密；如果就地勢說，九龍寺雖然稍許在峰頂下面一些，但反比觀音崖要高得多。寺中的僧人分別居住在東、西兩邊的屋中，過去南昌王特地進山到這裡，如今房屋的結構還比較完整。西屋的僧人留我們住下，我見霧已漸漸散開，堅決告別他們離開寺院。往西走過溪口橋，溪水從南面流下。再往西翻過一座山嶺，又渡過一條小溪，兩條溪水會合後往南落到山谷之中。溪水在東面落下，路在西面走下，都往南垂直落下。走了五里。到紫竹林，僧人的屋子靠在激流修竹之中，幽靜明亮，兼而有之，也是佛寺中的一處妙境。從山上望見這裡還在重重雲霧之中，漸漸往下，漸漸散開。沖破石壁飛奔的激流，有倒轉峽谷、高懸山崖的湍急氣勢。再走十里，到盧臺，有時從溪水右岸，有時從溪水左岸，雖沿著不同的路走，但無不在如雷轟鳴、如雪紛飛的境地之中。只是澗邊山崖高聳，竹樹密蔽，懸空直下，無法探望，到渡越澗水，已經又流到平地了。走出峽谷到盧臺，才有一處平坦的谷地，紛亂的水流交錯湧出田間，鞋子都浸濕了。想起前幾天經過相公嶺，想找一滴水都得不到，這裡地勢比那裡高，但石山縈繞，便成為肥沃的澤地。這是因為武功山的東陲，是在一道山脊上分出各條支脈，而武功山的西陲，則是眾多山峰石崖高聳聚集在一起，土石的情況既然不同，因而也就出現了乾燥潤濕的差別。溪水兩岸有四、五戶人家，都是四圍土牆，相互並立，想去投宿，各家都以新年宴請客人推辭。正在路邊徘徊，有一群人從東村去西家，正是所宴請的人。中間有一個少年，看到我沒住宿的地方，親自到各家尋找住所，於是把我帶到東村已宴請過的那戶人家，姓唐。便留住下來。這天走了三十里路。

初五日　晨餐後霧猶翳山頂。乃東南越一嶺，五里，下至平疇，是為大陂。居民數家，自成一壑。一小溪自東北來，乃何家坊之流也。盧臺之溪自北來，又有沙盤頭之溪自西北來，同會而出陳錢口。〔兩山如門，路亦隨之。〕出口，即十八都平田，東向大洋❶也。大陂之水，自北而〔出〕陳錢，上陂之水，自西而至車江，二水合而東經錢山下平田者也。路由車江循西溪，五里，至上陂，復入山。已渡溪南復上門樓嶺，五里，越嶺，復與溪會。過平塢又二里，有一峰當溪之中，其南北各有一溪，瀠峰前而合，是為月溪上流。路從峰之南溪而入，其南有石蘭衝，頗突兀。又三里，登祝高嶺，嶺北之水下安福，嶺南之水下永新。又平行嶺上二里，下嶺東南行二里，過石洞北，乃西南登一小山，山石色潤而形巉。由石隙下瞰，一窟四環，有門當隙中，內有精藍，後有深洞，洞名石城❷，而門為僧閉，無可入，從石上俯而呼，久之，乃得入，因命僧炊飯。而余入洞，欲出為石門寺之行也，及出飯後，見洞甚奇，索炬不能，復與顧僕再入細搜之，出已暮矣❸。遂宿庵中。

石城洞初名石廊，南陂劉元卿開建精藍於洞口石窟中，改名書林，今又名石城，以洞外石崖四亙若城垣也。

【章　旨】本章記載了第七十七天在吉安府的行跡。經過大陂、平田、車江，翻過門樓嶺、祝高嶺，來到石城洞，一路溪水縱橫。石城洞中高和張公洞相仿，但要深廣得多，裡面石筍聳起，石柱矗立，十分壯觀。當晚就在洞旁的小庵中借宿。

【注　釋】❶東向大洋　「東」本作「西」，據乾隆本改。❷石城　洞名，在祝高嶺南，洋溪北岸。❸出已暮矣　乾隆本記石城洞之遊，云：「內為庵，後為石城洞。洞外石崖四亙，崖有隙東向，庵即倚之。庵北向，洞在其左，門東北向。循級而下，頗似陽羨張公洞門，而大過之。洞中高穹與張公並，而深廣倍之。其中一岡橫間，內外分兩重，外重有巨石分列門口如臺。當臺之中，兩石筍聳立而起。其左右列者，北崖有石柱矗立，大倍於筍而色甚古穆，從石底高擎，上屬洞頂，旁有隙，可環柱轉。柱根湧起處有石環捧，若植之盤中者。其旁有支洞。曲而北再進，又有一大柱，下若蓮花團疊成柱，上如寶幢擎蓋屬頂，傍亦有隙可循轉。柱之左另環一竅，支洞益穹，因索炬不得，遂止。」

【語　譯】初五　吃過早飯，濃霧依然遮掩著山頂。於是向東南翻過一座山嶺，走了五里，往下走到平地，這就是大陂。有幾戶居民，自成一個山谷。一條小溪從東北流來，是何家坊的水流。盧臺的溪水從北流來，另有沙盤頭的溪水從西北流來，會合後一起從陳錢口流出。兩旁山崖如同門戶，路也隨著向前。走出山口，便是十八都平田，向東面對寬廣的平野。大陂的溪水，從北面流出陳錢口，上陂的溪水，從西面流到車江，兩條水會合後向東經過錢山流下平田。路從車江沿著西溪走五里，到達上陂，又進入山中。隨後渡過溪水到南岸，再上門樓嶺，走了五里，翻過山嶺，又同溪水會合。經過平塢再走二里，有座山峰正座落在溪流之中，在它南北各有一條溪水，在山峰前迴繞會合，這就是月溪的上游。路從山峰的南溪進入，在它南面有石蘭衝，十分高峻。又走了三里，登上祝高嶺，嶺北的水流下安福，嶺南的水流下永新。又在嶺上平步走了二里，下嶺往東南走了二里，經過石洞的北面，往西南登上一座小山，山石色澤光潔，但形狀險峻。從石縫中往下看，一個洞穴四圍石崖環繞，有門正處在石縫之中，裡面有寺院，後面有深洞，洞名石城，門被僧人關閉，沒法進去。從石上往下呼叫，過了好久才得進去，於是吩咐僧人煮飯。我進入洞中，原想出洞後前往石門寺，到走出洞吃了飯，見這洞十分奇特，要不到火把，便和顧僕再進去仔細尋訪，出洞時已是傍晚了。於是在庵中留宿。

石城洞原名石廊，南陂劉元卿在洞口的石窟中闢地建造佛寺，改名書林，現在又名石城，這是因為洞外石崖四面相連如同城牆的緣故。

初六日　晨起，霧仍密翳。晨餐畢，別僧寶林出，而雨忽至，仍返庵中，坐久之，雨止乃行。由洞門南越一嶺，五里，〔其處西為西雲山，東為佛子嶺之西垂。〕望見東面一山，中剖若門，意路且南向，無由一近觀。又二里，至樹林，忽渡橋，路轉而東。又一里，正取道斷山間，乃即東向洋溪大道也。〔蓋自祝高嶺而南，山分東西二界，中開大洋，直南抵湯渡。其自斷山之東，山又分南北二界，中開大洋，東抵洋溪[1]，而武功南面與石門山之北，彼此相對，中又橫架祝高至兒坡一層，遂分南北二大洋。北洋西自上陂合陳錢口之水，由錢山平田會於洋溪；南洋西自斷山至路口，水始東下，合石門東麓盧子壠之水，由塘前而會於洋溪；二溪合流曰洋岔，始勝舟而入安福。」初望斷山甚逼削，及入之，平平無奇，是名錯了坳，其南即路口西下之水所出。由坳入即東南行，三里，為午口。南上嶺，山峽片石森立，色黑質峭❷如英石❸。又二里，一小峰尖圓特立，土人號為天子地。乃東踰一嶺，共五里，為銅坑，濃霧復霾，坑之上即路口南來初起之脊也。由此南向黑霧中五里，忽聞溪聲如沸，已循危崖峭壁上行，始覺轉入山峽中也。霧中下瞰，峭石屏立溪上，沉黑逼仄，然不能詳也。已而竹影當前，犬聲出戶，遂得石門寺。乃入而炊，問石門之奇，尚在山頂五里而遙。時霧霾甚，四顧一無所見，念未即開霽，余欲餐後即行。見籤板❹在案，因訣❺之大士❻，得七讖❼，其由❽云：「赦恩天下遍行周，敕旨源源出罪尤。好向此中求善果❾，莫將心境別謀求。」余曰：「大士知我且留我，晴必矣。」遂留寺中。已而雨大作，見一行衝泥而入寺者，衣履淋漓，蓋即路口之劉，以是日赴館於此，此庵乃其所護持開創者。初見余，甚落落❿，既而同向火，語次大合。師名劉仲玨，號二玉，弟名劉古心，字若孩。迨暮，二玉以榻讓余，余乃拉若孩同榻焉。若孩年甫冠⓫，且婚未半月，輒入山從師，亦可嘉也。

【章　旨】本章記載了第七十八天在吉安府的行跡。在祝高嶺以南、斷山東面，因山勢造成兩條大溪，會合後名洋岔水。從斷山中取道，進入錯了坳，經過天子地、銅坑，來到石門寺。因下雨，就留在寺中。

【注　釋】❶洋溪　在安福城西八十里，源出攸縣、永新交界處。❷峭　乾隆本作「秀」。❸英石　廣東英德所產的一種石頭。原產溪水中，有微青、微灰黑、淺綠、純白數種。形如峰巒聳拔，上有巖洞，以皺、瘦、透、秀四者皆備為佳。供裝點假山用。❹籤板　卜具。舊時寺廟中以竹片編號貯筒中，令人抽之以卜吉凶。❺訣　通「決」。裁決。❻大士　菩薩的通稱。❼讖　預言吉凶得失的文字、圖記。❽由　同「繇」，通「籀」。卦兆的占辭。❾善果　佛教主因果報應，謂種善因，報以善果；種惡因，報以惡果。❿落落　孤獨寡合。⓫冠　古代男子二十歲行成人禮，結髮戴冠（帽）。

【語　譯】初六　早晨起身，依然濃霧密布。吃罷早飯，告別僧人寶林離開，雨忽然下了起來，又返回庵中，坐了好久，雨停了才動身。從洞門向南翻過一座山嶺，走了五里，這裡西面為西雲山，東面為佛子嶺的西陲。望見東面一座山，中間像門那樣分開，心想路就要向南，不能走近觀賞了。又走了二里，到樹林，過了橋，路忽然向東轉。再走一里，正在斷山中取道，即往東去洋溪的大路。這是因為從祝高嶺往南，山分東西兩界，中間開出一大片平地，往南到湯渡。從斷山的東面，山又分南北兩界，中間也開出一大片平地，往東到洋溪。而武功山的南面和石門山的北面，彼此相對，中間又橫架著祝高嶺到兒坡這一層，便分成南北兩片大平地。北面一片的水自西面的上陂會合陳錢口的水，從錢山、平田流到洋溪會合；南面一片的水自西面的斷山流到路口，水才開始向東流去，和石門東麓盧子壠的溪水會合，從塘前到洋溪會合；兩條溪水合流後名洋岔，到這裡才能航船去安福。起先望見斷山十分陡峭，到進去之後，感到十分平常，毫不足奇，地名錯了坳，南面便是從路口往西流去的溪水的源頭。從錯了坳進入後便往東南走，過了三里，到午口。往南登上山嶺，山峽中片片岩石森然挺立，顏色灰黑，質地美好，如同英石。又走了二里，一座上尖下圓小山峰突起，當地人稱為天子地。於是向東翻過一座山嶺，共走了五里，到銅坑，濃霧又陰沉起來，坑的上面便是從路口往南最先聳起的山脊。從這裡向南在黑霧中走了五里，忽然聽到溪水的喧響，已沿著懸崖峭壁往上走了，這才感到轉入山峽之中。從霧中往下看，陡峭的山石像屏障那樣峙立在溪邊，昏黑狹窄，看不清楚。過了一會竹影出現在眼前，狗叫聲從門中傳出，便來到石門寺。於是進去煮飯，打聽石門的奇景，還在離這裡五里之遠的山頂。這時迷霧十分陰沉，四面望去，什麼也看不到，考慮到未必會馬上放晴，我想吃了飯就走。看到桌上有籤板，於是請菩薩決定，得到第七號籤，上面寫著：「在天下普遍施捨恩惠，不斷設法將人們從罪惡中解救出來。努力到這裡面求取善果，切莫費心思謀求其他東西。」我看了說：「菩薩理解我並且留我，天一定會放晴。」就留在寺中。隨後下起大雨，看到一行人滿身泥漿闖入寺中，衣服鞋子全都濕透，這就是家在路口姓劉的居民，這天趕來開學，這庵是他們扶助開創的。剛看到我，十分冷淡，隨即一起烤火，談得十分投機。老師名劉仲玨，號二玉，學生名劉古心，字若孩。到晚上，二玉將牀讓給我，我便拉若孩一起睡。若孩剛滿二十歲，結婚還不到半個月，便進山拜師，十分可嘉。

初七日　平明，聞言天色大霽者，余猶疑諸人故以此嘲余，及起果然。亟索飯，恐霧濕未晞❶，候日高乃行。僧青香攜火具，而劉二玉挈壺以行。迨下山，日色已過下午矣。予欲行，二玉曰：「從此南踰嶺，下白沙五里，又十五里而至梁上，始有就宿處。日色如此，萬萬不能及。」必欲拉余至其家。余從之，遂由舊路下，未及銅坑，即北向去，共十里而抵其家，正在路口廟背過脊之中。入門已昏黑，呼酒痛飲，更餘乃就寢。其父號舞雩，其兄弟四人。

初八日　二玉父子割牲設醴❷，必欲再留一日，俟其弟叔璿歸，時往錢山岳家。

以騎送余。余苦求別，迨午乃行。西南向石門北麓行，即向所入天子地處也。五里，有小流自銅坑北麓西北注山峽間，忽有亂石蜿蜒，得一石橫臥澗上，流淙淙透其下，匪直跨流之石，抑其石玲瓏若雲片偃臥，但流微梁伏，若園亭中物，巧而不鉅耳。過此，石錯立山頭，俱黝然其色，岈然其形，其地在天子地之旁，與向入山所經片峙之石，連峰共脈也。又五里，踰崗而得大澗，即銅坑下流，是為南村。有一峰兀立澗北，是為洞仙巖。踰澗南循西麓行，其西為竺高南下之大洋，南村之南即為永新界。又五里遂與大路合。又五里，一澗東自勞芳坳❸來，〔坳在禾山絕頂西，北與石門南來之峰連列者。〕渡之而南，即為梁上。復南五里，連踰東來二澗，過青塘墅。又二里，暮宿於西塘之王姓家。

【章　旨】本章記載了第七十九天、第八十天在吉安府的行跡。天空晴朗，走下山已過下午，天黑時到劉二玉家中。次日下午告辭，沿著石門北麓走，途中看到一石橫臥澗水之上，玲瓏精巧。接著經過洞仙巖、梁上，到西塘留宿。

【注　釋】❶晞　乾。❷醴　甜酒。❸勞芳坳　初九日記「勞」作「牢」。

【語　譯】初七　黎明，聽到有人說天色十分晴朗，我還懷疑人們用這話來取笑我，等到起身一看，果然如此。趕緊要了飯吃，怕霧氣潮濕，地上未乾，等太陽高掛天空才出發。僧人青香帶了取火的用具，而劉二玉提著水壺走。等到下山後，看天色已過下午了。我想趕路，二玉說：「從這裡往南翻過山嶺，往下去白沙有五里路，再走十五里到梁上，才有住宿的地方。這樣的天色，萬萬來不及。」一定要拉我到他家裡去。我聽從他的話，便從原路下去，還不到銅坑，就向北走，共十里路，到他的家，正在路口廟背伸過的山脊中間。進門已經昏黑，叫人拿來酒一起暢飲，直到一更過後方才入睡。他的父親號舞雩，兄弟四人。

初八　二玉父子殺了牲口，拿出甜酒，一定要留我再住一天，等他弟弟叔璿回來，這時去錢山岳丈家。用馬送我。我苦苦請求告辭，到下午才動身。往西南沿著石門的北麓走，即先前進入天子地的地方。走了五里，有一條小溪從銅坑北麓往西北流入山峽之中，忽然出現曲曲折折的亂石，有一塊石橫臥澗水之上，溪水從石下淙淙流過，這石塊不僅是跨過溪流而已，而且形狀玲瓏剔透，就像雲片仰面躺下，只是水流淺小，石橋低矮，如同亭園中的東西，精巧而不巨大。過了這裡，岩石雜亂地峙立在山頭，全都顏色青黑，形狀幽深，這裡位於天子地的旁邊，和原先入山時所經過的片片聳峙的山石，峰巒相連，屬同一條山脈。又走了五里，翻過山岡到一條大澗，即銅坑水的下游，地名南村。有一座山峰聳立在澗水的北岸，這就是洞仙巖。渡過澗水向南沿著西面的山腳走，在它西邊是從竺高往南延伸的大平地，南村的南面，便是永新地界。再走五里便和大路相合。再走五里，一條澗水從東面的勞芳坳流來，坳在禾山頂峰的西面，北面和從石門往南延伸的山峰相連。渡過澗水向南，便是梁上。再往南走五里，接連越過從東面流來的兩條澗水，經過青塘墅。再走二里，傍晚在西塘姓王的人家留宿。

初九日　晨餐後南行。西踰一北來之澗，〔即前東來之澗轉而南者。〕共六、七里，至湯家渡，始與大溪遇。〔此溪發源於祝高南，合南下所經諸澗，盤旋西山麓，至此東轉，始勝舟。〕渡溪南行，又五里，為橋上。〔其處有元陽觀、元陽洞，洞外列三門，內可深入，以不知竟去。〕前溪復自北而南。仍渡溪東，乃東向踰山，四里為太和。又四里，踰一嶺，已轉行高石坳之南矣。小嶺西為東閣坪，東為坑頭衝，由坑南下二里，則大溪西自中坊東來，路隨之，東入山峽。又二里為龍山，數家倚溪上。循溪東去，崖石飛突，如蹲獅奮虎，高瞰溪上，路出其下。灘石湧激，上危崖而飛沫，殊為壯觀。三里，山峽漸開，溪路出峽，南北廓然。又二里，溪轉而南，有大路踰崗而東者，由李田入邑之路也；隨溪南下者，路江❶道也。於是北望豁然無礙，見禾山高穹其北，與李田之望禾山無異也。始知牢芳嶺之東，又分一支，起為禾山；從牢芳排列南至高石坳者，禾山西環之支，非即一山也。〔禾山西南有溪南下，至此與龍山大溪合而南去，路亦隨之。〕五里，至龍田，溪轉東行，溪上居肆較多他處。渡溪，循溪南岸東向行，三里，溪環東北，路折東南。又三里，溪自北來，復與路遇，是為路江。先是與靜聞約，居停於賀東溪家，至路江問之，則前一里外所過者，是乃復抵賀，則初一日靜聞先至路江，遂止於劉心川處，於是復轉路江。此里餘之間，凡三往返而與靜聞遇。

【章　旨】本章記載了第八十一天在吉安府的行跡。經過湯家渡、橋上、龍山，沿著溪水往南走，途中望見禾山高高聳立。隨後經過龍田溪，到達路江，和靜聞相逢。

【注　釋】❶路江　在永新西境，禾水上游的南岸。

【語譯】初九　吃過早飯往南走。向西越過一條從北面流來的澗水，即先前所見的東來的澗水轉向南流。共走了六、七里，到湯家渡，才和大溪相遇。這條溪水發源於祝高嶺的南坡，往南流時會合所經過的各條澗水，在西山腳下盤繞，流到這裡向東轉，才能航船。渡過溪水往南，又走了五里，到橋上。這裡有元陽觀、元陽洞，洞外排列著三扇門，可深入到裡面，因為當時不知道就離開了。先前遇到的溪水又從北向南流。仍然渡過溪水到東岸，然後往東翻過山嶺，走了四里到太和。又走了四里，翻過一座山嶺，已轉到高石坳的南面了。小嶺西面為東閣坪，東面為坑頭衝，從坑往南走下二里，大溪便從西面的中坊往東流去，路隨著溪水走，向東進入峽谷。再走二里到龍山，有幾戶人家靠著溪邊。沿著溪水往東走，崖石淩空突起，如同蹲伏的雄獅、奮起的猛虎，高高俯視溪流，路就在它下面。灘上因石阻擋，水流洶湧激蕩，直上懸崖，水沫飛濺，極其壯觀。走了三里，山峽漸漸開闊，沿著溪邊的路走出峽谷，南北是一片廣闊地帶。又走了二里，溪水向南轉，有大路越過山岡往東，這就是從李田去縣城的路；隨著溪水往南的，是去路江的路。在這裡向北望去，豁然開闊，毫無遮隔，望見禾山高高聳立在北面，和在李田遙望禾山沒什麼不同。這才知道牢芳嶺的東面，又分出一支，拔地而起成為禾山；從牢芳嶺排列向南到高石坳的，是禾山繞向西面的支脈，並不是同一座山。在禾山的西南，有溪水往南流，到這裡和龍山大溪會合向南流去，路也隨著溪水走。過了五里，到龍田，溪水轉向東流去，溪岸上住房店鋪要比其他地方多。渡過溪水，沿著溪水的南岸向東走，過了三里，溪水繞向東北，路轉向東南。又走了三里，溪水從北面流來，又和路相遇，這就是路江。先前和靜聞約好，在賀東溪家停留，到路江打聽，原來是在前面一里外所經過的地方，便返回賀東溪家，得知靜聞已在初一先去路江，留在劉心川家，於是再轉向路江。在這一里多路之間，來回走了三次，才和靜聞相逢。

初十日　昧爽，由路江以二輿夫、二擔夫西行。循西來小水，初覺山徑凹豁，南有高峰曰石泥坳，永寧❶之界山也；北有高峰曰龍鳳山，即昨所過龍山溪南之峰也，今又出其陽矣。共十里，為文竺❷，居廛❸頗盛。一水自南來，一水自西下，合於村南而東下路江者也。路又溯西溪而上，三里，入巖壁口，南北兩山甚隘，水出其間若門。二里漸擴。又五里為橋頭，無橋而有市❹，永新之公館在焉。〔分兩道：〕一路直西向茶陵，一路渡溪西南向芳子樹下。於是〔從西南道，〕溪流漸微。七里，過塘石，漸上陂陀❺。三里，登一崗，是為界頭嶺❻，湖廣、江西分界處也。蓋崇山南自崖子龍，東峙為午家山。東行者分永寧、永新之南北界，北轉者至月嶺，下伏為唐舍，為茶陵、永新界。下崗，水即西流。聞黃雩仙在其南，遂命輿人迂道由皮唐南入皮南，去界頭五里矣。於是入山，又五里，〔南越一溪，即黃雩下流也，〕遂南登仙宮嶺。五里，踰嶺而下，望南山高插天際者，亦謂之界山，即所稱石牛峰，乃永寧、茶陵界也，北與仙宮夾而成塢。塢中一峰自西而來，至此卓立，下有廟宇，即黃雩也。至廟，見廟南有澗奔湧而不見上流，往察之，則卓峰之下一竅甚庳，亂波由竅中流出，遂成滔滔之勢。所稱黃雩者，謂雩❼祝之所潤濟一方甚涯也。索飯于道士，復由舊路登仙宮嶺，五里，踰嶺北下，又北十里，與唐舍、界頭之道合。下嶺是為光前，又有溪自西而東者，發源崖子龍，〔在黃雩西北重山中。〕渡溪又北行三里，過崇崗。地名。又二里，復得一溪，亦東向去，是名芝水，有石梁跨其上。渡梁即為艻子樹下。始見大溪自東南注西北，而小舟鱗次其下矣。自界嶺之西嶺下，一小溪為第一重，黃雩之溪為第二重，崖子龍溪為第三重，芝水橋之溪為第四重。惟黃雩之水最大，俱從東轉西，合于小關洲之下，西至艻子樹下而勝舟，至高隴而更大云。「艻子❽」，樹名，昔有之，今無矣。

【章　旨】本章記載了第八十二天在吉安府的行跡。坐轎經過文竺，進入巖壁口。隨後經過橋頭，翻過界頭嶺。接著登上仙宮嶺，仰望石牛峰，來到黃雩廟。再經過光前、芝水橋，到艻子樹下，已在江西、湖廣兩省的交界了。

【注　釋】❶永寧　明代為縣，隸吉安府，即今江西井岡山縣寧岡。❷文竺　今名文竹，在永新西隅。❸廛　古代指一戶居民所住的房屋。❹市　指集市。❺陂陀　傾斜；不平坦。這裡借指山坡。❻界頭嶺　即今界化隴，在蓮花西南隅，江西、湖南兩省的交界處。❼雩　古代求雨的祭禮。❽艻子　據《資治通鑑》唐宣宗大中十二年載：王式為安南都護經略使，「至交趾，樹艻木為柵，可支數十年。」胡三省注：「葉似青楊，本生而直，木理堅韌，如中國櫟木」，「甚耐久」。

【語　譯】初十　拂曉，從路江雇用兩個轎夫、兩個挑夫向西走。沿著往西流的小溪向前，起先覺得山路凹陷開闊，南面有高峰名石泥坳，是作為永寧分界的山；北面有高峰名龍鳳山，即昨天經過的龍山溪南面的山峰，今天又從它的南面走出。共走了十里，到文竺，有很多住宅。一條溪水從南流來，一條溪水從西往東流下，在村南會合後往東流入路江。路又沿著西面的溪水上行，走了三里，進入巖壁口，南北兩山之間十分狹隘，如同門戶，水從中間流出。走了二里，路漸漸開闊。再走五里到橋頭，但沒有橋，而有集市，永新的公館就在這裡。路分成兩條：一條朝正西通向茶陵，一條渡過溪水向西南到艻子樹下。到這裡從往西南的路走，溪流漸漸小了起來。走了七里，經過塘石，漸漸走上山坡。過了三里，登上一座山岡，這就是界頭嶺，為湖廣、江西兩省的分界處。原來大山南面起於崖子龍，東面峙立的是午家山。向東延伸的山脈劃分永寧、永新兩縣南北的地界，往北轉的山脈到月嶺，低伏的地方是唐舍，為茶陵、永新兩縣的分界。走下山岡，水便往西流。聽說黃雩仙廟在它的南面，便吩咐轎夫繞道從皮唐南面進入皮南，離界頭嶺已有五里了。到這裡進入山中，又走了五里，往南渡過一條溪水，即黃雩水的下游，便向南登上仙宮嶺。走了五里，翻過山嶺往下走，望見南面的山峰高聳雲天，也稱作分界的山，即人們所說的石牛峰，是永寧、茶陵兩縣的分界，北面和仙宮嶺夾成一個山塢。塢中有座山峰從西面延伸過來，到這裡卓然挺立，下面有廟宇，就是黃雩。到了廟前，只見廟的南面有澗水奔湧而出，但看不到上游，便過去察看，原來卓然挺立的山峰之下有一個地勢很低的孔洞，水波從孔中紛亂地流出，便造成滔滔的水勢。人們所說的黃雩仙，據說天旱時祭它求雨，就能遍灑大雨救濟一方，十分靈驗。向道士要了飯吃，再從原路登上仙宮嶺，走了五里，翻過山嶺往北下去，再往北走十里，和去唐舍、界頭的路相合。下嶺便是光前，又有一條溪水從西向東流去，發源於崖子龍，在黃雩西北的重重山嶺中。渡過溪水又往北走三里，經過崇崗。地名。再走二里，又看到一條溪水，也是向東流去，名芝水，有石橋架在上面。過了橋，便是芀子樹下。方才看到大溪從東南流向西北，小船在下面像魚鱗那樣整齊地排列著。從界頭嶺的西嶺往下走，一條小溪為第一重，黃雩溪為第二重，崖子龍溪為第三重，芝水橋溪為第四重。惟有黃雩溪的水流最大，都從東向西轉，在小關洲下會合，往西流到芀子樹下才能航船，至高隴水勢更大。「芀子」，是一種樹的名稱，過去有過，現在已絕種了。

【研　析】江西多山。山不在高，有景則名。但有不少危崖秀峰，由於地處僻遠，與世隔絕，始終「養在深閨人未識」，等待著對大自然一往深情的人，來撩開其神祕的面紗。「期於必造之域，必窮其奧而後止」，不使所經之處有遺勝，這是徐霞客遠遊的準則。為此，他常常費時費力，繞道而行，為了尋訪貴溪的徐巖和象山，他摸黑夜行，連過三個山谷，遍遊各處勝景。在弋陽叫巖，他明知已走錯了路，但仍不回頭，幾經峰迴谷轉，發現了恍有幽趣的佳境。徐霞客一進江西，便突發膿瘡，行動不便，後來因為長時間的早行，膝蓋腫痛，無法攀登，但他毫不介意，從不停息，甚至連除夕、正月初一這樣的日子，依然在山間崎嶇的小路上，蹬蹀獨行，跋涉不已。他萬里遐征中的第一個春節，便是在江西永新的山中渡過的。這種精神，當然不能被「不愛深山好風景，只緣終身在山中」的武功山道士理解了。

正是這種對自然美的執著追尋，對自然奧祕的不懈追求，使徐霞客能見常人所不見，能得常人所難得。在經過三天的考察後，他看到「龜峰巒嶂之奇，雁宕所無，但詘水觀耳」。而「麻姑（山）以水勝，而詘於峰巒」。徐霞客贛遊所見，影響最深的是地處貴溪的仙人橋、一線天。仙人橋巧奪天工，一線天純屬鬼斧神工，他認為這兩處奇觀，可為生平所遊景物之冠。在以往遊記中，除了黃山，還不曾見他對其他景觀有如此高的評價。只可惜以後仍少有人來往，更無有力的讚揚，致使這「兩奇」在徐霞客之後，依然難遇知音，至今默默無聞，惟有雲影泉聲，從黎明相伴到黃昏。遊記中共記載了十五座天生石橋，形態不一，各有特色。在江西，除了仙人橋，還有樂安饅頭山的「架壑石」，以及在宜黃「東西橫跨，若飛梁天半」的石蛩山。

在遊覽過程中，徐霞客認識到，只要進行人工開發，「必有靈關再闢，奧勝莫殫者」，即能不斷發現更多的自然景觀。和湯顯祖一樣，徐霞客一生所愛的也是天然。仙人橋和一線天之奇之美，就在它們是天然而非人工所成。因此，人工開發，不能破壞自然原有的和諧和美感，不能「殺風景」。在宜黃玉泉山，他看到有個僧人在一座「三面凭空」的懸崖上架屋，於是從這裡地勢「虛圓無礙」著眼，誘導僧人在建屋時因地制宜，「透引山色」，切莫失去「造物之懸設此峰」的本意。開發自然景觀難，保護自然景觀更難。和在浙江遊覽時一樣，徐霞客對自然景觀和生態環境的人為破壞，極為不滿。在貴溪的馬祖巖，他對當地僧人將「玉溜交舞」、「玉簾環映」的清寂的山巖，變作「畜塒之所」，作了鞭撻；對建昌歪排的居民，因造粗紙而將水污染，使當地「墜峽奔崖之流」，「失飛練懸珠之勝」，表示惋惜；在遊永新梅田洞時，對「凌空飛雲之石」，因當地人燒石灰而遭到大面積的破壞，以致「玲瓏之質，十去其七」，更覺痛心，並在遊記中一而再、再而三地提了出來。只是徐霞客出自科學和美學的憂慮和關注，抵不住物質和生活對世人的誘惑和重壓，他的呼籲，未發生任何作用，對自然環境的人為破壞，竟日甚一日，愈演愈烈。

和其他遊記一樣，徐霞客十分重視對地形水文的觀察和記載。他踏遍龜峰內谷外谷，詳細記載了這裡的山勢走向，指出「獨西無外谷」，長達二千字，實不多見。在記遊南豐的軍峰山時，他甚至寫明當時渡溪走了「二百步」，從分道到頂峰直上「共四千三百步」，如此具體，讓人歎服。他對武功山「四境」的記述，如同一幅明白無誤的導遊圖。徐霞客還具體考察了溪水的流向。正月初一，他沿著禾山東北溪水入山，見溪水流量甚大，想起自己從永新往西走，從未見到有大水向南流入溪中，於是斷定這是從山上劉家東面流入永新下游的水。他注意到地形和水文的關係，在將武功山東、西坡即相公嶺和盧臺兩地的水文狀況進行比較後，得出「土石之勢既殊，故燥潤之分亦異」這樣一個科學的論斷。在前往觀音崖的途中，他還從崖上瀑布「僵凍成冰」，看到物候隨地勢高下而產生的垂直變化。

對地質地貌的考察，始終是徐霞客探遊的一個主要內容。他一入江西境內，便對散布在江西東北部的砂岩丘陵地貌發生了興趣，看到從廣信仙來山到雷打石的二十里內，聳立在溪水兩岸的石山，「俱如覆釜伏牛，或斷或續，不特形絕崆峒，並無波皺文，至纖土寸莖，亦不能受。」而在叫巖臨近溪水的地方，「石崖盤突，下插深潭，澄碧如靛，上開橫竇，迴亙峰腰。」這些描述，逼真且又典型地寫出砂岩、礫岩、頁岩的外形及其成層分布的特點。龜峰是較典型的砂岩峰林。砂岩深谷，兩旁懸崖陡立，沿節理作直角轉折，形成三面峭壁合圍、猶如半圓的幽深的圍谷，徐霞客所描寫的龜峰水簾洞，便具有這種特點。這裡的瀑布，更如珠飛雪捲，聲影俱異，呈現出絕妙的景觀。這篇遊記寫山最詳盡的是龜峰，寫洞最具體的是永新的梅田洞，文中描述了由流水溶蝕凝固而形成的石鐘乳、石筍（徐霞客有時稱之為石柱）奇景，還寫了洞中的岩溶天窗，對石灰岩溶洞中因地質變化而形成的種種景觀，一一描述，幾無遺珠。

在西遊日記中，徐霞客的筆觸伸向社會生活的各個方面，要比名山遊記深廣得多。文中記載了當地政治、經濟、文化、宗教、風俗、民情狀況，展示了多姿多采的人文景觀，組成一幅引人入勝的社會風情畫。在〈浙遊日記〉中，他曾將杭州靈隱寺中「坐日忘空」的老和尚，和接踵而至的麗婦，作為「奇遇」，進行對照描寫。

這篇遊記寫了除夕之夜，山村居然聽不到一聲爆竹的清冷；揭露了已日趨動盪的晚明社會，一些地痞無賴的橫行不法。雖說中國名山和寺院有不解之緣，但江西似乎是個例外，道教在這裡一直十分活躍，如龍虎山、三清山、麻姑山等，都是道教勝地，卻沒有佛教名山。但徐霞客在遊覽時發現，當地有些道觀已經改為佛寺，如建昌的芙蓉庵，過去祭祀三仙，這時已歸僧人所有，從中可見江西佛道興衰之跡。文中還對當時已經興起的民間工業和礦藏開發作了介紹，可知在明代末年，金谿的黃尖嶺依然是產金的地方，至於造紙當時已十分普遍，如貴溪的漁塘、宜黃的歪排、建昌的石坪等地，居民都以造紙為業。

就表現手法說，閩遊、浙遊日記敘述都有詳有略，這篇贛遊日記則自始至終，一概詳寫，考察的成分更加突出。其長處在辨析山水的原委脈絡，一峰一巖、一溪一壑，瞭如指掌，寫得井然有序，鑿鑿可據，物無遁形。只是由於過於注重確切而產生的具體入微的描寫，也造成某些文字的滯澀。這在〈浙遊日記〉中已顯露出來，即使秀如浙江山水，除少數段落外，從整體上看，其描寫比起名山遊記，風情和靈氣都有遜色，這種不足在〈江右遊日記〉中表現得更加突出。這篇遊記在描寫上可稱道的是在武功山千丈崖遇大霧這一段。曾經黃山難為雲。在遊黃山、廬山的日記中，徐霞客對高山雲霧的變幻莫測，瑰麗多姿，已作了令人歎為觀止的描寫。在這裡又翻空立意，戛戛獨造，用擬人的手法，寫霧忽籠忽開，忽「故為掩袖之避」，忽「巧為獻笑之迎」，如同一個調皮的少女，含情脈脈，與人嬉戲。不僅顯示了作者豐富的審美想像，更表現出人與自然景物間的情感交流，借助移情作用，賦予景物以人格和靈性，通過使景物生命化、性情化，在文中注入活潑潑的情趣。

楚[1]遊日記

【題　解】同樣頭頂長江，同樣腳踏南嶺，同樣青山逶迤，同樣綠水縱橫，湖南和江西毗連，在水文地貌上有很多相似之處。中國兩個最大的淡水湖——洞庭和鄱陽，便各據兩省的北境，分割吳楚，吞吐日月。作為兩省主流的湘江和贛江，也都從五嶺發源，並肩北向，匯入長江。不過從歷史發展的軌跡看，湖南的開發要比江西晚得多，直到徐霞客生活的時代，湖南的文化成果，依然不能和江西相比。屈原自沉汨羅，賈誼謫居長沙，這兩個最早和湖南有緣的文化名人，竟在無意中造成湖南文化的一個特色：在很長的一段歷史時期內，湖南文化基本上由寓居此地的遷客騷人來譜寫。杜甫臨終前的詩篇、顏真卿書寫的磨崖碑、柳宗元的遊記、蘇軾等人共同完成的三絕碑……這些飄泊湘江、躑躅武陵的結晶，成了湖南文化最瑰麗的篇章。楚地自古是神話的故鄉，從古木掩映的炎帝陵、魂繞斑竹的湘妃墓，到跨鶴升天的蘇仙嶺、為龍女傳書的柳毅井，特別是那「帝子泣兮白雲間，隨風波兮去不還」的九疑山……這一處處迷人的自然景觀，又都是歷史悠久的文化遺址，裡面包含著一個個動人的傳說，也留下了令人費解的問題，吸引著人們，特別是像徐霞客那樣的高蹈不羈之士，去探索，去解答。崇禎十年（一六三七）正月十一，徐霞客從江西踏上湖南地界，經過茶陵、攸縣、衡山、衡州、常寧、祁陽、永州、道州、江華、寧遠、蘭山、臨武、宜章、郴州、永興、耒陽等府縣，遊覽了雲嶁山、靈巖、紫雲山、雲陽山、秦人洞、麻葉洞、水簾洞、祝融峰、天柱峰、朝陽巖、芝巖、澹巖、華巖、月巖、大佛嶺、獅子洞、蓮花洞、斜巖、玉琯巖、飛龍巖、三分石、龍洞、高雲山等地，至閏四月初七，離開湖南進入廣西，前後共一百十五天。

丁丑[2]正月十一日　是日立春，天色開霽。亟飯，託靜聞隨行李從舟順流至

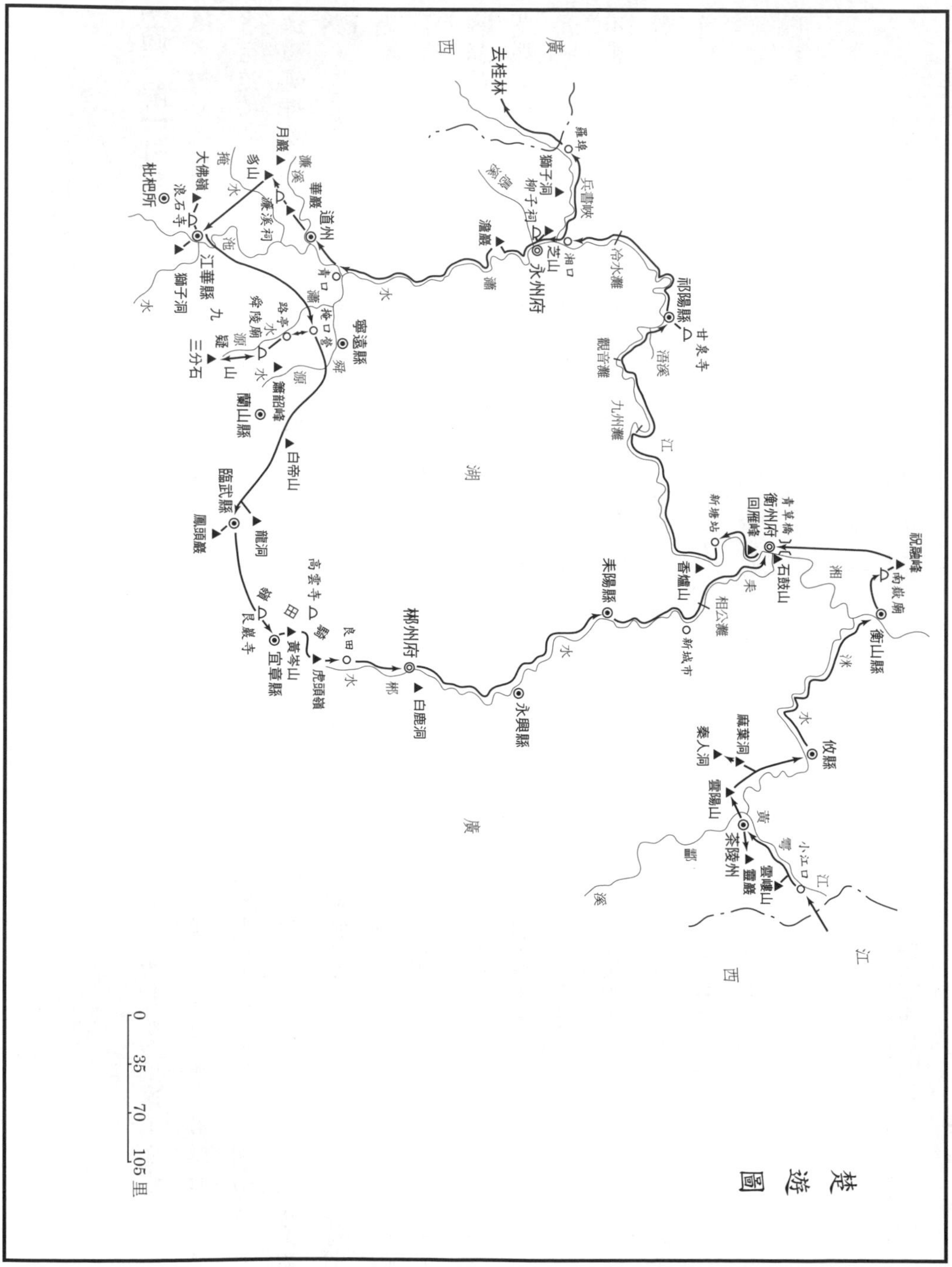
楚遊圖
去桂林
羅埠
獅子洞
柳子祠
瀧巖
芝山
永州府
湘口
冷水灘
祁陽縣
甘泉寺
觀音灘
浯溪
九州灘
衡州府
回雁峰
青草橋
新塘站
香爐山
石鼓山
祝融峰
南嶽廟
衡山縣
相公灘
新城市
耒陽縣
永興縣
郴州府
白鹿洞
良田
虎頭嶺
黃岑山
宜章縣
高雲寺
艮嶽寺
臨武縣
鳳頭巖
龍洞
白帝山
藍山縣
瀟韶峰
寧遠縣
舜陵廟
三分石
九疑山
路亭
掩口營
青口
道州
華巖
濂溪祠
月巖
多山
大佛嶺
浪石寺
枇杷所
江華縣
獅子洞
攸縣
麻葉洞
秦人洞
雲陽山
茶陵州
靈巖
雲嵝山
小江口
湘
耒
瀟
沲
郴
水
江
廣
西
湖
0 35 70 105里

衡州❸，期十七日會于衡之草橋塔下，命顧僕以輕裝從陸探茶陵❹、攸縣❺之山。及出門，雨霏霏下。渡溪南涯，隨流西行，已而溪折西北，踰一崗，共三里，復與溪遇，是為高隴❻。於是仍踰溪北，再越兩崗，共五里，至盤龍庵。有小溪北自龍頭山來，越溪西去，是為巫江，乃茶陵大道；隨山順流轉南去，是為小江口，乃雲嶁山道。二道分于盤龍庵前。〔小江口即蟠龍、巫江二溪北自龍頭至此，南入黃雩大溪❼者。〕雲嶁山者，在茶陵東五十里沙江之上，其山深峭。神廟❽初，孤舟大師開山建剎，遂成叢林❾。今孤舟物故，兩年前虎從寺側攫一僧去，于是僧徒星散，豺虎晝行，山田盡蕪，佛宇空寂，人無入者。每從人問津，俱戒莫入。〔且霧露沉霾，莫為引導。〕余不為阻，從盤龍小路，〔南沿小溪二里，復與大溪遇。〕南渡小溪入山，雨沉沉益甚。從山夾小路西南二里，有大溪自北來，直逼山下，〔盤曲山峽，兩旁石崖水嚙成磯。〕沿之二里，是為沙江，即雲嶁之水入大溪處也❿。途遇一人，持傘將遠〔出〕，見余問道，輒曰：「此路非多人不可入，余當返家，為君前驅。」余感其意，因隨至其家。其人為余覓三人，各持械賫火，冒雨入山。初隨溪口東入〔一里，〕望〔一小溪自〕西峽〔透隙出，〕石崖層亙，外束如門。導者曰：「此虎窟也。從來燒採⓫之夫，俱不敢入。」時雨勢漸盛，遂溯大溪入，宛轉二里，〔溪底石峙如平臺，中剖一道，水由石間下，甚為麗觀。〕於是上山，轉山嘴而下，得平疇一壑，名為和尚園，〔四面重峰環合。平疇盡，〕約一里，復踰一小山，循前溪上流，宛轉峽中，又一里，而雲嶁寺在焉。山深霧黑，寂無一人。殿上金仙⑫雲冷，廚中丹竈煙空。徘徊久之，雨愈催行，遂同導者出。出溪口，導者望見一舟，亟呼而附焉。順流飛槳，舟行甚疾。余衣履沾濕，氣寒砭肌，惟炙衣之不暇，無暇問兩旁崖石也。山谿紆曲，下午登舟，約四十里而暮，舟人夜行三十里，泊於東江口。

【章旨】本章記載了徐霞客從江西進入湖南長沙府第一天的行跡。冒雨經過高隴、盤龍庵，準備前往雲嶁山，聽說那裡白天都有豺虎，當地沒人敢去。途中遇上一人，願作嚮導。進山後望見一個虎穴，經過一處名和尚園的平地，來到已經荒廢的雲嶁寺。隨後乘船離開，夜晚到東江口停泊。

【注釋】❶楚　明代湖廣布政使轄境包括今湖北、湖南兩省，治所在武昌（今屬湖北），為楚國故地，故簡稱楚。徐霞客在這篇日記中所記載的，即其在湖南的旅程。❷丁丑　崇禎十年（一六三七）。❸衡州　明代為府，治所在衡陽，今屬湖南。❹茶陵　明代為縣，隸長沙府，今屬湖南。❺攸縣　明代為縣，隸長沙府，今屬湖南。❻高隴　在茶陵城東北六十里處。❼黃雩大溪　即黃雩江，源出茶陵東北龍頭山，向西南流經茶陵入洣水。❽神廟　指明神宗。古代帝王死後，在太廟立室奉祀，尊以某祖某宗名號，稱廟號。❾叢林　原指眾僧聚居念佛修道的地方，後泛稱寺院為叢林。❿即雲嶁之水入大溪處也　此句原作「即雲嶁之西入太水處也」，據乾隆本改。⓫採　採薪；砍柴。⓬金仙　佛家謂如來之身，金色微妙，因稱金仙。

【語譯】丁丑年正月十一日　這天是立春，天色開始放晴。急忙吃了飯，託靜聞隨行李乘船順流到衡陽，約好十七日在衡陽的草橋塔下會合，吩咐顧僕帶著輕便的行裝，跟我從陸路探訪茶陵、攸縣的山峰。到出門時，下起雨來。渡過溪水到達南岸，隨著水流向西走，隨後溪水轉向西北，翻過一座山岡，共走了三里，又同溪水相遇，這裡就是高隴。到這裡仍然渡過溪水到北岸，再翻過兩座山岡，共走了五里，到盤龍庵。有一條小溪從北面的龍頭山流來，越過溪水向西，便是巫江，是去茶陵的大道；隨著山勢順著水流轉向南去，便是小江口，是去雲嶁山的路。兩條路在盤龍庵前分開。小江口即蟠龍、巫江兩處的溪水從北面的龍頭山流來，再往南匯入黃雩大溪的地方。雲嶁山在茶陵以東五十里的沙江上面，山峰幽深陡峭。神宗初年，孤舟大師開山建造佛寺，便成了寺院。如今孤舟已經去世，兩年前老虎從寺旁將一個僧人叼走，於是僧徒四下逃散，豺狼虎豹在大白天到處行走，山中的田地都已荒蕪，佛寺空蕩蕩的十分冷清，沒人進去。我每次向人問路，都告戒我別去。而且霧濃露重，陰霾沉沉，沒人肯做嚮導。我沒有被他們的勸說所阻止，從盤龍庵的小路往南沿著小溪走二里，又同大溪相遇。向南渡過小溪進入山中，雨越下越大。從兩山相夾的小路往西南走二里，有一條大溪從北面流來，直逼山下，在山峽中曲折盤繞，兩旁的石崖，在水長期的侵蝕下成了磯石。沿著這條大溪走二里，便是沙江，即雲嶁山的水流匯入大溪的地方。途中遇上一個人，拿著傘將要出遠門，見我問路，就說：「這路沒有許多人結伴同行不可進去，我該回家找些人，為你開路。」我感謝他的好意，於是跟著到他家中。那人為我找了三個人，各自拿著兵器，帶著火把，冒雨進入山中。起先隨溪口往東走進一里，望見一條小溪從西面的峽谷透過空隙流出，石崖層疊相連，外面收攏如同門戶。嚮導說：「這是虎穴，自古以來，燒炭砍柴的人，都不敢進去。」這時雨勢漸漸大了起來，便沿著大溪上行，曲曲折折走了二里，溪水的底部有石峙立，如同平臺，中間分出一條通道，水從石中流下，景觀十分美麗。在這裡上山，轉過山嘴往下，到一處平坦的谷地，名和尚園，四面環繞著重重山峰。到平坦的田地盡頭，約走了一里，又翻過一座小山，沿著先前溪水的上游，在峽谷中曲折向前，再走一里，雲嶁寺就在眼前。山谷幽深，霧氣昏黑，四顧寂寥，空無一人。殿上如來的金身座落在清冷的雲氣之中，廚中的竈臺已無香煙升起。在這裡徘徊了好長時間，雨越下越大，催人快走，於是和嚮導一起離開。走出溪口，嚮導望見一條船，趕緊呼喊，搭乘上去。順流直下，船槳飛動，船走得極快。我的衣服鞋子都被淋濕，寒氣砭人，直入肌骨，連烘衣服都忙不過來，沒時間再顧及兩旁的崖石了。山溪曲折，下午上船，約走了四十里，已是傍晚，船夫又夜行三十里，在東江口停泊。

十二日　曉寒甚。舟人由江口挽舟入酃水，遂循茶陵城過東城，泊於南關。入關，抵州前，將出大西門，尋紫雲、雲陽❶之勝。聞靈巖❷在南關外十五里，乃飲於市，復出南門，渡酃水。時微雨飄揚，朔風寒甚。東南行，陂陀❸高下五里，得平疇，是曰歐江。有溪❹自東南來，遂溯之行，霧中望見其東山石突兀，心覺其異。又五里，抵山嘴溪上，是曰沙陂，以溪中有陂也。〔溪源在東四十里百丈潭。〕陂之上，其山最高者，曰會仙寨；其內穹崖裂洞，曰學堂巖。再東，山峽盤亙，中曰石梁巖，即在沙陂之上，余不知也。又東一里，乃北入峽中。一里，得碧泉巖、對獅巖，俱南向。又東踰嶺而下，轉而北，則靈巖在焉。以東向，曾守名才漢又名為月到巖云。

自會仙巖而東，其山皆不甚高，俱石崖盤亙，堆環成壑，或三面迴環如玦者，或兩對疊如門者，或高峙成巖，或中空如洞者，每每❺而是。但石質粗而色赤，無透漏潤澤之觀，而石梁橫跨，而下穹然❻，此中八景❼，當為第一。

靈巖者，其洞東向，前有亙崖，南北迴環，其深數十丈，高數丈餘，中有金仙，外列門戶而不至於頂，洞形固不為洞掩也，為唐陳光問❽讀書處。陳居巖塘，在洞北二十里。其後裔猶有讀書巖中者。

觀音現像，伏獅峰之東，迴崖上有石跡成像，赭黃其色。

對獅巖者，一名小靈巖，在靈巖南嶺之外，南對獅峰，上下兩層，上層大而高穹，下層小而雙峙。

碧泉巖者，在對獅之西，亦南向，洞深三丈，高一丈餘。內有泉一縷，自洞壁半崖滴下。下有石盤承之，清冽異常，亦小洞間一名泉也。

伏虎巖在清泉之後。

石梁巖在沙陂、會仙寨東谷。其谷亂崖分亙，攢列成塢，兩轉而東西橫亙。下開一竇，中穹若梁，由梁下北望，別有天地。透梁而入，梁上復開崖一層，由東陂而上，直造梁中而止，登之如踐層樓矣。

會仙寨下臨沙溪，上亙圓頂如疊磨然，獨出眾山。羅洪山❾羅名其綸，瓊司理。結淨藍❿於下，即六空上人所棲也。其師號涵虛。

學堂巖在會仙之北，高崖間迸開一竇，云仙人授學之處。

此靈巖八景也。余至靈巖，風雨不收。先過碧泉、對獅二巖，而後入靈巖，曉霞留飯，已下午矣。適有一僧至，詢為前山淨侶六空也。時曉霞方理諸俗務，結苐⓫、餵豬。飯罷，即託六空為導，回途至獅峰而覩觀音現像，抵沙陂而入遊石梁，入其庵，而乘暮登會仙，探學堂，八景惟伏虎未至。是日雨仍空濛，而竟不妨遊，六空之力也。晚即宿其方丈。

【章旨】本章記載了第二天在長沙府的行跡。走進茶陵城，又出城渡過酃水，經過歐江、沙陂，遊覽了碧泉巖、對獅巖和靈巖。飯後，由僧人六空引路，在雨中遊覽了觀音現像、石梁巖、會仙寨、學堂巖，靈巖八景，只有伏虎巖未去。

【注釋】❶雲陽　山名，在茶陵城西十里，傳說古仙人雲陽氏居此，故名。有紫微、偃霞等七十一峰，又有百靈闕及秦人、玉華等洞。❷靈巖　在茶陵城東二十里處，又名雲巖、月到巖，為唐陳光問讀書處。峭壁上有黃庭堅等歷代文士的題詠。❸陂陀　傾斜不平。此指山坡。❹有溪　指歐江，又名漚江，源出茶陵東南百丈山，向西北流經茶陵入洣水。❺每每　往往；常常。❻穹然　形容天的形狀中間高四周下垂，也用以泛指高起成拱形的模樣。❼八景　即下面所說的靈巖八景，此外還有茶陵八景。❽陳光問　長年讀書靈巖，教授學生，為人不妄交。唐昭宗天復元年及第，因時值多難，歸隱舊居，不再出仕。❾羅洪山　羅其綸，字彝伯，茶陵人。萬曆舉人，遷瓊州推官，平撫黎人，擢郎中。❿淨藍　即佛寺。佛教又稱淨教。藍即伽藍，梵文寺院的音譯簡稱。⓫苐　同「荑」。初生的茅草。

【語譯】十二日　清晨十分寒冷。船夫從東江口牽著船進入酃水，於是沿著茶陵城經過東城，到南關停泊。走進南關，到州衙門前，就要走出大西門，尋訪紫雲山、雲陽山的勝景。聽說靈巖在南關外十五里的地方，便在市內喝了酒，又從南門走出，渡過酃水。這時細雨飄揚，北風凜冽。往東南走，在傾斜不平的山坡上上下下走了五里，來到一片平坦的田地，名歐江。有條溪水從東南流來，就沿著這條水上行，在霧中望見東面山石高聳，心裡覺得十分奇怪。又走了五里，到山口處的溪岸，地名沙陂，因為溪水中有坡地。溪水的源頭在東面四十里的百丈潭。坡地的上面，最高的山名會仙寨；裡面有高大的山崖、裂開的洞穴，名學堂巖。再往東，山峽盤曲相連，中間的洞穴名石梁巖，就在沙陂的上面，但我不知道。又往東走一里，便向北進入峽谷之中。走了一里，看到碧泉巖、對獅巖，都向南峙立。繼續向東翻過山嶺下去，轉而往北，靈巖就在那裡。因為向東，曾守名才漢又稱之為月到巖。

從會仙巖向東，山都不太高，全是盤曲相連的石崖，堆積環繞，形成山谷，有的像玉玦那樣三面環繞，留下一面缺口，有的像門那樣兩兩相對，有的高聳成為山巖，有的中空如同洞穴，到處都是。但石質粗糙，呈紅色，沒有剔透細膩的景象。但有石橋橫跨，下面十分幽深，這裡的八景，當以此為第一。

靈巖，洞向東，前面相連的山崖，南北環繞，有幾十丈深，好幾丈高，洞內有塗金的仙像，外面門戶分列，高不到頂，洞的外形確實沒被洞內物體掩蓋，是唐陳光問讀書的地方。陳光問居住在嚴塘，在洞北二十里。他的後代還有人在巖中讀書。

觀音現像，在伏獅峰的東面，環繞的崖壁上有石跡形成圖像，顏色紅褐帶黃。

對獅巖，又名小靈巖，在靈巖南嶺的外面，南面和獅峰相對，有上下兩層，上層高大隆起，下層較小有兩個洞穴並立。

碧泉巖，在對獅巖的西面，也向南，洞有三丈深，一丈多高。裡面有一縷泉水，從洞中崖壁的半腰滴下，下面有石盤承受，異常清冽，也算是小洞中的一處名泉。

伏虎巖在清泉的後面。

石梁巖在沙陂、會仙寨的東谷。谷中凌亂的山崖分立相連，會聚排列，形成山塢，經過兩個轉折，從東西橫向連接。下面開出一個洞穴，中間隆起如同石梁。從梁下向北望去，別有一種天地。穿過石梁進去，梁上又開出一層石崖，從東坡向上，直到石梁中間為止，登上後，就像踏在高樓之上。

會仙寨下面對著沙溪，上面圓頂相連，如同重疊的石磨，獨自高出眾山之上。羅洪山羅名其綸，為瓊州司理。在下面蓋了佛寺，即六空上人所居住的地方。他的師父號涵虔。

學堂巖在會仙寨的北面，高聳的山崖中迸裂出一個洞穴，據說是仙人傳授學業的地方。

這是靈巖八景。我到靈巖，風雨不止。先經過碧泉、對獅兩巖，然後進入靈巖，曉霞留我們吃飯，已經是下午了。正好有個僧人到來，一問是前山的僧侶六空。這時曉霞正忙著做一些俗事，編草、餵豬。飯後，便託六空作嚮導，在回去的路上到獅峰觀看觀音現像，抵達沙陂時進去遊覽了石梁，隨後走進他的廟庵，又乘傍晚登上會仙寨，探訪學堂巖，靈巖八景惟有伏虎巖沒到。這天仍然煙雨迷茫，但居然毫不妨礙遊賞，這全靠六空的幫助。晚上就在他的方丈中留宿。

十三日　晨餐後寒甚，陰翳如故。別六空，仍舊路西北行。三里，至歐江，北入山，為茶陵向來道；南沿沙陂江西去，又一道也。過歐江，溪勝小舟。西北過二小嶺，仍渡茶陵南關外。沿城溯江，經大西門，〔尋紫雲、雲陽諸勝。〕西行三里，過橋開隴，始見大江❶自東北來。於是越黃土坳，又三里，過新橋，霧中始露雲陽半面。又三里，抵紫雲山麓，是為沙江鋪❷，大江至此直逼山下。由沙江鋪西行，為攸縣、安仁❸大道。南登山，是為紫雲仙❹。上一里，至山半為真武殿，上有觀音庵，俱東北瞰來水。觀音庵松巖，老僧也。予詢雲陽道，松巖曰：「雲陽山者，在紫雲西十里。其頂為老君巖❺，雲陽仙在其東峰之脅❻，去頂三里；赤松壇❼又在雲陽仙之麓，去雲陽仙三里。蓋紫雲為雲陽盡處，而赤松為雲陽正東之麓。由紫雲之下，北順江岸西行，三里，為洪山廟，乃登頂之北道；由紫雲之下，南循山麓西行四里，為赤松壇，乃登頂之東道，去頂各十里而近。二道之中，有羅漢洞，在紫雲之西，即由觀音庵側小徑橫過一里，可達其庵。由庵登頂，亦有間道可達，不必下紫雲也。」

余從之。遂由真武殿側，西北度兩小坳，一澗從西北來，則紫雲與青蓮庵即羅漢仙。後山夾而成者。〔水北入大江，紫雲為所界斷。〕渡澗，即青蓮庵，東向而出，地幽而庵淨。僧號六澗，亦依依近人，堅留余飯。余亟於登嶺，遂從庵後西向登山。其時濃霧猶翳山半，余不顧，攀躋直上三里，踰峰脊二重，足之所上，霧亦旋開。又上二里，則峰脊冰塊滿枝，寒氣所結，大者如拳，小者如蛋，依枝而成，遇風而墜，俱堆積滿地。其時本峰霧氣全消，山之南、東二面，歷歷可覩，而北、西二面，猶半為霾掩。〔酈江❽自東南，黃雩江自西北，盤曲甚遠。〕始知雲陽之峰，俱自西南走東北，排疊數重：紫雲其北面第一重也；青蓮庵之後，余所由躋者，第二重也；雲陽仙，第三重也；老君巖在其上，是為絕頂，所謂七十一峰之主也。雲峰在南，余所登峰在北，兩峰橫列，脈從雲陽仙之下度坳而起，峙為余所登第二重之頂，東走而下，由青蓮庵而東，結為茶陵州治。余既登第二重絕頂，徑路迷絕，西南望雲峰絕頂，中隔一塢，而絕頂尚霾夙霧中。俯瞰過脊處，在峰下里許。其上隔山竹樹一壑，兩乳迴環掩映，若天開洞府，即雲陽仙無疑也。雖無路，亟直墜而下，度脊而上，共二里，踰一小坳，入雲陽仙。其庵北向，登頂之路，由左上五里而至老君巖；下山之路，由右三里而至赤松壇。庵後有大石飛纍，駕空透隙，竹樹懸綴，極為倩疊。石間有止水一泓，澄碧迥異，名曰五雷池，雩祝甚靈。層巖上突，無可攀躋，其上則黑霧密翳矣。蓋第二重之頂，當風無樹⑨，故冰止隨枝堆積。而庵中山環峰夾，竹樹蒙茸，縈霧成冰，玲瓏滿樹，如瓊花瑤谷，朔風搖之，如步搖⑩玉珮，聲叶⑪金石。偶振墮地，如玉山之頹，有積高二三尺者，途為之阻。聞其上登躋更難。

時日過下午，聞赤松壇尚在下，而庵僧〔楚〕音，誤為「石洞」。余意欲登頂右後，遂從頂北下山，恐失石洞之奇，且謂稍遲可冀晴朗也。索飯於庵僧鏡然，遂東下山。路側澗流瀉石間，僧指為「子房煉丹池」、「搗藥槽」、「仙人指跡」諸勝，乃從赤松⑫而附會留侯⑬也。直下三里，抵赤松壇，始知赤松之非石洞也。遂宿庵中。殿頗古，中為赤松，左黃石⑭，而右子房。前有古樹松一株，無他勝也。僧葛民亦近人。

十四日　晨起寒甚，而濃霧復合。先是，晚至赤松，即嘿禱黃石、子房神位，求假半日晴霽，為登頂之勝。至是望頂濃霾，零雨四灑，遂無復登頂之望。飯後，遂別葛民下山。循山麓北行，踰小澗二重，共四里，過紫雲之麓。江從東北來，從此入峽，路亦隨之，繞出雲陽北麓，又二里，為洪山廟。風雨交至，遂停廟中，市薪炙衣，煨榾柮⑮者竟日。廟後有大道南登絕頂。時廟下江傍停舟數隻，俱以石尤⑯橫甚，不能順流下，屢招予為明日行，余猶不能恝然⑰於雲陽之頂也。

【章旨】本章記載了第三、第四天在長沙府的行跡。經過歐江，越過黃土坳，到紫雲山麓的沙江鋪。向南登山，山上有紫雲仙、真武殿、觀音庵。聽從僧人松巖的指點，從小路攀登雲陽山。經過青蓮庵，直往上走，只見峰脊到處都是冰塊。站在山上遙望，這才知道雲陽山有四重，頂峰為老君巖。隨後進入雲陽仙，附近有五雷池，四周霧氣凍結成冰，如瓊花瑤谷，北風吹來，聲如金石。下午前往赤松壇，途中觀看了「子房煉丹池」等名勝。次日因雨下個不停，沒法登上頂峰，便下山到洪山廟留宿烤火。

【注釋】❶大江　指黃雩江。❷沙江鋪　在茶陵城西，歐江南岸。❸安仁　明代為縣，隸衡州府，今屬湖南。❹紫雲仙　即紫雲庵。❺老君巖　在雲陽山，有老君鐵像。❻膂　原指從腋下到腰上的部分，這裡指山峰側面的中部。❼赤松壇　在雲陽山，相傳為赤松子煉丹處。❽酃江　在茶陵東南，源出茶陵東南萬洋山，向東北流經茶陵入洣水。❾當風無樹　下句既言「隨枝堆積」，則必有樹。無，疑為「舞」之誤。❿步搖　古代婦女的一種首飾，上面有垂珠，步則搖動。⓫聲叶　即聲音和諧協調。叶，「協」的古文。⓬赤松　赤松子。傳說中的仙人，為神農時雨師，能入火不燒。常入崑崙上西王母石室，隨風雨上下。張良晚年曾表示：「願棄人間事，欲從赤松子遊耳。」⓭留侯　張良，字子房。祖輩五世為韓相。秦滅韓後，輔佐劉邦滅秦、楚，漢朝建立，因功封留侯。⓮黃石　黃石公，又稱圯上老人。傳說張良在博浪沙刺秦始皇失敗後，逃亡至下邳（今江蘇睢寧北），遇老人於圯橋上，授以《太公兵法》，自稱：十三年後，「見我濟北谷城山下，黃石即我。」張良死後，便與黃石並葬。⓯榾柮　木塊；樹疙瘩。⓰石尤　傳說石氏女嫁尤郎，尤為商遠行，石氏女阻之，不從。尤久不歸，女思念致病，臨亡歎曰：「吾恨不能阻其行，以至於此。今凡有商旅遠行，吾當作大風為天下婦人阻之。」故後稱逆風、頂頭風為石尤或石尤風。⓱恝然　淡然置之；不以為意。

【語　譯】十三日　早飯後天氣十分寒冷，照樣陰雲密布。告別六空，仍從原路往西北走。過了三里，到歐江，向北進山，是昨天從茶陵過來的路；向南沿著沙陂江往西走，是另一條路。渡過歐江，溪水能夠航行小船。向西北經過兩座小嶺，仍從茶陵南關外過江。沿著州城在江中逆流而上，經過大西門，尋訪紫雲山、雲陽山的眾多勝景。往西走三里，經過橋開隴，才看到大江從東北流來。到這裡越過黃土坳，又走三里，經過新橋，雲陽山才從雲霧中露出一半。再走三里，到紫雲山腳，這就是沙江鋪，大江到這裡直逼山下。從沙江鋪往西走，是去攸縣、安仁的大路。往南登山，便是紫雲仙。上山走了一里，到半山腰，看到真武殿，上面有觀音庵，都向東北俯視流來的江水。觀音庵的松巖，是個老和尚。我詢問去雲陽山的路，松巖說：「雲陽山在紫陽山西面十里。山頂為老君巖，雲陽仙在它東峰的脅部，離峰頂有三里；赤松壇又在雲陽仙的山腳，離雲陽仙有三里。原來紫雲山在雲陽山的盡頭處，而赤松壇在雲陽山正東的山腳下。從紫雲山往下，向北順著江岸往西走，過了三里，到洪山廟，是登山的北路；從紫雲山往下，向南沿著山腳往西走四里，到赤松壇，是登山的東路，離山頂各有十里不到些。兩條路中間，有羅漢洞，在紫陽山的西面，即從觀音庵旁的小路橫向走一里，可到這個庵。從觀音庵登上山頂，也有小路可到達，不必下紫雲山了。」

我聽從他的話。於是從真武殿旁，往西北經過兩個小山坳，一條澗水從西北流來，是紫陽山和青蓮庵即羅漢仙。後山相夾而成的。水向北匯入大江，紫雲山以它為界被隔開。渡過澗水，便到青蓮庵，向東露出，環境幽僻，庵堂清淨。僧人號六澗，對客人很有感情，十分親近，一定要留我吃飯。我急於登上山嶺，就從庵後向西登山。這時濃霧依然遮掩著山腰，我置之不顧，直往上攀登三里，翻過兩重峰脊，腳登上那裡，霧也立即散開。又往上走二里，只見峰脊樹枝上掛滿了冰塊，因寒氣凍結而成，大的像拳頭，小的像雞蛋，依附在樹枝上，被風吹落，堆得滿地都是。這時我所在的山峰霧氣都已消散，山的南、東兩面，歷歷可見，而北、西兩面，還有一半為陰雲遮掩。酃江從東南流來，黃雩江從西北流來，在遙遠的地方曲折環繞。這才知道雲陽的山峰，都從西南向東北延伸，排列重疊，有好幾重：紫雲山是它北面的第一重；青蓮庵的後面，我所攀登的地方，是第二重；雲陽仙為第三重；老君巖在它的上面，這是頂峰，即所謂七十一峰的主峰。雲峰在南面，我所攀登的山峰在北面，兩座山峰橫向排列，山脈從雲陽仙的下面越過坳地聳起，峙立成為我所攀登的第二重的頂峰，向東往下延伸，從青蓮庵向東，盤結成為茶陵州治的所在地。我在登上第二重頂峰後，已找不到小路，向西南雲峰的頂峰望去，中間隔著一個山塢，而頂峰還在濃霧的遮掩之中。俯視山脊延伸處，在峰下約一里的地方。上面隔山有個山谷長滿竹樹，兩邊如乳房隆起，環轉映照，就像天然的洞府，必定是雲陽仙無疑了。雖然沒路可走，還是急忙靠著山坡直落下去，越過山脊向上，共走二里，過了一個小山坳，進入雲陽仙。這庵向北，攀登山頂的路，從左邊往上走五里便到老君巖；下山的路，從右邊走三里便到赤松壇。庵後有大石飛架，凌空而起，留有空隙，上面懸掛著竹樹，層層疊疊，極其倩麗。石中有一潭靜止的深水，異乎尋常的清綠，名五雷池，求雨十分靈驗。層層巖石向上突起，沒地方可以攀登，上面則黑霧密布。這是因為第二重的頂峰，樹木迎風搖曳起舞，故冰只是隨枝堆積。而庵所在的地方，群山環繞，眾峰相夾，翠竹大樹，紛亂繁茂，霧氣縈繞，凝結成冰，滿樹玲瓏，如同瓊花瑤谷，北風吹來，恰似步搖擺動，玉珮鏗鏘，如鐘磬齊鳴，聲音和諧。偶爾被振落到地下，就像玉山傾倒，有的堆積成二、三尺高，道路因此被堵塞。聽說往上攀登更加艱難。

這時已過下午，聽說赤松壇還在下面，但庵裡僧人的湖南話，誤作「石洞」。我打算在登上峰頂的右側後，便從峰頂的北面下山，怕錯過石洞的奇景，而且以為稍微晚一些可望晴朗。於是向庵裡的僧人鏡然要了飯吃，便往東下山。路邊澗水傾瀉到石中，僧人所指的「子房煉丹池」、「搗藥槽」、「仙人指跡」等勝跡，都是因為赤松子而附會留侯的。直往下走三里，到赤松壇，方才知道赤松壇並不是石洞。於是在庵中留宿。殿很古老，中間供赤松子，左邊供黃石公，右邊供張子房。前面有一株古松，沒有其他美景。僧人葛民待客也十分親近。

十四日　清晨起身十分寒冷，而濃霧又籠罩起來。先前，晚上到赤松壇，即在黃石公、張子房的神位前默默祈禱，乞求半天放晴，讓我登上頂峰，飽覽美景。這時遙望峰頂濃霧迷漫，四處細雨飄灑，就不再抱登上頂峰的希望。飯後，便告別葛民下山。沿著山腳往北走，越過兩重小澗，共走了四里，經過紫雲山麓。江水從東北流來，從這裡進入峽谷，路也隨著它走，從雲陽山北麓繞出，又走了二里，到洪山廟。因風雨交加，便在廟中留下，買了柴烤衣服，整天燒樹疙瘩。廟後有條大路往南可登上頂峰。這時廟下江邊停泊著幾條船，都因逆風太厲害，不能順流直下，多次招呼我明天走，但我一登雲陽山的頂峰的心願，直到此時仍不能忘懷。

十五日　晨起，泊舟將放，招余速下舟。予見四山霧霽，遂飯而決策登山。路由廟後南向而登，三里，復有高峰北峙，〔道分二岐：〕一岐從峰南，一岐從峰西南。余初由東南行，疑為前上羅漢峽中舊道，乃向雲陽仙，非逕造老君巖者，乃復轉從西南道。不一里，行高峰西峽，顧僕南望峽頂有石梁飛駕，余瞻眺不及。及西上嶺側，見大江已環其西，大路乃西北下，遂望嶺頭南躋而上。時嶺頭冰葉紛披，雖無徑路，余意即使路訛，可得石梁勝，亦不以為恨。及至嶺上，遍覓無有飛駕之石，第見是嶺之脊，東南橫屬高頂，其為登頂之路無疑。遂東南度脊，仰首直上，又一里，再踰一脊，則下瞰脊南，雲陽仙已在下方矣。蓋是嶺東西橫亙，西為絕頂北盡處，東即屬於前所登雲陽東第二層之嶺也。於是始得路，更南向登頂，其上冰雪層積，身若從玉樹中行。又一里，連過兩峰，始陟最高頂。是時雖旭日藏輝，而沉霾屏伏，遠近諸峰，盡露真形，惟西北遠峰，尚存霧痕一抹。乃從峰脊南下，又一里，復過兩峰，有微路十字界峰坳間。南上復登山頂，東由半山直上，西由山半橫下。然脊北之頂雖高，而純土無石；脊南之峰較下，而東面石崖高穹，峰筍離立。乃與顧僕置行李坳中，從南嶺之東，攀崖隙而踞石筍，下瞰塢中，有茅一龕，意即老君巖之靜室，所云老主庵者。竊計直墜將及一里，下而復上，其路既遙，況既踞石崖之頂，仰矚俯瞰，勝亦無殊，不若踰脊從西路下，便則為秦人洞❶之遊，不便即北去江滸覓舟，順流亦易。乃遂從西路行。

山陰冰雪擁塞，茅棘交縈，舉步漸艱。二里，路絕，四顧皆茅茨，為冰凍所膠結，上不能舉首，下無從投足，兼茅中自時有偃宕❷，疑為虎穴，而山中濃霧四起，瞰眺莫見，計難再下，乃復望山巔而上。冰滑草擁，隨躋隨墜，念嶺峻草被，可脫虎口，益鼓勇直上。二里，復得登頂，北望前西下之脊，又隔二峰矣。其處嶺東茅棘盡焚，嶺西茅棘蔽山，皆以嶺頭路痕為限，若有分界者。是時嶺西黑霧瀰漫，嶺東日影宣朗，霧欲騰衝，而東風輒驅逐而西，亦若以嶺為界者。又南一里，再下二峰，嶺忽亂石森列，片片若攢刃交戟，霧西攫其尖，風東搗其膊，人從其中溜足直下，強攀崖踞坐，益覺自豪。念前有路而忽無，既霧而復霧❸，欲下而轉上，皆山靈未獻此奇，故使浪遊之蹤，迂迴其轍耳。既下石峰，坳中又得十字路，于是復西向下嶺，俱從濃霧中行矣。始二里，冰霾而草中有路。又二里，路微而石樹蒙翳。又二里，則石懸樹密❹而路絕。蓋前路之踰嶺而西，皆茶陵人自東而來，燒山為炭，至此輒返。過此崖窮，樹益深，上者不能下，下者不復上。余念所下既遙，再下三四里，當及山麓，豈能復從前還躋？遂與顧僕掛石投崖，懸藤倒柯，墜空者數層，漸聞水聲遙遙，而終不知去人世遠近。已而霧影忽閃，露出層峰峽谷，樹色深沉；再一閃影，又見谷口兩重外，有平塢可矚。乃益搩叢歷級，若鄧艾之下陰平❺，墜壑滾崖，技無不殫，然皆赤手，無從裹氈也。既而忽下一懸崖，忽得枯澗，遂得踐石而行。蓋前之攀枝懸墜者藉樹，而兜衣掛履亦樹，得澗而樹稍為開。既而澗復生草，草復翳澗，靡草之下，不辨其孰為石，孰為水，既難著足。或草盡石出，又棘刺勾芒，兜衣掛履如故。如是三里，下一瀑崖，微見路影在草間，然時隱時現。又一里，澗從崖間破峽而出，兩崖轟峙，而北尤危峭，始見路從南崖踰嶺出。又一里，得北來大道，始有村居，詢其處，為窰裏，蓋雲陽之西塢也。其地東北轉洪山廟，五里而遙；南至東嶺，十里而遙；東嶺而南更五里，即秦人洞矣。

時霧影漸開，遂南循山峽行。踰一小嶺，五里，上棗核嶺，〔嶺俱雲陽西向度而北轉成峽者。〕下一里，渡澗，〔澗乃南自龍頭嶺下，出上清洞。〕傍西麓溯澗南上半里，為絡絲潭，深碧無底，兩崖多疊石。又半里，復度澗，傍東麓登山。是處東為雲陽之南峰，西為大嶺❻之東嶂。〔大嶺高並雲陽，龍頭嶺其過脊也，其東南盡西嶺❼，東北抵麻葉洞，西北峙五鳳樓，西南為古爽沖。〕一溪自大嶺之東北來者，乃洪碧山之水；一溪自龍頭嶺北下者，乃大嶺雲陽過脊處之水。二水合而北出把七。鋪名。龍頭嶺水分南北，其南下之水，由東嶺塢合秦人洞水出大羅埠。共二里，越嶺，得平疇，是為東嶺塢。塢內水田平衍，村居稠密，東為雲陽，西為大嶺，北即龍頭嶺過脊，南為東嶺迴環。余始至以為平地，即下東嶺，而後知猶眾山之上也。循塢東又一里，宿於新庵。

【章　旨】本章記載了第五天在長沙府的行跡。踏著積滿冰雪的山路，登上老君巖。下山路極難走，途中看到虎穴，為逃脫虎口，重新登上峰頂。嶺上亂石如同刀戟，從中滑下，面對奇景，感到分外自豪。到無路可走之時，和顧僕抓住石壁，倒掛在樹枝上，從空中直落下去，甚至空著手，毫無遮蓋地從山谷中滾下，好不容易才到了一個名窰裏的村莊。接著登上棗核嶺，經過絡絲潭，來到東嶺塢。最後走下東嶺，在新庵留宿。

【注釋】❶秦人洞　在雲陽山北側，有上、中、下三洞，水三伏三見。洞深窅不可入，常能聽到鏗若鐘鼓聲。❷偃宕　倒下的石礦。❸既霧而復霧　下「霧」字疑當作「霾」。❹石懸樹密　「樹」原作「路」，據乾隆本改。❺鄧艾之下陰平　鄧艾，字士載，三國時人，初為司馬懿掾屬，後為魏鎮西將軍。景元四年（二六三），奉命伐蜀，屢戰不利。於是出奇兵從陰平小道直取成都。行至摩天嶺，山崖高峻，無法通行。鄧艾以氊自裹其身，率將士從崖上滾下，度過摩天嶺。陰平，縣名，故城在今甘肅文縣西北。陰平道即從文縣逕四川平武而向綿竹、成都的險道。❻大嶺　在茶陵西南，與雲陽山亙峙。❼西嶺　在茶陵西南隅，接近安仁地界，崇巒疊嶂，中為龜山。泉水暗會於秦人洞。隔坳即為東嶺。

【語譯】十五日　清晨起身，停泊的船隻將要出發，招呼我趕快下船。我見四面山間霧氣消散，於是吃過早飯決定登山。從廟後的路向南攀登，走了三里，又有高峰在北面峙立，路分成兩條：一條岔路從山峰的南面走，一條岔路從山峰的西南走。我起先從東南走，懷疑這是先前登上羅漢峽的老路，實際上向著雲陽仙，而不是直接去老君巖的路，便又轉身從西南的路走。不到一里，便走在高峰西面的峽谷中，顧僕向南望見峽谷的頂端有石橋飛架，等我眺望時已經消失了。到向西登上嶺側，只見大江已環繞在它的西面，大路仍然朝西北下去，於是面對著嶺頭往南攀登。這時嶺頭冰葉散亂，雖然沒有路，但我想即使走錯了路，也可看到石梁的勝景，沒什麼可遺憾的。等到了嶺上，到處尋找都沒有發現飛架的岩石，只看到這座山嶺的脊部，往東南和高頂橫向相連，毫無疑問這就是登上高頂的路。於是往東南越過嶺脊，抬起頭直向上攀登，又走了一里，再翻過一座嶺脊，俯視嶺脊的南面，雲陽仙已在下面了。這是因為嶺東西向橫亙，西面為頂峰往北的盡頭，東面便連接著先前所登的雲陽山東面的第二層山嶺。到這裡才找到路，繼續向南攀登頂峰，峰上冰雪層層堆積，身體就像在「玉樹」中行走。又過了一里，接連翻過兩座山峰，才登上最高頂。這時雖然旭日隱沒，但濃霧消散，遠遠近近眾多山峰，都露出了真實的面目，惟有西北遙遠處的山峰，還保留著一抹淡淡的霧痕。於是從峰脊往南下去，又走了一里，再翻過兩座山峰，有「十」字形的小路在峰坳間劃界。往南向上繼續攀登山頂，東面從半山腰筆直向上，西面從半山腰橫向往下。只是嶺脊北面的山峰雖高，但盡是泥土，沒有岩石；嶺脊南面的山峰比較低下，但東側石崖高高隆起，石峰石筍並起。便和顧僕將行李放在山坳中，從南嶺的東側，在崖縫中攀登，坐在石筍之上，俯視山塢之中，有一間茅屋，以為這就是老君巖的靜室，所謂老主庵了。心想筆直往下將近一里路，下去再上來，路已經很遠，何況既然已坐在石崖的頂部，無論仰望還是俯視，所看到的勝景也沒什麼不同，不如翻過嶺脊從西路下去，方便的話去秦人洞一遊，不便的話就往北去江邊找船，順流前往也很容易。於是就從西路走。

山的北坡冰雪堆積堵塞，茅草荊棘交相纏繞，舉步漸漸艱難。走了二里，路到了盡頭，向四面望去，都是茅草，被冰牢固地凍結，向上不能抬頭，往下無處落腳，加上茅草中常有倒塌的石礦，懷疑這就是虎穴，而山中濃霧又從四面升起，俯視遠望，都一無所見，估計已難再下山，就繼續朝著山頂攀登。路上冰滑草塞，剛往上爬馬上又掉了下來，想到山嶺陡峻，荒草覆蓋，可以逃脫虎口，便更加鼓起勇氣直往上攀登。走了二里，又登上峰頂，向北望見先前往西走下的嶺脊，又隔著兩座山峰了。這裡山嶺東面的茅草荊棘已被燒光，山嶺西面的茅草荊棘蓋滿了山坡，都以嶺頭路的痕跡作為界限，就像有分界似的。這時山嶺的西面黑霧瀰漫，山嶺的東面陽光明媚，霧氣像要飛騰衝起，而東風總是將它吹趕到西面，也像以山嶺作為分界似的。又往南一里，再走下兩座山峰，嶺上忽然亂石森然羅列，一片片就像聚起的刀刃、相交的矛戟，霧在西面遮掩它的鋒尖，風從東面吹擊著它的兩側，人從裡面直滑下去，勉強抓住崖壁坐下，覺得分外自豪。想起原有的路忽然中斷，雲霧瀰漫的天空忽開忽合，想下山卻轉而往上爬，都是因為山靈還沒呈獻這樣的奇景，所以使得我到處漫遊的行跡，繞道而行罷了。走下石峰後，在山坳中又發現十字路，從這裡再向西走下山嶺，都是在濃霧中行走。開始二里，雖然冰霾陰沉，但草中尚有路可走。又走了二里，石上樹木遮蓋，路小了起來。再走二里，只見巖石懸空，樹木叢生，道路至此斷絕。這是因為先前的路翻過山嶺向西，都是由於茶陵人從東面過來，在山中燒炭，到這裡便返回。過了這裡山崖到了盡頭，樹木更加深密，上去的不能下來，下來的不能再上去。我想已經向下走了好多路，再往下走三、四里，應當可到山腳，哪能再像先前那樣往回攀登？便和顧僕抓住石塊，置身崖壁，倒掛在藤條樹枝上，懸空落下好幾層，漸漸聽到遙遠的水聲，卻始終不知道離人世究竟有多遠。過了一會霧影忽然一閃，露出層層山峰峽谷，樹色又深又濃；霧影再一閃，又望見谷口的兩重山崖外，有一處平坦的山塢呈現在眼前。於是更加小心地估量著前面的樹叢，經過一道道石級，像鄧艾通過陰平小道，從山谷中翻滾下去，什麼法子都用上了，但都是空著手，不能像鄧艾那樣還有毛氈可將身子裹起來。不一會忽然到一座懸崖之下，發現一條枯竭的山澗，於是能夠踩著石塊向前。原先拉著枝條往下墜落靠的是樹，而勾住衣服鞋子的也是樹，到了山澗樹木稍微稀疏一些。隨即又看到澗中長出草來，草又將澗遮蓋，在倒伏的草下，分不清哪裡是石，哪裡是水，難以落腳。有時草沒了，石塊露了出來，但荊棘的尖刺照樣將衣服鞋子勾住。這樣走了三里，到一座掛著瀑布的山崖，隱約看到草中有路的痕跡，一會兒掩沒，一會兒出現。又走了一里，澗水從崖中沖破峽谷流出，兩旁山崖聳立，而北邊的山崖尤其高峻，這才看到路從南邊的山崖越過山嶺伸出。再走一里，來到從北面延伸過來的大路，方才有村莊，打聽這是什麼地方，回答說是窰裏，原來是雲陽山西面的山塢。從這裡東北轉向洪山廟，有五里遠；往南到東嶺，有十里遠；從東嶺再往南五里，便是秦人洞了。

這時霧影漸漸散開，便往南沿著山峽走。翻過一座小嶺，走了五里，登上棗核嶺，這嶺都是雲陽山向西延伸又往北轉形成的山峽。往下走一里，渡過澗水，這澗水自南面的龍頭嶺流下，從上清洞流出。靠著西側的山腳沿著澗水向南上行，走了半里到絡絲潭，一片深綠，看不到底，兩旁山崖多疊起的岩石。又走了半里，再渡過澗水，靠著東側的山腳登山。這裡東面為雲陽山的南峰，西面為大嶺的東嶂。大嶺和雲陽山同樣高，龍頭嶺是它延伸過來的山脊，東南到西嶺為止，東北抵達麻葉洞，西北峙立著五鳳樓，西南為古爽沖。一條溪水從大嶺的東北流來，是出自洪碧山的水；一條溪水從龍頭嶺往北流下，是出自大嶺、雲陽山延伸過來的山脊的水。兩條溪水匯合後從把七鋪名。的北面流出。龍頭嶺的水分南、北兩條，往南流下的水，從東嶺塢匯合秦人洞的溪水到大羅埠流出。共走了二里，翻過一座山嶺，看到一片平坦的田地，這就是東嶺塢。塢內水田平坦寬廣，村莊密集，東面為雲陽山，西面為大嶺，北面即龍頭嶺延伸過來的山脊，南面東嶺環繞。我剛到時以為這裡已是平地，走下東嶺，然後知道仍在群山之上。沿著山塢的東側又走了一里，在新庵留宿。

十六日　東嶺塢內居人段姓，引南行一里，登東嶺，即從嶺上西行。嶺頭多漩窩成潭，如釜之仰，釜底俱有穴直下為井，或深或淺，或不見其底，是為九十九井❶。始知是山下皆石骨玲瓏，上透一竅，輒水搗成井。竅之直者，故下墜無底；竅之曲者，故深淺隨之。井雖枯而無水，然一山而隨處皆是，亦一奇也。又西一里，望見西南谷中，四山環繞，漩成一大窩，亦如仰釜。釜之底有澗，澗之東西皆秦人洞也。由灌莽中直下二里，至其處，其澗由西洞出，由東洞入，澗橫界窩之中，東西長半里，中流先搗入一穴，旋透穴中東出，即自石峽中行。其峽南北皆石崖壁立，夾成橫槽，水由槽中抵東洞，南向搗入洞口。洞有兩門北向，水先分入小門，透峽下傾，人不能從。稍東而南入大門者，從眾石中漫流❷，其勢較平；第洞內水匯成潭，深浸洞之兩崖，旁無餘隙可入。循崖則路斷，涉水則底深，惜無浮槎❸可覓支機片石❹。惟小門之水，入峽後亦旁通大洞，其流可揭厲❺而入。其竅宛轉而披透，其竅中如軒楞❻別啟，返矚倒入之勢❼，亦甚奇也。西洞洞門東穹，較東洞之高峻少殺，水由洞後東向出，水亦較淺可揭。入洞五六丈，上嵌圍頂，四圍飛石駕空，兩重如庋懸閣，得二丈梯而度其上。其下再入，水亦成潭，深與東洞並，不能入矣。是日導者先至東洞，以水深難入而返，不知所謂西洞也。返五里，飯於導者家，日已午矣。其長詢知洞水深，曰：「誤矣。此入水洞，非水所從出者。」復導予行，始抵西洞。余幸兼收之勝，豈憚往復之煩？既出西洞❽，過東洞，共一里。踰嶺東望，見東洞水所出處；復一里，南抵塢下，其水東向湧出山麓，亦如黃雩之出石下也。土人環石為陂，壅為巨潭，以灌山塍。從其東，水南流出谷，路北上逾嶺，共二里，始達東嶺之上，此由州入塢之大道也。登嶺，循舊路一里，返宿導者家。

【章　旨】本章記載了第六天在長沙府的行跡。登上東嶺，嶺上有九十九井，雖然已經枯竭，仍是一個奇觀。山谷中有個迴旋而成的大窩，底下有澗水，秦人洞就在澗水的東西兩邊。澗水從石槽流入東洞，洞內水匯積成潭，無法進去。西洞為出水洞，洞內有凌空飛架的岩石。晚上在嚮導家過夜。

【注　釋】❶九十九井　在東嶺，俗稱風井。❷漫流　水位高過堤岸，散漫而流行。❸浮槎　據張華《博物志》，每年八月，都有浮槎來往海天之間。槎，竹、木筏。❹支機片石　據劉義慶《集林》，漢武帝令張騫尋覓河源，乘槎至天河，見有一婦人浣紗，婦人與張騫一石。據成都卜人嚴君平說，這是織女支機石。❺揭厲　《詩·邶風·匏有苦葉》：「深則厲，淺則揭。」即水淺時掀起衣服過河，水深時穿著衣服過河。❻軒楞　窗戶的棱角。楞，《說文》作「棱」。❼返矚倒入之勢　此句原作「搗返觀倒入之勢」，據乾隆本改。❽既出西洞　從「既出西洞」到「亦如黃雩之出石下」一段，文中所言方位似有誤。既「過東洞」，再「東望」，又怎能見「東洞」？前文已明言東洞乃「入水洞」，這裡又怎麼變成「東洞水所出處」了？

【語　譯】十六日　東嶺塢內一個姓段的居民，帶著我往南走了一里，登上東嶺，隨即從嶺上往西走。嶺頭有許多因水流迴旋形成的潭水，就像朝天的鍋，鍋底都有洞直往下成為井，有的深，有的淺，有的看不到底，這就是九十九井。方知這座山下都是玲瓏的巖石，上面透出一個孔洞，水往下沖擊成了井。豎直的洞，往下落到無底的深處，彎曲的洞，隨著地勢或深或淺。井雖然已經枯竭，沒有水，但在一座山中到處都是，也可稱為一個奇觀。又往西走一里，望見西南山谷之中，四面群山環繞，迴旋成一個大坑，也像一口朝天的鍋。鍋的底部有澗水，澗水東西兩邊都是秦人洞。從灌木叢中直往下走二里，到了那裡，澗水從西洞流出，從東洞進入，在坑中橫向分界，東西長半里，中途先灌入一個洞穴，很快又從洞中向東透出，便從石峽中流去。峽谷南北兩邊都是如壁陡立的石崖，相夾成橫槽，水從槽中流到東洞，向南灌入洞口。洞有二扇向北的門，水先分流進入小門，透過峽谷往下傾瀉，人沒法隨著它走。稍微偏東往南流入大門的水，從眾多岩石中散漫流行，水勢比較平緩；但洞內水匯積成潭，將洞兩邊的崖壁深深浸沒，旁邊沒有空隙可以進去。沿著崖壁走沒有路，從水中走又太深，真可惜沒有直上天河的浮槎，可坐在上面尋找織女的支機石。唯有流入小門的水，在進入峽谷後也有大洞旁通，水不深，可提著衣服從中渡過。這裡的孔洞曲折而且相通，洞中別有一種如同窗戶打開的景狀，轉身觀看倒流的水勢，也十分奇特。西洞的洞門往東高高拱起，但比起東洞的高大峻拔，則要差一些，水從洞後向東流出，水也較淺，可掀起衣服過去。往洞內走五、六丈，上面嵌著圓頂，四周岩石淩空飛架，就像安放著兩層懸空的樓閣，找到一架二丈高的梯子爬到上面。往下再進去，水也匯積成潭，深和東洞相似，無法進去了。這天嚮導帶我先去東洞，因為水深無法進入而返回，並不知道還有西洞。返回走了五里，在嚮導家吃飯，已是中午了。他家的老人問後知道洞內水深，說道：「你們走錯了。這是水流進的洞，不是水流出的洞。」又帶我前往，方才到西洞。我十分慶幸能兼得兩洞的美景，哪裡還怕來回走路的麻煩？走出西洞後，經過東洞，共一里路。翻過山嶺向東望去，看到水從東洞流出的地方；又走了一里，往南到達山塢之下，這裡的水向東湧出山麓，也像黃雩江的水從石下流出。當地人用石塊圍成堤岸，堵住出口便成巨大的潭水，用來灌溉山中的田地。從潭的東面走，水往南流出峽谷，路又向北翻過山嶺，共走了二里，才到達東嶺的上面，這是從州城進入山塢的大路。登上山嶺，沿著原路走了一里，回嚮導家過夜。

十七日　晨餐後，仍由新庵北下龍頭嶺，共五里，由舊路至絡絲潭下。先是，余按志有「秦人三洞，而上洞惟石門不可入」之文。余既以誤導，兼得兩洞，無從覓所為上洞者。土人曰：「絡絲潭北有上清潭，其門甚隘，水由中出，人不能入，入即有奇勝。此洞與麻葉洞俱神龍蟄處，非惟難入，亦不敢入也。」余聞之，益喜甚。既過絡絲潭，不渡澗，即傍西麓下。〔蓋渡澗為東麓，雲陽之西也，棗核故道；不渡澗為西麓，大嶺、洪碧之東也，出把七道。北〕半里，遇樵者，引至上清潭。其洞即在路之下、澗之上，門東向，夾如合掌。水由洞出，有二派：自洞後者，匯而不流；由洞左者，〔乃洞南旁竇，〕其出甚急。既逾洞左急流，即當伏水而入，導者止供炬爇火，無肯為前驅者。余乃解衣伏水，蛇行以進，石隙既低而復隘，且水沒其大半，必身伏水中，手擎火炬，平出水上，乃得入。西入二丈，隙始高裂丈餘，南北橫裂者亦三丈餘，然俱無入處。惟直西一竇，闊尺五，高二尺，而水沒其中者亦尺五，隙之餘水面者，五寸而已。計匍匐水中，必口鼻俱濡水，且以炬探之，貼隙頂而入，猶半為水漬。時顧僕守衣外洞，若泅水入，誰為遮炬者？身可由水，炬豈能由水耶？況秦人洞水，余亦曾沒膝浸服，俱溫然不覺其寒，而此洞水寒與溪澗無異。而洞當風口，颼飀彌甚，風與水交逼，而火復為阻，遂捨之出。出洞披衣，猶覺周身起栗，乃爇火洞門。久之，復循西麓隨水北行，已在棗核嶺之西矣。

去上清三里，得麻葉洞❶。洞在麻葉灣，西為大嶺，南為洪碧，東為雲陽、棗核之支，北則棗核西垂。大嶺東轉，東澗下流，夾峙如門，而當門一峰，聳石屼突，為將軍嶺；澗搗其西，而棗核之支，西至此盡。澗西有石崖南向，環如展翅，東瞰澗中，而大嶺之支，亦東至此盡。迴崖之下，亦開一隙，淺不能入。崖前有小溪，自西而東，經崖前入於大澗。循小溪至崖之西脅亂石間，水窮於下，竅啟于上，即麻葉洞也。洞口南向，大僅如斗，在石隙中轉折數級而下。初覓炬倩導，亦俱以炬應，而無敢導者。曰：「此中有神龍。」或曰：「此中有精怪。非有法術者，不能攝服❷。」最後以重資覓一人，將脫衣入，問余乃儒者，非羽士❸，復驚而出曰：「予以為大師，故欲隨入，若讀書人，余豈能以身殉耶？」余乃過前村，寄行李於其家，與顧僕各持束炬入。時村民之隨至洞口數十人，樵者腰鐮，耕者荷鋤，婦之炊者停爨，織者投杼，童子之牧者，行人之負載者，接踵而至，皆莫能從。

余兩人乃以足先入，歷級轉竇，遞炬而下，數轉至洞底。洞稍寬，可以側身矯首，乃始以炬前向。其東西裂隙，俱無入處，直北有穴，低僅一尺，闊亦如之，然其下甚燥而平。乃先以炬入，後蛇伏以進，背磨腰貼，以身後聳，乃度此內洞之一關。其內裂隙既高，東西亦橫亙，然亦無入處。又度第二關，其隘與低與前一轍，進法亦如之。既入，內層亦橫裂，其西南裂者不甚深。其東北裂者上一石坳❹，忽又縱裂而起，上穹下狹，高不見頂，至此石幻異形，膚理❺頓換，片竅俱靈。其西北之峽，漸入漸東，內夾一縫，不能容炬。轉從東南之峽，仍下一坳，其底砂石平鋪，如澗底潔溜，第乾燥無水，不特免揭厲，且免沾污也。峽之東南盡處，亂石轟駕❻，若樓臺層疊，由其隙皆可攀躋而上。其上石竇一縷，直透洞頂，光由隙中下射，若明星鉤月，可望而不可摘也。層石之下，澗底南通，覆石低壓，高僅尺許；此必前通洞外，澗所從入者，第不知昔何以湧流，今何以枯洞也，不可解矣。由層石下，北循澗底入，其隘甚低，與外二關相似。稍從其西，攀上一石隙，北轉而東，若度鞍歷嶠。兩壁石質石色，光瑩欲滴，垂柱倒蓮，紋若鏤雕，形欲飛舞。東下一級，復值澗底，已轉入隘關之內矣。於是闢成一衙❼，闊有二丈，高有丈五，覆石平如布幄，澗底坦若周行❽。北馳半里，下有一石，庋出如榻，楞邊勻整。其上則蓮花下垂，連絡成幃，結成寶蓋，四圍垂幔，大與榻並。中圓透盤空，上穹為頂，其後西壁，玉柱圓豎，或大或小，不一其形，而色皆瑩白，紋皆刻鏤，此衖中第一奇也。又直北半里，洞分上、下兩層，澗底由東北去，上洞由西北登。時余所賚火炬已去其七，恐歸途莫辨，乃由前道數轉而穿二隘關，抵透光處，炬恰盡矣。穿竅而出，恍若脫胎易世。

洞外守視者，又增數十人，見余輩皆頂額❾稱異，以為大法術人。且云：「前久候以為必墮異吻❿，故余輩欲入不敢，欲去不能，茲安然無恙，非神靈攝服，安能得此！」余各謝之，曰：「吾守吾常，吾探吾勝耳，煩諸君久佇，何以致之！」然其洞但入處多隘，其中潔淨乾燥，余所見洞，俱莫能及，不知土人何以畏入乃爾。乃取行囊於前村，從將軍嶺出，隨澗北行。十餘里，抵大道，其處東向把七尚七里，西向還麻止三里。余初欲從把七附舟西行，至是反溯流逆上，既非所欲，又恐把七一時無舟，天色已霽，遂從陸路西向還麻。時日已下舂，尚未飯，索酒市中。又西十里，宿于黃（石）鋪⓫，去茶陵西已四十里矣。是晚碧天如洗，月白霜淒，亦旅中異境，竟以行倦而臥。

黃石鋪之南，即大嶺北峙之峰，其石嶙峋插空；西南一峰尤甚，名五鳳樓，〔去十里而近，即安仁道。〕余以早臥不及詢，明日登途，知之已無及矣。〔黃石西北三十里為高暑山，又有小暑山，俱在攸縣⓬東，疑即司空山⓭也。二山之西，高峰漸伏。茶陵江⓮北曲，經高暑南麓而西，攸水⓯在山北。是山界茶、攸兩江云。〕

【章　旨】本章記載了第七天在長沙府的行跡。走下龍頭嶺，經過絡絲潭，來到上清潭。水從洞中流出，脫下衣服，將身子浸在水中，舉著火把進去，洞內水很冷，無法深入，只得退出。麻葉洞在麻葉灣，四周群山環抱，當地人說裡面有神龍妖精，沒人敢進去，聽說有人進洞，都趕來觀看。主僕兩人舉著火把，到達洞底，又像蛇那樣，爬進內洞的兩個狹隘的關口。從夾壁中往裡走，澗底乾燥無水。沿著澗底深入進去，轉入關口之內，裡面有一塊像牀那樣的大石，周圍豎立著圓形的玉柱，堪稱奇景。因火把用去大半，只得返回，出洞後有脫胎轉世之感。守在洞外觀望的當地人都慶幸稱奇，其實只是「吾守吾常，吾探吾勝」而已。離開麻葉洞，走出將軍嶺，經過還麻，到黃石鋪投宿。黃石鋪西南有五鳳樓，西北有作為茶陵江、攸水分界的高暑山。

【注　釋】❶麻葉洞　在茶陵西境，北有上清洞，南有秦人洞。❷懾服　畏懼威勢而屈服。懾，通「慴」。❸羽士　有羽翼的仙人。道家學仙，因稱道士為羽士。❹石坳　凹陷的石洞。❺膚理　指巖石的紋理。❻轟駕　轟，眾多。駕，同「架」。高疊；堆架。❼衖　同「弄」。小巷。❽周行　大路。❾頂額　以手加額，表示慶幸。❿異吻　怪物之口。⓫黃石鋪　在茶陵西北，攸水西岸。⓬攸縣　明代為縣，隸長沙府，今屬湖南。⓭司空山　在攸縣城東四十里，南接雲陽山，下有溫泉，原名溫泉山，又名麒麟山。因南朝齊張岊在此隱居得道，故名司空山，有三十六峰。⓮茶陵江　即洣水。源出湖南酃縣的屏水山，北流入茶陵地界，又西北流至衡山縣南注入湘水。⑮攸水　古名攸溪。源出江西萍鄉武功山，流入湖南境，往南流至攸縣東入洣水。

【語　譯】十七日　吃罷早飯，仍從新庵往北走下龍頭嶺，共五里，從原路到絡絲潭下。在此之前，我查閱志書，上面有「秦人三洞，上洞惟有石門，不能進去」這樣的記載。我因為嚮導帶錯了路，反而東西兩洞都去了，只是無從尋找所謂的上洞。當地人說：「絡絲潭的北面有上清潭，洞門十分狹隘，水從中間流出，人不能進去，進去就有奇異的景觀。這洞和麻葉洞都是神龍潛伏的地方，不但難以進去，也沒人敢進去。」我聽了，格外感到高興。過了絡絲潭，不渡澗水，便靠著西山腳走下去。這是因為渡過澗水為東山腳，在雲陽山的西面，是走棗核嶺的老路；不渡澗水為西山腳，在大嶺、洪碧山的東面，是去把七的路。往北走半里，遇到砍柴的人，將我帶到上清潭。洞就在路的下面、澗水的上方，洞門向東，像合起的手掌一樣夾攏。水從洞中流出，分成兩股：出自洞後的，匯聚成潭並不流走；出自洞左側的，是洞南的旁洞，水十分迅急地流去。在越過洞左側的急流後，就得浸在水中進去，嚮導只提供火把，沒有肯在前面引路的。我便脫下衣服，伏在水中，像蛇那樣爬行進去；石縫既低又窄，而且大半被水淹沒，必須將身體伏在水中，手舉火把，平穩地露出水面之上，方能進去。往西走進二丈遠，石縫才向上高高地裂開一丈多寬，南北橫裂也有三丈多，但都沒有入口處。惟獨正西有個洞，闊一尺五，高二尺，被水淹沒的部分也有一尺五，高出水面的空隙，僅五寸而已。估計在水中爬行，嘴巴、鼻子必然都會灌進水，而且用火把探路，即使貼著洞頂進去，火把也有一半浸在水中。這時顧僕在外洞看管衣服，如果從水中游過去，誰來傳遞火把？身體可以從水中過去，火把又怎能浸在水中？況且秦人洞的水，也曾沒過我的膝蓋，浸濕我的衣服，但都不覺得冷，而這個洞的水冰冷，和溪流山澗沒什麼不同。洞正當風口，風刮得更加厲害，風水交逼，而火把又不能帶進去，只得離開。出洞披上衣服，仍然覺得渾身起雞皮疙瘩，便在洞門口烤火。過了好久，又沿著西山腳隨著水流往北走，已到棗核嶺的西面了。

離上清潭三里，找到了麻葉洞。洞在麻葉灣，西面為大嶺，南面為洪碧山，東面為雲陽山、棗核嶺的支脈，北面則為棗核嶺的西陲。大嶺向東轉，將澗水的下游束住，兩旁山崖夾立，如同門戶，而正當門前的一座山峰，崖石高聳突出，為將軍嶺；澗水沖擊著它的西面，棗核嶺的支脈，往西就到這裡為止。澗水的西面有石崖向南，環轉如同張開的翅膀，往東俯視澗水，而大嶺的支脈，也向東到這裡為止。環轉的山崖之下，也裂開一條空隙，很淺，不能進去。崖前有一條小溪，從西向東，經過崖前流入大澗。沿著小溪到山崖西脅的亂石中，水流往下便到盡頭，上面有洞穴開張，這就是麻葉洞。洞口朝南，只有斗那麼大，在石縫中轉了好幾級石階下去。起先尋找火把，請人做嚮導，但也都只肯提供火把，沒人敢來引路。有的說：「裡面有神龍。」有的說：「裡面有妖精，除非有法術的人，決不可能降服它。」最後用重金請到一個人，剛要脫衣服進去，一問知道我是讀書人，不是道士，又驚恐地出來說：「我以為你是大法師，所以想跟著進去，如果是讀書人，我又怎麼肯為你去送命呢？」我於是經過前村，將行李寄放在他的家中，和顧僕各自舉著火把進去。這時有幾十個村民跟著到洞口，砍柴的腰插鐮刀，耕田的扛著鋤頭，做飯的婦女熄火離竈，織布的扔下梭子，乃至放牧的兒童、挑著擔子的行人，接踵而至，但都不敢跟我一起進洞。

我們兩人便先將腳伸進去，踏著一級級石階轉入洞中，傳遞著火把往下走，經過幾個轉折到達洞底。洞稍許寬些，可以側著身子抬起頭來，於是開始將火把伸向前面。洞東西兩邊都是裂縫，沒有可進去的地方，正北有個洞穴，僅一尺高，寬也如此，但它下面十分乾燥平坦。於是先將火把伸進去，然後像蛇那樣伏在地上爬行，背部擦著石壁，腰部貼著地面，用下身向前挺進，方才通過這內洞的第一關。裡面裂縫比較高，東西相通，但也沒有入口處。又通過第二關，它的狹窄和低矮，同前面如出一轍，進去的辦法也一樣。進入後，只見內層也橫向裂開，西南的裂縫不太深。東北的裂縫上面有個石坳，忽又縱向裂開突起，上面寬大，下面狹窄，高不見頂，到這裡石形奇異多姿，石紋頓時改變，每一小片每一小孔，都十分神奇。西北的峽道，漸漸往裡，漸漸緊束，裡面只有一道夾縫，沒法讓火把通過。轉身從東南的峽道中走，仍往下走到一個石坳，底部平鋪著砂石，就像澗水的底部一樣潔淨光滑，只是乾燥沒水，不但不用涉水，而且還不會弄髒身子。峽壁的東南盡頭，亂石高疊，如同層層疊疊的樓臺，從它的空隙中都可向上攀登。在它上面還有一條很細小的縫隙，直穿洞頂，光從縫隙中射下，就像明亮的星星、彎彎的月亮，只可遠望而不可摘取，層層岩石之下，澗底通向南面，覆蓋的石塊低矮地壓在上面，高僅一尺左右；這一定往前直通洞外，澗水就從中流入，但不知過去為何湧起流水，如今又為何成了枯洞，真不可理解了。從層層石塊往下，向北沿著澗底進去，狹隘的入口處十分低矮，和外面兩關相似。從稍許偏西的地方，登上一道石縫，往北轉而向東，就像度過馬鞍形的山石，又像越過尖峭山峰。兩旁石壁的質地色澤，光潔晶瑩，如同就要滴下的水珠，石柱下垂，宛如倒懸的蓮花，花紋好像雕刻而成，看上去似乎要飛舞起來。往東走下一級石階，又到澗底，已轉入狹隘的關口的裡面了。在這裡開闢成一條小巷，有二丈寬，一丈五尺高，頂上覆蓋的岩石像帳幕那麼平整，澗底則像大路那麼平坦。往北飛快地走了半里，下面有一塊大石，像牀那樣安放著，邊角勻稱整齊。在它頂上石蓮垂下，石乳連成帳幕，結成華麗的車蓋，四周垂掛著帳幔，大和石牀相仿。中間圓形穿通，盤空而上，隆起成頂，在它後面西邊的石壁，豎立著圓形的玉柱，或大或小，形態各不相同，但色澤都晶瑩潔白，紋理像雕刻而成，這是巷中的第一奇觀。又往正北走半里，洞分上、下兩層，澗底通向東北，上洞從西北登上。這時我所帶的火把已用了七成，怕回去時分不清路，便沿著原路拐了幾個彎，穿過兩道狹隘的關口，到透光的地方，火把正好用完。穿過洞穴出來，彷彿有脫胎轉世之感。

守在洞外看望的人，又增加了幾十人，看到我們都以手加額，連連稱奇，認為我是一個法術無邊的人。並且說：「剛才等了好久，以為你們已落入怪物之口，所以我們想進洞又不敢，想離開又不能，現在看到你們平安無事，如果不是神靈保佑，怎能有這樣好的結果！」我一一道謝，說：「我堅守我的信念，我探求我嚮往的勝景罷了，麻煩各位久等，真不知該如何感謝才好！」不過這個洞只是進入的地方多狹隘的關口，裡面潔淨乾燥，我所見到的其他洞，都比不上，不知當地人為什麼如此怕進去。於是在前村取了行李，從將軍嶺走出，隨著澗水往北。走了十多里，到大路，這裡向東去把七還有七里，向西到還麻只有三里。我起先想從把七搭船往西走，到這裡反逆流向上，既不是自己的願望，又怕到把七一時間找不到船，天色已經轉晴，便從陸路向西去還麻。這時太陽已經下山，還沒吃飯，便在市中買酒喝。又向西走了十里，在黃石鋪留宿，離開茶陵城西已四十里了。這天晚上天空一碧如洗，月色皎潔，清霜淒冷，也是旅途中罕見的奇景，終於因白天走得實在太累睡著了。

黃石鋪的南面，便是大嶺北端峙立的山峰，山石突兀，高聳雲天；西南的一座山峰尤其突出，名五鳳樓，離這裡十里不到一些，是去安仁的路。我因睡得早沒去打聽，第二天上路後，才知道有這座山，但已來不及前往了。

黃石鋪西北三十里處為高暑山，另外還有小暑山，都在攸縣的東面，懷疑就是司空山。兩山的西面，高峻的山峰漸漸低伏。茶陵江北面水灣的水，經過高暑山的南麓向西流去，攸水就在山的北面。這山是茶陵、攸水這兩條江水的分界。

十八日　晨餐後自黃石鋪西行，霜花滿地，旭日澄空。十里為丫塘鋪，又十里為珠璣鋪，則攸縣界矣。又西北十里，斑竹鋪。又西北十里，長春鋪。又十里，北度大江，即攸縣之南關矣。縣城瀕江北岸，東西兩門，與南門並列於江側。茶陵之江北曲西迴，攸水自安福❶封侯山西流南轉，俱夾高暑山而下合於縣城，東由城南西去。是日一路霽甚，至長春鋪陰雲復合。抵城纔過午，候舟不得，遂宿學門前。亦南門。

十九日　晨餐後，陰霾不散。由攸縣西門轉北，遂西北登陟陂陀。十里，水澗橋，有小水自北而南。越橋而西，連上二嶺，其西嶺名黃山。下嶺共五里，為黃山橋，有水亦自北而南，其水較大於水澗，而平洋❷亦大開。西行平疇三里，上牛頭山。又山上行二里，曰長崗沖，下嶺為清江橋。橋東赤崖如迴翅，澗從北來，大與黃山橋等。橋西開洋，大亦如黃山橋，但四圍皆山，不若黃山洋南北一望無際也。洋中平疇，村落相望，名漠田。又五里，西入山峽，已為衡山❸縣界。界北諸山皆出煤，攸人用煤不用柴，鄉人爭輸入市，不絕於路。入山，沿小溪西上，路分兩岐：西北乃入山向衡小路，西南乃往太平等附舟路。於是遵西南五里，為荷葉塘。越盼兒嶺，五里，至龍王橋。橋下水北自小源嶺來，南向而去，其居民蕭姓，亦大族也。北望二十里外，小源嶺之上，有高山屏列，名曰大嶺山，乃北通湘潭❹道。過橋西南行三里，上長嶺。又西下一塢，三里，上葉公坳。又四里，下太平寺嶺，則大江在其下矣。隔江即為芒洲，其地自攸縣東四十五里。是日上長嶺，日少開。中夜雨聲滴瀝，達明而止。

【章 旨】本章記載了第八天、第九天在長沙府的行跡。到了珠璣鋪，便是攸縣地界，再經過長春鋪，到攸縣南關留宿。次日走過水澗橋、黃山橋，翻過黃山、牛頭山，又經過清江橋、漠田，到衡山地界。攸縣、衡山兩地分界處北面的群山產煤。接著翻過盼兒嶺，走過龍王橋，向北望見大嶺山。隨後登上長嶺，走下太平寺嶺，到芒洲的對岸留宿。

【注　釋】❶安福　明代為縣，隸吉安府，今屬江西。❷平洋　開闊的平地。❸衡山　明代為縣，隸衡州府，今屬湖南。❹湘潭　明代為縣，隸長沙府，今屬湖南。

【語　譯】十八日　早飯後從黃石鋪向西走，滿地都是霜花，紅日高照，天空清澈。過了十里到了塘鋪，再走十里到珠璣鋪，便是攸縣地界了。再往西北走十里，到斑竹鋪。再往西北走十里，到長春鋪。再走十里，向北渡過大江，便是攸縣的南關。縣城靠近江的北岸，東、西兩門，和南門並列在江邊。茶陵江轉向北再繞到西面，攸水從安福封侯山往西流又向南轉，都夾著高暑山往下流到縣城匯合，從東面經城南向西流去。這天一路上天氣十分晴朗，到長春鋪陰雲又聚攏起來。到達縣城剛過中午，等候的船沒來，便在學門前留宿。也在南門。

十九日　早飯後，陰霾仍不消散。從攸縣西門轉向北去，便朝西北登上山坡。走了十里到水澗橋，有一條小溪從北向南流去。過了橋向西，接連登上兩座山嶺，西面的山嶺名黃山。下嶺共走了五里，到黃山橋，有一條溪水也從北向南流，這水比水澗橋下的水大一些，而平野也大大開闊起來。在平坦的田地往西走三里，登上牛頭山。又在山上走了二里，地名長崗沖，下嶺便是清江橋。橋東紅色的山崖如同迴翔的翅膀，澗水從北面流來，水勢和黃山橋下的水流相仿。橋西開曠的平地，也和黃山橋一帶相似，但四周都是山，不像黃山橋的平野從南到北一望無際。田野中的平地，村與村之間可相互望見，地名漠田。又走了五里，向西進入山峽之中，已是衡山縣的地界。分界處北面的群山都產煤，攸縣的居民用煤不用柴，鄉下人爭著將煤運到市中，路上接連不斷。進入山中，沿著小溪往西向上走，路岔成兩條：往西北的是進入山中去衡山的小路，往西南的是前往太平寺等地搭船走的路。於是沿著往西南的路走五里，到荷葉塘。翻過盼兒嶺，走了五里，到龍王橋。橋下的溪水從北面的小源嶺流來，向南流去，當地居民姓蕭，也是大族。向北望見二十里外，小源嶺的上面，有高山像屏障那樣聳立著，名大嶺山，是往北通向湘潭的路。過橋往西南走三里，登上長嶺，又往西走下一個山塢，過了三里，登上葉公坳。再走四里，走下太平寺嶺，大江已在它的下面了。隔江便是芒洲，這裡地處攸縣東面四十五里。這天登上長嶺，太陽稍微露出一些。半夜雨聲滴滴答答響個不停，到天亮才停下來。

二十日　先晚候舟太平寺涯上，即宿泊舟間。中夜見東、西兩山，火光熒熒，如懸燈百尺樓上，光焰映空，疑月之升、日之墜者。既而知為夜燒。既臥，聞雨聲滴瀝，達旦乃止。上午得舟，遂順流西北向山峽行。二十五里，大鵝灘。十五里，過下埠❶，下回鄉灘，險甚。過此山始開，江乃西向。行二十五里，北下橫道灘，又十五里，暮宿于楊子坪之民舍。

【章　旨】本章記載了第十天在衡州府的行跡。昨晚在船上看到燒山，雨通宵下個不停。上午乘船駛過大鵝灘、回鄉灘、橫道灘，到楊子坪留宿。

【注　釋】❶下埠　即今夏浦，在衡東東境，洣水東岸。

【語　譯】二十日　昨晚在太平寺的水邊等船，便在停泊的船上過夜。半夜看到東、西兩座山，火光熒熒，就像在百尺高樓上懸掛明燈，光焰映照著夜空，令人懷疑是月亮升起，太陽落下。不久知道是夜晚燒山。睡下後，聽到滴滴答答的雨聲，到天亮才停止。上午找到船，便順流朝西北山峽中行駛。過了二十五里，到大鵝灘。再走十五里，經過下埠，駛下回鄉灘，十分險惡。過了這裡山勢才開闊起來，江水才向西流去。行駛二十五里，往北駛下橫道灘，再行駛十五里，傍晚在楊子坪的民家留宿。

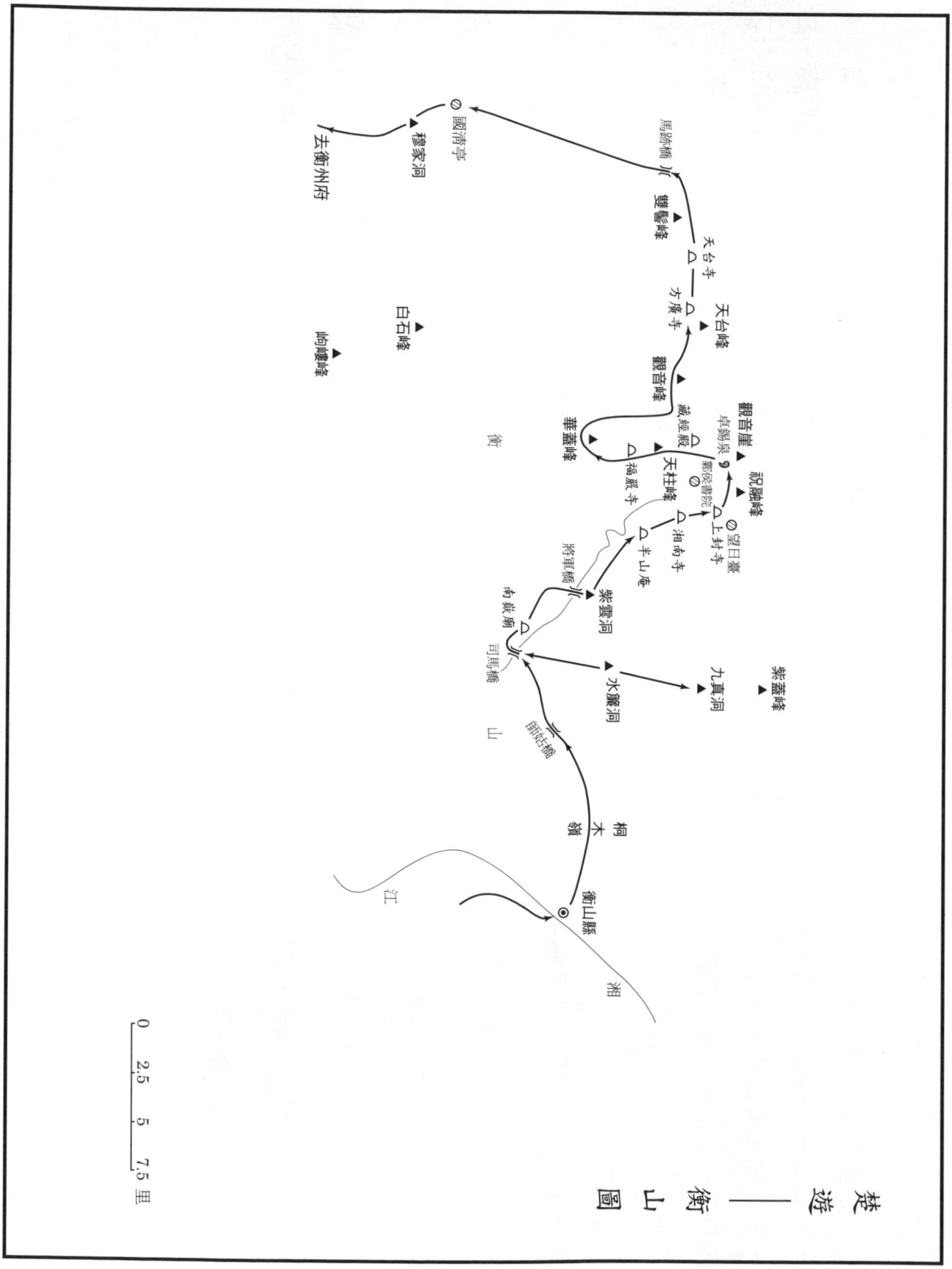
楚遊——衡山圖
國清亭
穆家洞
去衡州府
馬跡橋
雙髻峰
天台寺
方廣寺
天台峰
白石峰
岣嶁峰
觀音峰
藏經殿
觀音崖
卓錫泉
華蓋峰
福嚴寺
天柱峰
鄴侯書院
祝融峰
望日臺
上封寺
湘南寺
半山庵
將軍橋
紫雲洞
南嶽廟
司馬橋
水簾洞
九真洞
紫蓋峰
師姑橋
桐木嶺
衡山縣
衡
山
江
湘
0 2.5 5 7.5 里

二十一日　四鼓❶，月明，舟人即促下舟。二十里，至雷家埠❷，出湘江❸，雞始鳴。又東北順流十五里，抵衡山縣，江流在縣東城下。自南門入，過縣前，出西門。三里，越桐木嶺❹，始有大松立路側。又二里，石陂橋，始夾路有松。又五里，過九龍泉❺，有頭巾石。又五里，師姑橋❻，山隴始開，始見祝融❼北峙。然夾路之松❽，至師姑橋而盡矣。橋下之水❾東南去。又五里入山，復得松。又五里，路北有「子抱母松」。大者二抱，小者分兩岐。又二里，越佛子坳。又二里，上俯頭嶺。又一里，則岳市❿矣。過司馬橋⓫，入謁岳廟⓬，出飯於廟前。問水簾洞⓭在山東北隅，非登山之道。時纔下午，猶及登頂，密雲無翳，恐明日陰晴未卜，躊躇久之。念既上，豈能復迂道而轉，逐東出岳市，即由路亭北依山轉岐，初路甚大，乃湘潭入岳之道也。東北三里，有小溪自岳東高峰來，遇樵者，引入小徑。三里，上山峽，望見水簾布石崖下。二里，造其處，乃瀑之瀉於崖間者，可謂之「水簾」，不可謂之「洞」也。崖北石上大書「朱陵大洞天」併「水簾洞高山流水」諸字，皆宋、元人所書，不辨其款引⓮者。又言其東九真洞⓯，亦山峽間出峽之瀑也。下山又東北二里，登山循峽，踰一隘中，峰迴水繞，引者以為九真矣。有焚山者至，曰：「此壽寧宮⓰故址，乃九真下流。所云洞者，乃山環成塢，與此無異也，其地在紫蓋峰⑰之下。踰山而北，尚有洞，亦山塢，「漸近湘潭境。」予見日將暮，遂出山，十里，」僧寮⑱已近，還宿廟。

【章　旨】本章記載了第十一天在衡州府遊衡山的行跡。四更出發，經過雷家埠，走出湘江，抵達衡山縣。接著翻過桐木嶺，經過九龍泉、「子抱母松」，登上俯頭嶺，進入嶽廟拜謁。下午前往水簾洞，實際是山崖中的瀑布，東面還有九真洞。晚上回嶽廟過夜。

【注　釋】❶四鼓　四更，古代夜間擊鼓報更，故以「鼓」為「更」的代稱。❷雷家埠　即今雷溪，在衡山東南，湘江與洣水匯合處的東岸。❸湘江　源出廣西興安海洋山西麓，東北流至湘陰注入洞庭湖。❹桐木嶺　又稱桐木岡，在衡山城西。「桐岡歸牧」為衡山八景之一。❺九龍泉　在衡山西面，因泉眼多而得名。❻師姑橋　今名師古橋。在從衡山縣城通往嶽廟的大路上，以旁有師姑塔得名。❼祝融　峰名，為衡山主峰，海拔一千二百九十公尺。相傳上古祝融氏葬此，故名。祝融為上古炎帝時的火官，死後為火神。峰上有祝融殿（又名老聖殿），始建於明萬曆年間。前人說：「不登祝融，不足以知其高。」從峰頂俯視，眾山羅列，景物雄奇。祝融峰之高，與水簾洞之奇、方廣寺之深、藏經殿之秀，並稱為「南嶽四絕」。峰上還有觀日臺、望月臺及不少石刻。❽夾路之松　松，原作「峰」，據乾隆本改。❾橋下之水　即雙煙河。源出紫蓋峰水簾洞，經師姑橋流入湘水。❿岳市　即今南嶽鎮，為進入衡山的門戶。鎮東街有著名的祝聖寺，相傳建於唐代，徐霞客遊衡山時已毀，清康熙年間重建。岳，《說文》作「嶽」，古文隸變作「岳」。⓫司馬橋　在嶽廟南，跨龍隱河上游。明司馬劉堯誨建，由此得名。⓬岳廟　在南嶽鎮西北隅，赤帝峰下。始建於唐開元十三年（七二五），以後歷經重建和擴建。廟背山臨水，古木掩映，現占地面積近十萬平方公尺，是與泰安岱廟、登封中嶽廟並稱於世的規模宏偉的宮殿式古建築群，由欞星門、正川門、御碑亭、嘉應門、御書樓、正殿、寢宮、注生宮、黑神祠、四角樓等組成。正殿高二十三公尺，有石柱七十二根，象徵南嶽七十二峰，雕鏤極為精美，另有重達萬斤的銅鐘和銅佛。⓭水簾洞　在南嶽廟北八里，紫蓋峰下，舊名朱陵祠，道家稱為第三洞天。水源來自峰頂，垂直下傾，高二十餘丈。每年春夏之交，山泉迸瀉，有如跳珠噴玉，雪濺雷鳴，至洞口如垂簾狀，蔚為奇觀。周圍有唐代李商隱書「南嶽第一泉」等石刻。水簾的左邊有雪浪亭，為眺望瀑布的最佳處。⓮款引　款，款識，原指古代鐘鼎彝器上鑄刻的文字，凹入者為款，突出者為識。後用以指書畫上的題名。引，文體名，如序而較簡短。⓯九真洞　在碧岫峰下。⓰壽寧宮　在南嶽北界。據舊記，又名九真觀，為晉太康中新野先生所建。⓱紫蓋峰　在南嶽廟北，祝融峰東，以峰頂平圓如寶蓋得名。衡山群峰皆環拱祝融，惟獨此峰昂然獨立，有爭雄之意。相傳大禹治水，曾登此峰，西側有「禹王城」石刻。⓲寮　僧人居住的小屋。

【語　譯】二十一日　四更，月光皎潔，船夫就催促下船。行駛二十里，到雷家埠，駛入湘江，才聽到雞啼。走順流向東北走了十五里，抵達衡山縣，江水流到縣的東城下。從南門進去，經過縣衙門前，到西門出城。走了三里，翻過桐木嶺，才有大松在路邊挺立。又走了二里，到石陂橋，路兩旁才都有松樹。再走五里，經過九龍泉，旁有頭巾石。繼續走五里，到師姑橋，山隴開始開闊起來，才看到祝融峰在北邊峙立。但路兩旁的松樹，到師姑橋也就不見了。橋下的水向東南流去。再走五里進入山中，又看到松樹。再走五里，路的北邊有「子抱母松」。大的兩枝合抱，小的分成兩枝。再走二里，翻過佛子坳。再走二里，登上俯頭嶺。再走一里，就到嶽市了。過了司馬橋，進入嶽廟拜謁，出來後在廟前吃飯。打聽到水簾洞在山的東北角，不是登山的路。這時才下午，還來得及登上山頂，空中雲層密布，但並不陰沉，怕明天是陰是晴很難預料，猶豫了好長時間。心想既然已經上山，哪能再繞道轉回去？便往東走出嶽市，隨即從路邊亭子的北面靠著山轉入岔路，開始路很寬闊，是從湘潭進山的路。往東北走了三里，有條小溪從衡嶽東部的高峰中流來，碰見砍柴的人，把我帶進一條小路。走了三里，登上山峽，望見水簾懸掛在石崖之下。再走二里，到了那裡，原來是瀑布在崖中傾瀉，可以稱作「水簾」，但不可叫做「洞」。崖北的石上寫著「朱陵大滌洞天」及「水簾洞高山流水」等大字，都是宋、元人寫的，落款已分辨不清了。那引路的人又說它東面的九真洞，也是從峽谷中流出的瀑布。下山後又往東北走了二里，登上山沿著山峽向前，越過一道狹隘的山口，只見群山環抱，溪水曲折，引路的人以為這就是九真洞。有個燒山的人到來，說道：「這裡是壽寧宮的舊址，為九真洞的下流。所謂的洞，就是由群山環繞而形成的山塢，和這裡沒什不同，洞址在紫蓋峰的下面。翻過山向北，還有洞，也是山塢，漸漸靠近湘潭地界。」我看天色即將傍晚，於是從山中走出，過了十里，僧房已在附近，便回到廟中過夜。

二十二日　十五里，半山庵❶。五里，南天門❷。平行東向二里，分路。南一里，飛來船❸、講經臺❹。轉至舊路，又東下半里，北度脊，西北上三里，上封寺❺。上封東有虎跑泉❻，西有卓錫泉❼。

二十三日　上封。

二十四日　上封。

二十五日　上封。

【章旨】本章記載了第十二天至第十五天遊衡山的行跡。過了將軍橋，經過紫雲洞、鐵佛寺、丹霞寺、寶善堂，走出玉板橋。又經過半雲庵、茶庵、半山庵，在陡峻的山路攀登，景色迷人。再經過湘南寺、南天門、飛來船、講經臺，到達上封寺，在寺內住了四天。

【注釋】❶**半山庵**　即半山亭，距南嶽廟、祝融峰均十五里，周圍古松蔽日，景物清幽，為登衡山中途休息佳處。南朝齊、梁時修建。清光緒年間改亭為觀，又名玄都觀。❷**南天門**　距南嶽廟十八里，是從南嶽廟登祝融峰的必經之地。可遠眺衡山群峰，湘江九曲，從南嶽鎮望去，南天門為最高處，至南天門才能見祝融峰。南天門以上，乾隆本作「力疾登山。由嶽廟西度將軍橋，嶽廟東西皆澗。北入山一里，為紫雲洞，亦無洞，山前一岡當戶環成耳。由此上嶺一里，大石後度一脊，里許，路南有鐵佛寺。寺後躋級一里，路兩旁俱細竹蒙茸。上嶺，得丹霞寺。復從寺側北上，由絡絲潭北下一嶺，又循絡絲上流之澗一里，為寶善堂。其處澗從東西兩壑來，堂前有大石如劈，西澗環石下，出玉板橋，與東澗合而南。寶善界兩澗中，去嶽廟已五里。堂後復躡蹬一里，又循西澗嶺東平行二里，為半雲庵。庵後渡澗，西躡級直上二里，上一峰，為茶庵。又直上三里，逾一峰，得半山庵，路甚峻。由半山庵丹霞側北上，竹樹交映，青翠滴衣，竹中聞泉聲淙淙。自半雲逾澗，全不與水遇，以為山高無水，至是聞之殊快。時欲登頂，過諸寺俱不入。由丹霞上三里，為湘南寺，又二里，南天門」。❸**飛來船**　在南天門東，有石如船，橫於兩崖之間，雲海飛渡，為天然奇景。清順治年間，船石為雷所擊，斷為兩截。又芙蓉峰頂，也有巨石，名飛來船。❹講經臺　又稱講經石，在擲鉢峰。臺石方形平坦，上刻「天子萬年」四字。❺上封寺　在祝融峰頂。原為道家光天觀，隋大業中改為寺院，與福嚴寺、祝聖寺、南臺寺、大善寺為南嶽佛教五大叢林。寺後有望日臺，可觀日出。因山高氣寒，周圍多樹齡古老、枝幹粗壯的矮松。❻虎跑泉　又名虎爬泉，在上封寺東。相傳有兩虎以足刨地得泉，故名。❼卓錫泉　在上封寺西，與虎跑泉都在擲鉢峰。相傳天台宗二祖慧思在此卓錫而得名。

【語譯】二十二日　走了十五里，便到半山庵。再走五里，到南天門。向東平步走了二里，路又岔開。往南走一里，到飛來船、講經臺。轉到原路上，又往東走下半里，向北越過山脊，再往西北走上三里，到上封寺。上封寺的東邊有虎跑泉，西邊有卓錫泉。

二十三日　留在上封寺。

二十四日　留在上封寺。

二十五日　留在上封寺。

二十六日　晴。至觀音崖❶，再上祝融會仙橋❷。由不語崖❸西下，八里，分路。南茅坪。北二里，九龍坪，仍轉路口。南一里，茅坪。東南由山半行，四里，渡亂澗，至大坪分路。東南上南天門。西南小路直上四里，為老龍池❹，有水一池，在嶺坳，不甚澄，其淨室❺多在嶺外。西南側刀❻之西，雷祖❼之東分路。東二里，上側刀峰。平行頂上二里，下山頂，度脊甚狹，行赤帝峰❽北。一里，繞其東，分路。乃南由坳中東行一里，轉出天柱❾東，遂南下。五里，過獅子山❿與大路合，遂由岐路西入福嚴寺⓫，殿已傾，僧佛鼎謀新之。宿明道山房⓬。

【章旨】本章記載了第十六天遊衡山的行跡。到觀音崖，再上祝融峰的會仙橋，然後從不語崖走下，經過大坪、老龍池，登上側刀峰，翻過山脊到赤帝峰北，轉到天柱峰東，又經過獅子山，進入福嚴寺。

【注釋】❶觀音崖　又名觀音巖，在祝融峰側碧蘿峰，因舊有觀音閣而得名。相傳為明代僧人楚石所開，故又稱楚石巖。明代學者羅洪先（號念庵）曾讀書於此，巖下有念庵松。附近多奇石古木，秀冠衡山。❷會仙橋　在祝融峰青玉壇側，相傳有神仙在此會聚，故名。橋飛架於懸崖絕壁之上，下臨無地，人行其上，有「信非人境」之感。❸不語崖　在青玉壇下，相傳古時有不語禪師，閉口不言，常在此打坐，故名。❹老龍池　在側刀峰下，池水深碧。❺淨室　即靜室。寺廟中供歇息的清淨之室。❻側刀　峰名，又作「則岃峰」。在祝融峰西南麓，傳說漢代惠車子曾在此修行成仙。明代建有藏經閣。❼雷祖　峰名，在側刀峰西。相傳黃帝與其妻嫘祖巡遊南嶽，嫘祖死，葬於此山，因名嫘祖峰，俗稱雷祖峰。❽赤帝峰　在側刀峰南。傳說赤帝（即炎帝神農）葬此，故名。古稱煉玉峰，上有惠車子尸解處。❾天柱　峰名，峰有兩尖，形如雙柱擎天，故又名雙柱峰。下有魏夫人（東晉魏華存，後世尊之為南嶽夫人）石壇。❿獅子山　又稱獅子巖，在天柱峰南麓。⓫福嚴寺　在擲鉢峰下。南朝陳光大元年（五六七）創建，初名般若寺，北宋太平興國年間改稱今名。清同治年間依山勢重建。山門橫額石刻：「天下法院」，兩旁石刻聯：「六朝古剎；七祖道場。」寺西有古銀杏一株，腰圍逾五公尺，迄今已有一千四百餘年。寺前里許有「三生塔」，即天台宗二祖慧思之墓。寺北有磨鏡臺，為避暑佳地。從磨鏡臺登山往北可至藏經殿（在赤帝峰下），舊稱小般若禪林，南朝陳光大二年慧思創建。明太祖朱元璋送來《大藏經》一部，因以名殿。附近林壑幽深，古木參天，為南嶽四絕之一。寺南尚有一六朝古剎南臺寺，為日本曹洞宗的祖庭。⓬明道山房　舊址在福嚴寺拜經巖「極高明」石刻之下，為唐代名臣李泌的隱居之處，名端居室，又稱明道山房。後李泌子李繁於南嶽廟東側建書院，名南嶽書院，宋代移至集賢峰下，改稱鄴侯書院（李泌封鄴侯）。明代又在煙霞峰重建書院。

【語譯】二十六日　晴天。到觀音崖，再上祝融峰的會仙橋。從不語崖往西走下，過了八里，路分開。南面為茅坪。往北走二里，到九龍坪，仍然轉到路口。往南走一里，到茅坪。從半山腰往東南走，過了四里，渡過紛亂的澗水，到大坪路又分開。往東南可上南天門。從西南的小路直向上走四里，到老龍池，有一池水，在山嶺的坳地，不太清澈，僧人居住的淨室大多在嶺外。路向西南在側刀峰的西面、雷祖峰的東面分開。往東走二里，登上側刀峰。在山頂平步走了二里，又走下山頂，伸過的山脊十分狹窄，到赤帝峰北面。走了一里，繞過它的東面，路又分開。於是從南面在山坳中往東走一里，轉出天柱峰的東面，便往南下去。走了五里，經過獅子山，和大路會合，就從岔路往西進入福嚴寺，大殿已經倒塌，僧人佛鼎正計劃重新修建。在明道山房留宿。

二十七日　早聞雨，餐後行，少止。由寺西循天柱南一里，又西上二里，越南分之脊，轉而北，循天柱西一里，上西來之脊，遂由脊上西南行，於是循華蓋❶之東矣。一里，轉華蓋南，西行三里，循華蓋西而北下，風雨大至。自是持蓋行，北過一小坪，復上嶺❷，共一里，轉而西行嶺脊上。連度三脊，或循嶺北，或循嶺南，共三里而復上嶺。於是直上二里，是為觀音峰❸矣。由峰北樹中行三里，雨始止，而沉霾殊甚。又西南下一里，得觀音庵，始知路不迷。又下一里，為羅漢臺。〔有路自北塢至者，即南溝來道。〕於是復南上二里，連度二脊，叢木亦盡，峰皆茅矣。既踰高頂，南下一里，得叢木一丘，是為雲霧堂。中有老僧，號東窗，年九十八，猶能與客同拜起。時霧稍開，又南下一里半，得東來大路，遂轉西下。又一里半，至澗，渡橋而西，即方廣寺❹。寺正殿崇禎初被災，三佛❺俱雨中。

蓋大嶺之南，石廩峰❻分支西下，〔為蓮花❼諸峰；〕大嶺之北，雲霧頂❽分支西下，〔為泉室❾、天台❿諸峰。〕夾而成塢，寺在其中，寺始于梁天監⓫中。水口西去，環鎖甚隘，亦勝地也。宋晦庵、南軒諸蹟⓬，俱沒於火。寺西有洗衲池⓭，補衣石⓮在澗旁。渡水口橋，即北上山，西北登一里半，又平行一里半，得天台寺⓯。寺有僧全撰，名僧也，適他出，其徒中立以芽茶⓰饋。〔蓋泉室峰又西起高頂，突為天台峰；西垂一支，環轉而南，若大尾之掉，幾東接其南下之支。南面水僅成峽，內環一塢如玦，在高原之上，與方廣可稱上下二奇。〕返宿方廣慶禪、寧禪⓱房。

先是，余欲由南溝趨羅漢臺至方廣，比登古龍池⓲，乃東上側刀峰，誤出天柱東。及宿福嚴，適佛鼎師通道取木，遂復闢羅漢臺路，余乃得循之西行。且自天柱、華蓋、觀音、雲霧至大坳，皆衡山來脈之脊，得一覽無遺，實意中之事也。由南溝趨羅臺亦迂，不若徑登天台，然後南嶽之勝乃盡。

【章旨】本章記載了第十七天遊衡山的行跡。沿著天柱峰、華蓋峰走，在大風大雨中登上觀音峰，經過觀音庵、羅漢臺、雲霧堂，來到方廣寺，寺在山塢之中。接著去天台寺，這裡和方廣寺所在地堪稱上下兩奇，隨後返回方廣寺過夜。

【注釋】❶華蓋　峰名，在天柱峰西南，因其南有華蓋廟得名。地產靈芝，又名靈芝峰。❷復上嶺　「復」下原有「過」

字，據乾隆本刪。❸觀音峰　在福嚴寺西北，山腳為前往方廣寺的重要通道。羅漢臺在峰西麓。❹方廣寺　在蓮花峰下。南朝梁天監三年（五〇四）始建，唐改為方廣聖寺，宋初賜額「方廣崇禪寺」。舊有僧千鍋，已毀。寺位於蓮花峰中心，如蓮花之蕊，又因在南嶽腹地，巖壑幽深，景物極美。明人顧璘說：「衡嶽之遊，不至祝融不足以知其高，不至方廣不足以知其深。」❺三佛　指正殿中釋迦牟尼、文殊、普賢三座佛像。❻石廩峰　在蓮花峰東，以形似倉廩而得名。傳說廩有兩門，閉則年豐，開則歲歉。❼蓮花　峰名，以狀如蓮花而得名。有宋徽宗所題「天下名山」四字。❽雲霧頂　在方廣寺東北，天台峰東，以多雲霧而得名。❾泉室　峰名，在雲霧頂西，天台峰東北，三者相連。❿天台　峰名，在方廣寺西，為隋代高僧智顗拜《楞嚴經》處，有拜經臺遺址。⓫天監　南朝梁武帝年號。⓬宋晦庵南軒諸蹟　南宋學者朱熹（號晦庵）、張栻（號南軒）曾同遊衡山，賦詩題詠。蹟，即指他們的作品石刻。⓭洗衲池　又名洗衲石，在方廣寺西，相傳為方廣寺開山祖慧海禪師洗衲（僧衣）處。⓮補衣石　又名補衲臺，在方廣寺西，相傳為慧海補衲處。⓯天台寺　在天台峰，距方廣寺約三里。⓰芽茶　嫩芽茶。衡山以產茶著名，名嶽茶。⓱寧禪　原作「寧然」，據本月二十八日日記改。⓲古龍池　在側刀峰西。

【語　譯】二十七日　早晨聽到雨聲，吃了飯出發，雨稍許停了一會。從寺的西面沿著天柱峰往南走了一里，又往西走上二里，翻過向南分出的山脊，轉而向北，沿天柱峰往西走了一里，登上從西面延伸過來的山脊，便從山脊上往西南走，從這裡起就沿著華蓋峰的東面走了。過了一里，轉到華蓋峰的南面，往西走三里，沿華蓋峰的西面往北下去，狂風暴雨來了。從此舉著傘走，往北經過一個小坪，又登上山嶺，共走了一里，轉而向西在嶺脊上行走。接連翻過三道山脊，有時沿著嶺北，有時沿著嶺南，共走了三里，又登上山嶺。從這裡直往上走二里，便是觀音峰了。從峰北的樹林中走了三里，雨才停，但依然十分陰沉。又往西南走下一里，來到觀音庵，才知道沒有迷路。再往下走一里，到羅漢臺。有路從北面的山塢延伸過來，即從南溝來的路。從這裡又往南走上二里，接連翻過兩道山脊，樹叢也不見了，峰上長滿了茅草。翻過高高的山頂後，往南走下一里，到一個被樹叢覆蓋的小丘，這裡就是雲霧堂。裡面有個老和尚，號東窗，已有九十八歲，還能同客人一起拜佛。這時霧氣稍微散開一些，又往南走下一里半，到一條從東面過來的大路，便轉而往西下去。又走了一里半，到澗水，過橋向西，便是方廣寺。寺的正殿在崇禎初被毀，三尊佛像都被風吹雨淋。大致大嶺的南面，從石廩峰分出的支脈向西延伸，成為蓮花等山峰；大嶺的北面，從雲霧頂分出的支脈向西延伸，成為泉室、天台等山峰。相夾形成山塢，寺就在其中，寺初建於南朝梁天監年間。從水口往西，山勢環合，十分險要，也是一處勝地。宋代晦庵、南軒等人的遺跡，都已毀於火災。寺的西面有洗衲池，補衣石在澗水的旁邊。過了水口橋，便向北上山，往西北登上一里半路，又平步走了一里半，到達天台寺。寺內有個和尚名全撰，是著名的高僧，這時正好外出，他的徒弟中立拿出嫩茶送給我。泉室峰又向西聳起一座高高的山頂，突起成為天台峰；西陲下的一支山脈，環轉向南，就像拖著一條大尾巴，東面幾乎和它南下的支脈相接。南面的水僅能匯成一條山溝，裡面環抱著一個形狀像玦的山塢，在高原的上面，和方廣寺可稱上下兩個奇觀。回到方廣寺，在慶禪、寧禪的屋裡留宿。

原先，我想從南溝前往羅漢臺再到方廣寺，等到登上古龍池，便往東登上側刀峰，走錯了路，從天柱峰東面出來。到福嚴寺過夜時，正好碰上佛鼎法師為開通道路搬運木材，便又開闢了一條通往羅漢臺的路，我就沿著它往西走。而且從天柱峰、華蓋峰、觀音峰、雲霧峰到大坳，都是衡山延伸過來的山脈的山脊，能得一覽無餘，實在是一心嚮往的事。從南溝去羅漢臺也要繞道，不如直接登上天台峰，這樣才能將南嶽的勝景盡收眼底。

二十八日　早起，風雨不收。寧禪、慶禪二僧固留余，強別之。慶禪送至補衲臺而別。遂沿澗西行，南北兩界，山俱茅禿。五里，始有石樹縈溪，崖影溪聲，上下交映。又二里，〔隔溪前山，有峽自東南來，與方廣水合流西去。〕北向登崖，崖下石樹愈密，澗在深壑，其中有黑、白、黃三龍潭❶，兩崖峭削，故路折而上，〔聞聲而已，不能見也。〕已而平行山半，共三里，過鵓公嘴，得龍潭寺。寺在天台西峰之下，南為雙髻峰❷。蓋天台、雙髻夾而西來，以成龍潭之流，潭北上即為寺，寺西為獅子峰❸，尖削特立，天台以西之峰，至此而盡；其南隔溪即雙髻西峰，而蓮花以西之峰，亦至此而盡。過九龍，猶平行山半，五里，自獅子峰南繞其西，下山又五里，為馬跡橋❹，而衡山西面之山始盡。〔橋東去龍潭十里，西去湘鄉❺界四十里，西北去白高❻三十里，南至衡陽界孟公坳❼五里。〕自馬跡橋南渡一澗，〔澗即方廣九龍水去白高者。〕即東南行，四里，至田心。又越一小橋，一里，上一低坳，不知其為界頭也。過坳又五里，有水自東北山間懸崖而下，其高數十仞，是為小響水塘❽，蓋亦衡山之餘波也。又二里，有水自北山懸崖而下，是為大響水塘❾，〔闊大過前崖，而水分兩級，轉下峽間，初見上級，後見下級，故覺其不及前崖飛流直下也。〕前即寧水橋，問水從何處，始知其南由唐夫沙河❿而下衡州草橋⓫。蓋自馬跡南五里孟公坳分衡陽、衡山界處，其水北下者即由白高下一殞江⓬，南下者即由沙河下草橋，是孟公坳不特兩縣分界，而實衡山西來過脈也。第其坳甚平，其西來山即不甚高，故不之覺耳。始悟衡山來脈，非自南來，乃由此坳東峙雙髻，又東為蓮花峰後山，又東起為石廩峰，始分南北二支：南為岣嶁⑬、白石⑭諸峰，北為雲霧、觀音以峙天柱。使不由西路，必謂岣嶁、白石乃其來脈矣。

由寧水橋飯而南，五里，過國清亭⑮，踰一小嶺，為穆家洞⑯。其洞迴環圓整，〔水〕自東南繞至東北，〔乃石廩峰西南峽中水；〕山亦如之，而東附于衡山之西。徑洞二里，復南踰一嶺，一里，是為陶朱下洞，其洞甚狹，水直西去。路又南入峽，二里，復踰一嶺，為陶朱中洞，其水亦西去。又南二里，上一嶺，其坳甚隘，為陶朱三洞，其洞較寬於前二洞，而不及穆洞之迴環也。二里，又踰一嶺，為界江，其水由東南向西北去。界江之西為大海嶺。溯水南行一里，上一坳，亦甚平，乃衡之脈，又西度為大海嶺者。其坳北之水，即西北下唐夫；其坳南之水，即東南下橫口者也。踰坳共一里，為傍塘，即隨水東南行，五里，為黑山，又五里，水口，兩山逼湊，水由其外破壁而入，路踰其上。一里，水始出峽，路亦就夷⑰。又一里，是為橫口⑱。傍塘、黑山之水南下，岣嶁之水西南來，至此而合。其地北望岣嶁、白石諸峰甚近，南去衡州尚五十里，遂止宿旅店。是日共行六十里。

【章　旨】本章記載了第十八天遊衡山的行跡。登上山崖，深谷中有三龍潭。經過鵝公嘴，前往龍潭寺，渡過九龍水，來到馬跡橋，衡山西面的山峰到這裡已是盡頭。接著經過界頭、小響水塘、大響水塘，在寧水橋打聽水的由來，弄清了衡山延伸的山脈走向。飯後經過國清寺、穆家洞、陶朱三洞、界江、水口、橫口等地，在離衡州五十里處的橫口留宿。

【注　釋】❶三龍潭　指黑沙潭、白沙潭、黃沙潭，皆在蓮花峰。❷雙髻峰　南嶽七十二峰之一，在蓮花峰西，以形如兩個髮結而得名。❸獅子峰　又名柿蒂峰，均以形似而得名。下有靈源，僅聞水聲而不見水。❹馬跡橋　在雙髻峰西，為衡山西側的交通要道。❺湘鄉　明代為縣，隸長沙府，今屬湖南。❻白高　今名白果，在衡山西北，涓水上游的西岸。❼孟公坳　在衡山和衡陽兩地間的一個山坳。❽小響水塘　為衡山西側順向河上的一個懸谷，水西流入於蒸水。❾大響水塘　在小響水塘之南，分上、下二級。❿唐夬沙河　指蒸江，又作「蒸水」，源出寶慶（今邵陽）東南邪薑山，東南流至衡陽匯入湘江。⓫草橋　又名青草橋、韓橋，在衡陽城北。⓬一殯江　即一宿河，指涓水。源出湘鄉九峰山，流入衡山地界為白果河。⓭岣嶁　衡山峰名。《山海經》：「衡山一名岣嶁山。」傳說峰上有禹碑。⓮白石　峰名，在岣嶁峰北，有白石巖。⓯國清亭　即國清寺，在衡山西麓，今已廢。⓰穆家洞　與下陶朱各洞均為群山環抱而成的山塢，非洞穴。⓱就夷　開始變得平坦。⓲橫口　位於岣嶁峰之水與橫江的匯合處。

【語　譯】二十八日　早晨起身，風雨不止。寧禪、慶禪兩個和尚一再挽留，但我硬是和他們辭別。慶禪將我送到補衲臺才分手。於是沿著澗水向西走，南北兩邊的山都光禿禿的只長著一些茅草。走了五里，才有石樹環繞著溪水，山崖的倒影，溪水的聲響，上下交映。又走了二里，溪水對岸的山上，峽谷中有條澗水從東南流來，和方廣寺的水匯合後向西流去。往北登上山崖，崖下的石樹越來越密，澗水在深谷之中，其中有黑、白、黃三個龍潭，兩邊崖壁陡峭，故路曲折向上，只聽到水聲，卻看不到潭影。隨後在半山腰平步行走，共三里，經過鵝公嘴，來到龍潭寺。寺在天台西峰的下面，南面為雙髻峰。原來天台峰、雙髻峰從西面相夾而來，形成龍潭的水流，從潭往北走上便是寺，寺的西面為獅子峰，尖削聳立，天台以西的山峰，到這裡已是盡頭；在它南面隔著溪水便是雙髻西峰，而蓮花以西的山峰，到這裡也是盡頭。渡過九龍溪，仍在半山腰平步向前，走了五里，從獅子峰的南邊繞到它的西邊，下山又走了五里，到馬跡橋，而衡山西面的山峰才到了盡頭。馬跡橋往東到龍潭有十里，往西到湘鄉地界有四十里，往西北到白高有三十里，往南到衡陽地界的孟公坳有五里。從馬跡橋往南渡過一條澗水，這澗就是從方廣、九龍向白高流去的水。隨即往東南走，過了四里，到田心。又過一座小橋，向前一里，走上一塊低低的坳地，不知道這就是界頭。越過山坳又走了五里，有水從東北山中的崖壁直落下來，高達數十仞，這就是小響水塘，也算是衡山水流的餘波。又走了二里，有水從北山的崖壁直落下來，這就是大響水塘，比前面崖壁的水寬大，但水分成兩級，一級轉一級往下流到峽谷之中，起先看到上面一級，後又看到下面一級，所以反而覺得它不如前面崖壁上的水有飛流直下的氣勢。前面便是寧水橋，打聽水從哪裡流來，這才知道它南面從唐夫沙河流到衡州草橋。原來從馬跡橋往南五里為孟公坳，是衡陽、衡山兩地的分界，從那裡往北流下的水，即從白高匯入一殰江，往南流下的水，即從沙河流到草橋，故孟公坳不但是兩縣的分界，而且實在還是衡山向西延伸的山脈。只是坳地很平坦，往西延伸的山就不太高，所以感覺不到罷了。方才明白從衡山延伸的山脈，不是從南面過來，而是從這個山坳的東面聳起雙髻峰，再往東為蓮花峰的後山，再往東又聳起石廩峰，開始分成南北兩支：南面為岣嶁、白石等山峰，北面為雲霧頂、觀音峰，和天柱峰相對峙立。如果不從西路走，一定會說岣嶁、白石等峰是它延伸過來的山脈。

在寧水橋吃了飯，向南走了五里，經過國清亭，翻過一座小嶺，到穆家洞。這洞環轉圓整，水從東南繞到東北，是石廩峰西南峽谷中的水，山也是這樣，向東靠在衡山的西面。穿過洞走了二里，又往南翻過一座山嶺，走了一里，便到陶朱下洞，這洞十分狹小，水一直向西流去。路又往南轉入峽谷之中，走了二里，再翻過一座小嶺，到陶朱中洞，洞裡的水也向西流去。再往南走二里，登上一座山嶺，山坳十分狹隘，到陶朱三洞，這洞比前兩個洞寬闊一些，但不如穆家洞環轉曲折。走了二里，又翻過一座山嶺，便是界江，這裡的水從東南向西北流去。界江的西面為大海嶺。沿著水流往南上行一里，登上一個山坳，也很平坦，屬衡山山脈，再往西延伸成為大海嶺。山坳北面的水，即往西北流到唐夫的水；山坳南面的水，即往東南流到橫口的水。越過山坳共走了一里，到傍塘，隨即沿著水往東南走，過了五里，到黑山，又走了五里，到水口，兩山緊逼合攏，水從山外穿破石壁注入，路從山上面越過。走了一里，水開始流出峽谷，路也變得平坦起來。又走了一里，便是橫口。傍塘、黑山的水往南流去，岣嶁的水從西南流來，到這裡匯合。在這裡北望岣嶁、白石等山峰很近，往南到衡州還有五十里，就停下在旅店借宿。這天共走了六十里。

【研析】據《遊記》所載，徐霞客前後共探了一百多個洞穴，其中最為人稱道的，便是他初入湖南即遊麻葉洞。在這篇日記中，他首先交代了麻葉洞所處的獨特的地理位置，接著描述洞內曲折幽深如同迷宮的形態，寫了時而狹窄（成「隘」），時而寬廣（成「衖」），交替出現的洞穴通道和雙層洞穴結構，寫了穹形的洞頂、崩塌的天窗，寫了「光瑩欲滴，垂柱倒蓮，紋若鏤雕，形欲飛舞」的鐘乳石形，如同「明星鉤月，可望而不可摘」的光影，並根據「覆石低壓，高僅尺許」的洞底，即已經乾涸的早先的暗河通道，對麻葉洞的形成作出判斷，指出它實際上是由地下水的浸蝕而形成的溶洞，同時將洞內過去有水湧流而如今卻已枯竭這一現象作為問題提出，以啟迪後人進一步的思考和探索。

這些都是徐霞客對洞穴形態結構最典範的描述，對地學研究者來說字字如同璣玉。不過常人的興趣，卻主要是出於受這次探洞過程氣氛的感染。在遊洞之前，徐霞客通過當地人之口，點出這洞是「神龍蟄居」之地，從來沒人敢進去，當他決定探洞時，甚至找不到一個敢作嚮導的人。聽到有人要進洞，竟有數十人，拋下手中的工作，從各處趕到洞口，到他出洞時，發現洞外的觀望者又增加了數十人。通過這種強烈的反差，營造了一種神祕、緊張的氣氛。特別是「樵者腰鐮，耕者荷鋤，婦之炊者停爨，織者投杼，童子之牧者，行人之負載者，接踵而至，皆莫能從」這幾句話，將當地人的驚訝、好奇、興奮、不安，繪聲繪影、淋漓盡致地表現出來，不言險而險已盡在其中。徐霞客出洞後，面對那些額手稱奇、驚喜不已的人們，說了這麼一句話：「吾守吾常，吾探吾勝耳。」這九個字，是一部《遊記》的點睛之筆，顯示出一個探險者無所畏懼、堅守自己信念的情懷，凝結著徐霞客的人格和精神，字字千鈞，擲地有聲，與西方但丁的名言：「跟隨我，讓人家去說長道短！要像一座卓立的塔，決不因為暴風而傾斜。」有著同樣的警世砭俗的作用。

在〈楚遊日記〉中，有四段徐霞客精心撰寫的文字，除了遊麻葉洞，另外三段為遊衡山、湘江遇盜和遊九疑山。如果說在遊麻葉洞時，徐霞客充分表現出對深入探索自然奧祕的執著，是熱情和意志的迸發，那麼在衡山遊記中，則更多表現出對自然現象冷靜的觀察和思考。據秦、漢間的傳說，盤古開天闢地，頭部變成東嶽，腹部變成中嶽，大腿變成西嶽，右臂變成北嶽，左臂則變成南嶽衡山。清代學者魏源對南嶽的山勢，曾作過極為形象的比喻：「恆山如行，岱山如坐，華山如立，嵩山如臥，惟有南嶽獨如飛，朱鳥展翅垂雲大，四旁各展百十里，環侍主峰如輔佐。」（〈衡嶽吟〉）在五嶽中，衡山有「獨秀」的美名，林巒疊翠，煙雲縹緲，蔚然深秀，可與黃山媲美。徐霞客在衡山留了整整八天，歷時為遊覽五嶽之最，足跡所至，幾乎遍及山的各處。但文中關於景物的描寫，卻很少見。南嶽廟規模之大，居五嶽廟之冠，徐霞客進山前入謁嶽廟，但對裡面的石碑銅鐘、畫棟雕梁，隻字未提。「祝融峰之高，方廣寺之深，藏經殿之秀，水簾洞之奇」，被譽為南嶽四絕，遊人到此，無不傾倒。徐霞客進山的第一天，便考察了水簾洞，但他所注意的，不在其景致的奇特，而是發現這裡名為水簾洞，實際上只是瀑布在崖谷中奔傾，並沒有洞，另外還有一些被稱作「洞」的地方，也只是由山崖環繞形成的山塢和峽谷而已。藏經殿在赤帝峰下，徐霞客卻取道峰下而不入。方廣寺位於衡山腹部，林壑幽深，周圍有不少珍貴的樹木，但從遊記中看，他似乎也是路過而未遊。徐霞客在祝融峰頂的上封寺連住四天，寺後的觀日臺正是衡山觀賞日出最好的地方，宋代名僧佛印作詩讚道：「秋高氣怒上封寺，碧落浮雲成欲收。萬頃蒼波澄玉鑒，一輪紅日滾金球。」另外還有望月臺，是觀賞皓月的佳地。但有關這幾天在祝融峰的所見所聞，遊記中幾乎是一片空白。這絕不是漫不經心所致，惟一合理的解釋是：他此時的注意力，已不在景物的高深秀奇了。

在跋涉探訪時，徐霞客西至衡山盡頭，南到衡陽境內，去了許多人跡罕至之處。正像潘耒所說的那樣，他「先審視山脈如何去來，水脈如何分合，既得大勢，然後一丘一壑，支搜節討。」衡山遊記共三千字，其中描寫景物之美的，不過百餘字，大量篇幅都用來辨析山脈的走向、水系的分布。他注意到衡山的山脈不是像前人所說的那樣從南面而是從西面延伸過來，只是西部的山峰都不太高，難以察覺罷了。在向東延伸的過程中，山勢逐步升高，故東部的山峰比較陡峻，衡山的主要山峰，都集中在東部。這種山勢，也使得西部（後崖）的溪流瀑布，不像東部（前崖）的水流那樣飛湍直下，沒有那種硃崖轉石的壯觀。徐霞客到達衡州後，考察四周的山勢水流，仍不忘指出衡山實際上起於西部的雙髻峰，前人所謂南嶽七十二峰，以南面的回雁為首，北面的嶽麓為足的說法，是因考察不周而造成的誤說。不識衡山真面目，也緣身在此山中。徐霞客十分慶幸自己能從西路走，跳出衡山的主要景區，到山的外圍看山，由此「衡山來脈之脊，得一覽無遺」。徐霞客毫不在乎他為此付出的代價，但就其影響而言，這種探索的過程也許比發現的結果更加可貴。

二十九日　早起，雨如注，乃躑躅泥途中。沿溪南行，踰一小嶺，是為上梨坪。又踰一小嶺，五里，是為下梨坪，復與溪遇。又循溪東南下十里，為楊梅灘，有石梁南北跨溪上，溪由梁下東去，路越梁東南行。五里，入排衡。又行排中五里，南踰青山坳。排衡者，崗自譚碧嶺東南至青山，分為兩支，俱西北轉，兩崗排闥❶，夾成長塢，繚繞為田，路由之入，至青山而塢窮。乃踰坳而南，陂陀高下，滑濘幾不留足，而衣絮沾透，亦疲而不覺其寒。十里，下望日坳❷，為黃沙灣❸，則蒸江❹自西南沿山而來，路遂隨江東南下。又五里，為草橋❺，即衡州府❻矣。覓靜聞，暮得之綠竹庵天母殿瑞光師處。亟投之，就火炙衣，而衡山古太坪僧融止已在焉。先是，予過古太坪，上古龍池，於山半問路靜室，而融止及其師兄應庵雙瞽❼苦留余，余急辭去。至是已先會靜聞，知余蹤跡，蓋融止扶應庵將南返桂林七星巖❽，故道出於此，而復與之遇，亦一緣也。

綠竹庵在衡北門外華嚴、松蘿諸庵之間，八庵連絡，俱幽靜明潔，唄誦❾之聲相聞，乃藩府焚修之地。蓋桂王以親藩樂善，故孜孜於禪教云。

三十日　游城外河街，濘甚。暮，返宿天母殿。

【章　旨】本章記載了第十九天、第二十天在衡州府的行跡。在雨中行走，經過上梨坪、下梨坪、楊梅灘，進入排衝。然後翻過青山坳，經過黃沙灣、青草橋，來到衡州府。在綠竹庵找到靜聞，就在庵中寄宿。

【注　釋】❶排闥　推門；推開門。闥，小門。這裡形容兩邊山岡排列如同敞開的門。❷望日坳　今衡陽城北有望形坳。❸黃沙灣　指蒸江流經衡陽城北一段彎曲的水流，曲流之間為黃沙洲。❹蒸江　源出湖南邵陽東南邪薑山，東南流至衡陽草橋入於湘水。❺草橋　即青草橋。在衡陽城北一里，跨蒸水之上，接蒸、湘兩水交匯處。南宋淳熙年間始建木橋，明嘉靖年間改建石橋。夾岸盡是漁舟，「青草漁家」為衡陽八景之一。❻衡州府　治所在衡陽（今湖南衡陽）。❼雙瞽　兩目失明。❽七星巖　巖洞名，在廣西桂林城東七星山，為著名遊覽勝地。❾唄誦　僧人誦唱經偈。唄，梵音的歌詠。

【語　譯】二十九日　早晨起身，大雨如注，在泥途中困難地挪動。沿著溪水往南，翻過一座小嶺，便是上梨坪。又翻過一座小嶺，走了五里，便是下梨坪，又和溪水相遇。再沿著溪水往東南走下十里，到楊梅灘，有石橋南北向架在溪上，溪水從橋下向東流去，路越過橋向東南走。過了五里，進入排衝。又在排中走了五里，往南翻過青山坳。排衝這地方，山岡從譚碧嶺的東南延伸到青山，分為兩支，都轉向西北，兩邊山岡排列如門，夾成長長的山塢，回環旋繞，成為田地，路從這裡進去，到青山便是山塢的盡頭。於是越過山坳向南，山坡高低不平，泥濘滑溜，幾乎無法落腳，棉衣已經濕透，因為疲勞也不覺得寒冷。過了十里，走下望日坳，到黃沙灣，只見蒸江從西南沿著山流來，路便隨著江水往東南走下。再過五里，到草橋，已屬衡州府了。尋找靜聞，傍晚在綠竹庵天母殿瑞光法師那裡找到他。急忙到他那裡，在火邊烤衣服，而衡山古太坪僧人融止已在那裡。在此之前，我經過古太坪，登上古龍池，在半山腰的靜室問路，融止和他的師兄應庵雙目失明苦苦挽留我，我急忙告辭離開。到這時他們已先見到靜聞，知道我的行蹤，原來融止扶著應庵要往南返回桂林七星巖，路過這裡，故又得和他們相遇，也算是一種緣分。

綠竹庵在衡州北門外華嚴、松蘿諸庵之間，這裡八庵相連，都幽靜明潔，彼此能聽到誦經之聲，是藩王府燒香修道的地方。因為桂王作為皇親藩府，樂於行善，故孜孜不倦弘揚禪教。

三十日　到城外的河街遊玩，路十分泥濘。傍晚，返回天母殿過夜。

二月初一日　早飯於綠竹庵。以城市泥濘，不若山行，遂東南踰一小嶺，至湘江之上，共一里，溯江至蒸水入湘處。隔江即石鼓❶合江亭❷。渡江登東岸，東南行，其地陂陀高下。四里，過把膝庵。又二里，踰把膝嶺。嶺南平疇擴然，望耒水❸自東南來，直抵湖東寺❹門，轉而北去。湖東寺者，在把膝嶺東南三里平疇中，門對耒水，萬曆末無懷禪師所建，後憨山亦來同棲，有淨室在其間。余至，適桂府❺供齋❻，為二內官強齋而去。乃西行五里，過木子、石子二小嶺，從丁家渡❼渡江，已在衡城南門外。登崖上回雁峰❽，峰不甚高，東臨湘水，北瞰衡城❾，俱在足下，雁峰寺⑩籠罩峰上無餘隙焉，然多就圮者。又飯於僧之千手觀音殿⑪。乃北下街衢，淖泥沒脛，一里，入南門，經四牌坊，城中闤闠與城東河市並盛。又一里，經桂府王城東。又一里，至郡衙西。又一里，出北門，遂北登石鼓山。山在臨蒸驛之後、武侯廟⑫之東，湘江在其南，蒸江在其北。山由其間度脈東突成峰，前為禹碑亭⑬，大禹〈七十二字碑〉在焉，其刻較前所摹〈望日亭碑〉差古，而漶漫⑭殊甚，字形與譯文亦頗有異者。其後為崇業堂，再上，宣聖殿中峙焉。殿後高閣甚暢，下名迴瀾堂⑮，上名大觀樓⑯。西瞰度脊，平臨衡城，與回雁南北相對，蒸、湘夾其左右，近出窗檻之下，惟東面合流處則在其後，不能全括⑰。然三面所憑擥⑱，近而萬家煙市，三水帆檣，湘江自南，蒸江自西，耒江自東南。遠而岳雲嶺樹，披映層疊，雖書院⑲之宏偉，不及〔吉安〕白鷺⑳大觀，地則名賢樂育之區，而兼滕王㉑、黃鶴㉒之勝，韓文公㉓、朱晦庵、張南軒講學之所。非白鷺之所得侔矣。樓後為七賢祠㉔，祠後為生生閣。閣東向，下瞰二江蒸、湘。合流於前，耒水北入於二里外，與大觀樓東西易向。蓋大觀踞山頂，收南、北、西三面之奇，而此則東盡二水同流之勝者也。又東為合江亭，其址較下而臨流愈近。亭南崖側，一隙高五尺，如合掌，東向，側肩入，中容二人，是為朱陵洞㉕後門。求所謂「六尺鼓」不可得，亭下瀨水有二石如豎碑，豈即遇亂輒鳴者耶？自登大觀樓，正對落照，見黑雲銜日，復有雨兆。下樓，踐泥濘冒黑過青草橋，東北二里入綠竹庵。晚餐既畢，颶風㉖怒號，達旦甫止，雨復瀟瀟㉗下矣。

衡州城東面瀕湘，通四門，餘北、西、南三面鼎峙。而北為蒸水所夾，其城甚狹，蓋南舒而北削云。北城外則青草橋跨蒸水上，此橋又謂之韓橋，謂昌黎公㉘過而始建者。然文獻無徵，今人但有草橋之稱而已。而石鼓山界其間焉。蓋城之南，回雁當其上，瀉城之北，石鼓砥其下流；而瀟湘㉙循其東面，自城南抵城北，於是一合蒸，始東轉西南來，再合耒焉。

蒸水者，由湘之西岸入。其發源於邵陽㉚縣耶薑山㉛，東北流經衡陽北界，會唐夫、衡西三洞諸水，又東流抵望日坳為黃沙灣，出青草橋而合於石鼓東，一名草江，以青草橋故。一名沙江，以黃沙灣故。謂之蒸者，以水氣如蒸也。舟由青草橋入，百里而達水福，又八十里而抵長樂。

耒水者，由湘之東岸入。其源發於郴州㉜之耒山㉝，西北流經永興㉞、耒陽㉟界。又有郴江㊱，發源於郴之黃岑山㊲。白豹水㊳，發源於永興之白豹山㊴。資興水㊵，發源於鈷鉧泉㊶。俱與耒水會。又西抵湖東寺，至耒口而合于回雁塔之南。

舟向郴州宜章㊷者，俱由此入，過嶺，下武水㊸，入廣之湞江㊹。

來雁塔㊺者，衡州下流第二重水口山也。石鼓從州城東北特起垂江，為第一重。雁塔又峙於蒸水之東、耒水之北，為第二重。其來脈自岣嶁轉大海嶺，度青山坳，下望日坳，東南為桃花沖，即綠竹、華嚴諸庵所附麗高下者。又南瀕江，即為雁塔，與石鼓夾峙蒸江之左右焉。

衡州之脈，南自回雁峰而北盡於石鼓。蓋邵陽、常寧㊻之間迤邐而來，東南界於湘，西北界於蒸，南岳岣嶁諸峰，乃其下流迴環之脈，非同條共貫者。徐靈期㊼謂南岳周迴八百里，回雁為首，岳麓㊽為足，遂以回雁為七十二峰㊾之一，是蓋未經孟公坳，不知衡山之起於雙髻也。若岳麓諸峰磅礴處，其支委㊿固遠矣。

【章旨】本章記載了第二十一天在衡州府的行跡。先來到蒸水匯入湘水的地方，接著翻過把膝嶺，到湖東寺，登上回雁峰，峰上的雁峰寺已開始毀圮。飯後通過衡陽城，登上石鼓山，附近有禹碑亭、迴瀾堂、大觀樓、石鼓書院、七賢祠、合江亭、朱陵洞等勝跡。登高攬勝，景色美不勝收。這天出遊，還摸清了衡州府及蒸水、耒水、來雁塔、衡陽山脈的地理位置。

【注釋】❶石鼓　山名，在衡陽城東北瞻岳門外一里。山下即為蒸、湘兩水的合流處，前面有潭，深不可測。❷合江亭　在石鼓山的右麓，唐代刺史齊映建，呂溫增葺。後又名綠淨閣，取韓愈詩「綠淨不可唾」之句。亭後有唐宋以來題刻甚多。朱熹題為「一郡佳處」。❸耒水　源出湖南郴州城南耒山，北流合漚江、郴江，至衡陽入於湘水。❹湖東寺　在衡陽城東十里，湘江東岸。唐大曆中法照禪師在此卓錫。明代僧人憨山居此，多題詠。❺桂府　桂王府。神宗萬曆二十九年（一六〇一），封庶七子常瀛為桂端王。天啟七年（一六二七），於衡陽金鰲山雍王府舊址建桂王府。❻齋　此指齋醮。請僧人設齋壇，向神佛祈禱。❼丁家渡　原作「下家渡」，據乾隆本改。❽回雁峰　在衡陽城南回雁門外一里，為南嶽七十二峰的首峰。峰勢如雁回轉。相傳秋雁南飛，至衡陽而止，遇春而回。上有雁峰寺，前為望嶽亭，下有煙雨池。天欲雨則煙從地中出峰頭，湘嶽諸勝，近在眉睫，煙雨空濛，尤為奇絕。「雁峰煙雨」為衡陽八景之一。❾北瞰衡城　「北」原作「南」，據乾隆本改。❿雁峰寺　在回雁峰上，為南朝梁乘雲寺舊址，相傳無量壽佛駐錫於此，臨行說偈，有「五百年中歸雁峰」之語。唐天寶元年重建。⓫千手觀音殿　千手觀音，即千手千眼觀世音，佛教菩薩名，六觀音之一。據佛經傳說，觀世音發誓要利益一切眾生，於是長出千手千眼。佛寺中常供千手觀音像，兩眼兩手下，左右各具二十手，手中各有一眼，共四十手四十眼，各配二十五「有」（即三界中二十五種有情存在環境），成千手千眼。⓬武侯廟　即諸葛武侯祠。在石鼓山前，臨蒸驛左。劉備為荊州牧時，諸葛亮曾駐臨蒸調賦以供軍用，後人為此建廟。⓭禹碑亭　在岣嶁峰下，雷祖殿後。傳說為大禹治水時所刻。碑上刻蝌蚪鳥跡文，共七十七字，下有石座。⓮漶漫　即漫漶。文字、圖形等因磨損或浸水受潮而模糊不清。⓯迴瀾堂　在大觀樓下，以石為柱，十分壯麗。⓰大觀樓　在石鼓山，明鄧雲霄建。⓱括　囊括；包羅。⓲憑擘　疑為「憑擥」之誤。「擥」即「攬」字。擘，通「牽」。挽引。⓳書院　石鼓書院，在石鼓山。原為唐李寬築廬讀書處，宋至道三年（九九七）始建書院，與應天、嶽麓、白鹿洞合稱當時四大書院。原建築現已毀，今故址尚存明清碑刻多處。⓴白鷺　即白鷺書院，南宋淳熙年間，知吉州江萬里在白鷺洲建書院，名白鷺書院。文天祥曾在此讀書。㉑滕王　滕王閣，在江西南昌贛江邊。唐永徽四年（六五三），滕王李元嬰都督洪州時營建。原閣規模甚大，高九丈，共三層。後屢毀屢建。㉒黃鶴　黃鶴樓，在湖北武漢蛇山黃鶴磯頭。相傳三國吳黃武年間創建，後屢毀屢建。與滕王閣及湖北岳陽樓合稱江南三大名樓。㉓韓文公　韓愈，字退之，號昌黎。死後謚文。唐代文學家，古文運動領袖。㉔七賢祠　在石鼓書院，後毀圮。乾隆中，知府饒佺在舊址建先賢祠，合祀韓愈、朱熹等十五人。㉕朱陵洞　即道教所說的朱陵洞天。其後洞在合江亭的西面。㉖颶風　發於海上的大風，即颱風。㉗瀟瀟　形容風雨暴疾。㉘昌黎公　即韓愈。㉙瀟湘　古代詩文中常稱湘水為瀟湘。㉚邵陽　明代為寶慶府附郭縣，今屬湖南。㉛耶薑山　即邪薑山，又名白雲山、白雲峰、七里山、大雪山，為南嶽七十二峰之一。㉜郴州　明代為州，直隸湖廣布政使司，今屬湖南。㉝耒山　在郴州城南十里。㉞永興　明代為縣，隸郴州，今屬湖南。㉟耒陽　明代為縣，隸衡州府，今屬湖南。㊱郴江　又名郴水、黃水，北流匯入耒水。㊲黃岑山　即騎田嶺，又名上嶺山、客嶺山、黃箱山，為五嶺第二嶺。在湖南郴州城南八十里，接宜章地界。㊳白豹水　源出白豹山，合油塘水出森口入郴江。「豹水生花」為永興八景之一。㊴白豹山　在永興西隅，和桂陽接界。因過去曾出白豹，故名。㊵資興水　又名清溪水、乙陂江，在湖南資興。㊶鈷鉧泉　在資興城東，源出八面山下李家洞。四周石壁峭立，泉水深邃清澈。㊷宜章　明代為縣，隸郴州，今屬湖南。㊸武水　古名虎溪，又名瀧水，唐時改名武溪。源出湖南臨武西北桐柏山，東入溱水。㊹湞江　源出廣東南雄大庾嶺北麓，西至曲江會合武水，南流為北江。㊺來雁塔　在衡陽城北三汲磯上。凡七級，與石鼓山、回雁峰對峙。建於明萬曆年間，經十三年告成。㊻常寧　明代為縣，隸衡州府，今屬湖南。㊼徐靈期　南朝宋人，在南嶽修道十五年，遍遊諸巖洞及山谷，作〈衡山記〉。傳說能制服虎豹，役使鬼神。㊽岳麓　即嶽麓山，又名靈麓峰，為南嶽七十二峰之一，因被前人認為是南嶽之足，故稱嶽麓。在湖南長沙湘江西岸，為遊覽勝地。㊾七十二峰　廣義的衡山綿亙數百里，有大小山峰七十二。㊿支委　支，分支。委，末端。

【語　譯】二月初一　在綠竹庵吃早飯。因為城市道路泥濘，不如在山中行走，便往東南翻過一座小嶺，到湘江上面，共走了一里，沿江上行到蒸水匯入湘江的地方。隔江就是石鼓山的合江亭。渡江登上東岸，往東南走，這裡地勢高低傾斜。走了四里，經過把膝庵。又走了二里，翻過把膝嶺。嶺南面平坦的田地開曠，望見耒水從東南流來，直到湖東寺門，轉而向北流去。湖東寺在把膝嶺東南三里的平野中，門對著耒水，是無懷禪師在萬曆末年興建的，後來憨山也來一起居住，有淨室在裡面。我到那裡，正逢桂王府供齋，他們被兩個內官強行拉去齋醮。於是向西走五里，經過木子、石子兩座小嶺，從丁家渡渡江，已在衡州城南門外了。登崖直上回雁峰，峰不太高，向東面對湘水，往北俯視衡州城，都在腳下，雁峰寺籠罩峰上，沒有一點空隙，可是大部分建築已開始毀圮。又在佛寺中的千手觀音殿吃飯。於是往北走下街道，路上污泥沒脛，走了一里，進入南門，經過四牌坊，城中的街市和城東河邊的集市同樣興旺。又走了一里，從桂王府城東邊經過。再走一里，到衡州府衙門的西邊。繼續往前一里，走出北門，便向北登上石鼓山。山在臨蒸驛的後面、武侯廟的東面，湘江在它南面，蒸江在它北面。石鼓山就是從這中間延伸的山脈中向東突起形成的峰巒，前面是禹碑亭，大禹〈七十二字碑〉就在那裡，石刻比先前臨摹的〈望日亭碑〉要略微古老一些，文字模糊不清，磨損得十分厲害，字形和譯文也很有不同之處。亭的後面為崇業堂，再往上，宣聖殿在正中峙立。殿後高聳的樓閣十分寬暢，下層名迴瀾堂，上層名大觀樓，登臨其上，向西俯視延伸的山脊，正好和衡州城在同一高度，與回雁峰南北相對，蒸江、湘江在樓左右兩邊相夾，像從窗檻下流出那麼鄰近，惟有東面兩水合流的地方在樓閣的背後，不能盡收眼底。但從三面居高攬勝，近自市中萬家煙火，三處江面上的白帆桅檣，湘江來自南面，蒸江來自西面，耒江來自東南。遠至南嶽的雲煙，嶺上的樹木，紛披掩映，層層疊疊，雖然就書院規模的宏偉而言，不及吉安白鷺書院蔚為大觀，但作為名賢樂於授業之地，又兼有滕王閣、黃鶴樓的勝景，為韓文公、朱晦庵、張南軒講學的地方。則非白鷺書院所能相比了。樓的後面為七賢祠，祠的後面為生生閣。閣向東，往下俯視兩條江水蒸江、湘江。在前面合流，耒水在北面二里之外匯入，和大觀樓一東一西，朝向正相反。大體上說，大觀樓座落在山頂之上，能兼收南、北、西三面的奇觀，而在這裡只能向東盡覽蒸、湘二水合流的勝景。再往東為合江亭，它的位置比較低下，但臨江流更近。亭南山崖的旁邊，一道縫隙有五尺高，如同合攏的手掌，面向東，側著肩膀進去，裡面可容納兩個人，這就是朱陵洞的後門。想尋找所謂的「六尺鼓」，但沒看到，亭下緊靠水邊有兩塊如同豎碑的大石，難道這就是遭逢戰亂便會鳴響的石鼓嗎？從登上大觀樓，便正對著夕陽，見黑雲含著落日，又有下雨的徵兆。走下樓，踏著泥濘的路摸黑經過青草橋，再往東北走二里，進入綠竹庵。晚飯後，颱風怒吼，到天明方才停止，暴雨又下了起來。

衡州城東面緊靠湘水，有四座門可通，其餘北、西、南三面鼎足而立。但北面被蒸水所夾，城內十分狹隘，這是因為地勢南面伸展北面收縮的緣故。北城外，青草橋架在蒸水之上，這橋又稱作韓橋，據說是昌黎公經過這裡才開始建造的。但沒有可以徵引的文獻資料，今人只稱作草橋罷了。而石鼓山隔在北城和蒸水中間。城的南面，回雁峰就峙立在湘江上方，蒸水流到城北，石鼓山便屹立在它的下游；而湘江沿著山的東面，從城南流到城北，在這裡先和蒸水合流，開始向東轉，從西南流來，再和耒水匯合。

蒸水，從湘江的西岸注入。在邵陽縣的耶薑山發源，流向東北，經過衡陽的北界，和唐夫、衡西三洞的各條水流會合，再向東流，到望日坳為黃沙灣，然後從青草橋流出，在石鼓山東面會合，一名草江，因為青草橋的緣故。一名沙江，因為黃沙灣的緣故。稱它為蒸水，是因為江面水氣像在蒸發的緣故。船從青草橋駛入，走一百里到達水福，再走八十里到長樂。

耒水，從湘江的東岸注入。在郴州的耒山發源，流向西北，經過永興、耒陽地界。另有郴江，在郴州的黃岑山發源。白豹水，在永興的白豹山發源。資興水，在鈷鉧泉發源。都和耒水會合。再向西流，到湖東寺，到耒口，在回雁塔的南面匯合。開往郴州、宜章的船，都從這裡進去，越過山嶺，直下武水，進入廣東的湞江。

來雁塔，所座落的是衡州下游第二重水口山。石鼓山從州城東北突起，下臨湘江，為第一重。來雁塔又峙立在蒸水的東岸、耒水的北岸，為第二重山。那延伸過來的山脈，從岣嶁山轉到大海嶺，度過青山坳，直下望日坳，東南為桃花沖，即綠竹、華嚴諸庵或高或下依附的地方。再往南緊靠江水，便是來雁塔，和石鼓山在蒸江左右兩岸相夾峙立。

衡州的山脈，南面從回雁峰開始，北面到石鼓山便是盡頭。原來從邵陽、常寧中間曲折連綿延伸過來的山脈，東南以湘江為界，西北以蒸江為界，南嶽的岣嶁等山峰，都在湘江的下游環繞，不屬同一條山脈。徐靈期說南嶽周圍八百里，回雁峰為首，嶽麓峰為腳，於是以回雁峰為七十二峰的第一峰，這是因為他沒有經過孟公坳，不知道衡山起於雙髻峰。從嶽麓等峰磅礴的氣勢看，南嶽的分支確實延伸到很遠的地方。

初二日　早起，欲入城，并遊城南花藥山❶。雨勢不止，遂返天母庵❷。庵在修竹中，有喬松一株當戶，其外層岡迴繞，竹樹森鬱，俱在窗檻之下，前池浸綠，仰色垂痕，後坂幃紅，桃花吐豔。原名桃花沖。風雨中春光忽逗，而泥屐未遏，不能無開雲之望。下午，滂沱彌甚，乃擁爐瀹茗，兀坐竟日。

初三日　寒甚，而地濘天陰，顧僕病作，仍擁爐庵中，作〈上封寺募文〉。中夜風聲復作，達旦仍（未）止雨。

初四日　雨，擁爐庵中，作〈完初上人白石山精舍引〉。

初五日　峭寒釀雨，令顧僕往河街城東瀕湘之街，市肆所集。覓永州❸船，余擁爐書〈上封疏〉、〈精舍引〉，作〈書懷詩〉呈瑞光。

初六日　雨止，濘甚。入城拜鄉人金祥甫，因出河街。抵暮返，雨復霏霏。金乃江城❹金斗垣子，隨桂府分封至此。其弟以荊溪壺❺開肆東華門府牆下。

【章旨】本章記載了第二十二天至第二十六天在衡州府的行跡。遊覽了花藥山，返回綠竹庵，忽然看到春光從風雨中透露，更加盼望天晴。以後連續四天下雨，只能圍著火爐吟詩作文。

【注釋】❶花藥山　在衡陽城西南二里，是一個群丘環抱的小型山間盆地。上有花藥寺。傳說東晉黃、葛二仙在此煉丹，曾有五色禽棲於牡丹樹，從而得名。山下有光孝報恩寺，前有井名春溪。每到春天，井水流溢，煙霧溟濛，望之如繪，「花藥春溪」為衡陽八景之一。❷天母庵　據上正月二十九日記，當為「綠竹庵天母殿」。下同。❸永州　明代為府，治所在今湖南零陵。❹江城　即江陰，徐霞客故鄉。❺荊溪壺　荊溪在江蘇宜興城南，以近荊南山而得名。上承永陽江，下注太湖。宜興所產紫砂陶壺，一直享有盛名。

【語譯】初二　早晨起身，想進城，並且去遊覽城南的花藥山。雨下個不停，於是返回天母庵。庵在修長的翠竹之中，門前有一棵大松，外面重重山岡迴繞，翠竹綠樹，繁茂蔥鬱，都在窗檻之下呈現，前面一池綠水，高處的山光樹色，在水中留下倒影，後面的山坡桃花吐豔，一片緋紅。原名桃花沖。春光忽然從風雨中透露，但我沾滿泥的腳卻沒能將周圍的景觀走遍，為此不可能不盼望雲開天晴。下午，雨下得更大，於是圍著火爐煮茶，整天無聊地坐在那裡。

初三　十分寒冷，加上道路泥濘，天色陰沉，顧僕發病，只得仍舊在庵中圍著火爐，作〈上封寺募文〉。半夜又響起風聲，到天明雨還沒停。

初四　下雨，在庵中烤火，作〈完初上人白石山精舍引〉。

初五　天氣嚴寒，就要下雨，吩咐顧僕去河街城東緊靠湘江的街道，為商市集中的地方。尋找去永州的船，我圍著火爐寫〈上封疏〉、〈精舍引〉，作〈書懷詩〉呈交瑞光。

初六　雨停了，路上泥濘不堪。進城拜訪老鄉金祥甫，於是走出河街。到傍晚返回，雨又飄灑起來。金是江城金斗垣的兒子，隨桂王府分封到這裡。他的弟弟在東華門府城牆下開店賣荊溪壺。

初七日　上午開霽。靜聞同顧僕復往河街，更定永州舡。余先循庵東入桂花園。乃桂府新構〔慶桂堂地，〕為賞桂之所。〔前列丹桂❶三株，皆聳幹參天，接蔭蔽日。其北寶珠茶❷五株，雖不及桂之高大，亦鬱森殊匹。〕又東為桃花源❸。〔西自華嚴、天母二庵來，南北俱高崗夾峙，中層疊為池，池兩旁依崗分塢，皆梵宮❹紺宇❺，諸藩閹亭榭❻，錯出其間。〕桃花源之上，即桃花沖，乃嶺坳也。其南之最高處新結兩亭：一曰停雲，又曰望江，一曰望湖，在無量庵後修竹間。時登眺已久，乃還飯綠竹庵。復與完初再上停雲，從其北逾桃花沖坳，其東崗夾成池，越池而上，即來雁塔矣。塔前為雙練堂，西對石鼓，返眺蒸、湘交會，亦甚勝也。塔之南，下臨湘江，有巨樓可凭眺，惜已傾圮。樓之東即為耒江北入之口。時日光已晶朗，岳雲江樹，盡獻真形。乃趣❼完初覓守塔僧，開扃❽而登塔，歷五層。四眺諸峰，北惟衡岳最高，其次則西之雨母山❾，又次則西北之大海嶺，其餘皆崗隴高下，無甚崢嶸，而東南二方，固豁然無際矣。〔湘水自回雁北注城東，至石鼓合蒸，遂東轉經塔下，東合耒水北去，三水曲折，不及長江一望無盡，而紆迴殊足戀也。〕眺望久之，恐靜聞覓舟已還，遂歸詢之，則舟之行尚在二日後也。是日頗見日影山光，入更復雨。

按雨母山在府城西一百里，乃回雁與衡城來脈，茲望之若四五十里外者，豈非雨母，乃伊山❿耶？恐伊山又無此峻耳。志曰：「伊山在府西三十五里，乃桓伊⓫讀書處。」而雨母則大舜巡狩所經，亦云雲阜。余苦久雨，望之不勝曲水⓬之想。

【章　旨】本章記載了第二十七天在衡州府的行跡。天晴後，進入桂花園，觀賞丹桂和寶珠茶。隨後去桃花源，上面有桃花沖。午飯後先後登上停雲亭和來雁塔，眺望四周的山峰，觀賞曲折回旋的湘江、蒸江和耒江。西面有高山，不知是雨母山還是伊山。

【注　釋】❶丹桂　桂樹的一種。據李時珍《本草綱目》，巖桂俗稱木犀，其花白者名銀桂，黃者名金桂，紅者名丹桂。❷寶

珠茶　山茶的一種。❸桃花源　在衡陽城東南五里。有洲長數里，浮湘水中，雙流夾之。每當桃花開時，新潮映帶，隔岸望之，如入武陵源，「東洲桃浪」為衡陽八景之一。但徐霞客所寫，似非同一個地方。❹梵宮　即梵宇。本指梵天的宮殿，後泛指佛寺。❺紺宇　也作「紺園」。指佛寺。紺，天青色；深青透紅之色。❻榭　在臺上蓋的高屋。❼趣　催促。❽扃　自外關閉門戶所用的門閂之類，借指門扇。❾雨母山　又名雲阜山，在衡陽城南二十里。傳說舜南巡經此，上有帝嚳祠，每祭常有雲氣。❿伊山　又名桓山，在湖南衡山縣城北三十里。⓫桓伊　字叔夏，任東晉豫州刺史等職，與謝玄在淝水大破苻堅所率前秦軍隊。⓬曲水　古代風俗於農曆三月上旬巳日（魏晉後固定為三月初三），在水濱宴樂，以祓除不祥。後人因引水環曲成渠，流觴取飲，相與為樂，稱為曲水。

【語譯】初七　上午天晴。靜聞同顧僕又去河街，再定下去永州的船。我先沿著綠竹庵的東面進入桂花園。是桂王府新造的慶桂堂地，作為賞桂的場所。前面有三株丹桂，都枝幹高聳，直上空中，樹蔭相接，遮天蔽日。在它的北面有五株寶珠茶，雖然不及丹桂高大，但也茂盛無比。再往東為桃花源。從西面的華嚴、天母兩庵過來，南北都是高高的山岡相夾峙立，中間層層疊疊，形成水池，池兩旁依著山岡，劃分山塢，裡面都是佛寺，王府和宦官的亭臺，也在其間錯落分布。桃花源的上面，便是桃花沖，這是山嶺中的一片坳地。在它南面最高的地方新蓋了兩個亭子：一名停雲，又稱望江，一名望湖，在無憂庵後面修長的翠竹之中。登高眺望了好長時間，便回綠竹庵吃飯。又同完初再上停雲亭，從它的北面翻過桃花沖坳地，東面的山岡夾成水池，越過水池向上，便是來雁塔了。塔前為雙練堂，西面對著石鼓山，轉身眺望蒸水、湘水的交會處，景色也十分美好。塔的南面，下面對著湘江，原有高樓可以登臨眺望，可惜已經倒塌。樓的東面就是耒江向北流入湘江的水口。這時陽光明媚，山嶽的煙雲，江邊的樹木，全都呈現出真形。於是催促完初尋找守塔的僧人，開門登塔，踏上五層。向四面眺望各座山峰，惟有北面的衡嶽最高，其次則為西面的雨母山，再往下為西北的大海嶺，其餘都是高高低低的山岡丘隴，沒什麼高峻的山峰，而東、南這二面，本來就十分開闊，無邊無際。湘水從回雁峰向北流到城東，到石鼓山和蒸水會合，便向東從塔下經過，和東面的耒水會合後向北流去，三條水流都曲曲折折，不如長江一望無際，但曲折迴旋特別使人留戀。眺望了好長時間，怕靜聞找船已經回來，便歸去問他情況，得知船還要在二天後出發。這天常看到日影山光，到夜晚又下起雨來。

按雨母山在府城西面一百里，是從回雁峰和衡州府城所在處延伸過來的山脈，現在看上去好像在四五十里之外，難道這不是雨母山，而是伊山嗎？恐怕伊山又沒有如此高峻的氣勢。志書說：「伊山在府城西面三十五里，是桓伊讀書之處。」而雨母山則為大舜南巡所經過的地方，又名雲阜山。我苦於長時間下雨，望見它不禁產生春日在曲水流觴取樂的想法。

初八日　晨起雨歇，抵午有日光。遂入城，經桂府前。府在城之中，圓亙城半，朱垣碧瓦，新麗殊甚。前坊標曰「夾輔親潢❶」。正門曰「端禮」。前峙二獅，其色純白，云來自耒河內百里。其地初無此石，建府時忽開得二石筍，俱高丈五，瑩白如一，遂以為獅云。仍出南門，一里，由回雁之麓又西一里，入花藥山。山不甚高，即回雁之西轉迴環而下府城者。諸峰如展翅舒翼，四拱❷成塢，寺當其中，若在圍城之內，弘敞為一方之冠。蓋城北之桃花沖，俱靜室星聯，而城南之花藥山，則叢林獨峙者也。寺名報恩光孝禪寺❸。寺後懸級直上山頂，為紫雲宮，則道院也。其地高聳，可以四眺。還寺，遇錫僧❹覺空，興道❺人。其來後余，而先至此。因少憩方丈，觀宋徽宗❻弟表文。其弟法名瓊俊，棄玉牒❼而遊雲水。時知府盧景魁之子移酌入寺，為瓊俊所辱，盧收之獄中，潛書此表，令獄卒王祐入奏，徽宗為之斬景魁，而官王祐。其表文與徽宗之御札如此，寺僧以為宗門❽一盛事。然表中稱衡州為邢州，御札斬景魁，即改邢為衡，且以王祐為衡守。其說甚俚，恐寺中捏造而成，非當時之實蹟也。出寺，由城西過大西門、小西門，城外俱巨塘環繞，闤闠連絡。共七里，東北過草橋。又二里，入綠竹庵，已薄暮矣。是日雨已霽，迨中夜雨聲復作潺潺，達旦而不止。

【章　旨】本章記載了第二十八天在衡州府的行跡。經過桂王府前，看到兩隻純白的石獅。隨後進入花藥山，來到報恩光孝禪寺，觀看宋徽宗弟弟瓊俊在衡陽獄中所上的表文，懷疑這事是寺內和尚捏造出來的。

【注　釋】❶潢　天潢。星名，古代稱皇族、宗室為天潢。❷拱　環繞；環圍。❸報恩光孝禪寺　又名花藥寺，在花藥山，宋寶祐年間建。傳說為晉黃、葛二仙煉丹地，又傳說為何仙姑修道處。❹錫僧　錫為僧人所持禪杖，舊時稱僧人出行為錫飛，錫僧即雲遊四方的僧人。❺興道　古縣名，晉置，梁、陳時省。故治在今廣西橫縣東南百里許。❻宋徽宗　名趙佶。即位後窮奢極欲，信任奸佞，騷擾百姓。金兵入侵，與子欽宗被俘，死於五國城。❼玉牒　帝王族譜。以編年體敘帝系而記其曆數，稱玉牒。❽宗門　佛教諸宗的統稱，後為禪宗的自稱。

【語　譯】初八　清晨起身，雨停了，到中午已有陽光。於是進城，經過桂王府前。王府在城的中間，呈圓形占據半個城，朱紅的圍牆，碧綠的瓦片，格外新穎美麗。前面牌坊寫著「夾輔親潢」，正門名「端禮」。前面峙立著兩隻獅子，顏色純白，據說來自耒河內上百里的地方。那裡本來沒有這種石塊，建造王府時忽然開採到兩棵石筍，都有一丈五尺高，整體晶瑩潔白，便用來琢成獅子。仍然走出南門，向前一里，從回雁峰麓再往西走一里，進入花藥山。山不太高，即從回雁峰向西環轉延伸到府城的山。各座山峰如同飛鳥張開翅膀，四面環繞形成山塢，雁峰寺正當其中，就像在圍城之內，高大寬敞居這一帶首位。大體上說，城北的桃花沖，都是星羅棋布的靜室，而城南的花藥山，則惟有佛寺峙立。寺名報恩光孝禪寺。從寺後的石級直上山頂，為紫雲宮，是個道觀。這裡地勢高聳，可向四面眺望。返回寺中，遇到出遊的僧人覺空，興道人。他比我來得晚，但先到這裡。於是在方丈休息片刻，觀看宋徽宗弟弟的表文。他的弟弟法名瓊俊，拋棄皇族的身分地位，雲遊四方。當時知府盧景魁的兒子將酒席搬入寺中，遭到瓊俊羞辱，盧景魁將他抓到獄中，瓊俊偷偷寫了這表，叫獄中的差役王祐進京奏上，徽宗為此殺了景魁，封王祐為官。寺中的表文和宋徽宗的詔令都這樣說，寺中的僧人以此作為宗門的一件大事。但表中稱衡州為邢州，詔令斬景魁，即改邢為衡，並且以王祐為衡州太守。這種傳說十分粗俗，怕是寺中的僧人捏造出來的，並非當時的真實情況。走出寺院，從城西經過大西門、小西門，城外都環繞著巨大的水塘，街市相連。共走了七里，往東北經過草橋。又走了二里，進入綠竹庵，已是傍晚了。這天雨已停止，到半夜又響起了潺潺的雨聲，到天亮仍不停息。

初九日　雨勢不止，促靜聞與顧僕移行李舟中，而余坐待庵中。將午，雨中別瑞光，過草橋，循城東過瞻嶽、瀟湘、柴埠三門，入舟候同舟者，因復入城，市魚肉筍米諸物。大魚每二三月水至衡山縣放子，土人俱于城東江岸以布兜圍其沫，養為雨苗❶，以大鯿❷販至各省，皆其地所產也。過午出城，則舟以❸下客移他所矣。與顧僕攜物匍匐雨中，循江而上，過鐵樓及回雁峰下，泊舟已盡，而竟不得舟。乃覓小舟，順流復覓而下，得之於鐵樓外。蓋靜聞先守視於舟，舟移既不為阻，舟泊復不為覘，聽我輩之呼棹而過，雜眾舟中竟不一應，遂致往返也。是日雨不止，舟亦泊不行。

初十日　夜雨達旦。初涉瀟湘❹，遂得身歷此景，亦不以為惡。上午，雨漸止。迨暮，客至，雨散始解維❺。五里，泊於水府廟❻之下。

【章旨】本章記載了第二十九天、第三十天在衡州府的行跡。在雨中走出衡州城，因錯過時間，好不容易才在鐵樓門外找到船。次日開船，在水府廟下停泊。

【注釋】❶雨苗　當為「魚苗」之誤。魚卵孵化出來供養殖的小魚。❷編　一種大船。❸以　已經。❹瀟湘　泛指湖南地區。❺維　繫船用的纜繩。❻水府廟　在湘江東岸浮橋碼頭。

【語譯】初九　雨下個不停，催促靜聞和顧僕將行李搬到船上，我坐在庵中等候。將近中午，在雨中告別瑞光，經過草橋，沿著城東走過瞻嶽、瀟湘、柴埠三門，上船等待同船出發的人，於是又進城，買了魚肉筍米等東西。每年二、三月，大魚順著水流到衡山縣產卵，當地人都在城東湘江的岸邊用布兜圍住江面的泡沫，培養成魚苗，用大船運到各省販賣，都是這裡出產的。過了中午才出城，船已經下客轉移到其他地方去了。和顧僕帶著東西在雨中跌跌撞撞，沿著湘江往上走，經過鐵樓門及回雁峰下，停泊的船全已散盡，最終沒有找到船。於是找了一條小船，又順流往下尋找，在鐵樓門外才找到原先那條船。這是因為靜聞先在船上守候，船開時既不阻止，船停後又不向外張望，聽憑我們呼喊著過去，混雜在眾多船隻之中，沒回答一聲，結果造成這樣來回奔忙。這天雨下個不停，船也停在江邊不走。

初十　通宵下雨，直到天亮。剛到湖南，就親身經歷這樣的情景，也不覺得討厭。上午，雨漸漸停止。到傍晚，旅客到來，雲開雨散，才解纜開船。行駛五里，在水府廟下停泊。

十一日　五更復聞雨聲，天明漸霽。二十五里，南上鉤欄灘，衡南首灘也。

江深流縮，勢不甚洶湧。轉而西，又五里為東陽渡❶，其北岸為琉璃瞰，乃桂府燒造之窰也。又西二十里為車江❷，或作汊江。其北數里外即雲母山❸。乃折而東南行，十里為雲集潭❹，有小山在東岸。已❺復南轉，十里為新塘站。舊有驛，今廢。又六里，泊於新塘站上流之對涯。同舟者為衡郡艾行可、石瑤庭。艾為桂府禮生❻，而石本蘇人，居此已三代矣。其時日有餘照，而其處止有穀舟二隻，遂依之泊。已而同上水者又五、六舟，亦隨泊焉。其涯上本無村落，余念石與前艙所搭徽❼人俱慣遊江湖，而艾又本郡人，其行止余可無參與，乃聽其泊。迨暮，月色頗明。余念入春以來尚未見月，及入舟前晚，則瀟湘夜雨，此夕則湘浦月明。兩夕之間，各擅一勝，為之躍然。已而忽聞岸上涯邊有啼號聲，若幼童，又若婦女，更餘不止。眾舟寂然，皆不敢問。余聞之，不能寐。枕上方作詩憐之，有「簫管孤舟悲赤壁❽，琵琶兩袖濕青衫❾」之句，又有「灘驚回雁天方一❿，月叫杜鵑更已三⓫」等句。然亦止慮有詐局，俟憐而納之，即有尾其後以挾詐者，不虞其為盜也。迨二鼓，靜聞心不能忍，因小解涉水登岸，靜聞戒律⓬甚嚴，一吐一解，必俟登涯，不入于水。呼而詰之，則童子也。年十四、五，尚未受全髮⓭，詭言出王閹之門，年甫十二，王善酗酒，操大杖，故欲走避。靜聞勸其歸，且厚撫之，彼竟臥涯側。比靜聞登舟未久，則群盜喊殺入舟，火炬刀劍交叢而下。余時未寐，急從臥板下取匣中遊資移之，越艾艙，欲從舟尾赴水，而舟尾賊方揮劍斫尾門，不得出，乃力掀篷隙，莽投之江中，復走臥處，覓衣披之。靜聞顧僕與艾、石主僕，或赤身，或擁被，俱逼聚一處。賊前從中艙後破後門，前後刀戟亂戳，無不以赤體受之者。余念必為盜執，所持紬⑭衣不便，乃并棄之，各跪而請命，賊戳不已，遂一湧掀篷入水。入水余最後，足為竹纜所絆，竟同篷倒翻而下，首先及江底，耳鼻灌水一口，急踴而起。幸水淺止及腰，乃逆流行江中，得鄰舟間避而至，遂躍入其中。時水浸寒甚，鄰客以舟人被蓋余，而臥其舟，溯流而上三四里，泊於香爐山，蓋已隔江矣。還望所劫舟，火光赫然，群盜齊喊一聲為號而去。已而同泊諸舟，俱移泊而來，有言南京相公⑮身被四創者。余聞之暗笑其言之妄，且幸亂刃交戟之下，赤身其間，獨一創不及，此實天幸。惟靜聞、顧奴不知其處，然亦以為一滾入水，得免虎口。資囊可無計矣，但張侯宗璉⑯所著《南程續記》一帙⑰，乃其手筆，其家珍藏二百餘年⑱，而一入余手，遂罹此厄，能不撫膺！其時舟人父子，亦俱被戳，哀號於鄰舟。他舟又有石瑤庭及艾僕與顧僕，俱為盜戳，赤身而來，與余同被臥，始知所謂被四創者，乃余僕也。前艙五徽人，俱木客，亦有二人在鄰舟，其三人不知何處。而余艙尚不見靜聞，後艙則艾行可與其友曾姓者，亦無問處。余時臥稠人中，顧僕呻吟甚。余念行囊雖焚劫無遺，而所投匣資或在江底可覓，但恐天明為見者取去，欲昧爽即行，而身無寸絲，何以就岸。是晚初月甚明，及盜至，已陰雲四布，迨曉，雨復霏霏。

【章　旨】本章記載了第三十一天在衡州府的行跡。船經過鉤欄灘、東陽渡、車江、雲集潭，到新塘站對岸停泊。同船的有艾行可、石瑤庭和幾個徽州人。夜晚聽到岸上有兒童啼哭的聲音，靜聞上岸詢問，結果招來了一群強盜，船上的人都被刺傷，赤身裸體掉入江中，東西被搶走，船被燒毀。幸虧水淺，才逃到鄰近的船上。

【注　釋】❶東陽渡　在衡陽南境，湘江東岸。❷車江　在衡陽城南，湘江西岸。❸雲母山　當為「雨母山」。下同。❹雲集潭　在衡陽城南二十里，每逢雲出則雨。❺已　已而；隨即。❻禮生　祭祀時贊禮司儀的執事。❼徽　指徽州府，治所在歙縣（今屬安徽）。❽簫管句　宋蘇軾作〈前赤壁賦〉，中云：「客有吹洞簫者，……其聲嗚嗚然，如怨如慕，如泣如訴，……舞幽壑之潛蛟，泣孤舟之嫠婦。」這句寫岸上婦童啼號聲的悲痛。❾琵琶句　唐白居易作〈琵琶行〉，中云：「座中泣下誰最多，江州司馬青衫濕。」這句寫自己聽到啼號聲的感傷。❿灘驚句　唐衡州船夫有〈舟中吟〉，詩云：「野鵲灘西一櫂孤，月光遙接洞庭湖。堪嗟回雁峰前過，望斷家山一字無。」寫旅途的思鄉之情。⓫月叫句　唐崔塗有〈春夕旅懷〉，詩云：「蝴蝶夢中家萬里，杜鵑枝上月三更。」也寫旅居楚地的思鄉之情。⓬戒律　泛指佛教為出家、在家信徒所制定的一切戒規。⓭全髮　古代男子年十六留髮，以示成人。⓮紬　粗綢。⓯南京相公　古代稱讀書人為相公。徐霞客為南京江陰人，故稱作南京相公。⓰張侯宗璉　指張宗璉，字重器，吉水人。永樂進士。謫官常州同知。朝廷派御史李立理江南軍籍，多捕平民。宗璉多次力爭，解救了不少無辜者。疽發背死，常州百姓白衣送喪者千餘人。天啟四年，徐霞客在君山重修張宗璉廟，並請董其昌書碑，何喬遠作紀序。⓱一帙　帙，以布帛製成的包書套子，因稱書一套為一帙。⓲二百餘年　《南程續記》作於宣德元年（一四二六）張宗璉使廣東時，至崇禎十年（一六三七），已二百餘年。

【語譯】十一日　五更時又聽到雨聲，天亮後漸漸放晴。過了二十五里，往南駛上鉤欄灘，是衡陽南面第一灘。江深流窄，水勢不太洶湧。轉而向西，又行駛五里到東陽渡，北岸為琉璃廠，是桂王府燒造器物的窰。再往西行駛二十里到車江，或作汊江。在它北面幾里外便是雲母山。於是轉向東南走，過了十里到雲集潭，有小山在東岸。隨即又往南轉，過了十里到新塘站。過去有驛站，如今已廢棄。再行駛六里，在新塘站上游的對岸停泊。同船的是衡州府的艾行可、石瑤庭。艾是桂王府的禮生，而石原來是蘇州人，到這裡定居已有三代了。這時太陽還留下一些餘光，而這裡卻只有二條裝穀的船，便靠著它們停泊。隨後又有五、六條同樣的上水船，也跟著在一起停泊。這岸上本來就沒有村莊，我想石瑤庭和在前艙搭乘的徽州人都是走江湖的老手，而艾行可又是本郡人，對於船的行止我可不必參與意見，於是聽任他們停泊。到了晚上，月光十分明亮。我想起入春以來還沒有見到月亮，前晚上船，瀟湘之夜，春雨紛紛，今夜則湘江之岸，月華皎潔。兩個夜晚，各有一勝，不禁為之歡欣鼓舞。過了一會忽然聽到岸上水邊有啼哭的聲音，好像是兒童，又像是婦女，過了一更仍不停止。各條船都悄然無聲，沒人敢問究竟發生了什麼事。我聽到後，無法入睡，靠在枕上作詩表示憐憫，其中有「簫管孤舟悲赤壁，琵琶兩袖濕青衫」這樣的詩句，還有「灘驚回雁天方一，月叫杜鵑更已三」等詩句。但也只考慮到其中或許有詐，想等人可憐收留啼哭者的時候，便有人跟在後面藉此進行敲詐，沒想到他們竟是強盜。到二更，靜聞實在不忍心，於是借小便渡水上岸，靜聞守戒十分嚴格，即使吐一口痰，解一次手，都要等到上岸之後，從不弄到水中。喊著詢問情況，原來是一個兒童，十四、五歲，還沒留髮，詐稱從王太監家中逃出，才十二歲。王太監喜歡酗酒，拿大杖打人，所以想逃走。靜聞勸他回去，並且好言好語安慰他，但他還是睡在岸邊。等靜聞上船不久，一群強盜就喊著殺入船中，火炬刀劍，交叉直下。我這時還沒睡，急忙從臥板下面，取出內藏旅費的匣子，轉移到其他地方，越過艾行可所住的船艙，想從船尾逃到水中，而強盜正在船尾揮劍砍門，無法出去，於是用力掀開船篷的縫隙，將匣子慌忙投入江中，又回到睡的地方，找衣服披在身上。靜聞、顧僕和艾、石主僕，有的光著身子，有的裹著被子，都被逼到一角。盜賊或在前從中艙進入，或在後打破後門進艙，前後刀戟亂戳，船上的人無不赤身裸體承受。我想一定會被強盜抓住，拿著綢衣不方便，於是連衣服也扔了，各自跪著請求饒命，因盜賊戳個不停，便一湧而上，掀開船篷，跳入水中。我最後一個落水，腳被竹縴絆了一下，竟連同篷蓋一起倒翻落下，首先掉到江底，耳朵、鼻子灌滿了水，急忙一躍而起。幸虧水淺，只到腰部，於是在江中逆流向前，看到鄰近的船躲避過來，便跳到那條船上。這時因身體在水中浸過，感到十分寒冷，鄰船的旅客拿船夫的被子蓋住我身子，睡在那條船上，逆流上行三、四里，在香爐山下停泊，已在湘江對岸了。轉身遙望被搶劫的船，火光衝天，那群強盜一起呼喊了一聲作為信號離開。過了一會，原在一起停泊的各條船隻，都轉移過來停泊，有的說南京相公身上有四處受傷。我聽了暗暗發笑，覺得這話實在荒唐，而且慶幸在亂刀交戟之下，光著身子，獨我一處也沒受傷，真是僥天之幸了。只是靜聞、顧僕不知下落，但又以為一滾到水中，定能逃脫虎口。錢財可不去計較了，但張侯宗璉所寫的一套《南程續記》，是他的手筆，他家珍藏了二百多年，一到我的手，就遭到如此厄運，又怎能不捶胸長歎！這時船夫父子二人，也都被戳傷，在鄰船悲哀地號哭。其他船上還有石瑤庭和艾僕、顧僕，都被強盜戳傷，光著身子逃來，和我睡在一條被中，方才知道所謂四處受傷的人，是我的僕人。前艙中五個徽州人，都是做木材生意的旅客，也有兩個在鄰船，其他三人不知在哪裡。但原先在我船艙的靜聞還沒看到，後艙的艾行可和他的朋友曾某，也不知下落。我這時睡在眾人之中，顧僕不斷發出呻吟聲。我想行李雖然被焚毀搶劫，一無所剩，但扔到江中放著旅費的匣子，或許還在江底，可以找到，只怕天亮後被人看到拿走，想黎明就去，但身上一絲不掛，又怎能上岸？這天晚上初升的月亮十分明亮，等強盜到來，已是四面陰雲密布，到天亮，雨又紛飛起來。

十二日　鄰舟客戴姓者，甚憐余，從身分裏衣、單褌各一以畀余。余周身無一物，摸髻中猶存銀耳挖一事❶，余素不用髻簪，此行至吳門❷，念二十年前，從閩返錢塘江❸

滸，腰纏已盡，得髻中簪一枝，夾其半酧❹飯，以其半覓輿，乃達昭慶❺金心月房。此行因換耳挖一事，一以綰髮，一以備不時之需。及此墮江，幸有此物，髮得不散。艾行可披髮而行，遂至不救。一物雖微，亦天也。

遂以酬之，匆匆問其姓名而別。時顧僕赤身無蔽，余乃以所畀褌與之，而自著其裹衣，然僅及腰而止。旁舟子又以衲一幅畀予，用蔽其前，乃登涯。涯猶在湘之北東岸，乃循岸北行。時同登者余及顧僕，石與艾僕并二徽客，共六人一行，俱若囚鬼。曉風砭骨，砂礫裂足，行不能前，止不能已。四里，天漸明，望所焚劫舟在隔江，上下諸舟，見諸人形狀，俱不肯渡，哀號再三，無有信者。艾僕隔江呼其主，余隔江呼靜聞，徽人亦呼其侶，各各相呼，無一能應。已而聞有呼予者，予知為靜聞也，心竊喜曰：「吾三人俱生矣。」亟欲與靜聞遇。隔江土人以舟來渡余，及焚舟，望見靜聞，益喜甚。於是入水而行，先覓所投竹匣。靜聞望而問其故，遙謂余曰：「匣在此，匣中之資已烏有矣。手摹《禹碑》及《衡州統志》猶未沾濡也。」及登岸，見靜聞焚舟中衣被竹笈❻，猶救數件，守之沙岸之側，憐予寒，急脫身衣以衣予。復救得余一褌一襪，俱火傷水濕，乃益取焚餘熾火以炙之。其時徽客五人俱在，艾氏四人，二友一僕，雖傷亦在，獨艾行可竟無蹤跡。其友僕乞土人分舟沿流捱覓❼，余輩炙衣沙上，以候其音。時飢甚，鍋具焚沒無餘，靜聞沒水取得一鐵銚⑧，復沒水取濕米，先取乾米數斗，俱為艾僕取去。煮粥遍食諸難者，而後自食。迨下午，不得艾消息，徽人先附舟返衡，余同石、曾、艾僕亦得土人舟同還衡州。余意猶妄意艾先歸也。土舟頗大，而操者一人，雖順流行，不能達二十餘里，至汊江已薄暮。二十里至東陽渡，已深夜。時月色再明，乘月行三十里，抵鐵樓門，已五鼓矣。艾使先返，問艾竟杳然也。

先是靜聞見余輩赤身下水，彼念經笈在篷側，遂留，捨命乞哀，賊為之置經。及破余竹撞⑨，見撞中俱書，悉傾棄舟底。靜聞復哀求拾取，仍置破撞中，盜亦不禁。撞中乃《一統志》⑩諸書，及文湛持⑪、黃石齋⑫、錢牧齋⑬與余諸手柬，并余自著日記、諸遊稿，惟與劉愚公書稿失去。繼開余皮廂⑭，見中有尺頭⑮，即闔置袋中攜去。此廂中有眉公⑯與麗江⑰木公⑱敘稿，及弘辨、安仁⑲諸書，與蒼梧道顧東曙⑳輩家書，共數十通，又有張公宗璉所著《南程續記》，乃宣德㉑初張侯特使廣東時手書，其族人珍藏二百餘年，予苦求得之，外以莊定山㉒、陳白沙㉓字裹之，亦置書中。靜聞不及知，亦不暇乞，俱為攜去，不知棄置何所，真可惜也。又取余皮掛廂，中有家藏《晴山帖》㉔六本，鐵針、錫瓶、陳用卿壺，俱重物，盜入手不開，亟取袋中。破予大笥㉕，取果餅俱投舡底，而曹能始㉖《名勝志》三本、《雲南志》㉗四本及

《游紀》合刻十本俱焚訖。其艾艙諸物，亦多焚棄。獨石瑤庭一竹笈竟未開。賊瀕行，輒放火後艙。時靜聞正留其側，俟其去，即為撲滅，而余艙口亦火起，靜聞復入江取水澆之。賊聞水聲以為有人也，及見靜聞，戳兩創而去，而火已不可救。時諸舟俱遙避，而兩穀舟猶在，呼之，彼反移遠。靜聞乃入江取所墮蓬作筏，亟攜經笈併余燼餘諸物，渡至穀舟；冒火再入取艾衣、被、書、米及石瑤庭竹笈，又置篷上，再渡穀舟；及第三次，則舟已沉矣，靜聞從水底取得濕衣三、四件，仍渡穀舟。而穀舟乘黑暗匿紬衣等物，止存布衣、布被而已。靜聞乃重移置沙上，穀舟亦開去。及守余輩渡江，石與艾僕見所救物，悉各認去。靜聞因謂石曰：「悉是君物乎？」石遂大詬靜聞，謂：「眾人疑爾登涯引盜。」謂訊哭童也。汝真不良，欲掩我之篋。」不知靜聞為彼冒刃、冒寒、冒火、冒水守護此篋，以待主者，彼不為德，而反詬之。盜猶憐僧，彼更勝盜哉矣，人之無良如此！

【章　旨】 本章記載了第三十二天在衡州府的行跡。船上一個姓戴的旅客給了一件內衣、一條褲子，徐霞客和顧僕分穿了上岸，沿江呼喊，始終找不到靜聞。原來他留在船上，冒險搶救出一些東西，只是張宗璉的《南程續記》已被搶去，十分可惜。同船其他人都還活著，惟獨艾行可杳無音信。

【注　釋】 ❶一事　物一件叫一事。❷吳門　蘇州的別稱。❸錢塘江　浙江的下游稱錢塘江。❹酧　「酬」的俗字。償付代價。❺昭慶　指杭州昭慶寺。❻笈　書箱。❼捱覓　同「挨覓」。逐一尋覓。❽銚　一種有柄有流的烹調器具。❾竹撞　用竹編製的盛物器具。❿一統志　指《大明一統志》，明官修地理總志，成於天順五年（一四六一），計九十卷。⓫文湛持　文震孟，號湛持，長洲（今江蘇蘇州）人，文徵明曾孫。為東林後期重要人物，崇禎時曾兼東閣大學士，參預朝政。⓬黃石齋　黃道周，字幼平，號石齋。福建漳浦人。學問宏博，忠鯁負氣節。崇禎時，因上疏忤旨下獄。清兵入關，率師出戰，兵敗被害。⓭錢牧齋　錢謙益，號牧齋，常熟（今屬江蘇）人。為當時文壇領袖人物，霞客死後，為之作傳。⓮廂　同「箱」。⓯尺頭　綢緞衣料。⓰眉公　陳繼儒，字仲醇，號眉公，華亭（今上海松江區）人。能文善畫。與徐霞客為忘年交。⓱麗江　明代為府，治所在通安（今雲南麗江納西族自治縣）。⓲木公　指麗江知府木增。⓳弘辨安仁　俱為雲南雞足山悉檀寺僧人。⓴蒼梧道顧東曙　顧東曙，名應暘，無錫人。㉑宣德　明宣宗年號（一四二六—一四三五）。㉒莊定山　莊昶，字孔暘，江浦（今屬江蘇）人。明成化進士。曾卜居定山（在江蘇江陰東）二十餘年，學者稱定山先生。㉓陳白沙　陳獻章，字公甫，新會（今屬廣東）人。居白沙里，門人稱白沙先生，明正統進士。其教學但令學生端坐澄心，於靜中悟道。㉔晴山帖　泰昌元年（一六二〇），霞客母患病，數月後痊癒。此前，霞客曾去九鯉湖，為母祈夢求壽，求得詩籤為：「四月清和雨乍晴，南山當戶轉分明。」喜其有吉祥之語，故取「晴山」二字為額，營建「晴山堂」。並將為「晴山堂」和《秋圃晨機圖》而請人所作詩文，連同祖上所留名人遺跡，一一勒諸石，共七十六塊，嵌在晴山堂壁上。「搨本流傳，人爭寶貴」，這就是〈晴山堂帖〉。㉕筲　裝衣食的竹器。方的稱筲，圓的稱簞。㉖曹能始　曹學佺，字能始，侯官（今福建福州）人。徐霞客之友，好輿地之學，著《輿地名勝志》、《蜀中廣記》、《蜀中名勝記》等書。㉗雲南志　疑即唐樊綽寫的《蠻書》。樊綽於咸通中為安南經略使蔡襲的幕僚，對南詔進行研究後，參照前人著作寫成此書，是研究雲南各民族歷史地理的重要資料。宋以後此書又名《雲南志》、《雲南記》、《南夷志》、《雲南史記》。後佚。清編修《四庫全書》，從《永樂大典》中輯出《蠻書》十卷。

【語　譯】十二日　鄰船有個姓戴的旅客，很可憐我，從身上分出內衣、單褲各一件給我。我周身沒有一樣東西，摸摸髮髻中還存一枝銀耳挖，我平時從不用髻簪，這次出行到吳門，想起二十年前，從福建返回錢塘江畔，身上帶的錢已用完，髻中還有一枝簪，便夾下一半買飯，用另外一半雇轎，才到達昭慶寺金心月的住處。這次出行因此換了一枝耳挖，一是用以盤結頭髮，一是用以防備臨時急需之用。到這次掉入江中，幸虧有這件東西，頭髮不致披散。而艾行可就因為披頭散髮在水中行走，才遭到不測之禍。一件東西雖小，但也是天意。便用來酬謝他，匆忙問了姓名後告別。這時顧僕赤身裸體，毫無遮蔽，我將褲子給他，自己穿著內衣，但也僅到腰間為止。旁邊的船夫又給了我一幅破布，用來遮蔽前身，於是上岸。這裡還是湘江的東北岸，便沿著岸邊往北走。一起上岸的有我和顧僕，石瑤庭和艾僕，以及兩個徽州旅客，一行共六人，都像囚犯鬼怪。清晨寒風刺骨，砂子碎石將腳劃破，既無法往前走，又不能停下。過了四里，天漸漸亮了起來，望見被焚燒搶劫的船在江對岸，上上下下的各條船，看到我們這些人的模樣，都不肯帶我們過江，再三哀求，沒人相信。艾僕隔著江水呼喊他的主人，我隔著江水呼喊靜聞，徽州人也呼喊他們的同伴，各自呼喊，但沒一人應聲。隨後聽到有喊我的聲音，我知道是靜聞，心裡暗暗高興：「我們三個人都活下來了！」急忙想和靜聞相見，江對岸的當地人用船來將我渡過去，到達被燒的船，望見靜聞，更加感到高興。於是下水行走，先尋找扔下去的竹匣。靜聞見了問明緣故，在遠處對我說：「竹匣在這裡，裡面的錢已一無所有了。但臨摹的〈禹碑〉及《衡州統志》還沒浸濕。」等到上岸，見靜聞從被燒的船中，還救出幾件衣被竹笈，在沙岸傍守候，可憐我寒冷，急忙脫下身上的衣服給我穿。又搶救到我的一條褲子、一雙襪子，都已被火燒壞，被水浸濕，便添加燒剩的烈火烘烤。這時五個徽州旅客都在，艾氏一行四人，兩個朋友，一個僕人，雖然受傷，也都在，惟獨艾行可不見蹤影。他的朋友僕人懇求當地人用船沿著江水分頭逐一尋找，我們在沙灘烤衣服，聽候消息。這時餓得十分厲害，鍋具已全燒毀，靜聞潛水取出一個鐵銚，又潛水取出濕米，先取出幾斗乾米，都被艾僕拿去。煮粥讓各遇難的人都吃了，然後才自己吃。到下午，仍沒有艾的消息，徽州人先搭船回衡州，我同石、曾、艾僕也找到當地人的船一起回衡州。我還妄想艾行可已先回去了。當地船很大，但掌舵的只有一人，雖然順流而行，仍不能達到二十多里，至汉江已是傍晚。再過二十里到東陽渡，已是深夜。這時月光又亮了起來，在月下行駛三十里，到鐵樓門，已是五更了。打聽艾行可情況的僕人已先返回，但艾行可依然毫無消息。

在此之前，靜聞見我們光著身子落水，他想起藏佛經的書箱就在船篷的一邊，便留了下來，不顧性命，苦苦哀求，盜賊為此將經留下。到打破我的竹撞，見撞中都是書，便都倒出來扔在船底，靜聞又苦苦哀求，將書拾起，仍然放在破撞之中，強盜也不禁止。撞中所放的是《一統志》等書，以及文湛持、黃石齋、錢牧齋給我的各種手束，連同我自己寫的日記、各種遊稿，惟獨給劉愚公的書稿丟失了。接著打開我的皮箱，見裡面有絲綢衣料，便全部放在袋中拿走。這箱中有眉公給麗江木公的敘稿，以及給弘辨、安仁等人的書信，給蒼梧道顧東曙等人的家信，共數十篇，又有張公宗璉所著的《南程續記》，是宣德初張侯出使廣東時親手書寫的，他的族人珍藏了二百多年，我苦苦乞求方才得到，外面裹著莊定山、陳白沙的字幅，也放在書中。這些靜聞都不知道，也來不及向強盜討回，結果都被帶走了，不知拋在什麼地方，真可惜啊！又拿我的皮掛箱，裡面有家藏的六本〈晴山帖〉，以及鐵針、錫瓶、陳用卿壺，都是重物，強盜拿在手中也不打開，連忙放入袋中。還將我的大笥打破，拿出果餅都扔在船底，而曹能始的三本《名勝志》、四本《雲南志》，以及十本《遊記》合刻都被燒光。艾行可所住艙內的各種物品，大多也被燒毀拋棄。惟獨石瑤庭的一個竹笈居然沒打開。賊臨走時，就在後艙放火。這時靜聞正留在旁邊，等他們一走，立即將火撲滅，而我住的船艙也起火了，靜聞又到江中取水澆火。賊聽到水聲以為有人，等看到是靜聞，便在他身上戳了兩個傷口離開，而火已無法撲滅了。這時各條船都遠遠地避開，兩條裝穀的船還在，向他們呼喊求救，他們反而轉到遠處去了。靜聞於是入江用落下的船篷作筏，急忙帶著經籍和屬於我的燒剩的各種東西，渡到裝穀的船；冒著危險再從火中進去拿出艾行可的衣、被、書、米以及石瑤庭的竹笈，又放在篷上，再渡到裝穀的船；到第三次，船已沉沒了，靜聞從水底拿到三、四件濕衣服，仍然渡到裝穀的船。而那船上的人乘天黑在暗中將綢衣等東西藏了起來，只留下布衣、布被罷了。靜聞便重新將東西轉移到沙灘上，裝穀的船也開走了。守在那裡等到我們渡江過來，石瑤庭和艾僕看到搶救出來的東西，都各自辨認後取走。靜聞問石瑤庭：「這些都是你的東西嗎？」石瑤庭聽了就大聲辱罵靜聞，說：「大家都懷疑你上岸接引強盜，指詢問啼哭的兒童。你的良心真壞，還想吞沒我的竹篋。」不知靜聞為他冒著刀劍、冒著寒冷、冒著烈火、冒著江水的危險，守護這隻竹篋，等待主人領取，他非但不感激，反而還要辱罵靜聞。強盜尚且可憐僧人，他更不如強盜，人心之壞，竟一至於此！

十三日　味爽登涯，計無所之。思金祥甫為他鄉故知，投之或可強留。候鐵樓門開，乃入，急趨祥甫寓，告以遇盜始末，祥甫愴然。初欲假數十金於藩府，託祥甫擔當，隨託祥甫歸家取還，而余輩仍了西方大願。祥甫謂藩府無銀可借，詢余若歸故鄉，為別措以備衣裝。余念遇難輒返，缺覓資重來，妻孥必無放行之理，不欲變余去志，仍求祥甫曲濟，祥甫唯唯。

十四、十五日　俱在金寓。

十六日　金為投揭❶內司❷，約二十二始會眾議助。初，祥甫謂己不能貸，欲遍求眾內司共濟，余頗難之。靜聞謂彼久欲置四十八願❸齋僧田於常住❹，今得眾濟，即貸余為西遊資，俟余歸，照所濟之數為彼置田於寺，仍以所施諸人名立石，極為兩便。余不得已聽之。

十七、十八日　俱在金寓。時余自頂至踵，無非金物，而顧僕猶蓬首跣足，衣不蔽體，只得株守金寓。自返衡以來，亦無晴霽之日，或雨或陰，泥濘異常，不敢動移一步。

【章　旨】本章記載了第三十三天至第三十八天在衡州府的行跡。進城投靠老友金祥甫，請他幫助籌借旅費，繼續西遊。金請王府的內官周濟。這幾天一直留在金的住所。

【注　釋】❶揭　揭帖。據明戚繼光《練兵實紀》：「凡有大事申報上司，於文書之外仍附以揭帖，備言其事之始末情節、利害緣由。」❷內司　諸王府的屬官。❸四十八願　據《大無量壽經》記載，阿彌陀佛於「因位」為法藏菩薩時所發的四十八種誓願。在佛經別本中，也有作二十四願的。❹常住　梵文，略稱「常」，為「無常」的對稱。指綿亙過去、現在、未來三世，恆常存在，永不生滅變易。

【語　譯】十三日　拂曉上岸，思前想後，沒地方可去。想起金祥甫是他鄉的舊友，到他那裡去或許還可勉強收留。等鐵樓門開後，便進城，急忙趕到祥甫的寓所，告訴他遇上強盜的經過，祥甫十分感傷。我起先想向王府借幾十兩銀子，託祥甫擔保，並託祥甫回江陰老家取錢歸還，而我們仍可了結去西方遊訪的大願。祥甫說王府沒銀子可借，問我若想回故鄉的話，可以為我們另外籌集資金，準備衣服行裝。我考慮到遇到急難就回家，缺　找了資金再來，妻兒必然不肯放我走，又不想改變我西行的志願，還是請求祥甫曲意周濟，祥甫連連答應。

十四、十五日　都在金祥甫的寓所。

十六日　金祥甫為我的事，向王府屬官遞交揭帖，約好二十二日，才會集眾人一起討論資助的事。起先，祥甫說自己沒錢借給我，想求所有王府屬官一起幫助，我對此很為難。靜聞說他們早就想購置永久性的四十八願齋僧田，如今得到大家的資助，便借給我作為西遊的費用，等我回來，按照資助的金額，為他們在寺中購置僧田，仍然將資助人的姓名刻在石上留念，對雙方都很便利。我無可奈何，只得聽從他。

十七、十八日　都在金祥甫的寓所。這時我從頭到腳，穿戴的都是金家的衣物，但顧僕還是蓬頭赤腳，衣不蔽體，只得坐守在金家的住所。從返回衡陽以後，也沒有晴天，有時下雨，有時天陰，道路異常泥濘，不敢走動一步。

十九日　往看劉明宇，坐其樓頭竟日。劉為衡故尚書劉堯誨❶養子，少有膂力❷，慷慨好義，尚書翁故倚重，今年已五十六，奉齋而不禁酒，聞余被難，即叩金寓余，欲為余緝盜。余謝物已去矣，即得之，亦無可為西方資，所惜者惟張侯《南程》一紀，乃其家藏二百餘年物，而眉公輩所寄麗江諸書，在彼無用，在我難再遘耳。劉乃立矢❸神前，曰：「金不可復，必為公復此。」余不得已，亦姑聽之。

二十日　晴霽，出步柴埠門外，由鐵樓門入。途中見折寶珠茶❹，花大瓣密，其紅映日。又見折千葉緋桃❺，含苞甚大，皆桃花沖物也，擬往觀之。而前晚下午忽七門早閉，蓋因東安❻有大盜臨城，祁陽❼亦有盜殺掠也。余恐閉於城外，遂復入城，訂明日同靜聞往遊焉。

二十一日　陰雲復布，當午雨復霏霏，竟不能出遊。是日，南門獲盜七人，招黨及百，劉為余投揭捕廳。下午劉以蕨芽❽為供餉余，并前在天母殿所嘗葵菜❾，為素供二絕。余憶王摩詰❿「松下清齋折露葵」⓫及東坡⓬「蕨芽初長小兒拳」⓭，嘗念此二物，可與薄絲⓮共成三絕，而余鄉俱無。及至衡，嘗葵于天母殿，嘗蕨於此，風味殊勝。蓋葵鬆而脆，蕨滑而柔，各擅一勝也。是日午後，忽發風，寒甚。中夜風吼，雨不止。

【章　旨】本章記載了第三十九至第四十一天在衡州府的行跡。劉明宇曾來慰問，發誓要找回被強盜拿走的《南程續記》和書信。打算去桃花沖賞花，因附近有大盜，城門很早就關閉，沒有去成。劉明宇用蕨芽招待，和先前吃過的葵菜，可稱素菜中的兩絕。

【注　釋】❶劉堯誨　字君納，號凝齋，臨武（今屬湖南）人。嘉靖進士，官至南京兵部尚書，參贊機務。因張居正案牽連，乞歸衡陽。❷有膂力　四肢有力。膂，體力。❸矢　通「誓」。❹寶珠茶　「珠」原作「株」，據乾隆本改。下同。❺千葉緋桃　「緋」原作「徘」，據乾隆本改。❻東安　明代為縣，隸永州府，今屬湖南。❼祁陽　明代為縣，隸永州府，今屬湖南。❽蕨芽　又稱「烏糯」。嫩葉可食，莖多澱粉。❾葵菜　即「冬葵」。元王禎《農書》稱為「百菜之王」，現已少見。❿王摩詰　王維，字摩詰，太原祁（今屬山西）人。盛唐田園詩和文人畫的代表人物。蘇軾稱他詩中有畫，畫中有詩。⓫松下句　王維〈積雨輞川莊作〉中詩句。⓬東坡　蘇軾，字子瞻，號東坡，眉山（今屬四川）人。北宋大文學家、書畫家。⓭蕨芽句　此詩或說為黃庭堅作。⓮薄絲　薄，當為「蓴」，即蓴苴，蘘荷的別名。葉如初生的甘蔗，根如薑芽，古人稱它「備極眾味」。

【語　譯】十九日　去看劉明宇，整天坐在他家的樓頭。劉是衡州前尚書劉堯誨的養子，年輕時體魄強健，慷慨好義，老尚書因此很倚重他，今年已五十六，守齋但不禁酒，聽到我遇難，立即到金家寓所找我，想為我捕捉強盜。我辭謝說東西已經丟失了，即使找到，也不能當作西遊的費用，所可惜的只有張侯《南程續記》這本書，是他家收藏二百多年的珍品，而眉公等人寄給麗江諸人的書信，在強盜手中毫無用處，但對我來說卻難再得了。劉明宇便在神像前發誓：「錢雖已不可收回，一定為您收回這些書和信。」我無可奈何，也姑且聽信他。

二十日　雨過天晴，走出柴埠門外，從鐵樓門進去。途中看到折下的寶珠茶，花朵大，花瓣密，在陽光的映照下格外鮮紅。又看到折下的千葉緋桃，含苞未放，體形很大，都是長在桃花沖的東西，打算前往觀賞。但前一天下午，忽然七座城門都很早就關閉，這是因為東安有大盜逼近縣城，祁陽也有盜賊殺戮搶劫。我怕被關在城外，於是又進城，預定明天和靜聞前往遊賞。

二十一日　又是陰雲密布，中午雨又飄灑起來，最終沒能出遊。這天，在南門抓到七個強盜，招供出同黨將近一百人。劉明宇為我向捕廳投送揭帖。下午劉用蕨芽招待我，連同先前在天母殿所嘗的葵菜，可稱素食中的兩絕。我想起王摩詰「松下清齋折露葵」及東坡「蕨芽初長小兒拳」詩句，曾認為這兩樣東西，可和蓴絲一起成為三絕，但我的家鄉都沒有。等到了衡州，在天母殿嘗到葵菜，在這裡嘗到蕨芽，風味不同尋常。葵菜鬆而脆，蕨芽滑而柔，各有長處。這天午後，忽然起風，十分寒冷。半夜狂風怒吼，雨下個不停。

二十二日　晨起，風止雨霽。上午同靜聞出瞻岳門，越草橋，過綠竹園。桃花歷亂，柳色依然，不覺有去住之感。入看瑞光不值，與其徒入桂花園，則寶珠盛開，花大如盤，殷紅密瓣，萬朵浮團翠之上，真一大觀。徜徉久之，不復知身在患難中也。望隔溪塢內，桃花竹色，相為映帶，其中有閣臨流，其巔有亭新構。閣乃前遊所未入，亭乃昔時所未有綴，急循級而入，感花事之芳菲，嘆滄桑之倏忽。登山踞巔亭，南瞰湘流，西瞻落日，為之憮然。乃返過草橋，再登石鼓，由合江亭東下，瀕江觀二豎石❶，乃二石柱，旁支以石，上鐫對聯，一曰「臨流欲下任公釣❷」，一曰「觀水長吟孺子歌❸」。非石鼓也。兩過此地，皆當落日，風景不殊，人事多錯，能不興懷！

【章　旨】本章記載了第四十二天在衡州府的行跡。經過綠竹園，走進桂花園，觀賞絢麗的寶珠茶，忘記自身正處在患難之中。又登上山頂的小亭，眺望江流落日。再登上石鼓山，靠近江邊觀看二豎石。面對四周景物，有感於人世無常，不禁惻然傷懷。

【注　釋】❶二豎石　明萬曆年間，衡州同知沈鈇於合江亭下豎石碣，題「濯纓濯足」四字，又鐫對聯云：「臨淵直下任公釣，觀水時聞孺子歌。」（此據清道光刻本《衡陽縣志》，與徐霞客所載略有出入。）❷任公釣　任公，又稱任公子、任父，古代任國公子，傳說中為善釣之人。《莊子・外物》：「任公子為大鉤巨緇，五十犗以為餌，蹲乎會稽，投竿東海，旦旦而釣，期年不得魚。已而大魚食之，牽巨鉤，錎沒而下，騖揚而奮鬐，白波若山，海水震蕩，聲侔鬼神，憚赫千里。」❸孺子歌　出《孟子・離婁上》，歌云：「滄浪之水清兮，可以濯我纓；滄浪之水濁兮，可以濯我足。」也見於《楚辭・漁父》，為漁父與屈原問答後所歌。

【語　譯】二十二日　早晨起身，風收雨止。上午同靜聞走出瞻岳門，越過草橋，經過綠竹園。桃花爛漫，柳色依然，不覺有人去物留之感。進去看望瑞光，沒碰上，和他的徒弟走進桂花園，只見寶珠盛開，花大如盤，花瓣緊密，顏色深紅，萬朵鮮花，在團團的綠葉上飄蕩，真是一大景觀。來回看了好長時間，忘記自己正處在患難之中。遙望隔溪山塢之中，桃花竹色，相互映襯，其中有樓閣對著流水，山頂還有新造的亭子。樓閣在先前遊玩時未曾進去，亭子原先還沒有，急忙沿著石級走進，有感於花開的芬芳，更歎息人世的無常。登上山頂，踞坐亭中，往南俯視湘水，向西眺望落日，不禁茫然自失。於是返回草橋，再登上石鼓山，從合江亭向東走下，靠近江邊觀看二豎石，原來是兩根石柱，旁邊用石塊支撐，上面鐫刻著一副對聯，上聯是「臨流欲下任公釣」，下聯是「觀水長吟孺子歌」。並不是石鼓。兩次經過這裡，都在夕陽西下之時，風景不改，人事多變，能不令人傷懷！

二十三日　碧空晴朗。欲出南郊，先出鐵樓門。過艾行可家，登堂見其母，則行可屍已覓得兩日矣。蓋在遇難之地下流十里之雲集潭也。其母言：「昨親至其地，撫屍一呼，忽眼中血迸而濺我。」嗚呼，死者猶若此，生何以堪！詢其所傷，云「面有兩鎗」。蓋實為陽侯❶助虐，所云支解為四，皆訛傳也。時其棺停於城南洪君鑑山房之側。洪乃其友，併其親。畢君甫適挾青烏❷至，蓋將營葬也，遂與偕行。循回雁西麓，南越崗塢四里，而至其地。其處亂崗繚繞，間有掩關習梵之室，亦如桃花沖然，不能如其連扉接趾，而閟寂過之。洪君之室，綠竹當前，危崗環後，內有三楹，中置佛像，左為讀書之所，右為僧爨之處，而前後俱有軒可憩，庭中盆花紛列，亦幽悽淨界也。艾棺停于嶺側，亟同靜聞拔荊拜之。余誦「同是天涯遇難人，一生何堪對一死」之句，洪、畢皆為拭淚。返抵回雁之南，有宮翼然於湘江之上，乃水府殿也。先是艾行可之弟為予言，始求兄屍不得，依其簽，而獲之雲集潭，聞之心動。至是乃入謁之，以從荊、從粵兩道請決於神，而從粵大吉。時余欲從粵西入滇，被劫後措資無所，或勸從荊州求資于奎之叔者。時奎之為荊州❸別駕，從此至荊州，亦須半月程，而時事不可知，故決之神。以兩處貸金請決於神，而皆不能全。兩處謂金與劉。余益欽服神鑒。蓋此殿亦藩府新構，其神極靈也。乃覓道者俱錄其詞以藏之。復北登回雁峰，飯於千手觀音閣東寮，即從閣西小徑下，復西入花藥寺，再同覺空飯於方丈。薄暮，由南門入。是日風和日麗，為入春第一日云。

【章　旨】本章記載了第四十三天在衡州的行跡。出城去艾行可家，得知屍體已經找到，棺木停放在城南洪君山房旁，隨即前往叩拜，令人不勝感傷。返回時進入水府殿，請神決定何去何從。又登上回雁峰，進入花藥寺，傍晚回城。這天風和日麗，入春以來第一次遇上。

【注　釋】❶陽侯　傳說中的波神。❷青烏　六朝前方士名，相傳其善葬術，著《相冢書》，後世堪輿家奉以為祖。此借指風水先生。❸荊州　明代為府，治所在江陵（今屬湖北）。

【語　譯】二十三日　碧空如洗，天色晴朗。想走出南郊，便先走出鐵樓門。經過艾行可家，登堂拜見他的母親，得知找到行可的屍體已有兩天了。是在遇難地下游十里的雲集潭。他的母親說：「昨天親自到那裡，撫摸著屍體叫了一聲，他的眼中忽然迸出血來，濺在我的身上。」唉，死者尚且如此，活著的人又怎能承受！詢問他受傷情況，說是「臉上戳了兩槍」。他的死實際上是水神在幫助強盜作虐，所謂被肢解成四段，都是誤傳。這時他的棺木停放城南洪鑑君山房的旁邊。洪是他的朋友，又是他的親戚。畢甫君恰巧帶著風水先生來到，是準備安葬之事，便和他們一起去。沿著回雁峰的西麓，往南越過山岡中的塢地走了四里，到了那地方。四周環繞著雜亂的山岡，其間有閉門修習佛事的屋子，也像桃花沖那樣，只是不像那裡屋子一間連著一間，相比之下，幽靜得多。洪君的屋子，前面長著綠竹，後面環繞著高高的山岡，裡面有三間住房，中間安放著佛像，左邊是讀書的地方，右邊為僧人燒飯的地方，前後都有長廊可供休息，庭院中安放著許多盆花，也是一處隱居的淨地。艾行可的棺木停放在山嶺的旁邊，趕緊和靜聞撥開荊棘前去叩拜。我朗讀著「同是天涯遇難人，一生何堪對一死」的詩句，洪、畢聽了都抹著眼淚。返回時到達回雁峰的南面，只見有座宮觀飛峙湘江之上，這就是水府殿。在此之前，艾行可的弟弟對我說，起先找不到哥哥的屍體，後來按照在水府殿所抽籤的提示，在雲集潭找到了，聽了很有些動心。到了這裡便進去拜見，將從湖北走還是從廣西走這兩條路請神作決定，結果是從廣西走大吉。當時我想本從廣西進入雲南，被搶劫後沒地方籌集經費，有人勸我到荊州奎之叔那裡求助。這時奎之為荊州通判，從這裡到荊州，也得半個月路程，因時事變幻莫測，所以求神決定。又將兩處借錢的事請神判斷，結果都不完滿。兩處指金祥甫和劉明宇。我更加欽佩神的明察。這殿是王府新造的，裡面供的神很靈驗。於是找道士將這些籤詞都記下藏了起來。又向北登上回雁峰，在千手觀音閣東邊的小屋吃飯，隨即從閣西的小路往下走，繼續向西進入花藥寺，再同覺空在方丈用餐。傍晚，從南門進入。這天風和日麗，是入春後天氣最好的一天。

二十四日　在金寓，覺空來顧。下午，獨出柴埠門，市蒸酥，由鐵樓入。是夜二鼓，聞城上遙吶聲，明晨知盜穴西城，幾被踰入，得巡者喊救集眾，始散去。

二十五日　出小西門，觀西城被穴處。蓋衡城甚卑，而西尤敝甚，其東城則河街市房俱就城架柱，可攀而入，不待穴也。乃繞西華門，循王牆後門，後宰門外肆，有白石三塊欲售。其一三峰尖削如指，長二尺，潔白可愛；其一方竟尺，中有溝池田塍，可畜水，但少假人工，次之；其一亦峰乳也，又次之。返金寓。

是時衡郡有倡為神農❶之言者，謂神農、黃帝當出世，小民翕然❷信之，初猶以法輪寺❸為窟❹，後遂家傳而戶奉之。以是日下界，察民善惡，民皆市紙焚獻，一時騰閧❺，市為之空。愚民之易惑如此。

【章　旨】本章記載了第四十四天至第四十五天在衡州府的行跡。前一天晚上巡邏發現盜賊在西城挖洞，有人揚言神農、黃帝在後一天出世，百姓爭相買紙燒了供奉。

【注　釋】❶神農　傳說中農業及醫藥的發明者。一說即炎帝，曾與黃帝戰於阪泉（今河北涿鹿東南），被打敗。❷翕然　形容言論、行為一致。❸法輪寺　在衡陽城北岣嶁峰下，舊名雲龍寺，隋大業十二年敕賜今名。❹窟　人或物的集聚處。❺閧　即「鬨」。爭鬥；喧鬧。

【語　譯】二十四日　在金祥甫的寓所，覺空前來探望。下午，獨自走出柴埠門，買了蒸酥，從鐵樓門進入。這夜二更，遠遠聽到城上有吶喊的聲音，第二天早晨才知道盜賊在西城挖洞，差點鑽了進來，被巡邏的人發現，呼喊求救，眾人匯集，盜賊這才散開。

二十五日　走出小西門，觀看西城被挖洞的地方。大體上說，衡州城很低矮，西城尤其破敗，東城河街的集市住房，都靠著城牆架起柱子，可以爬進去，用不著挖洞。於是繞過西華門，沿著王府圍牆的後門，後宰門外的店鋪，有三塊白石出售。一塊有三座小峰，像手指那樣尖削，長二尺，潔白可愛；一塊有一尺見方，中間有溝池田壠，可以盛水，但缺少人工雕飾，不如前一塊；一塊也是鐘乳石峰，又不如前一塊。返回金祥甫的住所。

這時衡州有鼓吹神農的言論，說是神農、黃帝就要出世，普通百姓全都相信，起先還以法輪寺為據點，後來便家家流傳，戶戶供奉。據說在這天下凡，考察百姓善惡，百姓都買了紙焚燒供獻，一時間鬧得十分厲害，市場上的紙因此被搶購一空。愚民容易受迷惑，竟到如此地步。

二十六日　金祥甫初為予措資，展轉不就。是日忽鬮一會❶，得百餘金，予在寓知之，金難再辭，許假二十金，予以田租二十畝立券付之。

二十七、二十八、二十九日　俱在金寓候銀，不出。

三月初一日　桂王臨朝，命承奉劉及王承奉之姪設齋桃花沖施僧。靜聞往投齋，晤王承奉之姪，始知前投揭議助之意，內司不爽。蓋此助非余本意，今既得金物，更少貸於劉，便可西去。靜聞見王意如此，不能無望。余乃議先往道州❷，遊九疑，留靜聞候助于此，余仍還後與同去，庶彼得坐俟，余得行遊，為兩便云。

初二日　乃促得金祥甫銀，仍封置金寓，以少資隨身，劉許為轉借，期以今日，復不能得。予往別，且坐候之，遂不及下舟。

初三日　早出柴埠門登舟。劉明宇先以錢二千并絹布付靜聞，更以糕果追予於南關外。時余舟尚泊柴埠，未解維❸，劉沿流還覓，始與余遇，復訂期而別。是日風雨復作，舟子遷延，晚移南門埠而泊。

【章　旨】本章記載了第四十六天至第五十二天在衡州府的行跡。金祥甫在一會拈鬮得錢，答應借給二十兩銀子，於是決定留靜聞在衡州繼續等候王府屬官的資助，自己先去道州，遊九疑山。劉明宇趕來送行。

【注　釋】❶忽鬮一會　過去民間有一種互助的形式，每人按時拿出一定的錢，輪流歸一人使用，稱作「上會」。使用者前後順序，由拈鬮決定（古時抓取物具以決勝負曰鬮）。❷道州　明初為府，後降為州，治所在道縣（今屬湖南）。❸維　繫船的纜繩。

【語　譯】二十六日　金祥甫起先為我籌集資金，費了好多周折，都沒成功。這天忽然在一會拈鬮，得到一百多兩銀子，我在住所知道這件事，金無法再推辭，答應借給我二十兩，我立下契約，將二十畝田租付給他。

二十七、二十八、二十九日　都在金祥甫的住所等候銀兩，不出門。

三月初一　桂王當朝理事，命劉承奉及王承奉的姪子在桃花沖設齋，施捨僧人。靜聞前往吃齋，見到王承奉的姪子，方才知道先前遞交揭帖商議資助的事，王府屬官並沒有失信。這次求助不是我的本意，如今既然已得到金祥甫的錢，再向劉明宇稍許借些，便可向西出發。靜聞見王承奉姪子這樣說，不可能不生盼望之心。我便商議自己先去道州，遊九疑山，留靜聞在這裡等候資助，到我回來後一起出發，這樣他就能坐著等候，我能夠外出遊訪，兩人都方便。

初二　從金祥甫那裡催到銀兩，仍然封存在金的住所，隨身只帶很少的費用，劉明宇答應轉借給我一些錢，約好在今日，但又沒拿到。我前往告別，並且坐著等他，就來不及下船了。

初三　早晨走出柴埠門上船。劉明宇將二千錢和絹布交給靜聞，又帶著糕點到南關外追我。這時我的船還停泊在柴埠門，沒有解纜開船，劉明宇沿著江流回來尋找，這才和我相遇，又約好再見的日期告別。這天又起風下雨，船夫拖延時間，晚上轉到南門埠停泊。

初四日　平明行，風暫止，夙雨霏霏。下午，過汊江，抵雲集潭，去予昔日被難處不遠，而雲集則艾行可沉汨❶之所也。風雨淒其❷，光景頓別，欲為楚辭❸招之，黯不成聲。是晚泊於雲集潭之西岸，共行六十餘里。

初五日　雷雨大至，平明發舟，而風頗利。十里，過前日畏途，沉舟猶在也。四里，過香爐山，其上有灘頗高。又二十五里，午過桂陽河❹口，桂陽河自南岸入湘。〔舂水出道州春陵山，巋水出寧遠九疑山，經桂陽❺西境，合流至此入湘，為常寧縣界。由河口入，抵桂陽尚三百里。」又七里，北岸有聚落名松北❻。又四里，泊於瓦洲夾。共行五十里。

初六日　昧爽行，雨止風息。二十里，過白坊驛❼，聚落在江之西岸，至此已入常寧縣界矣。又西南三十里，為常寧水❽口，其水從東岸入湘，亦如桂陽之口，而其水較小，蓋常寧縣治猶在江之東南也。又西十五里，泊於粮船埠❾，有數家在東岸，不成村落。是日共行六十五里。

初七日　西南行十五里，河洲驛❿。日色影現，山岡開伏。蓋自衡陽來，湘江兩岸，雖岡陀繚繞，而雲母之外，尚無崇山傑嶂，至此地湘之東岸為常寧界，湘江西岸為永⓫之祁陽⓬界，皆平陵擴然，岡阜遠疊也。又三十里，過大鋪⓭，於是兩岸俱祁陽屬矣。上九州灘，又三十里，泊歸陽驛⓮。

【章旨】本章記載了第五十三天至第五十六天在衡州府的行跡。經過汊江，到艾行可淹死的雲集潭，又到先前遇盜的地方，再經過香爐山、桂陽河口、松北、白坊驛，進入常寧地界。繼續乘船向前，經過常寧水口、粮船埠、河洲驛、大鋪，到祁東的歸陽驛。

【注釋】❶沉汨　戰國時楚國詩人屈原自投汨羅江（在湖南）而死。此借指艾行可被水淹死。❷淒其　寒涼。❸楚辭　指屈原等人所作的騷體類文章，語言形式都具有楚地的色彩。《楚辭》中有〈招魂〉篇，相傳為宋玉所作，招屈原之魂。❹桂陽河　即舂陵水。下文舂水當指其北源，出自新田東北舂陵山；歸水當指其南源，出自藍山南境九疑山。❺桂陽　明代為州，隸衡州府，今屬湖南。❻松北　據下面四月二十一日日記，當為「崇柏」，在常寧東北，湘江南岸，今名松柏。❼白坊驛　今名柏坊，在常寧北隅，湘江南岸。❽常寧水　常寧縣東的東江水（又名潭水）和縣西的宜水（又名宜溪）至城北匯合，稱常寧水，北流注入湘江。❾粮船埠　今名粮市，在祁東東南，湘江北岸。❿河洲驛　今名河洲，在常寧北隅，湘江南岸。⓫永永州，明代為府，治所在零陵（今屬湖南）。⓬祁陽　明代為縣，隸永州府，今屬湖南。⓭大鋪　今名大堡，在常寧西北隅，湘江南岸。⓮歸陽驛　今名歸陽，在祁東南隅，湘江北岸。

【語　譯】初四　黎明出發，風暫時停了下來，先前的雨又飄灑起來。下午，經過汊江，到雲集潭，離我過去遇難的地方不遠，而雲集潭正是艾行可淹死的地方。寒風苦雨，頓覺眼前情景完全不同，想作一篇楚辭，招艾行可之魂，但黯然傷懷，無法成聲。這天晚上在雲集潭的西岸停泊，共行駛六十多里。

初五　大雷雨來了，黎明開船，風很順利。行駛十里，經過原先那段可怕的路，沉沒的船仍在那裡。又行駛四里，經過香爐山，上面有灘很高。再行駛二十五里，中午經過桂陽河口，桂陽河從南岸流入湘江。春水從道州春陵山流出，歸水從寧遠九疑山流出，經過桂陽西境，合流後到這裡注入湘江，為常寧縣界。從河口進入，距桂陽還有三百里。再行駛七里，北岸有村莊名松北。再行駛四里，在瓦洲夾停泊。這天共行駛了五十里。

初六　拂曉出發，風收雨止。行駛二十里，經過白坊驛，村莊在湘江的西岸，到這裡已進入常寧縣界了。又往西南行駛三十里，到常寧水口，這水從東岸流入湘江，和桂陽水口一樣，只是水勢比較小，常寧縣的縣治還在湘江的東南。再往西行駛十五里，在粮船埠停泊，東岸有幾戶人家，不成村莊。這天共行駛六十五里。

初七　往西南行駛十五里，到達河洲驛。天空露出了太陽的光影，山岡開豁低伏。原來從衡陽過來的湘江兩岸，雖然山岡土丘在四周繚繞，但除雲母山外，還沒有高山險峰，到這裡湘江東岸為常寧地界，湘江西岸為永州的祁陽地界，都是開曠平坦的丘陵地帶，遠處山岡丘陵重重疊疊。再行駛三十里，經過大鋪，到這裡湘江兩岸都為祁陽地界了。船駛上九州灘，又過了三十里，到歸陽驛停泊。

初八日　飯後余驟疾，呻吟不已。六十里，至白水驛❶。初擬登訪戴宇完，謝其遇劫時解衣救凍之惠，至是竟不能登。是晚舟人乘風順，又暮行十五里，泊於石壩裏，蓋白水❷之上流也。是日共行七十五里。按志：白水山❸在祁陽東南二百餘里，山下有泉如白練。缺　去祁陽九十餘里，又在東北，是耶非耶？

初九日　昧爽，舟人放舟，余病猶甚。五十餘里，下午抵祁陽，遂泊焉，而余不能登。先隔晚將至白水驛，余力疾起望西天，橫山如列屏，至是舟溯流而西，又轉而北，已出是山之陽矣，蓋即祁山❹也。山在湘江北，縣在湘江西❺、祁水❻南，相距十五里。其上流則湘自南來，循城東抵山南轉，縣治實在山陽、水西。而縣東臨江之市頗盛，南北連峙，而西向入城尚一里。其城北則祁水西自邵陽❼來，東入於湘，遂同曲而東南去。

【章旨】本章記載了第五十七、第五十八天在永州府的行跡。經過白水驛、石壩裏，到達祁陽。縣城在祁山南面、湘江西岸，祁水流經城北。這二天病得厲害，沒能上岸。

【注釋】❶白水驛　今名白水，在祁陽東南五十里，湘江南岸，白水與湘江匯合處。❷白水　在祁陽南境。有三水源出寧遠、零陵，至三江口匯成白水，北流注入湘江。❸白水山　在祁陽城東六十里湘江邊，雙峰插天，兩岸夾峙，東為紫羅峽。左嶺有泥塘，相傳何仙姑曾洗粉於此。❹祁山　在祁陽城北十五里，與眾山環裏縣治，遠望如城壁。山上有龍泉，常興雲雨，為祁陽八景之首。❺湘江西　「西」上原有「南」字，據乾隆本刪。❻祁水　古名氾口水，又名小東江。源出祁陽西北羅漢寺山，南流入湘江。❼邵陽　明代為寶慶府治，今屬湖南。

【語譯】初八　飯後我突然得病，不停地呻吟。走了六十里，到達白水驛。起先打算登門拜訪戴宇完，感謝他在我被劫時脫下內衣給我禦寒的恩惠，到這裡竟不能上岸。這天晚上船夫乘風順，又夜行十五里，在石壩裏停泊，這裡位於白水的上游。這天共走了七十五里。據志書載：白水山在祁陽東南二百多里，山下有泉，如同白練。缺　離祁陽九十多里，又在東北，不知對不對？

初九　拂曉，船夫開船，我仍病得很厲害。走了五十多里，下午抵達祁陽，便在那裡停泊，但我無法上岸。昨晚將到白水驛時，我勉強帶病起身，向西眺望，橫連的山峰如同排列的屏障，到這裡船逆流向西，再轉而往北，已出這山的南面了，大概這就是祁山。山在湘江的北面，縣城在湘江的西岸、祁水的南岸，相隔十五里。在它上游，湘江從南面流來，沿著城東到山南轉去，祁陽縣治實際上在祁山南面、湘江西岸。縣城東面靠近湘江的集市十分興旺，從南往北接連不斷，而向西進城還有一里。在城北，祁水從西面的邵陽流來，往東注入湘江，於是合流向東南曲折流去。

初十日　余念浯溪❶之勝，不可不一登，病亦少差❷，而舟人以候客未發，乃力疾起。沿江市而南，五里，渡江而東，已在浯溪下矣。第所謂獅子袱❸者，在縣南濱江二里，乃所經行地，而問之已不可得。豈沙積流移，石亦不免滄桑耶？浯溪由東而西入於湘，其流甚細。溪北三崖駢峙，西臨湘江，而中崖最高，顏魯公❹所書〈中興頌〉❺高鐫崖壁，其側則石鏡嵌焉。石長二尺，闊尺五，一面光黑如漆，以水噴之，近而崖邊亭石，遠而隔江村樹，歷歷俱照徹其間，不知從何處來，從何時置此，豈亦元次山❻所遺，遂與顏書媲勝耶？宋陳衍❼云：「元氏始命之意，因水以為浯溪，因山以為峿山，作室以為㢈亭❽，三吾之稱，我所自也。制字從『水』、從『山』、從『广』❾，我所命也。三者之目，皆自『吾』焉，我所擅而有也。」崖前有亭，下臨湘水，崖巔石巉簇〔立〕，如芙蓉叢萼。其北亦有亭焉，今置伏魔大帝❿像。崖之東麓，為元顏祠⓫，祠空而隘，前有室三楹，為駐遊之所，而無守者。越浯溪而東，有寺北向，是為中宮寺⓬，即漫宅⓭舊址也，傾頹已甚，不勝弔古之感。時余病怯行，臥崖邊石上，待舟久之，恨〈磨崖碑〉⓮搨架未徹⓯而無搨者，為之悵悵。既午，舟至，又行二十里，過媳婦娘塘⓰，江北岸有石娉婷立巖端，矯首作西望狀。其下有魚曰「竹魚」，小而甚肥，八、九月重一、二斤，他處所無也。時余臥病艙中，與媳婦覿面而過。又十里，泊舟滴水崖而後知之，矯首東望，已隔江雲幾曲矣。滴水崖在江南岸，危巖亙空，江流寂然，荒村無幾，不知舟人何以泊此？是日共行三十五里。

【章　旨】本章記載了第五十九天在永州府的行跡。抱病起身上岸，遊訪浯溪。在溪畔觀賞刻在崖壁上的〈中興頌〉，旁邊有石鏡。浯溪、峿山、㢈亭都因元結得名，當地有元顏祠、中宮寺（即漫郎宅），但都已破敗。坐船離開，經過媳婦娘塘，到滴水崖停泊。

【注　釋】❶浯溪　在祁陽西南四里，源自雙井，北入湘江。唐元結卸道州刺史，愛其山水勝異，遂寓溪畔，命溪名曰浯溪。❷差　通「瘥」。病癒。❸獅子袱　在祁陽城南一里，湘江西岸。石類狻猊，故名。袱，當作「洑」，即水迴流之意。❹顏魯公　顏真卿，字清臣，京兆萬年（今陝西西安）人。唐代著名書法家，開一代新風，稱「顏體」。以起兵抗擊安祿山叛軍有功，封魯郡公，人稱「顏魯公」。❺中興頌　全稱〈大唐中興頌〉，有序。元結撰，顏真卿書。大曆六年（七七一）六月刻於浯溪畔高數十丈的峻峭石壁之上，因文、書、巖都奇，有「三絕」之稱。後有北宋黃庭堅詩跋，並建有護碑亭。❻元次山　元結，字次山，河南（今河南洛陽）人。唐代文學家。曾任道州刺史。❼陳衍　北宋開封人，以內侍給事殿廷，累官左藏庫使。以元祐黨事，編管白州，又流配朱崖處死。❽㢈亭　在浯溪東岸石岡上。「㢈」本作「唐」，據《元次山集・㢈亭銘》改。❾從广　「广」本作「唐」，據文意當作「广」。❿伏魔大帝　明萬曆年間，敕封三國蜀漢大將關羽為三界伏魔大帝。⓫元顏祠　又名顏元祠，為祭祀顏真卿、元結而建。⓬中宮寺　本元結故宅，宋時建為禪寺。內有銅觀音、銅關帝、銅韋馱各一尊。⓭漫宅　即漫郎宅，在浯溪東，元結居此，自號漫郎，後世因稱其宅為漫郎宅。⓮磨崖碑　即〈大唐中興頌碑〉的俗稱。⓯徹　通「撤」。除去。⓰媳婦娘塘　又名新婦塘，在祁陽城西約二十里處，湘江南岸。

【語　譯】初十　我想起浯溪的名勝，不可不上岸一遊，病也稍微好了些，而船夫為了等候乘客暫不出發，於是勉強支撐病體起來。沿著江邊的集市向南，走了五里，過江往東，已在浯溪下面了。只是所謂的「獅子袱」，據稱在縣城南面離湘江二里，即我經過的地方，但一路問去，已找不到了。難道是因為泥沙堆積，江水流轉，石塊也不免於滄桑變化嗎？浯溪從東向西流入湘江，水流很小。溪的北岸三座山崖並立，向西對著湘江，中崖最高，顏魯公書寫的〈中興頌〉高高刻在崖壁之上，在它旁邊鑲嵌著石鏡。石鏡長二尺，寬一尺五，一面像漆那樣又黑又亮，用水噴在上面，近自崖邊的亭臺岩石，遠至對岸的村莊樹木，無不在石上映照，歷歷在目，不知這石是從哪裡來的，在什麼時候放到這裡，難道也是元次山留下的，因此能同顏魯公的書法媲美嗎？宋人陳衍說：「元氏原先命名的意思，是因水稱作浯溪，因山稱作峿山，建造屋子稱作㢈亭，『三吾』之稱，是從我開始的。造的字加上『水』、『山』、『广』作部首，是我決定的。三者的名稱，都出自『吾』，這樣我就能專有了。」崖前有個亭子，下面對著湘水，崖頂聳立著高峻的岩石，就像一叢叢荷花。在它北面也有亭子，如今安放著伏魔大帝的塑像。山崖的東麓，為元顏祠，祠內空蕩蕩的，而且狹小，前面有三間屋子，為遊客歇腳的地方，但沒有看守的人。越過浯溪往東，有座朝北的寺院，這就是中宮寺，即漫郎宅的舊址，已破敗不堪，令人不勝撫今追昔之感。這時我因病怕走，睡在崖邊的石上，等船費了好長時間，只恨〈磨崖碑〉搨架還沒撤除，卻找不到搨工，為此心裡很不痛快。到了中午，船來了，又走了二十里，經過媳婦娘塘，湘江北岸有石娉娉婷婷，立在山岩的頂端，就像抬起頭向西望的模樣。在它下面有魚名「竹魚」，體形小，但很肥，長八、九個月就有一、二斤重，其他地方都沒見過。這時我因病睡在船艙中，和媳婦娘塘面對面擦過。又走了十里，到船停泊在滴水崖之後才知道，抬頭向東望去，已相隔好幾曲江水了。滴水崖在湘江南岸，高峻的山岩盤空而起，江流無聲，連荒涼的村莊都很少見，不明白船夫為什麼要在這裡停泊。這天共走了三十五里。

十一日　平明行，二十五里，過黃楊鋪❶，其地有巡司❷。又四十里，泊於七里灘。是日共行六十五里。自入舟來，連日半雨半晴，曾未見皓日當空，與余病體同也。

十二日　平明發舟，二十里，過冷水灘❸，聚落在江西岸，舟循東岸行。是日天清日麗，前所未有。一舟人俱泊舟東岸，以渡舟過江之西岸，市魚肉諸物。余是時體亦稍蘇，起坐舟尾，望隔江聚落俱在石崖之上。蓋瀕江石骨嶙峋，直插水底，闤闠之址，以石不以土，人從崖級隙拾級以登，真山水中窟宅❹也。涯上人言二月間為流賊殺掠之慘，聞之骨竦。久之，市物者渡江還，舟人泊而待飯，已上午矣。忽南風大作，竟不能前，泊至下午，余病復作。薄暮風稍殺，舟乃行，五里而暮。又乘月五里，泊于區河。是晚再得大汗，寒熱復去，而心腹間終不快然。夜半忽轉北風，吼震彌甚，已而挾雨益驕。是日共行三十里。

【章　旨】本章記載了第六十、第六十一天在永州府的行跡。經過黃楊鋪，到七里灘停泊。次日天晴日麗，為前所未有。船經過冷水灘，停在岸邊，這裡街市都建在石崖之上，風景秀美。忽然南風大起，半夜更是風狂雨驟。

【注　釋】❶黃楊鋪　今名黃楊司，在零陵東北隅，湘江北岸。❷巡司　明清時各州縣均有巡檢，以武臣為之，設司於距城稍遠的關隘要地。❸冷水灘　今名同，在零陵城北五十里，湘江西岸，為交通要地。❹山水中窟宅　即山水窟，指風景佳勝之地。

【語　譯】十一日　黎明出發，走了二十五里，經過黃楊鋪，這裡有巡司。又走了四十里，在七里灘停泊。這天共走了六十五里。自上船以來，接連幾天半雨半晴，還不曾看到陽光當空普照，正和我的病體時好時壞相似。

十二日　黎明開船，走了二十里，經過冷水灘，村莊在湘江的西岸，船沿著東岸走。這天晴空如洗，風和日麗，前所未有。整船人都隨船停在東岸，坐渡船到江的西岸，買魚肉等東西。我這時身體也稍許復蘇了些，起來坐在船尾，望見對岸的村莊，都在石崖之上。這是因為靠近湘江的地方，山石突兀，直插水底，街市的基址，是石而不是土，人從崖縫中踏著石級向上，真是景色優美的地方。岸上的人說起二月間被流竄的盜賊殺戮搶劫的慘狀，聽了令人毛骨竦然。過了好久，買東西的人過江回來，船夫停在那裡等飯吃，已是上午了。忽然南風大起，船竟不能向前，停到下午，我的病又發作了。傍晚，風稍微減弱些，船才出發，走了五里，天色已晚。又在月下走了五里，到區河停泊。這天晚上再出了一身大汗，燒又退了，但胸腹總感到不舒服，半夜忽然轉起北風，吼聲震地，十分厲害，隨後風雨交加，氣勢更加猛烈。這天共走了三十里。

十三日　平明風稍殺，乃行四十里，為湘口關❶。人家在江東岸，湘江自西南，瀟江自東南，合於其前而共北。余舟自瀟入，又十里，為永之西門浮橋❷。適午耳，雨猶未全止，諸附舟者俱登涯去。余亦欲登陸，遍覽諸名勝，而病體不堪，遂停舟中。已而一舟從後來，遂移附其中，蓋以明日向道州者。下午舟過浮橋，泊於小西門。隔江望江西岸，石甚森幻，中有一溪，自西來注，石梁跨其上，心異之。急索粥為餐，循城而北，乃西越浮橋，則浮橋西岸，異石噓吸靈幻。執土人問愚溪橋❸，即浮橋南畔溪上跨石者是，鈷鉧潭❹則直西半里路旁嵌溪者是。始知潭即愚溪❺之上流，潭路從西，橋路從南也。乃遵通衢直西去，路左人家隙中，時見山溪流石間。半里，過柳子祠❻，〔祠南向臨溪。〕再西，將抵茶庵，則溪自南來，抵石東轉，轉處其石勢尤森特❼，但亦溪灣一曲耳，無所謂潭也。石上刻「鈷鉧潭」三大字，古甚，旁有詩，俱已泐❽不可讀。從其上流求所謂小丘❾、小石潭❿，俱無能識者。按是水發源於永州南百里⓫之鴉山，有「冉」、「染」

二名，一以姓，一以色。而柳子厚易之以「愚」。按文⑫求小丘，當即今之茶庵者是。在鈷鉧西數十步，叢丘之上，為僧元會所建，為此中鼎剎。求西山⑬亦無知者。後讀〈芝山碑〉，謂芝山⑭即西山，亦非也，芝山在北遠矣，當即柳子祠後圓峰高頂，今之護珠庵者是。又聞護珠、茶庵之間，有柳子崖，舊刻詩篇甚多，則是山之為西山無疑。余覓道其間，西北登山，而其崖已荒，竟不得道。乃西南繞茶庵前，復東轉，經鈷鉧潭，至柳子祠前石步渡溪，而南越一崗，遂東轉出愚溪橋上，兩端〔架〕瀟江之上，皆前所望異石也。因探窟踞萼⑮，穿雲肺而剖蓮房，上瞰既奇，下穿尤幻。但行人至此以為溷圍⑯，污穢靈異，莫此為甚，安得司世道者一厲禁之！〔橋內一庵曰圓通⑰，北向俯溪，有竹木勝。〕時舟在隔江城下，將仍從浮橋返，有僧圓面長鬚，見余盤桓久，輒來相訊。余還問其號，曰：「頑石。」問其住山，曰：「衡之九龍⑱。」且曰：「僧即寓愚溪南圓通庵，今已暮，何不暫止庵中。」余以舟人久待，謝而辭之，乃返。

【章　旨】本章記載了第六十二天在永州府的行跡。到達湘口關，駛入瀟水，到永州西門換船，在小西門望見隔江溪上架著石橋。上岸經過柳子祠、茶庵，到鈷鉧潭，即愚溪的上游。尋找柳子厚筆下的小丘、小石潭、西山，都沒人知道。柳子祠後有芝山，附近還有柳子崖。走出愚溪橋，登山入洞，景物極其奇幻，只是行人卻將這裡當作廁所。橋內有圓通庵。傍晚回到船上。

【注釋】❶湘口關　在零陵城北，湘江北岸，瀟水和湘水合流處。❷浮橋　用船、筏等連接而成的橋。❸愚溪橋　在零陵城西瀟水之上，四周環境最為清曠，為永州勝景。❹鈷鉧潭　在零陵城西三里朝陽巖西側，中有小泉，經愚溪入瀟水，以形如熨斗（古稱熨斗為鈷鉧）而得名。柳宗元曾作〈鈷鉧潭記〉。❺愚溪　在零陵西南，源出鴉山，合梅溪洞諸水東流入於瀟水，其水徹底皆石。本名冉溪，又名染溪。柳宗元遊此，作〈愚溪詩序〉，自稱以愚得罪，謫居溪上，故更名為愚溪。❻柳子祠　又稱柳子廟、柳先生祠，在零陵永州鎮瀟水西岸。為紀念唐代文學家柳宗元而建。柳宗元，字子厚，河東解（今山西運城解州鎮）人。因參與王叔文革新集團，被貶為永州司馬，居永州約十年。性愛山水，作有〈永州八記〉。柳宗元後死於柳州刺史任內，傳說死後為羅池神，韓愈作〈柳州羅池廟碑〉，蘇軾書寫其碑辭為〈羅池廟享神詩碑〉（又稱〈蘇軾荔子碑〉），明人劉克勤摹刻於柳子廟內。韓文、蘇書與柳之德政，被譽為世之「三絕」。❼其石勢尤森特　「其」原作「甚」，「特」原作「時」。❽泐　石依其紋理而裂開。❾小丘　指柳宗元〈鈷鉧潭西小丘記〉所寫的小丘。❿小石潭　指柳宗元〈小石潭記〉所寫的小石潭。⓫百里　原作「里百」，據乾隆本改。⓬文　指〈永州八記〉。⓭西山　在零陵城西隔河二里，自朝陽巖起，直至黃茅嶺北，長達數里。柳宗元有〈始得西山宴遊記〉。⓮芝山　即芝山巖，在零陵西北二里，湘江南岸，北與湘口關相望，斷壁千尋，俯眺田野。⓯蕚　花蕚，與下面「雲胏」「蓮房」均指形似的岩石。⓰溷圊　廁所。⓱圓通　乾隆本作「通圓」，據季抄本下文改。圓通庵在愚溪口，有西秦李碩年題額。⓲九龍　即衡山九龍寺。

【語譯】十三日　黎明時風稍微減弱些，於是走了四十里，到湘口關。居民在湘江的東岸，湘江從西南，瀟江從東南，在它的前面匯合，一起向北流去。我坐的船駛入瀟水，再行駛十里，到永州西門的浮橋。剛到中午，雨還沒完全停下，搭乘船的人都上岸了。我也想上岸，遍覽各處名勝，但因病體力不支，便留在船中。過了一會有條船從後面駛來，便轉乘那條船，因為它明天開往道州。下午船經過浮橋，在小西門停泊。隔江水望見瀟水的西岸，岩石森羅奇特，中間有條溪水，從西面流來，注入瀟水，石橋架在溪上，看了心中覺得奇怪。急忙討粥吃，沿著府城往北，又向西越過浮橋，只見浮橋的西岸，怪石瞬息萬變，十分神奇。拉著當地人打聽愚溪橋，說就是浮橋南邊跨在溪上的石橋，鈷鉧潭在筆直向西半里的路旁，和溪水銜接。方才知道鈷鉧潭即是愚溪的上游，去潭的路從西走，去橋的路從南走。於是沿著大路直往西走，在路的左邊，透過住房的空隙，常常看到山間的溪水在石中奔流。走了半里，經過柳子祠，祠向南面對溪水。再往西，即將到達茶庵，只見溪水從南面流來，碰到岩石後向東轉去，在轉折的地方，岩石的形態格外森然挺立，但也只是溪中的一曲水灣而已，談不上是什麼潭。石上刻著「鈷鉧潭」三個大字，十分古老，旁邊有詩，但石刻都已開裂，沒法讀了。從它的上游尋找所謂小丘、小石潭，都沒人知道。按這水發源於永州城南一百里的鴉山，有「冉」、「染」這兩個名字，一以姓氏，一以顏色。而柳子厚改名為「愚」。根據柳的遊記尋找小丘，應該就是如今的茶庵。在鈷鉧潭西幾十步，一堆堆土丘的上面，是僧人元會建造的，為這裡著名的佛寺。尋找西山，也沒人知道。後來讀〈芝山碑〉，說芝山就是西山，但也不對，芝山在北面，離這裡很遠，想來應該就是柳子祠後面圓圓的山峰、高高的山頂，即如今護珠庵的所在地。又聽說在護珠、茶庵中間，有柳子崖，過去刻著許多詩篇，那麼這山無疑就是西山。我在裡面找路，往西北登山，但這崖已經荒蕪，最終沒能找到路。於是往西南繞到茶庵的前面，再向東轉，經過鈷鉧潭，到柳子祠前的石步渡過溪水，往南翻過一座山岡，便向東轉，從愚溪橋上走出，橋兩端架在瀟江之上，都是先前望見的奇異岩石。於是入洞探險，坐在花萼般的岩石之上，穿過「雲肺」，分開「蓮房」，在石上遠望已十分奇異，到洞中穿越更加幻妙。但行人卻將這裡當作廁所，使神奇的景觀蒙受污穢，沒有比這更嚴重了，到哪裡去找當政的人，下令一概嚴加禁止！橋內有一個庵名圓通，向北俯對溪水，有修竹綠樹的美景。這時船在江對岸的城下，打算仍然從浮橋返回，有個圓臉長鬚的僧人，見我長時間逗留不走，便來詢問。我反問他的法號，答道：「頑石。」又問他住在哪座山中，答道：「衡山的九龍寺。」並且說：「貧僧如今就住在愚溪南面的圓通庵，現在天色已晚，你何不也暫且住在庵中？」我因船夫等了好久，於是向他道謝告辭，然後返回。

十四日　余早索晨餐，仍過浮橋西，見一長者，余叩此中最勝，曰：「溯江而南二里，瀕江為朝陽巖❶。隨江而北，轉入山崗，二里，為芝山巖。無得而三也。」余從之，先北趨芝山。循江西岸，半里，至劉侍御❷山房。諱興秀，為余郡司李❸者也。由其側北入山，越一嶺，西望有亭，捨之不上。由徑道北踰山崗，登其上，即見山之西北，湘水在其北而稍遠，又一小水從其西來，而逼近山之東南，瀟水在其東，而遠近從之。瀟江東岸，又有塔臨江，與此山夾瀟而為永之水口者也。蓋此❹即西山北走之脈，更北盡於瀟、湘合流處，至此其中已三起三伏，當即志所稱萬石山，而郡人作記，或稱為陶家沖，土名。或稱為芝山，似形似名。或又鐫崖歷亭，〈序〉謂此山即柳子厚西山，後因產芝，故易名為芝，未必然也。

越嶺而北，從嶺上東轉，前望樹色掩映，石崖巑岏❺，知有異境。亟下崖足，仰而望之，崖巔即山巔，崖足即山足半也。其下有庵倚之，見路繞其北而上，乃不入庵而先披路。遙望巔崖聳透固奇，而兩旁亂石攢繞，或上或下，或起或伏，如蓮萼芝房❻，中空外簇，隨地而是。小徑由其間上至崖頂，穿一石關❼而入，有室南向，門閉不得入，繞其南至西，復穿石峽而入焉，蓋其側有東、西二門云。室止一楹，在山頂眾石間。乃從其西峽下至崖足，一路竹木扶疎，玉蘭鋪雪，滿地餘香猶在。入崖下庵中，有白衣大士❽甚莊嚴，北有一小閣可憩，南有一淨侶❾

結精廬⑩依之。門在其左，初無從知，問而得之，猶無從進，〔僧〕忽從內啟扉揖入，從之。小庭側竇，穿臥隙⑪而上，則崖石穹然，有亭綴石端，四窗空明，花竹掩映，極其幽奧。僧號覺空，堅留瀹茗，余不能待而出。

仍從舊路，南至浮橋。〔聞直西四十里有寺曰石門山，最勝，以渴登朝陽巖，不及往。〕今顧奴從橋東，溯瀟放舟南上，余從橋西，仍過愚溪橋，溯瀟西崖南行。一里，大道折而西南，〔道州道也。〕由岐徑東南一里，則一山怒而豎石，奔與江鬬。踰其上，俯而東入石關，其內飛石浮空，下瞰瀟水，即朝陽巖矣。其巖後通前豁，上覆重崖，下臨絕壑，中可憩可倚，雲帆遠近，縱送⑫其前。惜甫竚足，而舟人已放舟其下，連聲呼促，余不顧。崖北有石蹬，直下緣江，亟從之。蹬西倚危崖，東逼澄江，盡處忽有洞岈然，高二丈，闊亦如之，亦東面臨江，溪流自中噴玉而出，蓋水洞也。洞口少入即轉而南，平整軒潔，大江當其門，泉流界其內，亦可憩可濯，乃與上巖高下擅奇，水石共韻者也。入洞五、六丈，即匯流滿洞。洞亦西轉而黑，計可揭⑬而進，但無火炬，而舟人遙呼不已，乃出洞門。〔其北更有一巖，覆結奇〕雲，下插淵黛，土人橫杙⑭架板如閣道。然第略為施欄設几，即可以坐括⑮水石，恐綴瓦備扁⑯，便傷雅趣耳。徙倚久之，仍從石磴透出巖後，遂凌絕頂。其上有佛廬官閣，石間鐫刻甚多，多宋唐名蹟，而急不暇讀，以舟人促不已也。

下舟溯江，漸折而東，七里，至香爐山⑰。山小若髻，獨峙於西岸。山江中乃石骨攢簇而成者⑱，其上佳木扶搖⑲，其下水竅透漏。最可異者，不在江之心，三面皆沙磧環之，均至山足則決而成潭，北、西、南俱若界溝，然沙遜於外，而水繞其內，其東則大江之奔流矣。蓋下流之沙，不能從水而上，而上流之沙，何以不逐流而下，豈日夜有排剔之者耶？亦理之不可解也。下午過金牛灘，其上有金牛嶺，一峰尖峭，而分聳三峰，斜突而橫騫⑳，江流直搗其脅。至是舟始轉而南，得風帆之力矣。是晚宿於廟下㉑，舟行共五十里，陸路止二十里也。

先是，余聞永州南二十五里有澹巖㉒之勝，欲一遊焉。不意舟行五十里而問之，猶在前也。計當明晨過其下，而舟人莽不肯待。余念陸近而水遠，不若聽其去，而從陸躡之，舟人乃首肯。

【章　旨】本章記載了第六十三天在永州府的行跡。聽從一個長者的話，先去芝山巖，途中經過劉侍御山房。芝山位於永州水口，北有湘水，東有瀟水。翻過山嶺，看到一處奇景，亂石圍繞，形狀不一。又來到僧人覺空的住所，環境極其幽雅。隨後去朝陽巖，巖石如飛，凌空而起，面對江水，下臨深谷。不顧船夫催促，繼續遊賞，發現一個水洞，和朝陽巖上下稱奇，各有情趣。出洞登上峰頂，看到不少唐宋石刻。下船經過香爐山，對這山座落在江的中間，特別是三面都有沙灘圍繞，但上游泥沙卻不流失，感到驚奇而不可理解。下午經過金牛灘，上面有金牛嶺。晚上在廟下留宿。準備明天讓船開走，自己去澹巖一遊，然後從陸路追上船。

【注　釋】❶朝陽巖　又名西巖，在零陵永州鎮瀟水西岸。元結居此，見巖口東向，當旭日初升，煙光石氣，激射成采，故名朝陽巖。❷劉侍御　名興秀，字振賢，一字贊明，零陵籍廬陵人。明天啟進士，初授常州推官，後出為巡按。為官不避權要，懲貪鋤猾，無人敢撓其法。清兵入關，何騰蛟攻永州，興秀與之內應，永州人困圍城中，疑禍由興秀起，為眾所害，其心最苦，其遇最慘，人稱「孤忠」。❸司李　宋代於各州置司理參軍，主管獄訟，簡稱司理，又作「司李」。明代俗稱推官為司李。❹此　原作「北」，據乾隆本改。❺巑岏　峻峭的山峰。❻芝房　西漢元封二年，甘泉宮產芝，九莖連葉，因作〈芝房之歌〉。❼石闕　由岩石形成的闕口。❽白衣大士　觀音菩薩。❾淨侶　僧人。❿精廬　即精舍。僧道修煉居住之處。⓫臥隙　橫裂的空隙。⓬縱送　古時稱射箭為縱，放鳥為送。後用以形容奔馳追逐。⓭揭　掀起衣服下襬涉水。⓮杙　小木樁。⓯括　囊括。⓰扁　通「遍」。⓱香爐山　在零陵南境，瀟水西岸。⓲山江中乃石骨攢簇而成者　此句有錯亂，當作「山乃江中石骨攢簇而成者」。石骨，即岩石。因岩石峻峭，瘦削如骨，故稱作石骨。⓳扶搖　原指盤旋而上的暴風，也用以形容盤旋而上。⓴一峰尖峭三句　乾隆本作「嶺北峰尖削，南則橫突三峰」。㉑廟下　在零陵城南，瀟水西岸。㉒澹巖　又名澹山巖，在零陵城南二十五里，瀟水西岸，狀如覆盂，奇奧為永州冠。中有洞，可容萬人，傳說古有澹姓老人居此，故名。或說其地宜淡竹，從而得名。入巖夏則寒沁肌骨，冬則溫暖如春。洞壁如鎔冶所成，不可名狀。洞內幽黑深遠，古今莫測其遠近。

【語　譯】十四日　我很早就索取早餐吃，仍然走過浮橋向西，看到一個長者，我便請問這裡景色最好的地方，答道：「沿著瀟江向南上行二里，靠近江邊的是朝陽巖。順著江水往北走下去，轉入山岡之中，走二里，便是芝山巖。此外沒有第三處了。」我聽從他的話，先往北直奔芝山。沿著瀟江的西岸，走了半里，到劉侍御山房。諱興秀，是我家鄉常州府的推官。從它的旁邊向北進山，翻過一座山嶺，望見西面有個亭子，沒上去。從小路往北翻過山岡，登臨其上，便可看到山的西北，湘水在它北面稍微遠些的地方，另有一條小水從它西面流來，逼近山的東南，瀟水在它的東面，遠近差不多。瀟江的東岸，又有一座塔對著江水，和這座山夾住瀟江，成為永州的水口。大概這就是西山向北伸延的山脈，再往北到瀟水、湘水的合流處便是盡頭，到這裡其中已經三起三伏，想來就是志書上所說的萬石山，而永州人寫遊記，有的稱它為陶家沖，土名。有的稱它為芝山，以形似得名。有的又在崖壁刻字，擇地建亭，作〈序〉稱這山就是柳子厚的西山，後來因為出產靈芝，故改名為芝山，但實際上未必如此。

翻過山嶺向北，從嶺上往東轉，望見前面綠樹掩映，山崖高峻，便知有神奇的佳境。急忙往下走到崖腳，抬頭仰望，崖頂就是山頂，崖腳就是半山腳。下面有庵靠著山崖，並看到路從它北面繞上去，便不進庵而先找路。遙望崖頂高聳透露固然奇特，而兩旁聚集圍繞的亂石，或上或下，或起或伏，形如蓮花芝房，中間空，外面聚成一團，到處都是。小路從亂石間直上崖頂，穿過一處石關進去，有間朝南的屋子，門關著，沒法進去，從它南面繞到西面，又穿過石峽進去，因為它的旁邊有東西兩扇門。只有一間屋子，在山頂眾石之間。於是從它西面的石峽往下走到崖腳，一路上修竹綠樹，枝葉茂盛，玉蘭花紛紛落下，就像鋪上一層白雪，滿地依然散發出清香。走進崖下的庵中，裡面有白衣大士的塑像，十分莊嚴，北面有一間小閣可以休息，南面有個和尚靠著庵蓋了一間住房。門在左邊，起先不知道，問了人才發現，但仍然沒法進去，和尚忽然從裡面開門拱手請進，便跟著他進去。小小的庭院，旁邊有孔洞，穿過橫裂的空隙向上，只見崖石高大，有亭子座落在崖石的頂端，四面窗戶明亮，鮮花翠竹，相互掩映，環境極其幽雅深遠。和尚號覺空，一定要留客烹茶，我等不及便告辭離開。

仍從原路走，往南到浮橋。聽說正西四十里有寺名石門山，景色最好，因為急於想登朝陽巖，來不及前往。吩咐顧僕從橋東，沿著瀟水放船往南上行，我從橋西走，仍然經過愚溪橋，沿著瀟水西岸的山崖往南上行。走了一里，大路轉向西南，是去道州的路。從岔道往東南走一里，只見一座山的岩石奮然挺立，直撲江水，勢欲相鬥。從它上面越過，俯身往下向東進入石關，裡面岩石如飛，凌空而起，俯視瀟水，這就是朝陽巖了。這巖後面貫通，前面開闊，上面覆蓋著重重山崖，下面正對著深險溝壑，中間可以靠著休息，遠遠近近如在雲中飄浮的白帆，在前面你追我趕飛快地駛過。可惜剛剛停下腳步，船夫已將船開到下面，連聲呼喊催促，但我置之不顧。崖的北面有石階，筆直往下到江邊，急忙到那裡去。石階西面靠著高峻的山崖，東面逼近清澈的江水，在盡頭處忽然有個幽深的洞，高二丈，寬也一樣，也向東面對著江水，溪流從中噴湧而出，水沫如同白玉，原來是個水洞。往洞內稍微走進一些便向南轉，這裡地勢平整，高敞潔淨，大江就在洞門前，裡面以泉水分界，也可讓人休息洗濯，和上面的朝陽巖一高一低，各擅奇景，水石相映，情趣盎然。進洞五、六丈遠，便滿洞都是匯集的流水。洞也向西轉到黑暗處，估計可以掀起衣服下襬涉水走進去，但沒有火把，而船夫又在遠處喊個不停，便走出洞門。在它北面還有一座山巖，上面被奇異的雲彩遮掩，下面直插深綠的水中，當地人平放著木樁，在上面架板，如同棧道。只要略微安裝欄杆，擺些桌凳，便可以安坐不動，盡覽水石的美景，只怕到處添瓦蓋屋，便有傷雅趣了。徘徊了好長時間，仍然從石階走出巖的背後，便登上頂峰。上面有僧人居住的屋子、官府修建的樓閣，還有很多石刻，大多是唐宋人著名的遺跡，因為船夫催個不停，時間匆忙，沒空去讀了。

下船逆江上行，漸漸轉向東去，行駛七里，到達香爐山。這山就像髮髻那麼矮小，獨自峙立在瀟水的西岸。這山由江中岩石堆積而成，山上佳木盤繞，山下水洞滲透。最令人稱奇的是山不在江心，而是三面都有沙灘環繞，水到山腳沖決成潭，北、西、南三面，都像有分界的水溝，不過沙被沖到溝外，水在溝內繞轉，但它東面卻是奔流的大江。一般說，下游的泥沙，不可能被水帶到上游，但上游的泥沙，怎麼不隨著江水而下，難道日夜都有人來排除泥沙嗎？這也真是不可理解的事。下午經過金牛灘，在它上面有金牛嶺，看到一座尖峭的山峰，另外還有三座山峰分別聳起，傾斜突出，橫向飛舉，江水直往山脅沖刷。到這裡船一帆風順，開始向南轉。這天晚上在廟下留宿，船共行駛五十里，走陸路只有二十里。

在此之前，我聽說永州南面二十五里有名勝澹巖，想前往一遊。沒想到船行駛五十里後打聽，還在前面。估計明天早晨會從它下面經過，但船夫粗魯，不肯等待。我想陸路近，水路遠，不如讓船開走，我從陸路追上它，船夫這才點頭答應。

十五日　五更，聞雨聲泠泠。達旦，雷雨大作，不為阻。亟炊飯，五里，至巖背❶，力疾登涯，與舟人期會於雙牌❷。雙牌者，永州南五十里之鋪❸也。永州南二十五里為巖背，陸路至此與江會。陸路從此南入山。又二十五里，而至雙牌。水路從此東迂，溯江又六十里，而至雙牌。度舟行竟日，止可及此，余不難以病體追躡也。巖背東北臨江，從其南二里，西向入山，山石忽怒湧作攫人狀。已而望見兩峰前突，中有雲廬高敞，而西峰聳石尤異，知勝在是矣。及登之，而官舍半頹。先是望見西峰之陽，洞門高張，至是路從其側而出，其上更見石崖攢舞，環玦東向，其下則中空成巖，容數百人，下平上穹，明奧幽爽，無逼仄昏暗之狀病。其北洞底亦有垂石環轉，覆楞❹分內外者，巨石磊砢❺界道，石上多宋、元人題鐫。黃山谷❻最愛此巖，謂為此中第一，非以其幽而不閟，爽而不露耶？巖東穿腋竅而上，有門上透叢石之間，東瞰官舍後迴谷，頓若仙凡分界。巖西南又闢一門，踰門而出，其右石壁穹然，有僧寮倚之。西眺山下平疇，另成一境，桑麻其中。有進賢江❼發源自西南龍洞❽，〔洞去永城西南七十里。江〕東來直逼山麓，而北入於瀟。進賢江側又有水洞，去此二里，秉炬可深入，昔人謂此洞水陸濟勝，然不在一處也。按澹巖之名，昔為澹姓者所居。而舊經又云，有正實❾者，秦時人，遁世於此，始皇[10]三召不赴，復尸解[11]焉，則又何以不名周也？從僧寮循巖南東行，過前所望洞門高張處，其門雖峻，而中夾[12]而不廣，其內亦不能上通後巖也。

仍冒雨東出臨江，望瀟江迢迢在數里外，自東而來。蓋緣澹山之南，即多崇山排亙，有支分東走者，故江道東曲而避之。乃捨江南行，西遵西嶺，七里，至木排鋪，市酒於肆，而雨漸停。又南踰一小嶺，三里，為陽江。其江不能勝舟，西南自大葉江、小葉江來，至此〔二十餘里〕，東注於瀟。其北則所謂西嶺者，橫亙於右，其南則曹祖山、張家沖諸峰駢立於前。又南七里，直抵張家沖之東麓，是為陳皮鋪。又南三里，踰一小嶺，望西山層墜而下，時現石骨，逗奇標異，已而一區湊靈，萬竅逆幻。亟西披之，則石片層層，盡若雞距[13]龍爪下蹲於地，又如絲瓜之囊，筋縷外絡而中悉透空。但上為蔓草所纏，無可攀躋，下為棘篝所塞，無從披入。乃南隨之，見旁有隙土新薙[14]地者，輒為捫入，然每至純石，輒復不薙。路旁一人，見余披躋久，荷笠倚鋤而坐待於下。余因下問其名，曰：「是為和尚嶺，皆石山也。其西大山，是為七十二雷[15]。」因指余前有庵在路隅，其石更勝。從之，則大道直出石壁下，其石屏插而起，上多透明之竇、飛舞之形；其下則清泉一泓，透雲根⑯而出。有庵在其南，時⑰僧問其名，曰：「出水崖。」問他勝，曰：「更無矣。」然仰見崖後石勢駢叢，崖側有路若絲，皆其薙地境也。賈勇從之，其上石皆怪異，不可名狀。轉至出水崖後，三面削壁下嵌，惟西南叢石之隙，下窪成潭，沙圮蔓覆，不見其底，當出水崖之內壑也⑱。

〔搜剔久之，〕乃下。由庵側南行，二里，有溪自西南山凹來，大與陽溪似。過溪一里，東南轉出山嘴，復與瀟江遇。於是西南溯江三里，則雙牌在焉。適舟至，下舟已下春矣。雙牌聚落亦不甚大，其西南豁然，若可遠達，而舟反向南山瀧⑲中入。蓋瀟水南自青口⑳與沲水㉑合，即入山峽中，是曰瀧口。北行七十里，皆連山駢峽，虧蔽天日，〔且水傾瀉直中下，〕一所云「瀧」也㉒。瀧中有麻潭驛，屬零陵。驛南四十里屬道州，北三十里屬零陵。按其地即丹霞翁宅㉓也。志云：在府南百里零陵瀧下，唐永泰㉔中有瀧水令唐節去官，即家於此瀧，自稱為丹霞翁。元結自道州過之，為作宅刻銘。然則此瀧北屬零陵，故謂之零陵瀧。而所謂瀧水縣者，其即此非耶？又按志：永州南六十里有雷石鎮，當瀧水口，唐置。則唐時瀧水之為縣，非此而誰耶？時風色甚利，薄暮，乘風驅舟上灘，捲浪如雷。五里，入瀧。又五里，泊於横口，江之東岸也，官道在西岸；為雷石鎮㉕小墅㉖

耳。

〔自永州至雙牌，陸五十里，水倍之。雙牌至道州，水陸俱由瀧中行，無他道。故瀧中七十里，止有順逆分，無水陸異。出瀧至道州，又陸徑水曲矣。〕

【章旨】本章記載了第六十四天在永州府的行跡。不顧大雷雨，在巖背上岸，和船夫約好在雙牌碰頭。澹巖崖石奇特，圍成環形，狀若起舞，幽深明朗，黃庭堅譽為這裡第一景。進賢江從東流來，旁有水洞。隨後又沿著西嶺，到達陽江。向南望見西山一帶美景集中，石上有無數奇幻的孔洞。詢問當地農夫，得知地名和尚嶺，西面為七十二雷。前面為出水崖，崖上巖石如臥龍飛鳳，出水芙蓉。崖後怪石層層分明，色彩豔麗，景色無比美好，出水崖內壑，景色為山中幽居勝地之冠。下山後和瀟江相會，在雙牌上船。船進入瀧口，兩岸山峽連綿，遮天蔽日，又駛入零陵瀧中，到橫口停泊。

【注釋】❶巖背　原作「巖北」，據下文改。❷雙牌　在零陵南，瀟水西岸，即今湖南雙牌所在地。❸鋪　宋代稱驛站為鋪，元明以後，州縣凡十里一鋪。❹楞　原為方木，此指條狀的方石。❺磊砢　形容岩石堆積眾多。❻黃山谷　黃庭堅，字魯直，號山谷道人，分寧（今江西修水縣）人，北宋文學家。❼進賢江　即陽江，瀟水支流。❽龍洞　在零陵西南六十里，唐唐世旻居此。傳說昔有一木從洞中流至水上，隔日視之，又在洞口。當地人祀之，至旱年迎木禱雨，龍洞之名，由此而起。❾正實　姓周，傳說為秦始皇時人，隱居澹山巖，凡一切成敗未來之數，皆能先知之。始皇三召不起，後尸解。❿始皇　即秦始皇嬴政，秦朝開國君。⓫尸解　即「屍解」。道家認為修道者死後，留下形骸，魂魄散去成仙，稱為尸解。⓬夾　通「狹」。⓭距　雞爪。⓮薙　原作「雉」，據乾隆本改。⓯七十二雷　在零陵西南隅，湖南、廣西交界處。⓰雲根　山石。⓱時　伺候；等候。⓲其上石皆怪異九句　乾隆本作「其上石皆如臥龍翥鳳，出水青蓮，萼叢瓣裂。轉至出水崖後，覺姑吐一區，包裹叢沓，而窈窕無竟。蓋其處西亙七十二雷大山，叢嶺南列，惟東北下臨官道，又出水崖障其東，北復屏和尚嶺，四面外同錯綺，其中怪石層明，采艷奪眺。予乃透數峽進，東北屏崖之巔，有石高碧，若天門上開，不可熨即。碧石西南，即出水崖內壑，一潭澄石隙中，三面削壁下嵌，不見其底，若爬梳沙蔓，令石與水接，武陵漁當為移棹。予歷選山棲佳勝，此為第一，而九疑尤溪村口稍次云」。⑲瀧　激流。南方水急流險的地方常稱作「瀧」。⑳青口　在道州東北，瀟水源匯入瀟水處。㉑沲水　即沱水，上源為前中後三河，俱出湖南藍山縣，南流經江華至道縣北與瀟水合。㉒一所云瀧也　今其地已建雙牌水庫。㉓丹霞翁宅　在零陵城南一百里零陵瀧下，崖石顏色如丹，故名丹崖。㉔永泰　唐代宗年號（七六五－七六六）。㉕雷石鎮　在零陵城南六十里，當瀧水口，水流觸石，聲響如雷，故名。另外在城南有龍虎關，為戍守要處，也稱雷石鎮。㉖墅　田間土舍。這裡作「村落」解。

【語　譯】十五日　五更，聽到清脆的雨聲。到天亮，下起大雷雨，但不能阻止我出遊。急忙煮飯吃，走了五里，到巖背，拖著病體勉力上岸，和船夫約好在雙牌碰頭。雙牌是永州南面五十里的驛站。永州南面二十五里為巖背，陸路到這裡和瀟江相會。陸路從這裡往南進山，再走二十五里，到達雙牌。水路從這裡向東繞去，逆江上行，再行駛六十里，到雙牌。估計船整天行走，也只能到這裡，我不難拖著病體追上它。巖背東北對著江水，從它的南面走二里，向西入山，山石忽然奮然聳起，模樣像要抓人。隨後望見前面突起兩座山峰，中間有高大寬敞的屋子，四周雲霧繚繞，而西面山峰聳起的岩石尤其奇異，知道美景就在這裡了。到登臨其上，只見官家的房屋已有一半倒塌。在此之前，望見西峰的南面，洞門高高敞開，到這裡路從它的旁邊繞出，洞上還可看到石崖聚繞，狀若起舞，形如環玦，有缺口向東，崖下中間掏空形成巖洞，可容納幾百人，地面平坦，頂端隆起，既深遠幽靜，又明亮爽朗，沒有狹窄昏暗的缺憾。在它北面洞底也有下垂的岩石曲折環繞，倒下的石條將洞分成內外兩部分，大石雜亂堆積，從中分出一條通道，石上有許多宋元人的題刻。黃山谷最愛這座山巖，稱作這裡第一，不就是因為它幽深但不閉塞，明朗但不顯露嗎？在巖的東面穿過山腋的孔洞向上，有門朝上從石叢中穿過，向東眺望在官家房屋後面環繞的山谷，頓時覺得有仙境和人世的區別。巖的西南又開了一扇門，穿門出去，右邊是高大的石壁，有僧人居住的小屋靠在上面。向西眺望山下平坦的田地，裡面種著桑麻，別成一種境地。有條進賢江從西南的龍洞發源，洞在距永州城西南七十里處。江水向東流來，直逼山腳，再往北注入瀟江。進賢江旁還有一個水洞，離這裡二里，拿著火把可深入洞中，從前有人說這洞水陸互補，從而形成勝景，只是不在一處。按澹巖這名稱，是由於以前有姓澹的人在這裡居住。但古書上又說，有個名正實的人，生活在秦代，逃避俗世來到這裡，秦始皇三次召見，他都沒有前往，後來尸解成仙，那麼又為什麼不取名周巖呢？從僧人的小屋沿著巖南往東走，經過先前望見的洞門高高敞開的地方，這門雖然高峻，但中間狹窄而不寬廣，裡面也不能向上通往後巖。

仍冒雨向東走到江邊，遠遠望見瀟江在幾里外的地方，從東面流來。這是因為澹山的南面，便是連綿的高山，有支脈分出向東延伸，故江道轉向東以避開山峰。於是離開進賢江往南走，再向西沿著西嶺，走了七里，到木排鋪，在集市買酒，雨漸漸停了下來。又往南翻過一座小嶺，走了三里，到陽江。這江不能行船，從西南的大葉江、小葉江流來，到這裡有二十多里，向東注入瀟江。在它北面便是所謂的西嶺，在右邊橫亙，在它南面則有曹祖山、張家沖等山峰，並立在前方。又往南走了七里，直到張家沖的東麓，這就是陳皮鋪。再往南走三里，翻過一座小嶺，望見西山層層落下，常常露出岩石，顯示出奇異的形狀，隨後美景都集中到一個地方，眼前出現無數奇異變幻的孔洞。急忙往西觀看，只見層層石片，都像雞掌龍爪蹲在地上，又像絲瓜筋，裡面全已透空，只留下外面的筋縷聯結在一起。但上面被蔓草纏繞，沒法攀登，下面又被荊棘細竹堵塞，沒法進去。於是沿著南邊走，看到旁邊石縫中有剛除過草的土地，就摸索著進去，但每到純為岩石的地方，就又不除草了。路邊有個人，見我這樣開路走了很久，戴著斗笠靠著鋤頭坐在下面等候。我便下去打聽這裡的地名，答道：「這是和尚嶺，都是石山。在它西面的大山，是七十二雷。」於是指給我看前面路角有個小庵，那裡的石景更美。聽從他的話，走大路直到石壁之下，這裡的岩石像屏風那樣插地而起，上面有很多透明的孔洞，形若飛舞；下面則有一泓清泉，透過山石流出。南面有個庵，等候僧人出來，打聽這裡的地名，答道：「出水崖。」又問其他地方是否還有美景，答道：「再也沒有了。」但抬頭望見崖後岩石成堆，崖邊有條極其狹窄的路，都在除草的範圍內。鼓起勇氣走那條路，上面的岩石都十分怪異，難以用語言來形容。轉到出水崖的背後，三面都是陡峭的石壁，往下插入，只有西南石叢的空隙中，下面凹陷的地方匯成水潭，因泥沙倒塌，蔓草覆蓋，已看不到它的底部，想來該是出水崖的內壑。

搜奇索幽，過了好長時間，才下山。從庵旁往南走，過了二里，有溪水從西南的山凹中流來，大和陽溪相仿。渡過溪水走了一里，往東南從山口轉出，又同瀟江相遇。從這裡往西南沿著江水上行三里，便到雙牌。恰巧船也到了，下船時太陽已經下山。雙牌的村莊也不太大，西南開闊，好像可以伸展到很遠的地方，但船反而向南山激流中駛入。因為瀟水從南面的青口和沲水匯合，便進入山峽之中，地名瀧口。向北走七十里，一路都是連綿的山嶺、並列的峽谷，遮天蔽日，而且水在裡面直往下傾瀉，所以就稱它為「瀧」。瀧中有麻潭驛，屬零陵。驛南四十里屬道州，往北三十里屬零陵。按這裡就是丹霞翁所住的地方。志書載：在永州府南一百里零陵瀧下，唐永泰中有瀧水令唐節去官離職，就在這瀧中安家，自稱丹霞翁。元結去道州任職，路過這裡，為他蓋了住宅，並作銘刻石。這麼說是因為這瀧北面屬於零陵，所以稱作零陵瀧。而所謂的瀧水縣，是不是這裡呢？又據志書載：永州南面六十里有雷石鎮，正當瀧水口，唐代建置。那麼唐代的瀧水縣，不是這裡又在哪裡呢？這時風很順利，傍晚，乘風駛船上灘，大風捲起巨浪，聲如震雷。走了五里，進入瀧中。又走了五里，在橫口停泊，位於瀟江的東岸，官府所修的大路在西岸；這裡只是雷石鎮的村落而已。

從永州到雙牌，陸路有五十里，水路加倍。雙牌到道州，水路陸路都從瀧中走，沒有其他路。故瀧中七十里，只有順流逆流的區別，沒有水路陸路的不同。出瀧到道州，又是陸路徑直水道彎曲了。

十六日　平明行，二十里，為麻潭驛。其地猶屬零陵，而南即道州界矣。自入瀧來，山勢逼束，石灘懸亙，而北風利甚，捲翠激玉，宛轉淩波，不覺其難。詠舊句「舡梭織峰翠，山軸捲溪綃。」〈下寧洋溪中詩〉。若為此地設也。其處山鵑盛開，皆在水涯岸側，不作蔓山布谷之觀，而映碧流丹，老覺有異。二十里，吳壘鋪。其西南山稍遜，舟反轉而東。又五里，復南轉，其東北岸有石方形疊砌，圍亙山腰，東下西起，若甃❶而成者，豈壘之遺者耶？又十里，山勢愈逼束，是為瀧口。又五里，泊於將軍灘。灘有峰立瀧之口，若當關者然。溯流出瀧，劃然若另闢區宇。是夜月明達旦，入春來所未有。

【章　旨】本章記載了第六十五天在永州府的行跡。進入瀧中，山勢緊逼，波濤洶湧，到麻潭驛，碧水紅花，相互映照，很不尋常。又經過吳壘鋪、瀧口，到將軍灘停泊。出灘後覺得像進入一個新的天地。

【注　釋】❶甃　原意為以磚瓦壘井，後以磚砌物都稱「甃」。

【語　譯】十六日　黎明出發，走了二十里，到麻潭驛。這裡仍然屬於零陵，但南面便是道州地界了。從進入瀧中以來，山勢緊逼，石灘陡直相連，北風十分順利，捲起碧綠的江水，濺起如玉的水沫，船越過一個個波浪，曲折向前，一點不感到困難。吟詠舊句「舡梭織峰翠，山軸捲溪綃。」〈下寧洋溪中詩〉。好像就是寫這個地方。這裡山鵑花盛開，都在水邊岸旁，沒有漫山遍野的景觀，碧水紅花，相互映襯流照，看了覺得很不平常。走了二十里，到達吳壘鋪。在它西南的山稍微低矮些，船掉轉向東。又行駛了五里，再向南轉，東北岸有層層砌起的方形的石塊，圍繞連接著山腰，東面低下，西面突起，就像砌成似的，難道是堡壘的遺跡嗎？再走十里，山勢更加緊逼，這就是瀧口。繼續走五里，在將軍灘停泊。灘上有山峰在瀧口峙立，就像把守關口那樣。沿著江水上行，從瀧中走出，忽然覺得好像開闢了一個新的天地。這夜通宵月光明亮，入春以來從不曾有過。

十七日　平明行，水經迂曲。五里，至青口。一水東自山峽中出者，寧遠❶道也，此水最大，即瀟水也；一水南自平曠中來者，道州道也，此水次之，即沲水也，〔水小弱，〕乃舍瀟而南溯沲。又五里為泥江口。按志：有三江口，為瀟、沲、營❷合處。問之舟人，皆不能知，豈即青口耶？但營水之合在上流耳。〔水西通營陽❸，舟上羅坪三日程，當即營水矣。〕又三十里，抵道州東門，繞城南，泊於南門。下午入城，自南門入，過大寺，名報恩寺❹。由州前抵西門。登南城迴眺，乃知道州城南臨江水，東、南、西三門，俱南瀕于江，惟北門在內。蓋沲水自江華❺，掩❻、遨❼二水自永明❽，俱合於城西南十五里外，東北來，抵城西南隅，繞南門至東門，復東南去，若彎弓然，而城臨其背。西門有濂溪❾水，西自月巖❿，翼雲橋跨其上。東門亦水自北來注，流更微矣。迨暮，仍出南門，宿舟中。夜復雨。

道州附郭⓫有四景：東有響石，即五如石⓬。西有濂溪，北有九井⓭，南有一木。南門外一大木臥江底。

【章　旨】本章記載了第六十六天在永州府的行跡。水行到達青口，瀟水、沲水到這裡合流，營水在上游匯入。船到道州南門停泊。下午進城，經過報恩寺，登上南城向四周眺望。城南面對著沲水，郊外有響石、濂溪、一木、九井四景。

【注釋】❶寧遠　明代為縣，隸永州府，今屬湖南。❷營　營水，源出道州西隅，東流入沱水。又有古營水，以沱水為上游，瀟水為下游，與此水名同實異。❸營陽　在道州西北，營水北岸。❹報恩寺　在道州城東。傳說宋紹興十七年，佛頂放光，塔有幻影。明洪武年間重修為禪寺。❺江華　明代為縣，隸永州府，即今湖南江華瑤族自治縣。❻掩　掩水，源出江永西北掩山，南流至城南，折而東北流匯入沱水。❼遨　原作「邀」，據乾隆本改。遨水和掩水合流成永明河。❽永明　明代為縣，隸永州府，即今湖南江永。❾濂溪　在道州境內，西南流經城南匯入沱水。❿月巖　在道州城西四十里。白石璀璨，高數十丈，有東西兩門，望之如城闕。洞內怪石壁立，周圍圓潔，上透天光，如圓月，向東仰望如月上弦，西望如下弦，故名月巖。又名太極巖、穿巖。相傳為周敦頤幼時讀書處。巖前有石如走猊伏犀，形狀不一。⓫附郭　近城的地方；郊外。⓬五如石　在道州東門外，沱水北岸，渟泉之南。據元結記，石形狀奇特，左右前後及登石巔，均有相似處，故名五如。⓭九井　又名秦家井，在道州城北一里，有五井，其下相通，俗稱五女井。

【語譯】十七日　黎明出發，水路彎曲。走了五里，到達青口。一條江水從東面的山峽中流出，是去寧遠的路，這水最大，就是瀟水；一條江水從南面平地中流來，是去道州的路，這水其次，就是沲水，水勢弱小，於是離開瀟水往南逆沲水上行。再走五里為泥江口。據志書載：有三江口，為瀟水、沲水、營水的合流處。向船夫打聽這地方，都不知道，難道就是青口嗎？但營水是在它上游匯合的。水向西通往營陽，船上行到羅坪有三天路程，應該就是在營水行駛了。又走了三十里，抵達道州東門，從城南繞過，到南門停泊。下午進城，從南門進去，經過大寺，名報恩寺。從州衙門前抵達西門。登上南城向四周眺望，才知道道州城南面對著江水，東、南、西三門，都在沲水北岸，惟有北門在裡面。原來沲水來自江華，掩水、遨水來自永明，都在城西南十五里外匯合，朝東北流來，抵達城的西南角，繞過南門到東門，又向東南流去，形狀如同彎弓，而城就座落在弓背上。西門有濂溪水，來自西面的月巖，翼雲橋跨在溪上。東門也有水從北面流來注入，水流更小。到傍晚，仍從南門走出，在船上過夜。晚上又下起雨來。

道州郊外有四處景點：東面有響石，即五如石。西面有濂溪，北面有九井，南面有一木。南門外有一根大木躺在江底。

十八日 天光瑩徹，早飯登涯。由南門外循城半里，過東門，又東半里，有小橋，即洊泉入江處也。橋側江濱，有石突立，〔狀如永州愚溪橋，透漏聳削過之，〕分岐空腹，其隙可分瓣而入，其竇可穿瓠❶而透，所謂五如石也。中有一石，擊之聲韻幽亮，是為響石。按元次山〈道州詩題〉，石則有五如、窊樽❷，泉則有漶、漫等七名❸，皆在州東。而泉經一洊而可概其餘，石得五如而窊樽莫覓。屢詢，一儒生云：「在報恩大寺。」然元〈序〉云：在州東左湖❹中石山巔，石窊可樽，其上可亭。豈可移置寺中者，抑寺即昔之左湖耶？質之其人，曰：「入寺自知。」乃入東門，經南門內，西過報恩寺，欲入問窊樽石，見日色麗甚，姑留為歸途採質。

亟出西門，南折過翼雲橋，有二岐：從西二十五里，為濂溪祠❺，又十里，為月巖；從南為十里鋪，又六十里為永明縣。十里鋪側有華巖❻，由巖下問道，可出濂溪祠。余欲兼收之，遂從南行。大道兩傍俱分植喬松，如南岳道中，而此更綿密。有松自下分柯五六枝，叢挺競秀，此中特❼見之，他所無也。自州至永明，松之夾道者七十里，栽者之功，亦不啻甘棠[8]矣。州西南崗陀高下，置道因之。而四顧崇山開遠，惟西北一山最高，而較近則月巖後所倚之大山也。至十里鋪東，從小徑北向半里，為華巖。洞門向北，有小水自洞下出。由洞入，止聞水聲，而不見水。轉東三丈餘，復南下，則穹然深暗，不復辨光矣。時洞北有僧寮，行急不及入覓火炬，聞其內止一炬可盡，亦不必覓也。

遂從寮右北向小徑行。此處山小而峭，或孤峙，或兩或三，連珠駢筍，皆石骨嶙峋，草木搖颺，升降宛轉，如在亂雲疊浪中，令人茫然，方向（莫）辨。然無大山表識，惟西北崇峰，時從山隙瞻其一面，以為依歸焉。五里，橫過山蹊。四、五里，渡一小石橋，又踰嶺，得大道西去。隨之二里，又北入小徑，沿石山之嘴，共四里，而轉出平疇，則道州西來大道[9]也。又一里，而濂溪祠在焉。祠北向，左為龍山[10]，右為豸山[11]，皆後山，象形，從祠後小山分支而環突於前者也。其龍山即前轉嘴而出者，豸山則月巖之道所由渡濂溪者也。祠環於山間而不臨水，其前擴然可容萬馬，乃元公[12]所生之地。今止一、二後人守其間，而旁無人焉。無從索炊，乃西行。一里，過豸山，沿其北，又一里，渡濂溪。〔溪自月巖來，至此為豸山東障，乃北走，又東至州西入沲水。〕從溪北溯流西行，五里而抵達村，為洪氏聚族。乃臥而候飯，肆中無酒，轉沽久之，下午始行。

遂西南入山，路傍先有一峰，圓銳若標⑬，從此而亂峰漸多，若卓錐，若駢指，若列屏，俱環映於大山之東，分行逐隊，牽引如蔓，皆石骨也。又五里，南轉入亂山之腋。又三里，西越一嶺，望見正西一山，若有白煙一脈抹橫其腰者，即月巖上層所透之空明也。蓋正西高山屏立，若齊天之不可階，東下第三層而得此山，中空上巩，下闢重門，翠微⑭中剜，光映前山，故遙睇若白雲不動。又二里，直抵〔月巖〕山下，從其東麓拾級而上，先入下巖。其巖東向，中空上連，高巩若橋，從下望之，若虎之張吻，目光牙狀，儼然可畏。復從巖上遍歷諸異境。是晚宿於月巖。

【章　旨】本章記載了第六十七天在永州府的行跡。經過道州東門，觀賞五如石和七井之一的浡泉，聽說窊樽石在報恩寺內。隨後走出西門，經過翼雲橋向南，路旁挺立著獨特的喬松。又經過十里鋪到華巖，進入洞中。接著在雲濤中行走，只能以西北的大山作為依據找路。從山中轉到平地，來到濂溪洞，兩旁為龍山、豸山。渡過濂溪到達村，下午進山，一路望見許多形狀不一的雜亂的山峰，直到月巖山下，便先去下巖，遍遊各處奇景。晚上在月巖留宿。

【注　釋】❶瓠　葫蘆。❷窊樽　石名，在道州城內報恩寺西。元結曾刻銘石上，字皆古篆。銘云：「井石何狀，如獸之蹲。其背類窊，可以為樽。」窊，低下；凹陷。樽，同「罇」。❸七名　指道州東北的潓泉、汸泉、德泉、𣶒泉、浡泉、漫泉、東泉。七泉狀如七井，其中五井相連，二井稍離。唐元結有〈七泉銘〉。❹左湖　即石魚湖，在道州東北。據元結記，潓泉南有獨石在水中，狀如游魚，凹處修後可以貯酒，因名湖為石魚湖。❺濂溪祠　即濂溪書院，在道州城西。宋紹興年間為祀周敦頤始建。❻華巖　在道州城西十里。兩巖相對，一明一暗，明者為華陽巖，暗者為華陰巖。❼特　單獨。❽甘棠　傳說周武王時，召伯（奭）巡行南國，曾憩甘棠樹下。這裡為「前人栽樹，後人乘涼」之意。❾道州西來大道　道州，原作「道中」，據乾隆本改。❿龍山　在道州城西十五里，濂溪祠西。蜿蜒起伏，如龍環繞，與豸山對拱。⓫豸山　原作「象山」，據乾隆本改。豸山又名豸嶺，在濂溪祠東，接安定山。崖石唅呀，其狀如豸。⓬元公　周敦頤，字茂叔，道州人，生於濂溪。著《太極圖說》及《通書》，為宋代理學先驅，謚元公，世稱濂溪先生。⓭標　標槍，古代兵器。⓮翠微　輕淡青蔥的山色。

【語譯】十八日　陽光明媚，早飯後上岸。從南門外沿城走半里，經過東門，再往東走半里，有一座小橋，即涍泉匯入沲水處。橋旁江邊，有石突起，形狀就像永州的愚溪橋，但更加透露陡峻，這石兩邊岔開，中間是空的，既可從花瓣般的石片中進入石縫，也可從葫蘆般的穴道穿過孔洞。這就是所謂的五如石。其中有一塊石，敲擊時聲音深沉響亮，便是響石。據元次山〈道州詩題〉說，石有五如、窊樽，泉有潓、漫等七處，都在州城的東面。但經過一處涍泉便可概括其他六泉，只看到五如石卻找不到窊樽石。多次向人打聽，一個讀書人說：「在報恩寺。」但元次山的〈序〉說：在城東左湖中石山的頂端，石窊可以作酒罇，上面可以建亭子。怎麼可能移到寺中去呢？難道寺所在的地方，就是過去的左湖嗎？想問那個人弄個明白，答道：「進寺後就知道了。」於是進入東門，從南門內經過，往西經過報恩寺，想進去尋找窊樽石，看到陽光明媚，決定暫時不進去，留到回來時再去探求證實。

急忙走出西門，往南轉過翼雲橋，有兩條岔路：往西走二十五里，為濂溪祠，再走十里，為月巖；往南走為十里鋪，再走六十里為永明縣。十里鋪旁有華巖，從巖下的小路，可到濂溪祠。我想兩處都去，於是往南走。大路兩旁都分別栽植高大的松樹，就像南嶽的路中，但這裡的樹更加密集。有棵松樹從下面分出五、六根枝幹，一齊挺起，競獻秀色，惟獨這裡看到，其他地方都沒有。從道州到永明，兩旁松樹夾道，長達七十里，栽植者的功勞，真不在甘棠之下。州城西南山坡起伏不平，修路時就隨著地勢鋪築。四望高山開闊曠遠，惟有西北一座山最高，較近的是月巖後面所靠的大山。到十里鋪的東面，從小路向北走半里，到華巖。洞門向北，有小水從洞下流出。從洞中進去，只聽到水聲，看不到水流。轉向東三丈多，再往南走下去，則高深黑暗，不再有亮光了。這時看到洞的北面有僧人居住的小屋，因為走得太急，來不及進去找火把，聽說洞內只要一個火把便可走完，也不必去找了。

於是從小屋右邊向北的小路走。這裡的山既小又陡，有的孤零零地峙立，有的兩座在一起，有的三座在一起，就像連在一起的珠子，又像並生的竹筍，到處是突兀的山石、飄動的草木，曲曲折折地上上下下，就像在重重紛亂的雲濤中行走，令人茫然，分不清方向。但又沒有大山作為標記，惟有西北高峻的山峰，常從山的空隙露出一些，以此作為行走的依據。走了五里，橫過山間的小路。又走了四、五里，渡過一座小石橋，再翻過山嶺，找到一條大路向西走去。隨著這條路走了二里，又往北走進小路，沿著石山的山口，共走了四里，轉到平坦的田地，便是從道州往西的大路。又走了一里，到濂溪祠。祠向北，左邊為龍山，右邊為豸山，都是後山，形狀和名稱相像，從祠後的小山分出，在祠前環繞突起。龍山就是前面從山口轉出的那座山，豸山則為渡過濂溪前往月巖遇見的山。祠在山的環抱中，但不靠近水，前面十分開曠，可容納千軍萬馬，是周元公的出生地。現在只有一、二個後人在裡面守護，旁邊已沒有人家。無地方可煮飯，便向西走一里，經過豸山，沿著山北，又走了一里，渡過濂溪。溪水從月巖流來，到這裡被擋在豸山的東面，便轉向北流，又往東到道州城西注入沲水。從溪北沿著水流往西上行，走了五里，到達達村，是洪氏家族聚居的地方。便躺著等飯吃，店內沒酒，到各處去買，費了好長時間，下午才出發。

於是往西南進入山中，在路旁先看到一座山峰，既圓又尖，如同標槍，從此以後，雜亂的山峰漸漸多了起來，有的像高聳的錐子，有的像並列的手指，有的像展開的屏風，都在大山的東面環繞映襯，一行行，一隊隊，像藤蔓那樣互相牽引，都是純粹的岩石。又走了五里，往南轉入亂山的山腋中。再走三里，往西翻過一座山嶺，望見正西有座山，好像有一縷白煙橫抹山腰，即月巖上層所露出的亮光。這是因為正西高山像屏風那樣峙立，高與天齊，根本無法登上，這座山在向東延伸的第三層，中間是空的，上面呈拱形，下面開出幾道門，蒼翠的山峰中間凹進，陽光映照著前山，故遠遠望去，好像白雲靜止不動。又走了二里，直到月巖山下，從山的東麓踏著石級往上走，先進入下巖。這巖向東，中間是空的，上面相連，像橋那樣高高拱起，從下面望去，就像老虎張開大嘴，雙目發光，牙齒鋒利，像真的那樣可怕。又到巖上遍遊各處奇景。這夜在月巖留宿。

十九日　自月巖行二里，仍過〔所〕望巖如白煙處，分岐東南行，穿小石山之腋，宛轉群隊中。八里，出山，渡大溪而東，是為洪家宅，亦洪氏之聚族也。又東南入小土山，南向山脊行，三里而下，一里出山，有巨平巖橫宕❶而東。一里，復南向行山坡，又二里，南上一嶺。名銀雞嶺。越嶺而下，有村兩、三家，從其東又三里，為武田❷，自月巖至武田二十里。其中聚落頗盛。再東半里，即永明之大道也。橫大道而過，南沿一小平溪行，一里，渡橋而東，又半里，則大溪湯湯介❸於前矣，是為永明掩、遨二水，是為六渡。渡江復東南行，陂陀高下，三里為小暑洞。又東踰山岡，三里得板路甚大，乃南隨板路，又十里而止於板寮，蓋在上都之東北矣。問所謂楊子宅、南龍，俱過矣。

【章旨】本章記載了第六十八天在永州府的行跡。離開月巖，出山到洪家宅，又翻過銀雞嶺，經過武田、六渡、小暑洞，到板寮停下。

【注釋】❶宕　一作「蕩」。❷武田　在道縣西南，掩水北岸。❸介　間隔；隔開。

【語譯】十九日　從月巖走下二里，仍然經過昨天所見到的如同白煙橫抹的山巖，從岔路往東南走，穿過小石山的山腋，在群山中曲折向前。走了八里，出山，渡過大溪向東，便是洪家宅，也是洪氏家族聚居的地方。又往東南進入小土山，再向南在山脊上行走，過了三里下山，再走一里出山，有塊巨大平整的岩石向東橫伸出去。走了一里，又向南在山坡上行走，再走二里，往南登上一座山嶺。名銀雞嶺。翻過山嶺往下，有二、三戶人家的村莊，從村的東面再走三里，到武田，從月巖到武田有二十里。裡面的村落很大。再往東走半里，便是去永明的大路。橫過大路，往南沿著一條平靜的小溪走，過了一里，渡橋向東，又走了半里，只見奔流的大溪在前面將路隔斷，這就是來自永明的掩、遨二水，地名六渡。過江後再往東南走，山坡起伏不平，向前三里到小暑洞。又向東翻過山岡，走了三里來到一條很大的板路，便往南沿著板路，再走十里，到板寮停下，已經在上都的東北了。向人打聽所謂的楊子宅、南龍，都已走過了。

二十日　從寮中東南小徑，一里，出江華大道，遂南遵大道行，已為火燒鋪矣。鋪在道州南三十里而遙，江華北四十里而近。又行五里為營上，則江華、道州之中，而設營兵以守者也。其後有小尖峰倚之。東數里外，有高峰突屼，為楊柳塘。由此遂屏亙而南，九疑當在其東矣。西南數里外，有高峰圓聳，為斜溜。其南又起一峰，為大佛嶺，則石浪❶以後雲山也。自營上而南，兩旁多小峰攢屼。又五里為高橋鋪。又三里，有溪自西而東，石骨嶙峋，橫臥澗中，瀠流漱之，宛然包園❷石壑也。溪上有石梁跨之，當即所謂高橋矣。又南七里為水塘鋪。自高橋來，途中村婦多覓筍箐中，余以一錢買一束，攜至水塘村家煮之，與顧奴各啜二碗，鮮味殊勝，以筒藏其半而去。水塘之西，直逼斜溜，又南，斜溜、大佛嶺之間，有小峰東起，若紗帽然。又五里為加祐鋪❸，則去江華十里矣。由鋪南直下，從徑可通浪石寺❹。轉而東南，從嶺上行，共六、七里，而抵江華城西。蓋自高橋鋪南，名三十里，而實二十五里也。循城下抵南門，飯於肆。又東南一里，為蘇拐巖。一名迴龍庵。

由迴龍庵沿江岸南行半里，水分二道來：一自山谷中出者，其水較大，乃沲水也；一自南來者，亦通小舟，發源自上武堡。蓋西界則大佛嶺、班田、囂雲諸山迤邐而南去，東界則東嶺、苦馬、雲諸峰環轉而南接，獨西南一塢遙開，即所謂上武堡也，其西南即為廣西富川❺、賀縣❻界。〔大小二江合於蘇拐巖之南。大江❼東源錦田所❽，溯流二百餘里，舟行三、四日可至；小江❾南自上武堡，舟溯流僅到白馬營❿，可五十里。然入江之口，即積石為方堰⓫，置中流，橫過江舟，不得上下，堰內另置小舟，外有橋，橫板以渡。白馬營東大山曰吳望山⓬，有秦洞甚奇，惜未至。又南始至上武堡，堡東大山曰冬冷山⓭。二山之水，合出白馬營，為小江上流云。乃」沿南小江岸又西行三里，是為浪石寺。小江中石浪如湧，此寺之所由得名也。寺有蔣姓者⑭成道，今肉身⑮猶在，即所稱「一刀屠」也。浪石有「一刀屠」肉身，其面肉如生。碑言姓蔣，即寺西村人。宋初，本屠者，賣肉輕重，俱一刀而就，不爽錙銖。既而棄妻學道，入大佛嶺洞中，坐玉柱下。久之，其母入洞，尋得拜之，遂出洞，坐化⑯于寺。後有盜欲劫江華庫，過寺，以占⑰取決，不吉。盜劫庫還，遂剖其腹，取心臟而去。此亦「一刀屠」之報也。其身已髹⑱，而面尚肉，頭戴香巾，身襲紅褶⑲為儒者服，以子孫有青其衿⑳者耳。是日止於浪石寺，但其山僧甚粗野。

【章　旨】本章記載第六十九天在永州府的行跡。經過火燒鋪、營上、高橋鋪、水塘鋪、加祐鋪，到江華城。途中遠望楊柳塘、斜溜、大佛嶺等山峰。又經過迴龍庵，通過江中的石堰，到上武堡，並對水流山脈作了考察，最後在有蔣氏肉身的浪石寺留下。

【注　釋】❶石浪　疑為「浪石」之誤。浪石在江華城南五里，石臺臨踞沱水之上，湍激瑩澈，故名。「浪石清流」為江華八景之一。❷包園　指包山，又作「苞山」，在江蘇吳縣西南太湖中，即洞庭西山。下有洞穴，傳說潛行水底，無所不通，號為地脈，即道教十大洞天的第九林屋洞天。❸加祐鋪　乾隆本作「伽祐鋪」。❹浪石寺　在浪石旁。唐寶應年間建，宋蔣士雄在此說法。❺富川　明代為縣，隸平樂府，今屬廣西。❻賀縣　明代為縣，隸平樂府，今屬廣西。❼大江　指沱水。❽錦田所　今名錦田鎮，在江華東南一百八十里，地近廣東，明清為駐兵之所。❾小江　指萌渚水，源出萌渚嶺，東北流匯入沱水。❿白馬營　今名白芒營，在江華西南，因白芒嶺（即萌渚嶺）而得名。⓫堰　擋水的低壩。⓬吳望山　即秦山，在江華城南五十里，高聳深邃，人跡罕至，中多古梅古桂，相傳秦時人曾避亂於此。據說三國吳孫權未建號時，山有聲如雷，遂開洞穴，石有文采。唐時改名吳望山。⑬冬冷山　在江華西南一百二十里，與廣西賀縣接界，高聳陰寒，故名。⑭蔣姓者　即蔣士雄，江華太平鄉華陂村人，生於宋熙寧年間。後登江華城西十里的姹巖趺坐而化。其徒迎歸浪石寺，立白雲塔。⑮肉身　僧道死後，用金漆塗其屍以供奉，稱作肉身。⑯坐化　佛教稱和尚安坐而死為坐化。⑰占　占卜。古人用龜甲等取兆，以預知禍福吉凶。⑱髹　上漆。⑲褶　夾衣；上衣。⑳青其衿　青衿，即青領，古代學子的衣服。後來稱士人為青衿。

【語　譯】二十日　從板寮東南的小路，走了一里，到去江華的大路，便往南沿著大路走，已到火燒鋪了。鋪在道州城南三十里多些，江華城北四十里不到些。再走五里為營上，在江華和道州的中間，設有營兵守衛。後面有小尖峰靠著它。在東面幾里外的地方，有突兀高聳的山峰，地名楊柳塘。從這裡起，山脈便向南綿延不斷如同屏障，九疑山應當在它的東面了。在西南幾里外的地方，有圓頂高聳的山峰，地名斜溜。在它南面又突起一座山峰，名大佛嶺，是浪石後面的雲山。從營上往南，兩旁有許多峻峭的小峰。再走五里到高橋鋪。再走三里，有溪水從西向東流，山石峻峭，橫躺在澗水之中，到水中漱洗，彷彿身在包園的石壑之中。溪上架著石橋，應當就是所謂的高橋。再往南七里到水塘鋪。從高橋過來，一路上看到不少鄉村的婦女，在竹林中挖筍，我用一文錢買了一捆，帶到水塘村的人家煮熟，和顧僕每人吃了兩碗，味道極其鮮美，用竹筒將餘下的一半帶走。水塘的西面，直逼斜溜，再往南，在斜溜和大佛嶺中間，有一座小峰向東突起，形狀如同紗帽。再走五里到加祐鋪，離江華只有十里了。從鋪一直往南走下去，有小路可通往浪石寺。轉向東南，從嶺上走，共六、七里，到江華城西。原來從高橋鋪往南，說是三十里，實際上只有二十五里。沿著城下走到南門，在店中吃飯。又往東南走一里，到蔴拐巖。又名迴龍庵。

從迴龍庵沿著江岸往南走半里，水從兩處流來：一條出自山谷之中，水勢較大，即是沲水；一條從南流來，也通小船，從上武堡發源。大體上說，江華西界有大佛嶺、班田、矗雲等山峰連綿不斷向南延伸，東界有東嶺、苦馬、雲等山峰曲折環繞和南面相接，惟獨西南遠遠開出一個山塢，這就是所說的上武堡，它的西南便是廣西富川、賀縣地界。有大小兩條江水在蔴拐巖的南面會合。大江發源於東面的錦田所，逆流而上有二百多里，船行三、四天可到達；小江發源於南面的上武堡，船逆流上行只能到白馬營，大約有五十里。但入江的水口，就堆起石塊，築成方堰，位於江水的中段，橫向阻擋著江中的船隻，不讓它們上下，堰內另外準備小船，外面有橋，架著木板讓人渡過。白馬營東面的大山名吳望山，上面有秦洞，十分奇特，可惜沒去。再往南才到上武堡，堡東面的大山名冬冷山。兩座山的水流，匯合後流出白馬營，成為小江的上游。於是沿著小江的南岸又往西走三里，便是浪石寺。小江中石浪如水湧起，這寺由此得名。有個姓蔣的人在寺內得道，如今肉身仍在，即人們所說的「一刀屠」。浪石寺有「一刀屠」的肉身，臉上的肉還像活著那樣豐滿。碑上說他姓蔣，即寺西的村民。生活在宋初，原是一個屠夫，賣肉無論多少，都一刀切成，份量絲毫不差。不久離開妻子學道，進入大佛嶺的洞中，坐在玉柱之下。過了好久，他的母親進洞，找到後行禮叩拜，於是出洞，在寺中安坐而死。以後有強盜想搶劫江華的庫藏，經過浪石寺，以占卜決定行動，不吉利。強盜搶劫庫藏後回來，切開他的腹部，將心臟取走。這也是「一刀屠」的報應。他的身體已經漆上金漆，但臉上還是肉，頭上戴著香巾，身上穿著紅色上衣，是儒者的服裝，因為子孫中有讀書人的緣故。這天在浪石寺留宿，但山中的和尚十分粗野。

二十一日　飯於浪石寺。欲往蓮花洞，而僧方聚徒耕田，候行路者，久之，得一人，遂由寺西遵大路行。南去山盡，為上武堡，賀縣界；西踰大佛坳，為富川道。〔坳去江華西十里。聞踰坳西二十里，為崇柏，即永明界；又西二十五里，過枇杷所❶，在永明東南三十里，為廣西富川界；更西南三十里，即富川縣治云。〕七里，直抵大佛嶺下。先是，路左有一巖，若雲楞嵌垂，余疑以為即是矣，而蓮花巖尚在路右大嶺之麓。乃從北岐小徑入，不半里，至洞下。導者取枯竹一大捆，縛為六大炬，分肩以出，由路左洞披轉以入。還飯於浪石，已過午矣。乃循舊路，抵蔴拐巖之西合江口，有板架江壩外為橋，乃渡而南。東南二里，至重元觀❷。寺南一里，入獅子巖洞❸。出洞四里，渡小江橋，經蔴拐巖，北登嶺，直北行，已過東門外矣。又北逾一嶺，六里，渡沲水而北，宿于江渡❹。

【章旨】本章記載了第七十天在永州府的行跡。經過大佛嶺，前往蓮花洞。午後渡過湘江，到達重元觀，進入獅子巖洞。然後經蔴拐巖和江華城東門外，到江渡留宿。

【注釋】❶枇杷所　在江永東南七十二里，地近廣西，明清時為駐兵之所。❷重元觀　在江華東南五里，建於明景泰年間。❸獅子巖洞　在重元觀旁，形如獅子之口，故名。❹江渡　在江華城北五里，沲水西岸。

【語譯】二十一日　在浪石寺吃飯。想去蓮花洞，但和尚正集中徒眾耕田，沒人引路，只得等候過路的人，過了好久，才找得一個人，便從寺西沿著大路走。往南到山的盡頭，為上武堡，屬賀縣地界；向西翻過大佛坳，是去富川的路。大佛坳離江華城西十里，聽說過坳往西走二十里，為崇柏，即永明地界；又往西走二十五里，經過枇杷所，在永明東南三十里，為廣西富川地界；又往西南走三十里，即富川縣治。向前七里，直到大佛嶺下。在此之前，路的左邊有個巖洞，就像雲中的窗戶嵌垂著，我懷疑洞就在這裡，但蓮花巖還在路右邊大嶺的山腳。於是從北面岔開的小路進去，不滿半里，到達洞下。嚮導拿出一大梱枯竹，紮成六個大火把，分別扛著走出，從路左邊的洞轉進去。回到浪石寺吃飯，已過中午了。於是沿著老路，到蔴拐巖西面的合江口，有木板架在湘江堤壩外面作為橋梁，便過橋向南。往東南走二里，到重元觀。在寺南一里處，進入獅子巖洞。出洞走了四里，渡過小江橋，經過蔴拐巖，向北登上山嶺，筆直往北走，已過江華城東門外了。再向北翻過一座山嶺，走了六里，渡過沲水向北，在江渡住宿。

二十二日　昧爽，由江渡循東山東北行十里，為蠟樹營。由此漸循山東轉，五里，過鰲頭源北麓。二里，至界牌。又三里，過石源。又五里，過馬崗源。自鰲頭源突于西北，至東北馬崗源，皆循山北東向行，其山南皆瑤人❶所居也。馬崗之北，猶見沲水東曲而來，馬崗之北❷，始見溪流自南而北。又東七里，逾虎版石。自界牌而來，連過小嶺，惟虎版最高。逾嶺又三里，為分村，乃飯。村南大山，內有分嶺，謂之「分」者，豈瑤與民分界耶？東三里，渡大溪，南自九彩源❸來者。溪東又有山橫列于南，與西來之山似。復循其北麓行，七里，至四眼橋。有溪更大，自顧村來者，與分村之水，皆發於瑤境也。渡木橋頗長，于是東登嶺。其先祇南面崇山，北皆支崗條下，至是北亦有山橫列，路遂東行兩山之間。升陟崗坳十里，抵孟橋西之彭家村，乃宿。是日共行五十里，而山路荒僻，或云六十里云。

【章　旨】本章記載了第七十一天在永州府的行跡。經過蠟樹營、鰲頭源、界牌、馬崗源，翻過虎版石，到分村吃飯。村南的分嶺，可能是瑤族人和漢人住地的分界。分村的溪水和來自顧村的溪水，都發源於瑤族地區。又走過一段荒僻的山路，到彭家村留宿。

【注　釋】❶瑤人　南方少數民族之一，主要分布在廣西、湖南、雲南等地。❷馬崗之北　據文意，此「北」當為「南」之誤。❸九彩源　當為下面二十八日日記中的「韭菜原」。

【語譯】二十二日　拂曉，從江渡沿著東山往東北走十里，到蠟樹營。從這裡開始漸漸沿著山往東轉，走了五里，經過鰲頭源的北麓。再走二里，到界牌。再走三里，經過石源。再走五里，經過馬崗源。從在西北突起的鰲頭源，到東北的馬崗源，都沿著山北向東走，山南全是瑤人居住的地方。在馬崗的北面，仍能看到沲水從東面曲折流來，在馬崗的南面，才看到溪水從南往北流。又往東走了七里，越過虎版石。從界牌過來，接連翻過幾個小嶺，惟有虎版石最高。翻過山嶺再走三里，到分村，便在那裡吃飯。村南的大山，裡面有分嶺，稱它為「分」，難道是瑤人和漢人居地的分界嗎？往東走三里，渡過大溪，溪水從南面的韭菜原流來。溪水的東岸，又有山在南面橫向排列，和從西面延伸過來的山脈相似。再沿著它的北麓走了七里，到四眼橋。有條溪水更大，從顧村流來，和分村的溪水，都發源於瑤族地區。走過一座很長的木橋，從這裡往東登上山嶺。原先只是南面有大山，北面都是旁出的山岡往下延伸，到這裡北面也有橫向排列的山峰，路便向東在南北兩山之間走。在山岡坳地上上下下走了十里，抵達孟橋西面的彭家村，便在這裡留宿。這天共走了五十里，因為山路荒僻，有人說已走了六十里。

二十三日　五鼓，雨大作。自永州來，山田苦旱，適當播種之時，至此嗷嗷❶已甚，乃得甘霖，達旦不休。余僵臥待之，晨餐後始行，持蓋草履，不以為苦也。東一里，望見孟橋，即由岐路南行。蓋至是南列之山已盡，遂循之南轉。五里，抵唐村坳。坳北有小洞東向，外石嶙峋。俯而入，下有水潺潺，由南竇出，北流而去。乃停蓋，坐久之。踰嶺而南，有土橫兩山，中剖為門以適行，想為道州、寧遠之分隘耶。於是連涉兩、三嶺，俱不甚高。蓋至是前南列之山轉而西列，此皆其東行之支壟，而其東又有卓錐列戟之峰，攢列成隊，亦自南而北，與西面之山，若排闥者。然第西界則崇山屏列，而東界則亂阜森羅，截然不紊耳。直南遙望兩界盡處，中豎一峰，如當門之標❷，望之神動，惟恐路之不出其下也。過唐村坳，又五里，而至大洋。道州來道亦出此。其處山勢忽開，中多村落。又南二里，東渡一橋，小溪甚急，踰橋則大溪洋洋，南自九疑❸，北出青口，即瀟水之上流矣。北望小溪入江之口，有眾舟艤❹其側。小舟上至魯觀❺，去九疑四五里，瀟江與母江❻合處。渡大溪，是為車頭。又東南踰嶺，共六里，為紅洞。市米而飯，零雨猶未止。又東南行六里，直逼東界亂峰下，始過一小峰，巉石巖巖❼，東裂一竅，若雲氣氤氳。攀坐其間，久之，雨止。遂南從小路行，四里，過一村，曰大蓋。又南二里，至掩口營❽，始與寧遠南來之路合。〔北去寧遠三十里。〕掩口之南，東之排岫，西之橫嶂，至此湊合成門，向所望當門之標，已列為東岫之首，而西嶂東垂，亦豎一峰，北望如插屏，逼近如攢指，南轉如亙垣，若與東岫分建旗鼓❾而出奇鬬勝者。二里，出湊門之下，水亦從其中南出，其下平疇曠然，東西成壑。于是路從西峰之南，轉西向行，又三里而至路亭❿。路亭者，王氏⓫所建，名應豐亭，其處舊名周家峒，王氏之居在焉。王氏，世家也，因建亭憩行者，會發鄉科，故遂以「路亭」為名。是日止行三十五里，計時尚早，因雨濕衣透，遂止而向薪焉。

【章　旨】本章記載了第七十二天在永州府的行跡。五更起下了一場及時雨。拿著傘出發，鑽進唐村坳北的一個小洞，隨即翻山越嶺，途中望見一座如同門前旗幟的山峰，到達大洋。又越過瀟水的上游，經過一座險峻的小峰，到達掩口營，在它南面，東西兩邊的山峰，好像各自為營，爭奇鬥勝。最後到路亭留下烤火。

【注　釋】❶嗷嗷　眾聲嘈雜；不平靜。❷標　旗幟。❸九疑　山名，一作「九嶷山」，又名蒼梧山，在寧遠城南一百二十里處。因山有九峰，望之相似，行者疑惑，故名九疑。據《水經注》云，九峰各導一溪，共九水流出山中，異嶺同勢，令人難辨，故名。❹艤　船靠岸。❺魯觀　明置巡檢司，在寧遠南境，今名魯光。❻母江　即池水，源出九疑山娥皇峰。❼巖巖　形容山高峻。❽掩口營　今為鎮，在寧遠城南三十里。東之排岫，西之橫嶂，至此湊合成門，而鎮恰掩其口，故名。❾分建旗鼓　旗、鼓，古時軍中用以發號施令，此指各自排列陣式。❿路亭　在寧遠南境。⓫王氏　指明代王姓。

【語　譯】二十三日　五更，下起大雨。從永州過來，山田苦於乾旱，又正當播種的時候，到這裡嘈雜之聲，更加悲切，現在得到一場及時雨，到天亮都未停止。我仰面躺在牀上，等待雨停，吃了早飯才出發，拿著傘，穿著草鞋，但一點不覺得難受。向東走了一里，望見孟橋，便從岔路往南走。因為到這裡在南面排列的山已到盡頭，便沿著山往南轉。走了五里，抵達唐村坳。坳的北面有個向東的小洞，外面山石突兀。彎著腰進去，下面有潺潺的流水，從南面的孔洞中流出，向北流去。於是放下傘，坐了好長時間。翻過山嶺向南，有土丘橫連兩山，中間開門以便通行，想來是作為道州、寧遠兩地分界的關口。於是接連越過兩、三座山嶺，都不太高。到這裡先前在南面排列的山轉為西面排列，這些山嶺都是向東延伸的支脈，而在它的東面還有山峰，如同直立的錐子、排列的刀戟，成群結隊地聚立著，也是從南向北，和西面的山峰對峙，就像敞開的門戶。

但只有西邊的大山像屏風那樣排列，東邊則密密麻麻地羅列著雜亂的小丘，兩邊截然不同。遙望正南兩邊山嶺的盡頭，中間矗立著一座山峰，如同門前的旗幟，望著它心動神搖，只怕路不從它的下面通過。經過唐村坳，又走了五里，到達大洋。從道州來的路也經過這裡。這裡山勢忽然開闊，中間有許多村莊。又往南走二里，向東過一座橋，下面的小溪水流很急，過了橋便是寬廣的大溪，從南面的九疑山發源，往北從青口流出，即瀟水的上游。向北望見小溪入江的水口，有許多船隻靠岸。小船上行到魯觀，離九疑山四、五里路，為瀟江和母江的合流處。渡過大溪，便是車頭。再向東南翻過山嶺，共走了六里到紅洞。買了米煮飯，綿綿細雨仍然下個不停。再往東南走六里，直逼東邊雜亂的山峰下面，才越過一座小峰，山石險峻，東面裂開一個孔洞，裡面好像雲煙瀰漫。攀登上去坐了好久，雨停了下來。於是往南從小路走了四里，經過一個村莊，名大蓋。又往南走二里，到掩口營，方才和從寧遠往南的路會合。往北離寧遠有三十里。在掩口的南面，東邊一排排山巒，西邊橫列的山峰，到這裡湊合成門，原先望見的如同門前旗幟的山峰，已排在東邊山巒的首位，而西邊山峰靠東的一頭，也矗立著一座山峰，朝北望去如同插天的屏風，靠近它看又如聚攏的手指，轉到南面看則像綿延不斷的城牆，好像要和東邊的山巒各自排列陣容出奇鬥勝似的。向前二里，從「湊合成門」的山峰下面走出，水也從裡面往南流出，下面是一片開曠的平野，東西兩邊形成山壑。到這裡從西邊山峰的南面，轉向西走。又過了三里到達路亭。路亭是王氏建造的，名應豐亭，當地過去叫周家峒，王氏的住處就在這裡。王氏是世家大族，因為建亭讓趕路的人歇腳，恰巧鄉試考中舉人，所以用「路亭」為名。這天只走了三十五里，估計時間還早，因為衣服被雨淋得濕透，便留在這裡烤火。

二十四日　雨止而雲氣蒙密。平明，由路亭西行，五里為太平營，而九疑司❶亦在焉。由此西北入山，多亂峰環岫。蓋掩口之東峰，如排衙❷列戟❸，而此處之諸岫，如攢隊合圍，俱石峰森羅，窈窕迴合❹，真所謂別有天地也。途中宛轉之洞、卓立之峰、玲瓏之石、噴雪驚濤之初漲、瀠煙沐雨之新綠，如是十里，而至聖殿。聖殿者，即舜陵❺也。余初從路岐望之，見頹垣一二楹，而路復荒沒，以為非是，遂從其東踰嶺而北。二里，遇耕者而問之，已過聖殿而抵斜巖❻矣。

遂西面登山，則穹巖東向高張，勢甚宏敞。洞門有石峰中峙，界門為兩，飛泉傾墜其上，若水簾然。巖之右，垂石縱橫，巖底有泉懸空而下，有從垂石之端直注者，有從石竇斜噴者，眾隙交亂，流亦縱橫，交射於一處，更一奇也。其下復開一巖，深下亦復宏峻，然不能遠入也。巖後上層，復開一巖，圓整高朗，若樓閣然，正對洞門中峙之峰，〔兩瀑懸簾其前，為外巖最麗處。〕其下有池，瀦水一方，不見所出之處，而水不盈。池之左復開一門，即巖後之下層也。由其內墜級而下，即深入之道矣。余既至外巖，即炊米為飯，為深入計。僧，明宗也，曰：「此間勝蹟，近則有書字巖❼、飛龍巖❽，遠則有三分石。三分不可到，二巖君當先了之，還以餘晷入洞，為秉燭遊❾，不妨深夜也。」余頷之。而按志求所謂紫虛洞❿，則茲洞有碑，稱為紫霞，俗又稱為斜巖。斜巖則唐薛伯高⓫已名之，其即紫虛無疑矣。求所謂碧虛洞、玉琯巖、高士巖⓬、天湖諸勝，俱云無之。

楚遊——九疑山示意圖

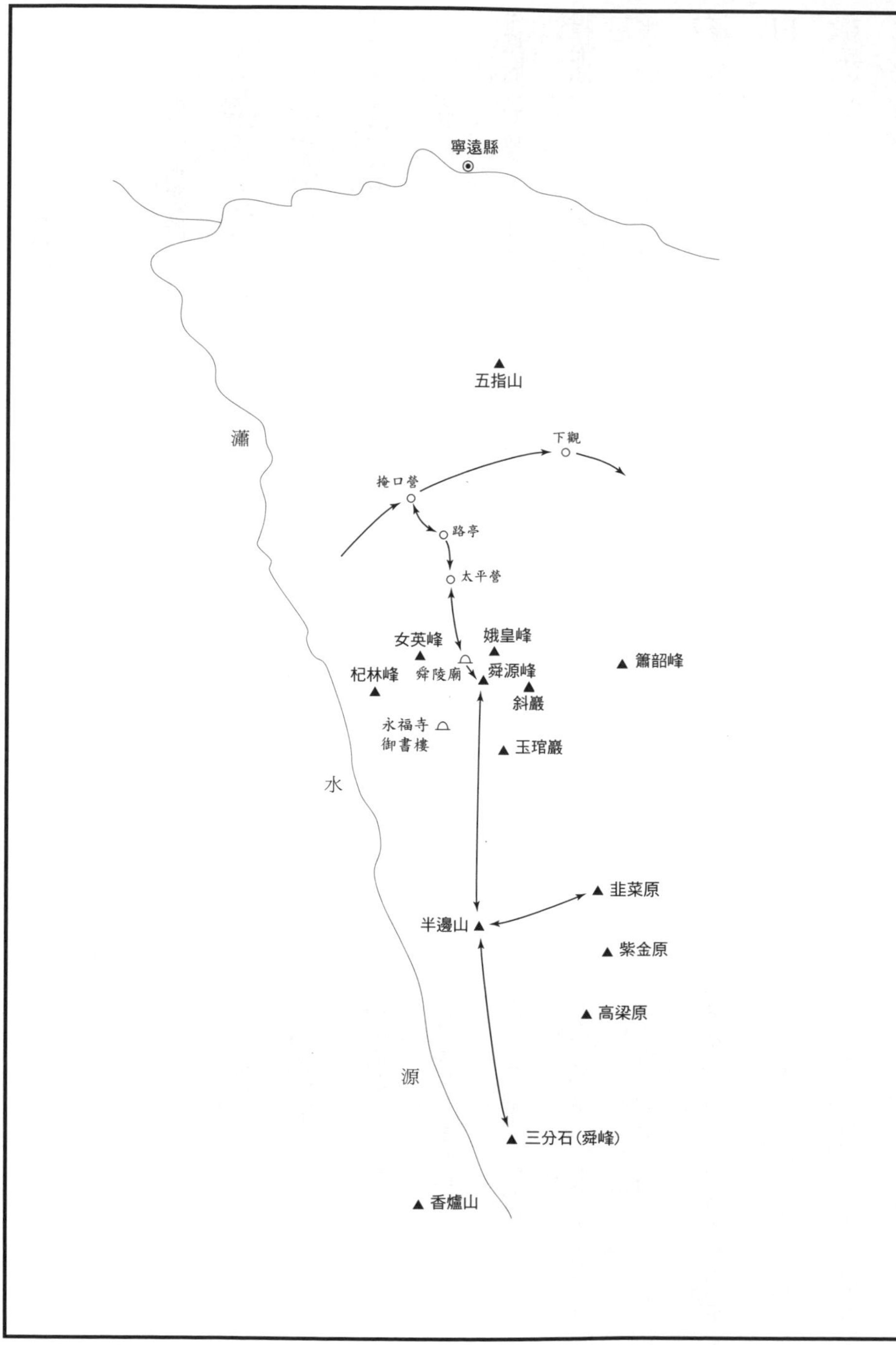
寧遠縣
五指山
瀟
水
源
下觀
掩口營
路亭
太平營
女英峰
娥皇峰
杞林峰
舜陵廟
舜源峰
簫韶峰
斜巖
永福寺
御書樓
玉琯巖
韭菜原
半邊山
紫金原
高梁原
三分石(舜峰)
香爐山

乃隨明宗為導，先探二巖。

出斜巖北行，下馬蹄石，其陰兩旁巉石嵯峨，疊雲聳翠⑬，其內亂峰復環迴成峒。蓋聖殿之後，即峙為簫韶峰⑭，簫韶之西，即起為斜巖。山有嶺界其間，嶺北之水，西北流經寧遠城，而下入於瀟江，即舜源水也。嶺南之水，西北流經車頭，下會舜源水而出青口，即瀟水也。簫韶、斜巖之南北，俱亂峰環峒，獨此二峰之間，則峽而不峒，蓋有嶺過脊於中，北為寧遠縣治之脈也。馬蹄石南，其峒寬整，問其名，為九疑洞。余疑聖殿、舜陵俱在嶺北，而峒在嶺南，益疑之。已過永福寺⑮故址，礎石猶偉，已犁為田。又南過一溪，即瀟水之上流也。轉而西共三里，入書字巖。巖不甚深，後有垂石夭矯，如龍翔鳳翥。巖外鐫「玉琯巖」三隸字，為宋人李挺祖筆；巖右鐫「九疑山」三大字，為宋嘉定六年⑯知道州軍事莆田方信孺⑰筆。其側又隸刻漢蔡中郎⑱〈九疑山銘〉⑲，為宋淳祐六年⑳郡守潼川李襲之㉑屬郡人李挺祖書。蓋襲之既新其宮，因鐫其銘於側，以存古蹟。後人以崖有巨書，遂以「書字」名，而竟失其實。始知書字巖之即為玉琯，而此為九疑山之中也。始知在簫韶南者為舜陵，在玉琯巖之北者為古舜祠㉒。後人合祠於陵㉓，亦如九疑司之退於太平營，滄桑之變如此。土人云：永福寺昔時甚盛，中有千餘僧，常住田數千畝。是云永福即舜陵，稱小陵云，義以玉琯、舜祠相迫，欽癸繹擾㉔，疏請合祠於陵。今舜陵左碑，俱從永福移出。後玉琯古祠既廢，意寺中得以專享，不久，寺竟蕪沒，可為廢古之鑑。余坐玉琯中久之，因求土人導往三分石者。土人言：「去此甚遠，俱瑤窟中，須得瑤人為導。然中無宿處，須攜火露宿乃可。」已而重購得一人，乃平地瑤㉕劉姓者，期以明日晴爽乃行。不然，姑須之斜巖中。乃自玉琯還，過馬蹄石之東，入飛龍巖。巖從山半陷下，內亦寬廣，〔如斜巖外層之南巖。〕有石坡中懸，而無宛轉之紋。巖外鐫「飛龍巖」三字，巖內鐫「仙樓巖」三字，俱宋人筆。

出洞，復踰馬蹄石，復共三里而返斜巖。明宗乃出火炬七枚，與顧僕分攜之，仍爇炬前導。始由巖左之下層捱隙歷蹬而下，水從巖左飛出注，與人爭級，級盡路竟，水亦無有。東向而入，洞忽平廣。既而石田㉖鱗次，水滿其中，遂塍上行，下遂墜成深壑。石田之右，上有石池，由池涉水，乃楊梅洞道也。舍〔之〕，仍東下洞底，既而涉一溪，其水自西而東，向洞內流。截流㉗之後，循洞右行，路復平曠，洞愈宏闊。有大柱端立中央，直近洞頂，若人端拱者，名曰「石先生」。其東復有一小石豎立其側，名曰「石學生」，是為教學堂。又東為吊空石，一柱自頂下垂，半空而止，其端反卷而大。又東有石蓮花、擎天柱，皆不甚雄壯。於是過爛泥河，即前所涉之下流也。其處河底泥濘，深陷及膝，少緩，足陷不能拔。於是循洞左行，左壁崖片楞楞㉘下垂，有上飛而為蓋者，有下庋而為臺者，有中凹而為牀為龕者，種種各有名稱，然俚不足紀也。南眺中央，有一方柱，自洞底屏立而上，若巨笏㉙然。其東有一柱，亦自洞底上穹，與之並起，更高而巨。其端有一石旁坐石蓮上，是為觀音座。由此西下，可北繞觀音座後。前爛泥河水，亦繞觀音座下西來，至此南折而去。洞亦轉而南，愈宏崇，遊者至此輒止，以水深難渡也。余強明宗渡水，水深逾膝，〔然無爛泥河濘甚。〕既渡，南向行，水流於東，路循其西，四顧石柱參差，高下白如羊脂㉚。是為雪洞，以其色名也。又前為風洞，以其洞轉風多也。既而又當南下渡河，明宗以從來導遊，每歲不下百次，曾無至此者，故前遇觀音座，輒抽炬竹插路為誌，以便歸途。時余草履已壞，跣一足行，〔先令顧僕攜一緉㉛備壞者，以渡河水深，竟私置大士座下，〕不能前而返。約所入已三里餘矣。〔聞其水潛出廣東連州㉜，恐亦臆論，大抵入瀟之流，然所進周通，正無底也。〕

還過教學堂，渡一重河，上石田，遂北入楊梅洞。先由石田涉石池，池兩崖石峽如門，池水滿浸其中，涉者水亦逾膝，然其下皆石底平整，四旁俱無寸土。

入峽門，有大石橫其隘。透隘入，復得平洞，寬平廣博，其北有飛石平鋪若樓閣然，有隙下窺，則石薄如板，其下復穹然成洞，水從下層奔注而入，即前瀾泥諸河之上流也。洞中產石，圓如彈丸[33]，而凹面有螺紋，「楊梅」之名以此。然其色本黃白，說者謂自洞中水底視，皆殷紫，此附會也。〔此洞所入水，即巖外四山窪注地中者。此塢東為簫韶峰，西即斜巖，南為聖殿西嶺，北為馬蹄石，皆廓[34]高裡降，有同釜底；四面水俱潛注，第不見所入隙耳。〕出洞已薄暮，燒枝炙衣，炊粥而食，遂臥巖中。終夜瀑聲雨聲，雜不能辨。詰朝[35]起視，則陰雨霏霏也。

此巖之瀑，非若他處懸崖瀉峽而下，俱從覆石之底，懸穿竇下注，若漏卮然。其懸于北巖上洞之前者，二瀑皆然而最大；其懸于右巖窪洞之上者，一瀑而有數竅，較之左瀑雖小，內有出自懸石之端者一，出於石底之竇而斜噴者二，此又最奇也。

【章旨】本章記載了第七十三天在永州府遊九疑山的行跡。經過九疑司所在的太平營，進入山中，和掩口營的山峰相比，另有一種天地。山道景色如畫，不知不覺走過已經毀圮的舜陵，抵達斜巖外巖。這裡山勢高敞，飛泉縱橫，風景秀麗，令人稱奇。聽從明宗和尚的建議，先去遊訪書字巖。往下走到馬蹄石，途中考察了簫韶峰和斜巖的地理位置，舜源水和瀟水的源流。又經過九疑洞、永福寺舊址，渡過瀟水上游，進入書字巖（即玉琯巖），巖上刻有隸體〈九疑山銘〉。到這裡才分清舜陵和古舜祠所在的地方，後人將祠併入陵中，致使古蹟廢棄，可為鑒戒。隨後進入飛龍巖。又返回斜巖，帶著火把進洞。洞內平坦寬廣，有石田、石池，還有「石先生」、「石學生」那樣的石柱。渡過泥濘的爛泥河，經過觀音座，渡過一條以前沒人敢渡的暗河，裡面石柱潔白，稱為雪洞，再往前為風洞。因鞋磨破，只得返回。傳說這水從地下流到廣東連州，實際上應流入瀟水。回到教學堂，經過如門的石峽，渡過石池，進入楊梅洞，洞內的水，是從巖外四面山窪注入的。斜巖的瀑布，都從石底穿過孔洞往下灌注，十分奇特。當天睡在巖中。

【注釋】❶九疑司　即九疑巡檢司。❷排衙　舊時長官升座，陳設儀仗，僚屬依次參見，分立兩旁，稱排衙。❸列戟　戟即門戟，木製，無刃，陳列在門口的架上。即舊時宮廟、官府及顯貴之家門前所列之戟。❹俱石峰森羅二句　乾隆本作「中環成洞，穿一隙入，如另闢城垣。山不甚高，而窈窕迴合」。❺舜陵　即舜廟，在九疑山。傳說虞舜南巡，死於蒼梧之野，葬於九疑山舜源峰下。廟建於明洪武四年（一三七一），清代屢經修葺，正殿已圮，殿後護碑亭，內豎立隸書石碑「帝舜有虞氏之陵」。❻斜巖　又名紫霞洞，在簫韶峰西南，為著名的石灰岩溶洞，岩壁由紫紅色的砂頁岩堆成，高十餘丈，在陽光下燦爛奪目，如同晚霞，故名。外巖為明洞，可容納上千人。在蓮花臺後有暗洞，洞口泉水飛灑，故又名水簾洞。宋寇準曾遊此，有石刻。❼書字巖　在斜巖東南。傳說西王母曾來此獻玉琯，漢哀帝時零陵郡文學奚璟曾得玉琯於此，故名玉琯巖。宋道州刺史方信孺書「九疑山」三大字於巖旁，因稱書字巖。❽飛龍巖　永福寺西北一里有石樓巖，從洞穴往上攀登，如層樓之狀。上有仙樓巖，石上有宋李襲之、李挺祖的題名。因山勢峻拔，有蟠龍之概，明縣令何其賢改名飛龍巖。❾秉燭遊　秉燭夜遊，原為及時行樂之意。這裡僅為拿著火炬在暗中遊訪之意。❿紫虛洞　宋至道初，道州刺史改斜巖名紫虛洞。⓫薛伯高　字景晦，河東郡人，唐元和中，官道州刺史，遊九疑山，改紫霞巖名斜巖。⓬高士巖　本名野豬巖。相傳有獵戶在巖中得樂器一部，唐天寶年間無為道士獻之於朝，由此改名。⓭疊雲聳翠　原缺「翠」字，空一格，據乾隆本補。⓮簫韶峰　在舜陵北，石樓峰南，傳說此峰曾有簫管吹奏「韶樂」之音，故名。⓯永福寺　在九疑山舜祠西，舊名無為寺，又名報恩寺，相傳南齊時敕建，以護衛舜祠。宋太平興國年間易今名。⓰嘉定六年　嘉定，南宋寧宗年號（一二〇八—一二二四）。嘉定六年即一二一三年。⑰方信孺　莆田（今屬福建）人。宋嘉祐中，官道州刺史。遊九疑山，至玉琯巖，書「九疑山」三字於石。⑱蔡中郎　字伯喈，陳留（今河南杞縣）人。東漢末年，董卓專權，累官中郎將。博學多才，通經能文，且工書畫，尤以隸書著稱。⑲九疑山銘　玉琯巖上有九疑山銘碑，銘文為四言韻語，蔡邕所作，李挺祖書，瞿中溶《金石錄》稱其書取法漢隸，在宋人中不可多得。⑳淳祐六年　淳祐，南宋理宗年號（一二四一—一二五二）。淳祐六年即一二四六年。㉑李襲之　潼川（治所在今四川三臺）人。宋淳祐中知道州。謁舜廟，有碑記，並刻蔡邕〈九疑山銘〉於玉琯巖。㉒古舜祠　相傳秦漢時即有此祠，遺址在白鶴觀前。明太祖朱元璋親作祭文遣編修雷燧遷於舜源峰下，改為舜廟，與舜陵合為一處。㉓後人句　明洪武四年（一三七一），朝廷派編修雷燧去舜祠致祭，隨後遷入陵中。㉔繹擾　即騷擾。㉕平地瑤　相對山地瑤而言，生活地區靠近平地的瑤人。㉖石田　多石不可耕種的田。㉗截流　橫渡水流。㉘楞楞　即「棱棱」。有棱角。㉙笏　即朝笏，古代大臣上朝時手中所執的狹長板子，用玉、象牙或竹片製成，用以指劃或記事。㉚高下白如羊脂　乾隆本作「高者千尺，低亦丈，以數十計，俱光耀如凝脂」。㉛一緉　即一雙。緉，古代計算鞋子的量名。㉜連州　明代為州，隸廣州府，即今廣東連縣。㉝彈丸　供彈弓射擊用的丸。㉞廓　外周；外部。㉟詰朝　明旦；明天早晨。

【語譯】二十四日　雨停了，依然濃雲密布。黎明，從路亭往西走，過了五里便到太平營，九疑司也在這裡。從這裡向西北進入山中，眼前山峰林立，雜亂環繞。大體上說，掩口營東面的山峰，就像在衙門依次參見長官的僚屬、大門前陳列的刀戟，而這裡的眾多山峰，如同集合起來的隊伍，四面合圍，都是密集的石峰，地處幽僻深遠，雜亂環繞，真可以說另有一種天地。一路上都是曲折的洞穴、直立的山峰、玲瓏的岩石、春水初漲，山泉噴雪，溪水激浪，而新枝嫩葉，則有煙雲繚繞，雨水滋潤，在這樣的景色中走了十里，到達聖殿。聖殿就是舜陵。我起先從岔路口看到它，只見一、二排倒塌的牆壁，路又被荒草遮掩，以為不在這裡，便從它的東面翻過山嶺向北。走了二里，碰到耕田的人上前打聽，才知道已過聖殿到達斜巖了。

　　於是往西登山，高大的巖洞向東開張，氣派十分宏偉開闊。洞門口有石峰在中間峙立，將門一分成兩，飛流的泉水倒瀉在它的上面，就像水簾一般。巖洞的右邊，懸掛的石片縱橫交錯，洞底有泉懸空而下，有從懸掛石片的末端直往下傾注的，有從石孔中斜向噴灑的，眾多的石縫交錯雜亂，泉水也縱橫奔流，交叉射到一個地方匯聚起來，可稱一處奇觀。在它下面又展開一個巖洞，既深遠，又高峻，但不能往裡面走得很遠。巖後的上層，又展開一個巖洞，渾圓整齊，高大明朗，如同樓閣，正對著在洞門中間峙立的山峰，兩道瀑布懸掛在它的前面形成水簾，是外巖景色最美的地方。下面有個水池，積著一方水，看不到流出的地方，水也不會溢出。池的左邊又開了一扇門，也就是巖後的下層。從裡面踏著石級往下，便是深入進去的路。我既然已到了外巖，便立即生火煮飯，考慮如何深入探尋。明宗和尚說：「這裡的美景，近處有書字巖、飛龍巖，遠處有三分石。三分石太遠到不了，你應該先去那兩巖，回來時用多餘的時間進洞，作秉燭之遊，即使到深夜也不妨。」我點頭贊同。根據志書上的記載，去尋找所謂的紫虛洞，只見這個洞有石碑，碑文稱它為紫霞，俗稱為斜巖。唐代薛伯高已經用斜巖命名，這個洞無疑就是紫虛洞。再找所說的碧虛洞、玉琯巖、高士巖、天湖等名勝，都說沒有。於是請明宗為嚮導，跟著他先去探訪書字巖、飛龍巖。

走出斜巖向北，往下到馬蹄石，它的北面兩旁山石高峻，白雲層層，綠樹挺拔，裡面雜亂的山峰又環轉形成山峒。原來在聖殿的後面，便有簫韶峰峙立，簫韶峰的西面，又有斜巖聳起。山中有嶺作為分界，嶺北的水，朝西北流過寧遠城，往下注入瀟江，這就是舜源水。嶺南的水，朝西北流過車頭，往下會合舜源水，從青口流出，這就是瀟水。簫韶峰、斜巖的南北兩邊，都是由雜亂的山峰環轉形成的山峒，惟獨這兩座山峰之間，卻是峽谷而非山峒，這是因為有嶺脊從中穿過，往北延伸成為寧遠縣治所在的山脈。馬蹄石的南面，有峒寬闊平整，打聽它的名稱，是九疑洞。我懷疑聖殿、舜陵都在嶺北，而這峒卻在嶺南，更加感到疑惑。經過永福寺的舊址，原有的基石仍然十分壯觀，但地基已耕種成田了。又往南經過一條溪水，即瀟水的上游。轉而向西，共走了三里，進入書字巖。巖洞不太深，後面有下垂的石片，曲折騰躍，宛如龍飛鳳舞。巖外刻著「玉琯巖」三個隸體字，是宋人李挺祖的筆跡；巖右刻著「九疑山」三個大字，是宋嘉定六年知道州軍事莆田方信孺的筆跡。旁邊還刻著隸體漢代蔡中郎的〈九疑山銘〉，是宋淳祐六年郡守潼川李襲之託付本郡人李挺祖書寫的。大概襲之在新修了宮觀之後，便將銘文刻在旁邊，以保存古蹟。後人因為山崖上有大字，就以「書字」為巖名，以致忘記了它的真名。方才知道書字巖就是玉琯巖，位於九疑山的正中。也才明白簫韶峰南面為舜陵，在玉琯巖北面的是古舜祠。後人將祠併到陵內，就像九疑司原所在地遷到太平營一樣，世事變化，竟如此之快！當地人說：永福寺過去十分興盛，裡面有一千多個和尚，幾千畝常住田。這是說永福寺就是舜陵，稱作小陵，意在玉琯巖、舜祠過於靠近，皇上想到由此引起的騷擾，於是朝臣上疏請求將舜祠併入舜陵之中。如今舜陵左邊的石碑，都是從永福寺移出的。後來玉琯巖的古舜祠毀圮，原以為可在永福寺內專門供享，不久，寺也荒蕪湮沒，這真可作為廢棄古蹟的鑒戒。我在玉琯巖中坐了好久，為的是找當地人做前往三分石的嚮導。當地人說：「三分石離這裡很遠，都在瑤人聚住的地方，一定要找瑤人作嚮導。但那裡沒有投宿的地方，必須帶著火把露宿才行。」過了一會用重金雇到一個人，是姓劉的平地瑤，約好明天晴朗就走，不然的話，就暫且留在斜巖等候。於是從玉琯巖返回，經過馬蹄石的東面，進入飛龍巖。巖洞從半山腰陷下去，裡面也很寬廣，就像斜巖外層的南巖。有石坡懸在中間，但沒有宛轉曲折的紋理。巖外刻著「飛龍巖」三個字，巖內刻著「仙樓巖」三個字，都是宋人的筆跡。

走出洞，再越過馬蹄石，前前後後又走了三里，返回斜巖。明宗拿出七個火把，和顧僕分別攜帶，便燃起火把在前面作嚮導。起先從巖左邊的下層挨著石縫踏著石級往下走，水從巖的左邊飛流傾注，沿著石級流下，好像和人搶道似的，走完石級，路到了盡頭，水也消失了。向東進去，洞內忽然變得平整開闊。隨即看到石田鱗次櫛比，裡面積滿了水，便在田埂上行走，下面就墜落成深壑。石田的右邊，上面有石池，從池中涉水過去，便是去楊梅洞的路。離開這條路，仍然向東，往下走到洞底，隨即渡過一條溪水，這水從西向東，往洞內流去。橫渡水流之後，沿著洞的右邊走，路又平坦寬廣起來，洞內也更加高大開闊。有根巨大的石柱在正中央豎立，筆直向上，逼近洞頂，就像人端身拱手的樣子，名叫「石先生」。它的東面又有一根小石柱在旁邊豎立，名叫「石學生」，這就是教學堂。再往東為吊空石，一根石柱從洞頂垂下，到半空為止，它的末端反卷而且很大。再往東有石蓮花、擎天柱，都不太雄壯。從這裡渡過爛泥河，即先前涉過的溪水的下游。這河底部泥濘，深深地陷到膝蓋，只要稍微走得慢一些，腳就陷進去拔不出來。於是沿著洞的左邊走，左邊的崖壁石片下垂，有棱有角，有在上面翹起成為傘蓋的，有安放在下面成為樓臺的，有中間凹下成為牀鋪成為佛龕的，形形色色，各有名稱，但很粗俗，不值得記載。往南眺望洞的中央，有一根方形的石柱，從洞底像屏風那樣直立向上，就像巨大的手板。在它東面有一根石柱，也從洞底向上隆起，和它一起聳立，形狀更加高大。在它頂端有一塊岩石側坐在石蓮花上，這就是觀音座。從這裡往西走下，可朝北繞到觀音座的後面，前面所說的爛泥河水，也繞到觀音座下從西流來，到這裡又轉向南流。洞也轉向南面，變得更加高大，遊客到這裡就止步了，因為水深很難過去。我硬要明宗一起渡過水流，水深超過膝蓋，但不像爛泥河那樣泥濘。過了河，向南走，水在東邊流，路沿著河的西岸走，向四面望去，石柱高低錯落，無論是高是低，都像羊脂那樣潔白。這就是雪洞，是用它的色澤命名的。再往前為風洞，是因為這洞內多旋風的緣故。隨即又該南下渡河，明宗自從替人導遊以來，每年不下上百次，但從不曾到過這裡，故前面遇到觀音座，便抽出火把中的竹子插在路邊作為標誌，以便返回時認路。這時我的草鞋已經磨破，光著一隻腳走，先前曾吩咐顧僕帶一雙鞋備用，因為渡河時見水深，他竟私自放在觀音大士的座下，因此無法繼續向前，只得返回。估計已進去三里多了。聽說這水在地下潛行，到廣東連州流出，恐怕也是沒有根據的話，一般說是注入瀟江的水流，但我所進入的地方，水都到處穿通，可見這洞確實沒有底部。

返身回去經過教學堂，渡過一重河，踏上石田，便往北進入楊梅洞。先從石田渡過石池，池兩旁崖石相夾成峽，如同門戶，裡面積滿了池水，水深超過膝蓋，但它的下面都是平整的石底，四周都沒有一點泥土。進入峽門，有一塊大石橫躺在要隘處。穿過要隘進去，又發現一個平整的山洞，寬敞平坦，開曠闊大，在它北面飛石平鋪，如同樓閣，有石縫可往下窺看，只見石片薄如木板，下面又形成拱形的山洞，水從下層奔流注入，這就是前面爛泥等河的上游。洞中有石，像彈丸那樣滾圓，凹面有像刺螺那樣的紋理，「楊梅」這名稱就由此而來。但它本來是黃白色的，談論的人說從洞中水底下看，都成了紫紅色，這實際上是一種牽強附會的說法。流進這洞的水，就是巖外四面山窪注入地中的。這山塢東面為簫韶峰，西面便是斜巖，南面為聖殿西嶺，北面為馬蹄石，都是外圍高，裡面低，就像鍋底，四面都有水滲入地中，只是看不到滲入的縫隙罷了。出洞已是傍晚，燃起樹枝烤衣服，煮了粥吃，然後睡在巖中。整夜聽到瀑布聲、雨聲，混雜在一起難以分辨。

第二天早晨起來，又見陰雨紛飛了。

這巖的瀑布，不像其他地方從山崖瀉下峽谷，都從傾倒的石底，穿過孔洞直往下灌注，就像漏斗。懸掛在北巖上洞前面的兩道瀑布，都是這樣，但流量最大；懸掛在右巖坑洞上面的一道瀑布，出自好幾個孔洞，比左面的瀑布雖然小些，但其中有一股出自懸石頂端，二股出自石底的孔洞而斜向噴灑，這又最可稱奇了。

二十五日　靜坐巖中，寒甚。閑則觀瀑，寒則煨枝，飢則炊粥，以是為竟日程。

二十六日　雨仍不止。下午持蓋往聖殿，仍由來路北逾嶺，稍東，轉出簫韶峰之北。蓋簫韶自南而北，屏峙於斜巖之前，上分兩岐，北盡即為舜陵矣。陵前數峰環繞，正中者上岐而為三，稍左者頂有石獨聳。廟中僧指上岐者娥皇峰❶，獨聳者為女英峰❷，恐未必然。蓋此中古祠今殿，峰岫不一，不止於九，而九峰❸之名，土人亦莫能辨之矣。陵有二大樹夾道，若為雙闕然，其大俱四人圍，廟僧呼為「珠樹」而不識其字云。結子大如指，去殼可食。謂其既枯而復瑩❹，未必然也。兩旁杉木❺甚巨，中亦有大四圍者，尋❻丈而上，即分岐高聳。由二珠樹中入，有屋三楹，再上一楹。上楹額云「舞干遺化」❼，有虞帝牌位；下三楹額云「虞帝寢殿」❽。列五六碑，俱世廟、神廟二朝之間者，無古蹟也。二室俱敝而隘，殊為不稱。問窣宮[9]何在？帝原與何侯[10]飛昇而去，向無其處也。因遍觀其碑，乃詩與祝詞。惟慈谿顏鯨[11]嘉靖間學道。一碑已斷，言此地即古三苗[12]地，帝之南巡蒼梧，此心即「舞干羽」[13]之心。若謂地在四岳[14]之外，帝以髦期[15]之年，不當有此遠遊，是不知大聖至公無間[16]之心者也。蓋中國[17]諸侯，悉就四岳朝見，而南蠻荒遠，故不憚以身過化。其說似為可取。李中溪元陽[18]引《山海經》[19]，謂帝舜煉丹於紫霞洞，白日上升。《三洞錄》[20]謂帝舜禪位後，煉丹於此。後儒者不欲有其事，謂帝崩于蒼梧之野；而道者謂其在九疑中峰。夫聖人之初，原無三教[21]之名，聖而至于神，上天下地，乃其餘事。及執儒者，三見而辨其事，不亦固哉。後其姪李恆顏[22]宰寧遠，跋其後，引〈藝文志〉[23]載蔡邕謂舜在九疑解體[24]而升。《書》[25]曰：「陟方而死[26]。」韓愈曰：「陟，升也，謂升天也。」《零陵郡志》載道家書，謂帝厭治天下，脩道九疑，後遂仙云。《寧遠野史・何侯記》載：負元君家九疑，脩煉丹藥功成，帝舜狩[27]止其家。帝既升遐[28]，負元君亦于七月七日昇去。是茲地乃舜鼎湖[29]，非陵寢也。且言蒼梧在九疑南二百里，即崩蒼梧，葬九疑亦無可疑者。唐元次山之說似未必然，其說種種姑存之。惟寢殿前除[30]露立一碑甚鉅，余意此必古碑，冒雨趨視之，乃此山昔為瑤人所據，當道剿而招撫之者。其右即為官廨，亦頹敝將傾，內有一碑已碎，而用木匡[31]其四旁，亟讀之，乃道州九疑山〈永福禪寺記〉[32]，淳熙七年[33]庚子道州司法參軍長樂鄭舜卿撰，知湖梧州軍州事[34]河內向子廓書。

書乃八分體㉟，遒逸殊甚。即聖殿古碑，從永福移出者，然與陵殿無與，不過好事者惜其字畫之妙，而移存之耳。然此廨將圮，不幾為永福之續耶？舜卿碑中有云：「余去年秋從山間謁虞帝祠，求何侯之丹井、鄭安期㊱之鐵臼，訪成武丁㊲于石樓㊳，張正禮㊴于娥皇，與蕚綠華㊵之妙想之故跡，乃了，無所寄目，留永福寺齊雲閣二日，桂林㊶、萬歲㊷諸峰，四顧如指。主僧意超方大興工作，余命其堂曰徹堂。」廨後有室三楹，中置西方聖人㊸，兩頭各一僧棲焉，亦荒落之甚。乃冒雨返斜巖，濯足炙衣，晚餐而臥。

【章旨】本章記載了第七十四、第七十五天遊九疑山的行跡。因雨整天坐在斜巖之中。次日冒雨出發，轉出簫韶峰，來到舜陵，娥皇峰、女英峰就在陵前。有二棵大樹（珠樹）分立路旁，另外還有高大的杪木。舜陵的屋子已經破敗，但找不到墓穴。看到一塊顏鯨撰文的石碑，頗能揭示聖人的心跡。關於舜在九疑山成仙升天的事，有不少說法。附近還有即將倒坍的官舍，裡面有刻著〈永福禪寺記〉的古碑。遊畢冒雨返回斜巖。

【注釋】❶娥皇峰　在舜源峰東南一里。傳說舜死後，其二妃娥皇、女英哭於湘江之濱，投水以殉，成為湘江之神。後人以舜陵前二峰名為娥皇、女英。娥皇峰端正秀麗，壁立千仞，古木蔥鬱，儼若蘿衣蕙帶，隨風飄曳。❷女英峰　在舜源峰西南一里，與娥皇峰東西相望，若姊妹相揖遜之狀。旁有小峰，娟娟而立，名美女峰。❸九峰　指舜源、娥皇、女英、朱明、簫韶、石城、石樓、桂林、杞林九峰。❹復瑩　原意為重新發出光亮，這裡有復活之意。❺杪木　杪欏樹，長在南方溪邊林下，樹幹挺直，花似山茶，結實如珠。❻尋　古代以八尺為一尋。❼舞于遺化　傳說舜時鳳凰來儀，百獸率舞。此言舜德感天地，化及萬物，天下太平，鳥獸歌舞。❽虞帝寢殿　舜姚姓，有虞氏，名重華，史稱虞舜。寢殿，帝王陵墓的正殿。古代陵墓建有殿堂，為祭祀之所。❾窆宮　靈寢所在地。窆，葬時穿土下棺。❿何侯　傳說為舜時飛仙人。其宅在簫韶峰東北第一麓牀下。舜南巡至其家，封何侯。於九疑山得道，拔宅飛升而去，不知所之。今玉琯巖之丹竈，相傳即為何侯煉丹處。⓫顏鯨　字應雷，號沖宇，慈谿（在今浙江寧波西北）人。為官正直，抑裁奸邪，不避權貴。⓬三苗　古代部族名，其地在江、淮、荊州，即今長江中游以南地區。⓭舞干羽　《尚書·大禹謨》：「帝乃誕敷文德，舞干羽於兩階。」干羽，即干楯和羽扇，古代舞者所持的舞具，武舞執干，文舞執羽。後用以泛稱廟堂舞蹈。⓮四岳　指東、西、南、北四嶽。又上古分管四方的諸侯，也稱四岳。⓯髦期　髦，當為「耄」之誤。古代八十、九十歲稱耄，指老年。⓰無間　沒有嫌隙。⓱中國　指中原地區。⓲李中溪元陽　字仁甫，號中溪，雲南太和人。明嘉靖進士，遇事敢言，官江陰知縣、荊州知府。⓳山海經　古代風俗、地理著作，凡十八篇，約成於戰國至西漢初年，裡面保存了不少上古的神話傳說和史地文獻資料。⓴三洞錄　即《三洞群仙錄》，宋陳葆光撰。㉑三教　指儒、佛、道三教。㉒李恆顏　泰和舉人，嘉靖四十一年出任寧遠縣令。㉓藝文志　歷代官修正史，常將當時所存典籍，匯目成編，稱為藝文志，又稱經籍志。這裡指《隋書·經籍志》。㉔解體　厭倦；灰心。㉕書　《尚書》，儒家五經之一。㉖陟方而死　《尚書·舜典》：「五十載，陟方而死。」陟，升。方，道。言舜即位五十年，登道去南方巡視，死於蒼梧之野。和下面韓愈的解釋不同。㉗狩　古代帝王離開京城巡行境內，稱巡狩，又作「巡守」。㉘升遐　升到高遠的地方，即升天。舊時用以稱帝王之死。㉙鼎湖　又作「鼎胡」。據《史記·封禪書》，黃帝鑄鼎於荊山下，鼎成，有龍垂胡髯迎黃帝上天。後世因命其處曰鼎湖。㉚除　臺階。㉛匡　通「框」。四周加上木條。㉜永福禪寺記　即〈修永福寺記〉。㉝淳熙七年　淳熙，南宋孝宗年號（一一七四—一一八九）。淳熙七年為一一八〇年。㉞知湖梧州軍州事　「湖」字衍。梧州，治所在蒼梧（今廣西梧州）。㉟八分體　即八分書，漢字書體名，字體似隸而體勢多波磔。㊱鄭安期　唐時人，傳說他背二十石巨甕，內貯鐵臼六百，登九疑山修煉，後成仙。㊲成武丁　傳說東漢桂陽臨武人，號仙翁，有仙道，乘白騾渡迷溪，往來石樓峰間。㊳石樓　峰名，在三分石東北，為沱水源頭。㊴張正禮　漢魏間人，傳說隱居娥皇峰，服黃精，顏色壯麗如少年。㊵蕚綠華　傳說女仙名，自稱是九疑山得道女羅郁。晉穆帝時，曾夜降零陵羊權家。㊶桂林　峰名，在舜峰北、舜源峰東。傳說為五代馬明生遇鄭安期授以金液神丹處。㊷萬歲　山名，在寧遠南境，淹口山東，麓牀山南，可望舜廟。傳說有人過山下，聞山神呼萬歲者三，故名。當地人稱作萬壽山。㊸西方聖人　指佛。

【語　譯】二十五日　靜靜地坐在巖中，天十分寒冷。沒事就去觀賞瀑布，冷了燒枯枝烤火，餓了煮粥吃，就這樣將一天打發掉。

二十六日　雨還是下個不停。下午拿著傘前往聖殿，仍然從過來的路往北翻過山嶺，稍許向東，從簫韶峰的北面轉出。簫韶峰從南往北，如同屏風一樣峙立在斜巖的前面，上面岔開，往北走到盡頭便是舜陵。陵前環繞著幾座山峰，正中那座山峰上面分成三部分，稍微偏左的山峰頂上有巖石獨自聳立。廟中的和尚指著上面分開的說這就是娥皇峰，而獨自聳立的為女英峰，恐怕未必是這樣。因為這裡既有古代的祠廟，又有新建的殿堂，位於不同的山峰，不止九座，至於九峰的名稱，連當地人也無法辨別。舜陵有兩棵大樹分立路旁，就像相對峙立的樓臺，都有四人合抱那麼粗大，廟裡的和尚稱它為「珠樹」，但不知字怎麼寫。樹上結的果實有手指那麼大，去掉殼可以吃。據說它已經枯死，後來又復活了。實際上未必如此。兩旁杪木十分高大，其中也有四人合抱那麼粗壯的樹，主幹高在八尺到一丈以上，便岔開樹枝，高高聳立。從兩棵珠樹中間進去，有三間屋子，再往上還有一間屋子。上面一間的匾額是「舞于遺化」，裡面有虞帝的牌位；下面三間的匾額是「虞帝寢殿」。裡面陳列著五、六個碑刻，都是在世宗、神宗兩朝之間所立的，沒有古蹟。兩處屋子都破敗狹小，和虞帝的身分很不相稱。打聽墓穴在什麼地方，原來虞帝和何侯一起成仙升天，從來就沒有落葬的地方。於是看了所有的碑刻，盡是詩和祝詞。惟有慈谿顏鯨嘉靖年間任學道。的一塊已經斷裂的碑，碑文說這裡就是古代的三苗地區，虞帝南巡蒼梧，這時的心意就是「舞干羽」之心。如果說因為這裡地處四嶽之外，虞帝在老年不該有這樣的遠遊，那是不懂得大聖人大公無私的心意了。當時中原的諸侯，都到四嶽朝見天子，但南方的蠻族卻在荒涼僻遠的地區，不能前來，所以不惜生命，親自前往教化。這種說法似乎比較可取。李中溪元陽引用《山海經》中的話，說帝舜在紫霞洞煉丹，白天成仙飛去。《三洞錄》說帝舜讓位之後，在這裡煉丹。後來的讀書人不願聽到這種事，說帝舜在蒼梧之野去世；而道士又說他死在九疑山的中峰。須知聖人在世時，原本沒有三教的名稱，將聖人看作神仙，上天入地，無所不能，那是後人編造的事。後來遵從儒家學說的人，遇到這種說法，一而再，再而三的進行申辨，豈不是太迂腐了嗎？後來李中溪的姪子李恆顏任寧遠縣令，在他寫的文章後作跋，引用〈藝文志〉記載的蔡邕的話，說舜在九疑山厭倦世事，成仙上天。《尚書》中說：「陟方而死。」韓愈說：「陟，升也，是說升天。」《零陵郡志》記載道家書中的話，說帝舜對治理天下感到厭倦，到九疑山修道，後來成仙而去。《寧遠野史·何侯記》載：負元君居住在九疑山，修煉丹藥成功，帝舜出外巡視，到他家中。帝舜升天之後，負元君也在七月七日成仙而去。這麼說這裡是帝舜成仙之處，並不是陵墓了。並且說蒼梧在九疑山南二百里，即使在蒼梧去世，葬在九疑山也沒什麼可懷疑的。唐代元次山的說法似乎未必正確，這種種說法姑且都保留著。唯獨寢殿前面的石階旁，露天豎立著一塊巨大的石碑，我以為這一定是古碑，冒雨前往觀看，原來這山過去被瑤人占據，官府在圍剿招撫後立了這座碑。它的右邊便是官舍，也很破爛，即將倒坍，裡面有一塊石碑已經破碎，用木料在四邊框起來，急忙誦讀碑文，是道州九疑山〈永福禪寺記〉，淳熙七年庚子道州司法參軍長樂鄭舜卿撰文，知梧州軍事河內向子廓書寫。書是八分體，筆勢極其剛健飄逸。原是聖殿中的古碑，從永福寺移出的，但和帝舜的陵墓寢殿無關，不過是好管事的人愛碑上的字寫得好，轉移到這裡保存罷了。但這官舍即將倒坍，豈不是又要步永福寺的後塵了嗎？舜卿碑文中有這樣的話：「我去年秋天到山中拜謁虞帝祠，尋找何侯的丹井、鄭安期的鐵臼，在石樓峰尋訪成武丁的遺址，登娥皇峰尋訪張正禮的蹤跡，以及關於萼綠華妙想的故跡，已了無痕跡，沒什麼可看的，留在永福寺齊雲閣住了二天，桂林、萬歲等山峰，向四面望去，就像手指一般。寺院主持意超正在大興土木，我將堂命名為徹堂。」官舍後面有三間屋子，中間安放著佛像，兩頭各住著一個和尚，也十分荒涼破落。於是冒雨返回斜巖，洗腳烤衣服，吃了晚飯就睡覺。

二十七日　雨色已止，而濃雲稍開。亟飯，逾馬蹄石嶺，三里，抵玉琯巖之南，覓所期劉姓瑤人，欲為三分石之行。而其人以雲霧未盡，未可遠行，已往他所矣。復期以明日。其人雖不在，而同居一人於山中甚熟，惜患瘡不能為導，為余言玉琯乃何侯故居，古舜祠所在，其東南山上為煉丹觀故址。志言在舜廟北簫韶、祀林三間❶，中有石臼，松穿臼而生，枝柯拳曲如龍。余遍詢莫知其處，想鄭舜卿所云訪鄭安期之鐵臼，豈即此耶？然宋時已不可徵矣。志又引《太平廣記》❷，魯妙典❸為九疑女冠❹，麓牀道士授《大洞黃庭經》❺，入山十年，白日升天，而山中亦無知者。九疑洞之西，地名有魯觀❻，亦無餘蹟。舜卿碑所云玉妙，想豈即其人耶？舜卿〈永福碑〉又云訪成武丁于石樓，樓亦無徵矣。飛龍洞又名仙樓巖，豈即石樓之謂耶❼？不然，何以又有此鐫也？由此東行五十里，有三石參天，水分三處，俗呼為舜公石，即三分石❽也，〔路已湮。〕由此南行，三十里，有孤崖如髻，盤突山頂，俗呼為舜婆石，〔有徑可達。〕其下有蒲江❾，過嶺為麻江，由麻江口搭筒櫓舡可達錦田。其人以所摘新茗為獻。

乃仍返斜巖，中道過永福故址，見其南溪流甚急，雖西下瀟江，而東、北、南三面皆予所經，未睹來處，乃溯流尋之。則故址之左，石崖倒懸，水由下出，崖不及水者三尺，而其下甚深，不能入也。過馬蹄石，見嶺北水北流，憶昨過聖殿西嶺，見嶺南水南流，疑其水俱會而東去，因東趨簫韶北麓，見其水又西注者，始知此塢四面之水，俱無從出，而楊梅下洞之流，為爛泥河者，即此眾水之沁地而入者也。兩嶺之間，中有釜底凹向，名山潭，有石穴在桑塢中，僚人❿耕者，以大石塞其穴，水終不蓄。桑園葉樹千株，蠶者各赴採，乃天生而無禁者。是日仍觀瀑炙薪於巖中，而雲氣漸開，神為之爽。因念余於此洞有緣，一停數日，而此中所歷諸洞，亦不可無殿最，因按列書之，為永南洞目⓫：月巖第一，道州；紫霞洞第二，九疑；蓮花洞第三，江華；獅巖第四，江華；朝陽巖第五，永州；澹巖第六，永州；大佛嶺側巖第七，江華；玉琯巖第八，九疑；華巖第九，道州；月巖南嶺水洞第十，道州；飛龍巖第十一，九疑；蔴拐巖第十二，江華。此外尚有經而不勝書，勝而不及到者，不釐附于此⑫。

【章　旨】本章記載了第七十六天遊九疑山的行跡。越過馬蹄石嶺，抵達玉琯巖，得知這裡是何侯的故居，古舜祠所在的地方，往東為舜公石（三分石），往南為舜婆石。仍然返回斜巖，途中經過永福寺故址和馬蹄石，考察了溪水的流向。山嶺中有天生的桑樹。當天仍在巖中觀瀑烤火，排出永州南面各巖洞的先後順序。

【注　釋】❶簫韶祀林三間　「祀」當為「杞」之誤，「三」當為「之」之誤。❷太平廣記　北宋李昉等編輯，始於太平興國二年，次年成書。所引野史傳奇小說，自漢迄宋初，共約五百種。❸魯妙典　傳說為唐時人。生即穎慧，高潔不食葷腥。有麓牀道士經過，授以《大洞黃庭經》，入九疑山魯女峰修道，屢有妖魔試探，而正介不撓，後成仙而去。❹女冠　女道士。❺大洞黃庭經　道經名，講道家養生修煉之道，稱脾臟為中央黃庭，於五臟中特重脾土，故名《黃庭經》。道士稱之為學仙之玉律、修道之金科。有多種不同的本子。❻魯觀　當為「魯女觀」，在舜源峰西北魯女峰下，後廢。❼舜卿永福碑四句　成丁活動的「石樓」，為九峰之一的石樓峰，既不是樓，也不是巖，徐霞客似乎弄錯了。❽三分石　即舜峰，在斜巖東五十里，寧遠城南一百里。為瀟水發源處。三峰並峙，相距各五里。峰勢險絕，人跡罕至。傳說其間有塚，以銅為碑，字漫滅不可識，或疑以為即舜塚。峰頂有三股清泉湧出，分注各處。舜峰為九疑主山，為眾峰所朝宗，前人稱為九疑第一峰。❾蒲江　即蒲水，源出朱明峰。❿僚人　仡僚，中國西南地區仡佬族的古稱。⓫目　品評。⓬此外尚有三句　乾隆本作「又聞道州長田有中朗洞勝，不及到」。

【語　譯】二十七日　已不像下雨的樣子，濃霧也稍微散開一些。趕緊吃了飯，越過馬蹄石嶺，走了三里，到玉琯巖的南面，尋找已約好的姓劉的瑤人，想去遊三分石。但那人因為雲霧還沒散盡，不能遠行，已到其他地方去了。又約好明天走。那人雖然不在，但有個和他住在一起的人對山中的情況很熟悉，可惜身上生瘡不能作嚮導，告訴我玉琯巖是何侯的故居，古舜祠所在的地方，在它東南的山上有煉丹觀的遺址。志書說在舜廟北面簫韶、杞林之間，裡面有石臼，松樹穿過石臼生長，枝幹拳曲，形狀如龍。我到處打聽沒人知道在什麼地方，想起鄭舜卿所說的尋訪鄭安期的石臼，難道就是這地方嗎？但在宋代已無法證實了。志書又引《太平廣記》中的記載，說魯妙典是九疑山的女道士，麓牀道士交給她《大洞黃庭經》，進山修道十年，白日在山中成仙升天，但現在山中也沒人知道她。九疑洞的西面，有一處地名魯觀，也沒有遺跡。舜卿碑文所說的玉妙，難道就是這人嗎？舜卿〈永福禪寺記碑〉又說在石樓尋訪成武丁的遺跡，這石樓也無法證實了。飛龍洞又名仙樓巖，難道就是指石樓嗎？不然的話，又怎麼會有這碑刻呢？從這裡往東走五十里，有三座高聳雲天的石峰，水從上面分三處流出，當地稱為舜公石，即三分石，前往的路已經湮沒。從這裡往南走三十里，有座孤立的石崖，形狀如同髮髻，在山頂盤繞突起，當地稱為舜婆石，有路可以到達。它的下面有蒲江，翻過山嶺為麻江，從麻江口搭乘筒櫓船可到達錦田所。那人還把採摘的新茶獻給我。

於是仍舊返回斜巖，路中經過永福寺的遺址，看到它南面的溪水流得很急，雖然向西流入瀟江，但東、北、南三面我都經過，只是未見到所流來的地方，便沿著水流上行尋找。只見遺址的左邊，石崖倒懸，水從下面流出，崖沒被水浸的部分只有三尺，下面很深，無法進去。經過馬蹄石，見嶺北的水往北流，想起昨天經過聖殿西面的山嶺，見嶺南的水往南流，懷疑這水都會合後向東流去，於是向東快步趕到簫韶峰的北麓，看到水又向西流去，方才知道這山塢四面的水，都沒出處，而楊梅下洞匯成爛泥河的水流，就是這許多水滲到地下流入洞中的。兩座山嶺之間，有一處地形凹進如同鍋底，名山潭，有石洞在種植桑樹的山塢之中，傜族農民，用大石堵住這個洞，但最終沒能將水聚積起來。桑園中有上千株長滿綠葉的桑樹，養蠶的人各自前去採取，樹是天生的，沒人禁止。這天仍在巖中觀看瀑布、燒柴烤火，雲氣漸漸散開，心神為之一爽。於是想起我和這洞有緣，一住就是好幾天，而在這裡所遊歷的各個洞，也不能不排個先後，便按次序寫下，作為永州南面巖洞的品目：月巖第一，道州；紫霞洞第二，九疑山；蓮花洞第三，江華；獅巖第四，江華；朝陽巖第五，永州；澹巖第六，永州；大佛嶺側巖第七，江華；玉琯巖第八，九疑山；華巖第九，道州；月巖南嶺水洞第十，道州；飛龍巖第十一，九疑山；蘸拐巖第十二，江華。此外還有雖然經過但不值得記載，以及值得記載但沒去過的地方，就不一一附在這裡了。

二十八日　五鼓，飯而候明。仍過玉琯南覓導者。其人始起炊飯，已乃肩火具前行。即從東上楊子嶺，二里，登嶺，上即有石，人立而起，獸蹲而龍蝘❶，其上皆盤突。從嶺上東南行坳中，地名茅窩。三里，皆奇石也。下深窩，有石崖嵌削❷，青玉千丈，四面交流，搗入巖洞，墜巨石而下，深不可測，是名九龜進巖，以窩中九山如龜，其水皆向巖而趨也。其巖西向，疑永福旁透崖而出者，即此水也。又東南二里，越一嶺，為蟠龍峒水口。峒進東尚深，內俱高山瑤。又登嶺一里，為清水潭。嶺側有潭，水甚澄澈。〔其東下嶺，非菜原道也。〕又東南二里，渡牛頭江。江水東自紫金原來，江兩崖路俱峭削，上下攀援甚艱。時以流賊出沒，必假道于此，土人伐巨枝橫截崖道，上下俱從樹枝，或伏而穿其胯，或騎而踰其脊。渡江，即東南上半邊山，其東北高山為紫金原，山外即藍山❸縣治矣。其西南高山為空寮原，再南為香爐山。空寮原山上有白石痕一幅，上自山巔，下至山麓，若懸帛然，土人謂之「白綿紬」。香爐山在玉琯巖南三十里、三分石西北二十里，高亞於三分石，頂有澄潭，廣二、三畝，其中石筍兩枝，亭亭出水面三丈餘，疑即志所稱天湖也。第志謂在九疑麓，而此在山頂為異，若山麓則無之。由〔半邊〕山上行五里，稍下為狗矢窩。於是復上，屢度山脊，狹若板築❹，屢躋山頂，下少上多。共東南五里，而出鰲頭山。先是，積霧不開，即半邊、鰲頭諸山，近望不及，而身至輒現。至是南眺三分石，不知所在。頃之而濃雲忽開，瞥然閃影於高峰之頂，〔與江山縣❺江郎山❻相似，一為浙源，一為瀟源，但江郎高矗山半，此懸萬峰絕頂為異耳。〕半邊、鰲頭二山，其東北與紫金夾而為牛頭江，西南與空寮、〔香爐〕夾而為瀟源江❼。即三分石水。此乃兩水中之脊也。二水合於玉琯東南，西下魯觀❽與蒲江合，始勝如葉之舟，而出大洋❾焉。由鰲頭東沿嶺半行，二里始下，三里下至爛泥河，始得水而炊，已下午矣。由爛泥河東五里踰嶺，嶺側小路為冷水坳，盜之內藪❿也。下嶺三里，為高梁原，乃藍山西境，亦盜之內藪也。此嶺乃藍山、寧遠分界，在三分石之東⓫，水亦隨之。

〔余往三分石，下爛泥河，〕於是與高梁原分道。折而西南行，又上一嶺，山花紅紫鬭色，自鰲頭山始見山鵑藍花。至是又有紫花二種，一種大，花如山茶；一種小，花如山鵑，而豔色可愛。又枯樹間蕈⓬黃白色，厚大如盤。余摘袖中，夜至三分石，以篝穿而烘之，香正如香蕈。山木千霄。此中山木甚大，有獨木最貴，而楠木次之。又有壽木，葉扁如側柏，亦柏之類也，巨者圍四、五人，高數十丈。瀟源水側渡河處，倒橫一楠，大齊人眉，長三十步不止。聞二十年前，有採木之命，此豈其遺材耶！上下共五里，而抵瀟源水。其水東南從三分石來，至此西去，而經香爐山之東北以出魯觀者。乃絕流南渡，即上三分嶺麓。其嶺峻削不容足，細徑伏深箐中，俯首穿箐而上，即兩手挽之以移足。其時箐因夙霧⑬淋漓，既不能矯首其上，又不能平行其下，惟資之為垂空之繘練⑭，則甚有功焉。如是八里，始漸平。又南行嶺上二里。時夙霧仍翳，望頂莫辨，而晚色漸合，遂除箐依松，得地如掌。山高無水，有火難炊。命導者砍大木，積而焚之，因箐為茵，因火為幃，為度宵計。既暝，吼風大作，捲火星飛舞空中，火焰游移，倏忽奔突數丈，始以為奇觀。既而霧隨風陣，忽仰明星，忽成零雨，擁傘不能，擁被漸濕⑮，幸火威猛烈，足以敵之。五鼓雨甚，亦不免淋漓焉。

【章旨】本章記載了第七十七天遊九疑山的行跡。越過奇石林立的楊子嶺，經過深不可測的九龜進巖、清澈的清水潭，渡過牛頭江，登上半邊山，周圍還有紫金原、空寮原、香爐山等高山。接著走出鰲頭山，從忽然散開的濃霧中看到一閃而過的三分石，同時對牛頭江和瀟源江作了考察。下午到達爛泥河，附近是強盜的據點。又登上一座山花爛漫、大樹挺立的山嶺，渡過瀟源水，踏上三分嶺麓，就在山上露天過夜。夜間狂風怒吼，身上蓋被也給雨淋濕。

【注釋】❶蝘　當作「偃」。臥倒。伏倒為俯，仰倒為偃。按文意，疑為「蟠」字之誤。❷嵌削　同「嵌巉」。形容山勢險峻。❸藍山　明代為縣，隸桂陽州，今屬湖南。❹板築　原指築牆的用具，這裡借指土牆。❺江山縣　明代隸衢州府，今屬浙江。❻江郎山　一名金純山，又名須郎山，俗稱三爿石。在浙江江山城東南五十里。傳說有江氏兄弟三人登巔化石，因名。三石峰拔地如筍，摩雲插天，石呈五色，日照炫耀。❼瀟源江　據古書記載：舜峰峰頂各有清泉湧出，左右二派分注東西兩粵，中一派倚峰直下，入地伏流約數十里，至三臺山始涬滃而出，匯成溪澗，即瀟水源，俗稱父江源。❽魯觀　今名魯光，在寧遠南境。❾洋　平洋。即平地。❿藪　大澤，也用以喻人或物聚集的地方。⓫在三分石之東　「東」原作「唐」，據乾隆本改。⓬蕈　菌類植物，種類甚多，有的可食，如香菇，也有的有毒。⓭夙霧　昨夜的霧。夙，通「宿」。⓮繘練　井上汲水的繩索。⓯濕　原作「溋」。

【語譯】二十八日　五更，吃了飯等天亮。仍然經過玉琯巖的南面去找嚮導。那人剛起牀做飯，飯後肩著引火的用具在前面引路。隨即從東面上楊子嶺，走了二里，攀登山嶺，一上去就有巖石，或像人那樣起立，或像野獸那樣蹲伏，像龍那樣蟠曲，再往上盡是盤繞突起的山石。從嶺上往東南在山坳中行走，地名茅窩。過了三里，一路都是奇石。往下走到山窩深處，有石崖展現，陡峻如削，溪水如同千丈青玉，從四面流來匯合，灌入巖洞，從大石上往下傾瀉，深不可測，地名九龜進巖，因為山窩中九座山形狀如同烏龜，而山上的水又都往巖洞中流去。這巖洞口向西，懷疑從永福寺旁穿過山崖流出的，就是這水。又往東南走二里，翻過一座山嶺，為蟠龍峒水口。從峒往東還很深遠，裡面住的都是高山瑤。再登上山嶺走一里，為清水潭。嶺旁有潭，水很清澈。從它的東面走下山嶺，是去韭菜原的路。再往東南走二里，渡過牛頭江。江水從東面的紫金原流來，兩岸崖上的山路都很陡險，上下攀登十分艱難。這時因為流竄的盜賊時常出沒，必然要經過這裡，當地人砍了大樹，將崖上的通道橫向堵住，於是上上下下都從樹枝上走，有時趴在地上從它下面穿過，有時又跨在它的上面越過。渡過牛頭江，便向東南登上半邊山，在它東北的高山為紫金原，山外便是藍山縣治。西南的高山為空寮原，再往南為香爐山。空寮原山上有一條白色的石痕，上自山頂，下至山腳，就像懸掛著一幅絲綢，當地人稱之為「白綿紬」。香爐山在玉琯巖南三十里、三分石西北二十里，高次於三分石，頂上有個清潭，面積約二、三畝，裡面有兩枝石筍，亭亭玉立，高出水面三丈多，懷疑就是志書所說的天湖。但志書說在九疑山腳，而這湖在山頂，顯得有些不同，至於山腳則沒有湖。從半邊山向上走了五里，稍許往下為狗矢窩。從這裡再向上，多次越過像土牆那樣狹窄的山脊，又多次登上山頂，總的說往下走的時候少，向上爬的時候多。往東南共走了五里，便出鰲頭山。在此之前，因為濃霧不散，即使半邊、鰲頭這些山峰，在近處也看不見，但走到跟前就立刻出現。到這裡往南眺望三分石，不知在什麼地方。不一會濃霧忽然散開，峰頂山影在眼前一閃，和江山縣的江郎山相像，一為浙江的源頭，一為瀟江的源頭，但江郎山的三座石峰在半山腰高高矗立，而這裡的三分石高掛在群山的頂峰，更加顯得奇特。半邊、鰲頭這兩座山，東北和紫金原相夾而成牛頭江，西南和空寮原、香爐山相夾而成瀟源江。即三分石水。這裡是兩條水中間的山脊。兩條水在玉琯巖東南會合，往西流下，到魯觀和蒲江會合，才能行駛小船，流到寬廣的平地。從鰲頭峰的東面沿著半山腰走，過了二里才往下走，再走三里往下到爛泥河，才找到水煮飯，已是下午了。從爛泥河往東五里翻過山嶺，從嶺旁的小路進去為冷水坳，是強盜的老窩。下嶺走了三里，到高梁原，是藍山的西境，也是強盜的老窩。這嶺是藍山、寧遠的分界，在三分石的東面，水也隨著山嶺流去。

我去三分石，往下走到爛泥河，在這裡和高梁原分道。轉身往西南走，又登上一座山嶺，山花萬紫千紅，爭豔競色，到鰲頭山才看到藍色的山鵑花。在這裡又有兩種紫花，大的一種花如山茶；小的一種花如山鵑，色彩鮮豔，十分可愛。另外在枯樹中有黃白色的蕈，像盤子那樣又厚又大。我採摘後放在衣袖中，夜晚到三分石所在的地方，用細竹穿起來烘乾，香味和香蕈相似。山上的樹木直上雲霄。這裡山上的樹木很大，有一種獨木最名貴，其次是楠木。還有一種壽木，樹葉扁平，如同側柏，也是柏類樹木，大的有四、五人合抱那麼粗壯，高達幾十丈。瀟源水邊渡河的地方，橫倒著一棵楠木，樹幹粗大，高達人的眉宇，長不止三十步。聽說二十年前，朝廷有採木的命令，這難道是當時遺棄的木材嗎？上下共走了五里，抵達瀟源水。這水從東南面的三分石流來，到這裡向西流去，經過香爐山的東北，從魯觀流出。於是向南橫渡溪流，踏上三分嶺腳。這嶺高峻陡削，無處立足，小路被密密的竹林掩蓋，低頭穿過竹林向上，兩手拉著竹子才能移步。這時竹子被昨晚的霧氣打濕，既不能抬頭往上，又不能在它下面平步行走，只有將這些竹子當作懸空攀登的繩索，對走過這段路很有用處。這樣走了八里，路才開始漸漸平坦起來。又往南在嶺上走了二里。這時昨晚的霧氣仍然遮蔽著四周的景物，向山頂望去，模糊不清，夜幕漸漸合攏，便靠著松樹，砍掉竹子，開出巴掌大的一塊地方。山高無水，即使有火，也沒法煮飯。吩咐嚮導砍倒大樹，堆積起來焚燒，以竹子為坐墊，以篝火為帳幕，作過夜的打算。天黑後，狂風怒吼，捲起火星，在空中飛舞，火焰搖晃不定，忽然衝出好幾丈遠，起先還看作是一種奇觀。隨即濃霧隨風到來，一會兒因霧散抬頭可看到明星，一會兒又因霧重下起綿綿細雨，無法撐傘，裹在身上的被子漸漸被雨打濕，幸虧火勢猛烈，足以抵擋陰寒。到五更雨下得更大，身上也不免被淋濕了。

二十九日　天漸明，雨亦漸霽。仰見三分〔石〕，露影在指顧❶間，輒忍飢衝濕箐而南。又下山二里，始知尚隔一峰也。度坳中小脊，復南上三里，始有巨石盤崖，〔昨升降處皆峻土，無塊石，〕為導者誤。出其南，又一里，東眺轟頂，已可捫而摩之，但為霧霾，不見真形，道窮蹬絕。忽山雨大注，頂踵無不沾濡，乃返。過巨石崖，見其側有線路，伏深箐中，雨巨不可上，上亦不得有所見。遂從故道下，至夜來依火處，擬從直北舊路下。就溪炊米，而火為雨滅，止存餘星，急覓乾燼引之，荷而下山，乃誤從其西，竟不得路。久之，得微澗，遂炊澗中，已當午矣。躑躅莽箐中，久之，乃得抵澗，則五澗縱橫，交會一處，蓋皆三分石西、南、北三面之水，而向所渡東來一溪，在其最北。乃捨其一，渡其三，而留最北者未渡，循其南涯灘流而東，一里，至來時所渡處，始涉而北。從舊道至爛泥，至鰲頭偶坐，聞蘭香甚，覓之，即在坐隅，乃攜之行。至半邊山，下至牛頭河，暝色已合，幸已過隘，命導者從間道趨韭菜原，蓋以此處有高山瑤居之，自此而南，絕無一寮，直抵高梁原而後有瑤居也。初升猶土山，既入而東下，但聞水聲潺潺在深壑中。暗捫危級而下，又一里，過兩獨木橋，則見火光熒熒，亟就之，見其伏畦旁，亦不敢問。已而有茅寮一二重，呼之，一人輒秉炬出，迎歸託宿焉。問其畦間諸火，則取乖者，蓋瑤人以蛙為乖也。問其姓為鄧，其人年及二十，談山中事甚熟。余感其深夜迎宿，始知瑤猶存古人之厚也。亟燒枝炙衣，炊粥就枕焉。

【章旨】本章記載了第七十八天遊九疑山的行跡。天亮出發，忍著飢餓、冒著大雨在山路跋涉，因走錯了路，直到中午，三分石依然可望而不可即。在竹叢中走了好久，才到三分石下面的澗谷，只見五條澗水在一處交會，這就是從三分石西、南、北三面流下的水。隨後從原路到鰲頭峰採了蘭花，帶到半邊山。傍晚到達牛頭河，摸黑直奔韭菜原。一個姓鄧的高山瑤熱情地接客過夜。

【注釋】❶指顧　手指目視之間，形容靠近。

【語譯】二十九日　天漸漸亮了起來，雨也漸漸停息。抬頭望見三分石影，近在手指目視之間。便忍著飢寒，衝過被雨淋濕的竹林向南。又下山走了二里，才知道和三分石還隔著一座山峰。渡過坳中的一座小山脊，再向南走上三里，才有大石在崖上盤繞，昨天上上下下的地方都是高峻的土坡，沒有成塊的岩石，被嚮導引錯了路。從它南面走出，再往前一里，向東眺望高聳的山頂，似乎近在咫尺，手都可摸到，只因雲霧陰沉，看不到真面目，路已走到盡頭。忽然山上大雨如注，從頭到腳都被淋濕，只得返回。經過一座巨大的石崖，看到它的旁邊有一條小路，隱沒在深深的竹林中，因為雨大沒法上去，即使上去也看不到什麼。於是從原路走下，到昨夜烤火的地方，打算從正北的老路下去。走到溪邊煮飯，但火被雨澆滅，只剩下一些火星，急忙找燒過的乾柴引燃，扛著下山，只是誤從西邊走，最終沒找到路。過了好久，看到一條小澗，便在澗中煮飯，已是中午了。在竹叢中行走，過了好久，才抵達澗水，只見五條澗水縱橫交錯，在一處會合，其實都是從三分石西、南、北三面流下的水，而剛才渡過的從東流來的溪水，在它的最北面。於是離開其中一條，渡過其中三條，留下最北的一條未渡，沿著它南岸的水灘向東，走了一里，到來時渡水的地方，才渡過水往北走。從原路到爛泥河，再到鰲頭峰相對而坐，聞到蘭花的香味很濃，便去尋找，原來就在坐位旁邊的一角，便帶著花走。到半邊山，往下走到牛頭河，暮色籠罩，幸虧已經脫險，便吩咐嚮導從小路直奔韭菜原，因為那裡有高山瑤居住，從那裡往南，絕沒有一間小屋，直到高梁原以後，才有瑤人居住的地方。剛往上爬還是土山，進山後往東走下，只聽到幽深的山壑中有潺潺的水聲。暗中摸著陡峻的石級往下，又走了一里，經過兩座獨木橋，看到火光熒熒，趕緊走到那裡，只見火都藏在田隴旁，也不敢問話。過了一會看到一、二間茅屋，向屋內呼喊，有個人拿著火把走出來，將我們接到屋裡過夜。問他田隴中的火是怎麼回事，原來是捉乖的，瑤人將蛙叫做乖。問後知道那人姓鄧，年滿二十，談論山中的事十分熟悉。我有感於他深夜接客留宿，才知道瑤人還保留著古人的仁厚之風。急忙燃燒樹枝烤衣服，煮粥吃了入睡。

三十日　以隔宿不寐，平明乃呼童起炊。晨餐後行，始見所謂韭菜原，在高山之底，亦若釜焉。第不知夜來所聞水聲潺潺，果入洞，抑出峽也。窪中有澄潭一，甚深碧，為龍潭云。西越一山，共二里，過清水潭。又一里半，過蟠龍溪口。又一里半，踰一嶺，過九龜進巖。遂上嶺，過茅窩，下楊子嶺，共五里，抵導者家。又三里，還飯于斜洞❶。乃少憩洞中，以所攜蘭花九頭花，共七枝，但葉不長聳，不如建❷耳。栽洞中當門小峰間石臺上以供佛。下午始行，北過聖殿西嶺，乃西出娥皇、女英二峰間，已轉而東北行，共十里，過太平營，又北五里，宿於路亭。〔是夕，始睹落照。〕

九疑洞東南為玉琯巖，乃重四圍中起小石峰，巖在其下，西向，有卦山❸在其西，正當洞門。形如筊❹也，又似儒巾，亦群山中特起者。其中平央，南北通達，是為古祠基，所稱何侯上昇處也。由此南三十里為香爐山，東南五十餘里為三分石，西三十里為舜母石，又西十里為界頭分九，則江華之東界矣。

三分石俱稱其下水一出廣東，一出廣西，一下九疑為瀟水，出湖廣❺。至其下，乃知為石分三岐耳。其下水東北者為瀟源，合北、西諸水，即五澗交會者。出大洋，為瀟水之源。直東者，自高梁原為白田江，〔東十五里，〕經臨江所❻，〔又東二十里，〕至藍山縣治，為巋水❼之源。東南者自〔高梁原東南十五里之〕大橋下錦田❽，西至江華縣，為沲水之源。其不出兩廣者，以南有錦田水橫流為〔楚、粵〕界也。錦田東有石魚嶺，為廣東連州界，其水始東南流，〔入東粵耳。〕若廣西，則上武堡之南，為賀縣界也。

高梁原為寧遠南界、藍山西界，而地屬于藍，亦高山瑤也，為盜賊淵藪。二月間出永州，殺東安縣❾捕官，及殺掠冷水灣、博野橋諸處，皆此輩也。出入皆由牛頭江，必假宿于韭菜原、蟠龍洞而經九疑峒焉。其黨約七、八十人，有馬二、三十匹，創銳羅幟甚備，內有綰蓄髮者數人，僧兩三人，即冷水坳嶺上廟中僧。又有做木方客亦在焉。韭菜原中人人能言之，而余導者亦云然。

【章　旨】本章記載了第七十九天遊九疑山的行跡。離開位於高山底部的韭菜原，經過清水潭、蟠龍溪口、九龜進巖，走下楊子嶺，回斜巖吃飯。下午從娥皇、女英兩峰中走出，經過太平營，到路亭留宿。在山中考察了九疑洞的地理位置，弄清了從三分石流下的水，實際上是瀟水、巋水、沲水的源頭，並不像歷來所說的那樣流到廣西。同時聽到高山瑤居住的高梁原，為盜賊聚集的地方，裡面甚至還包括少年、和尚和外來人。

【注　釋】❶斜洞　即斜巖。❷建　建蘭。即秋蘭。夏秋間開花，芳香馥郁，可製香藥。❸卦山　在寧遠城南二十里，兩山相對，其形如立筶（占卜用具），故名。❹茭　茭白。蔬菜名，菰的別名。❺湖廣　明布政使司（習慣上稱作行省）名，治所在武昌（今屬湖北）。轄境相當於今湖北、湖南兩省地區。❻臨江所　《明史》作寧溪千戶所，今名所城，在湖南藍山縣南境。❼巋水　又名舜水。源出湖南藍山縣南境，東北流和桂陽河、春陵水會合。❽錦田　明置守鎮千戶所，隸寧遠衛。今為鎮，在江華東南一百八十里，地近廣東。❾東安縣　明代為縣，隸永州府，今屬湖南。

【語　譯】三十日　因為隔夜睡不著，黎明就叫童僕起牀煮飯。早飯後出發，才看到所謂的韭菜原，在高山的底部，形狀也像鐵鍋。但不知道夜間所聽到的潺潺水聲，究竟是入洞呢，還是流出峽谷。山窪中有一個清潭，既深又綠，據說是龍潭。往西越過一座山，共走了二里，經過清水潭。又走了一里半，經過蟠龍溪口。再走一里半，翻過一座山嶺，經過九龜進巖。於是登上山嶺，路過茅窩，走下楊子嶺，共走了五里，到達嚮導家。再走三里，回到斜洞吃飯。便在洞中稍許休息一會，將所帶的蘭花九頭花，共七枝，但葉不長，也不挺起，不如建蘭。栽在洞中正對洞門的小峰間的石臺上用以供佛。下午才出發，往北經過聖殿西面的山嶺，便往西從娥皇、女英兩座山峰之間走出，隨後轉向東北，共走了十里，經過太平營，又向北走五里，在路亭留宿。這天傍晚，才看到落日。

九疑洞東南為玉琯巖，從四面群山環抱中挺起一座小石峰，巖在它的下面，朝西，有卦山在它的西面，正對著洞門。形狀如茭白，又像讀書人的頭巾，也是從群山中突起的。洞中平坦開闊，南北貫通，這就是古舜祠的地基，傳說中何侯升天的地方。從這裡往南三十里為香爐山，往東南五十多里為三分石，往西三十里為舜母石，再往西十里為界頭分九，已是江華的東界了。

歷來都說從三分石流下的水，一條流到廣東，一條流到廣西，一條到九疑山成為瀟水，流到湖廣。走到它的下面，才知道是山石岔開，分成三部分。往東北流下的水為瀟源江，會合北面、西面的各條水，即五條澗水交會的地方。從寬廣的平野流出，為瀟水的源頭。往正東流下的水，到高梁原為白田江，往東十五里，經過臨江所，再往東二十里，到藍山縣治，為歸水的源頭。往東南流下的水，從高梁原東南十五里的大橋到錦田所，再往西到江華縣，為沲水的源頭。它們不會流到兩廣，是因為南面有錦田水橫流成為湖南、兩廣的分界。錦田所的東面有石魚嶺，為廣東連州地界，那裡的水才開始向東南流，進入廣東。至於廣西，則上武堡的南面為賀縣地界。

高梁原為寧遠的南界、藍山的西界，但地屬於藍山，也是高山瑤的居地，為盜賊聚集的地方。二月間在永州出現，殺了東安縣的捕官，以及在冷水灣、博野橋等地殺戮搶劫的全是這些人。都從牛頭江進出，必定在韭菜原、蟠龍洞借宿，而後經過九疑洞。大約有七、八十個黨羽，二、三十匹馬，武器旗幟，搜羅齊全，裡面有幾個剛成年的人，還有二、三個和尚，即冷水坳嶺上廟中的僧人。此外來這裡鋸木的外來人也有混在裡面的。韭菜原中人人都知道，我的嚮導也這麼說。

四月初一日　五鼓，雨大作，平明冒雨行。即從路亭岐而東北，隨簫韶溪西岸行。三里，西望掩口東兩山峽，已出其下平疇矣。於是東山漸豁，溪轉而東，路亦隨之。又五里，溪兩旁石盤錯如鬬，水奔東其中，隘處如門，即架木其上以渡。既渡，循溪南岸行，又二里，而抵下觀❶。巨室鱗次，大聚落也。大姓李氏居之。自路亭來，名五里，實十里而遙，雨深泥濘，俱行田畦小徑間，乃市酒於肆而行。下觀之西，有溪自南繞下觀而東，有石梁鎖其下流，水由橋下出，東與簫韶水合，其西一溪，又自應龍橋來會，三水合而勝舟，〔北可二十里至寧遠。〕過下觀，始與簫韶水別，路轉東南向。南望下觀之後，千峰聳翠，〔亭亭若竹竿玉立，〕其中有最高而銳者，名吳尖山。山下有巖，窈窕如斜巖云。其內有尤村洞，其外有東角潭，皆此中絕勝處。蓋峰盡干羽之遺，石俱率舞之獸❷，游九疑而不經此，幾失其真形矣。〔恨未滯杖履❸其中，搜剔奇閟也。〕東南二里，有大溪南自尤村洞來，橋亭橫跨其上，是為應龍橋，又名通濟〔橋〕。過橋，遂南入亂峰中。即吳尖山東來餘派❹也。二里，上地寶坪坳，於是四旁皆奇峰宛轉，穿瑤房❺而披錦幛❻，轉一隙復攢❼一峒，透一竅更露一奇，至獅象龍蛇，夾路而起，與人爭道，恍惚夢中曾從三島❽經行，非復人世所遘❾也。共六里，飯于山口峒。

由山口南逾一嶺，共三里，有兩峰夾道，爭奇競怪。峰下有小溪南向，架橋亭于其上，貪奇久憩，遇一儒冠者，家尤村之內，欲挽余還其處，為吳尖主人，余期以異日，問其姓名，為曰王璇峰云。過峽而南，始有容土負塊⑩之山。又五里，逾一嶺，為大吉壑，石峰復夾道起。路東一峰，嵌空玲瓏，〔逆懸欹裂，蜃雲不足喻其巧。〕余望之神往，亟披荊入，皆寶隙透漏，或盤空而上，或穿腋而轉，莫可窮詰，惜不能誅茅引級，以極幽玄之妙也。其西峰懸削亦然。路出其間，透隘而南，始豁然天開地曠，是為露園下。於是石峰戢影⑪，西俱崇巒峻嶺，東皆迴崗盤坂。南二里，遂出大路，在藕塘、界頭二鋪之間。又南五里，宿於界頭鋪，是為寧遠、藍山之界。其西之大山，曰滿雲山，當是紫金原之背，其支東北行，界遂因之。再南為天柱山⑫，即志所稱石柱⑬巖洞之奇者。余既幸身經山口一帶奇峰，又近瞻吾吳尖、尤村眾岫，而所慕石柱，又不出二里之外，神為躍然。但足為草履所蝕，即以鞋行猶艱，而是地向來多雨，畦水溢道，鞋復不便。自永州至此，無處不苦旱，即近而路亭、下觀，亦復嗷嗷。而山口以南，遂充畦浸壑，豈「滿雲」之驗耶！

【章　旨】本章記載了第八十天在永州府的行跡。冒雨沿著籥韶溪走，抵達下觀，有三條溪水在這裡匯合。朝南望見吳尖山，山內的尤村洞，山外的東角潭，都是這裡風景最美的地方。接著走過應龍橋，登上地寶坪坳，四周都是奇峰異石，人彷彿在仙境中行走。在山口峒吃罷飯，翻過大吉塹嶺，路兩旁山石奇巧，令人神往。最後到界頭鋪留宿。這裡西面有滿雲山，南面為天柱山。從永州一路走來，到處苦於乾旱，惟獨山口峒以南水多。

【注　釋】❶下觀　今名下灌，在寧遠東南。❷率舞之獸　據《尚書·益稷》，舜在位時，天下太平，以至「鳳凰來儀」，「百獸率舞」。❸杖履　扶杖漫步。❹派　分支。❺瑤房　玉飾的住房，多用以指神仙居處。和下文中的「錦幛」都借喻山石。❻錦幛　即錦步障，古代用以遮蔽風塵或視線的錦製行幕。幛，本作「障」。❼攢　聚集。❽三島　傳說東海中有蓬萊、方丈、瀛洲三山，為神仙居處。❾遘　相遇。❿塊　指土塊。⓫戢影　匿跡。⓬天柱山　在舜峰東北，孤峰獨峙，壁立秀舉，儼若畫圖。⓭石柱　原作「石洞柱」，據下文當為「石柱」，「洞」字衍。

【語　譯】四月初一　五更，下起大雨，黎明冒雨出發。就從路亭的岔路往東北，沿著籥韶溪的西岸走。過了三里，向西望見掩口營東面兩座山峽，已經從它們下面平坦的田地走出了。到這裡東面的山嶺漸漸開闊，溪水轉向東流，路也隨著水流向前。又走了五里，只見溪水兩旁岩石盤曲交錯，就像爭鬥一般，水被束在裡面奔流，狹隘的地方如同門戶，便在上面架起樹木渡過。到了對岸，沿著溪水的南岸走，又過了二里，抵達下觀。這裡高大的房屋鱗次櫛比，是個大村落。大族李氏居住在這裡。從路亭過來，名為五里，實際上不止十里，因雨大，道路泥濘，盡在田埂小路中行走，便到店裡買了酒再走。下觀的西面，有溪水從南面繞過下觀向東，另有石橋鎖住它的下游，水從橋下流出，往東與籥韶水會合，在它西面的一條溪水，又從應龍橋流來會合，三條水匯合後方能行船，往北約二十里到達寧遠。經過下觀，才離開籥韶水，路轉向東南走。向南望見下觀的後面，千峰聳立，一片蒼翠，如同竹竿，亭亭玉立，其中最高並且峰頂尖銳的山，名吳尖山。山下有巖，據說幽深曲折，如同斜巖。裡面有尤村洞，外面有東角潭，都是這裡景色最美的地方。大體上說，山峰似乎都由帝舜留下的干楯、羽扇化成，岩石都像相隨起舞的百獸。遊九疑山而不經過這裡，幾乎就看不到它真正的面目。只恨沒有在裡面仔細觀賞，搜尋奇異神祕的勝景。往東南走二里，有條大溪從南面的尤村洞流來，橋亭橫跨在溪水之上，這就是應龍橋，又名通濟橋。過了橋，便往南進入亂山之中。即吳尖山向東延伸的支脈。走了二里，登上地寶坪坳，到這裡四周都是曲折環繞的奇峰，穿過一間間「瑤房」，揭開一道道「錦幛」，轉過一處空隙，前面又聚成一個山峒，穿過一個孔洞，便又露出一處奇觀，至於形似獅象龍蛇的奇石，都從路的兩邊挺起，好像和人爭路似的，恍恍惚惚，彷彿在夢中經過神仙居住的三島，不像人世間所能遇見的景觀。共走了六里，在山口峒吃飯。從山口峒往南翻過一座山嶺，共走了三里，看到兩座山峰分立路旁，爭奇競怪。峰下有條向南流的小溪，上面架著橋亭，因為好奇，在這裡停了好長時間，遇到一個讀書人，家在尤村裡面，想拉我到他家裡去，是吳尖山的主人，我答應改日相會，問他的姓名，叫王璇峰。經過山峽向南，才開始有土山。又走了五里，翻過一座山嶺，到大吉墅，石峰又在路的兩旁聳起。路東一座山峰，模樣玲瓏，上面的石塊淩空倒掛，傾斜開裂，即使海市蜃樓般的幻景，也不足比喻它的奇妙。我望著它，神往不已，急忙撥開荊棘進去，裡面都是穿透的孔洞，有的在空中盤繞直上，有的穿過山腋轉向，千姿百態，不能窮究，只恨不能除盡茅草，鋪上石級，以窮盡自然幽深玄祕的妙趣。路西的山峰同樣陡峻。路從兩座山峰中間伸展，穿過隘口向南，天地才豁然開曠，地名露園下。到這裡石峰消失，西面都是高山峻嶺，東面盡是曲折環繞的山岡。往南走二里，便出山來到大路上，在藕塘、界頭兩鋪的中間。又往南走了五里，在界頭鋪留宿，這裡是寧遠、藍山的分界。在它西面的大山，名滿雲山，應該是紫金原的背部，山的支脈向東北延伸，兩地的邊界便隨著它劃分。再往南為天柱山，即志書所說的奇特的石柱巖洞。我既慶幸親身經過山口峒一帶的奇峰，且就近瞻望了吳尖、尤村的群峰，而所仰慕的石柱，又近在二里路之內，不禁為之躍然心動。但腳被草鞋磨破，即使穿著鞋走尚且十分艱難，更何況這裡從來就多雨，田間的水溢滿道路，穿著鞋走也很不方便，為此不能前往。從永州到這裡，沒有一處不為乾旱所苦，即使附近的路亭、下觀，人們也都為乾旱哀號不已，但山口峒以南，卻滿田滿溝是水，這難道是山名「滿雲」的靈驗嗎？

【研析】徐霞客在湖南的一百多天，走完了他一生遇難最多、波折最大的旅程。如果說，麻葉洞之險，是出自當地人因無知造成的誤傳，遊麻葉洞，只是一次有驚無險的探訪，那麼湘江遇盜則是一次實實在在的歷險。徐霞客能夠跨越一個又一個自然險阻，卻逃不過人為的劫難。湘江遇盜，是《遊記》中非寫景描述最出色的文字，既怵目驚心，又淒切動人。特別是關於靜聞的描寫，凸現出一個心地善良、矢志不移的佛徒形象，十分感人。文中沒有孤立地描寫靜聞，而是將他放在遭遇大難這樣一個特殊的環境之中，和周圍的人事時時處處進行對照描寫。如靜聞對「童子」深切的憐憫，而強盜對乘客卻無比凶暴；其他乘客為了逃生紛紛跳入江中，惟獨靜聞冒死留在船上，從強盜的刀劍之下，搶救出經籍和一部分東西；為了能多搶救一些，靜聞不顧身上的刀創，多次潛入水中，而那條穀船上的人卻趁火打劫，在黑暗中將東西吞沒；尤其是靜聞「冒刃、冒寒、冒火、冒水」搶救出石瑤庭的一個竹笈，但石瑤庭非但不感激，反而誣諂辱罵靜聞，人之無良，一至於此，讀之令人扼腕。《遊記》中關於湘江遇難的記載，要言不煩，具體生動，敘事歷歷在目，寫人栩栩如生，既展現出社會動盪不安的面貌，也揭示了各色人物面對險難的心態，堪稱晚明社會生活的一個側影。文中寫遇難那天晚上，「初月甚明」，到強盜到來時，已是「陰雲密布」，至第二天早晨，「雨復霏霏」，將景色的變化與事情的發展、人物的遭遇融合起來，藉以影指一次突發的變故，烘托出一種淒惋的氣氛。湘江遭劫，使徐霞客喪失了所有的遊資，但他不以為意，所可惜的只是將張宗璉的《南程續記》丟失。在脫險之後，他也沒像常人那樣，消沉沮喪，斷然謝絕朋友們要他暫回家中的勸說，因為他知道一旦回到家中，「妻孥必無放行之理」。為了不變初衷，了卻西行的大願，慷慨陳辭：「吾荷一鍤來，何處不可埋吾骨耶？」這正是徐霞客與眾不同之處。

徐仲昭說徐霞客之遊有兩奇，一是「酷好奇書，客中見未見書，即囊無遺錢，亦解衣市之，自背負而歸，今充棟盈箱，幾比四庫，半得之遊地者。」從湘江遇盜的敘述看，他隨身所帶的東西，主要就是書。徐霞客好讀書，但又不盡信書，他早就對〈禹貢〉中「岷山導江」的說法抱有懷疑，勘察江源，是他萬里西遊的一個主要目的。在〈溯江紀源〉這篇論文中，徐霞客認為前人「不辨江源」，是由於「不審龍脈」，提出「龍遠江亦遠，脈長源亦長」。「江」指長江，「龍」即宋儒所說的中國三大龍之一的南龍，也就是和長江同樣發源於崑崙山，相持南下，經雲貴，入湖南，直至江浙的中國南方大山脈。他認為弄清南龍的走向，是探求長江正源的關鍵。五嶺是南龍承上接下的一環，九疑山正當其中，故涉足瀟湘山水，是他探討長江正源的一個重要組成部分，是他在湖南考察的主要內容。

徐霞客在湖南南部的最大收獲是經過實地考察，弄清了三分石的真相。三分石在五嶺深處，是高山瑤居住的地方，人跡罕至。為了尋找三分石，他多次迷路，費盡周折，以至席地幃天，風餐露宿，備嘗艱辛，方得如願。前人訛傳三分石「東南之水下廣東，西南之水下廣西，西北之水下湖廣。」徐霞客歷盡坎坷，終於來到三分石下的澗谷，方才明白三分石得名，是由於「石分三岐」，即山的上部又叉成三峰（即今所說的連座峰林）。三分石下的水，往東北流的為瀟水之源，往東流的為歸水之源，往西流的為沲水之源，最後都注入湘江，從而解決了地理學中的一宗懸案。隨後，他又沿著南嶺（南龍）延伸的方向，向東作進一步考察。

徐霞客這次南下，主要活動地區為永州府。清代詩人趙翼有幾句妙言：「人間第一最奇景，必待第一奇才領。渾沌倘無人可鑿，不妨終古懵不醒。中原一片好景光，發泄已盡周漢唐。所未泄者蠻獠窟，天遣李白流夜郎。又教子瞻渡瓊海，總為任昧開天荒。」（〈題稚存萬里荷戈集〉）永州為世所知，在很大程度上也是由於柳宗元謫居於此。但柳宗元只寫了永州城附近的一些景觀，真正將永州地區、將瀟湘山水完整地展現在世人眼前，只有徐霞客。景有幽、曠之別。「會當凌絕頂，一覽眾山小。」這是何等的高曠。「山隨平野盡，江入大荒流。」又是何等的曠遠。無論在峰頂極目，還是在平處遠眺，眼前必然一片空曠無際，令人心曠神怡，胸懷開闊。「分野中峰變，陰晴眾壑殊。」這是何等的幽深。「荷風送香氣，竹露滴清響。」又是何等的幽秀。無論山重水複，還是曲徑通幽，置身其間，如入環中，深邃杳靄，令人有翛然出塵之想。瀟湘山水，煙雲縹緲，洞壑幽深，奇峰嵯峨，古木參天，無疑是一種幽深之境。幽中往往蘊秀，深中往往藏奇，幽境是神話的王國、異人的福地、奇樹的沃土、動物的樂園，這在徐霞客的《遊記》中充分反映出來。他進入九疑山中，只見「途中宛轉之洞、卓立之峰、玲瓏之石、噴雪驚濤之初漲、瀠煙沐雨之新綠，如是十里。」真可謂別有天地非人間。九疑山也由石灰岩構成，掩口營東面的山峰，「如排衙列戟」，而九疑司一帶的山峰，又「如攢隊合圍，俱石峰森羅，窈窕迴合」，都是典型的峰林地貌。山上溶洞尤多，據說有一百多個，徐霞客秉燭夜遊的斜巖，便是山中最著名的石灰岩溶洞。他寫了奇特的地下水流：「巖底有泉懸空而下，有從垂石之端直注者，有從石竇斜噴者，眾隙交亂，流亦縱橫，交射於一處。」也寫了斜巖支洞楊梅洞中更為奇特的飛瀑：「非若他處懸崖瀉峽而下，俱從覆石之底，懸穿竇下注，若漏卮然。」這種惟獨幽深之境才會有的奇特景觀，只有在徐霞客這樣樂於探幽的人的筆下才會出現。在他離開九疑山的途中，路過吴尖山，登上地竇坪坳，只見「四旁皆奇峰宛轉，穿瑤房而披錦幃，轉一隙復攢一峒，透一竅更露一奇，至獅象龍蛇，夾路而起，與人爭道，恍惚夢中曾從三島經行，非復人世所遘也。」不禁發出這樣的慨歎：「游九疑而不經此，幾失其真形矣。」這是一種因幽深而產生的曲折迷離、如夢似幻的奇境。接著他又到宜章的黄岑山，看到澗水「平流塢中，石坪殷紅，清泉素潤，色侔濯錦，出峽下瀉，珠鳴玉韻，重木翳之，杳不可窺。」只有在幽深靜寂的氛圍中，才會覺得色彩如此奪目、音響如此悅耳、意境如此怡情滌神。

清人奚又溥說：「非先生之人之奇，不能有此遊之奇，而非先生之遊之奇，亦不能成此書之奇。」徐霞客之奇，不僅在他有「出塵之胸襟」、「濟勝之支體」，更在他有那種「以性靈遊，以軀命遊」的精神。在湖南的旅程中，他探龍潭、入虎穴、遇盜、患病、斷糧、無錢，困難接踵而至，但這反而更加激發了他的豪情。走到雲陽山北坡，「冰雪擁塞，茅棘交縈，舉步漸艱」，加上濃霧四起，附近可能還有虎穴，只得登上頂峰往南走。但路同樣難行，「亂石森列，片片若攢刃交戟，霧西攫其尖，風東搗其膊，人從其中溜足直下。」後來更是「掛石投崖，懸藤倒柯，墜空者數層，漸聞水聲遙遙，而終不知去人世遠近……乃益揆叢歷級，若鄧艾之下陰平，墜壑滾崖，技無不殫，然皆赤手，無從裹氊也。」經歷了這樣的險境，徐霞客「益覺自豪」，認為這是「山靈未獻此奇，故使浪遊之蹤，迂迴其轍耳」。也許是在湘江遇難時，赤身落水，得了風寒，加上旅資喪盡，求助無著，鬱鬱寡歡，至三月初八這一天，素來體魄健壯的徐霞客突然得病，直到四月初七，仍未痊癒。但在這一個月內，他依然常常捨舟徒步，扶病登山，考察了浯溪、愚溪和三分石，以及那兼有曲折明爽、宏麗玲瓏之美，足以壓倒眾奇的臨武龍洞。從耒陽返回衡陽，又落到「蔬米俱盡，而囊無一文」的地步。

徐霞客出遊，絕不是為消閒。在他開始這次萬里西行之前，致信陳繼儒，留下一句名言：「漫以血肉，償彼險巇。」他的行為，都是這個「償」字的體現，而一個「償」字，又充分顯示出一種自覺、無畏的探險精神。由此他才能途窮不憂，行誤不悔，遇盜不慌，臨危不懼，不避寒暑，不憚虎狼，櫛風沐雨，忍飢受凍。在他的《遊記》中，時時可看到一個在充滿險難的道路上不停地攀登的孤獨者的形象。固然，山川的奇景，都在險危之處，只有敢於探險的人，才能搜剔自然的奧祕。正因為徐霞客敢為常人所不敢為，敢去常人所不敢去，故能見常人所不能見，寫常人所不能寫。但對他來說，探險不僅是為了搜奇，更是為了求知，不僅是為了滿足感官的愉悅，更是實現自我的手段，是達到理想彼岸的自覺的追求。他的探險過程，既是自然景觀發現的過程，也是情感世界展現的過程，更確切些說，是自然與人融合的過程。正是在困境中，在和險難的對抗中，他不僅得到了審美的滿足，也獲得了「天人合一」的昇華，使其探險過程本身也成為一種美，一種煥發出精神光輝的美。

初二日　余欲為石柱❶遊。平明，雨復連綿，且足痛不勝履，遂少停逆旅。上午雨止，乃東南行途中，問所謂石柱山巖之勝，而所遇皆行道之人，莫知所在。已而雨止路滑，四顧土人不可得，乃徘徊其間，庶幾一遇。久之，遇樵者，又遇耕者，問石柱天柱，皆以無有對。共五里，過一嶺，山勢大豁，是為總管廟❷。亟投廟中，問道者，終不能知。又東南行，遙望正東有聳小尖阜立，不辨其為樹為石。又五里，抵顏家橋，始辨其為石峰，而非樹影也。顏家橋下小水東北流去。

過橋，又東南踰一小嶺，遂從間道折而東向臨武❸道。藍山大道南行十五里至城。共四里，過寶林寺❹，讀寺前〈護龍橋碑〉，始知寶林山脈由北柱來，乃悟向所望若樹之峰，正在寺北，亦在縣北。寺去縣十五里，此峰在寺後恰二十里，志所稱石柱，即〈碑〉所稱北柱無疑矣。又東過護龍橋，橋下水南流洶湧，即顏家橋之曲而至者。隨溪東行，於是北瞻石柱，其峰倩削〔如碧玉簪，〕而旁有石崖亦兀突露奇，然較之尤村山口之峰，直得其一體，不啻微矣。又二里，至下灣田，有大樹峙路隅，上枝分聳，而其下盤曲堆突，大六、七圍，其旋窩錯節之間，俱受水若洗頭盆，亦樹妖也。又東，路出臥石間，溪始折而南向藍山路。乃東入崗隴二里，有路自西南橫貫東北，想即藍山趨桂陽❺之道矣。又東沿白帝嶺行。蓋界頭鋪山脈自滿雲山東北環轉，峙而東起為白帝嶺。故界頭之南，其水俱南轉藍山，而山自界頭西峙巨峰，即九疑東隅，屏立南繞，東起高嶺即白帝，北列夾塢成坪，中環平央，西即藍山縣治。而路循白帝山南行，屢截支嶺。五里，路轉南向。又五里，為雷家嶺，則白帝之東南盡處也。飯于雷家嶺。日未下午，而前途路杳無人，行旅俱宿，遂偕止焉。既止行，乃大霽。是日止行三十里，以足裂而早雨，前無宿處也。

【章　旨】本章記載了第八十一天在桂陽州的行跡。想去石柱山一遊，卻沒人知道在什麼地方。經過總管廟、顏家橋，到寶林寺，才知石柱就是北柱。又通過護龍橋，經過路邊峙立著「樹妖」的下灣田，沿著白帝嶺走，到雷家嶺留宿。

【注　釋】❶石柱　山名，又名天柱山，在藍山城北三十里。山色翠靄，望之如玉柱擎天，故名。❷總管廟　在藍山城北二十里，祭黃金總管。❸臨武　明代為縣，隸桂陽州，今屬湖南。❹寶林寺　即寶林庵，在藍山城東二十里百疊山南洞。❺桂陽　明代為州，今屬湖南。地勢居高，山水之秀，甲於全省。

【語　譯】初二　我想去石柱山一遊。黎明，雨又連綿不斷地下了起來，加上腳痛沒法穿鞋，只得在旅店中停了一會。上午雨停了，便沿路向東南走去，打聽所謂石柱山巖的勝景，但遇到的都是過路人，沒人知道在什麼地方。過了一會雨停了，路上很滑，向四面望去，都看不到當地人，便在路上徘徊，希望能遇上一個。過了好久，看到一個砍柴的人，又看到耕地的人，打聽石柱、天柱的情況，都回答說沒這個地方。向前共走了五里，翻過一座山嶺，山勢一下子開闊起來，這裡就是總管廟。急忙到廟中問道士，也不知道。又往東南走，遠遠望見正東有高聳尖銳直立的東西，分不清是樹還是石。再走五里，抵達顏家橋，才分清它是石峰，而不是樹影。顏家橋下有一條小溪向東北流去。過了橋，再往東南翻過一座小嶺，便從小路轉向東，朝著去臨武的路走。從去藍山的大路往南走十五里到達縣城。共走了四里，經過寶林寺，讀了寺前的〈護龍橋碑〉，才知道寶林山脈從北柱山延伸過來，於是明白剛才望見的像樹影那樣的山峰，正在寺的北面，也在藍山縣的北面。寺離縣城有十五里，這石峰恰巧在寺後二十里，志書所說的石柱，毫無疑問就是碑文中所說北柱。再往東經過護龍橋，橋下的水往南流去，水勢洶湧，就是從顏家橋下曲曲折折流到這裡的水。隨著溪水向東走，到這裡朝北瞻望石柱，山峰倩麗陡峭，形狀如同碧玉簪，而旁邊也有石崖高聳突出，呈現出奇景，但和尤村、山口峒一帶的山峰相比，就不僅微小，而且只有一種形態。再走二里，到達下灣田，有大樹峙立在路的一角，上面的枝幹分開聳起，下面則盤曲堆積，有六、七個人合抱那麼大，在樹窩盤繞、枝幹交錯之中，都像洗頭盆那樣盛著水，也可說是一種樹妖。再往東，路從倒下的石塊中伸出，溪水開始轉而向南，朝著去藍山的方向流去。於是向東進入山岡丘隴之中，走了二里，有路從西南橫貫東北，想來就是從藍山前往桂陽的路了。再往東沿著白帝嶺走。界頭鋪的山脈從滿雲山的東北繞轉，在東面聳起為白帝嶺。故界頭鋪的南面，水都往南轉流到藍山，而在界頭鋪西面峙立的巨大的山峰，即九疑山東邊的一角，像屏障那樣峙立，往南繞去，在東面聳起的高山便是白帝嶺，北面的山峰夾著山塢形成一個山坪，群山環繞，中間平坦寬廣，西面便是藍山縣城。路沿著白帝山向南走，多次橫越分出的小嶺。走了五里，路向南轉。再走五里，為雷家嶺，已到白帝嶺東南的盡頭。在雷家嶺吃飯。還沒到下午，前面路上已杳無人影，過路的人都找地方投宿，便一起在這裡住下。停下之後，天十分晴朗。因為腳裂開，加上早晨下雨，前面又沒有投宿的地方，這天只走了三十里。

初三日　中夜起，明星皎然，以為此後久晴可知。比曉，飯未畢，雨乃止矣❶。躞蹀泥淖中，大溪亦自藍山曲而東至，遂循溪東行。已而溪折而南，路折而東，踰一嶺，共五里，大溪復自南來，是為許家渡。渡溪東行一里，溪北向入峽，路南向入山。五里為楊梅原，一、二家倚山椒❷，為盜焚破，零落可憐，至是雨止。又南十里為田心鋪。田心之南，徑道開闢，有小溪北向去，蓋自朱禾鋪來者。自此路西大山，自藍山之南南向排列，而澄溪帶之。路東石峰聳秀，亦南向排列，而喬松蔭之。取道於中，三里一亭，可臥可憩，不知行役之苦也。共二十里，飯于朱禾鋪，是為藍山、臨武分界。更一里，過永濟橋，其水東流，過東山之麓，折而北以入歸水❸者。又南四里為江山嶺，則南大龍之脊，而水分楚、粵矣。〔嶺西十五里曰水頭，志謂武水❹出西山下鷓鴣石，當即其處。〕過脊即循水，東南四里為東村。水由峽中南去，路東南踰嶺，直上一里而遙，始及嶺頭。蓋江山嶺平而為分水之脊，此嶺高而無關過脈也。下嶺，路益開整，路旁喬松合抱夾立，三里，始行塢中。其塢開洋成峒❺，而四圍山不甚高，東北惟東山最巍峻，西南則西山之分支南下，直抵蒼梧，分粵之東西者也。三里，徑塢出兩石山之口，又復開洋成峒。又三里，復出兩山口。又一里，乃達塹江鋪而止宿焉，南去臨武尚十里。是日行六十里。既止，而余體小恙。

【章旨】本章記載了第八十二天在桂陽州的行跡。冒雨經過許家渡、楊梅原、田心鋪，到藍山、臨武的分界處朱禾鋪吃飯。隨後越過湖南、廣東兩地的分水嶺江山嶺，筆直走過一個山塢，山塢西南的西山支脈往南成為廣東、廣西的分界，最後到塹江鋪留宿。

【注釋】❶雨乃止矣　「止」字誤，依文意當為「下」。❷椒　山頂。❸歸水　又名舜水，源出湖南藍山縣南境，與鍾水、桂水異源而同流，故三水常混稱。❹武水　即武溪水，古名虎溪，又名瀧水，唐時改為武溪，源出臨武，東流入溱水。❺峒　在湖南、廣西，當地人將「溶蝕洼地」稱作「峒」。所謂溶蝕洼地，即由於岩溶作用而產生的封閉窪地，周圍是較低的丘陵和峰林，因其形似凹下的洞，故名。峒底常有溪水流過，為人口集聚之地，常用作地名，並成為一些少數民族地區的泛稱，如「苗峒」等。

【語譯】初三　半夜起身，星光燦爛，認為以後一定會長久天晴。到天亮，還沒吃完飯，雨就下了起來。在泥漿中小步向前，有一條大溪也從藍山曲曲折折地往東流來，便沿著溪水向東走。隨後溪水轉向南流，路轉向東走，翻過一座山嶺，共走了五里，大溪又從南面流來，這就是許家渡。渡過溪水往東走一里，溪水向北流入峽谷，路向南進入山中。走了五里到楊梅原，有一、二戶人家靠著山頂居住，屋子已被盜賊燒壞，破敗不堪，十分可憐。到這裡雨停了下來。再往南走十里，到田心鋪。田心鋪的南面，開闢了道路，有小溪水向北流去，是從朱禾鋪流來的。從此路西的大山，從藍山的南面向南排列，清澈的溪水縈繞著它。路東的石峰高聳秀美，也向南排列，上面有高大的松樹遮蔽。從中取道，每隔三里有一個亭子，裡面可以躺下休息，使人不感到趕路的勞苦。共走了二十里，在朱禾鋪吃飯，這裡是藍山和臨武的分界。再走一里，通過永濟橋，橋下的水向東流去，經過東山腳，轉而向北注入歸水。再往南走四里到江山嶺，是南大龍山脈的山脊，而水向湖南、廣東兩地分別流去。嶺西十五里處地名水頭，志書說武水從西山流出，往下到鸕鷀石，應該就是這地方。越過山脊便沿著溪水走，往東南四里到東村。水從峽谷中向南流去，路往東南翻過山嶺，直向上走一里多，才到達嶺頭。這是因為江山嶺地勢平坦，成為兩個流域分界的山脊，這座山嶺高峻，和經過的山脈毫不相關。走下山嶺，路更加開闊平整，兩人合抱的高大松樹在路兩邊夾立，走了三里，才到山塢之中。山塢開闊成峒，四周的山不太高，東北面惟有東山最巍峨峻拔，西南面則西山的支脈向南延伸，直到蒼梧山，成為廣東、廣西兩地的分界。在山塢中筆直走了三里，從兩座石山的山口走出，又開闊成峒。再走三里，又從兩座山口走出。再走一里，才到達塾江鋪留宿，往南離臨武還有十里。這天共走了六十里。停下後，我的身體有些不舒服。

初四日　予以夜臥發熱，平明乃起。問知由塾江而東北十里，有龍洞❶甚奇，余所慕而至者，而不意即在此也。乃寄行囊於旅店，遂由小徑東北行。四里，出大道，則臨武北向桂陽州路也。遵行一里，有溪自北而南，蓋發於東山之下者。名斜江。渡橋，即上捱崗嶺。越嶺，路轉純北，復從小徑西北入山，共五里而抵石門蔣氏。有山兀立，蔣氏居後洞，在山半翠微間。洞門東南向，一入即見百柱千門，懸列其中，俯窪而下，則洞之外層也。從其左而上，穿列柱而入，眾柱分列，復迴環成洞，玲瓏宛轉，如曲房❷邃閣，列戶分窗，無不透明聚隙，八窗掩映。從來所歷諸洞，有此屈折者，無此明爽；有此宏麗者，無此玲瓏。即此，已足壓倒眾奇矣。時蔣氏導者還取火炬，余獨探奇先至，意炬而入處，當在下洞外層之後，故不趨彼而先趨此。及炬至，導者從左洞之後穿隙而入，連入石門數重，已轉在外洞之後、下層之上矣。乃北逾石限❸穿隘而入，即下石池中。其水澄澈不流，兩崖俱穹壁列柱，而石腳匯水，不漏池中，水深三、四尺，中有石梗中臥水底，水浮其上僅尺許，踐梗而行，褰裳可涉。十步之外，臥梗又橫若限，限外池益大，水益深，水底白石龍一條，首頂橫脊而尾拖池之中，鱗甲宛然。挨崖側又前兩、三步，有圓石大如斗，萼插水中，不出水者亦尺許，是為寶珠，緊傍龍側，真睡龍頷下物也。珠之旁，又有一圓石，大倍于珠，而中凹如臼，面與水平，色與珠共，是為珠盤，〔然與珠並列，未嘗盛珠也。〕由此而前，水深五六尺，無梗，不可涉矣。西望水洞，宏廣若五畝之池，四旁石崖巑岏參錯，而下不洩水，真異境也。其西北似有隙更深，恨無仙槎一葉航之耳。還從舊路出，經左洞下，至洞迴望窪洞外層，氤氳❹窈窕。乃令顧僕先隨導者下山覓酒，而獨下洞底，環洞四旁，轉出列柱之後。其洞果不深邃，而芝田蓮幄，瓊窩寶柱，上下層列，崆峒❺杳渺，即無內二洞之奇，亦自成一天也。〔此洞品第，固當在月巖上。〕

探索久之，下山，而僕竟無覓酒處，遂遵舊路十里，還至塾江，炊飯而行，日已下舂。五里，過五里排，已望見臨武矣。又五里，入北門，其城上四圍俱列屋如樓。入門即循城西行，過西門，門外有溪自北來，即江山嶺之流，與水頭合而下注者也。又循城南轉而東過縣前，又東入徐公❻生祠❼而宿。徐名開禧，崑山人。祠尚未完，守祠二上人❽曰大願、善巖。是晚，予病寒未痊，乃減晚餐，市酒磨錠藥❾飲之。

【章　旨】本章記載了第八十三天在桂陽州的行跡。渡過斜江，翻過捱崗嶺，遊覽了石門洞，洞內兼有曲折、明爽、壯麗、玲瓏之美。洞中有水池，池中有石埂，水底有白石龍，旁有寶珠和珠盤。又有水洞，可稱奇景。獨自走到洞底，眼前別有洞天，深感此洞等次，在月巖之上。下山回到塾江鋪，傍晚進入臨武城，到徐公生祠投宿。

【注　釋】❶龍洞　在臨武城北二十里，深一里，洞口時有煙霧繚繞。❷曲房　密室。❸限　門檻。❹氤氳　迷茫的樣子。❺崆峒　寬敞空闊。❻徐公　名開禧，崑山人。明天啟中知臨武縣，慈惠恤下，在任五載，入為編修，臨武人以肖像祀之。❼生祠　為活著的人建立的祠廟。❽上人　佛教用以稱具備德智善行的人。❾錠藥　製成錠子狀的小塊藥物。

【語　譯】初四　我因為夜間睡覺時發燒，黎明就起身。問後知道從塾江鋪往東北走十里，有個龍洞十分奇異，是我十分嚮往的地方，想不到就在這裡。於是將行李寄放在旅店中，從小路往東北走。過了四里，來到大路，是從臨武向北去桂陽州的路。沿著這條路走了一里，有溪水從北向南流，是在東山下發源的水。名斜江。過了橋，便登上捱崗嶺。翻過山嶺，路轉向正北，又從小路往西北進入山中，共走了五里，到達石門蔣氏居住的地方。有山聳立，蔣氏居住的後洞，在半山腰的綠樹之中。洞門面向東南，一進去便看到成千上百的石門石柱，在裡面懸掛排列，彎下腰從凹地往下走，便是洞的外層。從它的左邊向上，穿過一排排石柱進去，眾多石柱分列，又環繞成洞，玲瓏曲折，如同深邃的密室幽閣，門窗分列，都從空隙處透進光亮，四面八方的窗戶，彼此遮掩，相互襯托。直到現在，我所遊歷的各個洞，有如此曲折的，但沒有這洞明爽；有如此壯麗的，又沒有這洞玲瓏。就憑這一點，已足以壓倒眾多奇觀了。這時蔣姓嚮導回去拿火把，我獨自探奇，先到洞中，心想拿著火把進去的地方，應當在下洞外層的後面，所以不去那裡而先到這裡。等火把到了後，嚮導從左洞的後面穿過空隙進去，接連走進幾道石門，已轉到外洞的後面、下層的上方了。於是向北越過石檻穿過隘口進去，便走下石池之中。裡面的水清澈不流，兩旁山崖都是高大的石壁，排列的石柱，在石底匯聚的水，不從池中漏出，水深三、四尺，中間有石埂躺在水底，浮在石埂上面的水只有一尺左右，踏著石埂行走，掀起衣服可從水中渡過。在十步之外的地方，躺倒的石埂又像門檻那樣橫在前面，檻外的池更大，水更深，水底有一條白石龍，頭部頂著橫連的石脊，尾巴拖在水池之中，鱗甲逼真。貼著崖旁又向前走二、三步，有斗那麼大的圓石，石片如同花萼插在水中，浸在水中的部分也有一尺高，這就是寶珠，緊靠著龍的一旁，真像臥龍下巴下面的東西。寶珠的旁邊，另有一塊圓石，有寶珠一倍大，中間凹下如同石臼，石面和水面相齊，顏色和寶珠一樣，這就是珠盤，但和寶珠並列，從未盛放過寶珠。從這裡向前，水有五、六尺深，沒有石埂，無法過去。向西望見水洞，像五畝大的水池那麼寬廣，四周石崖陡峻，參差錯落，但下面不漏水，真是一處奇境。在它的西北似乎有更深的空隙，只恨沒有一葉仙槎，可在裡面航行。轉身從原路走出，經過左洞的下方，到洞內回頭望見窪洞的外層，迷茫幽深。於是吩咐顧僕先跟隨嚮導下山找酒，獨自往下走到洞底，繞過洞的四周，從排列的石柱後面轉出。這洞確實並不幽深，但芝田蓮幕、玉窩寶柱，上下排列，空闊深遠，即使沒有裡面二洞的奇異，也足以自成一個洞天。若論這洞的等次，本應在月巖之上。

在裡面探索了好長時間，才下山，但顧僕卻沒有找到賣酒的地方，只得沿原路走十里，回到塹江鋪，煮飯吃了出發，太陽已經下山。走了五里，經過五里排，已望見臨武城了。又走了五里，進入北門，城上四周都排列著像樓臺那樣的房屋。走進城門便沿著城西走，經過西門，門外有溪水從北面流來，即出自江山嶺的水流，和出自水頭的水匯合後往下流去。又沿著城南轉而向東經過縣衙門前，再向東走進徐公生祠過夜。徐名開禧，崑山人。祠還未建成，守護祠堂的兩個上人名大願、善巖。這天晚上，我發燒還沒痊癒，便不吃晚飯，買了酒將錠藥磨成粉末和入喝下。

初五日　早令顧僕炊薑湯一大碗，重被襲衣❶覆之，汗大注，久之乃起，覺開爽矣。乃晨餐，出南門，渡石橋，橋下溪即從西門環至者。城外居民頗盛。南一里，過鄺氏居。又南二里，過迎榜橋，橋下水自西山來，北與南門溪合，過橋即為掛榜山❷，余初過之不覺也。從其南東上嶺，逶迤而上者二里，下過一亭，又五里，過深井坪，始見人家。又南二里，從路右下，是為鳳頭巖，〔即宋王淮錫稱秀巖❸者。〕洞門東北向，渡橋以入。出洞，下抵石溪；溪流自橋即伏石間，復透隙瀠崖，破洞東入。此洞即王記所云「下渡溪水，其入無窮」處也。〔第王從上洞而下，此則水更由外崖入。〕余抵水洞口，深不能渡。〔聞隨水入洞二丈，即見天光，五丈，即透壁出山之東。是山如天生橋❹，水達其下僅三、五丈，往連州大道正度其上，但高廣，度者不覺耳。予登巔東瞰，深壑下環，峽流東注。近俱峭石森立，灌莽翳之，不特不能下，〕亦不能窺。所云「其入無窮」，殆臆說耳。還十里，下掛榜山南嶺，仰見嶺側，洞口研然❺。問樵者，曰：「洞入可通隔山。」急披襟東上，洞門圓亙，高五尺，直透而入者五丈，無曲折黑暗之苦，其底南伏而下，則卑而下窪，不能入矣。仍出，渡迎榜橋，迴瞻掛榜處，石壁一幃，其色黃白，雜而成章，若剖峰而平列者，但不方整，不似榜文❻耳。此山一枝俱石，自東北橫亙西南，兩頭各起一峰，東北為掛榜，西南為嶺頭，而洞門介其中，為臨武南案。西山支流經其下，北與南門水合而繞掛榜北麓，東向而去。返過南門，見肆有戍肉❼，乃沽而餐焉。晚宿生祠。

【章　旨】本章記載了第八十四天在桂陽州的行跡。走出臨武南門，經過掛榜山，來到鳳頭巖（秀巖），有溪水從洞中穿過。這山如一座天生橋，上面既高又寬，周圍地勢險要。返回時到掛榜山南嶺，嶺旁有個深邃的洞，為臨武南面的分界。遠望掛榜山，並不像榜文。晚上回臨武過夜。

【注釋】❶襲衣　衣上加衣。❷掛榜山　又名章山，在臨武城南三里。❸秀巖　在臨武城南十五里。巖石天成，中平曠，可坐數百人，四壁璀璨如五彩。❹天生橋　在岩溶地區，因暗河的頂板崩坍，留下的部分頂板，兩端與地面連接，中間懸空，形成了橋狀地貌，前人稱作「天生石梁」，又叫天生橋、天然橋。❺砑然　形容深遠。❻榜文　公開張貼的文書、告示。❼戌肉　古人以十二生肖與十二地支相配，狗配戌，故戌肉即狗肉。

【語譯】初五　早晨吩咐顧僕燒了一大碗薑湯，身上穿了好幾件衣服，蓋了好幾條被子，出了一身大汗，過了好久才起牀，感到爽快多了。於是吃了早飯，走出南門，通過石橋，橋下的溪水即從西門繞轉流來的。城外有很多居民。往南走一里，經過鄺氏的住處。再往南走二里，通過迎榜橋，橋下的水從西山流來，往北和南門的溪水會合，過橋便是掛榜山，我剛經過時沒有覺察。從它的南面往東登上山嶺，彎彎曲曲向上走二里，往下經過一個小亭，又走了五里，經過深井坪，才看到住戶。再往南走二里，從路的右邊下去，便是鳳頭巖，即宋人王淮錫所說的秀巖。洞門面向東北，過橋進去。走出洞，往下抵達石溪；溪流從橋那邊起便潛伏在巖石之中，又透過空隙，縈繞山崖，從東面穿過洞流入。這洞便是王淮錫記中所說的「往下渡過溪水，裡面沒有盡頭」的地方。但王從上洞往下，這裡水從外面的山崖流入。我到達水洞口，水深沒法過去。聽說隨著水進洞二丈遠，便看到陽光，進去五丈，便透過崖壁從山的東面走出。這山就像天生橋，水離它的下面只有三、五丈，去連州的大路正好從它上面通過，只是又高又寬，路過的人感覺不到罷了。我登上山頂俯視東方，下面環繞著幽深的溝壑，峽谷中的溪水往東流去。近處都是森然挺立的陡峭山石，叢生的草木遮蓋在上面，不但不能下去，甚至什麼也看不到。王淮錫所說的「裡面沒有盡頭」，大概是想當然的說法。返回走了十里，往下到掛榜山南嶺，抬頭望見嶺旁洞口幽深，向一個砍柴人打聽，答道：「從洞中進去，可通往對面的山峰。」急忙披上衣服向東上山，洞門圓轉，高五尺，直往裡進去有五丈深，沒有因曲折黑暗帶來麻煩，洞底南面低伏，地勢窪下，沒法進去。出洞後，通過迎榜橋，回頭遠望掛榜山，石壁如同一幅帷帳，顏色黃裡帶白，相間形成紋理，就像劈開平列的山峰，但不方整，不像榜文。這一座山全都是岩石，從東北橫亙西南，兩頭各自聳起一座山峰，東北為掛榜山，西南為嶺頭山，洞門就在兩者之間，成為臨武南面的界限。西山的支流經過它的下面，向北和來自南門的水會合，繞到掛榜山的北麓，向東流去。返回時經過南門，見市場上有狗肉，便買了吃。晚上在徐公生祠過夜。

初六日　飯而行。出東門，五里，一山突於路北，武水亦北向至，路由山南水北轉山嘴復東南去。路折而東北，一里，一路直北，乃桂陽間道；一岐東北，乃宜章❶道也。三里，至阿皮洞，武溪復北折而來，經其東北去。水西有居民數家，從此渡橋，東上牛廟嶺，俱寂無村落矣。踰嶺下四里，為川州水涼亭。又五里，升降山谷，為桐木郎橋。橋下去水，自南而北，其發源當自秀巖穿穴之水也。橋東有古碑，大書飛白為「廣福橋」，其書甚遒勁，為宋桂陽軍❷知臨武縣事曾晞顏所書。從此南而東上一嶺，又東向循山半行，五里，路忽四岐，乃不東而從北。下嶺又東從山塢行五里，為牛行。牛行人煙不多，散處山谷。蓋大路從四岐直東，俱高嶺無人，而此為小路，便於中火❸耳。由牛行又東，從小徑登嶺，踰而下，三里，為小源，亦有村民數家。從此又東北踰二嶺而下，共五里，為水下。遇一人，言：「水下至鳳集鋪，止三里，而嶺荒多盜，必得送者乃可行。」余乃飯于水下村家，其人為我覓送者不得，遂東南一里，復南上小徑，連踰二嶺，則鋪❹在山頭矣。其鋪正在嶺側脊，是為臨武、宜章東西界，而鋪亭頹落，寂無一家。乃東下嶺，轉而東北行。二里，始有村落，在小溪西。渡溪橋，而東北循水下二里，至鎖石，村落甚盛。北望有大山高穹，是為蔴田大嶺。由鎖石北上嶺，三里，過社山，兩峰圓削峙，一尖圓而一斜突，為鎖石水口。由其東下嶺二里，則武溪復自北而南，路與之遇。乃循溪南東行，溪復轉而北，溪北環成一坪，是為孫車坪，涯際有小舟船❺焉。即從溪南轉入山峽，一里，南上一嶺，曰車帶嶺。其嶺嶕❻而荒，行者俱為危言，余不顧，直上一里半，登其巔，東望隱隱有斑黃之色，不辨其為雲為山，而蔴田大嶺已在其北矣。下嶺里半，有溪流淙淙，其側石穴中，有泉一池，自穴頂下注，清泠百倍溪中，乃掬而飲之，以溪水盥焉。更下而東，共七里，至梅田❼白沙巡司❽。武溪復北自蔴田南向而下，經司東而去。是日午後大霽，共行六十里，止於司側肆中。先是，途人屢以途有不測，戒余速行，余見日色尚早，何至乃爾。抵逆旅，始知上午有盜百四十人，自上鄉來，由司東至龍村，取徑道向廣東，謂土人無恐，爾不足擾也。

【章旨】本章記載了第八十五天在桂陽州至郴州府的行跡。走出臨武東門，經過阿皮洞，翻過牛廟嶺，走過桐木郎橋，再經過牛行，到水下吃飯。飯後越過臨武和宜章的分界，到達鎖石，北面有蔴田大嶺。

隨後經過社山，翻過車帶嶺，到梅田白沙巡司留宿。聽說上午有強盜從上鄉去廣東，但不騷擾當地人。

【注釋】❶宜章　明代為縣，隸郴州府，今屬湖南。❷宋桂陽軍　即明代的桂陽州。軍為宋代行政區劃名，與州、府平級。❸中火　指中午休息用飯。❹鋪　宋代稱郵遞驛站為鋪。元代州縣凡十里一鋪，明、清因之。❺舶　當為「泊」之誤。❻嶕嶢。形容山高聳。❼梅田　在宜章西南，武水南岸。❽白沙巡司　在宜章城南三十里，明、清時在此置巡司。

【語譯】初六　吃了飯出發。走出東門，向前五里，一座山在路的北邊突起，武水也向北流到這裡，路從山的南面、水的北面轉過山口再向東南走去。路轉向東北，走了一里，前面一條路往正北，是去桂陽的小路；一條岔路往東北，是去宜章的路。走了三里，到達阿皮洞，武溪又從北面繞了過來，經過洞的東北流去。溪水的西岸有幾戶居民，從這裡過橋，向東登上牛廟嶺，都十分荒涼，沒有村莊。翻過山嶺往下走四里，到川州水涼亭。在山谷中上上下下，又走了五里，到桐木郎橋。橋下的流水，從南往北，想來它的源頭應該就是從秀巖穿過洞穴流出的水。橋的東面有一塊古碑，寫著飛白體的「廣福橋」三個大字，落筆剛勁有力，是宋代桂陽軍知臨武縣曾晞顏書寫的。從這裡往南轉向東登上一座山嶺，再向東沿著半山腰走，過了五里，路忽然向四面岔開，便不向東而從北面走了。下嶺後又從東面的山塢中走了五里，到達牛行。牛行人口不多，散布在山谷之中。走這條路，是因為大路從四面岔開處直往東走，前面都是高大的山嶺，沒人居住，而這是小路，便於中午吃飯休息。從牛行再向東，走小路登上山嶺，翻過山嶺往下，走了三里，到小源，也有幾戶村民。從這裡再往東北翻過兩座山嶺下去，共走了五里，到水下。碰到一個人，說道：「從水下到鳳集鋪，只有三里，但山嶺荒涼，又多強盜，一定要有護送的人才可以走。」我就在水下的村民家吃飯，那人為我找護送的人，沒有找到，便往東南走一里，又往南走上一條小路，接連翻過兩座山嶺，看到山頭有個鋪。這鋪正處在嶺旁的山脊上，是臨武、宜章兩縣東西的分界，只是鋪亭破敗，冷清清的沒一戶人家。於是往東走下山嶺，再轉向東北走。過了二里，才有村莊，在小溪的西面。過了溪橋，向東北沿著水流往下走二里，到達鎖石，村莊十分興盛。朝北望去，有高聳的大山，這就是蕪田大嶺。從鎖石往北登上山嶺，走了三里，經過社山，有兩座圓形陡削的山峰峙立在那裡，其中一座又尖又圓，一座傾斜突起，為鎖石的水口。從它的東面下山走了二里，只見武溪又從北往南，和路相會。於是沿著溪水的南岸向東走，溪水又轉向北流，溪水北岸繞成一塊平地，這就是孫車坪，水邊有小舟停泊。隨即從溪水南岸轉入山峽之中，走了一里，向南登上一座山嶺，名車帶嶺。這嶺高聳而又荒涼，趕路的人都說上去危險，我不管它，直往上走了一里半，登上山頂，向東望去，隱隱約約有斑黃的顏色，分不清是雲還是山，而蔴田大嶺已在它的北面了。下嶺走了一里半，看到淙淙的溪流，溪旁石洞中，有一池清泉，從洞頂往下流，比溪中的水要清冷百倍，便用手捧著喝，並用溪水沖洗。再往下向東，共走了七里，到達梅田白沙巡司。武溪又從北面的蔴田大嶺向南流下，經過巡司向東流去。這天午後天氣十分晴朗，共走了六十里，在巡司旁的市中停步。在此之前，趕路的人多次以路中怕有不測之禍，來告戒我快走，我見天色還早，認為不至於如此怕人。到旅店後，才知道上午有一百四十個強盜，從上鄉過來，經過巡司的東面到龍村，走小路前往廣東，對當地人說不必害怕，不會打擾你們。

初七日　晨餐後乃行，以夜來體不安也。由司東渡武溪，遂東上渡頭嶺。東北行，直逼蔴田大嶺下，共三里，乃轉東南，再上嶺，二里而下，始就塢中行。又五里，有數十家散處山麓間，是為龍村。其北有石峰突兀路左。又東北二里，乃南向登嶺，從嶺上平行三里，始南下峽中，有細流自南而北，渡溪即東上嶺，里半為高明鋪。又下嶺，又三里，為焦溪橋。焦溪在高明南，有數十（家）夾橋而居，其水自北而南。由此東南三里，踰一嶺，為芹菜坪。其南有峰分突，下有層崖承之，其色斑赭雜黑，極似武彝之一體。此處四山俱青葱巉岏❶，獨此有異。

又三里，踰嶺，頗高。其先行嶺北，可平瞻蔴田、將軍寨、黃岑嶺諸峰；已行嶺南，則南向曠然開拓，想武江直下之境矣。下嶺，又北二里，有樓橫路口，是為隘口。其東南山上，有塔五層，修而未竟。過隘口，循塔山之北垂，覓小徑轉入山坳，是為艮巖寺❷。〔寺〕向西南，巖向西北，巖口有池一方。僧鳳巖為我煮金剛筍，以醋油炒之以供粥，遂臥寺中，得一覺。

下午入南鎮關，至三星橋。過橋，則市肆夾道，行旅雜遝，蓋南下廣東之大道云。橋即在城南，而南門在西，大道循城而東。已乃北過東門，又直北過演武場。其西蕚石❸巉巉，橫臥道側。共北十里，過牛觔洞，居民將及百家，在青岑山下。蓋大山西南，初峙為蔴田大嶺，猶臨武地。其東北再峙為將軍寨，已屬宜章。此最高之頂，乃東北度為高雲山，有寺焉。乃北轉最深處，於是始東列為黃岑❹。其山南北橫列，其南垂即為曲折嶺，又東更列一層，則青岑也，牛觔洞在其東北麓。更北行一里，為野石鋪。其北石峰嵌空，蹲踞路左，即為野石巖❺，而始不知，問其下居人，曰：「由其北小徑入即是。」乃隨其北垂，轉出山背，乃寺場，非巖洞也。亟出，欲投宿于巖下人家，有一人當門拒客，不入納。余見其巖石奇，以為此必巖也❻，苦懇之，屋側一小戶中容留焉。欲從其舍後上巖，而其家俱編籬絕，須自其中舍後門出，而拒客人，猶不肯容入。乃從南畔亂石中，攀崖踰石而入。先登一巖，其門岈然，而內有透頂之隙，而不甚深。仰視門左，有磴埋草間，亟披荊上，西南行石徑間。復得石門如合掌，其內狹而稍深，右裂旁竅，其上亦透天光，而右壁之半，一圓竅透明如鏡。出峽門，更西北隨磴上，則穹崖削立，上有疊石聳霄，下若展幃內斂。時漸就晚，四向覓路不得，念此即野石巖無疑。志原云「臨官道旁」，非山後可知，但恨無補疊為徑以窮其勝者。乃下就坐其廡下，而當門人已他去。已而聞中室牖內有呼客聲，乃主人臥息在內也，謂：「客探巖曾見仙詩否?」余以所經對，曰：「未也。穹崖之右，峽門之上，尚有路可上，明日當再窮之。」時側戶主人意雖愛客，而室甚卑隘，豬圈客鋪，共在一處，見余意不便，叩室中婦借下余榻，而婦不應，余因就牖下求中室主人，主人許之，乃移臥具於中。中室主人起向客言：「客愛遊名山，此間有高雲山，乃眾山之頂，路由黃岑嶺而上，宜章八景❼有『黃岑滴翠』、『白水流虹』二勝在其下，不可失也。」余頷之。

【章　旨】本章記載了第八十六天在郴州府的行跡。渡過武溪，登上渡頭嶺，直逼蔴田大嶺下。又經過龍村、高明鋪，翻過芹菜坪，通過隘口，沿塔山到達艮巖寺。下午走過三星橋，繞過宜章城，經過青岑山下的牛觔洞，到野石鋪，隨即越過亂石，穿過峽門，遊覽了野石巖。晚上到巖下的人家借宿，準備明天遊覽高雲山。

【注釋】❶巉岏　形容山險峻陡峭。❷艮巖寺　在宜章城南二里的艮巖。❸萼石　石萼，即石芽。由於地表水沿石灰岩節理裂隙流動，不斷進行溶蝕和沖蝕，形成微小的溶痕，溶痕進一步加深便形成溝漕形態，稱為溶溝。溝漕間突起的地方就是石芽。❹黃岑　山名，在宜章城北十里，即郴州南山。登絕頂則郴州、桂陽之地，盡在目中。❺野石巖　在宜章城北十五里。巖壁峭立。❻此必巖也　依文意，當作「必此巖也」。❼宜章八景　即黃岑滴翠、蒙洞泉香、普化晚鐘、榜山晴旭、寶剎雲旛、玉溪春漲、白水流虹、艮岩隱龍。

【語譯】初七　因為夜間身體不舒服，吃過早飯才出發。從巡司的東面渡過武溪，便向東登上渡頭嶺。往東北走，直逼蕪田大嶺下，共走了三里，便轉向東南，再登上山嶺，走了二里下山，開始在山塢中行走。又走了五里，有幾十戶人家散居山腳下，這就是龍村。在它的北面有石峰在路的左邊突兀高聳。再往東北走了二里，便向南登上山嶺，在嶺上平步走了三里，才往南走下峽谷中，有小溪從南向北流，渡過溪水便向東登上山嶺，往前一里半為高明鋪。走下山嶺，向前三里為焦溪橋。焦溪在高明鋪南面，有幾十戶人家在橋的兩邊居住。橋下的水從北向南流去。從這裡往東南走三里，翻過一座山嶺，到芹菜坪。在它南面有山峰岔開突起，下面有層層山崖托住，顏色斑駁，紅褐中夾雜著黑色，很像武彝山的某一部分。這裡四周都是青翠峻峭的山峰，惟獨這座山有些不同。再走三里，翻過很高的山嶺。先在嶺的北邊走，可平向遠望蕪田、將軍寨、黃岑嶺等山峰；隨後在嶺的南邊走，只見向南一片空曠開闊之地，想來就是武江直往下流過的地區。走下山嶺，又往北走了二里，有樓橫在路口，這就是隘口。在它東南的山上，有五層高的塔，還沒修好。通過隘口，沿著塔山的北陲，找小路轉入山坳之中，便到艮巖寺。寺面向西南，巖面向西北，巖口有一方水池。僧人鳳巖為我煮了金剛筍，用醋油炒了作為吃粥的菜，便在寺中睡了一覺。

下午走進南鎮關，到三星橋。走過橋，只見道路的兩旁都是店鋪，行人擁擠，因為這是往南去廣東的大路。橋就在宜章城南，但南門在西邊，大路沿著城向東。隨即向北經過東門，又往正北經過練武的場地。在它西面有險峻的石片，橫躺在路旁。向北共走了十里，經過牛觔洞，當地居民將近一百家，住在青岑山下。原來在大山的西南，最先聳起的是蕪田大嶺，仍然在臨武地界。在它東北再聳起將軍寨，已屬宜章地界。是這裡最高的山，向東北延伸形成高雲山，上面有寺廟。於是向北轉到山的最深處，到這裡開始在東邊排列成黃岑山。這山從南往北，橫向排列，它的南陲就是曲折嶺，再往東又有一排山，即青岑山，牛觔洞在它的東北麓。繼續往北走一里，到野石鋪。在它北面有玲瓏的石峰，座落在路的左側，就是野石巖，但開始不知道，向住在它下面的居民打聽，答道：「從它北面的小路進去就是。」於是沿著它的北陲，從山的背後轉出，看到寺院的場地，並不是巖洞。急忙走出，想到巖下的人家投宿，有人站在門口拒客，不讓進去，我見這裡巖石奇特，認為一定是野石巖，苦苦懇求，旁邊一間小屋的主人才同意收留。想從這屋子的後面登上山巖，只是那戶人家到處圍著籬笆，必須從中間屋子的後門走出，但拒客的人，還是不肯讓人進去。只得從南邊的亂石中攀登崖壁，越過山石進去。先登上一巖，洞門深邃，裡面有和頂部相通的縫隙，但不太深。仰望門的左邊，有石階埋在草中，趕緊撥開荊棘向上，往西南在鋪著石級的小路上行走。又看到一重石門，形狀如同合攏的手掌，裡面狹窄，又比較深，右邊裂開一個孔洞，上面也能透進陽光，而在右邊石壁的中部，有一個圓形的孔洞，陽光照進，像鏡子那樣明亮。走出峽門，再往西北隨石階向上，只見高大的山崖陡然聳立，上面有重重疊疊的巖石直聳雲霄，下面如同展開的帷幛往裡收攏，這時天色漸晚，四處找不到路，心想這裡毫無疑問就是野石巖。志書中原說它在「靠近官府大路的旁邊」，可知不在山的後面，只恨沒有加鋪石階，讓人窮盡它的勝景。於是往下坐在小屋的下面，原先站在門口的人已經離開。過了一會聽到中間屋子的窗內有呼喊過客的聲音，原來是主人睡在裡面，問道：「過客探訪山巖，看到仙詩沒有？」我將經過的情景告訴他，說：「還沒到那裡。在高大的山崖右面、峽谷石門的上面，還有路可上去，明天再去遊遍巖上的勝景。」這時旁邊那戶人家的主人心裡雖然愛客，但屋子低矮窄小，豬圈客鋪，混在一起，看到我有不方便的意思，便求屋內的婦人借地方讓我睡，但那婦人不吭聲，我於是到窗下求中間屋子的主人，主人同意了，才將被褥搬進去。中間屋子的主人起身對我說：「過客喜歡遊覽名山，這裡有高雲山，是眾山的最高處，路從黃岑嶺上去，宜章八景中，『黃岑滴翠』、『白水流虹』這兩景就在它下面，不可錯過。」我點頭表示贊同。

初八日　晨覓導遊高雲者，其人欲余少待，上午乃得同行。余飯後復登巖上，由穹崖之東叢鬱之下，果又得路。上數步，亂石縱橫，路復莫辨。乃攀踰石蕚❶，上俱嵌空決裂，有大石高聳於外，夾成石坪，掩映愈勝，然終不得洞中詩也。徘徊久之，還至失路處，見一石穴，即在所踰石下，乃匍伏入。其內峆岈起裂，列穴旁通，宛轉透石坪下，皆明朗可穿。蓋前越其上，茲透其底，求所謂仙詩，竟無有也。

下巖，導者未至，方拽囊就道，忽北路言大盜二百餘人自北來。主人俱奔，襁負奔避後山，余與顧僕復攜囊藏適所遊穴中，以此處路幽莫覺，且有後穴可他走也。余伏穴中，令顧僕從穴旁窺之。初奔走紛紛，已而路寂無人。久之，復有自北而南者，乃下問之，曰：「賊從章橋之上，過外嶺西向黃茅矣。」乃下巖南行，即自北南來者甚眾，而北去者猶蹜蹜❷不前也。途人相告，即梅前司❸渡河百四十名之夥，南至天都、石坪行劫。乃東從間道，北出章橋，轉而西還，蓋繞宜章之四郊，而猶不敢竟度國門❹也。南從舊路一里半，抵牛軛洞北，遂從小徑，西南循大山行。里半，出牛軛洞之後，乃西越山峽，共五里，出峽，乃循青岑南麓行。有路差大，乃西南向縣者，而黃岑之道則若斷若續，惟以意擬耳。共西三里，轉一崗，始與南來大道合，遂北向曲折嶺。二里，直躋嶺坳，其西即「白水流虹」。章水之上源，自高雲山南徑黃岑峒，由此出峽，布流懸石而下者也。〔土人即稱此嶺曰黃岑，然黃岑山尚北峙，此其南下支。〕踰嶺西北半里，即溯澗行，黃岑山高峙東北，其陽環成一峒，大溪橫貫之。竟峒里半，有小徑北去，云可通章橋。仍溯溪西行三里，為兵馬堂路口。仍溯溪北轉一里，乃舍溪登嶺。北上一里，西下塢中，是為藏經樓。高山四繞，小澗瀠門❺，寺甚整潔，昔為貯藏之所，近為賊劫，寺僧散去，經移高雲，獨一、二僧閉戶守焉。因炊粥其中，坐臥其中久之。

下午，乃由寺左登嶺，岧嶢直上者二里，是為坪頭嶺。逾嶺稍下，得塢甚幽，山幃翠疊，眾壑爭流，有修篁一丘，叢木交映中，靜室出焉。其室修潔，而空寂無人，高山流水，窈然而已。半里，逾塢，復溯澗北上嶺一里，嶺窮而水不絕。此坪頭而上第二嶺也。水復自上塢透峽下，路透峽入，又平行塢中半里，渡澗，東北上嶺。〔澗東自黃岑山後來，平流塢中，石坪殷紅，清泉素潤，色侔濯錦，出峽下瀉，珠鳴玉韻，重木翳之，杳不可窺，於是繞靜室西南下注，出藏經嶺南，為大章❻之源也。〕嶺不甚高，不過半里，漸盤出黃岑北。其處山鵑鮮麗，光彩射目，樹雖不繁，而花色絕勝，非他處可比。此坪頭上第三嶺也。稍過坪，又東北上一里，踰嶺脊。此坪頭上第四嶺矣。其西石峰突如踞獅，為將軍山南來東轉之脈，其東則南度為黃岑山者也。踰嶺北下一里，折而西北，下行深樹中，又一里，得高雲寺。寺雖稍倚翠微，猶踞萬峰絕頂。寺肇於隆慶五年❼，今漸就敝，而山門❽方丈❾，猶未全備，洵峻極之構造匪易也。寺向有五十僧，為流寇所擾，止存六、七僧，以耕種為業，而晨昏之梵課❿不廢，亦此中之僅見者。主僧寶幢，頗能安客。至寺，日猶未銜山，以憊極，急浴而臥。

【章　旨】本章記載了第八十七天在郴州府的行跡。又登上野石巖，但始終沒找到仙詩。下巖後聽到有強盜過來，便走小路，繞過宜章的四郊，經過牛觔洞，沿著青岑山的南麓走，翻過曲折嶺，看到從黃岑山發源的章水上游。隨後經過兵馬堂路口，到藏經樓休息。下午翻過坪頭嶺，看到一個幽深靜寂的山塢。又接連登上三重山嶺，一路清泉叮咚，山花鮮豔，石峰如獸，景色迷人。最後到高雲寺寄宿，惟有這寺，仍不荒廢佛事。

【注　釋】❶石薴　指在溶溝中突起的石芽。❷蹜蹜　形容畏縮的樣子。❸梅前司　據前初六日記，「前」當為「田」字。❹國門　指城門。❺小澗瀠門　「澗」原作「洞」，據乾隆本改。❻大章　章水分大章、小章水，均出宜章城北黃岑山。❼隆慶五年　隆慶，明穆宗年號。隆慶五年即一五七一年。❽山門　本作「三門」，即佛寺的大門。❾方丈　佛寺長老及住持說法處。❿梵課　指佛教寺院中定時誦經禮拜等法事。課，課誦。

【語　譯】初八　早晨尋找能去高雲山導遊的人，那人要我稍許等一會，上午才能一起出發。飯後我又登上野石巖，從高大山崖東面的樹叢下，果然又找到了路。往上走幾步，只見亂石縱橫，又分不清路了。於是向上攀登，從石芽中越過，上面都是玲瓏的碎石，有大石在外面高高聳起，夾成石坪，遮掩映照，景色更美，但始終找不到洞中的詩。來回走了好久，回到沒路的地方，看到一個石洞，就在越過的巖石下面，便爬了進去。裡面巖石幽深裂開，形成不少相通的洞穴，在石坪下曲折通過，都很明亮，可以穿行。先前從它上面越過，現在又從它底部穿過，但終於沒找到所謂的仙詩。

走下山巖，嚮導還沒到，正要拿起行李上路，忽然從北路傳來消息說，有二百多個大盜從北面過來。住房的主人都背著小孩逃到後山躲避，我和顧僕又帶著行李藏在剛才所遊的洞穴中，因為這裡比較幽僻，沒人發覺，並且還有後面的洞可通往其他地方。我伏在洞內，吩咐顧僕從洞旁探望。起先有許多奔跑的人，不一會路上便悄無人聲。過了好久，又有從北往南的人，便下去打聽，答道：「盜賊從章橋的上面，經過外嶺向西去黃茅了。」於是下巖往南走，只見從北往南的人很多，但往北的人仍然感到害怕，不敢向前。據過路的人相互轉告，這幫盜賊就是在梅田司渡河的那一百四十人，往南到天都、石坪去搶劫。於是向東從小路走，往北走出章橋，轉而向西返回，即繞過宜章的四郊，但仍不敢直接通過城門。向南從原路走了一里半，到達牛觔洞的北面，便從小路往西南沿著大山走。過了一里半，從牛觔洞的後面走出，向西越過山峽，共五里，走出峽谷，便沿著青岑山的南麓走。有條路略微大些，是往西南去宜章縣城的，而去黃岑山的路則斷斷續續，只能靠自己猜測了。共往西走了三里，轉過一座山岡，才和從南面延伸過來的大路會合，便向北去曲折嶺。走了二里，直登嶺上的坳地，在它西面便是「白水流虹」。章水的上源，從高雲山往南經過黃岑峒，從這裡流出峽谷，水流懸掛在崖石之上，往下奔瀉。當地人稱這嶺為黃岑，其實黃岑山還在北面峙立，這是它往南延伸的支脈。翻過山嶺往西北走半里，沿著澗水上行，黃岑山在東北高高聳立，在山的南面繞成一峒，有大溪橫向流過。走了一里半，到峒的盡頭，有小路向北，據說可通往章橋。仍然沿著溪水上行，往西走三里，到兵馬堂路口。繼續沿著溪水上行，轉向北走一里，便離開溪水登上山嶺。往北走上一里，又向西往下到山塢之中，就來到藏經樓。四周高山環繞，門前小澗縈迴，寺院十分整潔，過去為儲藏物品的地方，最近遭到強盜搶劫，寺內的僧人都逃散了，佛經轉移到高雲寺，只有一、二個僧人關著門守護。於是到寺內煮粥，在裡面休息了好長時間。

下午，從寺的左邊登上山嶺，踏著險峻的山路直往上走二里，便是坪頭嶺。翻過山嶺稍微往下走一段路，到一個十分幽靜的山塢，山峰如同帷幛，層層疊疊，一片蒼翠，溪水在眾多溝壑中爭流不息，有個土丘長滿修長的綠竹，在樹叢的相互映照中，露出一間靜室。屋子很整潔，但空無一人，惟有高山流水，呈現出幽深靜寂的氣氛罷了。走了半里，翻過山塢，又沿著澗水上行，往北登上山嶺走了一里，到嶺的盡頭，但水不斷。這是從坪頭嶺往上的第二重山嶺。水又從上面的山塢中穿過峽谷流下，路從峽谷中穿過，又在山塢中平步走了半里，渡過澗水，往東北登上山嶺。澗水從東面的黃岑山後流來，在山塢中平流，清澈柔和的泉水，流在深紅色的石坪上，真可同潔淨的錦繡比美。水流出峽谷，往下奔瀉，水聲叮咚，如同珠玉敲擊的聲響，茂密的樹木遮掩在上面，一眼望去，深不可測，水流到這裡繞過靜室的西南，往下灌注，從藏經嶺的南面流出，成為大章水的源頭。嶺不太高，走了不到半里，漸漸從黃岑山北面繞出。這裡杜鵑花色澤鮮豔，光彩奪目，樹雖不多，但花極其美麗，不是其他地方所能相比的。這是從坪頭嶺往上的第三重山嶺。經過一塊平地，走了沒幾步，又往東北走上一里，翻過嶺脊。這是從坪頭嶺往上的第四重山嶺。在它西面石峰突起，就像蹲下的獅子，是將軍山往南再向東轉的支脈，在它東面則是向南延伸成黃岑山的山脈。翻過山嶺往北走下一里，轉向西北，往下在茂密的樹林中行走，再過一里，來到高雲寺。寺雖然稍微靠著青山，但仍座落在群山的頂峰。寺在隆慶五年開始建造，如今已漸漸破敗，但山門、方丈，還沒齊全。真可以說在極高的地方施工確實不易。寺原先有五十個僧人，因遭到流寇侵擾，現在只剩下六、七個僧人，以耕種為業，但並不荒廢早晚的佛事，在這裡也算是獨一無二了。住持寶幢，很能安頓來客。到寺院，太陽還沒下山，因為極度疲勞，急忙洗澡睡覺。

初九日　晨起，濃霧翳山，咫尺莫辨。問山亦無他奇，遂決策下山，東北向叢木中下。初，余意為蘿棘所翳，即不能入，而身所過處，或瞻企不辜❶。及五里，至山麓，村落數家，散處塢中。問所謂坦山❷，皆云即此，而問所謂萬華巖❸，皆云無之。徘徊四顧，竟無異處。但其水東下章橋，大路從之，甚迂。由此北踰虎頭嶺，出良田❹，為問道甚便。遂從村側北上嶺，嶺東坳中，澗水瀉大石崖而下，懸簾洩布❺，亦此中所僅見。一里，踰坳上，一里半，復溯流北行塢中，一里半，又踰嶺而下，有溪自西而東，問之，猶東出章橋者也。渡溪，又有一溪自北來入。溯溪北行峽中，二里為大竹峒，居民數家，水自西來，想亦黃茅嶺下之餘波也。由大竹峒東踰大竹嶺，嶺為大竹山南下之脊，是為分水，東由吳溪出郴，西由章橋入宜。上少下多。東向直下二里，是為吳溪，居民數家，散處甚敞，前章橋流賊所從而西者也。村東一里，有橋跨溪上，度橋北，上小分嶺，亦上少下多。二里，下至仙人場，有水頗大，北自山峒透峽而東，一峰當關扼之，水激石奮。

水折而南，峰剖其西，若平削而下者❻，以為下必有洞壑可憩，及抵崖下，乃絕流而渡，則寂無人煙。乃北踰一崗，二里，為歪裏。先為廖氏，居人頗盛，有小水自北南去。乃從其村東上平嶺，北行一里，其西塢中為王氏，室廬甚整。詢之土人，昨流賊自章橋北小徑止於村西大山叢木中，經宿而去。想亦有所闞而不敢動也。從此東北出山坳，石道修整，十二里而抵良田。自歪裏雨作，至此愈甚，乃炊飯索飲于肆中。良田居市甚眾，乃中道一大聚落。二月間流寇三、四百人，亦群而過焉。飯後，雨不盡止，北十里，宿于萬歲橋。按志：郴南有靈壽山❼，山有靈壽木，昔名萬歲，故山下水名千秋❽。今有小萬歲、大萬歲二溪，俱有橋架其上，水俱自西而東。余以靈壽山必有勝可尋，及遍詢土人，俱無可徵，惟二流之易「千秋」存「萬歲」耳。

【章　旨】本章記載了第八十八天在郴州府的行跡。到坦山腳下，卻找不到可遊之處。翻過虎頭嶺、大竹嶺，經過吳溪、仙人場、歪裏、良田，到萬歲橋留宿，附近有靈壽山和萬歲溪。

【注　釋】❶不幸　原指無罪的人，這裡借指不該被遺棄的景物。❷坦山　在郴州西南三十里。❸萬華巖　在坦山內，中有怪石。巖內尚有宋知州趙不退勸農古碑。❹良田　在郴縣城南六十里，郴水東岸。❺洩布　據《水經注・浙水》，浙江諸暨洩溪，從兩座高山間奔瀉，遠望瀑布如垂雲壁立，當地人稱作「洩」。❻若平削而下者　乾隆本作「嚴巖矗扆」。❼靈壽山　又名「萬歲山」，在郴州城南二十里。因山上有靈壽木，故名。❽千秋　在郴州南境，源出靈壽山，因山舊名萬歲，故水名千秋。

【語譯】初九 清晨起身，濃霧遮蔽了山峰，即使近在咫尺，也看不清楚。打聽周圍山峰的情況，沒什麼奇景，便決定下山，朝東北從樹叢中下去。起先，我以為路被松蘿荊棘遮蔽，即使不能進去，但走過的地方，或許還能看到一些不該被遺棄的景物。走了五里，到達山腳，有幾戶人家散處在山塢之中。打聽所謂的坦山，都說就是這裡，而打聽所謂的萬華巖，都說沒有這地方。來回走動，不知該怎麼走，向四面望去，竟沒有異常的地方。只是溪水向東流到章橋，大路隨著水走，十分曲折。從這裡往北翻過虎頭嶺，走出良田，是一條小路，很方便。於是從村旁往北登上山嶺，嶺東的坳地中，澗水從大石崖往下傾瀉，就像懸掛的簾子、奔瀉的瀑布，也是這裡絕無僅有的景色。走了一里，從坳上越過，又走了一里半，沿著溪流上行，往北在山塢中行走，再走一里半，又翻過山嶺往下，有溪水從西向東流去，一問，仍然是從東面章橋流出的水。渡過溪水，另有一條溪水從北面流來匯入。沿著溪水上行，向北進入山峽之中，往前二里到大竹峒，有幾戶居民，水從西面流來，想來也是從黃茅嶺下流出的水最後一段。從大竹峒向東翻過大竹嶺，這嶺是大竹山往南延伸的山脊，成為分水嶺，東面從吳溪流出郴州，西面從章橋進入宜章。一路向上爬的時候少，往下走的時候多。向東直往下走二里，便是吳溪，有幾戶居民，分散居住，十分寬敞，昨天在章橋流竄的盜賊就是從這裡往西的。在村東一里處，有橋架在溪水之上，過了橋往北，登上一座較小的分水嶺，也是向上爬的時候少，往下走的時候多。走了二里，往下到仙人場，有一條相當大的溪水，從北面的山峒穿過峽谷向東，一座山峰把關扼制水流，水石相激，勢若奮起，水轉而向南，山峰的西面被劈開，就像往下平削似的，以為下面一定有洞壑可以休息，等到了崖下，便橫流而渡，四周杳無人煙。於是往北翻過一座山岡，走了二里，到歪裏。原先為廖氏的住地，居民很多，有小溪從北向南流去。於是從村的東面登上平坦的山嶺，往北走一里，西面的山塢中為王氏的住地，房屋十分整齊。問了當地人，得知昨天流竄的盜賊，從章橋北面的小路走到村西大山的樹林中停下，過了一夜離開。想來也是因為看到有所防備而不敢妄動。從這裡向東北走出山坳，石路平整，走了十二里，抵達良田。從歪裏那邊開始下雨，到這裡雨下得更大，便在市中煮飯買酒喝。良田的住房店鋪很多，是路中一個大村落。二月間有三、四百個流竄的土匪，也成群結隊從這裡經過。飯後雨還沒完全停下，往北走了十里，到萬歲橋留宿。據志書載：郴州城南有靈壽山，山上有靈壽樹，過去名「萬歲」，故山下的水名「千秋」。如今有小萬歲、大萬歲這兩條溪水，上面都架著橋，水都從西向東流去。我以為靈壽山一定有勝景可尋訪，等問遍當地人，都沒問出結果，只是兩條溪流將「千秋」改掉，保留「萬歲」的名稱罷了。

初十日　雨雖止而濘甚。自萬歲橋北行十里，為新橋鋪，有路自東南來合，想桂陽縣❶之支道也。又北十里為郴州❷之南關。郴水❸東自山峽曲至城東南隅折而北，徑❹城之東關外，則蘇仙橋❺橫亙其上。九洞甚宏整。至是雨復大作，余不暇入城，姑飯于溪上肆中。乃持蓋為蘇仙❻之遊。隨郴溪西岸行，一里，度蘇仙橋，隨郴溪東岸行，東北二里，溪折西北去，乃由水經東上山。入山即有穹碑，書「天下第十八福地❼」。由此半里，即為乳仙宮❽。叢桂蔭門，清流界道，有僧乘宗出迎客。余以足襪淋漓，恐污宮內，欲乘勢先登山頂，與僧為明日期。僧以茶筍出餉，且曰：「白鹿洞❾即在宮後，可先一探。」余急從之。由宮左至宮後，則新室三楹，掩門未啟，即排以入石洞，正當楹後崖，高數丈，為楹掩，俱不可見。洞門高丈六，止從楹上透光入洞耳。洞東向，皆青石迸裂，二丈之內，即成峽而入。已轉東向，漸窪伏黑隘，無容匍伏矣。成峽處其西石崖倒垂，不及地者尺五，有嵌裂透漏之狀。正德五年❿，錫邑秦太保金⓫時以巡撫征龔福全⓬，勒石於上。

又西有一隙，側身而進，已轉南下，穿穴匍伏出巖前，則明竇也。復從楹內進洞，少憩，仍至前宮，別乘宗，由宮內右登嶺，冒雨北上一里，即為中觀⑬。觀門甚雅，中有書室，花竹脩然，乃王氏者，亦以足污未入。由觀右登嶺，冒雨東北上一里半，遂造其頂。有大路由東向迓入者，乃前門正道；有小路北上沉香石⑭飛昇亭⑮，為殿⑯後路。余從小徑上。帶濕謁蘇仙⑰。僧俗謁仙者數十人，喧處於中，余向火炙衣，自適其適，不暇他問也。郴州為九仙二佛⑱之地，若成武丁之騾崗⑲在西城外，劉瞻⑳之劉仙嶺㉑在東城外，佛則無量㉒，智儼廖師㉓也，俱不及蘇仙，故不暇及之。

【章　旨】本章記載了第八十九天在郴州府的行跡。經過新橋鋪，到郴州南關。然後通過蘇仙橋，登上蘇仙嶺，經過乳仙宮，遊覽了白鹿洞，接著經過中觀，到達蘇仙觀。蘇仙為郴州九仙二佛之一。

【注　釋】❶桂陽縣　明代隸郴州府，即今湖南汝城，和桂陽州不是同一個地方。❷郴州　明代為州，治所在郴縣，今屬湖南。❸郴水　即郴江，又名黃水，源出郴縣黃岑山，北流入耒水。❹徑　通「經」。❺蘇仙橋　跨郴州城東郴江之上，形若長虹，明嘉靖年間，莊王春謫居郴州時重建。❻蘇仙　指蘇仙嶺，舊名牛脾山，在郴州城東北七里，為蘇耽飛升之地，故被稱作「十八福地」。山中多雲霧，「蘇嶺雲松」為郴陽八景之一。❼福地　神仙居住的地方。道家有三十六洞天、七十二福地之說。❽乳仙宮　當為「乳仙亭」，在白鹿洞前。明萬曆年間，知州胡漢所建八角亭，匾曰：「鶴鹿遺蹤」。❾白鹿洞　在蘇仙山麓，洞中可容數席，深不可測。❿正德五年　正德，明武宗年號。正德五年即一五一〇年。⓫秦太保金　秦金，字國聲，無錫（今屬江蘇）人。弘治進士，曾巡撫湖廣。為人樂易，居官一以廉正自持，卒諡端敏。⓬龔福全　桂陽瑤民起事首領。⓭中觀　舊名景星觀，在蘇仙嶺山腰。⓮沉香石　在蘇仙嶺上仙壇旁。⓯飛昇亭　在蘇仙嶺，相傳為蘇仙飛升之所。⓰殿　指蘇仙觀，在蘇仙山頂，原為蘇仙宅，唐代改為觀。⓱蘇仙　即蘇耽，郴縣人。少時事母以孝著稱。遇異人，授以神仙之術，常乘一白鹿，登山如飛，後仙去。⑱九仙二佛　九仙即西漢蘇耽、東漢成武丁、唐王錫、廖真人、范伯慈、唐居士、劉曙、劉瞻、劉助。二佛即無量壽佛、道廣大師。⑲騾崗　即成武岡，在郴縣城西南五里，傳說成武丁葬此，其友人見仙人乘白騾去，石壁上有騾跡，故名其岡為騾崗。⑳劉曙　唐咸通年間宰相劉瞻之弟，但生性不同，曙性高潔，瞻慕宦達。後曙丫髻布衣，隨道士入羅浮山。㉑劉仙嶺　在郴州城北五里，東麓為鷓鴣坪，南麓有泉出，匯為北湖。㉒無量　即無量壽佛。郴州程水鄉人。俗姓周，幼出家，相傳郴州開元寺即其出家處，後在湘山開創淨土院。據說他預知唐武宗滅佛，故令其徒變換衣冠，披紫霞衣，名「無量壽衣」，戴青崆冠，名「真空法冠」，自稱無量壽主。咸通八年坐化，年一百三十二，真身在湘山。㉓智儼廖師　即景星觀道人正法，又稱廖真人，傳說後於連州靖福山白日升仙而去。唐代韓愈〈贈廖道士序〉，即贈其人。

【語　譯】初十　雨雖然停了，路上泥濘不堪。從萬歲橋往北走十里，到新橋鋪，有路從東南延伸過來會合，想來是去桂陽縣的岔路。再往北走十里到郴州的南關。郴水從東面的山峽曲曲折折流到城的東南角轉而向北，經過城的東關外，有蘇仙橋橫跨在它的上面。九個橋洞十分寬大整齊。到這裡又下起大雨，我沒有時間進城，暫且在溪上的集市吃飯。飯後拿著傘去蘇仙嶺一遊。沿著郴溪的西岸走了一里，通過蘇仙橋，又沿著郴溪的東岸，往東北走了二里，溪水轉向西北流去，便沿著水從東面上山。一進山就看到高大的石碑，上面寫著「天下第十八福地」。從這裡往前走半里，便是乳仙宮。一叢叢桂樹將門遮掩，清澈的流水從路邊流過，有個名乘宗的和尚出來迎客。我因為鞋襪都已淋濕，怕將宮內弄髒，想乘勢先登上山頂，和乘宗約好明天碰頭。和尚拿出茶和筍招待，並且說：「白鹿洞就在宮的後面，可先去一遊。」我急忙前往。從宮的左邊到宮的後面，有三間新蓋的屋子，門關著，便推開門到石洞中去，洞正對屋後的山崖，崖有幾丈高，被屋子遮住，都看不到。洞門有一丈六尺高，只有從屋子的上面透過一些光線照進洞中。洞口向東，都是裂開的青石，進去不到二丈，洞內便像峽谷那樣往裡面延伸。隨後向東轉，地勢漸漸低窪黑暗狹窄，沒地方安身，只得伏在地上爬行。峽谷西面石崖倒掛，離地面只有一尺五寸，有割裂滲透的形狀。正德五年，無錫秦金太保作為巡撫征討龔福全，在上面刻石留念。再往西有一道空隙，側著身子進去，隨後轉向南往下走，穿過洞穴，從巖前爬出，便是明洞。又從屋內進洞，稍微休息一會，仍然回到前宮，告別乘宗，從宮內的右側登上山嶺，冒雨向北往上走一里，便是中觀。觀門十分雅致，裡面有書房，花竹掩映，瀟灑脫俗，主人為王氏，也因為腳骿，沒有進去。從中觀的右邊登上山嶺，冒雨往東北走上一里半，便到達峰頂。有大路向東迎客進入，是蘇仙觀前門的正路；另外還有小路向北往上到沉香石、飛昇亭，為蘇仙觀殿後的路。我從小路上去，帶濕拜謁了蘇仙。前來拜謁蘇仙的出家人和普通百姓，有幾十個人，在觀內喧鬧，我對著火烤衣服，自得其樂，無暇再問其他事。郴州為出現九仙二佛的地方，如成武丁的騾崗在西城外，劉瞻的劉仙嶺在東城外，另外還有無量壽佛、智儼廖師，聲望都不如蘇仙，故不一一列舉了。

十一日　與眾旅飯後，乃獨遊殿外虛堂。堂三楹，上有詩扁❶環列，中有額，名不雅馴，不暇記也。其堂址高，前列樓環之，正與之等。樓亦軒敞，但未施丹堊❷，已就欹裂。其外即為前門，殿後有寢宮❸、玉皇閣，其下即飛昇亭矣。是早微雨，至是微雨猶零，仍持蓋下山。過中觀，入謁仙，覓僧遍如，不在。入王氏書室，折薔薇一枝，下至乳源宮，供仙案間。乘宗仍留茶點，且以仙桃石❹餽余，余無以酬，惟勸其為吳❺遊，冀他日備雲水❻一供耳。宮中有天啟❼初邑人袁子訓雷州❽二守❾。碑，言蘇仙事甚詳。言仙之母便縣❿人，便即今永興。有浣於溪，有苔成團繞足者再四，感而成孕，生仙于漢惠帝五年⓫五月十五。母棄之後洞中，即白鹿洞。明日往視，則白鶴覆之，白鹿乳之，異而收歸。長就學，師欲命名而不知其姓，令出，觀所遇，遇擔禾者以草貫魚而過，遂以蘇為姓，而名之曰耽。嘗同諸兒牧牛羊，不突不擾，因各群畀之，無亂群者，諸兒又稱為「牛師」。事母至孝，母病思魚膾⑫，仙往覓膾，不宿⑬而至。母食之，喜問所從得，曰：「便。」便去所居遠，非兩日不能返，母以為欺。曰：「市膾時舅氏在旁，且詢知母恙，不日且至，可驗。」舅至，母始異之。後白日奉上帝命，隨仙官上昇於文帝三年⑭七月十五日。母言：「兒去，吾何以養？」乃留一櫃，封識甚固，曰：「凡所需，扣櫃可得。第必不可開。」指庭間橘及井，曰：「此中將大疫，以橘葉及井水愈之。」後果大驗。郡人益靈異之，欲開櫃一視，母從之，有隻鶴沖去，此後扣櫃不靈矣。母逾百歲。既卒，鄉人彷彿見仙在嶺哀號不已。郡守張邈⑮往送葬，求一見仙容，為示半面，光彩射人，又垂空出隻手，綠毛巨掌，見者大異。自後靈異甚多，俱不暇覽。第所謂沉香石者，一石突山頭，予初疑其無謂，而鐫字甚古，字外有履跡痕，則仙人上昇遺跡也。所謂仙桃石者，石小如桃形，在淺土中，可鋤而得之，峰頂及乳仙洞俱有，磨而服之，可已心疾，亦橘井之遺意也。傳文甚長，略識一二，以徵本末云。

還過蘇仙橋，從溪上覓便舟，舟過午始發。乃過南關，入州前，復西過行臺⑯

前，仍出南關。蓋南關外有十字口，市肆頗盛，而城中甚寥寂。城不大，而牆亦不甚高。郴之水自東南北繞，其山則折嶺橫其南而不高，而高者皆非過龍之脊。午後下小舟，東北由蘇仙橋下，順流西北去。六十里，達郴口⑰。時暮色已上，而雨復至，恐此北晚無便舟，而所附舟連夜往程口⑱，遂隨之行。郴口則郴江自東南，耒水⑲自正東，二水合而勢始大。〔耒水出桂陽縣南五里耒山⑳下，西北至興寧縣㉑，勝小舟；又三十里至江東市㉒，勝大舟；又五十里乃至此。〕江口諸峰，俱石崖盤立，寸土無麗㉓。志稱有曹王寨㉔，山極險峻，暮不及登，亦無路登也。舟人夜鼓棹，三十里，抵黃泥鋪，雨至而泊。余從篷底窺之，外若橋門，〔心異，〕因起視，則一大石室下也，寬若數間屋，下匯為潭，外覆若環橋，四舟俱泊其內。巖外雨聲潺潺㉕，四鼓乃止。雨止而行，昧爽達程口矣。乃登涯。

【章　旨】本章記載了第九十天在郴州府的行跡。獨自在蘇仙觀遊賞。下山經過中觀，走進王氏書室，又到乳源宮，宮中有關於蘇仙事跡的碑文。蘇仙生於漢惠帝五年，從小就不同尋常，在文帝三年升天，沉香石就是他當年升天的遺址。返回時進入郴州府城，城不大。午後乘船到達郴口，江口都是石山，據說這裡有曹王寨。夜間在黃泥鋪停泊，黎明時到程口上岸。

【注　釋】❶扁　同「匾」。❷丹堊　用紅泥塗刷。❸寢宮　臥室。❹仙桃石　在蘇仙嶺上仙壇旁，赤黃色，食之可治病。❺吳　指江蘇。東漢時江蘇為吳郡地，後因別稱為吳。❻雲水　指行腳僧或遊方道士。言其如行雲流水無定所。❼天啟　明熹宗年號。❽雷州　明代為府，治所在海康（今屬廣東）。❾二守　疑為「太守」之誤。❿便縣　西漢置便縣，隸桂陽郡，治所在今湖南永興。⓫漢惠帝五年　西元前一九〇年。⓬膾　切得很細的肉或魚。⓭宿　隔夜。⓮文帝三年　西元前一七七年。⓯張邈　漢文帝時任桂陽郡太守。⓰行臺　行御史臺，執掌監察權。⓱郴口　在郴縣東北，郴水與耒水合流處。⓲程口　即程江口，在郴水東岸，程江流至此入郴水。⓳耒水　源出耒山，西北流合漚江、資興江、郴江，至衡陽城東耒口注入湘江。⓴耒山　在湖南汝城南十里。㉑興寧縣　明代為縣，隸郴州，即今湖南資興。㉒江東市　據下十二日日記，當為「東江市」，即今位於資興西境、東江東岸的東江。㉓麗　附著。㉔曹王寨　在郴江口，距州城三十里，山勢壁立，山巔有石如耳，外生柏樹，舊名曹王寨，俗稱鋏釘寨。㉕巖外雨聲潺潺　此句乾隆本作「巖外雨聲山色，不意夢中睹此奇景」。

【語　譯】十一日　和眾多旅客吃了飯後，便獨自到殿外的虛堂遊覽。堂有三間屋子，上面環繞陳列著詩匾，中間有匾額，名稱很俗氣，沒去記它。這堂的位址很高，前面環繞著一排樓房，高度正同它相等。樓也開闊寬敞，但沒用紅泥塗刷，已經傾斜裂開。外面便是前門，殿後有寢宮、玉皇閣，下面就是飛昇亭。這天早晨下起小雨，到這時小雨仍斷斷續續下著，照舊拿著傘下山。經過中觀，進去拜謁蘇仙，尋找遍如和尚，人不在。又走進王氏的書室，折下一枝薔薇，往下走到乳源宮，供在仙桌上。乘宗照樣留我用茶點，並將仙桃石贈送給我，我沒什麼可酬謝的東西，惟有勸他去吳地一遊，希望以後能為他雲遊四方提供一些幫助。宮中有天啟初本縣人袁子訓雷州太守。寫的碑文，很詳細地記載了蘇仙的事情。文中說蘇仙的母親是便縣人，便縣就是今天的永興。在溪中洗衣服，有一團青苔在她腳邊纏了四圈，由此感應懷孕，在漢惠帝五年五月十五日生下蘇仙。蘇母將他扔在後洞中，即白鹿洞。第二天去看望，只見白鶴遮蓋著他，白鹿給他餵奶，感到奇怪，便帶回家中。長大了去讀書，老師想為他起名但又不知姓什麼，便叫他出去，看他碰上什麼，結果碰見挑禾（穀子）的人用草穿著魚經過，便用蘇為姓，名耽。曾同其他小孩放牛羊，他管的牛羊既不衝撞，也不騷亂，於是將各群牛羊都交給他，沒有一隻亂群，其他小孩又稱他為「牛師」。侍候母親極孝，母親生病想吃魚膾，蘇仙出外找魚膾，當天就趕了回來。母親吃了，高興地問他從哪裡得到的，回答說：「在便縣。」便縣離家很遠，至少兩天才能返回，母親以為他在說謊。蘇仙說：「買魚膾時舅舅在旁邊，而且他聽說母親得病，不久就會來，可請他證明。」舅舅到了後，母親才知道兒子是個奇人。後來在白天奉上帝之命，於文帝三年七月十五日隨仙官升天。母親說：「兒去了後，誰來養我？」蘇仙便留下一個密封的櫃子，說：「凡是需要的，只要敲敲櫃子就可得到，只是萬萬不能打開。」又指著庭中的橘樹和井說：「這裡將有大瘟疫，用橘葉和井水可以治療。」後果真如此。本郡人對他感到更加神奇，想打開櫃子看一看，母親答應了，有一隻仙鶴衝天而去，以後再敲櫃就不靈了。母親活了一百多歲，死後，同鄉人好像看到蘇仙在嶺上悲哀地哭個不停。太守張邈前往送葬，請求看一眼蘇仙的面容，蘇仙為他露出半張臉，光彩照人，又從空中往下伸出一隻手，上面長著綠毛，手掌巨大，看到的人極為吃驚。後面神奇的事很多，都沒時間看了。只是所謂的沉香石，是在山頂突起的一塊岩石，我起先懷疑它沒什麼意義，但上面刻的字很古老，字的外面有鞋子的痕跡，據說是蘇仙升天的遺址。所謂的仙桃石，形狀如同桃子，很小，在淺土中，可鋤土找到，峰頂和乳仙洞都有，磨碎了服用，可以治療心臟病，用意也和橘葉井水治病相同。蘇仙傳的文章很長，這裡略微記錄一些，以見有關蘇仙傳說的先後經過。

返回時通過蘇仙橋，在溪上找到一條便船，船要過了中午才出發。於是經過南關，走到郴州府衙門前，又往西經過行御史臺前，仍然從南關走出。南關外有十字路口，店鋪很多，而城中反倒十分冷落。城不大，牆也不太高。郴水從東南向北繞過，就山而言，橫在城南的折嶺不高，高的都不是延伸過來的大山的山脊。午後走下小船，從東北的蘇仙橋下，順流向西北行駛。過了六十里，到達郴口。這時天色已晚，雨又來了，怕從這裡向北沒有便船，而所搭乘的船要連夜前往程口，便隨著它一起去。郴江從東南流來，耒水從正東流來，兩條水在郴口會合，水勢才大起來。耒水從桂陽縣南五里的耒山腳下流出，往西北到興寧縣，能航行小船；再流三十里到江東市，能航行大船；再流五十里才到這裡。江口的各座山峰，都是盤繞聳立的石崖，上面沒有一點泥土。志書中說這裡有曹王寨，山勢極其險峻，因天晚來不及登臨，也沒路可攀登。船夫在夜間搖動船槳，往前行駛三十里，到達黃泥鋪，雨來了，便在這裡停泊。我從篷底探看，外面就像橋門，心裡感到奇怪，便起來察看，原來在一座巨大的石室下面，有幾間屋子寬，下面流水匯積成潭，外面像環形的橋那樣遮蓋著，四條船都在裡面停泊。巖外雨聲潺潺，到四更才停息。雨停了就開船，拂曉到達程口了。於是上岸。

十二日　晨炊於程口肆中。程口者，志所稱程鄉水❶也，其地屬興寧，其水發源茶陵、酃縣❷界。舟溯流入，皆興寧西境。十五里為郴江，又進有中遠山❸，又名鐘源。為無量佛現生地，土人誇為名山。又進則小舟尚可溯流三日程，踰高腳嶺，則茶陵道矣。若興寧縣治，則自東江市而上三十里乃至也。程鄉水西入耒江❹，其處煤炭大舟鱗次，以水淺尚不能發。上午得小煤船，遂附之行。程口西北，重巖若剖，夾立江之兩涯，俱純石盤亙，倏左倏右，〔色間赭黑，〕環轉一如武彝。所附舟敝甚而無炊具，余攬山水之勝，過午不覺其餒。又二十里，過永興縣❺。縣在江北，南臨江岸，以岸為城，舟過速不及停。已而得一小舟，遂易之，就炊其間。飯畢，已十五里，為觀音巖❻。巖在江北岸，西南下瞰江中，有石崖騰空，上覆下裂，直濱❼江流。初倚其足，疊閣兩層，閣前有洞臨流，中容數人，由閣右懸梯直上，裊❽空掛蝀❾，上接崖頂。透隙而上，覆頂之下，中嵌一龕，觀世音像在焉。巖下江心，又有石獅橫臥中流，昂首向巖，種種絕異。下舟又五里，有大溪自南來注，是為森口⑩。〔乃桂陽州龍渡⑪以東諸水，東合白豹水，至此入耒江。〕又北五里，泊於柳州灘，借鄰舟拖樓⑫以宿。是晚素魄獨瑩，為三月所無，而江流山色，樹影墟燈，遠近映合，蘇東坡承天寺夜景⑬，不是過也。永興以北，山始無迴崖突石之觀，第夾江逶迤耳。

【章　旨】本章記載了第九十一天在郴州府的行跡。沿程鄉水逆流而上，可去中遠山。程口停泊著很多運煤的大船。乘船經過永興，到達觀音巖，石崖凌空而起，可從懸梯直上崖頂。巖下江中，有石獅橫臥。隨後經過森口，到柳州灘停泊。這天晚上月華皎潔，江上景色迷人。

【注　釋】❶程鄉水　即程江，在興寧城北四十里，源出七寶山，流出程江口，澄清見底，與延道水有輕重之別。以之造酒，色碧味淳，愈久愈香，所謂「釀可千日，至家可醉」者。❷酃縣　明代為縣，隸衡州府，今屬湖南。❸中遠山　又名周源山，在興寧西北隅。❹耒江　原作「郴江」，據乾隆本改。❺永興縣　明代為縣，隸郴州府，今屬湖南。❻觀音巖　在永興西北五里瞰江巖。有龕中奉觀音像，下面有石如象，再下面有石如獅。「獅子臥江」為永興八景之一。❼濱　臨近；傍水。❽梟　通「嫋」。梟梟，動盪不定的樣子。❾蝀　螮蝀。即虹。❿森口　在永興東北，桂水和耒水會合處。⓫龍渡　山名，在桂陽城南三十里，又名神渡山，為一州勝地。⓬拖樓　船後可供住宿的艙。⓭承天寺夜景　承天寺在湖北黃岡城南，蘇軾有〈記承天寺夜遊〉一文，意境極優美。

【語　譯】十二日　早晨在程口市中煮飯。程口就是志書中所說的程鄉水的出口處，地屬興寧，水從茶陵、酃縣的邊界發源。船逆流駛入，一路都在興寧的西境。往前十五里為郴江，再往前有中遠山，又名鐘源。為無量壽佛的出生地，當地人譽之為名山。再往前小船還可逆流向上走三天路程，翻過高腳嶺，便是去茶陵的路。至於興寧縣治，從東江市往上三十里便可到達。程鄉水往西注入耒江，這裡運煤的大船鱗次櫛比，因為水淺還不能出發。上午找到一條小煤船，便搭乘這條船走。程口的西北，重重山巖像被劈開那樣，在江水的兩岸相夾聳立，都是石山，盤繞相連，忽左忽右，顏色紅黑相雜，迴環繞轉，和武彝山完全一樣。所搭乘的船很破爛，又沒有煮飯的用具，我觀賞山水的美景，過了中午還不覺得餓。又走了二十里，經過永興縣。縣在江的北面，城南靠近江岸，以江岸作為城牆，船走得快，經過這裡來不及停留。不久找到一條小船，便換乘那條船，在船上煮飯。吃罷飯，已走了十五里，到觀音巖。巖在江的北岸，朝西南俯視江中，有石崖淩空而起，上面向下覆蓋，下面裂開，直逼江水。靠著崖腳，疊起兩層樓閣，閣前有洞，面對江水，裡面可容納幾個人，從閣的右邊往上，中間有搖曳不定的懸梯，就像掛在上面的彩虹，和崖頂相接。穿過空隙向上，在石崖的覆頂下面，嵌著一座石龕，裡面有觀音像。巖下江的中央，又有一隻石獅橫臥在水中，抬頭對著觀音巖，樣樣都很奇絕。下船又走了五里，有一條大溪從南面流來注入，地名森口。桂陽州龍渡山以東的各條水，向東會合白豹水，到這裡注入耒江。再往北行駛五里，在柳州灘停泊，借鄰船的拖樓過夜。這天晚上，月光特別明亮，近三個月來，從未見到如此景象，江水奔流，山峰蒼翠，樹影搖曳，村火閃爍，遠遠近近，映照融合，即使和蘇東坡描寫的承天寺夜景相比，也絕不遜色。從永興往北，才看不到山崖盤繞、奇石高聳的壯觀，山峰只是在江水兩岸曲折延伸罷了。

十三日　平明過舟，行六十五里，過上堡市。有山在江之南，嶺上多翻砂轉石，是為出錫之所。山下有市，煎鍊成塊，以發客焉。其地已屬耒陽❶，蓋永興、耒陽兩邑之中道也。已過江之北，登直釣巖❷。巖前有真武殿、觀音閣，東向迎江。而洞門瞰江南向，當門石柱中垂，界為二門，若連環然。其內空闊平整。其右隅裂一竅，歷蹬而上，別為邃室。其左隅由大洞深入，石竅忽盤空而起，東迸一隙，斜透天光；其內又盤空而起，若萬石之鐘；透頂直上，天光一圍，圓若明鏡，下墮其中，仰而望之，直是井底觀天也。是日風水俱利，下午，又九十里，抵耒陽縣南關。耒水經耒陽城東直北而去，群山至此盡開，繞江者惟殘岡斷隴而已。耒陽雖有城，而居市荒寂，衙廨頹陋。由南門入，經縣前，至東門登城，落日荒城，無堪❸極目。下城出小東門，循城外江流，南至南關入舟。是夜，色尤皎，假火買舡中艙宿焉。

【章　旨】本章記載了第九十二天在衡州府的行跡。經過上堡市，山上產錫。隨即登上直釣巖，進入洞中。下午抵達耒陽，山勢一片開闊，城內十分荒涼，船到南關停泊。

【注　釋】❶耒陽　明代為縣，隸衡州府，今屬湖南。❷直釣巖　在耒陽城南六十里，耒水東岸，與上堡市隔岸相望。傳說為唐無極仙翁修煉處。❸無堪　不堪。

【語　譯】十三日　黎明時回到原先那條船上，行駛六十五里，經過上堡市。江的南岸有山，嶺上有不少被挖掘出來的砂石，是產錫的地方。山下有集市，將錫煉成塊狀，發放給買主。這裡地屬耒陽，位於永興、耒陽兩縣中間的通道上。隨後經過江的北岸，登上直釣巖。巖前有真武殿、觀音閣，向東面對江水。而洞門則向南俯視江水，洞門中間直立著一根石柱，分成兩門，如同連環。洞內開闊平整，在右角裂開一個孔洞，踏著石級向上，還有一間幽深的屋子。從大洞深入到左角，石孔忽然盤旋直上空中，東邊迸裂一道空隙，光線從側面透進；裡面又有孔洞盤空而上，如同萬石大鐘；穿過洞頂直上，有一圈亮光，像明鏡那麼圓，往下照到洞中，抬頭仰望，簡直就像在井底觀天。這天風水都順利，下午，又行駛九十里，到達耒陽縣的南關。耒江經過耒陽城東筆直往北流去，到這裡山勢一片開闊，在江邊圍繞的只是殘餘的山岡丘隴罷了。耒陽雖有城，但住房集市都很荒涼，官署也破敗不堪。從南門進去，經過縣衙門前，到東門登上城樓，落日映照著荒城，令人不堪極目遠望。下城走出小東門，沿著城外的江水，往南到南關上船。這天晚上，月色格外皎潔，在商船的艙中借火過夜。

十四日　五鼓起，乘月過小舟，順流而北，晨餐時已至排前，行六十里矣。小舟再前，即止於新城市❶。新城去衡州，陸路尚百里，水路尚二百餘里。適有煤舟從後至，遂移入其中而炊焉。又六十里，午至新城市，在江之北，闤堵甚盛，亦此中大市也，為耒陽、衡陽分界。時南風甚利，舟過新城不泊。余私喜取❷日之力尚可兼程百五十里。已而眾舟俱止涯間，問之，則前灣風逆，恐有巨浪，欲候風止耳。時余蔬米俱盡，而囊無一文，每更一舟，輒欲速反遲，為之悶悶。以劉君❸所惠紬一方，就村婦易米四筒。日下舂，舟始發。乘月隨流六十里，泊於相公灘，已中夜矣，蓋隨流而不棹也。按耒陽縣四十里有相公山❹，為諸葛武侯❺駐兵地，今已在縣西北，入衡陽境矣。灘亦以相公名，其亦武侯之遺否耶！新城之西，江忽折而南流，十五、六里而始西轉，故水路迂曲，再倍於陸云。

【章　旨】本章記載了第九十三天在衡州府的行跡。經過排前，換乘煤船到新城市，這時已身無分文。半夜到相公灘停泊，附近有相公山，據說是諸葛武侯駐兵的地方。

【注　釋】❶新城市　在衡陽東南一百五里，西瀕耒水，南接耒陽縣界，為原新城縣治，今名新市。❷冣　同「聚」。❸劉君　指劉明宇。❹相公山　在耒陽東北四十里，相傳諸葛亮曾駐兵於此，故名。❺諸葛武侯　三國蜀相諸葛亮，謚忠武侯。

【語　譯】十四日　五更起身，在月光下回到小船上，順流向北行駛，吃早飯時到達排前，已過了六十里。小船再向前，便可到新城市停下。新城離開衡州，陸路還有一百里，水路還有二百多里。碰巧有煤船從後面趕到，便搬到煤船上煮飯。又行駛了六十里，中午到新城市，在耒江的北岸，街市十分熱鬧，也是這裡的一個大鎮，為耒陽和衡陽的分界處。這時南風很順，船經過新城沒有停下。我暗自高興，以為抓緊時間，在當天還可加倍趕路走一百五十里。隨後看到眾多船隻都停在水邊，一問，原來是前面水灣有逆風，怕興起大浪，想等風停了才開船。這時我帶的蔬菜和米都已吃完，口袋裡沒有一文錢，每換一次船，原想快些，結果卻反而慢了，為此心裡悶悶不樂。用劉君所送的一塊粗綢，到農婦那裡換了四筒米。太陽下山時，船才出發。在月光下順流行駛六十里，到相公灘停泊，已是半夜了，這是因為順流不用划槳的緣故。按耒陽縣西北四十里有相公山，為諸葛武侯當年駐兵的地方，如今已在縣城西北，屬衡陽境內。灘也以相公命名，難道也是武侯的遺跡嗎？新城的西面，江水忽然轉向南流，過了十五、六里才向西轉，故水路彎曲，比陸路的里程多上一倍。

十五日　昧爽行，西風轉逆，雲亦油然❶。上午甫六十里，雷雨大至，舟泊不行。既午，帶雨行六十里，為前吉渡❷，舟人之家在焉，復止不行。時雨止，見日影尚高，問陸路抵府止三十里，而水倍之，遂度西岸登陸而行，陂陀高下，沙土不濘。十里，至陸林鋪，則泥淖不能行矣，遂止宿。

郴東門外江濱，有石攢聳，宋張舜民❸銘為「窊樽」。至窊樽之跡，不見於道，而得之於此，聊以代渴，城東山下有泉❹，方圓十餘里，其旁石壁峭立，泉深莫測，是為鈷鉧泉❺。永州之鈷鉧潭，不稱大觀❻，遂并此廢食。然鈷鉧實在於此，而柳州❼姑借名永州；窊樽實在於道，而舜民姑擬象於此耳。全州❽亦有鈷鉧潭，亦子厚所命。

永州三溪：浯溪為元次山所居，在祁陽。愚溪為柳子厚所謫，在永。濂溪為周元公所生。在道州。而浯溪最勝。魯公之磨崖，千古不朽；石鏡之懸照，一絲莫遁。有此二奇，誰能鼎足！

郴之興寧有醽醁泉❾、程鄉水，皆以酒名。一邑而有此二水，擅名千古。晉武帝❿荐⓫醽酒於太廟⓬。〈吳都賦〉⓭「飛輕觴而酌醽醁。」程水甘美出美酒，劉香云：「程鄉有千日酒，飲之至家而醉。昔嘗置官醞于山下，名曰程酒，同醽酒獻焉。」今酒品殊劣，而二泉之水，亦莫尚焉。

浯溪之「吾」有三，愚溪之「愚」有八，濂溪之「濂」有二。有三與八者，皆本地之山川亭島也。「濂」則一其所生，在道州，一其所寓，在九江⓮，相去二千里矣。

元次山題朝陽巖詩：「朝陽巖下湘水深，朝陽洞口寒泉清。」⓯其巖在永州南瀟水上，其時尚未合於湘，次山身履其上，豈不知之，而一時趁筆，千古遂無正之者，不幾令瀟湘易位耶？

【章　旨】本章記載了第九十四天在衡州府的行跡。拂曉出發，因雨下午才到前吉渡，上岸走陸路到陡林鋪過夜。郴州城外江邊有窊樽石，遠處還有鈷鉧泉。在浯溪、愚溪、濂溪這永州三溪中，浯溪最美。興寧的醽醁泉、程鄉水，都曾以產酒聞名。元結題朝陽巖詩，將瀟水誤寫成湘水。

【注　釋】❶油然　形容雲聚集。❷前吉渡　乾隆本作「前溪渡」，即泉溪渡，今名泉溪，在衡南東境，耒水東岸。❸張舜民　字芸叟，自號浮休居士，邠州（治所在今陝西邠縣）人。宋徽宗時，坐元祐黨貶商州令。生平嗜畫，晚年好作詞。❹城東山下有泉　以下一段關於鈷鉧泉的記載，乾隆本繫於四月初十日記，且云其地在「郴州東百餘里」。❺鈷鉧泉　在興寧城東，源出八面山李家洞，為資興江之源，距郴州城東百餘里。❻不稱大觀　原作「不稱不大觀」，後「不」字衍，據乾隆本刪。❼柳州　指柳宗元，曾任柳州刺史，世稱柳柳州。❽全州　明代為州，今屬廣西，地與零陵接界。❾醽醁泉　又名官酒泉，在興寧東北四十里，程水鄉湘源橋，近醽醁寺。俗名碓井，湧泉一線，夏不涸，春不泛，淆之不濁，水味甘美，以之釀酒，稱千日酒。醽泉書院為興寧八景之一。❿晉武帝　名司馬炎，西晉第一個皇帝。⓫荐　獻；進。⓬太廟　帝王的祖廟。⓭吳都賦　西晉左思所作〈三都賦〉中的一篇。⓮在九江　周敦頤原居湖南道縣濂溪，後居江西九江廬山蓮花峰前，峰下有溪往西北流，注入湓江，也名之為濂溪。⓯朝陽巖下湘水深二句　出自元結〈朝陽巖下歌〉。

【語　譯】十五日　拂曉出發，西風風向轉逆，烏雲密布。上午剛行駛六十里，大雷雨到來，船靠岸停下。過了中午，在雨中行駛六十里，到前吉渡，船夫的家在這裡，又停下不走了。這時雨停了，看到太陽還高掛空中，打聽到走陸路至衡州府城只有三十里，而水路加倍，便渡過西岸，踏上陸地走，一路高高低低，沙土並不泥濘。走了十里，到陸林鋪，就盡是泥漿，沒法行走了，便留下過夜。

郴州東門外的江邊，有石聚集聳起，宋代張舜民刻石題作「窊樽」。窊樽的遺跡，在道州沒看到，卻在這裡發現，姑且用以滿足一下我渴望找到道州窊樽石的心情。城東的山下有泉水，流到方圓十多里內，泉旁聳立著陡峭的石壁，泉水深不可測，這就是鈷鉧泉。永州的鈷鉧潭，稱不上壯觀，於是連帶這裡也被廢棄。不過鈷鉧泉實際上在這裡，柳州姑且借用它到永州命名；窊樽石實際上在道州，舜民姑且用以比擬這裡巖石的形狀罷了。全州也有鈷鉧潭，同樣是子厚命名的。

永州三溪：浯溪為元次山居住的地方，在祁陽。愚溪為柳子厚謫居的地方，在永州。濂溪為周元公出生的地方。在道州。其中浯溪景色最美。顏魯公書寫的磨崖石刻，千古不朽；旁邊石鏡高照，即使再微小的東西也無法躲過。有這樣兩個奇觀，還有誰能鼎足而三！

郴州的興寧有醽醁泉、程鄉水，都以產酒出名。一縣有這麼兩條水，足以名揚千古。晉武帝在太廟進獻醽酒。〈吳都賦〉中有「飛輕觴而酌醽醁」這樣的句子。程水甜美出產美酒，劉香說：「程鄉有千日酒，喝了回到家中才醉。過去曾設置官方機構在山下釀酒，名叫程酒，和醽酒一起進獻。」如今酒品極其低劣，而兩條泉水也沒人推重了。

以浯溪之「吾」命名的景觀有三處，以愚溪之「愚」命名的景觀有八處，以濂溪之「濂」命名的景觀有二處。那三處和八處景觀，都是當地的山川亭島。而以「濂」命名的景觀，一處在他的出生地道州，一處在他寓居的九江，相隔二千里了。

元次山題朝陽巖詩云：「朝陽巖下湘水深，朝陽洞口寒泉清。」這巖在永州城南的瀟水上，這時瀟水還沒有和湘水會合，次山親身走到它的上面，怎麼會不知道，但一時興起，隨意落筆，從此以後，便沒有更正的人，這不是幾乎讓瀟水、湘水換了位置嗎？

十六日　見明而炊，既飯猶久候而後明，蓋以月光為曉也。十里，至路口鋪，泥濘異常，過此路復平燥可行。十里，渡湘江，已在衡南關之外。入柴埠門，抵金寓，則主人已出，而靜聞宿花藥未歸。乃濯足偃息，旁問靜聞所候內府助金，并劉明宇物，俱一無可望。蓋內府以病，而劉以靜聞懈弛也。既暮，靜聞乃歸，欣欣以聽經為得意，而竟忘留日之久。且知劉與俱在講堂，暮且他往，與靜聞期明午當至講所，不遑歸也。乃悵悵臥。

十七日　託金祥甫再懇內司，為靜聞請命而已。與靜聞同出西安門，欲候劉也。入委巷中，南轉二里，至千佛庵。庵在花藥之後，倚崗臨池，小而頗幽，有雲南法師自如，升高座講《法華》❶。時雨花繽紛，余隨眾聽講。遂飯於庵，而劉明宇竟復不至。因從庵後晤西域❷僧，并衡山毘盧洞大師普觀，亦以聽講至者。下午返金寓，時余已定廣右舟，期十八行。是晚祥甫兄弟與史休明、陸端甫餞余于西關肆中。入更返寓，以靜聞久留而不亟於從事，不免徵色發聲焉。

【章　旨】本章記載了第九十五、第九十六天在衡州府的行跡。渡過湘江，走進衡陽柴埠門，到金祥甫住所，得知想借的錢和物品，都毫無著落。第二天去千佛庵聽法師講經，訂下去廣西的船，對靜聞辦事不力，感到惱火。

【注釋】❶法華 《法華經》，《妙法蓮華經》的簡稱，為佛教天台宗所依據的主要經典。經中宣揚三乘歸一的宗旨，自以其法高妙，如蓮華居塵不染，故名。❷西域 西域之稱始於西漢，原指玉門關以西、巴爾喀什湖以東及以南的廣大地區。後泛指葱嶺以西各國。

【語譯】十六日 看到亮光就起來煮飯，吃過飯等了好久才天亮，這是因為將月光看作曙光了。走了十里，到路口鋪，道路異常泥濘，過了這段路又平坦乾燥可以行走了。往前十里，渡過湘江，已在衡州南關的外面。走進柴埠門，抵達金祥甫的住所，主人已經外出，而靜聞住在花藥山還沒回來。於是洗腳休息，向旁人打聽靜聞等候王府內官資助的錢款，以及劉明宇答應資助的東西，都沒有一點希望。這是因為王府內官有病，而劉明宇見是靜聞便放鬆的緣故。到了傍晚，靜聞才回來，喜氣洋洋，因聽了講經而十分得意，竟忘了已在這裡停留好長日子。又知道劉明宇和他都在講經堂，傍晚劉到其他地方去，和靜聞約好明天中午去講經的地方，今天來不及回來了。於是十分不快地睡下。

十七日 託金祥甫再向王府內官懇求，替靜聞請命罷了。隨後和靜聞一起走出西安門，想等候劉明宇。進入小巷之中，向南轉，走了二里，到千佛庵。庵在花藥山的後面，靠著山岡，面對水池，雖小但很幽雅，有個法名自如的雲南法師，登上高高的講座演講《法華經》。這時從空中散落繽紛的花瓣，我也跟著眾人一起聽講。就在庵中吃飯，但劉明宇竟沒再來。於是在庵後會見西域來的僧人，以及衡山毘盧洞大師普觀，他也是為聽講而來的。下午返回金祥甫的寓所，這時我已訂了去廣西的船，約好十八日出發。這天晚上，金祥甫兄弟和史休明、陸端甫在西關的市中設宴為我送行，入夜返回住所，因為靜聞在這裡留了好長日子但卻不盡力辦事，忍不住怒形於色，拉開嗓門責怪他。

十八日 舟人以同伴未至，改期二十早發。余亦以未晤劉明宇，姑為遲遲。及晤劉，其意猶欲余再待如前也。迨下午，適祥甫僮馳至寓，呼余曰：「王內府已括諸助數共十二金❶，已期一頓❷應付，不煩零支也。」余直❸以故事❹視之，姑令靜聞明晨往促而已。

十九日　早過劉明宇，彼心雖急，而物仍莫措，惟以再待懇予。予不聽也，急索所留借券，彼猶欲望下午焉。促靜聞往候王，而靜聞泄泄❺，王已出遊海會、梅田等庵。因促靜聞往就見之，而余與祥甫赴花藥竺震上人之招。先是，竺震與靜聞遊，候余至，以香秫❻程資餽，余受秫而返資。竺震匍匐再三，期一往顧。初余以十八發，固辭之，至是改期，乃往。先過千佛庵，聽講畢，隨竺震至花藥，飯于小閣，以待靜聞，憩啖甚久，薄暮入城。竺震以相送至寓，以昨所返資菓固擲而去。既昏，則靜聞同祥甫賫王所助遊資來，共十四金。王承奉為內司之首，向以賫奉入都，而其姪王桐以儀衛典仗代任叔事。雖施者二十四人皆其門下，而物皆王代應以給。先是，余過索劉借券，彼以措物出，竟不歸焉。

二十日　黎明，舟人促下舟甚急。時靜聞、祥甫往謝王，併各施者，而余再往劉明宇處，劉竟未還。竺震仍入城來送，且以凍米❼餽余，見余昨所嗜也。余乃冒雨登舟，久之，靜聞同祥甫追至南關外，遂與祥甫揮手別，舟即解維❽。三十里，泊於東陽渡，猶下午也。是日陰雨霏霏，江漲渾濁，湘流又作一觀。而夾岸魚廂❾鱗次，蓋上至白坊❿，下過衡山，其廂以數千計，皆承流取子，以魚苗貨四方者。每廂摧⓫銀一兩，為桂藩⓬供用焉。

【章　旨】本章記載了第九十七天至第九十九天在衡州府的行跡。終於得到王承奉等王府內官資助的十四兩銀子。抽空到花藥山竺震上人那裡去，上人一定要送路費、糕餅和凍米。想到劉明宇那裡取回借條，卻始終沒碰到。最後一天冒雨上船，下午到東陽渡停泊。江邊有幾千隻魚箱，當地人用以收取江中的魚卵。

【注　釋】❶十二金　即十二兩銀子，古人也稱銀一兩為一金。❷一頓　一次。❸直　僅僅。❹故事　舊事；先例。❺泄泄　弛緩；拖拉。❻秫　黏性的高粱，可以釀酒。❼凍米　蒸熟後再晾乾的糯米。❽維　繫船的纜繩。❾廂　用法同「箱」。❿白坊　今名柏坊，在衡陽城南七十餘里，湘江南岸，與常寧接界。⓫摧　通「催」。即催科。催收賦稅。⓬桂藩　「藩」字原誤作「濟」。

【語　譯】十八日　船夫因為同伴沒來，決定改期到二十日早晨出發。我也因為沒見到劉明宇，想暫且推遲一些日子。等見到劉明宇，他的意思還是想要我和以前一樣再等一陣。到下午，恰巧祥甫的僮僕騎著馬到住所，對我喊道：「王內府已會集各處資助的款項共十二兩銀子，準備一次交付，用不著零零星星支付了。」我將這話只當作原先答應的話看待，姑且吩咐靜聞明天早晨去催一下罷了。

十九日　早晨去劉明宇那裡，他心裡雖急，但我所要的東西仍沒著落，只是求我再等待一些時間。我沒答應，急於討回留在他那裡的借條，但他還是希望能等到下午再說。催促靜聞去等候王內府消息，但靜聞拖拖拉拉，王已出外遊訪海會、梅田等庵了。於是催促靜聞去見他，而我和祥甫應竺震上人的邀請前往花藥山。在此之前，竺震和靜聞一起來往，等我回來後，贈送香秫和路費，我接受了香秫，將錢退回。竺震再三拜倒在地上，求我約個時間去一次。起先我因為十八日要出發，堅決推辭，到這時已改期，便去他那裡。先經過千佛庵，聽講完畢後，隨竺震到花藥山，在小閣吃飯，等候靜聞，這樣邊休息邊吃飯過了好久，到傍晚才進城。竺震送我回到住所，一定要將昨天退回的路費和糕餅留下才離開。到了黃昏，靜聞和祥甫帶著王內府資助的出遊費用回來了，共十四兩銀子。王承奉是王府內官的首領，先前因進貢到京城，他的姪子王桐以掌管儀衛的身分，代理叔叔的職事。雖然資助的二十四人都是王承奉的下屬，但錢卻都是他作擔保提供的。在此之前，我到劉明宇家討回借條，但他出去籌辦東西了，竟沒回家。

二十日　黎明時分，船夫便急匆匆地催我下船。這時靜聞、祥甫到王承奉和各位資助人那裡去致謝，而我再到劉明宇家，他竟然還沒回來。竺震仍然進城來送行，並將凍米送給我，因為看到我昨天喜歡吃它。我於是冒雨上船，過了好久，靜聞和祥甫追到南關外，便同祥甫揮手告別，船立即解纜出發。行駛三十里，在東陽渡停泊，還是下午。這天陰雨紛飛，江水上漲，十分渾濁，湘江又呈現出另一種景觀。江岸兩邊魚箱緊密地排列著，從上游的白坊，往下經過衡山，這樣的魚箱有幾千隻，都承受水流收取魚卵，並將魚苗賣到各地。每隻魚箱收稅一兩銀子，作為桂王府的費用。

二十一日　三十里，過新塘站。又二十里，將抵松柏❶，忽有人亟呼岸上，而咽不成聲，則明宇所使追余者也。言明宇初肩輿❷來追，以身重輿遲，乃跣而馳，而今輿夫之捷足者前驅要❸余，劉即後至矣。欲聽其匍匐來晤于松柏，心覺不安，乃與靜聞登涯逆❹之，冀一握手別，便可仍至松柏登舟也。既登涯，追者言來時劉與期從江東岸行，乃渡而濱江行十里，至香爐山，天色已暮而劉不至。已遇一人，知其已暫憩新塘站，而香爐山下虎聲咆哮，未暮而去來屏跡，居者一、兩家，俱以木支扉矣。乃登山頂，宿於茅庵，臥無具，櫛無梳，乃和衣而臥。

二十二日　夜半雨聲大作，達旦不休，乃謀飯于庵嫗而行。始五里，由山隴中行，雖枝雨之沾衣，無泥濘之妨足。後五里，行田塍間，時方插秧，加岸壅水，濘滑殊甚。共十里，至新塘站。煙雨滿江來，問劉明宇，已渡江溯流去矣。遂亦問津西渡，始溯江岸行四里，至昔時遇難處，焚舟已不見，從涯上人家問劉蹤跡，皆云無之。又西一里，出大路口，得居人一家，再三詢之，仍無前過者。時劉無蓋，而雨甚大，意劉必未能前。余與靜聞乃暫憩其家，且謀飯於嫗，而令人從大道，仍還覓於渡頭。既而其嫗以飯出，冷甚。時衣濕體寒，見其家有酒，冀得熱飛大白❺以敵之。及以酒至，仍不熱，乃火酒❻也。余為浮❼兩甌❽，俱留以待追者。久之，追者至，知劉既渡，即附舟上松柏，且擬更躡予白坊驛，非速行不及。乃持蓋匍匐，路俱滑塍，屢仆屢起，因令追者先趨松柏要留劉，而余同靜聞更❾相跌更相詬也。十五里，過新橋。橋下乃湘江之支流，從松柏之北分流內地，至香爐對峰仍入於江者。過橋五里，西踰一嶺，又五里，出山塢，則追者同隨劉之夫攜茶迎余，知劉已相待松柏肆中矣。既見，悲喜交併，亟治餐命酒。劉意猶欲挽予，候所貨物，予固辭之。時予所附廣右舟，今晨從此地開去，計窮日之力，當止於常寧河口，明日當止於歸陽❿。從松柏至歸陽，陸路止水路之半，竟日可達，而路濘難行；欲從白坊覓騎，非清晨不可得；乃遍覓漁舟，為夜抵白坊計。明宇轉從肆中借錢百文，厚酬舟人，且欲同至白坊，而舟小不能容，及分手已昏黑矣。二鼓，雨止月出，已抵白坊，有驛。余念再夜行三十里可及舟，更許厚酬，令其即行，而舟人欲返守魚廂，強之不前，余乃堅臥其中。舟人言：「適有二舟泊下流，頗似昨所過松柏官舫⓫。」其舟乃廣右送李道尊⓬至湘潭⓭者，一為送官輿收典史⓮徐姓者所乘，一即余所附者。第予舟人不敢呼問，余令其刺舟往視之，曰：「中夜何敢近官舫。」予心以為妄，姑漫呼顧行，三呼而得應聲，始知猶待余於此也。乃刺舟過舫，而喜可知矣。

【章旨】本章記載了第一百、第一百零一天在衡州府的行跡。在離開松柏不遠的地方，看到劉明宇派來追趕的人，便上岸迎候，但沒碰上，只得到香爐山頂過夜。第二天冒著寒雨，在泥濘的道路上跌跌撞撞地向前，經過新塘站，走過新橋，到松柏和劉明宇相會。隨後找了一條漁船，夜間趕往白坊，回到去廣西的船上。

【注釋】❶松柏　在衡陽城南七十里，湘江南岸，與常寧接界。❷肩輿　用人力抬扛的轎輿。❸要　通「邀」。攔截。❹逆迎候。❺大白　大酒杯。❻火酒　燒酒。❼浮　本意為罰人飲酒，這裡只作飲酒解。❽甌　盆盂類瓦器。❾更　連續交替。❿歸陽　在祁陽城東七十二里，湘江北岸，與常寧城隔江相對。⓫舫　有艙室的船。⓬道尊　對道士的尊稱。⓭湘潭　明代為縣，隸長沙府，今屬湖南。⑭官興收典史　「興收」二字疑誤。典史，為知縣下掌管緝捕、監獄的屬官。

【語　譯】二十一日　走了三十里，經過新塘站。又走了二十里，即將到達松柏，忽然聽到有人在岸上急切地呼喊，因為哽咽而說不出完整的話，原來是劉明宇派來追趕我的人。聽他說劉明宇起先坐著轎追我，因為身體重，轎走得慢，便赤腳快走，吩咐轎夫中行動迅速的人先趕來攔截我，劉在後面馬上就到。想聽任他盡力到松柏相見，心裡總覺得十分不安，就和靜聞上岸迎候，只望能握手告別，便可仍到松柏上船。上岸後，追趕的人說來的時候，劉明宇和他約好從江的東岸走，便渡江沿江邊走了十里，到香爐山，天色已晚，但劉明宇還沒來。隨後遇見一個人，得知他已暫時在新塘站歇腳，而香爐山下虎聲咆哮，未到傍晚就已不見人影，一、二家居民，都用木料支撐著門。於是登上山頂，在茅屋中過夜，既沒有被褥，也沒有梳洗的東西，就穿著衣服睡下。

二十二日　半夜下起大雨，到天亮仍下個不停，於是向屋內的老婦人要飯吃了出發。開始五里路，從山隴中走，雖然衣服被樹枝上的雨水打濕，但沒有泥濘的路礙腳。往後五里，在田埂中走，這時正在插秧，加高堤岸堵水，路極其濘滑。共走了十里，到新塘站。滿江煙雨飄來，打聽劉明宇的消息，已過江逆流而上了。於是也到西渡問路，開始沿江在岸上行四里，到過去遇難的地方，被燒的船已不見了，向岸上的人家打聽劉明宇的行蹤，都說沒看到。又往西一里，走出大路口，看到一戶居民，再三打聽，仍然沒有往前路過的人。劉明宇這時沒帶傘，而雨很大，心想他一定不會往前走。我和靜聞便暫時在那戶人家歇腳，向老婦人要了飯吃，並派人從大路往回走，到渡頭去尋找。不一會那老婦人拿飯出來，很冷。這時我的衣服濕透，渾身發冷，看到她家裡有酒，很想能喝上一杯熱酒禦寒。等到酒拿來，仍然不熱，原來是燒酒。我喝了兩碗，餘下的都留給去追尋劉明宇的人。過了好久，追尋的人來了，得知劉明宇過江後，便搭船去松柏，並打算在白坊驛追上我，如果不快走就來不及了。於是拿著傘迫不及待地趕路，一路都是濘滑的土埂，人多次跌倒爬起，便叫追尋的人先趕往松柏攔住劉明宇，而我和靜聞在交替跌倒詬罵中向前行。走了十五里，經過新橋。橋下的水是湘江的支流，從松柏的北面分出流到內地，到香爐山對面的山峰仍然注入江中。過橋走了五里，往西翻過一座山嶺，再往前五里，走出山塢，看到追尋的人和跟隨劉明宇的腳夫帶著茶迎候我，得知劉明宇已在松柏的市中等候了。見面後，悲喜交加，趕緊喝酒吃飯。劉明宇還想挽留我，等候借貸的東西，我堅決推辭。這時我所搭乘的去廣西的船，早晨從這裡出發，估計整天行駛，應該在常寧河口停泊，明天該在歸陽停泊。從松柏到歸陽，陸路里程只有水路的一半，一天就可到達，只是道路泥濘難走；想到白坊找馬，只有早晨才有；於是到處尋找漁船，打算夜間抵達白坊。劉明宇從市中轉借了一百文錢，重賞船夫，並且想和我一起去白坊，但船小坐不下，到分手天已昏黑了。二更，雨停了，月亮從空中升起，已到白坊，有驛站。我想再夜行三十里便可追上去廣西的船，答應再加重賞，叫船夫立即出發，但船夫想回去看守魚箱，逼他也不走，我便睡在裡面堅決不出來。船夫說：「剛才有兩條船在下游停泊，很像昨天經過松柏的官舫。」這原是從廣西送李道尊到湘潭的船，一條為姓徐的典史所乘，一條便是我搭乘的船。但我的船夫不敢呼喊問話，我叫他將船划過去探看，答道：「半夜怎麼敢靠近官舫？」我以為他在胡說，姑且隨口呼喊顧行，喊了三下，居然有回答的聲音，才知道那船仍在這裡等候。於是划船過去，登上官舫，當時的喜悅之情，是可想而知了。

二十三日　昧爽，濃霧迷江，舟曲北行。二十里，過大魚塘，見兩舟之被劫者，哭聲甚哀。舟中殺一人，傷一人垂死。於是余同行兩舫人反謝予曰：「昨不候君而前，亦當至此，至此禍其能免耶！」始，舟子以候予故，為眾所詬，至是亦德色❶焉。上午霧收日麗，下午蒸汗如雨。行共六十里，泊於河洲驛。

二十四日　昧爽行，已去衡入永矣。三十里，過大鋪，稍折而西行。又十里，折而北行。午熱如炙。五里，復轉西向焉。自大鋪來，江左右復有山如連岡接阜。江曲而左，直抵左山，而右為旋坡；江曲而右，直抵右山，而左為迴隴，若更相交代者然。又二十五里，泊於歸陽驛之下河口。是日共行六十里，竟日皜日如爍，亦不多見也。

二十五日　曉日瑩然，放舟五里，雨忽至。又南三十五里，為河背塘。又西十里，過兩山隘口。又十里，是為白水❷，有巡司。復遠峰四闢，一市中橫，為一邑之大聚落云。是日共行六十里。晚而後霽，泊於小河口。小河南自山峒來，北入於湘江，小舟溯流入，可兩日程，皆祁陽屬也。山峒不一，所出靛❸、錫、杪木❹最廣，白水市肆，俱倚此為命，不依湘江也。既泊，上覓戴明凡❺家，謝其解衣救難之惠，而明凡往永不值。

二十六日　舟人登市神福❻，晨餐後行。連過山隘，共三十里，上觀音灘❼。風雨大至，舟人泊而享餕❽，遂止不行。深夜雨止風息，瀟瀟江上，殊可懷也。

【章旨】本章記載了第一百零二天至第一百零五天在衡州府、永州府的行跡。經過大魚塘，看到被盜搶劫的船，船上的人一死一傷。以後經過大鋪、歸陽驛的下河口、白水，到小河口找戴明凡，沒碰上。最後一天在觀音灘過夜。

【注釋】❶德色　自以為有恩於人而形於顏色。❷白水　在祁陽城東南五十里，湘江南岸，白江水於此匯入湘江。❸靛青藍色的染料。❹杪木　即杪欏木。莖高而直，含澱粉，可食用。❺戴明凡　前三月初八日記作「戴宇完」。❻神福　祭神祝福。❼觀音灘　在祁陽南境，湘江南岸，今已為村鎮。❽享餕　享，享用。餕，鬼神食餘之物。

【語譯】二十三日　拂曉，江上濃霧彌漫，船曲曲折折地往北行駛。向前二十里，經過大魚塘，看到兩條被搶劫的船，哭聲十分悲哀。船上的人一個被殺，一個受傷垂危。於是和我一起走的兩條船上的人都反過來謝我，說：「昨天如果不等你往前走的話，也會到這裡，到了這裡，又怎能逃脫這個災禍呢！」起先，船夫為了等我，被眾人責罵，到這時也自以有功，在臉上表現出來。上午霧氣消散，陽光明媚，下午酷暑蒸人，汗流如雨。共走了六十里，在河洲驛停泊。

二十四日　拂曉出發，已離開衡州，進入永州地界。行駛三十里，經過大鋪，稍稍轉向西走。再往前十里，轉向北行駛。中午天氣炎熱，如被火烤。過了五里，再向西轉。從大鋪過來，江水兩岸又有連綿不斷的山岡丘陵。江水曲折往左，直到左邊的山嶺，右邊便成了江流旋繞的山坡；江水曲折往右，直到右邊的山嶺，左邊便成了江流迴旋的山隴，就像交替取代一樣。繼續往前行駛二十五里，到歸陽驛的下河口停泊。這天共行駛六十里，整天赤日炎炎，也很少見。

二十五日　旭日明亮，開船行駛五里，雨忽然來了。又往南行駛三十五里，到河背塘。再往西走十里，經過兩山之間的隘口。再過十里，便是白水，有巡司。又看到山峰在遠處環繞，中間橫著一個集市，是縣內的大村落。這天共行駛六十里。晚上天晴，在小河口停泊。小河從南面的山峒中流來，往北注入湘江，小船逆流駛入，有兩天路程，都在祁陽地界。山峒都不一樣，出產靛、錫、杪木的地方最多，白水的集市店鋪，都靠這些東西謀生，而不是靠湘江。船停泊後，上岸找戴明凡家，謝他脫下衣服救我急難的恩情，但明凡去永州了，沒碰上。

二十六日　船夫上岸到市中祭神求福，吃了早飯出發。接連經過幾個山口，共行駛三十里，駛上觀音灘。大風雨來了，船夫停船享用剛才祭神的食品，便留在這裡不走了。深夜風雨停息，江上風雨瀟瀟的情景，很讓人懷念。

二十七日　平明行，舟多北向。二十里，抵祁陽東市，舟人復泊而市米，過午始行。不半里，江漲流橫，眾舟不前，遂泊於楊家壩，東市南盡處也。下午舟既泊，余乃同靜聞渡楊家橋，共一里，入祁陽西門，北經四牌坊，東出東門外，又東北一里，為甘泉寺❶。泉一方，當寺前坡下，池方丈餘，水溢其中，深僅尺許，味極淡冽，極似惠泉❷水。城東山隴繚繞，自北而南，兩層成峽，泉出其中。寺東向，倚城外第一岡。殿前楹有吾郡宋鄒忠公名浩❸，貶此地與蔣湋遊。〈甘泉銘碑〉❹，張南軒名栻。從郡中蔣氏得之，跋而鐫此。鄒大書，而張小楷，筆勢遒勁，可稱二絕。其前山第二層之中，盤成一窩，則九蓮庵❺也。舊為多寶寺，邑人陳尚書❻重建而復之，中有法雨堂、藏經閣、三教堂。而藏經閣中供高皇帝❼像，唐包巾❽，丹窄衣，眉如臥蠶而中不斷，疏鬢開張而不志❾文，乃陳氏得之內府而供此者。今尚書雖故，而子孫猶修飾未已，視為本家香火❿矣。寺前環堵左繞，其中已蕪，而閉戶之上，有磚鐫「延陵⓫道意」四字，豈亦鄒忠公之遺跡耶？而土人已莫知之，那得此字之長為餼羊⓬也？九蓮庵之山，南垂即為學宮。學在城外而又倚山，倚山而又當其南盡處，前有大池，甘泉之流，南下東繞，而注於湘。其入湘處為瀟湘橋。橋之北，奇石靈幻，一峰突起，為城外第二層之山。一盤而為九蓮，再峙而為學宮，又從學宮之東，度脈突此，為學宮青龍之砂⑬。其前湘江從南至此，東折而去；祁江從北至此，南向入湘；而甘泉活水，又繞學前，透出南脅，而東向入湘。乃三水交會之中，故橋曰瀟湘橋，亭曰瀟湘亭，今改建玄華閣，廟曰瀟湘廟⑭，謂似瀟、湘之合流也。〔廟後萼裂瓣簇，石態多奇。〕廟祀大舜像，謂巡守由此，然隘陋不稱。峰之東北，有石梁五拱，跨祁水上，曰新橋，乃東向白水道，而衡州道則不由橋而北溯祁流矣。時余欲覓工往浯溪搨〈中興摩崖頌〉，工以日暮不及往，故探歷諸寺。大抵甘泉古朴，九蓮新整，一以存舊，一以徵今焉。日暮，由江市而南，經三吾驛，即次山吾水、吾山、吾亭境也，去「山」、去「水」而獨以「吾」甚是。自新橋三里，南至楊家橋，下舟已昏黑矣。是兩日共行五十里，先阻雨，後阻水也。是夜水聲洶洶，其勢愈急。

二十八日　水漲舟泊，竟不成行。亟榜腹趨甘泉，覓搨碑者，其人已出。又從大街趨東門，從門外朱紫衙覓范姓，八角坊覓陳姓裱工，皆言水大難渡。以浯溪、陽江也。為余遍覓搨本俱不得。復趨甘泉，則王姓搨工已歸，索余重價，終不敢行，止就甘泉摹〈銘〉二紙。余先返舟中，留靜聞候搨焉。

祁陽東門外大街與瀕江之市闤闠連絡，市肆充牣⑮，且多高門大第，可與衡郡比隆。第城中寥寂，若祇就東城外觀，可稱巖邑⑯。

【章　旨】本章記載了第一百零六、第一百零七天在永州府的行跡。到祁陽東市，因江水上漲，在楊家壩停泊。進城前往甘泉寺，寺前泉水清冷，殿前柱子上有〈甘泉銘碑〉。接著去九蓮庵，庵內藏經閣中有高皇帝像。學校在山的南端。瀟湘橋、瀟湘廟都在湘江、祁江和甘泉水的交會之中，新橋跨在祁水上。想找人拓〈中興頌摩崖碑〉，因水大，沒人敢去。

【注　釋】❶甘泉寺　在祁陽城北門甘泉門內，下臨甘泉。建於明成化年間。❷惠泉　即惠山泉，在江蘇無錫惠山山麓，相傳經唐代陸羽品題而得名，又稱陸子泉。以其宜茶，品為天下第二。❸浩　即鄒浩，字志完。於北宋哲宗、徽宗朝，二度謫居嶺南。後直龍圖閣。卒諡忠。學者稱道鄉先生。鄒浩為晉陵（今江蘇常州）人，故前有「吾郡」之稱。❹甘泉銘碑　甘泉在祁陽城內龍山右側，水從地中湧出，顏色深靚，甘芳清洌，北宋鄒浩遊此地，曾作銘。南宋張栻得墨本作跋，刻於泉上。❺九蓮庵　即多寶寺基，在祁陽城東北門迎恩門外。❻陳尚書　陳薦，字君庸，號楚石，祁陽人。明萬曆年間，巡按陝西，上疏請賑，救活百姓甚多，官至吏部尚書。但實際重修九蓮庵的是陳薦長子陳朝鼒，字韋少。❼高皇帝　明太祖朱元璋。❽唐包巾　唐巾為唐代帝王的一種便帽，後來士人多戴此帽。❾志　通「誌」、「識」。文字標記。❿香火　香煙燈火，用於祭祀鬼神。後也用以指子孫祭祀祖先的事。⓫延陵　地名，在今江蘇武進。春秋時吳國公子季札辭吳王位，封於延陵，時人因稱季札為延陵公子。季札曾應聘列國，以博聞著稱。⓬餔羊　疑為「餼羊」之誤。餼羊，用以告廟的生羊。《論語・八佾》：「子貢欲去告朔之餼羊，子曰：『賜也，爾愛其羊，我愛其禮。』」這裡以餼羊借指不可拋棄的東西。⓭青龍之砂　古代堪輿家以「龍」和「砂」指山脈。龍指山脈外形，龍脈即山脈。砂指山脊走向，道教以青龍代表東方，白虎代表西方，青龍在左，白虎在右，故左邊稱龍砂，右邊稱虎砂。在《遊記》中，徐霞客有時也借用這種概念寫山。⓮瀟湘廟　在祁陽城東門瀟湘門內。

廟突起石間，內祀舜及二妃。廟前原有合江亭、玄（元）華閣，因擴城被廢。⓯充牣　充滿。牣，滿；塞。⓰巖邑　險要的都邑。

【語　譯】二十七日　黎明出發，船多向北行駛。過了二十里，到達祁陽東市，船夫又停下買米，過了中午才開船。不到半里，江水上漲，水流橫溢，眾多船隻都停止不前，便在楊家壩靠岸，位於東市南面的盡頭處。下午停船後，我便和靜聞通過楊家橋，共走了一里，進入祁陽西門，往北經過四牌坊，往東走出東門外，又往東北走了一里，到甘泉寺。有一方泉水，在寺前的山坡下，池有一丈見方，水從中溢出，深只有一尺多些，水味極其清冷，很像惠泉的水。城東山隴繚繞，從北往南，由兩層夾成山峽，泉水從中間流出。寺向東，靠著城外的第一座山岡。殿前的柱子上有我郡宋代鄒忠公名浩，貶官到這裡和蔣湋交遊。所作的〈甘泉銘碑〉，張南軒名栻。從郡中蔣氏那裡得到這銘，作了跋刻在這裡。鄒寫的是大字，張寫的是小楷，筆勢剛勁有力，可稱雙絕。在它前面第二層的山嶺中，繞成一個山窩，九蓮庵就在那裡。過去名多寶寺，本縣人陳尚書重新修建，裡面有法雨堂、藏經閣、三教堂。藏經閣中供奉著高皇帝的像，頭包唐巾，穿著紅色的緊身衣，眉毛如同橫臥的春蠶，兩邊連在一起，稀疏的鬍鬚散開，但沒有文字記載，是陳氏從宮中得到這像供在這裡的。如今尚書雖已去世，但子孫仍不斷修飾，看作自家的香火。寺前的土牆向左繞過，裡面已經荒蕪，在關閉的窗戶上面，有磚刻著「延陵道意」四個字，難道這也是鄒忠公的遺跡嗎？但當地已沒人知道，怎樣才能使這些字永遠保留呢？九蓮庵所座落的山，南端是學校所在地。學校在城外而且又靠著山，靠著山而且又在它的南端，前面有個大池，甘泉的水，往南流下，向東轉去，注入湘江。匯入湘江的地方是瀟湘橋。橋的北面，巖石奇妙，有一座山峰突起，是城外第二層的山。山脈先繞成九蓮庵所在的山窩，再峙立成學校所在地的山，又從學校的東面延伸突起，形成學校所在山脈的走向。在它前面，湘江從南面流到這裡，向東轉去；祁江從北面流到這裡，向南注入湘江；而甘泉的活水，又在學校前面繞過，從山的南脅透出，向東注入湘江。因在三條水流的交會之中，故橋名瀟湘橋，亭名瀟湘亭，如今改建玄華閣，廟名瀟湘廟，據說是因為和瀟、湘兩水合流相似的緣故。廟後的石片或分或聚，形狀奇特。廟內祭祀大舜像，據說舜巡狩經過這裡，但廟狹隘破敗，和舜的身分很不相稱。山峰的東北，有座五個拱洞的石橋，跨在祁水之上，名新橋，是向東去白水的通道，而去衡州的路則不從橋上走，而是向北沿著祁水上行。這時我想找工匠去浯溪搨〈中興摩崖碑〉，工匠認為天色已晚來不及前往，故去探訪各座寺廟。大體上說，甘泉寺古樸，九蓮庵新整，一座保存古蹟，一座體現當今的事。傍晚，從江市往南，經過三吾驛，即元次山吾水、吾山、吾亭所在地，去掉「山」和「水」，惟獨留下「吾」字，十分確當。從新橋往前走三里，向南到達楊家橋，下船時天色已經昏黑了。這兩天船共行駛五十里，先是因雨受阻，後來又因水漲受阻。這晚水聲洶洶，水勢更急。

二十八日　因江水上漲，船都停泊，竟沒法行駛。餓著肚子急忙趕到甘泉寺，尋找拓碑的人，那人已出去了。又從大街趕到東門，到門外的朱紫衙找姓范的，到八角坊找姓陳的裱工，都說水大，難以渡過。指浯溪、陽江。為我到處找搨本，都找不到。又趕到甘泉寺，姓王的搨工已經回來了，向我索取高價，但最後還是不敢去，只在甘泉寺內臨摹了兩張〈甘泉銘碑〉。我先回到船上，讓靜聞留下等候搨碑的消息。

祁陽東門外的大街和沿江的街市相連，到處是集市店鋪，並且有很多高門大宅，規模之大，可以同衡州府相比。只是城中很冷落，如果只看東城外的景象，可稱得上是一座險要的城市。

二十九日　昧爽放舟。〔曉色蒸霞，層嵐開藻。既而火輪湧起，騰焰飛芒，直從舟尾射予枕隙，泰岳❶日觀❷，不謂得之臥遊也。〕五里，過浯溪，摩崖❸在西，東溯流從西。又二十里，過媳婦塘，娉婷傍北，沿洄自南，俱從隔江矯首。所稱媳婦石者，江邊一崖，從山半削出，下插江底，其上一石特立而起，昂首西瞻，豈其良人❹猶玉門❺未返耶！又二十里，過二十四磯❻，磯數相次。又五里，泊於黃楊鋪❼。

黃楊鋪已屬零陵，其東即為祁陽界，其西遙望大山，名駟馬山，此山已屬東安❽，則西去東安界約三十里。西北有大路通武崗州❾，共二百四十里。黃楊有小水自西而來，石梁跨其上，名大橋。橋下通舟，入止三、五里而已，不能上也。

【章　旨】本章記載了第一百零八天在永州府的行跡。清晨看到江中的日出，景色極為壯麗。經過浯溪、媳婦塘，只見媳婦石如同一個女子抬頭西望。又經過二十四磯，到黃楊鋪停泊，這裡有路通向東安和武崗州。

【注　釋】❶泰岳　即東嶽泰山，古稱岱山，在山東泰安城北，有「五嶽之長」、「五嶽獨尊」的稱譽。據陳函輝〈霞客徐先生墓志銘〉，萬曆三十七年（一六〇九），徐霞客曾登泰山，拜孔林，謁孟廟。❷日觀　峰名，在泰山玉皇頂東南，為岱頂觀看日出的好地方。「旭日東升」為岱頂四大奇觀之一。❸摩崖　當為「磨崖」，此指磨崖碑，即〈大唐中興頌碑〉的俗稱。❹良人　古代夫妻互稱良人。❺玉門　古關名，在今甘肅敦煌西北，古時為通西域要道，出玉門關為北道，出玉門東南的陽關為南道。東漢班超在西域求歸上疏，云：「臣不敢望到酒泉郡，但願生入玉門關。」❻二十四磯　地屬零陵。至清末，只有蒿草、青龍兩磯，尚留其名，其餘各磯，已分不清了。❼黃楊鋪　今名黃楊司，在零陵東北約七十里，湘江北岸，東接祁陽地界。❽東安　明代為縣，隸永州府，今屬湖南。❾武崗州　明代為州，治所在武岡（今屬湖南）。

【語　譯】二十九日　拂曉開船。清晨的景色，雲蒸霞蔚，層層山嵐，展現出繽紛的色彩。隨即一輪紅日，從雲中躍起，火焰飛騰，光芒四射，直從船尾照到我的枕邊。泰山日出的壯麗景象，想不到竟在臥遊中看到。走了五里，經過浯溪，磨崖碑在西面，船從東面逆流向西行駛。又走了二十里，經過媳婦塘，外形美好，靠著北岸，船從南面逆流而上，都抬起頭隔江望著它。所謂媳婦石，是江邊一座石崖，從半山腰陡起，下部直插江底，上面有塊岩石卓然挺立，似乎抬頭向西遠望，難道是她的丈夫還沒從玉門關返回嗎？再走二十里，經過二十四磯，石磯一個接著一個。再走五里，到黃楊鋪停泊。

黃楊鋪已屬零陵地界，它的東面是祁陽地界，西面遙望大山，名駟馬山，這山已屬東安，從這裡往西離東安地界約有三十里。有條大路往西北直通武崗州，全程共二百四十里。黃楊鋪有一條小溪從西面流來，石橋架在上面，名大橋。橋下通船，進去只有三、五里路，就不能再往上行駛了。

閏四月初一日　昧爽，從黃楊鋪放舟，至是始轉南行。其先自祁陽來，多西向行。十五里，大護灘，有渦成漩，諸流皆奔入漩中，其聲如雷，蓋漏卮也。又上為小護灘。又十五里為高粟市❶，即方瀲驛也。又二十里過青龍磯，磯石巉屼，橫嚙江流。又十里，昏黑，而後抵冷水灣❷。下午余病魚腹，為減晚餐。泊西岸石涯下，水漲石沒，不若前望中崢嶸也。

初二日　舟人登涯市薪菜，晨餐時乃行。雷雨大作，距❸午乃晴。共四十里，泊於湖口關，日尚高舂❹也。自冷水灣來，山開天曠，目界大豁。而江兩岸，噉水❺之石，時出時沒，但有所遇，無不賞心悅目。蓋入祁陽界，石質即奇，石色即潤。過祁陽，突兀之勢，以次漸露，至此而隨地湧出矣。〔及入湘口，則聳突盤亙者，變為峭豎迴翔矣。」

【章　旨】本章記載了第一百零九、第一百十天在永州府的行跡。經過大護灘、小護灘、高粟市、青龍磯、冷水灣，直到湖口關。從冷水灣起，景物無不賞心悅目。進入祁陽地界以後，山勢變得越來越陡峻。

【注　釋】❶高粟市　今名高溪市，在零陵城北六十五里，湘江西岸。❷冷水灣　今名冷水灘，在零陵城北約五十里處，湘江西岸。❸距　到。❹高舂　指日影西斜近黃昏之時，此時農家正忙於碓舂，故稱高舂。❺噉水　噉，同「啖」、「啗」。食。此作浸在水中解。

【語　譯】閏四月初一　拂曉，從黃楊鋪開船，到這裡開始轉向南走。先前從祁陽過來，大多時候向西走。過了十五里，到大護灘，灘上有漩渦，水流都湧入漩渦之中，聲如雷鳴，原來下面有個漏洞。再往上為小護灘。再行駛十五里為高粟市，即方潊驛。再行駛二十里，經過青龍磯，磯石高峭，橫嚙江流。再行駛十里，天色昏黑，隨後抵達冷水灣。下午我肚子發脹，為此沒吃晚飯。船在西岸水邊的崖石下停泊，江水上漲，崖石被吞沒，不像先前看上去那麼高峻。

初二　船夫上岸買柴和蔬菜，吃早飯時才出發。下起大雷雨，到中午天才放晴。共行駛四十里，到湖口關停泊，還是傍晚時分。從冷水灣過來，山勢開闊，天空曠遠，眼界大開。江的兩岸，浸在水中的岩石，時出時沒，只要是看到的東西，無不賞心悅目。自從進入祁陽地界，石質便變得奇特，石色便有光澤。過了祁陽，高聳的山勢，以次漸漸出現，到這裡便處處湧現。等進入湘口，高聳突起盤繞相連的山峰，變為陡峭矗立，在雲中盤旋了。

初三日　平明，放舟入湘口，於是去瀟而專向湘矣。瀟即余前入永之道，與湘交會於此。二水一東南，瀟。一西南，湘。會同北去，為洞庭❶眾流之主。界其中者，即芝山❷之脈，直走而北盡，盡處兩流夾之，尖若龍尾下垂，因其脊無石中砥，故兩流挫也必銳而後已。瀟之東岸，即湘口驛。有古瀟湘祠❸，祀舜帝之二妃。由祠前截❹瀟水而西，盤龍尾而入湘。湘口之中，有砂磧中懸，叢木如山，湘流分兩派瀠之，若龍口之含珠，上下之舟，俱從其西逼山崖而上。時因流漲，即從珠東夾港沿龍尾以進。一里，繞出珠後，即分口處也。於是西北溯全湘❺，若入咽喉然。其南有小水北向入湘，即芝山西麓之水，余向登嶺所望而見之者也。是時瀟水已清，湘水尚濁。入湘口時有舟泊而待附，共五人焉，即前日鯉魚塘被劫之人也。

由湘口而上，多有西北之曲，灘聲愈多，石崖愈奇。二十里，有斜突於右者，上層峭而下嵌空。又二十里，有平削于左者，黃斑白溜，相間成行。又有駢立於右者，與江左平剖之崖，夾江對峙，〔如五老❻比肩，愈見奇峭。〕轉而西行，五里，過軍家埠，又轉而南，又一山中剖卑平插江右，〔其下雲根倒浸重波。〕詢之，無知其名者。〔時落日正銜山外，舟過江東，忽峰間片穴通明，若鉤月與日並懸，旋即隱蔽。〕由山下轉而東，泊于軍家埠、臺盤子之間，去軍家埠又五里矣。

【章　旨】本章記載了第一百十一天在永州府的行跡。船進入湘口，這裡是瀟水、湘水的會合處，中間以芝山為界。瀟水東岸有瀟湘祠。湘口中有沙石樹叢，就像龍口含珠。沿著湘江逆流上行，兩岸崖石奇峭。經過軍家埠，到前面停泊。

【注　釋】❶洞庭　湖名，即「神仙洞府」之意。在湖南北部，北連長江，南接湘、資、沅、澧四水，煙波浩渺，氣象萬千，有「八百里洞庭」之稱。湖畔有岳陽樓、君山、二妃墓、柳毅井等名勝。❷芝山　原作「楚山」，據乾隆本改。❸瀟湘祠　即瀟湘廟，在永州西北門瀟湘門內，每年春秋兩季，官祭瀟、湘二川之神。❹截　直渡。❺全湘　湘口關以西為湘江上游，沒有其他大水匯入，故稱作全湘。❻五老　指廬山五老峰，在廬山東南。山巒綿延，五峰並立。當隆冬飛雪之時，從山麓海雲寺仰視群峰，宛若五個披簑戴笠的鶴髮漁翁，由此得名。從各個角度觀察，山勢各不相同，以第三峰最險，第四峰最高。唐代詩人李白曾讚道：「予行天下，所遊覽山水甚富，俊偉詭特，鮮有能過之者，真天下之壯觀也。」峰後山谷有青蓮寺，相傳為李白（號青蓮）當年「巢雲松」的隱居之地。

【語　譯】初三　黎明，開船駛入湘口，從這裡離開瀟江，只在湘江上行駛了。瀟江就是我先前進入永州的水道，和湘江在這裡交會。兩條水一來自東南，瀟江。一來自西南，湘江。會合後一起向北流去，成為匯入洞庭湖的眾多水流中最大的一條。在中間作為分界的，是芝山山脈，一直往北到盡頭，兩條水流在山的盡頭處相夾，像垂下的龍尾那麼尖，因為這山脊沒有巖石在裡面支撐，故在兩條水流的侵蝕下，非變得尖銳不可。瀟水的東岸，即湘口驛。有古代的瀟湘祠，祭祀舜帝的兩個妃子。從祠前渡過瀟水向西，繞過「龍尾」進入湘水。湘口的中間，有沙堆居中矗立，上面樹叢如同山峰，湘水分成兩股圍繞著它，就像含在龍嘴的寶珠，上下的船隻，都從它的西面靠近山崖上行。這時因為江水上漲，便從「寶珠」東面的水灣沿著「龍尾」向前。過了一里，從「寶珠」的後面繞出，便是分口處。從這裡往西北沿湘江逆流上行，就像進入咽喉之中。在它南面有一條小溪向北注入湘江，即從芝山西麓流出的水，我先前登上山嶺望見過。這時瀟水已經清澈，但湘水仍然渾濁。進入湘口時看到有船停在那裡等人搭乘，上面共五個人，即前幾天在鯉魚塘被搶劫的人。

從湘口向上，有許多轉向西北的水灣，灘上的水聲越來越急促，石崖越來越奇特。行駛二十里，右岸斜向突起一座石崖，上面層疊陡削，下面玲瓏剔透。又行駛二十里，左岸有座被劈開的石崖，黃色的斑痕，白色的條紋，一行行相隔。另外還有在右岸並立的石崖，和左岸被劈開的石崖，在江的兩岸相對峙立，就像並肩而立的五老峰，更加顯得奇峭。轉向西行駛五里，經過軍家埠，再轉而向南，又有一座被劈開的山，低矮平坦，插在江的右岸，下面的巖石倒浸在層層水波之中。向人打聽，沒人知道它名叫什麼。這時落日正銜著遠山，船經過江的東岸，忽然看到山峰中有個孔洞一片光明，就像月亮和太陽一起掛在空中，很快就消失了。從山下轉而向東，在軍家埠、臺盤子之間停泊，離軍家埠又過五里路了。

初四日　昧爽發舟，東過掛榜崖。崖平削江左，下至水面，嵌入成潭，其上石若磨崖，色間黃白，〔遠逾臨武，〕外方整，而中界三分北之。前所見江左成行者，無其高廣。由掛榜下舟轉南，行二十里，上西流灘。又十里，石溪驛❶，已屬東安矣。驛在江南岸，今已革。有東江❷自南而北，注於湘。市廛❸夾東江之兩岸，有大石梁跨其口，名曰復成橋。其水發源于零陵南界，舡由橋下南入十五里，為零陵界。又二十五里，為東江橋❹。其上有小河三支，通筏而已。〔按志：「永水出永山，在永州西南九十里，北入湘。」即此水無疑也。〕石溪驛為零陵、東安分界。石溪，考本地碑文曰石期；東江，土人又謂之洪江，皆音相溷也。石期之左，有山突兀，崖下插江中，有隙〔北向，〕如重門懸峽。山之後頂為獅子洞，洞門〔東南向，〕不甚高敞。穿石窟而下一里，可透出臨江門峽，惜時方水溢，其臨江處既沒浸中，而洞須秉炬入。先，余乘舟人泊飯市肉，一里，攀山椒而上，徘徊洞門，恐舟人不余待，余亦不能待炬入洞，急返舟中。適顧僕亦市魚鴨入舟，遂帶雨行。又五里，泊於白沙洲。其對崖有石壁臨江，黃白燦然滿壁。崖北山巔，又起一崖，西北向有庵倚之，正與余泊舟對，雨中望之神飛，恨隔江不能往也。是日共行四十里。天雨灘高，停泊不時耳。

【章　旨】本章記載了第一百十二天在永州府的行跡。經過掛榜崖，到零陵和東安的分界處石溪驛，東江流到這裡注入湘江，前面有東江橋，附近還有獅子洞。船到白沙洲停泊。望著對岸，令人神往。

【注　釋】❶石溪驛　今名石期市，在東安城東六十二里，當石期江入湘水口，東接零陵地界。❷東江　今名東湘江，在零陵西境。❸市廛　商肆集中之地。「廛」原誤作「纏」。❹東江橋　今名東湘橋，在零陵西南六十里處，為通廣西要道。

【語　譯】初四　拂曉開船，向東經過掛榜崖。崖如劈成，聳立在江的左岸，往下直到水面，嵌入的部分成為潭水，上面的石壁如同磨崖，顏色黃白相間，景色遠勝臨武的石崖，外形方整，裡面分成三部分，北靠江水。原先所看到的在江左岸相間成行的石崖，不及它高大寬廣。船從掛榜崖下向南轉，過了二十里，駛上西流灘。又行駛十里，到石溪驛，已屬東安地界了。驛在江的南岸，如今已廢除。有東江從南往北，注入湘江。東江兩岸都是商店，有大石橋跨在江口上，名復成橋。橋下的水發源於零陵的南境，船從橋下往南駛入十五里，便是零陵地界，再行駛二十五里，到東江橋。上面有三條小河，只能通筏罷了。據志書載：「永水從永山流出，在永州西南九十里，往北注入湘江。」無疑就是這水。石溪驛為零陵、東安的分界。根據本地的碑文，石溪稱作「石期」；東江，當地人又稱作「洪江」，都由發音相混造成。石期的左邊，有山聳起，石崖往下插入江中，有道向北的缺口，就像重疊的門戶、高懸的峽口。山後的頂部為獅子洞，洞門面向東南，不太高大寬敞。穿過石洞往下走一里，可從靠近江岸的門、峽穿過，可惜這時正在漲水，靠近江岸的地方已浸在水中，只有帶著火把才能進洞。先前，我趁船夫停下吃飯上岸買肉時，走了一里，登上山頂，在洞門前徘徊不定，怕船夫不等我，我也不可能等到有了火把才進洞，便急忙回到船上。恰巧顧僕也買了魚、鴨上船，便冒著雨向前。又行駛五里，到白沙洲停泊。在它對岸的山崖，有石壁靠近江水，滿壁都是黃白色，燦燦發光。崖北的山頂，又聳起一座石崖，有個小庵面向西北靠著它，正好和我停泊的船相對，在雨中望著它，不覺神思飛揚，只恨隔著江水，不能前往。這天共行駛四十里。因為天在下雨，水灘高險，只得隨時停泊。

初五日　雨徹夜達旦，晨餐乃行。十里，江南岸石崖飛突，北岸有水自北來，志曰右江口。或曰幼江。又五里，上磨盤灘、白灘埠，兩岸山始峻而削。峭崖之突於右者，有飛瀑掛其腋間，雖雨壯其觀，然亦不斷之流也。又五里，崖之突於左，為兵書峽❶。崖裂成峃❷，有石嵌綴，其端形方而色黃白，故效顰三峽之稱❸。其西坳亦有瀑如練，而對岸江濱有圓石如盒，為菓盒塘。菓盒、兵書，一方一圓，一上一下，皆對而擬之者也。又西五里，為沉香崖❹。〔崖斜疊成紋，〕崖端高迥處，疊紋忽裂，中吐兩枝，一曲一直，望之木形黝色，名曰沉香❺，不知是木是石也。其上有大樹一株，正當崖頂。更有上崖一重內峙，有庵嵌其間，望之層巒聳翠，下挈❻遙江，真異境也。土人言：「有縣令欲取沉香，以巨索懸崖端大樹垂人下取，忽雷雨大作，迷不可見，令懼而止。」亦漫語也。過崖，舟轉而南，泊於羅埠頭❼之東岸。是日止行二十五里，灘高水漲，淋雨不止也。羅埠頭在江西岸，倚山臨流，聚落頗盛，其地西北走東安大道也。

【章旨】本章記載了第一百十三天在永州府的行跡。經過右江口，駛上磨盤灘，山勢開始陡峻起來。前面為兵書峽，對岸為菓盒塘，再往西為沉香崖，可稱為一處奇境。因雨大水漲，到羅埠頭停泊。

【注釋】❶兵書峽　在沉香崖東半里的危石上，有兵書匣，地勢陡險，無法攀登。明初解縉有詩云：「百尺蒼崖吼石麟，兵書匣在楚江濱。人心只是推諸葛，木石無神自有神。」❷嵒　山多大石。❸故效顰三峽之稱　三峽即長江三峽，為瞿塘峽、巫峽、西陵峽的總稱。西起重慶奉節白帝城，東迄湖北宜昌南津關，全長三百八十六里，為自然和人文景觀最集中、最奇麗的勝地。在西陵峽的西端有兵書寶劍峽，傳說為諸葛亮留下兵書和寶劍的地方。湘江的兵書峽當然不能同長江的兵書寶劍峽相比，但襲用其名，故稱之為「效顰」。❹沉香崖　又名沉香巖，在東安城東十五里湘江渌浦渡。懸崖峭壁，俯對江水。相傳崖上古有沉香數株，紮根石隙之中，永不衰敗。過去有人從上面取它，見它在下面，從下面取它，又見它在上面，始終不能得到。後失去。崖下有沉香潭，「香潭仙境」為東安一景。❺沉香　一種香木，可作香料。因其入水能沉，故名沉香。❻挈　懸持。❼羅埠頭　今名祿豐頭，在東安西南隅，湘江西岸，地近廣西全州境。

【語譯】初五　整夜下雨，直到天亮，吃了早飯才出發。行駛十里，只見江的南岸石崖淩空突起，北岸有水從北流來，志書稱作右江口。又名幼江。又過了五里，駛上磨盤灘、白灘埠，兩岸山峰開始高峻陡峭。在右岸突起一座陡峭的山崖，一條飛流的瀑布高掛在山腋間，雖然大雨使景觀顯得更加壯麗，但它本來也是一條永不枯竭的水流。再行駛五里，在左岸突起一座山崖，這就是兵書峽。崖壁裂開，形成許多大石，有塊岩石嵌附在崖上，頂端方形，顏色黃裡帶白，故襲用了三峽中兵書寶劍峽的名稱。在它西面的山坳中也有瀑布，如同白練，而對岸江邊有塊圓石，形狀如同盒子，這就是菓盒塘。菓盒、兵書，一方一圓、一上一下相對，都是根據形狀用來作比擬的。再往西行駛五里，到沉香崖。崖壁斜疊，形成紋理，在高遠的崖頂上，疊紋忽然裂開，中間吐出兩根枝條，一根彎曲，一根挺直，望去形狀像樹，深黑色，名沉香，不知是樹還是石。在它上面有一棵大樹，正長在崖頂。上面還有一座山崖，在裡面峙立，有庵嵌在崖上，抬頭望去，山嵐重重，翠色高聳，往下懸持遙遠的江水，真是一處神奇的境地。當地人說：「曾經有個縣令，想得到沉香，便用巨大的繩索，掛在崖頂的大樹上，將人放下去取，這時忽然下起大雷雨，一片迷茫，什麼也看不見，縣令感到害怕，便取消了這個念頭。」不過這也是隨便說說的話，未必可靠。經過沉香崖，船轉而向南，在羅埠頭的東岸停泊。這天只行駛二十五里，這是因為灘高水漲，雨又下個不停的緣故。羅埠頭在江的西岸，靠山臨水，村落很大，從這裡往西北走，是去東安的大路。

初六日　夜雨雖止，而江漲有聲，遂止不行。西望羅埠，一水盈盈❶，舟渡甚艱。舟中薪盡，東岸無市處，令顧僕拾墜枝以供朝夕焉。下午，流殺風順，乃掛帆東南行。五里，東泊於石衡灣。是夕，月明山曠，煙波渺然，有西湖南浦之思❷。前一夕，江漲六、七尺，停一日，落痕亦如之。

初七日　昧爽行，西轉四里，為下廠。又西一里，江南山一支自南奔而北向；又西一里，江北山一支自北奔而南來。兩山夾江湊而門立，遂分楚、粵之界。兩山之東，屬湖廣永州府東安縣；兩山之西，屬廣西桂林府全州。全州舊屬永，洪武二十八年❸改隸廣西，其界始不從水而從山。又五里為上廠。於是轉而南行，共十五里，迤邐而西，為柳浦驛。又南十里，為金華灘。灘左有石崖當衝，轟流嶄壁，高下兩絕，險勝一時。西轉八里，為彝襄河❹口，有水自北岸入湘。舟入二里，為彝襄❺，大聚落也。又西二里，泊於廟頭❻。

【章　旨】本章記載了第一百十四、第一百十五天在永州府的行跡。船在石衝灣停泊，面對江上景色，不禁產生別離之情。次日經過下廠，越過湖南、廣西兩地的分界，再經過上廠、金華灘、彝襄，到廟頭停泊。徐霞客在湖南的旅程，就此結束。

【注　釋】❶盈盈　形容水清澈。❷西湖南浦之思　西湖即杭州西湖，前人有不少西湖留別的詩篇。屈原〈九歌・河伯〉：「子交手兮東行，送美人兮南浦。」後來多以南浦泛指離別之地。黃庭堅〈送陶仁父〉詩：「南浦不堪看草色，西湖尚可及荷花。」徐霞客在此即借用其意。這裡既有離家之情，也含有和湖南告別之意。❸洪武二十八年　洪武，明太祖年號。洪武二十八年，即一三九五年。❹彝襄河　今名宜湘河，在全州北境，東流入湘江。❺彝襄　今亦名宜湘河，在河北岸。❻廟頭　在全州東北七十里，當湘水曲折處，為通往湖南的要道。乾隆本在後面尚有初八日日記一則，云：「放舟南行二十里，為黃沙鋪，粵舟可直抵桂林。予欲盡全州諸山，遂止此從陸，為粵遊始。」

【語　譯】初六　夜間雨雖然停了，但江水上漲，驚濤澎湃，船便停下不走。向西岸的羅埠頭望去，中間隔著一條清澈的江水，船很難渡過去。船上的柴火用完了，東岸沒有可買的地方，只能叫顧僕拾取落下的樹枝以供一天燒火用。下午，江水下落，遇上順風，便張帆向東南行駛。過了五里，在東面的石衝灣停泊。這天晚上，月色皎潔，山勢開曠，江上煙波，渺茫無際，離別之情，不禁油然而起。前一天晚上，江水上漲六、七尺，停了一天，水位下落也一樣。

初七　拂曉出發，轉向西行駛四里，到下廠。又往西行駛一里，江的南岸有一支山脈從南向北奔去；再往西行駛一里，江的北岸又有一支山脈從北向南奔來。兩支山脈在江的兩岸聚攏，就像聳立的門戶，劃分了湖南、廣西兩地的界限。兩山的東面，屬於湖廣永州府東安縣；兩山的西面，屬於廣西桂林府全州。全州過去屬永州府，洪武二十八年改屬廣西，於是兩省的分界才開始不依水而依山來劃分。再過五里到上廠。從這裡轉向南，共走了十五里，曲曲折折向西，到柳浦驛。再往南行駛十里，到金華灘。灘的左邊有石崖正處在衝要之地，轟鳴的奔流，險峻的崖壁，一高一下，可稱兩絕，險境美景，同時呈現。轉向西行駛八里，到彝襄河口，有水從北岸注入湘江。船往裡行駛二里，到彝襄，是一個大村落。又往西行駛二里，在廟頭停泊。

【研析】奚又溥說徐霞客的《遊記》，「筆意似子厚」，但他又說：「子厚永州記遊諸作，不過借一邱一壑，以自寫其胸中塊壘奇倔之思，非遊之大觀也。」而徐霞客的《遊記》，「搜奇抉怪，吐韻標新」，「其得山川風雨之助者，固應與子長之《史記》並垂不朽。」柳宗元的遊記，詞清韻遠，情景交融，古今獨步。至於說「漱滌萬物，牢籠百態」，則惟有徐霞客能當之無愧。柳宗元的遊記，是詩人的遊記；徐霞客的《遊記》，則為學者的遊記。在柳宗元的筆下，自然景物只是心靈的外化、情感世界的物化，他的遊記，好借山水之酒杯，澆自己的塊壘，時時流露出心靈悲傷的訴說。而徐霞客則更重視自然本身，重視天人的和諧，裡面包含著更多理性的內容。由於他重在發現自然、認識自然、表現自然，故他的《遊記》，在表現手法上必然重視形象的具體和逼真。由於自然高不可攀，深不可測，因此他的《遊記》也就能表現闊大的境界。由於他能見常人所不見，發常人所難發，他的描寫，就能讓人產生耳目一新之感。用錢謙益的話說，徐霞客的《遊記》，是「世間真文字、大文字、奇文字」，「天壤間亦不可無此書也」！

就文字之流麗、描述之生動而言，《楚遊日記》似乎還比不上前面的名山遊記，但在藝術表現上仍有其特色，這種特色，主要表現在審美和科學的結合上。一方面，只有具有豐富審美想像的人，才能不斷發現自然之美；另一方面，只有在和自然的貼近和交流中，審美想像才能不斷豐富和提高。徐霞客正是在廣泛的目遊、耳遊、鼻遊、足遊中，上升到神遊的境地。這個過程，也就是審美想像在觀賞實踐中昇華和飛躍的過程。但是，他沒有無條件地放縱、馳騁想像，即他的審美判斷，始終不離自然真實的一面。他的描述，儘管用了許多比喻（甚至可稱為博喻），也有誇張，但他從沒有拋開審美對象的真實。他以山川為脈絡，以時間為線索，進行具體入微的描述，重視條理，重視細節，通過景物描寫，揭示自然現象形成和發展的規律與軌跡，從而將形象的描述和科學的論證、將絢麗的自然景觀和獨特的地理特徵完美地結合起來。

當徐霞客登上茶陵雲陽山，看到「其時本峰霧氣全消，山之南、東二面，歷歷可覩，而北、西二面，猶半為霾掩。」認為造成這種景象，是因為「是時嶺西黑霧瀰漫，嶺東日影宣朗，霧欲騰衝，而東風輒驅逐而西，亦若以嶺為界者。」在此，山勢、風力、霧氣，既是描述的對象，是一種景觀，也是造成這種自然現象的要素，是一種動力。由於山勢和風力的作用，產生氣流的溫差，形成以山嶺為分界的不同的霧景。在茶陵青蓮庵後的山頂，因「當風無樹，故冰止隨枝堆積。而庵中山環峰夾，竹樹蒙茸，縈霧成冰，玲瓏滿樹，如瓊花瑤谷，朔風搖之，如步搖玉珮，聲叶金石。偶振墮地，如玉山之頹，有積高二三尺者，途為之阻。」這是一段極優美的寫景文字，有聲有色，有動有靜，意境高潔，形象鮮明。但這又不是單純的寫景，也是關於因山勢、風力不同而造成不同氣溫、不同景觀的科學考察記錄。

湘贛地區，連山帶水，徐霞客在描寫山嶺地貌時，對水文也十分重視，如分水嶺，一直是他重點勘察的對象。在湘江航行時，他看到從祁陽大鋪往西，「江左右復有山如連崗接阜。江曲而左，直抵左山，而右為旋坡；江曲而右，直抵右山，而左為迴隴，若更相交代者然。」在常人筆下，也許只需用「曲折蜿蜒」四個字，但徐霞客卻通過具體的描述，顯示河谷中山口交錯的地貌特徵，指出由於江水流向的改變，造成兩岸崖壁侵蝕強度的差別，揭示了河曲的發育規律。甚至在激流洶湧的險灘（如湘江上的大護灘），面對最容易激起詩興和豪情的壯麗的情景，他竟也能發現這些驚濤駭浪和地下水相通：「有渦成漩，諸流皆奔入漩中，其聲如雷，蓋漏卮也。」他還從洞穴中水道的痕跡，認識到流水的侵蝕對洞穴形成的作用，描寫了溶洞中的暗湖和瀑布。

在〈楚遊日記〉中，徐霞客對湖南的人文景觀，表現出比浙遊、贛遊時更多的熱情和關注，對此的記載，也比前兩篇遊記更加完備。在〈遊雁宕山日記〉中，他記載了第一則傳說，以後雖有所記，但都比較簡略，這篇遊記卻不吝筆墨，詳細地記載了郴州蘇仙一生的事跡，為前所未有。摩崖石刻，在中國山水中不僅僅是一種點綴，而是一種組合，是一道富有民族特色的風景線。這些能夠跨越歷史的碑刻，以其悠久的文化積澱，讓人感受到歷史文化的豐富和沉重，不僅能產生美感，還能引起思索。徐霞客對碑刻始終懷有極大的興趣，所到之處，必搜集臨拓。他稱讚浯溪顏真卿書寫的〈中興頌〉石刻「千古不朽」，為了能拓下來，不顧江上水漲的危險，餓著肚子到處尋找搨工。保護文物古蹟，更是他一直呼籲的話題。他到了郴州乳仙宮和中觀，因為鞋襪被雨淋濕，怕將宮觀弄髒，都未進去。這種自覺、自律的意識，確非一般遊客所能做到。在零陵愚溪橋的上面，他對一些遊客將這裡的石穴當作廁所，污染環境，褻瀆神靈，極為痛恨，大呼要用行政和司法的力量嚴加禁止。明代開國皇帝朱元璋御批將舜祠併入舜陵，對這個當時視為神聖不可侵犯的決定，徐霞客也毫無顧忌地提出批評，認為這種無故遷移古建築的行為，「可為廢古之鑑」。

在這篇遊記中，徐霞客十分注意描寫當地的民生和民情。當他西行之時，明王朝已日薄西山，處在風雨飄搖之中。儘管湖南地處僻遠，社會問題不像中原、陝西等地那麼嚴重，但瀟湘山水，也已開始被亂世的風雲所籠罩。在〈浙遊日記〉中，已經透露了這樣的消息。由於中原動亂，朝廷調集南方的軍隊北上，徐霞客到蘭溪，正逢勤王的部隊即將路過這裡，故「封橋聚舟，不聽上下」，誰知南方也不太平，北上的軍隊遲遲不能出發。徐霞客以他特有的紀實手法，將當時的社會動亂，一一錄之筆端，成了留在美麗的山水畫卷上的濃重陰影，成了和山水清音極不諧和的變徵之聲。他對當時百姓的疾苦，表現出深切的同情。從零陵到江華，一路苦於乾旱，直到蠟樹營，才下了一場大雨，這對徐霞客趕路無疑增添了不少麻煩，他卻「不以為苦」。湘江遇盜，既使徐霞客喪失了所有的遊資，也使他獲得廣泛的友情。劉明宇、金祥甫、戴明凡，以及花藥山的竺震和尚，都給了他無私的幫助。在九疑山，他對山中瑤民「猶存古人之厚」感慨不已。這些煥發出善與美的光輝，使得這篇充滿艱難困苦的遊記，又始終不失溫情和亮色。

粵西[1]遊日記一

【題解】千峰環野立，一水抱城流；洞中日月閒，奇石閱春秋。山、水、洞、石，堪稱桂林四絕。唐代柳宗元已經指出：桂林多靈山，拔地而起，林立四野。清代詩人袁枚認為桂林景物，能發江山之幽祕，作詩讚道：「奇山不入中原界，走入窮邊才逞怪。桂林天小青山大，山山都立青天外。」（〈同金十一遊棲霞寺望桂林諸山〉）桂林山山皆空，無山不洞，無洞不奇。洞內通道曲折幽深，石乳絢麗多姿，呈現出岩溶地貌特有的璀璨景觀。這些奇山異石，並非出於鬼斧神工，而是由水沖激而成。由於石灰岩地區含沙量少，故灕江水質特別純淨。正是那曲折如帶、明淨如鏡、溫柔如玉的江水，將峰巒洞石連成一體，展現出「無水無山不連洞，無山無水不入神」的奇景。早在唐代，桂林即以風景旖旎名揚中原。「水作青羅帶，山如碧玉簪。」韓愈這二句詩，已成為桂林山水最形象的寫照。南宋詩人范成大作《桂海虞衡志》，讚道：「桂山之奇，宜為天下第一。」宋末李曾伯作《重修湘南樓記》，明確提出：「桂林山川甲天下。」至清，這種說法已不脛而走，傳播眾口。如今，桂林山水又贏得海內外遊客的讚美。泰昌元年（一六二〇），徐霞客遊九鯉湖，曾明確表示：西蜀的峨眉、南粵的桂林，才是他最嚮往的地方。只是當時因老母在堂，不能遠遊。離開湖南後，徐霞客取道全州，於崇禎十年（一六三七）四月二十八日抵達桂林，至六月十一日離開，包括在陽朔的遊覽，前後長達四十三天，留下四萬多字的日記。考察的周密，記載的翔實，均前所未有。

丁丑閏四月初八日　夜雨霏霏，四山靉靆，昧爽放舟。西行三十里，午後〔分顧僕舟抵桂林，予同靜聞從〕湘江南岸登涯，舟從北來，反曲而南，故岸在北。是為山角

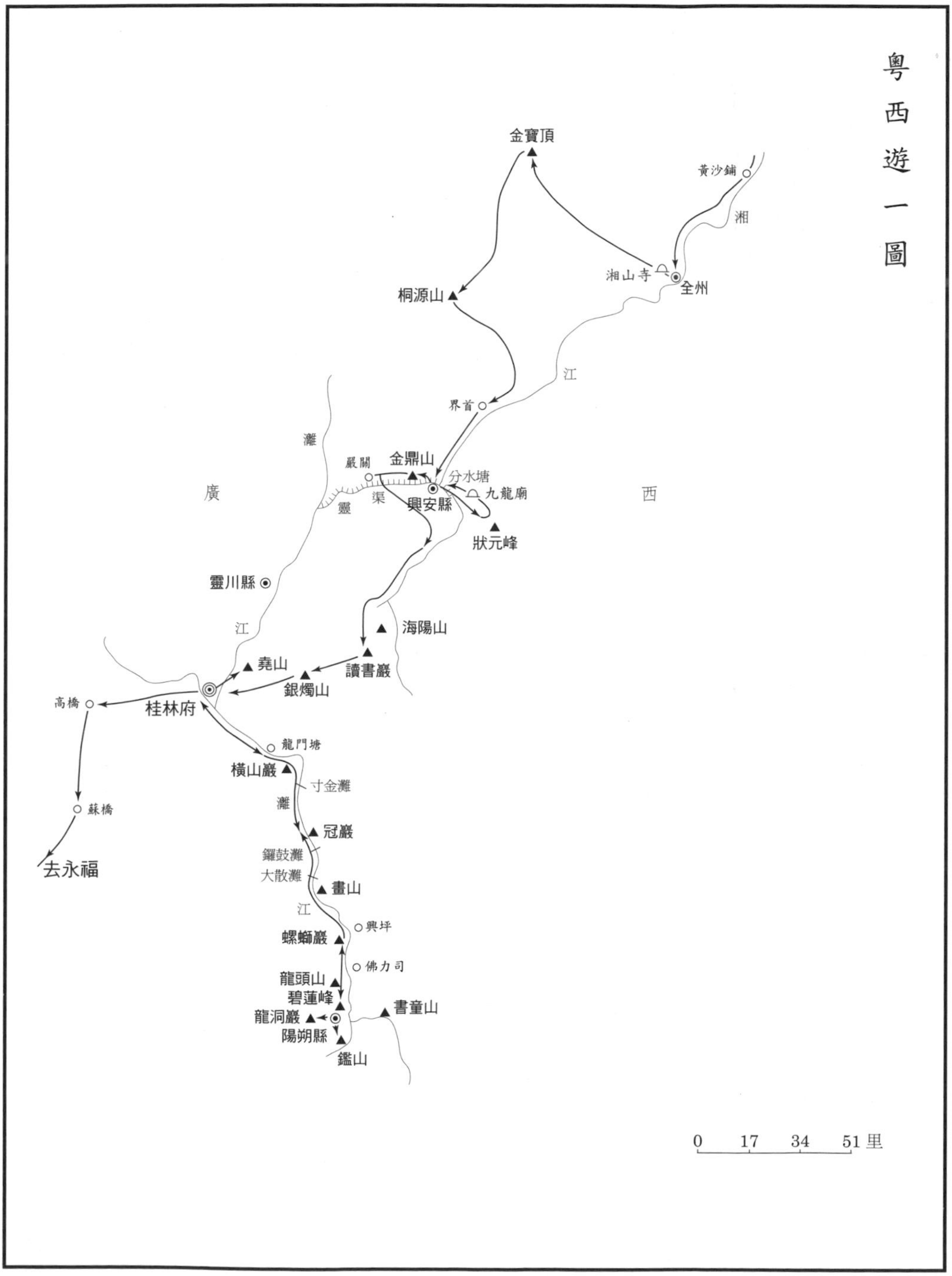
粵西遊一圖
金寶頂
黃沙鋪
湘
湘山寺
全州
桐源山
江
界首
灕
嚴關
金鼎山
分水塘
九龍廟
廣
靈
渠
興安縣
西
狀元峰
靈川縣
海陽山
江
堯山
讀書巖
銀燭山
高橋
桂林府
龍門塘
橫山巖
寸金灘
灕
蘇橋
冠巖
鑼鼓灘
去永福
大散灘
畫山
江
興坪
螺螄巖
佛力司
龍頭山
碧蓮峰
書童山
龍洞巖
陽朔縣
鑑山
0 17 34 51 里

驛，地名黃沙。西南行，大松夾道。五里，黃沙鋪❷。東面大嶺曰紫雲巖，西面大嶺曰白雲巖。湘江在路東、紫雲巖❸西。又南三里，雙橋。有水自西大嶺注于湘。又七里，石月鋪，其西嶺曰黃花大嶺❹。又西南五里，出山隴，行平疇間。又五里，深溪鋪。過鋪一里，有溪自西大山東注，小石梁跨之，當即深溪也。又一里，上小嶺，捨官道，深溪一十里官道至太平鋪，又十里至全。右入山。西向大山行，二里，直抵山下。又二里，宿於牛頭崗蔣姓家。夜大雨。

初九日　冒雨西行五里，至礱巖❺普潤寺。寺有宋守趙彥暉詩碑、宋李時亮記。巖洞前門東向〔如橋，出水約三十丈；〕後門北向，〔入水約十五丈。泉自山後破石窟三級下，故曰「礱」。〕西入甚奧，中有立筍垂柱。出巖，西三里，有小石山兀立路旁。又西三里，張家村，〔村後大山曰迴龍巖❻。〕南五里，崗嶺高下，出平塢中，西行一里，上大沖，西行半里，為福壽庵，飯于庵。又西半里，西北上柳山❼，有閣，曹學佺❽額，為柳仲塗書院。又上為寸月亭，亦曹書。亭前為清湘書院❾。有魏了翁❿碑。此山為郡守柳開⓫講道處，院為林岊⓬所建，與睢、嶽、嵩、廬⓭四書院共著。其南有泉一方，中有石題曰「虎踞石」。由此躡嶺，踰而西，一里，為慈慧庵。轉北一里，為獅子巖⓮。巖僧見性。〔宿獅子巖南清泉庵。〕

【章　旨】本章記載了徐霞客從湖南進入廣西前二天在桂林府的行跡。午後上岸，經過山角驛、黃沙鋪、雙橋、石月鋪、深溪鋪，走進大山，在牛頭崗過夜。次日到礱巖普潤寺，又登上大沖，在福壽庵吃飯。飯後登上柳山，山上有柳仲塗書院，再往上有寸月亭、清湘書院、虎踞石。接著經過慈慧庵，在獅子巖南的清泉庵過夜。

【注　釋】❶粵西　廣西。粵，同「越」。古民族名。廣西古為百粵之地，故又別稱粵東、粵西。❷黃沙鋪　今名黃沙河，在全州東北，據下句，當在湘江西岸。❸紫雲巖　在全州城東北約四十里處，與零陵接界，高出群峰之上。❹黃花大嶺　在全州東北境，傳說過去曾有人騎鹿登嶺。❺礱巖　在全州城北十五里，深數百丈，寬廣如大廈，上面飛泉噴灑，下面曲水縈繞，裡面有石田、石米，形狀宛然。❻迴龍巖　在全州城北二十里，頗幽雅。❼柳山　在全州城北二里，舊名北山。峰巒秀麗，尤多奇石。因北宋刺史柳開築室讀書於此，故又名書堂山。❽曹學佺　字能始，號石倉，福建侯官（今福州）人。明萬曆進士。以私撰《野史紀略》被劾削職。清兵入關，自縊山中。❾清湘書院　在全州城北二里，南宋嘉定年間，知州林岊在柳開讀書舊址建造。後毀，清康熙年間重建。❿魏了翁　字華父，邛州蒲江（今屬四川）人。宋寧宗時，築室家鄉白鹿山下，開門講學，學者稱白鹿先生。官至參知政事。⓫柳開　初以嚮慕韓愈、柳宗元為人，取名肩愈，字紹元。後自以為能「開聖道之塗」，改名開，字仲塗。大名（治所在今河北大名東）人。五代宋初，文格淺弱，柳開、穆修提倡古文，有轉變風氣的作用。⓬林蚆　當為「林岊」之誤。字仲山，福建人。南宋嘉定間，知全州，日與諸生講明道學，在郡九年，多惠政。⓭睢嶽嵩廬　即睢陽書院（在今河南商丘）、嶽麓書院（在今湖南長沙）、嵩陽書院（在今河南登封）、白鹿書院（在今江西廬山區），宋代合稱四大書院。⓮獅子巖　在湘山寺後二里處，內洞高廣，裡面鐘乳石千奇百怪，不可名狀。

【語　譯】丁丑閏四月初八　夜雨紛飛，四面群山，濃雲密布，拂曉開船。向西行駛三十里，午後讓顧僕先乘船去桂林，我和靜聞從湘江南岸上岸，船從北面駛來，轉而曲折向南，故岸在北邊。這裡就是山角驛，地名黃沙。往西南走，路的兩邊都是高大的松樹。走了五里，到黃沙鋪。東面的大嶺名紫雲巖，西面的大嶺名白雲巖。湘江在路的東面、紫雲巖的西面。又往南走了三里，到雙橋。有水從西面的大嶺流來，注入湘江。再走七里，到石月鋪，在它西面的山嶺名黃花大嶺。再往西南五里，走出山隴，在平坦的田地中行走。再走五里，到深溪鋪。過鋪走了一里，有溪水從西面的大山往東流下，上面架著小石橋，應該就是深溪了。再走一里，登上一個小嶺，離開官修的大路，從深溪在官修的大路上走十里到太平鋪，再走十里到全州。往右進入山中。在大山中向西走二里，直到山下。又走了二里，在牛頭崗蔣姓家留宿。夜晚下了大雨。

初九　冒雨往西走五里，到磬巖普潤寺。寺內有刻著宋代太守趙彥暉詩的石碑，宋人李時亮作記。巖洞的前門向東，形狀像橋，離開水面高約三十丈；後門向北，浸在水中深約十五丈。泉水從山後沖破石竇分三級落下，故名「磬」。往西進去，裡面十分幽深，中間有挺立的石筍、垂掛的石柱。走出磬巖，往西走三里，有小石山聳立在路旁。又往西走三里，到張家村，村後大山名迴龍巖。往南走五里，一路土岡山嶺，高低不平，出嶺走進平坦的山塢中，往西一里，登上大沖，再往西走半里，便是福壽庵，在庵中吃飯。再往西走半里，向西北登上柳山，山上有閣，曹學佺書寫匾額，為柳仲塗書院。再往上為寸月亭，也是曹書寫的匾額。亭前為清湘書院。有魏了翁碑。這山是郡守柳開講道的地方，書院是林岊建造的，與睢陽、嶽麓、嵩陽、廬山四地的書院齊名。在它南面有一方泉水，中間有石，題名「虎踞石」。從這裡登上山嶺，翻過山嶺向西，走了一里，到慈慧庵。轉而往北走一里，到獅子巖。巖中的僧人名見性。在獅子巖南面的清泉庵過夜。

初十日　由獅子巖南下二里，至湘山寺❶。由寺東側入登大殿，寄行李。東半里，入全州❷西門。過州前，出大南門。羅江❸在前。東至小南門，三江❹合處。約舟待於興安❺。復入城，出西門至寺，登大殿，拜無量壽佛塔❻。無量壽佛成果❼于唐咸通❽間，《傳燈錄》❾未載，號全真，故州以全名。肉身❿自萬曆初燬，丙戌⓫又燬，後又燬。〔塔後有飛來石⓬。〕從塔東上長廊，西有觀音閣。下寺，由寺西溯羅江一里，上捲雲閣。

絕壁臨江，有「無量指甲印石」，作細點字六個⑬。又西，〔一洞臨江，泉由洞東裂石出，〕名玉龍泉。又西，有一石峰高豎，如當關者，上大書「無量壽佛」四大字。共五里，又西為斷橋。又西十里，度石蜆崗。石蜆，志作石燕。南為龍隱洞，〔小山獨立江上，〕洞門西向。出洞而西，即為杪木渡橋⑭，宿。〔橋度水東自龍水出口，山聳秀夾立。〕

【章旨】本章記載了第三天在桂林府的行跡。到湘山寺寄放行李，隨後進入全州城，預約船在興安等候。又回到寺中，拜謁無量壽佛塔。附近有飛來石、觀音閣。羅江江邊有捲雲閣、玉龍泉。接著經過石蜆崗、龍隱洞，在渡橋過夜。

【注釋】❶湘山寺　俗稱壽佛寺。在全州城西二里，唐咸通年間建，今已圮。寺前尚有依石雕成的鳥獸蟲魚。湘山峰巒蓊鬱，巖洞幽深。上有飛來石，後有鎖龍巖，最深險。❷全州　明代為州，隸桂林府，今屬廣西。❸羅江　上游有三個源頭，至藍埠合流，名羅江，下游匯合灌水注入湘江。❹三江　指湘江、灌江、白什江。❺興安　明代為縣，隸桂林府，今屬廣西。❻無量壽佛塔　即妙明塔，又稱兜率宮，供有無量壽佛真身，唐乾符三年建。在湘山寺後，高七層，銅葫蘆頂，矗立雲表。無量壽佛，俗姓周，法號全真，別號宗慧，郴州（今屬湖南）人。唐開元十六年間生。自立禪關，居湘山，傳說他預知武宗滅佛。於咸通八年坐逝，年一百四十歲。❼成果　即成佛，言學佛得證正果。佛教謂學佛而得證悟者為證果，以有別於外道，故名正果。❽咸通　唐懿宗年號。❾傳燈錄　《景德傳燈錄》的簡稱。宋釋道原撰，三十卷。刊行於宋真宗景德年間，以燈能照人，以法傳人，如同傳燈，故以為名。書中專記佛教禪宗各家語錄，自七佛以下，凡五十二世，一千七百零一人。❿肉身　佛徒死後，用金漆塗其屍以供奉，稱肉身。⓫丙戌　指萬曆十四年（一五八六）。⓬飛來石　在湘山山頂，傳說自羅浮山飛來。⓭絕壁臨江三句　乾隆本作「閣西為盤石，半嵌江中。絕壁有蓮花一瓣，凹入壁間，白瓣黑崖」。⓮杪木渡橋　渡橋，乾隆本作「橋渡」，今名橋渡，在全州城西北。

【語譯】初十　從獅子巖往南走下二里，到達湘山寺。從寺的東側進去，登上大殿，寄放行李。往東走半里，進入全州西門。經過州衙門前，從大南門走出。羅江就在前面。往東到小南門，是三條江水的合流處。預約船在興安等待。再進城，走出西門，到湘山寺，登上大殿，拜謁無量壽佛塔。無量壽佛在唐咸通年間得證正果，《傳燈錄》未作記載，法號全真，故州以「全」命名。他的肉身在萬曆初被火焚燒，丙戌年再一次被焚燒，以後又燒了一次。塔後有飛來石。從塔的東側走上長廊，西面有觀音閣。往下回到寺中，從寺的西面沿著羅江上行一里，登上捲雲閣。陡峭的崖壁面對著江水，上面有「無量指甲印石」，六個用細點拼成的字。再往西，有個巖洞對著江水，泉水從洞東面的石縫中流出，名玉龍泉。再往西，有一座高高豎立的石峰，就像在把守關口，上面寫著「無量壽佛」四個大字。共走了五里，再往西為斷裂的橋。繼續往西走十里，經過石蜆崗。石蜆，志書稱為「石燕」。南面為龍隱洞，江上有小山獨立，洞門向西。出洞往西，便是杪木渡橋，就在這裡過夜。橋度水從東面的龍水流出河口，溪水兩岸，聳立著秀麗的山峰。

十一日　由渡橋西北行，五里為石鼓村。又三里為白沃村。過七里崗為寨墟。有大溪❶自四川嶺出。北入峽〔為山川口。〕十里為閻家村。又五里為白竹江❷，飯于李念嵩家。雲開日麗，望見西北有山甚屼突，問之為鈎掛山。其上又有金寶頂❸，甚奇異。始問一僧，曰：「去金寶有六十里。」復問一人，曰：「由四川嶺祗三十里。」時已西南向寶頂，遂還白竹橋邊，溯西北江而上。五里，進峽口，兩山壁立夾溪，甚峭。路沿溪西北❹崖上行，緣崖高下屈曲，十里出峽，為南峒。〔聞南洞北五里洞盡，可由四川嶺達寶頂。」有一僧同行，曰：「四川路已沒，須從打狗嶺上，至大竹坪而登，始有路。」遂隨之行。由溪橋度而西，上嶺，有瀑布在其左腋，其上峻極。共三十里，至打狗凹，已暮，宿于興龍庵。〔庵北高嶺即金寶頂也。〕

十二日　由興龍庵西上，始沿涯北轉，鈎掛山在其北，為本山隱而不見。三下三上，三度坳曲，共三里，踰土地坳，西望新寧江❺，已在山麓。下山五里，為大竹坪。由坪右覓導登金寶者，一人方插秧，送余二里，踰一嶺，又下一里，至大鼻山。余因寄行李于山下劉秦川家。兄弟二人俱望八，妻壽同。其家惟老者在，少者已出。余置行李，由村後渡溪，溯而上二里，當踰嶺西登大道，誤隨溪直東上二里，路窮，還至中道，覓岐草中，西二里，踰嶺上，得南來大道，乃從之。北二里，又登嶺。又北上一里，為舊角庵基。由基後叢木中上六、七里，不得道，還宿劉家。劉後有澗，其上一里，懸峽飛瀑，宛轉而下，修竹迴巖，更相掩映。歸途採筍竹中，聞聲尋壑，踏月乃返。

【章旨】本章記載了第四、第五天在桂林府的行跡。經過寨墟，到白竹江，望見突起的鈎掛山、奇異的金寶頂。於是朝寶頂走去，穿過峽谷，到達南峒，傍晚在興龍庵留宿。次日翻過土地坳，經過大竹坪，到大鼻山，因走錯了路，回到山下村民家過夜。

【注　釋】❶大溪　即山川河，在全州西境。❷白竹江　源出越城嶺，往東南流，會合山川河，注入湘江。❸金寶頂　今名真寶頂，為越城嶺（五嶺中最西一個嶺）的頂峰，海拔二千一百二十三公尺。在全州、資源兩地交界處。❹西北　乾隆本作「東北」。❺新寧江　明代稱夫夷水，為資水南源。因此水從廣西向北流經湖南新寧故名。

【語　譯】十一日　從渡橋往西北走，過了五里到石鼓村。再走三里到白沃村。經過七里崗到寨墟。有大溪從四川嶺流出。向北進入峽谷之中，即山川口。往前十里到閻家村。再走五里到白竹江，在李念嵩家中吃飯。濃雲散盡，陽光燦爛，望見西北有座山高高突起，問後得知是鈎掛山。在它上面還有金寶頂，十分奇異。起先向一個僧人問路，說：「離金寶頂還有六十里。」又問一個人，說：「從四川嶺走只有三十里。」這時已經朝西南對著寶頂，便回到白竹橋邊，沿著西北的江水上行。走了五里，進入峽口，溪水兩岸，聳立著陡峭如壁的山崖。路沿著溪水西北的山崖上行，隨著山崖時高時下，曲折向前，過了十里，走出峽谷，地名南峒。聽說從南洞往北走五里到洞的盡頭，可從四川嶺到達寶頂。有一個僧人和我同行，說：「四川嶺的路已經蕪沒，必須從打狗嶺上去，到大竹坪登山才有路。」於是跟著他走。通過溪上的橋向西，登上山嶺，有瀑布掛在左面的山腋，上面極其險峻。共走了三十里，到打狗凹，已是傍晚，便在興龍庵留宿。庵北高聳的山嶺便是金寶頂。

十二日　從興龍庵往西向上攀登，開始沿著溪岸往北轉，鈎掛山在它的北面，被這山遮住，看不見。經過三下三上，三次從山坳的彎曲處越過，共走了三里，翻過土地坳，向西望見新寧江，已在山腳下。下山走了五里，到大竹坪。在坪的右面找攀登金寶頂的嚮導，一個人正在插秧，聽後送我走了二里，翻過一座山嶺，又往下走一里，到大鼻山。我於是將行李寄放在山下劉秦川的家中。兄弟二人都已將近八十，妻子的年齡相同。這戶人家只有老人在，年輕人都已外出。我放好行李，從村後渡過溪水，沿著溪流上行二里，本該翻過山嶺向西踏上大路，卻走錯了路，隨著溪水直往東上行二里，到路的盡頭，轉身回到半路上，在草中尋找小路，往西走了二里，翻過山嶺向上，發現從南面延伸過來的大路，便順著這條路走。往北走了二里，又登上一座山嶺。再往北向上走一里，便是角庵的遺址。從遺址後面的樹叢中向上走六七里，找不到路，只得回到劉家過夜。劉家後面有澗水，在它上面一里處，飛瀑高懸峽谷之中，曲折流下，修竹蒼翠，迴繞山巖，相互遮掩映照。在回去的路上，到竹林中採筍，聽到水聲，便去尋找溝壑，直到天晚，才踏著月光返回。

十三日　早飯於劉，倩劉孫為導，乃腰鐮❶裹餐，仍從村後夾❷澗上。一里，中道至飛瀑處，即西攀嶺，路比前上更小。一里，至南來大道，〔乃從南大源上此者。〕三里，踰嶺隘。一里，至角庵基。復從庵後叢中伏身蛇行，入約四里，穿叢棘如故，已乃從右崖叢中蛇行上。蓋前乃從東峽直上，故不得道，然路雖異，叢棘相同。由岐又二里，從觀音竹❸叢中行。其竹即余鄉盆景中竹，但此處大如管，金寶頂上更大，而筍甚肥美。一路採筍盈握，則置路隅，以識來徑。已而又見竹上多竹實❹，大如蓮肉，小如大豆。初連枝折袖中，及返，俱脫落矣。從觀音〔竹〕中上又二里，至寶頂殿基，則石牆如環，半圮半立，而棟梁頹腐橫地，止有大聖像首存石爐中。時日色甫中，四山俱出。南峰之近者為鈎掛山，〔石崖峭立，東北向若削，〕再南即打狗嶺，再南為大帽，再南〔南〕寶頂，而〔南〕寶頂最高，〔與北相頡頏，〕仰望基後絕頂更高。復從叢竹中東北上，其觀音竹更大而筍多，又採而擕之。前採置路側者較細，不能盡肩，棄之。又上一里，至絕頂。叢密中無由四望，登樹踐枝，終不暢目。已而望竹浪中出一大石如臺，乃梯躋其上，則群山歷歷。遂取飯，與靜聞就裹巾中以叢竹枝撥而餐之。既而導者並從林中採筍，而靜聞採得竹菰❺數枚、玉菌一顆，黃白俱可愛，余亦採菌❻數枚。從舊路下山，抵劉已昏黑，乃瀹菌煨筍而餐之。

【章　旨】本章記載了第六天在桂林府的行跡。登上山嶺，到角庵的舊址，就從樹叢中像蛇那樣爬進去。接著從觀音竹叢中走，直到寶頂遺址，寺廟已經毀圮。便直上峰頂，登上一塊如臺的大石，眺望遠山。

【注　釋】❶鑣　也作「鏢」、「標」。兵器名，形如矛頭，可遙擲擊人。❷夾　通「狹」。❸觀音竹　竹的一種，似淡竹，但葉較細瘦，高止五、六尺。永州、祁陽一帶有矮竹，多被人植於水石之上，也名觀音竹。❹竹實　竹子所結的果實，狀如小麥，又名竹米。❺竹菰　即竹肉，生長在朽竹根節上的菌類，狀如木耳。❻菌　指寄生的菌類植物，種類甚多，如蘑菇、木耳等。

【語　譯】十三日　在劉家吃早飯，請劉的孫子作嚮導，於是腰中插著鏢，帶了飯，仍從村後狹窄的澗水向上走一里，中途到達瀑布飛流處，便向西攀登山嶺，路比先前上來時更小。走了一里，到南來的大路上，這是從南大源向上延伸到這裡的路。走了三里，翻過山嶺的隘口。又走了一里，到角庵的舊址。再從庵後的樹叢中伏在地上像蛇那樣爬行，進去約四里路，照舊穿過荊棘叢，隨後就從右邊山崖的樹叢中像蛇那樣往上爬。先前是從東面的峽谷直往上走，所以沒有路，現在走的路雖然不同，但一路都是叢生的荊棘，和前面沒什麼兩樣。由岔路又走了二里，從觀音竹叢中向前。這竹就是我家鄉盆景中的竹子，但長在這裡像簫管那麼粗大，金寶頂上的竹更大，竹筍十分鮮美。一路採筍，到手中拿滿了，便放在路旁，作為回來時路上的標記。過了一會又看到竹上有許多果實，大的像蓮肉，小的像大豆。起先連竹枝一起折下放在袖中，到返回時，這些竹實都已脫落了。從觀音竹中又往上走了二里，到寶頂殿的遺址，只見石牆如環圍繞，一半已經毀圮，一半還直立著，但棟梁已經倒坍腐爛，雜亂地堆在地上，只有大聖的頭像還保存在石香爐中。這時太陽剛升到頭頂，四面群山都露了出來。南面山峰最近的是鈎掛山，石崖陡峭聳立，朝東北的一面就像用刀斧削成一般，再往南便是打狗嶺，再往南為大帽，再往南為南寶頂，而南寶頂最高，和北寶頂不相上下，仰望遺址後面的峰頂就更高了。再從竹叢中往東北向上走，這裡的觀音竹更大，竹筍更多，又採了帶上。先前採下放在路邊的竹筍比較細小，因沒法都挑著走，便扔掉了。再往上走一里，到達峰頂。在密密的樹叢中無法向四面眺望，即使爬在樹上，踏著樹枝，終究不能盡情遠望。隨後看到竹浪中出現一塊如臺的大石，便從梯子登臨石上，群山便歷歷在目了。於是拿出飯來，和靜聞放在頭巾中，用竹枝當筷，撥著飯吃。不一會嚮導又去竹林中採筍，靜聞採到幾枚竹菰、一顆玉菌，顏色或黃或白，都十分可愛，我也採到幾枚菌。仍從原路下山，到劉家天色已經昏黑，便煮菌煨筍吃。

十四日　別劉而行。隨溪西下一里，得大竹坪來道。又三里為大源，〔則大鼻西峽水與村後東峽水會，〕置橋其上，有亭隨橋數楹，橋曰潮橋。由橋以西為大源村。〔予往南頂，則從橋東隨澗南行。里許，渡木橋，澗忽東折入山，路南出山隘，澗復墜路東破峽出，連搗三潭：上方，瀑長如布；中凹，瀑轉如傾；下圓整，瀑勻成簾。下二潭俱有圓石中立承水，水墜潭作勢瀠迴尤異。又三里，渡橋為桐初，有水南自打狗嶺來會，亦橋其上。二水合而西南，則又觀音橋跨之。

大道從觀音橋西逾嶺出，予從橋下隨溪南。一里，水從西峽出。〕踰一嶺出西堰，又西四里為陳墓源，有瀑自東山峽中湧躍而出，與東嶺溪合，有橋跨其會處，〔大道與水俱南。〕余渡橋，東躋嶺而上，〔即湧瀑南嶺也。〕二里，平行嶺脊，北望北寶頂巋然，峽中水近自打狗南崖，直逼其下；南望新寧江流，遠從巾子嶺橫界南寶頂之西。其西南有峰尖突，正當陳墓水口，已而路漸出其下。二里，南〕下嶺從坳中行。又二里，踰一小嶺，一里，至蘇家大坪❶，聚居甚盛，皆蘇姓也。飯于蘇懷江家。下午大雨，懷江堅留，遂止其處❷。

十五日　過山路❸。

十六日　快樂庵。

十七日　宿白雲庵，晤相宗師❹。

【章　旨】本章記載了第七天至第十天在桂林府的行跡。經過大源向前，途中看到澗水撞擊成三個水潭，形成三道不同的瀑布。又經過桐初、陳墓源，登上山嶺，北望北寶頂，南望新寧江。接著到蘇家大坪，旁邊有大瀑布。次日因走錯了路，分不清方向，無意中到掛幡的佛龕留宿。後二天住在快樂庵、白雲庵，遊覽了定心石，並從捨身崖登上飛錫峰頂。

【注　釋】❶蘇家大坪　與上梁都在新寧江東，越城嶺西側，今資源境內。❷飯于蘇懷江家四句　乾隆本作「坪側大瀑破山西向出，勢甚雄偉，下為大溪，西北合陳墓源出口。下午，東南上一嶺，誤東往大帽嶺道。乃西南轉六里，出南寶頂，道桃子坪，問上梁宿處，四里而是。踰嶺東至新開田所，有路南下伏草中。復誤出其東，歷險陂三里，不辨所向。已忽得一龕，地名掛幡，去上梁五里矣。其處五里至快樂庵，又十里乃至南頂。以暮雨，遂歇龕」。依文意，應繫於十五日，即「過山路」的前後過程。❸過山路　乾隆本作「雨不止，滯龕中」。依文意，應在十六日。❹宿白雲庵二句　乾隆本作「從定心橋下過脊處，覓蓮瓣隙痕，削崖密附，旁無餘徑。乃從脊東隔峽望之，痕雖岈然，然上垂下削，非託廬架道處也。乃上定心石，過聖水涯，再由捨身崖登飛錫絕頂，返白雲庵」。

【語　譯】十四日　告別劉秦川一家出發。順著溪水往西走下一里，遇上從大竹坪過來的路。再走三里到大源，大鼻山西面峽谷的水和村後東面峽谷的水流到這裡會合，上面架著橋，橋旁有幾間亭子，橋名潮橋。從橋往西為大源村。我去南寶頂，則從橋東面隨著澗水往南走。過了一里左右，通過木橋，澗水忽然往東轉入山中，路向南從山隘中伸出，澗水又墜入路的東側沖破峽谷流出，接連撞擊成三個水潭：上面一個呈方形，瀑布長如布匹；中間一個凹下，瀑布倒轉如傾；下面一個圓整，瀑布均勻流成水簾。下面兩個水潭都有圓石峙立在中間承接流水，水落到潭中，水勢迴旋往復，尤其奇異。又走了三里，通過一座橋，到桐初，有水南從打狗嶺流來會合，上面也有橋。兩條水會合後向西南流去，又有一座觀音橋架在上面。大路從觀音橋的西面翻過山嶺伸出，我從橋下隨著溪水往南。走了一里，水從西面的峽谷流出。翻過一座山嶺，從西堰走出，再走四里到陳墓源，有瀑布從東面的山峽中湧躍而出，和東嶺的溪水會合，有橋架在會合處，大路和溪水都向南延伸。我走過橋，向東登上山嶺，即瀑布湧起的南嶺。過了二里，在嶺脊平步行走，朝北望見北寶頂巋然獨立，峽谷中的水從附近的打狗嶺南崖直逼它的下面；朝南望見新寧江水，從遙遠的巾子嶺橫向流過，和南寶頂的西側接界。在它西南有座尖銳突起的山峰，正當陳墓源的水口，隨後路就漸漸從它的下面走出。過了二里，往南走下山嶺，從坳地中走。又過了二里，翻過一座小嶺，走了一里，到達蘇家大坪，這裡聚集著許多住戶，都姓蘇。在蘇懷江家中吃飯。下午下起大雨，懷江一再挽留，於是就留在他的家中。

十五日　走過山路。

十六日　到快樂庵。

十七日　在白雲庵過夜，會見相宗法師。

十八日　晨餐後別相宗，由東路下山。一里餘，則路旁峭石分列，置懸級出其間，是為天門。門外有聳石立路右，名金剛石，上大書「白雲洞天」。從此歷磴而下，危峭踰于西路。西庵之名「快樂」，豈亦以路之坦耶？又四里，過題龍庵❶，〔庵北向。〕先是，從觀音淨室遙見兩人入箐棘中，問云知為掘青暑❷者，而不辨其為何。過題龍庵，又見兩人以線絡負四枚，形如小豬而肥甚，當即竹𪕮❸也。筍根稚子，今始見之矣。大者斤許，小者半斤，索價每頭二分，但活而有聲，不便筐負，乃聽而去。蓋山中三小珍：黃鼠、柿狐、竹豚。惟竹豚未嘗，而無奈其活不能攜，況此時筍過而肥，且地有觀音美筍，其味未必他處所能及。東下里許，南望那叉山，飛瀑懸空而墜。〔先從寶頂即窺見，至此始睹，崇隆若九天也。〕又東下五里，左渡小溪，深竹中有寺寂然，則苦煉庵❹。〔庵南向，左右各一溪自後來繞，而右溪較大，橋橫其上，水從西南山腋透壁下。〕從庵前東南渡橋，南上嶺，〔其地竹甚大，路始分東西岐。〕從西岐下，〔始見那叉瀑北掛層崖，苦煉溪亦透空懸壑，與那叉大小高下勢相頡頏。然苦煉近在對山，路沿之同下，朗朗見其搗壑勢；其下山環成城，瀑垂其中，出西壁，與那叉東大溪合而東南去。〕見西峽中又一瀑如線，透山而下，連洩九層，雖細而甚長。路乃轉東，〔共三里，〕又一溪自西北來。渡而隨之，始覺甚微，漸下漸大，〔遂成轟雷湧雪觀。〕路應從溪右下，而誤從溪右❺。又二里，是為大坪。渡溪而右，入一村家問之，則在蓮塘庵❻之下矣，〔竹色叢最鬱。〕村嫗出所炊粥羹餉余，以炙筍酬之。余自大鼻山劉家炙得觀音筍，即覓一山籃背負之，路拾蕨芽萱菌可食之物，輒投其中，抵逆旅，即煮以供焉。於是〔西南渡那叉大溪，〔溪東北出白沙江。〕又西上嶺，三里，飯于村家，其處乃大坪之極南也。又西南踰嶺而上，二里，是為半山嶺。屢渡溪踰嶺而上，八里，入望江嶺。踰嶺溯溪，又十里，為桐源山。南下山三里，為韭菜園。東過坳下山三里，又循一水，為小車江。隨江南下四里，有〔桐源〕大溪自西來，即桐源韭菜溪；有大路亦自西來，南與小車江合而南去。路渡小車江口橋，從水右上山一里，隨江而東南，〔路行夾江山上，極險峻。〕有小石山，北面平剖，紋如哥窰❼，而薄若片板。江繞其南，路繞其北。〔東北又有小溪，破峽成瀑。〕又東南二里，始下，又一里，下至江涯。稍上，為木皮口，〔有溪自東北來入。其北峰曰不住嶺。〕乃宿。

【章　旨】本章記載了第十一天在桂林府的行跡。下山看到天門、金剛石，山路十分險峻。又經過題龍庵、苦煉庵，途中看到有人賣竹豚。那叉山的瀑布從高空飛流直下，苦煉溪的水勢同它不相上下，另外還有一條細長的瀑布接連落下九層。隨後經過大坪、蓮塘庵，渡過那叉大溪，翻過半山嶺、望江嶺、桐源山，到小車江和韭菜溪的會合處。最後到江邊的木皮口留宿。

【注　釋】❶題龍庵　乾隆本作「顯龍庵」。下同。❷暑　疑為「薯」字之誤。❸竹鼺　即下文「竹豚」，又作「竹鼬」。鼠屬，在竹林穴居。❹苦煉庵　原本作「若湅庵」，據乾隆本改。❺路應從溪右下二句　依文意，後面「右」字，應為「左」字。❻蓮塘庵　乾隆本作「蓮花庵」。❼哥窰　宋瓷窰名，窰址在浙江龍泉城南七十里華琉山下。南宋章生一、章生二兄弟在此各主一窰，生一所製瓷號哥窰，生二所製瓷號弟窰，簡稱章窰。哥窰瓷胎細質白，微黃灰色，有冰裂紋。

【語　譯】十八日　早飯後告別相宗，從東路下山。走了一里多，只見陡峭的崖在路兩旁排列，裡面露出懸掛的石級，這就是天門。門外有大石聳立在路的右側，名金剛石，上面寫著「白雲洞天」幾個大字。從這裡沿著石級往下，比西路更加險峻。西庵取名「快樂」，難道也是因為道路平坦的緣故嗎？又走了四里，經過題龍庵，庵面向北。在此之前，從觀音淨室遠遠望見兩個人走進細竹叢中，問後知道是掘青薯的，但不明白他們派什麼用處。經過題龍庵，又看到兩個人用線穿著四個動物背在身上，形狀像小豬，很肥，想來就是竹鼺了。「筍根稚子」，今天方才看到。大的有斤把重，小的半斤重，要價每頭二分銀子，但都是活的，會叫，不便放在筐中背在身上，於是聽任離開。一般說，山中有三種珍貴的小動物：黃鼠、柿狐、竹豚。惟有竹豚未吃過，可惜是活的，沒法攜帶，何況這時竹筍長得格外飽滿，這裡又有觀音筍這樣的美味，其他地方未必及得上。往東走下一里左右，向南望見那叉山，飛流的瀑布懸空落下。先前在金寶頂就已從山的空隙中看見，到這裡才看清楚，就像從天上落下那麼高大。又往東走下五里，向左渡過一條小溪，深密的竹林中有座寧靜的寺院，這就是苦煉庵。庵面向南，左右兩邊各有一條溪水從後面流來，繞過寺院，右邊的溪水較大，有橋橫架在上面，水從西南的山腋透過崖壁流下。從庵前往東南過了橋，向南登上山嶺，這裡的竹子很大，路開始向東、西兩個方向岔開。從西面的岔路走下去，才看到那叉山的瀑布懸掛在北面的層層山崖上，苦煉溪也從空隙中露出，懸掛在山壑之中，水勢的大小高低，與那叉山的瀑布不相上下。但苦煉溪就近在對面的山上，路隨著溪水一起往下，能清晰地看到它捶擊山壑的氣勢；在它下面山峰環繞，形成圍城，裡面瀑布垂掛，水從西面的崖壁流出，和那叉山東面的大溪會合後往東南流去。途中看到西面的峽谷中還有一條如線的瀑布，穿過山嶺流下，接連落下九層，雖然細小，但很長。路於是往東轉，共走了三里，又有一條溪水從西北流來。渡過溪水隨著它走，開始覺得水流很小，漸漸往下，漸漸大了起來，最終形成雷霆轟鳴、驚濤如雪的壯觀。路應該從溪水的右邊走下去，但卻錯從溪水的左邊走。又往前二里，便是大坪。渡過溪水往右，走進一戶村民家問路，得知已在蓮塘庵的下面了，竹林鬱鬱蔥蔥。鄉村的老婦拿出所煮的粥羹給我吃，我用烤筍酬謝她。我自從在大鼻山的劉家烤了觀音筍後，便找了一個山中用的籃子背在身上，路上拾到蕨芽、萱菌等可以吃的東西，便扔在籃中，到旅店後就煮了吃。從這裡往西南渡過那叉大溪，溪水從東北的白沙江分出。又往西登上山嶺，走了三里，在村民家吃飯，這裡地處大坪的最南面。又往西南翻過山嶺向上，走了二里，便到半山嶺。以後多次渡過溪水翻過山嶺向上，過了八里，走進望江嶺。翻過山嶺，沿著溪水上行，又走了十里，到桐源山。往南下山走了二里，到韭菜園。向東經過山坳下山走了三里，又沿著一條水走，這就是小車江。隨著江水往南走下四里，有桐源大溪從西面流來，即桐源韭菜溪，有大路也從西面過來，大溪往南和小車江會合再向南流去。路通過小車江口的橋，從江的右岸上山一里，沿著江水往東南，在緊靠江水的山路行走，極其險峻。有座小石山，北面平整地破開，石紋如同哥窯，像一片木板那麼薄。江水繞過它的南面，路繞過它的北面。東北又有一條小溪，沖破峽谷流下成瀑布。再往東南走二里，才開始下山，又走了一里，往下走到江岸。稍許往上，為木皮口，有溪水從東北流來注入。在它北面的山峰名不住嶺。於是就在這裡留宿。

十九日晨餐後，東南上嶺。隨江左行四里，下涉跳石江。又上嶺，過車灣臺盤石，共三里，出兩山峽口，有壩堰水甚巨，曰上官壩。壩外一望平疇，直南抵裏山隈。出峽，水東南入湘，路隨峽右西南下。行平疇中又一里，抵趙塘❶。其聚族俱趙，巨姓也。村後一石山峙立，曰西鐘山❷，下俱青石峭削，上有平窩，土人方斤石疊路，建五穀大仙❸殿。其東峭崖上有洞可深入。時以開導伐木，反隘其路，不得攀緣而渡。又西南〔渡〕一溪橋，共四里，過棄雞嶺。又四里，出咸水❹，而山稟驛在焉，則官道也。咸水之南，大山橫亙，曰裏山隈；咸水之北，崇嶺重疊，曰三清界。此咸水南北之界也。咸水溪自三清界發源，流為焦川，自南宅出山，至此透橋東南羅江口入湘。渡橋西南行，長松合道，夾徑蔽天，〔極似道州❺永明❻道。〕十里，板山鋪。又十里，石子鋪。從小路折而東南，五里，抵界首❼，乃千家之市，南半屬興安❽，東半屬全州。至界首纔下午，大雨忽至，遂止不前。是日共行五十里。

【章　旨】本章記載了第十二天在桂林府的行跡。渡過跳石江，經過上官壩，抵達趙塘，望見西鐘山。隨後翻過棄雞嶺，走出咸水，到達界首，因下大雨只得留下。從咸水到界首，路邊高大的松樹遮天蔽日。

【注　釋】❶趙塘　乾隆本作「白塘村」。今仍名白塘，在全州西境。❷西鐘山　乾隆本作「金鐘山」。❸五穀大仙　傳說晉吳修出任廣州刺史，尚未到州，有五仙人騎五色羊帶五穀來，停留在州的大廳上，並有對豐年的祝詞。因一仙留下一穀，有五穀，故稱五仙。後世因建五仙觀祈穀。❹咸水　在全州西南境，咸水溪南岸。❺道州　明初為府，後降為州，治所在道縣（今屬湖南）。❻永明　明代為縣，隸永州府，即今湖南江永。❼界首　在全州西南、興安東北、湘水西岸，因與兩地互界，故名。❽興安　明代為縣，隸桂林府，今屬廣西。

【語譯】十九日　早飯後，往東南登上山嶺。順著江水向左走四里，往下徒步渡過跳石江。又登上山嶺，經過車灣臺盤石，共走了三里，從兩山之間的峽口走出，有座很大的擋水堤壩，名上官壩。壩外一眼望去，是平坦的田野，往南直到裏山隁。走出峽口，水往東南注入湘江，路隨著峽谷的右側往西南走下。在平坦的田野中又走了一里，抵達趙塘。這裡聚集的家族都姓趙，是個大姓。村後峙立著一座石山，名西鐘山，下面都是陡峭的青石，上面有個平坦的山窩，當地人正在採石築路，建造五穀大仙殿。在它東面的懸崖上有個洞，可深入進去。這時因為開導砍樹，反而將路堵塞，不能攀登通過。又往西南通過一座溪橋，共走了四里，經過棄雞嶺。再過四里，走到咸水，山棗驛就在這裡，是官修的大路。咸水的南面，大山橫亙，名裏山隁；咸水的北面，高嶺重疊，名三清界。這是咸水南北的分界。咸水溪從三清界發源，流到下面成為焦川，從南宅出山，到這裡穿過橋往東南流到羅江口注入湘江。過了橋往西南走，道路兩旁，高大的松樹遮天蔽日，和從道州到永明路上的景象極為相似。走了十里，到板山鋪。又走了十里，到石子鋪。從小路轉向東南，走了五里，抵達界首，是一個上千戶人家的大鎮，南面一半屬興安，東面一半屬全州。到界首時才下午，忽然下起大雨，於是停下不再向前，這天共走了五十里。

二十日　平明飯。溯湘江而西，五里，北向入塔兒鋪，始離湘岸，已入桂林❶界矣。有古塔傾圮垂盡，有光華館，則興安之傳舍❷也。入興安界，古松時斷時續，不若全州之連雲接嶂矣。十里，東橋鋪。五里，小宅，復與湘江遇。又五里，瓦子鋪。又十里，至興安萬里橋❸。橋下水繞北城西去，兩岸甃石，中流平而不廣，即靈渠❹也，已為灕江❺，其分水處❻，尚在東三里。過橋入北門，城牆環堵，縣治寂若空門，市蔬市米唯萬里橋邊數家。炊飯于塔寺。飯後由橋北溯靈渠北岸東行，已折而稍北，渡大溪，則湘水之本流也。上流已堰，不通舟。既渡，又東小溪，疏流若帶，舟道從之。蓋堰湘分水，既西注為灕，又東濬湘支❼，以通舟楫，稍下復與江身合矣❽。支流之上，石橋曰接龍橋❾，橋南水灣為觀音閣，已離城二里矣。又東南五里，則湘水自南來，直逼石崖下。其崖突立南向，曰獅子寨。路循寨腳東溯溪入，已東北入山，七里，踰羊牯嶺，抵狀元峰❿下，內有鄧家村⓫，俱鄧丞相之遺也。村南有靜室，名迴龍庵，遂託宿於其中。僧之號曰悟禪。

【章　旨】本章記載了第十三天在桂林府的行跡。經過塔兒鋪，進入興安地界，來到萬里橋，橋下的水就是靈渠。走進興安城北門，城內十分荒涼。飯後沿靈渠上行，湘江上游已築壩分流。接著通過接龍橋，沿獅子寨腳進山，翻過羊牯嶺，到狀元峰下的迴龍庵投宿。

【注　釋】❶桂林　明代設桂林府，為廣西布政使司治。今屬廣西。明洪武八年新修桂林府城，奠定了今桂林城的基礎。❷傳舍　古代供來往行人停留住宿的地方。❸萬里橋　在興安城東門外，為唐寶應年間李渤修靈渠時所建，明洪武年間重建。橋為虹式單拱，有石橋欄，欄上有題刻。過去為南北必經之地，據說從這橋到京城長安（今陝西西安）有萬里路，故名。❹靈

渠　又名湘桂運河、興安運河，在興安境內，為古代著名水利工程之一。秦始皇為統一西南，命史祿興修，溝通湘、灕二水，聯繫長江與珠江兩大水系。歷代屢有修建，共二十六次。初名「秦鑿渠」，後又稱「零渠」，唐以後改今名。渠全長六十八里，有很多陡門（清代為三十二門），既便舟楫，又利灌溉，為船閘先導，是世界上最早的運河通航設施。❺已為灕江　灕江為桂江上游，出自興安北苗兒山，西南至陽朔，以下稱桂江。靈渠鑿通後，湘江水分成南北二渠，南渠注入灕江，北渠注入湘江，故徐霞客說靈渠已為灕江。❻分水處　湘江、灕江的分水處，即漢潭，又稱分水塘。❼湘支　湘江支流，即北渠。❽稍下復與江身合矣　北渠自分水塘蜿蜒北流，至洲子上村附近又匯入湘江。❾接龍橋　始建於北宋太平興國年間，後廢，清乾隆元年重建。❿狀元峰　在興安城東南二十里，聳秀特立，宋侍郎唐則在峰下居住，鄉人以其父子相繼登科，因以為名。⓫鄧家村　今名鄧家，在興安東境。

【語　譯】二十日　黎明就吃飯。沿著湘江上行，往西走了五里，又向北進入塔兒鋪，才開始離開湘江的岸邊，已進入桂林地界。有一座古塔，已倒坍將盡，此外還有光華館，是興安的驛館。進入興安地界，路邊古老的松樹時斷時續，不像全州路上，高大的松樹遠遠望去和雲天群山相連了。走了十里，到東橋鋪。往前五里，到小宅，又和湘江相遇。再走五里，到瓦子鋪。再走十里，到興安萬里橋。橋下的水繞過北城向西流去，兩岸用石塊砌成，中間的水流平緩但不寬廣，這就是靈渠，已經是灕江了。湘江和灕江的分水處，還在橋東三里的地方。過了橋進入北門，環城四圍都是土牆，縣衙門冷冷清清，就像寺院，只有萬里橋邊的幾家店，能買到蔬菜和米。在塔寺煮飯。飯後從橋北沿著靈渠北岸往東上行，不久稍許往北轉，渡過一條大溪，即湘水的主流。上游已經築壩，不能通船。渡過溪水，東面又有一條小溪，水流緩慢，宛如衣帶，船就從這裡通過。原來在湘江上游築壩分流，水既向西流成為灕江，又向東疏通湘江的支流，以通船隻，稍微往下，又同湘江的主流會合了。支流上面的石橋，名接龍橋，橋南水灣處為觀音閣，已經離城二里了。又往東南走五里，湘水從南面流來，直逼石崖之下。這崖面向南聳立，名獅子寨。沿著寨腳向東沿溪水上行，不一會往東北進山，走了七里，翻過羊牯嶺，到狀元峰下，裡面有鄧家村，都是鄧丞相的後人。村南有處靜室，名迴龍庵，於是到裡面寄宿。僧人的法號叫悟禪。

二十一日　從庵右踰小山，南一里，至長沖，東逼狀元峰之麓。又一里，至一尼庵，有尼焉。其夫方出耕，問登山道。先是，路人俱言，上茅塞，決不可登，獨此有盲僧，反詢客欲登大金峰、小金峰？蓋此處山之傑出者，俱以「金峰」名之。而狀元峰之左，有一峰片插，〔曰小金峰，〕亞於狀元，而峭削過之。蓋狀元高而尖圓，此峰薄而嶙峋，故有大、小之稱。二峰各〔有路，〕而草翳之。余從庵後登溪壠，直東而上二里，抵〔狀元〕、翠微之間，山削草合，蛇路伏深莽中。漸轉東北三里，直上踰其東北嶺坳，望見其東大山層疊，其下溪盤谷閡，即為麻川；其南層山，當是海陽❶東渡之脊；其北大山即裏山隈矣。其西即縣治，而西南海陽坪，其處山反藏伏也。坳北峰之下，即入九龍殿之峽。地名峽口，又曰錦霄。從坳南直躋峰頂，其峰甚狹而峭，凡七起伏。共南一里，而至狀元峰，則亭亭獨上矣。自其上西瞰湘源，東瞰麻川❷，俱在足底；南俯小金峰，北俯錦霄坳嶺，俱為兒孫行。但北面九峰相連，而南與小金尚隔二峰，俱峭若中斷，不能飛渡，故路由其麓另上耳。聞此山為鄧丞相升雲處。其人不知何處，想是馬殷❸等僭竊❹之佐。土人言其去朝數百里，夜歸家而早入朝，皆在此頂。登雲山下即其家，至今猶俱鄧姓後。一疑其神異，遂誅而及其孥焉。頂北第三峰，有方石臺如舡首，飛突凌空。舊傳有竹自崖端下垂，

拂拭此旁，箐亦有之，未見有獨長而異者。坐峰頂久之，以攜飯就箐分啖。已聞東南有雷聲，乃下，〔返迴龍庵。〕

【章　旨】本章記載了第十四天在桂林府的行跡。靠近狀元峰麓，到一個尼姑庵問路。狀元峰即大金峰，另外還有小金峰。翻過山嶺，望見麻川，考察了四周的地勢。又走進峽口，直登狀元峰，向四面眺望。聽說這山是鄧丞相騰雲駕霧的地方，北面有座方形的石臺。下山後回到迴龍庵過夜。

【注　釋】❶海陽　山名，又名陽海山、陽朔山、零陵山。在興安城南九十里。湘江、灕江在山北發源分流，往東北流的為湘江，往西北流的為灕江。山勢巍峨，高達千尺，四周無峰巒岡阜，矗起大荒中，山形如覆釜，有崖極幽邃。❷麻川　今作漠川，在興安東境，自南往北流入湘江。❸馬殷　字霸圖，許州鄢陵（今河南鄢陵西北）人。少為木工，唐末應募從軍。後梁時封楚王，據有今湖南全省及廣西東部地。後唐時，建立楚國，為五代時南方十國之一。❹僭竊　以正統自居的政權，稱其他對立的政權為僭。原脫「僭」字。僭，超越本分。竊，竊位。

【語　譯】二十一日　從迴龍庵右邊翻過一座小山，往南走一里，到達長沖，向東逼近狀元峰麓。又走了一里，到一個尼姑庵，裡面有尼姑。她的丈夫正出外耕地，便向她打聽上山的路。在此之前，過路的人都說，山上的路已被茅草堵塞，決不可攀登，惟獨這裡有個瞎眼的僧人，反倒問過客想登大金峰還是小金峰？原來這裡高聳特出的山，都以「金峰」命名。狀元峰的左邊，有一座山峰孤立聳起，名小金峰，高僅次於狀元峰，但比狀元峰更陡峭。因狀元峰高，而且又尖又圓，這座山峰比較薄，而且陡峻，所以有大、小金峰的稱呼。兩座山峰各有路，但被草遮蔽。我從庵後踏上溪邊的土埂，直往東向上走二里，到狀元峰、翠微峰之間，山勢陡削，荒草茂密，曲折的小路隱沒在深深的草莽中。漸漸轉向東北走了三里，直往上翻過東北山嶺的坳地，望見東面大山重重疊疊，下面溪水瀠洄，山谷幽深，這就是麻川；在它南面的重重山嶺，應該就是海陽山向東延伸的山脊；北面的大山即是裏山限了。西面即興安縣治，而西南的海陽坪，那裡的山反而被遮掩了。坳北的山峰下，即進入九龍殿的峽口。地名峽口，又稱錦霄。從坳南直登峰頂，這山峰十分狹窄陡削，經過七次起伏，共往南走了一里，到達狀元峰，只見峰亭亭而立，獨自高聳。從峰上向西俯視湘水的源頭，向東俯視麻川，全在腳底之下；向南俯視小金峰，向北俯視錦霄坳嶺，都像兒孫那樣羅列成行。但北面九座山峰相連，而南面和小金峰還隔著兩座山峰，都很陡峭，好像中間割斷，不能飛渡過去，故須從它的山腳另外找路攀登。聽說這山是鄧丞相騰雲駕霧的地方。這人來歷不明，想來是馬殷等僭偽竊位時的僚佐，當地人說他的住處離朝廷有幾百里，夜晚回家，早晨上朝，都在這個山頂。登雲山下就是他的家，至今仍然都是鄧姓的後人。一旦有人懷疑他的法術，便會連同妻子兒女一起被殺掉。峰頂北面的第三座山峰，有座方形的石臺，形狀如同船頭，凌空飛起。過去傳說有竹子從山崖的頂端垂下，在石臺旁飄拂，現在也有細竹，但沒有看到有特別長的奇竹。在峰頂坐了好久，將帶來的飯放在筐裡分了吃。不久聽到東南有雷聲，於是下山，返回迴龍庵。

二十二日

〔東行二里，過九宮橋，踰小嶺，共二里，至錦霄，是為峽口。麻川江自南來，北出界首，截江以渡，江深沒股。麻川至此破山出，名七里峽；下又破山出，名五里峽。錦霄在其中，為陸行口。過江，溯東夾之溪入。三里，登山脊，至九龍廟，南、北、東皆崇山逼夾，南麓即所溯溪之北麓❶，溪聲甚厲。遂下山，過觀音閣，支流分環閣四面，惟南面石堰僅通水，東、西、北則舟上下俱繞之，惜閣小不稱。閣東度石橋，循分支西岸溯流一里，至分水塘。塘以巨石橫絕中流，南北連亙以斷江身，祇以小穴洩餘波，由塘南分湘入灕；塘之北，即濬湘為支，以通湘舟於觀音閣前者也。遂刺舟南渡分灘口，入分水廟。西二里，抵興安南門。出城，西三里，抵三里橋。橋跨靈渠，渠至此細流成涓，石底嶙峋。時巨舫鱗次，以箔❷阻水，俟水稍厚，則去箔放舟焉。」宿隱山寺。

【章　旨】本章記載了第十五天在桂林府的行跡。經過錦霄、九龍廟、觀音閣，到用大石橫截中流的分水塘。塘南面湘江分流注入灕江，塘北面船從湘江支流通行。隨後渡過分灘口，到興安城南門，又去三里橋，看到陡筸攔住水流，在水位升高後打開陡筸放水行船。這天在隱山寺過夜。

【注　釋】❶南麓即所溯溪之北麓　下一「麓」字，疑「岸」之誤。❷箔　用蘆葦或秫秸編成的簾子，這裡指塞住靈渠斗門（又稱陡門）的陡筸。靈渠塞陡工具有陡杠（大木杠）、陡腳（將三根木頭捆成三腳狀）、陡編（用竹片交叉編成）、陡筸（用竹篾編成，長約五尺，寬約三尺）。在陡門的石穴上架起陡杠，放一排陡腳，再擱上陡編和陡筸，便可攔住水流，提高水位，使船節節向前。

【語　譯】二十二日　往東走二里，通過九宮橋，翻過一座小嶺，共走了二里，到達錦霄，這就是峽口。廝川江從南面流來，往北流出界首，橫渡江水，水深淹沒了大腿。廝川江到這裡破山而出，地名七里峽；往下又破山而出，地名五里峽。錦霄在這兩峽的中間，是陸路的路口。過了江，沿著在東邊相夾的溪水上行。走了三里，登上山脊，到九龍廟，南、北、東三面都有大山緊緊夾住，南麓就是剛才沿著上行的溪水的北岸，水聲喧騰，十分凶猛。於是下山，經過觀音閣，湘江支流分別在閣的四周環繞，惟有南面築有石壩，僅能通水，東、西、北三面，上下來往的船隻都要繞過它，可惜閣太小，與景物很不相稱。從觀音閣往東走過石橋，沿著湘江支流的西岸上行一里，到分水塘。塘用大石橫截中流，南北相連，用以隔斷江流，只用小洞來排泄高出的江水，從塘的南面使湘水分流，注入灕江；塘的北面，就濬通湘江分成支流，使湘江上的船隻通往觀音閣前的水道。於是撐船往南渡過分灘口，進入分水廟。往西行駛二里，到達興安城南門。出城後，往西行駛三里，到達三里橋。橋架在靈渠之上，渠到這裡成了涓涓細流，水底石塊層疊。這時大船像魚鱗一般在水面依次排列，陡門處有陡笪攔住水流以提高水位，等水位稍微升高一些，就打開陡笪放水行船。夜晚到隱山寺投宿。

二十三日　晨起大雨，飯後少歇。〔橋西有金鼎山，山為老龍脊。由此至興安，南轉海陽，雖為史祿❶鑿山分灘水，而橋下有石底，水不滿尺，終不能損其大脊也。上一里至頂，頂大止丈許；惟南面群巒紛叢嵐霧中，若聚米❷，若流火❸，俯瞰其出沒甚近。下至三里橋西，隨靈渠西南去。已而渠漸直南，路益西，路右石山叢立。雨中迴眺，共十里，已透金鼎所望亂山堆疊中，穿根盤壑，多迴曲，無升降。又三里為蘇一坪，東有岐可達乳洞❹。予先西趨嚴關❺，共二里而出隘口，東西兩石山駢峙，路出其下，若門中闢，傍裂穴如圭❻，梯崖入其中，不甚敞，空合如蓮瓣。坐觀行旅，紛紛沓沓。返由蘇一坪東南行一里，溯靈渠東北上，一溪東自乳洞夾注為清水。乃東渡靈渠，四里，過大巖堰。渡堰東石橋，轉入山南，小石山分岐立路口，洞岈然南向。遂西向隨溪入，二里，至董田巨村。洞即在其北一里，日暮不及登，乃趨東山入隱山寺。〕出步寺後，見南向有洞，其門高懸，水由下出，西與乳洞北流之水合，從西北山腋破壁而出大巖堰焉。時日色尚高，亟縛炬從寺右入洞，攀石崖而上，其石峭削，圮側下垂，淵壁若裂，水不甚湧而渾，探其暗處，水石粗混，無可著足。出而返寺，濯足于崖外合流處，晚餐而臥。

二十四日　晨起雨不止，飯后以火炬數枚，僧負而導之。一里，至董田。又北一里，至乳巖下洞、中洞、上洞。雨中返寺午飯。雨愈大，遂止不行。

【章旨】本章記載了第十六、十七兩天在桂林府的行跡。登上金鼎山頂，南面群山如聚米、流火。下山經過蘇一坪，直奔嚴關，進入一個形狀如圭的洞中。隨後經過大巖堰，回到隱山寺，帶著火炬到寺後的洞中探索。次日又遊訪了乳巖下洞、中洞、上洞，因下大雨，午後留在隱山寺。

【注釋】❶史祿　史官。秦始皇以史監郡，命祿開鑿靈渠。❷聚米　東漢馬援曾在光武帝前，聚米為山谷，分析形勢，陳述用兵之道。光武帝讚道：「虜在吾目中矣。」❸流火　火，星名，或稱大火星，即心宿。夏曆七月的黃昏，星的位置由中天逐漸向西降行，由此知暑將盡而秋將至。❹乳洞　在興安西南十二里茅坪村。因有三洞，又分別稱為上洞、中洞、下洞。宋人李邦彥名下洞為噴雷洞，裡面有巨大的鐘乳石和激流。洞深處有石鐘乳凝成的水池，大小、深淺、高低不一，排列成梯田，稱為龍田。朝陽直射，金光燦爛，水波映耀，蔚為奇觀。中洞又名駐雲洞，現有觀音像六尊。上洞又名飛霞洞，鐘乳石千奇百怪，蔚為壯觀。唐人譽為「勝絕南州」、「湖南第一洞」。❺嚴關　在興安城西南十五里，位於獅子、鳳凰兩山之間，靈渠邊上。面向南，有石砌城垣一道，長四十三公尺，關兩側為岩溶石山，山間為狹長谷地，地勢雄偉，自古為楚粵交通咽喉及兵家必爭之地。傳說秦始皇三十三年（前二一四）建關，或說漢代建關。❻圭　也作「珪」，古代帝王諸侯舉行禮儀時所用的玉器，上尖下方。

【語　譯】二十三日　清晨起身，天下大雨，飯後稍微歇了一會。橋的西面有金鼎山，這是古老的山脊。從這裡到興安，往南轉向海陽山，雖然被史祿鑿山分湘江水注入灕江，但橋下有石底，水深不到一尺，終究不能損壞大脊。往上走一里到達山頂，山頂只有一丈見方；惟獨南面群山叢疊，煙嵐繚繞，宛若聚米成山，又像流火西行，俯視山巒時隱時現，近在眼前。下山走到三里橋的西面，隨著靈渠往西南走去。不久渠水漸漸流向正南，路更加偏西，路的右邊石山簇立。在雨中迴首眺望，共走了十里，已經從在金鼎山頂所望見的叢疊的亂山中通過，穿過山腳，盤繞山壑，大多是迴旋曲折的山路，沒有直上直下的地方。再往前三里到蘇一坪，東面有岔出的小路可到乳洞。我先往西直奔嚴關，共走二里，便出隘口，東西兩座石山並峙，路從下面伸出，就像在中間開出一道門，旁邊裂成一個形狀如同圭玉的洞穴，在崖上一步步向上攀登，進入洞中，裡面不太寬敞，中空外合如同蓮花的花瓣。坐在上面觀看路中行人，來來往往，接連不斷。返回蘇一坪往東南走了一里，沿著靈渠往東北上行，一條溪水出自東面的乳洞，和靈渠夾流匯成清水溪。於是向東渡過靈渠，走了四里，經過大巖堰。通過堰東的石橋，轉到山的南面，有座小石山岔開峙立在路口，洞穴深邃，面向南。於是向西隨溪水往裡走，過了二里，到董田巨村。洞就在村北一里處，因天色已晚，來不及攀登，便往東南進入隱山寺。在寺的後面漫步，看到有個洞朝南，洞門高懸，水從下面流出，往西和從乳洞往北流的水會合，從西北的山腋沖破崖壁，流出大巖堰。這時天色還早，趕緊紮了火把從寺的右面進入洞中，在石崖上攀登，崖石陡峭，旁邊倒坍下墜，深淵的巖壁好像已經裂開，水不太洶湧，但很渾濁，探尋幽暗的地方，水石混雜，無立足之地。出洞返回寺中，在崖外水流會合處洗腳，吃了晚飯睡覺。

二十四日　清晨起身，雨下個不停，飯後將幾個火把讓僧人肩負著作嚮導。走了一里，到董田。又往北走了一里，到乳巖下洞、中洞、上洞。在雨中返回寺院吃午飯。雨越下越大，於是留下不走了。

二十五日　天色霽甚，晨餐後仍向東行。一里，出山口，支峰兀立處，其上

〔有〕庵，草翳無人，非觀音巖也。從庵左先循其上崖而東，崖危草沒，靜聞不能從，令守行囊於石畔。余攀隙披窾❶而入，轉崖之東，則兩壁裂而成門，〔內裁❷一線剖，宛轉嵌漏。〕其內上夾參九天，或合或離，俱不過咫尺；下夾墜九淵，或乾或水，俱凭臨數丈。夾半兩崖，俱有痕踐足而入，肩倚隔崖，足踐線痕，手攀石竅，無隕墜之慮。直進五、六丈❸，夾轉而東，由支峰坳脊北望，見觀音崖在對崖，亦幽峭可喜。昨來時從其前盤山而轉，惜未一入，今不能愈北也。下山東南行田塍間，水漫沒岸。三里，有南而北小水，急脫下衣，涉其東，溯之南。又二里為秀塘，轉而西南行，復涉溪而北，循山麓行。二里，又一澗自北山夾中出，涉其南，又循一溪西來入，即西嶺之溪也。三里，越溪南登，下西嶺，入口甚隘，而內有平疇，西村落焉。西南上嶺，又二里而踰上西嶺，嶺東復得坪焉。有數家在深竹中，飯于村嫗。又西南平上二里，乃東踰一坳，始東下二里，為開州，則湘之西岸也。溯湘南行五里，復入崗陀，為東劉村。又五里為西劉村，有水自西谷東入湘。又西南三里為土橋，又二里大豐橋，俱有水東注于湘。又踰嶺二里，宿於唐匯田❹。〔東有大山巋然出東界上者，曰赤耳山。〕

【章　旨】本章記載了第十八天在桂林府的行跡。攀登山崖，轉入高聳九天、下落深淵的狹隘夾縫之中，看到觀音崖。隨後翻山越嶺，經過秀塘、開州，到唐匯田留宿，赤耳山就在它東面挺立。

【注　釋】❶竅　孔洞。❷裁　通「纔」。才；僅。❸直進五六丈　丈，原作「里」，據乾隆本改。❹唐匯田　今作譚美田，在湘江源頭海洋河西岸。

【語　譯】二十五日　天色十分晴朗，早飯後仍然向東走。過了一里，走出山口，在一座岔出的山峰高高直立的地方，上面有個庵，被荒草遮掩，無人居住，並不是觀音巖。從庵的左邊先沿著它上方的山崖向東，山崖高峻，荒草沒路，靜聞跟不上，便叫他留在石旁看守行李。我攀著崖壁的縫隙，鑽入孔洞進去，轉到崖壁的東面。只見兩面石壁裂開成門，裡面僅有一線寬的裂面，曲折深透。門內上面的夾縫直上九天之高，有時合攏，有時分離，相隔都近在咫尺之間；下面的夾縫直下九淵之深，有些乾涸，有些有水，往下都有好幾丈深。在夾縫兩邊的半山崖，都有裂痕可踩著進去，用肩靠著對面的崖壁，腳踩著裂痕，手把住石孔，就不用擔心掉落了。直往裡走進五、六丈，夾縫往東轉，從支峰的坳脊向北望去，只見觀音崖在對面的山崖，同樣幽深陡峭，景色迷人。昨天來的時候，從它前面圍著山繞轉，可惜沒能到那裡一遊，如今已無法更向北走了。下山往東南在田埂上行走，水浸沒了堤岸。走了三里，有從南往北流的小溪，急忙脫去下身衣服，走過溪水到它的東岸，沿著水往南上行。又走了二里，到秀塘，轉向西南走，再渡過溪水向北，沿著山腳走。往前二里，又有一條澗水從北山夾縫中流出，渡過澗水到它的南岸，再沿著一條西來的溪水往裡走，即西嶺的溪水。走了三里，越過溪水往南攀登，再走下西嶺，入口處十分狹隘，裡面有平坦的田野，西面的村莊就座落在那裡。往西南登上山嶺，再走二里，翻過西嶺，在西嶺的東面又看到一處平地。幽深的竹林中有幾戶人家，在村中的老婦家吃飯。再往西南平步走上二里，便往東翻過一座山坳，開始向東走下二里，到開州，位於湘江的西岸。沿著湘江上行，往南走了五里，又進入山岡，地名東劉村。再走五里到西劉村，有水從西面的山谷往東注入湘江。再往西南走三里到土橋，再走二里到大豐橋，都有水往東注入湘江。再翻過山嶺走了二里，在唐匯田留宿。東面有一座大山在東界上巋然挺立，名赤耳山。

二十六日　晨餐後，日色霽甚。南溯湘流二里，渡一溪，為太平堡，有保有營兵焉。〔東西〕山至是開而成巨塢，〔小石峰一帶，駢立湘水東。〕又南二里，曰劉田。又南二里，曰白龍橋。又三里，踰一小嶺，曰牛欄。二里，張村。又一里，至廟角❶，飯於雙泉寺，其南即靈川❷界。又南二里，東南岐路入山，其東高峰片聳，曰白面山。又南二里，渡一橋，湘水之有橋自〔此。〕循左山行，南二里為田心寺。又南一里，古龍王廟。又南一里，有一石峰特立東西兩界之中，曰海陽山。有海龍庵❸，在峰南石崖之半。海龍庵已為臨桂❹界。海龍堡❺在西南一里。東入山五里，為季陵。西十五里，過西嶺背，為龍口橋。東北五里，讀書巖、白面山。西北十五里，廟角。南五里，江匯。先是，望白面山南諸峭峰甚奇，問知其下有讀書巖，而急於海陽，遂南入古殿，以瓦磨墨錄其碑。抵海龍庵，日已薄崦嵫❻，急卸行李於中。乃下山自東麓〔二洞門〕繞北至西，入龍母廟，已圮。即從流水中行，轉南，水遂成匯，深者沒股。庵下石崖壁立，下臨深塘。由塘南水中行，轉東登山。入庵，衣褌❼俱濕，急晚餐而臥以褻衣❽。是庵始有佛燈。

〔海陽山俱崆峒❾貯水，水門二：南平，西出甚急。東旱門二，下一、二尺，即水匯其中，深者五、六尺。山南水塘有細流，東源季陵亦下此。則此山尚在過脊北，水俱北流，惟為湘源也。灕源尚在海陽西西嶺角❿。〕

【章旨】本章記載了第十九天在桂林府的行跡。經過太平堡，到廟角吃飯，南面就是靈川地界。隨後經過白面山、田心寺、古龍王廟、海陽山，進入臨桂地界。又經過季陵，到海龍庵投宿。海陽山的洞穴積滿了水，是湘江的源頭，灕江的源頭在西嶺角。

【注釋】❶廟角　今名廟腳，在興安南境。❷靈川　明代為縣，隸桂林府，今屬廣西（治所在今靈川三街）。❸海龍庵　二十七日日記作「海陽庵」，今靈川東境有海洋鎮。❹臨桂　明代為桂林府附郭縣（治所即今桂林市區）。今臨桂在桂林西郊。❺海龍堡　二十七日日記作「海陽堡」。❻崦嵫　山名，在甘肅天水市西境，古代神話傳說中日入之處。❼褌　有襠的褲子。❽褻衣　內衣；貼身衣服。❾崆峒　山洞。❿灕源句　灕江源頭在興安境內的苗兒山，徐霞客誤作西嶺角。

【語譯】二十六日　吃罷早飯，天色十分晴朗。往南沿著湘水上行二里，渡過一條溪水，到太平堡，既有城堡，也有營兵。東西兩邊的山脈延伸到這裡，山勢變得開豁，形成大塢，有一排小石峰，在湘水的東岸並立。又往南走二里，地名劉田。再往南走二里，地名白龍橋。再走三里，翻過一座小嶺，地名牛欄。再走二里，到張村。再走一里，到廟角，在雙泉寺吃飯，它的南面就是靈川地界。再往南走二里，從東南的岔路進入山中，東面聳起一座高大的山峰，名白面山。再往南走二里，過一座橋，湘水上架橋就從這裡開始。沿著左邊的山走，往南二里到田心寺。又往南走了一里，到古時的龍王廟。再往南走一里，有一座石峰在東、西兩界之中卓然挺立，名海陽山。有海龍庵在峰南石崖的半山腰。海龍庵已在臨桂地界。海龍堡在西南一里處。往東進入山中走五里，到季陵。往西走十五里，越過西嶺背，便是龍口橋。往東北走五里，到讀書巖、白面山。

往西北走十五里，到廟角。往南走五里，到江匯。在此之前，望見白面山南面各座陡峭的山峰十分奇特，問後知道山下有讀書巖，因急於去海陽山，便往南走進古殿，用瓦磨墨將碑文錄下。到達海龍庵，太陽即將下山，急忙將行李寄放在裡面。於是下山，從東面山腳的兩處洞門繞過北面往西，進入龍母廟，已經倒坍。隨即從流水中走，往南轉，水便匯聚起來，水深的地方淹沒大腿。庵下石崖如壁陡立，下面對著深深的水塘。從塘南的水中往前走，轉向東登山。進入庵中，衣褲都已浸濕，急忙吃了晚飯，穿著內衣睡覺。到這庵才有佛燈。

海陽山的洞穴都積滿了水，有兩處水門：南門水勢平緩，西門流出的水十分湍急。東面有兩處旱門，往下一、二尺，便有水匯聚在裡面，深的有五、六尺。山南的水塘有涓涓細流，湘江東源出自季陵的水也往下流到這裡。那麼這山還在伸過的山脊的北面，水都往北流，只成為湘水的源頭。灕水的源頭尚在海陽山西面的西嶺角。

二十七日　曉起，天色仍霽，亟飯。從東北二里，田心寺。又一里，東入山，又一里，渡雙溪橋。又東一里，望一尖峰而登。其峰在白面之西，高不及白面而聳立如建標纍塔，途人俱指讀書巖在其半，竟望之而趨。及登嶺北坳，望山下水反自北而南，其北皆山崗繚繞，疑無容留處，意水必出洞間。時銳於登山，第望高而趨，已而路斷，攀崖挽棘而上。一里，透石崖之巔，心知已誤，而貪於涉巔，反自快也。振衣出棘刺中，又捫崖直上，遂出其巔。東望白面，可與平揖❶，南攬巾子，如為對談。

久之，仍下北嶺之坳，由棘中循崖南轉，捫隙踐塊而上，得峰腰一洞，南向岈然，其內又西裂天窟，吐納日月，蕩漾雲霞，以為讀書之巖必此無疑；但其內平入三、四丈，輒漸隘漸不容身，而其下路復蔽塞，心以為疑。出洞門，望洞左削崖萬丈，插霄臨淵，上有一石飛突垂空，極似一巨鼠飛空下騰，首背宛然，然無路可捫。遂下南麓，迴眺巨鼠之下，其崖懸亙，古溜間駁，疑讀書巖尚當在彼，復強靜聞緣舊路再登。至洞門，覓路無從，乃裂棘攀條，梯懸石而登，直至巨鼠崖之下。仰望崖下，又有二小鼠下垂，其巨鼠自下望之，睜目張牙，變成獰面，又如貓之騰空逐前二小鼠者。崖腰有一線微痕可以著足，而下〔仍峭壁。又東有巨擘一雙，作接引狀。手背拇指，分合都辨。至其處，山腰痕絕不可前。

乃從舊路〕下至南麓，詢耕者已得讀書巖之勝。耕者云：「巖尚在嶺坳之西，當從嶺西下，不當從嶺東上也。」乃從麓西溯澗而北，則前所涉溪果從洞中出，而非從澗來者。望讀書巖在水洞上，急登之。其洞西向，高而不廣，其內垂柱擎蓋，駢筍懸蓮，分門列戶，頗幻而巧。三丈之內，即轉而北下，墜深墨黑，不可俯視，豈與下水洞通耶？洞內左壁有宋人馬姓為秦景光大書「讀書巖」三隸字。其下又有一洞，門張而中淺，又非出水者。水從讀書巖下石穴湧出，水與口平，第見急流湧溪，不見洞門也。時已薄午，欲登白面，望之已得其梗概，恐日暮途窮，不遑升堂入室❷，遂遵白面西麓而南。二里，過白源山。又二里，過季陵路口，始轉而西。一里，隨山脈登海陽庵，飯而後行，已下午矣。

由海陽山東南過季陵東下，入堂溪橋，遂由塘南循過脊西行，一里，為海陽堡。由堡西南行，則堡前又分山一支南下，與西山夾而成兩界，水俱淙淙南下矣。隨下一里，則西谷中裂，水破峽而出，又羅姑❸與西嶺夾而成流〔者，皆為灕水源矣。〕越之，循水西南下三里，為江匯。于是水注而南，路轉而西，遂西踰一嶺，一里，登嶺坳。三里，西循嶺上行，忽有水自東南下搗成澗，路隨之下。又一里，直墜澗底。越橋南，其水自橋下復搗峽中，路不能隨。復踰嶺一里，乃出山口，又西南行平疇中，二里，抵澗上。〔西有銀燭山，尖削特聳，東南則石崖正扼水口也。〕乃止宿于黃姓家。

【章　旨】本章記載了第二十天在桂林府的行跡。經過田心寺，望見一座尖峰，誤以為讀書巖就在那裡，登上山頂，東望白面山，南引巾子山。下山時發現一洞，以為讀書巖必此無疑，進洞後又起疑心。出洞後望見萬丈懸崖之上，有石如同從空中躍下的巨鼠，另外還有兩隻「小鼠」下垂，猜想讀書巖應該就在這裡，於是繼續攀登，直到無路可走。下山後方知讀書巖並不在這裡。又按當地人所說的方向走，看到讀書巖在水洞的上方，裡面石形奇巧，似乎與下面的水洞相通。出洞後經過白源山，回海陽庵吃飯。下午到海陽堡，隨後經過江匯，沿著澗水走出山口，到澗上留宿。

【注釋】❶可與平揖　與下句「如為對談」，都形容兩山離所在處之近。❷升堂入室　原指學問或技能由淺入深，循序漸進，達到更高的水準。這裡借喻對白面山作深入的探遊。❸羅姑　原作「羅始」，據乾隆本改。即今羅鼓山，在興安、靈川的交界。

【語譯】二十七日　清晨起身，天色仍然十分晴朗，趕緊吃飯。從東北往前走二里，到田心寺。又走了一里，向東進入山中。再走一里，渡過雙溪橋。再往東走一里，朝著一座尖峰攀登。這峰在白面山的西面，高不及白面山，但像直立的標槍、層疊的高塔那樣聳起，過路的人都指著說讀書巖就在它的半山腰，聽後竟朝著它趕路。到登上嶺北的坳地，望見山下的水反而從北流向南，在它北面都是山岡繚繞，懷疑沒有能容納水流的地方，估計水必定從洞中流出。這時急於登山，只是向高處走去，不久路到盡頭，便抓住崖壁，拉著棘條向上爬。走了一里，從石崖的頂部穿出，心裡明白已走錯了路，但貪圖登上山頂，反而覺得十分愉快。抖抖衣服從荊棘中走出，又摸著崖壁直往上爬，便從山巔走出。東望白面山，可以向它拱手行禮；南引巾子山，就像面對面交談。

過了好久，仍然往下到北嶺的坳地，從荊棘中沿著山崖往南轉，摸著石縫踏著石塊向上，發現峰腰有個洞，洞口向南，十分深邃，洞內西側又開出一個通天的洞穴，迎送日月，蕩漾雲霞，認為讀書巖無疑就在這裡；但往裡面平步走進三、四丈，就漸漸狹隘，無法容身，而下面的路又堵塞了，心中產生疑惑。走出洞門，望見洞左邊的萬丈懸崖，高聳雲天，下臨深淵，上面有一石飛騰突起，掛在空中，很像一隻巨鼠在空中往下騰躍，頭部和背部都宛然在目，但沒路可讓我到那裡去撫摸一下。於是走下南麓，轉身眺望「巨鼠」的下面，山崖陡懸相連，崖上夾雜著古代流水沖刷的印痕，懷疑讀書巖應該在那裡，又強迫靜聞沿老路再往上攀登。到了洞門，找不到可通往那裡的路，便分開荊棘，拉著枝條，以懸石為梯向上攀登，直到巨鼠崖的下面。仰望崖的下方，另有兩隻「小鼠」掛在下面，那「巨鼠」從下面望著它們，睜目張牙，面目變得猙獰可怕，又像貓騰空追逐前面兩隻小鼠似的。崖的半山腰有條淺淺的裂痕可以立足，而下面仍然是懸崖峭壁。另外東面有一雙「巨掌」，呈現出接引的模樣。手背拇指，連分開合攏都可看清。到了那地方，山腰的裂痕中斷，無法向前。

仍從原路往下到南麓，向耕地的人誇口說已看到讀書巖的美景。耕地的人說：「讀書巖尚在嶺坳的西面，應當從嶺的西面下去，不該從嶺的東面往上走。」於是從山腳的西面沿著澗水往北上行，只見先前所渡過的溪水果然從洞中流出，而不是從山澗流來。望見讀書巖在水洞的上面，急忙登臨其上。這洞面向西，高大但不寬廣，洞內的鐘乳石就像垂下的柱子、撐開的傘蓋、叢生的竹筍、倒懸的蓮花，分門列戶，十分奇巧。走了不到三丈，就轉向北往下，底下一片漆黑，沒法俯視，莫非它和下面的水洞相通？洞內左邊的壁上有宋人馬某為秦景光書寫的三個隸體大字「讀書巖」。在它下面又有一個洞，洞門開著，裡面很淺，也不是水流出的地方。水從讀書巖下的石穴湧出，水面與洞口齊平，只見急流湧入溪中，看不到洞門。這時已近中午，想登白面山，抬頭望去，已經了解它的大概情況，怕天晚找不到路，來不及作深入的探遊，便沿著白面山西麓往南。走了二里，經過白源山。又走了二里，經過季陵路口，開始向西轉。再走一里，隨山脈到達海陽庵，吃了飯出發，已是下午了。

從海陽山的東南經過季陵往東走下，進入堂溪橋，便從水塘南面沿著延伸過來的山脊往西，走了一里，到海陽堡。從海陽堡往西南走，只見堡前又分出一支山脈向南延伸，和西面的山脈夾立形成兩地分界，水都往南淙淙流下。隨著溪水往下走了一里，只見西面的山谷中間裂開，水沖破峽谷流出，另外還有羅姑山和西嶺相夾形成的水流，都成了灘水的源頭。越過溪流，沿著水往西南走下三里，到江匯。水從這裡往南流，路向西轉，便往西翻過一座山嶺，走了一里，登上嶺坳。又走了三里，向西沿著山嶺往上走，忽然有水從東南流下，撞擊成澗，路隨著它往下。再走一里，水直落到澗底。過了橋往南，這水從橋下又沖到峽谷中，路不能再隨著它走了。又翻過山嶺走了一里，才出山口，再往西南在平坦的田野中行走，過了二里，到達澗上。

西面有銀燭山，尖削高聳，東面則有石崖正扼住水口。於是在姓黃的人家留宿。

二十八日　平明，飯而行。二里，西南出澗口，渡水，踰一小嶺，又三里，得平疇，則白爽村也。由白爽村之西復上嶺，是為長沖。五里，轉北坳，望西北五峰高突，頂若平臺，可奪五臺❶之名。又西五里，直抵五峰之南，亂尖疊出，十百為群，橫見側出❷，不可指屈。其陽即為鎔村❸，墟上聚落甚盛，不特山谷所無，亦南中所少見者❹。市多鬻麵、打胡麻為油者，因市麵為餐，以代午飯焉。〔東南三十里，有靈襟洞；南二里，有陽流巖云。〕又西五里為上橋，有水自東北叢尖山之南，西過橋下，即分為二。一南去，一西去。又西南〔穿石山腋，共〕三里，過廖村❺。其西北有山危峙，又有尖叢亭亭，更覺層疊。問之，謂危峙者為金山，而其東尖叢者不能名焉❻。又二里，有水自金山東腋出，堰為大塘。歷堰而西，又三里，復穿石山峽而西，則諸危峰分峙疊出於前，愈離立獻奇，聯翩角勝矣。石峰之下，俱水匯不流，深者尺許，淺僅半尺。諸峰倒插於中，如出水青蓮，亭亭直上。初，二大峰夾道，後又二尖峰夾道，道俱疊水中，取徑峰隙，令人應接不暇。但石俱廉厲鑿足，不免目有餘而足不及耳。其峰曰雷劈山，以其全半也；曰萬歲山，以尖圓特聳也。其間不可名者甚多。共二里，始舍水磴而就坦坡。又五里，始得平疇，為河塘村。乃就村家瀹茗避日，下春而後行。河塘西築塘為道，南為平疇，秧綠雲鋪，北為匯水，直浸北界叢山之麓，蜚❼晶漾碧，令人塵胃❽一洗。過塘，循山南麓而西，五里，渡一石梁，遂登岡陀行。又五里，直抵兩山峽中，其山南北對峙如門。北山之東垂有石峰分岐而起，尖峭如削，其岐峰尤亭亭作搔首❾態，土人呼為婦女孃峰。崖半有裂隙透明，惟從正南眺之，有光一線，少轉步即不可窺矣。南山之首，又有石突綴，人行其下，左右交盼，亦復應接不暇。

時日色已暮，且不知顧僕下落，亟問浮橋❿而趨。西過大石梁，再西即浮橋矣。灕水至是已極汪洋，北自皇澤灣⓫即虞山下。轉而南，桂林省城東臨其上。城東北隅為驛，在皇澤灣轉南之沖，其南即城也。城之臨水者，東北為東鎮門⓬，南過木龍洞為就日門，再南出伏波山下為桂水門⓭，又南為行春門，又南為浮橋門。此東面臨流者，自北隅南至浮橋，共五門。北門在寶積、華景二山。浮橋貫江而渡。覓顧僕不得，遂入城，循城南去，宿於逆旅。

【章　旨】本章記載第二十一天在桂林府的行跡。經過長沖，望見五座高聳的山峰，可奪五臺之名。峰南為鎔村，十分興盛。又經過廖村，望見金山、雷劈山、萬歲山。河塘村南綠苗如雲，碧波蕩漾，令人見了俗念一洗而盡。傍晚經過婦女孃峰，趕往浮橋，到桂林城內寄宿。

【注　釋】❶五臺　山名，在今山西五臺東北隅，為東北到西南走向的山脈，繞周五百里。因由五座山峰環抱而成，峰頂平坦寬闊如臺，故稱五臺。五峰之內稱臺內，五峰之外稱臺外。山中氣候寒冷，每年四月解凍，九月積雪，盛夏氣候涼爽，故又名清涼山。五臺山為佛教重地，被稱作文殊菩薩的道場，與四川峨眉山（普賢菩薩的道場）、浙江普陀山（觀世音菩薩的道場）、安徽九華山（地藏菩薩的道場）合稱中國佛教四大名山。❷橫見側出　蘇軾〈題西林壁〉：「橫看成嶺側成峰，遠近高低各不同。」❸鎔村　今名雄村，在靈川南境。❹亦南中所少見者　原脫「少」字。❺廖村　今名廖家，在靈川南境。❻而其東尖叢者不能名焉　乾隆本作「東叢角亭亭，更覺層疊者，龍潭山也」。❼蜚　通「飛」。❽塵胃　指世俗的情懷。❾搔首　《詩・邶風・靜女》：「愛而不見，搔首踟躕。」這裡形容山峰作態媚人。❿浮橋　又名水濟橋，遺址在浮橋門前，早在唐代，即以船隻橫排相連，貫以鐵索，鋪上木板，拼搭成橋，故稱浮橋。⓫皇澤灣　即皇潭，為虞山韶音洞北洞所臨深潭。⓬東鎮門　桂林城原有十二門，東面五門，從北往南，依次為東鎮門、就日門、桂水門、行春門、浮橋門（東江門）；南面二門：東為文昌門，西為寧遠門（南門）；西面四門，從南往北，依次為武勝門（西門）、麗澤門、寶賢門、西清門；北面一門，即安定門（北門）。⓭桂水門　原文誤作「桂林門」。

【語　譯】二十八日　黎明，吃了飯出發。向前二里，往西南走出澗口，渡過一條溪水，翻過一座小嶺，又走了三里，到了平坦的田野，地名白爽村。從白爽村的西面又登上山嶺，這裡就是長沖。再走五里，轉過北面的山坳，望見西北五座山峰高高突起，峰頂如同平臺，真可奪五臺山的大名。再往西走五里，直達五峰的南面，尖峰雜亂，層疊而出，或十或百，相聚成群，橫見成嶺，側出成峰，無法屈指而數。五峰的南面就是鎔村，鄉間的村莊十分興盛，不但山谷中絕無僅有，在南方也很少見。集市中有很多人賣麵條、搾麻油，於是買了麵條當午飯吃。據說往東南走三十里，有靈襟洞，往南走二里，有陽流巖。再往西走五里為上橋，有水從東北尖峰叢的南面，往西通過橋下，便分成兩條。一條往南流去，一條往西流去。再往西南穿過石山腋部，共走了三里，經過廖村。在它西北有座山高峻峙立，另外還有叢聚的尖峰亭亭而立，看上去更加覺得層層疊疊。向人打聽，回答說高峻峙立的是金山，而在它東面叢聚的尖峰則說不出名字。又走了二里，有水從金山的東腋流出，築壩積水成為大塘。經過水壩向西，再走三里，又穿過石山峽谷往西，只見眾多高峻的山峰在前面分布峙立，層層挺出，更是並立獻奇，連接爭勝。石峰的下面，都是匯聚不流的水，深的一尺左右，淺的只有半尺。群峰倒插水中，如同出水青蓮，亭亭直上。原先路兩旁有兩座高大的山峰，後面路兩旁又有兩座尖峰，道路都在水中用石塊鋪疊而成，取道山峰間的空隙，令人應接不暇。但石稜都鋒利扎腳，不免使人眼花撩亂，可又足力不濟。這山峰稱作雷劈山，是因為整座山崖都像劈成兩半；又稱作萬歲山，是因為山峰尖圓突起的緣故。裡面有許多山峰叫不出名字。再走了二里，開始離開水中的石道，踏上寬平的坡地。繼續走了五里，才到平坦的田野，地名河塘村。便到鄉村人家煮茶喝避日頭，到太陽下山才出發。河塘西面築堤為路，南面為平坦的田野，長著綠色的秧苗，就像鋪上一層雲彩，北面是匯聚的水，直浸到北界群山的山腳，水面波光粼粼，碧波蕩漾，令人世俗的雜念一洗而盡。經過水塘，沿著山的南麓往西，走了五里，通過一座石橋，便登上山岡行走。又往前五里，直到兩山間的峽谷中，這兩座山南北對峙，如同敞開的門戶。北山的東陲有石峰岔出，尖峭如用刀削，岔出的石峰更是亭亭玉立，呈現出搔首媚人的姿態，當地人叫作婦女孃峰。山崖的半腰有條透光的裂縫，惟有從正南眺望，才能看到一線光亮，腳步稍微轉過一些，就看不到了。南山的頂端，又有石塊突立在那裡，人在石下行走，左顧右盼，也有應接不暇之感。

這時天色已晚，而且還不知道顧僕的下落，急忙打聽浮橋所在的地方，便往那裡趕路。往西經過大石橋，再往西便是浮橋了。灕水到這裡水勢已經極其浩大，從北面的皇澤灣即虞山下面。轉而向南，省城桂林朝東座落在江岸上。城的東北角為驛站，在皇澤灣向南轉的衝要之地，它的南面就是桂林城。城靠近灕水的地方，東北為東鎮門，往南經過木龍洞為就日門，再往南從伏波山下走出為桂水門，再往南為行春門，再往南為浮橋門。這些門都東面對著江水，從北端往南到浮橋，共五座門。北門在寶積、華景兩山。浮橋橫跨江面讓人通過。因找不到顧僕的住所，於是進城，沿著城往南走，在旅店過夜。

二十九日　從逆旅不待餐而行。遂西過都司署❶前，又西，則靖江王府❷之前甬❸也。又西，則大街自北而南，乃飯於市肆。此處肉饅以韭為和，不用鹽而用糖。晨粥俱以雞肉和食，亦一奇也。又南登一樓。其樓三層，前有石梁，梁東西大水匯成大沼。自樓上俯眺，朱門粉堞，參差綠樹中，湖水中涵，群峰外繞，盡括一城之勝。中層供真武❹像。時亟於覓顧僕，遂轉遵大街北行，東過按察司❺前，遂東出就日門。計顧僕舟自北來，當先從城北瀕江覓，而南從城下北行。已而城上一山當面而起，石腳下插江中。路之在城外者，忽穿山而透其跨❻下，南北岈然，真天闢關津也。〔西則因山為城，城以內即疊綵東隅。〕穿洞出，下臨江潭，上盤山壁，又透腋而入，是為木龍洞❼。其洞亦自南穿北，高二丈，南北透門，約十餘里❽。其東開窗剖隙，屢逗❾天光，其外瀕江有路，行者或內自洞行，或外由江岸，俱可北達。出洞，有片石夾峙，上架一穹石，其形屈曲，其色青紅間錯，宛具鱗鬣❿，似非本山之石，不知何處移架於此。洞北闢而成崖，綴以飛廊，前臨大江，後倚懸壁，憩眺之勝，無以踰此。廊上以木雕二龍插崖間，北壓⓫江水，廊北有庵有院。

又循城溯〔江〕北一里，過東鎮門。又北過城東北隅，〔為東江驛。驛東向，當皇澤灣南下衝。〕入驛，問顧僕所附江舟，知舟泊浮橋北。出驛，北望皇澤灣，

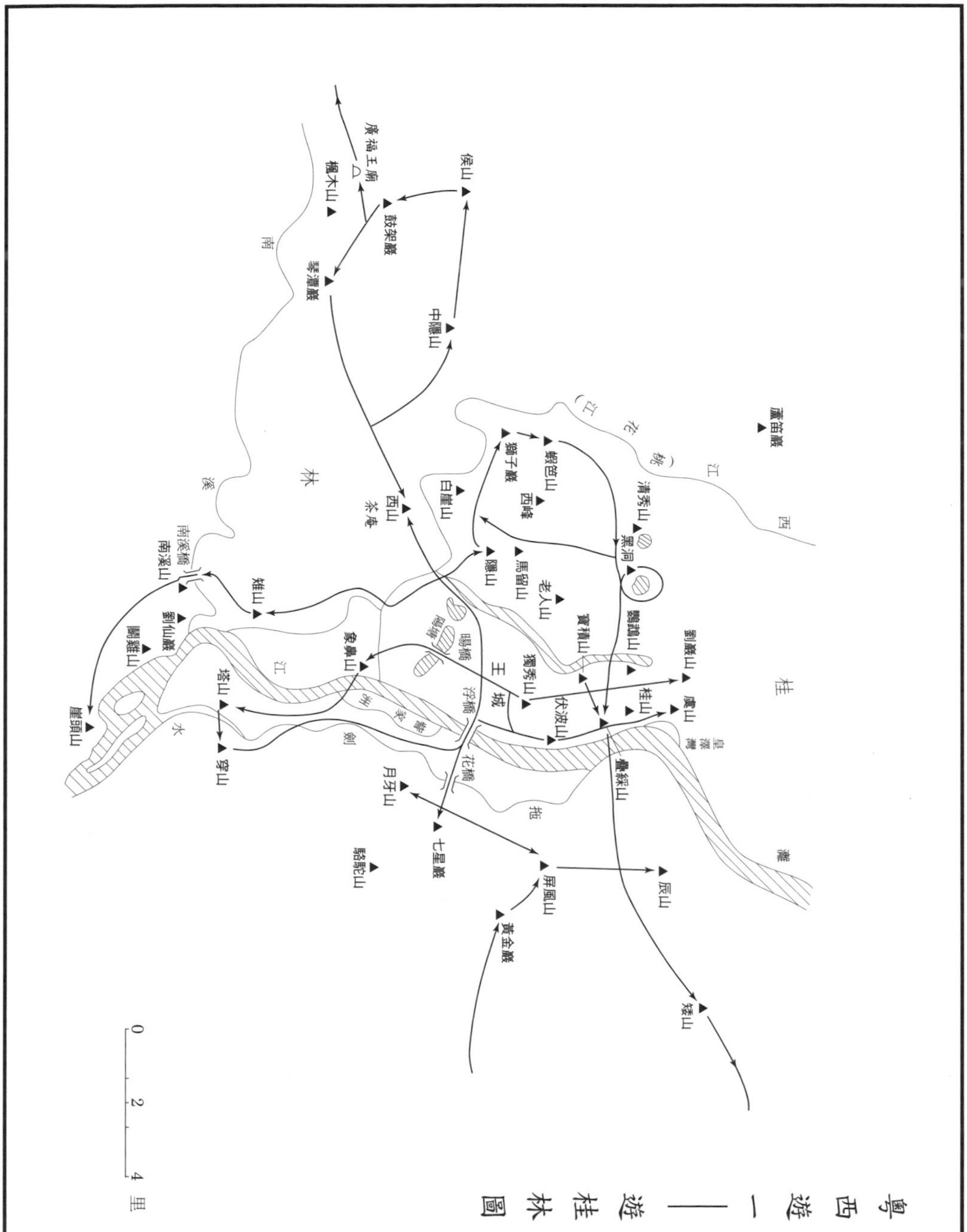
廣福王廟
侯山
楓木山
鼓架巖
琴潭巖
中隱山
西山
茶庵
白崖山
獅子巖
西峰
清秀山
黑洞
蘆笛巖
隱山
馬留山
老人山
寶積山
鸚鵡山
桂山
伏波山
獨秀山
王城
象鼻山
雉山
南溪山
南溪橋
劉仙巖
塔山
穿山
月牙山
七星巖
駱駝山
屏風山
黃金巖
辰山
疊綵山
浮橋
花橋
0 2 4 里

粵西遊—遊桂林圖

有二江舟泊山下，〔疑顧僕或在此舟，〕因令靜聞往視，余暫憩路口。見城北隅，俱因山為城，因從環堵之隙，逼視其下，有一大洞，北向穹然，內深邃而外旁穿。有童子方以梯探歷其上，蓋其附近諸戶，積薪貯器，俱於是託也。恐靜聞返，急出待路口。久之不至，乃瀕江北行覓之，直抵泊舟之山，則靜聞從松陰中呼曰：「山下有洞，其前有亭，其上有庵，可急往遊。」余從之。先沿江登山，是為薰風亭⑫。曹學佺⑬附書。亭四旁多鐫石留題⑭，拂而讀之，始知是為虞山⑮，乃帝舜南遊之地。其下大殿為舜祠，祠後即韶音洞⑯，其東臨江即薰風亭。亭臨皇灣之上，後倚虞山之崖。刻詩甚多，惟正統⑰藩臬⑱王驥與同僚九日登虞山一律頗可觀。詩曰：「帝德重華⑲亙古今，虞山好景樂登臨。峰連五嶺⑳芙蓉秀，水接三湘㉑苦竹深。雨過殊方㉒霑聖澤，風來古洞想〈韶〉音。同遊正值清秋節，更把茱萸㉓酒滿斟。」由亭下西抵祠後，入韶音洞。其洞西向，高二丈，東透西出，約十丈。洞東高崖嶄絕㉔，有小水匯其前，幽澤嵌壁㉕，恍非塵世。其水自北塢南來，石梁當洞架其上，曰接龍橋。坐橋上，還眺〔洞〕門崖壁，更盡崢嶸之勢。洞門左崖張西銘栻㉖刻〈韶音洞記〉，字尚可摹。仍從洞內西出，乃緣蹬東上，有磨崖㉗碑㉘，刻朱紫陽㉙所撰〈舜祠記〉，為張栻㉚建祠作。乃呂勝己㉛所書，亦尚可摹，第崖高不便耳。從此上躋，有新疊石為級者，宛轉石隙間，將至山頂，置靜室焉，亦新構，而其僧已去。窗楞西向，戶榻洒然，室不大而潔。乃與靜聞解衣憑几，啜胡餅㉜而指點西山，甚適也。

久之，舜殿僧見客久上不下，乃登頂招下山，待茶。余急於覓顧僕，下山竟南，循舊路二里，入就日門。從門內循城南行半里，由伏波山下出桂水門。門以內為伏波祠，門以外為玩珠洞。由城外南行，又半里，為行春門。又南半里，為浮橋門，始遇顧僕於門外肆中。時已過午，還炊飯於城內所宿逆旅。下午大雨大至，既霽，乃遷寓於都司前趙姓家，以其處頗寬潔也。

【章　旨】本章記載了第二十二天遊桂林的行跡。經過靖江王府，走出就日門，沿著江岸往北走，穿過疊綵山下的風洞、木龍洞。這兩個洞都南北對穿，為天然的通道。木龍洞外有塊大石，好像從別處移來。北面崖上懸空的長廊，是休息觀賞的好地方。接著經過東鎮門，在路口看到城北的城牆都憑藉山勢築成。到皇澤灣登上虞山，山上有薰風亭，山下有舜祠和韶音洞，洞的東面如同仙境，接龍橋就架在洞口溪上。這裡有很多碑刻，著名的有朱熹撰寫的〈舜祠記〉。登上山頂，指點江山，心情舒暢。下山進入就日門，走出桂水門，再經過行春門，在浮橋門遇見顧僕。下午搬到趙姓人家居住。

【注　釋】❶都司署　都司衙門。明代在各省設都指揮使司，簡稱都司，主管一省軍務。❷靖江王府　原本作「靜江王府」，據乾隆本改。即桂林王城，在桂林市中心，位於獨秀峰下。宋代在這裡建鐵牛寺，元代稱大圓寺，後改為萬壽殿。宋代置靜江府，元代改靜江路，治所即在桂林。明初封朱守謙為靖江王，建王府，歷時二十年始成。後又在王府外建王城。清初王府為孔有德焚毀，今王城尚存。❸甬　甬道，兩側築牆的通道。❹真武　即玄武帝，宋避「玄」諱，改稱「真武」。❺按察司明代於各省設提巡按察使司，掌管一省司法巡獄。❻跨　通「胯」。兩腿之間。❼木龍洞　在明月峰東麓，灕江西岸。洞門高敞，南北對穿，如同一座古城門，相傳洞北懸崖，原有一株古樹，倒生崖上，首尾分明，宛如蒼龍，後因山洪暴發，化龍而去。明代曹學佺特製木龍二條，懸掛洞中，以存故實，作詩稱為桂林最險之地。洞外有座石塔，座落在一塊天然的蛤蟆石上，小巧玲瓏，為唐代遺物。❽約十餘里　「里」字疑為「丈」字之誤。❾逗　引進。❿鬛　通「腮」。⓫壓　當為「厭」，即「厭勝」。古代迷信謂能以詛咒制勝。⓬薰風亭　又名南薰亭，在虞山半坡，宋人張栻建，今遺址尚存。薰風，和風。即南風。相傳虞舜作五絃琴，歌〈南風〉，因亭建於虞山，故取名「薰風」。⓭曹學佺　字能始，侯官（今福建福州）人。徐霞客之友，好輿地之學，著《輿地名勝志》、《蜀中廣記》、《蜀中名勝記》等書。⓮鐫石留題　薰風亭旁多石刻，西面山崖上有〈舜廟碑〉，韓雲卿撰文，韓秀實書丹，李陽冰篆額，人稱「三絕碑」，為桂林石刻珍品。⓯虞山　又名舜山，在桂林城北二里。孤峰拔起，矗立江濱。相傳虞舜南巡，曾遊此山。山下有建於唐代的虞帝廟和舜祠，今廟宇無存，遺跡可尋。⓰韶音洞　在虞山西麓。據載洞前原有古松數十株，圓若軒蓋，高如旌幢，洞後有深潭。清風吹來，前掠松林，後拂潭波，風聲、水聲、蟬鳴聲傳入洞中，交相成韻，如奏虞帝〈韶〉樂。洞內題刻甚多。韶，傳說舜所作的樂曲名。⓱正統　明英宗朱祁鎮年號。原文誤作「正德」。⓲藩臬　藩，藩司。明清時布政使的別稱。臬，臬司，明清時按察使的別稱。⓳重華　虞舜名，舊注謂「重其文德之光華」。⓴五嶺　最早見於《漢書・張耳傳》，說法不一。通常認為即大庾、騎田、都龐、萌渚、越城五嶺的總稱，在贛、湘、粵、桂等省的邊境。㉑三湘　湘水發源與灕水合流後稱灕湘，中游與瀟水合流後稱瀟湘，下游與蒸水合流後稱蒸湘，總稱三湘。㉒殊方　異域；他鄉。㉓茱萸　植物名，生於川谷，其味香烈。古代風俗，農曆九月九日重陽節佩帶茱萸，以袪邪避災。㉔嶄絕　形容山勢險峻。㉕嵚壁　嵚，嵚巇，形容山勢險峻。㉖張西銘栻　張栻，字敬夫，遷居衡陽，南宋學者，以古聖賢自期，學者稱南軒先生。〈西銘〉為北宋學者張載作，與張栻無關。張栻撰寫的〈韶音洞記〉，描寫了洞中景致及虞山景觀，在韶音洞石刻中，尤為人所喜愛。㉗磨崖　即摩崖。將山崖石壁錘磨，在上面鐫刻銘功、記事等文字。㉘碑　即〈虞帝廟碑〉，宋人朱熹撰寫，呂勝己書丹，方士繇篆額，碑文記載了淳熙二年桂州太守張栻修建虞廟的經過。㉙朱紫陽　即朱熹，別號紫陽。㉚張栻　原文誤作「張松」。㉛呂勝己　字季克，建陽（今屬福建）人。從張栻、朱熹講學，工隸書，得漢法，自號渭川居士。原本誤作「呂好問」。㉜胡餅　即燒餅。因其製作之法出於胡地，故名。

【語　譯】二十九日　等不及吃飯，就從旅店出發。於是往西經過都司衙門前，再往西，便是靖江王府前面的通道。繼續往西，只見大街從北向南延伸，便在市中的店鋪吃飯。這裡的肉饅頭用韭菜作餡，裡面不放鹽而放糖。早晨吃的粥都用雞肉調和，也是一件奇事。又往南登上一座樓臺。這樓共三層，前面有石橋，橋東西兩邊的大水匯成大池。從樓上往下眺望，紅色的大門，白色的女牆，從綠樹中參差不齊地露出，中間包涵著湖水，外面圍繞著群峰，一城美景，盡收眼底。中間一層供著真武大帝的神像。我這時急於尋找顧僕，便轉而沿著大街向北走，往東經過按察司衙門前，便朝東走出就日門。估計顧僕乘的船從北面駛來，應該先去城北靠近江岸的地方尋找，便到南面從城下往北走。過了一會，看到城上露出一座山迎面而立，山腳直往下插入江中。在城外面的路，忽然穿過山腳從下面通過，南北深邃，真是天然開闢的關口。西面憑依山勢，築起城牆，城以內便是疊綵山的東隅。從洞中穿出，下面對著江潭，上面崖壁盤繞，再穿過山腋進去，便是木龍洞。這洞也是南北對穿，高二丈，南北開門，相距約十多丈。洞東面開著窗口，有空隙常常引進陽光，洞外靠近灘江，有路可通，行人或者從洞內走，或者從洞外江岸走，都可到洞的北面。走出洞，有石片夾峙，上面架著一塊大石，外形彎曲，顏色青、紅相雜，很像龍的鱗腮，好像不是本山的岩石，不知從何處移來架在這裡。洞的北面闢成山崖，用架空的長廊連接，前面對著大江，後面靠著懸崖，無論休息還是觀賞，都沒有比在這裡更好的地方。長廊的上方用木料雕成兩條龍，安插在崖上，北向江水厭勝，長廊北面有庵堂和庭院。

又靠著城牆沿江水往北上行一里，經過東鎮門。再往北經過城的東北角，為東江驛所在地。驛面向東，正當皇澤灣南下的要衝。進入驛站，打聽顧僕搭乘的江船的消息，得知船停泊在浮橋北面。走出驛站，北望皇澤灣，有兩條江船在山下停泊，懷疑顧僕或許就在這船上，於是吩咐靜聞前往探問，我暫時在路口休息。只見城的北端，都憑藉山勢築起城牆，便從土牆的空隙處，緊靠著它往下看，見有一個大洞，洞口向北，十分高大，裡面深邃，外面旁通。有個小孩正用梯子爬到上面，原來附近的居民，凡堆積木柴，貯藏器具，都在這裡寄放。怕靜聞就要返回，急忙走出在路口等待。過了好久還不見他回來，便沿江岸往北尋找，直到船隻停泊的山下，才聽到靜聞從松樹叢中呼喊：「山下有洞，洞的前面有亭，上面有庵，可趕緊前往一遊。」我聽從他的話，先沿著江岸登山，在眼前出現的就是薰風亭。匾額為曹學佺書寫。亭的四周有許多留題的石刻，拂拭上面的塵土，讀著這些題詞，才知道這裡是虞山，為帝舜南巡時遊覽過的地方。山下的大殿為舜祠，祠後就是韶音洞，在山東面靠近江水的地方即為薰風亭。亭座落在皇澤灣上方，背靠虞山的崖壁。有很多題詩的石刻，只有正統年間藩臬王驥和同僚在九月九日重陽節登虞山所作的一首七律很值得一讀。詩云：「帝德重華亙古今，虞山好景樂登臨。峰連五嶺芙蓉秀，水接三湘苦竹深。雨過殊方霑聖澤，風來古洞想〈韶〉音。同遊正值清秋節，更把茱萸酒滿斟。」從亭下往西到舜祠後面，進入韶音洞。洞口向西，高二丈，從東往西穿過，約十丈左右。洞的東面是高峻的山崖，有小溪流到前面匯聚，潭水深幽，石壁險峻，人彷彿離開塵世來到仙境之中。溪水從北面的山塢往南流來，有石橋正當洞口架在溪上，名接龍橋。坐在橋上，轉身眺望洞門的崖壁，更能顯示山崖高峻的氣勢。洞門左邊的崖壁上有張西銘栻的〈韶音洞記〉石刻，字跡還可臨摹。仍從洞內往西走出，便沿著石級往東攀登，上面有磨崖碑，刻著朱紫陽所撰寫的〈舜祠記〉，為張栻建祠而作。由呂勝己書寫，字跡也還可以臨摹，只是山崖太高，很不方便。從這裡向上攀登，有新鋪成的石級，在石縫中曲折向前，將到山頂，有一間靜室，也是新建的，但裡面的僧人已經離開。窗口朝西，几案整齊，房間不大但很清潔。於是和靜聞脫下衣服，靠著桌子，邊吃燒餅，邊指點西山景色，感到十分舒暢。

過了好久，舜殿的僧人見遊客在上面耽擱了好長時間還不下來，便登上山頂招呼我們下山，用茶招待。我急於尋找顧僕，下山直往南去，沿著原路走了二里，進入就日門。從門內沿城往南走了半里，從伏波山下走出桂水門。門內為伏波洞，門外為玩珠洞。再從城外往南，又走了半里，到行春門。繼續往南走半里，到浮橋門，才在門外的集市中遇到顧僕。這時已過中午，回到城內所投宿的旅店煮飯。下午下起大雨，天晴後，搬到都司衙門前的趙姓人家居住，因為那裡屋子十分寬敞整潔。

五月初一日　晨餐後，留顧僕浣衣滌被於寓。余與靜聞乃北一里，抵靖江王府東華門❶外。其東為伏波山，其西為獨秀峰。峰在藩府內，不易入也。循王城北行，又一里，登疊綵山❷。山踞省城東北隅，山門當兩峰間❸，亂石層疊錯立，如浪痕騰湧，花萼攢簇，令人目眩，所謂「疊綵」也。門額書「北牖洞天」，亦為曹能始❹書。按北牖為隱山六洞之名，今借以顏❺此，以此山在城北，且兩洞俱透空成牖也。其上為佛殿，殿後一洞，屈曲穿山之背，其門南向，高二丈，深五丈。北透小門，忽轉而東闢。前架華軒，後疊層臺，上塑大士像。洞前下瞰城東，江水下繞，直漱其足。洞內石門轉透處，風從前洞扇入，至此愈覺涼颸❻逼人，土人稱為風洞❼。石門北向，當東轉之上，有一石刻臥像，橫置竇間，迦風❽曲肱❾，偃石鼓腹，其容若笑，使人見之亦欲笑。因見其上有石板平庋，又有圓竇上透，若樓閣之層架，若窗楞之裂。急與靜聞擇道分趨，余從臥像上轉攀石脊，靜聞從觀音座左伏穿旁竅，俱會於層樓之上。其處東復開隙，遠引天光，西多垂乳❿，近穿地肺。余復與靜聞披乳房而穿肺葉，北出而矚⓫觀音之座，已在足下。以衣置層樓隙畔，乃復還其處，從圓竇中墜下。於是東出前軒，由洞左躋蹬，循垣而上，則拱極亭⓬舊址也。由址南越洞頂，攀石蹬半里，遂登絕頂，則越王壇⓭也。是為桂山，又名北山。其上石萼駢發，頂側有平板二方，豈即所謂「石壇」耶？志云五代時馬殷所築，有巖桂生其巔，今已無。其前一石峰支起，或謂之四望山，當即疊綵巖。其西一石峰，高與此峰並，峰半有洞高懸，望之岈然中空。亟下，仍從風洞出寺左，有軒三楹，為官府燕[14]之所，前臨四望[15]，後倚絕頂。余時倦甚，遂憩臥一覺，去羲皇[16]真不遠。

由寺中右坳復登西峰，一名于越山[17]。上登峰半，其洞穹然東向，透峰腰而西，徑十餘丈，高四丈餘。由其中望之，東西洞然，洞西墜壑而下，甚險而峻。其環磚為門，上若門限，下若關隘，瞰之似非通人行者。乃仍東下至寺右，有大路北透兩峰之間。下至其麓，出一關門，其東可趨東鎮，其北徑達北門。乃循山西行，一里，仰見一洞倚山向北，遂拾級而登。其下先有一洞，高可丈五，而高廣盤曲，亦多垂柱，界竅分岐，而土人以為馬房，數馬散臥于其中，令人氣阻。由其左躋級更上，透洞門而入，其洞北向，以峰頂平貫為奇。而是山之洞，西又以山腰疊透為勝，〔外裂重門，內駕層洞，〕各標一異，直無窮之幻矣。

既下，又西行，始見峰頂洞門西墜處，第覺危峽空懸，仰眺不得端倪，其下有遙牆環之，則藩府之別圃[18]也。又西出大街，有大碑在側，大書「桂嶺」二字。轉北行一里，則兩山聳峽，其中雉堞[19]為關，而通啟閉焉，是為北門。〔門在兩山聳夾中，門外兩旁，山俱峭拔，即為華景、寶積眾勝云。〕出門有路，靜聞前覓素食焉。既而又南一里，過按察司，覓靜聞不得，乃東從分巡司[20]經靖藩後宰門，又東共一里，至王城東北隅，轉而西向後宰門內。靖藩方結壇禮《梁皇懺》㉑，置欄演〈木蘭傳奇〉，市酒傳餐者，夾道雲集，靜聞果在焉。余拉之東半里，出癸水門㉒，仍抵慶真觀下，覓小舟一葉，北渡入玩珠巖㉓。巖即伏波㉔之東麓，石壁下臨重江㉕，裂隙兩層㉖，一橫者下臥波上，一豎者上穹山巔。臥波上者下石浮敞為臺，上石斜騫覆之。一石柱下垂覆崖外，直抵下石，如蓮萼倒掛，不屬於下者，僅寸有餘焉。是名「伏波試劍石」㉗，蓋其劍非豎劈，向橫披㉘者也。後壁上雙紋若縷，紅白燦然，蜿蜒相向。有圓巖三暈㉙，恰當其首，如二龍戲珠，故舊名玩珠，宋張維㉚易曰還珠。雙紋之後，有隙內裂，直抵豎峽下巖，嵌梯懸級，可直躡豎峽而上垂柱之西。石臺中坼，橫石以渡，更北穿小竇，下瞰重江，淵碧無底，所云伏波沉薏苡處㉛也。更南入山腹，穹然中虛，有光西轉，北透前門，是其奧矣。〔但石色波光，俱不若外巖玲瓏映徹也。〕徘徊久之，渡子候歸再三，乃捨之登舟。鼓枻迴檣，濯空明㉜而凌返照㉝，不意身世之間，有此異境也。

登涯，由浮橋門入城，共里餘，返趙寓。靜聞取傘往觀〈木蘭〉之劇。余憩寓中，取圖、志以披桂林諸可遊者。

【章　旨】本章記載了第二十三天遊桂林的行跡。從東華門沿王城往北，登上疊綵山，山門亂石層疊，如浪湧花簇。山上有風洞，前後對穿，寒氣逼人。洞的上方有石刻臥佛像。從鐘乳石中穿過，來到拱極亭，登上越王壇，壇前有四望山。隨後登上于越山，遊覽了兩個巖洞，山上的洞穴，變幻莫測。下山後經過後宰門，走出癸水門，進入伏波山下的玩珠巖，觀賞了「伏波試劍石」。石壁上有一紅一白兩條線紋，及三重光暈的圓石，宛如雙龍戲珠。俯視江水，下面便是伏波沉薏苡的地方。回到船上，在夕陽映照的江面行駛，真想不到還能看到這樣的奇境。晚上返回趙氏的寓所。

【注　釋】❶東華門　靖江王城長一里，寬半里，開有四門：東曰體仁門（即東華門），西曰遵義門（即西華門），南曰端禮門（即正陽門），北曰廣智門（即今廣西師大後門）。❷疊綵山　在桂林城偏北，由四望山、于越山、明月峰、白鶴峰組成，為市內風景薈萃之地。相傳山多桂樹，秋香四溢，又名桂山。因山上有個奇異的風洞，也稱風洞山。因山石層層橫斷，重重相疊，景色秀麗，如同疊起的彩緞，故名疊綵。唐代桂州刺史元晦開拓。佇立峰頂，俯視全城，山水之美，盡收眼底，古人所謂「江山會景處」即指此。山上多石刻，另有唐宋摩崖造像。入疊綵山門，有紀念明末瞿式耜和張同敞就義的「成仁碑」及仰止堂。❸山門當兩峰間　疊綵山門在明月、仙鶴兩峰之間，門上原有一副對聯：「到清涼境，生歡喜心。」❹曹能始　即曹學佺。❺顏　門楣；匾額。❻颸　清涼。❼風洞　在疊綵山腰，洞形如葫蘆，兩頭寬敞，中間狹小，南北對穿，僅能過人。在南者為前洞，名疊綵巖，北者為後洞，名北牖洞。古榕遮映，清風習習，傳身入洞，遍體生寒，故有清涼世界之稱。現存摩崖造像九十餘尊。❽迦風　指佛像的風姿。迦即釋迦，佛教又稱釋教。❾肱　手臂。❿垂乳　指石鐘乳。⓫矙　同「瞰」。窺視。⓬拱極亭　舊名粵亭，在疊綵石洞北，久廢，元至元中、明正德中先後重建。⓭越王壇　在疊綵山主峰明月峰頂，五代十國時楚王馬殷始建，宋張栻改建為堯山、灕水兩壇。⓮燕　通「宴」。⓯四望　山名，在疊綵亭西，以山石奇特著稱。滿山石芽、石槽和奇特的石塊，如同一個璣珠翠玉堆成的仙山，故有「玉疊蓬壺」之稱。山上樹木茂盛，每當秋至，桂花飄香，為遊覽勝地。⓰羲皇　指伏羲氏，即太昊，古代傳說中人類的始祖。⓱于越山　在疊綵亭東，山頭有于越亭，今改為于越閣，登閣眺望，山川如畫，景色迷人。據文中所記地理位置及景物，徐霞客所遊，當為仙鶴峰，誤作于越山。⓲別圃　即別墅。⓳雉堞　城牆長三丈高一丈為雉。堞，城中女牆。這裡泛指城牆。⓴巡司　明清州縣均有巡檢，以武臣為之，負責當地治安，多設司於距城稍遠之處。㉑梁皇懺　即《梁皇懺法》，原名《慈悲道場懺法》，佛教書名。傳說梁武帝為雍州刺史時，夫人郗氏生性嫉妒，死後變為巨蟒，潛入後宮，託夢武帝請求拯拔。武帝集錄佛經語句，作《懺法》十卷，請僧人為她懺悔。但通常認為此書是後世僧人在南朝齊竟陵王蕭子良所撰《淨住子》的基礎上改編的。據稱修此懺法，可除罪生福，濟度亡靈。㉒癸水門　即桂水門。㉓玩珠巖　在灕江邊伏波山下，分上下兩層，如獸口大張。因洞口向東，唐時稱東巖。宋人譽為「湘南洞穴之冠」。據府志載，洞中尚刻有紫、白兩蛟形，長約數丈，有圓暈當其首，如雙龍戲珠，故名「玩珠洞」。元明以後，傳說中多稱洞中昔有老龍出沒，一日酣睡，不慎遺珠洞中，為漁翁拾得，旋即歸還，故又稱「還珠洞」。洞內潔美如水晶宮殿。洞中央有尋丈石乳，懸空而下，狀若浮柱。玩珠洞還是桂林碑林的一個薈萃點，裡面有唐宋以來摩崖石刻百餘幅，其中以米芾自畫像、范大成〈鹿鳴〉詩最為珍貴。㉔伏波　山名，在桂林城東北伏波門外，東枕灕江，北臨疊綵山，西南與獨秀峰對峙。山雖不高，但平地拔起，孤峰挺秀，氣勢不凡。臨江東面，石壁如削，如千仞鐵崖，直插江中。每當春夏，灕江水漲，遏瀾迴濤，形成深潭，因「波瀾洄洑」，故名「伏波山」。素有「伏波勝景」之稱。至宋，伏波山一帶已成了「冠蓋追飛，仕女笑嬉，馬嘶林間，人息木陰，清歌激越」的遊覽勝地，被譽為桂林山水之尤勝處。宋代伏波山還成為桂林水路遊覽的主要出發地點。㉕重江　兩條江。指灕江和陽江。㉖裂隙兩層　伏波山分上下兩層，上層俗稱上巖，因巖壁有許多唐代佛像，故又稱千佛洞。㉗伏波試劍石　在玩珠洞口。一根石柱自橫崖端倒懸而下，離地面一寸許忽斷開，有如利劍橫截而成，故名。傳說東漢伏波將軍馬援南征胥徒國，駐兵桂林，在山下會見敵使，試劍劈石，嚇退敵軍，唐人因在山上建廟祀之。㉘披　通「劈」。㉙暈　日光或月光通過雲層中的冰晶時經折射而形成的光圈。㉚張維　宋孝宗乾道年間，繼張孝祥知靜江府兼廣南西路經略安撫使。今洞中「還珠」兩字，傳為張孝祥所書。㉛伏波沉薏苡處　伏波將軍馬援征交趾，常食薏苡以避瘴氣。戰勝還軍時，帶回一車薏苡作種子，死後有人誣諂他帶回的是明珠文犀。後人據此附會訛傳，改作馬援身前事，並說馬援得知後，便將薏苡都沉到江底。薏苡，果仁稱薏米，可食，入藥稱苡仁。㉜空明　指江水通明透澈。㉝返照　指江面反射出來的明月清光。

【語譯】五月初一　吃罷早飯，留顧僕在寓所洗滌衣被，我和靜聞往北走一里，到達靖江王府東華門外。門東面為伏波山，西面為獨秀峰。獨秀峰在王府內，不能輕易進入。沿著王城往北，又走了一里，登上疊綵山。這山位於省城的東北角，山門正當明月、仙鶴兩峰之間，亂石層層疊疊，參差而立，如同波浪翻滾，花朵聚集，一眼望去，令人眼花撩亂，「疊綵」之名，由此而起。山門匾額寫著「北牖洞天」這幾個字，也是曹能始書寫的。

按北牖為隱山六洞之一，如今借用這名稱，作為山的門額，是因為這山在城北，而且兩個洞都頂部透空，成為窗戶。山門上

面為佛殿，殿後有個洞，曲曲折折，穿過山背，洞門向南，高二丈，深五丈。往北穿過一扇小門，忽然轉而向東擴展。前面架著華麗的長廊，後面疊起層層樓臺，上面供著菩薩的塑像。在洞前俯視城東，江水在下面縈繞，直接沖刷城腳。洞內石門轉折相通的地方，有風從前洞吹入，到這裡更覺寒氣逼人，當地人稱為風洞。從石門向北，正當往東轉的上面，有一尊石刻臥像，橫放在洞穴中，佛像風姿不凡，手臂彎曲，肚子凸起，仰臥石上，神情似乎在笑，使人見了也想發笑。由此看到石像的上方有平放的石板，另外還有和上面相通的圓洞，就像層層架起的樓閣，又像裂開的窗戶。急忙和靜聞分道而走，我從臥像的上面轉而攀登石脊，靜聞從觀音座的左邊爬著穿過旁邊的孔洞，都來到「層樓」之上會合。這裡東面又裂開一道空隙，陽光從遠處照進，西面有很多石乳垂掛，和附近地面的石胏穿插。我又和靜聞穿過形如乳房和胏葉的鐘乳石，往北走出，窺視觀音座，已在腳下。將衣服脫下放在「層樓」的空隙旁，又回到這裡，從圓洞中落下。於是往東走出前面的長廊，從洞的左邊踏上石級，沿著圍牆向上，便到拱極亭的遺址。從這裡往南越過洞頂，在石階上攀登半里，便登上峰頂，即越王壇所在的地方。這就是桂山，又名北山。山上石萼層層相連，如花開放，峰頂的一旁有兩方平整的石板，難道這就是所說的「石壇」嗎？志書說這壇是五代時馬殷建造的，山頂有巖桂生長，如今已不見了。在它前面有一座岔出的石峰，有的稱它為四望山，應該是疊綵巖。在它西面有一座石峰，高和四望山相等，石峰的半山腰有洞高掛，看上去幽深空曠。急忙下山，仍然從風洞到寺院的左邊走出，有三間帶走廊的屋子，是官府宴樂的地方，前面對著四望山，後面靠著頂峰。這時我十分疲倦，便睡了一覺，覺得自己和羲皇上人真沒什麼兩樣。

從寺中右邊的坳地又登上西峰，一名于越山。往上登臨半山腰，有個高高隆起的洞，洞口向東，穿過峰腰往西，橫向十多丈，高四丈多。從洞中望去，東西相通，洞的西端直落深壑之中，極為險峻。洞門用磚砌成環形，上面如同門檻，下面如同關口，看上去似乎不是讓人通行的。於是仍然往東走下到寺院的右邊，有一條大路朝北從兩座山峰之間穿過。往下到達山腳，走出一座關門，從它的東面可前往東鎮，從它的北面可

直達北門。於是沿著山往西走，過了一里，抬頭望見一個洞背靠著山，洞口向北，便踏著石級攀登。在這洞的下方先看到一個洞，高約一丈五尺，洞內高大寬廣，曲折盤繞，也有很多垂掛的石柱，隔成許多孔洞，當地人用作馬房，有幾匹馬分散睡在裡面，陣陣臭味，使人喘不過氣來。從洞的左邊踏著石級再向上攀登，穿過洞門進去，這洞向北，以峰頂平直貫通稱奇。這山的洞穴，西面又以山腰層疊相通為勝，外面裂開重重石門，裡面架起層層巖洞，各自顯示一種奇景，真可謂變幻莫測了。

下山後，再往西走，才看到峰頂洞門西端往下直落的地方，只覺險峻的山峽在空中懸立，抬頭眺望，不見邊際，它的下面有長長的圍牆環繞，這就是王府的別墅。再往西走出大街，路邊有一塊大碑，上面寫著「桂嶺」兩個大字。轉而往北走了一里，只見兩邊山峰聳立成峽，其中有城牆作為關口，來開閉通道，這就是北門。門在兩座山峰的聳立夾峙之中，門外兩旁山峰都陡峭峻拔，就是華景洞、寶積山等眾多勝景。走出北門，外面有路，靜聞往前尋找素食。過了一會又往南走了一里，經過按察司衙門，找不到靜聞，便往東從分巡司衙門經過靖江王府後宰門，再往東共走了一里，到王城東北角，轉而向西進入後宰門內。靖江王府正在搭壇修《梁皇懺法》，並圍起欄干上演〈木蘭傳奇〉，買酒送食的人接連不斷，道路兩邊擠滿了人，靜聞果然在裡面。我拉著他往東走半里，出癸水門，仍然到慶真觀下，找到一條小船，往北渡江，進入玩珠巖。巖即伏波山的東麓，石壁下面對著兩條江水，有兩層裂縫，橫的一層在下倒臥江上，豎的一層在上高聳山頂。橫臥江面的石壁下面平浮水上，寬敞可為平臺，上面斜向突起，覆蓋著平臺。一根石柱下垂，覆蓋崖外，直到下面的平臺，如同蓮花倒掛，和下面平臺的間隔，只有一寸多些。石柱名「伏波試劍石」，這是因為伏波將軍的劍不是豎劈，而是橫披的。後面石壁上有兩條線紋，一紅一白，色彩鮮明，蜿蜒曲折，相向伸展，有三重光暈的圓石，正當線紋的上方，形如雙龍戲珠，故舊名「玩珠」，宋人張維改名為「還珠」。雙紋石壁的後面，有縫隙往裡開裂，直到豎峽下面的巖石，只要架起梯子，踏上石級，就可登臨豎峽，直上垂柱的西面。石臺中間已經裂開，橫越石臺，再往北穿小洞，俯視兩條江水，一片深綠，看不到底，這就是傳說中伏波將軍沉沒薏苡的地方。再往南進入山的腹部，裡面高大空曠，有陽光從西轉入，往北照進前門，這就是巖洞幽深之處。

但石色、波光，都不如外巖玲瓏明亮。來回走了好久，船夫再三等我回去，於是離開這裡上船，揮動船槳，掉轉風帆，拍打通明澄澈的水波，行駛在夕陽映照的江面之上，真想不到這一生之中，還能看到這樣的奇景。

上岸後，從浮橋門入城，共走了一里多，返回趙氏的寓所。靜聞拿了傘去看演〈木蘭〉戲。我在屋內休息，拿出輿地圖、地方志翻閱，尋找桂林各處可遊覽的地方。

初二日　晨餐後，與靜聞、顧僕裹蔬糧，攜臥具，東出浮橋門。渡浮橋，又東渡花橋❶，從橋東即北轉循山。花橋東涯有小石❷突臨橋端，修溪綴村東往，殊逗人心目。山❸峙花橋東北，其嵯峨之勢，反不若東南夾道之峰，而七星巖❹即倚焉，其去浮橋共里餘耳。巖西向，其下有壽佛寺❺。即從寺左登山，先有亭翼然迎客，名曰摘星❻，則曹能始所構而書之。其上有崖橫騫，僅可置足，然俯瞰城堞西山，則甚暢也。其左即為佛廬，當巖之口，入其內不知其為巖也。詢寺僧巖所何在，僧推後扉導余入，歷級而上約三丈，洞口為廬掩，黑暗，忽轉而西北，豁然中開，上穹下平，中多列筍懸柱，〔爽朗通漏，〕此上洞也，是為七星巖。

從其右歷級下，又入下洞，是為棲霞洞❼。其洞宏朗雄拓，門亦西北向，仰眺崇赫。洞頂橫裂一隙，有〔石〕鯉魚❽從隙懸躍下向，首尾鱗鬣，使琢石為之，不能酷肖乃爾❾。其旁盤結蟠蓋❿，五色燦爛。西北層臺高疊，緣級而上，是為老君臺[11]。由臺北向，洞[12]若兩界[13]，西行高〔臺〕之上，東循深壑之中。由臺上行，入一門，直北至黑暗處，上穹無際，下陷成潭，瀕洞[14]峭裂，忽變夷為險。時余先覓導者，燃松明[15]于洞底以入洞，不由臺上，故不及從，而不知其處之亦不可明也。乃下臺，仍至洞底。導者攜燈前趨，循臺東壑中行，始見臺〔壁〕攢裂綉錯[16]，備諸靈幻，更記身之自上來也[17]。直北入一天門[18]，石楹[19]垂立，僅度單人。既入，則復穹然高遠，其左有石欄橫列，下陷深黑，杳不見〔底〕，是為獺子潭[20]。導者言其淵深通海，未必然也。蓋即老君臺北向下墜處，至此則高深易位，叢闢交關[21]，又成一境矣。其內又連進兩天門，路漸轉而東北，內有「花瓶插竹」、「撒網」、「弈棋」、「八仙」、「饅頭」諸石，兩傍善財童子[22]，中有觀音諸像。導者行急，強留諦視，顧此失彼。然余所欲觀者不在此也。又踰崖而上，其右有潭，淵黑一如獺子潭，而宏廣更過之，〔是名龍江[23]，〕其蓋與獺子相通焉。又北行東轉，過紅氈、白氈[24]，委裘[25]垂毯，紋縷若織。又東過鳳凰戲水[26]，始穿一門，陰風颼颼[27]，捲燈冽肌，蓋風自洞外入，至此則逼聚而勢愈大也。疊綵風洞亦然，然疊綵昔無「風洞」之名，而今人稱之，此中昔有風洞，今無知者。出此，忽見白光一圓，內映深壑，空濛若天之欲曙。遂東出後洞，有水自洞北環流，南入洞中，〔想下為龍江者，」小石梁跨其上，則宋相曾公布[28]所為也。度橋，拂洞口右崖，則曾公之記在焉。始知是洞昔名冷水巖，曾公帥桂[29]，搜奇置橋，始易名曾公巖[30]，與棲霞[31]蓋一洞潛通，兩門各擅耳。

余佇立橋上，見澗中有浣而汲者，余詢：「此水從東北[32]來，可溯之以入否？」其人言：「由水穴之上，可深入數里，其中名勝，較之外洞，路倍而奇亦倍之。若水穴則深淺莫測，惟冬月可涉，此非其時也。」余即覓其人為導。其人乃歸取松明，余隨之出洞而右，得慶林觀[33]焉，以所負橐[34]裹寄之，且託其炊黃粱以待。遂同導者入，仍由隘口東門，過鳳凰戲水，抵紅、白二氈，始由岐北向行。其中有弄球之獅，捲鼻之象，長頸盎背[35]之駱駝；有土冢之祭，則豬鬣鵝掌，羅列于前；有羅漢之燕，則金盞[36]銀臺，排列于下。其高處有山神，長尺許，飛坐懸崖；其深處有佛像，僅七寸，端居半壁。菩薩之側，禪榻一龕，正可趺跏[37]而坐；觀音座之前，法藏一輪[38]，若欲圓轉而行。深處復有淵黑[39]，當橋澗上流。至此，導者亦不敢入，曰：「挑燈引炬，即數日不能竟，但此從無入者，況當水漲之後，其可嘗不測乎？」乃返，循紅、白二氈、鳳凰戲水而出。計前自棲霞達曾公巖，約徑過者共二里，復自曾公巖入而出，約盤旋者共三里，然二洞之勝，幾一網無遺矣。

出洞，飯于慶林觀。望來時所見娘媳婦峰[40]即在其東，從問道趨其下，則峰下西開一竅，種圃灌園者而聚廬焉。種金系草，為吃烟藥者。其北復有巖洞種種，蓋曾公巖之上下左右，不一而足也。于是循七星山之南麓，北向草莽中，連入三洞。計省春[41]當在其北，可踰嶺而達，遂北望嶺坳行。始有微路，里半至山頂，石骨崚嶒，不容著足，而石隙少開處，則棘刺叢翳，愈難躋，然石片之奇，峰瓣之異，遠望則掩映，而愈披愈出，令人心目俱眩。又里半，踰嶺而下，復得〔鑿〕石之級，下級而省春巖在矣。其巖三洞排列，俱東北向。〔最西者騫雲[42]上飛，〕內深入，有石如垂肺中懸。西入南轉，其洞漸黑，惜無居人，不能索炬以入。然聞內亦無奇，不必入也。洞右傍通一竅，以達中洞，居中者外深而中不能遠入，洞前亦有垂槎[43]倒龍之石。洞右又透一門，以達東洞。最東者垂石愈繁，洞亦旁裂，中有清泉下注成潭，寒碧可鑑。余令顧僕守己行囊于中洞，與靜聞由洞前循崖東行。洞上聳石如人，蹲石如獸。洞東則危石亙空，仰望如劈。其下清流縈之，曰拖劍江[44]，即癸水[45]也。〔源發堯山，〕自東北而抵山之北麓，乃西出葛老橋[46]而西入灕水焉。時余轉至山之東隅，仰見崖半裂竅層疊，若雲嘘綃幕。連過三竅，意謂若竅內旁通，連三為一，正如疊蕊閣[47]于中天，透瓊楞[48]于雲表，此一奇也。然而未必可達，乃徘徊其下，披莽隙，梯懸崖，層累而上。既達一竅，則竅內果通中竅。第中竅卑伏，不能昂首，須從竅外橫度，若臺榭然，不由中奧也。既達第三竅，穿隙而入，從後有一龕，前闢一窗，窗中有玉柱中懸，柱左又有龕一圓，上有圓頂，下有平座，結跏而坐，四體恰適，即刮琢[49]不能若此之妙。其前正對玉柱，有小乳下垂，珠泉時時一滴。余與靜聞分踞柱前窗隙，下臨危崖。行道者望之，無不回旋其下，有再三不能去者。已而有二村樵，仰眺久之，亦攀躋而登，謂余：「此處結廬甚便，余村近此，可以不時瞻仰也。」余謂：「此空中樓閣，第恨略淺而隘，若少宏深，便可停棲耳。」其人曰：「中竅之上，尚有一洞甚宏。」欲為余攀躋而上，久之不能達。余乃下倚松陰，從二樵仰眺處，反眺二樵在上，攀枝覓級，終阻懸崖，無從上躋也。久之，仍西行入省春東洞內，穿入中洞，又從其西腋，穿入西洞，洞多今人摩崖之刻。

出洞而西，又得一洞，洞門北向，約高五丈，內稍下西轉，雖漸昏黑，而崇宏之勢愈甚，以無炬莫入。此古洞也，左崖大書「五美四惡」章[50]，乃張南軒[51]筆，遒勁完美，惜無知者，併洞亦莫辨其名，或以為會仙巖[52]，或以為彈丸巖。

拂巖壁，宋莆田陳黼[53]題，則渚巖洞[54]也，豈以洞在癸水之渚耶？洞西拖劍水[55]自東北直逼崖下，崖愈穹削，高插霄而深嵌淵，甚雄壯也。石梁跨水西度，于是崖與水俱在路南矣。蓋七星山之東北隅也，是名彈丸山[56]。自省春來，共一里矣。

由其西南渡各老橋[57]，以各鄉之老所建，故以為名。望崖巔有洞高懸穹，上下俱極峭削，以為即棲霞洞口也。而細諦其左，又有一崖，展雲架廬，與七星洞後門有異。亟東向登山，山下先有一剎，蓋與壽佛寺、七星觀[58]南北鼎峙山前者也。〔南為七星觀，東上即七星洞；中為壽佛寺，東上即棲霞洞；北為此剎，東上即朝雲巖[59]也。〕仰面局膝攀蹬，直上者數百級，遂入朝雲巖。其巖西向，在棲霞之北，從各老橋又一里矣。洞口高懸，其內北轉，高穹愈甚。徽僧太虛疊磴駕閣于洞口，飛臨絕壁，下瞰江城[60]，遠挹[61]西山甚暢。第時當返照入壁，竭蹶而登，喘汗交迫。甫投體叩佛，忽一僧前呼，則融止也。先是，與融止一遇於衡山太古坪，再遇于衡州綠竹庵，融止先歸桂林，相期會于七星。比余至，逢人輒問，並無識者。過七星，謂已無從物色[62]。至此忽外遇之，遂停宿其巖。因問其北上高巖之道，融止曰：「此巖雖高聳，雖近崖右，曾無可登之級。約其洞之南壁，與此洞之北底，相隔祇丈許，若從洞內可鑿竇以通，洞以外更無懸杙[63]梯之處也。」凭几欄北眺，洞為石掩，反不能近矚，惟灑髮[64]向西山歷數其諸峰耳。西山自北而南：極北為虞山，再南為東〔鎮〕門山[65]，再南為木龍、風洞山，即桂山也，再南為伏波山。此城東一支也。虞山之西，極北為華景山，再南為馬留山[66]，再南為隱山，再南為侯山、廣福王山[67]。此城西一支也。伏波、隱山之中為獨秀，其南對而踞于水口[68]者為灕山、穿山。〔皆灕江以西，故曰西山云。〕

初三日　留朝雲巖閣上，對西追錄數日遊記。薄暮乃別融止下山，南過壽佛寺[69]、七星觀，共一里，西渡花橋，又西一里，渡浮橋，入東江門，南半里，至趙寓宿焉。

【章　旨】本章記載了第二十四、第二十五天遊桂林的行跡。走出浮橋門，通過花橋，沿著七星山，前往上洞七星巖。巖下有壽佛寺，寺旁有摘星亭。另有佛寺座落在七星巖入口處。接著進入下洞棲霞洞，經過老君臺，前後通過三天門，觀賞了「鯉魚跳龍門」、「觀音像」、「紅氈」、「白氈」、「鳳凰戲水」等石景，奇幻多姿，巧奪天工。洞內有獺子潭和龍江，潭水深黑，但未必像嚮導所說的那樣和海相通。洞中原有風洞，但已沒人知道。走出後洞，通過曾布建造的石橋，往東到和棲霞洞暗中相通的冷水巖（又名曾公巖）。隨後找了嚮導，又進入洞中，深入探訪，景物美不勝收，直到一個深潭停步。棲霞洞和曾公巖的勝景，幾乎全部遊遍。出洞後，在慶林觀吃罷飯，又接連進入三個洞，翻過險峻、奇麗的山峰，來到省春巖。這巖有西、中、東三個洞，並連北向，洞東崖下有拖劍江。又到洞中，和靜聞坐在一個石龕前的窗口，往下正對高峻的山崖，過路人見了，無不感到驚奇。離開省春巖，又到渚巖洞，山崖峻峭，十分雄壯。接著通過各老橋，進入朝雲巖，洞口有石階樓閣，四顧景物，無所遮擋。在這裡和僧人融止相遇，就留在巖中，憑欄眺望，一一指點西山的各座山峰。次日傍晚下山，經過壽佛寺、七星觀，渡過浮橋，返回桂林城。

【注釋】❶花橋　古稱嘉熙橋，又名天柱橋，架在灕江東的小東江與靈劍江匯流處。初建於宋，明嘉靖年間，靖江王妃徐氏出內府資金改建四孔石橋，並增建旱橋七孔，更名花橋。「花橋虹影」為桂林勝景，站在月牙山麓北望花橋，彷彿四輪明月躍江而出，甚為壯觀。❷小石　即芙蓉石，形如礎柱，又名天柱石。高五、六丈，別致古雅，古人曾用此石作為觀測水位高低的水標。石北半腰刻有水文資料二則，對研究桂林的水文頗有參考價值。❸山　指七星山，又名彈丸山，由普陀山和月牙山組成。北面的普陀山有四座山峰，如斗狀。南面的月牙山有三座山峰，如柄狀，七峰相連，恰似北斗七星，故名。❹七星巖　又名碧虛巖、棲霞洞，位於普陀山西側山腰。原是一段地下河，由於地殼運動，地下河逐步上升為巖洞。雄偉深邃，玉雪晶瑩，分上、中、下三層，全洞遊程八百餘公尺，有六大洞天。洞內景物豐富，如石索懸錦鯉、大象卷鼻、獅子戲球、仙人曬網、海水浴金山、南天門、銀河鵲橋、女媧殿等，奇幻多姿，琳琅滿目，從隋唐起即為遊覽勝地。❺壽佛寺　遺址在七星巖下七星觀北壽佛洞前。始建於唐，清順治年間，義僧渾融（人稱禿參軍）拓建成棲霞寺，居此寺五十餘年，今已毀。❻摘星　亭名，在七星巖洞口右側，明天啟年間曹學佺任廣西右參議時建。❼棲霞洞　從隋唐起已有棲霞洞之名，宋以後又名仙李巖，現已與七星巖混為一處。徐霞客所遊七星巖，為今七星巖洞和碧虛亭洞的總稱。巖洞分上、中、下三層，上層即《遊記》中所稱上洞，高出遊覽通道十多公尺；中層即《遊記》中所稱下洞，為今遊覽的通道；下層距中層洞底十多公尺，常年被地下水淹沒。徐霞客入洞處，為七星巖北口。❽石鯉魚　即在七星巖第一洞天所見的第一勝景「鯉魚跳龍門」。此景位於「千人大廳」的頂部。❾乃爾　如此。❿蟠蓋　指形如旌旗、車篷的鐘乳石。蟠，當為「幡」字。⓫老君臺　在第一洞天「千人大廳」左側高崖上，一石橫出，石面平坦，供奉老子神像，故名。⓬洞　清楚；明白。⓭兩界　兩種不同的境界。⓮澒洞　相連不斷，廣闊無際。澒，原作「傾」。⓯松明　松樹中帶油脂的枝幹。⓰攢裂綉錯　言臺壁縐褶時聚時分，如繡紋交錯。實指石灰岩洞壁構成帷幕式的積澱物，今稱作「石幔」。⓱更記身之自上來也　疑「記」上漏一「不」字。⓲天門　七星巖洞中有三天門，均由鐘乳石對峙而成，宛如門闕。⓳石楹　石柱。楹，廳堂前的柱子。⓴獺子潭　今稱癩子潭，也在第一洞天。潭水深廣，冬夏不竭，水流一里出豆芽巖，入靈劍江。㉑叢闢交闢　叢指石筍、石柱等鐘乳石叢聚處，闢指開闊處，交闢即交會關聯，錯綜複雜。㉒善財童子　傳說中佛門弟子，出生時種種珍寶自然湧出。寺廟中觀音像左側常塑善財童子像。㉓龍

江　為巖下的一條暗河，潭水深暗，古人以為龍窟，故名。㉔紅氈白氈　今名金紗、銀紗。在第二洞天。㉕委裘　垂掛的皮衣。委，下垂。㉖鳳凰戲水　在第三洞天。㉗颼飀　風聲。㉘曾公布　曾布，字子宣，南豐（今屬江西）人。曾助王安石變法，官至尚書左僕射（即左丞相）。㉙桂　即桂州。宋置桂州，治所在臨桂，即今桂林。㉚曾公巖　在七星巖出口處，俗稱七星後巖，位於普陀山東南麓。因巖內有溪名玉溪，水清澈冰洌，古名「玉溪洞府」，又稱「冷水巖」。㉛棲霞　原作「飛霞」，據乾隆本改。㉜東北　乾隆本作「西北」。㉝慶林觀　又名東觀，在棲霞洞前。據說唐初桂州總管李靖曾在此取瑞石進貢，唐太宗在九成宮見石，命李靖於取石處建觀，賜名慶林。㉞橐　一種無底的口袋。這裡泛指包裹口袋一類東西。㉟盎背　形容背部突起如盎狀。盎，古代一種腹大口小的盆子。㊱醆　小酒杯。㊲趺跏　即跏趺座，通稱打坐，為佛教徒一種盤腿的坐法。㊳法藏一輪　即佛教徒所用的法輪，又稱轉輪藏，為圓筒形，可轉動，上有經文。這裡指洞中一圓形鐘乳石，可推而轉動。㊴淵黑　今名無底深潭，現已開鑿向東、向南兩個出口。㊵娘媳婦峰　四月二十八日日記作「婦女孃峰」，乾隆本作「搔首峰」。㊶省春　巖名，在七星巖之北，分三洞室，並連北向。因過去地方官常到這裡省視春耕，故名。㊷騫雲　騰雲。㊸椏　這裡作「杈」解，即樹幹的岔枝。㊹拖劍江　又名癸水，今名靈劍江，為灕江左岸支流，流經七星巖、棲霞洞等地，至花橋注入小東江。㊺癸水　灕江的別稱，以其從北方流來，故名癸水。古代傳說：「癸水繞城東，永不見刀兵。」范成大作〈癸水亭記〉，稱之為樂土福地。癸水非「拖劍江」，徐霞客誤記。㊻葛老橋　今名國老橋，在桂林城東二里，棲霞寺旁，架彈丸溪上。㊼蕊閣　形容樓閣美如花蕊。㊽瓊楞　即瓊樓。楞，指房屋的棱角。㊾刓琢　雕刻。㊿五美四惡章　據《論語・堯曰》，孔子答子張問政，提出「君子惠而不費、勞而不怨、欲而不貪、泰而不驕、威而不猛」為五美。四惡即「不教而誅謂之虐，不戒視成謂之暴，慢令致期謂之賊，猶之人也，出納之吝謂之有司。」(51)張南軒　即張栻。(52)會仙巖　在普陀山東，因傳說有人在此見到呂洞賓，故名。(53)陳黼　據摩崖，當為「陳讜」，字正仲，仙遊（今屬福建）人，南宋隆興進士，博學工書法。(54)渚巖洞　據《廣西通志・金石十》所載，陳黼〈遊桂巖峒作〉，「渚」作「諸」，原本亦作「諸」。據下文「豈以洞在癸水之渚耶？」當作「渚」。乾隆本作「渚」。(55)拖劍水　原作「拖澗水」，據乾隆本改。(56)彈丸山　即彈丸巖，今名彈子巖，在七星巖北。巖口高大，旁有巨石伸出，形狀奇特。傳說古時有溪水從洞中流出，因溪中有石如彈丸，故名彈丸江，巖名彈丸巖。(57)各老橋　即葛老橋。(58)七星觀　在七星山麓，始建於宋理宗年間。(59)朝雲巖　在壽佛洞北，位於普陀山天璣峰西北半山懸崖。巖口西向，每當清晨細雨濛濛之時，洞口常有雲霧彌漫，故名。洞室高闊，儼如大廳。(60)江城　即桂林城。因城濱灕江，故名。(61)挹　通「揖」。(62)物色　尋找；訪求。(63)杙　木樁。(64)灑髮　頭髮披散。(65)東鎮門山　在桂林城東北隅，因靠近東鎮門而得名。

⑯馬留山　今名「騮馬山」，在桂林舊城西北隅，北與華景山相連。⑰廣福王山　在侯山南面，因山上有廣福王廟（又名洪廟）而得名。⑱水口　指灕江與其支流相會之處。⑲壽佛寺　原本作「佛壽寺」。

【語譯】初二　吃罷早飯，和靜聞、顧僕帶了蔬菜糧食，拿著臥具，往東走出浮橋門。過了浮橋，又向東過花橋，從橋東即朝北轉沿著山走。花橋東岸有一塊小石在橋頭突起，長長的溪水連接著村莊，往東流去，十分引人注意。有山峙立在花橋的東北，但就山勢險峻而言，反不如東南道路兩旁的山峰，七星巖就靠在這裡，離浮橋只有一里多路。巖朝西，下面有壽佛寺。就從寺的左邊登山，最先看到一個亭子，如飛鳥張開翅膀，迎接遊客，亭名「摘星」，為曹能始建造並題字。亭的上面有座石崖橫空而出，僅能落腳，但在這裡俯視桂林城牆和西郊的山峰，則毫無遮擋，十分清楚。亭的左邊便是佛寺，正好座落在七星巖的入口處，走到裡面還不知道它就是七星巖。向寺內的僧人打聽七星巖在什麼地方，僧人推開後門引我進去，踏上石級向上大約走了三丈遠，洞口被屋子遮掩，一片黑暗，忽然轉向西北，洞內豁然開朗，頂部隆起，地面平坦，裡面有許多石筍聳列、石柱倒懸，高爽明亮，通氣透光，這是上洞，也就是七星巖。

從上洞的右邊踏著石級往下，又進入下洞，這就是棲霞洞。洞宏大明朗，雄偉開闊，洞門也向西北，抬頭望去，高大威嚴。洞頂橫裂一道縫隙，有石鯉魚從縫隙中懸空躍下，頭尾鱗鰓，宛然在目，即使用人工在石上雕琢，也不能做到如此逼真。在它旁邊巖石盤結，形如車篷，五光十色，燦爛奪目。在洞的西北，層層樓臺高高疊起，沿著石級向上，便是老君臺。從老君臺向北，明顯地呈現出兩種不同的境界，往西就在高臺上行走，往東直入深壑之中。我從臺上走，進入一座洞門，直往北到黑暗的地方，上面高不見頂，下面陷成深潭，眼前空曠無際，石壁陡峭坼裂，地勢頓時從平坦變得十分險峻。當時我原先找的嚮導，在洞底點燃松枝後便入洞，不從臺上走，所以沒跟上我，不知道這裡也看不清楚。於是走下臺，仍然到洞底，嚮導拿著燈在前面引路，沿著老君臺東面的深壑走，才看到臺壁縐褶時聚時分，如同錦繡交錯，十分華麗，千變萬化，應有盡有，真想不到自己就是從這上面走下來的。往正北進入一天門，門旁石柱直立，中間狹窄，只能讓一個人通過。進去後，洞又變得高大深遠，左邊橫列著石欄，下面一片漆黑，深不見底，這是獺子潭。嚮導說這潭深可通海，實際上未必如此。大概就是老君臺向北下墜的地方，到這裡高深換了位置，各種石筍、石柱、石幔、鐘乳，或聚或開，錯綜相間，又形成一個新的境界。再往裡接連走進兩天門，路漸漸轉向東北，裡面有「花瓶插竹」、「撒網」、「弈棋」、「八仙」、「饅頭」等石，兩旁是善財童子，中間有觀音等像。嚮導走得很快，我硬要停下來仔細觀賞，總是顧此失彼。但我所想看的並不是這些地方。又翻過崖石往上，在它右邊有個潭，和獺子潭同樣深黑，但更加寬廣，名為「龍江」，大概它和獺子潭相通吧。再往北又向東轉，經過「紅氈」、「白氈」，看上去就像掛著的皮衣、毛毯，上面的花紋如同織成一般。再往東經過「鳳凰戲水」，才穿過一座洞門，陰風颼飀，把燈火捲起，冷氣砭人，直刺肌骨。這是因為風從洞外吹入，到這裡被逼聚攏，風勢就變得更大了。疊綵山的風洞也是這樣，但疊綵山過去沒有「風洞」的名稱，現在人這樣稱呼它。這裡過去有風洞，現在卻沒人知道。走出這洞，忽然看到一團白光，往裡映照著深壑，空濛迷茫，就像天快亮時的景象。於是往東走出後洞，有溪水從洞的北邊環繞流過，往南流入洞中，想來下游就是龍江。溪上架著一座小石橋，是宋朝丞相曾布建造的。過了橋，拂拭洞口右邊的崖石，曾公題記就在上面。讀後方才知道這洞過去名冷水巖，曾公知桂州時，為尋找奇景造了這橋，才改名為曾公巖，和棲霞洞原是一個洞，在暗中相通，兩處洞門，各擅其名罷了。

我久久地站在橋上，看到澗中有洗衣汲水的人，我問道：「這水從東北流來，可逆流進去嗎？」那人說：「從水穴的上面，可深入好幾里，裡面的名勝，比起外洞來，雖然路程加倍，但景色也加倍奇特。至於水穴則深淺莫測，只有在冬季可以進去，現在還不是時候。」我就請那人作嚮導。那人回去取了松枝，我隨他出洞往右走，來到慶林觀，將所帶的行李寄放在這裡，並且託觀內的人煮黃粱飯等待我們。於是同嚮導進入洞中，仍然從隘口的東門，經過「鳳凰戲水」，到達紅、白二氈，才從岔路往北走。裡面鐘乳石窮形盡相，有玩繡球的獅子、捲起長鼻的大象、長頸凸背的駱駝；有土墳祭祀，豬頭鵝掌，在前面陳列；有羅漢宴會，金杯銀臺，在下面排列。在高處有山神，長一尺左右，飛坐懸崖之上；在深處有佛像，僅七寸高，端坐石壁半腰之間。菩薩的旁邊，有一張禪榻，正可盤腿打坐；觀音座的前面，有一個法輪，好像要轉動起來。在深處還有深黑的潭水，正當石橋所在澗水的上游。到這裡，嚮導也不敢進去，說：「挑著燈點著火把，即使花幾天時間也走不到盡頭，但到了這裡從沒人敢進去，何況現在正當水漲之後，怎麼可以去冒不測之險呢？」於是返回，沿著紅、白二氈、「鳳凰戲水」走出。估計先前從棲霞洞到曾公巖，大約徑直走了共二里，又從曾公巖走進走出，大約迴繞走了共三里，不過二洞的美景，幾乎全部遊遍，沒有遺漏了。

走出洞，在慶林觀吃飯。望見來時所看到的娘媳婦峰，就在它的東邊，從小路走到下面，只見峰下向西開出一個洞，一些在園圃幹活的人聚集在這裡住。種金系草，是吃煙人的藥。在它北面還有各種巖洞，分布在曾公巖的上下左右各處，數量很多。於是沿著七星山的南麓，向北走進草叢之中，接連進入三個洞。估計省春巖應當在它的北面，可翻過山嶺到達，就朝著北面的嶺坳走去。開始還有小路，走了一里半，到達山頂，山石高峻突兀，沒有立足之處，而石縫稍微裂開的地方，遮蓋著密集的荊棘，更加難以攀登，但山石奇特、峰巒秀異，遠遠望去，若隱若現，愈是走近細看，奇景顯露也就愈多，使人心迷目眩，如在幻境之中。又走了一里半，翻過山嶺往下，再看到開鑿的石級，走下石級，省春巖果然在這裡。這巖排列著三個洞，都面向東北。最西的一個洞上面雲霧繚繞，深入洞中，有岩石如同懸掛的肺葉。往西進去再向南轉，洞內漸漸昏黑，可惜周圍沒人居住，不能要了火把深入洞中。但聽說裡面也沒有奇景，不必進去。洞的右邊旁通一穴，可到達中洞，中洞外圍幽深，更沒法深入內部，洞前也有岩石，如下垂的杈枝，倒掛的蛟龍。從洞的右邊又穿過一道門，可到達東洞。最東的洞內垂石更多，洞旁也裂開，中間有清泉往下流成深潭，清冷碧綠，如同明鏡。我吩咐顧僕在中洞看守行李，自己和靜聞從洞前沿著崖壁往東走。洞上的岩石，有的如人挺立，有的如獸蹲坐。洞的東面高峻的崖石與天相連，抬頭望去，就像用刀斧劈成。崖下清流縈繞，名拖劍江，即癸水。發源於堯山，從東北流到山的北麓，往西流出葛老橋，再往西注入灕江。這時我轉到山的東隅，抬頭望見山崖的半腰，裂開的孔洞層層疊疊，好像吐出雲氣，又像輕薄的綢幕飄拂。接連經過三個孔洞，心想如果洞內相通，便將三洞連成一洞，正像在空中蓋起的蕊閣，從雲外露出的瓊樓，這真是一處奇觀。只是未必可以到達，便在下面徘徊不定，然後分開草叢尋找通路，在懸崖上架梯，一層接一層向上。在到達一個孔洞後，發現裡面果然和中洞相通。只是中洞低矮，人在裡面不能抬頭，必須從洞外橫越過去，就像走上臺榭，不經過洞內的幽深之處。在到達第三個孔洞之後，穿過空隙進去，後面有一個佛龕，前面開著一扇窗，窗中間懸掛著潔白的鐘乳石柱，石柱的左邊又有一個圓形的佛龕，上面有圓頂，下面有平座，盤腿打坐，正好安放四肢，即使人工雕琢，也不會有這麼巧妙。佛龕前面正對著潔白的石柱，有細小的鐘乳下垂，時時掉下一滴水珠。我和靜聞分別坐在石柱前的窗口上，往下對著高峻的山崖。過路人望見我們，無不在下面徘徊，甚至有一再觀望，捨不得離開的人。過了一會，有兩個樵夫，抬頭望了好久，也攀登上來，對我說：「這裡蓋屋子很方便，我們住的村莊離這裡很近，可以常來瞻望。」我說：「這是空中樓閣，只恨略微淺露和狹隘些，如果能稍許高大深遠些，便可在裡面居住了。」那人說：「中洞的上面，還有一個洞，很大。」想幫助我攀登上去，過了好久，仍沒到達。我便往下靠在松樹的陰影下，在那兩個樵夫原先抬頭仰望的地方，反過來眺望兩個樵夫在上面，拉著樹枝，尋找石級，最終因懸崖阻擋，沒法上去。過了好久，仍然向西走，進入省春巖東洞內，穿過中洞，又從它的西腋，穿入西洞，洞內有許多當代人的摩崖石刻。

走出洞往西，又看到一個洞，洞門朝北，高約五丈，在洞內稍許往下再向西轉，雖然漸漸昏黑，但規模更加高大，因為沒有火把，無法進去。這是一個古洞，左邊的崖壁上刻著用大字書寫的「五美四惡」章，是張南軒的手筆，遒勁完美，可惜沒人知道，甚至連洞名也不清楚，有的認為是會仙巖，有的認為是彈丸巖。拂拭巖壁，才看到宋代莆田人陳黼的題刻，原來是渚巖洞，難道是因為洞在癸水之渚得名的嗎？洞西拖劍水從東北直逼崖下，山崖顯得更加高大陡峭，上插雲霄，下嵌深淵，十分雄壯。石橋架在水上，通向西面，於是山崖和水都在路的南面了。這裡是七星山的東北角，名彈丸山，從省春巖過來，共走了一里路。

從山的西南通過各老橋，因為是各鄉長老建造的，由此得名。望見崖頂有洞高懸拱起，上下都極陡削，以為就是棲霞洞口。仔細觀看它的左邊，又有一座山崖，在雲霧之中，蓋起屋子，和七星洞後門有所不同。急忙向東登山，在山下先看到一座佛寺，和壽佛寺、七星觀在山前南北鼎立。南面為七星觀，往東向上即七星洞；

中間為壽佛寺，往東向上即棲霞洞；北面為這座佛寺，往東向上即朝雲巖。抬頭曲膝，在石階上攀登，直往上走了數百級，便進入朝雲巖。巖向西，在棲霞洞的北面，從各老橋到這裡又有一里了。洞口高懸，在洞內往北轉，更加高大隆起。徽州僧人太虛在洞口鋪上石階，建造樓閣，凌空而起，緊靠絕壁，往下俯視江城，和西山遙遙相對，極目眺望，無所遮擋。但這時正當夕陽的餘暉照在崖壁之上，跌跌撞撞地攀登，氣喘吁吁，汗流直下。剛跪下拜佛，忽然有個僧人前來呼喊，原來是融止。在此之前，我和融止首次在衡山太古坪相遇，又在衡州綠竹庵再次相遇，融止先回桂林，約好在七星巖相會。等我到桂林後，逢人就打聽他的消息，卻沒人知道。過了七星巖，以為已沒法尋訪了。到這裡忽然意外遇上他，便在他所居住的巖中留宿。於是問他向北登上高聳山巖的路怎麼走，融止說：「這巖雖然高聳，靠近山崖的右側，但從不曾有過可以攀登的石級。估計這洞南面的石壁，和洞北面的底部，相隔只有一丈左右，如果在洞內還可鑿洞通過，在洞外便再沒有可打樁架梯的地方了。」靠著欄干向北眺望，洞被巖石遮掩，反而不能就近細看，惟有迎風散髮，對著西山一一指點各座山峰罷了。西山從北往南：最北邊為虞山，往南為東鎮門山，再往南為木龍洞、風洞山，即桂山，再往南為伏波山。這是桂林城東面的一支山脈。虞山的西面，最北邊為華景山，再往南為馬留山，再往南為隱山，再往南為侯山、廣福王山。這是桂林城西面的一支山脈。在伏波山、隱山的中間為獨秀峰，在它南面相對座落在水口處的是灕山、穿山。因為都在灕江的西岸，故統稱為西山。

初三　留在朝雲巖的樓閣上，面對西山追錄這幾天的遊記。傍晚告別融止下山，往南經過壽佛寺、七星觀，共走了一里，往西通過花橋，再往西走一里，渡過浮橋，進入東江門，往南走半里，回到趙氏的寓所過夜。

初四日　晨餐後，北一里，過靖江府東門，從東北角又一里，繞至北門。禮懺壇❶僧靈室，乃永州茶庵❷會源徒孫也，引余輩入藩城北門。門內即池水一灣，南繞獨秀山❸之北麓，是為月牙池❹。由池西南經獨秀西麓，有碑夾道。西為〈太平巖記〉，東為〈大悲〉、〈尊勝〉兩咒❺。又南，獨秀之西，有洞曰西巖❻。即太平洞。對巖有重門東向，乃佛廬也。方扃諸優❼于內，出入甚嚴，蓋落場❽時恐其不淨耳。寺內為靈室師紺谷所主。有鬚，即永州茶庵會源之徒，藩府之禮懺扃優，皆俾主之。靈室敲門引客入，即出赴懺壇。紺谷瀹茗獻客，為余言：「君欲登獨秀，須先啟王❾，幸俟懺完，王徹宮後啟之。」時王登峰時看懺壇戲臺，諸宮人隨之，故不便登。蓋靜聞先求之靈室，而靈室轉言師者。期以十一日啟，十二日登。乃復啟重門，送客出。出門即獨秀巖，乃西入巖焉。其巖南向，不甚高，巖內刻詩縷畫甚多。其西裂一隙，下墜有圓窪，亦不甚深，分兩重而已。巖左崖鐫〈西巖記〉，乃元至順❿間記順帝潛邸於此⓫。手刻佛像，縷石布崖，俱極精巧，時字為苔掩，不能認也。洞上篆方石大書「太平巖」三字。夾道西碑言：西巖自元順帝刻像，其內官鐫記後，即為本朝藩封。其洞久塞，重垣閉之。嘉靖間王見獸入其隙，逐而開之，始抉其閉而表揚焉。命曰太平巖⓬。巖右有路，可盤崖而登，時無導者，姑聽之異日。

乃仍從月池西而北出藩城。于是又西半里，過分巡，其西有宗藩⓭，收羅諸巧石，環置戶內外。余入觀之，擇其小者以定五枚，俟後日來取。乃從後按察司前南行大街一里，至樵樓[14]，從樓北西向行半里，穿榕樹門[15]。其門北向，大樹正跨其巔，巨本盤聳而上，虬根分跨而下，昔為唐、宋南門，元時拓城于外[16]。其門久塞，嘉靖乙卯[17]總閫周于德[18]抉壅閉而通焉。由門南出，前即有水匯為大池[19]，後即門頂，以巨石疊級分東西上，亦有兩大榕南向，東西夾之。上建關帝殿[20]，南面臨池，甚為雄暢。殿西下，總閫建牙[21]。路從總閫西循城而南，一里，西出武勝門，乃北溯西江[22]行，一里而達隱山[23]。其山北倚馬留諸岫，西接侯山[24]諸峰，東帶城垣，南臨西江，獨峙塢中，不高而中空，故曰隱山。

山四面有六洞[25]環列：〔東為朝陽洞[26]，寺[27]在其下。洞口東向，下層通水，上層北闢一門，就石刻老君像，今稱老君洞。山北麓下為北牖洞[28]。洞東石池一方，水溢麓下，匯而不流，外竇卑伏，而內甚宏深。前有庵，由庵後披隙入，洞圓整危朗，後復上盤一龕，左有一窗西闢，石柱旁列，不通水竇。其北崖之上為白雀洞[29]，在朝陽後洞西。門北向，入甚隘，前有線隙橫列，上徹天光，漸南漸下，直通水。又西為嘉蓮洞[30]，亦北向，與白雀並列。洞分東西兩隙，俱南向下墜，洞內時開小穴，彼此相望，數丈輒合，內墜淵黑，亦抵水。又西過一石隙，西北有石，平庋錯萼中，絕勝瓊臺。乃南轉為夕陽[31]。洞西向，洞口飛石，中門為兩。門左一側，壑匯水，由水竇東通於內，右有曲穴北轉，內甚淒暗，下墜深潭，蓋南北皆與水會焉。又南轉西南山麓，為南華洞㉜。洞南向，勢漸下，匯水當門，可厲㉝入。深入則六洞同流。五洞之底，皆交連中絡，惟北牖則另闢一水竇㉞，初不由洞中通云。聞昔」唐、宋時，西江之水東溢榕樹門，其山匯于巨浸中，是名西湖㉟。其諸紀遊者，俱云「乘舟載酒而入」，今則西江南下，湖變成田，滄桑之感有餘，蕩漾之觀不足矣。

余初至朝陽寺，為東洞僧月印導，由殿後入洞，穿老君之側上，出山北，乃西過白雀、嘉蓮，皆北隅之洞也。西南轉平石臺，是日甫照不能停，乃南過夕陽，此西隅之洞也。又南轉而東，過南華，則南隅之洞云。余欲從此涉水而入，月印言：「秋冬水涸蟲蟄，方可內涉，今水大，深處莫測，而蛇龍居焉，老僧不能導。請北遊北牖，可炊焉。茲已逾午矣。」余從之，乃東過西湖神廟，又北轉過朝陽，別月印，踰〔隱山〕東北隅。其處石片分列㊱，薄若裂綃，聳若伸掌，石質之異，不可名言㊲。有一石峰，即石池㊳一方，下浸北麓，其內水時滴瀝，聲如宏鐘。西入北牖庵，今顧僕就炊于庵內，余與靜聞分踞北牖洞西窗上，外攬群峰，內闞洞府。久之，出飯庵前松蔭下。復由老君洞入，仍次第探焉。南抵南華，遇一老叟，曰：「此內水竇旁通，雖淺深不測，而余獨熟經其內。君欲入，明當引炬，以佐前驅。」余欲強其即入，曰：「此時不及，且未松明。」乃以詰旦㊴為期。

余乃南隨西江之東涯，仍一里，過武勝門，西門。又南循城西一里，過寧遠門，南門。由正街㊵南渡橋，行半里，復東入岐。路循西江南分之派，行一里，抵灕山㊶，山之東即灕江也，南有千手觀音庵。從山之西麓轉其北，則灕水自北，西江自西，俱直搗山下，山怒崖鵬騫，上騰下裂，以厄其衝。置磴上盤山腰，得雉巖寺㊷。時已薄暮，遂停囊巖寺。遇庠㊸友楊子正，方讀書其間，遂從其後躋石峽，同躡青蘿閣，謁玉皇像。余與子正倚閣暮談至昏黑，乃飯巖寺而就枕焉。

【章旨】本章記載了第二十六天遊桂林的行跡。進入王城北門，門內有月牙池。西巖（太平洞）在獨秀峰西面，巖內有很多詩畫石刻。巖對面有佛寺，據住持僧紺谷說，要登獨秀峰，必須先稟告靖江王。走出王城，穿過榕樹門，門上有大樹盤生，門前有大池。隨後走出武勝門，沿西江上行，到達隱山。山的四周，環列著六個洞：東面為朝陽洞，洞內有老君像石刻；北麓為北牖洞，外洞低矮，裡面宏深；北崖之上為白雀洞，再往西為嘉蓮洞，往南轉為夕陽洞，西南山麓為南華洞。深入進去，六洞之水同流，除北牖洞，五洞的底部相連。聽說唐、宋時代，隱山座落在西湖之中，如今大湖已成農田。剛到朝陽寺時，由僧人月印作嚮導，遊覽了六洞，還想進水洞，月印不敢答應。於是經過西湖神廟，遊賞了奇異峻美、難以形容的隱山石林，以及水聲如同鐘鳴的石潭，到北牖庵吃飯。飯後再進入老君洞，依次一一尋訪。在南華洞遇見一老翁，約好明晨由他引路去水洞。隨後通過武勝門、寧遠門，抵達雉山。傍晚到山腰的雉巖寺，遊覽了青蘿閣。

【注　釋】❶禮懺壇　釋佛祭神之壇。禮懺，佛家語，即「拜懺」，因禮拜佛，懺悔罪業。❷永州茶庵　見〈楚遊日記〉三月十三日日記。❸獨秀山　又名獨秀峰，在桂林市中心王城內，為桂林主山，因南朝宋始安郡太守顏延之詩「未若獨秀者，嵯峨乳邑間」句意得名。孤峰矗立，平地拔起，四壁如削，人稱「南天一柱」，清人袁枚讚道：「青山尚且直如弦，人生孤獨何傷焉。」譽之為桂林奇峰之冠。獨秀峰不僅氣勢雄偉挺拔，而且亭亭玉立，姿色秀絕。有石磴三百零六級，直上山頂。登上峰頂，縱目遠眺，峰林奇姿，江城秀色，直奔眼底。每當朝陽升起，晚霞映照，山峰就像披上紫袍金帶，故又名紫金山。山上還有許多不可多得的石刻巨作。❹月牙池　在獨秀峰北麓，因形似初月，故名。與白龍池、春濤池、聖母池並稱桂林四大名池。池畔綠樹成蔭，襯以曲欄水榭，景色如畫。❺大悲尊勝兩呪　即〈千手千眼大悲心呪行法〉一卷，宋天台宗僧知禮著，是佛教懺儀作法之書。稱虔信千手觀音，如法修懺，不僅可消災得福，死後可往生西方淨土。呪，同「咒」。❻西巖　即太平巖，洞口向南。因洞口刻有「劉海戲蟾圖」，又稱劉海洞。❼優　優伶；戲子。❽落場　收場；結束。❾須先啓王　獨秀峰在王府之內，為禁籞之地，外人不得而入。❿至順　元文宗年號。⓫順帝潛邸於此　元順帝阿速吉八即位前，曾謫靜江路，居獨秀峰下大園寺，即位後將寺改為萬壽殿。⓬太平巖　原本作「太后巖」。⓭宗藩　指受天子分封的宗室諸侯，因其拱衛王室，猶如藩籬，故稱。這裡指宗室成員。⓮樵樓　即譙樓，古代城樓上用以瞭望的高樓。樵，通「譙」。⓯榕樹門　在榕湖北岸，相傳為初唐李靖修桂州城時所建，宋、元時稱小南門，今仍名古南門。因原有一株古榕，樹根從城牆盤錯而下，故名。桂林也因此別稱榕城。今榕樹樓前仍有古榕，據說已有上千年歷史，相傳北宋黃庭堅南遷，曾繫舟於此。⓰元時拓城于外　原本「外」作「內」，據乾隆本改。⓱嘉靖乙卯　嘉靖三十四年（一五五五）。⓲周于德　字南墩，淮安（今屬江蘇）人。嘉靖間遷廣西鎮守，剿撫當地猺人、僮人。⓳大池　指榕湖和杉湖。古名鑒湖，明代稱陽塘或蓮塘，由古時護城河演變而成。兩湖以陽橋為界，東面湖畔有杉樹，稱杉湖，西面湖畔有古榕，稱榕湖。杉湖開曠，榕湖清幽，有杉湖小嶼、九曲平湖等名勝。⓴關帝殿　即關帝廟，始建於元至正年間，明萬曆年間重修。㉑牙　通「衙」。㉒西江　即陽江，又名桃花江。發源於廣西靈川思磨山和維羅嶺，自北往南貫穿桂林西郊，流經城內入灕江。江水清淨明澈，沿岸石峰奇巧。㉓隱山　本名盤龍崗，又稱招隱山，在桂林城西一里。據史載，隱山周圍原是一個大湖，名西湖。隔岸遠望，小巧的隱山朦朦朧朧，隱隱約約，如同水中仙島，由此得名。唐大中年間，李渤在此進行開發，鑿石鋪路，興建亭臺，種植花木。㉔侯山　距隱山甚遠，據地望當為在城西三里，連亙千山、玄魚、觀音、西峰諸峰的西山。㉕六洞　隱山有大小巖洞十多個，其中著名的有朝陽、夕陽、南華、北牖、嘉蓮、白雀六洞，合稱「隱山六洞」。洞洞勾連，水水相通。清人阮元〈隱山銘〉稱為「一山盡空，六洞互透。」洞內石乳纓絡，景物怪異，色彩絢麗，蔚為奇觀。洞中碧潭流水，清澈瀲灩，水滴潭中，聲如琵琶古箏。宋人呂愿中稱「隱山六洞乃八桂巖洞最奇絕處」。㉖朝陽洞　在隱山東麓。洞門東向，每當旭日東升，滿洞生輝，燦爛奪目，由此得名。洞後正壁有老君像，就天然石乳鑿成，高丈餘，故又稱老君洞。兩旁石乳凝垂，如白鶴翔空，金鹿奔野。從洞中右上可通鬼谷洞，左上可通龍洞。洞中的龍宮水府，幽深奇妙。㉗寺　指華蓋庵。正堂兩壁有晚唐僧人貫休所畫的「十六尊者」石刻像，一石一像，筆力雄勁，神態各異，為著名的藝術珍品。㉘北牖洞　是一個十分奇特的石室。洞門狹隘，洞室潔白。南壁石龕上，有一塊平雕的「觀音童子像」石碑，高四尺。碑右題「唐吳道子筆」。圖像面目端莊，神態安詳，也是一件稀世珍品。洞中有夢室，旁刻唐吳武陵的〈遊隱山記〉，書法剛勁有力。㉙白雀洞　傳說古時洞內藏白雀，羽毛雪白，紅嘴赤腳，故名。洞口狹小，內分前後兩重。㉚嘉蓮洞　位居山腰，洞前即當年西湖。洞口刻有宋范成大所書「招隱山」三個大字。㉛夕陽　洞名，每當夕陽西下，返照洞中，斜暉脈脈，景色絢麗，故名。㉜南華洞　洞前亂石屏立，相傳是莊子作《南華經》的地方，故名。㉝厲　連衣涉水。㉞惟北牖則另闢一水竇　隱山六洞，北牖洞在山的北麓，與其他五洞不相通。㉟西湖　原為隱山周圍的一個大湖，面積七百餘畝，唐代稱其源為蒙泉，其流為蒙溪。湖光瀲灩，荷花繞香，宛如杭州西湖。唐、宋時為桂林水上遊覽的樞紐，東可通灕江，西可入陽江，沿途盡覽環城名山。到元代，由於官府和豪紳勾結，掘湖為田，致使西湖廢棄。㊱其處石片分列　指隱山小石林，為桂林名勝。㊲薄若裂綃四句　乾隆本作「如張幙，如裁雲，如透月，幻極紛紜，潤以采澤，不啻削芙蓉、綴蛺蝶也」。㊳石池　即金龜潭。潭水深不可測，巖壁石乳，倒影潭中，奇姿異態，不可名狀。有水珠從頂上滴下，發出抑揚頓挫之聲。㊴詰旦　詰朝。即明晨。㊵正街　主要街道。㊶灕山　指雉山，在桂林城南二里，象山與南溪山之間。山在桃花江下游，孤峰屹立，上部側起，形似昂首欲飛的山雉，故名。山光水色，景物迷人。㊷雉巖寺　故址在雉山南坡山腰平地，寺後原有青蘿閣，西建褉亭。寺閣創建於宋代，為當時士大夫流飲宴遊之所，今已毀。㊸庠　古代鄉學名。

【語　譯】初四　吃罷早飯，往北走一里，經過靖江王府東門，從東北角又走了一里，繞到北門。禮懺壇僧人靈室，是永州茶庵會源的徒孫，將我們帶進王城北門。門內就是一灣池水，往南繞過獨秀山的北麓，這就是月牙池。從池西南經過獨秀峰的西麓，道路兩旁有石碑。西邊為〈太平巖記〉，東邊為〈大悲〉、〈尊勝〉兩咒法。再往南，在獨秀峰的西面，有洞名西巖。即太平洞。在西巖對面有兩重向東的門，是佛寺。這時正將戲子鎖在裡面，進出管得很嚴，是怕收場時他們破壞潔淨的氣氛。寺內由靈室的師父紺谷主持。有鬚，即永州茶庵會源的徒弟，王府拜佛祭神、關押戲子，都交給他主管。靈室敲門將客人引進後，立即離開前往懺壇。紺谷烹茶待客，對我說：「你想登獨秀峰，必須事先稟告靖江王，希望能等到禮懺完畢後，在靖江王回宮後稟告。」這時靖江王正登上獨秀峰視察懺壇戲臺，眾多宮人跟著他，所以不便登山。這事靜聞先向靈室請求幫助，靈室再轉告他的師父。於是約好在十一日稟告，十二日登山。又打開那兩道門，將客人送出。出門前面就是獨秀巖，便向西進入巖中。這巖朝南，不太高，巖內有許多雕刻在石上的詩畫。西面裂開一道空隙，往下有塊圓形的窪地，也不太深，分成兩層罷了。巖左邊的崖壁上刻著〈西巖記〉，記載元至順年間，順帝即位前曾在此居住。他親手刻的佛像，分布在崖石之上，都極其精巧，這時字被青苔遮掩，無法辨認。洞上的方石，有用篆書寫的「太平巖」三個大字。路旁西邊的碑文說：西巖自元順帝刻像、他的內官刻記後，即為本朝藩王的封地。這洞長期堵塞，被幾道圍牆封閉。嘉靖年間靖江王看到有野獸進入洞的空隙中，因追逐這野獸開洞，這才將幽閉之處發掘出來，顯示於世，命名為太平巖。巖的右邊有路，可繞著山崖攀登，因當時沒嚮導，只能等以後再去了。

仍然從月池的西面向北走出王城。於是又往西走了半里，經過分巡司衙門，在它西面有王府的族人，收羅各種奇巧的石塊，環繞著門裡門外安放。我進去觀看，挑選其中的小石訂購了五枚，等後天來取。於是從後面到按察司前往南在大街上走了一里，到達譙樓，從樓北往西走半里，穿過榕樹門。這門向北，有大樹正好跨在它的頂部，巨大的樹幹盤錯直上，虬龍般的樹根往下伸展，過去是唐、宋時期桂林城的南門，到元代城向外擴展。這門長久閉塞，嘉靖乙卯總兵周于德挖去堵塞的東西，才又暢通。往南出門，前面就有水匯聚成為大池，後面就是門頂，用大石疊成石級，分東、西兩邊上去，也有兩棵大榕樹向南，從東、西兩邊夾住城門。城樓上建有關帝殿，向南對著水池，十分雄偉寬暢。從關帝殿往西走下，有總兵府衙門。路從總兵府的西面沿城向南，走了一里，往西出武勝門，便往北沿著西江上行，向前一里到達隱山。這山北面靠著馬留諸峰，西面和侯山諸峰相接，東面連著城牆，南面對著西江，獨自峙立在山塢之中，山不高，中間是空的，故名隱山。

隱山四周有六個洞環繞羅列：東面為朝陽洞，有寺院在洞的下面。洞口向東，下層通水，上層的北邊開著一扇門，石壁上刻老君像，如今稱為老君洞。隱山的北麓下面是北牖洞。洞的東面有一方石池，池水直溢到山腳下，匯聚起來而不外流，外洞低矮，內洞十分宏大幽深。洞前有庵，從庵後的空隙中進去，洞內圓整高敞，後面又往上盤起一座石龕，左邊向西開著一扇窗，旁邊排列著石柱，和水洞不相通。北面山崖上為白雀洞，在朝陽後洞的西面。洞門向北，入口處很狹隘，前面橫列著像線一樣的縫隙，上面透進陽光，漸漸往南，漸漸走下，直通有水的地方。再往西為嘉蓮洞，洞門也向北，和白雀洞並列。洞分成東、西兩條夾縫，都向南落下，洞內常常裂開一些小洞，彼此相望，只有幾丈遠就已合攏。裡面低下的地方一片漆黑，也通往有水的地方。再往西經過一道石縫，在它西北有石塊，平放在參差不齊的石片之中，景致遠勝瓊臺仙閣。往南轉為夕陽洞，洞向西，洞口有石淩空而起，在中間將門一分為二。門的左側有個溝壑積滿了水，由水洞往東通向溝壑之中，右邊有個曲曲折折的洞往北轉，裡面十分淒暗，往下落到深潭之中。原來南、北兩邊都和有水處相通。再往南轉到西南山麓，便是南華洞。洞向南，地勢逐漸低下，積水正好將門口淹沒，可涉水進入。深入進去，六洞之水，實為同一條水流。五洞的底部，都有水交相連接，惟有北牖洞另外開出一個水洞，原先並不從洞中通過。聽說在過去唐、宋時代，西江的水東繞榕樹門，隱山浸在大水之中，水名西湖。那些記遊的人，都說「乘船載酒進山」，如今西江往南流下，湖泊變成農田，徒增滄桑之感，已少碧波蕩漾的景觀了。

我剛到朝陽寺，由東洞的僧人月印引導，從殿後入洞，穿過老君像側向上，到北山走出，便往西經過白雀洞、嘉蓮洞，都是北隅的洞。往西南轉過平石臺，這時烈日剛好照進，不能停下，便往南經過夕陽洞，這是西隅的洞。再往南轉而向東，經過南華洞，這是南隅的洞。我想從這裡渡水入洞，月印說：「只有在秋冬時節，積水乾涸，蛇蟲冬眠，才能進去，如今水大，深不可測，蛇龍都在裡面，我沒法引路。請往北遊北牖洞，可在那裡煮飯。現在已過中午了。」我聽從他的話，就向東經過西湖神廟，再往北轉過朝陽洞，告別月印，翻過隱山東北角。這裡石片分列，就像撕破的輕紗那樣薄，又像伸出的手掌那樣聳起，石質的奇異，難以形容。有一座石峰，靠近一方石池，下面浸沒北麓，裡面水常滴下，聲響如同宏鐘。往西進入北牖庵，吩咐顧僕在庵內煮飯，我和靜聞分別坐在北牖洞的西窗下，向外觀覽群峰，往內窺視洞府。過了好久，出洞到庵前的松蔭下吃飯。又從老君洞進去，仍然依次一一尋訪。往南到達南華洞，遇上一個老翁，說：「這裡面的水洞都相通，雖然深淺難測，但唯獨我熟悉地形，在裡面走過。你想進去的話，明天我一定帶著火把來作嚮導。」我想強求他立即進去，老翁說道：「現在時間已來不及，況且還沒有松枝。」於是和他約好明天早晨進洞。

我就往南順著西江的東岸，仍然走了一里，經過武勝門，西門。又往南沿城西走一里，經過寧遠門，南門。從大街往南過橋，走了半里，再向東走到岔路中。路沿著西江往南的支流伸展，走了一里，到達灕山，山的東面便是灕江，南面有千手觀音庵。從山的西麓轉到它的北面，只見灕江從北面、西江從西面流來，都直衝到山腳下，山崖奮起，如大鵬展翅，向上騰躍，往下裂開，扼住江水的要衝。從鋪好的石階往上繞到山腰，來到雉巖寺。這時已是傍晚，便將行李留在寺中。遇見鄉學中的朋友楊子正，正在裡面讀書，就從寺後的石峽攀登，一起到達青蘿閣，拜謁玉皇像。我和子正靠著青蘿閣，從傍晚直談到天色昏黑，才到雉巖寺吃了飯睡覺。

初五日　是為端陽節。晨起，雨大注，念今節名山，何不暫憩，乃令顧僕入城市蔬酒。余方凭檻看山，忽楊君之窗友鄭君子英、朱君兄弟超凡、滌[1]俱至，蓋俱讀書青蘿閣。上午雨止，下雉巖寺，略紀連日遊轍，而攜飲者至，余讓之，出坐雉巖寺亭，楊、鄭四君復以東來訂。當午，余就亭中以蒲酒❷雄黃❸自酬節意。下午，四君攜酒至，復就青蘿飲之。朱君有家樂，效吳腔，以為此中盛事，不知余之厭聞也❹。時方禁龍舟❺，舟人各以小艇私櫂于山下，鼉鼓❻雷殷，迴波雪湧，殊方同俗，聊資凭弔，不覺再熱。〔既暮，〕復下山西入一洞，洞〔在山足，〕門西向，高穹而中平，上鐫「樂盛洞」❼三字，古甚，不知何人題。前有道宮，亦就荒圮。出洞，復東循雉巖崖麓，沿江而東。其東隅有石，上自山巔，下插江中，中刓而透明，〔深二丈，高三丈，〕若闢而成戶，〔江流自北匯其中。涉其南，透崖以上，即為千手大士庵。〕余因濯足弄水，抵暮乃上宿雉巖。

雉巖，《一統志》以為即瀧山，在城南三里，〔陽水南支經其北，瀧水南下經其東。東有石門嵌江，西有穹洞深入，南有千手大士庵，俱列其足。雉巖寺高懸山半，北迎兩江頹浪❽，飛檻綴崖，倒影澄碧。寺西為雉山亭，南為雉山洞❾。洞外即飛崖斗❿發，裂隙迸峽，直自巔下徹；旁有懸龍矯變，石色都⓫異；前大石平湧為蓮臺。臺右根與後峽相接處，下透小穴入，西向臺隙，摩崖登臺，則懸龍架峽，正出其上。昔有閣曰青蘿，今移置臺端，登之不知其為臺也。然勝概麕⓬集，不以閣掩。是山正對城南，為城外第二重案山⓭。北一里曰象鼻山水月洞，南三里曰崖頭淨瓶山荷葉洞，俱東逼灕江，而是山在中較高，《志》遂以此為灕山。」范成大⑭又以象鼻山水月洞為灕山，後人漫無適從。然二山形象頗相似。〔但雉巖石門，不若水月擴然巨觀，故遊者捨彼趨此。然以予權之，瀕江午向⑮三山，不特此二山相匹，崖頭西北山腳，石亦剜空嵌水，跨成小門，其離立⑯江水衝合中，三山俱可名灕也。〕

【章旨】本章記載了第二十七天遊桂林的行跡。這天是端陽節，楊子正和他的朋友帶酒到青蘿閣一起喝，當時官府禁止賽船。傍晚下山進入樂盛洞，接著沿灕江向東，看到一座石崖直插江中，晚上回雉巖過夜。《一統志》說雉巖就是灕山，半山腰有雉巖寺，寺的南面有雉山洞。洞外石崖上有從山頭直劈到底的峽縫，旁邊有石龍和蓮臺，雉山北面有象鼻山，南面有淨瓶山，都靠近灕江，並立在江水的衝合之中，故都可稱作灕山。

【注釋】❶滌　下疑脫「凡」字。❷蒲酒　菖蒲酒。菖蒲為長在水邊的香草。古人在端午節用菖蒲葉浸製藥酒，據說服之可避瘟氣。❸雄黃　礦物名，又名石黃、雞冠石。過去分雄黃、雌黃兩種，可供藥用。❹不知余之厭聞也　徐霞客是吳中人，慣聽吳腔，故云「厭聞」。❺時方禁龍舟　相傳端五日為屈原自沉汨羅之日，世人感傷，用船前去營救。後來就在這天舉行龍舟競渡，成為風俗。因船飾龍形，故名龍舟。徐霞客至桂林，正值社會動盪，為防不測，官府強行禁止。❻鼉鼓　指「鼓」。鼉，又名豬婆龍，或稱揚子鱷，體長六尺至丈餘，四足，背尾有鱗甲，力大能壞堤岸。因皮堅硬，古人用以製鼓。❼樂盛洞　即樂盛巖，在雉山西麓，洞門西向，巖室寬敞，儼若大廳，沿洞道南下，深宮祕府，別有天地。❽頹浪　向下奔流的巨浪。❾雉山洞　即雉巖（今稱山為雉山，洞為雉巖，在《遊記》中，徐霞客常稱雉山為雉巖），位於雉山南麓，洞門狹小。洞口有一條石縫自山頭直劈至山麓，極為奇險。左旁石崖上有巨石宛如龍首。洞門石壁上尚有宋人題刻數十方。❿斗　通「陡」。⓫都優美。⓬麕　成群。⓭案山　作為分界的山。案，界限。⓮范成大　字致能，號石湖居士，吳郡（今江蘇蘇州）人。乾道年間知靜江府，在桂四年，興修水利，開發風景，題刻甚多。所作《桂海虞衡志》，以象鼻山為灕山。⓯午向　南向。⓰離立　並立。

【語　譯】初五　今天是端陽節。早晨起身，大雨如注，心想正逢佳節，又在名山，何不暫且休息一天，於是吩咐顧僕進城買蔬菜和酒。我正靠著欄干觀賞山色，忽然楊君的同窗好友鄭君子英、朱君超凡、滁兄弟都到了。原來他們都在青蘿閣讀書。上午雨停了，往下走到雉巖寺，略微記了這幾天的行跡。又有人帶酒來了，我就把地方讓給他們，出來坐在雉巖寺的亭子中，楊、鄭四君又送信札來約我。中午我在亭子中自備菖蒲酒和雄黃酒過節。下午，四君帶酒來了，又在青蘿閣喝酒。朱君家中有樂工，模仿吳中的唱腔，在這裡是了不起的事，卻不知我已經聽厭了。這時官府正禁賽龍舟，船夫在山下私自划著小艇，鼓聲如同雷鳴，波濤似雪湧起，雖身在他鄉，但風俗相同，姑且用以憑弔前賢，不覺心頭又一熱。到傍晚，又下山往西進入一洞，在山腳下，洞門向西，頂部高高拱起，中間平坦，上面刻著「樂盛洞」三個字，字跡很古老，不知是誰題寫的。洞前有道觀，也已開始荒廢。走出洞，再往東沿著雉巖的山麓，隨灕江往東。江的東邊有石崖，從山頂往下直插江中，中間挖空的洞穴，能照進陽光，深二丈，高三丈，就像開闢的門戶，江水從北面流來，匯聚其中。在它南面涉水，穿過山崖向上，便是千手大士庵。我就在這裡洗腳玩水，到晚上才上山去雉巖過夜。

雉巖，《一統志》以為就是灕山，在桂林城南三里，陽江往南的支流經過它的北面，灕江南下經過它的東面。山的東面有石門嵌入江中，西面有高大的洞穴往深處延伸，南面有千手大士庵，都在山腳羅列。雉巖寺高懸半山腰，北面迎著陽、灕兩江的巨浪，凌空而起的欄干連在山崖之上，清澈的江水映照著它的倒影。寺的西面為雉山亭，南面為雉山洞。洞外懸崖陡立，迸裂的隙縫形成峽谷，從崖頂直到山腳；洞旁懸掛著大石，如同矯健奇幻的蒼龍，石色奇異美麗；洞前有大石橫臥突起，為蓮臺。從蓮臺右面的石根和後峽相連的地方，往下穿過一個小洞進去，向西經過臺的縫隙，貼著山崖登上臺，只見那懸掛的「蒼龍」架在峽谷中，正好在臺上出現。過去有個名「青蘿」的閣，如今已遷到臺的頂端，登臨其上，還不知道它就是蓮臺。然而美景聚集在一起，沒有被閣遮掩。這座山正對著城南，是桂林城外第二重界山。往北一里名象鼻山水月洞，往南三里名崖頭淨瓶山荷葉洞，都東面靠近灕江，但其中這山較高。《一統志》便將這山作為灕山。范成大又以象鼻山水月洞作為灕山，以致後人無所適從。不過兩座山的形狀很相似。但雉巖石門，不如水月洞那樣開闊壯觀，故遊人捨棄雉巖石門前往水月洞。然而根據我的判斷，靠近灕江南向的三座山，不但這兩座山相匹敵，崖頭西北山腳，山石也挖空浸水，跨在江上形成小門，就各自並立在激流衝浪中而言，這三座山都可稱為灕山。

初六日　晨餐後作二詩。別鄭、楊諸君。鄭君復強少留，以一詩酬贈焉。遂下山，西南一里入大道，東南一里過南溪橋❶。南溪之山❷，高峙橋東，有水自西南直上逼西麓，〔繞山東北入灕去。〕石梁跨其上，即所謂南溪❸也。白龍洞❹在山椒❺，累級而上，洞門高張，西向臨溪，兩石倒懸洞口，豈即所謂白龍者耶？洞下廣列崇殿，仰望不知為〔洞〕。由殿左透級上，得璇室❻如層樓，內有自然之龕，置千手觀音。前臨殿室之上，環瞻洞頂，〔為〕此洞最勝處。從此北向東轉，遂成昏黑。先是，買炬山僧，僧言由洞內竟可達劉仙巖❼，不必仍由此洞出。及徹錢篝火入，中頗寬宏多岐。先極其東隅，上躋一隙，余以為劉仙道也，竟途窮莫進。又南下一窪，則支竇傍午❽，上下交錯，余又以為劉仙道也。山僧言：「〔此乃〕護珠巖❾道，崄巇❿莫逾。與其躑躅於杳黑，不若出洞平行為便。」時所賫茅炬已浪爇⑪垂盡，乃隨僧仍出白龍。下山至橋，望白龍之右，復有洞盤空，而急于劉巖，遂從橋東循山南東轉，則南面一崖，層突彌聳，下亦有竅旁錯，時交臂而過。忽山雨復來，乃奔憩崖下，躋隙坐飛石上，出胡餅啜之。〔雨簾外窺，內映乳幙，〕仙仙乎有凌〔雲〕餐霞之想。

久之，雨止。〔下〕巖，轉巖之東，則劉仙巖在是矣。巖與白龍洞東西分向，由山南盤麓而行，相去不過一里，而避雨之巖，正界其中，有觀在巖下。先入覓道士炊飯，而道枕未醒，有童子師導從觀右登級，先穿門西入，旋轉逾門上，復透門出，又得一巖，東南向，中置三仙焉，則劉仙與其師張平叔⑫輩也。又左由透門之上，再度而北，又開一巖，中置仙妃，巖前懸石甚巨，當洞門，若樹屏，若垂簾。劉仙篆雷符于上巖右壁，又有寇忠愍準⑬大書，俱余所欲得者⑭。〔予至巖，即周覽各竇，詢與白龍潛通處，竟不可得。乃知白龍所通，即避雨巖下竇，導僧所云護珠巖是也。〕時雨復連綿不止，余乃令顧僕隨童子師下觀，覓米自炊。余出匣中手摹雷符及寇書，而石崖欹側，石雨淋漓，抵暮而所摹無幾。又令靜聞抄錄張、劉二仙〈金丹歌〉⑮，亦未竟。又崖間鐫劉仙〈養氣湯方〉⑯及唐少卿〈遇仙記〉⑰，未錄，遂宿觀，道士出粥以餉。中夜大雨，勢若倒峽。

劉仙名景，字仲遠，乃平叔弟子，各有〈金丹秘歌〉鐫崖內，又有〈佘真人歌〉⑱在洞門崖上，半已剝落，而〈養氣湯方〉甚妙，唐少卿書奇⑲，俱附鐫焉。

【章　旨】本章記載了第二十八天遊桂林的行跡。走過南溪橋，登上南溪山，山上有白龍洞，石室華美，如同層樓。出洞趕往劉仙巖，由道童引路，遍遊巖上各洞，方知白龍洞和劉仙巖相通是一種誤說。同時手摹劉仙雷符，抄錄〈金丹歌〉，觀看了〈養氣湯方〉和〈遇仙記〉。

【注　釋】❶南溪橋　原名安溪橋，又名將軍橋，為古代桂林南面的主要通道。因五代時楚國將軍彭暉顏在此設關守卡，擊退南漢進攻而得名。橋橫跨南溪之上，單孔，上覆橋亭。❷南溪之山　即南溪山，在桂林南郊，東北麓為南溪縈繞，有東、西兩峰並峙，互為犄角。桂林石山多呈青黛色，唯此山石色泛白，每當雨後初晴，遠望山石，如同白玉雕屏。「南溪新霽」為桂林勝景。山上有二洞九室，洞中石乳凝結，形象萬千。❸南溪　發源於桂林西南郊的琴潭山，流至南溪山腳，下至鬬雞潭，注入灕江。在將軍橋之上，過去為「金蓮港」，每到盛夏，水中荷花盛開，前人有「的的水蓮金，移舟入港深」的詩句。將軍橋下，水面較寬，水中有芳洲。❹白龍洞　在南溪山西南山腰。洞口開廣，儼若大廳。洞頂有一條石槽，顏色潔白，形似巨龍，故名。洞內有一天然石臺，四壁布滿古人題刻，其中李渤的〈留別南溪〉，尤為人稱道。白龍洞是一個神奇的洞府，內有「獅子守洞門」、「獅龍廳」、「三峽風光」、「龍王殿」、「月宮」等奇景。洞長一里多，至元巖出口。洞道回環曲折，石乳琳琅滿目。❺山椒　山頂。白龍洞位置應在山腰，徐霞客誤記。❻璇室　形容石室如美玉裝飾而成。❼劉仙巖　在南溪山陽坡半山腰，石室高寒。相傳北宋有道士名劉景，曾卜居此洞，為人治病，頗有靈驗，至一百十八歲羽化成仙，人稱劉真仙，洞也得名劉仙巖。站在洞前平臺遠眺，雲山煙霞，絢麗奪目。劉仙巖與白龍洞並不相通，山僧誤言。❽傍午　即旁午。交錯；紛雜。❾護珠巖　疑即龍脊洞，北與白龍洞相通。洞內鐘乳石奇形異狀，變化無窮。❿嶮巇　艱險崎嶇。嶮，高險。⓫爇　點燃。⓬張平叔　張伯端，字平叔，天台（今屬浙江）人。博學多才，精通諸術。因事充軍嶺南，北宋治平中，自桂林轉成都。據其《悟真篇・自序》，於熙寧二年在成都遇異人，授以「金液還丹訣」，乃改名「用成（誠）」，號「紫陽」。所作《悟真篇》，宣揚道、釋、儒「三教一理」的理想。道教奉為南宗或紫陽派的祖師，號「紫陽真人」。⓭寇忠愍準　寇準，字平仲，華州下邽（今陝西渭南）人。宋真宗時拜相，與遼訂澶淵之盟，後貶死雷州（今廣東海康）。仁宗時謚忠愍。⑭俱余所欲得者　原脫「欲」字。⑮金丹歌　張伯端《悟真篇》中有「學仙須是學天仙，惟有金丹最的端」之說，其〈外篇〉中尚有「金丹四百字」。⑯養氣湯方　《廣南攝生論》載「養氣湯方」，即將附子、甘草、□黃三味，一起搗成細末，加鹽，每日清晨空腹服用一大錢。傳說北宋皇祐、至和年間，劉君錫流放到嶺南，在桂州遇劉仲遠，口授此方，當時劉仲遠已百餘歲。劉君錫服此方，也壽至九十。石刻為宋人呂渭鐫。⑰唐少卿遇仙記　北宋紹聖三年歐陽闢記，孫世□勒石。唐少卿，名子正，桂林人，所遇仙為一雲遊道人。⑱佘真人歌　即〈佘先生論金液還丹歌訣〉，衡陽覺真道士書並題額。佘，原誤作「俞」。⑲唐少卿書奇　「書」疑為「事」之誤。

【語　譯】初六　早飯後作了兩首詩。告別鄭、楊諸君。鄭君還想要我再住幾天，我將所寫的一首詩送給他。於是下山，往西南走一里，踏上大路，又往東南走一里，通過南溪橋。南溪的山峰，在橋東高高峙立，有水從西南流來，往上直逼山的西麓，繞過山的東北注入灕江。水上架著石橋，這就是所謂的南溪。白龍洞在山頂，踏著石級向上，只見洞門高高敞開，向西對著溪水，有兩塊巖石倒掛在洞口，難道這就是所謂的白龍嗎？洞下排列著許多大殿，抬頭望去，不知道這裡就是巖洞。從殿的左邊穿出，沿石級向上，只見石室華美，如同層樓，裡面有天然的佛龕，安放著千手觀音。往前走到大殿石室的上面，環顧洞頂，當為這個洞景物最美的地方。從這裡向北再往東轉，就變得一片昏黑。在此之前，曾向山中的僧人買火把，僧人說從洞內可直達劉仙巖，不必仍從這洞走出。等花錢紮了火把入洞，只見洞內十分寬敞，有很多岔路。先到洞東邊的最深處，登上一條夾縫，我以為這就是去劉仙巖的路，結果路到盡頭沒法再向前。又往南走下一個窪地，有許多從旁邊分出的小洞，上下交錯，我又以為這是去劉仙巖的路。山中的僧人說：「這是去護珠巖的路，艱險崎嶇，沒法通過。與其在黑暗中徘徊，不如出洞在平地行走更為方便。」這時所帶的茅草火把，已白白燒得差不多了，便隨僧人仍從白龍洞走出。下山走到橋下，望見白龍洞的右面，又有洞盤空而起，因急於去劉仙巖，便從橋東沿著山的南坡往東轉，只見南面一座山崖，層層突起，更加顯得高聳，下面也有小洞錯落在旁，這時都失之交臂。忽然山雨又來了，便奔到崖下休息，從石縫中爬到突起的巖石上坐下，拿出燒餅吃。透過雨簾往外看，裡面映照出石鐘乳帷幕，令人飄飄欲仙，有凌雲餐霞之想。

過了好久，雨停了。走下山巖，轉到巖的東面，劉仙巖就在這裡。劉仙巖和白龍洞，一處朝東，一處朝西，從山的南面繞著山腳走，相隔不過一里路，而剛才避雨的山巖，正好位於中間，巖下有道觀。先進去找道士煮飯，但道士還沒睡醒，有個道童帶我們從觀的右邊登上石級，先穿過一道門往西進去，隨即從它的上面越過，再從一道門穿出，又到一個巖洞，面向東南，裡面安放著三仙的神像，即劉仙和他的師父張平叔等人。又往左從門上穿過，再經過這裡往北，又開出一個巖洞，裡面安放著仙妃的神像，巖前懸掛著一塊巨大的岩石，正當洞門，如同直立的屏障，又像垂掛的簾帷。在上巖右邊的石壁上有劉仙用篆體刻寫的雷符，還有寇準書寫的大字，都是我所想得到的東西。我到劉仙巖，立即遍覽各個洞穴，打聽和白龍洞在暗中相通的地方，最終沒有發現。才知道和白龍洞相通的，即避雨的巖下的洞穴，就是作嚮導的僧人所說的護珠巖。這時雨又連綿不斷地下了起來，我便吩咐顧僕隨道童往下去道觀，找米自己煮飯。我取出匣中的紙筆，親自臨摹劉仙的雷符和寇忠愍的字，但因石崖傾斜，石上雨水淋漓，到傍晚只臨摹了沒幾個字。又叫靜聞抄錄張、劉二仙的〈金丹歌〉，也沒完成。崖間還刻著劉仙的〈養氣湯方〉和唐少卿的〈遇仙記〉，都沒錄下，便到道觀投宿，道士拿出粥來招待。半夜下了大雨，有翻江倒峽之勢。

劉仙名景，字仲遠，是張平叔的弟子，兩人各有〈金丹秘歌〉刻在崖內，又有〈佘真人歌〉刻在洞門的崖壁上，一半已經剝落，〈養氣湯方〉十分精妙，唐少卿的事很奇特，都附刻在這裡。

初七日　雨滂沱不止。令顧僕炊飯觀中，余與靜聞冒雨登巖，各完未完之摹錄。遂由玉皇祠後尋草中伏級，向東北登山。草深雨濕，裡衣沾透，而瞻顧❶巖石，層層猶不能已。而童子師追尋至巖中，顧不見客，高聲招餐，余乃還飯寺❷

中。飯後道士童師導由穿雲巖❸。其巖在上巖❹東南絕壁下，洞口亦東南向。其洞高穹爽朗，後與左右分穿三竅，左竅旁透洞前，後與右其竅小而暗，不暗行也。洞內鐫〈桂林十二巖十二洞歌〉❺，乃宋人筆。余喜其名，欲錄之，而高不可及。道士取二梯倚崖間，緣緣❻分錄，錄完出洞。洞右有文昌祠，由其前東過仙人足蹟，蹟在石上，比余足更長其半，而闊亦如之，深及五寸，指印分明，乃左足也。其側石上書「仙蹟」二字，「蹟」字乃手指所畫，而「仙」字乃鑿鐫成之者。由蹟北上，即為仙蹟巖，巖在穿雲東北崖之上，在上巖東隅，洞❼口亦東南向，外亦高朗，置老君像焉。其內乳柱倒垂，界為兩重，〔若堂皇❽之後，屏列窗櫺，分內外室者。〕洞巖穿竇兩岐，俱不深，而玲瓏有餘。

徘徊久之，雨霏不止。仍從仙蹟石一里，抵觀前，別道士童師，遂南行〔二里，出〕十里鋪。〔鋪在鬪雞西，郡❾往平樂❿大道。〕由鋪南進靈懿石坊，東向岐路，入一里，北望穿山，隔江高懸日竇，昔從北顧，今轉作南瞻，空濛雨色中，得此圓明，疑是中秋半晴半雨也。再前，望崖頭⓫北隅梳粧臺下，飛石嵌江，剜成門闕，遠望之較水月似小，而與雉山石門其勢相似，然急流湧其中，蕩漾尤異。倏忽之間，上見圓明達雲，下覩方渚嵌水，瞻顧之間，奇絕未有。共一里，東至崖頭廟。其山在雉山之南，乃城南第三重，當午[12]之案也。灕江西合陽江於雉山，又東會拖劍水及灕江支水於穿山[13]，奔流南下，此山當其衝。山不甚高，而屹立扼流，有當熊之勢[14]。西向祀嘉應妃，甚靈，即靈懿廟。宋嘉定[15]間加封嘉應善利妃。其北崖有亭，為梳粧臺，下即飛崖懸嵌，中刓成門處，而崖突波傾，不能下瞰，但見迴浪躍瀾，漩石而出，時跫然[16]有聲耳。坐久之，返廟中。由其後入一洞，其門西向。穿門歷級下，其後岈然通〔望，〕有石肺垂洞中，其色正綠，疊覆田田[17]，是為荷葉洞[18]。穿葉底透山東北，即通明之口也，灕江復瀠其下。由葉前左下，東轉深黑中，其勢窅然，不及索炬而入。初，余自雉山僧聞荷葉洞之名，問之不得其處，至是拭崖題知之，得于意外，洞亦靈幻，不負雨中躑躅。廟中無居人，賽神[19]攜火就崖而炊，前後不絕。其東北隅石崖插江，山名「淨瓶」以此，須泛舟沿流觀之，其上莫窺之。

仍二里出大道，傍十里鋪，〔經白龍洞，北隨溪探前所望白龍左洞，則玄巖[20]也。巖東向，洞門高聳。下峽，由南腋東入上洞，東登必由北奧，俱崇深幽邃，無炬不能遐歷。洞前乳柱繽紛，不減白龍。上鐫「玄巖」，字甚古。出洞，〕飯而雨霽。五里，入寧遠門，南門。返寓，易衣浣污焉。

【章　旨】本章記載了第二十九天遊桂林的行跡。飯後前往穿雲巖，洞內連通三個洞穴，刻著〈桂林十二巖十二洞歌〉。出洞經過仙人足蹟，登上仙蹟巖，洞內分成兩重。離開道觀，經過十里鋪向前，途中遠望穿山，如同半晴半雨的中秋明月。崖頭山北角的梳粧臺下，有石崖插入江中，形勢與雉山石門相仿。崖頭山正當灕江南下的要衝，山上有崖頭廟、靈懿廟。意外發現了荷葉洞，洞內石胏如荷葉田田。東北角有石崖直插江中，山因此稱作「淨瓶」。隨後又經過白龍洞，尋訪玄巖。遊畢走進寧遠門，返回寓所。

【注　釋】❶瞻顧　向前看，又向後看。❷寺　當為「觀」之誤。❸穿雲巖　在南溪山麓，巖前山石突兀，屏蔽洞門。巖頂有一藻井，圓似明月，相傳劉仙常在此禮拜北斗，名禮斗處。下有一對足蹟，相傳即劉仙之蹟，故有「仙蹟巖」之稱。巖口有〈劉仙巖形勝全圖〉等石刻。❹上巖　在穿雲巖之上，北與白雲洞、元巖相通。❺桂林十二巖十二洞歌　宋趙夔作，寫伏波巖等十二巖，棲霞洞等十二洞。紹興甲戌中秋郭顯勒石，劉振書，張昉刻。❻緣緣　接連不斷。❼洞　此洞名玄元洞，又名老君洞，非仙蹟巖，徐霞客誤記。洞分內外兩室，前室高敞，後室幽深。洞內原有石雕三清聖像，後為太平軍所毀。❽堂皇　廣大的殿堂。❾郡　秦朝和三國吳先後置桂林郡，此指桂林。❿平樂　明代為府，治所在今廣西平樂。⓫崖頭　在桂林南郊，灕江西岸。一山橫臥，如平放的短頸瓷瓶，故又名淨瓶山。山的北麓有梳粧臺。⓬當午　正當南面。⓭又東會句　原本作「又東會湘水於穿山」，據乾隆本改。灕江支水，指小東江，自木龍洞東南流至穿山入灕江。⓮有當熊之勢　有以身擋熊的氣概。據史載，漢元帝至虎圈觀鬥獸，有熊逸出，馮婕妤上前當熊而立，後帝問其故，答道：「猛獸得人而止，故以身當之。」⓯嘉定　宋寧宗年號。⓰跫然　腳步聲。⓱田田　葉浮水上。古詩中有「江南可采蓮，蓮葉何田田」之句。⓲荷葉洞　又名蓮葉洞。因洞門有石垂垂下覆，從旁邊看，宛如裹荷敗葉，故名。⓳賽神　還願；酬神。後稱賽會。古時於春、秋二季，用儀仗、簫鼓、雜戲迎神出廟，周遊街市。⓴玄巖　又名元巖。下俯南溪。洞室高大寬敞。洞廳有石柱，頂天立地，形似觀音端坐白蓮花上，故又稱觀音巖。

【語　譯】初七　大雨滂沱，下個不停。吩咐顧僕在道觀煮飯，我和靜聞冒雨登上劉仙巖，各自完成昨天沒了結的臨摹和抄錄。於是從玉皇祠的後面尋找埋沒在草中的石級，向東北登山。草深雨濕，連內衣都濕透了，但觀望前前後後的巖石，仍層層疊疊，沒有盡頭。道童追到巖中，找不到客人，就高聲叫我們用餐，我便回到觀中吃飯。飯後道童帶我們去穿雲巖。這巖在上巖東南的陡壁下，洞口也向東南。洞高高拱起，寬爽明亮，後面和左右兩旁分別連通三個洞穴。左洞從側面通到洞前，後洞和右洞既小又暗，就不再摸黑往裡走了。洞內刻著〈桂林十二巖十二洞歌〉，是宋人的手筆。我愛這歌名，想抄錄下來，但石壁太高，搆不上。道士拿來兩把梯子靠在崖壁中間，才接連不斷分別錄下，抄完出洞。洞的右邊有文昌祠，從祠前往東經過仙人足蹟，足蹟在石上，比我的腳長一半，闊也如此，深有五寸，腳趾的印痕清晰，是左腳。旁邊的石上寫著「仙蹟」二字，「蹟」字是手指畫出，而「仙」字則鑿刻而成的。從足蹟往北向上，便是仙蹟巖，巖在穿雲巖東北山崖之上，位於上巖的東隅，洞口也向東南，外面同樣高大明亮，安放著老君的神像。洞內鐘乳石柱倒掛，將洞分成二重，就像殿堂的後面，窗戶屏列，分成內室外室一樣。這巖洞穿過一個小洞分成兩支，都不太深，但極其玲瓏精巧。

來回走了好久，山雨紛飛，下個不停。仍從仙蹟石往前走一里，到道觀前，告別道士道童，便往南二里，走出十里鋪。鋪在鬬雞巖的西面，位於桂林通往平樂的大路上。從鋪的南面進入靈懿石坊，往東從岔路走，進去一里，北望穿山，一個孔洞高高掛在江的對岸，過去從北面往後看，現在轉過來從南面往前看，在空濛迷茫的雨色中，看到這樣一個空明的圓洞，真令人懷疑是半晴半雨的中秋月景。再往前，望見崖頭山北角梳粧臺下，突起的石崖插入江中，被挖成門闕，遠遠望去，比水月洞小些，而和雉山石門的形勢相似，但因有急流湧入其中，水波蕩漾，尤為奇異。倏忽之間，向上望見空明的圓洞高達雲天，往下看到一方小洲嵌在水中，前後觀賞，從未見到如此奇異的景象。共走了一里，往東到達崖頭廟。崖頭山在雉山的南面，是桂林城南第三重山，即正南的界山。灕江西與陽江在雉山合流，又東與拖劍水及灕江支流在穿山會合，往南奔流直下，這山正當要衝之處。山不太高，但屹立江中，扼住江流，有以身擋熊的氣勢。有廟朝西，祭祀嘉應妃，十分靈驗，即靈懿廟。宋嘉定年間加封嘉應善利妃。在它北面的山崖上有亭子，為梳粧臺，下面便是凌空突起的石崖直插江水，中間被挖成門的地方，只因崖石突起，水波傾瀉，無法往下看，只見浪濤迴旋洶湧，繞石而出，常常發出腳步般的聲響。坐了好久，返回廟中。從廟後進入一洞，洞門向西，穿門經石級往下，後面深邃，有光照進，可以望見，有石形似肺葉，掛在洞中，顏色正綠，層層覆蓋，如荷葉田田，這就是荷葉洞。穿過「肺葉」的下面可通往山的東北，即照進光線的山口，灕江又在下面縈繞。從「肺葉」前面向左走下，再往東轉入一片漆黑之中，地勢高高拱起，來不及找火把就進去了。原先我從雉山的僧人那裡聽到荷葉洞的名字，卻打聽不到在什麼地方，到這裡拂拭崖上的題刻，方才知道就是這個洞，真出乎意料之外，洞也十分奇幻，不枉我在雨中四處尋找。廟中沒人居住，賽神的人帶著火到崖上煮飯，前後來往不絕。山的東北角有石崖直插江中，因此山被稱為「淨瓶」，必須划船沿著江流觀賞，在山上就無法窺見了。

仍然往前二里，走出靠近十里鋪的大路，經過白龍洞，往北隨著南溪尋訪先前望見的白龍洞左洞，原來是玄巖。巖向東，洞門高聳，走下峽谷，從山南腋向東進入上洞，往東攀登，必定經過北面的幽深之地，都是高深幽邃的洞穴，沒有火把不能遠遊。洞前鐘乳石柱繽紛多采，不亞於白龍洞。上面刻著「玄巖」二字，字跡很古老。走出洞，吃罷飯而雨停了。走了五里，進入寧遠門，南門。返回寓所，將衣服換下洗乾淨。

初八日　晨餐後，市石于按察司東初暘王孫❶家，今顧僕先攜三小者返寓，以三大者留為包夾焉。余遂同靜聞里半出北門，轉而東半里，北入支徑，過一塘，遂登劉巖山❷。先有庵在〔山〕麓，洞當其後，為劉巖洞❸。洞門西向，東下淵黑，外置門為藏蔞❹之所。此巖以劉姓者名，與城南劉仙同名實異也。由洞右躋危級而上，是為明月洞❺。其洞高綴危崖之半，上削千尺，下臨重壑，洞門亦西向。僧白雲架佛閣於洞門之上，層疊倚巖，有飛雲綴空之勢。洞在閣下，東入岈然，然昏黑莫辨，無甚奇。出洞，覓所謂望夫山❻。山在其北，猶掩不可睹。乃飯而下，崖半見北有支徑，遂循崖少北，復見一洞西向，其門高懸，為僧伐木倒架，縱橫洞前，無由上躋。方徘徊間，而白雲自上望之，亟趨而下，從臾引登。梯疊門而上，一石當門樹屏，由其左透隙，則宛轉玲瓏，踰石脊東下，穹然直透山腹；闢門東出，外臨層崖，內列堂奧❼，憑空下瞰，如置身雲端也。洞門乳柱縱橫，徑竇逆裂。北有一徑，高穹下墜，東轉昏黑，亦有門東出，闇不復下。復與白雲分踞石脊之中，談此洞靈異。昔其徒有不逞者，入洞迷昧，不知所往。白雲遍覓無可得，哀求佛前。五日，復自洞側出，言為神所縛，將置之海，以師乞免貰❽之。然先是覓洞中數遍，不知從何出也。此間東西透豁，而有脊有門中界之，〔不若穿山、疊綵、中隱、南峰諸洞，擴然平通，下望明皎，內無餘奥也。〕下洞，別白雲。仍一里，西過北門，門西峰❾當面起，削山為城。循其北麓轉西北城角，下盤層石，上削危城。其西正馬留山東度之脈；其南瀕城為池，南匯與涼水洞橋新西門外。而南入陽江；其北則窪匯山塘，而東淺于虞山接龍橋下者。志所稱始安嶠，當在其處也。志又有冷水洞，在城東，而曾公巖亦名冷水，而此又有冷水焉。涼水洞橋北，滿堂皆蓮花，香艷遠暨，亦勝地。涼水洞在新西門外。北門在兩山夾中，東、西二峰峭豎而起，東峰❿俗呼為馬鞍，西峰俗呼為真武。東峰疑即鎮南峰，志言有唐人勒石，尚未覓得。西峰南麓，

王陽明祠[11]。因之為城，鎖鑰甚壯。然北城隨山南轉，故北隅甚狹，漸迤而南，則
東西開擴矣。

余少憩城外西北角盤崖之上，旋入北門[12]，西謁陽明祠。復東由大街南行，
則望洞西巖之穴，正當明處，若皎月高懸焉。又南，共一里，至〈桂嶺碑〉[13]側。
西向瀨城，復得一山[14]，則華景洞[15]在焉。洞門東向，前有大池[16]，後倚山，則亦
因為西城者。洞前巖平朗，上覆外敞，其南昔有樓閣，今俱傾圮莫支，僧移就巖
棲焉。巖後穿穴為門，其內峆岈，分而為三：南入者窪暗而邃；西透者昔穿城外，
因為城門，後甃石塞而斷焉；北轉者上出巖前，下履飛石，東臨巖上。崖有舊鐫
一，為開慶元年[17]手勅，乃畀其鎮將者。開慶不知是何年號，其詞翰俱為可觀。
而下有謝表并跋，則泐[18]不能讀矣。已復出至前巖，僧言：「由洞左攀城而上，
山之絕頂有〈諸葛碑〉。」余從聞異之，亟西登城陴[19]，乃循而南登，已〔從石
蕚〕叢錯中攀躋山頂。此頂當是寶積山。志言寶積與華景相連，上多危石怪木，然今又為臥龍山，想
一山而南北異名耳。頂南荒草中有兩碑，一為成化[20]間開府孔鏞[21]撰文，一為嘉靖間閫
帥俞大猷[22]修記。皆言此山昔名臥龍，故因而祀公[23]，以公德業在天下，非以地
拘也。今頂祠已廢，更創山麓。從其上東俯宮衢，晚烟歷歷，西瞰濛渚，荷葉田

田，近則馬留山倒影，遠則侯山諸峰列翠，雖無諸葛遺踪，亦為八桂㉔勝地。其側崖棘中，有百合花一枝，五萼甚鉅，因連根折之，肩而下山，即為按察司後矣。薄暮，共二里，抵寓。

【章旨】本章記載了第三十天遊桂林的行跡。走出北門，登上劉巖山，遊覽了劉巖洞，在懸崖的半腰有明月洞，洞門之上有佛閣。飯後又到一個洞，洞門高懸，裡面直通山腹，據僧人白雲說，此洞十分神奇。下山後仍然經過北門，門在兩山相夾之中，依山築城，十分雄壯。走進北門，拜謁陽明祠，觀賞〈桂嶺碑〉，再到華景洞。巖後穿穴為門，裡面分成三支，崖上有開慶元年的御筆石刻。沿城牆攀登，到寶積山頂，荒草中有兩塊〈諸葛碑〉，此山原名臥龍，故用以祭祀諸葛亮。從峰頂俯視遠近景物，可謂桂林遊覽勝地。傍晚返回寓所。

【注釋】❶王孫　王者之孫，此指第一代靖江王朱守謙的後裔。❷劉巖山　俗稱看牛山。❸劉巖洞　俗稱牛洞。❹蔞　蔞蒿，又名白蒿。水草名，嫩芽葉可食。❺明月洞　又名明月巖，在城北五里，立魚峰南，一山角立，空明瑩潔，以此得名。由鳥道捫蘿涉險入洞，外隘內宏，形如甕室，可容十餘人。❻望夫山　在城北五里，刻有宋時餞別姓氏。❼堂奧　堂的深處。入門先升堂，升堂而後入室，室的西南角為奧。❽貰　赦免。❾門西峰　指鸚鵡山。❿東峰　即鐵封山。⓫王陽明祠　王陽明，名守仁，字伯安，餘姚（今屬浙江）人。以其曾築室故鄉陽明洞，學者稱陽明先生。明弘治進士，以功封新建伯。為學主張以心為本體，提出「知行合一」說，世稱姚江學派。⓬北門　桂林北門諸山相鄰，形勢險要，古時依山建城，固若金湯，因有「鐵鎖掣關」之稱。⓭桂嶺碑　原作「桂林碑」，據乾隆本改。明田汝成〈覲賀將行遊廣西諸山記略〉載：「疊綵、寶積二山皆在城中，其南麓大街山脊隱隱隆起，有碑書『桂嶺』二字，宋所立也。」桂嶺，指北門諸山，每當雨後初晴，諸峰彩雲繚繞，紫霧飄拂，有「桂嶺晴嵐」之稱。⓮復得一山　指寶積山，在桂林城北，與疊綵山的四望山東西相對。從老人山上看，寶積山南北兩峰突起，中間凹下，形似馬鞍。山南坳中，有石形狀奇特，如同珠玉堆積，相傳寶積山即由此得名。⓯華

景洞　在寶積山北麓，洞口向東，上有老樹長在絕壁之上。洞內寬廣如大廳，相傳宋代有老道名蔣卓，長期在此隱居，因醫術高明，人稱仙翁。近年在洞內還發現了兩萬多年前的古人牙兩枚、動物化石及打製石器，可知這洞曾是古人類棲居之處。洞旁原有古鐵佛寺，已毀。⑯大池　指華景塘，又名橫塘。塘水清澄如鏡，景色幽秀迷人。⑰開慶元年　西元一二五九年。開慶，宋理宗年號。⑱泐　石頭裂開。⑲陴　女牆。即城牆上面呈凹凸形的短牆，也稱女兒牆。⑳成化　明憲宗年號。㉑孔鏞　字昭文，長洲（今江蘇吳縣）人，歷任高州知府、廣西按察使、貴州巡撫，瑤民降服。㉒俞大猷　字志輔，號虛江，晉江（今屬福建）人，歷任參將、總兵等職。倭寇侵擾東南時，轉戰江浙閩粵，多立戰功，與戚繼光齊名。㉓祀公　公，指諸葛亮。寶積山南端原有諸葛武侯祠，今已毀，僅存臺基，通稱孔明臺，與華景洞相通。㉔八桂　《山海經》中有「桂林八樹」之說，後以八桂作廣西和桂林府的代稱。

【語譯】初八　早飯後，在按察司東邊初暘王孫家買石，吩咐顧僕先帶三塊小的回寓所，將三塊大的留在這裡包紮。我便同靜聞走了一里半，出北門，轉而向東走半里，往北進入一條岔路，經過一個水塘，就登上劉巖山。先看到山腳下有個庵堂，洞在它的後面，為劉巖洞。洞門向西，往東走下，一片漆黑，外面安裝著門，作為收藏蔓蒿的地方。這巖以劉姓命名，和城南劉仙巖名同實異。從洞的右邊踏著高峻的石級向上，便是明月洞。這洞高高處於懸崖的半腰，上面是千尺陡壁，下面對著重重深壑，洞門也向西。僧人白雲在洞門的上面造了佛閣，層層疊疊靠著山巖，勢如飛雲點綴長空。洞在佛閣的下面，往東進入，裡面十分深邃，但很昏暗，什麼也看不清，沒有令人稱奇的景觀。出洞後，尋找所謂的望夫山。山在洞的北面，仍被遮住，沒法看到。吃了飯往下走，在山崖的半腰看到北面有條岔路，便沿著山崖稍許向北，又看到一個洞，面向西，洞門高懸，因為僧人砍倒樹木，縱橫交錯地堆積在洞前，以致無路可上。正在猶豫不決中，白雲從上面看到了，急忙趕到下面，慫恿我們跟著他攀登。架起梯子登上洞門，一塊大石正當門前，如同樹起一道屏障，從它的左邊穿過石縫進去，裡面宛轉玲瓏，越過石脊往東走下，洞內高大拱起，直通山腹；從一道闢通的洞門，往東走出，外面對著層層山崖，裡面排列著幽深的堂屋，憑空往下看，就像身處浮雲之上。洞門前鐘乳石柱縱橫交錯，有的直穿孔洞，有的逆向斷裂，北面有一條小路，從高處往下墜落，轉到東面，便一片昏黑，也有門可往東走出，因為太暗，不再往下走了。又和白雲分別坐在石脊之中，談起這洞的神奇。白雲過去有個為非作歹的徒弟，進洞迷失了方向，不知往哪裡走。白雲到處尋找，沒有發現，便在佛前哀求寬恕徒弟。過了五天，這徒弟從洞旁出來，說自己被神捆了起來，將要扔到海中，因為師父求情，才得到赦免。但先前在洞中找了好幾遍都沒發現，不知他是從哪裡出來的。這洞東西兩頭透光開敞，但有石脊石門在中間分界，不像穿山、疊綵山、中隱山、南峰的各個洞穴，寬廣平坦暢通，往下望去明亮潔白，裡面沒有其他隱祕之處。

離開洞往下走，和白雲道別。仍然走了一里，往西經過北門，北門西峰當面聳起，前人削山築成城牆。沿著山的北麓轉到城的西北角，下面盤踞著層層巖石，上面削成高峻的城牆。在它西面正是馬留山向東延伸的山脈；南面靠近城牆處為水池，往南與涼水洞橋在新西門外。下的水會合，再往南注入陽江；北面山窪積水成為池塘，東面比虞山接龍橋下的水要淺些。志書所說的始安嶠，應該就在這地方。志書中還記有冷水洞，在城東，而曾公巖也名「冷水」，這裡又有一洞名冷水。涼水洞橋的北邊，滿堂都是蓮花，清香豔色遠及四方，也是一處勝地。涼水洞在新西門外。北門在兩山相夾之中，東、西兩峰陡峭直立，東峰俗稱「馬鞍」，西峰俗稱「真武」。東峰懷疑就是鎮南峰，志書說有唐人的石刻，但還沒找到。西峰的南麓，有王陽明祠。憑藉山勢築城，鎖扼山口，十分雄壯。但北城隨著山勢往南轉，故北隅十分狹隘，漸漸向南延伸，則東西向變得十分開擴。

我在城外西北角盤繞的山崖上休息片刻，隨即進入北門，往西拜謁王陽明祠。又往東從大街朝南走，便望見洞西邊巖上的孔穴，正好在明亮的地方，就像高掛的明月。再向南，共走了一里，到〈桂嶺碑〉旁。在向西靠近城牆的地方，又看到一座山，華景洞就在山上。洞門向東，前面有大池，後面靠著山，也是藉此建造西城的山。洞的前巖平坦爽朗，上面有巖石覆蓋，外面十分寬敞，在它南面過去有樓閣，如今都已倒坍沒有支撐物，僧人搬到巖洞中居住。巖後穿穴為門，洞內幽深，分成三支：往南進去的，低窪陰暗深遠；往西穿入的，過去直通城外，因而以洞口為城門，後來砌起石塊把它堵塞了就沒路走；往北轉的，向上從巖前走出，向下踏著凌空而起的巖石，往東到巖上。崖上有一處過去的石刻，為開慶元年帝王親筆詔書，是給鎮守桂林的將領的。開慶不知是什麼年號，詔書的詞章值得一看。而下面的謝表及跋，則因石塊裂開，看不清了。

過了一會又出洞走到前巖，僧人說：「從洞的左邊沿城牆向上，山頂有〈諸葛碑〉。」我聽了感到驚奇，急忙往西登上女牆，沿著城牆往南攀登，隨後從縱橫交錯、形如花萼的巖石叢中登上山頂。這山頂應該就是寶積山。志書說寶積山與華景山相連，山上有許多險峻的巖石、奇異的樹木，但今天又叫臥龍山，想來是同一座山，只是山南山北稱呼不同罷了。山頂南面荒草中有兩塊石碑，一塊為成化年間開府孔鏞撰寫的碑，一塊為嘉靖年間將帥俞大猷修祠所作的記。都說這山過去名「臥龍」，故在山上祭祀諸葛公，這是因為諸葛公道德事業，為天下人敬仰，不受地區的限制。如今山頂的祠堂已經廢棄，在山腳建造了新祠。從頂上向東俯視宮殿街道，晚煙歷歷在目，向西遠望迷濛的小洲，荷葉田田相連，近處馬留山倒影水中，遠處侯山諸峰翠色成行，雖然沒有諸葛公的遺跡，也足以稱為桂林的勝地。在它一旁山崖的荊棘叢中，有一枝百合花，五片花萼很大，於是連根折下，扛著下山，就到按察司的後面了。傍晚，共走了二里，回到寓所。

初九日　余少憩寓中。上午，南自大街一里過樵樓，市扇欲書〈登秀詩〉❶，贈紺谷、靈室二僧，扇無佳者。乃從縣後街西入宗室廉泉園。廉泉豐儀修整，禮度謙厚，令童導游內園甚遍。園在居右，後臨大塘，遠山近水，映帶頗勝，菓樹峰石，雜植其中，而亭榭則雕鏤繢飾，板而無紋❷也。停憩久之。

東南一里，過五嶽觀❸。又一里，出文昌門，乃東南門也。南溪山正對其前，轉若一指，直上南過石梁，〔梁下即陽江北分派❹。〕即東轉而行，半里，過桂林會館。又半里，抵石山南麓❺，則三教庵❻在焉。庵後為右軍崖❼，即方信孺❽

結軒❾處。方詩❿刻庵後石崖上，猶完好可搨。其山亦為灕山，今人呼為象鼻山⓫，與雉山之灕，或彼或此，未知袒當誰左⓬。山東南隅亦有洞，南向，即在庵旁而置柵鎖，因土人藏蔞其中也⓭。洞不甚寬廣，昔直透東北隅，今其後竅已疊石掩塞。循石崖東北，遂抵灕江。乃盤山溯行，從石崖危嵌中又得一洞，北向，名南極洞⓮，其中不甚深。出其中前，直盤至西北隅，是為象鼻巖，而水月洞⓯現焉。蓋一山而皆以形象異名也。飛崖⓰自山頂飛跨，北插中流，東西俱高剜成門，陽江從城南來，流貫而合於灕。上既空明如月，下復內外瀠波，「水月」之稱以此。而插江之涯，下跨於水，上屬於山，中垂外撇，有捲鼻之勢，「象鼻」之稱又以此。水洞之南，崖半又闢陸洞。其崖亦自山頂東跨江畔，中剜圓竅，長若行廊，直透水洞之上。〔北踞竅口，下瞰水洞，〕東西交穿互映之景，真為勝絕。宋范石湖⓱作銘⓲勒竅壁以存。字大小不一⓳，半已湮泐，此斷文蝕束，真可與范〈銘〉同珍，當覓工搨之，不可失也。時有漁舟泊洞口崖石間，因令櫂余繞出洞外，復穿入洞中，兼盡水陸之觀。

乃南行一里，渡灕江東岸，又二里，抵穿山⓴下。其山西與鬬雞山㉑相對。

〔鬬雞在劉仙巖南，崖頭山北，灕江西岸瀕江之山也。東西夾灕，怒冠鼓距㉒，兩山當合名鬭雞，特東山透明如圓鏡，故更以穿山名之。〕山之西又有一峰危立，初望之為一，抵其下，始見豎石下剖，直抵山之根，若岐若合，亭亭夾立。蓋山以脆薄飛揚見奇也，土人名為荷葉山㉓，殊得之也。穿山北麓，嘉熙㉔拖劍之水直漱崖根，循山而南，遂與灕合。余始至其北，隔溪不得渡。望崖壁危懸，洞門或明或暗，紛紛錯列，即渡亦不得上。乃隨溪南行，隔水東眺，則穿巖㉕已轉，不睹空明，而山側成峰，尖若豎指矣。又以小舟東渡，出穿山南麓，北面而登，撥草尋磴。登一巖，高而倚山半，其門南向，即穿巖矣。而其內乳柱中懸，瓊楞層疊，殊有曲折之致。由其左深入，則漸窪而黑，水匯於中。知非穿巖，乃出。由其右復攀躋而上，則崇巖曠然，平透山腹，徑山十餘丈，高闊俱五六丈，上若捲橋㉖，下如甬道㉗，中無懸列之石，故一望通明。洞北崖右有鐫為「空明」者。由其外攀崖東轉，又開一洞，北向，與穿巖並列，而後不中通，內分層竇，若以穿巖為皇堂，則此為奧室矣。〔其東尚有三洞門，下可望見，至此則峭削絕徑。〕穿巖之南，其上復懸一洞，南向，與穿巖疊起，而後不北透，內列重幃，若以穿巖為平臺，則此為架閣矣。凭眺久之，仍由舊路東〔下匯〕水巖。將南抵山麓，復見一洞，門亦南向，而列於匯水之東。其內亦有支竅，西入而隘黑無奇。時將薄暮，遂仍西渡荷葉山下。北二里，過河船所㉘，溯灕江東岸，又東北行三里，〔北過訾家洲㉙，〕渡浮橋而返寓。

【章　旨】本章記載了第三十一天遊桂林的行跡。上午去廉泉內園遊賞，然後經過五嶽觀，走出文昌門，到三教庵，庵後為方信孺建軒處。這裡的象鼻山和雉山都稱為灕山。繞山沿灕江上行，經過南極洞，直到象鼻巖，水月洞出現在眼前。「水月」、「象鼻」之稱，都以景物形似得名。水洞的南面有陸洞，相互映照，景色極美。洞內石壁上刻有范成大所作的銘文。渡過灕江到達東岸，穿山和鬬雞山隔江相對，如同雄雞躍躍欲鬥。荷葉山在穿山西面，以脆薄飛揚稱奇。隨後接連遊賞了四個巖洞，一洞曲折有致，一洞通徹空明，一洞如幽深的內室，一洞如架起樓閣。從原路往下到匯水巖，再經過河船所、訾家洲，返回寓所。

【注　釋】❶登秀詩　徐霞客欲登獨秀峰，因未得靖江王准許，不能遊覽，故作此詩贈紺谷、靈室師徒，有拜託他們去王府求助之意。❷板而無紋　因前有「雕鏤繢飾」之說，故「無紋」二字疑有誤。❸五嶽觀　唐代名天慶觀，至宋改今名，在桂林城西南。❹陽江北分派　明初桂林城由榕湖、杉湖北岸往南擴展至陽江北岸，又鑿通南門橋至象鼻山腳一段水路，引陽江水從象鼻山出口，陽江由此分南、北兩派，並以北派為主流。❺抵石山南麓　「南」下原衍「行」字，據乾隆本刪。❻三教庵　在雲峰寺東南。❼右軍崖　乾隆本作「古雲崖」，古雲崖在雲峰寺東北，鄰近三教庵。❽方信孺　字孚若，莆田（今屬福建）人，曾三次出使金國，以口舌折強敵。宋寧宗嘉定年間，任廣西轉運使，在桂數年，詩刻甚多。❾軒　指雲崖軒，在象山西南麓雲峰寺後，旁有唐代摩崖造像兩龕。❿方詩　在象山雲崖軒舊址石壁上，刻有方信孺與張自明的唱和詩。方詩云：「不用窮探費杖藜，隱然林壑抉城陴。曾尊月洞千巖上，更著雲崖一段奇。拂拭軒窗容俎豆，發揮泉石借聲詩。瞿曇頗似知人意，已約梅花帶雪移。」張自明和詩云：「萬里風烟倚瘦藜，湘南曾自一登陴。雲崖知在灕山麓，水月傳誇古洞奇。四字丹書無夢見，千峰蒼玉有誰詩？門前繫馬松蔭下，鴉背斜陽影屢移。」⓫象鼻山　原名沉水山，又稱象山，在杉湖東南側，灕江與陽江匯流處。因山形似巨象伸鼻吸水得名。西麓有登山盤曲山道。山頂平展，北端建於明代的普賢塔，遠望似寶瓶，又似一柄插在象背上的劍，故有「劍柄塔」、「寶瓶塔」之稱。⑫祖當誰左　應當贊同哪一種說法。祖，去衣露上身。左祖，即袒露左臂。漢初呂氏專政，太尉周勃謀除呂氏，在軍中宣告：「擁護呂氏者右祖，擁護劉氏者左祖。」全軍都左祖擁劉，後因稱偏護一方為祖。⑬因土人藏蔞其中也　原本「因」下有「則」字。⑭南極洞　即新生巖，洞壁刻有「南極洞天」四字，洞口實為東南向。⑮水月洞　在象鼻山下，由「象鼻」與「象身」形成，形如半月，和江中倒影，合成一輪明月。洞府東西透徹，虛明高大，江水貫流，可以行舟。「象山水月」為桂林著名奇景。前人作詩讚道：「水底有明月，水上明月浮。水流月不去，月去水還流。」南宋乾道二年，張孝祥改洞名為「朝陽」，九年，范成大以「邦人弗從」，恢復原名。洞內外崖壁上歷代石刻甚多，以張孝祥的〈朝陽亭詩並序〉、范成大的〈復水月洞銘〉、陸游的〈詩札〉最為珍貴。⑯飛崖　指象鼻。⑰范石湖　即范成大，字致能，號石湖居士，吳郡（今江蘇蘇州）人。乾道年間知靜江府，在桂四年，興修水利，開發風景，題刻甚多。所作《桂海虞衡志》，以象鼻山為灕山。⑱銘　即〈復水月洞銘〉。范成大曾修復桂林勝景處，在修復水月洞時作銘：「有嵌孱顏，中淙漲湍，水清石寒。圓魄在上，終古弗爽，如月斯望。灕山之英，灕江之靈，嫓其嘉名。范子作頌，勒於巃嵸，水月之洞。」⑲字大小不一　此句上疑有缺文，「字」當指另一處石刻上的刻字。⑳穿山　在灕江東岸，因巖洞南北相通，如一箭穿透，故名。遠望峰頭圓洞，如明月高掛，又稱月巖、空明山。㉑鬭雞山　在南溪山南，灕江西岸，鬭雞潭旁。與對岸的穿山，如同兩隻隔江相鬥的雄雞，展翅昂冠，栩栩如生。明人孔鏞有詩云：「巧石如雞欲鬭時，昂冠相距水東西。紅羅纏頸何曾見，老殺青山不敢啼。」㉒距　雄雞腿後突出像腳趾的部分，鬥時用以刺傷對方。㉓荷葉山　即寶塔山，又名塔山，因山上有壽佛塔得名。在灕江西岸，與穿山相對，倒影江中，「穿山塔影」為桂林勝景。㉔嘉熙　拖劍江與小東江匯合後往下流稱嘉熙水，至穿山西南注入灕江。㉕穿巖　《遊記》中所寫的穿巖，和近年新發現的穿山巖不同。新發現的穿山巖，在穿山腳下，為一瑰麗神奇的溶洞。內有「高山飛瀑」、「珍珠洞」、「雪蓮花」、「仙田綠水」等勝景，其中尤以「荷花池」最為奇麗罕見。㉖捲橋　圓弧形的橋。㉗甬道　原本「甬」作「周」。㉘河舶所　明代管收魚稅的機構。㉙訾家洲　在桂林城東南灕江江心，為一長達五里寬約一里的沙洲，相傳過去有訾姓人家居住，故名。即使在江水上漲之時，也不會沉沒，古人稱為「浮洲」。洲上竹樹茂盛，每當煙雨迷濛之時，洲上如輕紗披拂，隱約成趣，「訾洲煙雨」為桂林勝景。柳宗元曾作〈訾家洲亭記〉，盛稱桂林山水。

【語　譯】初九　我在寓所稍微休息了一會。上午，從南面沿著大街走了一里，經過樵樓，想買扇子書寫〈登秀詩〉，贈送給紺谷、靈室兩個僧人，但沒有好的扇子。於是從縣後街往西走進宗室廉泉的園子。廉泉儀表端莊修整，謙厚有禮，吩咐童僕為我引路，遍遊內園。園子在住房的右邊，後面靠著大池，遠山近水，相互映襯，景物甚美，菓樹峰石，在園中錯雜而立，只是亭榭一味雕鏤繪飾，過於板滯，缺乏生趣。在裡面停下休息好長時間。

往東南走了一里，經過五嶽觀。又走了一里，出文昌門，是城的東南門。南溪山正對著門前，轉過好像僅一指寬的地方，便直往上朝南通過石橋，橋下便是陽江北面的支流。隨即往東轉，走了半里，經過桂林會館。又走了半里，到達石山南麓，三教庵就在這裡。庵後為右軍崖，即方信孺建軒居住的地方。方詩刻在三教庵後面的石崖上，仍然完好可以拓下。這山也叫灕山，今人稱它象鼻山，而雉山也叫灕山，有的認為灕山應為這山，有的又認為灕山該是那山，真不知該贊同哪種說法。山的東南角也有洞，面向南，就在三教庵的旁邊，但設置了柵欄加上鎖，因為當地人將蔞蒿藏在裡面。洞不太寬廣，過去直通山的東北角，如今後洞已被疊起的石塊堵塞。沿著石崖往東北走，便到灕江。於是繞著山沿江水上行，從石崖高峻凹陷之處又發現一個洞，面向北，名南極洞，裡面不太深。從洞中走出往前，繞著山直到西北角，這就是象鼻巖，水月洞出現在眼前。原來在同一座山中，根據不同的形象，而給景物以不同的名稱。高峻的崖石從山頂淩空跨越，向北直插江水之中，東西兩邊都高高地挖成石門，陽江從城南流來，通過門洞和灕江匯合。門洞的上面空明如同圓月，下面又有水波在裡外縈回，「水月」這名稱，就由此而來。而插入江中的那一邊，下端跨在水中，上面和山相連，中間低垂，往外掀起，形似鼻子捲起，「象鼻」這名稱又由此而得。水洞的南面，石崖的半腰又開出一個陸洞。這崖也從山頂向東跨到江邊，中間挖成圓洞，像走廊那麼長，直通水洞的上方。坐在圓洞的洞口，朝北俯視水洞，東西交穿，互相映照，真是絕妙的美景。宋代范石湖作銘刻在洞壁上保存下來。字大小不一，半數已經磨滅裂損，這些斷文殘簡，真值得和范成大的〈復水月洞銘〉同樣珍視。應當尋找工匠拓下，不可錯失。這時有條漁船停泊在洞口的崖石間，就叫船帶我繞出洞外，又穿入洞中，盡覽水陸兩洞的景觀。

於是往南走了一里，渡過灕江到達東岸，又走了二里，到穿山腳下。這山西面和鬬雞山相對。鬬雞山在劉仙巖的南面、崖頭山的北面，是灕江西岸靠近江水的山。穿山和鬬雞山從東、西兩面夾住灕江，形狀如雞冠直豎，腳掌抬起，躍躍欲鬥，應該將兩座山合稱鬬雞，只因東山透明如同圓鏡，故另外稱它為穿山。山的西面又有一峰高高聳立，起先看上去以為是一座山，到了山峰下面，才看到豎立的石崖下面裂開，直到山腳，兩邊似分似合，亭亭夾立。這山以脆薄飛揚稱奇，當地人稱作荷葉山，極為合適。穿山的北麓，嘉熙江、拖劍江的水流直接沖刷到崖腳，沿著山往南，就和灕江匯合。我起先到它的北邊，隔著溪水沒法渡過。望見崖壁高懸，洞門或明或暗，紛紛錯列，即使渡過溪水也無法上去。於是隨溪水往南走，隔著水流向東望去，已經轉過穿巖，看不到空明的景象，而山側看成峰，就像豎起的手指那麼尖細。又坐小船東渡，從穿山南麓走出，向北登山，撥開草叢，尋找石級。登上一座山巖，高高地靠在半山腰，洞門向南，以為這就是穿巖。洞內懸掛著鐘乳石柱，如同瓊樓層層疊疊，很有幽深曲折的景致。從它的左邊深入進去，漸漸變得低窪黑暗，水匯聚在中間。明白這不是穿巖，便從洞中退出。從它的右邊再向上攀登，前面是一個高大開曠的巖洞，橫向通往山的腹部，穿過山直徑有十多丈，高和寬都是五、六丈，上面像圓弧形的橋梁，下面如同甬道，中間沒有懸列的石柱，故一眼望去，通徹明亮。洞北石崖的右邊刻有「空明」兩字。從它的外面攀著崖壁往東轉，又開出一個洞，面向北，和穿巖並列。但後洞並不相通，裡面分成層層孔穴，如果將穿巖比作高大的殿堂，那麼這洞就是幽深的內室了。在它東面還有三個洞門，在下面可以望見，到這裡則山崖陡峭，無路可走。穿巖的南邊，上面又高懸一洞，面向南，和穿巖相疊，但後洞也不與北面相通，裡面如同層層幃幕陳列，如果將穿巖比作平臺，那麼這洞就是架起的樓閣了。居高望遠，過了好長時間，仍然從原路往東走下，到匯水巖。往南即將到達山腳時，又看到一個洞，洞門也向南，位於匯水巖的東面。洞內也有分支小洞，往西進去，狹隘黑暗，沒有奇景。這時已近傍晚，就仍往西渡江到荷葉山下。朝北走了二里，經過河舶所，沿著灕江東岸上行，再往東北走三里，向北經過訾家洲，渡過浮橋，返回寓所。

初十日　余憩寓中。上午令取前留初暘所裏石，內一黑峰，多斧接痕。下午復親攜往換，而初暘觀戲王城後門，姑以石留其家。遂同靜聞以所書詩扇及岳茗賫送紺谷，比抵王城後門，時方演劇，觀者擁列門闌❶，不得入。靜聞袖扇茗登懺壇，適紺谷在壇，更為訂期十三日。余時暴❷日中暑甚，不欲觀戲，急託闌內僧促靜聞返，乃憩寓中。

十一日　飯後出東江門，渡浮橋，共一里，過嘉熙橋❸，問龍隱路。龍隱巖❹即在橋東之南崖，乃來時所過夾路兩山：北為七星，南為龍隱，其巖洞俱西向臨江。七星❺之後穿山而東者，為曾公巖，其前有峰分岐，植立路北。龍隱之後踰嶺而南者，為隱真巖❻，其北有石端拱❼，俯瞰路南。此來時初入之隘，至是始得其詳也。從橋上南眺龍隱，與月牙❽並列東崖。第月牙稍北，度橋循山，有路可通；而龍隱稍南，須從橋下涉江而上，其大道則自端拱之石，南踰嶺坳，循隱真而西，又從怡雲❾北轉始達，其間又迂迴里餘矣。余欲併眺端拱石人，遂由橋東直趨嶺下，乃南上平瞻石人。又南下，即得一大塘。由塘北循山西轉，其崖石俱盤削飛突。崖有隱真巖，建閣祠。共里餘，抵山之西南隅。其峰益嵯峨層疊，中空外聳，上若鵲橋懸空，心異之，知龍隱在下，始攀隙而登，上有臺址，拂崖讀記，則怡雲亭之廢跡也。由其上轉鏬梯空，穿石鍔⑩上躋，其石片片懸綴，側者透峽，平者架橋，無不嵌空玲瓏。既而踞坐橋下，則上覆為龕，攀歷橋上，則下懸成閣，此真龍角⑪之宮，蟾口⑫之窟也。下至怡雲，其右即龍隱在焉。洞門西向，高穹廣衍，無奧隔之竅，而頂石平覆，若施幔布幄，有紋二縷，蜿蜒若龍，萃而為頭，則懸石下垂，水滴其端，若驪珠⑬焉。此龍隱之所由其名也。其洞昔為釋迦寺⑭，僧廬甚盛，宋人之刻⑮多萃其間，後有〈元祐黨人碑〉⑯，則其尤著者也。今已廢棄，寂無人居。豈釋教之盛衰，抑世變之滄桑也？洞右近口，復綰臺垂柱，環為層龕⑰，內矚重洞，外瞰深流⑱，此為最勝。出巖，已過午矣。

仍從怡雲南麓，東北逾端嶺，過「拱石人」處。乃西轉循街共里餘，將至花橋，今顧僕北炊於朝雲巖，即融止所棲處。共里餘，余與靜聞南沿西麓，隨流歷磴半里，入月牙巖。其巖西向，與龍巖比肩而立，第此則疊石通磴，彼則斷壁削崖，路分通塞耳。其巖上環如玦而西缺其口，內不甚深而半圓半豁，形如上弦⑲之狀，鉤簾垂幌，下映清泠，亦幽境也。既而仍由街北過七星，入壽佛寺。寺在七星觀北，其後即棲霞大洞。僧空生頗雅飭，因留客，時余急於朝雲之餐，遂辭。乃從其北而東躡磴，則朝雲之餐已熟，亟餐之，下午矣。

下山，北過葛老橋，東入一王孫之苑，中多果木，方建亭飭廡⑳焉。地幽而製板，非余所欲觀也。時余欲覓屏風㉑，而徧詢莫識。或有以黃金巖告者，謂去城東北五里，其道路吻合，疑即此山。及詢黃金，又多指朝雲下佛廬當之，謂內閹王公所建。此乃王公，非黃金也。求屏風而不得，并黃金而莫從，乃貿貿㉒焉望東北而趨。約三里，遇負擔而詢之，其指村北山曰：「此即是矣。」此中土人，鮮知其名，乃從村右北趨，問之村人，仍不知也。中猶疑信參半，及抵山東麓，則削崖平展，列嶂危懸，所云屏風，庶幾不遠。已轉北麓，則洞門如峽，自下高穹，山頂兩崖，闊五丈，高十餘丈。初向南平入，十丈之內，忽少轉東南向，忽明穴天開，自下望之，層樓結蜃，高鏡懸空，即非屏風巖，亦異境也。從此遂高躋也。又十餘丈而出明穴之口。先，余一入洞，即採嫩松拭兩崖，開蘚剔翳，而古刻露焉。字盡得松膏㉓之潤，如摹搨者然，雖蝕亦漸可辨，右崖鐫「程公巖」三大字。西有記文㉔一通，則是巖為鄱陽㉕程公㉖〈崇寧帥桂時〉所開，而程子鄰嗣為桂帥，大觀四年㉗。屬侯彭老㉘為記，梵仙趙岍書之者也。志言屏風巖一名程公，至此乃憬然㉙無疑，而轉訝負擔指點之人所遇之奇也。乃更拭其西，又鐫〈壺天觀銘序〉㉚，有「石湖居士名之曰空明之洞」之文㉛，而後不著撰名，第復草書二行於後曰：「淳熙乙未㉜廿八日，酌別碧虛七人復過壺天觀。」姓字在棲霞，必即范公無疑，又不可無棲霞一番詳證矣。左崖鐫張安國㉝詩題，其字甚放逸。其西又鐫〈大宋磨崖碑〉，為李彥弼㉞大書深刻者。其書甚大而高，不及盡拭而讀之。遂西向登級，上登穴口，其內巖頂之石，層層下垂，若雲翼勢空㉟，極其雄峻。將至穴口，其處少平。北奧有大石幢㊱，盤疊至頂，圓若轉輪，纍若覆蓮，色碧形幻，何造物之設奇若此也！是處當壺天觀故址，劫塵㊲蕩盡，靈穴當懸，更覺空明不夾。出穴而西，其外山迴崖轉，石骨森森，下即盤峰成窩。窩底有洞北向，心頗異之，遂不及返觀前洞，竟從明穴之後覓徑西南下，及抵窩入洞，洞不甚深。乃即踰窩而西，有石峰駢枝㊳並起，一為石工鎚鑿垂盡，一猶亭亭獨立。從其東更南三里，已出葛老橋之西。於是循朝雲、七星西麓，西度花橋。時方日落，市人紛言流賊薄永城㊴，省城㊵戒嚴，城門已閉。亟馳一里，過浮橋，而門猶半啓，得返寓焉。

【章 旨】本章記載了第三十二、第三十三天遊桂林的行跡。去找紺谷，將遊獨秀山的日期改為十三日。次日打聽去龍隱巖的路。龍隱巖和七星巖南北相夾，與月牙巖並肩聳立。途中瞻望了端莊拱立的石人，經過怡雲亭的舊址，穿過鋒利的石片向上攀登，觀賞了如同龍宮蟾窟的奇景。龍隱巖在怡雲亭右面，洞頂有石紋如遊龍，這裡過去為釋迦寺，匯聚著許多宋人石刻，其中〈元祐黨人碑〉尤其著名。隨後越過端嶺，進入月牙巖，洞形如彎月，也是一處清幽的境地。不一會經過七星巖，走進壽佛寺，後面便是棲霞洞。到朝雲巖吃了飯，又想尋找屏風巖，卻無人知道在哪裡，碰巧遇上一個挑擔的人，得到指點，才來到一個天然開出的明洞，如同海市蜃樓層層相連，這就是屏風巖，又名程公巖，崖壁上刻有〈壺天觀銘序〉和〈大宋磨崖碑〉。洞內巖頂石勢極其雄峻，另有大石幢令人稱奇。出洞經過兩座駢枝並起的石峰，度過花橋，聽說省城戒嚴，趕緊返回寓所。

【注　釋】❶門闌　門框。❷暴　即「曝」。曬。❸嘉熙橋　即花橋。❹龍隱巖　在月牙山瑤光峰下，小東江北岸，相傳為神龍隱伏之地，故名。因巖形如袋，又名布袋巖，巖室寬闊如大廳，洞頂滴乳，四時不絕，聲如琴音，故有「滴玉泉」等名。現巖口建有題名「桂海碑林」的陳列館，將分布在桂林各處的著名石刻，拓下裝裱後集中展出，有極大的歷史資料和藝術文物價值。❺七星　原本作「七里」。❻隱真巖　在月牙山南，宋時建有隱真庵，又名地藏庵。❼有石端拱　在月牙山月牙樓後，有一塊峭拔的大石在山上聳立，高數丈，遠望如端莊拱手的石人，又像一把插在山頭露出劍柄的寶劍，故名劍柄石。❽月牙　巖名，在月牙山腰，因巖形如新月，故名。巖中樓閣參差，嘉樹茂盛，春水溶溶，落紅滿溪，每當夕陽映照，景色迷人，故有「南州勝景」之稱。❾怡雲　亭名，在龍隱巖東南半山上，宋范成大曾在此建驂鸞亭，明代改建怡雲亭。❿石鍔　形容石片鋒利如同刀刃。⓫龍角　即龍。⓬蟾口　即蟾蜍。原脫「口」字。⓭驪珠　一種寶珠，傳說出自海中驪龍頷下。⓮釋迦寺　在龍隱巖口，建於北宋熙寧年間，後經僧人慘淡經營，建成一座「萬瓦鱗次」、「兩閣翬飛」的大寺，為當時桂州四大名寺之一，後廢。⓯宋人之刻　龍隱巖為文物薈萃之地，有宋、元以來題刻一百多件。⓰元祐黨人碑　即〈元祐黨籍碑〉。宋哲宗元祐元年（一〇八六），司馬光為相，盡廢王安石新法，恢復舊制。徽宗崇寧元年（一一〇二），蔡京為相，將司馬光等三百零九人，定為元祐奸黨，先後立碑於端禮門和廟堂，並頒詔全國州縣刻石。後因星變，下令毀碑。其後黨人子孫，以先祖名列此碑為榮，重行摹刻。龍隱巖中黨人碑，即在宋寧宗慶元四年（一一九八），由黨人梁燾的曾孫梁律重刻的。⓱綰臺垂柱二句　龍隱巖洞外有個佛家坐禪的小臺，名禪臺，臺西靠巖口北角處，有一石柱，環為層龕重洞，環境幽雅。⓲深流　指小東江，為拖劍水支流。⓳上弦　農曆每月初七、初八，太陽與地球的連線和地球與月亮的連線成直角時，在地球上看到月亮呈弓形，亮面朝西，這種月相叫上弦。⑳廡　堂下周圍的廊屋。㉑屏風　山名，位於桂林城東五里，因山形折疊如屏得名。有屏風巖，在平地斷山峭壁之下，高廣壁立，猶如大廈。為宋人程節開發，又名程公巖。范成大稱為空明洞，又在洞外建壺天觀。㉒貿貿　目不明貌。引申為不明方向或目的。㉓松膏　即松煙墨，用松木燒出的煙灰和膠製成的墨。這裡指嫩松葉的汁水。㉔記文　指〈程公巖記〉。㉕鄱陽　程節為江西浮梁人，浮梁在漢代為鄱陽縣地。㉖程公　程節，字信叔。宋徽宗崇寧年間，官廣西轉運使，知桂州，甚得人心，有《竹溪集》。㉗大觀四年　西元一一一〇年。大觀，宋徽宗年號。㉘侯彭老　字思儒，號醒翁，衡山（今屬湖南）人，曾為程鄰幕僚。㉙憬然　醒悟。㉚壺天觀銘序　即〈屏風巖銘並序〉，淳熙年間，范成大在屏風巖新建壺天觀，作銘並序。銘曰：「心塵目華，三昧現前。我提一壺，彌羅大千。無有方所，四維上下。此三昧門，溥施遊者。」㉛有石湖居士名之曰空明之洞之文　原為「有石湖居士命曰空之文」。據《廣西通志》所載〈壺天觀銘序〉改。㉜淳熙乙未　淳熙二年（一一七五）。淳熙，宋孝宗年號。㉝張安國　張孝祥，字安國，號于湖居士，歷陽（今安徽和縣）人。宋孝宗乾道年間，知靜江府，兼廣南路經略安撫使。詩文皆追蹤蘇軾，風格豪邁，多感事憂時之作。㉞李彥弼　北宋崇寧年間任桂州通判，所作桂林山水記頗多。㉟雲翼勢空　下一日日記有「雲翼劈空」之語，此「勢」疑為「劈」字之誤。㊱石幢　形狀如幢的鐘乳石。幢，刻著佛號或經咒的石柱。㊲劫塵　劫火餘塵。㊳駢枝　即「駢拇枝指」。駢拇，謂足大拇指與第二指相連合成一指。枝指，謂手大拇指傍枝生一指成六指。這裡形容石峰又岔生一支峰。㊴永城　永州府城。永州，明代為府，治所在零陵（今屬湖南）。㊵省城　桂林在明代為廣西布政使司治所。

【語　譯】初十　我在寓所休息。上午派人去取先前留在初暘那裡包紮的大石，發現裡面有一塊形似黑峰的石塊，上面有許多斧鑿的痕跡。下午又親自帶著這塊石去調換，但初暘到王城後門看戲去了，暫且將石留在他家中。於是和靜聞將有題詩的扇子和南嶽的茶葉贈送給紺谷，走到王城後門，這時正在演戲，觀看的人圍聚在門旁，沒法進去。靜聞將扇子和茶葉放在袖中登上懺壇，紺谷正好在壇上，又將遊獨秀山的日期改訂為十三日。這時我因曬在烈日下中暑很深，不想看戲，急忙託門內的僧人催促靜聞返回，便在寓所休息。

十一日　飯後走出東江門，渡過浮橋，共走了一里，通過嘉熙橋，打聽去龍隱巖的路。龍隱巖就在橋東側的南崖，即來時所經過的在路旁夾立的兩座山：北邊為七星巖所在處，南邊為龍隱巖所在處。這兩個巖洞都向西面對灕江。從七星巖的後面穿山向東，為曾公巖，在它前面有座支峰，峙立在路的北邊。從龍隱巖的後面翻過山嶺向南，為隱真巖，在它北面有石如人端莊拱立，俯視路的南邊。這是過來時最初進入的隘口，到這時才得以了解其詳細情況。從橋上往南眺望龍隱巖，和月牙巖在東面的山崖並列。只是月牙巖稍許靠北，過橋沿著山走，有路可通；而龍隱巖稍許偏南，必須從橋下涉江往上，如走大路則從端拱的大石，向南翻過山嶺的坳地，沿著隱真巖往西，再從怡雲亭往北轉方能到達，其間又繞了一里多路。我想一併眺望端拱的石人，便從橋東一直走到嶺下，然後往南向上，平視石人。再朝南往下走，便看到一個大池塘。從池塘的北面沿著山向西轉，只見崖石都盤曲陡峭，高聳突兀。崖上有隱真巖，建有樓閣祠堂。共走了一里多，到達山的西南角。這裡的山峰更加險峻，重重疊疊，中間虛空，外形聳起，上端如同懸空架起的鵲橋，心中暗暗稱奇，知道龍隱巖就在下面，才從巖上的裂縫攀登，上面有臺址，拂拭崖石讀著上面的題記，原來是已廢棄的怡雲亭的遺址。從它的上面轉過石縫凌空向上，穿過尖利的山石攀登，巖石一片片懸掛連接，側立的如直通的峽谷，平置的如架起的石橋，無不剔透玲瓏。隨即坐在橋下，只見上面覆蓋形成石龕，登臨橋上，則下面懸掛成為樓閣，真可稱為龍宮蟾穴之地。往下走到怡雲亭，龍隱巖就在亭的右面。洞門向西，高高拱起，寬廣開闊，沒有幽深隔絕的孔洞，頂上的石塊平蓋，就像張開的布幔帳幕，石上有兩條線紋，蜿蜒曲折，如同龍形，在聚成龍頭處，有岩石往下垂掛，水滴在它的上端，如同驪珠。這就是「龍隱」得名的由來。這洞過去為釋迦寺所在地，有很多僧人的屋子，宋人的石刻多匯聚在裡面，後面有〈元祐黨人碑〉，尤其著名。如今寺已廢棄，一片空寂，無人居住。真是佛教的盛衰，從中或許也顯示出世事的變幻？在洞的右邊靠近洞口的地方，又盤起石臺，垂掛著石柱，環繞成層層石龕，往內注視重重洞穴，向外俯視深深的水流，這裡是觀賞景物最美的地方。走出巖洞，已過中午了。

仍然從怡雲亭的南麓，往東北翻過端嶺，經過「端拱石人」所在處。便向西轉，沿街共走了一里多，將到花橋，吩咐顧僕到北面的朝雲巖煮飯，即融止居住的地方。有一里多路，我和靜聞往南沿著山的西麓，隨著水流踏上石級走了半里，進入月牙巖。這巖面向西，和龍隱巖並肩而立，但這裡鋪石通路，那裡則為懸崖斷壁，道路一處通達一處堵塞罷了。這巖上面環轉如玦，西邊有個缺口，裡面不太深，半圓半豁，形狀如同彎月，門簾鉤起，帷幔垂掛，向下映照，景物清冷，也是一處幽雅的境地。不一會仍從街的北面經過七星巖，進入壽佛寺。寺在七星觀的北面，後面便是棲霞大洞。僧人空生舉止高雅，見面後留客，這時我急於去朝雲巖吃飯，便告辭離開。就從它的北面往東踏上石級，到朝雲巖飯已煮熟，趕緊吃飯，已是下午了。

下山後，往北通過葛老橋，再往東走進一個王孫的花園，裡面有許多果樹，正在建造亭子整修房屋。地處僻遠，建築呆板，不是我想觀賞的地方。這時我想尋找屏風巖，到處打聽沒人知道。有人將黃金巖所在的地方告訴我，說在城東北五里處，去的路和屏風巖的方位正相吻合，懷疑就是這座山。到打聽黃金巖時，人們又多指著朝雲巖下的佛寺回答，說是宦官王公建造的。可這是王公，並不是黃金。找不到屏風巖，連黃金巖也不知如何走，便貿貿然朝東北趕路。大約走了三里，遇見挑擔的人向他問路，那人指著村北的山說：「這就是。」當地人很少知道屏風巖這名字。於是從村莊的右邊往北走，向村裡的人打聽，仍然不知道。心中還半信半疑，及到達山的東麓，只見陡峭的山崖橫向伸展，道道山峰如同屏障高高懸掛，所謂的「屏風巖」，應該說已很相近了。過了一會轉到山的北麓，則洞門如同峽谷，自下往上高高拱起，山頂有兩座石崖，闊五丈，高十餘丈。起先向南平步進入，不到十丈，忽然稍許轉向東南，忽然又看到天空中開出一個明洞，從下面望它，如同海市蜃樓層層相連，又像明鏡高懸空中，即使不是屏風巖，也是一處奇境了。從這裡起便往高處攀登，又往前十多丈，走出明洞的洞口。先前，我一進洞，就採了嫩松擦拭兩旁的崖壁，剝開苔蘚，剔除遮蔽，古老的石刻顯露出來。上面的字都得到松葉汁的潤澤，就像臨摹拓印一般，雖已剝蝕，也漸漸可以辨認，右邊的崖上刻著「程公巖」三個大字。西面有一篇記文，原來這巖是鄱陽程公在崇寧年間知桂州時所開發的，他的兒子程鄰繼任知桂州時，在大觀四年。囑託侯彭老作記，梵仙趙岍書寫。志書說屏風巖又名程公巖，到這裡才明白無疑。轉而為遇見挑擔指點的人感到驚奇。於是再擦拭崖的西面，又看到〈壺天觀銘序〉石刻，裡面有「石湖居士名之曰空明之洞」這樣的文字，但後面不留撰寫者的姓名，只是又寫了二行草書：「淳熙乙未廿八日，酌別碧虛七人復過壺天觀。」姓名在棲霞洞，必定無疑就是范公，又不可不去棲霞洞作一番詳細的考證了。左邊的崖壁上刻著張安國的詩題，他的字十分豪放飄逸。在它西面又刻著〈大宋磨崖碑〉，是李彥弱大字書寫並深深刻在崖上的。這些字很大很高，來不及全部擦拭就讀下去。於是向西踏著石級，往上登臨洞口，洞內巖頂的石塊，層層下垂，就像飛翼淩雲，劈空而起，氣勢極其雄峻。在即將到達洞口的地方，地勢稍許平坦些。北面深奧之處有巨大的石幢，盤繞重疊直到巖頂，像佛寺中的轉輪那麼圓，像覆蓋的蓮葉那樣堆積，顏色青碧，形狀奇特，真不知造物主何以設計出如此奇異的景物！這裡正當壺天觀的舊址，塵世的劫難將它盪滌一空，神奇的洞穴高掛著，看了更覺空爽明淨，毫不狹隘。出洞向西，外面山崖繞轉，岩石叢聚，下面便是由盤繞的山峰圍成的山窩，山窩的底部有洞面向北，心中覺得它很奇特，就來不及返身觀看前洞，竟自從明洞的後面找路往西南走下，到達窩底進入洞中，洞不太深，隨即越過山窩向西，有兩座石峰駢枝並起，一座被石工鎚擊開鑿，即將毀盡，一座仍然亭亭獨立。從石峰的東面再往南三里，已從葛老橋的西面走出。於是沿著朝雲巖、七星巖的西麓，往西通過花橋。這時太陽剛下山，市上的人紛紛傳說流寇逼近永州，省城戒嚴，城門已經關閉。急忙奔走一里，通過浮橋，城門還半開著，才得以返回寓所。

十二日　復二里，過初暘宗室，換得一石，令顧僕肩之，欲寄于都府街東裱工胡姓家。適大雨如注，共里餘，抵胡。胡亟來接，入手而石尖砑然❶中斷，余無如之奈何，姑置其家。候雨少止，遂西過都府前，又西徑❷學宮，乃南行，共二里而出麗澤門。門外有巨塘匯水，〔水自西北城角馬留過脊處南抵振武門❸，北入陽江，〕自北而南，有石梁跨之，〔曰涼水洞橋。〕其梁北塘中，蓮花盛開，幽香豔色，坐梁端樹下眺之，令人不能去。又西南行一里，已出隱山之外。從其西度西湖橋❹，溯陽江北岸而西，通侯山背，而大道猶在西南，當自振武門西度定西橋❺。時余欲覓中隱山，久詢不得，志言在城西南十里，乃轉而南向行。又一里，抵振武門。於是越橋西行一里，忽見路右有山森然，有洞岈然，即北趨其下。前有古寺，拭碑讀之，則西山❻也。

西山之勝，余以為與隱山、西湖相近。先是數詢之不獲，然亦不知有洞也。亟捨寺趨洞，洞門南向，其東又有裂石，自峰頂下跨成門，復捨洞趨之。則其門南北豁然，亦如雉山、象鼻之中空外跨，但彼則急流中貫，此則澄潭外繞耳。然其外跨之石，其上欹疊交錯，尤露奇炫異放。亦未遽入門中，先繞其東，遂抵山北，則北向亦有洞岈然。穿洞而南，橫透山腹，竟與南洞南北貫徹，第中有夾門，有垂柱，不若穿山中洞、風洞西巖一望皎然耳。然其內平整曲折，以小巧見奇，固居然一勝也。出南洞，望洞左有磴疊嵯峨。循之北躋峰頂，則怪異之石，鍔簇鋒攢，〔中旋為平凹，長若溝洫❼，光滑特異。〕既下至南洞前，始東入石門。其門乃片石下攢，垂石上覆，中門高闢，眾竅旁通，內穹一室，外啓八窗，亦以小巧見奇，又一勝也。停憩久之，望其西峰，石亦聳列。

從寺後西歷其上，由峰崿中歷級南下，出慶元伯祠❽，乃弘治時孝穆皇太后祠其父者。西循大道行，又三里，由岐徑北趨木陵村❾。先是，求中隱不得❿，至此有居人朱姓者，告余曰：「中隱、呂公，余俱未之聞，惟木陵村有佛子巖，其洞三層，道里相同⑪，或即此巖未可知。」余頷之，遂從此岐入。西北二里，望見石峰在侯山東麓，洞門高懸。乃令顧僕就炊村氓家，余同靜聞北抵巖下。其巖之東，先有二洞南向。余先入最東者，則洞敞而不深。稍西則洞門側裂，外垂列乳，中橫一屏。屏後深峽下墜，屏東西俱有門可瞰而下。由峽中北入，其竅旁裂，漸隘而黑，乃復出。又西上入大洞，其洞南下北上，穹然高透，頗如程公巖。瞻右崖有題，亟以松枝磨拭之，則宋紹興甲戌⑫七月望⑬呂愿忠⑭題中隱山呂公洞詩⑮也。〔後署云⑯：〕「假守洛陽呂叔恭遊中隱山無名洞，客有言：『此洞因君顯，當以呂公名之。』余未敢拔襟，在坐者皆曰『當甚』，因書五十六字鐫於壁。」余見之，更憬然喜，始知佛子巖之即呂公，呂公巖之即中隱也⑰。於是北躋後穴，其內雲翼劈空，疊層倒騫⑱，與洞俱上，不作逼隘之觀，而穴口高朗，更大於程公巖之後〔穴〕也。

出口而北，有石磴二道：一東北下山麓，一西北躋山頂。余先從其下者，則北向之麓，皆崆峒⑲如雲噓幔覆，外有倒石，界而為門，列而為窗，而內蜿蜒旁通，繞若行廊複道，此下洞⑳之最幽奇者也。既而復上中洞後穴，從其左西北躋級而上，忽復得一洞。其洞北入南穹，擴然平朗，南向之中一石聳立如臺，上有石佛，不知其自來，洞右有記，言此洞從前路塞莫上，一日有樵者入憩，忽覩此像，異而建之，此宋初也。佛子洞㉑之名所由也。其前有巨石柱，如屏中峙，東西界為兩門：西竅大而正，自下遠眺，從竅直透北山，而東則隱焉；東竅狹而偏，其竅內東旋一龕，中圓覆而外夾如門，門上龍虎交兩旁，有因而雕繢之者，及失天真，則真之宮也㉒。竅外循崖東轉，又闢一門，下臨中洞之上，則關帝之座也。余得一佛子，而中隱呂公巖諸跡，種種畢現，誠意外之奇遇也。仍由洞北東下，穿中洞南出，再讀呂公五十六字㉓題，識之以待歸錄。出洞中，復循山西行。又開一洞，南向與中洞並列，中存佛座、柱礎，則昔時梵宇也，而內不甚宏。由其西攀磴而上，又有南向之洞。

余時腹已枵然㉔，急下山，飯於木陵氓家。氓言：「西向侯山之下，尚有銅錢巖，可透出前山；北向趙家山，亦有洞可深入；南向茶庵之西，又有陳摶巖，頗奇。」余思諸巖不能遍歷，而侯山為眾峰之冠，其巖不可交臂而過。遂由中隱舊路越小橋西，共一里，登侯山東麓㉕，茫不得洞。但見有級上躋，幾欲賈勇一登絕頂，而山前行者，高呼日暮不可登。第西南遙望大道之南，削峰東轉，有洞東北穹焉，不知為銅錢、為陳摶，姑望之而趨。交大道南去，共一里，抵其下。洞門東北向，高倚山半，而前有瀦水，匯而成潭。從潭上拾級攀棘，遂入洞中。其洞亂石堆門，外高內深，歷石級西南下，直墜洞底，則水涯淵然。內望有一石橫突而出，若龍首騰空，下有仄崖㉖嵌水，內有裂隙旁通。余抵龍首之下，畏仄崖峭滑，逡巡未前，而從者高呼日暮路險，此可莫入，乃從之出。下山循麓轉出東南，則此山之背，似復有門，前復匯水，豈所云銅錢巖可透前山者，乃即此耶？〔其處西峰駢聳，無侯山㉗之高而峭拔過之。〕日暮急馳，姑留以為後日之遊。共二里，南出大道，回顧其西路南夾道之山，上有一竅東西透空，亦與佛子、穿巖無異，俱留為後遊，不暇執途人而問㉘。時途中又紛言城門已閉，竭蹶東趨三里，過茶庵，又二里，過前木陵分岐處，已昏黑矣，度已不及入城。又三里，抵振武門，猶未全掩也。側身而入，從容抵寓。

【章　旨】本章記載了第三十四天遊桂林的行跡。走出麗澤門，坐在涼水洞橋頭觀賞荷花。又到振武門，通過定西橋，來到西山。山上有洞，和象鼻山一樣中間虛空，外邊跨開成門。山北也有洞，南北貫通，峰頂奇石如刀鋒聚立，石門也以小巧見奇。隨後經過慶元伯祠，到木陵村去遊佛子巖，有個很像程公巖的大洞，崖壁上有呂愿忠的題詩，原來這裡就是中隱山中洞呂公巖，洞內巖石劈空直上，倒捲飛舞。又去中隱山下洞，裡面曲折旁通，如走廊複道。再到佛子洞，洞前有大石柱，分成兩門，洞外有關帝座。山的西門還有一洞，過去為佛寺。下山吃飯，接著前往侯山，因天色已晚，沒有登上峰頂，轉而進入石鼓洞，洞底水既廣又深，裡面有一石形如龍首。因傳言城門已經關閉，急忙趕回寓所。

【注　釋】❶硜然　敲打石塊的聲音。❷徑　通「經」。❸振武門　即武勝門。❹西湖橋　架在隱山西麓溪流之上，因這裡原為西湖得名。❺定西橋　架武勝門外陽江之上。❻西山　現在通稱的西山，在隱山西北陽江北岸，而徐霞客在此所記的西山，在陽江南岸，兩者不同。這裡所說的西山，當為今牯牛山。❼洫　田間水道。❽慶元伯祠　在桂林城西一里，明弘治四年建，祀孝穆皇太后父李福斌母唐氏。李福斌夫婦為廣西平樂府賀縣人，封慶元伯、伯夫人。❾木陵村　六月五日日記作「穆陵村」，即今睦鄰村。❿求中隱不得　原脫「得」字。中隱，山名，在桂林城西十里，四周群山環繞，有上中下三洞，景物清幽。⓫道里相同　原脫「同」字。⓬紹興甲戌　紹興二十四年（一一五四）。紹興，宋高宗年號。⓭望　月圓之時，常指農曆每月十五日。⓮呂愿忠　字叔恭，南宋洛陽人，曾知桂州，兼廣南西路經略安撫使。⓯題中隱山呂公洞詩　即〈呂公巖〉詩：「護田綠水轉山木，滴翠群峰列巨杉。洞外僧藍侵斗漢，澗邊人跡隔仙凡。深深雲谷春常在，寂寂松扉夜不緘。此處得名爰自我，要須題作呂公巖。」⓰後署云　徐霞客在此所錄，並非原文。原文為：「假守呂叔恭遊中隱巖無名洞。坐客鄱陽朱國輔云：『此洞未有名，因公而顯。』欲名呂公巖。予未敢披襟，而劉子思、陳朝彥皆曰『甚當』，戲書五十六字鑱於壁間。」⓱佛子巖之即呂公二句　佛子巖為中隱山上洞，呂公巖為中隱山中洞，三者並不相同。呂公巖如同一個大廳，洞底平廣，高數丈，左壁有圓窗，可俯瞰下洞景物。⓲鶱　通「鶱」。飛。⓳崆峒　山洞。⓴下洞　指中隱山下洞，即張公洞。洞內回環曲折，如九曲迴廊，一彎勝一彎，別有情趣。㉑佛子洞　即佛子巖，中隱山上洞，在山頂。宋乾道年間在洞內建有福緣寺，已堙沒。洞內明朗通暢，如大舞臺，天幕層層，帷幔垂掛。後洞為懸崖峭壁，憑欄眺望，可見桃花江。㉒及失天真二句　此二句疑有誤漏。「及」疑為「反」之誤。下句不可解。㉓五十六字　原本作「二十六字」，據前文改。㉔腹已枵然　即空腹。枵，空虛。㉕登侯山東麓　此句乾隆本作「抵侯山廟，廟後山麓漫衍，蹈水披叢」。㉖仄崖　狹窄的山崖。㉗侯山　在城西十里，以高聳如公侯端冕之狀，故名。上有金鉤巖，登臨其上，俯視諸峰如培塿。㉘不暇執途人而問　乾隆本作「執途人問：『前所入北向洞何名？』則架梯巖，一名石鼓洞也」。

【語　譯】十二日　又走了二里，到皇族初暘家，換得一石，吩咐顧僕扛著它，想寄放在都府街東一戶姓胡的裱工家。碰巧大雨傾瀉，共走了一里多，到達胡家。胡急忙上來迎接，一到他手中，石尖便被敲斷，我無可奈何，暫且將石放在他家中。等雨稍停之後，就往西經過都指揮使府衙前，再往西經過學宮，才向南走，共二里，走出麗澤門。門外有大池積滿了水，水從馬留山延伸至城西北角的山脊處往南流到振武門，再往北注入陽江，從北向南，有石橋架在上面，名涼水洞橋。石橋北面的池塘中，蓮花盛開，清香飄逸，色彩鮮豔，坐在橋頭的樹下眺望，讓人捨不得離開。又往西南走了一里，已出隱山之外。從它的西面度過西湖橋，沿陽江北岸往西上行，可通侯山北坡，而大路還在西南面，應當從振武門往西通過定西橋走。這時我想尋找中隱山，打聽好久都沒找到，志書說在城西南十里處，便轉而向南走。又走了一里，到達振武門。從這裡過橋往西走了一里，忽然看見路的右邊有山森然挺立，山上有幽深的洞，立即向北走到它的下面。前面有一座古老的寺院，擦拭石碑讀上面的字，方知是西山。

西山的勝景，我以為和隱山、西湖相近。在此之前，多次打聽都找不到，但也不知道山上還有洞。急忙離開古寺往洞走去，洞門向南，在它東面還有裂開的岩石，從峰頂往下跨成門戶，又離開洞去那裡。石門南北開闊，也像雉山、象鼻山那樣中間虛空，外邊跨開，但那兩座山有急流通往洞中，而這裡是清澈的潭水在外面圍繞。但外邊跨開的岩石，上面傾斜層疊，交錯而出，格外顯露出奇異炫目的景象。也沒有立即走進洞門，而是先繞到它的東側，便到達山北，只見朝北也有一個幽深的洞。穿過洞往南，橫穿山腹，竟然和南洞南北貫通，只是中間有相夾的石門，有直立的石柱，不像穿山中洞、風洞西巖那樣一目了然。但洞內平整曲折，以小巧見奇，固然是一處勝景。走出南洞，望見洞的左邊有石級層疊陡險。沿著石級往北登上峰頂，只見奇異的岩石，如同刀刃劍鋒，聚集在那裡，中間旋繞成一片平坦的凹地，長如水溝，特別光滑。往下走到南洞前面，才往東進入石門。這門下面石片聚集，上面垂石覆蓋，中間開出高高的大門，旁邊和許多小洞相通，裡面拱起一間屋子，外面開著八扇窗戶，也以小巧見奇，又是一處勝景。停下休息了好久，遙望西峰，岩石也都高聳排列。

從寺後往西經過石門的上方，在峰嶼中踏著石級往南下去，走出慶元伯祠，是弘治年間孝穆皇太后祭祀她父親的祠堂。往西沿著大路走，又過了三里，從岔路向北前往木陵村。在此之前，一直找不到中隱山，到這裡有個姓朱的居民告訴我：「中隱山、呂公巖，我都沒聽說過，唯獨木陵村有佛子巖，洞分三層，路程相同，或許就是這巖也說不定。」我點頭贊同他的話，便從這岔路進去。往西北走了二里，望見侯山東麓的石峰，上有洞門高掛。於是吩咐顧僕在村民家煮飯，我和靜聞往北到達巖下。這巖的東面，有兩個朝南的洞。我先進入最東的洞，裡面寬敞但不深遠。稍許偏西，洞門一旁裂開，外面垂掛著許多石鐘乳，中間橫著一道屏障。屏障的後面有深峽下墜，東西兩邊都有門可往下俯視。從峽中往北進去，洞穴旁邊裂開，漸漸變得狹隘黑暗，就又走了出來。再往西向上進入大洞，這洞南面向下北面向上，高隆通暢，很像程公巖。看到右邊的崖壁上有題刻，急忙用松枝擦拭，原來是宋紹興甲戌七月十五日呂愿忠題中隱山呂公洞詩。後面的題字是：「代理知桂州洛陽人呂叔恭遊覽中隱山無名洞，有客人說：『這洞將因您來而顯耀，應當以呂公命名。』我不敢承當，在座的人都說『理應如此』，於是寫了五十六字刻在石壁上。」我看了，更加明白歡喜，這才知道佛子巖就是呂公巖，呂公巖就是中隱山。於是往北登上後洞，洞內巖石如飛鳥展翅凌雲，劈空直上，層層疊疊，倒捲飛舞，和洞一起向上，不顯得緊逼狹隘，而洞口高爽明朗，比程公巖的後洞更大。

走出洞口向北，有二條石道：一條往東北走下山麓，一條往西北登上山頂。我先走往下的路，只見朝北的山麓，盡是山洞，如同雲霞飄蕩，布幔覆蓋，外面有傾倒的岩石，分隔成門，排列成窗，洞內曲折旁通，像走廊複道那樣環繞，這是下洞最幽深奇妙的地方。不一會又向上到中洞的後穴，從它的左側往西北踏著石級向上，忽然又看到一個洞。這洞北面是入口，南面拱起，開闊平坦明朗，有一塊岩石朝南居中聳立，形狀如臺，上面有石佛，不知來自何處，洞的右邊有題記，說這洞從前道路堵塞，沒法上去，一天有樵夫進去休息，忽然看到這佛像，感到驚奇，於是建了這石像。這是宋初的事。佛子洞的名稱就由此而來。在它的前面有大石柱，就像屏風居中峙立，將東西兩邊分成兩扇門：西邊的洞穴寬大平正，在下面向遠處眺望，從洞穴直通北山，而東邊則隱沒不見；東邊的洞穴狹隘偏僻，洞內東面盤起一座石龕，中間呈圓形覆蓋，外面相夾如門，門上有形似龍虎的紋理在兩旁交會，有人在上面進行雕繪，反而失去了天然之趣。從洞穴的外面沿著山崖往東轉，又開出一門，向下對著中洞的上方，這就是關帝座。我找到一個佛子洞，中隱山、呂公巖的眾多景觀，便一一都出現在眼前，真可稱為意外的奇遇。仍然從洞的北面往東走下，穿過中洞朝南走出，再讀呂公巖內五十六字的題詩，記下留到回去後抄錄。走出洞中，再沿著山往西走，又開出一個洞，面向南，和中洞並列，裡面保留著佛座、柱子的礎石，這是從前的佛寺，裡面不太寬敞。從它的西面踏著石級攀登，還有一個朝南的洞。

我這時饑腸轆轆，急於下山，在木陵的村民家吃飯。村民說：「往西到侯山腳下，還有銅錢巖，可穿出前山；往北到趙家山，也有洞可深入進去；往南到茶庵的西面，又有陳摶巖，十分奇特。」我考慮到不可能遍遊各座山巖，而侯山為群峰之首，這個巖洞不可失之交臂。於是從中隱山原路通過小橋往西，共走了一里，登上侯山的東麓，眼前一片茫然，找不到洞。只見有石級可向上攀登，幾乎想一鼓作氣登上峰頂，而在山前過路的人，大聲呼喊「天色已晚不可攀登」。但向西南遙望，在大路的南面，從陡削的山峰往東轉，有洞在東北拱起，不知是銅錢巖，還是陳摶巖，暫且朝著它走去，穿過大路往南，共走了一里，到洞的下面。洞門面向東北，高高靠在半山腰，前面有積水，匯聚成潭。從潭上沿石級拉著棘條攀登，便進入洞中。洞門前亂石堆積，這洞外面高大，裡面幽深，踏著石級往西南走下，直到洞底，下面的水既廣又深。朝裡望去，有一塊岩石橫向突出，如同騰空而起的龍首，下面有狹窄的山崖嵌入水中，裡面有裂開的空隙和旁邊相通。我到達龍首的下面，怕狹窄的山崖陡峭滑溜，猶豫不決，沒有向前，跟從的人高喊天色已晚，道路危險，不可進入此地，便隨他們走出。下山沿山腳從東南轉出，只見這山的背部，似乎又有門，前面還有積水，難道人們所說的可穿出前山的銅錢巖，就是這山嗎？這裡西面的山峰駢峙聳立，沒有侯山高峻，但更加峭拔。因天色已晚，急忙趕回，暫且留到以後再遊了。共過了二里，往南走到大路，回頭看它的西面，在路南夾道的山上，有個東西穿通的洞穴，和佛子巖、穿巖沒什麼不同，都留作以後遊覽，沒有時間拉著過路人打聽了。這時途中又紛紛傳言城門已經關閉，竭盡全力往東趕了三里路，經過茶庵，又走了二里，經過先前木陵村的岔路口，天已昏黑了，估計已來不及進城。再走三里，到達振武門，還沒有完全關閉。側著身子進城，不慌不忙回到寓所。

十三日　早促飯，即出靖藩城北門，過獨秀西庵，叩紺谷，已入內宮禮懺矣。登峰之約，復欲移之他日。余召與其徒靈室期，姑先陽朔，而後來此。乃出就日門，過木龍南洞，由其下渡江，還望木龍洞下層，復有洞濱江穿麓，瀠流可愛。上江東涯，即溯江流北行，不半里，入千佛閣❶，乃平殿也，〔前有大榕一株。〕問所謂辰山❷者，自庵至渡頭東街，僧俗少及長俱無一知。乃東向蒼莽行，冀近山處或得一識者，如屏風巖故事❸。

隨大路東北五里，眺堯山在東，屏風巖在南，獨辰山茫然無辨。一負芻者，執而問之，其人曰：「余生長於此，未聞所謂辰山。無已，則東南數里，有寨山角，其巖前後相通，或即此也。」余欲從之，將東南行，忽北望一山，去路不一里，而其山穹然有洞，洞口有石當門，赭色斑爛，彪炳有異。亟問何名，負芻者曰：「老虎山也。」余謂靜聞：「何不先了此，而後覓辰山。」遂北由岐行一里，抵山下，有耕者，再問之，語如初。乃望高賈勇，遂先登洞口斑爛石畔，穿入跨下，其內天光自頂四射。由下北透其腹，再入重門，支峽後裂，層庋上懸，俱莫可度。返南，向重門內攀崖上躋，遂履層樓，徘徊未下。忽一人來候洞前，乃下問之，曰：「是山名老虎山，是洞名獅子口，以形也。又名黃鸝巖，以色也。山前有三洞：下曰平地，中曰道士，上曰黃鸝。」似欲為余前驅者。余出洞，見山頂石叢參錯，不暇與其人語，遂循路上躋，其石片片皆冰稜鐵色。久之下嶺，石稜就夷，棘道轉沒。方躑躅間，前候者自山下釋耒趨上，引余左入道士巖。巖亦南向，在黃鸝之東而稍下，所謂中洞也。洞之前壁，右鐫李彥弼、左鐫胡槻❹詩，皆贈劉升之❺者。升之家山下，讀書洞間，故當道皆重之。拂讀詩敘，始知是山之即為辰山。又得辰山之不待外索，更奇甚。前得屏風巖於近山之指示，又得中隱山於時登之摹擬，若此山，近人皆以為非，既登莫知其是，而數百年之遺跡，獨耿然示我也，其孰提醒而孰嘿❻導之耶？余就巖錄詩，因令顧僕隨導者往其家就炊，其人欣然同去。錄未竟，其人復來候往就餐，余乃隨之穿東側門而出。其門內剖重龕，外聳峽壁。東向下山，以為其家不遠，瞻眺無近村，始知尚在東北一里外也。其人姓王名世榮，號慶宇，山四旁惟茲姓最近，為山之主。抵王氏，主人備餐加豆❼，且留宿焉。

余見堯山漸近，擬為明日遊，因俞❽其請，而以餘晷索近勝。慶宇乃肩梯束炬前導，為青珠洞遊。不約而隨者數十人，皆王姓。遂復趨辰山北麓。其洞北向，裂峽上並山頂，內界兩層。始向南，入十餘丈，乃攀崖而上，其中穹窿而暗。稍轉而西，乃豎梯向北崖上躋。既登，遂北入峽中五丈餘，透出橫峽。其峽東西橫亙，上高俱不見頂。由東行四五丈，漸闢生光，有大石柱中懸。繞出柱西，其峽又南北豎裂：南入而臨洞底，即穹窿暗頂之上也；北出而臨洞門，即裂峽分層之巔也。洞門中列二柱，剖為一門二窗，延影內射，正當圓柱。余詫以為奇，而導者曰：「未也。」轉從橫峽口，又由西行四五丈，有竅南入，甚隘。悉去衣赤體，伏地蛇伸以進。其穴長三丈，大僅如筒，又曲折而有中懸之柱，若範❾人之身，而為之竅者。時從游兩人，以火炬先入，余繼之。半晌而度，即西墜度板，然後後入者得頂踵而入，幾幾度一人，須磨捱一時矣。過隘，洞復穹然，上崇下陷，乃俯南降，垂乳紛列，迥與外異。導者曰：「未也。」又西踰一梁，梁橫〔南北〕若閾❿，下可由穴以墜，上可截梁而度。越梁西下，石乳愈奇。西窪既窮，復轉北上，靡麗盈眸，彌轉彌勝。蓋此洞與山南之黃鸝正南北相當，而南則層疊軒朗，滌慮怡神，可以久托；北則重閟⓫險巇，駭心恫目，所宜暫遊。洵一山皆空，其環峙分門者雖多，無逾此二妙矣。〔北向開洞門者三，此為中，東西二門俱淺。〕

出復東循北麓，過洞門一，不甚深。轉南向而循東麓，先過高穹之洞一，又過內削三曲⓬一，又過狗頭巖一，皆以高懸不入。又南過道士後峽門，又南得和合巖。其巖亦東向，內輒南裂成峽，而峽東壁上鐫和、合二仙像，衣褶妙若天然，必非塵筆可就。惟西面予未之窮。〔南向者三，即平地、道士、黃鸝也。志稱辰山有洞三級，第指其南耳。出青珠洞，過北洞一，東麓洞五，〕轉西向而循南麓，遂入平地巖。其門南向，初入欹側，不堪平行，側身挨北緣東隙而上，內境既穹⑬，外光漸閟。時火炬俱棄北隅，慶宇復欲出取，而暮色亦上，不堪棲遲，乃謝之出。亦以此洞既通中洞，已窮兩端，無復中擷矣。乃從山東北一里，復抵王氏。慶宇之母，已具餐相待。是夜月色甚皎，而蚊聚成雷，慶宇撤己帳供客，主僕俱得安寢。

【章旨】本章記載了第三十五天遊桂林的行跡。前往獨秀峰西庵，得知登峰的日子又要改期。於是走出就日門，沿灕江來到千佛閣，到處打聽，沒人知道辰山在哪裡。忽然看到一山石色斑爛多采，名老虎山，便登山入洞。在洞中遇見當地人王世榮，得知山前有平地、道士、黃鸝三洞，並由他引入中洞道士巖，讀壁上的詩敘，才知這山就是辰山，驚喜不已。在王家吃了飯，前去遊覽青珠洞。洞在辰山北麓，一路攀崖穿峽，奇景不絕，中間赤身裸體，伏在地上爬行，折騰好久，才艱難地通過一個狹隘的孔洞，裡面石鐘乳奇妙，與外面迥然不同。繼續向上，景物越轉越美。青珠洞和辰山上洞黃鸝巖南北相對，一幽險，令人心驚；一開朗，可以怡神。辰山洞穴之奇，以這兩洞為冠。走出青珠洞，經過一個北洞，狗頭巖、和合巖等五個東麓洞，以及道士巖後峽門，進入平地巖。惟有辰山西面沒能窮究。暮色降臨，再到王家過夜，得到主人熱情款待。

【注　釋】❶千佛閣　即慈氏閣，五代後唐天成年間定慧所建，久廢。❷辰山　即老虎山，俗稱貓兒山，在桂林城東北十里。宋寧宗嘉泰年間，當地人劉時升在荒草中發現這山，遊人見了都很驚奇，推為桂林諸山之冠。❸故事　先例。❹胡槻　字伯圓，南宋廬陵（今江西吉安）人，胡銓之孫。嘉定十年（一二一七）年知桂州，篤於雅故，官至尚書。❺劉升之　劉晞，隱居桂林山巖中，與胡槻有論文唱和之誼。其子劉居顯刻二人詩作於辰山。❻嘿　同「默」。❼豆　古代盛食物的器具，形似高腳盤。❽俞　俞允。表示許可。❾範　模子。❿閾　門坎。⓫閟　關閉。⓬三曲　原作「三門」，據乾隆本改。⓭穹　深。

【語　譯】十三日　一大早就催著吃飯，隨即走出靖江王府北門，經過獨秀峰西面的寺院，拜訪紺谷，得知他已進內宮主持禮懺去了。約好今天登峰，又要另換日期了。我召喚他的徒弟靈室，約定暫且先去陽朔，然後來這裡。於是走出就日門，經過木龍南洞，從它的下面過江，回頭望見木龍洞的下層，還有洞靠近江岸，穿過山麓，江上清流縈洄，十分可愛。登上灕江的東岸，便沿著江水往北上行，不到半里路，進入千佛閣，就是平殿，前面有一株大榕樹。打聽所謂的辰山，從寺廟到渡口東街，無論僧人百姓，老老少少，都沒一人知道，於是向東朝空曠無際的原野行走，希望在靠近辰山的地方或許能遇上一個知道它的人，就像原先尋找屏風巖那樣。

沿著大路往東北走五里，眺望堯山在東，屏風巖在南，惟獨辰山依舊茫然，無法辨認。遇見一個背草的人，上前拉著他問路，那人說：「我在這裡長大，從未聽說有所謂辰山。萬不得已，那麼往東南走幾里，有寨山角，巖洞前後相通，或許就是這地方。」我想聽從他的話，剛要往東南走，忽然朝北望見一山，離開大路不到一里，山上有高高拱起的洞，洞口有石正對著門，石呈赭色，斑爛多姿，文彩煥發，很不尋常。急忙問這山名，背草的人說：「這是老虎山。」我對靜聞說：「何不先遊這山，然後再去尋找辰山。」便往北從岔路走了一里，到達山下，看到有耕田的人，再去問路，回答的話和先前一樣。於是朝著高處，鼓足勇氣，先登上洞口色彩斑爛的石旁，穿入跨下，洞內陽光從頂部向四處照射。從洞底往北穿過它的腹部，再進入兩重門，旁出的山峽後壁斷裂，巖石層層疊起，高高懸掛，都無法通過。返回往南，朝兩重門內攀著崖壁向上，終於登上層樓，在上面徘徊不定，沒有下去。忽然有個人來洞前等候，便下去問他，答道：「這山名老虎山，這洞名獅子洞，以形狀命名。又名黃鸝巖，以顏色命名。山前有三個洞：下洞名『平地』，中洞名『道士』，上洞名『黃鸝』。」看他的樣子，似乎想為我作嚮導。我走出洞，見山頂石叢雜亂不平，沒時間和他多說，就沿著路向上攀登，這裡片片巖石都形似冰稜，呈鐵黑色。過了好久走下山嶺，原來石稜般的山地變得平坦起來，布滿荊棘的道路轉而消失。正在猶豫不決之中，先前在洞外等候的人從山下放下耒耜趕了上來，帶我往左進入道士巖。這巖也朝南，在黃鸝巖的東面，地勢稍許低下些，就是所謂的中洞。洞前的石壁上，右邊刻著李彥弼、左邊刻著胡槻詩，都是贈送劉升之的。升之家在山下，到洞中讀書，故當局都很看重他。拂拭崖石讀了詩敘，才知道這山就是辰山。不用向外求索，便又找到辰山，這就更加奇特了。先前在走近後根據旁人的指點找到屏風巖，又在攀登時根據形狀相仿發現中隱山，至於這座山，附近的人都以為不是辰山，登山後也不知道這就是辰山，而數百年的遺跡，竟獨明明白白地向我顯示，這是誰在提醒，又是誰在默默引導呢？我靠著巖壁抄詩，吩咐顧僕隨嚮導去他家煮飯，那人高高興興地一起走了。還沒抄完詩，那人又來等我去吃飯，我便跟著他穿過東側的門走出。這門裡面分成重重石龕，外面聳立著峽壁。往東下山，以為他家在不遠處，但向四周眺望，附近並無村莊，才知道還在東北一里外的地方。那人姓王名世榮，號慶宇，辰山四周惟有這姓氏住得最近，為山的主人。到王氏家，主人準備了飯菜放在餐具中，並且留客過夜。

我看到堯山漸漸走近，打算明天前往一遊，因而答應他的邀請，而用餘下的時間去尋訪附近的勝景。慶宇扛著梯子、紮起火把在前面引路，去青珠洞一遊。不用相約就有幾十人跟著去，都姓王。於是又到辰山北麓。這洞朝北，斷裂的峽壁往上和山頂相齊，裡面分成兩層。開始往南走進十多丈，便攀著山崖向上，裡面高隆幽暗。稍許轉向西，就豎起梯子向北崖攀登。登上後，便往北進入峽中五丈多，穿出橫峽。這峽東西橫貫，上面都高不見頂，從東面走四、五丈，漸漸開闊，透出亮光，有大石柱居中懸掛。從石柱的西面繞出，這峽又南北縱向裂開：從南面進去到達洞底，即是高隆的暗頂的上方；從北面走出到達洞門，便是斷裂的峽壁分成兩層的頂端。洞門中間排列著兩根石柱，分成一門兩窗，讓陽光往裡照射，正好對著圓柱。我見了感到驚奇，嚮導說：「還沒到洞呢。」轉到橫貫的峽口，又從西面走四、五丈，有孔穴往南進入，十分狹隘。去的人都脫下衣服，赤身裸體，伏在地上像蛇那樣爬進去。這洞穴長三丈，只有筒那麼大，又十分曲折，中間有懸掛的石柱，就像以人的身體作模子，鑿成只能容納一個人的孔洞。這時有兩個跟隨遊覽的人，拿著火把先進去，我接著進洞。好一會才通過，隨即往西落下越過鋪板，然後後面的人才能夠頭頂著腳跟接著進去，幾乎每過一個人，都得折騰拖延一個時辰。通過隘口，洞又高高拱起，上面高大，下面低陷，便低著頭往南走下，只見垂掛的石鐘乳紛然羅列，和外面迥然不同。嚮導說：「還沒到洞呢。」又往西越過一座石橋，橋橫架南北，如同門坎，下面可從洞穴降落，上面可從橋上橫過。越過石橋往西走下，石鐘乳顯得更加奇妙。走到西面窪地的盡頭，又轉而朝北向上走，滿眼都是絢麗的景物，越往前轉，景色越美。原來這洞和山南的黃鸝巖正好南北相對，但南洞層層疊疊，開闊明朗，令人消除雜念，怡悅心神，可以長期安居；北洞則幽深閉塞，地勢險要，令人驚心動魄，觸目生懼，適宜一時遊賞。真可謂一座山中間都是空的，這裡環立分門的巖洞雖然很多，但沒有比這兩處更奇妙了。向北敞開的洞門有三處，這是中門，東西兩處的洞門都很淺。

出洞後又往東沿著山的北麓走，經過一處洞門，不太深。轉向南沿著東麓走，先經過一個高高拱起的洞，又經過一個裡面陡峭、三重曲折的洞，再經過一處狗頭巖，都因為座落在高處沒有進去。接著往南經過道士巖後的峽門，再往南發現和合巖。這巖也朝東，巖內南面斷裂成峽，峽東的石壁上刻著和、合二仙的畫像，衣褶精妙，就像天然形成，決非凡夫俗子的手筆。朝南有三個洞，即平地、道士、黃鸝。志書稱辰山有洞分三級，只是指朝南的洞罷了。惟有西面的洞，我沒窮究。走出青珠洞，經過一個北洞，五個東麓洞，轉向西沿著南麓走，便進入平地巖。洞門朝南，剛進去時路傾斜不平，無法平步行走，側身靠著北面的石壁沿東面的裂縫向上，內境既已走到深處，外面的陽光漸漸消失。這時火把都已扔在洞的北角，慶宇還想出去取回，但暮色來臨，難以淹留，我便推辭出洞。也因為這洞既和中洞相通，現已遍遊兩端，就不必再到中間求索了。於是從山的東北走了一里，再回到王氏家。慶宇的母親，已準備了飯菜待客。這天晚上月光皎潔，但蚊子密集，聲如雷鳴，慶宇取下自己的帳子讓給客人，使我們主僕都能安睡。

十四日　早餐於慶宇處，遂東行，過一聚落，又東北共三里，過矮山。其山在堯山之西、灕水之東，其北復聳一枝，如姆指之附，乃石山最北之首峰也。山南崖削立，下有白巖洞。洞門南向，三竇旁通，其內垂石如蓮葉捲覆，下多透漏，列為支門，其後少削，而下輒復平曠。轉而西入數丈，仍南透天光。出洞而東有庵兩重，庵後又有洞甚爽，僧置牛欄豬笠❶於中，此中之點綴名勝者如此！北小山之頂，一小石尖立，特起如人。山之名「矮」，以矮於眾山。余見其嶙峋，欲以雅名易之，未能也。

於是東向溯小溪行，共二里，抵堯山❷西麓。由王墳❸之左渡一小石橋，乃上山，入古石山坊，共二里，抵玉虛殿❹。其處小迴成塢❺，西向開洋，水❻自山後轉峽而來，可潤可耕，名天賜田❼，而土人訛為天子田。由殿右轉入山後，則兩山夾而成澗，乃南向溯澗半里，又踰澗東上半里，始登嶺角，於是從嶺上望東北最高峰而登。適得樵者，詢帝堯廟所在。其人指最高峰曰：「廟在此頂，今已移麓，惟存二石為識，無他可覩也。」乃益東北上，三過狹脊，三登三降，又二里，始登第一高峰，然廟址無影響，并二石亦莫辨焉。蓋此中皆石峰森立，得土山，反以為異，故群而稱之，猶吾地皆土山，而偶得一石峰也。大舜虞山已屬附影，猶有《史記》蒼梧之文❽，而放勳❾何與於此哉！若謂聲教南暨❿，則又不獨此山也。或者曰：「山勢巖嶢⓫。」又或曰：「昔為瑤人所穴，以聲音之同，遂訛為過化所及。如臥龍⓬之諸葛，此豈三國版圖哉！」其山之東，石峰攢叢，有溪盤繞其間，當即大壩之上流，出於廖家〔村〕西者也。憑眺久之，仍五里下，飯於玉虛殿。又二里，抵山麓小橋，聞其北有堯廟，乃縣中移以便伏臘故事⓭者。其東南有寨山角、鐵峰山，其名頗著。

乃又南渡一橋，於是東南循堯山南麓而趨，將先探鐵峰，遂可西南轉及寨山、黃金而返也。五里，已出堯山東南塢。其南石峰森森，而東南一峰，尤錚錚⓮屼突。余疑其為鐵峰山⓯，得兩人自東來，問之，曰：「鐵峰在西，已踰而東矣。」余不信，曰：「寧失鐵峰，此錚錚者不可失也。」益東南馳松篁間，復得一小沙彌⓰，詢鐵峰，曰：「前即是矣。」出林，夾右轉石山而南，將抵錚錚之西，忽一老者曳杖至，再詢之，則夾右而轉者即鐵峰，其東南錚錚者乃天童觀後峰。錚錚者可望而不可登，鐵峰山則可登而不可入。蓋鐵峰頗似獨秀，其下有巖洞，昔有仙留記，曰：「有人開得鐵峰山，真珠金寶滿担擔。」故先後多鑿崖通竅者，及將得其門，輒墜石閉塞焉。老者指余循南麓遍探，仍返勘東麓，俱無深入容身之竅。

乃西馳一里，轉入南岐。又一里，抵冷水塘，小橋跨流，急湧西南而去。一村依山逐澗，亦幽棲之勝，而其人不之覺也。村南石峰如屏，東西橫亙，從西嘴望之，祇薄若立指。從其腋東轉南山之坳，則遂出山南大道，始馳而西。共三里，過萬洞寺，則寨山在其西矣。其地石山始開，平疇如砥，而寨山兀立其中。望其東崖，穹然壁立，懸崖之上，有室飛嵌，而不見其徑。轉循山南，抵山西麓，乃歷級北上。當〔寨山〕西北隅，崖開一罅，上架橫梁，乃踰梁入洞，貫腹而東，透出東崖，已在嵌室之內矣。余時急於東出，西洞真形俱不及細按。及透東洞，始解衣憩息，竟圖託宿其間，不暇更問他勝矣。

【章　旨】本章記載了第三十六天遊桂林的行跡。經過矮山，山下有白巖洞，僧人在洞內設置牛欄豬苙。隨後到堯山西麓，從靖江王陵前往玉虛殿，旁邊有天賜田。再登上嶺角，朝最高峰攀登，卻找不到帝堯廟的遺址。桂林一帶都是石山，惟獨堯山以土山稱奇。下山後準備先探訪鐵峰山，朝著一座錚錚突兀的石峰走去，打聽後才知這是天童觀後峰。鐵峰山很像獨秀峰，傳說洞中藏有珍寶，但到處尋找，都沒有可容身的洞穴。於是經過冷水塘、萬洞寺，看到寨山高高聳立，有石室飛嵌懸崖之上，從洞中穿入石室之中，就在裡面寄宿。

【注　釋】❶笠　當為「苙」之誤。苙，豬欄。❷堯山　位於桂林城東北二十里，海拔九百公尺，為桂林最高峰。傳說秦時曾在山上建堯帝廟，故名。桂林石山林立，惟獨堯山為土山，岡巒起伏，綿亙數十里，氣勢磅礴。每當下雨之前，山頂雲霧變幻，據此可測晴雨。冬季山頂常有積雪，為南國罕見的美景。「堯山冬雪」為桂林勝景。山下有鑿於唐代的古井「龍池」。山上有「祝聖庵」，因明末義僧性因（俗名金堡）居此而著名。山頂夏季酷熱，冬季嚴寒，有白鹿庵，相傳為唐代白鹿禪師的故庵。❸王墳　即靖江王陵，在堯山西南麓。陵園南北二十餘里，東西六、七里，占地近萬畝，有王墓十一座，主室墓百餘座，除第一代和最後兩代靖江王外，其他人都葬在這裡。陵墓規模宏大，雕刻精美，建材珍貴，為廣西著名文物。❹玉虛殿　建於明代，已毀。❺小迴成塢　小，疑為「山」之誤。❻水　指玉乳泉。相傳在唐代開鑿，宋時加以修建。❼天賜田　在堯山半山腰，有平田數畝，因山上玉乳泉從石穴中湧出，清甜涼爽，四季長流，故田中積水盈盈，水旱無憂，人稱「天賜田」。❽史記蒼梧之文　《史記・五帝本紀》載：「(舜) 南巡狩，崩於蒼梧之野。」❾放勳　即帝堯，陶唐氏，名放勳。❿暨　及；到。⓫巖巃　山勢高峻。⓬臥龍　指臥龍岡，在河南南陽城西南，山勢回旋盤繞，相傳諸葛亮早年在此隱居。據《三國志》，諸葛亮家在今湖北襄陽城西的隆中，與臥龍岡無關。⓭伏臘故事　伏，伏日，三伏的總稱，為一年中最熱的日子。臘，臘日，古時歲終祭祀百神之日。古時伏日和臘日都為節日，有行祭祀之禮的慣例。⓮錚錚　形容鐵的剛利。⓯鐵峰山　又名鐵山，在桂林城東二十里。⓰沙彌　佛教謂男子出家初受十戒者為沙彌，女子為沙彌尼。

【語譯】十四日　在慶宇家吃了早飯，就往東走，經過一個村莊，又往東北共走了三里，經過矮山。這山在堯山的西面，灕江的東岸，在它北面又聳起一座支脈，就像依附的拇指，是桂林石山最北面的第一峰。山的南崖陡峭壁立，下面有白巖洞。洞門朝南，有三個小洞旁通，裡面垂掛的岩石，如同蓮葉翻捲覆蓋，下面有許多空隙，排列成支洞。洞後稍許陡峭些，但下面就又變得平坦開曠。轉而往西走進幾丈，仍然有從南面照進的陽光。出洞後看到東面有兩重寺廟，廟後又有洞十分明亮，僧人在裡面設置牛欄豬圈，想不到這裡居然這樣點綴名勝！北面一座小山的頂端，有一塊尖尖豎立的小石，像人那樣挺立。山名為「矮」，就因為它比眾山矮一截。我見它陡峭，想改用一個文雅的名稱，卻想不出來。

從這裡向東沿著小溪上行，共走了二里，到達堯山西麓。從靖江王陵的左邊通過一座小石橋，就上山，進入古石山坊，共走了二里，到達玉虛殿，這裡山峰迴繞，形成山塢，朝西的地方，是一片開闊的平地，泉水從山後轉過峽谷流來，可以灌溉，可以耕種，名天賜田，當地人誤稱為天子田。從玉虛殿的右側轉入山後，只見兩山相夾形成澗水，便往南沿澗水上行半里，又越過澗水往東走上半里，才登上嶺角，於是從嶺上朝東北最高峰攀登。碰巧遇見一個砍柴的人，向他打聽帝堯廟在什麼地方。那人指著最高峰說：「廟在這山頂，現在已遷到山腳下，只保存了兩塊石作為標記，沒有其他東西可看了。」於是益發朝東北攀登，經過三道狹隘的山脊，三上三下，又走了二里，才登上第一高峰，但廟的遺址已不見蹤影，就連兩塊石也無從辨認了。桂林一帶都是森然挺立的石山，看到一座土山，反而覺得奇特，故眾口讚美，就像我們家鄉都是土山，偶爾看到一座石山那樣。大舜南巡遊覽虞山，已屬捕風捉影，但還有《史記》中關於舜死後葬蒼梧山的記載，放勳和這裡又有什麼關係？如果說帝堯的聲威教化遠及南方，那又不僅僅是這座山了。有人說：「因為山勢巖嶤。」又有人說：「這裡過去是猺人穴居的地方，因『堯』、『猺』二字聲音相同，便誤傳為帝堯教化所及。」就像臥龍岡中諸葛亮的草屋，何嘗是三國時諸葛亮故居所在地！」堯山的東面，石峰聚集，有溪水在裡面盤繞，當是大壩的上游，從廖家村西面流出的水。居高望遠，觀賞好久，仍然走了五里下山，在玉虛殿吃飯。又走了二里，到山腳的小橋，聽說橋的北面有堯廟，是從縣城移到這裡的，以便在伏臘行祭祀之禮。在它東南有寨山角、鐵峰山，十分著名。

於是又往南通過一座橋，從這裡朝東南沿著堯山的南麓趕路，準備先探訪鐵峰，這樣就可往西南轉到寨山角、黃金巖返回。向前五里，已走出堯山東南的山塢。山南石峰林立，而東南的一座石峰，尤其顯得錚錚突兀。我懷疑它是鐵峰山，看到有兩個人從東面過來，便上前打聽，答道：「鐵峰在西面，現在已越過它往東了。」我不信，說：「寧可失去鐵峰，這錚錚的山峰不可不遊。」於是加緊往東南在松竹林中馳行，又看到一個小和尚，向他打聽鐵峰在哪裡，答道：「前面就是。」走出叢林，靠右轉過石山往南，將到錚錚突兀的石峰的西面，忽然看到一個老人拖著手杖過來，再向他打聽，原來靠右轉的是鐵峰，在它東南錚錚突兀的是天童觀後峰。錚錚的石峰可望而不可登，鐵峰山則可登而不可入。大體上說，鐵峰山很像獨秀峰，山下有巖洞，過去有仙人留下的題記，說：「有人開得鐵峰山，真珠金寶滿担擔。」故前後有許多人來鑿崖開洞，每當即將找到洞門，就有岩石墜落將門堵塞。老人指點我沿著山的南麓到處尋訪，隨後仍然返回東麓探查，都沒有發現可深入容身的洞穴。

於是往西馳行一里，轉入南面的岔路。又走了一里，到達泠水塘，溪流上架著小橋，溪水往西南急流而去。一個村莊依山傍水，也是幽居的勝地，但村民身在其間，毫不知覺。村南石峰宛若屏障，東西橫亙，從西面的山口望去，只像豎起的手指那樣單薄。從它的腋下往東轉到南山的坳地，就走到山南的大路，開始向西馳行。共走了三里，經過萬洞寺，寨山已在它西面了。這裡石山開始開闊，平坦的田地如同磨石，寨山就在中間高高聳立。遠望山的東崖，高大壁立，在懸崖的上面，有飛嵌的石室，但找不到上去的路。轉身沿著山的南坡走，到山的西麓，便踏著石級往北攀登。正當寨山的西北角，崖壁上裂開一道縫隙，上面橫架橋梁，便過橋入洞，穿過洞的腹部向東，從東面的山崖穿出，已在飛嵌的石室裡面了。我這時急於往東走出，西洞的真相都來不及進行仔細考察。到穿出東洞，才脫衣休息，打算在裡面寄宿，沒空再去探尋其他美景了。

十五日　寨山洞中多蚊，無帳，睡不能熟。晨起，曉日即射洞而入，余不候盥櫛，輒遍觀洞中。蓋其洞西北東南，前後兩闢，而中則通隘，僅容一人。由西麓上山腰，透入飛石下，旋轉躡其上，卷石為橋，以達洞門。門西北向，門內洞界為兩，南北並列，俱平整可居。北洞之後，即通隘透腹處也，隘長三丈。既入，即寬闢為巖，懸乳垂蓮，氤氳❶左右，而僧結屋掩其門。東巖上下，俱極崇削，惟屋左角餘飛臺一掌，不為屋掩。余先是中夜為蚊所驅，時出坐其上。月色當空，見平疇繞麓，稻畦溢水，致甚幽曠。東巖之下，亦有深洞，第不透明。路當山麓，南轉始得東上。余既晨餐，西北望黃金巖頗近，亟趨焉，不復東尋下洞也。

下山西麓，過竹橋，由村北西北行。三里，抵巖之陽。其山骨立路北，上有豎石如觀音，有伏石如蝦蟆，土人呼為「蟆拐拜觀音」。拐，即蛙之土名也。自九疑❷瑤峒❸，俱以取拐為務。其下即裂為洞，洞不深而高，南北交透，前低後峻。後門之半，復有石橫飛，若駕❹虹空中，門界為二。既內外分啓，亦上下層分，映徹之景，莫此為甚，土人俱指此為黃金巖。余既得之黃公之外❺，又覺此洞之奇，雖中無鐫刻，而心有餘幸。由洞內上躋，北出駕虹之下，俯瞰北麓，拖劍江直齧其下，而西去焉。踞坐久之，仍南下出洞，其右復有一洞，門亦南向高裂，其內則深入而不透，若重峽而已。已從西麓北轉，山之西北亦有一洞，西向，則中穹而不深，亦不透。其對山有東向之洞，與此相向，若門廡對列。其洞則內分四支如「十」字，東北二門則外透而明，然東其所入，北乃懸崖也；西南二峽則內入而黑，然西其上奧，南乃深潭也。拖劍之水在東峰之北，抵此洞前，轉北循山。當洞有橋跨之，橋內匯而為池，亦山叢水曲之奧矣。出洞，不知其名，心訝其異，見汲水池中者，姑問之，其人曰：「此洞無名。其上更有一洞，可躋而尋也。」亟從之，適雨至，不為阻，披箐透崖而上。南北兩石屏並立而起，微路當其中，甚峻。洞峙南屏後，門亦東向，而不甚宏。門左刻石一方，則宋人遺跡也，言此洞山迴水繞，洞名黃金，為東坡居士香火院。巖中東坡題額可捫，予急覓之。洞右有舊鐫，上有「黃金巖」三字可辨，其下方所書，則泐剝無餘矣。始知是洞為黃金，而前乃其東峰之洞。一黃金洞而既能得土人之所不知，又能知土人之所誤指，且又知其為名賢所遺，第東坡不聞至桂為可疑耳。洞內無他奇，而北轉上透天光，斷崖崩溜，無級可攀。乃出門左，見北屏內峽，有路上躋，第為積莽所翳，雨深蔓濕，不堪置足，余賈勇直前，靜聞不能從焉。既登，轉而南，則上洞也。洞門北向。門外棘蔓交絡，余縷分而節斷之，乃得入門。門內旁竇外通，重樓三疊，下俯甚深，上眺亦異，然其上俱無級罅可攀。諦視久之，見中洞之內，有旁竇〔玲瓏，懸隙宛轉，〕可穿而上，第隘而層折，四體難舒。於是脫衣赤體，蛇伸蠖❻曲，遂出上層〔平庋閣上，〕踞洞口飛石駕梁之上，高呼靜聞，久而後至，亦以前法教猱而升，乃共下焉。

時顧僕待下洞橋端甚久，既下，越橋將西趨屏風山，欲更錄〈程公巖記〉，并〈壺天觀銘序〉❼。迴望黃金巖下，其西北麓諸洞尤多，乃復越橋而西❽，隨拖劍繞山北麓，其處又〔得〕北向洞二，西向洞三，或旁透多門，或內夾深峽，一山之麓，靡不嵌空，若垂雲覆翼焉。極西一洞門，亦自西北穿透東南，亦北低南峻，與東峰缺。午，令顧僕先炊王慶宇處，余與靜聞西望屏風山而趨。將渡拖劍水，望〔屏風、黃金〕兩山之中，又南界一山，其下有洞北向，復迂道從之。則其洞亦旁分兩門，一北、一東，此山之東北隅洞也。其西有級上躋，再上而級崩路削，又有洞北向。其前有垣，其後有座，乃昔時梵宇所託，雖後左深竅可入，然闇不能窮。乃下抵西北隅，則旁透之洞，中空之峽，又連闢焉，頗與黃金巖之西北同。而正西一洞，高穹層列，〔紛拏傑張，此〕又以雄厲見奇，〔非尋常窈窕窟也。〕土人見予久入，詫而來視，余還問其名，知為飛石洞。從此遂西度石堰，共一里，入程公巖，錄東崖記、銘二紙。銘乃范成大，記乃侯彭老。崖高石側，無從緣⑨拭，抄錄甚久，有數字終不能辨。時已過午，腹中枵然，乃出巖北趨王氏。不半里，過一村，以衣質梯，復肩至巖中，緣拭數字，盡錄無遺。復緣拭西崖〈張安國碑〉，以其草書多剝，有數字不辨焉。

時已下午，於是出洞還梯。北二里，飯於王氏。王氏殺雞為黍，待客愈隆。其母再留止宿。余急於入城，第以胡槻詩下劉居顯跋未錄，居顯，升之乃郎。攀橙拂拭，而慶宇復負而前趨。西一里，入道士巖東峽門，穿入洞中，拭左崖，再讀跋，終以剝多置。又校得胡詩三四字，乃入洞右隅之後腋，即與下洞平地巖通者。其隙始入甚隘，少進而西，則高下穹然，闇不可辨，慶宇欲取火為導，余曰：「不若以餘晷探外未悉之洞也。」遂仍出東峽，循東麓而北過狗頭洞。洞雖奇而名不雅，竟捨之。其北麓又有一洞，北門亦東向，外若裂罅，攀隙而上，歷轉三曲，遂透三竅，真窈窕之鷲❿宮、玲瓏之鷟⓫宇也。出洞，再北，即為高穹之洞。其門南向，上盤山頂，與北之青珠並。入其內，即東轉而上躋，已而北轉，漸上漸黑，雖崇峻自異，而透朗獨慳⓬，非余之所心豔⓭也。出洞，日已薄暮，遂別慶宇南趨二里，過屏風山西麓，至是已週其四面矣。又三里，過七星巖。又一里，入浮橋門，〔浮橋共三十六舟云。〕則離寓已三日矣。

【章　旨】本章記載了第三十七天遊桂林的行跡。清晨起身，就到寨山洞各處看了一遍。飯後到黃金巖，山上有石名「蟆拐拜觀音」。洞門的半腰，有石如彩虹飛架。接連遊了好幾個洞，來到黃金洞，據說是東坡的香火院，鼓起勇氣登臨上洞，又赤身裸體像蛇行那樣爬出中洞。黃金巖下，真可謂無處不洞。中午前往屏風山，又接連遊了幾個洞，來到以雄武稱奇的飛石洞。隨後進入程公巖，抄錄石刻〈程公巖記〉、〈壺天觀銘序〉及〈張安國碑〉。下午在慶宇家吃了飯，進入道士巖洞中，又經過狗頭洞，遊覽了一個可謂鷲宮鷟宇的巖洞，屏風山的四周，都已遊遍。傍晚經過七星巖，進入浮橋門。離開寓所已有三天了。

【注　釋】❶氤氳　形容雲煙迷漫，這裡借指石乳眾多。❷九疑　山名，一作「九嶷山」，又名蒼梧山，在寧遠城南一百二十里處。因山有九峰，望之相似，行者疑惑，故名九疑。據《水經注》云，九峰各導一溪，共九水流出山中，異嶺同勢，令人難辨，故名。❸瑤峒　舊時對聚居在中國貴州、廣西山地的少數民族的泛稱。❹駕　通「架」。❺得之黃公之外　黃公，當作「王公」。上文十一日日記：「時余欲覓屏風，而徧詢莫識。或有以黃金巖告者……及詢黃金，又多指朝雲下佛廬當之，謂內閣王公所建。此乃王公，非黃金也。」今日徐霞客身遊其境，故云「得之黃公之外」。❻蠖　即尺蠖。蟲體細長，行時屈伸其體，如尺量物，故名。❼壺天觀銘序　原脫「觀」字。❽乃復越橋而西　西，當為「東」之誤。❾緣　攀援。❿鷲　靈鷲山的簡名，因借稱佛地。⓫鷟　鸑鷟，鳳的別稱。⓬慳　缺少。⓭豔　羨慕。

【語譯】十五日　寨山洞中蚊子很多，因沒有帳子，無法熟睡。早晨起身，朝陽已照進洞中，我等不及梳洗，就到洞中各處看了一遍。這洞在西北、東南，前後開了兩道門，中間則是通行的隘口，只能讓一人通過。從西麓走上山腰，穿入凌空突起的巖石之下，隨即轉到石上，一塊翻捲的巖石被用作橋梁，以通往洞門。門朝西北，裡面的洞被分成兩部分，南北並列，都平整可以居住。北洞的後面，就是從通行的隘口穿到山腹的地方，隘口長三丈。進去之後，便開闊成為巖洞，石乳懸掛，如蓮花倒垂，遍布兩旁，但僧人蓋了屋子將洞門遮掩。東巖上上下下，都極其高峻陡峭，惟獨在屋子的左角留下手掌大的一塊突起的石臺，沒被屋子遮掩。在此之前，我在半夜被蚊子侵擾，常出洞坐在臺上。月色當空，只見平坦的田地圍繞著山麓，水從稻田中溢出，景致十分幽雅開曠。東巖的下面，也有深洞，只是照不進光線。路就在山麓，要先向南轉，才能往東攀登。我吃罷早飯，望見西北的黃金巖離這裡很近，趕緊前往，不再往東尋找下洞了。

往下走到山的西麓，經過竹橋，從村北往西北走。過了三里，到黃金巖的南面。山形瘦削，在路北挺立，上面有宛如觀音的豎立的巖石，另外還有形如蝦蟆的倒伏石塊，當地人稱為「蟆拐拜觀音」。拐，即「蛙」在當地的俗稱。從九疑山瑤民起，都以捉拐為業。山下便是裂開的洞，洞不深但較高，南北相通，前低後高。在後門的半腰，又有巖石橫向突出，就像在空中飛架的彩虹，將門分成兩截，既開出內外兩重，又分成上下兩層，晶瑩剔透的景觀，沒有比這裡更美的了。當地人都指這洞為黃金巖。我既在「黃公」之外發現了它，又覺得這洞十分奇特，雖然裡面沒有題刻，仍然感到十分幸運。從洞內向上攀登，到北面如同彩虹飛架的石下走出，俯視北麓，拖劍江直衝到下面，往西流去。坐了好久，仍然往南走下出洞，在它右邊還有一個洞，門也朝南，高高裂開，深入到裡面，並不穿通，只是像重重峽谷罷了。隨後從西麓往北轉，山的西北也有一個洞，洞口朝西，裡面拱起，但不深，也不通。在它對面的山上，有朝東的洞，和這洞相對，就像門兩側的廊屋相對排列。洞內分成四支，形如「十」字，東面、北面兩道門和外面相通，因而明亮，但東門為入口處，北門外則是懸崖；西面和南面兩峽往裡延伸，因而黑暗，但西峽上面幽深，南峽下有深潭。拖劍江在東峰的北面，流到這洞前，轉而往北沿著山流去，在洞門處架著一座橋，橋內積水成池，也是山重水曲的幽深之處。走出洞，還不知洞名，只是為它的奇特感到驚訝，看到在池中打水的人，姑且上前打聽，那人說：「這洞沒名稱。在它上面還有一個洞，可上去尋找。」急忙前往，剛巧雨來了，但我沒被擋住，劈開竹叢穿過山崖向上。只見南北兩座石屏並排聳起，小路就在中間，十分險峻。洞峙立在南石屏的後面，門也朝東，但不太寬大。門的左邊有一方石刻，是宋人的遺跡，說這洞在山迴水繞之中，名「黃金」，是東坡居士的香火院。巖中有東坡的題額，可以搨下，我急忙去尋找搨工。洞的右邊有過去的石刻，上面「黃金巖」三個字依然可以辨認。在它下面所寫的字，則都已剝裂無餘了。方才知道這洞為黃金巖，而前面所看到的是它東峰的洞。一個黃金巖，我既能發現當地人所不知道的地方，又能弄清當地人所誤指的地方，而且還知道這洞是著名賢人的遺址，只是沒聽說東坡到過桂林，覺得十分可疑罷了。洞內沒有其他奇景，向北轉上面照進陽光，斷裂的崖壁崩坍滑溜，沒有石級可往上攀登。便從門的左邊走出，看到北面石屏內的山峽，有路往上，但被聚積的草叢遮蓋，雨大草濕，難以落腳，我鼓起勇氣直往前走，靜聞已跟不上了。登上之後，轉而向南，便是上洞。洞門朝北，門外荊棘藤蔓，相互纏繞，我仔細將它們分開割斷，才得進入洞門。門內兩旁有小洞和外面相通，另有三層重樓，往下俯視十分幽深，向上眺望也很奇特，但都沒有石級縫隙可往上攀登。仔細看了好久，只見中洞之內，有旁通的小洞玲瓏精巧，懸空的石縫曲曲折折，可從中穿越上去，只是既狹隘，又曲折，四肢難以舒展。於是脫下衣服，赤身裸體，時而像尺蛇那樣伸展，時而像尺蠖那樣拱起，終於爬出，到上層平置的樓閣上面，坐在洞口飛架的石梁之上，高聲呼喊靜聞，過了好久他才到來，用先前的辦法，教他像我那樣攀登，然後一起下去。

這時顧僕在下洞的橋頭等了好久，下山後，過橋要向西前往屏風山，想再抄錄〈程公巖記〉和〈壺天觀銘序〉。回頭眺望黃金巖下，在它西北麓的巖洞特別多，便再過橋往西，隨拖劍江繞著山的北麓走，在這裡又看到兩個朝北的洞，三個朝西的洞，有的洞旁邊穿通很多門，有的洞裡面夾立著深深的峽壁，整座山麓，可謂無處不洞，就像浮雲垂掛、鳥翼覆蓋一般。最西端有座洞門，也從西北穿通東南，同樣北面低下南面高峻，和東峰……下缺。中午，吩咐顧僕先到王慶宇家煮飯，我和靜聞往西朝屏風山走去。將渡拖劍水，望見屏風、黃金兩山之中，南面又有一山界於其間，山下有個朝北的洞，便再繞道去那裡。這洞旁邊也分為兩道門，一朝北，一朝東，是這山東北角的洞。在它西邊有石級可往上攀登，再往上，石級崩坍，道路陡峭，又有朝北的洞。洞前有圍牆，後面有石座，是過去寺院所在地，雖然從後面往左有深洞可以進去，但太黑暗，無法走到盡頭。於是往下到山的西北角，只見和旁邊相通的洞穴、中間空闊的峽谷，又接連展現，和黃金巖的西北麓很相似。正西有個洞，石壁高高拱起，層層排列，紛紜錯雜，特起一方，這裡又以雄武稱奇，不是普通幽深的洞穴。當地人見我進洞好長時間，感到奇怪，進來探望，我反過來向他們打聽洞名，得知為飛石洞。從此就往西越過石堰，共走了一里，進入程公巖，用兩張紙抄錄東崖上的遊記、銘序。銘為范成大作，記為侯彭老作。山崖高聳，巖石傾斜，沒法上去拂拭，抄了很長時間，有幾個字始終無法辨認。這時已過中午，腹中空空，便出洞往北去王氏家，不到半里，經過一個村莊，用衣服作抵押，借了一把梯子，又扛到巖中，爬上去拂拭那幾個字，一字不漏全部抄錄下來。再爬上去拂拭西崖的〈張安國碑〉，因碑上的草書很多已經剝落，有幾個字無法辨認了。

這時已是下午，於是出洞還梯。往北走二里，在王氏家吃飯。王氏家殺了雞煮了糯米飯，招待客人更加隆重。他的母親再一次留我們過夜。我急於進城，只是因為胡槻詩下劉居顯的題跋沒有抄錄，居顯，升之的兒子。想用板凳爬到上面拂拭壁上的字，慶宇又扛著板凳在前面引路。往西走一里，進入道士巖東的峽門，穿入洞中，拂拭左邊的崖壁，再讀題跋，最終因為剝落太多而放棄。又校對更正了胡詩中三、四個字，便進入洞右角的後腋，即和下洞平地巖相通的地方。剛進入石縫時十分狹窄，稍微往裡向西，便上下拱起，因太暗而看不清楚。慶宇想拿火把來作嚮導，我說：「不如用剩下的時間去探尋外面還不清楚的洞。」便仍從東峽走出，沿著山的東麓往北經過狗頭洞。洞雖奇特，但名稱不雅，最終放棄了。山的北麓還有一個洞，北門也朝東，外面如同裂縫，從縫隙中往上攀登，經過三個拐彎，便穿出三個窗洞，真可稱為幽深的鷲宮、玲瓏的鷲宇了。走出洞，再往北，便是高高拱起的巖洞。洞門朝南，往上盤繞，直到山頂，和北面的青珠洞相並。進入洞中，便轉向東往上，不久往北轉，漸漸向上，漸漸黑暗起來，雖然險峻，與眾不同，但獨缺照進的光亮，不是我心中所嚮往的地方。走出洞，已是傍晚，就告別慶宇往南走二里，經過屏風山西麓，到這裡，山的四周已經遊遍了。又走了三里，經過七星巖。再走一里，進入浮橋門，浮橋共有三十六條船組成。離開寓所已有三天了。

十六日　余暫憩趙寓，作寄衡州金祥甫❶書，補紀❷遊之未盡者。

十七日　雨。余再憩趙寓，作家報併祥甫書，簡點所市石。是日下午，輒閉諸城門，以靖藩燔❸靈也。先是，數日前先禮懺演劇於藩城後，又架三木臺於府門前。有父、母及妃三靈，故三臺。至是夜二鼓，遍懸白蓮燈於臺之四旁，置火炮花霰於臺上，奉靈主於中，是名「昇天臺」。司、道官吉服❹奠觴，王麻冕拜，復易吉服再拜後，乃傳火引線發炮，花焰交作，聲震城谷。時合城士女喧觀，詫為不數見之盛舉，促余往寓目。余僵臥不起，而得之靜聞者如此。

十八日　託靜聞從朝雲巖覓融止上人。入寓飯後，以所寄金祥甫書及家報、石帳付之，託轉致於衡，囑祥甫再寄家中。

【章　旨】本章記載了第三十八天至第四十天遊桂林的行跡。在寓所寫給金祥甫的信和家信，並補寫遊記。中間那一天，靖江王府祭祀亡靈，演戲放焰火，當地人看作是罕見的盛事，但徐霞客卻躺在牀上沒有起身。

【注　釋】❶金祥甫　見〈楚遊日記〉二月初六日日記。❷紀　通「記」。❸燔　燔祭，燒柴祭天，此泛稱禮祭。❹吉服　祭祀時所穿的衣服。古人稱祭祀為吉事。

【語　譯】十六日　我暫時在趙氏的寓所休息，寫寄給衡州的金祥甫的信，補寫沒有了結的遊記。

十七日　下雨。我再在趙氏的寓所休息，寫家信和給祥甫的信，檢查買來的石塊。這天下午，就關閉了各座城門，是因為靖江王祭亡靈的緣故。前幾天，在王城後面先舉行禮懺，演出戲劇，又在王府門前架起三座木臺。有父、母、妃三靈，故架起三臺。到這夜二更，在臺的四旁掛起白蓮燈，並在臺上安置火炮禮花，裡面供奉著靈位，名「昇天臺」。司、道的官吏穿著吉服敬酒祭祀，靖江王穿著喪服叩拜，又換上吉服再拜之後，便傳火點燃引線開炮，焰火交加，聲震城谷。這時全城男女喧鬧觀看，十分驚訝，看作是不常見的盛事，有人催我前去觀看。我仰面躺著，沒有起牀，從靜聞那裡聽到上述情況。

十八日　託靜聞到朝雲巖尋找融止上人。進寓所吃飯後，將寄給金祥甫的信及家信、買石的帳單交給融止，託他轉到衡陽，並囑託金祥甫再寄往家中。

十九日　以行囊簡付趙主人時雨。余雨中出浮橋，將附舟往陽朔。時即開之舟挨擠不堪，姑入空舟避雨，又不即去。乃託靜聞守行李於舟，余復入城，登城樓，欲覓逍遙樓❶舊蹟，已為守城百戶❷置家於中。遂由城上南行二里，抵文昌門。門外為五勝橋，灕之支流與陽江之分派，交通於下。復循城外，西過寧遠門，乃南越南門橋，覓摹碑者，已他出。余初期摹匠同往水月，搨陸務觀、范石湖遺刻。至是失期，乃赴雉山，別鄭、楊諸君，以先兩日二君託人來招也。比至，又晤白益之，名弘謙。真謙謙君子也。時楊君未至，余少待之，雨大至，遂坐雉巖亭，方伸紙欲書補紀遊，而楊君、朱君繼至，已而鄭君書〈小序〉見投，而朱君之弟滌凡亦以詩貺余，交作詩答之。暮抵水月巖西舟中宿。

二十日　舟猶欲待附者，因令顧僕再往覓搨工，遂同抵水月觀洞，示所欲搨，并以紙價付之，期以陽朔遊還索取所搨。是日補紀遊程於舟中。舟泊五勝橋下，晚仍北移浮橋，以就眾附也。是日晴麗殊甚，而暑氣逼人。當午有王孫五人入舟，強丐焉，與之升米而去。

【章　旨】本章記載了第四十一、第四十二天遊桂林的行跡。走出浮橋，準備搭船去陽朔，因船不會馬上啟行，又進入城中，再去雉山，和鄭、楊諸人告別。次日找了搨工前往水月觀洞。船停在五勝橋下，中午有幾個王府族人上船強行乞討。

【注　釋】❶逍遙樓　在桂林城東北角，建於唐代，宋時改名湘南樓，南宋寶祐年間重建，成為上攀雲嶺，下瞰灕水，雄踞高聳軒楹重疊的層樓。在當時桂林建築物中最為壯觀。❷百戶　明代衛所兵制設百戶所，統兵一百十二人，隸屬於千戶所。百戶為一所之長。

【語　譯】十九日　將行李查點交託屋主人趙時雨。我在雨中走出浮橋，準備搭船前往陽朔。這時即將開行的船隻擁擠不堪，只好暫且到空船中躲雨，但船又不馬上就開。於是託靜聞在船上看管行李，我再進城，登上城樓，想尋找逍遙樓的舊址，已經被守城的百戶在裡面安家了。於是從城上往南走二里，到達文昌門。門外為五勝橋，灕江的支流和陽江的分派，在橋下交流。再沿著城外，往西經過寧遠門，便往南越過南門橋，尋找臨摹碑刻的人，已經外出了。我原先打算和摹工一起去水月巖，拓陸務觀、范石湖留下的石刻，到這時已錯過時間，就前往雉山，和鄭、楊諸君告別，因為前二天兩君託人來邀請我去。到了那裡，又見到白益之，名弘謙。真是一個謙謙君子。這時楊君還沒到，我稍許等了一會，下起大雨來，便坐在雉巖亭中，剛鋪開紙想補寫遊記，楊君、朱君相繼到來，過了一會鄭君寫了〈小序〉給我，而朱君的弟弟滌凡也以詩贈我，我也寫了詩回贈他們。傍晚到水月巖西面的船中過夜。

二十日　船還想等搭乘的人，於是吩咐顧僕再去尋找搨工，便一起到達水月觀洞，指給他看想拓下的碑刻，並將紙價付給他，約好在遊陽朔歸後來取拓片。這天在船上補記遊程。船停泊在五勝橋下，晚上仍往北移到浮橋旁，為了等搭乘的人。這天晴朗明媚，但暑氣逼人。中午時有五個王府族人上船，強行乞討東西，給了他們一升米方才離去。

【研　析】二十世紀七十年代，在湖南長沙馬王堆三號漢墓出土的文物中，有一幅距今二千多年的古地圖，圖上以九個短柱形符號描繪了九疑山的峰林地貌。這應是現存世界上最早的岩溶地貌圖，但對岩溶地貌進行有目的的考察，實自徐霞客始，其成就主要體現在〈粵西遊〉、〈滇遊日記〉中。

據當代地學研究，在距今四億年到二億三千萬年這段時期內，包括桂林在內的廣西境域，是一片汪洋大海。大約在二億八千萬年前的二疊紀早期，由於地殼運動，海底的石灰岩上升為陸地，經過風化和水流的侵蝕作用，形成石峰林立、溶洞遍布、地下水道縱橫的岩溶地貌。「四野皆平地，千峰直向天」，上句寫桂林的地理位置，下句便形容峰林地貌。對此，范成大已經指出：「桂之千峰，皆旁無延緣，悉自平地崛然特立，玉筍瑤篸，森列無際，其怪且多如此。」（《桂海虞衡志》）在北起興安、南至陽朔、桂林居中的二百多里內，奇峰挺秀，林立四野，千姿萬態，巧奪天工。當徐霞客從廖村走到桂林東郊，只見「諸危峰分岐疊出於前，愈離立獻奇，聯翩角勝矣。石峰之下，俱水匯不流，深者尺許，淺僅半尺。諸峰倒插於中，如出水青蓮，亭亭直上。」令人「左右交盼」，「應接不暇」。這正是桂林石灰岩峰林地貌的形象寫照。

顧名思義，岩溶地貌的形成，主要是由於流水的作用。正是那時而平緩、時而湍急的流水，或以雷霆萬鈞之力，或以精雕細琢之工，造就一座座令人稱奇的山峰、一個個發人幽趣的巖洞。雖然桂林城附近的一些溶洞，很早就已成為遊覽勝地，但大多數人只是走馬看花的遊賞，留下一些浮光掠影的印象，從不曾想到去探究形成這些奇山異洞的自然奧祕。徐霞客的過人之處，不僅在將桂林城內外的巖洞，幾乎全都遊遍，更在於作了前所未有的勘察。在他的筆下，有穿山洞（如疊綵山的風洞），有多孔洞（如隱山六洞），有樹枝狀洞（如七星巖），有地下廳洞（如南溪山白龍洞）。不僅考察了洞穴的方位、高度、形狀、結構，及洞口的朝向、洞旁的附麗物，還深入洞中，摸清洞穴通道的分布和排列、形狀和範圍，洞穴的分層和貫通，因崩坍和侵蝕造成的各種形態（如廳堂和天窗）。《遊記》中多次提到洞穴中一些獨特的自然現象，如在疊綵山風洞、七星巖「鳳凰戲水」這些地方出現的冷風，揭示了氣流自寬廣部位進入狹窄部位時風速的變化，對洞穴的氣候、洞中的生物，也都有所記載。

早在三國年間，張勃就已知道：「始安（桂林）、始陽有洞山，山有穴如洞庭，其中生石鐘乳。」（《吳地記》）在《水經注・溳水》中，酈道元描寫蔡陽（治所在今湖北棗陽西南）大洪山洞內的石鐘乳：「凝膏下垂，望齊冰雪，微津細液，滴瀝不斷。」唐代李渤在〈南溪山詩序〉中，也有「乳溜凝化」的說法。普陀山石刻〈乳牀賦〉（南宋梁安世作），以文學的形式，闡述了科學的見解，賦中認為巖洞中「玲瓏嵯峨，磊落雕鎪」

的石鐘乳，是因水對岩石的溶蝕，滲流滴乳，慢慢凝結而成。「石有脈其何來？泉春夏而滲流。積久而凝，附贅垂疣。」「抑嘗以歲而計之，十萬年而盈寸。」雖然言之不詳，但在地貌學中，卻有開創之功。徐霞客也認為石鐘乳在水中凝結而成，《遊記》中一再說，溶洞中的石景，「皆玉乳之所融結」，「乳態愈極繽紛」，「皆石髓所凝，雕鏤不逮」。當今地貌學對石鐘乳形成的科學結論是：這是一種懸垂於洞頂的碳酸鈣堆積，由於洞頂部滲入的地下水中二氧化碳含量較高，對石灰岩具有較強的溶蝕力，在水不斷滴落的過程中，鈣環不斷往下延伸，從而形成細長中空的石鐘乳。徐霞客還不可能達到這樣的認識高度，但他所說的「玉乳」、「石膏」，實際上就是指碳酸鈣。《遊記》中借助博喻、隱喻、象徵等手法，通過豐富的想像，對溶洞中的石鐘乳景觀作了極其生動的描述，變靜止為活動，化無情為有情，從中勾勒特徵，顯示生命，不僅寫其形，同時見其神，無不維妙維肖，栩栩如生。徐霞客對洞穴狀況的兼有形象化和數字化的描寫，使其《遊記》成為古代岩溶地貌及洞穴地貌最完整、最可信的文獻，不僅具有實證精神，而且富於文學情趣，成為審美和科學融合的結晶。

徐霞客到桂林後的第三天，即遊覽了七星巖，由外到內，自上而下，由近及遠，從主洞旁及支洞，從石鐘乳直到地下水，融觀賞與考察為一體，對巖洞的外形特徵和內部結構，作了全方位的勘探，用他自己的話說，「幾一網無遺」。當代科技人員用儀器進行實地勘測，繪製了七星巖山塊平面圖、素描圖和洞穴平面圖，證明徐霞客的記載都基本正確。早在三百多年前，在隻身進洞、測量儀器一無所有這樣困難甚至艱險的條件下，徐霞客僅憑目測、步測，居然能達到如此精確的地步。從陽朔回桂林後，他再遊七星巖，對整個山塊進行考察。七星巖十五個洞口的方位、距離，在《遊記》中都有明確的記載，這些洞口至今大部分仍能找到。在離開桂林前，徐霞客又對西山形勢，作了條分縷析的概述。英國科學史家李約瑟讀了《徐霞客遊記》，在驚歎之餘，不禁讚道：「他的《遊記》讀起來不像十七世紀學者所寫的東西，倒像一位二十世紀野外勘察家所寫的考察記錄。」

和地貌並重的是水文。在湖南遊訪時，徐霞客已窮究了瀟、郴二水的源頭。為了尋找湘、灕的源頭，進入廣西後，他沒有直奔桂林，而是經過全州，前往興安，考察靈渠，觀察了船在渠中通航的情況，又在興安分水塘，摸清了湘、灕二水的分水狀況，隨即登上海洋山，發現這山「俱崆峒貯水」，終於找到湘水和灕水的源頭。《遊記》中還特地記載了興安白面山南面二里的一座橋，指出「湘水之有橋自此」。

「山之有景，即山之巒洞所標也。」（〈雞山志略一〉）紛紜多姿的景觀，在自然界原是一種客觀存在，與人無涉。但從另一方面看，「以人遇之而景成，以情傳之而景別。」（同上）故柳宗元有「以茲丘之勝，農夫漁父過而陋之，……而我與深源、克己獨喜得之，是其果有遭乎」之歎，趙翼有「要等風騷絕代人，來絢鴻濛舊風土」之讚，而徐霞客則有「天留名壤待名人」的抱負。儘管在唐、宋兩代，對桂林的開發已很可觀，但據范成大的《桂海虞衡志》，當時桂林巖洞可紀者也僅三十多個，離城遠的七、八里，近的二、三里。而徐霞客在桂林所遊巖洞，多達六十餘處，有的遠在郊隅，其中不少洞穴，過去從不曾有人遊過，甚至連當地人也不清楚。而徐霞客在好奇心和求知欲的驅使下，憑著一往無前的探險精神和執著踏實的科學作風，發現了許多因地勢險僻而湮沒無聞的景觀，並通過《遊記》，為世所知，傳諸久遠，使之成為一種可開發、有價值的自然資源。這實在是一種意義深遠但卻常被人忽視的貢獻。

自南朝起，山水文學佳作迭出，蔚為大觀。但文人寫景，多喜虛擬，意在筆先。「遠人無目，遠樹無枝；遠山無石，隱隱如眉；遠水如波，高與雲齊。」（王維〈山水論〉）這不僅是畫訣，也是文訣。「論畫以形似，見與兒童鄰。」蘇軾這二句詩，始終為論文者津津樂道。進一步看，前人吟風弄月，原不過為消閒而已，寄情山水，更多的是澆自身塊壘。「吹皺一池春水，干卿底事？」其意原不在景物。真正能用形象、瑰麗的語言，既逼真地寫出山水的形貌，又絕妙地傳出山水的風神，質之前代，惟徐霞客庶幾無愧，即使像柳宗元、蘇軾這樣的大家，也有所不及。宋代郭熙說：「（畫山水）欲奪其造化，則莫神於好，莫精於勤，莫大於飽遊飫看，歷歷羅列於胸中，而目不見絹素，手不知筆墨，磊磊落落，杳杳漠漠，莫非吾畫。今執筆者所養之不擴充，所覽之不純熟，所經之不眾多，所取之不精粹，而得紙拂壁，水墨遽下，不知何以綴景於烟霞之表，發興於溪山之巔哉！」（《林泉高致》）用語言模山範水，何嘗不同此理。要達到巧奪造化，發其神秀，窮其奧祕，物無遁形的境界，首先得對自然景觀作細緻的觀察，有深入的了解，近看辨形，遠看取勢，飽覽熟玩，混化胸中，同時具備駕馭語言的能力，得心應手地言所欲言。即目擊耳聞，心領神會，筆隨意至，不可或缺。而這非像徐霞客那樣，長年跋涉，取山川鍾毓之氣，融於胸中，和大自然心心相印，息息相關，絕不能做到。

清代潘耒說徐霞客在外進行實地考察時，「先審視山脈如何去來，水脈如何分合，既得大勢，然後一丘一壑，支搜節討。」這種程序，同樣表現在他的記述中。《遊記》中寫某些景觀，先從大處著眼，俯仰宇宙，把握對象的整體形勢和高下節奏，進而品鑒物類，對一泉一石作細緻入微的描寫，如寫玩珠巖、水月洞，無不如此。當然也有與上述程序正好相反的表現方法，即從局部到整體，通過對一草一木的刻劃，逐步顯出景物的全貌，如寫七星巖、青珠洞，均用此法。如果說，前一種表現手法能帶給讀者縱目眺望的壯浪之美，那麼後一種表現手法帶來的則是移步換景的縝密之美，而在徐霞客的筆下，又都表現出層次分明的整一之美。這樣的描寫，既不同於柳宗元的對景傷情、蘇軾的借題發揮，也不同於明代公安派的即興為文。和這些純文學作品相比，徐霞客的描寫，更真實、更完整，包含著更多的理性內容，洋溢著更多的生命活力。儘管他的描寫，也灌注了個人的感情色彩，但所呈現的並不是被異化的、象徵性的景物，而仍是自然界固有的、理應如此的景觀。

二十一日　候附舟者，日中乃行。南過水月洞，又南，〔雉山、穿山、鬬雞、劉仙、崖頭諸山，皆從陸遍遊者，惟鬬雞未到，今舟〕出鬬雞山東麓。〔崖頭有石門❶淨瓶勝，舟隔洲❷以行，不能近悉。去省已十里。〕又東南二十里，過龍門塘❸，江流浩然，南有山嵯峨駢立，其中峰最高處，透明如月掛峰頭，南北相透。又東五里，則橫山巖❹屼突江右。漸轉漸東北行，五里，則大墟❺在江右❻，後有山，自東北迤邐來，中有水口，疑即大澗榕村[7]之流，南下至此者。於是南轉又五里，江右復有削崖屏立[8]。其隔江為逗日井[9]，亦數百家之市也。又南五里，為碧崖[10]，崖立江左，亦西向臨江，下有庵。橫山、碧崖二巖夾江右、左立，其勢相等，俱不若削崖之崇擴也。碧崖之南，隔江石峰排列而起，橫障南天，上分危岫，幾埒巫山；下突轟崖，數逾匡老。於是扼江而東，江流齧其北麓，怒濤翻壁，層嵐倒影，赤壁、采磯，失其壯麗矣[11]。崖間一石紋，黑鏤白章，儼若泛海大士[12]，名曰沉香堂[13]。其處南雖崇淵極致，而北岸猶〔夷〕豁，是為賣柴埠。共東五里，下寸金灘[14]，轉而南入山峽，江左右自是皆石峰巑岏[15]，爭奇炫詭，靡不出人意表矣。入峽，又下斗米灘[16]，共南五里，為南田站[17]，百家之聚，在江東岸，〔當臨桂[18]、陽朔界。〕山至是轉峽為塢，〔四面層圍，僅受此村。〕過南田，山色已暮，舟人夜棹不休。江為山所託，俛東俛南，盤峽透崖，二十五里，至畫山，月猶未起，而山色空濛，若隱若現。又南五里，為興平[19]。群峰至是東開一隙，數家綴江左，真山水中窟色[20]也。月亦從東隙中出，舟乃泊而候曙，以有客欲早起赴恭城[21]耳。由此東行，有陸路通恭城。

〔灕江自桂林南來，兩崖森壁迴峰，中多洲渚分合，無翻流之石，直瀉之湍，故舟行屈曲石穴間，無妨夜棹；第月起稽緩，闇行明止，未免悵悵。」

【章　旨】本章記載了徐霞客在廣西第四十三天自桂林遊陽朔的行跡。乘船往南經過水月洞、鬬雞山、龍門塘、橫山巖、大墟、逗日井、碧崖等地。在碧崖南面，灕江對岸，石峰聳起，遮天蔽日，怒濤翻捲，極為壯麗。繼續向前，望見沉香堂，駛下寸金灘、斗米灘，經過南田站，在夜間到達畫山，最後在風景秀麗的興坪停泊。

【注　釋】❶石門　在崖頭山下，危石刓空如門，下懸江中，故名。❷洲　指鏡子洲，在崖頭山附近江中。❸龍門塘　在灕江北岸，桂林城東南，即今龍門村，江中有沙灘形似鯉魚，人稱「鯉魚跳龍門」。❹橫山巖　在龍門東南，灕江西岸，屏立江邊。❺大墟　即今靈川東南的大圩，在灕江轉折處，景物綺麗，明代為廣西四大墟市之一。歷史悠久，至今仍有高祖廟、漢皇廟、萬壽橋等古建築。❻在江右　自桂林沿灕江坐船去陽朔，途中所見大圩當在江的左邊。❼榕村　四月二十八日日記中作「鎔村」。❽削崖屏立　削崖似指大圩對岸的磨盤山。從北面望去，山石層層疊疊，酷似一架巨大的石磨，故名。從東往南看，又像一艘巨輪，故名「火船山」。❾逗日井　為大圩東南五里的村鎮。❿碧崖　即碧崖山，在大圩南面，灕江東岸，蒼崖削壁，如屏似嶂。山東麓有洞，過去建有碧崖閣，已毀。⓫碧崖之南十三句　過了碧崖山，江水在群山之中蜿蜒，奇峰挺拔，灘流險急，臨江崖石，青白相間，如五馬揚鬃，橫江而過，故有「五馬攔江」之稱。又有兩石並峙，如雙獅戲球。山頂重巒疊翠，狀似群牛覓食，人稱「九牛嶺」，峽稱「黃牛峽」。江水到此一分為三，將山前的江灘分割成三個小洲。有一首民歌形容這裡的景致：「九牛看三洲，河水兩邊流。五馬攔江過，雙獅滾繡球。白日千人拜，夜晚泊千舟。」巫山，在重慶巫山縣和湖北巴東境內，有神女等十二峰，層巒疊嶂，景物奇麗；長江橫截巫山，形成三峽之一的巫峽。轟，《徐霞客遊記》中，轟字似常當作「矗」字。匡老，匡，匡山，即廬山。老，五老峰。赤壁，山名，在湖北蒲圻西北七十二里的長江南岸。山西南嶙峋臨江，斜亙百丈。江水洶湧，直撲石壁，每當水漲之時，激浪飛濺，高達丈餘，噌吰雷鳴，遠震里許，氣勢磅礴，景色壯麗，相傳三國時孫權、劉備聯軍，在此用火攻大敗曹操。采磯，即采石磯（原名牛渚磯，因地產五彩石改今名）。在安徽馬鞍山市區西南十四里的翠螺山麓，與南京燕子磯、岳陽城陵磯統稱「長江三磯」。懸崖峭壁，兀立江中，遙對天門山，形勢險要，歷來為兵家必爭之地。⑫泛海大士　指渡海的觀音大士。大士，即菩薩。⑬沉香堂　即沉香塘。石峰林立，瀑布飛流。⑭寸金灘　在橫山巖南，斗米灘北，自大圩過後，懸崖夾岸，水流洶湧，險灘重重，有「廣西下來灘復灘，三百六十長短灣」之說。⑮江左右自是皆石峰巑岏　江，原作「山」，據乾隆本改。⑯斗米灘　這裡灘長水急。灘頭右邊的山頂上，有身穿長衣，側面北望的石人，名「仙人石」。山腰一石，如背著娃娃的婦女，名「望夫石」。⑰南田站　又名南田驛，今名南亭，在灕江東岸，桂林與陽朔接界處。⑱臨桂　明代為縣，為桂林府治，即今廣西桂林。⑲興平　今名興坪，北距桂林水程一百二十餘里，南去陽朔水程約四十里，在灕江東岸，熙平水在此匯入灕江，為三國時的古鎮，晉代熙平縣治。鎮後山上有株古榕，樹大十圍，枝葉婆娑，濃蔭如蓋，相傳為隋代所植。興坪為陽朔風景薈萃之地，四周山形奇特，如劍排空，江面如鏡，綠洲蒼翠，更有修竹密林，奇花異草，幽巖古洞，曲徑村舍，素有「陽朔山水在興坪」之譽。前人有詩云：「江到興平水最清，青山簇簇水中生。分明看見青山頂，船在青山頂上行。」鎮前有榕潭，碧水澄澈，深不見底。登臨山腰白廟閣遺址覽勝，峰迴江灣，水如羅帶，竹叢村舍，舉目皆是，夜景尤其迷人。每當風清日朗，素波流輝，空中繁星爍爍，江上漁火點點，恍若仙境，「興坪月色」為陽朔勝景。⑳山水中窟色　當為「山水窟中色」。山水窟，風景佳勝之處。㉑恭城　明代為縣，隸平樂府，今屬廣西。

【語　譯】二十一日　等候搭船的人，到中午才出發。往南經過水月洞，再往南，有雉山、穿山、鬬雞、劉仙、崖頭等山巖，都是從陸路遊覽過的地方，只有鬬雞山沒到，現在船從鬬雞山的東麓駛出。崖頭山有石門、淨瓶兩處美景，船隔著沙洲行駛，不能靠近仔細觀賞。這裡離開省城已有十里了。再往東南行駛二十里，經過龍門塘，江水浩蕩，南岸有高峻並立的山峰，在中峰最高處，有洞透出亮光，宛如月亮掛在峰頂，南北相通。再往東行駛五里，只見橫山巖高聳灕江右岸。漸漸轉向東北行駛，過了五里，看到大墟在江的右岸，後面有山，從東北曲折連綿延伸過來，裡面有水口，懷疑就是出自榕村的大澗，往南流到這裡。從這裡向南轉，又行駛五里，江的右岸又有陡峭的山崖，像屏風那樣聳立。江對岸為逗日井，也是有數百戶人家的鄉鎮，再往南行駛五里，到碧崖，聳立在江的左岸，也朝西對著江水，崖下有庵。橫山、碧崖兩座山巖在灕江的右岸和左岸夾立，山勢不相上下，但都不如陡峭的山崖高大寬闊。碧崖的南面，隔江石峰排列聳起，橫向遮蔽南面的天空，上面又分裂出高峻的峰巒，幾乎和巫山相仿；下面突起矗立的石崖，為數遠過廬山五老峰。山峰在這裡扼住江水，使它轉向東流，江流沖刷著山峰的北麓，怒濤翻滾，撲打石壁，層層山嵐，倒影水中，赤壁、采石的壯麗景觀，和這裡相比便黯然失色了。崖間有一道石紋，黑色的線條、白色的花紋，形狀酷似泛海大士，稱作沉香堂。這裡南岸雖然極其高峻幽深，但北岸依然平坦開闊，地名賣柴埠。往東共行駛五里，下寸金灘，便轉向南駛入山峽，從這裡起，江水左右兩岸都是峻峭的石峰，爭奇變幻，無不出人意外。進入峽中，又下斗米灘，往南共行駛五里，到南田站，這是一個有上百戶人家的村落，位於灕江東岸，正當臨桂、陽朔兩地的分界。山到這裡變峽為塢，四面層層圍住，中間僅能容納這個村莊。過了南田，山中被暮色籠罩，船夫在夜中不停划槳。江水被山阻擋，忽東忽南，繞過山峽，穿過山崖，行駛二十五里，到達畫山，月亮還沒升起，山色迷茫，若隱若現。又往南行駛五里，到興坪。群峰到這裡才在東面開出缺口，有幾戶人家座落在江的左岸，真不愧為美妙的山水景色。月亮也從東面的缺口中升起，船便停下等候天亮，因為有客要早起趕往恭城。從這裡往東走，有陸路可到恭城。

灕江從桂林往南流來，兩岸山崖，石壁森羅，峰巒迴合，中間有許多或分或合的洲渚，沒有翻捲江水的巨石、奔騰直瀉的急流，故船在曲曲折折的石穴間行駛，即使夜行也沒關係；只是月亮升起遲緩，船在月黑時行駛，月明時反而停下，未免令人感到遺憾。

二十二日　雞鳴，恭城客登陸去。即棹舟南行，曉月漾波，奇峰環棹，覺夜來幽奇之景，又翻出一段空明❶色相❷矣。南三里，為螺螄巖❸。〔一峰盤旋上，轉峙江右，〕蓋與平水口〔山〕也。又七里，東南出水綠村❹，〔山乃斂鋒。〕天猶未曉，乃掩篷就寐。二十里，古祚驛❺。又南十里，則龍頭山❻錚錚❼露骨，縣之四圍，攢作碧蓮⑧玉筍⑨世界矣。陽朔縣北自龍頭山，南抵鑑山⑩，二峰巍峙，當灕江上下流，中有掌平之地⑪，乃東面瀕江，以岸為城，而南北屬⑫於兩山，西面疊垣為雉⑬，而南北之屬亦如之。西城之外，最近者為來仙洞山⑭，而石人⑮、牛洞、龍洞⑯諸山森繞焉，通省⑰大路從之，蓋陸從西而水從東也。其東南門鑑山之下，則南趨平樂⑱，水陸之路，俱統於此。正南門路亦西北轉通省道。直南則為南斗山、延壽殿，今從其旁建文昌閣焉，無徑他達。正北即陽朔山⑲，層峰屏峙，東接龍頭。東西城俱屬於南隅，北則以山為障，竟無城亦無門焉。而東北一門，在北極宮⑳下，僅東通江水，北抵儀安祠與讀書巖㉑而已，然俱草塞，無人行也。惟東臨灕江，開三門以取水。從東南門外渡江而東，瀕江之聚有白沙灣㉒、佛力司㉓諸處，頗有人烟云。

上午抵城㉔，入正東門，即文廟㉕前，從其西入縣治，荒寂甚。縣南半里，有橋曰「市橋雙月」，八景之一也。〔橋下水西自龍洞入城。〕橋之東，飛流注壑，〔壑大四五丈，四面叢石盤突，〕是為龍潭㉖，入而不溢。橋之南有峰巍然獨聳，詢之土人，名曰易山，蓋即南借以為城者。其東麓為鑑山寺㉗，亦八景之一。鑑寺鐘聲㉘。寺南倚山臨江，通道置門，是為東南門。山之西麓，為正南門㉙。其南崖之側，間有罅如合掌，即土人所號為雌山者也。從東南門外小磴，可至罅傍。余初登北麓，即覓道上躋。蓋其山南東二面，即就崖為城，惟北面在城內，有微路級，久為莽棘所蔽。乃攀條捫隙，久之，直造峭壁之下，莽徑遂絕。復從其旁躡巉石，緣飛磴，盤旋半空，終不能達，乃下，已過午矣。時顧僕守囊於舟，期候於東南門外渡埠旁。於是南經鑑山寺，出東南門，覓舟不得，得便粥就餐於市。詢知渡江而東十里，有狀元山㉚，出西門二里，有龍洞巖，為此中名勝，此外更無古蹟新奇著人耳目者矣。急於覓舟，遂復入城，登鑑山寺。寺倚山俯江，在翠微中，城郭得此。沈彬㉛詩㉜云：「碧蓮峰㉝裡住人家」，誠不虛矣。時午日鑠金㉞，遂解衣當窗，遇一儒生，以八景授。市橋雙月、鑑寺鐘聲、龍洞仙泉、白沙漁火、碧蓮波影、東嶺朝霞、狀元騎馬、馬山嵐氣。復北由二門覓舟，至文廟門，終不得舟。於是仍出東南門，渡江而東一里，至白沙灣，則舟人之家在焉。而舟泊其南，乃入舟解衣避暑，濯足沽醪，竟不復搜奇而就宿焉。

白沙灣在城東南二里，民居頗盛，有河泊所在焉。其南有三峰並列，〔最東一峰曰白鶴山。〕江流南抵其下，曲而東北行，抱此一灣，沙土俱白，故以白沙名。〔其東南一溪，南自二龍橋來，北入江。溪在南三峰之東，逼白鶴西址出。〕

溪東又有數峰，自南趨北，界溪入江口，最北者，書童山也，江以此乃東北逆轉。」

【章　旨】本章記載了第四十四天遊陽朔的行跡。船繼續行駛，經過螺螄巖、水綠村、古祚驛、龍頭山，只見縣城四周，聚成碧蓮玉筍般的世界。陽朔縣北起龍頭山，南到鑑山，西面有來仙洞山，東面靠近灕江。上午到達縣城，觀賞「市橋雙月」，橋東為龍潭，橋南有易山，山東麓為鑑山寺。踏上長滿荒草的小路，再沿著高處的石級在半空中盤繞向上，但始終不能到達雌山。下山返回城中，登上鑑山寺，得知「陽朔八景」的名稱。出城到白沙灣，回到船上入睡。

【注　釋】❶空明　通明透澈。指月光映照下的江水。❷色相　佛家語，言人或物一時呈現於外的形式。❸螺螄巖　在興坪下游二里、灕江西岸，有螺螄山，與五指山隔江相對。山石回旋，形成一道道螺紋，盤旋而上，酷似青螺，故名。山下有巖洞，東西對穿，巖頂倒吊三個斗大的鐘乳石，一白一黑一綠，形狀奇特，如海螺倒懸洞中，又像蛟龍高掛巖口，故名螺螄巖，又稱騰蛟巖。❹水綠村　今名水洛，在陽朔城北，灕江東岸。❺古祚驛　在陽朔城北龍頭山下，灕江西岸。❻龍頭山　在陽朔城東北半里，灕江西岸。巖壁呈赤色，氣勢雄偉，形如龍頭，故名。與金字山、壽蘭峰隔江對峙，成為陽朔水路門戶。過去誤傳唐代詩人曹鄴曾在此讀書，實為曹鄴故宅的後山。《名勝志》、《方輿紀要》作「龍峰山」。❼錚錚　形容山勢挺拔。❽碧蓮　形容山峰聚簇。❾玉筍　形容山峰聳立。❿鑑山　又名易山、壽陽山，在灕江西岸，為陽朔西南屏嶂。在龍頭山下遠眺，石壁光潔如明鏡，相傳能照出人的善惡，故名。⓫掌平之地　陽朔城三面環山，中間低凹平坦，形如掌心。⓬屬　連接。⓭雉堞。城牆長三丈高一丈為一雉。堞，女牆，即城上端凸凹疊起的牆。泛指城牆。⓮來仙洞山　即陽朔獨秀峰，俗名竹筧山。山高百公尺，孤峰拔起，形如玉柱，故有「玉柱淩霄」之稱。⓯石人　即仙人石，在屏風山北面的山腰，高丈許，遠望如少年男子挺立，故又稱屏風山為西郎山。旁邊還有小姑山和玉姑山。⓰龍洞　在陽朔城西鍾靈山下，洞口刻有「洞分八門，勾連曲暢」八大字。與伏地巖、南熏洞等洞相互貫通，洞中有洞，曲折幽邃。洞中有龍影、龍牀等鐘乳石景，千奇百怪，琳琅滿目。⓱省　指省城桂林。⓲平樂　明代為縣，隸平樂府，今屬廣西。⓳陽朔山　今名海洋山，在城北半里。因兩峰並立，形似羊角，古名羊角山，隋代以「陽朔」和「羊角」音相近，取以名縣。山形獨秀，諸山相連，另起一峰，高於羊角，二峰又名解元峰。⑳北極宮　在城東北，始建於宋代，明初於此設道會司（掌管道教的官署）。㉑讀書巖　在天鵝山下，相傳為唐代詩人曹鄴讀書處。宋時改為曹公書院，尋廢為慈光寺。明成化中撤寺復建書院。㉒白沙灣　在陽朔城東南二里，灕江至此被白鶴山橫截，轉而東流，河灣白沙遍地，如霜似雪，故名。每當夜幕來臨，漁火點點，繁星閃閃，映照白沙，景色奇絕。「白沙漁火」為陽朔八景之一。㉓佛力司　一作「伏荔市」，明巡檢司名，今名福利。在陽朔東境，灕江南轉處，三面環山，一面臨水，奇峰夾岸，建築古雅，景致清幽。㉔城　指陽朔城。陽朔，明代為縣，隸桂林府，今屬廣西。㉕文廟　唐開元間封孔子為文宣王，後因稱孔廟為文廟。㉖龍潭　在城內市橋東龍潭庵下，水色深碧，四周叢石盤突，廣四、五丈。㉗鑑山寺　在鑑山東麓，灕江西岸，唐開元初始建，為寺僧智仙和曹鄴論詩唱和處。寺後毀於戰火，於寺址改建鑑山樓，樓旁建迎江閣，依山面江，閣呈八角形，上層八面開窗，有如畫框，臨窗遠眺，一窗一景，景景如畫，灕江山水，盡入框內，名為「畫窗」。過迎江閣，登南山岂門，沿風景道，摩崖石刻甚多。門南石壁上有清人王元仁書寫的草書「帶」字巨刻，長寬各丈餘，筆飛墨舞，一氣呵成。雖為一字，但內含有「一帶山河，少年努力」八字筆意。㉘鑑寺鐘聲　智仙有名句云：「燈暗禪心靜，鐘鳴旦氣清。」古剎鐘聲，朝暮不絕，空谷傳響，悠揚不盡，為陽朔八景之一。㉙正南門　即水東門，又稱南熏門。陽朔自元代起改建為石頭城，今僅存這座石城門，為清雍正年間重修的遺物。㉚狀元山　又名浮勾山，在城東十里，灕江東岸。山有二峰，前低後高，為縣內最高峰，下有巖洞，裡面有八仙姑像，俗名仙姑山。㉛沈彬　字子文，筠州高安（今屬江西）人，讀書能詩。初仕吳，南唐時絕不求進，李璟甚見優禮。曾任陽朔令，遍遊桂林、陽朔。㉜詩　指沈彬名作〈碧蓮峰〉。全詩為：「陶潛彭澤五株柳，潘岳河陽一縣花。兩處爭如陽朔好，碧蓮峰裡住人家。」㉝碧蓮峰　在陽朔東南，灕江西岸。從江面看，山形如含苞欲放的荷花，浴水而出；從屏風山頂望去，和周圍群峰若倚若離，又像一朵蓮花中的主瓣，陽朔城正好鑲在花瓣之中，故名碧蓮峰，又名芙蓉峰。因北側有石光潔如鏡，故亦稱鑑山，俗稱陳家山。山勢嵯峨，古木參天，倒影江水，波光含翠。近江一面刻有「帶」字及「江山鎖鑰」等大字。西、北、南三面皆住人家。站在峰頂眺望，四面峰巒層疊，足下村舍羅列，晨觀「東嶺朝霞」，夕賞「白沙漁火」，秀色可掬，景物如畫。但據沈彬詩，碧蓮峰當為縣城群山的總名，不專指一峰。㉞鑠金　熔化金屬。極言陽光強烈，天氣炎熱。

【語　譯】二十二日　雞啼時，去恭城的旅客上岸走了。隨即划船往南行駛，江面蕩漾著清晨的月光，神奇的山峰倒影江中，在船的四周環繞，只覺夜間幽奇的景色，到這時又變幻出一片通明澄澈的景象。往南行駛三里，到螺螄巖。一座山峰盤旋直上，轉而峙立在江的右岸，是興坪的水口山。又行駛七里，往東南出水綠村，山峰才稀少起來。天還未亮，便用船篷遮住睡覺。過了二十里，到古祚驛。又往南行駛十里，只見龍頭山石骨錚錚，挺立江岸，縣城四周，聚成一個碧蓮玉筍的世界。陽朔縣北起龍頭山，南到鑑山，兩座山峰巍然峙立，分別位於灘江的上、下游，中間有一塊形如掌心的平地，東面靠近江水，沿江岸建造城牆，南北連著兩座山峰，西面築起城牆，南北也同樣和兩座山峰相連。西城的外面，最靠近的是來仙洞山，而石人、牛洞、龍洞諸山，在周圍紛然環繞，通往省城的大路就從這裡經過，一般說，從陽朔去桂林，陸路從西面走，水路從東面走。在城東南門鑑山的下面，往南直達平樂，水陸兩路都在這裡會集。城正南門也有往西北轉可通省城的路。正南為南斗山、延壽殿，如今在它的旁邊建有文昌閣，沒路可通往其他地方。正北為陽朔山，層層山峰如同屏障峙立，東面和龍頭山相接。城牆的東、西兩面都在南端和山相連，北面則以山為屏障，居然既無城牆也無城門。而東北一座門，在北極宮下面，只能往東通往灘江，往北抵達儀安祠和讀書巖而已，但路都已被荒草阻塞，沒人通行。惟有城東對著灘江，開了三座門讓人去江邊取水。從東南門外過江向東，靠近江岸的聚落有白沙灣、佛力司等地，居民甚多。

上午到達陽朔城，走進正東門，便到文廟前，從它的西側進入縣衙門，裡面十分荒涼寂寞。在縣衙南面半里處，有橋名「市橋雙月」，是「陽朔八景」之一。橋下的水從西面的龍洞流入城中。橋的東面，飛奔的水流注入一個深坑之中，坑大四、五丈，四周石堆盤結突起，這就是龍潭，水只是流入不會溢出。橋的南面有山峰獨自巍然聳立，向當地人打聽，方知名易山，原來就是南面那座藉以作為城牆的山。山的東麓有鑑山寺，也是「陽朔八景」之一。即鑑寺鐘聲。寺南背靠山峰，面對江水，在通道上設置了門，這就是東南門。山的西麓，為正南門。在南崖旁，石壁中間有條裂縫，兩邊如同合攏的手掌，即當地人號稱的雌山。從東南門外狹小的石級上去，可到石縫旁。我剛登上北麓，便找路往上攀登。大致說這山南、東兩面，就憑藉山崖建造城牆，只有北面在城內，有石級小路，長久以來一直被荒草荊棘遮掩。於是拉著枝條，在石縫中攀登，過了好久，直到陡峭的石壁之下，長滿荒草的小路也到了盡頭。又從它的旁邊踏上險峻的山石，沿著高懸的石級，在半空中盤繞向上，始終不能到達，只得下山，已過中午了。這時顧僕在船上守護行李，約好在東南門外渡口碼頭旁等候。於是往南經過鑑山寺，走出東南門，卻找不到船，就在街市買些便粥吃。問後得知過江向東走十里，有狀元山，出西門再走二里，有龍洞巖，為這裡的名勝，除此之外，再也沒有古蹟和新發現的奇景能吸引人了。因急於找船，便又進入城中，登上鑑山寺。寺背靠鑑山，俯對瀧江，座落在青翠的山色之中，縣城就在這樣的環境之中。沈彬詩云：「碧蓮峰裡住人家」，確實不是虛妄之言。這時正當中午，烈日炎炎，便脫下衣服，靠著窗口乘涼，遇上一個讀書人，告訴我陽朔八景的名稱。即市橋雙月、鑑寺鐘聲、龍洞仙泉、白沙漁火、碧蓮波影、東嶺朝霞、狀元騎馬、馬山嵐氣。再往北去兩座城門找船，直到文廟門，始終沒有發現。於是仍然走出東南門，過江往東走一里，到白沙灣，船夫的住家就在這裡。船停泊在它的南面，便上船脫衣避暑，洗腳買酒，不再尋找奇景，就在這裡過夜了。

白沙灣在城東南二里，百姓住家很多，有河船所在那裡。在它南面有三座並列的山峰，最東的一座山峰名白鶴山。江水往南流到山下，又拐向東北流去，環抱成這個水灣，沙土都呈白色，故名「白沙」。在它東面有條溪水，從南面的二龍橋流來，往北注入瀧江。這條溪水在南面三峰的東邊，逼近白鶴山的西麓流出。溪水的東面又有幾座山峰，從南往北，和溪水的入江口相接，位於最北的是書童山，瀧江就因為它才向東北倒流。

二十三日　早索晨餐，從白沙隨江東北行。一里，渡江而南，出東界書童山❶之東。由渡口東望江之東北岸，有高峰聳立，四尖並起，障江南趨。其北一峰，又岐分支石，綴立峰頭作人形，而西北拱邑❷，此亦東人山❸之一也。既渡，南抵東界東麓，陂塘高下，林木翛然，有澄心亭峙焉，〔可憩。〕又東一里，過穆山村，復渡江而東，循四尖之南麓，趨出其東，〔山開目曠，奇致愈出。前望東北，又起一峰，上分二岐：東岐矮而欹斜，〔若僧帽垂空，〕西岐高而獨聳。此一山之二奇也。四尖東枝最秀，二岐西岫最雄。此兩山之一致也。而回眺西南，隔江下則尖崖並削，上則雙岫齊懸。此又即書童之南群峰所幻而出者也。

　時循山東向，又五里，已出二岐，東南踰一嶺而下，是為佛力司。〔司當江南轉處，北去縣十里❹。〕置行李於旅肆，問狀元峰而上，猶欲東趨，居人指而西，始知即二岐之峰是也，西峰最高，故以狀元名之。乃仍踰後嶺，即從嶺上北去，越嶺北下，西一里，抵紅旗峒。竟峒，西北一里抵山下，路為草沒，無從得上，乃攀援躑躅，漸高漸得磴道，旋復失之，蓋或翳或現，俱草之疏密為岐也。西北上一里，踰山西下坳，乃東北上二里，踰山東上坳，此坳乃兩峰分岐處也。從坳西北度亂石重蔓，直抵高峰，崖畔則有洞東向焉。洞門雖高，而中不深廣，內置仙妃像甚眾，土人刻石於旁，言其求雨靈驗，又名富教山焉。洞上懸竅兩重，簷覆而出，無由得上。洞前有峰東向，〔即似僧帽者。其峰〕亦有一洞，西與茲山❺對，懸崖隔莽，不能兼收。坐洞內久之，東眺恭城，東南瞻平樂，西南睨荔浦❻，皆重山橫亙。時欲一登高峰之頂，洞外南北俱壁立無磴，從洞南攀危崖，緣峭石，梯險踔虛，猿垂豹躍，轉從峭壁之南，直抵崖半，則穹然無片隙，非復手足之力所及矣。時南山西市雨勢沛然，計上既無隙，下多灌莽，雨濕枝繆❼，益難著足，亟投崖而下。三里，至山足，又二里，踰嶺，飯於佛力肆中。居人蘇氏，世以耕讀起家，以明經❽貢者❾三、四人。見客至，俱來聚觀，言：「此峰懸削，曾無登路。數年前，峰側有古木一株，其僕三人禱而後登，梯轉絙❿級，備極其險，然止達木所，亦未登巔，此後從無問津者。」下午，雨中從佛力返，共十里，仍兩渡而抵白沙灣，遂憩舟中。

佛力司之南，山益開拓，內雖尚餘石峰離立，而外俱綿山亙嶺。碧簪玉筍之森羅，北自桂林，南盡於此。聞平樂以下，四顧皆土山，而巉厲之石，不挺於陸，而藏於水矣。蓋山至此而頑⓫，水至此而險也。

【章　旨】本章記載了第四十五天遊陽朔的行跡。兩次過江，進入山中。望見一座高峰有四個山尖並排聳起，另有一座山峰上面有石從旁邊分出。經過佛力司、紅旗峒，攀登狀元峰，但歷盡艱險，仍然無法登臨高峰的頂部。下山回到佛力司，方知這山峰從來就無路可上。「碧簪」「玉筍」般的山峰，北自桂林起，南至佛力司終，這裡險峻的岩石，不在陸地，而在水中。

【注　釋】❶書童山　在陽朔城東南三里，田家河與灕江匯合處，左依田家河，右臨灕江。山呈圓形，挺拔秀麗，如石柱高聳天空。周圍彩壁如屏，山頂綠樹成林，恰似妙齡少女，亭亭玉立，對江自照，清奇無比。半山處有石矗立夾縫中，高約丈五，宛如寬衣大袖的書童捧書誦讀，因以為名。遠望此山又似船上桅杆，故又名桅杆山。❷拱邑　對著陽朔縣城拱手。邑，縣。❸東人山　在陽朔東南二十里，石形如人東向，下有三十六洞，南北長三十里，或說即灕江北岸的東郎山。❹北去縣十里　據實際位置，「北」當為「東」之誤。❺茲山　此山。指富教山。❻荔浦　明代為縣，隸平樂府，今屬廣西。❼繆　通「樛」。絞結。❽明經　唐代科舉制度中科目之一，與進士科並列，主要考試經義，明、清時用作貢生的別稱。❾貢者　科舉制度中，生員（秀才）一般隸屬於本府、州、縣學，若考選升入京師國子監讀書的，則不再是本府、州、縣的生員，而稱作貢生，意為將人才貢獻給皇帝。❿絙　大繩。⓫頑　頑固。此指堅硬。

【語　譯】二十三日　清晨就索取早餐，從白沙灣沿江向東北走。過了一里，渡江往南，從東界書童山的東面走出。從渡口向東望見灕江的東北岸，有高高的山峰聳立，四個山尖並排矗起，阻擋江水往南流去。在它北面一座山峰，又有巖石從旁邊岔出，在峰頂屹立相連，形狀如人，面向西北，拱手和縣城相對，這也是東人山中的一峰。過江後，往南到達東界山的東麓，只見池塘高高低低，樹木自由自在地生長，有澄心亭峙立在那裡，可供人休息。又往東走了一里，經過穆山村，再過江向東，沿著有四個山尖的山峰南麓，從它的東面走出，山勢開闊，眼界寬廣，奇異的景觀層出不窮。向前朝東北望去，又聳起一座山峰，上面分出兩支：東面一支低矮傾斜，就像僧人的帽子掛在空中，西面一支獨自高聳。這是同一座山的兩處奇景。四個山尖中東面那個最為秀麗，兩個分支中西面那支最為雄奇。這是兩座山峰一致的地方。轉身向西南眺望，在灕江對岸，下面並立著陡峭的山崖，上面有兩座峰巒一起高懸。這又是書童山南面眾多山峰倒映江中所呈現的景觀。

這時沿著山向東，又走了五里，已從分成兩支的山峰走出，朝東南翻過一座山嶺往下，便是佛力司。司位於灕江往南轉的地方，在縣城北面十里處。將行李放在旅店中，打聽去狀元峰的路然後攀登，還想往東走，但居民指向西面，這才知道就是分成兩支的山峰，因為西峰最高，故以「狀元」命名。於是仍然翻過後嶺，就從嶺上往北走，翻過山嶺北下，往西走一里，到達紅旗峒。走完峒，再往西北走一里，便到山下，路被荒草遮沒，無法上去，於是抓著東西攀登，走走停停，漸漸往上，漸漸露出石級，不一會又消失了。石級或隱或現，都是由草時疏時密造成的。往西北走上一里，翻過山往西走下坳地，再往東北向上二里，翻過山的東坡登上坳地，這坳地是兩座山峰分開的地方，從坳地的西北越過雜亂的巖石、一重重蔓草，直到高聳的山峰，崖旁有個朝東的巖洞。洞門雖高，但裡面並不深廣，洞內安放著許多仙妃像，當地人在旁邊刻石，說向仙妃求雨十分靈驗，故又名富教山。洞上高掛著兩個孔洞，像屋簷那樣覆蓋突出，無路可上。洞前有座向東的山峰，即形狀就像僧人帽子的那支山峰，這峰也有一個洞，向西和富教山相對，山崖陡峭，草莽阻隔，兩個洞不能同時都去遊覽。在洞內坐了好久，向東眺望恭城，往東南遠望平樂，朝西南斜看荔浦，都是重重橫連的山脈。這時心想一舉登上峰頂，但洞外南北兩面都是陡險壁立的山崖，沒有石級可上，於是從洞的南面攀登高峻的山崖，貼著陡峭的石壁，越過險阻，凌空直上，如同猿猴倒掛，又像豹子騰躍，終於從峭壁的南面轉過，直到山崖的半腰。只見崖壁高大，但沒有一處縫隙，不再是僅憑手腳就能攀登的地方。這時南山西市雨下得很大，考慮到往上既沒有縫隙可以利用，往下又有灌木叢生擋路，灌木既被雨水打濕，枝條又纏結在一起，更加難以落腳，急忙從山崖躍下。走了三里，便到山腳，又走了二里，翻過山嶺，在佛力司的店鋪吃飯。有姓蘇的居民，祖輩以種田讀書起家，去國子監讀書的貢生有三、四人。見有客到來，都過來圍觀，說：「這山峰陡險，從來沒有攀登的路。幾年前峰旁有一棵古樹，他家的三個僕人在祈禱後攀登，借助梯子繩索，歷盡艱險，只到古樹所在的地方，也沒能登上峰頂，以後再沒有探路的人。」下午，冒雨從佛力司返回，共走了十里，仍然兩次過江，到達白沙灣，就在船上休息。

佛力司的南面，山勢更加開闊，往裡雖然還有一些石峰並立，外面都是連綿不斷的山嶺。森然羅列宛如「碧簪」「玉筍」的山峰，北從桂林起，往南到這裡為止。聽說平樂以下地區，四面望去，都是土山，看來險峻的岩石，不在陸地挺起，而潛藏在水中了。大體上說，山到這裡變得堅硬，水到這裡變得險惡了。

二十四日　早飯白沙，即截江❶渡南峰下，登岸問田家洞道。乃循麓東南，又轉一峰，有巖高張，外有門垣。亟入之，其巖東向，軒朗平豁，上多垂乳，左後有竅，亦幽亦爽。巖中置仙像甚瀟洒，下有石碑，則縣尹王之臣重開茲巖記也。讀記始知茲巖即土人所稱田家洞，即古時所志為白鶴山者。三日求白鶴而不得，片時遊一洞，而兩遂之❷，其快何如！余至陽朔，即求白鶴山❸，人無知者。於入田家巖，知其即白鶴也。其山東對書童山，排闥❹而南，內長成塢，二龍橋之水北注焉。

既出白鶴，遂循北麓溯江而西，三里，入東南門。復由正南門出，置行囊於旅肆，乃攜火肩炬，西北循大道向龍洞巖。先一里，望見路右一山，峆岈崆峒，裂竅重重，以為即龍洞矣。途人指云：「猶在北山。」乃出一石圈門，共一里，越小橋而東，有兩洞門俱西向，一南列，一北列。〔其南列者為龍躍巖❺，地稍下，門極危朗；北洞地稍高，草塞門徑。〕先入南洞，洞內東〔五丈，層〕陟一臺，臺右有竅。深入洞前，左有石臺、石座、石龕，可以憩思❻；右有鄉人莫孝廉❼之先〈開洞記〉，謂：「北乃潛龍幽蟄之宮，此乃神龍騰躍之所，因命之曰龍躍巖。」

出，由洞北登龍洞巖。爇炬而入，洞闊丈五，高一丈，其南崖半壁，平亙如行廊；入數丈，洞乃南闢，洞頂始高。其後壁有龍影龍牀，俱白石萎蕤❽，上覆下裂，為取石鎚鑿半去，所存影響❾而已。其下有方池一，圓池一，〔深五六寸，〕

內有泉澄澈如鏡，久注不洩，屢斟輒滿。幽閟之宮，有此靈泉，宜為八景第一⑩也。池前又有丹竈一圓，四圍環起，下剜一竅如門，宛如砌造成者。池上連疊小龕，如蜂房燕窩，而俱無通道處。由左壁窪陷處伏地而入，漸入漸小，穴僅如巨管，蛇遊南透五、六丈後，始可屈伸。已乃得一旁裂之龕，得宛轉⑪焉。於是南明、小西，各啓洞天⑫，遂達龍躍後腋。

出洞，仍半里，由圈門入，東望龍洞南列之峰，閶闔⑬重重，不勝登龍之企⑭。遂由圈內渡溪東行，從棘莽沮如⑮中，又半里，抵山下。初入西向第一門，高穹如峽，內皆牛馬踐穢，不可容足。東入數丈，轉北者，愈昏黑莫窮；轉南者，旋明穴西透。隨明躡峽，仍西出洞門之上，蓋初入洞，南上西向第二門也。由其外更南上西向第三門。其洞東入，成峽如初洞，第峽下逼仄如衖衕⑯，峽上層疊如樓閣。五丈之內，下峽既盡，上懸重門，圓整如剜琢而成者。第峽壁峭削，俱無從上。與靜聞百計攀躋，得上峽一層，而上層復懸亙莫達。乃出洞前，仰望洞上又連啓二門，此又南上西向第四、第五門也。冀其內下與峽內重門通。靜聞欲從洞外攀枝躡縫直上，余欲從洞外覓竇尋崖另入，於是又過南上西向第六門，仰望愈高，懸崖愈削，彌望而彌不可即。又過南上西向第七門，見其石紋層層，有突而出者可以置足，有竅而入者可以攀指，遂覆身上躡，凌數十級而抵洞門。洞北又夾坳豎起，高五、六丈。始入上層，其夾光膩無級，無計可上。乃令顧僕下山覓樹，意欲嵌夾以登，而時無佩刀，雖有豎條，難以斷取，姑漫往覓之。時靜聞猶攀躡於第五門外，度必難飛陟，因令促來併力於此。顧僕下，余獨審視其夾，雖無隙級，而夾壁宛轉，可以手撐足支，不虞懸墜。遂聳身從之，如透井者然，皆橫綳[17]豎聳，不緣梯級也。既升夾脊，其北復隤而成峽，而穿映明透，知與前所望洞，必有一通，而未審所通果屬何門。因騎牆而坐，上睇洞頂，四達如穹廬[18]，下瞰峽底，兩分如璇室[19]。因高聲促靜聞，久之，靜聞與顧僕後先至。顧僕所取弱枝，細不堪用，而余已升脊，亦不必用，教靜聞如余法登，真所謂教猱[20]也。靜聞既登，余乃從脊西南上，靜聞乃從脊東北上，各搜目之所未及者，俱不能遠達。於是乃從脊北下峽中北進，西上高懸一門，則第六重門也，不及上。循峽更進，轉而西出，則第五門也。門有石龍，下垂三、四丈，頭分兩岐，擊之鏗然。旁有一坐平庋，下臨重崖，上矚垂乳，懸龍在旁，可臥而擾[21]也。由龍側循崖端而北，又得一門，則第四門也。穿門東入，稍下次層，其中廓然四闢。右向東轉，深黑無窮，左向西出，即前第三門之上層也。知重門若剜處即在其內，因循崖窮之，復隔一柱，轉柱隙而入，門內復另環一幽，不遠亦不透也。自第三門而上，連歷四門，初俱躋攀無路，一入第七門，如連環貫珠，絡繹層分，宛轉俱透，升陟於層樓複閣之間，淺深隨意，疊層凭空，此真群玉山㉒頭蕊珠宮裡也。有莫公臣者，遍題「珠明洞」三字於四、五二洞之上，此亦有心表章茲洞者。時當下午，令顧僕先趨南門逆旅，炊黃粱以待。余與靜聞高憩懸龍右畔，飄然欲仙，嗒然喪我㉓，此亦人世之極遇矣！久之，仍從第六門峽內，西向攀崖以上。其門雖高張，內外俱無餘地，不若四、五二門，外懸臺榭，內疊樓楹也。既乃逾脊，仍〔南〕下第七門，由門外循崖復南，又得南下西向第八門㉔。其洞亦成峽，東上雖高峙，而不能旁達。洞右有大理寺㉕丞題識，然不辨其為何時何姓名也。此山西向八洞，惟南北之洞不交通，而中央四洞最高而可旁達，較之他處一、二門之貫徹，一、二洞之勾連，〔輒攬奇譽，〕真霄壤矣。

南崖復北轉至第一洞，乃下山循麓南行半里，有峰巍然拔地屏峙於左，有峰峭然分岐拱立於右。東者不辨為何名，西者心擬為石人，而志言石人峰在縣西七里，不應若是之近，然使更有一峰，則此峰可不謂之「人」耶？既而石人之南，復突一石，若傴僂而聽命者。是一是二，是人是石，其幻若此，吾又焉得而辨之！

又南半里，將抵南門逆旅，見路南山半，梵宇高懸，一[26]復新構，賈餘勇登之。新構者文昌閣，再上為南斗延壽堂，以此山當邑正南，故「南斗」[27]之也。時當午，暑極，解衣北窗，稍涼而下飯肆中。遂入南門，抵北山，過城隍廟、報恩寺，俱東向，覓所謂「大石巖」者，乃大乘庵也，廢然而下。乃東過察院[28]，東向臨城上。北上北宸宮，以為即龍頭山慈光寺也。比至，乃知為北宸。問：「龍頭山何在？」云：「北門外。」問：「慈光寺何似？」云：「已久廢。」問：「讀書巖何託？」云：「有名而無巖，有室而無路，可無煩往也。」余不顧，亟出北門，沿江循麓，忽得殿三楹，則儀安廟也，為土人所虔事者。又北，路為草蝕，荊蔓沒頂，已得頹坊敝室，則讀書巖矣。亦莫孝廉之先所重建，中有曹能始學佺[29]〈碑記〉，而旁有一碑，則嘉靖重建，引解學士縉[30]詩曰：「陽朔縣中城北寺，云是唐賢舊隱居[31]。山空寺廢無僧住[32]，惟有石巖名讀書。」觀此，則寺之廢，不自今日矣。時殷雷催雨，急入北門，過市橋，入龍潭庵，觀所謂龍潭：石崖四叢，中窪成潭，水自市橋東注，隤墜潭中，有納無洩，潛通城外大江也。

甫入庵，有莫姓者隨余至，問：「遊巖樂否？」余以珠明巖誇之。曰：「牛洞也。數洞相連，然不若李相公巖[33]更勝。此間巖洞，山山有之，但少芟荊剔蔓，為之表見者耳。惟李巖勝，而且近即在西門外，不可失也。」余仰見日色尚高，急別莫，曳杖出西門，覓火攜具，即從岐北行。遇一小石梁，從梁邊岐而西行，已繞此山東、北兩面矣。始知即前拔地屏峙之峰，即西與石人為對者也。既乃繞至西麓，其洞正西向石人峰，洞門之右，有鐫記[34]焉。急讀之，始知其洞有「來仙」之名，李公為閩人李杜[35]。更知其外列之山，有天馬[36]、石人諸名，則石人之不在七里[37]，而即在此益徵矣。李杜〈來仙洞記〉曰：「隆慶四年[38]長至[39]，閩雲臺山人李杜至陽朔，出郭選勝，得茲山倚天而中立，其南面一竅，可踰而入也。內有巨石當門，募工鑿之，如掘泥折瓦，然其中有八音[40]、五采[41]，千怪萬奇；其外則屏風[42]、蟠桃[43]、石人、天馬、陳摶[44]、鍾離諸峰，環列而拱向，敞朗宏深，夏涼冬燠，真足娛也。其明年大水，有巨蛟長數丈，乘水而去洞中，故有專車之骨，亦忽不見。邑之人異之，以余為仙人來也，名之曰來仙洞。夫余本遵倫謹業，恬淡為愉，非有繆巧[45]仙理也，安足以驅蛟而化骨！然此山之幽奇，涵毓[46]於開闢之初，而閟伏於億萬年之久，去邑不能一里，邑之人不知有斯洞也，一旦而見表於余。夫不言而無為[47]，莫過於山川，而含章以貞，終以時發[48]，是以君子貴夫「需」[49]也。於[50]稽其義，有足以覺世者矣，故為之記。門人靖藩朱經弇書。」〈記〉謂其洞南面，余時占日影，指石人似為西面，大抵西向，而少兼夫南者也。入洞東行，不甚高爽，轉而南，遂昏黑。秉炬南入，有岐竅焉。由正南者，數丈輒窮；由東南者，乳竇初隘，漸入漸宏，〔瓊葩雲葉，繽紛上下。〕轉而東北，遂成穹峽，高不見頂，〔其垂突蹲裂，種種開勝。〕深入，忽峽復下墜淵黑，不可以丈數計。以炬火星散投之，熒熒[51]直下，久而不得其底。其左削崖不能受趾，其右乳柱分楞，窗戶歷歷。以火炬隔崖探之，內若行廊，玲瓏似可遠達，惟峽上難于橫度，而火炬有盡，恐深入難出，乃由舊道出洞前，錄〈來仙洞記〉。從南麓東入西門，出東南門渡口，則舟人已艤舟待，遂入舟宿。

【章　旨】本章記載了第四十六天遊陽朔的行跡。尋訪田家洞，得知它就是白鶴山，洞穴既幽雅又爽朗。隨後來到龍躍巖，再登上北面的龍洞巖。洞中石壁上有龍影龍牀，已經遭人破壞。下面有一個方池，一個圓池，池水從不洩漏，這就是「龍洞仙泉」，可稱陽朔八景之冠。出洞後很想立即登上龍洞，於是先後進入朝西的第一道門，南上朝西第二、第三道門，望見第四、第五道門，經過第六道門，登上第七道門。門外有夾坳豎起，但無路可上，於是縱身躍起，「橫綳豎聳」，終於登上夾脊。隨後轉到第五道門，門上有石龍。一進入第七道門，洞內便如連環貫珠，處處相通，石上刻著「珠明洞」三字。高坐在石龍旁邊，物我皆忘，有飄然欲仙之感。最後又進入南下朝西的第八道門。龍洞巖朝西的八個洞，中間四個洞地勢最高，可旁通別處。下山看到有石峰如人拱立，估計就是石人峰。在回城途中，登上南斗延壽堂，到達北山，弄清「大石巖」就是大乘庵，又北上北宸宮，經過儀安廟，找到讀書巖，已經破敗不堪。回到城中，進入龍潭庵，觀賞龍潭，泉水暗通城外的灕江。聽人說這裡李相公巖景色最美，急忙前往，看到李杜的〈來仙洞記〉石刻，方知李巖就是來仙洞。洞內石鐘乳繽紛多姿，到處都是。裡面有峽谷，深不見底。出洞後回船上過夜。

【注釋】❶截江　橫渡江水。❷兩遂之　指既遊覽了洞，又發現白鶴山。❸白鶴山　在陽朔東南五里，灕江南岸。山形如鳥張翼，又名青鳥山，上有白鶴觀。❹排闥　推門。闥，宮中小門。霞客從白鶴、書童兩峰間走進，有如推門而入。❺龍躍巖　在城西北，龍山南面，為鍾靈山八洞之一。巖前過去有龍躍寺，巖右有小巖名小龍巖，巖內有石盆藏水，滿而不溢。❻憩思　思，語助詞，用於句首或句末。❼莫孝廉　「廉」原作「塵」，據下文改。❽萎蕤　即「葳蕤」。形容色彩鮮麗。❾影響　指龍牀龍影遭破壞後殘餘的痕跡。❿八景第一　指陽朔八景中的「龍洞仙泉」。⓫宛轉　輾轉；翻來覆去。這裡借指身體可自由活動。⓬洞天　即洞中別有天地之意。後常用以泛指風景勝地。⓭閶闔　天門。⓮企　希望。⓯沮如　即「沮洳」。低濕的地方。⓰衚衕　即「胡同」。街巷。⓱橫綳　指雙手撐開，兩腳頂住石壁，將身子綳緊。⓲穹廬　古代北方遊牧民族所住的氈帳，呈半圓形，中間隆起，四面下垂。⓳璇室　華麗的宮室。璇，美玉。⓴教猱　猱，猿猴，性善攀援。《詩・小雅・角弓》中有「毋教猱升木」之語。這裡用作教靜聞學自己。㉑擾　馴服。㉒群玉山　神話傳說中西王母所居的仙山，產玉。㉓嗒然喪我　原多指喪氣或失魂落魄，這裡為心境空虛、物我皆忘之意。㉔西向第八門　西，原作「東」，據乾隆本改。㉕大理寺　專管刑獄的官署。明、清時與刑部、都察院為三法司，會同處理重大案件，內設卿、少卿、丞等官職。㉖一　都；一概。㉗南斗　即斗宿，二十八宿之一，玄武七宿的第一宿，有星六顆。因相對北斗來說位置偏南，故俗稱南斗。㉘察院　明代都察院簡稱察院。御史外出駐節的衙署也稱察院。㉙佺　原誤作「銓」。㉚解學士縉　解縉，字大紳，吉水（今屬江西）人。洪武進士，曾上萬言書，批評朱元璋政令屢改，殺戮太多。永樂初，任翰林學士，主持纂修《永樂大典》，不久謫官廣西，後下獄被殺。所作詩即〈讀書巖〉詩。㉛云是唐賢舊隱居　原詩為：「人傳曹鄴舊時居」。㉜山空寺廢無僧住　原詩為：「年深寺廢無僧住」。㉝李相公巖　即來仙洞，又名棋盤巖，在城西門外半里，獨秀峰西北麓，洞口呈三角形，洞門石鐘乳懸掛，有如吊燈，上有明人俞大猷所書「雲臺嘯臥」的巨大石刻。洞室寬敞，冬暖夏涼。㉞鐫記　指李杜〈來仙洞記〉石刻。㉟李杜　明隆慶間任陽朔縣令。㊱天馬　山名，在城西約一里，兩峰並立，前峰如馬頭，後峰如馬身。從縣城一面觀望，山高踞雲端，氣象雄傑，儼如天馬行空，矯首東向，不受羈絡，俗名馬山。山麓有小山，一溪環繞，上有兩座石橋，風景甚美，「馬山嵐氣」為陽朔八景之一。㊲石人之不在七里　就前文所引「志言石人峰在縣西七里」而言。㊳隆慶四年　一五七〇年。隆慶，明穆宗年號。㊴長至　夏至的別稱，因為這個月白天特別長。㊵八音　古代稱金（鐘）、石（磬）、絲（琴瑟）、竹（簫管）、匏（笙竽）、土（壎）、革（鼓）、木（柷敔）為八音。㊶五采　指青、黃、赤、白、黑五色。㊷屏風　山名，在舊縣城西門外一里，有洞名屏風洞，側面即西郎山，又名仙人山。㊸蟠桃　即仙桃山，在城西一里，與天馬山相連，因山形如桃，故名。㊹陳摶　山名，在城西門外陽朔公園內，與獨秀山、屏風山相鄰。山上有三個巖洞，即鍾靈巖（俗稱羅漢巖）、南勳洞、觀音洞。㊺繆巧　詐術和巧計。㊻毓　同「育」。㊼不言而無為　《老子》：「是以聖人處無為之事，行不言之教。」言順應自然不求有所作為。㊽含章以貞二句　《易經・坤卦》：「含章可貞，以時發也。」言人含美於內，則必以時發之於外，見之於行事，可歸於正也。含章，含美於內。貞，正。㊾需　須；等待。㊿於　助詞，無義。(51)熒熒　微光閃爍貌。

【語　譯】二十四日　在白沙灣吃罷早飯，隨即橫渡灕江，到南面的山峰之下，上岸打聽去田家洞的路。於是沿著山麓往東南走，又轉過一座山峰，有個巖洞高高敞開，外面有門和矮牆。急忙走進洞中，洞口朝東，高敞明亮，平坦開闊，上面懸掛著許多石鐘乳，左邊往後有個洞穴，既幽雅，又爽朗。在巖中安放的仙像清高脫俗，下面有石碑，是縣尹王之臣重新開發這巖所寫的記文。讀了記文才知道這巖即當地人所說的田家洞，也就是古時候所記載的白鶴山。連續三天尋找白鶴山都沒結果，在片刻之間遊覽一個洞，便得到兩方面的滿足，又該多麼高興！我到陽朔，便尋找白鶴山，沒人知道。到進入田家巖，才知道它就是白鶴山。這山東面對著書童山，從兩山之間往南走，裡面形成一條長長的山塢，二龍橋的水從這裡往北流去。

走出白鶴山，便順著山的北麓沿灕江往西上行，走了三里，進入東南門。又從正南門走出，把行李寄放在旅店中，便帶著火種，扛著火把，向西北沿大路前往龍洞巖。最初一里，望見路的右邊有座山，幽深高峻，裂出層層孔洞，以為這就是龍洞。路上的人指著說：「洞還在北山。」於是走出一座圓形的石門，共走了一里，過小橋向東，有兩個都朝西的洞門，一個在南，一個在北。在南的為龍躍巖，地勢稍低，洞門極其高大明朗；北洞地勢稍高，門前的路被草堵塞。先走進南洞，在洞內往東五丈遠的地方，逐層登上一座石臺，石臺的右邊有孔穴。深入到洞的前面，左邊有石臺、石座、石龕，可以休息；右邊有本鄉人莫孝廉之先所作的〈開洞記〉石刻，上面說：「北洞是潛龍隱藏的地宮，這洞是神龍騰躍的場所，因此稱作龍躍巖。」

走出後，從洞的北面登上龍洞巖。燃起火把入洞，洞內寬一丈五，高一丈，南崖半壁下，平坦相連如同走廊；往裡走幾丈，洞才往南拓展，洞頂開始高了起來。洞後石壁上有龍影龍牀，都是華美的白石，上端覆蓋，下面裂開，已經被人用石鎚鑿去一半，所剩下的只是殘餘的痕跡罷了。下面有一個方池，一個圓池，深五、六寸，池內泉水澄澈，如同明鏡，雖然長久注入，但從不洩漏，即使多次舀取，總是立即又滿。在幽深的地宮，居然有這樣的靈泉，理應居「陽朔八景」之首。池前又有一個圓形的丹竈，四周如環突起，下面挖出一個像門那樣的洞，宛如砌造而成。池上接連堆疊著一些小石龕，如同蜂房燕窩，但都沒有通道。從左壁凹陷的地方伏在地上爬進去，漸漸往裡，漸漸窄小起來，孔洞僅像一根大的筒管，人在裡面像蛇那樣爬行，往南穿過五、六丈後，身體才可以彎曲伸展。隨後一個在旁邊裂開的石龕，這才行動自在起來。到這裡南明、小西，一一顯露，別有洞天，就這樣到達龍躍巖的後腋。

出洞後，仍然走半里，從圓形的石門進去，向東望見在龍洞南面羅列的山峰，如同天門重重，忍不住想馬上登上龍洞。於是從圓門內渡過溪水往東，在長滿荊棘荒草的泥沼中，又走了半里，到達山下。先走進朝西的第一道門，洞內高高拱起，如同峽谷，裡面都是牛馬踐踏過的穢物，沒法落腳。向東走進幾丈，再往北轉，便更加昏黑，沒法窮盡；往南轉，很快有個明洞通向西面。順著明洞踏上峽谷，仍然往西從洞門上面走出，這個門在最初進入那個洞的南面上方，是朝西的第二道門。在它的外面還有南面上方朝西的第三道門。這洞從東面進去，就像第一個洞那樣形成峽谷，只是峽下像胡同那樣狹隘，峽上層層疊疊，如同樓閣。進去不到五丈，下峽便到盡頭，上面懸掛著兩重門，圓整就像雕琢而成。只是峽壁陡峭，都沒路可上。和靜聞想方設法攀登，才得以登上一層峽谷，但上層又高高橫亙，沒法到達。於是走出洞前，仰望洞上又連開兩道門，這又是南面上方朝西的第四、第五道門。真希望洞內往下和峽內的兩重門相通。靜聞想從洞外拉著枝條踩著石縫直往上爬，我想從洞外另外尋找山崖和孔洞進去，於是又經過南面上方朝西的第六道門，仰望山巖，顯得更加高峻，懸崖也更加陡峭，越望越覺得不可能登臨。又經過南面上方朝西的第七道門，看到一層層石紋，有突出的地方可以落腳，有陷進去的孔洞可以把手，便將身體貼著崖壁攀登，往上數十級，到達洞門。洞的北面又有相夾的山坳豎起，高五、六丈。先進入上層，夾壁光滑，沒有石級，無法攀登。於是吩咐顧僕下山找樹，打算將它嵌入夾縫中以便攀登，但這時沒帶佩刀，即使有豎直的枝條，也難以砍斷取來，姑且讓他隨便去找吧。這時靜聞仍在第五道門外攀登，估計必定難以飛越，就叫他趕快下來到這裡集中力量。顧僕下山後，我獨自仔細觀察那夾坳，雖然沒有縫隙石級，但夾壁宛轉曲折，可以用手腳支撐著上去，不用擔心從高處掉下。就一躍而上，人像從井底往上爬那樣，雙手撐開，兩腳頂著夾壁，身體向上聳動，不用梯子石級。登上夾脊之後，發現在它北面又因崩坍而形成峽谷，並且有亮光映照透出，知道和先前所望見的洞，必定有一個相通，但不知相通的究竟是哪一道門。便跨在牆上坐下，向上斜視洞頂，四面通達如同穹廬，往下俯視峽底，兩邊分開又如華麗的宮室。於是高聲催促靜聞，過了好久，靜聞和顧僕先後到達。顧僕拿來的柔弱枝條，太細沒用，而我已登上夾脊，也不必用了，就教靜聞用我上來的辦法攀登，真可謂「教猱升木」了。靜聞登上後，我就從夾脊的西南往上，靜聞從夾脊的東北往上，各自搜尋沒看到的景觀，但都不能走得太遠。於是仍然從夾脊的北面往下到峽中再朝北走，只見西面上方高懸一門，即第六道門，來不及上去了。沿著峽谷繼續向前，從西面轉出，即第五道門。門上有石龍，下垂三、四丈，頭部向兩邊岔開，敲擊它聲音響亮。旁邊有一張平放的石座，下面對著層層山崖，上面可望見垂下的石乳，旁邊就是懸掛的石龍，可躺在石座上馴服它。從石龍旁沿崖端向北，又到一扇門，即第四道門。穿過門往東進去，稍許走下一層，裡面頓時開闊，向四面拓展。往右向東轉去，一片漆黑，沒有盡頭，往左向西走出，即前面第三道門的上層。心知如同雕琢而成的兩重門就在裡面，便沿著石崖尋找，又被一根石柱隔開，轉過石柱的縫隙進去，門內又另外繞成一處幽雅的境地，既沒有往裡伸進多遠，也不和外面相通。從第三道門往上，接連經過四道門，開始都無路攀登，一進入第七道門，便如連環貫珠，一層又一層，接連不斷，宛轉曲折，到處都能相通，在一重重樓閣中上上下下，走近走遠隨意所至，層層疊疊登臨虛空，真像置身群玉山頭蕊珠宮中。有個名莫公臣的人，在第四、第五兩個洞的上面，到處題寫「珠明洞」三字，也是有意在表彰這些洞。這時正當下午，吩咐顧僕先趕回南門旅店，煮好黃粱飯等候。我和靜聞高高坐在懸掛的石龍的右邊休息，只覺物我皆忘，飄然欲仙，這真是人世間極難遇上的境地！過了好久，仍然從第六道門的峽谷中，向西攀登石崖。洞門雖然高高敞開，裡外都沒有一點空地，不及第四、第五這兩道門，外面臺榭高懸，裡面樓閣層疊。隨即翻過峽脊，仍然往南走下第七道門，從門外沿石崖再往南，看到南面下方朝西的第八道門。這洞也形成峽谷，往東上去雖然石壁高高峙立，但不能從旁邊通往別處。洞的右邊有大理寺丞的題記，但分不清是何時何人寫的。這山朝西的八個洞，只有南、北兩洞互不相通，中間四個洞地勢最高，可以旁通別處，比起其他地方僅有一、二道門相通，一、二個洞相連，便享有奇特的聲譽，真有天地之別。

從南崖又往北轉到第一個洞，便下山沿山麓往南走半里，有座巍峨的山峰拔地而起，像屏障那樣峙立在路的左邊，另有一座陡峭的山峰向兩旁岔開，在路的右邊拱立。東邊的山峰不知叫什麼，西邊的山峰估計是石人峰，但志書說石人峰在縣城西面七里，不該這樣近，但即使石人峰是指另一座山峰，這座山峰就不可以「人」相稱嗎？過了一會看到在石人峰的南面，又突起一塊山石，就像一個彎腰曲背、聽候吩咐的人。究竟是一座還是兩座？是人還是石？眼前的景象這樣幻妙，我又怎麼能夠分辨！

又往南走半里，即將到達南門旅店，看到路南半山腰，有佛寺高高座落在那裡，又是一座新的建築，便鼓起勇氣向上攀登。新建築的是文昌閣，再往上為南斗延壽堂，由於這山位於縣城正南，故以「南斗」命名。這時正值中午，天氣酷熱，到北窗脫下衣服，待稍許涼快些，下山到店鋪吃飯。隨後進入南門，到達北山，經過城隍廟、報恩寺，都面向東，尋找所謂的「大石巖」，原來就是大乘庵，十分掃興地下山。於是往東經過察院，面向東座落在城上。往北登上北宸宮，以為就是龍頭山的慈光寺，等到了那裡，才知道是北宸宮。向人問道：「龍頭山在哪裡？」答道：「在北門外。」又問：「慈光寺怎麼樣？」答道：「早已廢棄了。」再問：「讀書巖在哪裡？」答道：「這巖有名無實，有屋子但沒路可走，大可不必前往。」我沒有聽他的話，急忙走出北門，沿江順著山麓走，忽然看到有三間殿堂，即儀安廟，是當地人十分虔誠地祭祀的地方。再往北，路被草吞沒，荊棘蔓草，高出人的頭頂，不一會看到倒坍的牌坊、破舊的屋子，這就是讀書巖。也是莫孝廉之先所重建的，中間有曹能始學佺寫的〈碑記〉，而旁邊有一塊碑，則是嘉靖年間重建的，上面引有解學士縉的詩：「陽朔縣中城北寺，云是唐賢舊隱居。山空寺廢無僧住，惟有石巖名讀書。」從這首詩看，寺的廢棄，並不是從現在開始的。這時雷聲隆隆，大雨即將到來，急忙走入北門，經過市橋，進入龍潭庵，觀看所謂龍潭：四周石崖環聚，中間凹下成潭，水從市橋往東注入，倒瀉潭中，潭水只是納入，從不外洩，伏流暗通城外的大江。

剛進入庵中，有個姓莫的人隨我到來，問道：「遊巖快樂嗎？」我將珠明巖誇讚了一番，那人說：「這是牛洞，有幾個洞相連，但不如李相公巖景色更美。這裡的巖洞，每座山都有，但很少有人去除掉荊棘蔓草，讓它顯露出來。惟有李巖景色秀麗，而且就近在西門外，不可錯過。」我仰望太陽還高高在上，急忙告別莫氏，拖著手杖走出西門，尋找火把，帶上用具，隨即從岔路往北走。遇上一座小石橋，從橋邊的岔路往西，已繞過這座山的東、北兩面了，方才知道它就是先前看到的，拔地而起，如同屏障峙立，向西和石人峰相對的山峰。過了一會繞到西麓，這洞正好朝西對著石人峰。洞門的右邊，有鐫刻在石上的題記。急忙讀後，才知道這洞有「來仙」這名稱，李公為福建人李杜。進而還知道洞外羅列的山峰，有「天馬」、「石人」等名稱，那麼石人峰不在縣城西面七里，而就在這裡，便更有證據了。李杜〈來仙洞記〉說：「隆慶四年夏至，福建雲臺山人李杜到陽朔，出城尋找美景，發現這山背靠青天，居中聳立，在它南面有洞穴，可翻山進去。洞內有巨石當門，招募工匠開鑿，就像掘泥折瓦那麼容易。但裡面有八音、五采，千奇百怪；外面有屏風、蟠桃、石人、天馬、陳摶、鍾離等山峰，環繞羅列，拱衛相向，寬敞明朗，高大幽深，夏涼冬暖，足供娛樂。第二年發大水，有幾丈長的巨大蛟龍，乘著水勢離開洞穴，過去洞內有滿車的白骨，也忽然消失了。縣中的人對此感到十分驚奇，將我看作仙人到來，稱洞為來仙洞。我從來遵從倫常，謹守基業，安於淡泊，自得其樂，並無詐術巧計、神仙之道，怎能驅趕蛟龍、化解白骨？然而這山的清幽奇特，早在天地開闢之初就已涵養化育，而封閉潛伏竟長達億萬年之久，雖然離縣城不到一里，但縣裡的人不知有這個洞，居然一朝被我發現。天地之間，就無聲無息、順應自然而言，沒有比山川更明顯的了。但裡面包涵著美好的東西，保持著正道，終究能在合適的時機表現，所以君子以「需」為貴。審視其中的涵義，有足以喚醒世人的道理，所以寫了這篇記。門人靖江王府朱經弇書寫。」〈記〉中說這洞朝南，我當時以日影觀測，似乎是西面指向石人峰，大致上說這洞朝西，稍許偏南。進洞往東走，不太高爽，轉而向南，便一片昏黑。拿著火把往南進去，有分出的孔洞。從正南進去，沒走幾丈便到盡頭，從東南進去，乳洞開始十分狹小，漸漸往裡，漸漸宏大起來，石鐘乳形成美玉般的花朵、雲彩般的樹葉，繽紛多姿，到處都是。轉到東北，便形成拱起的峽谷，高不見頂，裡面石鐘乳有的下垂，有的突起，有的蹲著，有的裂開，形狀各不相同，都顯示出美麗的景觀。往深處走進，忽然峽谷又墜入幽深黑暗之中，其深不可用丈來計算。把火把零零星星分散扔下去，火光閃爍直往下落，好久看不到底。在它左邊是陡峭的山崖，無法落腳，在它右邊鐘乳石柱分列成格狀，如同窗戶歷歷在目。隔著山崖用火把照著探望，裡面就像走廊，玲瓏明晰，似乎可通向很遠的地方，只是難以橫度峽谷，而火把又會用完，怕深入進去，難以退出，便從原路走出，在洞前抄錄〈來仙洞記〉。從南麓往東進入西門，又走出東南門到渡口，船夫已將船靠岸等候，便上船過夜。

二十五日　自陽朔東南渡頭發舟，溯流碧蓮峰下。由城東而北過龍頭山，自是石峰漸隱。十里，古祚驛。又十五里，始有四尖山在江左，其右亦起群尖夾江，是為水綠村。又北七里，有巖在江之西岸，門甚高敞，東向臨江，〔前垂石成龍，曰蛟頭巖❶。〕由右腋深入，漸高而黑，久乃空濛，復東闢門焉。由巖左腋上登，其上前亙為臺，後結一竇，有尼棲焉。不環堵，不覆屋，因臺置垣，懸梯為道，甚覺軒爽。竇後復深陷成峽，昏黑。東下，欲索炬深入，尼言「無奇多險」，固止之，而雷聲復殷殷促人。時舟已先移興平，遂出洞，由洞左循麓溯江，草深齊項，半里，達螺螄峰下。其峰數盤而上，層累若螺螄之形，而卓聳壓於群峰，乃興平東南水口山也。以前巖在其下，土人即指為螺螄巖。余覺巖在螺峰之南，雙岐低峰之麓，及入巖讀碑，而後知其為蛟頭，非螺螄也。螺螄以峰勝，蛟頭以巖勝；螺螄穹而上盤，蛟頭垂而下絡；不一山，亦不一名也❷。繞螺螄又二里，及舟，入半里，少艤興平。其地有溪自東北來，石山隙中，遙見巨嶺亙列於內，即所趨恭城道也。崖上有室三楹，下臨江渚，軒欄橫綴，為此中所僅見，額曰「月到風來」，字亦飛逸，為熊氏書館❸。余闖入其中，竟不見讀書人也。下舟已暮，又北二里而泊。

【章　旨】本章記載了第四十七天遊陽朔的行跡。船經過碧蓮峰、龍頭山，到達蛟頭巖。深入巖中，裡面構成一個孔洞，有尼姑居住。隨後到螺螄峰，觀賞蛟頭巖。船在興坪停了一會，上岸闖入熊氏書院，裡面沒有讀書人。

【注　釋】❶蛟頭巖　即騰蛟巖。分左右兩洞，左洞洞口有騰蛟庵，屋宇古老，建於明代。❷不一山二句　螺螄巖和蛟頭巖為同一個巖洞的兩個不同的名稱，霞客所言有誤。❸書館　即書塾。古時學童讀書之所。

【語　譯】二十五日　從陽朔東南的渡口開船，逆流上行，到碧蓮峰下。由城東往北經過龍頭山，從此石峰漸漸消失。行駛十里，到古祚驛。又行駛十五里，才看到江的左岸有四座尖峰，右岸也有眾多尖峰在江邊峙立，地名水綠村。又往北行駛七里，有巖在江的西岸，洞門十分高敞，向東面對江水，前面巖石下垂，形狀如龍，名蛟頭巖。從右腋深入巖中，漸漸高大黑暗起來，過了好久，眼前一片空濛景象，朝東又開出一道門。從巖的左腋往上攀登，巖上前面石塊相連為臺，後面構成一個孔洞，有尼姑在裡面居住。沒有圍牆，不蓋屋子，沿著平臺設置矮牆，架起梯子作為通道，看上去十分高大明亮。洞後又深深陷下，形成峽谷，一片昏黑。往東走下，想索取火把深入進去，尼姑說：「裡面沒有什麼奇景，但有很多險阻。」堅決不讓我進去，而雷聲隆隆，又催人快走。這時船已先開往興坪，便出洞，從洞的左側順著山麓沿江上行，草深直到頸項，走了半里，到達螺螄峰下。峰上有石紋，往上盤繞好幾圈，層層相疊，形狀如同螺螄，而卓然聳立，高壓群峰，是位於興坪東南水口的山。因為前面那個巖洞在它下面，當地人就指為螺螄巖。我發覺這巖在螺螄峰的南面，位於向兩邊岔開的低矮的山峰腳下，到進入巖中讀了石碑，方才知道這是蛟頭巖，並非螺螄巖。螺螄巖以山峰取勝，而蛟頭巖則以巖洞稱美；螺螄巖高拱向上盤旋，蛟頭巖低垂往下纏繞；既不是同一座山，也不是同一個地名。繞過螺螄巖又走了二里，趕上船，上船行駛半里，在興坪靠岸，稍許停了一會。這裡有溪水從東北流來，通過石山間的空隙，遠遠望見大嶺在裡面延伸排列，即前往恭城的路。崖上有三間屋子，往下對著江邊的小洲，有長廊欄杆橫連，為這裡獨一無二的建築，匾額上寫著「月到風來」四個字，筆勢飄逸，為熊氏書館。我闖入館中，居然看不到讀書的人。下船天色已晚，又往北行駛二里然後停泊。

二十六日　昧爽發舟，西北三里，為橫埠堡。又北二里，為畫山。其山橫列江南岸，江自北來，至是西折，山受嚙，半剖為削崖，有紋層絡，綠樹沿映❶，石質黃紅青白，雜彩交錯成章❷，上有九頭，山之名「畫」，以色非以形也。土語：「堯山十八面，畫山九筒頭❸。有人能葬得，代代出封侯。」後地師指畫山北面臨江尖峰下水繞成坪處為吉壤，土愚人輒戕其母，欲葬之。是夕峰墜，石壓其穴，竟不得葬，因號其處為忤逆地。余所恨者，石墜時不並斃此逆也。舟人泊舟畫山下晨餐。余遂登其麓，與靜聞選石踞勝，上罨❹綵壁，下蘸❺

綠波，直是置身圖畫中也。崖壁之半，有洞北向，望之甚深，上下俱無所著足。若緣梯綴級於石紋之間，匪直⑥空中樓閣，亦畫裡巖棲矣。

〔返而登舟，〕又北一里，上小散灘。又北二里，上大散灘。又北七里，為鑼鼓灘⑦，灘有二石象形，在東岸。其處江之西涯，有圓峰端麗，江之東涯，多危巖突兀。〔其山南巖竅，有水中出，緣突石飛下墜江，勢同懸瀑。粵中皆石峰拔起，水隨四注，無待破壑騰空。此瀑出崇竅，尤奇絕。〕

又北八里，過攔洲⑧。〔西北岸一峰純透，初望之，疑即龍門穿穴⑨，以道里計之，始知另穿一峰，前以夜棹失之耳。〕舟轉西北向，又三里，為冠巖⑩山。〔先是江東岸嶄崖，丹碧煥映，采豔畫山，冠巖即在其北。〕上突崖層出，儼若朝冠。北面山麓，則穹洞西向臨江，水自中出，外與江通⑪。棹舟而入，洞門甚高，而內更宏朗，〔悉懸乳柱，惜通流之竇下伏，無從遠溯。〕壁間有臨海王宗沐⑫題詩。號敬所，嘉靖癸丑⑬學憲⑭。詩不甚佳，時屬而和者數十人，吉⑮人劉天授等。俱鐫於壁，覘玩久之。

棹舟出洞，〔望隔江群峰叢合，憶前攔洲所見穿山，當正對其西，惜〕溪迴山轉，〔並其峰亦莫能辨識。頃之，〕矯首北見皎然一穴，另懸江東峰半，即近在冠巖之北。急呼舟人艤舟登岸，而令其以舟候於南田站。余乃望東北峰而趨，一里，抵山腋。先踐蔓凌巉，既乃伏莽穿棘，半里踰嶺坳。度明穴在東，而南面之崖絕不可攀，反循崖北，稍下懸級，見有疊石阻隘者，知去洞不遠矣。益北下，則洞果南透。其山甚薄，上穹如合掌，中罅北下俱巨石磊落⑯，南則峭崖懸亙，故登洞之道，不由南而由北云。洞右復有旁門複室⑰，外列疏楞，中懸團柱，分幃裂隙，東北彌深，似昔有居者。而洞北復時聞笑語聲，謂去人境不遠，以為從北取道，可近達南田。時轟雷催雨，亟出明洞。北隅則巨石之隙，多累塊叢棘，宛轉數處，北望一茅甚邇，而絕不可通。不得已仍踰西坳，循前莽南下，幸雷殷而雨不至。一里，轉至西北隅，又得一洞，南北橫貫。其北峰之麓，自冠巖來，此為北峰。北端亦透，而不甚軒豁。仍出南門，遂西北行平疇中。禾已將秀⑱，而槁無滴水。時風雨忽至，余甚為幸之。〔其西隔江屏立者，皆穹崖削壁，陸路望之，更覺崢嶸；東則石峰離立，後託崇巒。〕共四里，抵南田驛，覓舟不得，遂溯江而北，又一里，乃入舟。舟人帶雨夜行，又五里，泊於斗米、寸金二灘之間。中夜仰視，螢陣燭山，遠近交映。以至微而成極異，合眾小而現大觀，余不意山之能自繪，更無物不能繪也。

【章　旨】本章記載了第四十八天遊陽朔的行跡。船到畫山，崖壁色彩交錯，組成絢麗的畫面。上岸登上山麓，觀賞景物，真像置身圖畫之中。接著經過小散灘、大散灘、鑼鼓灘、攔洲，到達冠巖。有泉水從山麓洞中流出，與灕江相通。出洞後看到北面有個明洞，便披荊斬棘往上攀登，洞內過去似乎有人居住。隨後在田野行走，看到禾苗都已乾枯，慶幸風雨忽然到來。趕往南田驛，上船帶雨夜行，到斗米、寸金兩灘之間停泊。半夜仰望螢火輝映，蔚為壯觀。

【注　釋】❶沿映　疑為「掩映」之誤。❷雜彩交錯成章　畫山石壁紋理交錯，色彩斑斕，前人讚不絕口。宋人鄒浩〈畫山〉詩云：「掃成屏嶂幾千春，雨洗風吹轉更明。應是天公醉時筆，重重粉墨尚縱橫。」❸九筒頭　筒，疑為「箇」之誤。❹罨　覆蓋。❺蘸　浸入。❻匪直　非直；不僅是。❼鑼鼓灘　灕江東岸，灘邊有兩塊大石，一塊形似圓鼓，一塊狀如銅鑼，江灣水急，石多灘險，急流直下，轟然作響，聲如鑼鳴鼓擂。灘頭又有一峰突起，挺拔如柱，如同鼓槌，稱鑼鼓棍，又稱鑼錘山。對岸稍北，石壁排江而起，峭壁千仞，如斧劈成，形勢險要，為灕江「半邊渡」所在處。❽攔洲　今名浪石洲，在陽朔北隅，灕江東岸。江面有石橫攔水流，水波高低起伏，宛如海浪，故名。❾龍門穿穴　即二十一日日記中所說龍門塘南山穿山洞。❿冠巖　又名甘巖、光巖，在繡山北，灕江東岸，以山形似紫金冠得名。巖洞宏敞高大，鐘乳石觸目皆是。巖分四洞，縱深數里，曲折相通。秋冬水落，沿清溪上溯，可從外洞進入內三小洞。洞內潭深水碧，怪石崢嶸。洞口右側有平臺，四顧景物，美不勝收。明人田汝成道：「大抵桂林巖洞，爽朗莫如龍隱，幽邃莫如棲霞，而寒冽寂寥，兼山水之奇者，莫如冠巖之勝。」⓫水自中出二句　冠巖洞中有一條清溪從此口，流入灕江。石壁上刻有明人蔡文之詩：「洞府深深映水開，幽花怪石白雲堆。中有一脈清流出，不識源從何處來。」近年借助航空遙測，已探出巖中泉水發源於海洋山，經地下河流來。⓬王宗沐　原文誤作「王宗沭」。宗沐字新甫，號敬所，臨海（今屬浙江）人。嘉靖進士，擢江西提學副使，修白鹿洞書院。後總督漕運，疏請復海運。卒謚襄裕。著有《海運詳考》、《海運志》等。⓭嘉靖癸丑　嘉靖三十二年（一五五三）。⓮學憲　學政。明代於各省設提學道，主管學校、教育事務。⓯吉　吉安，明代為府，治所在廬陵（今江西吉安）。⓰磊落　眾多雜沓貌。⓱複室　即複屋，又稱重橑、重轑。橑為屋椽，即在屋梁之下，再加椽子作梁，使大屋內又包含著小屋。相當於現在帶閣樓的屋子。⓲秀　穀類抽穗開花稱秀。

【語　譯】二十六日　拂曉開船，往西北行駛三里，到橫埠堡。又往北行駛二里，到達畫山。這山橫列在灘江南岸，江水從北流來，到這裡往西轉，山受到江水的侵蝕，半邊劈成陡峭的崖壁，壁上有層層纏繞的石紋，綠樹掩映，石質黃紅青白，各種色彩交錯，組成一幅絢麗的畫面，上有九個山頭，山以「畫」為名，是由於色彩而不是形狀。當地俗話說：「堯山十八面，畫山九個頭。有人能葬得，代代出封侯。」後來風水先生將畫山北面隔江尖峰下水繞成坪的地方指為吉祥之地。當地有個蠢人就殺害他的母親，想葬在這裡。這天晚上山峰崩坍，岩石將他準備的墓穴壓住，最終沒能安葬，於是人們稱這裡為「忤逆地」。我覺得遺憾的是，山石墜落時沒有將那個逆子一起壓死。船夫將船停在畫山下吃早飯。我便登上山麓，和靜聞揀了一處岩石坐下，觀賞四周的景物，上面彩壁覆蓋，下面浸在綠水之中，人真像置身在圖畫之中。崖壁的半腰，有個朝北的洞，遠遠望去似乎很深，上下都沒有可落腳的地方。如果在石紋中架起梯子，鋪上石級，這洞就不僅是空中樓閣，也成了像畫中那麼美麗的幽棲之地。

回到船上，又往北一里，駛上小散灘。再往北二里，駛上大散灘。再往北七里，到鑼鼓灘，灘上有兩塊岩石，形狀和鑼、鼓十分相像，在江的東岸。這裡西面水邊，有端莊美麗的圓形山峰，東面水邊，多高聳的山岩。山南的洞，有水從中流出，沿著突起的岩石飛流而下，直落江中，氣勢如同懸掛的瀑布。兩廣地區到處都是拔地而起的石峰，水隨之向四面傾注，不必衝破山谷騰空而出。這道瀑布出自高處的洞穴，尤為奇絕。

繼續往北行駛八里，經過攔洲。西北岸有一座完全相通的山峰，開始看到它，懷疑就是龍門塘那個穿通的巖洞，根據路程計算，才知道是另外一座穿通的山峰，上次經過這裡，因為是夜晚行船，故沒看到。船轉向西北，又行駛三里，到達冠巖山。在此之前，看到江東岸高峻的山崖，丹碧輝映，色彩比畫山更加豔麗，冠巖就在它的北面。山上突起的崖石層疊而出，酷似上朝戴的禮帽。北面山腳下，有個大洞朝西對著灘江，水從洞中流出，往外與江水相通。划船進去，洞門很高，裡面更加高大明亮，到處懸掛著鐘乳石柱，可惜通水的洞穴暗藏在地下，沒法隨水流行駛到遠處。崖壁中有臨海王宗沐題寫的詩，號敬所，嘉靖癸丑時的學政。詩不太好，當時和韻作詩的有幾十人，為吉安劉天授等人。都刻在石壁上，觀看玩賞了好長時間。

划船出洞，望見江對岸群峰聚合，回憶先前在攔洲所看到的穿通的山峰，應該正對著它的西面，可惜溪迴山轉，連這座山峰也無法辨認。不一會，抬頭望見北面有個明亮的洞穴，另外懸掛在江東岸的半山腰，即靠近冠巖的北面。急忙呼喊船夫停船上岸，叫他把船停在南田站等候。我便朝著東北的山峰趕路，走了一里，到達山腋。起先踏著蔓草登上巉巖，隨即鑽進草叢穿越荊棘，走了半里翻過山坳。估計明洞在東面，而南面的山崖根本無法攀登，於是返回，沿著山崖北面，從高懸的石級稍許走下，看到有岩石堆積，形成險阻，知道離洞已經不遠了。繼續往北走，看到洞果然向南穿出。這山很薄，向上隆起，如同合攏的手掌，中間裂開。往北走下都是高大的岩石，南面陡峭的山崖高高相連，故登洞的路，不從南面而從北面走。洞的右邊又有旁門複室，外面排列著稀疏的窗格，中間懸著圓柱，裂開的石縫如同幃幕分隔，往東北更加深暗，好像過去有人在裡面居住。而在洞北又常聽到歡笑說話聲，斷定離開有人居住的地方已經不遠了，以為從北面取道，可抄近路到達南田。這時雷聲轟隆，大雨即將到來，急忙走出明洞。北端大石的裂縫中，有很多堆積的石塊、叢生的荊棘，曲曲折折轉過幾個地方，朝北看到有間茅屋距離很近，但根本沒法去那裡。不得已，仍然越過西面的坳地，沿著原先經過的草叢往南走下，幸虧雷聲雖大，但雨卻沒來。走了一里，轉到西北角，又看到一個洞，南北相通。這裡北峰的山腳，從冠巖過來，這是北峰。北端也穿通，但不夠高大寬敞。仍從南門走出，便往西北在平坦的田野中行走。禾苗即將抽穗，但地已乾枯，沒有一滴水灌溉。這時風雨忽然到來，我為此十分高興。在它西面江對岸如同屏障一般峙立的，都是高大的山崖、陡峭的石壁，從陸路望去，更覺高峻；東面則石峰並立，後面靠著高高的山巒。共走了四里，到達南田驛，沒找到船，便沿江岸往北，又走了一里，才上船。船夫帶雨夜行，再往前五里，在斗米、寸金兩灘之間停泊。半夜抬頭仰望，成群結隊的螢火，照亮山岡，遠遠近近，交相輝映。以最微弱的光亮，聚成如此奇異的景色，合眾多微小的生命，表現出如此瑰麗的壯觀；從前，我沒想到山能依靠自身描繪出多采的畫面，更想不到世界上沒有什麼東西是不能自我描繪表現的。

二十七日　昧爽出峽口，上寸金灘，二里，至賣柴埠。西面峰崖駢立，沉香堂在焉。又西北三里，其北麓有洞嵌江，舟轉而東，不及入。東三里，至碧巖。其巖北向，石嘴瞰❶江，其上削崖高懸，洞嵌其中，雖不甚深，而一楹當門，倚雲迎水，帆檣拂其下，幃幄環其上，亦凭空掣遠❷之異勝地也。於是北轉五里，過豆豉井❸，又西北五里，至大墟，市聚頗盛，登市蔬麵。又西北五里，至橫山巖。其巖東向，瞰流綴室，頗與碧巖似。〔右腋有竇旁穿而南，南復闢一洞，甚宏，有門有奧❹。奧西上則深入昏冥，奧之南墜，皆嵌空透漏。門在墜奧東，廓然凭流，與前門比肩立。〕又北五里，為龍門塘。〔南望橫山巖西透頂峰，雖似穿石❺，無從上躋。〕又西五里，為新江口，又夜行十里而泊。

【章　旨】本章記載了第四十九天遊陽朔的行跡。船駛上寸金灘，經過沉香堂，到達碧巖。洞高嵌懸崖之上，是憑空遠攬的勝地。隨後經過豆豉井、大墟，到橫山巖，和碧巖很相似。再經過龍門塘、新江口，然後停泊。

【注　釋】❶瞰　同「啖」。吃。❷掣遠　即「遠攬」景物之意。掣，拉牽；抽取。❸豆豉井　二十一日日記作「逗日井」。❹奧　室內深處，此指石室。❺穿石　當為「穿山」之誤。

【語　譯】二十七日　拂曉船出峽口，駛上寸金灘，走了二里，到賣柴埠。西面山崖並立，沉香堂就在這裡。又往西北行駛三里，山的北麓有洞嵌入江中。船轉而向東，來不及進去。往東行駛三里，到達碧巖。這巖朝北，石口貼著江面，上面高懸著陡峭的山崖，洞就嵌在裡面，雖不太深，但像一間屋子正當門前，白雲在背後繚繞，江水迎面流來，下面船帆飄拂，上面山崖如幃帳環列，也是憑空遠攬的奇異勝地。於是轉向北行駛五里，經過豆豉井，又往西北行駛五里，到達大墟，集市十分興旺，上岸買了蔬菜麵食。再往西北行駛五里，到橫山巖。這巖朝東，俯視江水，連接石室，和碧巖很相似。右腋有個孔洞，從旁邊往南穿過，南面又開出一個洞，十分宏大，有門有室。從石室的西面上去，便深入黑暗之中，石室南面倒坍之處，岩石都玲瓏剔透。門在石室倒坍處的東面，四周開曠，憑依江水，和前門並肩而立。再往北行駛五里，到龍門塘。南望橫山巖，向西直通頂峰，雖和穿山相似，但卻無法攀登。再往西走五里，到新江口，又連夜行駛十里，然後停泊。

【研　析】「桂林山水甲天下，陽朔堪稱甲桂林。群峰倒映山浮水，無水無山不入神。」這是一首刻在陽朔風景道石壁上的詩。和桂林一樣，陽朔也以山奇水秀著稱，但山勢較為磅礴，水流更加清澈。當徐霞客舟行到達陽朔，眼前頓時出現一個嚮往已久的「碧蓮玉筍世界」。他的目光不像普通遊客那樣只是隨意瀏覽，他的讚歎也沒有停留在「果然千朵碧蓮花」這樣的認識之上。隨著江水的流動，他的視野不斷開擴，一幅山圍水抱的陽朔地形圖，在他到達那天就已在腦中形成。僅隔一天，他又通過實地考察，發現灕江谷地石灰岩峰林的範圍，北起桂林，南至陽朔的佛力司（今名福利），其特徵如「碧簪玉筍之森羅」；而「佛力司之南，山益開拓，內雖尚餘石峰離立，而外俱綿山亙嶺」；「聞平樂以下，四顧皆土山，而巉厲之石，不挺於陸，而藏於水矣」。有多少人生於斯、長於斯，又有多少人到這裡寄居、遊覽，但從不曾有人像徐霞客那樣對灕江谷地的地貌，有如此全面的認識，而他得出這樣的結論，又在到達陽朔二天之內。其地學天賦，豈但曠世，實亙古難覓。

到陽朔後，徐霞客主要探訪了碧蓮洞（龍洞巖）、來仙洞（李公巖）。陽朔洞穴之勝，當地人獨推李巖，這很大程度上是由於此洞近在城西門的緣故，而徐霞客則對龍洞巖懷有更大的興趣和熱情。此巖洞口多達十八個，而且大多位於險要之處，難以攀登；洞內通道極為複雜，西向八洞，「惟南北之洞不交通」。而吸引徐霞客並使他讚不絕口的，正是這巖的險要和複雜，認為它「較之他處一、二門之貫徹，一、二洞之勾連，輒攬奇譽，真霄壤矣」。高憩巖畔，不禁產生一種「飄然欲仙，嗒然喪我」之感。洞內有泉，徐霞客譽為「陽朔八景」之冠，這並非因為泉水「澄澈如鏡」，而在它「久注不洩，屢斟輒滿」。根據徐霞客的審美判斷，景物的奇異，遠在秀麗之上。好奇，既激起了他求知的欲望，也使他的審美趣味得到滿足。離開龍洞後，徐霞客又進入龍潭庵，考察所謂的「龍潭」。只見「石崖四叢，中窪成潭，水自市橋東注，隤墜潭中」，似乎和普通潭水並無區別。但他很快發現，這實際上是一個和地下河相通的落水洞，由此才能「有納無洩」，和城外的灕江相通。常人只作浮光掠影的遊賞，文人滿足於對景物表層的描述，惟有徐霞客這樣的畸人，才能以奇眼看奇景，繼藝術觀賞之後，進一步解析形成這種景觀的科學原因。

從桂林至陽朔，水程近百里，其間怪石立岸，青山浮水，頭上飛瀑高掛，腳底灘聲潺潺，暮春田野鋪錦，清秋水果飄香，晨聽林鳥啾啾，夜看漁火點點，更有茂林修竹，掩映竹籬茅舍，幽巖深洞，宛轉別有天地。江山如畫，景物會勝。其中既有直接作用於人耳目的視聽形象，也有引人入勝的暗示象徵；有的引人感官愉悅，有的喚起人心靈共鳴。其風格多樣化，雄奇、清麗、幽深、明秀、險峻、曠遠，在同一視野中展現。色彩線條，聲音氣息，眾美薈萃；春夏秋冬，晨昏晴雨，儀態萬千。前人詩云：「高眠翻愛灕江路，枕底濤聲枕上山。」「分明看見春山頂，船在青山頂上行。」頗能寫出江上山水相映之妙。一江春水，因青山映照顯得更加嫵媚，而兩岸青山，又因江水的流動充滿活力。清代阮元貴為兩廣總督，但灕江之遊，竟使他以不作陽朔令為恨。如果將灕江作為一部藝術作品來欣賞，那麼峰、石、雲、水、竹、樹、舟、屋，便是一個個文字、一筆筆線條、一道道音符。仰望青山峭拔，深感筆力遒勁；俯視綠水蕩漾，似悟意致婉曲。江風陣陣，送來清新之氣；細雨濛濛，惹起情思無限。從山迴路轉之中，見變幻不測之致；於水天一色之際，感悟空明澄澈的境界。一條灕江，作為文中的氣脈、畫中的骨法、樂中的旋律，將四周的形象、色彩、聲響作了恰到好處的最佳組合，真「不知混沌何年鑿」，只覺「坐來心跡自雙清」。

徐霞客遊灕江，面對眼前絢麗的景觀，彩筆飛舞，滿紙生輝，有對峰危水激的讚歎：「石峰排列而起，橫障南天，上分危岫，幾埒巫山；下突轟崖，數逾匡老。」「江流嚙其北麓，怒濤翻壁，層嵐倒影，赤壁、采磯，失其壯麗矣。」有對山村農家的觀賞：「群峰至是東開一隙，數家綴江左，真山水中窟色也。」有黎明時分靜謐的月景：「曉月漾波，奇峰環棹，覺夜來幽奇之景，又翻出一段空明色相矣。」有深夜照亮山岡的螢火：「螢陣燭山，遠近交映。以至微而成極異，合眾小而現大觀。」有嵌崖瞰江的巖洞：「其上削崖高懸，洞嵌其中，雖不甚深，而一楹當門，倚雲迎水，帆檣拂其下，幃幄環其上，亦凭空掣遠之異勝地也。」有喧豗湍急的瀑布：「有水中出，緣突石飛下墜江，勢同懸瀑。粵中皆石峰拔起，水隨四注，無待破壁騰空。此瀑出崇竅，尤奇絕。」這些描寫，宏博瑰麗，蔚為大觀，令人心曠意遠，神往不已。

作為一種流動的自然景觀，灕江之美，所展現的不是孤立靜止的畫面，不僅隨著空間位置的轉變而移步換形，也因時間的推移而紛呈不同，故既要從空間作立體的把握，又要沿時間追尋其變化的軌跡。由於景物展現的過程，也是徐霞客對美的追尋過程，是科學考察過程，從而也是他情感表現和理性思索的過程。透過文字記載的畫面，在山水之中，始終活躍著一個探索者的身影。就徐霞客而言，人與自然的融合並不破壞自然的純真和本來面目，只是人因此變得更加超逸，景物因此變得更有活力。

「人得交遊是風月，天開畫圖即江山。」位於灕江南岸的畫山，石壁色彩斑斕，濃淡相間，正是大自然的淋漓彩筆，所繪成的一幅絕妙圖畫。當徐霞客登上山麓，「選石踞勝，上罨綵壁，下蘸綠波，直是置身畫圖之中。」很多人認為，畫山得名，是由於上面隱隱約約顯出九匹駿馬的緣故，故又名「九馬畫山」。但徐霞客經過觀察，得出「山之名『畫』，以色非以形」的結論。船到冠巖山，他驚訝地發現，山崖「丹碧煥映」，色彩比畫山更加鮮豔。當晚船停泊在斗米、寸金二灘之間，半夜仰見螢火輝映，不禁生慨興歎：「余不意山之能自繪，更無物不能繪也。」大自然不僅已經創造出最絢麗、最壯觀的畫面，而且始終賦予萬物藝術表現的能力，使其永遠處在不斷更新的過程之中。人類常自詡能「巧奪天工」，但面對自然的偉力、自然的傑作，只能瞠目結舌，為自己的無知和狂妄而無地自容。真正偉大的藝術家，必然會以天地為心，以造化為師。而肆意破壞自然景觀，如《遊記》中所載的某些人，將龍洞巖石壁上「俱白石萎蕤」的龍影龍牀，用石鎚鑿去一半，就不僅是一種愚昧的行為，也是不可饒恕的罪惡。難怪徐霞客每到一地，看到任何有意無意破壞自然景觀的行為，及由此造成的惡果，都格外憤慨。

二十八日　昧爽刺舟，亟推篷，已過崖頭山。十餘里，抵水月洞北城下。令顧僕隨舟往浮橋，余同靜聞過文昌門外，又西抵寧遠門南，過南關橋，覓拓碑者，所拓猶無幾，急促之。遂由寧遠門入，經靖藩城後門，欲入晤紺谷，詢獨秀遊期，而後門閉，不得入。乃循其東出東江門，命顧僕以行囊入趨趙時雨寓，而其女出痘❶，遂攜寓對門唐葵吾處。聞融止已欲行，而石猶未取，飯後令靜聞往覓之，至則已行，止留字云：「待八月間來取。」殊可笑也。

二十九日　令靜聞由靖藩正門入晤紺谷，余同顧僕再出寧遠門，促拓碑者。至是拓工始市紙攜具為往拓計，余仍還寓。午暑不堪他行，惟偃憩而已。下午，靜聞來述紺谷之言，甚不著意。余初擬再至省，一登獨秀，即往柳州，不意登期既緩，碑拓尚遲，甚悵悵也。

三十日　余在唐寓，因連日炎威午爍，雨陣時沛，既倦山跋，復厭市行，止令靜聞一往水月洞觀拓碑者，下午反命，明日當移拓龍隱云。

六月初一日　在唐寓。是日暑甚，余姑憩不出。聞紺谷以焚靈事與藩王有不愜，故欲久待。而是時訛傳衡、永為流寇所圍，藩城亦愈戒嚴，余遂無意候獨秀之登。而搨者遷延索物，余亦不能待，惟陸務觀碑二副先搨者尾張少二字，令彼再搨，而彼復搨一付，反并去此張，及促再補，彼愈因循❷，遂遲吾行。

〔獨秀山北面臨池❸，西南二麓，余俱繞其下，西巖❹亦已再探，惟東麓與絕頂未登。其異於他峰者，衹亭閣耳。〕

【章　旨】本章記載了第五十天至第五十三天從陽朔回桂林後的行跡。在水月洞北上岸，回到桂林，移居唐葵吾處。原想馬上就登獨秀峰，因紺谷和靖江王府之間產生不愉快，加上社會動盪，王府戒備森嚴，只得打消這個念頭。又因拓工拖拉草率，拓碑的事遲遲未了，從而耽擱了行程。

【注　釋】❶痘　俗稱天花。❷因循　拖延；延宕。❸池　指月牙池。❹西巖　指西麓的太平巖。

【語　譯】二十八日　拂曉開船，急忙推開篷帳，已過崖頭山。向前行駛十多里，到達水月洞北城牆下。吩咐顧僕隨船前往浮橋，我和靜聞經過文昌門外，又往西到寧遠門南，過南關橋，找拓碑人，還沒拓多少，趕緊催他快拓。於是從寧遠門進城，經過靖江王城後門，想進去會晤紺谷，詢問遊獨秀峰的日期，但後門關閉，不能進去。於是沿著門東側走出東江門，吩咐顧僕帶著行李去趙時雨寓所，他女兒正在出痘，便移到對門唐葵吾住所寄宿。聽說融止已想離開桂林，但託他換的石塊還沒取回，飯後吩咐靜聞去找他，到那裡人已走了，只留下一張字條，上面寫道：「到八月間來取。」真覺得可笑。

二十九日　吩咐靜聞從靖江王府正門進去會晤紺谷，我和顧僕再走出寧遠門，催促拓碑的人。到這時拓工才買了紙帶上工具作前往拓碑的打算。我仍回住所。中午天氣炎熱，無法去其他地方，只好躺下休息罷了。下午靜聞來轉達紺谷的話，根本就沒把這事放在心上。我原先打算回桂林後一登獨秀峰，立即前往柳州，想不到登峰的日期既一拖再拖，拓碑的事也遲遲不能了結，心中十分不快。

三十日　我在唐氏的寓所，因接連幾天赤日炎炎，又常下陣雨，既沒興趣登山，又怕上街，只是吩咐靜聞去一次水月洞，觀察一下拓碑進展的情況，下午靜聞回來報告，明日就要移到龍隱巖去拓了。

六月初一　在唐氏的寓所。這天十分炎熱，我暫且休息不出門。聽說紺谷為焚香祭靈的事和靖江王之間產生不愉快，故登獨秀峰要久等了。這時又謠傳衡州、永州被流寇圍攻，王城的戒備也更加森嚴，我就不想再為登獨秀峰等候了。而且拓工又拖拉勒索，我也不能再這樣等下去，只是先拓好的陸務觀的碑文最後一張少了二個字，叫那人再去拓，但那人又拓了一付，反而連這一張也沒了。等催他再補拓時，那人更加拖拉，這樣就耽擱了我的行程。

獨秀山北面對著池水，西、南兩處山麓，我都從下面繞過，西面的山巖也已再次探訪，只有東麓和峰頂沒有登上。這山和其他山峰的不同之處，只在亭臺樓閣罷了。

初二日　今顧僕促搨工，而余同靜聞再為七星、棲霞之遊。由七星觀❶左入巖洞「爭奇門」，乃曹能始所書者，即登級為碧虛閣❷。是閣在摘星亭之左，與七星洞前一片雲同向，「一片雲」三字乃巡撫都御史許如蘭所書，字甚古拙。而稍在其南，下登者先經焉。余昔遊時急於七星，以為此軒閣不必煩屐齒❸，後屢經其下，見上有巖石倒垂，心豔❹之，至是先入焉，則其額為歙❺人吳國仕所題。「碧虛」之名，昔在棲霞，而今此復踵之，豈彼以亭，而此以閣耶？余啜茗其間，仰視閣為瓦掩，不見巖頂。既而轉入玄武座後，以為石窟止此，而不意亦豁然透空，頂上僅高跨如梁，若去其中軒閣，則前後通映，亦穿山月巖之類，而鋪瓦疊戶，令人坐其內不及知，可謂削方竹❻而淹斷紋❼者矣。閣後透明之下，復壘石為垣，高與閣齊，以斷出入。余訊其僧：「巖中何必疊瓦？」曰：「恐風雨斜侵，石髓下滴。」「閣後何必堵牆？」曰：「恐外多山岐，內難幽棲。」又訊：「何不移閣於巖後，前虛巖為門，以通出入；後倚閣為垣，以便居守，豈不名山面目，去室襟喉❽，兩為得之！」曰：「無錢糧。」然則巖中之結構，巖後之窒塞，又枵腹畫空❾而就者耶？又訊：「垣外後山，從何取道？」曰：「須南自大巖庵。」此庵即花橋北第一庵，庵僧自稱為七星老庵。余向所入，見後有李彥弼❿碑者。余頷之。

遂出，仍登摘星，由一片雲〔入〕七星前洞。〔由閣後東上數十級，得小坪，石盤其中。遂〕北出後洞，洞右壁外崖之上，裂竅懸葩，雲楞歷亂。余急解衣攀緣而上，連上重龕二層，俱有列戶疏楞、蓮垂幄颺之勢。其北下則棲霞洞，穹然西向盤空矣。洞外右壁古刻多有存者，則范文穆⓫成大〈碧虛亭銘〉并〈將赴成都酌別七人題名〉⓬在焉。七人即〈壺天觀銘〉所題名字在棲霞者，其歲月俱為乙未⓭二十八日。

碧虛亭以唐鄭冠卿入棲霞遇日華、月華二君贈詩，有「不因過去行方便，那得今朝會碧虛」之句，遂取以名亭⑭，石湖〈銘〉中所云「名翁⑮所命，而我銘之」者也。今亭已廢，而新安吳公⑯借以名南巖之閣，不若撤南閣以亭此，則南巖不掩其勝⑰，而此名亦賓其實⑱，豈不快哉！蓋此處巖洞駢峙者三：棲霞在北，而下透山之東西；七星在中，而曲透山之西北；南巖在南，而上透山之東西。故棲霞最遠而幽暗，七星內轉而不徹，南巖飛架而虛明。三竅同懸，六門各異，可謂異曲同工，其奈南巖之碧虛閣，反以人掩何！棲霞再北，又有朝雲、高峙二巖，俱西向。此七星西面之洞也，其數共五。

下棲霞，少憩壽佛寺，乃過七星觀，遂南入大巖庵。望南巖之後，山石叢薄⑲，若可由庵外東北而登者。時已過午，余曰：「何不了此而後中食？」余遂從庵門右草坪中上，靜聞就蔭山門⑳，不能從焉。既抵山坳草中，復有石級，而右崖石上鐫張孝祥〈登七星山詩〉㉑，張維依韻和之。共一里，再上，得坪一區㉒，小石峰環列而拱之，薄若綃帷，秀分萼瓣。其北壁棘莽中，亦有記，磨崖為鑿穴者戕損，不可讀。蓋其處西即南巖透明之竇，為僧人窒垣斷之者；北即七星之頂，與餘峰攢而斗列㉓者。昔人上登七星，此其正道，而今則無問津者矣。覓道草中，有小徑出東南坳中，從之。共一里，東南下山，得一巖，列眾神焉，而不知其名。下山而西，則曾公巖在望矣。忽涼颸襲人，赤日減烈，則陰氣自洞中出也。此有玄風洞㉔，余夙求之不得，前由棲霞入，將抵曾公，先過一隘口，忽寒風拂燈，至此又陰氣薄㉕日，信乎玄風當不外此，後來為曾公所掩耳，非二洞也。入洞更採葉拂崖，觀劉誼㉖〈曾公巖記〉㉗及陳倩㉘等詩已，乃濯足澗水中，久之出，仰見巖右又有一洞在峰半，與列神之巖東西並峙。執入洞汲水者問之，曰：「此亦有洞，已不可登。」余再問其故，其人不答去。余亟攀崖歷莽而上，則洞口亦東南向如曾公巖。初由石峽入，得平展處，稍轉而北，其外復有龕東列，分楞疊牖，外透多明，內環重幄，若堂之有室㉙焉。其後則穿門西入，門圓若圈，入其內，漸轉漸深，而杳不可睹。乃轉而出，甫抵洞外，則一人亦攀隙歷險而至，乃慶林觀道士也。見余獨入，疑而踪跡之，至則曰：「慶林古觀，而今移門易向，遂多傷損，公必精青烏家言㉚，乞為我指示。」余謝不敏㉛，且問其巖何名，道者不告，強邀入觀。甫下山，則靜聞見予久不返，亦踵至焉。時已下舂，亟辭道者，道者送余出觀前新易門，余再索其巖名，道者曰：「巖實無名。昔有僧居此，皆以為不利於觀，故去之，而湮其路。公豈亦有意於此乎？第恐非觀中所宜耳。」

余始悟其蹤跡之意，蓋在此不在彼也。一笑與別，已出花橋東街矣。蓋此處巖洞駢峙者亦三：曾公在中，而下透於西；列神之巖在東上，而淺不旁通；慶林後巖在西上，而幽不能悉。然曾公與棲霞前後雖分門而中通，實一洞。其北下與之同列者，又有二巖，〔予昔遊省春，先經此，〕亦俱東南向。此七星山東南面之洞也，其數亦共五焉。若北麓省春三巖、會仙一洞，〔旁又淺洞一，〕乃余昔日所游者，亦俱北向。此七星山北面之洞也，其數亦共五焉。〔一山凡得十五洞云。〕

既度花橋，與靜聞就麵肆中，以補午餐。過浮橋返唐寓，則晚餐熟矣。

【章　旨】本章記載了第五十四天再遊桂林的行跡。和靜聞再去七星巖、棲霞洞一遊。先登上碧虛閣，再轉到玄武座後，發現裡面原本豁然開朗，前後相通，和穿山、月巖類似，只是因為人為的鋪瓦蓋屋，破壞了自然景觀。穿過七星巖前後洞，來到棲霞洞，洞外有許多古老的石刻，原有碧虛亭，現已廢棄。七星山西面有五個洞，即棲霞洞、七星巖、南巖、朝雲巖、高峙巖。隨後經過壽佛寺、七星觀、大巖庵，從庵後往東北攀登。經過一個眾神排列的巖洞，曾公巖出現在眼前，忽然涼風襲人，原來已到了玄風洞。又看到一個巖洞，和眾神排列的巖洞並立，於是獨自向上攀登，被慶林觀道士發現，跟蹤盤問，原來他是怕外人到這裡對觀中不利。七星山東面也有五個洞，即曾公巖、列神之巖、慶林後巖及曾公巖北下同列兩巖。七星山北面同樣有五個洞，即省春三巖、會仙一洞及旁邊一個淺洞，一山共計有十五個洞。

【注　釋】❶七星觀　在普陀山南麓玄武洞下，南宋景定年間始建。❷碧虛閣　在七星巖北，始建於宋代。❸屐齒　古代木屐底部有二齒，便於在泥地行走。南朝宋謝靈運登山時常穿有齒木屐，上山時去其前齒，下山時去其後齒。❹豔　愛慕；喜歡。❺歙　歙縣，明代為徽州府治，今屬安徽。❻削方竹　方竹，又稱「四方竹」，節莖呈四棱形，深秋出筍，經年成竹，質地堅勁，可作手杖及觀賞用。相傳唐李德裕曾以方竹贈甘露寺老僧，老僧竟將竹削圓上漆。後以「削圓方竹」為庸俗不解事之誚。❼淹斷紋　斷紋，多指古琴的裂紋。據前人說，古琴以斷紋為證，因為琴不經過五百年不斷，愈久則斷紋愈多。其他器具都上漆，故無斷紋，惟有琴不用漆，故獨有斷紋。淹斷紋即是用油漆將斷紋遮沒。❽襟喉　衣襟和咽喉。比喻要害之地。❾畫空　空中畫餅，其實一無所有。❿李彥弼　彥，原本誤作「麗」。⓫范文穆　范成大死後謚文穆。⓬將赴成都酌別七人題名　全文為：「范致能赴成都，率祝元將、王仲顯、游子明、林行甫、周直夫、諸葛叔時酌別碧虛。淳熙乙未廿八日。」⓭乙未　宋孝宗淳熙二年（一一七五）。⓮碧虛亭以唐鄭冠卿四句　據宋紹興年間尹穡所撰〈仙跡記〉，唐上都人鄭冠卿，乾寧中以臨賀令考滿赴調，途中留止桂林，一日步至棲霞洞，遇日華、月華兩道人，臨別分別贈鄭詩，其中一首有「不緣過去行方便，那得今來會碧虛」這樣的詩句，後范成大至此，即以「碧虛」二字匾榜，且作〈碧虛亭銘〉，刻於巖壁。⓯翁　即指日華、月華兩道人。⓰新安吳公　即上文所記「歙人吳國仕」，隋唐時改歙州置新安郡，治所在歙縣，後仍改歙州，後世因以新安為歙州、徽州的別稱。⓱南巖不掩其勝　上文有「闍為瓦掩，不見巖頂」，「鋪瓦疊戶，令人坐其內不及知」等語。這句話即針對這種現象而言的。⓲此名亦賓其實　碧虛亭本建於棲霞洞，後廢，故有此言。⓳叢薄　草木叢生的地方。這裡指山石叢聚。⓴山門　佛寺大門。本作「三門」，即三解脫門，指空門、無相門、無作門。㉑張孝祥登七星山詩　原文云：「朝遊七星巖，暮上千山觀。東西兩奇絕，勢略嶺南半。」㉒區　地域，有一定界限的地方。㉓七星之頂二句　七星之頂，即天璣峰。斗列，七星山共有七座山峰，宛如北斗七星，斗魁由北面普陀山的天樞、天璇、天璣、天權四峰組成，斗柄由南面月牙山的玉衡、開陽、瑤光三峰組成。㉔玄風洞　在普陀山西麓，每當盛夏，風從洞中吹出，清涼異常，至秋冬，風又停息，洞內又變得溫暖，故洞口刻有「溫涼別況」四字。清代避康熙之諱，改作「元風洞」。㉕薄　迫近。㉖劉誼　字宜翁，長興人。元豐初提舉廣西常平，上書請罷買沉香、減鹽價，凡四十餘事，論事有陸贄之風。時王安石銳意新法，劉誼極諫不便，坐罷歸。㉗曾公巖記　元豐二年九月，時任臨桂縣丞的劉誼為以「曾公」名巖而作。㉘陳倩　元豐初，為權發遣轉運使尚書度支郎中，時與曾布同遊。作〈曾公巖〉詩，云：「傳說功高傳巖野，謝安名著謝公山。」㉙堂之有室　古人房屋內部，前叫堂，堂後以牆隔開，後部中央叫室。室的東西兩側叫房。㉚青烏家言　青烏為六朝前方士之名，相傳此人長於看風水，選墓地，著有《相冢書》，古風水先生奉為祖師。㉛不敏　不聰敏。舊時自謙之詞。

【語譯】初二　吩咐顧僕去催促拓工，我和靜聞再遊七星巖、棲霞洞。從七星觀左面進入巖洞「爭奇門」，這三字是曹能始書寫的，便登上石級到碧虛閣。這閣在摘星亭的左邊，和七星洞前的「一片雲」朝同一個方向，「一片雲」三字，是巡撫都御史許如蘭書寫的，字很古樸。但稍許比它偏南些，從下面登山的人先經過這裡。我過去遊覽時急於去七星巖，認為這軒閣不必前往觀賞，後來多次從閣下經過，看到上面有巖石倒掛，心中十分喜愛，這次便先進閣，上面的匾額是歙人吳國仕題寫的。「碧虛」這名稱，過去在棲霞洞已經看到，如今在這裡又出現，難道僅僅是因為那裡用於亭子，而這裡用於樓閣的緣故嗎？我在裡面喝茶，仰望閣上被瓦遮蓋，看不到巖頂。隨後轉到玄武座的後面，以為石窟到此為止，沒想到這裡也豁然開朗，頂上僅高跨如同橋梁，如果拆除裡面的軒閣，則前後相通映照，和穿山、月巖類似，而今在此鋪瓦蓋屋，使人坐在裡面也看不到景觀，真可謂「削圓方竹、漆沒斷紋」了。閣後照進陽光的地方，又壘石為牆，和閣同樣高，以切斷通路。我問裡面的僧人：「巖中何必鋪瓦？」答道：「怕風雨斜入，石乳滴下。」又問：「閣後何必築牆？」答道：「怕外面山多，進出的人也多，在裡面居住難以清淨。」再問：「何不將閣移到巖後，前面空出巖洞作門，使進出通暢；後面靠著閣築牆，使居守方便。這樣既顯示了名山的面目，又有了和居室隔開的衝要之地，豈不兩全其美？」答道：「沒有錢糧，無法動工。」那麼現有巖中的建築、巖後的堵塞，難道又是餓著肚子憑空造出的嗎？再問：「牆外後山，從哪裡可通往？」答道：「必須從南面的大巖庵。」這庵即花橋北面的第一座庵，庵內的老僧自稱「七星老庵」。我以前進去，看到後面有李彥弼碑。我點頭表示理解。

於是走出碧虛閣，仍然登上摘星亭，從一片雲進入七星巖前洞。從閣後往東走上數十石級，到一塊小平地，裡面有石盤踞。便往北走出後洞，洞右壁外的山崖上，有裂開的孔洞，如同花朵垂掛，散亂的窗洞，高入雲天。我急忙脫下衣服，往上攀登，接連登上兩層石龕，都門戶分列、窗口疏朗，勢如蓮花倒垂、帷幕飄揚。往北走下便是棲霞洞，洞高高拱起，面向西，盤空而起。洞外右邊的崖壁上保存著不少古老的石刻，范文穆成大的〈碧虛亭銘〉和〈將赴成都酌別七人題名〉也在這裡。七人即〈壺天觀銘〉中所題寫的刻在棲霞洞的名字，年月都是乙未二十八日。碧虛亭因為唐代鄭冠卿進棲霞洞遇見日華、月華兩個道士贈詩，裡面有「不因過去行方便，那得今朝會碧虛」的句子，從而得名，即石湖〈銘〉中所說的「翁命名，我作銘。」如今亭已廢棄，新安吳公借作南巖的閣名，但真不如將南巖的碧虛閣拆除，在這裡建亭，這樣南巖的美景就不受影響，而「碧虛」之名，也和實際相符，豈不痛快！大致上說，這裡有三個並立的巖洞：棲霞洞在北面，往下通到山的東部和西部；七星巖在中間，曲曲折折通往山的西部和北部；南巖在南面，往上通到山的東部和西部。故棲霞洞最遠並且幽暗，七星巖裡面曲折又不通暢，南巖高高架起呈現出空明的景象。三個洞高高座落在同一座山中，六處洞門則各不相同，可謂異曲同工，各具特色，只是南巖的碧虛閣，因人為的建築反將自然景觀遮沒，真讓人無可奈何！從棲霞洞再往北，又有朝雲、高崎兩巖，都朝西。這是七星山西面的洞，一共有五個。

從棲霞洞走下，在壽佛寺休息片刻，便經過七星觀，往南進入大巖庵。望見南巖的後面，山石叢聚，好像可從庵外往東北攀登。這時已過中午，我說：「何不先了此事然後吃飯？」便從庵門右邊的草坪中往上，靜聞在山門乘涼，不隨我一起去了。到山坳的草叢中，又有了石級，右面崖石上刻著張孝祥〈登七星山詩〉以及張維用原韻作的和詩。共走了一里，再往上，看到一塊平地，周圍有小石峰環繞拱立，薄如生綢做的帷帳，美如花萼花瓣。北面荊棘叢中的石壁上，也有刻記，摩崖被鑿洞的人毀壞，上面的文字已沒法讀了。這裡西面就是南巖能照進陽光的洞穴，被僧人築牆隔斷；北面即七星山頂峰，和其他山峰聚列成北斗的形狀。過去人們攀登七星山，這裡是主要通道，如今已沒人走了。在草中找路，看到有小路從東南的山坳中伸出，便踏上這條路。共走了一里，往東南下山，看到有個巖洞，裡面排列著眾多神像，但不知巖名。下山往西，曾公巖就在眼前出現。忽然覺得涼風襲人，烈日頓時減弱，原來是陰氣從洞中吹出。這裡有玄風洞，我早就想去但沒找到，以前從棲霞洞進去，即將到達曾公巖，先經過一道隘口，忽然寒風吹滅燈火，如今到這裡又覺陰冷之氣直逼炎日，可以確信玄風洞應當就在這地方，後來被「曾公巖」這名稱掩蓋了，並不是兩個洞。進洞後又採了樹葉拂拭崖壁，看到劉誼的〈曾公巖記〉及陳倩等人詩後，就到澗水中洗腳，過了好久才走出，抬頭望見巖的右面又有一洞位於峰腰，和眾神排列的巖洞東西並立。拉著進洞取水的人打聽，答道：「這地方也有洞，但已不能登上。」我再問他是什麼緣故？那人不回答就走了。我立即攀登山崖穿過草叢向上，只見洞口也像曾公巖那樣面向東南。先從石峽進去，到一處平展的地方，稍稍往北轉，外面又有石龕在東邊排列，如同分列層疊的窗洞，陽光從外面照進，很明亮，裡面環繞重重幃帳，就像堂後有室一般。到後面穿過石門往西進去，門圓如圈，走到裡面，漸漸轉向深處，眼前一片昏暗，什麼也看不見，於是從洞中轉出，剛到洞外，有個人也從石縫中往上攀登，越過險阻過來，是慶林觀的道士。看到我獨自進洞，便生疑心，一路跟蹤，到這裡對我說：「慶林古觀，如今因移門改向，造成很多損傷，先生一定精通風水之術，請向我明白指示怎樣才能吉利。」我推辭說自己不行，同時問他這巖的名字，道士不回答，硬把我請到觀中。剛下山，靜聞見我上山好久仍沒返回，也接踵而至。這時太陽已經下山，趕緊和道士告別，道士送我走出觀前新換的門，我再追問巖名，道士說：「這巖其實沒名稱。過去有僧人住在這裡，大家都認為對慶林觀不利，所以把他趕走，將路堵塞。先生難道想待在這裡嗎？只怕對觀中不太合適。」我這才明白他跟蹤的意圖，原來如此，而不是由於其他原因。於是一笑告辭，很快就已走到花橋東街了。大致上說，這裡並立的巖洞也有三處：曾公巖在中間，往下和西面相通；列神之巖在東面上方，因很淺不和旁洞相通；慶林後巖在西面上方，因幽深不太清楚洞內情況。不過曾公巖和棲霞洞雖然前後分門但中間相通，其實是一個洞。在北面下方和它並列的，還有兩個巖洞，我過去遊省春巖，先經過那裡，也都面向東南。這是七星山東面的洞，一共也是五個。至於北麓省春三巖、會仙一洞，旁邊還有一個淺洞，都是我過去遊覽過的，也都朝北。這是七星山北面的洞，一共也是五個。一座山共計十五個洞。過了花橋，和靜聞在店中吃麵，補作午飯。通過浮橋返回寓所，晚飯已經煮熟了。

初三日　簡❶顧僕所促搨工水月洞碑，始見陸碑❷尾張上每行失搨二字，乃同靜聞親攜此尾往今重搨。二里，出南門，一里，抵搨工家，坐候其飯。上午乃同往水月，手指筆畫之。余與靜聞乃少憩山南三教庵，錄張鳴鳳❸羽王父所撰方、范二公❹〈灕山祠記〉。遂二里，南過雉山巖，再登青蘿閣，別鄭、楊諸君。欲仍過水月觀所搨，而酷暑釀雨，雷聲殷殷，靜聞謂搨工必返午餐，不若趨其家便。遂西一里，至搨工家，則工猶未返也。於是北一里，入南門，就麵肆為午餐，已下午矣。雨勢垂❺至，余聞鄭子英言，十字街東口肆中，有《桂故》、《桂勝》❻俱張鳴鳳羽王輯。及《西事珥》❼學憲魏濬❽輯。、《百粵風土記》❾司道謝肇淛❿輯。諸書，強靜聞往市焉。還由靖藩正門而南，甫抵寓而雨至。

初四日　令顧僕再往搨工家索碑。及至，則所搨者止務觀前書碑三張，而此尾獨無，不特前番所搨者不補，而此番所搨并失之，其人可笑如此。再令靜聞往，曰：「當須之明日。」是日，余換錢市點，為起程計。

【章　旨】本章記載了第五十五、第五十六天再遊桂林的行跡。檢查拓片，發現陸游碑刻有漏字，便去拓工家叫他重拓。又經過雉山巖，和鄭、楊諸君告別，並在城內店中買了《桂故》、《桂勝》等書。次日收到拓片，比前一次更糟。

【注　釋】❶簡　通「檢」。檢查。❷陸碑　指陸游的〈詩札〉石刻。❸張鳴鳳　字羽王，世居灕山下，嘉靖舉人，官至應天府通判。工詩文，著述甚多。❹方范二公　指方信孺、范成大。❺垂　將近。❻桂故桂勝　皆書名。前書十六卷，記山水。後書八卷，記故實。❼西事珥　書名，凡八卷，對廣西的山川、風土、時政、人情等均有記載。❽魏濬　字禹卿，號蒼水，福建松溪人。明萬曆進士。曾平息苗族礦工起事，官至湖廣巡撫。❾百粵風土記　書名，凡一卷，記廣西風土。❿謝肇淛　字在杭，福建福州長樂人。博學能文，明萬曆進士，官至廣西布政使，有善政。

【語譯】初三　檢查顧僕催促拓工所完成的水月洞碑刻拓片，才發現陸游碑刻拓片最後一張上面每行都少拓兩個字，便同靜聞親自帶了這張拓片去叫那人重拓。走了二里，出南門，再走一里，到拓工家中，坐著等他吃飯。上午一起去水月洞，將漏拓的字用手指出寫給他看。我和靜聞便在山南三教庵稍許休息一會，抄錄張鳴鳳羽王父所撰寫的方、范二公的〈灕山祠記〉。隨後走了二里，往南經過雉山巖，再登青蘿閣，和鄭、楊諸君告別。原想仍然經過水月洞查看拓片，但天氣酷熱，即將下雨，雷聲隆隆，靜聞說拓工一定回去吃午飯，不如直接去他家方便。於是往西走一里，到拓工家，拓工還沒有回來。於是往北走一里，進入南門，到一家麵店吃午飯，已是下午了。雖然馬上就要下雨，但我聽鄭子英說，在十字街東口的店鋪中，有《桂故》、《桂勝》都是張鳴鳳羽王輯錄的。及《西事珥》學臺魏濬輯錄。、《百粵風土記》司道謝肇淛輯錄。等書出售，逼著靜聞去買。返回時從靖江王府正門往南，剛到寓所雨就來了。

初四　吩咐顧僕再往拓工家去取碑刻拓片。等他回來，只見所拓的只是陸務觀所寫碑文的前面三張，惟獨最後一張沒有，不但上次漏拓的不補，這次連最後一張都漏掉，那人辦事竟這樣可笑！再吩咐靜聞前往，回話說：「要等到明天才去補拓。」這天，我換了零錢，買了點心，作啟程的打算。

初五日　晨餐後即攜具出南門，冀得所補碑，即往隱山探六洞之深奧處。及至，而碑猶未搨也。訂余今日必往，毋煩親待。余乃仍入南門，竟城而北，由華景之左，出西清門。門在西北隅，再北則為北城門，西之山即王文成守仁祠在其南者。與之屬焉。城外削崖之半，有洞西向，甚迥。時〔讀〈清秀巖記〉，〕欲覓清秀巖❶。出城即渡濠❷壩而趨西，濠中荷葉田田，花紅白交映，香風艷質，遙帶於青峰粉堞間，甚勝也。有二岐，一乃循山北西行，一南從山南入峽。其循北麓者，即北門西來之大道。更有石峰突峙其北，片片若削，而下開大洞，西南向焉，與城崖西向之洞，一高一下，俱峆岈誘人，欲往但知非清秀，姑取道岐南峽中。西行一里，則峽北峽南，其山俱中斷若闢門，南北向，其門徑路遂四交焉。徑之西北，又洞南向，急覓道而登。其洞北入，愈入愈深，無他旁竇，而夾高底平，灣環以進，幽莫能測。

仍出洞，候行者問之，曰：「此黑洞也。」問：「清秀何在？」曰：「不知。」問：「旁近尚有洞幾何？」曰：「正西有山屏立峽中者，其下洞名牛角。西南出峽，為隱山，其洞名老君❸。由北出峽，有塘曰清〔塘〕，東界山巖曰橫洞，西南瀕塘，洞名下莊。近洞惟此，無所謂清秀者。」余得清塘之名，知清秀在此。遂北轉從大道出峽門。其峽門東西崖俱有小洞，無徑路可登。北出臨塘，則瀦水一泓，浸山西北麓大道。余循大道而西，沿清塘而繞其右，疑清秀在其上，急遵之。其路南嵌崖端，北俯淵碧。既而一岐南上，余以為必清秀無疑。攀躋漸高，其磴忽沒，仰望山坳，並無懸竅，知非巖洞所在。乃下，隨路出塘之西。其南山迴塢轉，別成一壑，而洞門杳然，無可覓也。其地去黑洞已一里矣。

於是仍從崖端東返，復由峽門南下，竟不得登巖之徑。再過黑洞前，乃西趨屏立峽中山。一里，抵屏之東北，即有洞斜騫，門東北向，其內南下，漸入漸暗。蓋與黑洞雖南北異向，高下異位，而彎環而入，無異軌焉。出洞，繞屏北而西，聞伐木聲丁丁，知有樵不遠，四望之，即在屏崖之半。問此洞名，亦云：「牛角。」問：「清秀何在？」其人謬指曰：「隨屏南東轉，出南峽乃是。」余初聞之喜，繞西麓轉南麓，則其屏南崖峭削，色俱赭黃，下有窪瀦水，從山麓石崖出。崖不甚高，而中若崆峒，蓋即牛角南通之穴，至此則墜成水窪也。

又東一里，抵南峽門，入北來大道，復遇一人，詢之，其人曰：「此南去即老君洞，不聞所謂清秀。惟北峽有清塘，其上有洞，南與黑洞通。〔此外無他洞。〕此是君來道。」余始悟屏端所指，乃誤認隱山，而清秀所託，必不離北峽。時已當午，遂不暇北轉，而罔❹南炊隱山。又一里，則隱山在望矣。仰見路西徑道交加，多西北登崖者，因令顧僕先往朝陽，就庵而炊，余呼靜聞遵徑西北入。已而登崖躡嶠❺，叢石雲軿❻，透架石而入，上書「靈咸感應」四大字，知為神宇。入其洞，則隙裂成龕，香煙紙靄，氤氳其間，而中無神像，外豎竿標旗，而不辨其為何洞何神也。下山，見有以雞酒來者，問之，知為都籙巖。言其神甚靈異，而好食犬，時有犬骨滿洞中。遂南半里，抵隱山，候炊於朝陽庵。復由庵後入洞，謁老君，穿上下二巖，乃出飯庵中。僧月印力言：「六洞之下，水深路閟，必不可入。」余言：「鄧老曾許為導。」僧曰：「此亦謾言，不可信而以身試也。」既飯，又半里，南過鄧老所居，鄧老方運斤斲木，余告以來求導游之意。鄧老曰：「既欲游洞，何不攜松明來？余無覓處，君明晨攜至，當為前驅也。」余始悵悵，問：「松明從何得？」曰：「須往東江門。此處多導游七星者，故市者積者俱在焉。」余復與之期。

乃西過西湖橋，一里，抵小石峰下。其峰片裂如削，中立於眾峰之間，東、北、西之三面，俱有垣環之，而南則瀕陽江，接南嶺，四面俱不通。出入大路至此折而循其北麓，乃西還陽江之涯，窺其垣中，不知是何橐籥❼。遍繞垣外，見西北隅有踰垣之隙，從而踰之。其中荊莽四塞，止有一冢在深翳中。披其東北，指小峰南麓，則蹬級依然，基砌疊綴。其峰雖小，如蓮瓣之間，瓣瓣有房❽，第雲構❾已湮，而形跡如畫。其半崖坪中有石如犀角，獨聳無倚，四旁多磨剔成碑，但無字如泰山❿，令人無從摸索耳。其後又盤空而上，片削枝攢，尤為奇幻。從其東下崖半，又裂石成巖，上鐫三字，祇辨其一為「東」字，而後二字，則磨拭再三，終莫得其似焉。桂林城之四隅，各有小峰特立。東有曾公巖，東有媳婦娘焉，其峰雙岐而中剖。北則明月洞，西有望夫山焉，其峰片立而端拱。南則穿山巖，西有荷葉山焉，其峰窈窕中剖，而若合若分。西則西峰頂，南有茲山焉，其峰層疊中函，而若披若簇。四峰各去城一二里，以小見奇，若合筒節⑪焉。搜剔久之，知其奇而不知其名。仍西蹈莽棘，踰垣以出。候途人問之，曰：「秋兒莊。」云昔宗室有秋英之號者，結構此山為菟裘⑫，後展轉他售，豐姓者得之，遂營為地⑬，父子連掇鄉科⑭，後為盜發，幸天明見棺而止，故塋垣斷道云。秋兒者，即秋英之誤也。其西即陽江西來，有疊堰可渡而南，趙家山、穆陵村、中隱諸洞，隱隱在望。

循江北岸入，西一里，為獅子巖⑮。西峰頂之西，峰盡而南突，若獅之迴踞而昂首者，則獅巖山也。其西又峙一峰，高聳特立，與獅巖相夾，下有村落，是為獅巖村。其西聳之峰，有巖東向者，凭臨峭石之上，中垂一柱，旁裂雙楞，正東瞰獅巖之首。其巖不深而軒爽有致，可以駕風凌烟。北轉有洞北向，其門高穹，其內深墜。土人以為中通山南，而不知其道；以為舊有觀址，而不知其名。拭碑讀之，知為天慶巖。由級南下，中亙一壁，洞界為兩，入數丈，兩峽復合。其北峽之上，重門複竅，懸綴甚高，可望而不可攀焉，想登此則南通不遠矣。

出洞北下，由西北行石山叢薄間，山俱林立圓聳，人行其間，松陰石影，參差掩映。又北一里，經石山西麓，見兩洞比肩俱西向，輒捫棘披崖入，由南洞進五、六丈，轉從北洞出。其中宛轉森寒，雖驕陽西射，而不覺其暑。出洞，再北仰望洞上飛崖，片片欲舞，余不覺神飛。適有過者，問之，以為王知府山[16]，其西有林木迴叢在平疇間，陽江西環之，指為王知府園[17]。而滄桑已更，山巒是而村社非，竟不悉王知府為何代何名也。余一步一轉眺，將轉西北隅，思其西南有坳可踰，仍還南向。從雙洞之左東北而登，忽得石磴，共一里，踰其坳間，磴斷徑絕，乃西攀石鍔[18]而上，靜聞與顧俱不能從。所攀之石，利若劍鋒，簇若林筍，石斷崖隔，中俱棘刺，穿棘則身如蜂蝶，緣崖則影共猿鼯[19]。盤嶺腰而西，遂出舞空石上，而為叢棘所翳，反不若仰望之明徹焉。久之，仍下東坳，瞰其北麓，陡絕難下。遂尋舊登之磴，共一里，下西麓，而繞出其北。又北過一峰，其南有支峰疊石，亦冕雲異。抵其東麓，有洞東向，亟賈勇而登，中皆列神所棲，形貌獰惡。從其右內轉，復得明竅，則支竇南通者也。

仍出洞東望，有一村在叢林中，時下午，渴甚，望之東趨，共一里，得宋家莊焉。村居一簇，當南北兩山塢間，而西則列神洞山為屏，其後東則牛角洞山為屏，其前皆瀦水成塘，有小石梁橫其上，求漿村嫗，得涼水一瓢，共啜之。隨見其汲者，東自小石崖邊來，趨而視之，則石崖亦當兩山之中，其西瀦泉一方，自西崖出，蓋即牛角洞西來之流也。其泉清冷，可漱可咽，甘沁塵胃[20]。又東一里，即屏風中立牛角洞之山。從其南麓東趨，又一里，過北峽門，北眺西峽之半，有洞岈然，其為清秀無疑。而暮色已上，竭蹶趨城，又一里，入西清門。回顧靜聞、顧僕，俱久不至，仍趁[21]至門，始知二人為閽者[22]所屏[23]。自聞衡、永有警，即議省城止開四門，而餘俱閉塞。居人以汲水不便，苦求當道，止容樵汲，而行李[24]俱屏之四門。乃與俱出，循城而北，半里，過城外西懸之洞，其下有級可攀而登，日暮不及。遂東轉，又半里，入北門焉，已昏黑矣。又二里，抵唐寓。

【章　旨】本章記載了第五十七天再遊桂林的行跡。走出西清門，想尋找清秀巖。先進入黑洞，彎彎曲曲往裡走，洞內深不可測。聽人說附近有清塘，猜想清秀巖就在這裡，卻找不到。又進入牛角洞，洞內和黑洞相仿。四處打聽，沒人知道清秀巖在什麼地方，於是去隱山煮飯吃，途中登上都籙巖。離開隱山，到一座三面被牆圍住的小石峰下。翻牆進去，裡面有個墳墓，半山崖還有許多無字碑，盤空而上，尤為奇幻。桂林城的四角，都有以小見奇的石峰峙立。走出後才得知這裡地名秋兒莊。接著去獅子巖，西面山峰上有巖洞，可駕風凌煙，往北轉有天慶巖，據說從洞中可通往山南。隨後在石山樹叢中行走，看到兩個並肩朝西的洞，北洞十分陰冷，問後得知這裡為王知府山。越過山坳，走到路的盡頭，便在銳利如同刀劍鋒刃的石上攀登，身體像蜂蝶那樣輕盈，行動像猿猱那樣敏捷。又經過一個安放各種神像的巖洞，來到宋家莊。旁邊有泉水清冷甘美，從牛角洞流來。暮色籠罩，急忙趕回城中，因湖南告急，這裡也只開四座城門。回到寓所，天色已經昏黑。

【注　釋】❶清秀巖　出西清門沿山行走，有清塘，上有清秀巖。桂林群山，以孤峭標秀，而這山則岡連隴接，連綿一里餘。洞門下瞰水塘，清彩映發，如其名。❷濠　護城河。❸老君　即下文所說的朝陽洞，為隱山六洞之一。❹罔　通「惘」。失意。❺嶠　尖峭的石山。❻雲軿　指雲車。❼橐鑰　鑰，通「籥」。這裡作封閉解，與「橐籥」（風箱）含義不同。❽房　蓮房，即蓮蓬，為蓮花開後的花托，裡面包有蓮的果實，因其分隔如房，故名。❾雲構　指巖洞。❿無字如泰山　指泰山無字碑，俗稱石表碑，相傳秦始皇登泰山時立，以表示其功德無法用文字來表達。⓫筒節　疑為「符節」之誤。為古代用作憑證的信物。符以竹、木、金屬為之，上書文字，剖分為二，各執其一，使用時以兩片相合為驗。⓬菟裘　春秋魯國邑名，故地在山東泗水縣境。據史載，魯隱公因年老不想再居朝中，而準備在菟裘建宮居住。後來稱告老退隱之處為菟裘。⓭地　指墳地。⓮鄉科　鄉，鄉試，明、清兩代每三年一次在各省省城舉行的考試，中式者稱舉人。科，古時開科取士的條例名目。明、清取士雖僅有一科，但仍沿稱科目。⓯獅子巖　在桂林西境，陽江東岸，位於獅子山東，因山勢酷似雄獅昂首長吼，故名。⓰王知府山　乾隆本作「蝦笆山」。⓱王知府園　乾隆本作「王太守園」。⓲鍔　刀劍鋒刃。⓳鼯　俗稱飛鼠，別名夷由。形似蝙蝠，能在樹林中滑翔，古人誤以為鳥類。⓴塵胃　世俗腸胃。㉑趁　追趕。㉒閽者　守門人。閽，門。㉓屏　通「摒」。阻止；阻擋。㉔行李　即「行旅」。指旅行者。

【語　譯】初五　早飯後便帶了用具走出南門，希望能得到應補的拓片，便立即去隱山探訪六洞的幽深之處。到了那裡，碑還沒拓。拓工向我保證今天一定去，不必勞我親自等候。我就仍然走進南門，到城的盡頭向北，從華景洞的左邊，走出西清門。門在城的西北角，再往北便是北城門，西面的山峰南面就是王文成守仁祠。和它相連。城外陡削的山崖半腰，有個朝西的洞，十分深遠。這時我正在讀〈清秀巖記〉，想尋找清秀巖。出城即通過護城河的石壩向西，護城河中荷葉田田，花瓣紅白相映，在和風中散發出清香，姿色嬌豔迷人，遠遠映帶蒼翠的山峰、白色的城牆，景色十分美麗。前面有兩條岔路，一條沿著山北往西走，一條往南從山南進入峽中。沿北麓走的，就是從北門往西的大路。還有石峰在它北面聳立，一片片岩石就像用刀斧削成，下面開出一個大洞，面向西南，和城外山崖上朝西的洞，一高一低都很幽深迷人，我想去，但又明知這洞不是清秀巖，暫且先從岔路往南進入峽中。向西走了一里，只見峽谷南北的山峰中間都被隔斷，就像開出的洞門，呈南北向，門前的小路和四面相交，在小路的西北，又有朝南的洞，急忙找路攀登。這洞往北進去，愈入愈深，旁邊沒有其他孔洞，但夾壁高聳，底部平坦，彎彎曲曲往裡走，深不可測。

走出洞，等候過路的人上前打聽，回答說：「這是黑洞。」又問：「清秀巖在哪裡？」答道：「不知道。」再問：「附近還有多少洞？」答道：「正西有山像屏障那樣峙立在山峽中，下面有洞名牛角。往西南走出山峽，為隱山，有洞名老君。從北面走出山峽，有塘叫清塘，東端的山巖叫橫洞，西南靠近水塘，有洞名下莊。附近的洞就這些，沒有所謂的清秀巖。」我聽到清塘這地名，知道清秀巖就在這裡。便向北轉從大路走出峽門。這峽門東西兩邊的山崖上都有小洞，但沒路攀登。往北走到清塘前，只見一塘深水，直浸到山西北麓的大路上。我順著大路往西，沿清塘繞到它的右邊，懷疑清秀巖就在上面，急忙走去。這路往南伸到山崖的頂端，北面俯對深綠的塘水。隨即看到一條岔路往南向上，我以為上面必然無疑是清秀巖。漸漸往高處攀登，石級忽然消失，仰望山坳，並沒有高懸的洞穴，心裡明白這裡不是清秀巖所在處。於是下山，隨路從清塘的西面走出。在它南面山迴塢轉，另成一個山壑，但洞門杳不可見，無處尋找。這裡離黑洞已有一里了。

於是仍然從山崖的頂端往東返回，又從峽門往南走下，最終沒找到可登清秀巖的路。再經過黑洞前，便往西朝著像屏障那樣峙立在峽中的山峰趕路。走了一里，到達屏障的東北，立即看到有個洞斜聳高山之上，門向東北，洞內往南走下，漸漸進入幽暗之處。大致上說，這洞和黑洞雖然一南一北，方向相反，或高或低，地勢不同，但都彎彎曲曲進入，則沒有什麼不同。走出洞，繞過屏障般的山崖的北面向西，聽到「丁丁」的伐木聲，知道不遠的地方有砍柴人，向四面望去，見那人就在屏障般的山崖的半腰。向他打聽這洞的名稱，也說是：「牛角洞。」又問：「清秀巖在哪裡？」那人胡亂指著說：「隨屏障的南面往東轉，走出南面的山峽便是。」我起先聽了十分高興，繞過西麓，轉到南麓，只見屏障般的山崖南面陡峭，都呈赭黃色，下面有窪池積水，從山麓石崖中流出。崖不太高，但中間如同空洞，大概就是牛角洞往南穿通的洞穴，到這裡已陷落成為水窪了。

又往東一里，到達南峽門，踏上從北面延伸過來的大路，又遇見一個人，向他打聽，那人說：「從這裡往南走便是老君洞，沒聽說有所謂的清秀巖。惟獨北面的山峽中有清塘，上面有洞，往南和黑洞相通。除此之外，沒有其他洞。這是你過來的路。」我才明白那砍柴人在屏障般的山崖頂端所指的地方，是將隱山誤認為清秀巖了，而清秀巖所在處，一定不離北面的山峽。這時已是中午，沒時間往北轉，便悵然往南去隱山煮飯。再走一里，隱山出現在眼前。抬頭望見大路的西面小路交錯，其中有不少路可往西北登上山崖，於是吩咐顧僕先去朝陽洞，在庵裡煮飯，我呼喊靜聞一起沿小路往西北走進。不久登上山崖，腳踩石峰，岩石叢聚，如同雲車，穿過架起的岩石進去，上面書寫著「靈咸感應」四個大字，知道是神廟。走進洞中，只見縫隙裂成石龕，香煙紙灰，在裡面迷漫，但洞中沒有神像，外面豎起竹竿，掛上旗幟，卻不明白這究竟是什麼洞，供奉什麼神。下山時，看到有帶著雞和酒上來的人，向他打聽，得知這裡為都籙巖。據說這神十分靈異，但好吃狗肉，洞中常常滿地都是狗骨。於是往南走半里，到達隱山，在朝陽庵等飯吃。又從庵的後面進入洞中，拜謁老君，穿過上下兩個巖洞，便出洞到庵中吃飯。僧人月印極力說：「六洞的下面，水深路堵，一定不可進去。」我說：「鄧老曾答應做嚮導。」月印說：「這也是騙人的話，不可信以為真，親身去試探。」吃罷飯，又走了半里，往南經過鄧老的住處，鄧老正揮動斧頭砍柴，我談了想請他作導遊的意思。鄧老說：「既然想遊洞，何不帶些松枝來？我沒地方可找，你明天早晨帶來，我一定在前面引路。」我開始有些不痛快，問道：「松枝從哪裡可得到？」答道：「必須前往東江門。那裡有許多導遊七星巖的人，故買松枝和儲存松枝的人都在那裡。」我又同他約好日期。

於是往西過西湖橋，走了一里，到達小石峰下。這峰一片片裂開，如同削成，在眾多山峰之間居中峙立，東、北、西三面，都有牆環繞，南面則靠近陽江，和南嶺相接，四面都沒有通路。進出的大路，到這裡轉而沿著峰的北麓走，於是往西回到陽江邊，窺視牆內，不知裡面究竟藏些什麼東西。在牆外到處繞了一遍，看到西北角有可翻過牆的裂縫，便從這裡翻進去。裡面到處是荊棘草叢，只有一個墳在深草中。撥開草叢往東北走，直指小峰的南麓，只見石級清晰，基石相疊連接。這山峰雖小，但如蓮房花瓣之間，瓣瓣有房，只是巖洞已經湮沒，而形跡宛然如畫。在山半腰的平地中有一塊如同犀角的巖石，獨自聳起，無所依傍，四面都磨平成碑，但像泰山無字碑那樣一片空白，讓人無從查考。在它後面又有山盤空而上，石片陡削，或分或合，尤為奇異。從東面往下走到半山腰，崖石又裂成巖洞，上面刻著三個字，只認出其中一個為「東」字，後面二個字，雖然一再磨擦石上的垢物，但始終想不出像什麼字。桂林城的四角，各有小山峰卓然峙立。東邊為曾公巖，在它東面有媳婦娘峰，山峰兩邊岔開，中間分離如同劈成。北邊為明月洞，在它西面有望夫山，山峰獨自聳立，如人端身拱手。南邊是穿山巖，在它西邊有荷葉山，山峰幽深，中間劈開，看上去似合似分。西邊是西峰頂，在它南面有這座山，山峰裡面層層疊疊，又像分散又像聚合。四座山峰各離城一、二里，也都以小見奇，彼此符合。在這裡探尋好長時間，雖然看到奇景但卻不知名稱。仍然往西踏著草叢荊棘，翻牆出去。在外面等候過路人上前打聽，回答說：「這裡地名秋兒莊。」據說過去宗室中有個號秋英的人，在這山蓋屋作為退隱之所，以後經過幾次轉手出賣，被姓豐的人得到，便建為墳地，父子接連中舉，後來墓穴被盜賊發掘，幸虧到天亮時看到棺木就住手了，由此將牆洞堵塞，道路切斷。秋兒，即「秋英」的誤稱。在秋兒莊的西面，陽江自西流來，有壘起的石壩，可通過往南，趙家山、穆陵村、中隱山各洞，隱隱約約在眼前浮現。

沿陽江北岸往裡走，西行一里，到獅子巖。在西峰頂的西面，山峰到了盡頭又向南突起，形狀如同獅子踞坐，轉身昂首，這就是獅子山。山的西面又有一峰峙立，高高聳起，與眾不同，和獅子巖相夾，下面有村莊，為獅巖村。在它西面聳起的山峰中，有巖洞朝東，靠在陡峭的崖石上，中間垂掛著一根石柱，旁邊裂成兩個窗洞，正東俯視獅巖的頭部。這巖洞不深，但高高夾立，頗有景致，在此可以有駕風淩雲、飄飄欲仙之感。往北轉有個朝北的洞，洞門高高拱起，裡面直落深處。當地人認為洞中通往山南，但不知路怎麼走；又認為過去有道觀遺址，但不知名稱。擦碑讀後，得知為天慶巖。從石級往南走下，中間橫連一道石壁，將洞分成兩半，走進幾丈路，兩邊山峽又合攏起來。在北峽的上方，有許多石門石洞，高高懸掛連接，可望而不可攀，心想若能登臨此地，沒多遠就可通往山南了。

出洞往北走下，朝西北在石山和草木叢中行走，山峰林立，呈圓形聳起，人在裡面行走，松蔭石影，參差掩映。又往北走一里，經過石山的西麓，只見兩個巖洞並肩向西，就拉著荊條在崖上開路進去，從南洞走進五、六丈，又從北洞轉出。洞內曲折陰冷，雖然烈日從西面照進，仍然不覺炎熱。出洞後，再往北仰望洞上淩空而起的山崖，片片岩石似欲起舞，我見了不覺為之神思飛揚。碰巧有過路的人，向他打聽，以為是王知府山，西面有樹林草叢迴繞著平坦的田野，陽江從西面環繞，這裡被指為王知府園。只是滄桑變遷，山巒依舊，村社已全然不同，竟不知道王知府為哪個朝代人，名字叫什麼。我一步一回頭眺望，即將轉到西北角，想起這裡西南有坳地可以越過，便返回仍然朝南走。從雙洞的左邊往東北攀登，忽然發現石階，共走了一里，從山坳中越過，石級中斷，路到了盡頭，便往西在鋒利的山石上攀登，靜聞和顧僕都跟不上。所攀登的山石，銳利如同刀劍的鋒刃，聚簇就像林中的竹筍，山石中斷，懸崖隔絕，中間都是帶刺的荊棘，人在裡面行走，穿越荊棘身體就像蜂蝶那樣輕快，攀登懸崖又和猿猴飛鼠同樣敏捷。繞過嶺腰往西，便從片片淩空欲舞的岩石上走出，但四周被荊棘叢遮蔽，反而不如在下面抬頭仰望看得清晰。過了好久，仍然往下到東面的坳地，俯視北麓，山勢極其陡險，難以下去。便尋找原先攀登的石級，共一里，走下西麓，從它的北邊繞出。又往北經過一座山峰，在它南面有岔出的山峰、層疊的岩石，峰頂雲霧繚繞，也十分奇麗。到山的東麓，看到有個朝東的洞，鼓起勇氣趕緊攀登，洞中安放著各種神像，形貌猙獰可怕。從它的右側往裡轉，又看到一個明洞，是從旁邊岔出和南面相通的小洞。

出洞向東望去，看到樹叢中有個村莊，這時已是下午，口渴難熬，便朝著這村莊往東趕路，共走了一里，來到宋家莊。村民的住房聚在一起，位於南北兩個山塢之間，西面以列神洞山為屏障，村後東面則以牛角洞山為屏障；村前都積水成為池塘，有小石橋架在上面，向村中的老婦討飲料，得到一瓢涼水，三人一起喝了。隨後看到打水的人，從東面的小石崖過來，趕到那裡一看，這石崖也在兩山之中，在它西側有一方泉水，從西面的山崖流出，大概就是從牛角洞往西流的水。泉水清涼，可洗可喝，甘美可口，沁人俗胃。又往東走一里，即形如屏風居中聳立的牛角洞山。從它的南麓往東趕路，又走了一里，經過北峽門，向北眺望西峽的半山腰，有個深邃的洞穴，無疑就是清秀巖。這時暮色籠罩，竭盡全力趕到城邊，又走了一里，進入西清門。回頭找靜聞、顧僕，過了好久都還沒到，又趕到西清門，才知道兩人被守門人攔住。自從聽到衡州、永州有告急的消息，當局就討論決定省城只開四座門，其餘都關上。居民因取水不便，苦苦哀求，只答應讓砍柴取水的人進出，但旅行者全被擋在四座城門之外。便和他們一起走出，沿城往北，走了半里，經過城外西面山上高懸的巖洞，下面有石級可以攀登，因天色已晚，來不及去了。於是向東轉，又走了半里，進入北門，天色已經昏黑。又走了二里，到達唐氏的寓所。

初六日　晨起，大雨如注。晨餐後，急冒雨赴南門，行街衢如涉溪澗。抵搨工家，則昨日所期，仍未往搨，以墨瀋❶翻澄支吾；再促同往，又以雨濕石潤，不能著紙為解。窺其意，不過遷延需索耳。及徵色發聲，始再期明日往取，余乃返寓。是日雨陣連綿，下午少止，迨暮而傾倒不絕，遂徹夜云。

初七日　夜雨達旦，市間水湧如決堤，令人臨衢而嘆河無舟也。令靜聞、顧僕涉水而去索碑搨工家，余停屐寓中，覽《西事珥》、《百粵風土記》。薄暮，顧僕、靜聞返命。問：「何以遲遲？」曰：「候同往搨。」問：「碑何在？」曰：「仍指索錢。」此中人之狡而貪，一至於此！付之一笑而已。是日以僕去，不及午餐，迨其歸執爨❷，已併作晚供矣。

初八日　夜雨仍達旦。不及晨餐，令靜聞、顧僕再以錢索碑，余獨坐寓中，雨霏霏不止。上午靜聞及僕以碑至，搨法甚濫惡，然無如之何也。始就炊，晨與午不復并餐。下午整束行李，為明日早行計，而靜聞、顧僕俱病。

初九日　晨起，天色暗爽❸，而二病俱僵臥不行，余無如之何，始躬操爨具，市犬肉，極肥白，從來所無者。以飲啖自遣❹而已。桂林荔枝極小而核大，僅與龍眼❺同形，而核大過之，五月間熟，六月即無之，余自陽朔回省已無矣。殼色純綠而肉甚薄，然一種甘香之氣，竟不減楓亭❻風味。龍眼則絕少矣。六月間，又有所謂「黃皮」者，大亦與龍眼等，乃金柑之屬，味甘酸，之其性熱❼，不堪多食，不識然否？

【章　旨】本章記載了第五十八天至第六十一天再遊桂林的行跡。連日大雨傾瀉，街道如同溪流。拓工一再搪塞拖延，想藉此進行敲詐，最後拿到的拓片十分馬虎。由於連續三天在水中行走，靜聞、顧僕都病倒在牀上，無法動身。桂林荔枝很小，但甘甜清香，風味甚美。

【注　釋】❶墨瀋　墨汁。❷執爨　掌管炊事的人。這裡指燒火煮飯。❸暗爽　爽，明亮；清朗。暗爽連用頗費解，疑「暗」為「晴」之誤。❹自遣　排遣自己的憂愁。❺龍眼　俗稱桂圓。❻楓亭　在福建仙遊東南五里。楓亭鄰近興元，所產桂圓，自古為朝廷貢品，有「興元桂圓甲天下」之說。❼之其性熱　之，疑為「以」之誤。

【語　譯】初六　早晨起身，大雨傾瀉。早飯後，急忙冒雨趕到南門，在街上行走，就像在溪流中渡水。到拓工家，雖然昨天一口講定今天交貨，實際上仍然沒去拓，而以墨汁打翻來搪塞；再催他一起去，又以岩石被雨打濕太滑，上面不能鋪紙作為藉口。看他的意思，不過是想拖延敲詐罷了。直到我臉色難看、大聲發火時，才再約好明天去取，我便返回寓所。這天陰雨綿綿，下午稍許停了一會，到傍晚又不斷地傾瀉，整夜不停。

初七　整夜下雨，直到早晨，市中水湧，如同決堤，讓人對著街道直歎沒船過河。吩咐靜聞、顧僕渡水去拓工家取碑刻拓片，我留在寓所，看《西事珥》和《百粵風土記》。傍晚，顧僕、靜聞返回，我問他們：「為什麼拖到這樣晚？」答道：「等那人一起去拓。」又問：「拓片在哪裡？」答道：「還要錢去取。」這裡的人既狡猾又貪心，竟到這種地步！付之一笑罷了。這天因為僕人離開，沒吃午飯，等他回來煮飯，已兩餐併作晚飯了。

初八　仍然整夜下雨，直到早晨。等不及吃早飯，便吩咐靜聞、顧僕拿錢再去拓工家取拓片，我獨自坐在寓所中，大雨紛飛，下個不停。上午靜聞和顧僕帶著拓片回來，拓法十分馬虎，但也拿他沒辦法了。這才開始煮飯，早飯和午飯不再併在一起吃了。下午整理包紮行李，為明天一早就走作準備，而靜聞、顧僕都病了。

初九　早晨起身，天色晴朗，但靜聞、顧僕兩人都病在牀上，不能動身，我無可奈何，開始親自煮飯，買到狗肉，極其肥白，從來沒見過。喝酒吃肉，聊以排遣罷了。桂林荔枝極小而核較大，僅和龍眼同樣大小，但核比龍眼核要大，五月成熟，六月就結束，我從陽朔回省城，已看不到了。荔枝殼為純綠色，肉很薄，但有一種甘甜清香的氣味，不比楓亭桂圓的風味差。龍眼則很少見。六月間，還有所謂的「黃皮」，也和龍眼同樣大，屬金柑一類，味道又甜又酸，因為這種水果性熱，不宜多吃，不知是不是這樣？

初十日　早覓擔夫，晨餐即行。出振武門，〔取柳州道。〕五里，西過茶庵，今顧僕同行李先趨蘇橋，余拉靜聞由茶庵南小徑經演武場，西南二里，至琴潭巖❶。巖東有村，土人俱訛為陳摶。其西北大道，又有平塘街。余前遊中隱山，即詢而趨之，以晚不及，然第知為陳摶，不知即琴潭也。後得《桂勝》，知方信孺❷孚若〔記云：〕「最後得清秀、玉乳、琴潭、荔枝四巖。」故初四西出，即首索清秀，幾及而復失之。以下三洞，更無知者。然余已心疑陳摶之即琴潭，姑俟西行時並及之。及今抵其村，覓導者，皆以為水深不可入。已得一人，許余為導，而復欲入市，訂余下午方得前驅，余領之。聞其東南又有七寶巖，姑先趨焉。乃東南行，度一嶺，共三里，又度一橋，橋下水自西而東，又南為李家村。村之南有石峰，西向巉突，有庵三楹綴其下，前有軒，已圮，而中無居者。其巖不深而峭，其地蓋在南溪山白龍洞之正西，即向遊白龍洞時西望群山迴曲處也。時靜聞病甚，憩不能行，強之還陳摶村。一步一息，三里之程，逾於數里，及抵村，其人已歸。余強老嫗煮茶啖餌，為入巖計，而令靜聞臥其家待之。已而導者負松明并梯至，遂西趨小山之南，曰：「請先觀一水洞，然不可入也。」余從之。其門南向，水匯其內，上浸洞口，而下甚滿黑，深洞中寬衍，四旁皆為水際，其左深入，嵌空峆岈。洞前左崖瀕水之趾，有刻書焉，即方孚若筆也。因出洞前遍徵之，又得「琴潭」二大字，始信「陳摶」之果為音訛，而琴潭之終不以俗沒矣。

洞左復開一旁門，後與洞通，其不甚異❸。余既得琴潭之徵，意所謂荔枝者，當不遠。導者篝火執炬，請遊幽洞。余徵幽洞何名，則荔枝巖❹也。問：「有水否？」則曰：「無之。」然後知土人以為水深不可入者，指琴潭言；導者以為梯樓可深入者，指荔枝言。此中巖洞繁多，隨人意所指，跡其語似多矛盾，循其實各有條理也。

出琴潭巖，沿山左潴塘而行。繞塘北轉而西，洞門東向，琴潭西麓者，荔枝巖也。門不甚高，既入稍下，西向進數丈，循洞底右竅，入其下穴。其內不高而寬平，有方池，長丈餘，闊五、六尺，而深及丈四，旁甚峻，潴水甚洌。再東南轉，平入數十丈，兩轉度低隘，右崖之半有竅，闊二尺，高一尺，內有洞，上穹下平，潴水平竅。以首入竅東望，其水廣邃，中有石蜿蜒若龍之浮游水中。穴內南崖，有石盆一方，長二尺，闊一尺，高六、七寸，平度水面，若引繩度矩，而弗之爽者。〔不能以身入也。〕仍出至洞底，少西進，又循一右竅，入其上峽。其內忽庋為兩層，下穴如隧，少西轉，輒止；上穴如樓，以梯上躋，內復列柱分楞。穿楞少西，遂下南峽中。平入數十丈，又南旋成龕，龕外洞頂，有石痕二縷，分絡夭矯，而交其端。仍出，度梯下至洞底，又循一左竅入其上峽，則層壁累垂，懸蓮嵌柱，紛綴壁間，可披痕蹈瓣而登也。大抵此洞以幽悶見奇，而深入在右。水竅之側，有小石塊如彈丸，而痕多磊落❺，其色玄黃，形如荔枝，洞名以此，正似九疑之楊梅❻，不足異也。

出洞，由琴潭之北共一里，仍至其村，已下午矣。攜靜聞西北由間道共二里，抵平塘街。其西石峰峭甚，夾立如門，南峰山頂忽有竅透腹，明若展鏡。余向從中隱尋銅錢巖不得，晚趨西門，曾過而神飛。茲再經其下，不勝躍躍❼，問之，皆云無路可登。會靜聞病不能前。有賣漿者在路旁，亦向從中隱來，曾與之詢穿巖之勝者。其人曰：「有岐路在道旁打油坊後，可捫而入，東南轉至一古廟，可登山而上也。」余乃以行李掛其桁❽間，并令靜聞臥茅下以待，曳杖遂行。過打油者家問之，則仍云：巖無可登，其居旁亦無徑可入。余迴眺其後，有蛇道伏草間，遂披籬穿隙，隨山麓東行，轉而南向，將抵古廟，見有路西上，遂從之。始捫級，既乃梯崖。崖之削者，有石紋鋒利，履足不脫，拈指不滑❾。崖之覺❿者，有枝虬倒垂，足可躡藤，指可攀杪。惟崖窮跡⓫峽，棘蔓填擁，沒頂牽足，鉤距⓬紛紛，如蹈弱水⓭，如陷重圍，淬不能出。乃置傘插杖於石穴，而純用力於指足，久之，抵叢石崖下。其上迴獅舞象，翥⓮鳳騰龍，分形萃怪，排列繽紛，計透明之穴已與比肩。乃橫涉而北，逾轉逾出峰頭，俯瞰嵌⑮崖削窟，反在其下。而下亦有高呼路誤，指余下躋之級者。余感其意，隨之下，竟不得所置傘、杖處。呼者乃二牧翁，疑余不得下而憐之者，余下謝之。其人指登崖之道，尚在古廟南，蓋其巖當從崖後轉入，不能從崖東入也。余言傘置崖間，復循上時道覓之。未幾，聞平塘街小兒呼噪聲，已而有數十人呼山下者，聲甚急，余初不知其為余，迨獲傘下而後知之。下至古廟側，則其人俱執鎗挾矢，疑余為伏莽⑯而詢之者。余告以遊巖之故。皆不之信，乃解衣示之，且曰：「余有囊寄路口賣漿者茅中，汝可往而簡也。」眾乃漸散。余仍從古廟南歷磴披棘上，遂西南轉出山後坳間，眺其南，一峰枝起，頂豎一石，高數丈，靈怪之極⑰。度已出巖後，而遙瞻石壁之下，猶未見洞門。忽下有童子，復高聲呼誤，言不及登者。時日已墜西峰，而棘蔓當前，度不可及，且靜聞在茅店，其主人將去，恐無投宿，乃亟隨之下，則此童已颺而去，不知其為憐為疑，將何屬者。乃仍轉北麓，出打油坊後，則賣漿主人將負所鋪張為返家計。余取桁間掛物，隨其人東趨平塘街⑱求託宿處。其人言：「家隘不能容。」為余轉覓鄰居以下榻，而躬為執爨，且覓其宗人，令明晨導游焉。是暮，蘊隆⑲出極，而靜聞病甚，顧僕乍分，迨晚餐後，出坐當衢明月下，而清風徐來，洒然眾峰間，聽諸村婦蠻歌⑳謔浪㉑，亦是群玉峰頭一異境也。

【章　旨】本章記載了第六十二天離開桂林的行跡。走出振武門，經過茶庵，到琴潭巖。靜聞病得厲害，已無法行走。這是一個水洞，洞前有方信孺書寫的「琴潭」二字石刻，當地人認為水深無法進去。隨後去荔枝巖，這洞以幽深封閉稱奇，洞內有洞，層出不窮，和外面相通，水洞旁有小石，形狀如同荔枝。從琴潭村出發，走到平塘街，看到山頂有洞，如明鏡展開，過去曾從這巖洞下經過。於是將行李放在路邊的茅屋，從小路向上攀登。山石鋒利，荊棘遍地，人在裡面行走，就像陷入重重包圍之中。崖上岩石千奇百怪，繽紛多采。忽然看到有幾十人帶著長槍利箭趕來，原來是把霞客當作潛藏的盜匪。在山後的坳地，又看到一座岔出的山峰，極為神奇。下山後趕到平塘街求宿，夜晚聽村婦歌唱嬉鬧，也可說是一處奇境。

【注　釋】❶琴潭巖　在桂林西境，琴潭山東南麓。巖中有一清潭，潭上石乳倒掛，形狀奇特，陽光射入，宛若仙境。有水從洞頂滴入潭，聲如鳴琴，故山巖村落均以「琴潭」命名。宋嘉定年間，方信孺遊此，於巖上書刻「琴潭」二字。❷方信孺　字孚若，莆田（今屬福建）人。南宋開禧年間，韓侂胄北伐兵敗，信孺奉命使金，一年三往返，以口舌折強虜。嘉定年間，任廣西轉運使，在桂林數年，題刻頗多。有《南海百詠集》。孺，原文誤作「儒」。❸其不甚異　乾隆本作「中多列柱重葩，嵌空虛度」。❹荔枝巖　在琴潭山西麓，因洞內鐘乳石形似荔枝而得名。❺磊落　錯落分明。❻九疑之楊梅　見〈楚遊日記〉三月二十四日日記。❼躍躍　喜悅貌。❽桁　屋梁上的橫木。❾履足不脫二句　「脫」、「滑」二字疑錯置，當為「履足不滑，拈指不脫」。❿覺　高大；挺直。⓫跐　步行。⓬鉤距　鉤，截留。距，通「拒」。抵制。⓭弱水　據《海內十洲記》載：「鳳麟洲在西海之中央，地方一千五百里，洲四面有弱水繞之，鴻毛不浮，不可越也。」古代神話中稱險惡難渡的河海為弱水，有「三千弱水」之說。⓮翥　飛舉。⓯嵌　山石張開貌。⓰伏莽　指潛藏的盜匪。⓱靈怪之極　乾隆本作「予所見石峰綴立，雁宕翔鸞、龜峰靈芝，及此地筍石駢發，未有靈怪至此者」。⓲平塘街　今名同。在桂林西郊，南溪北岸。⓳蘊隆　熱氣薰蒸。蘊，悶熱。隆，盛。⑳蠻歌　即是民歌。蠻，古時對南方少數民族的泛稱。㉑謔浪　戲謔放蕩。

【語譯】初十　清早尋找挑夫，吃過早飯就出發。走出振武門，踏上去柳州的路。走了五里，往西經過茶庵，吩咐顧僕帶上行李先去蘇橋，我拉著靜聞從茶庵南面的小路經過演武場，往西南走二里，到達琴潭巖。巖的東面有村莊，當地人都誤傳為「陳摶」。在村西北的大路上，又有平塘街。我以前遊中隱山，就已問路準備前往，由於天晚沒去成，但只知是陳摶，不知就是琴潭。後來得到《桂勝》這部書，看到方信孺孚若在記中說：「最後發現清秀、玉乳、琴潭、荔枝四個巖洞。」故初四出城往西，便首先尋找清秀巖，幾乎馬上就要走到，結果又錯過了。後面三個洞，更沒人知道。但我心中已懷疑陳摶就是琴潭，暫且等到往西走時一起遊訪。如今到這村莊，尋找嚮導，都認為洞中水深，不可進去。不久找到一人，答應作嚮導，但他又想去集市，約好下午為我帶路，我點頭同意。聽說村的東南還有七寶巖，暫且先去那裡。便往東南走，越過一座山嶺，共走了三里，又過一座橋，橋下的水從西往東流去，再往南為李家村。村的南面有石峰，面朝西，高峻突兀，峰下有庵，共三間屋子，前面有長廊，已經毀圮，裡面沒人居住。七寶巖不深，但崖壁很陡峭，原來地處南溪山白龍洞的正西，即先前遊白龍洞時向西望見群山環繞曲折的地方。這時靜聞病得厲害，不能趕路，便逼他返回陳摶村。走一步，歇一下，走這三里路，要比平時走好幾里的時間還長，到了村內，那個答應做嚮導的人已經回來。我強求一位老婦煮茶，拿出糕餅吃，作進巖洞的打算，吩咐靜聞睡在她家中等待。不一會嚮導背著松枝和梯子過來，於是向西到小山的南面，對我說：「請先看一個水洞，但不可以進去。」我聽從他的話。這洞朝南，水在裡面匯聚，上面浸到洞口，下面既滿又黑，深洞中間寬廣，四周都是水，左邊通往深處，崖石玲瓏，洞穴深邃。洞前左側靠近水的崖腳，壁上刻有文字，即方孚若的手筆。於是出洞在洞前到處尋找，又發現「琴潭」兩個大字，這才相信「陳摶」果真是音近誤傳造成的，而琴潭最終也不會因俗稱流行而埋沒。洞的左邊又開出一扇邊門，後面和洞相通，不太奇特。我在證實這裡就是琴潭之後，心想所謂的荔枝巖，應該離這裡不遠。嚮導點起篝火，拿著火把，請我去遊暗洞。我問暗洞叫什麼名字，得知正是荔枝巖。又問：「裡面有水嗎？」答道：「沒有。」然後才知道當地人以為水深不可進去的洞，是指琴潭巖而說的；嚮導以為架起梯子可走到深處的洞，則是指荔枝巖而說的。這裡巖洞眾多，當地人隨意指認，聽他們的話似乎有很多矛盾，從實際情況看則各有道理。

走出琴潭巖，沿著山左邊的積水塘走。繞過水塘往北轉再向西，洞門朝東，位於琴潭山西麓的，就是荔枝巖。洞門不太高，進入後稍許走下幾步，向西進去幾丈，沿著洞底右邊的孔洞，走進下面的洞穴。裡面不高，但寬闊平坦，有個方形的水池，長一丈多，寬五、六尺，深一丈四尺，旁邊非常險峻，積水十分清冷。再往東南轉，平步走進幾十丈，經過兩個轉折，通過低隘之處，看到右邊山崖的半腰有個孔洞，闊二尺，高一尺，裡面有洞，上面拱起，下面平坦，積水正好平連孔洞，將頭伸進孔洞向東探望，水既廣又深，中間有石曲折延伸，形狀如同蛟龍在水中浮游。洞內南面的山崖上，有一方石盆，長二尺，闊一尺，高六、七寸，平放在水面上，就像用繩墨曲尺量過似的，一點不差。但只是望見，不能親身進入。出去仍然走到洞底，稍許往西走進，又沿著右邊一個孔洞，進入上面的山峽。裡面忽然分成兩層，下面的洞穴如同隊列，稍許往西轉，便到盡頭；上面的洞穴如同樓閣，架起梯子往上攀登，裡面又有排列的石柱、分成的窗戶。穿過窗戶稍許往西，便朝下走到南面的山峽中。平步走進幾十丈，南面又繞成石龕，龕外洞頂，有兩縷石痕，亦分亦連，屈伸自如，在洞頂端相交。出洞後，踏著梯子往下走到洞底，又沿著左邊一個孔洞進入上面的山峽，只見層層崖壁，接連垂立，懸掛的石蓮嵌在石柱之上，紛紛和石壁相連，可扳著裂痕、踩著石瓣往上攀登。大致上說，這洞以幽深封閉稱奇，從右邊往裡深入。水洞的側面，有像彈丸那樣的小石塊，面上痕跡錯落分明，顏色黑裡帶黃，形狀如同荔枝，洞名就由此得來，正像九疑山的楊梅洞，沒什麼可稱奇的。

走出洞，從琴潭的北面共走一里，仍然回到那個村莊，已是下午了。拉著靜聞往西北抄小路共走了二里，到達平塘街。這裡西面石峰十分陡峭，像門那樣在兩邊夾立，忽然看到南峰山頂，有洞從山的腹部透出，像展開的鏡子那麼明亮。我過去在中隱山沒找到銅錢巖，晚上趕回西門，曾路過這裡，見了神往不已。這次再從巖下經過，不勝喜悅，向人問路，都說沒路可上。又遇上這時靜聞因病沒法趕路。看到路旁有個賣豆漿的人，以前從中隱山過來，曾向他打聽穿巖的景觀。那人說：「路邊打油坊的後面有岔路，可摸索著朝裡走，往東南轉到一座古廟，便可登山向上了。」我便將行李掛在他茅屋的梁上，吩咐靜聞躺在茅屋下等候，拖著手杖出發。經過打油的人家問路，仍然說這巖沒路可登，他的屋旁也沒路可上。我轉身向他的屋後眺望，有曲折的小路埋在草叢中，便推開籬笆，穿過空隙，沿著山麓往東走，轉而向南，即將到達古廟，看到有路往西向上，便走這條路。起先摸著石級往上，接著像爬梯那樣在崖上攀登。那陡峭的崖壁，有鋒利的石紋，腳踏上不滑，手捏住不脫。那挺拔的山崖，有樹枝倒掛，形狀如同虬龍，腳可踩著藤條走，手可拉著樹梢爬。只是到山崖盡頭，走進峽谷，荊棘蔓生，堵塞道路，高過人頭，絆住雙腳，雜亂眾多，攔截阻擋，人在裡面行走，如同跳到弱水之中，又如陷入重重包圍，難以脫身。便將雨傘和手杖放在石穴之中，全靠手腳用力，過了好久，走到岩石叢聚的山崖之下。崖上岩石宛如獅子迴首、大象起舞、鳳凰展翅、蛟龍騰躍，形狀各異，千奇百怪，縱橫排列，繽紛多采，估計那個透明如鏡的洞穴，已經和它在同一高度。於是往北橫向越過，越轉越出峰頂，俯視山石開張的山崖、位於峭壁的洞穴，反而都在它的下面。這時下面有人高喊走錯路了，並指給我看下山的石級。我感激他的好意，順著石級往下走，竟找不到放雨傘和手杖的地方。剛才向我呼喊的是兩個放牧的老翁，懷疑我沒法下山而產生同情心，我下去向他們道謝。那二人指點登崖的路，還在古廟的南面，原來這巖應當從崖後轉入，不能從崖的東面進去。我說傘仍放在崖中，又沿著上山的路尋找。不一會，聽到平塘街小孩的叫嚷聲，隨即有幾十個人在山下呼喊，聲音很急迫，我起先不知道是為我而來的，直到拿了傘下山才明白。往下走到古廟旁，只見那些人都拿著鎗，帶著箭，因懷疑我是潛藏的匪徒而前來追問。我告訴他們因遊訪巖洞才到這裡，都不相信，只好解開衣服讓他們檢查，並說：「我有行李放在路口賣豆漿的茅屋中，你們可去那裡查問。」眾人才漸漸散開。我仍從古廟的南面沿著石級撥開荊棘向上攀登，往西南從山後的坳地中轉出，眺望它的南面，一座山峰從旁邊分出，頂上豎立著一塊岩石，有幾丈高，極為神奇。估計已經從巖後走出，但遠望石壁之下，還沒看到洞門，忽然下面有個小孩，又高聲呼喊走錯路了，說已來不及上去。這時太陽已從西峰落下，而荊棘蔓草就在前面擋路，估計不可能到那裡，況且靜聞還在茅屋中，店主即將離開，怕無處投宿，便趕緊隨他下山，這小孩已飛奔離開，不知他是可憐我呢，還是懷疑我。於是仍然轉到山的北麓，從打油坊後面走出，那賣豆漿的店主正準備挑著攤位回家。我拿了掛在梁上的物品，隨那人往東去平塘街尋找投宿的地方。那人說：「家裡窄小，沒法收留。」為我另找鄰居處過夜，並親自煮飯，還找了同族的人，叫他明天早晨給我作嚮導。這天晚上，天氣極其悶熱，而靜聞病得厲害，顧僕又剛離開，吃罷晚飯，出門在明月下臨街而坐，清風徐徐吹來，飄散在眾峰之間，聽著村婦歌唱，相互嬉鬧，也可說是群玉山頭的一處奇境。

十一日　晨起，靜聞猶臥，余令主宿者炊飯，即先過賣漿者家，同其宗人南抵古廟南登山。導者揚鑣斬棘，共一里，抵山西南坳。從石隙再登一、二步，即望見洞門西南向。又攀石崖數十步，即入洞焉。蓋其門前向東北，後向西南，中則直透，無屈曲崚嶒之摒❶隔。導者謂茲洞曰榜巖洞，茲山曰楓木山。下山，仍過古廟，遂南由田塍中渡西來小澗，〔水自兩路口西塘迤邐東穿山麓，即南溪發源也。〕共東南一里，入石巖洞。其門西北向，後門東北向，其中幽朗曲折。後門右崖，有架虛之臺，盤空之蓋，皆窗楞旁透，可憩可讀。由後洞出，北一里，仍抵平塘街。街北有石峰，巑岏若屏，東隅有巖東向，是為社巖。外淺而不深，土人奉社神❷於中。導者又指其西北，有石峰中立，山下南北，俱有匯塘，北塘之上，巖口高列，南塘之側，穴門下伏，其內洞腹潛通，水道中貫，是名架梯巖，又名石鼓洞，蓋即予前覓銅錢巖不得而南入之者。導者言之，而不知余之已遊；

余昔遊之，而不知洞之何名。今得聞所未聞，更勝見所未見矣。

於是還飯於宿處，強靜聞力疾❸行。西二里，經兩山之峽。峽北山則巍然負扆❹，下為廣福王廟❺；峽南山則森然北拱，其東有巖焉，門東向。當門有石塔，甚整而虛其中。塔後不甚崇宏，由其右穴入，漸入漸隘而黑，有狼兵❻數人調守於此，就巖爨寢焉。巖門外右有舊鐫磨崖，泐不可讀。乃下，西出峽門，是為兩路口❼。市肆夾路。西北循山，為義寧❽道；西南循山，為永福❾道。余就西南行，不一里，靜聞從而後，俟之不至。望路東有巖西向，撥棘探之，巖不深而門異。下瞰靜聞，猶然不見其過，欲返覓，又恐前行，姑急追之，又遲待之，執前後至者詢焉，俱茫然無指，實為欲前欲卻。

久之，又西行四里，路右有小峰，如佛掌高擎，下合而上歧，下東而上展，於眾峰中尤示靈怪。其南又駢峙兩山，東而成峽，路由其中。峽南之峰，其東層裂兩巖，轉盼間，覺上巖透明，亟南向趨之，祇下巖可入，而上巖懸疊莫登，乃入下巖。巖中列柱牽帷，界而為峽，剖而為窗，曲折明朗，轉透其後，則亦橫貫山腹者也。以為由後竅西出，可反躋上巖透處，而後竅上下俱削，旁無可攀。乃仍東出洞前，見東北隅石頗坎坷，姑攀隙而登，遂達上層。遙瞰近視，巖外之收攬既奇，巖內之綰結亦異，誠勝境也⑩。

既而下山，不知靜聞之或前或後，姑西向行。又見大路之左，復有巖北向，登之亦淺而不深，此亦峽南之山也。其在峽北者，西向亦有二洞層列，洞門上下，所懸亦無幾，而俱石色赭黃，若獨為之標異者。一出峽門，則匯水直浸兩峽之西，中疊石為堤，以亙水面，旁皆巨浸，無從渡水，一登赭巖。〔既又聞有八字巖，亦不能至。〕遂由石道西向行匯水中，又望其西峰之東，崖壁高亙，上懸三洞，相去各二十餘丈，俱東向駢列，分南、北、中焉。〔其山在匯水西南，與東峽南峰東西夾塘成匯。〕遙睇崖端，俱有微痕，自南而北，可以上躋，惟北洞則嶄然懸絕，若不可階焉。途中行人見余趨巖，皆竚呼莫前。姑緩行堤間，俟前後行人。少間，視堤西草徑，循水遵南麓而行，雖靜聞之前後，俱不暇計。已而抵南洞之下，仰睇無級，仍以攀崖梯隙之法⑪，猿升猱躍而上，遂入南洞，則洞門甚崇，其內崆峒宏峻，規模迥異。稍下，一岐由右入，轉而西南，漸覺昏黑，莫究厥底；一岐由左入，不五丈，忽一門西透山後，返照炳焉。一門北通中洞，曲景穿焉。於是先西向披後巖，〔洞門高與東埒，〕上下俱懸崖陟絕，可瞰而不可下。遙望西南，對山有洞亦若覆梁，而門廣中邃，〔曰牛洞，〕東向黯黑而不知其涯。仍入內，旋北向上中洞。洞內北轉而東透。先探其北，轉至洞門，有石內庋，架為兩層，上疊為閣，倒向洞內，下裂為門，直嵌壁間，蓋即所望之北洞矣。至此則茲洞之旁通曲達，既極崇宏，復多曲折，既饒曠達，復備幽奇，余所觀旁穿之勝，此為最矣。仍入中洞之內，東臨洞門，〔門愈高穹。下〕則其外路絕崖轟，遂仍返其中，循南洞而出焉。始知是三洞者，外則分門，內俱連竅，南洞其門戶也，北洞其奧窟也，中洞則左右逢原，內外共貫，何巖洞之靈異，出人意表如此！

於是仍由舊級下，共一里，北出大道，亟西行。循南山北麓而西，三里，越一平坡，〔其南北巖洞甚多，不暇詳步。〕岐而南為通城墟。墟房累累，小若鴿戶，列若蜂房，虛而無人，以俟趁墟[12]者。從墟又南一里，是為上巖〔後洞〕。余循西路登巖，門北向，前臨深塘。入其內，擴然崇宏，〔峽分左右。〕右峽下墜，已濬為淵，水瀦其底，石壁東西夾之，峻不可下。〔其底南眺沉沉，壁西之崖，迴覆淵上，予所駐足下瞰者；壁東則絕壁之下，駢通二穴，若環橋連亙，水通其中，不知所往；北則石壁自洞頂下插淵底，壁半裂柱成隙，泉淙淙隙端下注。出右峽，由〕左峽上入，躋石當門，中聳為臺，臺上一頂柱直掛洞頂。路從兩旁入，其西復有石崖，自洞北突而南，若塞門焉，與洞之南壁夾而成罅。路循崖西出，轉繞崖後，〔外穹為門，門下橫閾⑬，而上多垂簷。〕踞門閾而坐，〔門外峽復峭峙，兩旁多倒懸下攫之石，若龍爪猿臂，紛挐⑭其門，〕俯仰雙絕。出洞，循其東麓，復開一門，東向，內窪〔下，滴水空聲，轉南漸黑，當即通後洞環橋水穴者。〕而下洞門之南，則〔上巖村〕村居萃焉。村後疊石開徑，曲折而上，是為上巖前洞。其門東向，〔高齊後洞肩，深折不及。〕前有神廬，側有臺址，有村學究⑮聚群蒙⑯於臺上。〔由臺直躋洞後，迸竇成龕，垂石如距⑰：有垂至地下離一線者，有中懸四旁忽卷者，有柱立輪囷⑱其中者，有爪攫分出其岐者。其東南對山有泉源，曰龍泉云。〕

下臺端，〔仍出後洞塘北，〕西北行一里，入東來大道，又二里為高橋，石梁頗整。越橋西南，石山漸開。北眺遙山連接，自西而東，則古田⑲、義寧西來老龍矣。又七里為山蚤鋪，其四旁雖間出土阜，而石峰尤屼突焉⑳。又西南八里，為馬嶺墟。其日當市，余至已下午，墟既散，而紛然俱就飲啜漿矣。始於墟間及靜聞，復與之飯。又西南二里，至繚江橋，越橋為繚江鋪。於是山俱連阜迴崗，無復石峰崢崢矣。又南八里為焉石鋪，乃西入山塢，二里轉而西南，又十里為蘇橋㉑，〔為洛青江上流，水始捨桂入柳去。予遂與桂山別。〕橋西是為蘇橋之堡。

入東門，抵南門，時顧僕已先抵此一日，臥南門內逆旅中。是晚蘊隆之極，與二病人俱殊益悶悶。幸已得舟，無妨明日行計也。

【章旨】本章記載了第六十三天離開桂林的行跡。隨嚮導先遊榜巖洞，又渡過南溪的源頭，進入石巖洞。平塘街北有社巖，在它西北為石鼓洞，有水道從中通過，過去曾遊此洞，只是不知洞名。隨後經過一道峽谷，走進一個門前有石塔的巖洞，到兩路口和靜聞離散。往前有座宛如佛掌高舉的小峰，以及分層裂成的兩個巖洞，下巖曲折明朗，橫貫山腹，在上巖極目遙望，江山之美，盡收眼底，重樓美景，以此為首。下山後又經過兩個呈赭黃色的巖洞，在積水中行走。望見峰上高懸三洞，仍用「攀崖梯隙」之法，先進入南洞，洞內規模很不尋常，在後巖望見對面山上有牛洞，再去中洞和北洞。三洞外面分門，裡面相連，高大曲折兼備，曠達幽奇並舉，旁通曲達，無可相比。接著經過通城墟，到上巖後洞，洞內開闊高大，峽壁分立兩旁，繞到崖後觀望，上下景物奇麗無比。又經過上巖村，攀登上巖前洞，洞後巖石下垂，形狀奇特。下山踏上大路，經過高橋，石山漸漸開闊，北望遠山連綿，是從西面延伸過來的古老山脈。又經過山蚤鋪，到馬嶺墟，遇見失散的靜聞。走到繚江鋪，已都是土丘山岡，不再有高峻的山峰。到蘇橋，水開始從桂林向柳州流去，就在這裡和桂林群山告別。

【注釋】❶揜 通「掩」。❷社神 土地神。❸力疾 勉強支撐病體。❹負扆 扆，戶牖間畫有斧形的屏風。天子朝諸侯，背扆南面而立，故稱負扆。❺廣福王廟 在平塘街西，兩路口東。相傳知慧山中有神名「武」，原為諸葛亮部將，在南征牂牁蠻時溺死智慧源。其神頗有靈驗。宋建隆年間自知慧山遷建於此，淳熙年間封廣福王，歷代相因奉祀。❻狼兵 明代稱廣西東蘭、那地、南丹、歸順諸土司之兵為狼兵。❼兩路口 今名路口，在桂林西郊，南溪北岸。❽義寧 明代為縣，隸桂林府永寧州，治所在今臨桂五通，已廢。❾永福 明代為縣，隸桂林府永寧州，今屬廣西。❿巖外之收攬既奇三句 乾隆本作「則前後二門，俱與下巖並列。門內乳幄蓮柱，左右環轉以達後門，數丈之內，紆折無竟。前門一臺，正對東北佛掌峰。凭後門龕牖，遙瞰西南塢外之奇，收攬都盡。予所見重樓之勝，此為第一」。⓫攀崖梯隙之法　即前五月二十四日遊陽朔珠明巖所用「橫綳豎聳」之法。⓬趁墟　即趕集。墟，墟市；農村集市。⓭閾　門檻。⓮紛挐　同「紛拏」。混亂錯雜。⓯村學究　即村夫子。鄉村塾師。⓰蒙　幼稚。兒童幼稚，故謂之童蒙。⓱距　雞爪。⓲輪囷　盤曲貌。⓳古田　明初有古田縣，治所在今廣西永福壽城，後改為永寧州，隸桂林府。⓴石峰尤屼突焉　突，原作「⿰山采」，據乾隆本改。㉑蘇橋　在永福東北境，洛青江東岸。

【語譯】十一日　早晨起身，靜聞仍睡著，我吩咐住宿的主人煮飯，便先去賣豆漿的人家，同他的族人往南到古廟南面登山。嚮導揮動鏢槍，斬除荊棘，共走了一里，到山西南的坳地。從石縫中再登上一、二步，就望見洞門面向西南。再在石崖上攀登幾十步，便進入洞中。洞門前向東北，後朝西南，中間筆直相通，沒有曲折不平的遮隔。嚮導說這洞叫榜巖洞，這山叫楓木山。下山後，仍然經過古廟，便往南從田梗中渡過西面流來的小澗，這水從兩路口西面的水塘曲折東流穿過山麓，即南溪的源頭。往東南共走了一里，進入石巖洞。洞門面向西北，後門朝東北，裡面幽雅明朗，但多曲折。後門右邊的山崖上，有飛架的平臺，盤空的亭子，旁邊都開著窗戶，可在上面休息讀書。從後洞走出，往北走一里，仍然到達平塘街。街的北面有石峰，峻峭如同屏障，東端有個朝東的巖洞，這就是社巖。外面很淺，當地人在洞內供奉土地神。嚮導又指向巖的西北，有石峰居中聳立，山下南北兩面，都有聚水的池塘，北塘的上面，洞口高張，南塘的旁邊，洞門低伏，在洞內的腹部暗中相通，有水道從中通過，這就是架梯巖，又名石鼓洞，原來就是我先前找不到銅錢巖而往南進入的洞。嚮導介紹這洞，卻不知道我已經遊過；我過去到此遊覽，卻不知道洞的名稱。如今聽到沒聽過的洞名，更勝過看到沒見過的景色。

於是回到住處吃飯，讓靜聞勉強抱病趕路。往西走了二里，經過兩山之間的峽谷。峽谷的北面山峰朝南巍然聳立，下面為廣福王廟；峽谷的南面山峰向北森然拱立，在它東面有巖，洞門朝東。門前有石塔，十分完整，但裡面空無所有。塔後的山峰不太高大，從它右邊的洞穴進去，漸漸往裡，漸漸變得狹隘黑暗起來，有幾個狼兵調到這裡守衛，在巖中煮飯睡覺。洞門外右邊有過去鐫刻的磨崖，已經裂開，上面的字沒法讀了。

於是下山，往西走出峽門，到兩路口，道路兩邊都是店鋪。往西北沿著山走，是去義寧的路；往西南沿著山走，是去永福的路。我往西南走，不到一里，靜聞就落在後面，等他卻不見人影。望見路的東面有個朝西的巖洞，撥開荊棘前去探訪，巖洞不深但門很特別。往下遠望靜聞，依然沒見他過來，想回去尋找，又怕他已走到前面，姑且趕緊追上去，隨後又放慢腳步等候他，拉著前後經過的路人打聽，都一無所知，真是既想往前又想往後，不知如何是好。

過了好久，又往西走了四里，路的右邊有座小峰，如同佛掌高高舉起，下面合攏，而上面分開，下面收束，而上面舒展，在眾多山峰中尤其顯得神奇。在它南面又有兩座山峰並肩峙立，夾成峽谷，路從中間通過。峽谷南面的山峰，東面分層裂成兩個巖洞，看了一會，覺得上巖明亮，急忙往南走去，卻只有下巖可以進入，而上巖高掛，沒法登臨，便進入下巖。巖中石柱排列，帷幕牽掛，相隔成峽，分割為窗，曲折明朗，轉而前往洞後，也是橫貫山腹的洞。原以為從後洞往西走出，可攀登上巖穿通之處，但後洞上下都很陡峭，旁邊也沒有可攀登的地方。於是仍舊往東走出洞前，看到東北角的巖石坎坷不平，姑且從縫隙中攀登，便到達上層。遠望近看，巖外所見既覺新奇，巖內所聚也很奇特，真是一處勝境。

隨後下山，不知靜聞走在前面還是後面，姑且朝西走去。又看到大路的左邊，還有一個朝北的巖洞，上去一看很淺，也是位於峽谷南面的山峰。而在峽谷北面的山峰，朝西的一面也有兩個分層排列的洞，洞門上下也沒什麼垂掛的東西，岩石都呈赭黃色，就像唯獨以這一點標新立異似的。一出峽門，就有積水直浸兩道峽谷的西面，中間疊石為堤，橫亙水面，旁邊都是大水，無法渡過，便登上那赭黃色的巖洞。隨即又聽說有八字巖，也沒法到那裡。於是從石路往西在積水中行走，又望見西峰的東面，崖壁高高相連，上面有三個洞，相隔各有二十多丈，都向東並立，分南、北、中三處。這山在積水的西南，和東面峽谷南邊的山峰從東西相夾形成水塘。遙望崖的頂端，都有模糊的山路痕跡，從南往北，可以往上攀登，唯有北洞所處地勢高峻陡險，好像無路可上。路上的行人見我往巖上走，都站在那裡叫我別再向前。我暫且在堤上慢步行走，等待前後行人。不一會，看到石堤西面有條長滿野草的小路，便沿積水順著山的南麓走去，連靜聞究竟在前面還是後面，都顧不上考慮了。不久到南洞下面，抬頭仰望，沒有石級，只得仍用「攀崖梯隙」之法，像猿猴那樣跳躍向上，進入南洞，只見洞門十分高大，裡面空曠高峻，規模很不尋常。稍許往下，一條岔路從右邊進入，轉向西南，逐漸昏黑，沒法窮究它的底部；一條岔路從左邊進入，不到五丈，忽然看到一個洞門往西直通山後，陽光反射，十分耀眼。又有一個洞門往北通向中洞，折射的光線從中穿過。於是先向西開路去後巖，洞門和東洞同樣高，上下都是懸崖峭壁，無路攀登，只能俯視，沒法下去。遙望西南，對面山上有洞，也像覆架的橋梁，洞門寬廣，裡面深邃，名牛洞，向東的一面黑暗，看不到它的邊際。仍然進入後巖洞內，很快就朝北登上中洞。洞內往北繞轉，和東面相通。先探尋它的北面，轉到洞門，裡面放著石塊，架為兩層，上層疊成閣樓，倒向洞內，下層裂成門戶，直嵌壁中，大概就是所望見的北洞。到這裡可見這洞旁通曲達，既極高大，又多曲折，既富於曠遠之景，又具有幽奇之趣，我所看到的巖洞旁通的勝景，以此為最了。仍然進入中洞裡面，向東走到洞門，洞門顯得更加高大。往下只見洞外通路斷絕，山崖矗立，便又返回洞中，沿南洞走出。到這時才知道這三個洞，外面分門，裡面都相連，南洞是門戶，北洞為幽深的洞府，中洞則左右逢源，裡外貫通，真想不到一個巖洞的神奇，竟然到如此地步！

於是仍從原先的石級下山，共走了一里，往北到大路，趕緊朝西走。沿南山的北麓往西，走了三里，越過一個平坡，這裡南北兩面巖洞很多，沒時間去周密探訪了。從岔路往南到通城墟，墟上房屋一間接一間，像鴿棚那麼小，像蜂房那樣排列，裡面空無一人，只等趕集的人到來。從通城墟又往南走一里，便是上巖後洞。我沿著西邊的路登上巖洞，門朝北，前面對著深深的水塘。走進洞內，眼前開闊高大，峽壁分立左右兩旁。右峽下墜，已疏通為深淵，水匯積在它的底部，東西兩邊石壁相夾，十分險峻，無法下去。向南眺望它的底部，深沉莫測，石壁西面的山崖，在淵上迴繞覆蓋，就是我停步往下張望的地方；石壁東面的懸崖之下，有兩個洞並排相通，就像橫連的環形橋，水從裡面通過，不知流往何處；北面石壁從洞頂往下直插深淵底部，石壁中部有石柱裂開，形成裂縫，泉水從縫隙的頂端淙淙流下。走出右峽，從左峽攀登進入，有一塊盤踞的大石正當洞門。中間聳起成臺，臺上有石柱支撐，直上洞頂。路從兩旁進去，西面又有石崖，從洞北向南突起，就像要堵塞洞門，和洞南面的石壁夾成裂縫。路沿著石崖往西走出，繞到石崖的後面，外面拱起成門，門下橫著一道門檻，上面有許多垂簷。踞坐在門檻上，只見門外峽壁又陡峭峙立，兩旁有許多倒掛伸下的岩石，就像龍爪猿臂雜亂地擋住石門，無論俯視還是仰望，景觀都奇麗無比。走出洞，沿山的東麓，又開出一個洞門，面向東，裡面低窪，有水珠下滴，空谷傳響，轉到南面漸漸黑暗起來，應當就是和後洞環形橋下水穴相通的洞。從洞門南面往下走，上巖村的住房就聚集在這裡。村後有石塊鋪成的小路，曲曲折折往上，便到上巖前洞。洞門朝東，高和後洞並肩，但不像後洞那麼幽深曲折。前面有神廟，旁邊有臺址，有村夫子帶著一群兒童在臺上念書。從這臺直接往上走到洞後，只見孔洞迸裂，形成石龕，岩石下垂，如同雞爪：其中有的下垂離地面僅隔一線，有的居中懸掛四旁忽然翻捲，有的像柱子那樣在中間盤曲，有的像爪子那樣抓物並伸出分支。在洞東南對面的山上，有泉源，名龍泉。

從臺上走下，仍從後洞水塘的北面走出，往西北走一里，踏上從東而來的大路，又走了二里，到高橋，石橋十分平整。過橋往西南走，石山漸漸開闊。向北眺望遠山連綿，自西往東，正是從西面古田、義寧延伸過來的古老的山脈。再走七里到山蚤鋪。這裡四周雖時有土丘露出，但石峰格外高峻。再往西南走八里，到馬嶺墟。這天正逢趕集，我到那裡已是下午，集市散後，人們紛紛去喝酒吃豆漿了。到墟中才遇見靜聞，和他一起吃飯。再往西南走二里，到繚江橋，過橋為繚江鋪。這裡都是連綿曲折的土丘山岡，已不再有高峻的山峰。再往南走八里到焉石鋪，便向西進入山塢之中，走了二里轉向西南，再走十里到蘇橋，這裡是洛青江的上游，水開始離開桂林往柳州流去。我便在這裡和桂林群山分別。橋的西面是蘇橋的堡壘。走進東門，到達南門，這時顧僕已先到一天，在南門的旅店睡覺。這天晚上極其悶熱，和兩個病人在一起更加悶悶不樂。幸虧已找到船，不會妨礙明天出發的打算。

【研　析】「魂隨南翥鳥，淚盡北枝花。」從初唐褚遂良、宋之問等人起，桂林成了貶謫者的淵藪，桂林山水也因他們的吟詠品題而騰聲中州，聞名遐邇，在杜甫、白居易詩中，均已提及桂林。宋代在桂林設置帥府，一代名臣張孝祥、范成大等先後出鎮桂林，對桂林的開發興建，遠非唐人所及。南渡之後，桂林更是冠蓋雲集，據趙夔的〈桂林二十四巖洞歌〉，已成為宋人「偏遊」之地。范成大〈夜遊西湖〉詩云：「會心有奇賞，天涯此何方？」（此西湖指桂林隱山西湖，非杭州西湖。）頗能道出時人的遊興。清代金石學家葉昌熾云：「桂林山水甲天下。唐、宋士大夫度嶺南來，題名賦詩，摩崖殆遍。」（〈語石〉）據統計，桂林共有古代石刻近二千件，其中宋人石刻五百多件，從中可以想見當時盛況。龍隱巖石刻尤負盛名，明人已云「壁無完石」，堪稱桂海碑林。在〈遊嵩山日記〉中，徐霞客首次提到碑刻，但還僅僅只是作為書法藝術觀賞，似乎並未有意識進行搜集拓印。在西行途中，他對碑刻表現出異乎尋常的重視和熱情，這時碑刻在他眼中，已不僅是一種書法藝術，更是富於歷史、地理價值的文物。在浙江蘭溪智者寺，他看到一塊陸游撰寫的石碑，書法頗有風致，因找不到拓工而悵恨不已。以後每到一地，只要發現有前人留下的碑銘題刻，都要找人拓下。在一時找不到拓工的情況下，甚至不畏艱險，親自架梯攀崖，抄錄拓印。從《遊記》中的記載看，他在途中共抄錄拓印石刻一百三十多件，其中有五十多件屬於桂林。他在程公巖抄錄范成大作銘、侯彭老作記的石刻，因「崖高石側，無從緣拭，抄錄甚久，有數字終不能辨」。雖然已過中午，仍餓著肚子，將衣服作抵押借了梯子扛到巖中，終於將碑文「盡錄無遺」。以後他到融縣的真仙巖，在巨石中搜覽碑刻，因巖石太滑，人隨梯一起摔下跌傷，但第二天一早，仍扶傷攀登山崖，完成昨天未了之事，同時搬運木材橫架巖中，作好拓印韓琦大碑的準備。通過這些碑刻，他進行洞穴考古、名勝核實，糾正了前人著述和傳聞中的一些錯誤，澄清了一些歷史故實和地名演革。雉山荷葉洞、中隱山呂公巖、辰山、黃金巖、天慶巖，以及陽朔的白鶴山等，連當地人都不知究竟在哪裡，徐霞客卻根據洞旁的石刻，使這些巖洞重見天日。他還根據石刻，發現九疑山的「書字巖」，實際上就是「玉琯巖」，志書上所載的「紫虛洞」，實為「紫霞洞」，而桂林西郊的「陳摶巖」，乃「琴潭巖」之誤。他還根據解縉在讀書巖的題詩，了解到這裡在明初即已荒蕪。但徐霞客也有為碑所誤的時候，如在灕江遊覽時，他入巖讀碑後，認為當地人所說的螺螄巖，和蛟頭巖無關，「螺螄以崖勝，蛟頭以巖勝」，「不一山，亦不一名也」。而實際上兩者只是同一巖洞的不同名稱罷了。

桂林又是「唐、宋題名之淵藪」，僅宋人旅遊題名就多達一千多人次，尤以南宋居多。據說南宋詩人劉克莊對此十分反感，他雖遍遊桂林，到處作詩，但從不留名，也從不將自己的詩摩崖。在這上面，徐霞客和劉克莊頗有相似之處，他雖多次拓印石刻，但自己從不題詩留名，從中可見他對保護自然環境的重視。

徐霞客從小好讀奇書，博覽古今輿地志及山海圖經，後來每到一地，必搜尋圖志。據陳函輝說，他在旅途中「見未見書，即囊無遺錢，亦解衣市之，自背負而歸；今充棟盈箱，幾比四庫，半得之遊地者」。徐霞客一到桂林，便取出圖志，尋找桂林可遊之處，在離桂林前不久，不顧大雨即將來臨，趕到街肆購買《桂故》、《桂勝》等書。對他來說，前人的記載，既可用以導遊，也可作實地勘察參考。

「孤峰不與眾山齊，直入青雲勢未休。會得乾坤融結意，擎天一柱在南州。」獨秀峰位於桂林城中心王城之內，奇秀為桂林群峰之冠，有「南天一柱」之稱。為了登上獨秀峰，徐霞客在桂林滯留多日。由於明王朝此時已在風雨飄搖之中，桂林雖地處僻遠，同樣受到民變風暴影響，因衡州、永州有警，全城只開四門。徐霞客在平塘街攀崖登巖時，竟被當作潛伏的匪盜而遭盤問。王府更是戒備森嚴，出入甚難，致使徐霞客一登獨秀峰的心願，不能實現。秀麗的桂林山水，已蒙上社會動盪的陰影。徐霞客乘船去陽朔時，遇上幾個王孫，居然已淪為乞丐，為一升米強行乞討。王室沒落，一至於此！從陽朔回桂林，途經熊氏書院，裡面竟看不到一個讀書人。《遊記》中對廣西的民風民俗也作了較多的描述，其中有像王慶宇那樣熱情好客的山民，也有既狡且貪的拓工，既寫了在靖江王府燔靈時，焰花交作，聲震城谷，以至合城士女喧觀的熱鬧場面，也有明月之下，山中村婦「蠻歌謔浪」的歡快情景。《遊記》中還寫了興安狀元峰下的尼姑，竟有耕地的丈夫，可見當時由於社會貧困，僧人已無人供養，只得自謀生路。自稱「無邊」的佛法，此時也只能聽任其徒破壞戒規了。

新譯李商隱詩選
新譯范文正公選集
新譯蘇洵文選
新譯蘇軾文選
新譯蘇軾詞選
新譯蘇轍文選
新譯曾鞏文選
新譯王安石文選
新譯唐宋八大家文選
新譯柳永詞集
新譯李清照集
新譯辛棄疾詞選
新譯陸游詩文選
新譯歸有光文選
新譯唐順之詩文選
新譯徐渭詩文選
新譯薑齋文集
新譯顧亭林文集
新譯納蘭性德詞
新譯鄭板橋集
新譯袁枚詩文選
新譯李慈銘詩文選
新譯聊齋誌異選
新譯閱微草堂筆記
新譯浮生六記
新譯弘一大師詩詞全編

教育類

新譯爾雅讀本
新譯顏氏家訓
新譯聰訓齋語
新譯曾文正公家書
新譯三字經
新譯百家姓
新譯幼學瓊林
新譯增廣賢文・千字文
新譯格言聯璧

歷史類

新譯史記
新譯漢書
新譯後漢書
新譯三國志
新譯資治通鑑
新譯史記——名篇精選
新譯尚書讀本
新譯周禮讀本
新譯逸周書
新譯左傳讀本
新譯公羊傳
新譯穀梁傳
新譯春秋穀梁傳
新譯戰國策
新譯國語讀本
新譯說苑讀本
新譯新序讀本
新譯吳越春秋
新譯西京雜記
新譯列女傳
新譯越絕書
新譯燕丹子
新譯東萊博議
新譯唐六典
新譯唐摭言

宗教類

新譯金剛經
新譯高僧傳
新譯碧巖集
新譯百喻經
新譯楞嚴經
新譯梵網經
新譯圓覺經
新譯法句經
新譯六祖壇經
新譯禪林寶訓
新譯維摩詰經
新譯經律異相
新譯阿彌陀經
新譯無量壽經
新譯妙法蓮華經
新譯景德傳燈錄
新譯大乘起信論
新譯釋禪波羅蜜
新譯八識規矩頌
新譯永嘉大師證道歌
新譯華嚴經入法界品
新譯地藏菩薩本願經
新譯悟真篇
新譯无能子
新譯坐忘論
新譯列仙傳
新譯抱朴子
新譯神仙傳
新譯性命圭旨
新譯老子想爾注
新譯周易參同契
新譯道門觀心經
新譯養性延命錄
新譯樂育堂語錄
新譯沖虛至德真經
新譯長春真人西遊記
新譯黃庭經・陰符經

地志類

新譯山海經
新譯水經注
新譯佛國記
新譯大唐西域記
新譯洛陽伽藍記
新譯徐霞客遊記
新譯東京夢華錄

政事類

新譯商君書
新譯鹽鐵論
新譯貞觀政要

軍事類

新譯孫子讀本
新譯司馬法
新譯尉繚子
新譯三略讀本
新譯六韜讀本
新譯吳子讀本
新譯李衛公問對

◎新譯山海經

楊錫彭／注譯

《山海經》可以說是上古時代一部小型的百科全書，它以地理為綱，內容涉及原始社會末期和階級社會初期的社會、地理、經濟、物產等景況，記錄了豐富的遠古神話傳說，保存了人類早期記憶的資料。書中描繪的人事物奇妙且有趣，引領讀者進入廣大山河的美麗世界，和古人豐沛的想像力一同翱翔。本書除正文皆有注音外，注釋和語譯簡明貼切，讓您讀《山海經》不再如閱天書。

國家圖書館出版品預行編目資料

新譯徐霞客遊記／黃珅注譯;黃志民校閱.——二版一刷.——臺北市：三民，2022
面；　公分.——（古籍今注新譯叢書）

ISBN 978-957-14-6613-2（平裝）
1. 遊記 2. 中國

690　　108004464

古籍今注新譯叢書

新譯徐霞客遊記（上）

注譯者　黃　珅
校閱者　黃志民

發行人　劉振強
出版者　三民書局股份有限公司
地　址　臺北市復興北路 386 號 (復北門市)
　　　　臺北市重慶南路一段 61 號 (重南門市)
電　話　(02)25006600
網　址　三民網路書店 https://www.sanmin.com.tw

出版日期　初版一刷 2002 年 4 月
　　　　　二版一刷 2022 年 11 月
書籍編號　S031850
ISBN　978-957-14-6613-2

三民書局